刑事诉讼法案例进阶

郭 烁 主编

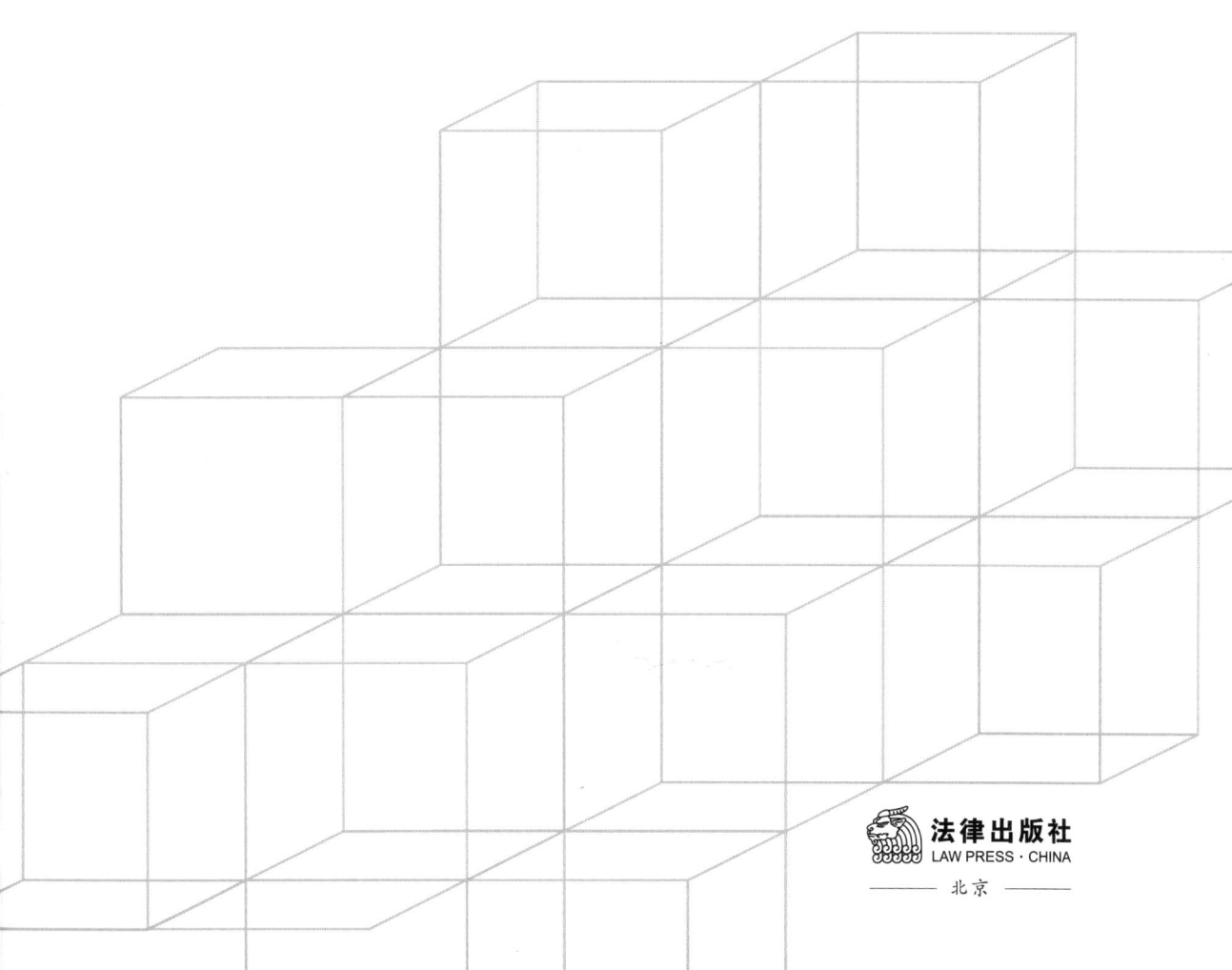

法律出版社
LAW PRESS·CHINA
北京

图书在版编目(CIP)数据

刑事诉讼法案例进阶／郭烁主编． -- 北京：法律出版社，2023

ISBN 978-7-5197-7905-4

Ⅰ．①刑… Ⅱ．①郭… Ⅲ．①刑事诉讼法-案例-中国 Ⅳ．①D925.205

中国国家版本馆 CIP 数据核字（2023）第 076076 号

刑事诉讼法案例进阶
XINGSHI SUSONGFA ANLI JINJIE

郭 烁 主编

责任编辑 郑怡萍
装帧设计 贾丹丹

出版发行 法律出版社	开本 787 毫米×1092 毫米 1/16
编辑统筹 法律教育出版分社	印张 42　字数 862 千
责任校对 李慧艳	版本 2023 年 7 月第 1 版
责任印制 刘晓伟	印次 2023 年 7 月第 1 次印刷
经　　销 新华书店	印刷 三河市兴达印务有限公司

地址:北京市丰台区莲花池西里 7 号(100073)
网址:www.lawpress.com.cn　　　　　　　　销售电话:010-83938349
投稿邮箱:info@lawpress.com.cn　　　　　　客服电话:010-83938350
举报盗版邮箱:jbwq@lawpress.com.cn　　　　咨询电话:010-63939796
版权所有·侵权必究

书号:ISBN 978-7-5197-7905-4　　　　　　　定价:98.00 元

凡购买本社图书,如有印装错误,我社负责退换。电话:010-83938349

序一 刑事诉讼法案例评注工作的新方向

本书汇集了全国范围内128位刑事诉讼法学青年学者的集体智慧,是一本研究型的案例教科书。就具体写作方法而言,由每位学者选取一则实务中的真实案例,并辅以案情介绍和案例评注的方式展示其背后的法理和规则。书中的案例选取尤为考究,分涉刑事程序和刑事证据领域,较为全面地回应了《刑事诉讼法》实施过程中的理论难点和争议问题,编纂规模大、案涉理论范围广,就本人目力所及,系刑事诉讼法学研究和"研究型教学"的第一次。

一方面,编纂这种规模浩大的案例教科书的重要意义在于,由此探索一条理解和阐释中国刑事诉讼规范与理论的新途;另一方面,本书的出版也意味着刑事诉讼法学的研究和教学方法将关注另一种研究旨趣——案例评注工作,打破解释学和教义学方法在理论研究与学科教学中的支配地位,为诉讼理论发展深入法治实践中去提供自主动力。

这种研究取向的转变由我国刑事诉讼学科的发展所决定。长期以来,在我国刑事诉讼领域,研究者们对实定法及其诉讼原理、法理逻辑的讨论,远超对实务案例的关注。个中原因,大多认为我国秉持大陆法系强调实定法的正式渊源,缺少英美法系判例法传统下对案例、裁判的关注土壤。如果说这种看法在中国特色社会主义法律体系建立初期还有些许道理,那么随着中国法治建设的日臻完善,尤其是伴随新时代中国法治建设取得突破性成就,以法的制定和实施为中心的法治体系也需要根据实务案例不断进行调整与完善。这种借由实务案例阐明实定法规范,甚至影响理论学说和诉讼制度发展走向的现象也常见于其他大陆法系国家或地区,如德国联邦最高法院、日本最高裁判所等的判例,也都对实务具有相当程度的约束效力,并成为学说、诉讼理论发展的重要源头。在这些国家或地区,基于案例评析的法律评注是学者的重要研究工作,不断为诉讼理论的研究提供活力与素材。

值得庆幸的是,晚近时期,案例评析工作日益受到理论与实务界的重视:《人民法院组织法》《人民检察院组织法》分别确立指导性案例制度;最高人民法院、最高人民检察院分别发布指导性、示范性案例,推动中国裁判文书网和司法案例研究院建设;实证研究方法也备受学者重视,由此诞生了许多具有实践意义的研究成果。

这样的建设和研究具有积极意义：一方面，以中国裁判文书网为代表的与案例相关的制度建设推动了司法公开的进程，有助于法治建设的公开公正；另一方面，典型案例引发的理论和实务界的思考，成为相关改革、制度完善的重要抓手。近些年较为典型的就是2021年"余金平交通肇事案"，关于此案的思考极大地丰富了认罪认罚从宽案件量刑建议和上诉不加刑规则的原理讨论。可以说，正是实务案例背后凝结着的关于法律适用层面的疑问与质疑，对实定法规范起到了检验和再解释的功能。

与上述内容相呼应，在法学教学领域，也迫切地需要有相应的案例教学教科书来培养法科学生阅读案例、透过案例检视其背后法律逻辑和法学理论的能力。所以我说本书具有风向引导层面的深远意义——作者们敏锐捕捉到了案例评注工作之于新时期法学研究和教学的开创性意义——作为思想形态的知识科学，法学理论的演进与法治实践的需求是同步的，这种伴生关系体现在法学理论需要明确其应当在实务中如此这般地起作用，并为实务中涉及的诸社会关系给予规定的理据，唯遵循这一主旨，研究和教学工作才能逐渐脱离空疏散宕和肤浅贫乏的议论，而为法学理论的发展和实定法规则的完善提供更为充足的线索和解释动力。

也正因如此，收到郭烁教授主编的《刑事诉讼法案例进阶》书稿，我由衷感到欣慰。郭烁在中国人民大学从事博士后研究时，我是他的指导老师，现在他已成长为一位优秀的刑事诉讼法学青年学者。可以想见，本书能够成稿问世着实不易，无论是号召协调这128位同侪进行案例选取和撰稿工作，还是后期的编排和文稿精修，其间耗费的心血可想而知。

大法官奥利弗·温德尔·霍姆斯尝言："历史研究之一页当抵逻辑分析之一卷。"我也希望有更多的刑事诉讼法学者能加入案例评注工作和案例教学工作之中，通过各位同仁，尤其是青年学者的努力，不断推出高水平的案例法学研究成果，推动中国刑事诉讼法学研究工作向更为纵深的方向发展！

陈卫东

2023年4月6日

序二　案例评注是刑事诉讼法学教学和科研的实践面相

法律制度是一项"实践的艺术"。受刑事诉讼模式、立法体例、裁判要求等影响,长期以来,我国刑事诉讼法学者对刑事诉讼原理、程序、制度等的研究,远超对司法判例的关注,以至于刑事诉讼法案例教学和研究一直处于发展低位。近年来,随着刑事司法实践与刑事诉讼法学研究和刑事诉讼法学教育的相互影响和要求,"实践性""应用性"逐渐成为我国当前刑事诉讼法学研究和教育的导向,深入开展案例教学和研究自是题中之义。

一方面,刑事诉讼法案例评注是研习法律的重要载体,案例教学是法学教育的重要方法。自1870年哈佛大学法学院率先使用案例教学以来,逐渐形成"个案教学法"、"实例研习"以及"法律诊所教育"等模式。此类案例教学的特点在于通过剖析典型案例,引导读者深刻把握法律适用的真谛,探明法律规范的意旨,总结法律实施的规律,进而理解法律规则的内涵和价值,掌握法律规则运用的方法和技巧。另一方面,刑事诉讼法案例研究能有效、创新性地推动刑事诉讼理论、立法的发展。刑事诉讼法案例研究立足于司法实践中存在的重点、难点问题,通过对这些问题背后深层理论、原则的分析探究,在解决实践问题的同时,推动刑事诉讼理论研究高质量发展。

刑事诉讼法案例教学和科研必须有相应的配套教材,但在我看来,刑事诉讼领域目前鲜有兼具"教学"和"科研"功能的教科书。近日看到郭烁教授主编的《刑事诉讼法案例进阶》书稿,我感到上述"缺憾"在一定程度上已经被填补。相较于其他刑事诉讼法案例书籍,我认为本书具有如下特色:

一是案例选取精准,代表性强。本书所选取的每一个案例所涉及的法律问题均为刑事诉讼法学领域研究的重点问题,相应案例多经历了法院一审、二审甚至再审,能够全面体现相关理论和实践中存在的争议及解决对策。选取的案例具有真实性、前沿性、权威性、典型性和综合性等特征,确能涵盖本专题重要知识点。

二是体系内容完备,针对性强。本书内容较为完整地涵括了刑事诉讼法基本概念、基本原则、基本制度、诉讼证据以及诉讼程序等重点、难点和疑点问题,不仅涉及诉讼主体运行、权利保障与救济、证明力和证据能力等传统问题,还包括认罪认罚从宽制度、涉案企业合规等新型问题。每一篇案例均体现出一定的刑事诉讼理论深度。

三是体例设计得当,结构合理。本书每篇案例评注按照"案情概要""法律分析""理论阐释""扩展思考"的结构统一撰写,以案由为载体,精心剖析案例。特别是每篇案例都以极简明的语言概括出所要讨论的问题,并以"××案"为副标题,这一设计点题明确、简明扼要,殊为必要。

四是作者阵容庞大,代表了刑事诉讼法学青年学人的中坚力量。本书每一篇案例及评析均由青年学人精心撰写,汇集了国内128位作者,这令人印象极为深刻。仔细阅读,可以说每位作者所撰写的案例及理论问题多为其长期研究的领域,具有一定的代表性和说服力。

郭烁是我从教于中国政法大学时所带的博士生,他主编的《刑事诉讼法案例进阶》即将出版,嘱托我作序,我深感欣慰并欣然应允。在我看来,本书不仅可以作为刑事诉讼法教学和科研的教科书,还可以为司法实务工作人员所借鉴,为其办理个案提供刑事诉讼理论依据和实务参考。

愿本书的出版能够推动中国刑事诉讼案例教学的发展,促使更多优秀学者重视案例教学和案例研究,进而促进新时代法治建设和法学研究蓬勃发展,积极推动体现中国化、时代化的刑事诉讼法治体系的建设!

顾永忠

2023 年 4 月 6 日

作者分工

刑事诉讼主体的运行

编号	案件	作者	单位
001	魏某等人有组织犯罪案	陈学权	对外经济贸易大学教授
002	谢某某等人诈骗案	程 捷	中国社会科学院大学副教授
003	吴某某、陈某某等行贿、诈骗案	郭 烁	中国政法大学教授
004	邱某诉喻某诽谤、喻某反诉案	郭 松	四川大学教授
005	黎某某等人有组织犯罪案	贺小军	中国石油大学(华东)教授
006	律师路某行贿案	兰跃军	上海大学教授
007	王某故意杀人案	潘 侠	中国海洋大学副教授
008	王某民事枉法裁判案	王一超	中央民族大学讲师
009	杨某被诈骗案关联掩饰隐瞒犯罪所得案	许静文	中国刑事警察学院副教授
010	昆山于某某"反杀"致刘某某死亡案	郑 曦	北京外国语大学教授

刑事诉讼中的权利保障与救济机制

编号	案件	作者	单位
011	段某某妨害公务案	鲍文强	中国政法大学讲师
012	程某贪污案	步洋洋	西北政法大学教授
013	潘某某等抢劫案	初殿清	北京航空航天大学教授
014	徐某、李某某非法采矿案	朱奎彬	西南交通大学副教授
015	李某伪证案	陈 虎	中南财经政法大学教授
016	念某投放危险物质案	程 衍	华东政法大学副教授
017	车某运输毒品案	单子洪	首都师范大学讲师
018	廖某危害珍贵、濒危野生动物与非法狩猎案	高 通	南开大学教授
019	西安理工科技专修学院、陈某非法吸收公众存款案	贺红强	西北政法大学教授
020	黄某重婚案	何永军	云南大学教授
021	李某非法收购、运输、加工、出售国家重点保护植物、国家重点保护植物制品案	孔祥承	国际关系学院讲师
022	冯某非法经营案	刘仁琦	西北政法大学教授
023	陈某武等故意杀人案	刘亦峰	四川农业大学讲师

024	谢某强奸、抢劫案与李某故意伤害案	刘译矾	中国政法大学讲师
025	王某某诈骗案	陆而启	厦门大学副教授
026	杨某某抢劫案	罗海敏	中国政法大学教授
027	余某某交通肇事案	马明亮	中国人民公安大学教授
028	郎某、何某诽谤案	聂友伦	华东师范大学副教授
029	陈某某故意杀人案	潘金贵	西南政法大学教授
030	T公司国家赔偿案	裴炜	北京航空航天大学教授
031	郭某贩卖毒品案与孙某某贩卖毒品案	佀化强	华东师范大学教授
032	孙某故意杀人案	孙皓	天津大学副教授
033	钟某等人有组织犯罪案	王彪	西南政法大学副教授
034	朱某刑事自诉网络诽谤案	王晓华	华东政法大学讲师
035	劳某某故意杀人案	吴宏耀	中国政法大学教授
036	陈某抢劫案	肖沛权	中国政法大学教授
037	刘某故意伤害案	叶燕杰	西南大学讲师
038	牛某某性侵未成年人案	张栋	华东政法大学教授
039	黄某强制医疗案	张吉喜	西南政法大学教授
040	郭某仁涉嫌故意杀人案	张可	中国政法大学副教授

检察自由裁量权

041	陈某故意伤害案	何挺	北京师范大学教授
042	庄某等人敲诈勒索案	刘学敏	厦门大学教授
043	胡某某抢劫案	王贞会	中国政法大学教授
044	唐某等人聚众斗殴案	自正法	重庆大学副教授
045	Y公司、姚某某等人串通投标案	吴啟铮	上海师范大学副教授
046	X公司、杨某、王某串通投标案	李玉华	中国人民公安大学教授
047	王某泄露内幕信息案	程雷	中国人民大学教授
048	某电子科技有限公司、某信息技术有限公司涉嫌虚开增值税专用发票案	陶朗逍	北京科技大学讲师
049	上海J公司、朱某某假冒注册商标案	吴思远	华东政法大学副教授
050	F公司、严某、王某提供虚假证明文件案	徐磊	南京农业大学讲师
051	Z公司、康某某等人重大责任事故案	罗维鹏	西南财经大学副教授

认罪认罚从宽与量刑建议制度

052	前某等非法吸收公众存款案	蔡元培	中国政法大学副教授
053	肖某等三人故意伤害案	史立梅	北京师范大学教授
054	琚某忠盗窃案	王禄生	东南大学教授

055	王某非法经营案	王迎龙	中国政法大学副教授
056	郝某甲交通肇事罪再审案	魏晓娜	中国人民大学教授
057	胡某虚开增值税专用发票案	奚玮	安徽师范大学教授
058	徐某某非法采矿案	闫召华	西南政法大学教授
059	琚某忠盗窃案	杨晓静	山东政法学院教授
060	金某受贿案	周新	广东外语外贸大学教授
061	苏某花开设赌场案	韩旭	四川大学教授
062	黄某等非法经营案	刘方权	福建师范大学教授
063	韩大某某故意杀人案	万旭	成都大学讲师
064	丁某盗窃案与沈某危险驾驶案	魏化鹏	上海政法学院副教授
065	邓某某危险驾驶案	吕泽冰	四川轻化工大学讲师

既判力与程序纠错机制

066	陈某、王某开设赌场案	陈实	中南财经政法大学教授
067	聂某某故意杀人、强奸案	陈永生	北京大学教授
068	陆某妨害信用卡管理、销售假药案	方姚	浙江工商大学讲师
069	呼某涉嫌故意杀人案	郭航	中南财经政法大学讲师
070	曾某平等贩卖、运输毒品案	贾志强	吉林大学副教授
071	于某某杀妻案	李辞	福州大学副教授
072	杨某某故意杀人案	李子龙	北京工商大学讲师
073	左某某故意杀人案	林艺芳	福建师范大学副教授
074	师某某挪用公款案	邵俊	最高人民检察院检察理论研究所助理研究员
075	熊某兵等盗掘古文化遗址案	宋志军	西北政法大学教授
076	仲某非国家工作人员受贿案	孙远	中国社会科学院大学教授
077	范某非法贩卖毒品案	王佳	最高人民检察院法律政策研究室专题处处长
078	刘某非法持有、私藏枪支、弹药 故意伤害案	吴洪淇	北京大学研究员
079	赖某涉嫌掩饰、隐瞒犯罪所得案	杨恪	西北政法大学副教授
080	周某某受贿、挪用公款案	张潋瀚	四川大学副教授
081	武某生、武某勇等妨害作证、伪证案	张友好	华南理工大学教授
082	许某某非法持有毒品、贩卖毒品案	任禹行	西北政法大学讲师

证据能力与证明力

083	唐某等贩卖毒品案	白　冰	中国政法大学讲师
084	林某故意杀人案	陈邦达	华东政法大学副教授
085	李某故意杀人案	陈苏豪	南京审计大学讲师
086	喻某某故意杀人案	崔　凯	武汉大学副教授
087	钟某受贿案	邓矜婷	中国人民大学副教授
088	王某故意伤害案	董　坤	中国社会科学院法学研究所研究员
089	刘某寻衅滋事案	杜　磊	中国人民大学副教授
090	张某非法持有毒品案	樊传明	上海交通大学副教授
091	陈某申诉案	冯俊伟	山东大学教授
092	胡某某、张某某、金某某故意杀人案	兰荣杰	西南财经大学教授
093	王某某受贿案	李昌盛	西南政法大学教授
094	白某诈骗案	李　鑫	四川大学副教授
095	马某、马A某非法持有毒品案	李训虎	中国人民大学
096	雍某某故意杀人案	林　静	中国政法大学副教授
097	王某雷故意杀人案	林喜芬	上海交通大学教授
098	陈某诈骗案	林志毅	华南理工大学副教授
099	宋某某故意杀人案	马静华	四川大学教授
100	张某某受贿案	牟绿叶	浙江大学副教授
101	翟某1、翟某故意伤害案	邵　劭	杭州师范大学教授
102	梁某强奸案	万　毅	四川大学教授
103	快播公司、王某、吴某等传播淫秽物品牟利案	谢登科	吉林大学教授
104	陈某某故意杀人案	杨　波	吉林大学教授
105	陈某某危险驾驶案	尹泠然	中国政法大学讲师
106	马某某故意杀人案	于增尊	天津师范大学副教授
107	王某某、秦某某容留卖淫案	喻海松	最高人民法院研究室刑事处处长
108	吴某、朱某贪污案	张　威	中南财经政法大学副教授
109	王某非法出售珍贵、濒危野生动物案	张　中	中国政法大学教授
110	王某受贿案	郑　飞	北京交通大学副教授
111	李某制作、贩卖、传播淫秽物品牟利案	朱桐辉	南开大学副教授
112	王某某过失致人死亡案	李雪松	中国人民公安大学讲师
113	郭某生产假药案	孔令勇	安徽大学副教授

114	杨某林故意杀人案	强 卉	南京师范大学讲师
115	卓某贩卖毒品案	孙 锐	吉林大学讲师
116	杨某某盗窃案	纵 博	安徽财经大学教授

司法证明

117	白某贪污违法所得没收案	高童非	中国农业大学副教授
118	张氏叔侄杀人、强奸案	刘 磊	同济大学教授
119	于某等生产、销售有毒有害食品案	卢少锋	郑州大学副教授
120	郭某甲等假冒注册商标案	秦 策	上海财经大学教授
121	张某某等52人电信网络诈骗案	秦宗文	南京大学教授
122	张某某贩卖毒品案	塔 娜	内蒙古大学教授
123	秦某强奸、猥亵儿童案	王星译	华中科技大学副教授
124	王某等电信网络诈骗案	谢小剑	江西财经大学教授
125	刘某某贩卖毒品案	熊晓彪	中山大学讲师
126	冷某故意伤害案	杨 依	复旦大学讲师
127	何某运输毒品案	谢进杰	中山大学教授
128	黄某、邱某等制造毒品案	周洪波	西南民族大学教授

缩略语表

《中华人民共和国刑事诉讼法》(1979年)
《刑事诉讼法》(1979年)

《中华人民共和国刑事诉讼法》(1996年)
《刑事诉讼法》(1996年)

《中华人民共和国刑事诉讼法》(2012年)
《刑事诉讼法》(2012年)

《中华人民共和国刑事诉讼法》(2018年)
《刑事诉讼法》

《中华人民共和国刑法》(1979年)
《刑法》(1979年)

《中华人民共和国刑法》(1997年)
《刑法》(1997年)

《中华人民共和国刑法》(2020年)
《刑法》

中国共产党第十八届中央委员会第四次全体会议《中共中央关于全面推进依法治国若干重大问题的决定》
党的十八届四中全会《决定》

最高人民法院、最高人民检察院、公安部、国家安全部、司法部、全国人大常委会法制工作委员会《关于实施刑事诉讼法若干问题的规定》
《六机关规定》

最高人民法院《关于执行〈中华人民共和国刑事诉讼法〉若干问题的解释》(1998年)(法释〔1998〕23号)
《刑诉法解释》(1998年)

最高人民法院《关于适用〈中华人民共和国刑事诉讼法〉的解释》(2012年)(法释〔2012〕21号)
《刑诉法解释》(2012年)

最高人民法院《关于适用〈中华人民共和国刑事诉讼法〉的解释》(2021年)(法释〔2021〕1号)
《刑诉法解释》

最高人民检察院《人民检察院刑事诉讼规则》(1999年)(高检发释字〔1999〕1号)
《高检规则》(1999年)

最高人民检察院《人民检察院刑事诉讼规则(试行)》(2012年)(高检发释字〔2012〕2号)
《高检规则(试行)》(2012年)

最高人民检察院《人民检察院刑事诉讼规则》(2019年)(高检发释字〔2019〕4号)
《高检规则》

《公安机关办理刑事案件程序规定》(1998年)(中华人民共和国公安部令第35号)
《公安规定》(1998年)

《公安机关办理刑事案件程序规定》(2012年)(中华人民共和国公安部令第127号)
《公安规定》(2012年)

《公安机关办理刑事案件程序规定》(2020年)(中华人民共和国公安部令第159号)
《公安规定》

最高人民法院、最高人民检察院、公安部、国家安全部、司法部《关于推进以审判为中心的刑事诉讼制度改革的意见》(法发〔2016〕18号)
《刑事诉讼制度改革意见》

最高人民法院、最高人民检察院、公安部、国家安全部、司法部《关于适用认罪认罚从宽制度的指导意见》(高检发〔2019〕13号)
《认罪认罚从宽指导意见》

最高人民检察院、司法部、财政部等《关于建立涉案企业合规第三方监督评估机制的指导意见(试行)》(高检发〔2021〕6号)
《企业合规指导意见(试行)》

最高人民检察院等八部委《〈关于建立涉案企业合规第三方监督评估机制的指导意见(试行)〉实施细则》
《〈企业合规指导(试行)〉细则》

中华全国工商业联合会办公厅、最高人民检察院办公厅、司法部办公厅等《涉案企业合规建设、评估和审查办法(试行)》(全厅联发〔2022〕13号)
《合规评估办法(试行)》

最高人民法院、最高人民检察院、公安部、国家安全部、司法部《关于进一步严格依法办案确保办理死刑案件质量的意见》(法发〔2007〕11号)
《办理死刑案件意见》

最高人民法院、最高人民检察院、公安部《关于办理信息网络犯罪案件适用刑事诉讼程序若干问题的意见》（法发〔2022〕23号）
《信息网络犯罪意见》

最高人民法院、最高人民检察院、公安部《关于办理电信网络诈骗等刑事案件适用法律若干问题的意见》（法发〔2016〕32号）
《电信网络诈骗等刑事案件的意见》

最高人民法院、最高人民检察院、公安部《关于办理电信网络诈骗等刑事案件适用法律若干问题的意见（二）》（法发〔2021〕22号）
《电信网络诈骗等刑事案件的意见（二）》

最高人民法院、最高人民检察院、公安部、国家安全部、司法部《关于办理刑事案件严格排除非法证据若干问题的规定》（法发〔2017〕15号）
《严格排除非法证据规定》

最高人民法院、最高人民检察院、公安部、国家安全部、司法部《关于办理死刑案件审查判断证据若干问题的规定》（法发〔2010〕20号）
《办理死刑案件证据规定》

最高人民法院、最高人民检察院、公安部、国家安全部、司法部《关于办理刑事案件排除非法证据若干问题的规定》（法发〔2010〕20号）
《非法证据排除规定》

最高人民法院、最高人民检察院、公安部《关于办理刑事案件收集提取和审查判断电子数据若干问题的规定》（法发〔2016〕22号）
《电子数据规定》

全国人民代表大会常务委员会《关于司法鉴定管理问题的决定》（中华人民共和国主席令第25号）
《司法鉴定管理决定》

最高人民法院、最高人民检察院、公安部、司法部《关于刑事诉讼法律援助工作的规定》（司发通〔2013〕18号）
《法律援助规定》

最高人民法院、最高人民检察院、公安部、国家安全部、司法部《关于开展法律援助值班律师工作的意见》（司发通〔2017〕84号）
《法律援助值班律师工作意见》

最高人民检察院《人民检察院办理羁押必要性审查案件规定(试行)》(高检发执检字〔2016〕1号)
《羁押必要性审查规定(试行)》

最高人民检察院《关于人民检察院立案侦查司法工作人员相关职务犯罪案件若干问题的规定》(高检发研字〔2018〕28号)
《人民检察院立案侦查司法工作人员相关职务犯罪案件规定》

最高人民法院《人民法院办理刑事案件庭前会议规程(试行)》(法发〔2017〕31号)
《庭前会议规程(试行)》

最高人民检察院《人民检察院办理认罪认罚案件开展量刑建议工作的指导意见》(高检发办字〔2021〕120号)
《认罪认罚量刑建议指导意见》

最高人民法院、最高人民检察院《关于办理刑事赔偿案件适用法律若干问题的解释》(法释〔2015〕24号)
《刑事赔偿案件解释》

最高人民法院《关于刑事再审案件开庭审理程序的具体规定(试行)》(法释〔2001〕31号)
《刑事再审案件开庭审理程序规定(试行)》

最高人民法院《关于规范人民法院再审立案的若干意见(试行)》(法发〔2002〕13号)
《人民法院再审立案意见(试行)》

最高人民检察院《人民检察院办理刑事申诉案件规定》
《人民检察院办理刑事申诉案件规定》

最高人民法院《关于刑事裁判涉财产部分执行的若干规定》(法释〔2014〕13号)
《刑事财产执行规定》

最高人民法院、最高人民检察院《关于适用犯罪嫌疑人、被告人逃匿、死亡案件违法所得没收程序若干问题的规定》(法释〔2017〕1号)
《违法所得没收程序规定》

最高人民法院《关于适用〈中华人民共和国民事诉讼法〉的解释》(2022年)(法释〔2022〕11号)
《民诉法解释》

目 录

--- 上编 程序论 ---

刑事诉讼主体的运行

001 指定管辖的滥用｜诉审与辩审关系的确立／陈学权　　003
魏某等人有组织犯罪案

002 异地异级调用检察官的合法性／程　捷　　008
谢某某等人诈骗案

003 变更起诉罪名｜诉审关系／郭　烁　　013
吴某某、陈某某等行贿、诈骗案

004 自诉人死亡后的程序处理｜国家赔偿／郭　松　　018
邱某诉喻某诽谤、喻某反诉案

005 法定法官原则｜共同犯罪与指定管辖的规范／贺小军　　023
黎某某等人有组织犯罪案

006 留置措施的适用与监察调查对象的区分｜检察院变更罪名／兰跃军　　028
律师路某行贿案

007 诉讼阶段不同情形下共犯的合并审理问题／潘　侠　　033
王某故意杀人案

008 审判公正假定｜指定管辖的谦抑适用／王一超　　038
王某民事枉法裁判案

009 集团化电信网络诈骗案件的侦办／许静文　　043
杨某被诈骗案关联掩饰隐瞒犯罪所得案

010 检警关系的调适｜检察主导的法治运作／郑　曦　　049
昆山于某某"反杀"致刘某某死亡案

刑事诉讼中的权利保障与救济机制

011 速裁案件的二审程序｜发回重审不加刑/鲍文强 054
段某某妨害公务案

012 缺席审判程序的正当性/步洋洋 059
程某贪污案

013 刑事涉案财物处理的案外人参与｜善意取得的适用/初殿清 064
潘某某等抢劫案

014 涉案财物处置程序｜案外人权利保护/朱奎彬 070
徐某、李某某非法采矿案

015 律师独立辩护的边界与限度/陈 虎 075
李某伪证案

016 羁押期限与办案期限混同｜追求案件真实的限度/程 衍 080
念某投放危险物质案

017 使用本民族语言文字的权利｜刑事诉讼的翻译制度/单子洪 085
车某运输毒品案

018 逮捕条件的阶层化建构/高 通 089
廖某危害珍贵、濒危野生动物与非法狩猎案

019 一事不再理｜涉众类经济犯罪涉案财物处置/贺红强 094
西安理工科技专修学院、陈某非法吸收公众存款案

020 自诉与公诉｜管辖的竞合/何永军 099
黄某重婚案

021 上诉不加刑原则的理解与适用/孔祥承 104
李某非法收购、运输、加工、出售国家重点保护植物、国家重点保护植物制品案

022 一事不再理原则｜公诉事实的单一性与同一性/刘仁琦 109
冯某非法经营案

023 委托宣判的适用｜在线诉讼的功能展望/刘亦峰 114
陈某武等故意杀人案

024 刑事诉讼中的有效辩护、无效辩护及其中国化/刘译矾 119
谢某强奸、抢劫案与李某故意伤害案

025 存疑不捕之实践样态及不捕后诉讼监督/陆而启 124
王某某诈骗案

026	死刑复核的诉讼化改造｜死刑复核法律援助全覆盖/罗海敏 杨某某抢劫案	129
027	上诉不加刑的规范结构｜"为被告人利益抗诉"的判断标准/马明亮 余某某交通肇事案	134
028	诉讼客体｜一事不再理｜自诉转公诉/聂友伦 郎某、何某诽谤案	139
029	公诉转自诉｜强制起诉制度/潘金贵 陈某某故意杀人案	143
030	电子数据载体的财产权保护｜扣押中的行刑衔接问题/裴　炜 T公司国家赔偿案	148
031	拘捕不搜查原则与随附性搜查的规制/佴化强 郭某贩卖毒品案与孙某某贩卖毒品案	153
032	死刑案件的量刑程序及裁量逻辑/孙　皓 孙某故意杀人案	158
033	指定居所监视居住措施适用的救济机制/王　彪 钟某等人有组织犯罪案	163
034	公权力介入自诉取证的边界｜自诉担当制度/王晓华 朱某刑事自诉网络诽谤案	168
035	作为宪法性权利的辩护权｜委托辩护优先原则/吴宏耀 劳某某故意杀人案	172
036	疑罪从无原则的适用/肖沛权 陈某抢劫案	178
037	司法机关久拖不决引起追诉时效经过｜时效审查的程序机制/叶燕杰 刘某故意伤害案	182
038	刑事附带民事诉讼精神损害赔偿/张　栋 牛某某性侵未成年人案	187
039	对强制医疗客观要件的反思/张吉喜 黄某强制医疗案	192
040	"挂案"的定性、判定标准与规范化处置/张　可 郭某仁涉嫌故意杀人案	197

检察自由裁量权

041 附条件不起诉的二次适用／何　挺　　　　　　　　　　　202
　　　陈某故意伤害案

042 附条件不起诉与刑事政策目的之达成｜附带处分的性质辨析／刘学敏　208
　　　庄某等人敲诈勒索案

043 附条件不起诉的适用｜完善帮教考察机制／王贞会　　　　213
　　　胡某某抢劫案

044 附条件不起诉所附条件和期限的合理性／自正法　　　　　218
　　　唐某等人聚众斗殴案

045 合规不起诉的正当程序／吴啟铮　　　　　　　　　　　　223
　　　Y公司、姚某某等人串通投标案

046 企业合规不起诉的适用对象／李玉华　　　　　　　　　　228
　　　X公司、杨某、王某串通投标案

047 证券合规案件中个人犯罪的合规适用争议／程　雷　　　　233
　　　王某泄露内幕信息案

048 企业合规案件行刑"反向衔接"的基本方式／陶朗逍　　　238
　　　某电子科技有限公司、某信息技术有限公司涉嫌虚开增值税专用发票案

049 异地企业合规｜跨行政区划司法协作／吴思远　　　　　　243
　　　上海J公司、朱某某假冒注册商标案

050 涉案小微企业的合规整改｜单位与单位成员责任适当分离与分别追诉／徐　磊　248
　　　F公司、严某、王某提供虚假证明文件案

051 涉案企业合规第三方评估的对象与标准／罗维鹏　　　　　253
　　　Z公司、康某某等人重大责任事故案

认罪认罚从宽与量刑建议制度

052 审判阶段的认罪认罚从宽制度｜辩审协商制度的构建／蔡元培　258
　　　前某等非法吸收公众存款案

053 认罪认罚案件不起诉的逻辑与适用／史立梅　　　　　　　263
　　　肖某等三人故意伤害案

054 认罪认罚从宽制度中被告人上诉的跟进式抗诉／王禄生　　268
　　　琚某忠盗窃案

055	认罪认罚案件坚持律师独立辩护｜法院恪守实质审查/王迎龙	273
	王某非法经营案	

056	认罪认罚案件的再审｜诉讼真实观/魏晓娜	278
	郝某甲交通肇事罪再审案	

057	控辩存在重要争议下的认罪认罚问题/奚 玮	283
	胡某虚开增值税专用发票案	

058	认罪认罚、有罪辩护之下的无罪判决/闫召华	288
	徐某某非法采矿案	

059	法官保障认罪认罚自愿性｜被告人反悔权是自然权利/杨晓静	293
	琚某忠盗窃案	

060	认罪认罚从宽制度在职务犯罪案件中的适用/周 新	298
	金某受贿案	

061	法院径行不采纳量刑建议是否属于程序违法/韩 旭	303
	苏某花开设赌场案	

062	法院径行变更认罪认罚案件指控罪名的处理/刘方权	308
	黄某等非法经营案	

063	刑事诉讼中的曲意释法｜违法审理的程序性后果/万 旭	313
	韩大某某故意杀人案	

064	"一般应当"和"明显不当"的法教义学分析/魏化鹏	318
	丁某盗窃案与沈某危险驾驶案	

065	一审在量刑建议幅度外径行判决｜二审的处理规则/吕泽冰	323
	邓某某危险驾驶案	

既判力与程序纠错机制

066	法院启动再审程序｜根据诉讼利益区分再审的事由/陈 实	328
	陈某、王某开设赌场案	

067	法律保留与再审启动主体的设定/陈永生	333
	聂某某故意杀人、强奸案	

068	公诉撤回制度的争议与完善/方 姚	338
	陆某妨害信用卡管理、销售假药案	

069	刑事审级制度和审判监督程序的配置失衡/郭　航	343
	呼某涉嫌故意杀人案	
070	刑事二审"全面审查"的范围与边界/贾志强	348
	曾某平等贩卖、运输毒品案	
071	再审的"纠错"与"救济"功能｜检察机关在再审启动程序中的突出地位/李　辞	353
	于某某杀妻案	
072	七人陪审制规定中的"应当"/李子龙	358
	杨某某故意杀人案	
073	再审程序｜禁止双重危险/林艺芳	363
	左某某故意杀人案	
074	"发回重审"的制度功能及其限制/邵　俊	368
	师某某挪用公款案	
075	撤回起诉与变更起诉的关系｜启动再审条件/宋志军	373
	熊某兵等盗掘古文化遗址案	
076	无罪案件未提交审委会讨论是否构成程序违法/孙　远	378
	仲某非国家工作人员受贿案	
077	审判监督程序抗诉必要性的审查｜被告人撤回上诉案件中的抗诉对象/王　佳	383
	范某非法贩卖毒品案	
078	提审程序的运行与困境/吴洪淇	388
	刘某非法持有、私藏枪支、弹药 故意伤害案	
079	既判力理论与再审审慎启动/杨　恪	393
	赖某涉嫌掩饰、隐瞒犯罪所得案	
080	一审程序内重审｜作为初审保障程序的无效审理制度/张潋瀚	398
	周某某受贿、挪用公款案	
081	再审不加刑｜发回重审抗诉不加刑/张友好	403
	武某生、武某勇等妨害作证、伪证案	
082	再审范围｜再审阶段的变更起诉/任禹行	408
	许某某非法持有毒品、贩卖毒品案	

下编　证据论

证据能力与证明力

083	实物证据的鉴真问题／白　冰 唐某等贩卖毒品案	415
084	"有专门知识的人"出庭的诉讼地位及证据效力／陈邦达 林某故意杀人案	420
085	跨境取证｜境外证据的证据能力／陈苏豪 李某故意杀人案	425
086	重罪案件中间接证据定罪实践｜疑罪从无的谨慎适用／崔　凯 喻某某故意杀人案	430
087	监察调查阶段非法证据的审查认定／邓矜婷 钟某受贿案	435
088	法庭调查、质证与证据能力／董　坤 王某故意伤害案	440
089	非法证据排除程序启动｜庭前会议的功能误区／杜　磊 刘某寻衅滋事案	445
090	取证程序规范与证据能力规范｜证据禁止理论／樊传明 张某非法持有毒品案	450
091	证据裁判原则及其现代法治意义／冯俊伟 陈某申诉案	455
092	"无尸无罪"与口供补强／兰荣杰 胡某某、张某某、金某某故意杀人案	460
093	证人出庭条件｜证据调查与证据评价／李昌盛 王某某受贿案	465
094	立案前收集证言的合法性｜立案标准的探讨／李　鑫 白某诈骗案	470
095	证人与见证人身份能否重叠／李训虎 马某、马A某非法持有毒品案	475

096	关联性作为证据的第一属性/林　静	481
	雍某某故意杀人案	
097	审查批捕阶段的排非｜二次讯问的"飞语难收"/林喜芬	486
	王某雷故意杀人案	
098	非典型非法证据排除｜证据材料的客观性要求/林志毅	491
	陈某诈骗案	
099	补强运用及证明力为核心的证据审查/马静华	496
	宋某某故意杀人案	
100	重复供述的排除规则/牟绿叶	501
	张某某受贿案	
101	测谎意见证据资格的新认识/邵　劭	505
	翟某1、翟某故意伤害案	
102	案发证据与案件验真/万　毅	510
	梁某强奸案	
103	电子数据的多元化鉴真/谢登科	515
	快播公司、王某、吴某等传播淫秽物品牟利案	
104	非法证据排除规则的实践异化与理论澄清/杨　波	520
	陈某某故意杀人案	
105	庭前会议的适用与功能/尹泠然	525
	陈某某危险驾驶案	
106	监所线人证言的审查/于增尊	530
	马某某故意杀人案	
107	行政证据的刑事证据资格审查/喻海松	535
	王某某、秦某某容留卖淫案	
108	外部政策规则的非法证据排除规则｜非法取证对量刑的影响/张　威	540
	吴某、朱某贪污案	
109	鉴真：实物证据同一性证明/张　中	545
	王某非法出售珍贵、濒危野生动物案	
110	不符合法定的证据形式作为"定案根据"/郑　飞	550
	王某受贿案	

111	电子数据审查｜海量数据质证/朱桐辉	555
	李某制作、贩卖、传播淫秽物品牟利案	
112	言词证据的审查｜讯问录音录像的功能、性质/李雪松	560
	王某某过失致人死亡案	
113	鉴定意见有效质证｜行政认定意见的证据属性/孔令勇	565
	郭某生产假药案	
114	间接证据运用与携疑定罪/强卉	570
	杨某林故意杀人案	
115	实物证据审查判断规则的层次性适用｜证据"三性说"反思/孙锐	575
	卓某贩卖毒品案	
116	孤证定案问题/纵博	580
	杨某某盗窃案	

司法证明

117	违法所得没收程序的性质与证明标准辨析/高童非	585
	白某贪污违法所得没收案	
118	失当证明与冤案纠正/刘磊	590
	张氏叔侄杀人、强奸案	
119	作为"法律之蝠"的刑事推定与证明责任/卢少锋	595
	于某等生产、销售有毒有害食品案	
120	举证责任倒置与转移之辨｜海量电子数据的证据/秦策	600
	郭某甲等假冒注册商标案	
121	犯罪数额的证明｜印证与综合认定方法的调和/秦宗文	605
	张某某等52人电信网络诈骗案	
122	幽灵抗辩的应对｜主/客观证明标准的形成/塔娜	610
	张某某贩卖毒品案	
123	先证据裁判后自由心证的裁判思维｜品格推论的程序性约束机制/王星译	615
	秦某强奸、猥亵儿童案	
124	信息网络犯罪案件中的抽样取证制度/谢小剑	620
	王某等电信网络诈骗案	

125	司法证明的盖蒂尔难题及其破解/熊晓彪	625
	刘某某贩卖毒品案	

126	正当防卫案件的证明责任分配/杨 依	630
	冷某故意伤害案	

127	刑事裁判运用"常理""常识""常情"进行说理论证/谢进杰	635
	何某运输毒品案	

128	事实的合理认定｜证明标准的普遍共识/周洪波	640
	黄某、邱某等制造毒品案	

后记　她是你的玫瑰　　　　　　　　　　　　　　　　　　　　646

上编 | 程序论

001　指定管辖的滥用｜诉审与辩审关系的确立

魏某等人有组织犯罪案

陈学权　对外经济贸易大学

■ 案情概要*

魏某等人有组织犯罪案相关犯罪事实发生在河北省秦皇岛市昌黎县，依据《刑事诉讼法》规定，地域管辖法院为昌黎县人民法院。根据秦皇岛市公安局的指定，本案由秦皇岛市公安局北戴河分局侦查终结，随后该局于2020年6月23日将此案移送北戴河区人民检察院审查起诉；根据上级检察院的指定管辖批复，北戴河区人民检察院于2020年8月31日将魏某等人有组织犯罪案起诉至北戴河区人民法院［参见北检一部刑诉（2020）42号］。2天后，即2020年9月2日，秦皇岛市中级人民法院将魏某等34人有组织犯罪案指定给北戴河区人民法院审理［参见（2020）冀03刑辖52号］。随后，北戴河区人民法院开始此案的庭前准备和审理。

北戴河区人民法院于2020年9月19日、9月28～30日召开庭前会议，于2020年10月12～16日、10月23～25日开庭审理此案。北戴河区人民法院于2020年11月5日继续开庭审理此案，在审判长准备宣布当日庭审结束、明天继续开庭时，公诉人以需要补充侦查为由，向法庭申请延期审理，法庭随即宣布休庭，下次开庭日期另行通知。此时本案法庭证据调查工作已经完成80%左右。

在各被告人和辩护人等待法院的继续开庭通知时，北戴河区人民法院于2020年12月30日向各被告人送达了改变管辖通知书，但此通知书未送达给辩护人，也未向辩护人告知改变管辖事宜。随后，至本案二审结束，被告人和辩护人未收到北戴河区人民法院针对此案的任何法律文书。

辩护人后来得知，秦皇岛市中级人民法院已于2020年12月20日将北戴河区人民法院已经开庭审理了9天的魏某等人有组织犯罪案，重新指定给秦皇岛市山海关区人民法院审判［参见（2020）冀03刑辖79号］。随后秦皇岛市人民检察院于2021年1月4日将此案指定给山海关区人民检察院审查起诉［参见秦检一部指辖批（2021）Z1号］。2021年5月4日，山海关区人民检察院将魏某等人有组织犯罪案起诉至山海关区人民法院。与北戴河区

---

* 参见河北省秦皇岛市山海关区人民法院（2021）冀0303刑初56号刑事判决书、河北省秦皇岛市中级人民法院（2022）冀03刑终41号刑事裁定书。

人民检察院的起诉相比,山海关区人民检察院的起诉,对部分被告人追加了罪名和指控事实,同时也减少和调整了部分指控事实,尤其是对此案指控的犯罪组织成立的关键事实作了变更。在法庭证据调查时,山海关区人民检察院针对北戴河区人民法院审理此案时公诉方的举证漏洞,对举证也作了诸多删减和增补;先前在北戴河区人民法院法庭上出示的一些遭受辩方强烈质疑的证据,在山海关区人民法院庭审时公诉方未再出示。

在山海关区人民法院就此案召开的庭前会议上,数位辩护人对秦皇岛市中级人民法院将北戴河区人民法院已经开庭审理了9天的案件又指定给山海关区人民法院重新审理提出异议,认为山海关区人民法院对此案无管辖权,但山海关区人民法院以有上级人民法院的指定管辖决定为由坚持审理此案。山海关区人民法院对此案历经42天的审理后,于2021年12月30日作出一审判决[(2021)冀0303刑初56号]。被告人魏某等人对一审判决不服提起上诉,秦皇岛市中级人民法院于2022年3月15日作出驳回上诉、维持原判的裁定[(2022)冀03刑终41号]。

■ 法律分析

> **争议焦点**
>
> 有关法院在开庭审理过程中通过指定管辖变更审理法院之行为是否妥当?指定管辖前之诉讼程序是否有效?

□ 指定管辖的正当性及可能的滥用

《刑事诉讼法》第27条对指定管辖作了原则性规定,即"上级人民法院可以指定下级人民法院审判管辖不明的案件,也可以指定下级人民法院将案件移送其他人民法院审判"。依法、合理地适用指定管辖制度,对于排除不当干扰、促进司法公正意义重大。本案为有组织犯罪案件,被告人魏某为昌黎县第十六届人民代表大会代表,因此本案通过指定管辖,进行异地审理可以理解。但本案在审理过程中,控辩审三方针对北戴河区人民法院、山海关区人民法院对此案是否享有管辖权出现了较大的争议,现分析如下:

1. 在获得上级检察院、法院的指定管辖决定之前,检察院和法院先斩后奏直接办理此案是否有效?

在秦皇岛市公安局北戴河分局对本案侦查终结于2020年6月23日将此案移送北戴河区人民检察院审查起诉时,北戴河区人民检察院尚未接到上级检察院的指定管辖决定。在北戴河区人民检察院8月30日向北戴河区人民法院提起公诉之后,北戴河区人民法院于9月2日才收到秦皇岛市中级人民法院的指定管辖决定,同时被告之"收到此决定书后,即与北戴河区人民检察院联系"。简言之,北戴河区人民检察院和法院在接收和办理此案时,均未获得指定管辖决定,而是事后才获得上级机关的指定管辖决定。基于此,辩护方认为,检察院在收到指定管辖决定之前的审查起诉行为无效;既然法院在9月2日才收到指定管辖决定,那么 8 月 30 日的起诉法院就不应该受理。诚然,本案的指定管辖在程序操作上非常不严谨;辩护方的意见不无道理,这种类似"死磕"辩护对于监督司法机关依法办案、促进程序公正富有意义。当然,鉴于我国《刑事诉讼法》对此类行为的后果并无明确规定,而且这是一种可以补正或者作出合理解释的行为,因此不足以从根本上动摇北戴河区人民检察院和法院对此案的管辖权。

2. 在北戴河区人民法院对此案审理的法庭证据调查已完成大半,有关法院又将此案指定给山海关区人民法院审判是否妥当?

实践中指定管辖大多发生在法院受理案件之前,在案件开庭审理过程中再通过指定管辖变更审理法院的情形并不多见。不过,一旦发生此种情况,指定管辖就存在被滥用的可能,且由于这类案件比较重大、复杂、社会影响大,因此对其适用进行规范非常必要。事实上,最高人民法院已经意识到指定管辖在实践中时常被滥用,因而通过《刑诉法解释》第 20 条专门强调,"只有在更为适宜的时候,才可以通过指定管辖变更审理法院"。

在案件审理过程中原则上不宜再通过指定管辖变更审理法院,主要原因如下:

第一,管辖法定原则要求慎重适用指定管辖。为了尽可能避免通过挑选法院影响裁判结果的情形发生,减少人为因素对司法的影响,防止对司法公正和公信力造成损害,现代刑事诉讼普遍确立管辖法定原则,只有在万不得已的情况下,基于司法公正的需要才允许指定管辖。因此,以管辖法定为原则、指定管辖为例外,已成为现代刑事诉讼管辖制度的基本要求。

第二,在开庭审理过程中再通过指定管辖变更审理法院会导致诉讼拖延。法院一旦对案件开庭审理,上级人民法院再通过指定管辖变更审理法院,意味着已有的审理全部作废,而且还得由另一检察院重新审查起诉,然后案子回到新的法院完全从头开始。这种诉讼拖延,一方面会对国家有限的司法资源造成极大浪费;另一方面导致案子久拖不决,侵犯被告人获得及时审判的权利。

第三,审理过程中通过指定管辖变更审理法院,一般难以取得较好的社会效果。在案件本来已经依法进入审理程序的情况下,又通过指定管辖变更审理法院,临时排除对此案已进行部分审理的法院之管辖权,一方面容易让人联想到是上级人民法院对审理此案的法院不信任;另一方面还有可能是通过管辖权的转移,追求一些不正当的目的,例如,可能是由于公诉方准备不足致使已有的庭审效果不佳,试图通过指定管辖重新审判以达到较好的庭审效果等。

在本案中,法定管辖的法院是昌黎县人民法院,北戴河区人民法院通过上级人民法院的指定管辖获得管辖权。上级人民法院在指定北戴河区人民法院审理此案时,就意味着上级人民法院认为北戴河区人民法院具备审理此案的人力和物力资源。在宣布延期审理后,合议庭法官也不存在退休、职务调动、重大疾病等新出现的特殊情况。因此,在北戴河区人民法院已经开庭审理 9 天的情况下,基于诉讼效率和程序公正的考虑,原则上不宜再变更审理法院,本案第二次指定管辖存在滥用之嫌。

■ **理论阐释** | 对审理过程中的案件再指定管辖的条件及救济

指定管辖既然是对法定管辖的必要补充，因而也就不排除在特殊情况下，即便法院已经对案件开庭审理，上级法院也可以通过指定管辖变更审理法院。但针对正在审理的案件，上级法院再通过指定管辖变更审理法院的权力应当受到严格的限定。具体来说，仅限于以下特殊情形：

一是正在办理此案的法院、检察院因本单位领导需要回避，或者案件与本单位存在利益牵连关系，不宜继续审理。例如，在王某忠涉嫌枉法裁判罪案中，由于二审法院是被告人王某忠的工作单位，法院的领导、审理此案的法官与被告人王某忠存在上下级、同事关系，最终吉林省高级人民法院通过指定管辖变更了此案的二审法院。

二是办理此案的法官、检察官涉嫌违法犯罪，尤其是涉嫌收受本案当事人贿赂的。例如，在王某明涉黑案的开庭审理中，王某明的辩护人当庭举报此案的公诉人向被告人索贿30万元，从而使本案继续审理的公信力受到质疑，随后上级法院通过指定管辖变更了审理法院。

三是因不可抗力事件且短期内不能解决导致法院难以继续审理此案的。例如，因发生重大灾害导致法院短期内无法恢复正常庭审的；再如，因法官病逝或有重大疾病，导致难以组成合议庭的。总之，既然案件已经进入审理程序，再通过指定管辖变更审理法院就应慎之又慎，不到万不得已，没有必要再指定管辖；否则，就涉嫌基于不正当目的滥用指定管辖权。

为遏制指定管辖的滥用，有必要确立相应的救济机制。《刑诉法解释》第228条虽然对管辖权异议问题作出了规定，但在实践中很难发挥对指定管辖滥用的救济。与法定管辖相比，针对指定管辖的管辖权异议有其特殊性，这是因为：一方面，就管辖依据而言，法定管辖的确立依据相对比较明确，享有指定管辖权的法院究竟指定哪个法院管辖的依据则相对模糊。另一方面，接受指定管辖的法院对于取得管辖权本身就是被动的，是否获得被指定管辖权完全取决于上级法院；一旦接收到上级法院的指定管辖决定，基于上下级法院的监督关系，被指定管辖的法院无权审查上级法院指定管辖的正当性。即便当事人提出管辖权异议，被指定管辖的法院常常以上级法院的指定管辖决定为依据确认自己享有管辖权，至于上级法院的指定管辖决定是否合法、正当则在所不问。这就意味着在现行法律和司法解释下，当事人对指定管辖的救济基本处于失灵状态。因此，针对指定管辖的管辖异议，有必要赋予当事人特殊的救济途径，允许当事人向作出指定管辖决定的法院提出异议；对其异议处理不服的，还应允许当事人向作出指定管辖决定的法院之上级法院申请复议，由此强化上级法院对下级法院指定管辖的监督。

■ **扩展思考** | 对审理过程中的案件再指定管辖后诉审、辩审关系的处理

鉴于案件已进入开庭审理，起诉方、当事人、辩护人、代理人与法院之间已经形成相应的诉讼法律关系，如果再通过指定管辖变更审理法院，必然会引起相关法律关系的变动。

就诉审关系而言,起诉发动审判,并限定审判范围,这是起诉产生的诉讼系属效力。因此,在审理过程中通过指定管辖变更审理法院时,首先需要解决如何处理控方的起诉问题。在上级法院指定管辖后,案件的审判管辖权虽已转移,但起诉对审判恒定的效力依然存在;即便法院将案卷和起诉书退回控方,也不能消除起诉书对法院的效力;而且,在法院已将起诉书送达被告人和辩护人的情况下,起诉书对被告人和辩护人的效力同样不会因为法院将案卷退回控方而消失,由此就会出现起诉效力尚在但法院管辖权已经丧失的内在矛盾。此矛盾之解决,唯有起诉方撤回起诉才可彻底解决。否则,在指定管辖后,有关控方再次起诉,从而出现一案二诉并存的状况。在一案先后两次起诉的情况下,根据共同管辖的法理,案件只能由最初受理的法院审判,由此就使得指定管辖无法达到转移审判管辖权之目的。因此,在上级法院通过指定管辖变更审理法院以后,已经形成的诉审关系唯有通过控方撤回起诉的方式才能终结。

就辩审关系而言,一旦辩护人向法院提交委托书、律所公函等辩护手续,法院向辩护人送达了起诉书,就意味着辩护人与法院之间形成了辩审诉讼法律关系。上级法院的指定管辖,虽转移了法院的管辖权,但辩护人与法院之间的辩审法律关系并未因此而消灭。而且,在指定管辖后,辩护人与被指定管辖的法院之间新的辩审关系并不会自动形成。事实上,指定管辖后,案卷从法院倒流到起诉方;如果是公诉案件,先前起诉的检察院需要将案卷移送至被指定管辖法院对应的同级检察院,此时案件再次进入审查起诉程序,然后在起诉后案件才能到达被指定管辖的法院。此时辩护人如果要与被指定法院建立辩审关系,参与辩护活动,需要向被指定的法院提交委托书、律所公函等新的辩护手续。唯有此,辩护人与被指定法院之间的诉讼法律关系才得以形成。因此,对于原审理法院来说,在案件被指定管辖到其他法院后,虽然管辖权已被转移,但其与辩护人之间的辩审诉讼法律关系依然存在;此种辩审诉讼法律关系,唯有法院通过作出准予撤诉或终止审理裁定的方式才能结束。

综上所述,对于已经进入审理程序的案件,鉴于诉辩审三方诉讼法律关系已经形成,上级法院原则上不宜再通过指定管辖变更审理法院;确实有必要变更管辖法院的,原审法院应当建议控方撤回起诉,作出准予撤诉的裁定或者在起诉方拒绝撤回起诉时,作出终止审理之裁定,并将案卷退回起诉方,同时将准予撤诉或终止审理的裁定依法送达起诉方、当事人和辩护人。

002 异地异级调用检察官的合法性
谢某某等人诈骗案

程 捷 中国社会科学院大学

■ 案情概要*

公诉机关指控,谢某某自2013年以来先后以他人名义在河南、北京成立了"北京中金鼎盛国际艺术品收藏有限公司"(以下简称"中金公司")等多家公司,谢某某实际控制上述公司的全部活动,并在上述公司内部由被告人刘某芳等人组成层级分明、分工明确的人员结构体系,以"中金公司"等名义对外销售书画、瓷器和玉器等收藏品。自2015年以来,谢某某、刘某芳等人采取"冒充拍卖行""承诺回购"等手段诱骗客户购买公司收藏品。

2018年8月,安徽省芜湖市繁昌区人民检察院向繁昌区人民法院提起公诉,指控谢某某等63名被告人构成诈骗罪,涉案金额1789.9万元。繁昌区人民法院于2019年3月18日至2019年3月24日、2019年12月24日至2020年1月3日分多次对本案开庭审理,其间检察机关指派5名检察员出庭支持公诉,辩方则有超过100名辩护人到庭。

2021年2月,繁昌区人民法院作出一审判决,以诈骗罪判处谢某某、刘某芳等20名被告人有期徒刑13年至3年不等,并处数额不等的罚金;同时认为杨某真等其余42名被告人因指控涉嫌诈骗罪的证据不足,故宣告无罪;另有1名被告人因故被中止审理。

被判诈骗罪的被告人全部上诉。繁昌区人民检察院则认为,一审判决认定杨某真等42人犯诈骗罪证据不足,系事实认定和法律适用错误;认定本案不构成犯罪集团,系法律适用错误。经该院检察委员会讨论决定后,提出了抗诉。

在本案二审阶段,出庭支持抗诉的检察官除芜湖市人民检察院调用的市、区两级检察官以外,还有来自合肥、铜陵、安庆等多地的5名检察官,并且由安徽省人民检察院出具了书面调用决定。2022年1月芜湖市中级人民法院对本案二审开庭审理结束,截至2023年3月尚未作出判决。

---

* 参见安徽省芜湖市繁昌区人民法院(2018)皖0222刑初130号刑事判决书;戴剑敏:《芜湖外援检察官的争议——行政官与事务官的差别》,载百度2021年10月13日,https://baijiahao.baidu.com/s?id=1713515408366428056&wfr=spider&for=pc。

■ 法律分析

> **争议焦点**
>
> 本案二审出庭检察人员的组成引起了辩护律师与部分学者的强烈质疑，他们认为异地不同级调用检察官到庭公诉的操作欠缺法律依据，甚至有合宪性上的疑虑。即芜湖市人民检察院调用辖区内检察人员履行出庭公诉职责、安徽省人民检察院指挥调派办案检察院以外的检察官出庭之行为是否妥当？

笔者认为，上述争议应该回归对《人民检察院组织法》第24条第1款第4项的法教义学分析，至于该规范本身是否违宪的问题，也可以通过合宪性解释方法加以处理，未必非要重新或补充制定规则不可。结合本案中调用检察官的主体场景，分为两个中间问题解析。

1. 上级人民检察院能否调用辖区内的检察人员代表本单位履行出庭公诉职责？

在本案中，繁昌区人民检察院依法对一审判决提起抗诉以后，负责派员出庭支持抗诉的芜湖市人民检察院调用了该市区级检察院的检察官出庭，其法律依据是《人民检察院组织法》第24条第1款第4项，即上级人民检察院对下级人民检察院可以行使的职权包括"（四）可以统一调用辖区的检察人员办理案件"。何谓"办理案件"？作为核心规范的《人民检察院组织法》第24条第1款没有给出定义，但《高检规则》第9条第2款第2句构成其补充性规范，其规定"被调用的检察官可以代表办理案件的人民检察院履行出庭支持公诉等各项检察职责"。因此，《人民检察院组织法》第24条第1款连同《高检规则》第9条第2款第2句构成一项完整的法命题，[1] 即人民检察院有权调用辖区内的检察人员代表自己履行出庭公诉职责。

有观点认为，《高检规则》是最高人民检察院自己制定的司法解释，本身不是法律，仅以检察系统自己制定的规则作为调用检察人员出庭的法律依据难免有失公正，需要更高位阶的法律作出明确规定。笔者对此不能苟同。根据《立法法》第104条以及全国人民代表大会常委会于1980年通过的《关于加强法律解释工作的决议》，最高人民检察院就检察工作具体应用法律有权作出解释，故《最高人民检察院司法解释工作规定》第5条第1句规定，"最高人民检察院制定并发布的司法解释具有法律效力"。法律适用当然不能排斥正式司法解释。

更值得认真对待的是全国人大常委会法制工作委员会（以下简称全国人大常委会法工委）于2022年12月28日表达的意见，即被调用的检察人员代表办理案件人民检察院履行出庭支持公诉等各项检察职责，需要经本级人大常委会作出相关任职决定。[2] 由于全国人大常委会法工委的意见并不是全国人大常委会的正式法律解释，该意见仅有"建议予以考

---

[1] 关于不完整法律规范通过其他补充性规范形成完整法命题的原理，Vgl. Rolf Wank, Die Auslegung von Gesetzen, 6. Aufl. ,2015, S. 19, 23 – 24。

[2] 沈春耀：《全国人民代表大会常务委员会法制工作委员会关于十三届全国人大以来暨2022年备案审查工作情况的报告》，载中国人大网2022年12月30日，http://www.npc.gov.cn/npc/c30834/202212/a9b1c0688c1e47278b163cf141c30b0a.shtml。

虑"的效果,故仍需斟酌。

笔者认为,全国人大常委会法工委的观点错误地将检察官的人事变动理解成了检察官出庭代表权的前置条件。《刑事诉讼法》第189条、第235条规定了人民检察院应该派员出席法庭,这里的"员"不应被狭隘地理解成"隶属于办案人民检察院的检察官"。一方面,"员"在文义上指检察人员,法律未限定其必须为"本院的检察人员"。另一方面,从目的解释角度,《刑事诉讼法》第189条、第235条的规制重点是检察院派员出庭的义务,也不是限定派员范围的规范。何况《检察官法》第2条明确规定,检察官是依法行使国家检察权的检察人员,调出地人大常委会任命的检察官,在调入地也同样具有代表办案检察院出庭的资格。至于"员"究竟应称作"代理检察员"或"临时检察员",这属于检察内部的人事行政问题,不影响检察官对外诉讼行为的效力。

有论者主张,《宪法》第138条规定了人民检察院对产生它的国家权力机关和上级人民检察院负责,将重新任免作为调用检察官出庭的前置条件,可以保障人大及其常委会对检察工作的监督,如果被调用的检察官未经人大常委会任免,会对这种监督权造成危害,从而产生合宪性风险。[3] 笔者认为,《人民检察院组织法》第38条之所以规定检察员应由同级人大常委会任免,本旨是为了体现检察员作为国家司法人员而有别于普通行政公务员的特殊地位,同时在各级人大常委会之间对任免检察官的事务作出分工安排,本身与各级人大及其常委会的监督权没有直接关联性。宪法上的人大监督权究竟应如何具体落实,属于立法机关的裁量事项,从《各级人民代表大会常务委员会监督法》来看,该法第35条、第44条规定的质询权和撤职权就是经立法机关合理选择的各级人大及其常委会对同级检察院开展监督的具体方式。当人民检察院在面对人大常委会的质询时,并不是由办案检察官给予答复,而是其负责人(检察长)答复。所以,调用检察官即使未经调入地人大常委会任免而出庭公诉,对人大监督权影响甚微,不必然违宪。

2. 上级人民检察院能否调用辖区内的检察人员代表办理案件的下级人民检察院履行出庭职责?

在本案中颇有争议的问题是,在二审程序中原本没有诉讼地位的安徽省人民检察院指挥调派办案检察院以外的检察官出庭,这种操作究竟是否合法?有学者通过梳理我国检察一体化实践的历史,认为《人民检察院组织法》第24条和《高检规则》第9条是我国检察机关领导体制的产物,故统一调用检察官的"上级检察院"不以案件管辖的检察院为限。[4] 笔者对之持不同意见。

一方面,立法者的意志必须借助立法文本加以表达,《人民检察院组织法》第24条第1款前半句的表述是"上级人民检察院对下级人民检察院行使下列职权",现代汉语中,"对"作为介词具有直接提示对象的语法意义,因此作为该款后半句成分的第4项"可以统一调用辖区的检察人员办理案件"应体现从上到下的"垂直性"和"向上集中性"的特征,若将其理解为上级检

---

3 参见程雪阳:《异地异级调用检察官制度的合宪性分析》,载《环球法律评论》2022年第6期。
4 参见龙宗智:《论"检察一体"与检察官统一调用制度之完善》,载《中外法学》2022年第2期。

察院有权在下级检察院之间水平调派检察人员,不符合"对"字表达出的明确性、单一性语境。

另一方面,本身不办理案件的上级人民检察院能否通过"垂直调用"权,安排"空降"检察官代表下级检察院出庭履职呢?按照法秩序统一性和合宪性推定方法,在"垂直调用"的文义之内,还应尽可能寻找符合宪法精神的解释方案。《宪法》建立的是地方各级人民检察院对产生它的国家权力机关和上级人民检察院同时负责的"一重监督,一重领导"体制,若由调入地的人民检察院负责办案,它却不能自主决定代表其出庭的检察人员,之后还要概括承受出庭检察官的法律效果并接受同级人大及其常委会的监督,则人大监督权将失去联结,难免有违宪的疑虑。故应该对《人民检察院组织法》以及《高检规则》中的统一调用权主体限缩解释成"办理案件的上级人民检察院"为妥。

■ **理论阐释** | 检察一体与检察官调用

或许有人会认为,实践中因为办案员额、资源或案件性质等原因,有起诉管辖权的人民检察院难以独立承担法律赋予的职责,若遵循上述法律分析结论,岂不是严重限缩了上级检察机关的指挥协调职能,是否会与"检察一体"的法理不合?兹检讨如下。

"检察一体"只是部分国家检察权运行的特征描述,并不是公认的法理原则。无论是美国的独立或特别检察官,还是韩国国会针对敏感案件设置的特别检察官,都甩脱了一体化的检察体制。若将"检察一体"理解为侦查一体或公诉一体,法国至今还保留预审法官和检察官共同负责侦查和起诉,更是为了防止所谓的"一体化",很难说这些国家的诉讼法制就违背了法理。即使是经常被国内文献作为论据引介的部分国家的检察一体,其原理、内涵和功能也常被误读。

以德国检察制度为例,检察一体其实是首长负责制和内部阶层制的产物。首长负责制度意味着每一名检察官都是以其所在检察机关之首长的代表人身份去履职,他们对外诉讼行为的法律后果由机关首长承受,作为该被代理人的机关首长务必要有机会操控未来应由他负责的决定。同样,联邦或州检察系统的总长需要对整个检察系统的工作负责,故检察总长有权对辖区内的检察官下达指令。因此,指令权影响下的上命下从是检察一体的首要特征。但《德国法院组织法》赋予了每一位认为指令不能合乎其良知的检察官将案件退还给首长的权力,亦即,任何指令都不得违背检察官凭借自主判断而产生的意志,首长唯有行使职务收取权和职务替代权才能解决这种冲突。[5] 日本的检察一体原理与德国法大同小异,篇幅所限,不予赘述。

由此可见,域外检察首长或者总长的指令权和检察官调用权(职务移转)之所以具有正当性,很重要的一点在于,他们须亲自对诉讼成败负责,并接受外部监督。我国检察实践中调派指挥者与办案检察机关相分离的"上命下从"模式不能类比国外的检察一体,较为符合行政一体的特征。立足提升我国检察一体制度的法理正当性,应尽可能地用职务替代权和职务移转权观念处理统一调用检察人员问题。办理重大、复杂案件时,若需要形成检察合力,不负责办

---

5 Vgl. Beulke/Swoboda, Strafprozessrecht, 15. Aufl. 2020 Rn. 143.

案的上级人民检察院可以依据《人民检察院组织法》第 24 条第 1 款第 2 项,"对下级人民检察院管辖的案件指定管辖",即所谓的职务移转;或者依据第 3 项亲自"办理下级人民检察院管辖的案件",即所谓的职务收取,之后才可以再依据同条第 4 项统一调用辖区内检察官办理案件,如此实现办案主体和调用主体合一,确保检察一体机制的透明、公正与法治化。

须补充说明的是,职务收取或者职务移转之后的办案检察机关仍然应该遵守有关审判管辖的立法规定,异地异级出庭履行公诉职责。尽管根据《高检规则》第 328 条第 1 款和第 445 条,起诉管辖原则上应与审判管辖保持一致,但《刑事诉讼法》并无这种强制要求。《人民检察院组织法》第 24 条第 2 项和第 3 项也可被解释成突破同级同地出庭的例外规则。值得一提的是,2021 年 1 月 1 日起施行的最高人民法院、最高人民检察院《关于检察公益诉讼案件适用法律若干问题的解释》第 11 条已经规定了检察机关异级出庭制度,足堪借鉴。

■ **扩展思考** │ 法治国家中检察一体原则的边际

确保有别于行政公务员的检察官地位,是现代法治国家刑事诉讼制度的重要特征。证成域外检察一体正当性的另一项理由是,必须高度尊重和保障被指令或被调用的检察官本身的客观性和独立性。近年来,我国检察系统的一体化工作机制更偏重权力的向上集中,尤其应该关注其合理边际。

第一,与大陆法系某些国家的检察官普遍享有侦查发动权和终结权不同,我国检察机关在刑事诉讼中的职权相对较小。德、日检察官在是否启动侦查,如何开展侦查以及是否终结程序方面拥有巨大裁量空间,很难说哪种选择是唯一正确的判断。所以通过上级检察首长的指令权和移转权,可以纠正或干预检察官恣意或分歧太大的决定,统一贯彻刑事政策。但我国检察官的多数工作其实就是法律适用活动,例如,起诉或不起诉以及提出怎样的量刑建议权,多数情况下裁量空间很小,更多属于判断或评价空间。如果检察官已经从系争规范中得出了涵摄的结论(如指控罪名或构成自首),任何其他的上级结论,更容易被他看作一种干预。

第二,实践中不少辩护律师质疑异地异级调用检察官的实质理由是担心检察官"奉旨办案",受到上级检察院的远程指挥。德国通说认为,法庭构成指令权的边界,不得对庭审中的检察官下达指示,因为庭审中的检察行为须"本于庭审的内容"作出,由于检察官的上级没有参加庭审,故不得对证据评价和刑罚请求下达指示。[6]但这种指令权分际在我国相关立法和司法解释中没有体现。

第三,域外法制中,司法部长这类的行政官员仅能对检察系统最高首长发出指令,却无权对具体检察官的办案活动发布指令。而检察系统的最高首长不属于行政官员,且通常有任期保障,也不直接向国会负责,几乎没有受到来自外界压力的困扰,所以检察一体本身就是检察独立的体现。

6　Vgl. Roxin, Zur Rechtsstellung der Staatsanwaltschaft damals und heute, DRiZ(1997), S. 119.

003　变更起诉罪名｜诉审关系

吴某某、陈某某等行贿、诈骗案

郭　烁　中国政法大学

■ **案情概要***

2016年5月，被告人吴某某、陈某某等人在广东省恩平市出资成立"恩平市华英职业技术培训学校"，性质为非营利性民办非企业单位。学校开办后，被告人吴某某得知组织学员参加免费培训，学员经考核合格后，学校可向恩平市人力资源和社会保障局（以下简称人力局）申领补贴。在时任人力局长吴某的帮助下，2016年6月14日学校与人力局签订了《劳动力技能晋升培训协议》，由学校组织学员参加电焊工等免费培训，学校从中申领国家技能晋升培训补贴。

之后，被告人吴某某提议并经全体出资人同意，决定通过以下方式骗取国家补贴。一是在获取学员资源方面，吴某某通过与恩平各个乡镇网点签订合同，按一个学员给予网点负责人50元介绍费、对参加考试的学员发放200元奖励金以吸引更多人员参加培训；二是在培训方面，雇请没有教师资质的工作人员任教，伪造部分学员上课签到表；三是在人力局进行技能鉴定考核中，向在场工作人员等发放红包以达到放松监管的目的，确保考生通过考核。截至案发，共骗取国家技能补贴8018680元。

为感谢局长吴某之关照，被告人吴某某提议并经全体投资人同意将学校赚取的利润平分为六份，送一份给吴某，计350000元。同时，被告人吴某某提议行贿与开展培训相关的公职人员并经全体投资人同意，计456100元。

案发后，恩平市人民检察院以吴某某、陈某某等人犯行贿罪为由向恩平市人民法院起诉。经审理，法院以诈骗罪、行贿罪对原审被告人判处刑罚。

一审判决后，各被告人均提起上诉，检察院也提起抗诉。抗诉理由之一即"本案以行贿罪一罪对各被告人的所有犯罪行为已作出全面的评价，再以诈骗罪对被告人的行为予以评价，违背了刑法理论中禁止重复评价的原则"。支持抗诉机关江门市人民检察院也提出：法院在检察院指控的罪名之外增加了诈骗罪罪名，超越了刑事审判权行使的范围，侵犯了上诉人的辩护权，适用法律错误。

---

*　参见广东省恩平市人民法院（2020）粤0785刑初354号刑事判决书；广东省江门市中级人民法院（2021）粤07刑终118号刑事裁定书。

2021年5月11日,江门市中级人民法院公开开庭审理了本案。其中,二审对上诉人、抗诉机关对程序质疑的回应系:原公诉机关以行贿罪对五上诉人提起公诉,原审法院经审理认为五上诉人的行为可能构成诈骗罪、行贿罪,再次开庭组织控辩双方围绕5名上诉人的行为构成行贿一罪还是诈骗、行贿二罪进行辩论,原审法院审判程序合法。依据是《刑诉法解释》第295条之规定。本案中,原审法院就原公诉机关起诉书指控的犯罪事实进行审理后,认为起诉指控的事实清楚,证据确实、充分,但指控行贿罪一罪不当,依据法律和原公诉机关指控的犯罪事实,对5名上诉人作出构成诈骗罪和行贿罪的有罪判决,原审判决并未超出原公诉机关指控的范围,程序合法,符合法律规定。

法律分析

> **争议焦点**
>
> 公诉机关起诉的罪名为"行贿罪",但一审法院却判决被告人"行贿罪""诈骗罪"两个罪名。法院是否有权变更起诉罪名?变更起诉罪名有何影响?变更起诉罪名有无范围限制?

法院变更起诉罪名的权限

为了防止纠问制下纠问法官的恣意用权,各国家或地区均将"不告不理"和"审判中立"作为诉讼程序的基本原理。这一诉讼基本构造决定了只有检察官或自诉人提起告诉,法院才能居中审理。但这不意味着,检察官或自诉人提起的告诉,法院都要全盘接受。作为审判者,法院有独自认定事实、适用法律的职权,这也被视为控审分离的重要界限之一。

《刑诉法解释》第295条第1款便规定了人民法院经第一审程序审理后的处理规则:"对第一审公诉案件,人民法院审理后,应当按照下列情形分别作出判决、裁定:……(二)起诉指控的事实清楚,证据确实、充分,但指控的罪名不当的,应当依据法律和审理认定的事实作出有罪判决……"此即明确人民法院通过审理认定的罪名与指控的罪名不一致的,应当按照审理认定的罪名作出有罪判决的规定。换言之,人民法院有权依职权变更检察机关指控的罪名。

突袭审判与辩护权保障

在二审判决中,法院在论证上诉人、抗诉机关对程序质疑时专门提到"(原审法院)再次开庭组织控辩双方围绕五上诉人的行为构成行贿一罪还是诈骗、行贿二罪进行辩论,原审法院审判程序合法"。此处对"开庭重新组织辩论"的强调,是法院对变更起诉罪名情况下辩护权行使的充分保障。

刑事诉讼法允许法院依职权变更指控罪名,但此一做法难免带来新的问题,即可能出现"突袭裁判"。所谓"突袭裁判",是指裁判人员违反事实上和法律上的释明义务,没有公开自己的心证,因此剥夺了受不利裁判之当事人就相关事实与法律适用表明自己意见从而影响裁判人员的机会,并在此基础上作出的超出当事人合理预期的裁判结果。在法院变更罪名之前,辩护人的辩护活动主要围绕先前的罪名及其量刑展开,缺乏对变更后罪名的关注。因此,人民法院作出与指控的罪名不一致的有罪判决的,应当设法保障被告方的辩护权。也正是出于此项考虑,《刑诉法解释》第 295 条第 3 款明确提出:"具有第一款第二项规定情形的,人民法院应当在判决前听取控辩双方的意见,保障被告人、辩护人充分行使辩护权。必要时,可以再次开庭,组织控辩双方围绕被告人的行为构成何罪及如何量刑进行辩论。"

□ 起诉罪名变更的范围限制

按照本案二审法院对上诉人、抗诉机关提出的程序质疑的回应,原审法院并未超出起诉范围进行裁判,不违反"不告不理"原则:"原审法院就原公诉机关起诉书指控的犯罪事实进行审理后,认为起诉指控的事实清楚,证据确实、充分,但指控行贿罪一罪不当,依据法律和原公诉机关指控的犯罪事实,对 5 名上诉人作出构成诈骗罪和行贿罪的有罪判决,原审判决并未超出原公诉机关指控的范围,程序合法,符合法律规定。"

所谓"未超出原公诉机关指控的范围"的强调,是为了明确法院变更指控罪名的范围限制。承前所述,"不告不理"原则无法推导出检察官或自诉人提起的告诉,法院都要全盘接受的结论,这一原则主要强调的是"诉审范围"的问题。在公诉案件中,实体法意义的犯罪对应行为人在实际生活中的行为,侦查机关依法侦查后,将历史上发生的犯罪转化为被追诉人的犯罪事实,这就是所谓的"案件",也是刑事诉讼的"诉讼客体"。而不告不理的"告",针对的就是所谓的"案件",也即"行为人的行为"或者说"犯罪事实"。

在这个意义上,即便法院有权依职权变更指控罪名,也要受起诉事实的范围限制,这一原理在大陆法系催生出所谓的"公诉事实"理论。所谓"公诉事实",是指检察官起诉状"公诉事实栏"内记载的被告犯罪事实,包含"人"与"事"两方面内容,其意义在于:探讨是否应当使检察官不受诉讼程序发展之影响,而以原来的起诉事实继续维持其追诉;在不丧失起诉事实同一性范围内,纵使在审判中有新的事实出现,检察官既没有必要就新事实再次提起公诉,自然也就不允许就新事实再次起诉;而此新事实如被认为属于起诉事实同一性之范围,自然也就成为审判之对象,在这一范围内,法院可以就起诉事实变更检察官所适用之法条,而不必适用法律之意见分歧而要求检察官重新起诉。[1]

■ 理论阐释 | 关于诉审关系的进一步思考

法院是否有权变更指控罪名的问题,从根本上说就是如何理解诉审关系的问题。在纠问制盛行的中世纪,纠问法官掌握相当大的权力,集起诉权和审判权于一身,既行使控诉的职能,又行使审判的职能。被告则只有被审问的义务,没有广泛的辩护等权利。这种模式

---

[1] 参见黄东熊、吴景芳:《刑事诉讼法论》,台北,三民书局 2002 年版,第 272 页。

下，被告只是审讯的客体，无平等对抗和诉讼权利可言。法国大革命后，为了防止纠问制下裁判者的恣意用权，改革者开始着手建立以"诉审分离"为原则的刑事诉讼制度，1808 年《法国重罪审理法典》便赋予检察官提起公诉的权力，正式确立了国家追诉制度。

在"诉审分离"原则之下，法官的审判范围严格受到起诉范围的限制。在英美法系中，这种审判范围的限制通过罪状制度（bills of particulars）予以明确，记载罪状的起诉书被用作指控被告犯罪的唯一正式法律文件，在定罪阶段，陪审团或者法官的职责即判断被告行为的事实要素是否存在及起诉书指控的罪名是否成立；在大陆法系中，"诉审分离"催生出前述"公诉事实"理论，法官只能在起诉事实范围内认定事实、适用法律，否则即构成"未受请求之事项予以判决"，属于日本"判决违背法令"的范畴，允许通过"第三审""非常上诉"的途径予以救济；日本法律稍有特别，旧《日本刑事诉讼法》（1922 年公布、1924 年实施，该法于"二战"后被废止）也以"公诉事实"为基准划定审判范围，但战后根据美国建议，新《日本刑事诉讼法》（1948 年公布、1949 年实施）采诉因理论，以"犯罪构成要件对应的具体事实"作为确定审判对象判断基准。

无论上述何种制度，均确立了"起诉范围划定审判范围"这一基本的诉审关系，而法院指控罪名变更问题的讨论也没有超脱这一基本诉审关系之中。例如，《日本刑事诉讼法》第 312 条第 1 款、第 2 款规定："法院在检察官提出请求时，以不妨碍公诉事实的同一性为限，应当准许追加、撤回或者变更记载于起诉书的诉因或者罚条；法院鉴于审理的过程认为适当时，可以命令追加或者变更诉因或者罚条。"

但这一向来明确的诉审关系随着"协商式"司法理念的流行变得逐渐模糊。20 世纪 90 年代以来，世界各个国家或地区的诉讼数量均不断增加，为了有效应付日益繁重的"诉累"，以美国"辩诉交易"为代表的"协商式"司法制度开始进入大陆法系国家或地区的视野。德国和日本先后确立了所谓的"认罪协商"等制度，我国也于 2018 年将"认罪认罚从宽制度"写入《刑事诉讼法》。

上述制度的重点环节即控辩之间达成合意，但随之而来的问题是，法官是否要接受这一控辩合意？如果认为法官有义务接受上述控辩合意，那就是说：检察官在审前提出的量刑请求对法官是具有法律约束力的。诸多学者认为，我国《刑事诉讼法》第 201 条第 1 款"对于认罪认罚案件，人民法院依法作出判决时，一般应当采纳人民检察院指控的罪名和量刑建议……"便体现了这一立场，可这又与传统理论"起诉范围划定审判范围，但起诉意见并不一定约束审判结果"的传统诉审关系逻辑大相径庭。如何在新的诉讼制度背景下理解诉审关系，恐怕是当下诉讼理论中亟待解决的问题。

■ **扩展思考** ｜ 如果一审法院只就"行贿罪"部分作出判决，对未予审酌的"诈骗罪"部分，当以何种程序救济？

本案一审法院在审理过程中发现了一审公诉机关已经起诉但未指控的"诈骗罪"罪名，遂根据《刑诉法解释》第 295 条第 1 款第 2 项作出判决。但这里值得思考的是，倘若一审法院也只支持了公诉机关指控的"行贿罪",没有对"诈骗罪"部分作出判决,此"遗漏"部分应以何种程序救济?

对于这一问题,或许会有实务部门回答"通过审判监督程序重新审判",但这一做法值得商榷。且不说对被告人提起"不利的再审"在理论上有违"禁止双重危险"原则,只论此案是否属于可以提起审判监督程序的类型。《刑事诉讼法》规定审判监督程序提起的前提系"原生效判决确有错误",但题设的假设中,原生效判决并未对"诈骗罪"部分予以审理,何谈错误之说?

这里就要区分大陆法系"针对同一案件之一部分的漏未判决"和"针对数起案件之一的漏判"两种情形。前者是指就同一案件的一部分法院未予审理的情形,例如,甲绑架乙后将其杀害,根据《刑法》第239条第2款,属于绑架罪的加重处罚情形,但公诉机关仅指控甲犯故意杀人罪,法院也作出甲成立故意杀人罪的判决,但对于绑架部分的事实,法院未予审理,此即"针对同一案件之一部分的漏未判决";后者则指针对不具有同一性的数起案件法院有所遗漏只判决其中部分案件的情形,例如,本案被告人犯行贿罪和诈骗罪,法院只审理了行贿罪部分,对于诈骗罪的遗漏,即属于"针对数起案件之一的漏判"。

按照大陆法系理论,"针对同一案件之一部分的漏未判决"属于判决违背法令,可以通过第三审上诉的途径予以救济,如果判决已经生效,则可以通过非常上诉程序予以救济;而"针对数起案件之一的漏判"情形,则属于判决的遗漏,此时只需要请求法院"补判"即可,但无审判监督程序提起的空间。

004 自诉人死亡后的程序处理｜国家赔偿

邱某诉喻某诽谤、喻某反诉案

郭 松 四川大学

■ 案情概要[*]

自诉人（反诉被告人）邱某，男，1963年1月1日出生于湖南省湘乡市，生前系教师、律师；被告人（反诉自诉人）喻某，男，1970年8月24日出生于湖南省宁乡县（现宁乡市），律师。2014年11月14日，自诉人邱某向湖南省长沙市雨花区人民法院提起刑事自诉，指控被告人喻某犯诽谤罪。2015年3月16日，雨花区人民法院裁定本案中止审理，2017年2月13日，该院恢复审理。喻某于2月20日以自诉人邱某犯诽谤罪提起反诉。7月19日，喻某被雨花区人民法院决定逮捕。7月26日，雨花区人民法院作出（2014）雨刑初字第00923号刑事判决，判决被告人喻某犯诽谤罪，判处有期徒刑6个月；反诉被告人邱某无罪。

对此判决结果，双方当事人均不服，并向长沙市中级人民法院提出上诉。二审期间，一审自诉人邱某于2017年9月20日病故。一审被告人喻某于2017年11月20日被取保候审（前后共羁押了4个月）。2020年1月22日，长沙市中级人民法院作出（2017）湘01刑终791号刑事裁定，认为本案二审期间出现新情况，裁定撤销原判，发回雨花区人民法院重审。雨花区人民法院依法重新组成合议庭进行审理，并于2020年7月16日作出（2020）湘0111刑初142号刑事裁定，中止本案审理。2022年11月15日，雨花区人民法院作出（2020）湘0111刑初142号之一刑事裁定，恢复本案审理，并分别听取了邱某近亲属、喻某及其诉讼代理人的意见。

2022年12月8日，雨花区人民法院作出（2020）湘0111刑初142号之二刑事裁定，终止本案审理。雨花区人民法院认为，邱某生前控告喻某和喻某反诉邱某的诽谤罪系我国刑法规定告诉才处理的犯罪。案件审理过程中，邱某于2017年9月20日病故，其近亲属表示不参与诉讼，自诉部分的审理无法继续进行。反诉部分也因反诉被告人邱某亡故而不能追诉。依照《刑法》第246条，《刑事诉讼法》第16条第4项、第5项之规定，并经法院审判委员会讨论决定，裁定终止审理。对此结果，被告人（反诉自诉人）喻某认为，本案裁定终止审理，说明原一审的有罪判决并未被认定，针对其此前的羁押（共计4个月）应该属于错误羁押，其有权申请国家赔偿。

---

[*] 参见邱某诉喻某诽谤、喻某反诉案，湖南省长沙市雨花区人民法院（2020）湘0111刑初142号之二刑事裁定书；黄某诉全某侵占案，广东省广州市白云区人民法院（2015）穗云法刑初字第1536号刑事裁定书。

事实上，自诉人在审理过程中死亡的并非个案，广州市白云区人民法院亦曾审理过类似案件。2015 年 5 月 27 日，自诉人黄某（女，1926 年 2 月 24 日出生，汉族，中国香港特别行政区人）向广州市白云区人民法院提起自诉，指控被告人全某（女，1968 年 7 月 28 日出生，汉族，湖南省衡南县人）犯侵占罪。白云区人民法院受理后，分别于同年 6 月 25 日、8 月 27 日向被告人全某寄送起诉书及传票，均因被告人全某下落不明而未能送达。自诉人黄某也因肺部感染于 2016 年 4 月 15 日死亡。由于自诉人死亡，导致诉讼条件欠缺，故白云区人民法院裁定终止审理。

■ 法律分析

> **争议焦点**
>
> 自诉人在审理期间死亡，若其近亲属不愿意参与诉讼，法院究竟能否决定终止审理？终止审理具有何种法律性质，曾被先行羁押的被告人能否在终止审理后申请国家赔偿？

□ 刑事诉讼法中有关终止审理的规定

现行《刑事诉讼法》共有三处规定了终止审理的问题。《刑事诉讼法》第 16 条规定，"有下列情形之一的，不追究刑事责任，已经追究的，应当撤销案件，或者不起诉，或者终止审理，或者宣告无罪：……（四）依照刑法告诉才处理的犯罪，没有告诉或者撤回告诉的；（五）犯罪嫌疑人、被告人死亡的……"第 297 条规定，"被告人死亡的，人民法院应当裁定终止审理"。第 301 条规定："在审理过程中，在逃的犯罪嫌疑人、被告人自动投案或者被抓获的，人民法院应当终止审理。"在邱某诉喻某案中，雨花区人民法院就认为，本案属于自诉案件，在审理过程中，邱某于 2017 年 9 月 20 日病故，其近亲属表示不参与诉讼，自诉部分的审理无法继续进行，反诉部分也因反诉被告人邱某亡故而不能追诉，因而裁定终止审理，依据就是《刑法》第 246 条与《刑事诉讼法》第 16 条第 4 项、第 5 项之规定。

□ 本案能否适用终止审理

对于本案究竟能否适用终止审理，实践中与理论上都存在争议，争议的核心是审理过程中自诉人死亡是否属于"按撤诉处理"进而适用终止审理。根据《刑事诉讼法》第 211 条之规定，"自诉人经两次依法传唤，无正当理由拒不到庭的，或者未经法庭许可中途退庭的，按撤诉处理"。有观点认为，自诉人在审理过程中死亡不应"按撤诉处理"；"按撤诉处理"是一种法律拟制的撤诉，具体包含自诉人经两次依法传唤，无正当理由拒不到庭的，以及未经法庭许可中途退庭这两种情形。在本案中，邱某的死亡不属于视为撤诉的情形，只是没有人愿意继续履行诉讼的权利和责任。在其看来，自诉人是在告诉后死亡的，并没有撤回告诉，终止审理显然缺乏法律依据。[1] 也有论者主张，自诉人在一审中死亡的，应当通知法定代

---

[1] 参见《律界"邱喻大战"落幕：当事一方去世 5 年后，重审法院终止审理》，载澎湃新闻 2022 年 12 月 10 日，https://baijiahao.baidu.com/s?id=1751781612489040944&wfr=spider&for=pc。

理人、近亲属参加诉讼;相关人员不参加的,人民法院应该裁定"按撤诉处理"。[2] 还有观点认为,在本案中,应由邱某的法定代理人或者近亲属作为新的诉讼主体参加诉讼,与喻某达成调解或者和解,或者由新的诉讼主体撤回自诉;对于喻某反诉邱某诽谤案,因为反诉被告人邱某已经死亡,法院可直接作出终止审理,或根据查明事实确认邱某不构成诽谤罪,宣告无罪。[3]

笔者认为,本案属于自诉案件中非常特殊的情形,即自诉人死亡但其法定代理人或者近亲属不愿意继续诉讼,且还伴有反诉。虽然逝者的追诉意愿很重要(逝者近亲属的意愿和态度需要重视),但生者的权利保障问题同样不可忽视(缺乏控诉的审判很可能导致案件走偏)。由于欠缺继续推动控告的主体,本案实际上已经丧失追诉的必要。因此,应当让其回归自诉犯罪的本质,即不告不理。本案自诉人已经死亡,自诉人的近亲属又不愿意继续诉讼,加之本案又是二审发回重审(原判决未生效),因此无论是认为本案"没有告诉",还是"撤回告诉"甚至是"按撤诉处理",裁定终止审理都有其相当的合理性、必要性,也是人民法院追求法律效果和社会效果相统一的内在要求。

但需要注意的是,对于本案中的反诉问题能否与本诉(原来的自诉)一并裁定终止审理,笔者认为有进一步讨论的空间。根据《刑事诉讼法》第213条与《刑诉法解释》第334条之规定,对于自诉案件中反诉适用自诉的规定,反诉案件应与自诉案件一并审理,撤回自诉并不影响反诉的继续审理。不过,对于自诉中的反诉,究竟如何判决,现有规定并不明确。域外一些国家如德国,针对自诉案件中反诉的问题,也仅规定了"应当同时裁判"。[4] 考虑到本案存在反诉情形,法院一并裁定的妥当性值得思考。当然,根据《刑事诉讼法》第297条有关被告人死亡缺席审理之规定,对于本案的反诉部分,如果有证据证明反诉被告人无罪,审理法院也可以考虑适用缺席审理程序作出无罪的判决。

■ 理论阐释 | 终止审理后被先行羁押的被告人能否申请国家赔偿

□ 终止审理的法律性质

根据《刑事诉讼法》第16条之规定,符合特定情形的,不追究刑事责任,已经追究的,应当撤销案件,或者不起诉,或者终止审理,或者宣告无罪。可以看到,在条文表述上,"终止审理"与"撤销案件""不起诉"以及"宣告无罪"处于平行位置,这是否意味着它们三者在法律效力上具有同一性?对此,各界观点不一。有观点就认为,虽然终止审理在法律意义上相当于无罪,但与事实上的无罪仍然存在区别,不能引起国家赔偿责任。[5] 也有观点认为,如果赔偿请求人符合刑事诉讼法明确规定的若干应当撤销案件、不起诉、终止审理或宣告

---

2 参见喻海松:《刑事诉讼法修改与司法适用疑难解析》,北京大学出版社2021年版,第261页。

3 参见涂龙科、柯润:《论刑事自诉人死亡案件的程序完善》,载《检察风云》2022年第5期。

4 《德国刑事诉讼法》第338条规定,"对自诉与反诉应当同时裁判"。参见《德国刑事诉讼法典》,宗玉琨译注,知识产权出版社2013年版,第263页。

5 参见《律界"邱喻大战"落幕:当事一方去世5年后,重审法院终止审理》,载澎湃新闻2022年12月10日,https://baijiahao.baidu.com/s?id=1751781612489040944&wfr=spider&for=pc。

无罪情形,进而终止追究刑事责任的,那么其应享有实体意义上取得国家赔偿的权利。[6] 可以看到,虽然各界对终止审理法律性质的看法基本一致,即认为终止审理具有类似于"无罪"的效果,但引发国家赔偿方面,类似于"无罪"的效果与实质上的"无罪"不能相提并论,即终止审理并不必然导致国家赔偿。

笔者以为,终止审理虽然是一种程序上的处置,并未针对案件实体问题作出处理,但就其法律效果来看,终止审理能够终结诉讼,也会产生终止双方当事人诉讼权利义务的效果。对于自诉案件双方当事人而言,终止审理后,自诉人及其近亲属不得就同一事实再提起告诉(因证据不足撤诉的除外),被告人也不再被追究刑事责任。当然,终止审理虽然导致双方当事人诉讼权利义务的灭失,但是否引发国家赔偿尚需考虑个案的具体情况。特别是对于自诉案件中被告人被先行羁押的,其在终止审理后是否有权申请国家赔偿仍有讨论的必要。

▢ 终止审理是否属于"终止追究刑事责任"

在刑事国家赔偿方面,刑事赔偿的启动以司法机关"终止追究刑事责任"为前提条件。根据《刑事赔偿案件解释》第 2 条的规定,"解除、撤销拘留或者逮捕措施后虽尚未撤销案件、作出不起诉决定或者判决宣告无罪,但是符合下列情形之一的",也属于《国家赔偿法》第 17 条第 1 项、第 2 项规定的"终止追究刑事责任",具体包括:终止侦查;解除强制措施后办案机关超过一年未移送起诉、作出不起诉决定或者撤销案件的;取保候审、监视居住期限届满后,超过 1 年未移送起诉、作出不起诉决定或者撤销案件的;人民检察院撤回起诉超过 30 日未作出不起诉决定的;人民法院决定按撤诉处理后超过 30 日,人民检察院未作出不起诉决定的;人民法院准许刑事自诉案件自诉人撤诉的,或者人民法院决定对刑事自诉案件按撤诉处理的。

对于本案终止审理是否属于前述规定列举的"终止追究刑事责任"情形(上文"终止追究刑事责任"第 6 项),学界存在不同观点。例如,有论者认为,终止审理只是一种程序上的处理,而非实体认定,对罪与非罪问题未予明确。这意味着,终止审理并不能理解为"终止追究刑事责任"。还有论者认为,《刑事诉讼法》第 16 条第 2 项、第 3 项、第 5 项属于"是否构成犯罪处于不确定状态,因特定事由出现而不追究刑事责任"。[7] 亦即终止审理属于因特定事由出现而"终止追究刑事责任"的情形。

最高人民法院的相关解释观点也认为,"人民法院准许刑事自诉案件自诉人撤诉的,或者人民法院决定对刑事自诉案件按撤诉处理的,视为终止追究刑事责任"。甚至进一步明确,"这两种情形是对法院采取逮捕的特殊情形进行的规定,明确自诉人的撤诉和法院决定按撤诉处理,法律效果等同于撤案,当事人提出赔偿申请的,应当依法作出赔偿决定"。[8] 综

---

6 参见周治华:《"疑罪从挂"案件的刑事追诉》,载《人民司法(案例)》2017 年第 29 期。
7 《律界"邱喻大战"落幕:当事一方去世 5 年后,重审法院终止审理》,载澎湃新闻2022 年 12 月 10 日,https://baijiahao.baidu.com/s? id = 1751781612489040944&wfr = spider&for = pc。
8 刘合华、陈现杰、张玉娟、何君:《〈关于办理刑事赔偿解释案件适用法律若干问题的解释〉的理解与适用》,载《人民司法(应用)》2016 年第 31 期。

合前述观点,笔者认为,因自诉人死亡引发的终止审理,在法律性质上同"没有告诉"、"撤回告诉"与"按撤诉处理",产生同样的法律效果,因而属于《国家赔偿法》第17条、《刑事赔偿案件解释》第2条规定的"终止追究刑事责任"的情形。但是否因此引发国家赔偿责任还要考虑《国家赔偿法》所规定的免责情形。

《国家赔偿法》规定的免责条款

《国家赔偿法》明确规定了国家承担赔偿责任的免责情形。根据《国家赔偿法》第19条之规定,"依照刑法第十七条、第十八条规定不负刑事责任的人被羁押的"(主要是针对未成年人与75周岁以上的老人);"依照刑事诉讼法第十五条、第一百七十三条第二款、第二百七十三条第二款、第二百七十九条规定不追究刑事责任的人被羁押的",国家不承担赔偿责任。其中,《刑事诉讼法》(2012年)第15条规定的"依照刑法告诉才处理的犯罪,没有告诉或者撤回告诉的"这种法定不追究刑事责任的情形,可能与本案的讨论有关。前文已指出,因自诉人死亡导致的终止审理,具有与"没有告诉"、"撤回告诉"和"按撤诉处理"相同的法律效果,属于《国家赔偿法》第17条、《刑事赔偿案件解释》第2条规定的"终止追究刑事责任"情形。但由于导致本案终止审理的理由(自诉人死亡)可以被理解成"撤回告诉"或"按撤诉处理",从而使本案可能符合国家赔偿的免责情形,本案被告人喻某可能无法获得国家赔偿。

■ 扩展思考 | 自诉人死亡后,近亲属有不同意见的处理

在笔者看来,本案属于多种情形叠加的"非典型案例",一是本案存在反诉;二是自诉人在审理过程中死亡;三是自诉人的近亲属不愿意继续诉讼;四是本案被告人在一审阶段被采取了逮捕措施,多种因素的叠加导致本案的处理颇为困难。当然,实践中还存在自诉人死亡后近亲属就是否继续诉讼有不同意见的情形。对此问题的处理,法律没有明确的规定,也没有充分的实践经验。

笔者认为,对于自诉案件审理中自诉人死亡的,自诉人的近亲属均要求继续追诉的,人民法院应继续审理;对于近亲属之间有不同意见的,可以要求近亲属形成统一意见,并推举"诉讼代表人"参加诉讼;对于无法形成统一意见的,人民法院可以依据查明的事实进行判决,但要重点考虑被害人之前的"告诉意愿"。因为按照立法机关的解释,被害人近亲属的告诉并没有改变案件告诉才处理的性质,只是由他人代被害人自己告诉,这里需要考虑被害人的告诉意愿。[9] 总而言之,"邱喻大战"虽已落幕,但"大战"本身引发的程序问题还有较大讨论空间,自诉案件处理的具体操作程序更需进一步细化。

---

9 参见王爱立主编:《中华人民共和国刑法条文说明、立法理由及相关规定》,北京大学出版社2021年版,第931页。

005　法定法官原则｜共同犯罪与指定管辖的规范

黎某某等人有组织犯罪案

贺小军　中国石油大学(华东)

■ **案情概要**[*]

2008年9月10日,黎某某因涉嫌赌博罪,被贵阳市公安局刑事拘留,进而被指控涉嫌有组织犯罪。起诉书指控黎某某"以同心会为基础,为黎家矿业提供非法保护、聚众斗殴、开设电玩城赌场聚众赌博以及殴打他人等违法犯罪活动,欺压群众,危害一方",形成犯罪组织。黎家父子三人陆续被逮捕。

2010年3月25日,贵阳市中级人民法院一审判决黎某某涉嫌有组织犯罪成立,获刑19年,罚金30万元。含黎某某的父亲与弟弟在内的其他16名被告人也一并获刑。被告人不服,均提出上诉。2010年7月12日,贵州省高级人民法院裁定以"一审判决认定的部分事实不清"为由,撤销原判,发回重审。

发回重审后,贵阳市人民检察院申请撤回起诉。警方补充侦查后,检方重新起诉至贵阳市中级人民法院,被告人增加到57人,罪名增加到27项。贵阳市中级人民法院将新的案件指定贵阳市小河区人民法院审理。2011年8月26日,小河区人民检察院将本案起诉至法院。2012年1月9日,贵阳市小河区人民法院公开开庭审理。在公开审理过程中,有律师针对法院对该案的管辖权提出异议,未获采纳。

2012年7月23日,小河区人民法院对黎某某等57人有组织犯罪一案作出判决。黎某某数罪并罚被决定执行有期徒刑15年,并处罚金人民币10万元。25名被告人提出上诉。

2012年9月19日,贵阳市中级人民法院经审理认为,一审认定事实清楚,证据确实、充分,审判程序合法。鉴于黎某某在羁押期间,检举揭发他人犯罪,经查证属实,具有立功表现,故依法改判有期徒刑14年,罚金人民币10万元。上诉人李某等5人被依法改判,其余19名上诉人因上诉理由不成立,依法驳回上诉。

---

[*]　参见贵州省贵阳市小河区人民法院(2011)筑小法刑初字第120号刑事附带民事判决书。

■ 法律分析

> **争议焦点**
> 被告人对指定管辖有异议时,该如何处理?

本案贵阳市中级人民法院指定小河区人民法院管辖,有被告人辩护律师提出管辖权异议。可以说,《刑事诉讼法》及其相关法律解释并没有明确赋予被告方管辖异议权。于是,当被告方提出小河区人民法院对本案无管辖权的主张和意见时,小河区人民法院直接选择了无视律师异议的做法。[1]

虽然《刑诉法解释》第228条规定了庭前会议可向控辩双方了解其对案件的管辖权是否存在异议,但并没有明确管辖异议权具体的行使方式和相配套的救济措施。就指定管辖而言,司法实践中上级人民法院往往依职权单方作出决定,很少会倾听被告方的意见,这也是我国指定管辖制度本身存在结构性缺陷的原因。由于指定管辖程序缺乏控辩双方的参与,司法权力行使的单方性与行政性特点既难以保障程序公正,更无法保障实体公正。

■ 理论阐释 | 指定管辖与法定法官原则的突破

由于法律制度未能明确指定管辖的标准与程序,实践中共同犯罪指定管辖较为随意。那么在何种情况下适宜指定管辖,指定管辖决定如何正当化,是值得探讨的问题。这需要明确法定管辖与指定管辖的关系,同时,严格评估指定管辖决定合理性。

根据各国关于管辖的规定,可以将管辖分为法定管辖与指定管辖。法定管辖是原则,指定管辖是例外,法定管辖和指定管辖是原则性与灵活性、一般性与特殊性的关系。换言之,指定管辖制度本质上就是在特殊情况下对法定管辖制度的补充或变通。

当然,对于指定管辖也不能任意为之,应当满足一定的条件。"大陆法系在刑事诉讼中普遍坚持法定法官原则,强调法院按照法律预先设定的标准确定案件的管辖法院",其目的是为司法活动排除人为因素的干扰。指定管辖作为法定管辖的变通,蕴含一定的"人为因素",更需要司法机关在办理案件时遵守法定法官原则。此原则就是要求在大多数情况下法院审判案件都要适用法定管辖而非指定管辖,只有在"法律上或事实上的障碍"或者"因行政区域不明"等特殊情况下才可以适用指定管辖。[2] 也就是说,坚持法定法官原则要求法院管辖具有一定的可预期性,即使需要法院指定管辖,也应当遵循"最密切联系原则",[3] 即至少满足两个"便宜":一是方便法院审判;二是方便当事人诉讼。

不难看出,法定法官原则要求法院在适用管辖制度时不能本末倒置,随意指定,更不能以指定管辖替代法定管辖。但对于一些共同犯罪案件,以及所具有的跨地域、多层级、涉众

---

[1] 参见陶荫然等:《黎庆洪案红与黑》,载《新商务周刊》2012年第4期。
[2] 参见谢小剑:《法定法官原则:我国管辖制度改革的新视角》,载《法律科学》2011年第6期。
[3] 参见熊秋红、余鹏文:《我国刑事诉讼管辖体系之完善》,载《法学杂志》2022年第4期。

性等特征,对传统的刑事管辖制度与法定法官原则形成极大挑战。甚至,越来越多的有组织犯罪案件、职务犯罪、毒品类犯罪和网络犯罪适用指定管辖已成为常态。这四类案件不同于一般案件,其特殊性在于被告人人数众多,各种犯罪行为密切关联,涉及多个犯罪行为地、犯罪结果地或居住地。而且,这些案件常常会牵扯到"权力保护伞"的问题,案情十分复杂,需要办案机关排除"地方保护主义"因素。因此,这些案件需要突破法定法官原则的限制,而适用指定管辖更好地查明犯罪事实,及时惩治犯罪,保障事实认定或法律适用标准的一致性。

对此,司法实践中有必要将上述案件类型作为法定管辖的例外,开启强制指定管辖模式,以保障指定管辖适用的统一性,减少此类案件管辖的不可预见性。不过,如果将一个整体的共同犯罪案件分案处理,交由不同法院审判,可能又会出现无法反映案件事实全貌,造成司法裁判不统一的问题。为此,应当把这些共同犯罪案件按照一个整体进行审理较为妥当,且由同一个地方中级人民法院审理较为合理。理由主要是:中级人民法院管辖的案件往往是重大、疑难、复杂案件,具有审理共同犯罪的经验与优势,而且在排除地域干扰、促进诉讼效率与保障实体正义等方面亦能发挥重要作用。

在确定法定管辖与指定管辖的关系后,需要进一步明确,毕竟指定管辖属于突破管辖制度的确定性价值的独特权力运行样态,如何保障指定管辖在合理的限度内发挥作用,需要严格限定指定管辖适用的规范性。为了防止法院指定管辖的内部性、单方性与行政性,有必要对指定管辖的发动进行监督。

这包括两种模式:一是权利监督模式。在法院作出指定管辖决定时,由被告方参与指定管辖过程,针对管辖提出自己的主张。法院对当事人提出的合理异议及时审查与回应,确保指定管辖决定具备合法性与正当性。二是权力监督模式。在我国,上下级人民法院之间是监督关系,上级人民法院发现下级人民法院作出的指定管辖决定不合法时,可以按照相应的程序进行纠正。如果是最高人民法院、上级人民法院指定下级人民法院管辖,可以与最高人民检察院、同级人民检察院协商,以确定合法、有效的管辖法院。由人民检察院对指定管辖提出建议,符合法律监督的本意,也是贯彻法律监督原则的体现。

■ 扩展思考 | 指定管辖的规范适用

□ 完善指定管辖的启动程序

目前,我国指定管辖的启动主要采用依职权启动指定管辖模式,即公安司法机关在受理案件至庭审辩论终结前,发现自己不适合管辖或者受理案件的下一级办案部门不适合对本案管辖,向上级办案部门请示或者将本案指定其他办案部门管辖。此种模式的特点是从启动到结束完全由公安司法机关单方面决定,被告方被完全排除在外,其既无法参与决定的程序,更无法影响决定的结果。

指定管辖关涉被告方的切身利益,发挥着对司法机关"整体回避"的功能,既涉及当事人利益与司法利益,也关涉公正与效率价值的实现。相对于我国关于指定管辖制度参与主体单一与运作程序行政化的设置,域外对指定管辖制度显示出参与主体的多元化,以及启动程序的司法化,均具有一定的启示意义。[4]

指定管辖的启动权和决定权互相分离,有助于法官在指定管辖启动程序中发挥中立性审查作用,也限制了法官随意启动指定管辖制度的可能性。对此,立法应该赋予被告方相应的参与权,确定依申请启动指定管辖模式,即我国当事人、辩护人、诉讼代理人可申请启动指定管辖,对于其申请,公安司法机关应该进行审查并作出是否支持的决定,该决定应该告知被告方。而且,在作出决定前,应听取被告方意见。申请启动模式要求被告方提供相关线索或材料,包括涉嫌整体回避的公安司法机关及其人员、理由等线索或材料内容。公安司法机关认为可能存在违背诉讼公正情形应当启动指定管辖,认为不可能存在的,应当予以驳回。

▢ 做好审前与审判指定管辖适用程序的衔接

本案主要讨论的是审判阶段指定管辖,但司法实践中审前指定管辖情形也很常见。由于审前管辖的前置性,往往出现法院迁就审前管辖的情况或者变更管辖的现象。对于审前管辖与审判管辖之衔接,《六机关规定》也仅规定了人民检察院和人民法院意见不一致时进行商请,并没有规定二者意见不合时该如何解决。[5] 因此,有必要确定指定管辖各阶段的程序衔接方案。考虑到共同犯罪案件不用于一般案件的特征,在审前与审判环节均会涉及指定管辖,可大致分为两种衔接情形。

一种是对于侦查阶段已经指定管辖的案件,基于便利诉讼与程序法定的原则,公安机关可以适时通知同级人民检察院、人民法院协商办理指定管辖事宜。[6] 另一种是对于侦查阶段未经指定管辖的案件,可以审判管辖为基点,[7] 待审判指定管辖后,回溯性地确定对应的审前管辖,以此做好程序的有效衔接。这种方式有助于法院根据诉讼便利和保障当事人权利的原则决定管辖权,避免出现证据材料、文书等诉讼材料在不同地域之间频繁转接引发的损毁、丢失等问题,徒增诉讼风险。在操作层面,由于上述案件类型往往由地方中级人民法院一审,其上级人民法院——省人民法院或最高人民法院可与省人民检察院或最高人民检察院协商后确定地方中级人民法院管辖。

▢ 赋予被告方对指定管辖决定的异议权

被告方没有申请指定管辖,但对于公安司法机关的指定管辖有权提出异议,如同龙宗

---

[4] 参见龙宗智:《刑事诉讼指定管辖制度之完善》,载《法学研究》2012年第4期。
[5] 《六机关规定》第23条规定:"人民检察院对于审查起诉的案件,按照刑事诉讼法的管辖规定,认为应当由上级人民检察院或者同级其他人民检察院起诉的,应当将案件移送有管辖权的人民检察院。人民检察院认为需要依照刑事诉讼法的规定指定审判管辖的,应当协商同级人民法院办理指定管辖有关事宜。"
[6] 参见李玉萍:《网络犯罪案件中指定管辖的几个问题》,载《理论周刊》2020年4月2日,第5版。
[7] 参见龙宗智:《刑事诉讼指定管辖制度之完善》,载《法学研究》2012年第4期。

智教授所言:"对于有异议的决定,决定机关应当复议并将复议结论告知被告方。被告方对于侦查管辖上的异议,在向决定机关提出时或提出后,还可向有监督权的检察机关提出,请求监督纠正。"[8] 无论被告方是否申请指定管辖,只要对指定管辖的决定不服,在判决作出后均可提起上诉,二审人民法院应该对其进行审查并作出是否支持的裁定。不过,也需要对共同犯罪被告方管辖异议权进行限定,比如要求在规定时间内提起异议,提供具体的不服理由等,防止被告方滥用管辖权异议,影响诉讼进程。

8　龙宗智:《刑事诉讼指定管辖制度之完善》,载《法学研究》2012 年第 4 期。

006 留置措施的适用与监察调查对象的区分 | 检察院变更罪名

律师路某行贿案

兰跃军　上海大学

■ 案情概要[*]

2019年3月28日,安徽省阜阳市颍泉区人民法院就阜阳市首例非国家工作人员行贿案依法公开开庭审理并当庭作出一审判决。

2018年10月18日,阜阳市监察委员会根据《国家监察委员会管辖规定》,将被反映人路某涉嫌行贿问题指定颍泉区监察委员会管辖。颍泉区监察委员会初核后,决定对路某留置调查。路某因涉嫌犯介绍贿赂罪,2018年10月31日被颍泉区监察委员会留置,2018年12月17日解除留置。因涉嫌犯行贿罪经颍泉区人民检察院决定,2018年12月17日由阜阳市公安局颍泉分局执行刑事拘留,同年12月27日经颍泉区人民检察院决定逮捕,同日由阜阳市公安局颍泉分局执行逮捕。

阜阳市颍泉区人民检察院以泉检刑诉[2019]7号起诉书指控被告人路某犯行贿罪,于2019年2月27日向颍泉区人民法院提起公诉,并建议适用简易程序。法院受理后,于2019年3月28日公开开庭审理了本案。经法庭审理查明:路某原系安徽某某律师事务所律师。阜阳市人民检察院于2015年11月3日指控李某、冯某犯贩卖毒品罪一案,于2015年12月15日指控胡某犯贩卖、运输毒品罪一案,于2017年7月20日指控房某犯制造毒品罪一案,分别起诉至阜阳市中级人民法院,路某是这三起案件的辩护人。

案件审理期间,三起案件被告人的亲属找到路某,商议通过路某找人疏通关系,以达到被告人能被判处较轻刑罚的目的。路某答应后,请求阜阳市中级人民法院刑二庭原工作人员郭某等人关照,并送给郭某等人32万元。路某为谋取不正当利益,给予国家工作人员以财物,其行为已构成行贿罪。鉴于其到案后,能够如实供述其犯罪事实,且当庭自愿认罪,依法可以从轻处罚。其主动退出因行贿取得的不正当财产性利益,可以酌情从轻处罚。颍泉区人民法院以路某犯行贿罪,判处有期徒刑1年6个月,并处罚金人民币10万元。路某没有上诉,检察机关也没有抗诉,判决生效。

---

[*] 参见安徽省阜阳市颍泉区人民法院(2019)皖1204刑初75号刑事判决书。

■ 法律分析

> **争议焦点**
>
> 路某作为一名普通律师,是否属于《监察法》第 15 条规定的监察对象?监察机关对路某采取留置措施,是否有法律依据?如果有,监察机关调查终结后移送检察机关审查起诉,检察机关是否可以改变罪名?此类涉案人员应当如何处理?

☐ 普通律师作为非公职人员,不属于监察对象

《监察法》第 15 条规定,监察对象包括六类行使公权力的公职人员,[1] 该条以国家基本法律形式将监察调查的对象范围固定下来,实现监察管辖法定。《律师法》第 2 条将"律师"界定为"依法取得律师执业证书,接受委托或者指定,为当事人提供法律服务的执业人员"。无论在刑事诉讼、民事诉讼、行政诉讼,还是非讼事务代理中,律师都是协助当事人行使诉讼权利,维护当事人的合法权益,他们行使的是私权利,而非公权力。

因此,除了极少数在国有律师事务所中从事与其职权相联系的管理事务和在非国有律师事务所中从事管理的律师在律师事务所管理中行使公权力,分别属于《监察法》第 15 条第 4 项和第 6 项规定的监察对象,普通律师依法承办业务时,都是"为当事人提供法律服务的执业人员",都是非公职人员。无论在诉讼案件还是非讼案件中,律师行使的都是诉讼权利等私权利,不是公权力,因而不属于《监察法》第 15 条规定的监察对象。

☐ 监察机关有权对涉嫌行贿犯罪或者共同职务犯罪的律师采取留置措施

《监察法》第 22 条规定了留置措施,共 3 款,第 1 款规定留置的要件,包括涉案要件、证据要件和法定情形;第 2 款规定其他留置对象,即涉案人员;[2] 第 3 款规定留置的场所、管理和监督。第 22 条放在《监察法》第四章"监察权限"之中,显然只是明确监察机关采取留置措施的对象、适用情形等,而不是监察机关立案调查的条件。根据该条规定,留置的一般对象是符合第 1 款留置要件的被调查人,但在实践中,对于具有第 1 款法定情形且涉嫌行贿犯罪或者共同职务犯罪的涉案人员(包括律师),如果不将他们一并留置,将严重影响监察机关对严重职务违法犯罪事实的重要问题的进一步调查,有可能造成事实调查不清、证据收集不足,使腐败分子逃脱法律的惩治,影响案件调查工作的客观性、公正性,从而给党和国家的廉政建设和反腐败工作造成损害。[3] 因此,第 2 款赋予监察机关对涉嫌行贿犯罪或者共同职务犯罪的涉案人员(包括律师)采取留置措施的权力,其目的是保障主案监察调查程

---

[1] 六类公职人员包括:一是公务员和参公管理人员;二是法律、法规授权或者受国家机关依法委托管理公共事务的组织中从事公务的人员;三是国有企业管理人员;四是公办的教育、科研、文化、医疗卫生、体育等单位中从事公务的人员;五是基层群众性自治组织中从事公务的人员;六是其他依法履行公职的人员。

[2] 其他留置对象即"对涉嫌行贿犯罪或者共同职务犯罪的涉案人员,监察机关可以依照前款规定采取留置措施"。

[3] 中共中央纪律检查委员会、中华人民共和国国家监察委员会法规室编写:《〈中华人民共和国监察法〉释义》,中国方正出版社 2018 年版,第 133~136 页。

序的顺利进行,而不是立案调查。

▣ 对于监察机关调查终结后移送审查起诉的案件,检察机关可以改变罪名

《刑事诉讼法》第 169 条规定,凡是需要提起公诉的案件,一律由人民检察院审查决定。该条确立了检察机关作为我国唯一公诉机关,无论是公安机关侦查终结的普通刑事案件,还是监察机关调查终结的职务犯罪案件,都必须依法移送检察机关审查起诉。《刑事诉讼法》第 171 条规定了审查起诉的内容,从实体到程序,从事实到证据,包括"罪名的认定是否正确",检察机关必须进行全面、实质的审查,才能决定案件是否符合提起公诉的条件。如果公安机关、监察机关对罪名的认定不正确,检察机关经过审查,当然有权根据事实、证据和法律规定改变罪名。

本案中,监察机关以路某涉嫌犯介绍贿赂罪对其采取留置措施,而移送检察机关后,检察机关改为涉嫌犯行贿罪对其先行拘留和逮捕,既是检察机关依法独立行使检察权的体现,也为检察机关提前介入监察调查提供了依据。

■ 理论阐释 | 留置措施的适用与监察调查对象的区分

全国人民代表大会 2018 年制定《监察法》,创设国家监察权,旨在深化国家监察体制改革,实现对所有行使公权力的公职人员监察全覆盖,推进国家治理体系和治理能力现代化。根据《监察法》起草者解释,虽然"其他依法履行公职的人员"是一个兜底条款,但也不能无限制地扩大解释。

判断一个"履行公职的人员"是否属于监察对象的标准,主要是看其是否行使公权力,其所涉嫌的职务违法或者职务犯罪是否损害了公权力的廉洁性。这里的"公权力"是国家权力或公共权力的总称,是法律法规规定的特定主体基于维护公共利益的目的对公共事务管理行使的强制性支配力量。而判断一个人是不是公职人员,关键是看他是否在行使公权力、履行公务,而不是看他是否有公职。[4]《监察法》第 15 条规定的监察对象,直接限定了国家监察权行使的边界,它通过约束公权力的行使来保护公民的私权利,将公权力关进制度的笼子里,加强人权法治保障。

与普通犯罪相比,行贿犯罪或者职务犯罪的重要特点是与公权力行使或履行公务有关,这决定了此类案件的主体具有多元化,至少两方以上,一般都构成共同犯罪,且至少有一方主体手握公权力,智商较高,反侦查能力较强,极易实施毁灭、伪造证据,干扰证人作证或者串供等妨碍案件调查或诉讼的行为。该类案件的证据也以言词证据为主,实物证据或客观证据较少。这就是国家推进监察体制改革,加强反腐败国家立法,制定《监察法》,建立符合职务犯罪案件特点的办案体制机制的原理所在。

---

[4] 中共中央纪律检查委员会、中华人民共和国国家监察委员会法规室编写:《〈中华人民共和国监察法〉释义》,中国方正出版社 2018 年版,第 107~114 页。

正是由于监察调查的对象是行使公权力的公职人员,不是普通的犯罪嫌疑人,调查的内容是职务违法和职务犯罪,而不是一般刑事犯罪。"在案件调查过程中,调查人员既要严格依法收集证据,也要用党章党规党纪、理想信仰宗旨做被调查人的思想政治工作,靠组织的关怀感化被调查人,让他们真心认错悔过,深挖思想根源,而不仅仅是收集证据,查明犯罪事实。"[5] 笔者认为,这为现阶段监察调查程序拒绝律师介入提供了正当性根据。

为此,《监察法》第 22 条规定了留置措施,用留置取代"两规",主要目的就是将留置这一重要的调查措施确立为监察机关在调查严重职务违法犯罪过程中可以运用的法定权限,解决长期困扰反腐败的法治难题。但该款并没有明确监察机关对涉嫌行贿犯罪或者共同职务犯罪的涉案人员(包括普通律师)的立案调查权。根据权力法定原则,监察机关对普通律师采取留置措施,并对主案有关职务犯罪事实调查终结后,认为律师涉嫌行贿犯罪或者共同职务犯罪的,应当移交有管辖权的国家机关处理,而不应立案调查。

■ 扩展思考 | 律师涉嫌行贿犯罪或者共同职务犯罪案件的特殊处理

律师作为职务犯罪涉案人员中的非公职人员,涉嫌行贿犯罪或者共同职务犯罪时,不宜由监察机关立案调查,也不属于《刑事诉讼法》第 210 条规定的自诉案件范围,不能由法院直接受理。《刑事诉讼法》第 19 条第 2 款规定,检察机关立案侦查权包括保留侦查权和机动侦查权。保留侦查权的适用对象是检察机关在履行诉讼监督职能过程中发现的司法工作人员利用职权实施的非法拘禁、刑讯逼供、非法搜查等侵犯公民权利、损害司法公正的犯罪,其犯罪主体必须是司法工作人员,不包括律师。机动侦查权的适用对象是公安机关管辖的国家机关工作人员利用职权实施的重大犯罪案件,其犯罪主体必须是国家机关工作人员,不包括律师。因此,律师涉嫌行贿犯罪或者共同职务犯罪,不属于检察机关直接受理的案件范围,不能由检察机关立案侦查。这样,根据《刑事诉讼法》第 19 条规定,此类案件只能由公安机关立案侦查。

但律师涉嫌行贿犯罪或者共同职务犯罪案件,属于监察机关管辖的职务犯罪案件(主案)的关联案件,且犯罪主体是为当事人提供法律服务的律师,案件处理时需要兼顾其特殊性,才能保证案件得到公正处理。笔者认为,这包括三个方面:

第一,主案监察调查优先。从《监察法》第 22 条第 2 款立法本意看,监察机关对涉嫌行贿犯罪或者共同职务犯罪的律师采取留置措施,目的是避免涉案律师实施妨碍监察机关调查主案犯罪事实,从而保障监察调查程序的顺利进行。只有待监察机关对主案调查终结后,有证据证明律师涉嫌行贿犯罪或者共同职务犯罪的,才能由有管辖权的公安机关启动刑事立案程序,追究涉案律师的刑事责任,或者补充侦查。

第二,原则上实行异地管辖。由于《监察法》和《刑事诉讼法》确定的都是级别管辖和地

---

[5] 中共中央纪律检查委员会、中华人民共和国国家监察委员会法规室编写:《〈中华人民共和国监察法〉释义》,中国方正出版社 2018 年版,第 63~64 页。

域管辖相结合,且地域管辖与行政区划基本一致的管辖原则,监察机关管辖的地域范围与当地公安司法机关基本一致。随着监察机关对涉案司法工作人员监察调查终结,该司法工作人员所在单位尤其是法院、检察院、公安机关与该案件产生某种利益关系,如果涉案律师仍然由当地公安机关立案侦查,根据《刑事诉讼法》确定的同级管辖原则,该律师只能由当地检察机关审查起诉和当地法院审判,这就可能影响此类案件的公正处理。为此,如果监察机关监察调查终结,认定公安机关、检察机关、法院工作人员构成受贿罪或其他职务犯罪,而律师涉嫌行贿犯罪或者共同职务犯罪,原则上应当实行异地管辖,由上一级监察机关商上一级公安机关指定相关涉案司法工作人员所在地的公安机关以外的公安机关办理。如果相关职务犯罪主体是从事监管职责的工作人员,而涉案律师最终被定罪,也不得安排律师进入该监管人员所在的监管机构执行刑罚。

第三,同时通知律师事务所、律师协会和司法行政机关。律师职能的法律服务属性,决定了每个律师可能要同时为多个单位或个人提供法律帮助与服务。一旦律师的人身自由受到限制,作为其服务对象的个人或单位的利益可能因此而受到损害。这就需要该律师所在的律师事务所及时另行指派律师为他们提供法律服务。同时,律师尤其是辩护律师在诉讼中为了维护当事人的合法权益,有时不可避免地与其他诉讼参加人尤其是司法工作人员发生冲突,从而招致他们的职业报复,这就要求该律师所属的律师协会及时"救援"。此外,因为司法行政机关对违法的律师有行政处罚权,为此,《高检规则》第60条第2款和《公安规定》第56条第2款都要求同时通知涉案律师所在的律师事务所、所属的律师协会、司法行政机关。

007 诉讼阶段不同情形下共犯的合并审理问题

王某故意杀人案

潘 侠 中国海洋大学

■ 案情概要[*]

原审被告人王某(先归案),2004年9月1日被逮捕。同案被告人王团某后来归案。河南省周口市人民检察院以周检刑诉(2005)36号起诉书指控被告人王某犯故意杀人罪,向周口市中级人民法院提起公诉。周口中院以故意杀人罪判处王某死刑,缓期2年执行,剥夺政治权利终身。宣判后,王某提出上诉,河南省高级人民法院裁定,撤销原判,发回重审。周口中院作出与前次相同的判决,法定期限内没有上诉、抗诉。后河南高院经复核,裁定撤销原判,发回重审。2011年1月5日,周口中院作出(2010)周刑初字第42号刑事附带民事判决,再次以故意杀人罪判处王某死刑,缓期2年执行,剥夺政治权利终身。宣判后,王某又提出上诉。2011年6月23日,河南高院作出(2011)豫法刑四终字第48号刑事附带民事裁定,驳回上诉,维持原判。

附带民事诉讼原告人王某不服,提出申诉。2011年11月7日,在河南高院复查期间,同案人王团某被抓获归案。周口市人民检察院于2012年5月21日以周检刑诉(2012)56号起诉书指控被告人王团某犯故意杀人罪,向周口中院提起公诉。2013年8月27日,河南高院对王某故意杀人申诉一案作出(2013)豫法刑申字第00077号再审决定,由该院再审,并于2013年8月30日作出(2013)豫法刑再字第2号刑事附带民事裁定,撤销第一审判决、第二审裁定,发回周口中院重新审判。周口中院对王某故意杀人再审案与被告人王团某故意杀人案(以下简称"两王案")并案审理。但周口市人民检察院并没有对"两王案"并案起诉,而仅在庭上分别宣读了针对被告人王某、王团某指控内容不同的起诉书。

经审理查明王某、王团某共同犯罪的事实后,周口中院认为,王某为达到与被害人王某某丈夫结婚的目的,与王团某事先预谋并与王团某共同实施了杀害王某某的行为。王某系犯意的提起者,杀害王某某、肢解王某某尸体、抛弃藏匿尸块的实施者,罪行极其严重。最终,该院以故意杀人罪判处被告人王某死刑,剥夺政治权利终身。宣判后,王某提出上诉。

---

[*] 参见齐素:《王秀敏故意杀人案——共同犯罪人先后归案后被分案起诉,法院应否并案审理》(指导案例第1338号),载最高人民法院刑事审判第一、二、三、四、五庭主办:《刑事审判参考》(总第122集),法律出版社2020年版,第31~37页。

河南高院经审理，依法驳回王某的上诉，并依法报请最高人民法院核准。

■ 法律分析

> **争议焦点**
>
> 处在不同诉讼阶段的共同犯罪案件能否合并审理？要回答上述疑问需首先解答如下两个问题：第一，并案审理的适用条件是什么？第二，并案审理的程序该如何进行？

□ 并案审理的适用条件

就刑事诉讼理论而言，被告人和犯罪事实是刑事案件两个基本构成要素，一个被告人、一个犯罪事实，即构成一起刑事案件；被告人或者犯罪事实为数个，则构成数起刑事案件。[1] 对于非单一主体、单一犯罪事实的复合刑事案件应如何审理，我国刑事法律提供了相关规范。

根据《六机关规定》第3条的规定，一人犯数罪、共同犯罪、共同犯罪的犯罪嫌疑人或者被告人还实施其他犯罪、多个犯罪嫌疑人、被告人实施的犯罪存在关联且并案处理有利于查明案件事实的案件，人民法院、人民检察院、公安机关可以在其职责范围内并案处理。《公安规定》《高检规则》也如法炮制，规定对于这几类案件，公安机关可以并案侦查，检察院可以并案处理。《刑诉法解释》虽没有原文照搬《六机关规定》，但其第24条"被告人还有其他犯罪被起诉的，可以并案审理"与第220条"对分案起诉的共同犯罪或者关联犯罪案件，合并审理更有利于查明案件事实、保障诉讼权利、准确定罪量刑的，可以并案审理"的内容表明了人民法院对并案审理的肯定态度。

本案中，王某、王团某二人系共同犯罪，确定要否对"两王案"合并审理之事发生在2013年，《六机关规定》彼时已生效，且《公安规定》（2012年）、《高检规则（试行）》（2012年）、《刑诉法解释》（2012年）均承认对共犯可并案处理。周口中院对"两王案"合并审理的规范依据非常充分。之所以其一开始没对二人合并处理，是因王某先到案，王团某迟迟未归案。根据《高检规则》（1999年）第246条第4款的规定，共同犯罪的部分犯罪嫌疑人在逃的，公安机关应采取必要措施保证在逃犯罪嫌疑人到案后另案移送审查起诉，对在案的犯罪嫌疑人的审查起诉照常进行。所以，在共犯王团某未到案情况下，王某案诉讼程序正常推进无可厚非。

但上述规范性文件并未明示所处诉讼阶段不同的共同犯罪案件能否合并审理。本案王某面临再审的一审，王团某则正在经历普通程序的一审，前者判决已生效，后者判决还未作出，周口中院将两案进行了合并审理。最高人民法院审判监督庭法官对此的看法是"不管是普通程序第一审案件，还是再审程序第一审案件，归根结底，都是第一审案件，存在并

---

1 参见陈朴生：《刑事诉讼法实务》，台北，海天印刷有限公司1981年版，第84~88页。

案审理的程序基础"。² 按此意见,即使案件所处诉讼阶段不同,也可以并案审理。但若进一步追问,假如王团某案开始一审时,王某案已经生效,那么"两王案"还能合并吗?立法对此也未加明确。从理论上讲,除非案件被发回重审,且两案处在同一审级,如本案这样,否则,并案审理的条件已不具备。后审之案只能单独审理,并需结合前案判决注意量刑平衡问题。

▢ **并案审理的适用程序**

并案审理既可以由检察院并案起诉而引起,也可以因检察院分案起诉但法院决定合并审理而发生。这两种情形之下,并案审理的适用程序并不相同。

当检察院并案起诉时,有关案件合并的系列工作已在审前完成,法院只是承接了案件已合并的结果,按照既有审判流程进行即可。检察院为实现并案起诉所借助的程序分别如下:

一是起诉之前,根据《高检规则》第356条的规定,检察院在审查起诉时发现公安机关遗漏罪行或者有依法应当移送起诉的同案犯罪嫌疑人未移送起诉的,要求公安机关补充侦查或者补充移送起诉,以及当犯罪事实清楚、证据确实、充分时,检察院直接提起公诉,从而使涉多个被告人或多个犯罪事实的案件最终在一个起诉书中完成合并。

二是起诉之后,根据《高检规则》第420条、第425条的规定,在法庭审判过程中发现遗漏罪行或者遗漏同案犯罪嫌疑人的,检察院可以补充、追加起诉,相应提交补充起诉决定书、追加起诉决定书实现案件合并。对于无法通过补充、追加起诉方式实现并案的,如多个犯罪嫌疑人实施的犯罪存在关联的情形,实务中,检察院需提交合并案件审批表,以内部报批方式进行合并。

当检察院分案起诉时,根据《刑诉法解释》第24条、第220条第2款的规定,法院可通过制作并案审理决定书的方式实现合并审理。此外,法院如果发现被告人还有其他犯罪被审查起诉、立案侦查、立案调查的,在不造成审判过分迟延前提下,可协商人民检察院、公安机关、监察机关并案处理。具体的并案处理程序则语焉不详。

本案中,常规做法是追加、补充起诉将"两王案"一并处理。即通过检察院实现并案起诉,在先到案的王某起诉书基础上追加、补充起诉王团某及王某的罪行。但因王某先归案,王团某后到案,前者面临再审一审,后者已诉至法院。既然合并起诉,就需将王团某案先撤回,而王团某案不属于《高检规则(试行)》(2012年)第459条可以撤回起诉的如下情形:不存在犯罪事实;犯罪事实并非被告人所为;情节显著轻微、危害不大,不认为是犯罪;证据不足或证据发生变化,不符合起诉条件;被告人因未达到刑事责任年龄,不负刑事责任;法律、司法解释发生变化导致不应当追究被告人刑事责任;其他不应当追究被告人刑事责任。因此,其不具备撤回起诉的法律、司法解释依据,无法通过检察院实现并案起诉,只能在分案起诉基础上,由法院实现并案审理。

---

2 最高人民法院刑事审判第一、二、三、四、五庭主办:《刑事审判参考》(总第122集),法律出版社2020年版,第33页。

■ 理论阐释 | 并案审理的价值及考量因素

案件审理的分合皆基于一定的价值驱动。诉讼经济、避免判决矛盾或量刑不均衡、帮助发现真实、避免执法不公是并案审理的价值体现。[3] 当被告人或犯罪事实为复数,并案处理确实可以避免重复提交证据、节省办案人力及设备资源、便于办案机关综合把握案件全貌、全面准确认定案件事实、正确厘定涉案人刑事责任。

为发挥并案审的价值,在寻找适格案件时,是否具有关联性被学界及立法者视为案件能否合并的主要考量因素。有学者将"关联性"界定为"因犯罪主体同一或者犯罪行为具有同一性、承接性、合成性或者依附性等原因而必须适用同一程序解决的数个案件之间存在的内在联系"。[4] 还有学者基于各国刑事诉讼法对并案审理范围的分析,总结出主体关联、行为关联、对象或结果关联以及时空关联四种关联类型。[5] 亦有学者指出,"关联性"一词更多是一个描述性概念而非分析性概念,因此难以从抽象的理论层面精确地界定关联性的具体含义。[6]

这也是不少国家以列举方式展现因关联关系可以合并审理的案件范围的缘由。如《日本刑事诉讼法》第9条规定:"数个案件有下列情形之一的,是牵连案件:一人犯数罪时;数人共犯同一罪或者不同的罪时;数人同谋而分别实施犯罪时。藏匿犯人罪、湮灭证据罪、伪证罪、虚假鉴定、翻译罪及赃物罪,与各该本罪视为共犯之罪。"《德国刑事诉讼法》第3条规定:"一人被指控犯数罪,或者在一个犯罪案件中数人被指控是主犯、从犯或者犯有传播非法获取的数据罪、包庇罪、阻扰刑罚及窝赃罪时被视为相关联案件。"[7] 然而,关联性并非并案审理的充分要件,共犯的到案情况、案件体量、案件所处的诉讼阶段、法院的司法能力等都可能带来案件被拆开审判的结果。

案件审理方式之分与合犹如硬币的两面,非此即彼。除案件相互间不存在任何关联而分别审理外,因内在关联性得以合并的案件遭遇客观情境的障碍致合并审理的价值难以实现时,分案审理便会取代并案审理。但并案审理自身的利与弊具有相对性,且并案审理之利与分案审理之弊亦不能画等号。并案与分案所承载的价值并非泾渭分明。

例如,当并案审标榜的诉讼经济价值面对被告人、辩护人、证人人数众多而部分共犯已认罪认罚且案件事实清楚、证据确实充分等情形,庭审过于拖延以及相伴随的羁押成本等就会使并案审的优势减弱,转为分案审理反而更经济。前文指出的其他并案审价值也能被一一击破。[8]《刑诉法解释》第220条中"更有利于保障庭审质量和效率的……有利于查明案件事实、保障诉讼权利、准确定罪量刑的""可以分案或并案"等表述再次印证了审理之合、分价值的相对性。这些显性价值固然会影响案件审理的合并或分离,但审理方式选择

---

[3] 参见王兆鹏:《美国刑事诉讼法》,北京大学出版社2014年版,第624~627页。
[4] 参见王飞跃:《论我国刑事案件并案诉讼制度的建构》,载《中国刑事法杂志》2007年第4期。
[5] 参见王新清、李江海:《刑事案件并案诉讼思考》,载樊崇义主编:《诉讼法学研究》(第10卷),中国检察出版社2006年版,第273页。
[6] 参见谢佑平、万毅:《刑事诉讼牵连管辖制度探讨》,载《政法学刊》2001年第1期。
[7] 《世界各国刑事诉讼法》编辑委员会编译:《世界各国刑事诉讼法》,中国检察出版社2016年版,第250、320页。
[8] 并案、分案利弊之详细分析参见王兆鹏:《美国刑事诉讼法》,北京大学出版社2014年版,第624~627页。

的隐性且终极指挥棒依然是司法的公正与效率,二者在具体司法情境下的张力决定着案件审理之分合。因此,非单一案件审理方式的选择呈现动态性,并案或分案考量因素的设定相应也具有灵活性。

■ 扩展思考 | 并案审理的系统性展开

司法实践中层出不穷的案件涉及审理之合分取舍问题,但并案、分案议题在我国并未获得足够的重视。《刑事诉讼法》一贯以单一诉讼为模型而设,至今未对复合案件的审理方式作出统领性规定,司法解释等规范性文件也仅寥寥几条有所体现,整体而言零散粗疏。《刑事诉讼法》有必要对此加以系统性规制,具体而言,包括以下几点:

第一,进一步明确并案审理的适用情形。建议以关联性为指引,采用"正向列举+反向排除"方式,在现有规定基础上归纳拓展合并审的适用范围,尤其要回应诉讼阶段不同、部分共犯认罪认罚、出现敌对辩护情况下案件的审理方式问题。[9] 尽管办案机关要在具体情境中基于其对司法公正与效率的衡量确定要否对个案进行合并审理,且有"合并审理为原则、分案审理为例外"理念指引,但提供常见的并案审理适用情形供参照,有助于克服办案机关审理方式选择的恣意。

第二,完善并案审适用的程序。明确审前、审判程序中以及不同法院间并案审理的具体步骤,借助庭前会议解决审判之分合事项,并开拓合并审判内部形态的多样性,如视情况在法庭调查或法庭辩论环节对案件适当加以分离或者在法庭调查、辩论环节均分离但全案裁判重新合并,避免一旦出现被告人人数过多等情况就分案审理的思维惯性致案件事实认定出现偏误。

第三,正视并案审理中的证据运用问题。明晰共犯陈述在并案、分案中的证据种类归属和证据效力,确定运用证人证言、物证等证明多名被告人的犯罪事实应遵循的证据规则及具体适用。

第四,发挥被告人在审理方式选择中的作用。赋予其并案审理申请权和对并案审的异议权,防止审理方式选择中的职权主义侵犯被告人的诉讼权利及其他合法权益。

第五,申明不当并案的后果。不当并案应囊括在"其他违反法律规定的诉讼程序,可能影响公正审判"条款中,作为二审法院撤销原判、发回重审的事由,以及作为因"违反法定诉讼程序,可能影响公正裁判"而决定再审的理由。

---

[9] 合并审理的除外情形探讨参见张泽涛:《刑事案件分案审理程序研究》,载《中国法学》2010 年第 5 期;许身健:《共同犯罪分案审理问题研究》,载《国家检察官学院学报》2022 年第 1 期;杨杰辉:《共同犯罪案件的分案审理研究》,载《现代法学》2022 年第 1 期;董坤:《论刑事诉讼中"另案处理"规范功能的异化与回归》,载《法学论坛》2013 年第 1 期;刘仁琦:《共同犯罪案件认罪认罚从宽制度的适用问题研究》,载《西南民族大学学报(人文社会科学版)》2020 年第 5 期;亢晶晶:《"职权主导型"刑事分案模式研究》,载《中外法学》2022 年第 4 期。

008 审判公正假定｜指定管辖的谦抑适用

王某民事枉法裁判案

王一超 中央民族大学

■ 案情概要*

王某为吉林省辽源市中级人民法院民事审判第三庭原庭长。2017年5月，王某作为审判长，负责郭某甲诉郭某乙林权合同纠纷案的二审审理工作。后辽源市中级人民法院审判委员会讨论认为该案二审判决确有错误，并于2017年9月1日决定对该案进行再审。王某因其在上述林权合同纠纷案的处理过程中故意对应当采信的证据不予采信，对应当调查核实的事实不予调查，违背事实和法律作出枉法裁判，侵犯了国家司法机关的正常秩序，被控涉嫌民事枉法裁判罪。

2017年12月28日，辽源市西安区人民检察院以辽西检刑检公诉刑诉（2018）1号起诉书对王某提起公诉。西安区人民法院遵照辽源中院的指定管辖决定受理了此案，并于2018年2月9日作出一审判决，认定王某犯民事枉法裁判罪，判处有期徒刑3年。判决作出后，西安区人民检察院提出抗诉，王某提出上诉。辽源中院对此案进行二审。

2018年11月8日，在辽源中院公开开庭审理此案时，王某及其辩护人当庭提出：王某系该法院原法官，"同事审同事"无法保证本案的公正审理，故该院法官应回避，不得负责本案的二审审理工作。法庭遂宣布休庭。2018年11月12日，辽源中院书面报请吉林省高级人民法院，请求将王某民事枉法裁判案指定其他法院审理。2018年11月22日，吉林高院以（2018）吉刑辖173号指定管辖决定书将此案指定通化市中级人民法院依照第二审程序审判。二审期间，通化市人民检察院认为抗诉不当，向通化中院申请撤回抗诉。通化中院于2019年4月30日、2021年4月20日两次公开开庭审理了此案。2021年4月20日，通化中院作出二审裁定：准许通化市人民检察院撤回抗诉；驳回上诉，维持原判。

至此，被誉为二审阶段指定管辖第一案的本案终审定谳。

---

* 参见吉林省辽源市西安区人民法院（2018）吉0403刑初1号刑事判决书、吉林省通化市中级人民法院（2018）吉05刑终198号刑事裁定书。

■ 法律分析

争议焦点

本案在审理过程中几易法院,一审及二审阶段均通过指定管辖变更了审理法院。特别是在二审阶段的指定管辖,开创了刑事司法实践的先例。应当如何确定本案的管辖法院？本案中的指定管辖,特别是二审阶段指定管辖的正当性何在？

□ 如何确定本案的管辖法院

在刑事诉讼中,"管辖"一词具有多义性。《刑事诉讼法》中规定了立案管辖和审判管辖。前者解决的是公安司法机关之间侦查受理权限的划分问题,以案件类型为区分标准;后者解决的是在不同级别以及不同地区的法院之间,由何者负责案件一审的问题。王某案件中涉及争议的为审判管辖问题。

确定某一案件的管辖法院,须首先确定案件的级别管辖和地区管辖。根据《刑事诉讼法》第 20 条的规定,除非法律规定由上级人民法院管辖,否则由基层人民法院管辖第一审普通刑事案件。实践中,级别管辖争议主要存在于基层人民法院和中级人民法院之间。对于危害国家安全、恐怖活动案件和可能判处无期徒刑、死刑的案件,须由中级人民法院负责一审。

根据《刑法》第 399 条规定,在民事、行政审判活动中故意违背事实和法律作枉法裁判,情节严重的,处 5 年以下有期徒刑或者拘役;情节特别严重的,处 5 年以上 10 年以下有期徒刑。可见,本案中,王某所涉嫌的民事枉法裁判案不属于上述应由中级人民法院一审的案件范围。此案可由基层人民法院负责一审。

在如何确定地区管辖的问题上,《刑事诉讼法》第 25 条规定了"以犯罪地为主,以被告人居住地为辅"的原则。本案中,王某所涉案件的犯罪地为其实施民事枉法裁判行为的地点,即其履行民事审判职务时所处的法院——辽源中院。该法院位于辽源市龙山区,故本案本应由龙山区人民法院负责案件一审。后经龙山区人民法院的上级法院——辽源中院指定管辖,西安区人民法院方才获得了本案的一审管辖权。

一审裁判作出后,本案因存在检察机关抗诉及被告人上诉而启动二审。二审时无须再重新判断案件的级别管辖和地区管辖,一审法院的上一级法院将自动获得案件的二审管辖权。这也是本案一开始由辽源中院二审的原因所在。通化中院系经由其与辽源中院的共同上级法院——吉林高院的指定管辖决定,方才获得了本案的二审管辖权。

□ 本案中指定管辖的正当性问题

《刑事诉讼法》第 27 条规定:"上级人民法院可以指定下级人民法院审判管辖不明的案件,也可以指定下级人民法院将案件移送其他人民法院审判。"可见,指定管辖可以改变具体案件中法定管辖权的分配。本案在两审程序中均存在指定管辖,但两次指定管辖所引发的社会关注度并不相同。令王某涉嫌民事枉法裁判罪的林权合同纠纷案系由东辽县人民法院一审,辽源中院二审,其与龙山区人民法院之间本无交叉,由龙山区人民法院一审似乎并无不妥,但辽源中院仍依职权主动将案件指定由西安区人民法院一审。不过,该指定管辖决定并未引起当事人的程序异议,也未引发社会的广泛关注。

本案二审阶段的指定管辖肇始于当事人在庭审直播过程中公然提出的"管辖权异议",且异议的理由为"同事审同事"无法保证本案的公正审理。据此理由,这其实是一个回避问题,但因为当事人所主张的乃该院法官"集体回避",这才与指定管辖之间发生了耦合。

回避所解决是办案人员个体能否公正处理案件的问题。根据现行法律规定,当事人若要申请多名办案人员回避,须逐一申请。但有一例外,根据《刑诉法解释》第 18 条的规定:"有管辖权的人民法院因案件涉及本院院长需要回避或者其他原因,不宜行使管辖权的,可以请求移送上一级人民法院管辖。上一级人民法院可以管辖,也可以指定与提出请求的人民法院同级的其他人民法院管辖。"可见,现行司法解释是认可以指定管辖实现集体回避这一程序操作的。

法院院长需要回避并非普遍认可的变更案件审判管辖权的法定事由。该规定在我国规范层面的正当性在于,依据《宪法》《人民法院组织法》的规定,在我国依法独立行使审判权的主体是"人民法院"而非法官。如果法院院长需要回避,这意味着该法院可能整体上无法公正审理案件,故需要通过指定管辖来对审判主体进行修正。实践中,如此处理可能有利于将对个案公正审理的影响降到最低,但这同时也是对法院泛行政化现状的一种默许,长远来看,并不一定有利于法院内公正办案氛围的营造。

本案中,王某主张指定管辖的理由并非辽源中院院长需要回避,而是认为由前同事审理此案无法保证案件的公正审理。如果曾经参与过林权合同纠纷案的法官再次成为本案的合议庭成员,由于证人身份具有人身不可替代性,其应优先成为本案的证人,不得参与案件的审理工作。那么,对于辽源中院其他未办理过上述案件的法官而言,是否也存在《刑事诉讼法》第 29 条所规定的"与本案当事人有其他关系,可能影响公正处理案件的"回避情形?事实上,实践中对于公职人员所涉案件由前同事负责处理并不鲜见。单凭审理主体一项不足以证成回避,还需要综合案件其他情形进行考察。

本案中,令王某涉嫌民事枉法裁判罪的林权合同纠纷案已经辽源中院裁定再审。尽管在本案审理过程中,上述案件的再审结果尚未作出,但由于辽源中院审判委员会业已讨论认为该案二审判决确有错误,故可以预测再审结果将对王某不利。考虑到审判委员会对于本院法官的影响,王某对于本案能否公正审理的顾虑有一定的社会经验基础,可以构成本案二审阶段指定管辖的理由。至于本案为何迟至二审还要指定管辖,这是由于本案中指定管辖的制度依据系回避,而回避事由是在二审阶段才出现的。

■ **理论阐释** │ 审判公正假定

审判管辖的理论基础为法定法官原则。根据该原则,审判主体不能够等待具体个案发生之后才进行个别确定,立法需要预先规定一套抽象一般的分配规范,待到个案发生时可直接适用。否则,"如果案件发生以后再决定管辖法院的话,那么有可能因决定权者的判断介入而给被告人带来不利(或者有利)"[1]。在德国,法定法官原则是在基本法层面予以确认的基本原则。该原则要求具体案件审判主体的确定应取决于法律规范,而不可取决于人,其目的在于避免行政力量以操纵审判主体的方式来操纵审判结果。[2]

为了实现上述目的,审判管辖规范需要满足三方面的要求:首先,管辖规范需要满足一般性与抽象性的特征,以所有类似的诉讼案件为规范对象;其次,管辖规范需事先确定,一经确定,除非有法定事由不得任意变动;最后,管辖规范不可过于含混,应尽可能明确,以便后续分配管辖权时有所依循。在确保案件管辖法院法定的基础上,法定法官原则最终落脚于承审法官法定。法院内部应设置科学合理的事务分配计划,以确保案件分配至本院后,可以依据预先确定的分案原则随机分配至法官个人。本案中所涉及林权纠纷案,正是由于辽源中院在分案环节中的不规范操作,将原已分配至其他法官的该案重新分配给王某,才会给王某的枉法裁判行为大开方便之门。

审判管辖的制度原点是"审判公正假定"。[3] 如果有证据证明这一假设不成立,则不可机械适用法定的管辖分配制度。倘使不顾裁判主体的品质,任凭案件分配给一个不公正却独立的法官,就是对不公正裁判结果的"间接故意",构成了对法定法官原则的潜在危险。[4] 贯彻法定法官原则应与公平审判原则相协调,这就要求法律规范应当保留对管辖法院和承审法官进行纠正的制度空间。在此场合下回避制度存在与管辖制度同时适用的可能性。如果承审法官个人存在不公正审理的可能性,纵使他是根据抽象的分配规范所确定的审判主体,亦应通过回避拒却该法官。如果原定的管辖法院中有多名法官须回避,致使剩余法官人数达不到合议庭的法定人数需求,则需通过指定管辖变更管辖法院。如果有证据证明原本有法定管辖权的整个法院的公正性存疑,则亦须通过指定管辖实现"集体回避"的效果。从世界范围来看,在必要时以指定管辖转移案件的管辖权是法律规范中必须保留的制度弹性。德国、日本、法国虽未使用"指定管辖"一词,但在各自的管辖制度中也都包含转移管辖权的规定。

---

[1] [日]松尾浩也:《日本刑事诉讼法》(上卷),丁相顺译,金光旭校,中国人民大学出版社2005年版,第196页。
[2] 参见林钰雄:《刑事诉讼法》(上册),台北,元照出版有限公司2020年版,第112～113页。
[3] 张卫平:《管辖权异议:回归原点与制度修正》,载《法学研究》2006年第4期。
[4] Vgl. *Maunz/ Dürig*, Grundgesetz: Kommentar, Bd. VI, Verlag C. H. Beck München 2008, Art. 101 Rn. 2.

■ 扩展思考 | 指定管辖的谦抑适用

根据法定法官原则，管辖制度所追求的为"确定性"价值。指定管辖虽有存在的必要，但应仅在例外情况下适用，否则，就有以指定管辖架空法定管辖的风险。《刑事诉讼法》中规定了指定管辖的概括授权，上级人民法院可以通过指定管辖解决案件的管辖权争议，也可以在无争议时转移案件的管辖权。但对于何种情况下允许指定管辖，特别是允许何种情况下以指定管辖转移管辖权，规定的不够明确。2021年《刑诉法解释》修订，对上述问题也采取了回避的态度。这就导致实践中长期存在的指定管辖滥用问题难以得到纠正。指定管辖一旦成为行政干预司法的常态化路径，现代法治国家在建设法定法官原则方面的诸多努力将功亏一篑。因此，规范制定者及司法实务工作者不应再沉溺于指定管辖滥用所带来的"便利"，而应当正视对指定管辖的规范与约束。

指定管辖必须谦抑适用。上级法院在对案件指定管辖时应注意以下几方面问题：

第一，指定管辖的适用应严格以一般法定管辖规则失灵为前提，切忌轻言指定管辖。如果多个法院虽均有管辖权，但通过顺序规范可确定管辖法院，则不存在真正意义上的管辖权争议，作为解决管辖争议的指定管辖便无须适用。如果法官个人的回避就可以避免审判不公，亦无须转移管辖权，上级法院不得随意通过扩大解释为指定管辖背书。[5]

第二，由于级别管辖涉及审级利益，对被告人具有更加重要的意义，对国家审判权的具体划分也具有更加重大的意义，故指定管辖只适用于地域管辖，不适用于级别管辖，尤其需要禁止通过指定管辖变相将上级法院的案件转为下级法院审理，进而把控案件二审终审权的做法。

第三，指定管辖只能针对个案适用，不能批量适用。实践中存在的集中管辖做法亟须检讨。集中管辖是指将某一类案件集中到区域内特定的法院管辖或直接提级管辖，其初衷是希望通过整合案件的管辖资源提升办案质量，但这与司法能力均等假定相矛盾。[6] 考虑到司法实践的复杂性，上级人民法院可以通过个案提级审理的方式保障办案质量，以避免批量案件集中管辖对管辖确定性造成过分的侵蚀。

第四，作为解决管辖争议的指定管辖只适用于单一案件。如果存在案件合并的情况，应首先确定各单一案件的管辖情况，指定管辖也应在此时发挥作用。待到案件合并时，再根据法定管辖规则确定最终对合并后的案件行使管辖权的法院。上级人民法院不应在未明确各单一案件管辖情况的前提下，率先动用指定管辖权，将并案管辖问题含混处理。

---

[5] 例如，《刑诉法解释》第18条只规定了本院院长需要回避是规范层面认可的指定管辖事由，但实践中有法院将法院干警个人应当回避也理解成了指定管辖的理由。参见广西壮族自治区防城港市中级人民法院（2019）桂06刑辖7号指定管辖决定书。

[6] 参见张曙：《刑事诉讼集中管辖：一个反思性评论》，载《政法论坛》2014年第5期。

009 集团化电信网络诈骗案件的侦办

杨某被诈骗案关联掩饰隐瞒犯罪所得案

许静文　中国刑事警察学院

■ 案情概要[*]

2018年11月22日，X市反诈中心接到报案，某医疗设备有限公司员工杨某，被人通过电话冒充生意往来公司，通过QQ冒充公司领导，指令汇款给S市某科技有限公司人民币387000元，后发现老板完全不知情，也没有发出指令，更没有生意合作关系。经过侦查，其中134670元人民币经过多次转账，最终在G市工商银行取现。循此线索，公安机关抓获犯罪嫌疑人詹某1、詹某2、方某。经审查，上述犯罪嫌疑人均供认团伙从事从内地到我国澳门特区的非法外汇买卖，并实际运转了上述134670元的过程。在经过拘留、报捕程序后，检察院以事实不清、证据不足为由，不予批捕，后该案也未再有其他进展。

■ 法律分析

争议焦点
诈骗主体行为缺失情况下关联案件的办理。本案面临一个复杂局面，对诈骗主体犯罪的侦查因缺乏关键环节陷入停顿。而关联犯罪的侦查，即犯罪嫌疑人转移赃款的行为，可能涉及洗钱、掩饰隐瞒犯罪所得、非法经营、妨害信用卡管理等罪名，更加复杂。每项罪名涉及的证据要求、侦查方向、工作内容，乃至公安机关内部管辖、地域管辖要求都差异很大。放弃主体诈骗犯罪的侦查，转而侦查关联犯罪案件，是一个极大的挑战。

□ 主要事实的认定及依据

1. 主要认定事实的依据：(1)犯罪嫌疑人供述：犯罪嫌疑人詹某1、詹某2、方某经过多次审讯，均承认共持有80多张他人银行卡，知道可能会收到违法犯罪赃款，所以采取入账钱款绝不留过夜、每张卡金额不超过一次可取额度2万元、每天查询所持银行卡是否被冻结等措施规避侦查，以及非法兑换外汇至我国澳门特区等事实。(2)被害人陈述：报案人杨某陈述了事情经过。(3)证人证言：补充侦查中获取的公司老板李某、财务谭某证言，证实了没

---

[*] 本案系真实案例改编而成。

有生意往来、没有指令、没有授权,以及受骗后转账的事实。(4)物证、书证:扣押犯罪嫌疑人手机3部、银行卡12张、赃款15万元;查询调取了涉案银行转账的账号资料和流水,并由公安机关整理汇总了示意图;调取了12份银行取款录像,犯罪嫌疑人对录像等均进行了指认。(5)电子数据:对扣押的犯罪嫌疑人手机进行了电子数据勘验。

2. 因为缺乏主体犯罪的串联,无形中对单项证据的要求也就更为严苛。被害方的陈述,初始仅有一份,后在检察院补充侦查要求下,又增加了老板和财务的证言。还有各级赃款转账账户,除了取得账号资料、流水外,还被要求进一步获取转账账户使用人的证言;而这项工作在该账户被实际用作赃款转账账户的情况下,很难做到。

3. 放弃主体诈骗犯罪的侦查,转而侦查关联的非法经营或者妨害信用卡管理犯罪案件,可能性极低。由于办案地X市和犯罪嫌疑人居住地G市的客观空间距离,在第一次抓捕时没有获取犯罪嫌疑人所称"账本"和所控制使用的"80多张银行卡",事后再想获取,事实上难以做到。在缺乏关键性"账本"和"银行卡"等证据后,认定非法经营或者妨害信用卡管理罪名的可能性极低。

4. 放弃主体诈骗犯罪的侦查,转而侦查关联的掩饰隐瞒犯罪所得犯罪案件,"主观明知"认定成为关键。本案中认定掩饰隐瞒犯罪所得罪,核心问题是"主观明知"。由于上游主体诈骗犯罪嫌疑人没有到位,下游关联犯罪嫌疑人的供述缺乏印证,就如本案3名犯罪嫌疑人供述的"可能是违法犯罪所得"一样,进退两难。这也反映了电信网络诈骗犯罪案件中关联案件的一个整体趋势,为便于实施犯罪,不断分隔犯罪链条。单独一个链条环节,同时混杂了犯罪、违法、灰色、正常交易等多层次,且有一定行规,不会过多交流,使得遵循传统共商、预谋、交流的主观认知面临了巨大挑战。

关联犯罪办理中既有的管辖权问题

本案中,被害人在X市,侦查机关是X市刑警支队,关联案件嫌疑人在G市被抓获,其进行非法换汇的主要区域是Z1市、Z2市和我国澳门特区,抓捕他们是为了解决诈骗案件。从办案现实性、延续性需要以及法律规定"大管辖"不同视角出发,难免会遇到管辖权冲突。为此,办案机关准备了案件移送通知书、情况说明等,以证实案件管辖情况。

理论阐释 | 结合电信网络诈骗特点的两线三面证明体系

传统案件的证明体系,比较多是证明时间、地点、过程、行为等叙事要素。而基于电信网络诈骗犯罪案件工具性、非接触性、散布性等特点,决定了指望犯罪嫌疑人供述并证明案件,几乎不可能。所以其有效的证明体系必然是从共同和框架的概念上来进行描述的。

整体来看,办理电信网络诈骗犯罪的要点主要在于建立两线三面证明体系,即联系工具线和钱款转账线,以及主观、行为方式和组织架构三方面的证明体系,如图1所示。

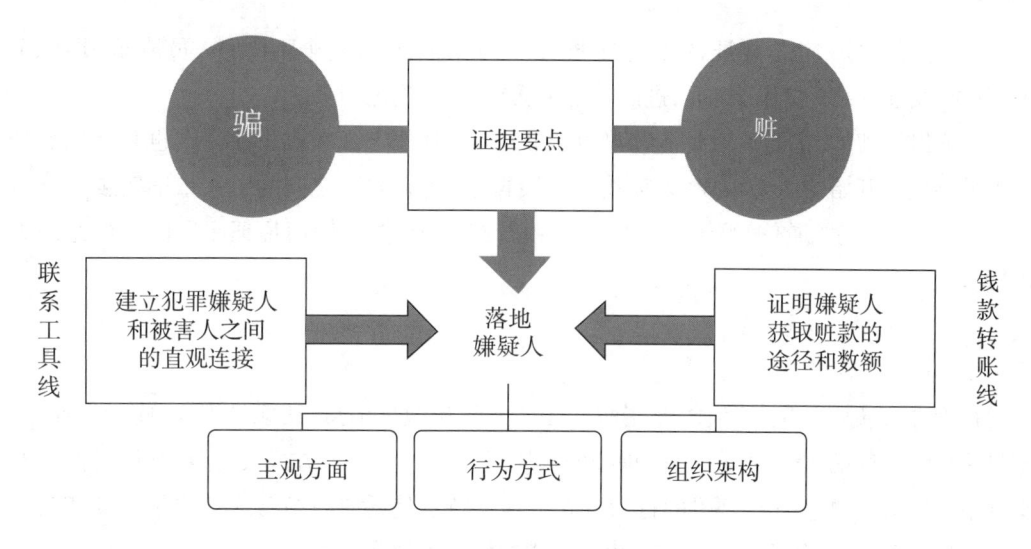

```
         ┌──────┐
    ┌骗┐──│证据要点│──┌赃┐
    └──┘  └──────┘  └──┘
              │
              ▼
┌──────────┐  ┌────┐  ┌──────────┐
│建立犯罪嫌疑人│→│落地 │←│证明嫌疑人  │
│和被害人之间  │  │嫌疑人│  │获取赃款的  │
│的直观连接   │  └────┘  │途径和数额  │
└──────────┘           └──────────┘
联系工具线                 钱款转账线
              │
    ┌─────┬──┴──┬─────┐
  ┌────┐ ┌────┐ ┌────┐
  │主观方面│ │行为方式│ │组织架构│
  └────┘ └────┘ └────┘
```

图 1　电信网络诈骗两线三面证明体系

☐ **联系工具线**

联系工具线是电信网络诈骗犯罪的核心，是证实、认定犯罪的必须点。常见的联系工具包括固定电话、手机、网络电话、微信、QQ、支付宝、阿里旺旺、网络聊天室等，运用这些工具的设备包括各类电脑和智能手机。

取证联系工具线，主要在于联系工具自身的号码、特征，以及联系的内容，可以通过电子数据勘验、截取或者内容叙述的形式表现出来。

取证联系工具线的目的在于建立犯罪嫌疑人和被害人之间的直观连接。取证方法可以采用讯问犯罪嫌疑人、询问被害人、电子数据的勘验或提取。

☐ **钱款转账线**

电信网络诈骗犯罪以牟利为目的，在犯罪嫌疑人和被害人不接触的情况下，获取赃款并转移、支配必然存在一个转账的流通渠道。取证这个渠道，或至少证实被害人钱款被转出，是证明犯罪的另一个必须点。转账渠道包括银行线、第三方支付线和网络商品交易线三个方面。

由于转账渠道的特殊性，也会衍生出其特别之处。一是转账渠道会脱离诈骗团伙，形成专门集团，即"车手""水房"等外包服务的体系，而非同一犯罪集团；二是由于支付宝、微信、QQ的发展，形成了联系工具线和钱款转账线的同一，既聊天又转账。

取证的目的是证实犯罪金额并追踪赃款，取证方法可以采用讯问犯罪嫌疑人、询问被害人、电子数据的勘验或者提取。

☐ **组织架构**

电信网络诈骗犯罪绝大部分都是多人、团伙、集团犯罪，还包括大量"外包"行为。通过犯罪嫌疑人的供述，相互印证，辅助电子数据、物证书证，厘清整个团伙的人员情况、层级、分工、分成、相互联络、作用等情况，进而确定主从犯关系、确定罪责。

取证组织架构，主要渠道是犯罪嫌疑人供述，从其他方面较难下手。这也是抓捕后的侦查需要从头开始的主要缘故，因为技术手段再强大，人与人之间的关系依旧需要主要依靠言词证据的反馈（通信、聊天数据以及金钱转账记录，能够侧面佐证犯罪团伙的组织架构）。

□ 行为方式

行为方式决定了案件性质，是指犯罪团伙从开始散发信息、接触被害人、聊天沟通，直至最后转账汇款的整个过程，运作、操控的具体运行方式。行为方式具有重复性，因此一起案件中一般只需概述一个"骗"的行为方式。这一特点使得查找被害人变成了一项相对独立的工作，而不需要找到一个被害人再去向犯罪嫌疑人核实一次。

行为方式主要还是从犯罪嫌疑人的供述中获取，并通过被害人陈述、话术资料、具体书证物证来印证反映。

□ 主观方面

电信网络诈骗犯罪案件的主观方面包括两个层次：一是集团主犯的主观方面，决定了整个案件是否构成诈骗。但主犯的主观，尽管十分重要却又可以相对忽视，因为可以通过整个犯罪团伙的行为等客观证据来充分反映出主犯的诈骗故意。二是从犯的主观方面，这反而是实践中比较棘手的问题。原因在于，现在的团伙案件都以公司化运营伪装，将诈骗环节分解、包装。底层业务员、话务员即使明知诈骗，也以"受雇佣、老板让干活"等话语推脱。在这个方面，没有捷径可走，只有通过"硬碰硬"的审讯来"啃硬骨头"。

此外，还要通过不同犯罪嫌疑人之间供述的内容进行相互印证，查找反映主观的聊天记录等一些客观证据，来应对检法部门对主观方面的严苛要求。

■ **扩展思考** │ 集团化电信网络诈骗犯罪案件侦办的困境破解

□ 管辖权的问题

传统侵财案件，很少需要考虑管辖权的问题，而在电信网络诈骗案件中，这不仅是一个经常遇到并为之大伤脑筋的问题，不少案件甚至还需要为管辖权专门准备证据材料。

管辖权问题会导致两个后果：一是检察院、法院对公安机关在侦的案件提出管辖权异议，拒绝接受相关案件的提捕和起诉；二是基层公安机关可能会出现推诿和争抢。

为了解决实际的管辖问题，《电信网络诈骗等刑事案件的意见》，根据实际情况，对电信网络诈骗的"犯罪行为发生地""犯罪结果发生地"作出较为全面的列举式规定，初步解决了此类案件管辖难的问题。为适应发展需要，2022年6月，《电信网络诈骗等刑事案件的意见

(二)》,将用于电信网络诈骗犯罪的手机卡、信用卡的开立地、销售地、转移地、藏匿地等,微信、QQ 等即时通信信息的发送地、到达地等,"猫池"等网络硬件设备的流转地等,均纳入管辖范围,继续坚持对电信网络诈骗犯罪及上下游关联犯罪实行"大管辖"原则,确保顺利推进案件办理和诉讼,更加精准、高效地打击此类犯罪。此外,为全面查清犯罪事实,确保打击有力,《电信网络诈骗等刑事案件的意见(二)》规定,为电信网络诈骗犯罪提供帮助的上游犯罪,以及掩饰、隐瞒犯罪所得的下游犯罪,由此形成多层级犯罪链条的;还有利用同一网站、通信群组、资金账户、作案窝点实施的电信网络诈骗犯罪,应当认定犯罪存在关联,公检法机关可以并案处理。

上述做法显然对日常办案起到了促进作用,但也依然存在不少问题。例如,尽管《信息网络犯罪意见》补充规定了被侵害的信息网络系统及其管理者所在地,犯罪过程中犯罪嫌疑人、被害人或者其他涉案人员使用的信息网络系统所在地,被害人被侵害时所在地以及被害人财产遭受损失地等也可认定为信息网络犯罪案件的犯罪地。但是对被害人犯罪结果发生地的阐明依然不够明确。

被害人核案取证问题

电信网络诈骗案件的被害人,通常数量众多且散布全国各地,例如,在一起招摇撞骗犯罪案件中,逐一核实 19 名被害人材料就耗时近一年,最后仍有部分被害人无法核实材料,可见工作的难度和投入力量的巨大。此外,因为被害人是在网络或电话被骗,民警通过网络、电话联系很容易被当成骗子,寻找被害人的工作难度很大。

所以实践中,只要被害人为多人,基本都存在被害人查证核实难的问题。例如,在一起虚假交易诈骗案件[1]中,从补充侦查的案卷部分来看,主要围绕的是管辖权和核实被害人两个问题。本案中的被害人总数为 4 人,尚不多,线索也相对比较清晰,但从案件材料中能够看出,被害人存在联系不上、联系上后否认被骗、承认被骗但不愿报案等问题;办案协作平台也存在协作质量不高等问题。

针对上述难题,实践做法主要有下述三种。首先在获取书证等材料基础上,整理出被害人名单,寻求当地公安机关协助,能够解决部分问题。其次是多方位联系,尽量促使被害人到当地公安机关报案并联系调取材料。最后就是出差寻找,解决剩余问题,但依然难以解决全部被害人材料问题。

《电信网络诈骗等刑事案件的意见(二)》规定了:办理电信网络诈骗案件,确因被害人人数众多等客观条件的限制,无法逐一收集被害人陈述的,可以结合已收集的被害人陈述,以及经查证属实的银行账户交易记录、第三方支付结算账户交易记录、通话记录、电子数据等证据,综合认定被害人人数及诈骗资金数额等犯罪事实。同时,《信息网络犯罪案件》在第 20 条补充规定了涉众型网络犯罪的抽样取证证明规则。前述规定,为解决被害人核案难

---

[1] 案情概要:2017 年 3 月至 7 月,犯罪嫌疑人张某(未成年人)在 S 市家中,通过微信添加好友,以低价出售美容化妆品为幌子,骗取被害人徐某、张某某、孙某、康某共计人民币 21130 元。

的问题提供了很大帮助。

此外在实践中，获取被害人材料相对而言更注重讲求实际，不限于形式化文书，不拘泥形式，以取到实质性内容为首要追求，核心在于解决聊天工具、通话工具以及双方转账账户资料的情况。

☐ 配侦问题

打击电信网络诈骗及关联新型违法犯罪活动，公安机关内部的主体是在刑侦部门。但此类犯罪主要依附于电话和网络，围绕电脑和手机，因此又完全离不开网侦和技侦部门，同时还会关联到经侦、治安等部门。没有网侦和技侦这两个配侦部门，打击电信网络诈骗及关联新型违法犯罪活动几乎无从入手。但限于隶属问题、考核问题以及警力配置问题，配合与打击的矛盾同样客观存在，尤其是到案件办理后期需要一些长时间、烦琐的取证时，配合上就难免不顺畅。

☐ 公检法不同部门对电信网络诈骗犯罪打击重要性认识上的差异

尽管全社会都面临电信网络诈骗的严峻态势，但办案压力实际上更多在公安机关。特别是涉及前述管辖问题，检法部门更多讲究属地管辖，与公安机关主动出击、全国一盘棋的思路存在较大差异。公安机关重打击，检法部门求稳重实，在打击电信网络诈骗犯罪的重要性、急迫性上的差异，存在认识的不一致，从源头上影响案件的办理。

据此导致了公检法不同机关之间，同一部门不同地域、不同人员在犯罪性质、证据要求、共同犯罪、主观认定、量刑处罚等颇多具体办案的法律认识方面，存在较大不一致，这也导致了电信网络诈骗案件在各地、各时间段上，都可能会有不同的处理结果。

例如，在一起公司化运作伪装经营的电信网络诈骗案件[2]中，公安机关抓获11人并以涉嫌诈骗罪移送起诉9人，经第一次补充侦查，在检察机关的建议下，改为以涉嫌诈骗罪移送起诉主犯3人，其余人员撤回；经第二次补充侦查，检察机关承办人建议以涉嫌合同诈骗只起诉1人；最终检察机关领导决定本案犯罪嫌疑人均存疑不起诉。本案大量的工作最终徒劳无功，凸显了现有办理电信网络诈骗犯罪案件的现实状况。

---

2 本案办案单位认为：犯罪嫌疑人确实开设了公司，存在极少量的代开户、代运营、刷单等工作，即使存在虚假、夸大的"话术"，价格虚高，也被认为是生意、营销手段，不能作为犯罪处理；因为开设公司，需要认定为单位犯罪；因为签有合同，应认定为合同犯罪；因为有非法的代运营、刷单等行为，应认定为非法经营犯罪；以及起送起诉的诈骗罪。

010 检警关系的调适｜检察主导的法治运作

昆山于某某"反杀"致刘某某死亡案

郑　曦　北京外国语大学

■ 案情概要*

2018年8月27日21时30分许，刘某某醉酒驾驶车牌号为皖AP9G57的宝马轿车（经检测，血液酒精含量87mg/100ml），载刘某某、刘某、唐某某沿昆山市震川路西行至顺帆路路口时，向右强行闯入非机动车道，与正常骑自行车的于某某险些碰擦，双方遂发生争执。刘某某先下车与于某某发生争执，经同行人员劝解返回车辆时，刘某某突然下车，上前推搡、踢打于某某。虽经劝架，刘某某仍持续追打，后返回宝马轿车取出一把砍刀（经鉴定，该刀为尖角双面开刃，全长59厘米，其中刀身长43厘米、宽5厘米，系管制刀具），连续用刀击打于某某颈部、腰部、腿部。击打中砍刀甩脱，于某某抢到砍刀，并在争夺中捅刺刘某某腹部、臀部，砍击右胸、左肩、左肘，刺砍过程持续7秒。刘某某受伤后跑向宝马轿车，于某某继续追砍2刀均未砍中，其中1刀砍中汽车（经勘查，汽车左后窗下沿有7厘米长刀痕）。刘某某跑向宝马轿车东北侧，于某某返回宝马轿车，将车内刘某某手机取出放入自己口袋。刘某某逃离后，倒在距宝马轿车东北侧30余米处的绿化带内。民警到达现场后，于某某将手机和砍刀主动交给出警民警（于某某称，拿走刘某某手机是为了防止对方打电话召集人员报复）。刘某某后经医院抢救无效于当日死亡。

当晚23时许，在接到昆山市公安局的介入邀请后，昆山市人民检察院立即派员第一时间到达案发现场介入该案。28日，该案案发时的监控视频及刘某某的生前照片、抖音视频、个人违法经历等信息在互联网上传播，并迅速成为全民关注的热点。苏州市人民检察院于29日介入该案，在最高人民检察院、江苏省人民检察院的指导下，对案件的进一步侦查进行引导。检察机关在介入初期，针对案件事实共提出16条侦查建议，为及时查清案情提供了帮助。针对本案可能系正当防卫的情况，要求公安机关查清于某某砍刘某某第一刀的致伤情况、后面的伤情是否单独可以评价为轻伤、重伤、对刀具是否是管制刀具进行鉴定等；针对群众关心的刘某某是否涉黑的问题，要求公安机关查清刘某某名下的聚业投资有限公司从事的主要活动、有无套路贷的可能、有无其他成员、扫黑除恶期间是否对该公司及人员予

---

*　参见江苏省昆山市公安局"昆山公安微警务"微信公众号2018年9月1日就本案发布的通报。

以关注、刘某某的收入来源等。在公安机关进一步侦查取证的基础上，检察机关综合全案事实、证据，提出于某某对正在进行的行凶采取防卫行为，没有过当，属正当防卫。[1]

9月1日，昆山市公安局发布警方通报，通报称根据侦查查明的事实，依据《刑法》第20条第3款的规定，认定于某某的行为属于正当防卫，不负刑事责任，决定依法撤销于某某故意伤害案。同日，昆山市人民检察院发布检方通报，称公安机关对此案作撤案处理符合法律规定。

法律分析

争议焦点

本案除于某某的行为究竟属于正当防卫还是防卫过当这一实体问题之外，在程序方面，检察机关对案件侦查的"提前介入"也引发了社会的关注。就此问题，可做两个层面的分解：检察机关是否有权提前介入侦查？检察机关如何提前介入侦查？

检察机关提前介入侦查的法律依据

《刑事诉讼法》对于检察机关提前介入侦查并无规定，只是在第87条提及，审查批捕阶段在"必要的时候，人民检察院可以派人参加公安机关对于重大案件的讨论"。检察机关提前介入侦查的依据主要来自最高人民检察院的规定。最高人民检察院早在1989年《关于坚决依法从重从快打击严重刑事犯罪分子的通知》中就要求检察机关"提前介入公安机关对重大案件的侦审活动"，2005年的《关于进一步深化检察改革的三年实施意见》中也明确指出要进一步规范介入侦查的具体要求，2016年的《"十三五"时期检察工作发展规划纲要》和2021年《"十四五"时期检察工作发展规划》中也有提前介入侦查的相关规划。《高检规则》第256条规定："经公安机关商请或者人民检察院认为确有必要时，可以派员适时介入重大、疑难、复杂案件的侦查活动，参加公安机关对于重大案件的讨论，对案件性质、收集证据、适用法律等提出意见，监督侦查活动是否合法。"

此种自我授权式的规定，使得检察机关提前介入侦查在实践中遭遇阻碍，特别是难以获得公安机关的积极支持。为解决此种困境，2021年最高人民检察院和公安部联合印发了《关于健全完善侦查监督与协作配合机制的意见》，规定公安机关办理重大、疑难案件，可以商请人民检察院派员通过审查证据材料等方式，就案件定性、证据收集、法律适用等提出意见建议。但实际上，检察机关提前介入侦查实际涉及刑事诉讼审前程序的重要调整，根据《立法法》第11条规定，应由法律加以规定，因此宜在条件成熟后由立法机关在《刑事诉讼法》中作出规定。

---

[1] 参见王海东：《昆山"反杀案"办理回顾》，载《中国检察官》2018年第9(下)期。

◇ 检察机关提前介入侦查的程序要求

根据现有规定,检察机关提前介入侦查应具备两方面前提条件:一是提前介入限于案件重大、疑难之情形。所谓重大,既包括案情重大,例如,可能判处10年有期徒刑以上刑罚的,也包括社会影响重大,如案件在本省、自治区、直辖市或者全国范围内有较大影响的。[2] 本案因相关报道在网络上广泛传播,在江苏省甚至全国范围内都引起了广泛关注,符合社会影响重大之要求。而所谓疑难,既包括事实认定的疑难,也包括法律适用的疑难,本案中对于某某行为究竟构成正当防卫还是防卫过当存在法律适用方面的争议。二是提前介入通常需有公安机关之商请。根据《高检规则》,检察机关既可以经公安机关商请后提前介入侦查,也可以自行决定提前介入侦查;《关于健全完善侦查监督与协作配合机制的意见》则将提前介入的启动权交于公安机关,规定公安机关"可以商请"检察机关提前介入侦查。而在实践中,检察机关欲主动提前介入的,通常先向公安机关提出要求,再由公安机关商请,以利于介入后相关工作的展开,例如,本案中也是由昆山市公安局发出介入邀请后检察机关方派员介入侦查的。

检察机关提前介入侦查后,主要通过审查证据材料等方式开展工作。公安机关应当全面介绍案件情况,提供相关文书和证据材料,及时向检察机关通报案件侦查进展情况,配合人民检察院的审查工作。检察机关得就案件定性、证据收集、法律适用等提出意见建议。公安机关应根据人民检察院提出的意见建议,进一步收集、固定证据,完善证据体系;对人民检察院提出的证据瑕疵或取证、强制措施适用违反规定程序等确实存在的问题,公安机关应当及时进行补正、纠正。

■ **理论阐释** | 检警关系的进一步调适

本案中检察机关提前介入侦查,涉及检警关系的调适问题。如何设置检警关系,事关侦诉权力配置,对刑事诉讼审前程序的结构塑造有关键作用,兹事体大。

检视域外,各国大体按照两种模式设置检警关系。大陆法系通常采取"检警一体"模式,在此种模式下,检察机关被视为审前程序的主导机关、是法定的侦查机关,而警察只是检察机关的辅助者,因检察机关"有头无手"[3] 而以警察作为其助手。此种模式以《法国刑事诉讼法典》规定为典型:第12条规定:"司法警察的职权由本编所指的警官、官员和警员行使,受共和国检察官领导。"第41条规定:"共和国检察官对违反刑法的犯罪行为进行或派人进行一切必要的追查与追诉行为。为此目的,共和国检察官领导其所在法院管辖区内的司法警察警官与司法警察警员的活动。"[4] 而英美法系基本采用"检警分立"的模式,检察机

---

2 参见2016年最高人民法院、最高人民检察院《关于办理贪污贿赂刑事案件适用法律若干问题的解释》第14条第2款。
3 [德]克劳思·罗科信:《德国刑事诉讼法》,吴丽琪译,台北,三民书局1998年版,第80页。
4 参见《法国刑事诉讼法典》,罗结珍译,中国法制出版社2006年版,第16、37页。

关与警察机关互相独立,警察机关完成侦查工作后由检察官通过审查证据而决定是否起诉。

值得注意的是,所谓"检警一体"或"检警分立"模式只是粗略的划分,同一模式下不同国家在检警关系的设置上亦有显著区别。例如,日本尽管大体亦属检警一体模式,但相较于法国,其检警各自的独立性更强,检察机关虽有命令或指挥司法警察的权力,但警察往往在侦查终了后再将案件移送给检察官,检察官原则上仅做补充侦查。[5] 再如,美国虽属检警分立模式,但检察官对警察侦查的介入程度日趋加深,作为政治人物的地方检察官常通过加强对警察侦查活动的指挥与控制以获得或扩大其政治影响力。

我国虽受大陆法系影响,但在检警关系上却大体属于检警分立模式:按照"分工负责"的理念,除自侦等案件外,大多数案件的侦查工作由公安机关负责,待公安侦查终结后再将案件移送检察机关审查起诉。受历史和政治因素的影响,公安机关在"镇压反革命和惩罚犯罪"[6]中获得了更多的权力资源分配,使得公安机关检警关系中处于强势地位。

这样的检警关系带来了一些问题:在强调配合、忽视制约的现实下,检警分立使得侦诉程序呈现出一种"流水作业式"[7]的构造,使得检察机关对侦查活动的监督制约退居事后而效果打折;更重要的是,刑事司法中权力配置的重心前移导致刑事诉讼的整体重心前移,公安机关的强势地位加剧了刑事诉讼的"程序惯性",使得检察机关欲在后续程序中否定侦查结论、停止追诉程序变得更为困难,令刑事诉讼出现某种"侦查中心主义"的特征,也带来了案件出现实体错误的风险。[8] 在此种现实下,检察机关提前介入侦查,提前审查证据并就案件定性、证据收集、法律适用等提出意见建议,可以被视为对我国检警关系的必要调适,能对缓解程序惯性、避免事实认定和法律适用的错误发挥积极作用,从而有利于案件的公正办理,亦有助于回应舆情、消除公众质疑,这一点在昆山于某某"反杀"致刘某某死亡案中即有所体现。

■ 扩展思考 | 检察主导的法治运作

在2015年的全国检察机关第五次公诉工作会议上,最高人民检察院要求各级检察机关"强化诉前主导作用,从源头上保证案件质量",并"构建以证据为核心的刑事指控体系和新型诉侦、诉审、诉辩关系",[9]从而提出了"检察主导"的概念。由于检察主导概念的模糊性,对其内涵存在不同理解。[10] 但不容否认的事实是,随着认罪认罚从宽制度的全面铺开,85%

---

5 参见[日]田口守一:《刑事诉讼法》,张凌、于秀峰译,法律出版社2019年版,第67页。
6 江华:《江华司法文集》,人民法院出版社1989年版,第62页。
7 参见陈瑞华:《从"流水作业"走向"以裁判为中心"——对中国刑事司法改革的一种思考》,载《法学》2000年第3期。
8 参见何家弘:《从侦查中心转向审判中心——中国刑事诉讼制度的改良》,载《中国高校社会科学》2015年第2期。
9 孙谦:《努力提升公诉水平 为全面依法治国作出新贡献》,载《检察日报》2015年7月22日,第3版。
10 参见路旸:《"检察主导"的内涵辨析、权力构成与实践趋势》,载《中国政法大学学报》2021年第3期。

以上的刑事案件适用认罪认罚从宽程序,[11]而由于检察机关依其量刑建议等权力在其中发挥无可替代的主导作用,甚至成为此类案件实质的定罪与科刑决定者,使得检察主导从审前程序向刑事诉讼全程扩张。

审前程序中的检察主导有其合理性,这是由检察机关的法律定位所决定的。因检察官常被视为"站席的司法官"[12],故在审前程序中于一定程度上扮演裁判者的角色,例如,美国检察官对于案件是否起诉有极大的裁量权,在德国某些特定侦查措施的采取亦需经过检察官的批准,我国审查批捕中检察机关亦在侦辩双方之间扮演某种裁判者的角色。在审前程序中发挥检察机关的主导作用,符合我国宪法对检察机关国家法律监督机关的定位,也契合其在刑事诉讼中承上启下的中枢职责,有利于把握案件质量、并作出适当的程序分流决定。

尽管存在上述合理性,但检察主导、特别是向审判阶段延伸的检察主导也可能导致一些风险,具体表现在两个方面:一方面的风险是,检察主导可能侵蚀审判权。在认罪认罚从宽程序中,检察主导不仅体现在量刑建议"一般应当采纳"的要求上,也体现在检察机关对案件罪与非罪的判断上。根据《刑事诉讼法》的相关规定,认罪认罚从宽案件中审判程序法院对案件的审查主要聚焦于认罪认罚是否自愿以及具结书是否真实合法等问题上,相较于其他案件中的实质性审理,认罪认罚案件中的审判从某种意义上看已成为形式审核。[13] 如此一来,此种检察主导就可能与"以审判为中心"的刑事司法改革方向产生不一致。另一方面的风险是,检察主导带来权力滥用之可能。检察机关在刑事诉讼中本就权力极大,前承侦查、后接审判,其所作出的是否批捕、起诉与否的决定都对案件最终结果有"定调"作用。而作为法律监督机关,检察机关的监督权主要对其他机关展开,欲令其自我监督则常容易"凡事留一线",典型例证为自侦案件中审查起诉后发现没有犯罪事实的,竟发回撤销案件而不做不起诉。在此种现实下,强调检察主导应对检察机关权力扩张甚至滥用的可能性抱有充分警惕。

针对这两个方面的风险,应当对检察主导模式进行必要的制约,其一,应当在强调和坚持"以审判为中心"的前提下将检察机关的主导职责主要限制在审前程序;其二,应强调审判程序对审前程序的审查,重视审判程序对先前程序的纠错功能,抵抗程序惯性的作用;其三,在必要时应引入监察监督,实现对检察主导下的外部权力制约。如此,以保障检察主导的法治化运作。

---

[11] 参见张军:《最高人民检察院工作报告——2022年3月8日在第十三届全国人民代表大会第五次会议上》,载最高人民检察院网2022年12月13日,https://www.spp.gov.cn/spp/gzbg/202203/t20220315_549267.shtml。
[12] 卞建林、刘玫主编:《外国刑事诉讼法》,中国政法大学出版社2008年版,第140页。
[13] 参见闫召华:《合作式司法的中国模式:认罪认罚从宽研究》,中国政法大学出版社2022年版,第107页。

011 速裁案件的二审程序｜发回重审不加刑

段某某妨害公务案

鲍文强　中国政法大学

■ 案情概要*

2019年8月28日20时许，被告人段某某在饮用一罐330ml的啤酒后，驾驶越野车从湖南省怀化市洪江市黔城镇玉壶路经荷塘路往洪江市妇幼保健院方向行驶，至洪江市黔城镇相思湖牌坊处遇到交警执勤检查。段某某为逃避检查驾车在人行横道上违规调头欲离开。此时交警周某走到车辆驾驶位前要求段某某纠正行为并靠边停车接受检查。段某某在此情况下突然驾车加速前行，将周某别倒后逃逸。经检查，周某的损伤为右手手臂皮肤软组织挫伤。

当日21时37分，段某某通过拨打"110"主动向洪江市公安局投案，到案后如实供述了自己的犯罪事实。案发后，段某某安向周某进行了经济赔偿并取得谅解。洪江市人民法院审查决定适用速裁程序公开审理本案，认为被告人段某某以暴力方法阻碍公安机关工作人员依法执行职务，其行为已构成妨害公务罪。段某某犯罪以后自动投案，如实供述自己的罪行，是自首，可以从轻处罚。段某某对被害人进行了赔偿并取得其谅解，可酌情从轻处罚，依法判决被告人段某某犯妨害公务罪，判处有期徒刑8个月，缓刑1年。

段某某以原判事实不清，证据不足，其无罪为由提起上诉。怀化市中级人民法院依照《刑事诉讼法》第236条第1款第3项之规定，裁定如下：(1)撤销洪江市人民法院(2019)湘1281刑初174号刑事判决；(2)发回洪江市人民法院重新审判。

经洪江市人民检察院变更起诉，洪江市人民法院适用普通程序审理本案。庭审查明的事实与原判决一致。在庭审中公诉人当庭提出公诉意见：段某某案发后自动投案，并如实供述犯罪事实，系自首，依法可以从轻处罚，建议对被告人段某某在有期徒刑6个月以上1年3个月以下范围内量刑。在庭审过程中被告人段某某对起诉书指控的案件基本事实无异

---

* 参见湖南省怀化市中级人民法院(2019)湘12刑终481号刑事裁定书、湖南省洪江市人民法院(2020)湘1281刑初53号刑事判决书；龚琰：《段红安妨害公务案——如何理解和适用〈最高人民法院、最高人民检察院、公安部、国家安全部、司法部关于适用认罪认罚从宽的指导意见〉第45条的规定(指导案例第1408号)》，载最高人民法院刑事审判第一、二、三、四、五庭编：《刑事审判参考》(总第127辑)，人民法院出版社2021年版，第21~25页。

议,但辩称被害人周某在责令其停车检查过程中,持手持酒精测试仪击打其头部,其因系饮酒后驾车害怕被查处,故加速开车逃离而将被害人别倒。段某某在法庭调查阶段认罪认罚,但在法庭辩论及最后陈述阶段均提出同意辩护人的无罪辩护意见,自己不构成妨害公务罪。

洪江市人民法院重新审理认为,被告人段某某以暴力方法阻碍国家机关工作人员依法执行职务,其行为已构成妨害公务罪。段某某犯罪以后自动投案,如实供述自己的罪行,是自首,可以从轻处罚。段某某对被害人进行了赔偿并取得其谅解,可酌情从轻处罚。段某某不悔罪,不符合缓刑条件,依法不适用缓刑。依照《刑法》第277条第1款、第67条第1款的规定,判决段某某犯妨害公务罪,判处有期徒刑8个月。

法律分析

> **争议焦点**
>
> 对于被告人认罪认罚后适用速裁程序审理的案件,被告人在上诉期内以"原审事实不清、证据不足"为由提起上诉,二审程序应当如何展开? 发回重审后查明的事实与原判决一致,是否可以加刑?

速裁案件的二审程序

根据《刑事诉讼法》第227条第3款的规定,对被告人的上诉权,不得以任何借口加以剥夺,因此保障认罪被告人的上诉权实为法律层面的应有之义。又因我国刑事上诉审程序的启动奉行"绝对的权利型上诉",[1]被告人只需声明不服即可引发二审,既不需要提出上诉理由,也不需要经受上诉审查。由于并无明确的上诉理由对争议焦点加以框定,《刑事诉讼法》第233条第1款规定,二审人民法院应当就第一审判决认定的事实和适用法律进行全面审查,不受上诉或者抗诉范围的限制,即二审在审理范围上采"全面审查原则"。

2019年《适用认罪认罚从宽制度的指导意见》针对适用速裁后被告人反悔认罪而上诉的案件应如何处理作出特别规定,在一定程度上借助"上诉理由"松动了"全面审查原则"。该意见第45条规定:"速裁案件的二审程序。被告人不服适用速裁程序作出的第一审判决提出上诉的案件,可以不开庭审理。经第二审人民法院审查后,按照下列情形分别处理:(一)发现被告人以事实不清、证据不足为由提出上诉的,应当裁定撤销原判,发回原审人民法院适用普通程序重新审理,不再按认罪认罚案件从宽处罚;(二)发现被告人以量刑不当为由提出上诉的,原判量刑适当的,应当裁定驳回上诉,维持原判;原判量刑不当的,经审理后依法改判。"

规定在此使用"以……为由提出上诉"的表述,意在使二审法院通过对上诉理由进行甄

---

1 参见郭烁:《为被告人利益抗诉与上诉不加刑原则之适用——以上诉理由之限制为中心》,载《法学研究》2022年第5期。

别而采取不同的处理方式:一方面,一如本案,如果被告人基于事实理由提起上诉,则二审法院不再对案件展开实质审理,而径直裁定撤销原判、发回重审。这一规定背后暗含的原理是将被告人的上诉行为视为对认罪认罚的反悔,在一审适用速裁程序简化审理的基础上,如果二审法院依照普通程序审理,则可能因涉及一审未审查的事实而侵害被告人的审级利益,因此规定发回后适用普通程序重新审理,进而保障被告人的对质权。另一方面,如果被告人基于量刑理由提起上诉,则二审法院在尊重认罪认罚合意的情况下,不再对一审法院认定的事实进行审查,而仅对量刑问题作出处理,例如,实践中二审法院认为原量刑未能体现认罪认罚从宽制度价值,遂裁定撤销原判量刑,减轻被告人刑罚。[2]

▢ 发回重审不加刑的适用

借助"余金平案"等,既往理论和实务界围绕认罪认罚案件中"上诉不加刑"的问题已展开充分讨论,但对"发回重审不加刑"问题则着墨不多。根据《刑事诉讼法》第237条之规定,第二审人民法院发回原审人民法院重新审判的案件,除有新的犯罪事实,人民检察院补充起诉的以外,原审人民法院不得加重被告人的刑罚。作为上诉制度的延伸,发回重审不是第二次的一审,也不是一审的再一次开庭,仍应受到上诉不加刑原则的限制。但此时的发回重审不加刑是一种相对型限制,在没有抗诉的情况下,如果检察机关补充起诉了新的犯罪事实,则将成为不得加刑的例外。根据《刑诉法解释》,"不加刑"是指"不得对被告人的刑罚作出实质不利的改判",具体可包括"不得加重决定执行的刑罚""不得加重对刑罚执行产生不利影响"。

由于被告人以事实不清为由上诉,二审法院依据《适用认罪认罚从宽制度的指导意见》未对案件进行实质审查,使得案件在发回重审时"事实是否清楚"并无明确结论,[3]重新审理所查明的事实与原判事实的一致性大幅提高。本案中,检察机关并未提起抗诉,也没有在发回重审后就新的犯罪事实补充起诉,由于重审认定事实与原判决一致,便产生程序上的抵牾:依据发回重审不加刑原则,本案并不能对被告人的刑罚作出实质不利改判;然而在程序法理上,因发生由速裁程序到普通程序的转化,不再按照认罪认罚案件从宽处罚,则必然要在量刑上剥夺被告人原本享有的部分从宽利益。

本案中,法院在重新审理后将被告人的刑罚由"有期徒刑八个月,缓刑一年"改为"有期徒刑八个月",明显属于违反《刑诉法解释》第401条第4款规定的"原判对被告人宣告缓刑的,不得撤销缓刑或者延长缓刑考验期"的"加刑"。但《刑事审判参考》指导案例第1408号的意见却认为,重新判罚的结果比原审重,是根据案件事实、性质、情节以及被告人因认罪

---

[2] 参见薛某诈骗案,新疆维吾尔自治区塔城地区中级人民法院(2020)新42刑终29号刑事判决书。

[3] 这与《刑事诉讼法》第236条规定的"原判决事实不清楚或者证据不足的,可以在查清事实后改判;也可以裁定撤销原判,发回原审人民法院重新审判"情形并不相同。在此条规定的发回重审情形中,"事实不清或证据不足",是二审法院审查后得出的结论;而在速裁案件的二审程序中,《适用认罪认罚从宽制度的指导意见》并不要求二审法院对事实与证据究竟是否清楚、充分作出判断。

认罚获得从宽处罚的待遇被取消等因素所致，而不是"加重"被告人的刑罚。笔者认为，这种观点在现行法律规定下是错误的。

■ **理论阐释** │ 基于"上诉理由"的速裁案件二审程序重构

与《刑事诉讼法》中一审程序借由认罪认罚从宽制度，发展出普通程序、简易程序、速裁程序三级"递减"的多元格局不同，[4] 二审法院针对一审认罪案件的审理方式、裁判方式等，仍与一审不认罪案件并无二致，造成诉讼效率在审级之间呈现"前紧后松"的尴尬境遇。为了消解这种不配适，理论上至少有两方面围绕二审程序的改革着力点：一是限制二审程序的启动；二是改变上诉审的构造。而"上诉理由制度"无疑是这两方面措施的关键所在。

第一，速裁案件二审程序的启动宜从"绝对的权利型上诉"转向基于上诉理由的"裁量型上诉"。所谓裁量型上诉，是指被告人必须首先在上诉许可中简要阐明上诉理由，法院同意后才会正式启动二审程序。这里的"上诉理由"需要一定的依据作为支撑，而不能将"量刑过重""事实不清"等口号式表述视为理由，否则这种裁量型上诉只能过滤掉部分仅声称"不服"的"空白上诉"，却无法过滤那些并无实质依据的"形式理由"。上诉理由总体上可以分为三类：首先是定罪方面的理由，如被告人因受到胁迫而屈从认罪、因认识不足而错误认罪等；其次是量刑方面的理由，如原审法院不经检察机关调整而径行作出未采纳量刑建议的判决等；最后是程序方面的理由，如被告人未获得有效的律师帮助、审判程序中存在程序瑕疵等。

第二，速裁案件二审程序的构造宜从"全面审查原则"转向基于上诉理由的"有限审查原则"。事实上，《适用认罪认罚从宽制度的指导意见》第45条的特殊规定，已在一定程度上表现出二审审理范围的有限性。例如，当被告人以事实原因上诉时，便因动摇了原审判决的事实基础、适用速裁程序的前提条件而裁定发回重审，不再对案件定罪和量刑问题进行实质审查；当被告人以量刑原因上诉时，则不触及原审法院基于控辩之间认罪合意所认定的事实，而是最大限度使案件审理仍在认罪认罚从宽制度的框架内，维护原审适用速裁程序所实现的诉讼效率价值，并在此基础上仅上诉理由涉及的量刑是否适当问题，采用"事后审查"的方式进行处理。

至于以程序理由提起的上诉，《适用认罪认罚从宽制度的指导意见》并未提及，实践中可依据该程序问题是否动摇认罪认罚的基础分别作出发回重审或者径行改判的不同处理。基于"程序性制裁"的考量，对于因程序原因发回重审的案件，要保障被告人继续享有认罪认罚的权利、选择适用简易程序的权利。

■ **扩展思考** │ 认真对待程序转换对刑事诉讼制度带来的挑战

本案的更深层次意义在于，暴露出现有刑事诉讼制度面对程序转换时的力有不逮。具

4　参见魏晓娜：《完善认罪认罚从宽制度：中国语境下的关键词展开》，载《法学研究》2016年第4期。

体而言，在检察机关没有提起抗诉、没有补充起诉的情况下，发回适用普通程序重审后认定的事实与原审速裁程序无异时，如何在程序转换后收回原有认罪认罚的从宽利益，在现有制度框架内难以自行。《刑事审判参考》第 1408 号案例意见认为，可以直接通过加重刑罚的方式收回从宽利益，且不与发回重审不加刑原则相抵触，本质上也是现有制度下的无奈之举。毕竟认罪认罚案件被告人提起上诉，很难被归类为"本级人民法院第一审的判决、裁定确有错误"，此时提起抗诉的正当性也不无争议。

究其根本，由于诉讼程序的单一，过去对上诉不加刑原则的讨论，并未考虑到上诉审与原审之间跨越"诉讼范式"这样宏大的问题，更多是从正当程序理念下保障被追诉人上诉权的视角下展开，而不涉及诉讼合意的约束力等内容。认罪认罚从宽制度被写入法律以来，这种契约效力与诉讼权利之间的张力，便随着一些案件由简到繁的程序转化而集中体现。未来，为了与这种多元化的诉讼程序相适应，围绕上诉不加刑原则进行具体制度设计时，或许可以考虑增设一类例外：即当案件由原审速裁程序发回适用普通程序审理时，对原有从宽利益的收回不属于实质上加重被告人的刑罚，以此在程序法理上不需再借助抗诉、补充起诉等方式来实现程序转化时的量刑准确衔接。

一方面，这种例外规定可以保障被告人审慎面对认罪认罚权利，避免出于功利心理而盲目认罪；另一方面，可以敦促被告人恪守合意效力，避免出于投机心理而轻易上诉。程序转换后对从宽利益的收回，不会妨害真正有理由的上诉行为，反而会在可能的不利益影响下过滤一些空白或形式上诉。当然，为了使"从宽利益的收回"有据可循，应当规定在量刑建议中准确写明"本应判处的刑罚"和"认罪认罚从宽处理后建议判处的刑罚"，借助从宽幅度的可视化进一步凸显认罪认罚从宽制度的价值。

012 缺席审判程序的正当性

程某贪污案

步洋洋　西北政法大学

■ 案情概要[*]

程某,男,1941年7月出生,外逃前曾任中共漯河市委书记、豫港(集团)有限公司董事长等职。2001年2月7日,程某逃往国外。

2015年4月,中央追逃办将程某列为"百名红通人员"。国家监察体制改革后,该案由河南省郑州市监察委员会办理。2019年6月,在中央追逃办统一部署和指挥下,郑州市监察委员会将"程某案"的工作方向定为缺席审判。2020年8月,郑州市监察委员会将该案移送郑州市人民检察院审查起诉。之后,郑州市人民检察院向郑州市中级人民法院提起公诉,提请适用缺席审判程序,以贪污罪追究程某刑事责任。检察机关指控,程某利用担任豫港(集团)有限公司董事长的职务便利,非法占有公款折合人民币共计308.88万余元。郑州市中级人民法院依法将传票和起诉书副本送达程某本人。

2021年12月9日,郑州市中级人民法院依法对程某贪污案公开进行了缺席审判。庭审中,控辩双方围绕犯罪主体、公款性质、主观故意、客观行为,辩方提出的豫港(集团)有限公司不是国有公司、程某不是国家工作人员、涉案款项不属于公款、程某不具有非法占有故意等辩护意见进行了充分的举证、质证和辩论,就指控的犯罪事实、争议问题作出辨析明确。

2022年1月17日,郑州市中级人民法院对程某贪污一案公开宣判,以贪污罪判处程某有期徒刑12年,并处罚金50万元,追缴程某贪污犯罪所得308万余元。

■ 法律分析

争议焦点

刑事缺席审判程序改变了传统的控、辩、审三方齐备式的诉讼构造,可能会因被告人的庭审缺位而带来权利保障的旁落,进而冲击刑事诉讼的相关原则与规范。作为《刑事诉讼法》规定的一种特别程序,刑事缺席审判程序适用的正当性为何?此一程序中的被告人权利如何保障?

---

[*] 参见郑州市中级人民法院:《我国"刑事缺席审判第一案"程三昌贪污案一审开庭》,载郑州市中级人民法院网2021年12月9日,http://zzfy.hncourt.gov.cn/public/detail.php?id=27471。

□ 刑事缺席审判程序的正当性依据

1. 基于被告人权利面向的正当性依据。所谓权利,即权利主体在法定范围内所享有的为满足其特定利益而自主享有的权能总和,集中表现为权利主体基于其自主意志选择为一定行为或不为一定行为的自由。就权利的本质而言,放弃权利本身亦属于权利行使的一种特定方式。出席法庭审判的权利同其他权利一样可以被处分,甚至被放弃。被追诉人基于其在刑事诉讼中的程序主体地位,有权根据其自由意志,在法律许可的范围内自主决定诉讼命运,并承担相应的法律后果,法庭应当对此予以尊重。尊重被告人的诉讼主体地位,本身即包含应当尊其主体权能项下基于其自主判断而作出的自由选择。在被告人放弃出庭的情形下进行缺席审判既是对其权利行使意愿的遵循,也是对其诉讼主体地位的确认。

2. 因应司法实践需要,保障国家权力实现的正当性依据。在被告人无法到场、拒绝到场等多重情形下,假使一味地以权利保障为由将被告人在场作为刑事审判的要件,不仅刑事诉讼本身将处于未完成的形态,使得案件的纠纷状态无法得到解决,而且造成诉讼本该具有的定分止争功能难以发挥。"法院开庭的目的绝非单纯地维护被告人的权益,更在于以正确适用法律为途径,解决围绕刑事案件产生的纠纷。"[1] 在被告人不到庭的情况下,人民法院并非仅有裁定诉讼中止这一种选择。为保证刑事诉讼程序的顺利进行,防止刑事被告人将缺席作为其延缓诉讼的手段,及时补偿、救济被害人的物质损失,切实发挥审判的定分止争功能,刑事立法应然且实然地可以基于缺席审判制度所具有的正向功用,以及因应司法实践,保障国家权力实现的现实需要,允许此一程序在特定情形下的司法适用,彰显出庭受审权利本质项下的可限制性内容。

3. 整合既有"缺席"规范,以制度形式划定缺席规范范畴的正当性依据。《刑事诉讼法》(2012年)第194条规定:"在法庭审判过程中,如果诉讼参与人或者旁听人员违反法庭秩序,审判长应当警告制止。对不听制止的,可以强行带出法庭……"这里的"诉讼参与人"就包括被告人在内的当事人。根据该条规定,如果被告人严重违反法庭秩序,可能导致其丧失出席庭审的机会或权利。尽管刑事诉讼法并未就该条规范所涉及的被告人被带离法庭后的诉讼程序如何进行作以明晰,但考察本条规范的立法意图便可知悉,该规定的立法目的在于防止被告人破坏诉讼秩序,妨碍庭审的正常进行。如果将被告人带离法庭后裁定诉讼中止,则会在客观上满足被告人实施妨碍行为的主观意图。因此,在被告人被带离法庭后,当以庭审继续进行为宜,而此种继续进行的庭审即属于在被告人缺席情况下进行的审判,属于典型的既有"缺席"规范。从这个意义上来讲,刑事缺席审判制度的立法确立在一定程度上有助于整合既有的"缺席"规范,规范实践中实然存在的缺席审判行为,以制度形式划定缺席规范范畴,将散见的"缺席"规范和实践纳入制度的框架之内。

---

[1] 参见陈卫东:《论中国特色刑事缺席审判制度》,载《中国刑事法杂志》2018年第3期。

□ **刑事缺席审判程序中的被告人权利如何保障**

1. 以能够保证缺席被告人实际知悉的方式进行送达,保障被告人出庭受审权放弃的自愿性与明知性。尽管从规范角度进行分析,缺席审判程序下的送达方式包括通过刑事司法协助送达、通过外交或领事机构送达、向辩护人送达、公告送达,以及受送达人接受的其他方式,但从各国刑事立法所容许的缺席送达方式来看,除公告送达以及兜底性规范"受送达人接受的其他方式"外,缺席审判程序下的送达方式普遍强调缺席被告人的实际知悉,避免以公告送达为代表的"视为知悉"方式。《刑事诉讼法》第292条将诉讼文书的送达作为对于被告人进行缺席审判的必备条件与基本保障之一予以明确。而在传票、起诉书副本以及判决书的送达方式设定上,我国司法机关普遍采取犯罪嫌疑人、被告人能够实际接收的方式,避免因域外直接送达困难而以公告、转交送达等方式克减缺席被告人的知情权。

2. 为缺席被告人提供实质有效的律师帮助,补足因被告人不在案所造成的庭审构造缺位。缺席审判作为审判程序的一种特殊类型,其言词审理的要求决定其仍应保有审判程序所固有的控、辩、审三方组合式的诉讼构造。由于被告人在此一程序中的缺位,辩护人的参与及有效帮助即成为缺席审判程序得以运行的关键机制,构成缺席审判程序下被告人权益保障的又一措施。据此,《刑事诉讼法》将法律援助辩护制度延伸至刑事缺席审判程序,即"被告人及其近亲属没有委托辩护人的,人民法院应当通知法律援助机构指派律师为其提供辩护"。当然,为实现缺席被告人权益保障的及时性,实现通过律师完成缺席审判所要求的诉讼通知的基本要义,缺席审判程序中为缺席被告人指派律师的程序尚需适度前移。即将《刑事诉讼法》第293条关于法律援助辩护的规定适用于从立案、侦查、起诉、一审、二审、再审以及缺席被告人到案后重新审理的各个程序之中,用于保证律师帮助的全程性、全面性,避免法律援助辩护流于形式。

3. 赋予缺席被告人程序救济权,最大限度地实现程序公正与实体公正间的价值衡平。适用缺席审判程序审理的案件究竟可以采用何种救济方式,各国刑事立法的规定略有不同。究竟应当确立何种救济方式,其实质在于立法者在立法定位上如何看待缺席审判的效力,即是否将之视同对席审判。如果视同,缺席审判所形成之裁判在效力上便与普通程序一样;如果不视同,则可能会作出被告人在缺席审判后到案时重新审理或经异议重新审理的规定。[2] 基于刑事缺席审判程序对于被告人出庭受审权的无形"克减",从衡平程序公正与实体公正的考量出发,《刑事诉讼法》第294条、第295条分别赋予缺席被告人本人、近亲属、辩护人以上诉权,赋予缺席被告人以程序异议权。

■ **理论阐释** | 缺席审判程序下被告人程序异议权再审视

作为缺席审判程序下被告人权利保障机制的重要一环,被告人所享有的程序异议权不

---

2 参见初殿清:《刑事缺席审判的分类与制度结构》,载《人民法院报》2019年1月24日,第6版。

仅是缺席被告人诉讼权利保障的重要途径，同时也是顺畅实现引渡请求的必要前提。根据《引渡法》第 8 条的规定，中国拒绝外国引渡请求的情形之一即为"请求国根据缺席判决提出引渡请求的"，但"请求国承诺在引渡后对被请求引渡人给予在其出庭的情况下进行重新审判机会的除外"。依据《刑事诉讼法》第 295 条之规定，一旦缺席被告人提出异议，人民法院即应当重新审理，之前所进行的刑事审判即归零，一定程度上背离了缺席审判程序所固有的提高诉讼效率的立法初衷。

作为特别程序的一种，缺席审判程序的特别之处仅仅在于适用对象和程序构造上的特殊性，而非其判决效力的特殊性。既然缺席审判程序是法定诉讼程序之一，那么人民法院依照此一程序所作的缺席判决，就是合法的第一审判决。在诉讼法理上，经过法定的上诉期即产生既判的确定力。一旦缺席被告人提出异议，人民法院即应当重新审理的规定，等同于直接否定了缺席判决的既判力，冲击此一程序所作生效判决的稳定性和权威性，有违诉讼法理和程序法治原则。[3] 在赋予缺席被告人以程序异议权的域外国家和地区，刑事立法基本上都对此种异议权之行使附加必要的限制条件，并由法院依法进行裁量。

为防止此种旨在实现权利保障之程序异议权的司法滥用，刑事立法应当明确缺席被告人提出程序异议的基本条件。可以考虑的是"要求提出异议的缺席被告人提供证据证明其此前的缺席具有正当理由"，而此种正当理由的判断则可以结合《民事诉讼法》中的相关规定，如自然灾害等不可抗力、不能归咎于本人的客观原因等。一旦刑事被告人此前已经明知并自愿放弃出庭受审的权利，则无须为其提供重新审理的机会。换言之，"如果因缺席定罪之人事先知道预定的审判，且在审判时存在律师为其辩护，则不应拒绝承认和执行缺席定罪的效力，或曰随意否定其已决效力"。[4]

■ 扩展思考 | 缺席审判程序的优化前瞻

现行《刑事诉讼法》下的缺席审判程序，其条文的逻辑顺序是：先规定第一种——贪腐类犯罪的缺席审判，再规定程序项下的权利保障机制，尔后规定另外两种——重疾类和已故类缺席审判。此种条文规范的逻辑顺序使得我们不由得思考这样的一个问题：程序项下的权利保障机制究竟是仅适用于第一种贪腐类缺席审判类型还是通用于制度项下的全部三种缺席类型。如果立法的本意是将权利保障机制适用于全部三种缺席类型，那么其条文规范的逻辑顺序即应当沿着由"三种缺席情形规范"到"权利保障机制规范"的脉络进行。

其实，"现行刑事立法下的三类缺席审判情形，唯有前者即第一种类型的缺席审判程序方可称为真正意义上的缺席审判程序。后两种类型的缺席审判，实际上是一种排除审判障碍的方式，即普通审判程序在运作中遭遇客观障碍（如被告人患有严重疾病、无法出庭或被

---

[3] 参见万毅：《刑事缺席审判制度立法技术三题——以〈中华人民共和国刑事诉讼法（修正草案）〉为中心》，载《中国刑事法杂志》2018 年第 3 期。

[4] Council Framework Decision 2009/299/JHA of 26 February 2009，OJ L 81，27.3.2009，p.25. 转引自赵常成：《国际人权视野下的中国式缺席审判》，载《西部法学评论》2019 年第 1 期。

告人死亡),丧失审判要件,导致庭审无法正常进行,为排除这种审判障碍,只能选择在被告人不在场的情况下继续审判。其性质属于普通程序的一个环节,系普通程序处置审判障碍时的一项诉讼措施"。[5]

相应地,未来刑事诉讼法再修改时,刑事立法可以考虑以系统论为始点,在将第二种重疾类缺席审判情形纳入《刑事诉讼法》第206条关于第一审程序中止审理的情形之中的同时,将第三种已故类缺席审判情形分别纳入《刑事诉讼法》第16条"具有法定情形不予追究刑事责任"的原则及审判监督程序之中,用以避免制度与制度之间,程序与程序之间的规范及机制冲突,实现刑事诉讼法内在规范本身的自洽圆融。

---

5 参见万毅:《刑事缺席审判制度立法技术三题——以〈中华人民共和国刑事诉讼法(修正草案)〉为中心》,载《中国刑事法杂志》2018年第3期。

013 刑事涉案财物处理的案外人参与 | 善意取得的适用

潘某某等抢劫案

初殿清　北京航空航天大学

■ 案情概要*

2012年,永弘公司法定代表人潘某某为偿还债务,产生向中财公司融资以开出银行承兑汇票后,从其业务人员手中劫取汇票并转让套现的想法。12月20日,中财公司借款9200万元给永弘公司,与潘某某借得的300万元贴现费用一起存入永弘公司银行保证金账户后,银行开出了面额总计9500万元、出票人为永弘公司、收款人为华健公司的10张银行承兑汇票。该汇票以及永弘公司和华健公司印章交由中财公司刘某保管以保证借款资金安全。潘某某指使陈某等人从等候在华健公司的刘某手中劫取了印章和10张汇票,并继续在办公室控制住刘某。潘某某和常某(华特公司法定代表人)拿到汇票后,与杭州新浙金融外包公司人员接洽,后者将套现款汇入前者事先开设的华健公司南京农业银行账户。潘某某确认资金到账后打电话告知陈某放人。

资金到账后,常某指使华特公司会计转入华特公司1438万元,转入可绿公司950万元,转给刘某300万元。之后将网银U盾转交给永弘公司会计,潘某某指使会计转入华健公司6000万元,转入远方公司50万元,转给吴某300万元,转给巨鸿公司50万元。次日上午,张某(华健公司法定代表人)见到6000万元资金到账后,安排员工按事先拟定还款顺序迅速转账还款,转入中国银行扬州国贸支行账户2500万元,转给谢某750万元,转入天润公司1530万元,转入张某个人信用卡账户150万元,转入汇海公司209.6万元,转入锦泰华公司825万元。

本案被告人将一部分抢劫所得迅速用于偿还债务,根据涉案钱款流向,公安机关冻结了天润公司、汇海公司、远方公司、可绿公司、巨鸿公司等案外单位和个人的资金。一审法院采用听证程序确认本案冻结的天润公司、汇海公司、远方公司、刘某账户资金属于善意取得而不予追缴,对同样冻结在案的可绿公司、巨鸿公司等被冻结账户资金未予处理。检察机关以扣押冻结财物处理不当等问题提出抗诉。

---

* 参见江苏省扬州市中级人民法院(2014)扬刑初字第0002号刑事判决书、江苏省高级人民法院(2014)苏刑一终字第00162号刑事判决书。

■ 法律分析

> **争议焦点**
> 刑事诉讼中应以何种程序认定涉案财物善意取得事实？

本案一审法院对涉案财物处理相关事实没有以开庭审理的方式予以认定，而是引入了听证程序。在能否以听证程序进行涉案财物处理的问题上，本案法院与检察院持不同观点。检察院认为这种做法没有法律依据，其抗诉意见中指出"一审采用听证的程序确认本案冻结的天润公司、汇海公司、远方公司、刘某账户资金均不予追缴没有法律依据，程序违法"。一审承办法官认为，"因目前刑事诉讼法对赃物处理的规定较为原则，并没有相应的处理程序，因此法院在处理本案时引入听证程序，通知被告人及相应钱款接受方等相关利害关系人到场，由钱款接受方通过购销合同、欠条以及相关业务资料等证据证明债权债务的真实性和正当性，法院由此判定其不明知接收的是涉案赃款，取得涉案财物的方式合法，依法不予追缴"。[1] 二审法院在其判决中对一审判决认定的善意取得事实，以及不予追缴的处理结果表示维持。

《刑事诉讼法》对审判阶段涉案财物处理程序的规定较为单薄，仅规定"人民法院作出的判决，应当对查封、扣押、冻结的财物及其孳息作出处理"，有关内容主要体现于《刑诉法解释》之中。本案审理时适用的是《刑诉法解释》（2012年），其第364条第1款规定"法庭审理过程中，对查封、扣押、冻结的财物及其孳息，应当调查其权属情况，是否属于违法所得或者依法应当追缴的其他涉案财物"；第2款规定"案外人对查封、扣押、冻结的财物及其孳息提出权属异议的，人民法院应当审查并依法处理"。对该条的理解适用，可以分解为以下两个层面。

□ 刑事审判阶段涉案财物处理适用何种程序

《刑诉法解释》（2012年）第364条第1款规定，涉案财物处理的事实认定和法律适用问题应当在"法庭审理过程中"解决。尽管该条没有明确是否采用"开庭审理"方式，但从《刑诉法解释》（2012年）其他条文可以看出应当以开庭审理方式处理涉案财物问题。例如，《刑诉法解释》（2012年）第64条将涉案财物处理的事实与犯罪事实、量刑情节事实、附带民事诉讼事实一同列为"应当运用证据证明的案件事实"，且第63条规定"证据未经当庭出示、辨认、质证等法庭调查程序查证属实，不得作为定案的根据"。从体系解释的角度，可以论证应当以开庭审理方式进行涉案财物处理。2021年修订的《刑诉法解释》通过调整条文位置和增补条文内容，明确将涉案财物处理与定罪、量刑并列作为法庭调查和法庭辩论的三大内容，这一变化再次印证了最高人民法院在涉案财物处理程序适用上的立场。

---

1 尹晓涛、姜金良：《劫取银行承兑汇票并控制套现构成抢劫罪》，载《人民司法（案例）》2016年第32期。

综上,本案审判时所适用的《刑诉法解释》(2012 年)对涉案财物处理程序的规定虽然不及现行《刑诉法解释》明确具体,但已足以得出应当通过开庭审理方式进行涉案财物处理的结论,不宜认为当时在规范层面未对赃款赃物处理规定相应程序。

▫ 案外人异议通过何种程序处理

作为抗辩事由的善意取得通常是案外人提出的异议主张。例如,本案中天润公司、汇海公司、远方公司等钱款接受方表示自己系基于合法债务清偿而获得钱款,且并不知道接收的是赃款,因而对这一部分冻结在案的涉案钱款主张其权利。"案外人"目前并非刑事诉讼主体,其以何种方式表达权利主张,法院以何种程序解决与案外人权属异议有关的问题,《刑诉法解释》的态度尚不明确。《刑诉法解释》(2012 年)规定"法院应当审查并依法处理"案外人权属异议,没有明确以何种程序审查处理。以听证程序解决刑事涉案财物案外人异议的规定,主要体现于《刑事财产执行规定》第 14 条第 2 款,"人民法院审查案外人异议、复议,应当公开听证",本案一审法院采用听证程序审查确定案外人善意取得之主张能否成立的做法,可能参考借鉴了这一司法解释的内容。但《刑事财产执行规定》是适用于执行阶段的司法解释,其所规定的"案外人异议"系指执行阶段的案外人异议。尽管异议内容可能相同,但就规范适用范围而言,不能将该条直接适用于审判阶段;从制度原理角度观之,也不宜认为该条可以作为审判阶段处理涉案财物的程序参考。

笔者认为,在审判阶段以听证程序审查案外人异议进而形成判决的做法有失妥当。理由有二:首先,实体法上,案外人权属问题是涉案财物处理的内在组成部分,善意取得等案外人权属事项是国家追缴的权力阻却事由。案外人权利主张是否成立,事关相关涉案财物应否追缴。前已论述,根据《刑诉法解释》(2012 年)应以开庭审理的方式进行涉案财物处理,所以,作为涉案财物处理必要组成部分的案外人异议亦应在该庭审过程中审查认定,否则便会造成实体与程序的割裂。其次,听证程序并非典型意义上的司法程序,其在制度定位、程序构造、程序规则、权利保障等方面不同于开庭审理,难以胜任法院判决的程序基础。一般认为,引入听证的意义在于变革原本透明度低、权利保障弱、构造行政化的单方决定机制,通过拓展意见表达的程序空间增进权利保障,通过开放程序规制权力恣意,强化有关程序的司法化属性,有观点认为其制度效果介于书面审查和开庭审理之间。所以,在原本构造行政化的决定机制中引入听证程序才有其价值,例如,听证程序多适用于行政执法、法院执行等领域,又如,近年来检察机关进行的听证办案探索。而包括善意取得认定在内的涉案财物处理原本就是应以开庭审理方式解决的诉讼事项,采用听证方式反而弱化了程序保障,并不存在上述引入听证机制的正当性基础。[2]

---

[2] 与此相似,最高人民法院在修改减刑、假释制度的司法解释时,最终没有采用"征求意见稿"中的"公开听证"制度,而是着力于规定并构建"开庭审理"制度,也是基于同样的考量。参见黄永维:《关于修改减刑假释司法解释若干问题的说明》,载《河南社会科学》2010 年第 7 期。

■ **理论阐释** | 普通刑事诉讼中涉案财物处理[3]的性质及其诉讼主体

普通刑事诉讼中的涉案财物处理应以何种程序进行事实认定和法律适用的问题本质，在于其性质定位：涉案财物处理是属于诉讼客体的范畴，还是法院在定罪量刑后附带完成的行政性处置事项？长期以来我国司法实践的做法更接近于后者，[4]然而，如果将其定位于法院定罪量刑后附带完成的行政性处置事项，至少会出现以下两方面问题：一是财产权利主体的利益没有获得正当程序保障；二是失去了由法院处理该问题的司法优势，进而失去了由法院生成裁判的必要性。将涉案财物处理定位于诉讼客体范畴，能够解决上述问题，并且有助于厘清案外人在诉讼活动中的地位。

诉讼客体也称诉讼标的，简单来讲是指诉讼中予以审理和判断的事项。[5] 传统上对刑事诉讼客体内容和范围的讨论是围绕对人之诉展开的，若将"人"与"物"作为刑事诉讼中并行待决的两个方面，诉讼客体便在案件的刑罚法律关系之外，还包括了涉案财物处理法律关系。诉讼客体的内容，决定着诉讼构造中的主体范围。虽然诉讼构造是对诉讼法律关系的抽象体现，但诉讼构造中主体范围的确定却产生于实体法律关系，实体法律关系是有关个体成为诉讼构造主体的原因。"案外"与"案内"具有相对性，判断标准在于"案件"的内容。目前司法解释中"案外人"的表述是对于"对人之诉"的刑事案件而言的，而涉案财物处理所对应的"案件"，是指与刑事涉案财物处理有关的事实和法律关系，就该"案件"而言，实体法上的利害关系主体是"案内人"，而非"案外人"，其应作为诉讼主体参加到涉案财物处理的审判程序之中。

目前，规范制定层面已呈现将涉案财物处理作为诉讼客体的趋向，但有关制度中仍存在方向相左的内容，尤其体现在案外人参与程序的方式。2015年中共中央办公厅、国务院办公厅印发的《关于进一步规范刑事诉讼涉案财物处置工作的意见》中要求，善意第三人等案外人与涉案财物处理存在利害关系的，人民法院应当通知其参加诉讼并听取其意见，该项规定有利于案外人利益保障，但没有明确是否以参加庭审方式参加诉讼的问题。《刑诉法解释》规定"人民法院应当听取案外人的意见；必要时，可以通知案外人出庭"，据此，案外人享有被听取意见的权利，但能否参加庭审由法官裁量决定，这意味着法官听取案外人意见可以通过庭审之外的方式进行。司法实践中，仍存在如同潘某某案一样采用听证方式进行涉案财物处理、听取案外人意见的做法，有些地方还制定了《关于刑事涉案财物处理实行听证的程序指引》。[6] 如何安置"案外人"的问题仍需结合诉讼原理深入思考。

---

3 我国刑事涉案财物处理程序总体上可以分为两类：一类是包含于对人追诉程序之中的涉案财物处理，另一类是独立于对人追诉程序之外的涉案财物处理，亦即犯罪嫌疑人、被告人逃匿、死亡案件违法所得的没收程序。鉴于后者属于特别程序，所以前者也称作普通刑事诉讼中的涉案财物处理。
4 参见陈瑞华：《刑事对物之诉的初步研究》，载《中国法学》2019年第1期。
5 参见张卫平：《民事诉讼法》，法律出版社2019年版，第197页；林钰雄：《刑事诉讼法》（上册），台北，2013年自版发行，第277页。
6 例如，参见吴丁宁：《武义法院召开首起刑事涉案财物听证会》，载武义新闻网2022年11月1日，http://www.wynews.cn/wuyi/h5/web/details/pc/1292212。

■ 扩展思考 | 赃物是否适用善意取得

赃物是否适用善意取得，是实体法层面需予明确的问题。该问题与刑事诉讼密切相关，如前所述，实体法律关系决定着诉讼主体范围。

理论观点上，关于赃物是否适用善意取得存在三种见解：一是否定说，认为无权处分人取得财产方式的违法性决定了不能适用善意取得，否则可能鼓励犯罪，并且忽视了被害人利益；二是肯定说，认为一旦赃物进入正常的市场流通领域，善意第三人难以识别，让其承担这种识别不能的后果并不公平；三是区分说，认为应进一步区分赃物属于占有委托物还是占有脱离物，两者区别在于是否基于被害人意思而丧失占有，占有委托物（如诈骗所得之物）适用善意取得，因为一定意义上被害人是"物被他人处分的危险"的引发者；占有脱离物（如盗窃、抢劫所得之物等"盗赃物"）原则上不适用善意取得，或者被害人在一定期间内拥有回复请求权以作为善意取得的制度例外，因为被害人对物的丧失无法控制，不能预防犯罪人处分其财物的危险。[7]

规范层面上，我国《民法典》第311～313条沿用了原《物权法》第106～108条的表述，没有正面回应赃物是否适用善意取得的问题。对于如何理解法律规定，存在三种观点：第一种观点认为，鉴于遗失物原则上不适用善意取得制度，依"举轻以明重"原则，赃物不适用善意取得；第二种观点认为，依"法无明文禁止即为允许"原则，赃物应适用善意取得；[8] 第三种认为，我国法律对该问题的态度既非适用，亦非不适用，而是仍然空白，根据法律起草过程，立法者有意回避了这一问题。[9]

目前刑事涉案财物处理实践中，通常认为适用善意取得的主要依据是两类司法解释：一是诈骗案件的司法解释，例如，最高人民法院、最高人民检察院《关于办理诈骗刑事案件具体应用法律若干问题的解释》以及《电信网络诈骗等刑事案件的意见》、《电信网络诈骗等刑事案件的意见（二）》；二是刑事执行的司法解释，主要是《刑事财产执行规定》。其中，前者只适用于诈骗案件，对于所有刑事涉案财物处理都适用善意取得的依据主要是后者。然而，将《刑事财产执行规定》作为审判阶段涉案财物处理的依据，在规范和学理上均值得商榷。规范上，《刑事财产执行规定》适用于执行阶段，不宜直接作为审判阶段处理涉案财物的依据。学理上，善意取得制度如何设置，体现着对财产动态利益和财产静态利益、交易安全和所有权保护之间的利益衡量和价值判断，[10]诈骗所得之物适用善意取得符合该制度的学理逻辑，但能否适用以及如何适用于盗赃物则需要具体讨论。此外，作为特殊赃物的赃

---

7 参见王利明：《物权法研究》，中国人民大学出版社2016年版，第440～441页；熊丙万：《论赃物的善意取得及其回复请求权》，载《法律科学（西北政法大学学报）》2008年第2期；朱庆、王萍萍：《盗赃物善意取得之法构造——兼论〈民法典〉相关规则法律适用》，载《安徽大学学报（哲学社会科学版）》2020年第5期。
8 参见董彪、何延军：《公法对善意取得制度的影响——以赃物为例》，载《法学杂志》2008年第6期。
9 参见胡康生：《中华人民共和国物权法释义》，法律出版社2007年版，第244页。
10 参见王泽鉴：《民法物权》，北京大学出版社2010年版，第495页。

款,是否需要在赃物善意取得制度中进行特别规定的问题,亦有待明确。

近来出台的《监察法实施条例》以及最高人民法院、最高人民检察院、公安部、司法部《关于办理黑恶势力刑事案件中财产处置若干问题的意见》等监察法规和司法解释性文件均规定依法应当追缴、没收的财产被他人善意取得的,可以追缴、没收其他等值财产。但这些条文本身并非界定善意取得适用范围的条款,而恰恰是需要以善意取得适用范围作为其具体实施时的判断依据。只有当某一财产依据法律能够被善意取得,有关机关才能追缴、没收被追诉人其他等值财产,受让人才能够将善意取得作为阻却国家追缴、没收其受让财物的抗辩事由。然而,我国实体法律层面对赃物是否适用善意取得的态度仍然模糊,司法解释缺乏法律的有效指引,伴随刑事涉案财物处理在刑事诉讼中重要性的不断提升,该问题亟待获得明确的立法回应。

014 涉案财物处置程序｜案外人权利保护

徐某、李某某非法采矿案

朱奎彬　西南交通大学

■ **案情概要**[*]

2021年2月21日至24日，在未取得采矿许可证的情况下，被告人徐某、李某某二人组织车辆、挖掘机和装载机进场成青湖项目盗挖地下的砂石，并将砂石变卖至C区L建材有限公司，非法获利310万元。经鉴定，被盗挖砂石方量为19182.1立方米。法院另查明，该公司实际向被告人支付130万元，尚有180万元未支付。公安机关登记保存的连砂石5万吨暂存于C区L建材有限公司。在案件审理过程中，被告人已全部退缴违法所得70万元，徐某、李某某均主动缴纳罚金。

一审法院判决如下："一、被告人徐某犯非法采矿罪，判处有期徒刑三年，并处罚金十万元；犯掩饰隐瞒犯罪所得罪，判处被告人徐某有期徒刑三年，并处罚金八万元；犯伪造公司印章罪，判处有期徒刑八个月，并处罚金二千元；数罪并罚，决定执行有期徒刑五年六个月，并处罚金十八万二千元。二、被告人李某某犯非法采矿罪，判处有期徒刑三年，缓刑四年，并处罚金十万元。……对公安机关扣押在案的《临时堆放协议》《运输合同》《施工合同》，印章一枚，被告人徐某的宝蓝色OPPO手机一台、入库单三本，被告人李某某的黑色华为手机一部、对讲机三台、收据十三本、紫色软壳笔记本一本及散页六张予以没收；对扣押在案的现金六十万元、登记保存的连砂石五万吨予以没收，上缴国库。"

一审判决后，案外第三人提出监督申请，C区检察院进行了如下调查：(1)核实案外第三人收购被告人盗挖连砂石的实际吨数和价值。经检察院再次核实公安侦查卷中案外第三人收购连砂石的票据，总吨数为58957.3吨。(2)核实C区L建材有限公司为案外第三人。2022年6月14日，检察院询问了C区L建材有限公司工作人员杨某彬（该公司会计一同参与），其详细陈述了收购砂石的正规程序及收购被告人连砂石的过程，并陈述公司亲自到挖连砂石的项目地点进行过核实。结合全案证据材料，应当认定C区L建材有限公司为案外第三人。(3)对一审判决没收的、侦查机关登记保存的连砂石5万吨到C区L建材有限公司进行现场查看并拍照。经查看，该公司堆料场有7万~8万吨连砂石，包括从其他合法渠道收购（公司提供了合法手续）的砂石，已经与从被告人处收购的连砂石混同在一起。

---

[*] 本案系根据真实案例改编而成。

结合公司工作人员杨某彬的笔录,公司收购被告人的连砂石后是边收购边加工使用,上述被告人出售的58957.3吨连砂石实际剩下3万吨左右混同堆放在料场上。

检察院提起抗诉,认为一审判决存在以下问题:(1)追缴违法所得判项缺失。被告人在法庭审理过程中退缴违法所得70万元,一审法院未依法在判决中明确予以没收、上缴国库,违反《刑法》第64条的规定。(2)超范围没收案外第三人的财物。法院在认定违法所得为310万元、已追缴130万元的情况下,却判决没收公安机关作为物证登记保全的、属于案外第三人的5万吨砂石(按销赃价为270万元、按鉴定价为250万~275万元),超过了未追缴的180万元违法所得的范围。(3)严重违反涉案财物处置法定程序。一是法院未就涉案财物是否属于赃款赃物、违法所得进行过调查;二是法院对未经查封扣押的财物直接判决没收于法无据。

■ 法律分析

> **争议焦点**
>
> 法院审理刑事案件时,可否不经法庭调查而直接认定涉案财物为赃物并予以没收?本案是否存在超范围没收而侵犯案外人合法财产权的问题?主张合法财产权受到侵犯的案外人有何救济途径?

▢ 法院处理涉案财物问题应当遵守何种程序

根据《刑法》、《刑事诉讼法》、《刑诉法解释》以及最高人民法院《关于刑事判决涉财产部分处理若干问题的意见》的规定:法院在办理非法采矿罪过程中,依据证据所认定的事实,可以作出没收非法所得和赃物的判决。《刑诉法解释》第279条规定:"法庭审理过程中,应当对查封、扣押、冻结财物及其孳息的权属、来源等情况,是否属于违法所得或者依法应当追缴的其他涉案财物进行调查,由公诉人说明情况、出示证据、提出处理建议,并听取被告人、辩护人等诉讼参与人的意见。案外人对查封、扣押、冻结的财物及其孳息提出权属异议的,人民法院应当听取案外人的意见,必要时,可以通知案外人出庭。经审查,不能确认查封、扣押、冻结的财物及其孳息属于违法所得或者依法应当追缴的其他涉案财物的,不得没收。"本案抗诉意见显示,一审法院未在审理中进行调查,也未让公诉人说明情况、出示证据、提出处理建议,更未听取案外人的意见就直接判决没收,涉嫌程序违法。

▢ 本案是否存在超范围没收而侵犯案外人合法财产权的问题

根据检察院的抗诉意见,L公司是善意第三人,已经善意取得所收购连砂石的所有权(没收范围最多限于剩余的180万元的连砂石)。但据笔者所知,法院作出没收公安机关登记保存的5万吨砂石也有一定依据。如果不考虑上述法庭调查程序问题,5万吨砂石存在被认定为赃物的可能性。因此根据在案证据,一审判决是否存在超范围没收存在一定争议。

▢ **在一审法院作出生效判决进入执行阶段后,案外人如果认为自己的合法财产权益遭受侵犯,有何救济途径**

我国现行司法解释赋予案外人提出异议的权利,并规定了人民法院对异议应该以公开听证的方式进行审查。根据《刑事财产执行规定》第 14 条的规定,"执行过程中,当事人、利害关系人认为执行行为违反法律规定,或者案外人对执行标的主张足以阻止执行的实体权利,向执行法院提出书面异议的,执行法院应当依照《民事诉讼法》第二百五十二条的规定处理。人民法院审查案外人异议、复议,应当公开听证"。值得注意的是,一些重要的问题尚待明确,如举证责任、证明标准等。由于上述司法解释并未将案外人的异议权视为一种诉权,在实践中这种听证程序可能会比较形式化和简单化。

此外根据《刑事财产执行规定》第 15 条的规定,执行过程中,案外人或被害人认为刑事裁判中对涉案财物是否属于赃款赃物认定错误或者应予认定而未认定,向执行法院提出书面异议,可以通过裁定补正的,执行机构应当将异议材料移送刑事审判部门处理;无法通过裁定补正的,应当告知异议人通过审判监督程序处理。据此,对于比较严重的判决错误,案外人可以申请再审。本案检察机关正是基于案外人的申请提起抗诉启动再审的。

■ **理论阐释** | 刑事涉案财物处置的案外人权利保护

传统刑事诉讼偏重以"人"为主的侦查方式,而对涉案财物处置重视不够,有学者明确指出,并未积极重视"从刑没收得否确实执行之问题"。[1]

▢ **我国刑事涉案财物处置的主要问题**

我国刑事涉案财物处置制度传统上比较薄弱,近年来虽有所发展,但依然存在比较明显的问题。

首先,刑事涉案财物范围界定有不当扩张的倾向。理论上,涉案财物的追缴范围为:违法犯罪所得及其孳息、犯罪工具、与犯罪活动有关的违禁品。[2]《刑诉法解释》(2012 年)第 509 条将违法所得的孳息纳入"刑事涉案财物"当中。《刑事诉讼法》第 141 条将所有可以作为案件证据的财物都归入"刑事涉案财物",此规定过于笼统,为"刑事涉案财物"含义的扩张埋下隐患。此后《公安机关涉案财物管理若干规定》第 2 条更将"与案件有关的物品""与案件有关的财物"均纳入"刑事涉案财物"范围。而凡是"刑事涉案财物"都有可能被依法查封、扣押、冻结、扣留、调取、先行登记保存、抽样取证、追缴、收缴等措施提取或者固定,

---

[1] 李杰清:《没收犯罪所得程序法制与实务》,中国检察出版社 2016 年版,第 147 页。
[2] 《刑法》第 64 条将"刑事涉案财物"限定为违法所得、违禁品和犯罪工具(被害人合法财产与犯罪无关)。

一旦被认定为违法所得,则有可能会被追缴,容易侵犯案外人财物的使用权和所有权。[3] 本案中,是否存在超范围没收问题,取决于侦查机关登记保存的 5 万吨砂石能否被认定为赃物。

其次,我国现行的法律和司法解释对于涉案财物追缴问题的审理尚未确立较为完整的诉讼形态。一是实践中,法庭并不会对涉案财物的权利归属问题组织专门的法庭调查和法庭辩论程序,一般在进行定罪调查和定罪辩论中作为一个附带问题处理。二是法庭一般不会给予利害关系人提出异议的机会,使得那些对涉案财物可能主张权利的利害关系人无从知晓涉案财物的追缴程序的进展情况,也无法及时介入法院涉案财物的追缴程序。三是法庭一般不会召集被告人、被害人以及其他利害关系人集中参与法庭审理程序,无法保证其就涉案财物的权利归属问题提出主张、举证质证以及进行辩论的机会。四是一审法院就涉案财物的追缴问题作出裁判后,除了被告人可以依法行使上诉权外,包括被害人在内的其他利害关系人都无法通过提出上诉的方式获得司法救济。[4]

最后,涉案财物处置的救济机制严重缺失。刑事诉讼涉案财产的救济范围不清晰、救济程序复杂、具体内容缺乏确定性以及救济责任分配模糊、追究责任缺乏力度也是刑事诉讼涉案财产处置不规范的问题之一。[5] 法院裁判生效后,对于哪些财物应当收归国库,哪些财物应当返还被害人等问题,被告人、被害人以及其他利害关系人既不享有知情权,也没有参与分配的机会。[6]

刑事判决中应当高度重视案外人合法财产权的维护

"案外人"是指因刑事涉案财物的权属、性质认定错误或者涉案财物处置程序违法,对涉案财物主张财产权利的自然人、法人或其他组织。他们因财物被扣押、查封、冻结和执行而被牵扯进刑事诉讼程序或刑事案件的财产执行程序。本案中,C 区 L 建材有限公司收购的 5 万吨砂石能否作为赃物没收是案外人涉案的一个常见问题。对此,有论者认为,若初步事实无法明确显示该第三人是否为共犯,但其所有之财产又可合理怀疑与被告犯罪所得密切相关时,是否可以先行扣押,进而经由审理确认后宣告没收?这在理论上应该可行,同时也比较符合公平正义。[7]

随着社会经济的发展,我国刑事审判中对案外人财产权的干涉屡屡引发争议。最高人民法院先后于 2014 年、2016 年出台相关的司法解释,并试图在指导案例中对相关具体问题

---

[3] 参见王馨全:《案外人在刑事涉案财物处置程序中的救济方式之实务探析》,载腾讯网 2022 年 9 月 28 日,https://new.qq.com/rain/a/20220928A0524400。
[4] 参见陈瑞华:《刑事诉讼法》,北京大学出版社 2021 年版,第 538 页。
[5] 参见李建明、陈春来:《论刑事诉讼涉案财产处置的法律监督》,载《人民检察》2017 年第 3 期。
[6] 参见陈瑞华:《刑事诉讼法》,北京大学出版社 2021 年版,第 538 页。
[7] 参见李杰清:《没收犯罪所得程序法制与实务》,中国检察出版社 2016 年版,第 153~154 页。

予以明确。[8] 如前所述，我国现行刑事法律虽然规定了案外人有对涉案财物查控、处置程序提出异议的权利，但这种规定仅仅是原则性的，具有不确定性，实践中也未得到有力保障。案外人在我国刑事诉讼程序中法律地位不明确，案外人既不属于刑事诉讼法规定的"当事人"，也不属于"其他诉讼参与人"。这导致其知情权、参与权、举证质证权、辩论权、上诉权未得到法律的确认，从而导致案外人财产权得不到有效保护。

■ **扩展思考** | 追缴涉案财物之诉，应建立相对独立的程序保障机制

在公诉案件中，检察机关代表国家提起的追缴涉案财物之诉，在性质上属于对物之诉。为了规范此项国家追诉权的行使，应当在刑事诉讼全程确立相对独立的程序保障机制。中共中央办公厅、国务院办公厅印发《关于进一步规范刑事诉讼涉案财物处置工作的意见》规定："明确利害关系人诉讼权利。善意第三人等案外人与涉案财物处理存在利害关系的，公安机关、国家安全机关、人民检察院应当告知其相关诉讼权利，人民法院应当通知其参加诉讼并听取其意见。被告人、自诉人、附带民事诉讼的原告和被告人对涉案财物处理决定不服的，可以就财物处理部分提出上诉，被害人或者其他利害关系人可以请求人民检察院抗诉。"该规定为处理涉案财物问题提供了基本的制度框架。

着眼于我国涉案财物处理程序的进一步法治化，笔者认为，除了进一步完善被告人与辩护人针对涉案财产权属争议的抗辩权之外，还应当充分保障案外人的知情权与参与权。为此，侦查机关和公诉机关应当更加重视审前程序中涉案财产的界定和查扣的合法性。在案外人善意取得"因犯罪所得财物或财产上利益"时，由于该财物或财产上利益之污染性已遭阻绝，理论上已非没收客体，故其所有权人之善意第三人亦当然不是没收对象。[9] 通过缜密的侦查与公诉工作，能使案外人的财产利益得到及时维护，在确有争议的案件中，也为通过审判解决争议提供充分的条件。法庭审理中则应当逐步将涉案财产争议问题处理诉讼化，赋予案外人相对独立的诉讼地位。在解决涉案财物争议的庭审过程中，应当明确针对涉案财物权属争议的法庭调查程序与举证责任。原则上，在案外人提出初步证据证明权属主张后，应当由控方负担实质性证明责任，并充分论证作出不利于案外人处分的理由。

此外，本案值得进一步探讨的一个问题是，一审法院认为没有超范围没收涉案财物，在再审程序中，如果法院坚持这种主张，是否能够在保障案外人知情权与参与权后，维持原没收范围的判决。

8　例如，最高人民法院第1302号指导案例：郗菲菲、李超、蒋超超、林恺盗窃案（如何认定"供犯罪所用的本人财物"）；最高人民法院第1425号指导案例：罗建升等人组织、领导、参加黑社会性质组织案（黑恶势力犯罪案件中如何依法处置涉案财物）；最高人民法院第188号指导性案例：史广振等组织、领导、参加黑社会性质组织案（明确了在涉黑社会性质组织犯罪案件审理中，人民法院应当对查封、扣押、冻结财物及其孳息的权属进行调查。此类案件中，涉案财产往往情况复杂，权属关系不清，案外人对查封、扣押、冻结财物及其孳息提出权属异议的，人民法院应当听取其意见，确有必要的，可以通知其出庭，以查明相关财物权属）。

9　参见李杰清：《没收犯罪所得程序法制与实务》，中国检察出版社2016年版，第153页。

015 律师独立辩护的边界与限度

李某伪证案

陈 虎 中南财经政法大学

■ 案情概要[*]

2009年11月20日,重庆市黑社会性质团伙主要犯罪嫌疑人龚某某以涉嫌组织、领导、参加黑社会性质组织案被提起公诉,同月22日、25日,龚某某的家属先后与北京市某律师事务所签订了刑事案件代理委托协议,该律所指派李某及律所另一律师马某某担任龚某某的一审辩护人。

后根据检方指控,李某在重庆市江北区看守所会见龚某某时,为帮助龚某某开脱罪责,诱导、唆使龚某某编造公安机关对其刑讯逼供,并向龚某某宣读同案人樊某某等人的供述,指使龚某某推脱罪责。为使龚某某编造被公安机关刑讯逼供的供述得到法院采信,李某还在多个场合引诱多名证人作伪证。2009年11月底至12月初,李某编造龚某某被樊某某等人敲诈的事实,并要求程某为此出庭作证。2009年11月24日,在重庆市高新区南方花园一茶楼内,李某指使龚某某安排重庆保利天源娱乐有限公司(以下简称保利公司)员工作伪证,否认龚某某系保利公司的实际出资人和控制者,龚某某即安排保利公司员工汪某、陈某某、李某某等人作虚假证明。2009年12月3日,在重庆市渝北区的五洲大酒店内,李某指使龚某某的另一辩护人贿买警察,为龚某某被公安机关刑讯逼供作伪证。检察院以诉讼代理人毁灭证据、伪造证据、妨害作证等罪名对李某提起公诉。

2009年12月30日,重庆市江北区人民法院开庭审理此案。一审法院经审理判决检察院指控被告人李某的上述行为属实,构成辩护人伪造证据、妨害作证罪,判处有期徒刑2年6个月。李某不服,提起上诉。

2010年2月2日,案件二审开庭,李某却当庭认罪,明确表示一审判决认定事实清楚,证据确实、充分,程序合法,撤回上诉理由,请求二审慎重对待其上诉。而李某的辩护律师则继续为其做无罪辩护,请求撤销一审判决,改判李某无罪。最终,二审法院维持一审法院判决中的定罪部分,撤销其中的量刑部分,判处李某有期徒刑1年6个月。事后,面对法律界对此案中辩护行为的热议,李某的辩护律师作出回应:"我们如果做有罪辩护,那会成为中

---

[*] 参见重庆市江北区人民检察院北检刑诉(2009)818号起诉书、重庆市江北区人民法院(2009)江法刑初字第711号刑事判决书、重庆市第一中级人民法院(2010)渝一中法刑终字第13号刑事判决书。

国法治上一大污点,而且在中国现有的刑事司法体制下,辩护人的地位是独立的,有权发表和被告不同的观点,在被告人李某认罪的情况下,律师应当被允许继续做无罪辩护。"2011年4月,重庆市江北区人民法院进行了李某遗漏罪行的审理,但最后因证据存疑,检方撤诉。李某于2011年6月11日刑满出狱。

■ 法律分析

> **争议焦点**
>
> 在庭审活动中律师行使辩护权是否应当受到委托人意志的左右?律师的独立辩护行为是否有利于维护委托人的最大利益?

□ 律师辩护是否会受到委托人意志的影响

辩护律师处于两种法律关系的连接点:首先,辩护律师与被告人之间是私法上的委托代理关系,因而对被告人负有忠诚义务;其次,辩护律师与法院之间又形成了一种公法上的关系,律师对法院负有真实义务。显然,律师独立辩护更强调律师与被告人之间的公法关系,而非私法上的委托代理关系,因而不能仅着眼于被告人的利益维护。正是对辩护律师和被告人关系的如此定位,决定了辩护律师可以独立于被告人的意志选择辩护策略,而不受其意志的左右。

但辩护制度本质是仍是一种委托代理关系,辩护律师的辩护活动应当以获得被告人的授权或同意为前提,以维护其最大利益为目标。刑事诉讼中,被追诉人由于缺乏相关的专业法律知识,人身自由处于被限制或剥夺的状态,无法收集相关证据和有效组织辩护活动,因而聘请辩护人对自己提供法律帮助,协助其完成辩护职能。辩护人基于当事人的委托而取得法律上的地位,从事诉讼活动,其目的是达成委托人的诉讼目标,实现委托人利益的最大化。无论是法院指定的强制辩护还是被告人自行委托的辩护,都存在上述两种法律关系。

既然在强制辩护与委托辩护中,辩护律师与被告人之间关系的本质都是委托代理关系,辩护律师对法院承担的真实义务以及对委托人的忠诚义务之间就应取得恰当平衡,而不应一味强调辩护律师独立的诉讼地位,并主张其在任何情况下都不用受被告人意志的约束。换言之,辩护律师必须首先履行对当事人的忠诚义务,其辩护策略的选择应当以当事人的同意或授权为前提。如果被告人不同意其辩护策略,则辩护律师只能通过说服改变被告人的决定,或通过退出委托代理关系结束辩护活动,而不能违背被告人意志进行辩护。毕竟,辩护律师只是一个协助者,辩护的权利直接源于被追诉方,只有他才是直接承受案件败诉后果的人,而不是律师。

□ 独立辩护是否有利于维护委托人的最大利益

从"辩护"一词来看,其是指犯罪嫌疑人、被告人可以通过自行或者委托律师等方式就控诉方的指控进行反驳、申辩以及提出对自己有利主张的一系列诉讼活动。[1] 有观点认为，律师独立辩护有利于维护委托人的最大利益。但这种观点经不起推敲：第一，绝对的独立辩护会导致辩护意见自相矛盾，从而使得辩护效果大打折扣或者自相抵消。一旦辩护律师和被告人在事实问题上形成了两种完全不同的辩护观点，其结果往往对被告人十分不利。第二，绝对的独立辩护会导致被告人频繁拒绝辩护或辩护人罢庭现象的发生，导致法庭审理无法正常进行，损害被告人得到快速审理的程序利益。第三，独立辩护论使得辩护律师享有很多根据其独特的法律地位所享有的固有权利，这些权利往往会侵蚀和损害被告人本身所享有的诉讼权利，使其难以全面知悉案件信息，并作出理智的决定，从而进一步加剧了其对辩护律师的依赖，难以成为真正控制诉讼进程的实质意义的当事人。第四，我国并没有建立有效辩护制度，一些特殊类型的案件（如死刑案件）也没有准入门槛的限制，律师水平参差不齐，同时又没有相应制约对其进行约束和惩戒，辩护人独立选择辩护观点和策略一旦对被告人利益造成损害，无法通过有效的途径加以救济，被告人也不能对辩护律师提出赔偿请求，使得被告人完全沦为诉讼程序，甚至是辩护活动的客体，其利益处于受到完全漠视的地位。

因此，不能将独立辩护简单等同于一定可以最大限度维护犯罪嫌疑人、被告人合法权益，关键问题在于应当由谁就辩护行为是否在维护委托人的合法利益方面作出最终判断。出发点好不等于结果好，事实上在本案中就有体现，律师以独立辩护为由发表辩护意见，但与被告人观点发生冲突，使得辩护方意见不一致，辩护难以发挥效果。认为独立辩护有利于维护被告人利益的观点只是辩护人的一厢情愿，最终损害的仍是被告人利益。从辩护的目的来看，独立辩护行为有无损害委托人利益的判断，一方面应当看最后辩护效果是否有利于被告人的利益，另一方面也应适当关注于被告人的意愿，以免在庭审中被告人和辩护人提出截然相反的辩护主张，致使辩护流于形式。

▌理论阐释 | 律师独立辩护理论的反思

虽然本案看似属于辩护律师和被告人之间在法庭上的冲突，实则可以联系到刑事辩护的基础理论问题——律师独立辩护理论。按照大陆法系传统理论的基本观点，辩护人是具有独立地位的诉讼参与人。其不仅为被告人的利益进行辩护，也不仅是按照其意志来提供辩护协助，其必须具有主体地位，以使其能够在被告人利益和公共利益之间进行选择、判断和平衡。这种独立辩护论在我国学界同样影响甚广，几近通说。

中华全国律师协会《律师办理刑事案件规范》第5条明确规定："律师担任辩护人或为犯罪嫌疑人提供法律帮助，依法独立进行诉讼活动，不受委托人的意志限制。"之所以采取独立辩论的理论立场，主要是因为以下几个方面的理由：首先，在职权主义诉讼模式下，强调发现真实的诉讼理念和检察官的客观公正义务决定了辩护律师应该是独立的诉讼参与

---

[1] 参见陈卫东主编：《刑事诉讼法学》，高等教育出版社2022年版，第112~113页。

人。其次，在职权主义诉讼模式下，辩护律师和被告人的关系更多地被定位为公法关系而非契约关系，辩护律师对法院的真实义务应大于其对当事人的忠诚义务，因而更为强调辩护人的独立诉讼地位。最后，在职权主义诉讼模式下，以当事人为中心的诉讼理念不被强调，相反，却更为强调法律专业人士对诉讼进程和结局的操控权，认为辩护律师基于专业法律素养作出的独立判断有利于维护被告人的最大利益。

按照独立辩护理论的要求，辩护律师可以独立发表辩护意见而不受被告人意志的影响。但该理论是否具有天然的合理性和普遍的适用性？从辩护实践中鲜活的案例来看其实不然，强调律师绝对的独立辩护会引发一系列问题。例如，在本案中，辩护律师和被告人意见发生不一致，律师独立发表辩护意见不仅可能会导致预设的辩护效果难以达到，还可能会适得其反，损害被告人的合法权益，更有甚者，有的律师会以独立辩护为理由充当第二公诉人角色。这不仅会违背辩护制度存在的初衷，而且一旦发生本案中的律师与被告人之间的冲突情形，会使被告人陷入更加孤立无援的境地，权利难以得到保障和维护。

■ 扩展思考 ｜ 律师独立辩护的限度

我国理论界所主张的独立辩护论完全无视被告人的意志，由辩护律师自行决定辩护策略的选择，既没有尊重被告人的程序主体地位，也无视委托代理关系中依据被代理人授权活动的根本准则；更会在多数情况下，不利于被告人程序和实体利益的维护，从而背离辩护制度设置初衷。我们应当进一步思考传统独立辩护理论的边界，以避免被告人的意志和利益受到双重漠视。具体而言，辩护律师在与被告人发生意见冲突的时候应当遵守以下行为准则：

第一，基于平衡诉讼构造的考虑，律师独立辩护应更多强调独立于外部干扰，而非片面强调独立于当事人。辩护律师独立的诉讼地位首先应该表现在绝对独立于控方、裁判方和任何司法外因素的干扰，仅根据事实和法律选择辩护立场，而不是指示或命令进行辩护，从而破坏诉讼构造，无法与控方形成真正有效的对抗。其次才是在被告人意见显然违背事实和法律时，辩护律师应以独立诉讼参与人的地位拒绝其要求，坚持自己基于事实和法律作出的辩护选择。

第二，基于辩护律师和被告人关系合理定位的角度考虑，在辩护目标上，应当尊重被告人的意志，但在辩护策略的选择上，则可以适度独立于当事人。首先，在辩护目标上，原则上应当尊重被告人的自主决定权。之所以如此限定，是因为辩护目标并非一个纯粹的法律问题，被告人究竟是想选择做罪轻辩护还是做无罪辩护，或是宁愿接受如缓刑的判决结果，这些往往要考虑诸多法律之外的情感因素。被告人独特的成长经历、家庭环境、生活现状都决定被告人自己才是其自身利益的最佳判断者。其次，在辩护策略上，则应当更多强调辩护律师的职业自主性，允许其独立选择辩护策略，但必须保证被告人具有知情的同意权，以此作为律师独立辩护的界限。最后，在不同意被告人的自主决定或无法取得被告人知情同意的情况下，辩护律师不得坚持发表与被告人意见相左的辩护观点，而只能选择退出辩护，这又是对其独立辩护立场的另一重限制。

第三,基于尊重律师行业自主性和维护被告人最大利益的角度考虑,在事实问题上,律师应当更多尊重被告人意见;在法律问题上,则可以适度独立于当事人。比如,因为对法律的理解存在偏差,基于独立辩护立场,律师从法律角度论证其不构成犯罪,这样,法官一旦采纳律师意见,则可以对被告人无罪释放,即使不采纳律师的意见,在判处刑罚的时候,也会因为被告人的认罪态度较好,而会予以从轻处罚。[2]

具体到本案,笔者认为,之所以会造成律师和委托人之间紧张的关键,在于辩护律师对独立辩护身份的过度理解与运用,并未对独立辩护的边界进行限制,在律师独立辩护活动中,未考虑到上述三项发生冲突时应当遵守的基本准则,造成了冲突的进一步扩大。

---

[2] 参见陈虎:《独立辩护论的限度》,载《政法论坛》2013年第4期。

016 羁押期限与办案期限混同｜追求案件真实的限度
念某投放危险物质案

程　衍　华东政法大学

■ 案情概要*

2006年7月27日晚,福建省平潭县澳前村17号房东陈某某与其女儿和租户丁某某及其三个孩子共同吃晚饭。当晚9时许,丁某某10岁的长子俞某男和8岁的女儿俞某女出现腹痛、呕吐、全身抽搐等中毒症状,分别于28日凌晨2时和5时先后死亡。2006年7月30日,警方从死者的心血和呕吐物中检验出"氟乙酸盐"有毒成分,认为死者系氟乙酸盐中毒死亡,并认为其邻居念某存在重大作案嫌疑。2007年2月,福州市人民检察院以投放危险物质罪对念某提起公诉。

2008年2月1日,福州市中级人民法院以投放危险物质罪判处念某死刑,剥夺政治权利终身。念某不服判决,向福建省高级人民法院提出上诉。2008年12月18日,福建省高级人民法院对该上诉开庭审理后,以"事实不清,证据不足"裁定撤销原判,发回福州市中级人民法院重审。2009年6月8日,福州市中级人民法院经重审,再次以投放危险物质罪判处念某死刑,剥夺政治权利终身。念某不服,再次提出上诉。2010年4月7日,福建省高级人民法院经审理驳回上诉,裁定维持原判,案件依法报请最高人民法院进行死刑复核。

2010年10月28日,最高人民法院以"第一审判决、第二审裁定认定被告人念某投放危险物质罪事实不清、证据不足",裁定不核准福建省高级人民法院维持死刑的裁定,并撤销福建省高级人民法院维持死刑的裁定,将案件发回重审。2011年5月5日,福建省高级人民法院撤销了福州市中级人民法院对念某的死刑判决,将该案件发回重审。

2011年11月24日,福州市中级人民法院经审理认为,念某与丁某某存在生意竞争,念某认为丁某某抢走其顾客而心怀不满,产生投放鼠药让丁某某吃了肚子痛、拉稀的念头,遂将购买的鼠药倒入丁家做饭所用的烧水铝壶的水里。后俞某男、俞某女等人相继出现中毒症状,并于次日凌晨经抢救无效死亡,经鉴定系氟乙酸盐鼠药中毒。福州市中级人民法院再次对念某判处死刑,剥夺政治权利终身。念某不服,提出上诉。

2014年8月22日福建省高级人民法院开庭审理后,认为被害人俞某男、俞某女系中毒

---

* 参见福建省福州市中级人民法院(2011)榕刑初字第104号刑事附带民事判决书、福建省高级人民法院(2012)闽刑终字第10号刑事附带民事判决书。

死亡,但原判认定致死原因为氟乙酸盐鼠药中毒依据不足,认定的投毒方式依据不确实,毒物来源依据不充分,与上诉人的有罪供述不能相互印证,相关证据矛盾和疑点无法合理解释、排除,全案证据达不到确实、充分的证明标准,不能得出系上诉人念某作案的唯一结论。因此,原判认定上诉人念某犯投放危险物质罪的事实不清,证据不足,原公诉机关指控上诉人念某所犯罪名不能成立,改判被告人念某无罪,当庭释放。

2014年9月,平潭县公安局对已被判处无罪的念某重新立案侦查。11月,念某曾两次因"犯罪嫌疑人"的身份办理护照遭拒。

■ 法律分析

争议焦点

自2007年被公安机关执行逮捕后,念某因涉嫌"投放危险物质罪",8年内共经历了8次审判,被判处了4次死刑,其间一直处于被羁押状态,直至2014年福建省高级人民法院作出无罪判决,然而判决作出后的第二个月,念某复被立案。本案涉及逮捕羁押期限与办案期限混同、重复追诉等问题。

□ 逮捕羁押期限与办案期限混同的问题

在我国刑事强制措施体系中,逮捕是唯一没有明确法定期限设置的。《刑事诉讼法》第98条规定:"犯罪嫌疑人、被告人被羁押的案件,不能在本法规定的侦查羁押、审查起诉、一审、二审期限内办结的,对犯罪嫌疑人、被告人应当予以释放;需要继续查证、审理的,对犯罪嫌疑人、被告人可以取保候审或者监视居住。"可见在我国,逮捕羁押期限与诉讼期限是混同的,只要相应诉讼阶段没有超期,则羁押状态可一直伴随。本案中,基于对案件事实的认定分歧,诉讼程序多次经历"回转"和期限延长,以至持续8年之久,而念某也被羁押了8年。值得反思的是,虽然基于案件真实发现,诉讼程序、期限可以回转、延长,但逮捕的功能定位并非发现真实,而是防止社会危险性的发生,那么伴随诉讼程序的羁押正当性问题就值得追问。[1]

□ 重复追诉的问题

《公安规定》第190条第2款规定:"对犯罪嫌疑人终止侦查后又发现新的事实或证据,或者发现原认定事实错误,需要对其追究刑事责任的,应当继续侦查。"《刑诉法解释》第219条规定:"依照刑事诉讼法第二百条第三项规定宣告被告人无罪后,人民检察院根据新的事实、证据重新起诉的,人民法院应当依法受理。"因此本案中,念某经历8年诉讼,终又作为犯罪嫌疑人被重新立案,符合法律规定。而且本案中针对念某的立案侦查可以无期限

---

[1] 参见杨依:《我国逮捕的"结构性"错位及其矫正——从制度分离到功能程序分离》,载《法学》2019年第5期。

持续,其犯罪嫌疑人身份可能伴随终身,盖因我国《刑事诉讼法》并未对侦查设置期限。第156条规定,对犯罪嫌疑人逮捕后的侦查羁押期限不得超过2个月,但其仅适用于犯罪嫌疑人被逮捕的案件,如果犯罪嫌疑人没有被采取强制措施则侦查可一直持续。值得反思的是,国家针对公民个人的追诉应否无休止进行。英美法系国家有禁止双重危险原则,大陆法系国家有一事不再理原则,而我国则缺少相应规定。

■ 理论阐释

□ 审前羁押适用的司法抑制问题

日本学者田口守一提出:"逮捕前置主义的主要内容,是在逮捕时实施司法抑制,在羁押时也实施司法抑制,即保障双重检查。"[2] 此中涉及两方面问题,一是逮捕的司法审查;二是逮捕行为与捕后羁押的分离。

第一,关于逮捕的司法审查。羁押性强制措施长时间剥夺人身自由,因此其适用需有现实必要性,即被追诉人可能实施妨碍诉讼进程的行为或者继续危害社会。[3] 如仅因取证便利等方便侦查的原因而羁押,则不具有正当性。然而实践中正是出于取证便利的需求,控方对审前羁押具有偏好。因此,为控制审前羁押的适用,法治发达国家大多对其采取司法抑制,即由相对中立的司法机关批准决定,以客观判断羁押必要性。[4] 但在我国,法院对审前阶段并不享有司法审查的权力,而逮捕系由检察机关批准。虽然这种外部审查机制能够在一定程度上控制逮捕的适用,但检察机关作为控方主体能否真正客观恐有疑问。[5]

第二,关于逮捕行为与捕后羁押的分离。在我国,审前羁押已成为侦查机关办理刑事案件的常态化手段,这与制度设计层面逮捕与羁押的混同不无关系。在美国、法国等国,"逮捕"是利用国家强制力迫使犯罪嫌疑人、被告人到案的短暂行为,而羁押是犯罪嫌疑人、被告人在一定时间内人身自由被限制的持续状态,羁押并非逮捕的必然后果。基于对人身权利限制程度的差异,以及实践功能定位的不同,逮捕行为可由控方机关决定,而后续羁押则必须由中立的司法机关决定。[6] 如此制度设计下,审前羁押的适用要经过两次审批,一次是强制到案、一次是审前羁押,不同功能定位,区别性评价。如此能够在很大程度上限制审前羁押的适用。

□ 禁止双重危险或一事不再理

刑事诉讼本身即是一种惩罚,在程序进行中被追诉人人身、财产以及名誉均受影响,特

---

2 [日]田口守一:《刑事诉讼法》,刘迪、张凌等译,法律出版社2000年版,第54页。
3 参见郭烁:《徘徊中前行:新刑诉法背景下的高羁押率分析》,载《法学家》2014年第4期。
4 参见卞建林:《论我国审前羁押制度的完善》,载《法学家》2012年第3期。
5 参见林喜芬:《解读中国刑事审前羁押实践——一个比较法实证的分析》,载《武汉大学学报(哲学社会科学版)》2017年第6期。
6 参见陈瑞华:《审前羁押的法律控制——比较法角度的分析》,载《政法论坛》2001年第4期。

别是悬而未决的诉讼结果更是令当事人生活笼罩在阴影之下。刑事诉讼不能无休止进行，程序终结后应及时恢复被追诉人的正常生活。针对这一问题，大陆法系和英美法系国家分别规定有一事不再理和禁止双重危险原则。

一事不再理原则下，法院的判决一旦生效，就产生了既判力，而一般情况下，既判的事实应视为真实，不论其正确还是错误，任何法院或法官都不能将其推翻。这样，国家的处罚权就已经耗尽，不得再对无罪释放的人提起诉讼，也不得再对已经被判处刑罚的人再次追究。禁止双重危险原则更加严格，在英美法系国家，只要陪审团或者证人宣誓就位，禁止双重危险原则即发挥作用，不需判决生效，检察官的上诉权甚至受到严格限制，不得给被告人带来再一次的危险。[7]

刑事诉讼法的重要价值之一即是要通过程序设置限制国家权力。一事不再理或禁止双重危险原则，对于保障被追诉人免受无尽追诉至关重要，应当成为我国相关制度完善的方向。

□ 追求案件真实的限度问题

实事求是原则是我国指导刑事司法的基本原则，整个刑事程序的构建都是围绕这一原则展开的。实事求是，究其实质追求的乃是实体公正，这种理念深刻地影响着我国诉讼制度的构建。[8] 本案中诉讼程序持续 8 年之久，更在念某被判处无罪之后又被重新立案侦查，充分体现了制度设计者以及实践执法者对诉讼真实的执着。此外，我国规定再审制度，检、法机关可依职权提起，而忽略生效判决的安定性与权威性。值得反思的是，为了发现真实而无休止的发动诉讼程序，是否具有正当性。以此可能换来的个案公正，却是以损害公民生活安宁为代价，而且极大的消耗了国家诉讼资源。更何况所谓的客观真实是否能够探知，不无疑问。

刑事诉讼是对过去已然发生之案件事实的探知活动，依赖于犯罪留存的证据。实践中，证据灭失、取证能力、证据分析水平等因素，均严重影响着真实的发现。客观真实固然重要，其可作为诉讼活动的目标，但同时也要承认真实发现能力的限度，法律真实同样可作为制度建构的基础，即通过正当诉讼程序所获得的生效判决我们即认其为真实，而不再因为其他的可能结果而延续追诉。

■ 扩展思考

□ 对于审前追诉行为的司法审查制度

刑事诉讼中辩方权利的行使效果不在于其自身的强大，亦不在于立法相应做了多少宣

---

[7] 参见李玉华：《从念斌案看禁止双重危险原则在我国的确立》，载《法学杂志》2016 年第 1 期。
[8] 参见陈卫东、杜磊：《再审程序的理解与适用——兼评〈刑事诉讼法〉关于再审程序的修改》，载《法学杂志》2012 年第 5 期。

示性规定,而是在于各专门机关之间形成了有效的制衡关系。[9] 制约型诉讼机制应当如何设计,世界各国有不同经验。我国立基于检察院法律监督机关的宪法定位,由其履行对整个诉讼流程的监督职责。以本案为例,一方面,对于念某的逮捕系由公安机关报请检察院批准;另一方面,针对公安机关对念某的再次立案,可由检察院对其正当性进行监督。[10] 但以检察院为监督主体的诉讼制约机制存在缺陷——检察院与公安均属于控诉机关,在打击犯罪的共同职能设定下,实践监督效果恐受影响。

有的国家普遍采取司法审查的制约模式,既由中立的法院对相关侦查、检察行为的正当性、必要性予以审查,并作出是否批准的决定。立基于司法审查,英美法系国家规定有诉讼终止制度,其是针对追诉方滥用诉讼行为的一种最严厉的程序性约束机制:法院通过宣告追诉行为无效,以终止诉讼。诉讼终止制度的适用情形包括:诉讼延迟、侦查陷阱、承诺不起诉以及违反禁止双重危险原则等。[11] 在英美法系国家,本案即是典型的对禁止双重危险原则的违背,可由诉讼终止制度予以规制。

▢ 超期羁押的实践问题

长期羁押、超期羁押的现象是刑事司法顽疾。除本案外,辽宁省铁岭市的张某利被超期羁押27余年,铁岭市中级人民法院于2022年6月方作出无罪判决。究其原因,我国长期秉持"不枉不纵"的办案理念,虽然看似将"不枉"与"不纵"放在同等地位,但实践中却异变为"宁枉不纵"。面对疑罪,公安司法机关的处理可能滑向"疑罪从挂"或者由法院作出"留有余地的判决"。[12] 本案中,福建省高级人民法院多次因此"事实不清、证据不足"发回福州市中级人民法院重审,而不是直接作出无罪判决,导致该案从立案到终审判决历时8年之久。比之更甚者,铁岭市中级人民法院早在1999年就对张某利作出了"事实不清、证据不足"的无罪判决,但因铁岭市相关部门不同意宣判,该案便被悬置起来。真正落实疑罪从无原则,对于杜绝因"疑罪从挂"所造成的超期羁押等严重侵犯被追诉人权利的现象甚为关键。

---

9 参见孙远:《"分工负责、互相配合、互相制约"原则之教义学原理——以审判中心主义为视角》,载《中外法学》2017年第1期。
10 关于立案监督详见《高检规则》第557~566条。
11 参见李玉萍:《程序滥用与诉讼终止制度及其给我国的启示》,载《法商研究》2006年第2期。
12 参见熊秋红:《以念斌案为标本推动审判中心式的诉讼制度改革》,载《中国法律评论》2015年第1期。

017 使用本民族语言文字的权利 | 刑事诉讼的翻译制度

车某运输毒品案

单子洪 首都师范大学

■ 案情概要*

被告人车某,女,30岁,哈尼族,文盲,农民,住老挝境内(自报情况),国籍不明。哈尼语翻译张某某,男,30岁。原公诉机关云南省西双版纳傣族自治州人民检察院指控:2019年6月24日,西双版纳勐腊县公安局勐润边防派出所民警在设卡查缉,17时30分许,被告人车某携带毒品乘坐其女儿(未成年人,已终止侦查)驾驶的无牌二轮摩托车驶入查缉现场,民警当场从其携带的白色编织袋挎包内查获毒品鸦片8包,共计净重1095.85克,遂将其抓获。经原审云南省西双版纳傣族自治州人民法院审理以运输毒品罪判处被告人车某有期徒刑15年,并处没收个人财产人民币10000元。查获的毒品鸦片1095.85克、手机1部依法予以没收。

宣判后,车某不服,上诉提出其是外国人,不懂中国法律,也不识汉字,应对其减轻处罚。经云南省高级人民法院二审查明,一审法院认定的车某运输毒品事实清楚。对于车某的上诉理由,法院认为:《刑法》明确规定,凡在中华人民共和国领域内犯罪的,除法律有特别规定的以外,都适用本法。车某自报是老挝人,但其在我国境内的一切行为均应遵守并接受中国法律的规定和约束,如若触犯我国法律,亦应接受相应惩处。另经查明,我国司法机关在办理案件的过程中均为其聘请了通晓其语言的翻译人员进行翻译,充分保障了其诉讼权利,因此,车某所提其不识汉字,不懂中国法律,据此提出对其减轻处罚的请求,法院不予采纳。据此,二审法院认为原判认定事实和适用法律正确,定罪准确,量刑适当,程序合法,裁定驳回上诉,维持原判。

■ 法律分析

争议焦点
对于本案被告人这种兼具外国人、无国籍人身份以及运用我国少数民族语言的情况,应当如何适用我国刑事诉讼"各民族有运用本民族语言文字参与诉讼的权利"的法律原则?又应当如何合理地运用翻译制度,保障被告人的这项诉讼权利?

---

* 参见云南省高级人民法院(2020)云刑终656号刑事裁定书。

《宪法》第 139 条规定:"各民族公民都有用本民族语言文字进行诉讼的权利。"《刑事诉讼法》第 9 条规定:"各民族公民都有用本民族语言文字进行诉讼的权利。人民法院、人民检察院和公安机关对于不通晓当地通用的语言文字的诉讼参与人,应当为他们翻译。在少数民族聚居或者多民族杂居的地区,应当用当地通用的语言进行审讯,用当地通用的文字发布判决书、布告和其他文件。"这项规定确立了我国刑事诉讼中的"各民族有运用本民族语言文字参与诉讼的权利"的基本原则。该原则的贯彻实施,有利于实现民族平等、巩固民族团结;有利于各民族诉讼参与人有效行使诉讼权利,切实维护自己的合法权益。同时,还有助于公安司法机关准确、及时查明案件事实,对案件作出正确处理。[1] 其对于实现追究犯罪和保障人权等刑事诉讼基本价值有着重要意义。

然而,《刑事诉讼法》第 9 条将使用语言文字的诉讼权利限定在"本民族"的范围内,同时将"不通晓当地语言文字"和"当地通用语言"的情况与"少数民族""多民族杂居地区"等主体相对应。也就是说,如若仅从文义解释的角度出发,第 9 条的适用范围是以"民族"这一要素作界分的,只有非本民族或者少数民族等主体,才有据第 9 条之规定使用本民族语言文字、有权获得翻译等诉讼权利。本案中,车某虽为哈尼族人,但身份上司法机关给出的认定是无国籍人。既然被告人属于无国籍人,那么身份上其便不属于中华人民共和国少数民族公民,而是与外国人的地位等同。这是否说明第 9 条就无法适用于该案,被告人无权获得翻译帮助?

根据直接言词原则的要求,刑事诉讼中认定案件事实所依据的所有证据和信息,法官只能在庭审之中根据当事人和其他诉讼参与人的言词获得。因此,有效的语言交流沟通是达成上述要求最基础之条件,进而无论刑事诉讼中的参与人是少数民族身份,还是外国人、无国籍人、聋哑人、有语言障碍的人,只要是在诉讼中存在言词交流障碍,司法机关就有职责为其提供翻译等帮助从而实现直接言词原则的要求。奉行文义解释而将《刑事诉讼法》第 9 条的适用对象局限于民族主体显然并不合理。此外,域外以及联合国相关公约也并未将犯罪嫌疑人、被告人获得翻译帮助的权利,局限于民族主体。[2]

从解释论的角度出发,对于《刑事诉讼法》第 9 条应当采取目的性扩张的解释方法予以解读适用。所谓目的性扩张,即对法律文义所未涵盖的某一类情形,系由于立法者之疏忽而未将其包括在内,为贯彻规范意旨,乃将该类情形包括在该法律适用范围内的一种漏洞填补方法。[3] 文义上虽然无法将外国人纳入民族主体的范围,但追究第 9 条的立法要旨,是要为刑事诉讼中的语言交流和沟通扫清障碍,落实直接言词原则,实现追究犯罪和保障人权。因此第 9 条的民族主体这一范围必然要扩大涵射范围,基于实现直接言词的基本目的,

---

[1] 参见陈光中主编:《刑事诉讼法》,北京大学出版社 2021 年版,第 109 页。
[2] 如《联合国公民权利和政治权利公约》(ICCPR)第 14 条第 3 款规定,在判定对他提出的任何刑事指控时,人人完全平等地有资格享受以下最大限度的保证:(甲)迅速以一种他懂得的语言详细地告知他提出的指控的性质和原因;(乙)如他不懂或不会说法庭上所用的语言,能免费获得译员的帮助。
[3] 参见纵博:《刑事诉讼法漏洞填补中的目的性限缩与扩张》,载《国家检察官学院学报》2011 年第 4 期。

将其进行扩张,将外国人等主体均予以吸收,适用于所有需要获得翻译帮助的对象。本案中,被告人虽为无国籍人,但根据目的性扩张解释原理,其当然可以依据第9条的规定,享有获得翻译人员帮助的诉讼权利。

值得一提的是,虽然通过目的性扩张解释方法将第9条的原则规定涵盖了一切需要获得翻译人员帮助的主体范围,但这并不意味着当事人以及诉讼参与人可以依据第9条不当行使权利。尤其是在涉外刑事诉讼中,不能在使用中国通用语言文字方面无原则迁就外国籍当事人。例如,在双语诉讼文书文本中,外文译本必须以中文本内容为准;外国籍当事人拒绝翻译帮助时,必须书面说明理由等。任何外国籍当事人不能以第9条为依据享受刑事诉讼中的"超国民待遇"。

■ **理论阐释** | 我国刑事诉讼中的翻译制度及其问题

本案中,当地司法机关为被告人聘请了哈尼族语的翻译。根据《刑事诉讼法》第9条的规定,如果诉讼参与人不通晓当地的语言、文字,公安司法机关有义务为其指派或聘请翻译人员进行翻译。《刑事诉讼法》第108条第4项规定,翻译人员属于其他诉讼参与人之一,为参与诉讼的外国人、少数民族人员、盲人、聋哑人进行语言、文字或者手势翻译的人。为了充分保障当事人和其他诉讼参与人获得翻译帮助的权利,刑事诉讼法亦规定犯罪嫌疑人、被告人享有申请翻译人员回避的权利;法官有必须在开庭前审查翻译人员的职责;以及讯问询问不通晓当地通用语言文字的被告人、证人、被害人,应当提供翻译人员而未提供的,被告人供述、证人证言以及被害人陈述不得作为定案根据等保障性规则。

然而总体上看,我国刑事诉讼关于翻译人员和翻译制度的规定仍旧粗略,存在不少漏洞,导致实践中出现了诸多问题。一方面,翻译活动的程序不规范。主要表现在刑事诉讼法等相关法律对翻译人员的权利义务规定不明确,聘请翻译的程序缺少法律规定,使实践中翻译人员参与诉讼的情况纷繁复杂,从而影响诉讼参与人的权利行使。[4] 另一方面,翻译活动的监督和救济程序并不完善。庭审的口语或手语的表达方式使庭审很难留下清晰痕迹,法官对言词信息的理解,书记员对翻译语言的记录容易产生误差。同时,在使用外语的庭审场合,翻译人员自身的水平能否准确理解诉讼参与人的语言所表达的意思难以接受验证和监督。事后基于翻译出现问题又缺少明确的救济程序。

本案中,被告人上诉的理由之一是不懂中国法律、不懂汉字,而二审法院以提供了语言翻译的帮助为由予以驳回。二审法院仅就提供翻译帮助的情况在判决书中进行了说明,但对翻译人员在整个诉讼过程中的参与情况、语言翻译的效果和准确性、被告人提出不懂汉字的原因均未作分析和回应,体现了翻译活动缺乏有效监督机制的问题。对此,立法应当对翻译人员的选任、诉讼中的权利义务,翻译活动的程序规范,翻译活动的监督以及事后救济等关键问题作系统化的改革,以期更好地保障当事人诉讼参与人获得翻译帮助的诉讼权利。

---

[4] 参见天津市人民检察院课题组:《刑事诉讼翻译活动的现实与规制》,载《人民检察》2015年第10期。

■ 扩展思考 | 刑事诉讼中使用方言的问题

方言是一种语言的地域变体。在语音、词汇、语法上有一定的特点,在民族语言中,方言是相对于共同语而言的,处于从属的地位。我国仍残留着乡土社会的影子,而乡土社会的生活是富于地方性的。地方性是指他们活动范围有地域上的限制,在区域间接接触少,生活隔离,各自保持着孤立的社会圈子。[5] 基于这种地域上的封闭性和孤立性,地方方言成为社会通行证,增加了地域文化的认同感。我国方言十分复杂,分为北方方言、吴方言、粤方言、赣方言、客家方言、湘方言、闽方言等七大方言,每个大方言下又有若干次方言和数不清的地方土语。[6] 根据 2000 年《国家通用语言文字法》第 9 条、第 16 条第 1 款之规定,法官在司法实践中,必须使用普通话,只有在确需使用的情况下,才可以使用方言。尽管如此,在刑事诉讼实践中方言仍被大量使用,尤其是近年来,由于刑事案件异地审判的情况大量出现等原因,方言在刑事诉讼中的使用问题日渐显著。

方言与民族语言文字、外国语言等不同之处在于:首先,方言几乎不存在书面文字系统,而是由区别与通用语言的发音以及特定文字组合来运用。例如,四川方言中的"晓得"、粤语中的"点解"等,均可由汉语文字直接写出。其次,方言在地域上具有一定的互通性,例如,四川方言与重庆方言有一定区别,但是基本两地民众可以做到互相无碍交流。最后,当今社会的人口流动和文化交流日渐增多,一些资源集中的城市中有来自各个方言地域的民众,也有受到长时间普通话教育的年轻司法人员到方言地域中任职,这种人员流动性加剧了诉讼中使用方言情况的复杂性。

因此,实践中出现了不懂地方方言的法官审判工作进行困难,庭审中产生误会和交流障碍;方言翻译制度缺失,司法人员个人充当翻译或要求当事人提供翻译,甚至为了免除麻烦而直接加速方言案件的庭审或直接进行书面审理等问题。这不仅干扰了诉讼参与人正常诉讼权利的行使,还对法庭查明事实真相的职能造成损害。所以方言案件的审判制度需要进行关注和完善。从目的角度出发,解决方言审判的问题与民族语言和外国语言诉讼一致,都是为了实现有效言辞交流,保障诉讼参与人权利的目标。但方言使用的情况比民族语言和外国语言的使用情形更加复杂,并且方言毕竟少有系统性的文字,过于精细化的方言翻译制度可能会徒增立法成本,浪费国帑,所以方言审判的改革路径应当结合审判实际具体分析。

---

5 参见费孝通:《乡土中国》,北京大学出版社 2012 年版,第 13 页。
6 参见赵晓敏:《法庭审判中的汉语方言使用问题》,载李振宇主编:《法律语言学说》2011 年第 2 辑,江西人民出版社 2011 年版,第 50 页。

018 逮捕条件的阶层化建构

廖某危害珍贵、濒危野生动物与非法狩猎案

高 通 南开大学

■ 案情概要*

2018年10月至2019年2月,重庆农民廖某在未取得特许猎捕证的情况下,先后多次、分批设置猎套和猎夹,在重庆市某山林猎捕野生动物。廖某使用禁猎工具,在禁猎期、禁猎区内非法狩猎,共猎获动物20余只。其中,猎获物中有国家一级重点保护野生动物林麝3只、国家二级重点保护野生动物斑羚1只,有被列入《国家保护的有益的或者有重要经济、科学研究价值的陆生野生动物名录》多只。廖某将猎获物部分食用,部分销售给他人,剩余储存在自家冰柜中。

2020年7月30日,重庆市某区公安局对廖某涉嫌非法猎捕珍贵、濒危野生动物案立案侦查,7月31日对其取保候审,8月31日提请批准逮捕。

重庆市某区人民检察院在审查批捕中通过走访调查了解到,廖某家中有三个女儿正在上学,父母年迈患病,其是家庭经济支柱,平时靠务农和打零工支撑家庭生活。如果立即对廖某逮捕,其将无法妥善安排羁押后子女就学、父母就医等一系列实际问题。

承办检察官审查后认为,廖某的行为已涉嫌构成非法狩猎罪和非法猎捕珍贵、濒危野生动物罪,且情节严重,依法可能判处5年以上10年以下有期徒刑。但考虑到廖某系因对其行为的违法性及其后果认识不足而实施犯罪,无其他犯罪前科,主观恶性不大;犯罪后自首且自愿认罪认罚;系边远山区务农人员,平时表现较好;本案证据已收集固定完毕,不致发生毁灭、伪造证据、串供或者逃跑等情况。经充分评估,检察机关认为对廖某采取取保候审足以防止发生社会危险性,遂于2020年9月18日作出不批准逮捕决定。

案件作出不批准逮捕决定后,检察机关继续关注廖某的社会危险性,确定廖某自觉遵守取保候审强制措施规定,在侦查阶段、审查起诉阶段均能到案接受讯问。根据廖某的犯罪事实和情节,检察机关2021年1月4日依法以涉嫌非法狩猎罪和非法猎捕珍贵、濒危野生动物罪提起公诉。因涉案野生动物种类、数量等已达到情节严重,检察机关提出有期徒刑5年6个月,并处罚金人民币5000元的量刑建议。法庭审理期间,廖某主动到案接受审判。重庆市某区人民法院采纳检察机关量刑建议,因最高人民法院、最高人民检察院《关于

---

* 参见最高人民检察院贯彻少捕慎诉慎押刑事司法政策典型案例(第一批)。

执行〈中华人民共和国刑法〉确定罪名的补充规定(七)》将"非法猎捕珍贵、濒危野生动物罪"变更为"危害珍贵、濒危野生动物罪",于2021年3月16日依法以危害珍贵、濒危野生动物罪、非法狩猎罪作出判决。廖某认罪服判。

■ 法律分析

> **争议焦点**
>
> 本案是因检察机关认为犯罪嫌疑人的社会危险性不足而未批准逮捕的案例。值得进一步关注的问题有:逮捕社会危险性条件的具体内容是什么?如何判断逮捕的社会危险性条件?

□ 逮捕社会危险性条件的内涵

依据《刑事诉讼法》第81条规定,逮捕的社会危险性条件是指采取取保候审尚不足以防止发生下列社会危险性的情形:(1)可能实施新的犯罪的;(2)有危害国家安全、公共安全或者社会秩序的现实危险的;(3)可能毁灭、伪造证据,干扰证人作证或者串供的;(4)可能对被害人、举报人、控告人实施打击报复的;(5)企图自杀或者逃跑的。在理解上述条文时,需要注意如下事项:

第一,社会危险性不等同于社会危害性。"社会危险性"和"社会危害性"是在理论研究和司法实践中经常遇到的两个词汇,过去的审查逮捕实践中也经常用"社会危害性"来代替"社会危险性"。[1] 但两者的作用并不一致:社会危害性是用于判断罪与非罪、刑罚轻重的,而社会危险性则是用于判断采取何种强制措施的。两者混同后会导致逮捕罪责条件与社会危险性条件的虚置等问题,将逮捕与未来能否定罪挂钩,如"构罪即捕"。[2] 所以,逮捕条件中的社会危险性条件并不等同于犯罪概念中的社会危害性条件。

第二,逮捕条件中的社会危险性仅指特定的社会危险性。若从语义角度来看,"社会危险性"的内涵是非常宽泛的,行政违法、刑事犯罪均具有一定的社会危险性。但若如此定义逮捕社会危险性,不仅会严重违背刑事强制措施的功能,也有违比例原则的要求。所以,逮捕条件中的社会危险性条件应当仅指特定的社会危险性。结合刑事强制措施旨在确保刑事诉讼顺利进行的定位,2012年修改《刑事诉讼法》时将逮捕社会危险性明确为可能实施新的犯罪、有危害国家安全的现实危险等五种情形。本案中对廖某进行逮捕社会危险性审查时,其实也是基于上述五种情形来进行的。如"系因对其行为的违法性及其后果认识不足而实施犯罪""无其他犯罪前科,主观恶性不大""边远山区务农人员,平时表现较好"等,主要是再次犯罪风险进行的分析;"犯罪后自首且自愿认罪认罚""本案证据已收集固定完毕,不致发生毁灭、伪造证据、串供或者逃跑等情况",则是从确保刑事诉讼顺利进行角度进行

---

[1] 参见杨依:《以社会危险性审查为核心的逮捕条件重构——基于经验事实的理论反思》,载《比较法研究》2018年第3期。

[2] 参见刘计划:《逮捕审查制度的中国模式及其改革》,载《法学研究》2012年第2期。

的分析。

第三,逮捕的社会危险性条件中包含对逮捕必要性的判断。1979 年和 1996 年《刑事诉讼法》在规定逮捕的条件时,规定的是证据条件、罪责条件和逮捕必要性条件,2012 年《刑事诉讼法》则将逮捕的条件替换为证据条件、罪责条件和社会危险性条件。法条的变化主要是考虑到逮捕必要性条件的模糊性,但这并不意味着逮捕不需要再考虑逮捕的必要性问题。从"采用取保候审尚不足以防止其发生下列社会危险性的……"的表述来看,现行《刑事诉讼法》将逮捕的必要性条件融入了社会危险性条件中。所以,对于存在《刑事诉讼法》规定的社会危险性情形的犯罪嫌疑人、被告人,也并不然需要被逮捕;若被采取强制措施,也应当是优先适用取保候审等非羁押性措施。

逮捕社会危险性的评估方法

与证据条件和罪责条件是对过去行为的评价不同,逮捕社会危险性条件面向的是未来,评估的是犯罪嫌疑人、被告人未来特定时间内再次犯罪或实施干扰刑事诉讼顺利进行的行为的可能性。《刑事诉讼法》第 81 条第 2 款规定,批准或者决定逮捕,应当将犯罪嫌疑人、被告人涉嫌犯罪的性质、情节、认罪认罚等情况,作为是否可能发生社会危险性的考虑因素。本案中,检察机关对廖某社会危险性的判断也是从如上几个要素进行的。如廖某涉嫌的犯罪是非法猎捕珍贵、濒危野生动物罪,犯罪情节方面包括廖某的主观方面、无其他犯罪前科等,廖某也认罪认罚。此外,本案中的检察官还将廖某的家庭情况也考虑进来,这体现了检察机关参与社会治理的作用。

但客观来说,利用现有数据来预测未来并不容易,即便是专业人士依据专业的风险评估模型也很难达到非常高的准确率。如美国 PSA、COMPAS 等系统的预测正确率差别不大,仅达到中等程度的预测正确率,预测为高风险的被告人其再次犯罪的比例为 40% 左右;[3] 牛津大学新开发的再犯风险评估模型中,认定为高风险的犯罪嫌疑人、被告人在两年内再次实施暴力犯罪的比例达到 60%。[4] 而且,一旦犯罪嫌疑人、被告人再次犯罪或实施干扰刑事诉讼顺利进行的行为后,办案人员不仅会增加大量额外工作量,也可能因此而承担不利的法律后果。所以,司法实践也试图通过进一步细化逮捕的社会危险性条件以规避判断能力的不足。如《高检规则》将五种逮捕社会危险性条件细化为 19 种具体情形,且多数为具体的行为,如"曾经或者企图……""扬言或者准备、策划……"等。

---

[3] See Min Yang, Stephen C. P. Wong & Jeremy Coid, *The Efficacy of Violence Prediction: A Meta-Analytic Comparison of Nine Risk Assessment Tools*, Psychological Bulletin, Vol. 136, p. 740, 757 (2010).

[4] See Christopher Slobogin, *Principles of Risk Assessment: Sentencing and Policing*, Ohio State Journal of Criminal Law, Vol. 15, p. 583, 584 (2018).

■ 理论阐释　｜　逮捕条件的阶层化建构

逮捕的证据条件、罪责条件和社会危险性条件之间是并列关系，只有同时满足三个条件时才可适用逮捕措施。但并列式的逮捕条件体系无法反映出三要件之间的逻辑关系，而且由于社会危险性条件判断的复杂性，司法实践中也存在用证据条件或罪责条件来简单替代社会危险性条件的情形，如"构罪即捕""构刑即捕"等实践。其实，逮捕的条件之间是存在阶层关系的，而且其中最为核心的应该是社会危险性条件。

第一，证据条件是适用逮捕的基础条件。为因应《刑事诉讼法》（1996年）废除"收容审查"制度，《刑事诉讼法》（1996年）大幅降低了《刑事诉讼法》（1979年）中的逮捕证据条件，将"对主要犯罪事实已经查清"修改为"有证据证明有犯罪事实"。但逮捕的证据条件只是为了证明"有犯罪事实"，并不能直接证明有逮捕的必要性，"有犯罪事实"与逮捕之间也不具有直接的对应关系。所以，逮捕的证据条件只能是适用逮捕的基础条件。值得注意的是，近些年来司法实践中存在通过严格审查证据条件来降低审前羁押率的情形。严格审查逮捕的证据条件并无问题，但审查应当以法律规定的证据条件为限度，不应当超越立法而自行提高逮捕的证据条件。

第二，罪责条件是适用逮捕的否定性条件。罪责条件可反映犯罪嫌疑人、被告人的社会危害性，但如前所述，社会危害性并不等同于社会危险性，未来可能判处较重刑罚的犯罪嫌疑人、被告人的社会危险性并不必然回避可能判处较轻刑罚的人的更低些。如依据《刑事诉讼法》第71条的规定，对于可能判处管制、拘役或独立适用附加刑的犯罪嫌疑人、被告人，在符合法定情形下也可适用逮捕。但逮捕毕竟是一种严格限制人身自由的强制措施，其适用应当符合比例原则的要求。对于未来可能判处刑罚非常轻微的犯罪嫌疑人、被告人采取严厉的逮捕措施，会有些"大炮打蚊子"的感觉，也不符合比例原则的要求。所以，罪责条件原则上应是逮捕的否定性条件，对于未达到特定罪责的犯罪嫌疑人、被告人原则上不能适用逮捕措施。

第三，社会危险性条件是逮捕的核心条件。通过上文分析可得，逮捕的社会危险性条件是逮捕条件体系的核心。在有证据证明犯罪嫌疑人、被告人实施了犯罪事实且达到适用逮捕罪责条件时，办案机关应当围绕犯罪嫌疑人、被告人的社会危险性进行审查，以判断其应否予以逮捕。在审查社会危险性时应当分为两步，第一步是判断犯罪嫌疑人、被告人是否具有逮捕社会危险性；第二步则是对犯罪嫌疑人、被告人是否有逮捕必要进行审查。此外，为确保逮捕社会危险性审查的有效开展，我国也应当建构相对独立的逮捕社会危险性评估程序。

■ 扩展思考　｜　逮捕社会危险性条件内涵的再界定

羁押率过高一直是我国刑事司法实践中的"顽疾"，为了解决这一问题我国采取诸多举措，如修改逮捕条件、在审查批捕中引入听证程序、试点引入评估模型等，当前也提出"少捕慎诉慎押"的刑事司法理念。从最新数据来看，上述改革取得了巨大成就，当前的审前羁押率出现大幅下滑。如 2020 年至 2022 年 6 月,我国逮捕率从 76.7% 下降至 60.8%,诉前羁押率从 42.2% 下降至 32.8%。[5]

虽然当前审前羁押状况与较前些年有了巨大改观,但若仔细分析这一数据则发现,我国的逮捕率仍然较高。如依据最高人民法院《2021 年全国法院司法统计公报》,在判决生效的所有罪犯中,判处管制、拘役、独立适用附加刑以及定罪免刑、宣告不负刑事责任和宣告无罪的罪犯占到 17.2%,判处不满 1 年有期徒刑的罪犯占 19.2%,判处 1 年以上 3 年以下有期徒刑的罪犯占 22.9%,判处 3 年有期徒刑以上刑罚的罪犯占 14.9%,判处缓刑的罪犯占 25.8%。[6] 上述数据中,判处 3 年有期徒刑以上刑罚的只占 14.9%,即便是将范围放宽至判处 1 年有期徒刑以上刑罚的也才占 37.8%。虽然我们不能将刑罚情况与逮捕适用简单对应起来,但上述数据至少说明我国的审前羁押率仍有较大的下降空间。

那么,接下来的问题便是该如何进一步降低审前羁押率。从逮捕条件角度来说,降低审前羁押率无非也就是从严格证据条件、提高罪责条件和细化社会危险性条件三个方面进行。客观来说,这几年的"少捕慎诉慎押"改革已将通过证据条件或罪责条件降低审前羁押率的潜力挖掘到极致了,近几年检察机关因证据或罪责条件而不批捕的比例总体比较稳定。如 2018 年、2019 年和 2020 年,检察机关因不构成犯罪或证据不足而不批捕的犯罪嫌疑人分别占当前不批捕犯罪嫌疑人总数的 59.1%、60.9% 和 59.2%。[7] 所以,未来降低审前羁押率的改革必然要通过社会危险性条件审查来实现。

但由于逮捕社会危险性条件内涵过于宽泛,其在实现进一步降低羁押率方面有些力不从心。故有必要重新厘定逮捕社会危险性条件的内涵,以不断适应"少捕慎诉慎押"理念的发展。具体来说:第一,严格限制因犯罪预防目的而适用逮捕的情形,只有因可能发生特定重罪才可基于预防目的进行逮捕等;第二,重新梳理因确保诉讼顺利进行逮捕的情形,如将可能打击报复举报人、可能自杀等排除出逮捕的事由;第三,细化并限制违法犯罪史对逮捕社会危险性审查的作用;第四,废除径行逮捕制度;第五,严格限制审前逮捕对量刑的影响。

---

[5] 参见史兆琨:《上半年检察机关批捕人数比 2018 年同期下降 59.7%》,载《检察日报》2022 年 10 月 14 日,第 1 版。
[6] 此处需要注意的是,最高人民法院将"判处缓刑"作为与其他刑罚种类并列的一种情形。
[7] 相关数据来源于最高人民检察院工作报告、年度办案数据统计等。

019 一事不再理｜涉众类经济犯罪涉案财物处置
==

西安理工科技专修学院、陈某非法吸收公众存款案

贺红强　西北政法大学

■ 案情概要[*]

西安工商经济培训学院于 1993 年建校，陈某为法定代表人，2011 年更名为西安理工科技专修学院。2005 年，该校以合作建校名义租赁闵旗寨村委会 180 亩土地建设新校区。2006 年 9 月以来，为解决学校建设资金缺口问题，该校以合作建校、委托经营学生公寓、借款等事由向社会公开宣传，与群众签订《合作建校协议书》《学生公寓租赁委托经营合同》《借款合同书》，以年利率 9% 至 25% 的高息吸收资金，并承诺还本付息。

2017 年，陕西省西安市雁塔区人民检察院以西安理工科技专修学院、陈某涉嫌非法吸收公众存款罪提起公诉。雁塔区人民法院作出判决，涉及的集资事实从 2006 年开始截至审计日，共涉及 758 名被害人。判决主文分为三项：一是被告单位西安理工科技专修学院犯非法吸收公众存款罪，判处罚金 30 万元；二是被告人陈某犯非法吸收公众存款罪，判处有期徒刑 5 年，并处罚金 15 万元；三是涉案赃款依法予以追缴并按比例返还投资人。

上述判决生效后，西安市公安局雁塔分局接到多位被害人报案，于 2020 年向雁塔区人民检察院移送审查起诉，雁塔区人民法院于 2021 年作出判决，本次新增报案人 138 名。判决主文共三项：一是判处被告单位西安理工科技专修学院犯非法吸收公众存款罪，判处罚金 15 万元；连同（2017）陕 0113 刑初 828 号刑事判决对其以非法吸收公众存款罪所判罚金 30 万元。决定执行罚金 45 万元。二是判决陈某犯非法吸收公众存款罪，判处有期徒刑 3 年 3 个月，并处罚金 10 万元；连同（2017）陕 0113 刑初 828 号刑事判决对其以非法吸收公众存款罪所判有期徒刑 5 年，并处罚金 15 万元。决定执行有期徒刑 5 年 6 个月，并处罚金 25 万元。三是涉案赃款依法予以追缴并按比例返还投资人。

---

[*] 参见陕西省西安市雁塔区（2017）陕 0113 刑初 828 号刑事判决书、陕西省西安市雁塔区（2021）陕 0113 刑初 126 号刑事判决书。

■ 法律分析

> **争议焦点**
>
> 第二次起诉及审判是否违反一事不再理原则？涉众型经济犯罪涉案财物应当如何处置？

□ 一事不再理问题

2017年判决前本案投资群众分为三派：一部分积极报案要求追究被告人刑事责任促成民事赔偿；一部分坚决不报案且要求释放被告人筹款还债；还有一部分持中立观望态度。判决后部分财物追缴成功，之前未报案的部分群众开始陆续报案。公安机关将同一个案件再次移送检察机关审查起诉，此时就涉及是否违反一事不再理原则的问题。

检察机关最终按照漏罪起诉，法院"先并后减"进行处理。依据是《刑法》第70条的规定并未对漏罪进行任何限制。最高人民法院《关于判决宣告后又发现被判刑的犯罪分子的同种漏罪是否实行数罪并罚问题的批复》中也指出，新发现的罪与原判决的罪是否属于同种罪不影响对漏罪的处理。应当说，检察官依照上述规定另行起诉、法院"先并后减"表面上确有法律依据。

然而，仔细推敲就会发现本案存在值得商榷之处。《刑事诉讼法》虽未明确规定一事不再理原则，但该理念已经为学界广泛接受。因真实发现具有"渐进性"，发现罪行遗漏十分寻常。对遗漏罪行的处理取决于其与原指控形成案件之间的关系。如果属于同一关系，则程序上应视作同一案件，在实体法上必须一体评价，在刑罚执行中和执行完毕后的救济渠道为审判监督程序。如果属于独立关系，程序上为两个案件，实体法上应另行评价，在刑罚执行中按照漏罪处理，刑罚执行完毕后依法另行起诉。[1]

本案依漏罪处理，暗含的逻辑是将两个判决所涉犯罪事实理解为独立关系，这实质上涉及对案件同一性的判断。本案虽然存在集资建校的概括故意，但集资时间跨度大，不同时段的集资单位名称、主要参与人员、客户来源、集资用途有一定差异。从2006年至2009年年底，以西安工商经济培训学院名义集资，由牛某组织业务员拉客户，集资名义为委托经营学生公寓。2010年至2011年更名前，继续以西安工商经济培训学院名义集资，集资名义依然为委托经营学生公寓，集资渠道为牛强解散的业务员介绍客户、客户之间互相介绍、学校自己组织集资。2011年更名后至案发前，以西安理工科技专修学院名义集资，用途为借款建校，集资款依然来源上述三个渠道。上述三个阶段既可总体看作一个概括的故意，也可分阶段看作多个概括的故意，每一阶段还可以根据案情细分。

出于诉讼经济和一体化解决的考量，2017年判决将整个集资时段的行为按照一个概括的故意对待，依连续犯作为处断的一罪处理。2021年判决涉及的事实与2017年判决的案件具有同一性，不应依照漏罪处理，如有必要可以依照审判监督程序救济。在做同一性判

---

[1] 参见聂友伦：《论罪行遗漏的处理模式》，载《中国刑事法杂志》2018年第5期。

断时,不应脱离诉讼主体的认识可能性。

2017年判决前办案机关做了如下工作:一是讯问陈某,其如实交代了所有罪行,提到学校保存了所有合同,依照合同兑付本息,但没有记账。二是讯问同案犯牛某、询问副校长、教务员等证人,了解被害人明细及涉案金额。三是调取账册、合同、转账记录等实物证据。四是发布公告敦促被害人及时登记。办案人员在2017年对全案已有认识,但囿于有的被害人不报案,所以仅以报案人及所涉金额定案。

实际上被害人是否报案或登记不应成为认定犯罪事实的牵绊和障碍。于公诉案件而言,被害人对民事部分的主张并不影响国家机关对所涉犯罪事实的认识,办案机关完全可以依照其他证据定案。这既可避免因被害人报案时间有异而导致同一案件反复起诉,进而违反一事不再理原则;又可避免在被告人服刑期间按漏罪"先并后减"后量刑偏高,更可避免在被告人服刑结束后另行起诉引发量刑失衡。

涉众类经济犯罪涉案财物处置问题

上述问题表面上源于办案人员对"一事不再理"存在不同理解,实则根植于涉案财物处置的混乱。最高人民法院两个司法文件致使涉众型经济犯罪被害人经由刑事附带民事诉讼、单独提起民事诉讼的救济之路完全堵塞。《全国法院民商事审判工作会议纪要》第129条指出,涉嫌集资诈骗、非法吸收公众存款等涉众型经济犯罪,对于受害人就同一事实提起的以犯罪嫌疑人或者刑事被告人为被告的民事诉讼,人民法院应当裁定不予受理,并将有关材料移送侦查机关、检察机关或者正在审理该刑事案件的人民法院。受害人的民事权利保护应当通过刑事追赃、退赔的方式解决。《刑诉法解释》第176条也规定:"被告人非法占有、处置被害人财产的,应当依法予以追缴或者责令退赔。被害人提起附带民事诉讼的,人民法院不予受理。追缴、退赔的情况,可以作为量刑情节考虑。"

根据上述司法文件,非法吸收公众存款罪的被害人只能通过追缴、退赔来获得救济。2017年判决前没有报案登记的被害人报案后,司法机关面对情绪汹涌的被害人朴素的求偿诉求,在权衡是否违背一事不再理原则和依照审判监督程序救济的负面评价之后,按照漏罪处理似乎成了多方平衡的最佳选择。

通过追缴与责令退赔来解决则必须面对已有规定粗疏和实践混乱的问题。《刑法》第64条规定的几种涉案财物处置措施语义含混、性质不明、关系不清。司法实践中,判决主文表述概括、法律用语不严谨、模糊处理不在案财物、判决执行机关不明等问题异常突出。[2] 2017年判决关于涉案财物处置的主文存在如下问题:第一,"追回"应为"追缴","发还"应表述为"返还"或"退还"。第二,判决主文仅涉及判决后继续追缴财物的返还,既遗漏了判决前已追缴财物的处置,也回避了未能追缴财物的处理方式。第三,判决主文并未载明何时分配追缴的财物,是否为未报案群众的纠纷解决预留空间。2021年判决回避了如下问

---

2 参见张一献、翟浩:《刑事涉案财物处置的司法困境与路径完善》,载《中国刑警学院学报》2022年第4期。

题:第一,两个判决涉及的被害人就追缴财物的受偿是否有先后顺序,秉持何种比例关系。第二,没有提及两次判决未能涉及的被害人后续如何救济。

法官在此类涉众型经济犯罪案件下判时采用模糊、笼统的表达意在留下余地,但对被害人的权益保护不利。例如,有的法院在首次判决之后就已将追缴财物分配完毕,后续报案的被害人仅能通过司法途径得到"空判"。还有的被害人因同批次涉及金额不够单独追诉的标准,求一纸"空判"而不可得。

■ 理论阐释 | 对连续犯的漏判再诉/再审与一事不再理

一事不再理原则是国际社会普遍认可的刑事司法准则之一。笔者认为,因被害人民事救济渠道不畅,转而曲解甚至摒弃一事不再理原则是舍本逐末。应当深入理解该原则并予以贯彻,提升刑事诉讼"善"的属性。

该原则在英美法系体现为禁止双重危险原则。《美国宪法第五修正案》规定:"任何人不得因同一犯罪而两次受生命或健康之危险。"但何谓"同罪"见仁见智。布洛克伯格诉美国案确立了"同一证据"法,即"一犯罪行为或事件是否包含两个有区别的不同的罪,关键在于两罪所要求的法定客观事实要件是否相同"。该标准的主要问题是当某案件涉及数个被害人时可能会多次起诉。阿什诉斯温森案认为"同罪"应当是"同案情",如果罪状出自同一犯罪行为、事件或片段、情节,要求控诉机关必须将数个指控罪名合并起诉。[3] 该标准的问题是,囿于对案件的认识规律,有时难以将同一案情的数个罪状一次起诉完全。

大陆法系国家一事不再理原则中的"一事"是指在已经过生效判决所审判的起诉事实和再次审判的起诉事实中相同的事实。对"相同事实"的理解主要存在两类标准:一是事实行为同一性标准,以"同一事实上的行为"作为界定标准。影响深远的"历史事实同一说"要求分析漏罪与案件之间"紧密的事理关联性",如时间、地点、对象、目的等因素,只有存在紧密联系才可视为具有事实上的同一性。二是公诉事实同一性标准。广义的公诉事实同一性是指公诉事实既是单一的,又是同一的。单一是指单一的犯人、单一的犯罪,单一的犯罪以实体法上的罪数为标准,单纯的一罪和科刑上的一罪关系中的数个事实是单一的,数罪并罚或单纯数罪关系中的数个事实是非单一的;同一则仅指同一的犯人、同一的犯罪。

连续犯是否受一事不再理原则的约束曾存争议。连续犯属于处断一罪,从本质上讲存在数个行为,在部分犯罪事实经起诉而作出有罪判决以后,其余犯罪事实是否可以再行起诉并再行审理?潜在的担心是,如果受一事不再理原则的制约,连续犯的既判力后果容易使行为人避重就轻地脱罪。这种考量明显受到重刑主义和报应刑主义的影响,现代刑事政策已由报应转向预防,若已然之罪受到追究,且科处刑罚足以防止行为人的再犯可能性,则刑罚的目的已然达到。[4] 对连续犯"漏判"事实的再诉与再审会使被告人感受到法院判决的

3　参见李学军主编:《美国刑事诉讼规则》,中国检察出版社 2003 年版,第 541 页。
4　参见陈岚、王丽莎:《连续犯与一事不再理原则的适用探讨》,载《法学评论》2006 年第 3 期。

不安定性，折射出刑事理论的苍白，依照一事不再理原则处理有利于刑罚的可预见性和法院判决的稳定性，从而维护法律尊严。

■ **扩展思考** | 涉众类经济犯罪被害人的民事赔偿探究

涉众类经济犯罪被害人救济途径的畸形化实际并无法理支撑，主要是基于实用主义的考量。其主要用意在于实现"先刑后民"，以刑事案件的侦办为主导，减少民事案件对侦办过程的拖累与干扰；统一被害人获得救济的途径，避免过度诉累以及司法资源浪费。

涉众类经济犯罪被害人的民事赔偿问题相当复杂，涉及被告人赔偿责任的大小、被告人之间的责任分担、其他民事赔偿主体的责任划分、被害人优先受偿权、被害人之间的分配、案外人的异议等。当依照刑事附带民事诉讼、单独提起民事诉讼救济民事权益的大门关闭，仅通过笼统的追缴、责令退赔条款进行调整远不能应对司法实践的挑战。

近年来，对涉案财物处置的研究从暗角走向前台。无论是在刑事诉讼中确立对物之诉，辅以独立的涉案财物法庭调查程序和涉案财物处置的事后救济，还是直接打通附带民事诉讼、单独提起民事诉讼的主张，均是对已有问题的深刻反思。

020 自诉与公诉｜管辖的竞合
黄某重婚案

何永军 云南大学

■ 案情概要*

被告人黄某于1986年7月30日与王某在原海南黎族苗族自治州（现五指山市）通什镇人民政府登记结婚，婚后生育二子女。1995年，黄某因工作关系结识保亭县的樊某。1996年，黄某与樊某在保亭县共同出资成立保亭和祥农业综合开发有限公司，樊某为法定代表人，黄某为股东，在保亭县保城镇红兄水库经营种养业、土特产品等项目。其间黄某对樊某展开追求，自1998年以来，黄某与樊某公开以夫妻名义共同在一起生活，且黄某一直对樊某隐瞒已有配偶的事实。2010年7月，黄某妻子王某以股权转让优先受让为由起诉黄某、樊某，樊某方知黄某已婚，二人至此结束关系。

2013年6月，樊某向五指山市人民法院提起自诉，要求追究黄某刑事责任。因证据不足，五指山市法院将相关案件材料移送当地公安机关。2013年8月29日，五指山市公安局以涉嫌重婚罪对黄某立案侦查，2014年1月6日五指山市人民检察院对黄某采取取保候审，稍后向五指山市法院提起了公诉。五指山市人民法院于2014年作出判决，以重婚罪判处被告人黄某有期徒刑6个月。被告人黄某不服并提出上诉。2014年6月23日，海南省第一中级人民法院作出裁定，撤销一审判决，发回五指山市法院重审。法院依法另行组成合议庭，公开审理了此案。

公诉机关认为，黄某无视国家法律，在婚姻关系存续期间，与他人公开以夫妻名义同居生活，应以重婚罪追究其刑事责任。黄某辩称：本案的受害人是王某，不是樊某；五指山市法院对本案无管辖权；本案已过追诉时效；被告人与樊某虽同居，但只是姘居关系，其行为不构成重婚罪。据此，请求法院判决被告人无罪。

法院开庭审理后合议庭将案件提交审判委员会，审判委员会讨论决定判决黄某犯重婚罪，判处有期徒刑6个月，缓刑2年。黄某未再上诉。

---

* 参见海南省第一中级人民法院(2014)海南一中刑终字第107号刑事裁定书、海南省五指山市人民法院(2014)五刑重字第2号刑事判决书。

■ 法律分析

> **争议焦点**
>
> 本案中,诉讼程序上存在两种竞合,一是公诉与自诉的竞合;二是管辖权的竞合。其程序上争议的焦点主要在于:本案的自诉转公诉是否具有合法性?被告人提出的管辖权异议是否成立?

□ 本案自诉转公诉于法有据

我国刑事诉讼法坚持公诉为主、自诉为辅的追诉制度,允许公诉与自诉之间有条件的转换。本案审判时,原《婚姻法》仍然有效。依据原《婚姻法》第45条"对重婚的……受害人可以依照刑事诉讼法的有关规定,向人民法院自诉;公安机关应当依法侦查,人民检察院应当依法提起公诉"的规定,本案存在公诉与自诉的竞合,即对于重婚罪案件,既可做自诉案件处理,也可做公诉案件处理。而根据《刑诉法解释》第1条规定,重婚罪案件不属于告诉才处理的案件,检察院没有提起公诉,被害人有证据证明的可以提起自诉。被害人提起自诉,"对其中证据不足,可以由公安机关受理的……应当告知被害人向公安机关报案,或者移送公安机关立案侦查"。因此,对于重婚罪案件,如下几种处理方式都是为法律所允许的:一是公诉,即公安机关根据报案立案侦查,检察院审查起诉后提起公诉;二是自诉,即被害人直接向法院提起自诉;三是自诉转公诉,即被害人提起自诉后,由于案件证据不足,法院告知被害人向公安机关报案或者移送公安机关立案侦查。本案正是第三种情形,其原系自诉案件,后因证据不足,五指山市法院将相关案件材料移送公安机关立案侦查,最后公诉机关依法提起公诉,其处理于法有据,正当合法。

□ 五指山市法院对本案有管辖权

根据《刑事诉讼法》的规定,"刑事案件由犯罪地的人民法院管辖。如果由被告人居住地的人民法院审判更为适宜的,可以由被告人居住地的人民法院管辖"。而《刑诉法解释》又规定,犯罪地包括犯罪行为地和犯罪结果地。最高人民法院研究室《关于重婚案件中受骗的一方当事人能否作为被害人向法院提起诉讼问题的电话答复》曾释明,重婚案件中的被害人既包括重婚者在原合法婚姻关系中的配偶,也包括后来受欺骗而与重婚者结婚的人。在本案中黄某先与五指山市的王某登记结婚,后又与保亭县的樊某形成事实婚姻,樊某对黄某已结婚不知情,王某与樊某均是本案的受害人。因此,五指山市作为犯罪结果地和被告人居住地的法院拥有管辖权,而保亭县作为犯罪行为发生地的法院也拥有管辖权,故本案存在管辖权的竞合。根据《刑事诉讼法》的规定,"几个同级人民法院都有权管辖的案件,由最初受理的人民法院审判。在必要的时候,可以移送主要犯罪地的人民法院审判"。五指山市法院系最初受理本案的人民法院,拥有优先管辖权。同时,保亭县人民法院从未受理本案,两家法院不存在争管辖权的问题。综上,本案由五指山市法院管辖并不违法,法院驳回其管辖权异议的做法正确。

■ 理论阐释

追诉犯罪原本是私事,随着文明的进步,追诉犯罪才逐渐演变成为一种国家行为。随着近代民族国家的兴起,垄断合法暴力成为国家的一种内在需求(韦伯就将垄断合法暴力看成是国家的一大特征),对犯罪的国家追诉成为主流。即使在保留自诉制度的国家,也只是在少数特殊类型的案件中实行,公诉占据着主导性地位。

1979年我国制定了第一部《刑事诉讼法》,确立了以公诉为主、以自诉为辅的刑事起诉制度,将自诉案件分为告诉才处理和不需要进行侦查的轻微刑事案件两类。1996年《刑事诉讼法》修改时,为了解决实践中存在的有案不立、有罪不究的现象,又增加了一种新的"公诉转自诉"类自诉案件,即被害人有证据证明对被告人侵犯自己人身、财产权利的行为应当依法追究刑事责任,而公安机关或者人民检察院不予追究被告人刑事责任的案件。从此我国就拥有了三种自诉案件,至今不废。所以,我国目前既存在自诉转公诉,也存在公诉转自诉。

就自诉转公诉而言又存在两种情形:一是亲告罪案件(告诉才处理类案件)的自诉转公诉;二是非亲告罪案件(不需要进行侦查的轻微刑事案件)的自诉转公诉。杭州网络诽谤案就是亲告罪案件的自诉转公诉,其案发后引起了学界的广泛热议。学者们对亲告罪案件自诉转公诉研究已较多,但对非亲告罪案件的自诉转公诉研究则相对较少,本案正好是非亲告罪的自诉转公诉。

非亲告罪案件自诉转公诉有以下两种情况:一是被害人缺乏相关证据,自诉无法进行。自诉人缺乏证据,法院无法查明案情,如果被害人坚持要追诉的,法院应当告知其向公安机关报案,请求公安机关立案侦查。必要时法院也可直接将案件移送公安机关立案侦查。公安机关如果立案侦查,案件就转入了公诉程序。二是案件不属于轻微刑事案件。当自诉的犯罪行为系严重危害社会秩序和国家利益的行为时,其不再满足"轻微刑事案件"的要求,自诉案件就应当转为公诉案件。具体来说就是"对被告人可能判处三年有期徒刑以上刑罚"的案件。对这类案件,法院应当移送公安机关立案侦查。本案属于第一种类型。而五指山市法院之所以主动将相关案件材料移送公安机关,是因为其时有效的《婚姻法》有规定,对于重婚案件"公安机关应当依法侦查,人民检察院应当依法提起公诉",重婚罪案件也属于法定的公诉案件,公安机关有义务立案侦查,检察院有义务审查起诉和提起公诉。

在此有必要指出的是,原《婚姻法》第45条关于重婚被害人既有权自诉,人民检察院也应当依法提起公诉,自诉和公诉竞合的规定并不科学。对于一个犯罪行为,采取自诉程序予以追究和采取公诉程序进行追究只能二择一,不能既自诉又公诉,否则就违反了一事不再理和禁止重复起诉原则。《婚姻法》已被废除,而现行《民法典》没保留原有的条款,这个问题不存在了。但这样也许会产生一个新的问题,那就是法院主动将案件移送公安机关立案侦查的情况会有所下降,而更多地会选择告知其向公安机关报案,如此也许会给受害人的救济造成一定的困难,未来有必要修订相关司法解释,规定对于法院受理的非亲告罪案件,遇到障碍时一律由法院主动将其移送公安机关立案侦查,如此一是坚持公诉优先的原则;二是可充分保障被害人的合法权益。

由自诉转为公诉会产生一系列法律后果:被害人有权撤回自诉,对于被害人撤诉的,法院应当裁定终止原来的自诉程序,让案件转入公诉程序。对于被害人不撤诉的,法院应该按照撤诉处理,终止原来自诉案件的审理。同时,如果将来公安机关或者检察院不予追究被告人刑事责任,被害人仍然可以再次提起自诉,但如果没有新的证据,法院可以不予受理。

在我国刑事诉讼中,管辖是指按照刑事诉讼法的规定,公安机关、人民检察院和人民法院受理刑事案件的职权划分,以及人民法院系统内部受理第一审刑事案件的职权划分。管辖包括立法管辖和审判管辖。在本案中被告人有异议的是审判管辖,而对立案管辖没有异议。我国确定刑事案件审判地区管辖的根据有两个:犯罪地和被告人居住地。据此本案五指山市人民法院和保亭县人民法院均有管辖权,存在管辖竞合。解决管辖竞合的办法有二:以最初受理的人民法院审判为主(优先管辖),以主要犯罪地人民法院审判为辅(移送管辖)。五指山市人民法院是本案的优先管辖法院。同时,五指山市人民法院是被告人居住地法院,据此也拥有本案的管辖权,所以本案由该法院管辖从法理上讲得通。

■ 扩展思考

重婚罪保护的法益是合法婚姻(登记婚姻),不保护事实婚姻(没有登记的婚姻)。重婚罪中重婚的情况只包括"法律婚+法律婚""法律婚+事实婚"两种情况。重婚罪中行为人一定存在两个以上的婚姻行为,且第一个必须是合法的婚姻行为(登记婚姻),第一个婚姻行为既然是合法的,那么就不能认定其是犯罪行为,重婚罪中行为人的第二个以上的婚姻行为(无论其是登记婚姻还是事实婚姻)才是犯罪行为,故第二次以上结婚的地方才是犯罪行为地。就本案而言,保亭县无疑才是唯一的犯罪行为地。被告人及其辩护律师正是基于此对五指山市人民法院的管辖权提出异议,他们认为保亭县人民法院才拥有管辖权。虽然如前所述这个异议并不成立,但辩方有此想法却并非空穴来风。那么,如果本案一开始就由保亭县人民法院管辖,其最终判决结果是否会有所不同?是否其真的就对被告人有利?

证明黄某犯罪行为的大量证据都存在于保亭县(只有其已婚的证据存在于五指山市),都取之于保亭县,故就证据调查、收集和认证而言,作为公诉案件,本案由保亭县公安机关侦查、检察院起诉、法院审判将会更加便利。如此很可能本案第一次审判时事实就会查得很清楚,上诉后被二审法院发回重审的可能性就很小,二审维持原判的概率很高,黄某最终面临的很可能会是6个月以上的实刑,而非现在的缓刑。因为黄某的重婚行为持续了12年左右,给被害人樊某的伤害很大,樊某作为一个民营企业主,在当地有一定社会威望,而且当地法官对作为外地人的黄某的重婚行为,其认同度自应相对较低。因此,如果樊某一开始就在保亭县公安机关报案或到法院自诉,则其最终判决结果对黄某也许并不有利。如此看来被告人及其律师提出管辖异议似不明智。

但细究起来,则并非如此,每个行动者背后都有自身的逻辑。对于被害人来说,其之所以选择到五指山市人民法院自诉,是因为被告人已回到了五指山市原配身边,她"打"上门来方能解其怨气,而且她也许并不想在家乡打官司,让私事在家乡人尽皆知,所以才放弃了在家乡自诉或报案的便利。而被告人之所以提出异议,无非是表明自己对定罪的抗拒,试图增加法院审判的难度,让法院判决时对其略有安抚。此案情并不复杂,但因为被告人上诉而二审法院发回重审,重审时被告方又坚持做无罪辩护,所以合议庭最终将案件提交审委会讨论决定。审委会为了使被告人最大限度地接受判决,不再上诉,将原来6个月有期徒刑的实刑改为2年缓刑,使被告人获得了相当便宜。至此案结事了,被害人、被告人的愿望基本实现,法院也摆脱了被纠缠的困扰——该案判决结果实际是诉讼各方理性博弈的结果。

最大的获益者无疑是被告人,其获得了相对较轻的量刑。在离婚率居高不下的今天,从保护一夫一妻制和保护婚姻家庭的角度审视,类似判决的一般犯罪预防效果却未必出色。对重婚罪案件,未来的立法应坚持公诉为主、自诉为辅的原则;将其确定为公诉案件,只有在公安机关或者人民检察院不予追究被告人刑事责任时方可允许被害人自诉。

021 上诉不加刑原则的理解与适用

李某非法收购、运输、加工、出售国家重点保护植物、国家重点保护植物制品案

孔祥承　国际关系学院

■ 案情概要*

2012年,李某多次采购、贩卖国家一级保护植物红豆杉原木。案发后,本案由香格里拉县(现香格里拉市)森林公安局侦查终结,以李某涉嫌非法收购、运输、加工、出售国家重点保护植物罪,涉案红豆杉立木蓄积达11.9166立方米(第一份鉴定意见)为由向香格里拉县人民检察院提出起诉意见书。该检察院于2013年12月19日提起公诉,指控被告人李某涉嫌非法收购、运输、出售国家重点保护植物罪,涉案红豆杉立木蓄积为4.643立方米(第二份鉴定意见),向香格里拉县人民法院提起公诉。香格里拉县人民法院于2014年1月17日公开开庭审理了本案,并作出(2014)香刑初字第7号刑事判决书,以非法收购、运输、出售国家重点保护植物罪,判处被告人李某有期徒刑6个月,并处罚金4500元。

李某不服,提出上诉。二审法院迪庆州中级人民法院查明,本案针对红豆杉立木蓄积存在两份矛盾的鉴定意见,案件事实不清,遂作出(2014)迪刑终字第6号刑事裁定书,裁定撤销原判,发回重审。

发回一审法院重审期间,县人民检察院委托县森林公安局对涉案林木数量进行鉴定,经云南云林司法鉴定中心测算,涉案红豆杉立木蓄积为13.535立方米(第三份鉴定意见)。2014年7月2日县人民检察院将香检刑诉(2013)103号起诉书指控的立木蓄积4.643立方米变更为立木蓄积13.535立方米,并以香检刑变诉(2014)1号起诉书指控被告人李某涉嫌非法收购、运输、出售国家重点保护植物罪,向人民法院提起公诉。人民法院另行组成合议庭,于2014年7月22日公开开庭审理了本案,并作出(2014)香刑初字第46号刑事判决,认定被告人李某犯非法收购、运输、出售国家重点保护植物罪,判处其有期徒刑8个月,并处罚金人民币6000元。对此,人民检察院提出抗诉,认为变更后的起诉书虽然将立木蓄积从4.643立方米变更为13.535立方米,但起诉书所指控的事实没有变,只是证据发生了变化,而非补充起诉了新的事实,判决违反《刑事诉讼法》中关于上诉不加刑的规定。并且,李某行为同时触犯了非法收购国家重点保护植物罪和非法收购盗伐的林木罪两个罪名,属于法

---

* 参见云南省迪庆藏族自治州中级人民法院(2014)迪刑终字第18号刑事判决书。

条竞合,应按照择一重罪处断的原则,按照非法收购盗伐的林木罪(情节特别严重)定罪量刑。

在二审庭审中,抗诉机关除了其抗诉理由外,没有提出新的事实和证据,对原判认定的事实和列举的证据也没有提出异议。迪庆中院认为,第二份鉴定意见(4.643立方米)、第三份鉴定意见(13.535立方米)均存在问题,应当采纳第一份鉴定意见(11.9166立方米),抗诉机关提出的程序违法,量刑不当的抗诉理由成立,应予支持。但对于抗诉机关提出的法条竞合的抗诉理由不予支持。最终认定被告人李某行为触犯《刑法》第344条的规定,构成非法收购、运输、出售国家重点保护植物罪,根据最高人民法院《关于审理破坏森林资源刑事案件具体应用法律若干问题的解释》,属于"情节严重",判处被告人李某有期徒刑2年,并处罚金2000元。

■ 法律分析

争议焦点

对于发回原审法院重新审判的案件,检察机关对于起诉书的变更是否意味着补充起诉?原审法院第一次判决后检察机关未抗诉,被告人上诉并发回重审后,检察机关提出抗诉,二审法院能否加重处罚?

□ 检察机关对于起诉书的变更是否意味着补充起诉

《刑诉法解释》(2012年)与《刑诉法解释》均规定,"被告人或者其法定代理人、辩护人、近亲属提出上诉,人民检察院未提出抗诉的案件,第二审人民法院发回重新审判后,除有新的犯罪事实且人民检察院补充起诉的以外,原审人民法院不得加重被告人的刑罚"。就本案而言,发回重审后的原审法院的一审判决明显重于原审法院的第一次判决。案件争点就聚焦在检察机关将起诉书中立木蓄积从4.643立方米变更为13.535立方米的行为是否属于补充起诉。

传统观点认为,补充起诉是指人民检察院提起公诉后,发现了起诉书中遗漏的罪行,依法予以补充的诉讼活动。狭义的变更起诉则是指人民检察院提起公诉后,发现起诉书指控的被告人、犯罪事实或罪名、适用法律有误而予以改变的诉讼活动。[1] 就本案而言,在原审法院第一次审判中,检察机关已经就案件全部犯罪事实提起了公诉。在发回重审后的一审中,检察机关虽然变更了起诉书的内容,但这种变更既未提出被告人有新的犯罪事实,也没有修改起诉的罪名,只是将立木蓄积从4.643立方米变更为13.535立方米,在变更后的起诉书中对于李某犯罪事实的描述与原指控犯罪事实几乎完全一致。可以说,这种变更是对指控犯罪事实的补正或勘误,属于《高检规则(试行)》(2012年)第458条和《高检规则》第

---

[1] 参见《刑事诉讼法学》编写组:《刑事诉讼法学》,高等教育出版社2019年版,第283页。

423 条规定的狭义的变更起诉,而并非补充起诉。因此,在本案发回重审后,原审法院的一审判决不得重于原审法院第一次判决。需要注意的是,如果未来出现检察机关变更起诉书内容的情形,需从实质层面审查该变更行为究竟属于补充起诉还是变更起诉,以免出现滥用补充起诉规避上诉不加刑原则的情况。

▢ 原审法院第一次判决后检察机关未抗诉,被告人上诉并发回重审后,检察机关提出抗诉,二审能否加重处罚

《刑诉法解释》(2012 年)第 327 条规定,"被告人或者其法定代理人、辩护人、近亲属提出上诉的案件,第二审人民法院发回重新审判后,除有新的犯罪事实,人民检察院补充起诉的以外,原审人民法院不得加重被告人的刑罚"。基于该条文,在实践中出现了这样一种情形:案件发回重审后,原审法院发现第一次判决存在畸轻问题时,为纠正自身错误,会与检察机关协商,通过检察机关抗诉的方式突破上诉不加刑原则的限制。这种做法本质上是将原审法院在第一次判决中未尽调查义务而出现的定罪量刑错误转嫁给被告人承担。如果允许对此类案件可以加重处罚,那么所有的案件都可能照此办理,必将架空上诉不加刑原则。

因此,在本案中二审法院加重被告人李某刑罚的做法并不适宜。近年来,最高人民法院也意识到了这一问题,《刑诉法解释》对发回重审案件增设了限制条款,在第 403 条第 2 款明确规定,"……原审人民法院对上诉发回重新审判的案件依法作出判决后,人民检察院抗诉的,第二审人民法院不得改判为重于原审人民法院第一次判处的刑罚"。因此,如果二审法院确实认为原审法院第一次判决畸轻,有违罪责刑相适应原则,只能维持原判,采取审判监督程序予以纠正。

■ 理论阐释

本案暴露出上诉不加刑原则的适用困境。其实,在笔者看来正确理解与适用上诉不加刑原则需要明确两个前提条件:其一,衡量中介。对刑是否加重的判断不能凭空进行,要确定以何种对象作为加刑与否的衡量中介。其二,何为"加刑"。要明确"刑"的范围以及如何评价刑的轻重。

▢ 衡量中介

传统做法是将"罪名"作为衡量中介,姑且可以将其称为罪名说。亦即在一审认定被告人构成甲罪,以罪名为衡量中介,二审中针对甲罪不得加重刑罚。就本案而言,一审、二审均为单一罪名,且罪名未发生变更,适用罪名说似乎并无问题。但是,一旦出现罪名或罪数变更的情形,如数罪变更为一罪,那么罪名说将无从适用。此时,需要明确何为真正的衡量中介。

《刑事诉讼法》第 233 条规定,"第二审人民法院应当就第一审判决认定的事实和适用

法律进行全面审查,不受上诉或者抗诉范围的限制"。这表明二审的审判对象与一审的审判对象一致。而按照《刑事诉讼法》第186条的规定,一审中的审判对象应当是指控的犯罪事实。综上,一审起诉书中指控的犯罪事实就成为衡量中介的最佳选择。而现行法也肯定了这一做法。如《刑事诉讼法》第237条规定,"……除有新的犯罪事实,人民检察院补充起诉的以外,原审人民法院也不得加重被告人的刑罚"。

□ 何为"加刑"

"加刑"的判断包含两方面内容,明确"刑"本身的范围以及确定"刑"之轻重的比较标准。

第一,"刑"的范围。在研究早期,学界对于"刑"的认识局限于"刑罚"。但是,经过多年的研究与讨论,学界对于"刑"的范围的认识不断深化。如一些学者认为对于"刑"的理解不宜再局限于主刑,还可以包括刑种以及刑罚执行方式。[2] 其后,有的学者更是提出罪名变更在某种情况下同样会造成"刑"的加重,认为"刑"应当为"刑事责任"。[3] 从域外制度发展来看,多数国家都将"刑"的范围做扩大理解。例如,法国司法界认为上诉法院不得因被告提出上诉而加重刑罚,也不能朝更为严厉的方向变更一审法院认定的罪名(或定性)。[4]《德国刑事诉讼法》第358条规定,"……(二)如果仅由被告人,或者为其利益由检察院或其法定代理人提出上告,对被提出异议判决不得在犯罪行为法律后果的种类与刑度上,作不利于被告人的变更"。[5] 从前述分析不难发现,对"刑"的范围做扩大理解已成共识。而《刑诉法解释》第401条对此也持类似观点,将"刑"的范围扩展至刑罚、刑罚执行方式、罪名变更等诸多方面。在笔者看来,对于"刑"的范围的理解不宜过窄,只要是可以影响被告人刑罚执行效果的因素均应纳入其中。需要注意的是,刑事审判中可能会决定对被告人实施保安处分(如强制医疗)或非刑罚处置措施(如建议主管单位对其行政处分),这两种措施不宜纳入"刑"的范围。

第二,"刑"之轻重的比较标准。上诉不加刑原则源于"禁止不利益变更",其本质在于保障上诉权这一被告人的"可期待利益",避免其因未来可能出现的"不利益"而怯于行使上诉权。[6] 通常而言,对这种"刑"之轻重的比较应当采一般人的客观标准,只要这种"刑"的变化较之第一次判决会给被告人在客观上带来刑罚执行效果方面的"不利益",就可以视为加刑。例如,一审判处被告人缓刑,二审改判,将主刑变轻,但缓刑增加。这种做法客观上延长了被告人的刑罚执行期限,因此应当视为加刑。再如,一审判处被告人死刑,二审变更为死缓并宣告限制减刑。虽然表面上二审增加了限制减刑,但是在客观上提供了被告人由生

2　参见皮剑龙、柯良栋:《对上诉不加刑中"加刑的"理解》,载《法学》1987年第6期。
3　参见陈林林:《论上诉不加刑》,载《法学研究》1998年第4期。
4　参见[法]贝尔纳·布洛克:《法国刑事诉讼法》,罗结珍译,中国政法大学出版社2009年版,第534页。
5　《德国刑事诉讼法典》,宗玉琨译注,知识产权出版社2013年版,第246页。
6　参见李子枫:《上诉案件发回重审后变更起诉可否加刑》,载《中国检察官》2020年第2期。

命刑转向自由刑的可能,本质上并未给被告人带来刑罚执行效果方面的"不利益",因此不应视为加刑。

■ 扩展思考

在罪数不变的情形下,判断是否违反上诉不加刑原则较为容易。但实践中经常会出现罪数变更的情形,对此需要区分是否存在补充起诉来分别进行讨论。

□ 没有补充起诉的罪数变更

在没有补充起诉而出现罪数变更时,需要分为两个阶段判断是否加刑。第一阶段,首先需要确定衡量中介,即明晰公诉事实的个数,比较时要确保在前后公诉事实一致的情况下来判断刑罚是否加重。若在二审中变更罪名,则二审法院要审查需变更的罪名是否属于公诉事实同一性范围内,若超出同一性范围,则二审法院宜以事实不清或者证据不足为由,裁定撤销原判发回重审,检察机关补充起诉。若在同一公诉事实范围,则进行第二阶段"刑"是否加重的判断。第二阶段的判断较为简单,主要是在第一阶段的基础上判断是否影响被告人刑罚执行效果。

□ 存在补充起诉的罪数变更

对于存在补充起诉而出现罪数变更,则需进一步探讨补充起诉在本质上是补充新的公诉事实,还是仅仅增加了新的罪名。

第一种情形,补充了新的公诉事实。虽然《刑诉法解释》第403条规定在检察机关补充起诉时可以不受上诉不加刑原则的限制。但是,这并不意味在此情形下上诉不加刑原则毫无用武之地。在发回重审的案件中,原审法院在对被告人进行量刑之时,仍需考虑上诉不加刑原则,不宜采用综合全案事实重新量刑的方式,而应当采取数罪并罚的方式,将新公诉事实与原审公诉事实进行数罪并罚。

第二种情形,公诉事实没有变化,只是将部分行为单独认定为新的罪名。在此情形下,补充起诉实质上是狭义的变更起诉,在前后公诉事实不变的情况下,仍然需要遵守上诉不加刑原则。例如,一审公诉事实为A事实,构成甲罪,判处有期徒刑3年。二审发回重审,检察机关补充起诉,只是将A事实认定为构成甲罪和乙罪,那么对被告人的量刑仍然受到上诉不加刑原则的限制,不得超过有期徒刑3年。诚然,部分实务人士认为,如果对某些行为不进行单独法律评价,可能会出现罪责刑相不相适应的问题。但是,实际情况并非如此。在原审法院第一次审判中已经对A事实包含的全部要素作出综合评价,而有期徒刑3年正是这种综合评价的结果,无须过分担心罪责刑不均衡的问题。

022　一事不再理原则｜公诉事实的单一性与同一性

冯某非法经营案

刘仁琦　西北政法大学

■ **案情概要**[*]

2018年12月24日,冯某因涉嫌非法经营罪被刑事拘留,2019年1月29日被取保候审。

2019年6月该案开庭审理。经审理查明,2016年4月,冯某在未取得主要农作物种子生产许可证、种子经营许可证的情况下,与伍某签订《玉米制种预约生产合同》,约定伍某向冯某有偿提供生产玉米种子所需亲本,待种子成熟验收合格后,伍某再从冯某处将种子回购。合同签订后,冯某又与农户刘某、王某、杨某、田某、李某五人签订《玉米种子种植协议》,约定冯某有偿提供种植玉米种子所需亲本,五农户各自种植玉米种子,待种子成熟验收合格后,冯某再从上述农户处回购。上述协议达成后,伍某向冯某提供玉米种子亲本,并向冯某支付预付款30万元。冯某接到玉米种子亲本和预付款后分发给农户。2016年10月,因受玉米种子价格波动,冯某、伍某与农户就收购价格未达成一致意见,均未按照合同收购玉米种子。2016年11月29日,农户杨某准备将其生产种植的32.3吨玉米销售,被公安机关查获,经鉴定,涉案32.3吨玉米种子价值人民币167960元。

人民法院还审理查明,2017年10月21日,冯某就曾因此事被判有罪。2017年年初,因农户刘某被查获,整案被和盘托出;同年10月21日,冯某以非法经营罪被判处有期徒刑6个月,缓刑1年,并处罚金人民币5000元。但吊诡的是,虽然这份判决书中明确载明"冯某与五名农户签订协议,要求五名农户种植玉米种子,五名农户也各自销售玉米种子",但碍于侦查机关未侦查、检察机关未起诉除刘某外的其他农户所涉玉米价值,法院只以刘某处查获的玉米价值认定了冯某的非法经营罪的犯罪数额。

2019年7月4日,法院作出一审判决,认同了辩护人的辩护观点:本案中的杨某系当时与冯某签订协议的五名农户之一,"公诉机关指控的事实是已判罚犯罪的遗漏情节,并非新的犯罪或遗漏的犯罪,再次对被告人提起公诉,违反一事不再罚原则",被告人冯某被宣告无罪。

---

[*]　参见新疆维吾尔自治区乌鲁木齐市头屯河区人民法院(2019)新0106刑初24号判决书。

■ 法律分析

> **争议焦点**
>
> 刑事诉讼中,犯罪对象为多人(多笔)情况下,公诉机关选择性起诉后,一事不再理原则应如何适用? 推而延之,在我国罪数理论与司法实践较为复杂的情况下,一事不再理原则何去何从?

本案是司法实践中为数不多直接援引一事不再理原则进行裁判的案件,体现了司法的温情与温度。现代刑事诉讼,为确保刑事诉讼程序的人本、人伦、人道、人文精神之实现,应保证追诉手段的公正、合理,以实现国家、社会整体利益与被追诉人利益的大体平衡。中国司法实践中,直接援引刑事诉讼法中并未规定的原则进行裁判,属实少见。

□ 我国诉讼法中的一事不再理原则

我国刑事诉讼法并未明确规定一事不再理原则。一事不再理(*non bis in idem*)和禁止双重危险(double jeopardy)[1]是大陆法系与英美法系对既判力的不同表达方式,其价值效用其实是多元的:从被追诉人角度讲,既判力可以防止冤狱、防止审判所带来的痛苦、防止骚扰被告、确保判决的终局性以及禁止重复处罚[2]等,美国、日本甚至将其上升为宪法性原则。[3]但在我国,一事不再理原则一直没有明确规定在刑事诉讼法中,只有《刑诉法解释》第469条规定,"除人民检察院抗诉的以外,再审一般不得加重原审被告人的刑罚。再审决定书或者抗诉书只针对部分原审被告人的,不得加重其他同案原审被告人的刑罚"——有学者将其称为"禁止重复起诉"规则,但二者实质相去甚远。实际上,一事不再理原则已经被明确规定于联合国《公民权利和政治权利国际公约》中,其第14条第7项规定:"任何人已依一国的法律及刑事程序被最后定罪或宣告无罪者,不得就同一罪名再予审判或惩罚。"

我国民事诉讼法明确了一事不再理原则及适用规则。《民诉法解释》第247条规定:"当事人就已经提起诉讼的事项在诉讼过程中或者裁判生效后再次起诉,同时符合下列条件的,构成重复起诉:(一)后诉与前诉的当事人相同;(二)后诉与前诉的诉讼标的相同;(三)后诉与前诉的诉讼请求相同,或者后诉的诉讼请求实质上否定前诉裁判结果。"从该条文规定来看,判断是否构成重复诉讼,应当比较当事人、诉讼标的、诉讼请求三个构成要素,是否存在相同或者后诉的诉讼请求实质上否定前诉裁判结果的情形。可见,关于"一事"的判断与认定,涉及内容较为复杂、多样。

---

1 根据日本学者的观点,大陆法系的一事不再理原则和英美法的禁止双重危险原则都源于罗马法,因此"从学说发展史来看,一事不再理效力以双重危险说为根据是很自然的"。参见[日]田口守一:《刑事诉讼法》,刘迪等译,法律出版社2000年版,第303页。
2 参见王兆鹏:《一事不再理》,台北,元照出版公司2008年版,第8~14页。
3 《美国联邦宪法》增修条款第5条明确:任何人不得因同一犯罪行为而两次遭受生命或身体的危害;《日本宪法》第三章"国民权利与义务"之第39条后段规定:"对同一犯罪不得重复追究刑事责任。"

□ **关于本案的解析及裁判观点**

本案中,公诉机关第一次以非法经营罪提起公诉。本案第一次案发,是因公安机关查获了刘某的玉米种子,同时,整个案件事实也浮出水面,但公诉机关仅选择刘某单笔玉米价值作为认定冯某的非法经营罪的犯罪数额,"自动放弃"其余农户所涉数额,故,本案中的公诉事实即为"被告人冯某涉及刘某的玉米价值是否构罪、应判何种刑罚"。公诉事实为被提起公诉的事实。"在起诉书记载的事实中,特别重要的内容是'公诉事实'。在检察官看来,也就是'提起公诉的对象';从法院看来,就是审理判决对象的犯罪事实;从被告人看来,理所当然地就是加以防御的对象。可以毫不夸张地说,所有的公审程序都是以'公诉事实'为轴心展开的。"[4] 简单理解,公诉事实是检控方起诉书中"依据犯罪构成要件"记载的"犯罪的特定事实",法官的诉讼职能在于对公诉事实进行全面审理,公诉事实对法官的裁判事实范围有着严格的限制作用,即以指控书记载之被告人与犯罪事实为限。就此而言,法院在公诉机关未变更起诉的情况下,法院只能冯某涉及的对单笔犯罪事实径行判决,符合公诉事实的基本理论。

公诉机关第二次以非法经营罪提起公诉,属重复追诉。非法经营罪属行政犯、情节犯、连续犯,未取得行政经营许可而非法经营,连续扰乱市场秩序,只有达到情节严重时,才能构成非法经营罪,而情节是否严重,一般以数额进行认定。本案中,5 名农户经营的玉米金额,均已构罪,冯某的经营行为虽针对五个不同个体,但"非法经营行为"具有统一性,即如果第一次起诉时的公诉事实对其客观行为已经评价过,基础事实相同的情况下,第二次起诉时的公诉事实与第一次存在绝大多数交叉,只是涉案对象、数额有所不同,则公诉机关就冯某之犯罪事实一部起诉,其效力及于全部,只要效力可及,则禁止重复追诉;效力不及,则可以重复起诉。

■ **理论阐释** | 单一行为或单一事件之犯罪,不得重复追诉

就本案而言,同一行为或同一事件之判断涉及刑事诉讼客体单一性的判断较为首要。对于重复追诉实体规则的研讨,应该回归我国公诉事实制度,应与我国实体法律规定、犯罪构成理论以及个罪规定方式相适应,以实体法中之罪数形态理论对具体情形进行例外界分。

单一性,表征刑事案件之单纯且不可分割性。法院对此案件只能进行一次裁判,行使一个刑罚权,判决一经确定,便不能重新诉讼,可以"不可分性"一言蔽之。本质上来讲,犯罪事实之间是否存在着"整体"与"部分"或"一部"与"他部"的关系,不论是整体与部分、一部与他部,都应是"单一事实"之组成部分,具有不可分割性。对单一性的审查包括:被告人单一与犯罪事实单一。凡是能够在刑事实体法产生一个具体刑罚权的行为事实,便构成一

---

4 [日]松尾浩也:《日本刑事诉讼法》(上卷),丁相顺译,中国人民大学出版社 2005 年版,第 186 页。

个不可再分的起诉单位,即"单一事实"。被告人是否单一应以其自然形态单复而定,较为简单;而犯罪事实单一,是指符合犯罪构成要件个数的问题,应以实体法上之罪数形态理论进行考量,较为复杂。

裁判事实效力应及于单一事实的全部。凡能够在刑法上产生一个具体刑罚权的事实,便构成一个不可再分的事实单元,即单一事实。由于犯罪行为实施方式多样性及社会生活的复杂,单一事实既可能是单纯的一个犯罪行为,也可能包括数个法律性质相同的行为。简单来讲,一方面,法院只能对检控方提起控诉的犯罪事实进行裁判,裁判效力及于控诉事实之涵摄全部;另一方面,若审判中发现未予控诉之事实,且其属于单一事实之一部,或应被评价为"一罪"之组成,则裁判效力当然基于未予起诉部分,即该案犯罪事实全部基于单一性原理均不具有重复可诉性。

第一,对于法条竞合犯,绝对不可为一事不再理之例外。法条竞合,一般认为是指对某一行为,在法律上最终仅有一个法律规定被适用;其他疑似该当的规定,则完全被排斥,而无具体适用。简单地说,法条竞合产生之原因,在于其评价的对象并无单复数之问题,而仅有一个客观存在之行为,故仅能有一个适当的法律评价评判之。于竞合法条之关系有特别关系、补充关系、吸收关系以及择一关系之区别。在我国《刑法》中,法条竞合大量存在,对于法条竞合,在自然意义上只有一个行为,一般适用"特别优于一般原则或择一重处"。就一事不再理而言,若法院已经根据依据"特别优于一般原则或择一重处"后,则不论何种情形,均不能对该行为所触犯的另一罪名进行重复追诉。

第二,对于想象竞合犯与吸收犯,绝对不可为一事不再理之例外。想象竞合犯依通说而言,是指行为人一个行为触犯数个罪名的犯罪形态。因在我国《刑法》中,禁止对一行为双重评价,则该一行为仅能以一罪论处。我国刑法理论通说认为,对于想象竞合犯应采取"从一重处断"的原则。吸收犯是指行为实施了数个行为,因其数个犯罪构成之间具有特定的依附关系,从而导致某一行为被另一行为吸收,且仅以吸收的行为定罪的犯罪形态。吸收犯场合,复数的行为之间必须具有独立性、异质性、依附性,行为人的犯意必须具有同一性。对于吸收犯一般有重行为吸收轻行为、实行行为吸收预备行为、主行为吸收从行为之分类。对吸收犯一般依照吸收行为所构成的犯罪进行处断。无论是想象竞合犯还是吸收犯,都属于"一行为之犯罪",虽然一行为触犯了数罪名,但根本而言,其行为"单一性"无法改变。则,依据公诉事实和审判对象效力"一部"及于"全部","部分"及于"整体"之原理,已决之前罪与欲审之后罪概属"一罪",此单一性阻却审判权之再次行使。

第三,对于连续犯,绝对不可为一事不再理之例外。连续犯是指行为人基于同一或者概括的故意,连续实施数个独立的犯罪行为,触犯同种罪名的犯罪。连续犯属一罪。对于连续犯,行为人必须实施数个性质相同、独立成罪的行为,且行为之间具有客观连续性、紧随性,空间具有联系性。但我国刑法并未对空间联系性、时间紧随性进行明确规定,以连续犯认定犯罪者,不占少数。连续犯为"裁判一罪"之内容,因其数个行为原本是数罪但由于行为之间的关系密切,司法实践均以一罪处理。连续犯依照我国刑法被以"一罪"起诉,则起诉效力、审判效力及于案件事实全部,对已经判决后,公诉机关再行以"连续内容之犯罪事实"提起诉讼的,审判程序不得启动,已经受理的,公诉机关可以撤回公诉或法院径行裁判无罪。

■ 扩展思考 | 同一性之规制

同一性是刑事诉讼客体的另一实质性内容。

同一性之实体规制侧重于已决事实与二次公诉事实之比较。单一性注重"判断"犯罪事实本身是否具有可分割性,即效力所及之范围;同一性则是"比较"前后两诉之犯罪事实是否一致,即效力之"射程"。具体而言,同一性注重"比较"裁判作出后,拟再提起诉讼之犯罪事实与已经裁判的犯罪事实是否同一:如果二者具有一定的相似性,符合同一性的判断基准,则存在同一性;反之,如果没有相似性,或者虽然相似,但并未达到认定同一的程度,则不具有同一性。犯罪事实的同一性认定较为核心。被告人同一均与其自然形态相关,以姓名、性别、年龄等自然特性足以确定。只有解决了同一性认定标准难题,才能对比已经生效裁判所涉事实是否已经涵盖二次公诉事实,若已经涵盖则禁止启动。

我们认为,可以"自然事实同一说",即,将"自然生活上的观点"作为行为同一性与否的关键,以判断已裁决犯罪事实与二次公诉的犯罪事实之间是否具有同一性。

据此,根据自然事实同一说理论,不管实体法上的评价是犯罪事实单数或犯罪事实复数,历史进展过程的单数才是构成诉讼法上的犯罪事实概念的基础,以此为基础判断已裁决犯罪事实与二次公诉的犯罪事实之间的同一性:只要行为人的整体举止,根据自然的观点足以合成为一个相同的生活历程,或者成为一个"故事"时,便可为一个诉讼法上的犯罪事实,关键在于其间紧密的事理"关联性与进展性",尤其是行为时间、行为地点、行为侵害法益以及侵害目的等因素。

以我国《刑法》规定之牵连犯为例,对其应以自然事实同一之标准进行衡量,以确定已决事实与二次公诉的事实之间是否具有"同一性"。牵连犯是以实施某一个犯罪为目的,而其犯罪的方法行为或者结果行为又触犯了其他的罪名的犯罪。虽然我国《刑法》没有关于牵连犯的规定和处罚原则,但实务中,对牵连犯的处理不实行数罪并罚,而"从一重处罚"。问题就在于,原审关于手段行为的裁判已经生效,但目的行为重于手段行为,则能否再对手段行为提起诉讼,并开启二次审判程序。依照自然事实同一之观点,若手段行为与目的行为具有一致性,则不得开启;但手段行为与目的行为之间不存在任何自然的、社会的、生活的一致性,则可以成为提起二次公诉的提起理由。

023　委托宣判的适用｜在线诉讼的功能展望

陈某武等故意杀人案

刘亦峰　四川农业大学

■ **案情概要***

　　1995年年底,河北省廊坊市霸州市胜芳镇一户居民杨某甲及儿子杨乙、杨某丙三人在家中被杀害;2000年12月,同样在胜芳镇,镇税务稽查队长刘某甲及妻王某乙、儿子刘丙三人在家中被人杀害。经当地警方调查,锁定两起灭门案的"主凶"为原某东、陈某武、尚某红和杨某义等7人。本案的审理流程较为复杂,先后经过6次"过公堂",历时长达近10年。

　　2002年12月,廊坊市中级人民法院将两起灭门案合并审理,于2003年6月一审判决被告人原某东、陈某武、尚某红和杨某义死刑,另3名被告人亦被追究相应的刑事责任。涉案的7名被告人均对一审判决不服并向河北省高级人民法院提起上诉。2003年12月,河北高院认为一审判决事实不清、证据不足,裁定撤销原判,发回重审。2004年6月,廊坊中院进行了部分改判。除对主犯原某东、陈某武等3人维持死刑外,被告人尚某红被改判死缓,杨某义被改判无期徒刑,其余2名被告人被判无罪。其中5名被判有罪的被告人依旧不服,再次提起上诉。2006年12月,河北高院再次以事实不清、证据不足,裁定撤销原判,发回重审。2008年4月,廊坊中院作出第二次重审判决,结果与2004年6月的第一次重审判决一致,5名被告人再次提起上诉。

　　2009年5月14日,河北高院决定提审此案,并于2009年11月12日作出裁判。判决书显示:对于第一起灭门案,原判决认定基本事实清楚、基本证据确实,原某东及另外一名被告故意杀人罪成立;对第二起灭门案,由于各被告人在作有罪供述时,所供情节存在诸多矛盾……本起犯罪缺乏客观性证据,因此依法撤销了廊坊中院对陈某武、尚某红、杨某义的有罪判决,宣告三人无罪。该案采用委托宣判的方式,由廊坊中院代替河北高院进行公开宣判。然而,直到2011年11月4日,陈某武、尚某红、杨某义方才收到河北高院(2008)冀刑四终字第142号的无罪判决书,从其三人被关押直到无罪释放,历时长达3600余天。

---

*　参见河北省高级人民法院(2008)冀刑四终字第142号刑事判决书。

■ 法律分析

> **争议焦点**
> 本案体现的法院对委托宣判程序处置不当现象,是人们关注的焦点问题之一。

□ 刑事委托宣判的意义与程序展开

委托宣判的源头最早可以追溯至 1993 年最高人民法院《关于人民法院相互办理委托事项的规定》第 1 条和第 10 条的规定。不过该规定主要针对民事诉讼的宣判与送达而设立,委托关系的双方主体也并不要求存在上下级关系,属于不同辖区的同级人民法院之间亦可以互相委托宣判。设计委托宣判制度主要是基于切实提高审判效率与更充分盘活诉讼经济的考量。在我国地域较为辽阔的现实情况下,以四川省(地域面积约 48.6 万平方千米)为例:省高院所在地为成都市,如攀枝花市中院的案件上诉到四川省高院,两院间隔约 639 千米(驾车时长约 10 小时);又如甘孜藏族自治州的辖区内(地域面积约 15.3 万平方千米,山区较多),若德荣县人民法院审理一审案件上诉至甘孜州中级人民法院,两法院间隔 609 千米(驾车时长约 14 小时)。对于该类案件的二审允许由一审法院代为宣判,是基于我国地理现状而采用的一种兼顾空间距离、司法成本与效率的变通方式。

刑事二审可以采用"书面审理与开庭审理相结合"的审理方式,采用书面审理的刑事二审案件仍应当开庭进行宣判。在实践中,委托宣判的适用一般与书面审理相挂钩,因为一旦案件开庭审理必然涉及被告人到庭、公诉人与辩护人以及相关诉讼参与人出席庭审——既然已经投入司法资源进行开庭审理,不如自行宣判更加直接、容易。所以,采用书面审理的刑事二审案件才是委托宣判的重要来源。若选择适用委托宣判,亦应当牢牢遵守宣判程序的法定要求开展活动。

如下级法院接受该委托宣判任务,其应当以上级法院的名义进行,在宣读裁判文书的开头与落款部分时应当说明上级法院(委托法院)的单位名称。正因为法律及相关司法解释对宣判的内容、范围有明确的要求,宣判过程中并没有过多的内容可以由下级法院"自由发挥"。因此,受托法院仍然需要依照上级法院(委托法院)的委托事项从事宣判活动。在责任承担方面,如在宣判过程中存在内容宣读错误、裁判文书被篡改以及宣判内容与裁判文书存在重大差异等情况,盖因委托宣判仍以作出裁判的法院名义进行,则对外的责任承担主体仍为上级法院(委托法院)。

此外,委托宣判因无法在裁判文书作出之时确定最终的开庭宣判日期,此时以裁判文书签发之日作为判决书的落款日期为最佳。在该情形下,裁判文书的签发日期一般也和委托函签发日期一致。理由在于:委托宣判情形中,宣判的主体仍为上级法院,判决书的日期、上级法院的案件办理以及审结情况都代表着裁判业已成立,此时上级法院审理任务已经完成,下一步交由下级法院按时保质保量开展宣判工作即可。除此之外,虽然在委托宣判中下级法院以上级法院的名义进行宣判,但为保证审判、宣判程序的连贯性,在宣判开始时,审判长应当先行说明该案委托宣判的基本情况(如展示或宣读《委托宣判函》),并在宣判结束前，宣读完落款法院（上级法院）以及作出裁判的审判员姓名后，再次说明本院单位（下级法院）以及实际宣判人姓名，并全部记录于宣判笔录之中。

结合委托宣判的行为外观、方式以及担责主体的论述，为避免判决失踪、正义迟到等有违司法正义的情况发生，实有必要加强上级的监督以确保委托宣判的规范化进行。上级法院（委托法院）应当及时审查宣判笔录、送达回证等程序性法律文书，对于下级法院拖延宣判、程序开展不当的现象应当及时敦促与纠正，避免因下级法院处理失误而出现程序漏洞。此外，若下级法院因工作拖延、客观情况等导致无法及时宣判，可能超过案件审限的，应当及时由委托宣判转为自行宣判。

■ **理论阐释** | 刑事委托宣判的程序规制

刑事二审委托宣判的特殊性之一在于"审理者与宣判者不同一"，致使可能存在违反司法亲历性的问题，这也是导致委托宣判遭受到质疑和批评的主要原因。司法亲历性不仅要求亲历过程，还要求亲历结果，做到审案与判案的统一。基于委托宣判的程序构造，审案者与判案者不同一是否意味着违反司法亲历性的要求呢？在自行宣判的情况下，审案者、裁判者与宣判者均为合议庭（或独任法官），能够严格地做到"审判与裁判的同一"，符合司法亲历性的要求。而在委托宣判中，确实会出现审案者、裁判者和宣判者不同一的问题。

司法亲历性原则所要求的"判案"应当解释为作出裁判，更关注裁判的结果与理由（具体体现为裁判文书）是否为案件审理者所作出，这也符合委托宣判的范围条件要求。委托的内容只是宣判这一程序的展开，而作为宣判前提的裁判成立（包括裁判文书的撰写）则不属于委托范围。基于司法亲历性原则，我们所需从根本上提防的是——"上级法院进行委托裁判"的行为，从程序运行上提防拖延宣判、以送达代替宣判等不当宣判行为。笔者强调委托宣判只是一种二审宣判的例外方式，系基于我国地域、司法资源等客观条件限制所设置的一种特别宣判方式，需要保证的是——"由审理者进行裁判"以及"宣判者合法、正当开展宣判活动"两个基本要素齐备即可。在这种情况下，我们对"审理者不宣判"的现象应当予以认可，但仍需注意以下问题：

第一，明确"委托宣判"而非"委托裁判"。依据裁判效力理论，采用委托宣判的前提在于该案二审的裁判文书已经作出，此时终审裁判并未产生完全的效力，但对于裁判主体来讲一旦案件经过合议并得出最终的裁判结果与理由，则在法院内部亦产生确定的效果，不可随意变更。在此裁判的主体是二审法院，则必须由二审法院进行审理并作出确定的裁判结论与理由——对外表现为：裁判文书已撰写完毕并应署上审判者的姓名，上级法院不得将委托事项不当地扩大到"作出裁判"环节，被委托宣判的法院的工作范围只限于根据上级法院所作出的裁判进行宣告，而不包括与作出裁判相关的任何事项。至于具体的宣判程序如何进行，在程序上与普通一审案件的宣判并无差异，应当参照《刑事诉讼法》第202条的规定进行。

第二，对委托宣判的程序给予更加详细的规制性要求。虽然《刑诉法解释》允许二审以委托宣判的方式进行,但委托宣判的适用范围不宜过于广泛以致扩大适用。正如上文必要性部分所述,设置委托宣判是基于成本、效率的考量,属于一种特殊的宣判方式,不宜在司法实务中将特殊情况一般化,仍应当建立"以自行宣判为主,委托宣判为辅"的制度化要求。适用标准可以规范为以下几个层次:第一层次:对于采用开庭方式审理的二审案件,一律应当自行宣判。第二层次:对于所在辖区地域较为广阔、交通不便且路途较远,因客观交通原因导致被告人到案较为困难的,可以委托宣判。第三层次:被告人异地关押等特殊情形,自行宣判较为困难的,可以委托宣判。

给予委托宣判一定的明确化条件要求,能够一定程度上防止委托宣判的滥用。被委托法院宣判工作的展开需要注意两点:一是严格遵循审理时限要求,及时开展宣判,避免审限超时;二是应当严格遵循刑事宣判的程序规范要求,并在接到上级法院的委托宣判函后,亦应当提前熟悉案件的基本情况,为判后释法和答疑工作做必要的准备。

■ **扩展思考** | 在线审判模式可否成为委托宣判的替代

委托宣判本是考虑到我国现实情况,基于节约司法成本、提高司法效率的考量而出现的一种实务操作例外,而例外定不能成为常态。委托宣判制度的创设考量点其实与在线诉讼所追求目标具有一致性,既然当下已经确立"线上线下诉讼并行"的司法审判格局,那么将"线上自行宣判"作为"线下委托宣判"的替代不妨是一个可以思考的改良方向。

相较于庭审调查、辩论,宣判程序的开展本身并不复杂,因为宣判本质上就是一个将裁判结果与理由进行公开宣告的程序。"线上宣判"并不违反宣判公开原则,甚至能够成为强化宣判公开力度的有效手段,且公开性并不否认可以通过电子化、可视化的方式(如庭审、宣判直播)来满足公众知晓案情、监督司法的需求。[1] 同时,对于在线诉讼本身,目前学界、实务界所持质疑的一个理由是:在线诉讼对传统司法审判直接言词原则有所冲击。考虑到宣判是一个法官对外公开告知程序,直接言词原则亦不规制宣判。至于直接言词原则与当庭宣判的关系,则是宣判方式的选择问题,与本部分讨论的问题无关。目前,阻碍"线上宣判"发展前路的核心问题是该模式对司法仪式流露、法庭权威彰显方面的不足,这也是我们所需要重点分析并解决的问题。

在线诉讼是一种新型审判模式,它有别于庄严的氛围和颇具现场仪式感的线下审判程序,[2] 除对网络、视频等科学技术方面的要求,笔者对此提出以下几点建议:

第一,加强法官诉讼指挥权的运用。对于违反法庭秩序,影响庭审、宣判正常顺利展开的行为进行有效规制,对严重影响法庭秩序的行为进行严格的司法惩戒。对于采用在线诉讼模式审理的案件,应当对法庭要求、法庭纪律以及违法责任给予更加明确、严格的规定,以免受不良干扰,确保在线诉讼的顺利进行。在宣判过程中,仍应当严格遵守法定程序和

---

1 参见左卫民:《中国在线诉讼:实证研究与发展展望》,载《比较法研究》2020年第4期。
2 参见李永超:《刑事诉讼在线庭审的规则构建》,载《人民司法》2021年第4期。

方式进行，不得因非"面对面"诉讼行为而不顾审判行为的规范性要求。如线下宣判时全体起立、敲击法槌等司法仪式性行为仍然应当贯彻。

第二，重视在线宣判司法仪式要素的内嵌。《人民法院在线诉讼规则》要求被告人参加在线诉讼根据被羁押与否的不同，可以在羁押地、人民法院抑或被指定场所接受审判。因宣判的重要面向之一就是被告人，这也是由宣判制度的内在本体价值所决定。既然对被告人参加庭审、宣判的地点存在一定的要求，羁押地、被指定地的场所设置也应当注重其内部环境的设置，以契合刑事宣判的司法仪式要求。例如，在宣判过程中，亦要求被告人起立，在场地内的法警仍然应当采用规范性站姿，旨在模拟线下宣判所能营造出的司法仪式环境，这也是营造庄严的法庭氛围、加强在线宣判司法仪式性的有效方式。

024 刑事诉讼中的有效辩护、无效辩护及其中国化

谢某强奸、抢劫案与李某故意伤害案

刘译矾 中国政法大学

■ 案情概要*

2012年，被告人谢某强奸、抢劫案及被告人李某故意伤害案在北京市某中级人民法院审理。对于这两起可能判处死刑的案件，法律援助中心指派周某分别担任谢某和李某案件的辩护人。在谢某案件的庭审中，周某的辩护意见是，被告人系主动投案且认罪态度较好，本次犯罪系初犯、偶犯，请求法院对其从轻处罚。在李某案件的庭审中，周某的辩护意见是，被告人系初犯、偶犯，建议法院从轻处罚。法庭审判结束后，一审法院判处被告人谢某死刑，判处被告人李某死刑，缓期2年执行。在谢某的判决书中，法院认为其"随机选择作案目标并施以暴力侵害的行为，足以证明谢某的人身危险性和主观恶性极大"，"社会影响极为恶劣"，因此"对于辩护人提出的请求对谢某从轻处罚的辩护意见，本院不予采纳"。而在李某案件中，一审法院则提出，"对于辩护人提出的主要辩护意见，本院酌予采纳"。一审结束后，两被告人均提出上诉，二审法院经不开庭审理，均认为"本案在原审人民法院的审判过程中存在违反法律规定的诉讼程序的情形，可能影响公正审判"，故作出撤销原判、发回重审的裁定。

一审法院经核实认为，两起案件被发回重审的直接原因具有相似性，都是辩护律师在开庭前没有按照规定会见被告人。此外，在李某故意伤害案的辩护中，周某并未出庭，而是由其助理陈某代为出庭，且其庭后提交的辩护意见也不是当庭发表的辩护意见，而是由周某事先写好的书面辩护意见。根据上述情况，北京某中级人民法院向周某所在的律师事务所、法律援助中心提出司法建议书，建议其采取措施，加强管理。法律援助中心经调查核实认为，周某在未会见被告人谢某的情况下，直接在2012年4月24日和2012年5月18日出庭辩护，并仅在开庭前与受援人进行简单的交流。在案件宣判后，该律师在案卷中编写了一份会见笔录，隐瞒了未会见被告人的事实。在办理李某案件时，周某同样没有会见被告人，并在开庭时以生病为由指派其助手陈某单独出庭。据此，法律援助中心责令周某退出该中心的志愿律师队伍，不再向其指派法律援助案件，并以此为契机，进一步加大对志愿律师和律师事务所的管理力度。

---

* 此处引用的两个案例系根据真实案例改编而成。

■ 法律分析

被追诉人辩护权的实现程度在一定意义上代表了一国刑事司法公正文明的水平。获得律师帮助权是被追诉人行使辩护权的应有之义，也是各国刑事司法普遍关注的问题。在本案中，针对辩护律师在一审期间不称职的行为，本案二审法院颇具创新性地作出了"撤销原判、发回重审"的裁定，并将其解释为《刑事诉讼法》第238条第5款之"其他违反法律规定的诉讼程序，可能影响公正审判的"。作为一个偶发案件，本案二审法院的处理或许并不具有典型性，但本案为被告人辩护权的程序性救济、为规制辩护律师的执业行为进行了一次富有意义的探索，值得从理论上予以关注。

争议焦点

二审法院可否将辩护律师不称职的辩护行为解释为《刑事诉讼法》第238条第5款之"其他违反法律规定的诉讼程序，可能影响公正审判的"，并进而作出"撤销原判、发回重审"的裁定？面对司法实践中大量存在的辩护律师尤其是法律援助律师不称职的辩护行为，如何从保障被告人辩护权的角度予以有效规制？

□ 激活《刑事诉讼法》第238条

在我国刑事诉讼中，除了"非法证据排除"，《刑事诉讼法》第238条规定的二审法院"撤销原判、发回重审"是刑事程序性法律后果的另一种形式，对于保障程序法具有不可违反的尊严与独立价值具有重要意义。本条文中，立法者列举了包括违反公开审判、回避制度、剥夺或者限制当事人法定诉讼权利、审判组织不合法等四种可能导致"撤销原判、发回重审"的情形，并最后以"其他违反法律规定的诉讼程序，可能影响公正审判的"作为兜底。相较于前四种对于违反程序法情形的明确列举，如何解释这一兜底条款，给予更多违反刑事程序法的行为以程序性的法律后果，对于激活我国程序性制裁具有重要意义。

对于一审程序中出现的其他违反程序法的行为，实践中一些二审法院也开始尝试援引这一兜底条款，为激活《刑事诉讼法》第238条进行了有限的探索。例如，对于《刑诉法解释》第43条规定的"一名辩护人不得为两名以上的同案被告人，或者未同案处理但犯罪事实存在关联的被告人辩护"，尽管司法解释并未规定违反这一条款的后果，但实践中二审法院普遍将律师实施的上述具有利益冲突的执业行为视为"其他违反法律规定的诉讼程序，可能影响公正审判"，并作出撤销原判、发回重审。[1] 那么，对于辩护律师的诸如不会见等不称职行为，可否也解释为"其他违反法律规定的诉讼程序，可能影响公正审判的"？

关于辩护律师的执业要求或一般标准，我国《刑事诉讼法》《刑诉法解释》并没有作出明

---

[1] 参见李某挪用资金案，辽宁省丹东市中级人民法院（2014）丹刑二终字第00228号刑事裁定书；陈某、段某故意伤害案，江西省景德镇市中级人民法院（2017）赣02刑终20号刑事裁定书；王某掩饰、隐瞒犯罪所得、犯罪所得收益案，山东省蒙阴县人民法院（2017）鲁1328刑再1号刑事裁定书；杨某某受贿、滥用职权案，山西省大同市中级人民法院（2017）晋02刑终202号刑事判决书。

确规定。调整、规范律师执业行为尤其是辩护行为的规定主要集中在由全国律师协会出台的《律师办理刑事案件规范》《律师执业行为规范（试行）》等规定中。这两份规范性文件在性质上仅为行业规定，并不属于《刑事诉讼法》第238条第5款中的"法律规定"。尽管如此，笔者认为，对于本案中律师周某不会见等行为的违法性仍然可以找到依据。

会见当事人是辩护律师最基本的职责之一。辩护律师通过会见，除了了解当事人的基本情况、核实有关证据，为提出辩护意见做准备外，基本的任务之一还在于获得当事人的授权。尤其是在指定辩护案件或者被告人家属代为委托的情况下，辩护律师在第一次会见时的首要任务便是获得当事人的认可，明确委托代理关系。这是辩护律师以辩护人的身份参与刑事诉讼、开展辩护活动的基础。正如《刑诉法解释》第42条规定，"对接受委托担任辩护人的，人民法院应当核实其身份证明和授权委托书"。如果辩护律师在整个刑事诉讼的过程中未会见当事人、未获得当事人的委托，那么辩护律师所实施的辩护活动岂不是无本之木？而在可能判处死刑的案件中，存在上述无法律意义的辩护活动，即是对强制指定辩护制度的实质性违反。从这个角度看，本案二审法院援引《刑事诉讼法》第238条第5款，作出撤销原判、发回重审的裁定具有法理基础，值得肯定。

对辩护律师不尽职执业行为规制的再反思

司法实践中，辩护工作不称职的律师并不罕见，但目前对于辩护律师的执业规制极其有限，主要表现在两个方面：

一方面，规范性文件欠缺对辩护律师执业要求的基本规定。作为调整刑事诉讼过程的基本法律，《刑事诉讼法》及其相关解释没有对刑事辩护的一般要求作出规定。全国律师协会出台的行业规定虽提出了相关要求，但内容不甚明确，且规范效力有限，难以对辩护律师的执业活动产生有效与实质约束力，只能在一定程度上发挥参考指引的作用。

另一方面，严重不称职的律师执业行为缺乏程序内的后果。实践中当辩护律师的执业行为存在重大缺陷或者过错时，一般由司法行政机关给予行政处罚或者律师协会进行纪律惩戒。无论是行政处罚还是纪律惩戒，都是对于律师个人的惩罚。律师因不称职的执业行为承担不利后果，体现了责任主义的基本要求。但仅有这种程序外的后果，不足以弥补被追诉人因辩护律师的不称职行为而受到侵害的实体权利和程序权利。毕竟辩护律师的工作不仅是一次执业活动，更涉及对被追诉人诉讼权益的维护与争取。因此，当出现不称职的律师执业行为时，仅给予律师程序外的个人惩戒，无法从根本上实现对被追诉人诉讼利益的救济。

■ 理论阐释 ｜ 刑事诉讼中的有效辩护与无效辩护

谈及刑事辩护质量，"有效辩护"是一个无法逃避的概念。正如刑事辩护的发展正是一个从"有权辩护"到"有人辩护",再到"有效辩护"的过程。[2] 从广义角度看,"有效刑事辩护是获得公正审判不可或缺的一部分,这不仅要求保障获得法律援助的权利,而且要求与之适合的立法、程序环境以及组织结构,这样才能确保有效辩护"。[3]

由此可以看出,有效辩护的实现是一项系统性的工程,受制于多方面因素的影响,如诉讼文化、刑事司法体制、刑事实体法、国家法治发达程度等。因而广义上的有效辩护不仅是辩护权的问题,更涉及刑事诉讼中的诸多保障机制。[4] 而从狭义的角度看,"有效辩护"主要是指"辩护律师的有效帮助"。国内学者讨论较多的美国刑事司法中"有效辩护权"就是从《美国宪法第六修正案》"获得律师帮助的权利"发展而来的。

美国联邦最高法院在 1932 年鲍威尔诉阿拉巴马州(Powell v. Alabama)一案的判决中,第一次承认被告人享有"获得律师有效帮助"的宪法权利。[5] 然而,到底何为"有效辩护",该院并没有给出明确解释。根据布莱克法律词典,所谓"律师的有效帮助",是指在刑事案件中认真的、有意义的法律代理,包括律师要就所有权利对被告人提出建议,律师要根据职业标准合理履行所要求的任务。实践中,最高法院通常将美国律师协会制定的刑事辩护指南作为判断律师行为是否适当的重要标准。

在促进有效辩护实现的相关制度构建中,无效辩护是其中关键的一项。辩护律师的辩护行为一旦被认定为无效辩护,将会产生原审判决被推翻的效果。美国联邦最高法院在 1984 年的斯特里克兰诉华盛顿(Strickland v. Washington)案件中,第一次对无效辩护的标准作出权威的解释。判断无效辩护具有双重标准:一是行为标准,即律师的行为表现有缺陷——低于"合理性的客观标准";二是结果标准,即律师缺陷的表现造成的损害——如果没有律师如此拙劣的表现,会出现不同诉讼结果具有"合理的可能性"。[6]

■ **扩展思考** | 有效辩护与无效辩护

随着有效辩护与无效辩护概念的引入,近年来我国学者也对此进行了立足本土的研究。无论是从广义还是狭义的角度展开研究,引入有效辩护的理念,从多角度建立辩护权的保障机制,提升刑事辩护的质量,都是我国辩护制度未来发展的必由之路。[7]

但对于无效辩护制度的引入,学界存在一定的争议。有学者认为可以建立无效辩护的双重判断标准,并将无效辩护作为二审法院撤销原判、发回重审的事由,[8] 也有学者认为无

---

2 参见陈瑞华:《刑事辩护制度四十年来的回顾与展望》,载《政法论坛》2019 年第 6 期。
3 Ed cape Zara Namoradze Roger Smith and Taru Spronken 主编:《欧洲四国有效刑事辩护研究》,丁鹏、彭勃等编译,法律出版社 2012 年版,第 5 页。
4 参见魏晓娜:《审判中心视角下的有效辩护问题》,载《当代法学》2017 年第 3 期。
5 参见[美]拉费弗等:《刑事诉讼法》(上册),卞建林等译,中国政法大学出版社 2001 年版,第 660 页。
6 参见[美]约书亚·德雷斯勒、艾伦·C.迈克尔斯:《美国刑事诉讼法精解》(第 1 卷),吴宏耀译,北京大学出版社 2008 年版,第 628 页。
7 参见闵春雷:《认罪认罚案件中的有效辩护》,载《当代法学》2017 年第 4 期。
8 参见林劲松:《美国无效辩护制度及其借鉴意义》,载《华东政法大学学报》2006 年第 4 期。

效辩护制度是美国特定诉讼制度与司法实践的产物,在中国的引入并不具有可行性,[9]主要原因包括:职权主义诉讼模式下辩护律师对于法庭审判的影响有限,即使被告人获得不利的诉讼结果,辩护律师在其中的作用力难以判断;我国司法实践中违法不纠的现象较为突出,程序性制裁机制暂不发达。因此,笔者倾向于后一种观点。毕竟,设计得再好的法律条文如果得不到遵守,就是一纸空文。那么,我国如何进一步做到有效辩护,提升刑事辩护的质量?

一是明确刑事辩护的最低标准。针对当前我国刑事辩护缺乏基本标准的问题,有关单位和部门应当制定刑事辩护的一般标准。我国山东、河南等省份的律师协会曾就死刑案件的刑事辩护工作出台指导意见。全国律师协会可在总结实践经验的基础上,制定刑事辩护工作的基本要点,尤其是明确最低工作标准,如会见、阅卷、亲自出庭、提出符合基本法理和具有证据基础的辩护意见等。条件成熟时,具有法律效力的规范性文件可考虑吸收这一最低标准并加以明确。

二是探索违反最低标准的程序内后果。对于辩护律师严重不称职的执业行为,除了加强程序外的后果,建立程序内的后果同样重要。在将无效辩护制度引入我国立法尚不具备现实条件的情况下,期待更多的一线法官在审判实践中积极发挥主动能动性,以相关职业标准作为参照,对律师的辩护行为进行必要的审查。对于违反最低职业标准的律师行为,并在可能影响公正审判时,可根据《刑事诉讼法》第 238 条第 5 款,作出撤销原判、发回重审的裁定。这一探索可先从强制指定辩护的案件开始,在判断是否有律师后,进一步判断律师的执业是否符合最低标准;之后再由强制指定辩护案件扩展至普通案件。期待有更多类似的富有开拓精神的案件出现,虽是星星之火,或可成燎原之势。

9　参见熊秋红:《有效辩护、无效辩护的国际标准和本土化思考》,载《中国刑事法杂志》2014 年第 6 期。

025　存疑不捕之实践样态及不捕后诉讼监督

王某某诈骗案

陆而启　厦门大学

■ 案情概要

2019年5月18日20时许,被害人张某加入一网络兼职刷单的QQ群。到了19日13时许,该群内的一派单员让张某到阿里巴巴平台刷单,张某点击对方发来链接,通过该平台直接付款做任务。16时许在厦门市翔安区马巷镇山亭一公司内共付款173840元。5月21日8时许,张某发现本金和佣金未收到,且QQ号联系不上对方,店铺内的商品也全部下架,遂发现被骗,23日报案。经调查,张某所被骗部分钱款经多个银行账户流转,与其他资金混合后,部分资金(混合于20万元内)在第六级银行账户转入犯罪嫌疑人王某某账户,其后分4次取现。6月4日19时许,厦门公安民警在晋江市金井镇××村抓获王某某。经讯问,王某某供述其自2018年4月底至2019年6月初,帮助他人取现,并听让其帮忙取款的人说所取现金系赌博所得,依旧持其本人银行卡及其妻子银行卡帮人取款,先后共计取款1000余万元人民币,获利1万余元。王某某6月5日因涉嫌诈骗罪被翔安分局拘留。检察机关最终认定王某某涉嫌诈骗罪或掩饰、隐瞒犯罪所得罪的事实不清、证据不足,根据《刑事诉讼法》第91条第3款之规定,不批准逮捕王某某。

■ 法律分析

> **争议焦点**
>
> 虽然有证据证明有犯罪事实,但王某某构成何罪名存疑,该人存在一定社会危险性,能否对其实施逮捕,理由为何;如果不予批准逮捕,对其可以采取何种后续措施,以及案件最终应如何处理,尤其是下一步证据收集工作应如何展开。

□ 逮捕的条件和不予批准逮捕的情形

逮捕是对公民基本权利最为严厉的干预措施,直接涉及公民人身自由这一宪法性权利,必须严格审查把握其适用条件。根据《刑事诉讼法》第81条,批准逮捕的积极条件是该犯罪嫌疑人已经证实有罪("有证据证明有犯罪事实"的事实条件)、有责("可能判处徒刑以上"的刑罚条件），并且有危险性（采取取保候审尚不足以防止发生五种法定情形的社会危险性的必要性条件），前两个是逮捕的前提条件，必要性条件是对前述两个条件的制约条件。

人民检察院对公安机关提请批准逮捕嫌疑人，作出不批准逮捕决定主要有两种情形：一是无罪不捕，被拘留者不涉嫌犯罪或犯罪情节显著轻微，不需要追究刑事责任；二是构成犯罪但是无逮捕必要，即轻罪不捕或者无逮捕必要不捕。

此外，还存在两种比较少见的情形，一是所谓"存疑不捕"。一般认为，存疑不捕是指没有足够的证据能够证明犯罪嫌疑人存在犯罪行为而不予逮捕，这里是无辜和有罪之间模糊不清，可谓"疑事"。二是犯罪嫌疑人存在违法或者犯罪事实，但在构成何种罪名上认定困难，遂不予批准逮捕。这是在违法和犯罪之间，此罪和彼罪之间模糊不清，可谓"疑罪"。

□ 审查逮捕中的事实认定存疑和法律适用存疑

第一，"疑事"主要是犯罪嫌疑人涉嫌犯罪，但证据不充分或者存在反证，比如该案中，上下游是违法还是犯罪没有查清，其他犯罪嫌疑人尚未到案，导致案件事实不清、证据不足。检察院的不予批捕具有正当性。但问题是，我国刑事诉讼法对逮捕的证据条件只规定了"有证据证明有犯罪事实"，但对于"证据"是否要求具有关联性、合法性没有明确规定，对证明力大小也未涉及。这里的犯罪事实系指客观真实还是法律真实也未明确，证明标准也模糊不清。

在共同犯罪案件或者关联犯罪案件之中，不羁押犯罪嫌疑人则使其有串供、通风报信、逃跑等可能。根据证明标准阶梯论，逮捕所需要的证据标准并不需要达到起诉和定罪的标准。例如，于美国法而言，原则上搜索、扣押或逮捕的发动要具有"相当理由"（probable cause）。学者一般皆认为法院对"相当理由"的心证程度，比判决被告有罪所需之"毋庸置疑"的程度为低，但比所谓的"单纯怀疑"（bare or mere suspicion）或"合理的怀疑"（reasonable suspicion）的程度为高。换言之，学者认为相当理由所要求者，不是要求百分之百的正确，也不是要求正确的概率比不正确的概率为高，而是比50%的精确率还少一点。[1] 当然，需要注意的是美国的逮捕主要是一种到案措施只有短暂羁押的权力，并且被逮捕的犯罪嫌疑人有获得由法官决定保释的权利。

就本案而言，公安机关认为，根据王某某的供述和辩解、张某的证人证言、支付宝账户交易明细、银行交易明细等全案证据，该案犯罪嫌疑人王某某利用自己及妻子名下的银行卡，帮助他人提取违法或者犯罪所得现金，赚取佣金的行为清楚、证据充分。而张某被骗的款项经过多个银行账户流转拆解，有部分钱款流向犯罪嫌疑人的银行账号，以犯罪嫌疑人涉嫌诈骗，数额巨大，可能判处徒刑以上刑罚，且有其他犯罪嫌疑人尚未到案，不予羁押有串供、通风报信、逃跑的可能，影响后期诉讼工作的顺利进行为由，提请检察院审查进行逮

---

[1] 参见［美］德雷斯勒、迈克尔斯：《美国刑事诉讼法精解》（第1卷·刑事侦查），吴宏耀译，北京大学出版社2009年版，第140页。

捕,于法有据。

2013年最高人民检察院制定了《关于人民检察院审查逮捕工作中适用"附条件逮捕"的意见(试行)》,确立了"附条件逮捕"制度。人民检察院审查逮捕时,对于符合该意见规定情形的重大案件,可以依法批准(决定)逮捕,并应当对侦查机关提出捕后继续侦查取证要求,经跟踪审查,认为证实犯罪所欠缺的证据不能取到或取证条件已消失的,应当撤销逮捕决定。附条件逮捕加重了罪责条件"重大案件",也当然要求"采取取保候审尚不足以防止发生社会危险性",但在证据条件上稍有放松:(1)现有证据所证明的事实已经基本构成犯罪;(2)经过进一步侦查能够收集到定罪所必需的证据。也就是说,"证据还略有欠缺或较为薄弱",由此实际上也突出了实践中逮捕保障取证的作用——当然这并不意味着"以捕代侦"。

第二,疑罪也可以分为两种情形。这主要是基于现有证据,在法律适用上,在违法和犯罪之间存在疑问以及在此罪和彼罪之间存在疑问。例如,一方面,本案的检察机关认为,王某某有帮助他人取现谋利的行为,但其辩解"听让其帮忙取款的人说其所领取的现金系赌博所得"有合理性,他的确可能并不明知钱款来源。单就诈骗而言,可以合理怀疑王某某没有具体的事先共谋,诈骗罪共犯很难确定。另一方面,张某被骗款项经多个银行账户流转,又与其他来源不明资金混同,确定该赃款系由王某某取出本有难度,更何况上游行为并不一定就是犯罪,因此也很难认定王某某的行为涉嫌掩饰、隐瞒犯罪所得罪。

相反观点认为,王某某虽然辩称不知掩饰隐瞒的是诈骗罪所得,只是以为是赌博所得,但通过其供述,他与诈骗犯罪分子之间的交易、接触,涉案时间久、金额大、方式一致,明显不合常理,应当认定他明知这是犯罪所得,而不仅是赌博所得。因为财产犯罪的性质和金额应该从整体进行把握,输入端是张某被骗的17万余元与其他款项进行了混合,中间怎么流转在所不问,而输出端确实有王某某提取的20万元。张某被骗款项的性质类推适用于流转过程中其他钱款的性质认定,对其中诈骗部分构成了诈骗犯罪共犯和掩饰、隐瞒犯罪所得罪的竞合。因此,以此为存疑的理由并不恰当。

总体而言,根据存疑有利于犯罪嫌疑人的原则,如果"疑罪从无"认定王某某只涉违法,则不符合逮捕的条件;如果"疑罪从轻"认定王某某涉嫌轻罪,则不排除逮捕的可能。证据不足导致法律适用困难,因此,恰当的选择是不批准逮捕,避免了后续审查起诉时进退两难。

■ 理论阐释

本案中,检察机关决定存疑不捕的理由主要在于证明王某某有罪的案件事实尚未查清。这真实地反映了实践中公安机关和检察机关的认识矛盾。本案中关于王某某提取的现金是否包含张某被诈骗的损失,以及王某某前后总共提取的1000多万元现金是否系犯罪所得,能否运用刑事推定原则进行确定?总体而言,受追诉方被证实有罪之前应被"推定"无罪;存疑案件的处理应有利于受追诉方,即疑罪从无。

在证据法上,无罪推定原则要求控诉方承担举证责任,因此当事人有不自证己罪之权利;并且要达到法定标准才可以被定罪,因此有所谓罪疑有利被告原则(in dubio pro reo)。当然,无罪推定原则亦需考虑被告之防御利益与追诉之公共利益间平衡关系,无罪推定虽以保护被告防御权为内容所建立之诉讼大原则,然并非成为赋予被告得以享有"构筑隐匿自己犯罪城堡"之权利。[2] 虽然有观点认为,如果羁押理由是"将来犯罪的高度可能"则违背无罪推定原则,但立法和实践都承认了这种预防性羁押的合法性。同样如果以被告恶性重大为羁押理由,则已推定应受羁押者有罪,羁押变形为预支刑罚,或者将羁押作为安抚社会情绪的工具,也被认为有违无罪推定原则。

有观点认为,"无罪推定原则不仅禁止对未经判决有罪确定之被告执行刑罚,亦禁止仅凭犯罪嫌疑就施予被告类似刑罚之措施,倘以重大犯罪之嫌疑作为羁押之唯一要件,作为刑罚之预先执行,亦可能违背无罪推定原则"。因而如仅以所犯为重罪"作为许可羁押之唯一要件,而不论是否犯罪嫌疑重大,亦不考量有无逃亡或灭证之虞而有羁押之必要,或有无不得羁押之情形,则该款规定即有抵触无罪推定原则、武器平等原则或过度限制刑事被告之充分防御权而违反比例原则之虞"。可以说,一般认为,羁押并不具有惩罚的功能,犯罪嫌疑人受羁押之后亦不能侵害其受无罪推定原则所保障的诉讼权或者人格权。同样,在作出羁押决定时也要遵循无罪推定原则。仅以涉嫌重罪作为羁押的唯一理由,暗含了在定罪之前剥夺其人身自由的惩罚意味,因此有违反无罪推定原则的疑问。在涉嫌重大犯罪之外,还需要考量犯罪嫌疑重大,有逃亡或毁灭证据的危险而有羁押必要,或无不得羁押的情形等。举重以明轻,基于无罪推定原则,轻罪案件并且事实存疑或者法律适用存疑的案件,更是要谨慎采取羁押措施。

■ 扩展思考

中国刑事司法实践中,逮捕的必要性条件功能出现了异化现象。行为人社会危险性的判断让位于保障刑事追诉的顺利进行。如本案中侦查机关对于必要性条件的论述就仅限于"影响后期诉讼工作的顺利进行"。实际上,确定逮捕必要性时更应考虑犯罪性质、犯罪嫌疑人的人身危险性等。

根据《刑事诉讼法》规定,社会危险性条件可以被分为两个层次,即法定的社会危险性与采取取保候审等方法足以防止的社会危险性。《刑事诉讼法》第 81 条第 1 款列举了"可能实施新的犯罪"等社会危险性五种典型表现。这些因素所保护的目的虽然都为保障诉讼顺利进行,但各自保证具体内容还是有个体、社会、国家、证据、证人、过程、结果等差别;且事实上,强制措施还可能服务于其"合目的性"以外的其他目的。

就五种法定社会危险性而言,其内容又可被划分为妨碍刑事诉讼顺利进行的危险和可能继续危害社会的危险。基于人权保障需要,无论哪一种社会危险性,都应当是客观、现实的,即实践中应以一定事实为基础加以认定。对于本案犯罪嫌疑人的社会危险性认识也存

2　黄朝义:《羁押、具保与无罪推定》,载《月旦法学杂志》2002 年第 83 期。

在分歧。例如,有观点认为,本案王某某仅有取现行为,并无充分证据表明其具有妨碍刑事诉讼顺利进行或继续危害社会的可能性;相反,根据其供述可知其上游犯罪嫌疑人具备反侦查意识,公安机关应当重点抓捕诈骗的实行者;为免打草惊蛇,公安机关宜以王某某为引,顺藤摸瓜将其他犯罪嫌疑人的"足迹"调查清楚。

另有观点认为,虽然王某某主张对其行为有法律认识上的错误,即认为其行为不犯法,但并不阻碍其有责性。同时,王某某多次、连续作为取款人,涉嫌诈骗罪与掩饰隐瞒犯罪所得罪,根据最高人民检察院、公安部《关于逮捕社会危险性条件若干问题的规定(试行)》第5条,这种行为具有习惯性,可以符合"可能实施新的犯罪"的社会危险性条件。

我国检察院实施"捕诉合一"制度,如果在批捕阶段没有严格把关,那么类似案件很有可能在起诉阶段遇到困难,同样因为存疑作出不起诉决定。第一,检察机关作出存疑不捕决定后,可以制作"不批准逮捕理由说明书",强化不捕说理,说明当前案件证据在真实性、合法性和充分性方面的不足,对于定罪上还存在哪些疑问,与公安机关在证据把握、法律适用上形成统一认识。第二,对于检察机关不予批准逮捕的犯罪嫌疑人取保候审。一方面可以对其类似行为进行追踪调查,以及对其他人的来往银行账户内资金进行排查识别;另一方面可以对其上游犯罪事实进行侦查和布控。一个矛盾的因素就是检察机关作出"存疑不捕"来交换嫌疑人认罪认罚。但如果经补充侦查仍然达不到定罪要求,检察机关则应监督公安机关及时作撤案处理并解除强制措施。第三,检察引导侦查。本案中,检察机关作出存疑不捕的决定后,应在审查逮捕意见书中向公安机关说明需要进一步侦查的事项,对侦查人员补充侦查提供可能方向。

026 死刑复核的诉讼化改造｜死刑复核法律援助全覆盖
杨某某抢劫案

罗海敏　中国政法大学

■ **案情概要**[*]

杨某某,生于1991年,初中文化,河北沧州人,2011年10月5日涉嫌抢劫罪被逮捕。沧州市中级人民法院一审认定,2011年9月17日下午6时许,杨某某租用被害人魏某驾驶的出租车,途中起意抢劫。杨某某持刀朝魏某捅刺20余刀,致其死亡,后将尸体抛弃。杨某某怕罪行败露,驾车至海兴县后把车焚毁。

一审死刑宣判后,杨某某提起上诉。河北省高级人民法院二审认为,杨某某采取暴力手段劫取他人财物,并致人死亡,虽然其认罪态度较好,也能赔偿被害人经济损失,并取得被害方谅解,但不足以从轻处罚。该院遂于2013年1月裁定驳回上诉,维持原判,并依法报请最高人民法院核准死刑。

终审被判死刑后,家属聘请律师担任杨某某死刑复核阶段辩护人。律师查看案卷并两次会见杨某某后,认为他是被冤枉的。律师向最高人民法院提交了律师意见书,提出了多个疑点:警方有严重刑讯逼供行为,有信件与同监室证人可以证实;未找到凶器,没有证据证实凶器上有杨某某指纹,应询问死者家属,看魏某是否有在车后座放置刀具的习惯;尸检表明魏某身体中20余刀,而杨某某在后座上怎么能用刀扎到背靠着前排座椅的司机的背和腰部? 提取杨某某衣物上没有鉴定出血迹;警察现场没有找到杨某某的指纹、脚印;警方在现场找到5个水瓶子,说是杨某某清洗身上血迹用的,却未提取到杨某某的指纹、脚印;警方未调取魏某车辆经过路段的监控录像,未查看车上前排是否还有他人;杨某某称是浩哥、李某杀人,杨某某手机内有浩哥电话,应予以调查。同时,律师也认为,该案缺乏完整的令人信服的证据链条;关键证人李某的证言多处前后矛盾且有疑点,尤其是其前四次笔录中称杨某某戴着白手套,第五次又说记错了,证言不可信。

2013年6月17日下午,最高人民法院召集控辩双方在河北省黄骅市人民法院就该案复核。这是自2007年1月1日最高人民法院收回死刑核准权以来,首次参照二审的庭审程序,以控、辩、裁三方到场的方式进行复核调查。在调查中,法官传唤新的证人到庭,陈述其

---

[*] 参见最高人民法院(2013)刑四复06885937号刑事裁定书、河北省高级人民法院(2012)冀刑四终字第143-1号刑事判决书。

所了解的杨某某被刑讯逼供的情况,然后由检察官、辩护人、法官分别发问,再由书记员打印出笔录,由证人签字确认。

2013年7月31日,最高人民法院不核准死刑,发回重审。2013年10月29日,河北高院以被告人杨某某犯抢劫罪,判处死刑,缓期2年执行,剥夺政治权利终身。

■ 法律分析

争议焦点

本案争议焦点或者说对于死刑复核案件,理论与实务界长期争议的焦点问题之一是最高人民法院应当采用何种方式进行复核。

死刑复核程序是死刑适用的最后一道关口,是我国贯彻"坚持少杀、慎杀,防止错杀"死刑政策的关键环节。2007年以后,死刑立即执行案件的核准权收归最高人民法院。长期以来,我国死刑复核程序采用行政化的内部审批方式。一方面,该程序以自动报核的方式启动,只要是法律规定范围内的死刑案件,经过一审审理后被告人不上诉、检察院不抗诉或者经过二审审理之后,均采取由下级法院主动报请上级法院复核、核准的方式,也就是自动适用死刑复核程序而无须控辩双方提出相应的申请。这种自动报核的方式,显然同一审、二审程序的启动有很大区别。另一方面,对死刑案件的复核采用书面审方式。在我国《刑事诉讼法》(1996年)、《刑诉法解释》(1998年)以及《最高人民法院关于复核死刑案件若干问题的规定》(2007年)有关死刑复核程序的规定中,除了要求由审判员三人组成合议庭进行以及高级人民法院复核或核准死刑(死刑缓期2年执行)案件必须提审被告人之外,并未对最高人民法院、高级人民法院复核死刑案件提出其他诉讼化的程序要求。

在这种书面审方式下,下级法院在报请死刑复核时需报送报请复核的报告,一审、二审裁判文书,死刑案件综合报告,以及全部案卷、证据。在这些报请复核的书面材料基础上,复核法院的合议庭成员通过全面审阅案件卷宗了解案件的事实、证据、程序以及法律适用等情况,最后写出书面的审查报告和处理意见,并不需要开庭进行审理,也不需要听取控辩双方特别是辩护方的意见。

从彼时实践情况看,这种书面审方式有一定现实合理性,因为"死刑复核程序的主要功能是确保死刑适用标准的统一,为死刑的适用最后把关,并非两审终审制度中的一个审级","如果都要求开庭审理,显然不利于诉讼效率,而且也不现实"[1]。但与此同时,这种书面、秘密、由法院单方进行的死刑复核方式存在明显缺陷:下级人民法院主动报核的方式不仅违反司法被动性原则,也使得案件事实有争议、控辩双方有异议的案件,与其他控辩双方没有异议的案件在复核程序上没有任何区分;死刑复核采用书面审方式,控辩双方无权参与其中,不仅有违程序参与等程序公正的基本要求,不利于保障被告人的辩护权,也不利于

---

[1] 陈光中主编:《〈中华人民共和国刑事诉讼法〉修改条文释义与点评》,人民法院出版社2012年版,第332页。

澄清控辩双方有关案件事实的分歧,不利于保证死刑复核质量。

鉴于单纯书面审方式的弊端,《刑事诉讼法》(2012 年)对死刑复核程序进行了必要的诉讼化改造:一方面,明确规定最高人民法院复核死刑案件应当讯问被告人,辩护律师提出要求的,应当听取辩护律师的意见;另一方面,规定在死刑复核案件过程中,最高人民检察院可以向最高人民法院提出意见,最高人民法院应当将案件复核结果通报最高人民检察院。上述修改使得原来完全封闭、带有浓重行政审批色彩的死刑复核程序转变为有控辩双方适度介入的模式,实现了死刑复核程序的适度诉讼化,有利于更好地保证死刑复核案件的质量,也显著提升了程序的正当性,是我国刑事诉讼制度的一大进步。

不过,《刑事诉讼法》(2012 年)有关死刑复核具体程序的规定仍较笼统、模糊,仅体现最高人民法院复核死刑案件应当遵循的最低限度程序要求。而最高人民法院在上述杨某某案件中采用控、辩、裁三方到庭进行复核调查的方式,也恰恰说明这种书面审加上讯问、单方听取辩护意见的复核方式,并不能完全满足所有死刑案件复核的实际需要。

事实上在所有报请复核的死刑案件中,存在案情简单、控辩双方对案件事实认定及诉讼程序没有争议,以及案情复杂、控辩双方对案件事实认定存在明显争议、对诉讼程序是否合法存在严重分歧这两种完全不同的情形。对于前者,法官采用书面审与调查审相结合的方式可能足以作出是否核准死刑的裁判;但对于后者,法官如果仅审查书面材料、讯问被告人、单方听取意见,而不传唤证人、鉴定人等出庭作证,也不允许控辩双方进行公开质证、辩论,往往无法达到澄清控辩双方争议、查明案件事实真相的目的。

有观点认为,如果出现第二种情况,完全可以发回重审。但发回重审显然是一种程序倒流、非常耗费司法资源的选择,而且让原来的审判法院通过重审来否定自己之前所作裁判的正确性,其实非常困难。杨某某案件中,最高人民法院选择在控辩双方在场的情况下进行公开的言词听证,传唤新证人出庭,听取控辩双方有关事实认定,尤其是其中有关证据合法性、证据证明效力的不同意见。这种死刑复核的方式显然较之单纯书面审更能起到定分止争、查明事实真相的目的,而且也更符合保障辩护权以及审慎适用死刑的要求。

杨某某案件后,"最高人民法院首次开庭复核死刑案"的说法迅速引发媒体关注。不过面对媒体的求证,最高人民法院的回应是,杨某某案件中的做法仅是对个别定罪量刑的关键证据进行核实,并不是开庭。[2] 杨某某案件之后,此种做法并没有被延续。

■ 理论阐释 | 死刑复核程序的性质与功能定位

死刑复核制度的具体程序如何构建,取决于死刑复核程序的性质、定位。在很大程度上,我国死刑复核制度改革的方向,亦由死刑复核程序的性质与功能定位所决定。

关于我国死刑复核程序的性质与功能定位,学界有着不同观点。第一种观点认为,死刑复核程序是法院内部对于死刑案件的一种内部审批程序,"死刑复核的本质是'核'不是

2　参见佚名:《一起破例的死刑复核案》,载《民主与法制时报》2013 年 10 月 14 日,第 6 版。

'审','核准'的性质更接近于'批准',有点类似于政府对重大项目的审批,因此,不能按照独立审级的模式来把握复核程序,而应当按照审判的思路设计复核程序"。[3] 第二种观点认为,"死刑复核程序是刑事诉讼上的一种特殊制度。它既有别于第一审程序和第二审程序,又不是一种所谓的行政复核程序……是最高人民法院对死刑进行监督的一种程序"[4] "死刑复核程序是一种特殊的审判程序,应当使控辩双方积极参与到诉讼中来,但不能像普通程序一样全部开庭审理"[5] "死刑复核程序应定位为一种复查核准的救济程序,它虽属于审判程序,但它又不是一般意义上的审判程序,它是一种特殊的审判程序,其任务是复查、核准"。[6] 依据该观点,死刑复核程序是一种特殊的审判程序,无须采用诉讼化的格局,可以采用书面审理的方式,但需要兼听控辩双方对原判的不同意见。第三种观点认为,死刑复核程序应定位为纯粹的审判程序,应当以诉讼的方式进行死刑复核。[7] 类似观点还认为,在最高人民法院收回死刑复核案件核准权后,应对死刑复核程序进行司法化改造,即总体上废除现有死刑复核程序,建立独立的刑事案件三审程序。[8] 第四种观点认为,我国的死刑复核程序既不宜定位为纯审判程序性质,也不宜定位为纯行政性程序,而更适宜定位为混合型程序。在这种混合型程序中,以控辩双方有无异议为标准采用不同的启动方式、复核方式,无异议的案件仍以终审法院主动报核的方式启动程序,采用书面审理;控辩双方有异议的案件,则以异议方提请复核的方式启动程序,采用诉讼化的程序进行复核,必须开庭审理。[9]

上述各种观点,从不同角度对我国死刑复核程序的性质与功能定位进行了探讨。其中,第一种、第二种观点偏重于从实然角度对死刑复核程序进行界定,具有较强可操作性,但有过于迁就实务之嫌;第三种观点偏重于对应然角度的分析,具有一定理想化色彩,实际可操作性有所欠缺;第四种观点采用了相对折中的态度,力图兼顾程序正义与我国司法体制的现实。可以说,学界在死刑复核程序性质定位问题上,既认识到了采用纯行政审批方式进行复核的弊端,也认识到了完全采用诉讼化方式进行复核在诉讼效率等方面可能面临的问题。总体而言,随着我国刑事程序法治进程的不断推进,应当进一步推进死刑复核程序诉讼化程度的共识已然达成。

■ **扩展思考** | 死刑复核程序中法律援助制度的适用

由于死刑案件的特殊性,保障死刑案件中的律师辩护权尤具重要意义。辩护律师参与死刑复核案件,通过陈述意见等方式提出被告人无罪、罪轻的证据,有助于法官更准确地查

---

[3] 胡云腾:《论死刑适用兼论死刑复核程序的完善》,载《人民司法》2004年第2期。
[4] 周道鸾:《关于完善死刑复核程序的几个问题》,载《法学杂志》2006年第3期。
[5] 陈光中、严端主编:《中华人民共和国刑事诉讼法修改建议稿与论证》,中国方正出版社1995年版,第59页。
[6] 樊崇义:《死刑复核程序的性质定位和运作》,载《人民法院报》2007年3月27日,第6版。
[7] 参见罗智勇:《死刑复核应当以诉讼的方式进行》,载《法学杂志》2006年第4期。
[8] 参见陈卫东、刘计划:《死刑案件实行三审终审制改造的构想》,载《现代法学》2004年第4期。
[9] 参见谢佑平:《死刑复核程序:理论思考与立法构想》,载《法学论坛》2006年第2期。

明案件事实,尽量避免冤假错案,同时也能对法官是否应当适用死刑的裁量产生必要影响,达到控制死刑适用的目的。杨某某案件中,最高人民法院通过庭审听证的方式听取控辩双方的意见,最终采纳了辩护律师提出的部分辩护意见,撤销了河北省高级人民法院的裁定,不核准死刑。该案例充分说明了辩护律师参与死刑复核对于实现死刑案件公正判决、减少死刑适用的积极意义,是死刑复核程序中辩护权有效行使的典型案例之一。

本案中,杨某某的家属为其委托了死刑复核阶段的律师,但从实践情况来看,多数死刑复核案件的被告人并无能力聘请辩护律师。据调查,死刑复核案件中有律师参与的案件比率长期处于10%左右的水平,这一状况严重制约死刑复核案件辩护权的有效行使。[10] 可以说,死刑复核案件被告人能否获得必要的法律帮助,很大程度上取决于其能否获得免费的法律援助。我国《刑事诉讼法》(2012年)规定"可能判处无期徒刑、死刑,没有委托辩护人的犯罪嫌疑人、被告人,应当通知法律援助机构为其提供辩护",但根据《刑诉法解释》(2012年),最高人民法院复核死刑案件并不适用指定辩护的上述规定。

2019年4月最高人民法院颁布《关于办理死刑复核及执行程序中保障当事人合法权益的若干规定》,就死刑复核案件中的律师辩护权保障作出了多项规定,但在死刑复核案件是否适用法律援助的问题上并未有所突破。直至2021年8月《法律援助法》出台,其第25条第1款第5项规定:对于申请法律援助的死刑复核案件被告人,没有委托辩护人的,人民法院应当通知法律援助中心指派律师担任辩护人。死刑复核案件的法律援助制度才真正在立法上得以明确确立。2021年12月,最高人民法院和司法部联合印发《关于为死刑复核案件被告人依法提供法律援助的规定(试行)》,进一步针对性地规定了死刑复核案件中的法律援助活动规范。

法律援助制度在死刑复核程序中的确立,有助于更好地保障死刑复核案件被告人的辩护权及其他诉讼权利,是我国在人权司法保障领域迈出的坚实一步。不过,法律援助律师介入死刑复核程序以后,能否在"质"的层面为被告人提供充分、有效的法律帮助,仍有赖于进一步厘清死刑复核的程序定位、细化辩护权行使与保障的程序设计、填补程序救济与程序制裁的立法空白以及完善法律援助质量评估与控制的相应机制等举措的推进,如此才可能真正实现死刑复核法律援助制度的应有价值。

---

10 参见吴宏耀、张亮:《死刑复核程序中被告人的律师帮助权——基于255份死刑复核刑事裁定书的实证研究》,载《法律适用》2017年第7期;冀祥德:《我国死刑复核法律援助制度的发展与重构——以〈法律援助法〉颁行为研究视角》,载《环球法律评论》2022年第5期。

027 上诉不加刑的规范结构｜"为被告人利益抗诉"的判断标准

余某某交通肇事案

马明亮　中国人民公安大学

■ 案情概要[*]

2019年6月5日21时许,余某某酒后驾驶白色丰田牌小型普通客车由南向北行驶至北京市门头沟区河堤路1公里处时,车辆前部右侧撞到被害人宋某致其死亡,撞人后余某某驾车逃逸。经北京市公安局门头沟分局交通支队认定,余某某发生事故时系酒后驾车,且驾车逃逸,负事故全部责任。6月6日5时许,余某某到公安机关自动投案,如实供述了自己的罪行。6月17日,余某某的家属赔偿被害人近亲属各项经济损失共计人民币160万元,获得了谅解。余某某签署认罪认罚具结书,量刑建议为"判三缓四"。

根据上述事实,本案一审法院北京市门头沟区人民法院认为被告人余某某违反交通运输管理法规,酒后驾驶机动车,因而发生重大事故致一人死亡,并负事故全部责任,且在肇事后逃逸,其行为已构成交通肇事罪,应依法惩处。判处余某某犯交通肇事罪,判处有期徒刑2年。

北京市门头沟区人民检察院以原判量刑错误提出抗诉,抗诉理由之一为:"余某某自愿认罪认罚,并在辩护人的见证下签署具结书,且其犯罪情节较轻、认罪悔罪态度好,没有再犯罪的危险,宣告缓刑对其所居住社区没有重大不良影响,符合缓刑的适用条件,因而该院提出的量刑建议不属于明显不当,不属于量刑畸轻畸重影响公正审判的情形。一审法院在无法定理由情况下予以改判……属于程序违法。"

二审法院北京市第一中级人民法院认为:"余某某因在交通运输肇事后逃逸,依法应对其在三年以上七年以下有期徒刑的法定刑幅度内处罚。鉴于余某某在发生本次交通事故前饮酒,据此应对其酌予从重处罚。其在案发后自动投案,认罪认罚且在家属的协助下积极赔偿被害人亲属并取得谅解,据此可对其酌予从轻处罚。一审法院经审理认为原公诉机关适用缓刑的量刑建议明显不当,并建议调整量刑建议,后在原公诉机关坚持不调整量刑建议的情况下,依法作出本案判决。一审法院的审判程序符合刑事诉讼法的规定,并无违

---

[*] 参见北京市第一中级人民法院(2019)京01刑终628号刑事判决书。

法之处,但认定余某某的行为构成自首并据此对其减轻处罚,以及认定余某某酒后驾驶机动车却并未据此对其从重处罚不当,本院一并予以纠正。北京市门头沟区人民检察院及北京市人民检察院第一分院有关原判量刑错误并应对余某某适用缓刑的意见均不能成立,本院均不予采纳。上诉人余某某所提应对其改判适用缓刑的理由及其辩护人所提原判量刑过重,请求改判两年以下有期徒刑并适用缓刑的意见均缺乏法律依据,本院均不予采纳。"最终,余某某被判处有期徒刑 3 年 6 个月。

法律分析

争议焦点

在认罪认罚案件中,人民检察院以一审人民法院未采认罪认罚纳量刑建议,量刑过重为由提起抗诉,二审人民法院判决加重刑罚的做法是否违反"上诉不加刑"原则?

上诉不加刑的规范结构

上诉不加刑,是指对被告人提出上诉的刑事案件,上诉审法院不得加重被告人刑罚的诉讼原则,旨在解除被告人的顾虑,保障其依法行使上诉权,以利于案件的正确处理。《刑事诉讼法》第 237 条规定了上诉不加刑原则:"第二审人民法院审理被告人或者他的法定代理人、辩护人、近亲属上诉的案件,不得加重被告人的刑罚。第二审人民法院发回原审人民法院重新审判的案件,除有新的犯罪事实,人民检察院补充起诉的以外,原审人民法院也不得加重被告人的刑罚。人民检察院提出抗诉或者自诉人提出上诉的,不受前款规定的限制。"

从法律条文来看,《刑事诉讼法》第 237 条第 1 款以列举的方式限定了适用上诉不加刑原则的主体范围,结合本条第 2 款以及控辩角色的划分可以推断出,事实上作为"原告"的检察院提起的抗诉不属于上诉不加刑的范围。但一些学者提出,在本案中,原审判决被告人有期徒刑 2 年,检察机关抗诉意见请求"判三缓四",提出的刑罚适用上有利于被告人,此时检察院的传统的对抗身份发生变化,在认罪认罚的基础上与被追诉人形成了"利益联盟",根据"禁止不利变更"原则精神,不利被告人的抗诉不受上诉不加刑限制,而有利被告人的抗诉仍应受上诉不加刑的保障。[1] 故此时检察院的抗诉应受上诉不加刑保护,二审改判更重的有期徒刑 3 年 6 个月显属不当。该观点是否恰当,仍需从以下几方面进一步考察。

检察院抗诉的内涵与外延

检察院能否基于抗诉与被追诉人形成"利益联盟"?需要确定检察院"抗诉"的内涵与外延。

---

[1] 参见龙宗智:《评余平交通肇事案终审判决》,载微信公众号"中国法律评论"2020 年 4 月 17 日。

一方面,我国《宪法》第134条规定:"中华人民共和国人民检察院是国家的法律监督机关。"《刑事诉讼法》第228条规定,"地方各级人民检察院认为本级人民法院第一审的判决、裁定确有错误的时候,应当向上一级人民法院提出抗诉"。由此可见,人民检察院的抗诉本质是其履行法律监督职责的体现,其主要目标是保障刑法的实施,确保实现准确定罪、罪刑适应、罚当其罪。

另一方面,一审的判决、裁定"确有错误"存在两种情形,既包括检察机关认为有罪判无罪、重罪判轻罪或者量刑畸轻的情形,也包括检察机关认为无罪判有罪、轻罪判重罪或者量刑畸重的情形。即检察机关提出抗诉,应当涵盖客观上不利于被告人与有利于被告人的所有情形。《高检规则》第584条也规定:"人民检察院认为同级人民法院第一审判决、裁定具有下列情形之一的,应当提出抗诉:……(三)重罪轻判,轻罪重判,适用刑罚明显不当的。"可见从法条出发,抗诉本身并不区分"为公共利益抗诉"与"为被告人利益抗诉",抗诉效力也不基于"不利于被告人的抗诉"与"有利于被告人的抗诉"而有所不同。因此《刑事诉讼法》第237条第2款抗诉不受限的规定应当包含所有抗诉情形。

■ 理论阐释 | 如何判断抗诉是否有利于被告人

1. 适用禁止利益变更原则的前提是检察院提出的抗诉是为"被告人利益"提出,但为被告人利益的判断在法理上并无明确的标准,只能通过主观判断。对是否符合被告人利益的衡量,一方面主观上需要考查提起抗诉检察院的主观目的是否为被告人之利益;另一方面需要法院判断认定抗诉的内容客观上是否有利于被告人。而这二者并无统一的标准,实践中很可能造成含混不清的现象。

2. 上诉不加刑是指不加重刑罚还是指不加重构成要件意义上的责任?德国学说认为"依明确的条文内容得知,不利益变更之禁止只是就刑罚而言,非就罪责判断而言"。[2] 而根据《刑诉法解释》的规定,上诉不加刑不仅是不加重刑罚,更强调不加重刑事责任,即不得加重罪责。

回到本案,对于人民检察院"判三缓四"是否有利于被告人争议的关键在于,如何评价缓刑与主刑哪一方在刑罚适用上更为轻缓。有学者认为"主张本案是抗诉求轻的观点,没有看到缓刑与主刑在法律概念上的明确差异,前者是对后者的执行方式,不是同一逻辑层面的概念,无法进行轻重的比较"。[3] 如果机械地认为缓刑作为刑罚方式相较于实刑更有利于被告人,则忽视了刑罚不同时,无法只根据缓刑与否来判断哪者更有利于被告人,特别是当考虑到审前羁押期间可以折抵实刑刑期而不能折抵缓刑考验期,则简单的比较可能造成更多麻烦。

---

2 [德]克劳思·罗科信:《刑事诉讼法》,吴丽琪译,法律出版社2003年版,第497页。
3 车浩:《评余金平案:基本范自首、认罪认罚的合指控性与抗诉求刑轻重不明》,载微信公众号"中国法律评论"2020年4月22日。

3. 本案中认定人民检察院"判三缓四"的抗诉更有利于被告人的说法,对人民检察院抗诉动机考虑得并不充分。事实上,人民检察院不提起抗诉更符合被告人利益,因为被告人享有上诉权且已上诉,检察机关向二审人民法院发表有利于被告人的意见即可,这样也就不至于因其抗诉而将被告人陷于上诉加刑的危险之中。因此,检察机关提出抗诉的目的是维护法律的正确实施,而并非单独为被告人的利益抑或被害人的利益采取法律行动。[4]

■ **扩展思考** | 认罪认罚从宽中的上诉不加刑原则

由上述分析可以得出,余某某案的判决结果并不违反上诉不加刑原则。但本案之所以受到如此多关注,还有一个重要原因是本案适用认罪认罚程序后,人民法院未采纳人民检察院量刑建议,这也是导致被告人上诉和检察院抗诉的直接原因。在认罪认罚背景下,人民法院与人民检察院在追求事实真相维护司法公正上虽然达成了一致的目标,但认罪认罚制度所倡导的程序价值也应在司法活动的规范上有所体现。因此,为了进一步完善认罪认罚制度,在程序简化效率提升的同时不以牺牲司法公正为代价,势必将认罪认罚的价值内涵融入未来的上诉不加刑立法中。

□ **基本立场:认罪认罚从宽制度下,检察院抗诉应适用上诉不加刑原则**

根据《刑事诉讼法》第 174 条第 1 款以及第 176 条第 2 款的规定,犯罪嫌疑人自愿认罪认罚的应当签署认罪认罚具结书,检察机关应当提出量刑建议,并随案移送认罪认罚具结书等材料。从法条规定不难看出,具结书之所以能够被签订,在于被追诉人能够相信在自愿认罪认罚后能够得到从宽处罚的结果,公诉方也相信被追诉人在签署具结书之后不会在此后的诉讼过程中反悔,背后的契约期待利益则成为控辩双方启动认罪协商以及后续运行的内在保障。

但具结书并不能与民法中的合同画等号,其原因主要是签订合同的双方不具有完全"平等"的权利义务以及履约能力,一方面,在这场契约缔结过程中,被追诉人并不能如同合同当事人那样与控诉方平等。检察官作为国家控诉人的身份与地位,以及背后所享有的司法资源,是被追诉方所不能比拟的。另一方面,控辩双方不可能像合同主体那样自由行为。

认罪认罚具结书中应有对检察院相关义务的要求,即如果被追诉人没有违反认罪认罚协商所确定的义务,则检察机关不得在公诉时超越认罪认罚具结和量刑建议而请求对被追诉人更不利之判决。"对于检察官而言,一旦符合法定条件即应当决定适用认罪认罚从宽程序,而一旦决定适用该程序,检察官即有职责和义务严格遵守及执行该程序,应谨守并兑现承诺,而不得于事后随意变更。"[5] 因此,就要求检察机关不得违反承诺,"禁反言"从而维

---

4 参见刘计划:《抗诉的效力与上诉不加刑原则的适用——基于余金平交通肇事案二审改判的分析》,载《法学》2021 年第 6 期。
5 万毅:《认罪认罚从宽程序解释和适用中的若干问题》,载《中国刑事法杂志》2019 年第 3 期。

护被追诉人的预期利益。[6] 为保障协议目的的达成,检察官的义务也应贯穿至整个诉讼过程。因此,在认罪认罚案件的抗诉中,应遵循"上诉不加刑原则"。

认罪认罚从宽制度适用上诉不加刑原则的若干要求

如前所述,认罪认罚是人民检察院与被追诉人之间达成的协议,为保障协议的顺利履行,检察院的抗诉应受一定约束。此时,检察机关不再只是保障公正裁判的法律监督机关,而是具有了如"当事人"上诉或为了被告人利益而"代理上诉"的特性。[7] 但不可否认的是,实践中亦存在大量被追诉人不遵守认罪认罚协议规定,或在检察院从宽的量刑建议被法院采纳后又以各种理由提起上诉,以"上诉不加刑"为避风港争取更大的诉讼利益的情况,因此,认罪认罚从宽中适用上诉不加刑原则,应当遵循如下几方面要求:

第一,对于人民检察院抗诉不加刑,可以采用类推解释的方法,将其理解为《刑事诉讼法》第237条第1规定中的"被告人或者他的法定代理人、辩护人、近亲属"范围内。此时抗诉实际上在法律效果和意义上相当于被告人之代理人或辩护人的上诉,故应受上诉不加刑保护。

第二,适用上诉不加刑原则应以被告人没有不合理的实质性毁约为前提。被追诉人的反悔具有双面性,一方面,反悔是被追诉人自愿性的体现,是诉讼权利的应有之义,因此具备正当性。另一方面,有的反悔本质上是一种"违约"行为,给被追诉人与司法机关皆带来不利风险与负担。被追诉人违约后,由于案件本身已不再具有认罪认罚从宽性质,则应适用一般案件中抗诉不受上诉不加刑限制的基本规则。

第三,适用上诉不加刑原则的抗诉起因,应限定为法院不合理地加重了被告人刑罚。根据《刑事诉讼法》第201条之规定,对于认罪认罚从宽案件,法院作出裁判时一般应当采纳检察机关的量刑建议。这是立法尊重认罪认罚具结书的效力,保障认罪认罚从宽制度的体现。但我国法院的职能定位要求其应在充分挖掘案件事实后对案情进行完整的法律评价。因此,法院最终亦有可能不接受量刑建议而加重或减轻被追诉人的刑事责任。

当出现这两种不同的情况时,检察院抗诉所体现的职能属性也将发生变化。如果检察机关认为这一宽缓裁判明显违法进而提出抗诉,则仍然应视为对错误裁判的纠正,属于法律监督范畴,并不受上诉不加刑规则制约;只有判决对比量刑建议加重被告人刑罚的情况下,检察机关抗诉才应做"为被告人利益"之推定,进而受上诉不加刑保护。在这种情况下,检察院地位类似认罪认罚协议中的一方当事人,其抗诉权是其维护自身诉权的实现路径,对于法院裁判是否加重了被告人刑罚的判断应交由检察院定夺。

---

6 参见马明亮:《认罪认罚从宽制度中的协议破裂与程序反转研究》,载《法学家》2020年第2期。
7 参见程龙:《抗诉何以加刑:上诉不加刑的规范解释责任》,载《甘肃政法大学学报》2021年第4期。

028 | 诉讼客体 | 一事不再理 | 自诉转公诉

郎某、何某诽谤案

聂友伦 华东师范大学

■ 案情概要[*]

2020年7月初,28岁家住杭州市余杭区的谷某在快递点取快递时,便利店店主郎某趁机偷拍视频。随后郎某与朋友何某分别假扮快递员和谷某在微信上聊天,并将谷某虚构为富婆,编造富婆出轨快递员的剧情,又将微信聊天截图和偷拍视频发至微信群。编造的故事随后通过互联网传播。某微信公众号根据何某等编造的剧情发布《这谁的老婆,你的头已经绿到发光啦!》的文章,两三天内文章点击量达到了1万次。一个多月后,多篇类似内容的网帖的总浏览量达到6万多次,转发量达到200多次。谷某得知后于8月7日报警,而谷某所在公司担心名誉受损将其辞退。此后谷某难以再找到工作,并被诊断出抑郁状态,其男友亦失去工作。

2020年8月13日,杭州市公安局余杭分局对郎某和何某行政拘留9日。10月26日,谷某向余杭区人民法院提交刑事自诉状,要求以《刑法》第246条第1款之规定追究郎某、何某的刑事责任。12月14日,余杭区人民法院立案受理。最高人民检察院时任检察长张军及其他院领导研究了本案后,认为检察机关应当积极介入。浙江省人民检察院随后发布情况通报,提出相关视频材料进一步在网络上传播、发酵,案件情势发生了变化,郎某、何某的行为不仅损害被害人人格权,而且经网络这个特定社会领域和区域迅速传播,严重扰乱网络社会公共秩序,给广大公众造成不安全感,严重危害社会秩序,依据《刑法》第246条第2款之规定,应当按公诉程序予以追诉。

在余杭区人民检察院建议下,2020年12月25日,杭州市公安局余杭分局对郎某、何某立案侦查。案件由自诉转变为公诉。2021年1月28日,公安机关结束侦查,案件被移送至余杭区人民检察院。2月26日,余杭区人民检察院向余杭区人民法院提起公诉,指控郎某、何某的行为涉嫌诽谤罪。4月30日,余杭区人民法院一审以诽谤罪判处被告人郎某、何某有期徒刑1年,缓刑2年。

---

[*] 参见《最高人民检察院第三十四批指导性案例》,载最高人民检察院官网2022年2月21日,https://www.spp.gov.cn/spp/jczdal/202202/t20220221_545125.shtml。

■ 法律分析

> **争议焦点**
>
> 在案件已经系属法院的情况下,自诉程序何以转为公诉程序?该问题可分为三个层次:检察机关对本案有无起诉权?若有,检察机关能否在案件已经通过自诉为法院受理的情况下,再向法院提起公诉?若否,本案的"自诉转公诉"应如何实现?

☐ 检察机关对本案有起诉权

检察机关对绝大部分自诉案件皆有诉讼实施权。"在公诉与自诉并存的制度设计下,不少人潜意识中认为公诉与自诉二者泾渭分明。"[1] 即对公诉案件只能提起公诉,对自诉案件只能提起自诉。这种理解是不正确的。《刑事诉讼法》第 210 条规定的三类可以提起自诉的案件,除以告诉(被害人告诉或代为告诉)为诉讼要件之纯正的亲告罪案件外,被害人有证据证明的轻微刑事案件、"公诉转自诉"[2] 案件及非纯正的亲告罪案件,本质上都属于检察机关有权起诉的公诉案件。[3] 本案在案发时尚属纯正的亲告罪案件,但随着时间推移,相关视频与文字被广泛传播,在网络上造成了很大的影响。此时,得认为相关诽谤行为已经造成了严重危害网络社会秩序的结果,检察机关可以按《刑法》第 246 条第 2 款但书的规定提起公诉。然而,本案的特殊之处是,被害人已经提起自诉并为管辖法院所受理。在自诉提起并系属法院前,检察机关对其有诉讼实施权的案件提起公诉并无问题,疑难在于当事人与法院已经形成实体诉讼关系后的处理方面。

☐ 自诉系属对公诉构成阻碍

有观点认为,依据公诉优于自诉原则,自诉系属不影响公诉成立。这是错误的。公诉优于自诉,系指侦查机关已对案件启动侦查的,除亲告罪外,自诉人不得再对同一案件提起自诉。案件已经系属法院的,无涉公诉优于自诉原则。

案件系属法院后,将在案件范围内形成对其他起诉的程序障碍,此为一事不再理原则于判决确定前的效果,即重复起诉之禁止。其中,案件范围取决于被告与犯罪事实,一个被告和一个犯罪事实构成一个案件。常见的情形是,已对一个被告的一个犯罪事实起诉的,不得再对同一被告的同一犯罪事实重复起诉——"同一案件于判决确定前重复起诉者,后

---

[1] 熊秋红:《论公诉与自诉的关系》,载《中国刑事法杂志》2021 年第 1 期。
[2] 在规范意义上,"公诉转自诉"的惯用表述其实是不严谨的。公诉只有在检察机关提起后,才会成为一种现实存在,此前侦查机关与公诉机关的活动仅为公诉之准备,不存在"公诉转自诉"的问题。案件成为公诉案件的时点,乃案件系属法院之时,此后案件几无可能转为自诉案件。同理,自诉案件成立的时点,也应为案件系属法院之时,其后才可能产生"自诉转公诉"的问题。
[3] 此外,即便纯正的亲告罪案件(如侵占案),检察机关在被害人因受强制、威吓无法告诉的情况下,也得具有起诉的资格。但须注意,检察机关代为告诉形成的诉讼,其性质应为自诉而非公诉。

诉无论是公诉或自诉",法院皆应依一事不再理原则不予受理。[4] 就诉讼理论而言,案件尚未得到"审理"在刑事诉讼中具有诉讼要件的地位,若其已在其他方式下产生或部分产生法律效果,则对同一案件的后诉便无合法性。[5] 具体到本案的处理程序,应当遵循的规则是,同一案件自诉的存在构成阻碍后续公诉成立的消极诉讼要件。换言之,在被害人已经提起自诉且被法院受理的情况下,检察机关不得再对同一案件提起公诉,这是案件同一性的当然效果。[6]

▢ "自诉转公诉"的实施条件

在当前的规范条件下,欲出于公益保护的需要以公诉处理本案及类似案件,似乎只有先劝自诉人撤回自诉再由检察机关提起公诉一途。此时,新提起的公诉不属于重复起诉,无违反一事不再理原则之虞。根据《刑诉法解释》第 320 条第 2 款的规定"具有下列情形之一的,应当说服自诉人撤回起诉;自诉人不撤回起诉的,裁定不予受理:……(六)除因证据不足而撤诉的以外,自诉人撤诉后,就同一事实又告诉的",对同一案件撤回自诉构成重复起诉的程序障碍。但是,从本款文义来看,其拘束对象仅为撤回自诉人本人,不及于撤回自诉人以外的人。比如,甲同时诽谤乙、丙二人,乙提起自诉后又撤回的,不影响丙再对同一被告的同一事实提起自诉。申言之,除了纯正的亲告罪案件,撤回自诉(告诉)不影响检察机关对同一案件提起公诉。[7]

■ 理论阐释

本案涉及的自诉转公诉看似仅为一个简单的技术性问题,实则贯穿诉讼客体、诉讼主体、诉讼要件等一系列刑事诉讼基础理论,具有典型意义。诉讼客体在我国刑事诉讼法学的研究中并未深入,一些问题有待进一步厘清,在此借由本案对相关理论作简要阐释。

刑事诉讼的客体,指的是程序处理的对象,一般都以案件为单位视之。作为刑事程序引导的基础,有案件方有程序的存在,若无案件的存在,即无刑事程序依存的基础。案件由犯罪行为人及其犯罪事实构成。单一行为人的单一犯罪事实,构成单一案件,国家由此产生一个刑罚权,需要通过一个刑事程序加以处理。由于刑罚权不可分割,亦不可重复主张,故对单一案件,在其覆盖的犯罪人和犯罪事实之下,只能同时存在一个有效的起诉。

就案件范围而言,人的确定通常不生问题,疑难之处往往在于事实范围的判断。考虑到刑罚权的产生,取决于实体法而非程序法的规定,事实范围的决定基础,并非属于刑事程序法的本然事项,而是实体法揭示的判断标准关系。基本上,对于单一犯罪事实的认定,采取的是事实上不可分割的标准,兼顾法律上不可分割的情形。单一犯罪事实的基本类型有

---

[4] 林钰雄:《刑事诉讼法》(上册),台北,2013 年自版发行,第 278 页。
[5] Vgl. Claus Roxin/Bernd Schünemann, Strafverfahrensrecht: Ein Studienbuch, 28 Aufl., 2014, § 21 Rn. 8.
[6] 陈朴生:《刑事诉讼法实务》,台北,海天印刷厂有限公司 1999 年版,第 100 页。
[7] 林钰雄:《刑事诉讼法》(下册),台北,2013 年自版发行,第 168~169 页。

三:第一,单纯一行为所生事实,包括单一行为单一规范评价(单纯一罪)及单一行为复数规范评价(想象竞合);第二,法律将数个紧密结合的行为整合为一个接受评价的事实,包括牵连犯、连续犯、吸收犯、常业犯等的规定;第三,法律本质上分离的数个行为结合为一个接受评价的事实,包括结合犯、集合犯的规定。

就本案而言,犯罪事实系捏造出轨事实诽谤他人并造成了严重不良社会影响,属于单纯一行为所生事实。被害人自诉的案件与检察机关公诉的案件,属于同一案件,由于刑罚权不可重复主张,故在案件已经系属法院的情况下,在位于自诉之后的公诉缺乏依据。

■ 扩展思考

若仔细思考,不难发现,以"先撤自诉、再行公诉"的方式实现"自诉转公诉",其处理仍留有问题:其一,一旦自诉人不撤诉的,检察机关将无介入诉讼的空间;其二,一旦自诉人撤诉后,检察机关不提起公诉的,原自诉人将丧失续行自诉的权利;其三,先撤自诉再提公诉,会使之前进行的诉讼活动随诉讼系属消灭,造成司法资源的浪费。

应予注意,若欠缺法律的授权,在自诉人和法院已经形成实体诉讼关系后,检察官无论如何都不具有作为当事人取代自诉人的资格。《德国刑事诉讼法》中增设诉讼担当制度,赋予检察机关取代自诉人的诉讼实施权,或许是较为可行的解决方案。《德国刑事诉讼法》第377条规定:"(一)检察官无义务参与自诉程序。如果法院认为检察官有必要担当诉讼,则向检察官移送案卷。(二)检察院亦可在判决具有确定力前的任何程序阶段,以明确的声明担当诉讼。提出法律救济即包含了担当诉讼。"[8] 具体的规范思路如下:首先,受理自诉后至判决作出前,法院皆须注意案件涉及的公共利益,[9] 若认为损害公共利益需要检察机关以公诉处理的,应向检察机关移送案卷;其次,检察机关收到移送的案卷后,须对案件事实进行审查,若认为应以公诉处理的,有权向法院提出申请,取代自诉人作为当事人担当诉讼;最后,检察机关担当诉讼的,案件转为公诉程序审理,案件系属发生替换,原自诉人作为被害人参与诉讼。此外,与普通公诉案件不同,"自诉转公诉"案件的诉讼是由原自诉人启动的,检察机关无终止诉讼的权力,[10] 不得撤回起诉。在理论上,"公诉和自诉都是起诉权行使的不同形式,其启动刑事审判程序的效果应是一致的",[11] 当案件已经系属法院,便无谓审判以何种形式启动,仅将当事人予以替换已足。

---

8 宗玉琨译注:《德国刑事诉讼法典》,知识产权出版社2013年版,第259页。
9 自诉案件涉及的公共利益可能并非自始存在。比如,在本案中,最初诽谤事实仅在较小的范围内传播,不宜认为有损公共利益。但是,随着涉案视频材料在网络上传播、发酵,案件情势发生了变化,郎某、何某的行为不仅损害被害人人格权,而且经网络迅速传播,严重扰乱网络社会公共秩序,明显造成了公共利益的损失。参见曹烨琼等:《2020年度十大法律监督案例》,载《检察日报》2021年1月25日,第3版。
10 Vgl. Claus Roxin/Bernd Schünemann, Strafverfahrensrecht: Ein Studienbuch, 28 Aufl., 2014, §63 Rn.25.
11 罗智勇:《对我国公诉与自诉关系的理性思考》,载《中国刑事法杂志》2006年第2期。

029 公诉转自诉｜强制起诉制度

陈某某故意杀人案

潘金贵　西南政法大学

■ **案情概要**[*]

1999年12月10日晚，自诉人侯某某的丈夫杨某某（被害人，殁年42岁）与被告人陈某某在重庆南川市陈某某开办的美发厅发生厮打。陈某某通过电话邀约胡甲带人前去帮忙。胡甲遂邀约了被告人胡某乙以及蒋某、唐某某（均已判刑），四人各持一把刀共同乘车赶至美发厅。陈某某告诉胡某乙、蒋某、唐某某，杨某某在里屋，并叫胡某乙等人将其杀死。随后，胡某乙等四人持刀冲进该美发厅，殴打杨某某。杨某某左胸部被刺伤后，在送往医院抢救途中死亡。经法医鉴定，被害人杨某某系被单刃刺器刺破心脏，急性心包压塞，呼吸循环衰竭死亡。本案重庆市人民检察院第三分院审查后作出了不起诉决定，侯某某和死者母亲毛某某遂向重庆市第三中级人民法院提起自诉。

重庆市第三中级人民法院认为，被告人陈某某邀约他人故意非法剥夺他人生命，致杨某某死亡的行为，已构成故意杀人罪。自诉人控诉被告人陈某某犯故意杀人罪的事实清楚，证据充分，指控的罪名成立，由于陈某某的犯罪行为给其造成的经济损失，依法应予赔偿。判决被告人陈某某犯故意杀人罪，判处无期徒刑，剥夺政治权利终身。同时判决陈某某承担附带民事赔偿责任（本案附带民事诉讼赔偿的处理在二审法院被改判，鉴于不是本文探讨的主题，故略去）。一审宣判后，自诉人提出上诉。陈某某亦不服，以本案系重大刑事案件，且自诉人所举证据不是自诉人依法收集，法院不应将本案作为自诉案件进行审理及其主观上没有杀人故意，只是邀约胡甲等人来把杨某某劝走，没有指使胡甲等人杀人为由，提出上诉。

重庆市高级人民法院经审理后认为，原判认定事实清楚，定性准确，量刑适当，审判程序合法，刑事部分应予维持。上诉人陈某某提出本案系重大刑事案件，且自诉人所举证据不是自诉人自己依法收集，法院不应将其作为自诉案件进行审理的辩护意见，与《刑诉法解释》（1998年）第1条第3项规定相悖，不予采纳，判决维持原判刑事部分。

---

[*] 参见重庆市第三中级人民法院（2004）渝三中刑初字第36号刑事附带民事判决书。

法律分析

> **争议焦点**
>
> 本案的争议焦点是故意杀人案件能否由人民法院作为自诉案件直接受理？具体包括两个方面：(1) 故意杀人案是否属于自诉案件的受案范围？(2) 自诉人所举证据系公安机关收集的，对该证据能否予以采信？

本案属于自诉案件的受案范围

根据《刑事诉讼法》的规定，自诉案件共分为三类：第一类为告诉才处理的案件；第二类为被害人有证据证明的轻微刑事案件；第三类为"公诉转自诉"案件，《刑事诉讼法》(1996年) 对可以自诉的案件范围进行拓展，建立了"公诉转自诉"的制度。

本案系故意杀人案件，属重大刑事案件，通常情况下应由公安机关立案侦查，按照公诉程序进行处理，但本案中重庆市人民检察院第三分院已对被告人陈某某作出不起诉决定，被害人近亲属侯某某、毛某某有证据证明对被告人侵犯被害人生命权的行为应当依法追究刑事责任，故本案符合"公诉转自诉"案件的条件，被害人近亲属可以直接向人民法院起诉，人民法院应当受理，因此，重庆市第三中级人民法院对本案作为自诉案件予以受理是正确的。

自诉人所举证据虽系公安机关收集，但并不影响采信

本案中被告人陈某某上诉提出自诉人所举证据不是自诉人自行依法收集、不能作为证据采信的辩解理由，实质上是混淆了举证责任与证据的证明力概念。我国刑事诉讼法在规定"公诉转自诉"案件的同时，为防止自诉权的滥用，对自诉人规定了较为严格的举证责任。自诉人在提起自诉时需有能够证明被告人犯罪事实的证据，以证明对被告人侵犯自己人身、财产权利的行为应当依法追究刑事责任。此为对自诉人举证责任的规定，该规定是基于自诉人的控诉权所产生的，若自诉人不能提供充分的证据，则将承担控诉不能成立的法律后果。至于证据最终能否予以采信，则是由其本身的证明力所决定的。

证据的证明力通常以"三性"即"合法性、客观性、关联性"来判断。在"公诉转自诉"案件中，收集、运用证据的主体包括：(1) 自诉人。在自诉案件中自诉人负有举证责任，具有依法自行收集证据的权利；(2) 侦查机关、公诉机关。《刑事诉讼法》(1996年) 第145条规定："……被害人也可以不经申诉，直接向人民法院起诉。人民法院受理案件后，人民检察院应当将有关案件材料移送人民法院。"可见，在"公诉转自诉"案件中，移交所提取的证据材料系公诉机关职责所在，其所移交的由侦查机关依法收集的证据在主体方面具有合法性毋庸置疑。

由上可见，法律并无关于自诉案件中的证据必须由自诉人自行依法收集的限制性规定，收集证据的主体既可以是自诉人本人，也可以是侦查机关、公诉机关，只要符合"合法

性、客观性、关联性"标准即可作为证据使用。本案中自诉人所提供的大量证人证言、现场勘查笔录、现场照片、现场勘查图、尸体检验报告书等证据均系侦查机关依职权收集,对案件事实有证明意义,并经庭审予以质证,均符合"三性"要求,具有证明力,应当作为定案证据予以采信。

■ 理论阐释

我国《刑事诉讼法》确立了以公诉为主、以自诉为辅的刑事起诉制度。1996 年《刑事诉讼法》修改增加"公诉转自诉"的规定,目的是解决司法实践中存在的有案不立、有罪不究的现象。立法部门指出在执行该规定时,"要充分认识其对自诉案件规定的意义,解决好老百姓告状无门的问题"。[1] 本案作为故意杀人案件,通过"公诉转自诉",最终对被告人定罪处刑,可谓是证明该制度实践价值的典型案例。但对于"公诉转自诉"制度是否适当,理论界和实务界一直存在较大的争议。公诉与自诉的关系十分复杂,德国学者称自诉与公诉"二者之关系既非排他性,亦非补充关系"。[2]

刑事起诉制度的发展经历了从私人追诉到国家追诉的变迁。在国家追诉主义占据主导地位之后,私人追诉主义逐渐式微,但在许多国家和地区仍然给私人追诉主义留下了一定空间,采取以检察官起诉为主、兼采被害人自诉的起诉方式。关于刑事起诉方式的理论基础,存在认识上的分歧,大体可以分为三种观点:被害人自诉权固有论;国家公诉权让渡论;公诉权与自诉权合理分配论。[3] 现代各国(地区)的刑事起诉方式主要分为公诉和自诉两种,其中公诉处于主导地位。从理论上说,公诉和自诉之间不是彼此对立、排斥的关系,二者可以实现一定的互补、融合,至于一个国家的起诉制度是采取公诉、自诉还是二者并存,取决于一个国家的司法传统、现实国情、立法选择等多种因素。我国刑事诉讼采取的是公诉兼自诉的起诉方式,在制度建构上必然涉及如何正确处理两类案件的范围划分和程序设计的科学性问题。刑事诉讼法关于"自诉转公诉"和"公诉转自诉"的相关规定,就是公诉与自诉的关系在我国刑事诉讼中如何处理的集中体现。

对于本案涉及的"公诉转自诉"制度,立法者的初衷无疑是值得肯定的。从理论上讲,公诉转自诉制度应该具有以下功能:一是救济;二是稳定社会秩序;三是制约公诉权。但在司法实践中运用较少。[4] 正因实际应用较少,不少学者对其质疑,认为其损害了公诉制度和公诉权,违背了国家追诉主义的法理预设[5]甚至有学者明确提出该制度使自诉案件的范围处于一种不确定状态,不符合追诉权的国际发展趋势,其保护被害人合法权益和制约公安

---

[1] 王爱立:《中华人民共和国刑事诉讼法释义》,法律出版社 2018 年版,第 447~448 页。
[2] [德]克劳思·罗科信:《刑事诉讼法》,吴丽琪译,法律出版社 2003 年版,第 578 页。
[3] 参见熊秋红:《论公诉与自诉的关系》,载《中国刑事法杂志》2021 年第 1 期。
[4] 参见罗书平、冯伟:《公诉转自诉案件的适用范围及立案条件》,载《人民司法(案例)》2018 年第 20 期。在本案之后,直至 2018 年才见到关于四川省高级人民法院二审裁定由成都市中级人民法院立案受理一起,发生于 1994 年的由于家庭纠纷引起的涉嫌故意杀人案"公诉转自诉"案例。
[5] 参见李昌林、张麒:《论我国刑事自诉制度的完善》,载《西部法学评论》2012 年第 5 期。

机关和检察机关权力行使的立法目的不仅没有得到实现,而且给被害人和人民法院带来了困惑,建议取消。[6]

客观地看,"公诉转自诉"实践效果不太令人满意,主要原因是其在制度设计上存在可行性不足的问题,根本症结在于该类案件的自诉人很难承担证实犯罪的证明责任。具体体现在:此类案件经过专门机关收集证据、审查证据尚未能有效证明犯罪,让作为普通公民的自诉人来证明犯罪成立,更是难上加难。虽然《刑诉法解释》(1998年)规定自诉人因为客观原因不能取得的证据,可以申请人民法院调取,而法院所能调取的基本上也就是原有卷宗,法官对于公诉案件的取证能力相当有限。

但是否因此就将"公诉转自诉"取消?这值得商榷。

第一,该制度的首要价值是为"告状无门"的被害人提供救济机制,对于彰显加强被害人权利保障具有重要意义。此类案件"告状无门"的被害人大多是社会弱势群体,如果取消该制度,无疑关闭了其寻求司法救济的最后希望之门。

第二,该制度对于解决实践中由于"认识问题"而导致公安机关、人民检察院不予追究刑事责任的案件具有重要价值,实际操作中存在的问题可以通过程序设计的完善来加以解决。司法实践中,一些公诉案件实际上已经达到证据确实充分的定罪标准,完全应当移送审查起诉或者提起公诉,但由于办案机关对证据审查判断、事实认定或者法律适用等方面认识上的分歧,导致作出了错误的不追诉的处理决定。这种案件证据本身已经收集完毕,不存在前述自诉人举证困难的问题,只是办案机关的"认识问题"。"公诉转自诉"制度可以对审前程序中办案机关由于"认识错误"而作出的错误不追诉决定予以纠正,防止放纵犯罪。本案就是检察机关未能正确把握证明标准而错误作出不起诉决定,然后通过"公诉转自诉"制度而予以纠正的典型案例。至于该制度在实际操作中存在的一些问题,可以通过程序设计加以解决和完善,而不是简单地一废了之。

第三,从法理上看,公诉为主、自诉为辅的起诉方式兼顾了国家追诉权和公民追诉权的合理分配,更为适当。如果按照"公诉转自诉"违背了国家追诉主义的观点,那就应该彻底取消自诉制度,实行公诉垄断主义。"公诉转自诉"只是扩大了自诉案件的范围,与国家追诉主义并不冲突。

■ 扩展思考

强制起诉是指被害人对检察机关的不起诉决定不服,依法向法院申请交付审判,法院经审查或进行必要的调查后,认为被害人申请有理由时,作出将案件交付审判的裁定,从而启动公诉审判程序的一种制度。

在域外强制起诉制度立法中,德国的强制起诉程序、日本的准起诉程序以及韩国的交付审判制度,具有一定代表性。强制起诉的前提是穷尽检察权救济,赋予被害人诉权的同

---

6 参见罗智勇:《对我国公诉与自诉关系的理性思考》,载《中国刑事法杂志》2006年第2期。

时采用强行启动公诉的方式追诉犯罪,体现了权力制约理论,符合司法最终裁决原则。[7] 强制起诉制度以被害人提起自诉为前提,至于其提起自诉的具体方式,有关国家或地区的做法有所不同,但不改变该行为的自诉性质。同时,该制度又通过强行启动公诉的方式能够较好地解决前述公诉转自诉案件存在的难以收集、运用证据有效证明犯罪的问题。

就我国刑事诉讼实践而言,一方面,可以适当限缩"公诉转自诉"案件范围,以检察机关作出不起诉决定为自诉前提。在司法实践中办理"公诉转自诉"案件时,可以通过规范性文件实际把握对于被害人以公安机关、人民检察院不立案、撤销案件为由提起自诉的,法院原则上裁定不予受理,同时应当告知被害人可以通过申请人民检察院法律监督的渠道进行救济。《高检规则》对于此两种情形如何进行法律监督已经有详细规定。此外,应当规定被害人以检察机关作出不起诉决定错误为由提起自诉的,人民法院均应当立案受理进行审查,以发现是否存在检察机关由于"认识错误"而作出不当不起诉决定导致放纵犯罪的情形。如此则在实际把握中适当限缩了"公诉转自诉"的案件范围,突出了以检察机关作出不起诉决定为提起自诉的前提,为建立强制起诉制度奠定了基础。另一方面,法院经审查决定进行审判的,应当作出交付审判裁定,检察机关应当提起公诉。对于被害人以检察机关作出的不起诉决定错误为由提起自诉的案件,法院经进行调卷审查等工作后决定进行审判的,应当作出将案件交付审判的裁定,送达检察机关,检察机关应当另行指派检察官出庭支持公诉。

---

[7] 参见兰耀军:《论刑事诉讼中的"强制起诉"》,载《法学论坛》2007 年第 5 期。

030 电子数据载体的财产权保护｜扣押中的行刑衔接问题

T公司国家赔偿案

裴 炜 北京航空航天大学

■ 案情概要[*]

北京某科技有限公司(以下简称T公司)于2004年4月至2006年11月,曲某某任T公司董事长兼总经理期间,自主研发"彩票大赢家""双色球大赢家""足彩大赢家"等分析软件,为彩民提供服务。

2007年5月18日,湖南省长沙市望城区公安局以涉嫌非法经营对曲某某立案侦查,后该局扣押了T公司电脑主机4台、服务器6台、笔记本电脑1台、银行卡12张及账本、会议记录本等,责令T公司汇款27.32万元至望城公安局账户暂扣。6月1日,曲某某被刑事拘留。6月28日,该局向检察机关提请批捕,检察机关作出不予批准逮捕决定。从7月6日起,该局陆续将扣押的财物退还T公司。8月9日至11月6日,该局共退还T公司服务器6台、笔记本电脑1台、银行卡12张。2008年4月23日,望城区人民检察院以曲某某涉嫌非法经营罪对其批准逮捕,并于4月25日执行逮捕。因其患有心脏疾病,于4月30日经批准取保候审。

侦查终结后,望城区公安局将案件移送望城检察院审查起诉。经审查,检察院认为曲某某的行为不构成犯罪,于2010年11月18日作出不起诉决定。12月8日,望城区公安局将扣押的电脑主机4台退还T公司,同月23日将暂扣款27.32万元退还T公司。

2011年12月,曲某某、T公司以望城区公安局错拘错捕、扣押公司及私人财产造成损失为由,先后向望城区公安局、长沙市公安局、长沙市中级人民法院赔偿委员会、湖南省高级人民法院赔偿委员会申请国家赔偿。

经公开质证,湖南省高级人民法院于2017年3月7日作出决定,撤销长沙市中级人民法院赔偿委员会赔偿决定,由望城区公安局赔偿T公司房屋租金、电费、职工经济补偿、留守职工工资、电脑维修费、被扣押款利息等共计308983.45元,驳回T公司其他国家赔偿请求。T公司不服,向最高人民法院赔偿委员会提出申诉,诉称望城区公安局在侦办曲某某涉

---

[*] 参见湖南省长沙市望城区公安局望公刑赔字(2012)1号刑事赔偿决定书、长沙市公安局(2013)长中法赔字第0008号国家赔偿决定书、长沙市中级人民法院赔偿委员会(2015)长中法委赔字第00015号国家赔偿决定书、湖南省高级人民法院赔偿委员会(2017)湘委赔提1号国家赔偿决定书、最高人民法院赔偿委员会(2017)最高法委赔监204号决定书。

嫌非法经营一案中,扣押了 T 公司用于经营的电脑主机、服务器、笔记本电脑、银行卡、现金及账本等,导致 T 公司停产停业。湖南省高级人民法院赔偿委员会遗漏了有关赔偿的重要事实以及适用法律确有错误,应重新作出赔偿决定。2018 年最高人民法院赔偿委员会作出决定驳回 T 公司申诉。

■ 法律分析

> **争议焦点**
>
> 公安机关收集提取涉案电子数据时扣押封存了多个载体,对公司经营造成严重影响。电子数据收集提取时,应当在多大范围内对存储介质进行扣押封存?侦查中如何保护相对人的财产权?

□ 电子数据取证中的载体先行扣押原则

在我国电子数据取证规则下,扣押仅指向载体而不指向数据本身,[1] 并且载体扣押被认为是保护电子数据完整性的有效方法。[2] 根据 2016 年最高人民法院、最高人民检察院、公安部制定的《关于办理刑事案件收集提取和审查判断电子数据若干问题的规定》第 8 条,在收集、提取电子数据过程中,原则上应当扣押电子数据原始存储介质,只有在无法扣押的情况下才进行现场提取。在 2019 年公安部制定的《公安机关办理刑事案件电子数据取证规则》中同样规定,针对侦查中发现的可以证明犯罪嫌疑人有罪或者无罪、罪轻或者罪重的电子数据,"能够扣押原始存储介质的,应当扣押、封存原始存储介质"(第 10 条第 1 款)。

本案中,T 公司是一家互联网企业,服务器、电脑等是其开展日常经营活动的关键经营设备。本案所涉罪名是通过网络信息技术实施的非法经营罪,电子数据证据是案件的主要证据种类。在本案侦查过程中,侦查人员通过扣多个服务器和电脑设备来取证,与我国现行法所规定的电子数据证据取证载体先行扣押原则相一致。

□ 电子数据载体扣押范围的界定

在《刑事诉讼法》中,扣押是一项干预公民财产权的强制性侦查措施,其适用范围受到严格的法律限制。根据《刑事诉讼法》第 141 条第 1 款的规定,扣押措施适用于"可用以证明有罪和无罪"的财物、文件,与案件无关的财物、文件不得扣押。根据全国人大常委会法工委的相关解释,所谓"无关",主要是指相关材料"不能作为证据使用"。从相关规范性法

---

[1] 需要注意的是,许多研究在探讨电子证据的搜查和扣押时,"扣押"的对象是电子数据,而非载体。例如,陈永生:《论电子通讯数据搜查、扣押的制度建构》,载《环球法律评论》2019 年第 1 期;孙潇琳:《我国电子数据搜查扣押之审思》,载《中国人民公安大学学报(社会科学版)》2018 年第 6 期。
[2] 参见周加海、喻海松:《〈关于办理刑事案件收集提取和审查判断电子数据若干问题的规定〉的理解与适用》,载《人民司法》2017 年第 28 期。

律文件和司法实践来看,"可以作为证据使用"的含义较为宽泛,既包括直接指向案件事实的证据材料,也包括为保全证据材料所必需的财物,还包括其他可能与案件相关但性质待定的财物。例如,根据《人民检察院刑事诉讼涉案财物管理规定》第 6 条,对于犯罪嫌疑人亲友退还或赔偿的涉案财物,尽管此时这些财物是否确实属于应当退赔之范围尚处于待定状态,人民检察院同样可以采取扣押措施。

本案中,侦查人员扣押了 T 公司电脑主机 4 台、服务器 6 台、笔记本电脑 1 台。之所以进行多载体的扣押,在于载体中的电子数据是否与案件有关,侦查人员难以从载体外观直接判断,需要进入载体中予以检视。在数据载体及其中数据尚未固定的情况下,直接进行数据检视不仅可能造成目标数据的损毁、灭失,也可能干扰载体中可能印证其他证据的数据。这意味着侦查人员在判断电子数据相关性之前,首先需要对载体的相关性进行独立于电子数据的评价,进而予以扣押以保护目标数据完整性。基于此,实践中多以载体与涉案人员之间的相关性来划定电子数据载体扣押范围,也形成了我国当前电子数据取证中的"一体收集为原则、单独提取为例外"的常规思路。[3]

□ 电子数据载体扣押的解除

围绕扣押的相关性,刑事诉讼法设置了相应的救济程序。一方面,根据《刑事诉讼法》第 117 条第 1 款,公安司法机关"对与案件无关的财物采取查封、扣押、冻结措施的",当事人及利害关系人有权就无关扣押提出申诉或控告。另一方面,根据《刑事诉讼法》第 145 条及相关司法解释,公安司法机关自身也承担审查扣押相关性并及时解除不相关扣押的义务。在应解除而未及时解除的情况下,这种超出相关性的扣押即便在扣押决定作出之时具有合法性,也可能因为后续相关性的丧失而使持续扣押状态转变为非法,进而引发国家赔偿等后续法律责任。

本案中,公安机关在 2007 年 7 月 7 日曲某某被取保候审后,于 8 月 9 日退还服务器 1 台、笔记本电脑 1 台,10 月 19 退还服务器 5 台;在 2010 年 11 月 18 日检察机关针对曲某某作出不起诉决定后,于 12 月 8 日退还电脑主机 4 台。电子数据载体解除扣押的难度在于,在当前电子数据取证的规则框架下,该措施首要地被视为是一项重要的保障电子数据完整性的方法,而其作为以公民财产权为客体的一项独立侦查措施的性质并未凸显。

基于该立法思路,载体扣押的解除主要基于两种情形:一种是明确内部电子数据与案件事实无关,以数据的不相关来论证载体的不相关,从而解除扣押;另一种是刑事诉讼程序终结,例如,在本案中,针对 T 公司相关财物的返还主要发生在曲某某被改变强制措施和检察机关做不起诉决定这两个程序节点之后。[4] 这意味着单纯以非法干预公民财产权为由要

---

[3] 参见谢登科:《论电子数据与刑事诉讼变革:以"快播案"为视角》,载《东方法学》2018 年第 5 期。
[4] 类似如"刘某娟申请北京市公安局朝阳分局刑事违法扣押赔偿案"中,公安机关在采取扣押措施时并无不当,但在定罪量刑之后,针对法院未予认定的涉案款项继续扣押,则构成了违法扣押。参见最高人民法院于 2018 年发布的"人民法院国家赔偿和司法救助典型案例"。

求解除载体扣押,在现有规则体系下难度较大。同时,由于载体之于电子数据的附属性特征,在电子取证的司法实践中也存在变相扣押、封存载体的情形,例如,当侦查机关要求相对人冻结特定载体中的电子数据时,从保全被冻结数据的完整性的角度出发,可能致使载体处于无法继续使用的状态。

■ 理论阐释 | 载体的独立价值如何保护

在电子数据取证的场景中,无论如何强调存储介质在数据保全中的作用,作为取证目标的是数据而非载体。随着云计算的发展,电子数据与其载体之间的联系逐渐弱化。一方面,数据自身具有一整套鉴真的技术和规则标准,例如,电子数据存在"复制的原件"的情形。[5] 另一方面,能够作为证据使用的数据与其载体之间并非一一对应的关系,一份数据可能分散存储于不同的设备之中,而一份完整的数据也可能在多个设备中同时存有备份;特别是在云服务中,个人所使用的电子设备更多地承担的是数据远程入口的功能。此时单纯以电子数据的相关性来判断载体的相关性,不可避免地会不当扩大载体扣押的范围。同时,由于数据取证和分析的时长不确定,会进一步导致载体的扣押长期难以解除。此外,载体在被扣押之后,可能因其用于犯罪通信活动而被定义为犯罪工具,进而在诉讼终结后被没收。例如,在2017年"史某飞抢劫、诈骗案"中,针对该案中扣押的手机,控方认为其并非专门或主要用于犯罪活动,因此不应当认定为犯罪工具;而法院则认为犯罪分子在犯罪活动中使用的一切物品、器械,只要在犯罪时以犯罪为目的而使用,即为犯罪工具。这种思路延伸出的观点就是,由于数据无法脱离载体而独立存在,导致犯罪活动凡涉数据则必使用载体,而载体凡被使用则必构成犯罪工具,进而凡是载体必应被没收。

然而,载体自身并非不具有单独的保护价值,而是承载着公民的财产权益,不仅是数字时代社会生活的必备工具,同时还是企业的重要生产资料。对相关载体的大范围、长期性的扣押不仅会干预到公民针对载体本身的财产权,还可能会对企业的正常运营活动造成损害,这也是在本案中出现的情况。

近年来,我国出台了一系列文件,强调严格规范涉案财产处置的法律程序。相关文件尽管主要关注的是企业产权问题,但其无法脱离财产权的一般保护而单独建构。从这个角度讲,将同样力度的财产权保护扩展至公民个人的电子设备顺理成章。基于此,有必要根据具体案件中电子数据的类型和状态,匹配适当范围的载体扣押,从而对公民的财产权形成更为精细的保护。

一方面,扣押对象的范围应当考虑载体与其中电子数据存储状态之间的关系。电子数据是否本地存储,决定了作为侦查取证目标的电子数据是否存在其他获取的方式。当存在

---

5 See Scientific Working Group on Digital Evidence, *Collection of Digital and Multimedia Evidence Myths vs Facts*, SWGDE(Juy. 18, 2017), https://www.swgde.org/documents/Archived%20Documents/SWGDE%20Collection%20of%20Digital%20and%20Multimedia%20Evidence%20Myths%20vs%20Facts%20v1-1.

其他可替代获取方式时,根据比例原则的要求,应当尽可能采取对公民财产权限制较小的方式。例如,就数据在云端存储的情形而言,获取电子数据的关键更多地在于云服务的登录账号而非设备本身,因此设备扣押的必要性被进一步降低。

另一方面,存储介质扣押应当区分不同的阶段,从而与电子数据的收集提取行为相匹配,进而限缩扣押的时长。电子数据的收集提取可以大致分成存留固定阶段和提取分析阶段。存储介质的扣押主要依附于第一个阶段;当电子数据收集提取进入到第二个阶段,存储介质与电子数据之间的关联会随着数据分析的深入而逐渐弱化。被扣押设备在第一阶段的相关性并不天然地延伸至第二阶段,甚至可能转变为"无关财物",进而应当解除扣押。

■ **扩展思考** | 载体扣押中的行刑衔接问题

电子数据的收集提取是一个复杂的过程,许多案件起源于行政执法,之后转入刑事诉讼程序。在行政执法领域,电子数据取证同样以扣押存储介质为原则。例如,《公安机关办理行政案件程序规定》第32条要求在收集电子数据时,能够扣押电子数据原始存储介质的,应当扣押。这意味着在行政执法阶段,与目标数据相关的存储介质可能就已经处于扣押状态,这就涉及后期如何转入刑事诉讼扣押的问题。

相对于刑事扣押,行政扣押的目的较为宽泛,包括但不限于制止违法行为、防止证据损毁、避免危害发生、控制危险扩大等行政管理目的。在刑事诉讼领域,扣押的适用以立案为前提,而刑事立案本身则需要证明到有犯罪事实需要追究刑事责任的程度,其标准明显高于行政执法,并且从保护公民基本权利的强度角度而言,特别是对犯罪嫌疑人相关权利的保护方面,刑事侦查措施同样要高于行政执法措施。

但在司法实践中,行政扣押与刑事扣押的模糊区分一定程度上消解了立案对于刑事扣押的限制,并隐去了立案前调查核实阶段采用扣押措施的合法性问题。例如,在"徐某仁诉巩义市公安局扣押强制措施纠纷案"[6]中,巩义市公安局在正式刑事立案之前采取了扣押措施,并认为该措施属于刑事执法措施,不适用行政执法相关法律规定。法院审查后则认为,公安机关以行政立案登记处警,该扣押措施本质应为行政扣押,其提出的该行为为刑事执法行为的主张不成立。

面对这种情况,就需要对刑事立案前的扣押行为予以定性,处理好行政扣押与刑事扣押的关系。一方面,应当将正式立案之前的扣押措施定性为行政措施而非犯罪初查,并以相关行政法律规定作为合法性依据,以此解决立案前扣押措施的合法性问题,但也意味着该措施适用行政复议和行政诉讼。另一方面,在行政扣押向刑事扣押转化过程中,实质性考察行政扣押的目的,即只有为调查核实犯罪线索之目的进行的扣押才能直接转化为刑事扣押。

---

[6] 参见巩义市公安局扣押强制措施纠纷案,河南省郑州市中级人民法院(2010)郑行终字第121号行政判决书。

031 拘捕不搜查原则与随附性搜查的规制

郭某贩卖毒品案与孙某某贩卖毒品案

佀化强 华东师范大学

■案情概要[*]

案例一

被告人郭某于2014年7月至11月,在福建省石狮市锦尚镇卫生院旁,其居住的临时搭盖房内,以直接出售或通过其女儿孔某转手的方式,分别向潘某万、韦某、尹某清、李某、尹某学出售毒品海洛因,但"具体贩毒的次数、数量"不清。此外,侦查人员于"2014年11月10日7时许"在"石狮市锦尚镇卢厝村委会前的路边"抓获郭某,"后于当日9时许将被告人郭某带至其临时搭盖房屋进行搜查",从中搜获并扣押"23.43克毒品"。

福建省石狮市人民法院认定:(1)从郭某所居住的临时搭盖房内扣押的23.43克毒品,公诉机关"应对"此"承担指控责任"。根据《刑事诉讼法》(2012年)第136条的规定,侦查人员进行搜查,必须向被搜查人出示搜查证。在执行逮捕、拘留的时候,遇有紧急情况,不另用搜查证也可以进行搜查。本案侦查人员于2014年11月10日7时许抓获被告人郭某,后于当日9时许将被告人郭某带至其临时搭盖房屋进行搜查,并未向被告人郭某出示搜查证,此时也并非在执行拘留的时候遇有紧急情况,"因此侦查人员在实施上述搜查行为时,并未严格依照法定程序进行,取证过程不符合法律规定,由此形成的扣押笔录、扣押物品清单等书证不能作为定案的依据,因此,公诉机关的该项指控不能成立"。(2)公诉机关指控被告人郭某直接或在孔某帮助下向潘某万、韦某、尹某清、李某、尹某学出售海洛因的事实成立,其行为已构成贩卖毒品罪,判处有期徒刑4年,并处罚金人民币5000元。

案例二

2015年3月某日,被告人孙某某在黑龙江省哈尔滨市道里区某街口,以500元的价格卖给张某甲、赵某某(均另案处理)甲基苯丙胺(冰毒)1克。3月12日21时许,公安机关接到群众举报后,在香坊区香茗街将孙某某抓获,并在其身上收缴甲基苯丙胺1包(重7.03克),在其驾驶的捷达轿车上收缴甲基苯丙胺1袋(重4.29克)、甲基苯丙胺1盒(重1.74

---

[*] 参见郭某贩卖毒品案,福建省石狮市(2016)闽0581刑初660号刑事判决书;孙某某贩卖毒品案,黑龙江省哈尔滨市道外区人民法院(2015)外刑初字第508号刑事判决书、黑龙江省哈尔滨市中级人民法院(2016)黑01刑终4号刑事裁定书。

克),后公安机关在香茗街副2号1单元502室其租住地收缴保险柜1个,并在保险柜内搜缴出甲基苯丙胺1袋(重134.16克)、甲基苯丙胺2瓶(重3.45克)、甲基苯丙胺片剂1袋(重14.36克)。综上,在孙某某身上、车上、保险柜中共收缴甲基苯丙胺,重量165.03克。

一审中,孙某某的辩护人以公安机关在对被告人的租住地内进行搜查时没有搜查笔录等原因,提出相关物证系非法证据;在被告人身上和车里搜出的毒品,应定为非法持有毒品罪。

道外区人民法院判决孙某某犯贩卖毒品罪,判处其有期徒刑15年,剥夺政治权利2年,并处没收个人财产10万元,理由如下:"孙某某贩卖给他人毒品,在其身上、车上、保险柜中搜出的毒品数量,也应当认定为贩卖毒品数量,故对其辩解及其辩护人提出其系犯非法持有毒品罪的辩护意见不予采纳。"

孙某某向哈尔滨市中级人民法院提出上诉,哈尔滨市中级人民法院认定的事实、证据与原审法院相同,驳回上诉、维持原判。其对上诉理由回应如下:"公安机关抓捕孙某某后,当即对其租住处进行了搜查,虽未向孙某某出示搜查证,符合在执行逮捕、拘留的时候,遇有紧急情况,不另用搜查证可以进行搜查的规定。对辩护人就此提出的辩护意见,不予采纳。"

■ 法律分析

> **争议焦点**
>
> 本案争议的焦点是随附性搜查的适用与限制,及其与非法证据排除规则之间的关系。

□ "拘捕不搜查"原则及其例外:随附性搜查的功能定位

案例一与案例二的基本案情相同,均涉及随附性搜查。随附性搜查规定于现行《刑事诉讼法》第138条:"进行搜查,必须向被搜查人出示搜查证。在执行逮捕、拘留的时候,遇有紧急情况,不另用搜查证也可以进行搜查。"然而针对同一情形,两地法院作出了截然相反的判决。其实,这不仅涉及对随附性搜查条款的理解和适用问题,更涉及拘捕与搜查之关系的界定:拘捕能否兼容搜查、二者兼容的合法边界何在?

就拘捕与搜查之关系而言,现代法治秉持一个根本原则,即"拘捕不搜查"。这一原则也逐渐引入我国的刑事诉讼法,集中体现于随附性搜查的目的和范围上。中华人民共和国成立至今,相关制度从"拘捕兼容搜查"发展为"拘捕不搜查"。1954年《逮捕拘留条例》第9条规定,"在逮捕、拘留人犯的时候,为了寻找犯罪证物",搜查的对象和范围不仅包括"人犯的身体、物品、住处或者其他有关的地方",还包括"可能隐藏人犯或者隐藏犯罪证物"的"其他有关的人"的"身体、物品、住处或其他有关的地方"。1979年《逮捕拘留条例》第10条延续了这一规定。

但《刑事诉讼法》(1979年)第79条仅规定"侦查人员可以对被告人"进行搜查,删除了

1979年《逮捕拘留条例》中可搜查"人犯的身体、物品、住处或其他有关的地方"的表述,同时《刑事诉讼法》(1979年)第81条(现行《刑事诉讼法》第138条)将随附性搜查限定于"紧急情况"。至于何为"紧急情况",《公安规定》(1987年)第74条给出了解释:"身带行凶、自杀器具的;可能隐藏爆炸、剧毒等危险物品的;可能毁弃、转移犯罪证据的。"《刑事诉讼法》(1979年)、《公安规定》(1987年)第74条解释与1979年《逮捕拘留条例》之间的冲突,随着《刑事诉讼法》(1996年)的修订和1979年《逮捕拘留条例》的废止得以消弭。至此,积极"发现犯罪证物"的功能和目的被摒弃。

1998年、2012年、2020年《公安规定》基本延续了《公安规定》(1987年)第74条之规定。据此,随附性搜查仅保留两项目的或功能:保护警察安全或拘捕现场的公共安全;保全证据,防止当场销毁证据。[1] 公安部组织出版的对于《公安规定》的释义写道:"没有遇到本条所列的紧急情况,侦查人员应当办理并出示搜查证,而不得以拘留证或者逮捕证代替搜查证。"[2] 准确地说,随附性搜查中所谓的"搜查",乃证据保全的必要措施,其动作只能是"扣押",并不属于典型意义上的搜查。因此从1987年、至少从1996年始,"拘捕不搜查"就成为我国《刑事诉讼法》明示的法律原则。根据《刑事诉讼法》第138条规定,该原则唯一的例外就是随附性搜查,并且,其目的仅限于"保护警察或拘捕现场的安全"和"证据保全",而不能是搜集犯罪证据。

目的合法性限定了随附性搜查的时空范围。在空间上,搜查其仅限于犯罪嫌疑人"人身"以及"他能直接控制"的区域,即拘捕当时他能唾手可得武器或犯罪证据之处,[3] 不得扩展到"逮捕实施地附近的壁橱"[4] 以及与拘捕地点"相隔几个街区的被告人的住处"。[5] 在时间上,搜查必须与拘捕"同步进行"[6] 或在拘捕"之后",但不能间隔太久,"一旦被告人及其同伙被拘捕或控制起来,搜查其他地方"就超出了随附性搜查的合法界限,因为,"在这个时间点上",被告人没有"使用武器或销毁犯罪证据的任何危险"。[7]

▢ 两份判决的对比:区分情况认定非法证据

在案例一中,侦查人员于"2014年11月10日7时许"在"石狮市锦尚镇卢厝村委会前的路边"抓获郭某,并在"当日9时许将被告人郭某带至其临时搭盖房屋进行搜查",从中搜

---

[1] 1998年、2012年、2020年的《公安规定》增设"可能隐匿其他犯罪嫌疑人的""其他突然发生的紧急情况"两个情形。公安部的解释被最高人民检察院《高检规则》全盘接受,见《高检规则(试行)》(2012年)第224条、《高检规则》第205条。
[2] 孙茂利主编:《公安机关办理刑事案件程序规定:释义与实务指南(2021年版)》,中国长安出版传媒有限公司2021年版,第539页。
[3] Chimel v. California,395 U. S. 752,763(1969);Preston v. United States,376 U. S. 364,367(1964).
[4] [美]约书亚·德雷斯勒等:《美国刑事诉讼法精解》(第1卷),吴宏耀译,北京大学出版社2009年版,第200页。
[5] Agnello et al. v. United States,269 U. S. 20,30 – 31(1925).
[6] Agnello et al. v. United States,269 U. S. 20,30(1925);[美]约书亚·德雷斯勒等:《美国刑事诉讼法精解》(第1卷),吴宏耀译,北京大学出版社2009年版,第200页。
[7] Preston v. United States,376 U. S. 364,367,368(1964).

获并扣押"23.43 克毒品"。在目的上,该行为超出了合法目的的边界,不再是搜查其随身携带的武器、爆炸物或随身携带的毒品,而是搜查更多的物证,已经构成了一项独立搜查。在空间范围上,拘捕地点是"村委会前的路边",而搜查则是"将郭某带至其临时搭盖房屋";在时间上,二者间隔"两个小时"。石狮法院认为这一搜查是非法搜查,并将"23.43 克毒品"自动排除。可以说,该判决堪称"伟大"。

相比之下,案例二中的一审法院和二审法院,并未意识到"拘捕不搜查"原则的存在,也未理解随附性搜查条款的真正含义,从而作出了相对庸常的判决。在该案中,需要区分并界定三次搜查的性质,然后决定是否对其搜查得来的物证予以排除。

第一次搜查是在香茗街将孙某某抓获时,在其身上收缴甲基苯丙胺 7.03 克。显然,该搜查属于随附性搜查的范畴,7.03 克甲基苯丙胺可作为犯罪证据。

第二次搜查是在孙某某驾驶的捷达轿车上。根据公安机关出具的情况说明,"在抓捕孙某某的时候,其从车内拿出一把匕首拒捕被制服"。这一情节的存在,使得警方随附性搜查的范围得以合法地扩展至该捷达轿车上,以确保车上不再藏有其他武器或危险品。在这一搜查过程中所发现的一切犯罪证据,如本案中的 2 包甲基苯丙胺共计 6.03 克,均属合法证据。

至于第三次搜查,由于发生在拘捕及其随附性搜查之后,并且,地点不是在拘捕现场而是在孙某某租住地,故超出了随附性搜查的合法边界,对房间内保险柜进行搜查,构成了一项独立的搜查。独立的搜查要么具有搜查证,要么需要征得被搜查人同意。判决书显示:"警方因在孙某某的住处未能打开保险柜,后将保险柜运到公安机关。"显然,这排除了同意搜查之可能,并且,警方将保险柜带至公安机关并进行无证搜查,属于严重程序违法,在该保险柜搜获的 3 份甲基苯丙胺共计 151.97 克,属于非法搜查之果,应予自动排除。

■ 理论阐释 | 随附性搜查的规制及其证据排除模式

违法搜查分为两种,一种是根本性违法或称实质性违法,所获证据被称为非法证据,适用自动排除或强制排除模式;另一种是技术性违法,所获证据被称为瑕疵证据,适用裁量排除模式。

《刑事诉讼法》第 56 条规定:"收集物证、书证不符合法定程序,可能严重影响司法公正的,应当予以补正或者作出合理解释;不能补正或者作出合理解释的,对该证据应当予以排除。"根据立法机关的学理解释:"不符合法定程序"包括"勘验笔录没有见证人签字的物证,未出示搜查证搜查取得的书证等"。立法机关意识到非法搜查物证书证的复杂性及其与证据客观性的关系,特别指出:"违法搜集物证、书证的情况比较复杂,物证、书证本身是客观证据,取证程序的违法一般不影响证据的可信度。而且许多物证、书证具有唯一性,一旦被排除就不可能再次取得。大部分国家的法律对于违法取得的实物证据,都没有规定绝对予以排除,而是区分情况作不同的处理。"

这一二分法也构成了我国非法物证、书证排除的模式,即条文规定:"可能严重影响司法公正的,应当予以补正或作出合理解释;不能补正或者作出合理解释的,对该证据应当予以排除。"至于何为"可能严重影响司法公正",立法者的学理解释是:"搜集物证、书证不符合法定程序的行为明显违法或者情节严重,可能对司法机关办理案件的公正性、权威性以及司法的公信力产生严重的损害。"这表明,非法物证书证的排除与证据真实性并无直接关系。至于何为"补正"或"合理解释",其解释是:"补正是指对取证程序上的非实质性的瑕疵进行补救,如在缺少侦查人员签名的勘验、检查笔录上签名等。合理解释是指对取证程序的瑕疵作出符合逻辑的解释,如对书证副本复制时间作出解释等。"[8]

从上可知,我国立法区分了"实质性"的违法与"非实质性的瑕疵"两种类型,唯有"非实质性的瑕疵"才允许"补正"或"作出合理解释",对于不能"补正"、不能作出"合理解释"的"非实质性的瑕疵"证据,予以排除;而对于"实质性"的违法,则不容许"补救",要"绝对予以排除"。质言之,"实质性"违法直接排除,与证据真实性无关;"非实质性的瑕疵"适用裁量排除模式,是否排除取决于该"瑕疵"是否影响证据的真实性。在我国,违反"拘捕不搜查"原则、超出随附性搜查的合法边界而进行的无证搜查,应被视为"根本性违法"或"实质性违法",所获物证书证应自动排除或强制排除。

■ 扩展思考 | 识别法律原则,提升根本性条款的法律位阶

从清末法律移植至今,并纵观域外相应的制度,我国刑事诉讼的审前拘捕制度、搜查扣押制度已经与世界各国相关规定差别不大。可以说,基本的框架业已完成,法律所表达的基本精神也镶嵌其中。不过由于各种原因,其实施效果并不理想。就当下而言,需要完善和加强的环节有二:

一方面,善于洞察和识别,识别出看不见的法律原则和法律精神。法官作为司法者,应当在纵向比较和横向比较中洞察法条变动背后所蕴含的法律原则,知悉立法者所要表达的立法意图。就拘捕与搜查的关系、随附性搜查条款的含义,要结合公安部的部门规章与法典规定综合判断,而不是停留在司法解释的字面意思中。相关司法解释对审前拘捕和搜查几乎从未涉猎。

另一方面,提升核心环节的法律位阶。从1979年开始,《刑事诉讼法》就笼统规定了随附性搜查条款。然而时至今日,对随附性搜查中"紧急情况"的界定,依然借助于《公安规定》。这与其承载的法治价值——"拘捕不搜查"——极不相称,很容易被忽视。截至目前,仅有为数不多的法院,如石狮法院等,意识到随附性搜查条款的价值,并对涉案证据予以自动排除。因此,亟须将"拘捕不搜查"和随附性搜查条款纳入刑事诉讼法条文之中,使之成为一项显性原则,将其作为构建搜查制度的基石性条款,并以"拘捕不搜查"原则为基础,作为非法物证排除规则的公式之一。

---

[8] 全国人大常委会法制工作委员会刑法室编:《关于修改中华人民共和国刑事诉讼法的角度:条文说明、立法理由及相关规定》,北京大学出版社2012年版,第56页。

032 死刑案件的量刑程序及裁量逻辑

孙某故意杀人案

孙 皓 天津大学

■ 案情概要[*]

被告人孙某,男,汉族,1964年12月23日出生,无业。2019年11月12日,被告人孙某之母(95岁)因患哮喘、心脏病、脑梗死后遗症等疾病到北京市第一中西医结合医院住院治疗,22日出院。其间,医院曾下达病危病重通知书。12月4日,因孙母在家中不能正常进食,孙某联系"999"急救车将其母送至北京市民航总医院。孙母经急诊诊治未见好转,被留院观察。孙某认为孙母的病情未好转与首诊医生杨某(被害人,女,殁年51岁)的诊治有关,遂怀恨在心。

同月8日,孙某返回其暂住地取了一把尖刀随身携带,扬言要报复杨某,并多次拒绝医院对孙母做进一步检查和治疗。24日6时许,杨某在急诊科抢救室护士站向孙某介绍孙母的病情时,孙某突然从腰间拔出尖刀,当众持刀反复切割杨某颈部致杨某倒地,后又不顾他人阻拦,再次持刀捅刺杨某颈部,致杨某颈髓横断合并创伤失血性休克死亡。孙某作案后用手机拨打"110"报警投案。

本案由北京市第三中级人民法院一审,北京市高级人民法院二审,判处孙某死刑立即执行,剥夺政治权利终身。最高人民法院对本案进行了死刑复核。各级法院均认为,孙某故意非法剥夺他人生命,其行为已构成故意杀人罪。孙某因母亲就医期间病情未见好转,归咎并迁怒于杨某,事先准备尖刀,预谋报复杀人,并在医院急诊科当众持刀行凶,致杨某死亡,犯罪动机卑劣,手段特别残忍,性质极其恶劣,社会危害性极大,罪行极其严重,应依法惩处。孙某虽具有自首情节,但不足以对其从轻处罚。孙某已于2020年4月3日被依法执行死刑。

■ 法律分析

争议焦点
是否应对孙某判处死刑立即执行?

---

[*] 参见北京市第三中级人民法院(2020)京03刑初9号刑事判决书。

如果单纯审视孙某的犯罪情节,其恶劣程度所导致的死刑裁量貌似无可厚非。然而,与本案发生的时间节点相隔不足两个月,情节近似的崔某杀医案却以被告人的死缓判决作结。[1] 法院在评价上述两起案件时,不约而同使用了诸如"犯罪动机卑劣,手段特别残忍,性质极其恶劣,社会危害性极大,罪行极其严重"等措辞。在案件起因上,二者都源于医患纠纷,甚至崔某与孙某同样具备了明确的初犯、自首等情节。最终的判决却给了二人完全不同的命运结局,即"生"与"死"的巨大差别。造成死刑立即执行与死刑缓期执行分别出现在这两起雷同案件中的影响因素,似乎并非两名被告人的行为手段及方式。而两起案件的最大差别,其实是被害人是否死亡的犯罪结果。

易言之,尽管二人均在人员众多的医疗公共场所公然行凶,且崔某除了有针对性地砍伤医生陶某外,还先后将阻拦其行凶的其他三人砍伤;但由于该案中不存在被害人的死亡后果,未遂情节的认定似乎决定性地导致了其不同于孙某的刑罚结论。以此推论,被害人的生死与否才会真正影响死刑的执行方式,而并非被告人的人身危险性。对孙某处以极刑的理由似乎欠缺足够的说服力。

乍看之下,上述现象应归咎于裁判书中量刑说理的略显笼统,根本上却呈现死刑案件量刑环节的决策逻辑不够清晰,乃至量刑程序的独立性不足等弊病。

□ 死刑裁量的逻辑

在庭审场合,法官就死刑量刑作决策时,须持有相应的假定立场,以确保证明活动不致偏离理性化轨道。以本案为例,法官在决策最终的死刑判罚时,究竟应当先假定孙某应被处以死刑立即执行,进而结合量刑情节审视其有无暂缓立即执行的可能;还是先预设其符合缓期执行条件,再根据主观恶性、人身危险性程度等来决定是否直接剥夺生命权?在笔者看来,此时的司法判断建立在被追诉人够罪的前提之上,故无罪推定理念已付之阙如。

倘若循着"先重后轻"的思路,法庭审理便会轻易落入"重刑主义"的窠臼,使得死刑立即执行成为优于死刑缓期2年执行的选项。如此一来,缓期执行的初始功能就打了折扣,无法体现其内嵌的"慎用、少用死刑"之内核。[2] 因而,缓期执行应当构成死刑裁量机制启动的"门槛"。确切地说,这是"轻刑推定"原则的作用结果。[3] 即法官在裁量被追诉人是否应当处以极刑时,应先假定其不宜直接被剥夺生命,进而通过相应的证明手段来评估是否及于立即执行的基准。倘若难以达到相对较高的佐证程度,最终的刑罚便止于缓期执行;否则,司法权才能诉诸直接剥夺个体生命的裁决。

涉及死刑量刑证明标准的讨论10余年前便开始引领诉讼法领域的学术热潮。[4] 然而

---

[1] 参见《我国首个杀医未遂被判处死缓的案件终于判了》,载搜狐网2021年2月3日,https://www.sohu.com/a/448499955_99918707。
[2] 参见彭新林:《被害人过错与死刑的限制适用》,载《法学杂志》2017年第11期。
[3] 参见姚莉:《死刑案件量刑阶段的轻刑推定原则》,载《中国法学》2021年第2期。
[4] 参见陈卫东、李训虎:《分而治之:完善死刑案件证明标准的一种思路》,载《人民检察》2007年第4期。

从根本上,死刑证明标准在本土资源影响下所指涉的,应当是死刑立即执行的适用标准,而基本排除了死缓认定。假使二者在诉讼程序中不能清晰地相互剥离,就不免出现法官依据主观偏好或其他法外因素抉择死刑执行方式的现象。是故,死刑立即执行与缓期执行作为实质上的不同两类刑罚方式,应当被区别为泾渭分明的证明目标并形成一定的逻辑次序。

因此,无论是针对孙某抑或崔某,量刑环节都不宜先入为主地考量适用死刑立即执行或者广义上的"死刑",而首先应假定其情节仅及于《刑法》第 48 条第 1 款的后半句话,即"对于应当判处死刑的犯罪分子,如果不是必须立即执行的,可以判处死刑同时宣告缓期二年执行"。只有当在案证据显示被告人在"罪行极其严重"的基础上明确达到"主观恶性极高"的程度,处以极刑所需的证明目标方可实现。

□ 趋向独立的量刑程序

法官作出上述判断需要以稳定的客观环境为基础,即庭审中针对死刑量刑裁量的专门环节。以往相对独立的量刑程序更多体现于——作为庭审两大阶段的——法庭调查及辩论环节内部。这中间,侧重于举证质证的法庭调查往往并不能突出量刑的独立价值,尤其是在被告人拒绝认罪认罚的案件中;大多数情况下,法庭辩论才是控辩双方就量刑问题各抒己见的"主战场"。在《刑诉法解释》中,检察机关提出量刑建议的时间就被安排在了法庭辩论环节。[5] 由此不难看出,所谓相对独立的量刑程序,在实践中难免沦为脱轨于证据调查的争辩活动。为此,只有在庭审中将量刑升格为平行于定罪的独立程序,才能真正意义上克服"重定罪、轻量刑"的传统痼疾。

一直以来,美国、日本等国家不同类型的量刑程序方案被反复提及,并日臻进化至细节设计层面。[6] 特别是美国的独立式量刑程序模式,与实体法的决策逻辑相互契合,以分步骤的形式逐步推导至死刑适用,即从"死罪圈"到"死刑圈"的层层过滤。[7] 这固然是对我国有着重要参考价值的成型经验。

■ 理论阐释 | 死刑案件的量刑活动应遵循的理论脉络

那么,基于程序法视角,死刑案件的量刑活动究竟应当遵循怎样的理论脉络呢?对此,不妨通过复盘我国台湾地区"吴燦基准"的经验及教训,以窥探其背后的某些学理症结。

2012 年年底,我国台湾地区的吴燦法官审理吴敏诚枪杀女友案时,就在准备程序多次向控辩双方提出若干抽象性问题,表现出创设一般性死刑量刑准则的兴趣。由此,针对死刑裁量的辩论在当地首次被置于相对独立的程序时空。而在不久后,吴燦与同庭法官一起

---

5 《刑诉法解释》第 282 条规定:"人民检察院可以提出量刑建议并说明理由;建议判处管制、宣告缓刑的,一般应当附有调查评估报告,或者附有委托调查函。"而该条款所属章节系第一审程序中的第四节"法庭辩论与最后陈述"。

6 参见孟军:《量刑制度改革背景下的死刑案件量刑程序:转型、模式及基础》,载《山东社会科学》2009 年第 7 期。

7 参见陈虎:《论剩余怀疑——兼论美国死刑案件"留有余地的判决"》,载《环球法律评论》2021 年第 3 期。

作出我国台湾地区著名的"上字第170号刑事判决",其中详细讨论了死刑量刑程序及方式,被外界称为"吴燦基准"。该基准要求法院对于可能判处死刑的案件,必须盘点我国台湾地区"刑法"第57条各款的量刑事由,[8]并实证调查被告人的教化可能性。在"上字第170号刑事判决"作出后,很多涉及死刑裁量的裁判文书均予以引用,故形成了一定判例效应。

当然,吴燦法官对于该基准的实质意涵作了相应解读:"犯罪事实有无之认定与应如何科刑,影响被告之权益甚重,其重要性本无分轩轾。但刑罚得当,殊非易事,对于检察官具体求处死刑之案件,因攸关被告生命权之剥夺,定谳执行后势将无法补救,为期量刑更加精致、妥适,审判长基于诉讼指挥权之行使,自非不可晓谕检、辩双方就与量刑范围有关之事项互为辩论,再由合议庭综合全辩论意旨并被害人家属之意见,选择最为妥适之宣告刑,期以达成罪刑相当,使罚当其罪之目的,并补现制规定之不足。"[9]

在此后形成的所谓"上字第5123号刑事判决"中,我国台湾地区的上级法院虽然没有提出明确的死刑认定标准,却以下级审对于某些量刑因子的调查不够详尽为由,作了撤销原判发回重审之处置。于是,下级法院只有诉诸更多的精细化调查及说理,才能保证自身对于死刑决定的结论不被救济审否定。归纳起来,"吴燦基准"事实上促使法院将死刑决定的核查聚焦于如下方面:对于量刑因子的调查是否足够;说理是否相互矛盾;个别因素是否适宜作为死刑量刑因子。[10]

吴燦法官的本意是希望裁判者对犯罪行为人进行全人格形成要素的系统考察,以避免陷于具体罪状的片面认知,继而降低量刑的主观恣意性。而一旦具象化到操作环节,不仅量刑理由的盘点轻易沦为"走过场",甚至会利用综合评述的方法敷衍了事;而针对教化可能性的判断也因标准不一、形式多元而反倒滋生了更多乱象。例如,很多法院出于懒惰心理只做表面功夫,将有无再犯概率视作纯粹的科学命题,交由鉴定人评价。基于此,针对死刑裁量的程序辩论简单化为司法心理学或者精神障碍鉴定专家之间的正面对决,反倒放大了裁判结论的不确定性。

总结上述经验及教训,针对被告人是否应处以极刑的评判步骤,不能始终存续于法官的内心确信,而要外化于诉讼流程中;针对死刑裁量的量刑程序建构,也绝不是简单地诉诸独立的时空环境即可达成,须体现为框架严谨、证据主导且层层推进式的规范模型。

■ 扩展思考 | "死刑"的诉讼法意涵

尽管《刑事诉讼法》多次提及"死刑"概念,有些表述与《刑法》第48条指代一致,譬如中

---

8 该条款列举的量刑事由包括:(1)犯罪之动机;(2)犯罪之目的;(3)犯罪时所受之刺激;(4)犯罪之手段;(5)犯人之生活状况;(6)犯人之品行;(7)犯人之智识程度;(8)犯人与被害人平日之关系;(9)犯罪所生之危险或损害;(10)犯罪后之态度。
9 吴燦:《刑罚裁量之正当程序——以死刑量刑为中心》,载《法律扶助期刊》2016年第50期。
10 参见李佳汶:《从美国刑法典之量刑模式论死刑量刑准则》,载《"中研院"法学期刊》2019年第25期。

级法院的管辖条件及指定辩护的对象等；[11]可是，与前述条文第 2 款密切相关的第四章"死刑复核程序"中，却存在偏重于狭义的意涵表达。

具体来说，根据《刑事诉讼法》第 246 条规定："死刑由最高人民法院核准。"表面上，这寥寥数语似乎与《刑法》第 48 条第 2 款遥相呼应。但《刑事诉讼法》第 248 条的表达却显得另有深意，即"中级人民法院判处死刑缓期二年执行的案件，由高级人民法院核准"。这一条款的表述暗含了"应当"意味，结合现实层面关于级别管辖的实际操作，几乎可明确为将死缓的复核处置权单独授予了省一级法院。由此推知，前述第 246 条并不能指涉死刑的全部执行方式。于是，死刑概念在程序法框架内发生了一定程度限缩。

更有甚者，这种意涵范畴的变化在《刑事诉讼法》第四编"执行"程序中显现得非常直白。其中第 262 条即为"死刑执行及停止"，而死缓的执行则与无期徒刑、有期徒刑及拘役判决等被共同纳入第 264 条。可见，假如以诉讼法作为切入语境，死缓实际上并不是死刑的一种执行模式，反倒接近于独立的刑种。

《刑事诉讼法》对于"死刑"的界定之所以出现上述弹性，就在于特定程序的运作不允许将立即执行与缓期执行加以混同。诚然，无论是级别管辖的安排抑或强制辩护的范围，出于保护被追诉人利益的立场，将死刑作广义解读都是无可厚非的。而一旦触及司法资源的具体配置，死刑立即执行与缓期 2 年执行的实质差别便再也无法被忽略。所以基于二者的实质化差异，程序法规范本能地将死缓视作一种独立刑罚结果，继而触发不同类型的诉讼法律关系。

---

[11] 《刑事诉讼法》第 21 条规定："中级人民法院管辖下列第一审刑事案件：（一）危害国家安全、恐怖活动案件；（二）可能判处无期徒刑、死刑的案件。"而第 35 条则规定："犯罪嫌疑人、被告人可能被判处无期徒刑、死刑，没有委托辩护人的，人民法院、人民检察院和公安机关应当通知法律援助机构指派律师为其提供辩护。"这两大条款中的"死刑"，均与《刑法》第 48 条相一致，即包含了立即执行与缓期执行。

033 指定居所监视居住措施适用的救济机制

钟某等人有组织犯罪案

王 彪 西南政法大学

■ 案情概要[*]

钟某因涉嫌职务侵占罪于2018年8月8日被公安机关拘留,9月6日被指定居所监视居住;因涉嫌有组织犯罪、强迫交易罪、敲诈勒索罪,于2019年2月1日被公安机关执行逮捕。同案钟某1等17人陆续被刑事拘留,其中有5人被指定居所监视居住。

钟某和同案钟某2的辩护律师于2018年11月初接受委托,介入该案。11月5日,两名律师前往公安机关递交委托手续,要求公安机关安排会见。承办人刘警官安排下属工作人员接受委托材料后,便不再接听、回复律师的电话和信息。家属带领律师一起去指定的居所要求会见,十几位负责看押的临聘人员明确表示,要会见必须获得领导(承办人)同意。

在承办人不接听电话,具体办案人员不安排会见的情况下,两名律师于2018年11月7日向甲省A市(县级市)人民检察院递交了控告申诉材料。11月28日,甲省A市人民检察院控告申诉科出具答复函。该函回复了关于辩护律师提出的要求会见犯罪嫌疑人,但遭到A市、B县两地公安机关相互推诿,不准许会见,请求检察院履行监督职责事宜。经检察院调查核实,该案属C市公安局指定办案,由A、B两地公安机关抽调人员联合办理,由于该案案情复杂,案件前期由A市公安局立案,后期主要由B公安部门办理,两地公安部门初期在案件办理上未衔接好,以致出现律师无法会见的情况。检察院在调查核实后已向A市公安局提出纠正意见,该局当即表示立即整改,允许律师会见。

两名律师再次要求会见,承办人表示可以会见,但只能视频会见。2018年11月28日,律师在A市公安局地下室通过视频会见了钟某和钟某2。此后,两名律师不接受视频会见,要求会见犯罪嫌疑人。承办人则表示,只能视频会见,且视频会见的线路坏了,修好后才能会见。

两名律师再与承办人接触时,承办人表示,A市公安机关的工作人员已经退出该专案,该案正在由B县公安机关办案。结合A市检察院的回复函,律师认为该案适用指定居所监视居住存在问题。律师于2018年11月28日向甲省C市人民检察院递交了控告申诉材料,于12月9日向甲省人民检察院递交了控告申诉材料,要求解除对钟某等人的指定居所监视

---

[*] 本案系根据真实案例改编而成。

居住。两院均未回复。

2019年5月,B县人民法院公开审理钟某等18人有组织犯罪案。庭审期间,钟某、钟某1等5人的辩护律师要求法庭排除指定居所监视居住期间所获取的口供。B法院认为,该案系C市公安局指定由A市公安局管辖,因钟某等人在A市辖区内无固定居所,A市公安局为钟某等人在A市辖区内指定居所监视居住符合法律规定,对于该排除非法证据的意见不予支持。

2019年5月28日,B法院以有组织犯罪、强迫交易罪、敲诈勒索罪等罪名判处钟某有期徒刑18年6个月,判处其余被告人17年6个月至1年不等刑期。被告人上诉后,C市中级人民法院于2019年8月8日作出驳回上诉,维持原判的裁定。

法律分析

争议焦点

控辩双方争议的重点之一为本案中指定居所监视居住的适用是否违法？如果是,则救济机制如何展开？

☐ 作为例外的指定居所监视居住

根据《刑事诉讼法》第74条第1款、第2款的规定,监视居住是逮捕和取保候审的替代性措施。[1] 即符合逮捕条件的案件,基于人道主义、办案需要等考虑,适用监视居住,或者是符合取保候审条件,但因无保证人和保证金无法取保候审,适用监视居住。根据《刑事诉讼法》第75条第1款的规定,监视居住的场所分为两种,即犯罪嫌疑人、被告人的住处和指定的居所。对于指定居所监视居住的,限于两种情形：一是犯罪嫌疑人、被告人在办案机关所在地没有固定住处的；二是特殊类型的犯罪,即涉嫌危害国家安全犯罪、恐怖活动犯罪,在住处执行可能有碍侦查的,经上一级公安机关批准的情形。此外,考虑到指定居所监视居住的特殊性,《刑事诉讼法》第76条规定"指定居所监视居住的期限应当折抵刑期"。

根据立法关于指定居所监视居住的定位和相关法律规定,指定居所监视居住的适用有严格的条件,一方面,作为羁押替代措施,要符合逮捕条件的,才有可能适用监视居住；另一方面,指定居所监视居住只能在两种情形下才能适用。可以说,指定居所监视居住的适用属于例外情形。

☐ 被滥用的指定居所监视居住

由于指定居所监视居住其实意味着侦查人员可以直接控制犯罪嫌疑人的人身自由,该制度往往被视为突破案件的"利器"而有滥用风险。本案中,对钟某等人指定居所监视居

---

[1] 参见王爱立主编：《中华人民共和国刑事诉讼法修改与适用》,中国民主法制出版社2019年版,第151页。

住存在以下问题：

第一，钟某等人被刑事拘留后，曾提请检察院批准逮捕，参与"专案"的检察官认为该案证据不足达不到逮捕条件。据此，本案不符合逮捕条件，不应适用监视居住。然而案卷材料中却没有报捕的文书材料。需要注意的是，钟某于2018年8月8日被拘留，9月6日被指定居所监视居住，拘留时间长达29天。如果本案根本就没有提请批准逮捕，拘留29天所为何来？

第二，联合办案问题。钟某等人均系B县居民，本案原本应该由B公安机关立案侦查。本案中，C市公安局指定A市公安局立案侦查。该案如仅由A市公安局办理，则钟某等人在该市没有固定住处，如果对钟某等人采取监视居住措施，可以适用指定居所监视居住。然而，A市检察院的答复函表明，该案由A、B两地公安机关抽调人员联合办理。具体而言，该案前期是由A市公安局立案，后期主要由B县公安局办理。A市公安局承办人在给律师的答复中也提到了这一点。既然是联合办案，联合办案的部门有两个，即A市公安局和B县公安局，钟某等人如果在上述任何一个地方有固定住处，都应在住处执行监视居住。

第三，本案公安机关在监视居住执行期间，剥夺辩护律师的会见权。2018年11月5日，律师向公安机关递交相关材料，要求会见犯罪嫌疑人，未获同意。11月7日，律师向A市检察院申诉控告，于11月21日被告知可以申请会见。11月28日，律师在A市公安局通过视频方式会见了钟某、钟某2。会见过程中，律师分别询问钟某、钟某2身边有没有人，回答"边上有人"。这种方式违反了《刑事诉讼法》第39条之规定，即辩护律师会见犯罪嫌疑人、被告人时不被监听。2019年1月17日，律师再次来到A市公安局要求会见，承办人表示仍只能以视频方式进行，具体办理的工作人员则表示视频会见的线路坏了。律师当即表示，要求前往指定居所监视居住的地方会见，承办人仍然表示只能视频会见。最终，律师在指定居所监视居住期间未能再次会见犯罪嫌疑人。

第四，本案指定的居所也存在问题。在视频会见时，钟某等人向律师表示，钟某等人被关押在地下室的一个房间内，所处环境无法保证正常休息。作为非羁押性强制措施的适用场所，指定的居所首先应当具备正常的生活、休息条件，本案指定的居所不具备这一条件。

效果有限的救济机制

针对办案机关违法采取指定居所监视居住措施，现行立法确立了三种救济方式，即内部监督、检察监督和审判阶段的司法审查。然而，三种救济方式的效果均有限。

在侦查阶段，针对办案机关违法采取指定居所监视居住的情况，辩护人一方面与公安机关承办民警联系，向公安机关领导控告申诉，但未获得任何回复；另一方面向A市人民检察院、C市人民检察院和甲省人民检察院控告申诉，A市人民检察院出具了正式的回复函，C市人民检察院和甲省人民检察院则没有任何回复。虽然在A市人民检察院的介入下，最终能得以会见（仅一次），但也只能是视频会见，且已经是辩护人申请会见的十几天之后了。在此期间，钟某等人急切地等待辩护人会见。由此可见，内部监督没有效果，检察监督虽有一定功效,但效果有限。

在审判阶段,辩护人提出排除非法口供的申请,即排除指定居所监视居住期间被告人的供述。对此申请,法院予以驳回。法院驳回排除非法证据申请的理由有两点,一是该案系由 A 市公安机关立案侦查,钟某等人在 A 市没有固定住处,当然应该在指定的居所监视居住。法院回避了联合办案、指定居所监视居住期间不让律师会见、指定的居所不符合法律规定等违法之处;二是侦查机关出具的情况说明等材料足以证明口供的合法性。在指定居所监视居住异化为变相羁押的情况下,在办案机关采取非典型性非法取证手段的情况下,非法取证手段难以得到证明,指定居所监视居住期间获取的口供难以被排除。由此可见,在司法机关的中立性存疑、非法证据排除规则存在局限性的情况下,审判阶段的司法审查难以为违法指定居所监视居住提供有效的救济。

■ **理论阐释** | 指定居所监视居住的功能

《刑事诉讼法》(1979 年)第 38 条第 2 款规定:"被监视居住的被告人不得离开指定的区域。"由于这一规定较为笼统,未明确规定被监视居住人应当遵守什么规定以及违反规定如何处理等,导致监视居住在实践中出现了一些问题,有的把被监视居住的对象关进看守所、拘留所,有的则在招待所、旅馆,还有的定在私设场所,把监视居住搞成了变相羁押。[2] 为了避免监视居住的滥用,1996 年、2012 年修改《刑事诉讼法》时对监视居住的相关内容予以调整,指定居所监视居住的适用有严格的条件限制。

然而,由于相关规定的模糊性,指定居所监视居住仍存在滥用的可能性。首先,符合逮捕条件的判断问题。如果侦查机关明知不符合逮捕条件,仍"认为"符合逮捕条件,进而适用监视居住措施的,被监视居住人该如何获得救济?其次,《刑事诉讼法》第 74 条第 1 款第 4 项"因为案件的特殊情况或者办理案件的需要,采取监视居住措施更为适宜的"该怎么理解?办理案件的需要是否包括取证的需要?再次,如何防止侦查机关"故意"指定管辖以"制造"犯罪嫌疑人在办案机关所在地没有住处从而对犯罪嫌疑人适用指定居所监视居住的情况?复次,指定居所监视居住期间,辩护人的会见权被限制甚至剥夺的,该如何获得救济?最后,指定的居所应该满足什么条件?这里的每一个问题都存在滥用的可能性,且在滥用指定居所监视居住后,被监视居住人往往难以获得及时有效的救济。

钟某等人被指定居所监视居住后,由于律师会见受阻,且由于指定居所完全处于办案人员的控制之下,最终都作出了有罪供述——在作出有罪供述后陆续被逮捕。这表明,指定居所监视居住一定程度上成为保障侦查成功的手段。

笔者认为,为了尽可能避免指定居所监视居住被滥用,一方面,应该严格限制监视居住的适用,即删除《刑事诉讼法》第 74 条第 1 款第 4 项的规定,或者将监视居住的适用条件与指定居所监视居住的适用条件严格区分,指定居所监视居住只能作为取保候审的替代性措

---

2 参见胡康生、李福成主编:《中华人民共和国刑事诉讼法释义》,法律出版社 1996 年版,第 71 页。

施,即在犯罪嫌疑人无保证人、不交纳保证金且在办案机关所在地没有固定住处的情况下适用;另一方面,违法指定居所监视居住期间获取的犯罪嫌疑人供述应当予以排除,只有这样,才能确保办案机关不因违法办案而获益,才能确保犯罪嫌疑人在被违法指定居所监视居住后能够获得有效的救济。

■ 扩展思考 | 指定居所监视居住的性质与适用

监视居住过程中的变相羁押问题由来已久。在该制度改革问题上,理论界存在废除论和保留论两种观点。废除论主张,监视居住的适用率较低,有时还成为变相拘禁,应当予以废除。保留论认为,尽管监视居住在实践中存在诸多问题,但作为一种介于取保候审和逮捕之间的强制措施,有其存在的合理性和必要性。[3] 立法修改中,保留了该制度,但对其适用条件予以较大的修改。

目前来看,争议最大的是指定居所监视居住的性质及其适用问题。对于该项措施的性质,主要存在三种观点:其一,有学者认为,指定居所监视居住是限制人身自由的非羁押性强制措施。[4] 有检察官认为,可以将指定居所监视居住视为一种准羁押性强制措施。[5] 其二,有学者认为,指定居所监视居住实际上已经成为具有中国特色的第六种强制措施。[6] 其三,有学者认为,以"剥夺人身自由"的具体标准来审视,指定居所监视居住实际上已经等同于逮捕后的羁押。[7]

笔者认为,关于指定居所监视居住的性质、违法适用指定居所监视居住措施及其救济机制的有效性等问题,在现有的制度背景下,无法找到满意的答案。正因如此,有学者认为,作为一种"超羁押手段"的指定监居制度,应该予以废除。[8] 事实上,指定居所监视居住即使不废除,也应该予以大力改造,以确保指定居所监视居住措施不被滥用,特别是确保指定居所监视居住不被异化为"突破"案件的"利器"。[9]

---

3 参见龙宗智主编:《徘徊于传统与现代之间——中国刑事诉讼法再修改研究》,法律出版社 2005 年版,第 172 页。
4 参见张兆松:《论指定居所监视居住适用中的若干争议问题》,载《法治研究》2014 年第 1 期。
5 参见刘福谦:《指定居所监视居住应属准羁押性强制措施》,载《人民检察》2015 年第 14 期。
6 参见左卫民:《指定监视居住的制度性思考》,载《法商研究》2012 年第 3 期。
7 参见叶宁:《指定监视居住法律属性之辨》,载《西南政法大学学报》2014 年第 3 期。
8 参见郭烁:《论作为"超羁押手段"的指定居所监视居住制度》,载《武汉大学学报(哲学社会科学版)》2016 年第 6 期。
9 参见孙谦:《关于修改后刑事诉讼法执行情况的若干思考》,载《人民检察》2015 年第 7 期。

034 公权力介入自诉取证的边界 ｜ 自诉担当制度

朱某刑事自诉网络诽谤案

王晓华 华东政法大学

■ 案情概要[*]

2021 年夏,在日本东京举行的奥运会上,上届奥运会冠军中国女排意外止步八强,在小组赛中五战仅胜两场,创下了自 1984 年洛杉矶奥运会中国队参赛以来的最差战绩。这让中国女排的教练和队员受到了来自社会各方的压力,有些出自球迷善意的批评,有些则来自恶意揣测和谣言。其中,在赛前被人寄予厚望的主攻手朱某由于在比赛中因伤表现不佳而遭到了部分网友质疑。尽管主教练郎平在比赛后透露,朱某因为手腕有严重伤病难以发力,导致无法发挥出全部实力,但一些网络自媒体借题发挥、捕风捉影,炮制出朱某"私自接受商业代言被国家队阻拦,从而罢训、消极比赛"等话题,严重损害了朱某及中国女排的形象。

2021 年 12 月 3 日,朱某委托律师向郑州市惠济区人民法院提起刑事自诉,要求追究今日头条用户"排球人生""顽童说球""柯南话乒乓"以及微信公众号"排球 Dialogue"、新浪微博用户"第一球迷胖哥"等 5 人诽谤罪刑事责任。起诉前,朱某还向上海市公安局报案,并在微博账号贴出公安机关报案回执。

2021 年 12 月 27 日,郑州市惠济区人民法院发布公告称,经过审查并"通知自诉代理人补充了相关证明材料,依职权调取了有关证据"后,认为朱某的自诉符合刑事诉讼法的相关规定,于 12 月 27 日依法立案。

由于我国刑事自诉案件在立案阶段采用的是实质审查模式,自诉人在起诉时需要提出"证明被告人犯罪事实的证据"。如果自诉人对于缺乏罪证的案件提不出补充证据,人民法院应当说服自诉人撤回自诉,或者裁定驳回。因此自诉案件在立案阶段的举证责任完全由自诉人承担。自诉人在立案阶段就要承担比较重的举证责任,这对于保障刑事自诉人依法行使自诉权、实现刑事自诉制度价值目标是一个比较大的障碍。但反过来说,如果法院在刑事自诉案件立案时仅仅做形式审查,又可能会造成刑事自诉被滥用、公民无端被卷入刑事案件的可能。这就使得法院对于自诉案件在立案时究竟该如何进行证据审查陷入了两

---

[*] 参见《郑州市惠济区人民法院立案受理中国女排运动员朱婷诉"排球人生"等诽谤 5 案》,载郑州市惠济区人民法院官网 2021 年 12 月 27 日,http://hjqfy.hncourt.gov.cn/public/detail.php?id=9444。

难。如何解决这一两难问题成为推动自诉制度发展的一个重要动力。本案中,人民法院在立案时"依职权"调取证据应当是依据《刑法修正案(九)》中所增加的专门针对利用互联网实施的侮辱、诽谤案件中公权力介入取证的规定,依职权进行了调查取证,为解决这个两难问题迈出了重要的一步。但同时也提出了一个新的问题:"依职权"的边界在哪里?

■ 法律分析

> **争议焦点**
>
> 本案虽属自诉案件,但惠济区人民法院在公告中称其"依职权调取了有关证据"。在绝对自诉案件中,公权力介入取证的边界为何?

《刑法修正案(九)》第16条在《刑法》第246条中增加一款作为第3款:"通过信息网络实施第一款规定的行为,被害人向人民法院告诉,但提供证据确有困难的,人民法院可以要求公安机关提供协助。"

该规定的出台背景是,在司法实践中,受到网络侮辱、诽谤的被害人往往因为电子证据的易变性导致举证困难,影响自诉案件的进行。立法者试图通过公权力的介入,增强被害人的取证能力。从打击犯罪的角度来说,这一举措存在十分重要的价值,但根据我国《刑法》和《刑事诉讼法》的规定,除严重危害社会秩序或国家利益的情形外,侮辱、诽谤犯罪属于告诉才处理的绝对自诉案件,公安机关介入绝对自诉案件的取证是否会打破原有的控辩平衡? 公安机关可以采取哪些侦查手段? 诸如此类问题,该规定没有给出答案,留给了我们很大讨论空间。

加强对被害人权利保护是世界各国刑事司法制度发展的一大趋势,是人权保护的基本内容之一。我国《刑事诉讼法》虽一定程度体现了对被害人参与刑事诉讼的权利保障,但在以犯罪控制为中心的刑事诉讼制度中,国家利益取代了被害人利益,被害人经常被轻视、被遗忘,甚至被排挤出局而成为旁观者。[1]

我国未实行国家刑事起诉垄断主义,自诉权是被害人的一项权利。但在司法实践中,这项权利并没有得到充分保障。首先,被害人在调查、收集证据方面存在困难,自诉人没有法定调查取证权,也没有阅卷权,作为私权利主体,在向证人取证时也存在较大困难,该次刑法修正也并未赋予被害人明确的调查取证权。其次,刑事自诉案件的立案标准较高,《刑事诉讼法》及其相关司法解释规定,人民法院受理自诉案件必须符合的条件之一即是,有明确的被告人、具体的诉讼请求和证明被告人犯罪事实的证据。随着诽谤罪的新形式——网络诽谤[2]的产生,自诉人面临取证上的困境,难以达到刑事立案标准进行诉讼维权。

必须肯定的是,《刑法修正案(九)》所增加的这一制度对于实现网络侮辱、诽谤受害人

---

[1] 参见叶青:《刑事诉讼法学:问题与阐述》,上海人民出版社2009年版,第185页。
[2] 参见刘娜、贾宇:《网络诽谤案中自诉人取证之公权力救济》,载《河南财经政法大学学报》2014年第2期。

更好地提起刑事自诉有很大帮助。比如在本案中,朱某想要依靠自身力量获取侵权人的真实身份,难度很高,人民法院借助公安机关的力量为其完成相关证明显然很有必要。

但公安机关辅助取证也必然存在一定限度。《刑事诉讼法》第 51 条规定:"……自诉案件中被告人有罪的举证责任由自诉人承担。"《刑诉法解释》在自诉一章中规定,自诉人提起自诉应当提交刑事自诉状,自诉状应当包括证据的名称、来源等内容。可见按照"谁主张,谁举证"原则,自诉人是独立提起诉讼的当事人,也是自诉案件的举证主体。

举证责任以一定的证明主张为前提,举证过程有着法律后果,可能的不利法律后果客观上会督促主体积极举证。《刑法修正案(九)》第 16 条立法目的是解决网络诽谤犯罪取证难问题,但如果对于取证边界不作出细化规定,可能会造成原有举证责任分配的混乱。

■ **理论阐释** | 公权力介入自诉取证的边界

我国刑事诉讼审判模式改变了过去由法官直接调查证据的方式,强化控辩双方的举证和辩论,形成控审分离、控辩对抗、法官居中裁判的审判格局,增强刑事审判程序的对抗性和公正性。[3] "中立"是程序公正的基本因素,"包括诚实、公正的评价和在决策中运用事实而非个人意见"。[4] 法庭的调查和辩论由审判人员主持,双方就案件事实提出证据进行质证和辩论,法官客观全面地分析并形成对证据和事实的判断,最终作出公正判决。人民法院可以要求公安机关介入调查,协助自诉人,其内心天平很可能已经倾斜,偏向了法官认为处于弱势的一方。

可以看到,在现有刑事诉讼框架下,自诉程序中除审判权以外的国家权力并未过多介入诉讼,更多是纠纷双方平等对抗。从诉讼构造的角度来看,自诉制度与民事诉讼基本相似,两种制度均是在国家裁判机构的主导下,由纠纷双方在平等的基础上进行对抗,手段基本对等。总体而言,刑事自诉是由纠纷双方当事人主导程序的启动、运行。人民法院出于解决网络诽谤犯罪取证难的目的,可以要求公安机关协助自诉人取证,向自诉人伸出"援手",容易引发双方主体地位不平等,打破控辩平衡。

此外,确定被告、提交证据是诉讼的基本要求,不能仅因取证困难就将这一成本转嫁其他机关,这有可能造成滥诉。法律不应因为一个具体例外,就破坏整体系统性。而自诉制度与公诉制度的区别之一就在于,后者由公诉机关代表国家追诉,被害人的意愿不会直接影响诉讼程序,前者则更多涉及个人权益的侵害,由被害人自主进行追诉,国家机关原则上并不介入。以诽谤罪为例,多发生于熟人之间,且被害人不希望更多的人关注自身名誉的消息,双方通过和解解决纠纷,也符合刑法宽严相济的思想。就运用网络信息实施诽谤行为的,公权力介入调查可能会使诽谤捏造的事实扩散,给被害人造成二次伤害。

随之而来的问题是,公安机关提供协助,调取的证据交给法院还是当事人?《刑法修正

---

[3] 参见陈光中主编:《刑事一审程序与人权保障》,中国政法大学出版社 2006 年版,第 7 页。
[4] 宋冰编:《程序、正义与现代化》,中国政法大学出版社 1998 年版,第 377 页。

案(九)》第 16 条的规定为公权力介入自诉案件提供了正当依据,却给自诉制度中的举证责任分配、客观中立原则、控辩双方平衡模式带来影响,甚至可能冲击传统的公诉与自诉二元制追诉模式,同时也引发我们去思考如何完善我国刑事自诉制度。

■ 扩展思考 | 自诉担当制度

在公诉为主、自诉为辅的二元制追诉模式中,公诉权在国家强制力的保障、人员的配置、经费的供给等方面都享有比较优势,而自诉权则处于比较劣势。[5] 刑事司法职权介入自诉制度,目的在于保障权利有效行使,平衡诉讼主体之间的权利,而非压制或侵害自诉人的权利。[6]《刑法》第 98 条规定,"本法所称告诉处理才处理,是指被害人告诉才处理。如果被害人因受强制、威吓无法告诉的,人民检察院和被害人的近亲属也可以告诉"。此条款提出自诉案件中检察院可以在某些情形下告诉,可解读为公诉权对自诉权的救济,也是目前二者存在的衔接形式。但该条款过于粗糙,检察机关提起告诉后的案件性质是否发生变化?检察机关进行告诉的情形是否可以扩大?《刑事诉讼法》中也没有相应条文与之对应适用。对此,大陆法系的自诉担当制度或许可以给我们提供一些借鉴。

自诉担当是指被害人由于自身原因无法有效行使自诉权,从而导致自诉机制出现障碍时,由检察机关代理被害人提起自诉,或者介入已经开始的自诉程序中代理被害人为诉讼行为以支持控诉的一项诉讼制度。[7] 自诉制度如何设定,首先要把握自诉制度在刑事诉讼体系中的功能。有观点认为,只要刑事诉讼其他机制能够防范检察官之滥权并保护被害人之利益,便可以考虑限缩,乃至于废除自诉制度。我国台湾地区采用公诉与自诉并行的制度,自诉案件范围极其广泛,原则上并无限制,只要是个人因犯罪而直接被害者,不问犯罪种类,也不问是否为告诉乃论之罪,均得提起自诉。出现自诉担当的情形后,检察官担当自诉人在自诉程序上进行诉讼行为,但案件性质并没有发生改变,原自诉人也不因此而丧失当事人地位。自诉担当的原因消失后,原自诉人应当继续诉讼行为。

而德国的自诉制度经历了从无到有的过程。起初德国采行检察官独占起诉,后来为防范检察官违反法定原则、罔顾被害人利益而滥权不起诉,德国遂兼采自诉制度。现行德国刑事诉讼法保留自诉制度,但严格将其限制在八类犯罪范围内。出现自诉担当的情形后,检察机关担当自诉人,案件性质由自诉转变为公诉,终止原来的诉讼程序,原自诉人不再具备当事人的地位。

---

[5] 参见吴卫军:《刑事诉讼中的自诉担当》,载《国家检察官学院学报》2007 年第 4 期。
[6] 参见张曙:《论我国刑事自诉制度的合理性重构——以刑事司法职权的介入为中心》,载《法治论丛(上海政法学院学报)》2009 年第 3 期。
[7] 参见兰跃军:《论自诉担当》,载《重庆工商大学学报(社会科学版)》2009 年第 6 期。

035　作为宪法性权利的辩护权｜委托辩护优先原则
劳某某故意杀人案

吴宏耀　中国政法大学

■ 案情概要[*]

劳某某故意杀人案是一起2022年审结的陈年旧案。检察机关指控，1996~1999年，被告人劳某某与法某某共谋并明确分工，由劳某某在娱乐场所做陪侍人员，物色有钱人为作案对象，由法某某实施暴力行为，先后在江西省南昌市、浙江省温州市、江苏省常州市、安徽省合肥市等地共同实施四起抢劫、绑架、故意杀人行为。案发后，法某某被警方抓获，于1999年12月28日执行死刑；劳某某则使用化名潜逃他地。

19年后，潜逃多年的劳某某被公安机关抓获。2019年11月28日，警方以涉嫌故意杀人罪为由对其决定刑事拘留；12月17日，以涉嫌犯故意杀人罪、绑架罪、抢劫罪将其逮捕。2020年9月1日，江西省南昌市人民检察院向南昌市中级人民法院提起公诉。根据南昌市中级人民法院通知，法律援助机构指派江西英华律师事务所两名律师担任其指定辩护人暨附带民事诉讼代理人到庭参加诉讼。本案经公开审理，南昌市中级人民法院于2021年9月9日依法宣判被告人劳某某犯故意杀人罪、抢劫罪、绑架罪，数罪并罚，决定执行死刑，剥夺政治权利终身，并处没收个人全部财产。劳某某当庭表示上诉。2022年11月30日，江西省高级人民法院裁定驳回上诉，维持原判，并报请最高人民法院进行死刑复核。

据劳某某的大姐所言：劳某某被抓获归案后，家属第一时间委托了辩护律师。但受委托的律师却一直未能介入案件。后来得知，法院给劳某某安排了两名法律援助律师；而受委托的律师无法介入案件，遑论会见。对此，办案人员通过媒体解释说：劳某某被抓获时曾一心求死；为了不想拖累家人，她拒绝了家人给她委托律师辩护的安排。故此，一审法院通知法律援助机构为其指派了法律援助律师。

在一审期间，因委托律师会见被告人一事，劳某某的大姐和二哥不断反映情况，最高人民法院相关同志听取了他们的诉求。不久，法院通知劳某某家人，受委托的律师可以会见

---

[*] 参见安徽省合肥市中级人民法院（1999）合刑初字第90号刑事判决书、江西省南昌市人民检察院洪检二部刑诉（2020）271号起诉书、江西省南昌市中级人民法院（2020）赣01刑初50号刑事附带民事判决书、江西省高级人民法院（2021）赣刑终236号刑事裁定书。

了。但此时,法院已经作出了一审判决。[1]

法律分析

> **争议焦点**
>
> 在劳某某案中,被告人家属自行委托的辩护律师能否会见、能否作为辩护人参与本案的诉讼活动,直接关系被告人有权辩护原则的兑现,并进而影响本案诉讼程序的正当与公正。
>
> 本案争议至少涉及两方面问题:被告人家属代为委托辩护人的法律效力;法律援助是否排斥被告人家属代为委托辩护?

被告人家属代为委托辩护人的法律效力

本案中,被告人家属的主要质疑是,为何自己聘请的辩护律师不能会见劳某某。这就要厘清被告人家属代为委托辩护的法律效力。显然,劳某某的近亲属(大姐、二哥)作为其"同胞兄弟姐妹",属于刑事诉讼法意义上的"近亲属";根据《刑事诉讼法》第34条第3款规定,依法享有"代为委托辩护人"的诉讼权利。

但在法律上,该项委托行为是否具有法律效力、具有何种法律效力,还需要进一步明确以下问题:

第一,在劳某某宣称不愿意委托辩护人的情形下,该项代为委托是否违背劳某某意愿?在该案中,办案人员宣称,劳某某归案后明确表示不愿意委托辩护律师;此时,其家属代为委托辩护人是否因违背被告人意愿而归于无效呢?显然不会。具体理由有二:一方面,就被告人而言,在刑事诉讼过程中,被告人可以随时主张其委托辩护的权利,而不受此前言论的约束。因此,即使劳某某归案后曾明确表示不委托辩护律师,该项意愿也并不具有任何法律拘束力;更不能以此为由,否认或排斥其他权利主体为被告人利益代为委托辩护律师。另一方面,就代为委托人而言,代为委托辩护是一项独立的诉讼权利。作为法律授权的代理行为,被告人近亲属依法实施代为委托行为后,即产生自行委托的同等法律效力——在法律上,尽管该项代为委托的法律效力尚有待被告人确认,但在被告人明确拒绝辩护之前,该项委托辩护依然具有对抗第三人(包括公安司法机关)的法律效力。

第二,代为委托辩护具有何种法律效力? 如上所述,被告人家属依法代为委托律师后,接受委托的律师并未正式取得辩护人的法律地位。因此,在刑事辩护实践中,该律师接受委托后,应当及时告知办理案件的机关,并通过会见,与在押的犯罪嫌疑人、被告人确认其委托关系。在此,"会见"在押的犯罪嫌疑人、被告人,是确认委托关系的必要前提。因此,按照事理逻辑,代为委托辩护至少应当具有"会见"的法律效力。

本案中,公安司法机关始终拒绝被告人家属代为委托的律师会见在押的被告人,并由

---

[1] 参见《劳荣枝家属透露:委托律师见不到劳荣枝》,载网易2022年12月25日,https://www.163.com/dy/article/HPD97FEH05560ZY4.html。

此导致代为委托的律师始终无法确立其辩护人地位。因此,表面上看,拒绝会见针对的是代为委托的律师,究其实质,该项行为侵害的却是被告人依法获得辩护的宪法权利。

□ **法律援助是否排斥被告人家属代为委托辩护**

根据《刑事诉讼法》第35条,指派法律援助律师以犯罪嫌疑人、被告人"没有委托辩护人"为必要条件。因此,在刑事诉讼过程中,如果犯罪嫌疑人、被告人已经委托了律师——无论是本人委托还是其家属代为委托,均不再符合指派法律援助的法定条件。但如果在被告人委托辩护之前,公安司法机关已通知法律援助机构指派了法律援助律师,那么,可否以"已指派法律援助"为由拒绝被告人自行委托辩护呢?

对此,相关司法解释另辟蹊径作出了特别限定。《刑诉法解释》第51条规定:"对法律援助机构指派律师为被告人提供辩护,被告人的监护人、近亲属又代为委托辩护人的,应当听取被告人的意见,由其确定辩护人人选。"《认罪认罚量刑建议指导意见》第23条规定:"对法律援助机构指派律师为犯罪嫌疑人提供辩护,犯罪嫌疑人的监护人、近亲属又代为委托辩护人的,应当听取犯罪嫌疑人的意见,由其确定辩护人人选。犯罪嫌疑人是未成年人的,应当听取其监护人意见。"根据上述司法解释,如果法律援助机构已经根据公安司法机关的通知为犯罪嫌疑人、被告人指派了法律援助律师,那么,其家属之后再为其代为委托辩护人的,不能像本人委托那样直接产生"终止法律援助"的效果,而应当在听取犯罪嫌疑人、被告人意见后,由其自己决定。

很显然,上述司法解释注意到了代为委托辩护的特殊性:代为委托辩护只能形成初步的委托辩护;代为委托之后,还需要进一步征得犯罪嫌疑人、被告人本人的认可才能形成正式的委托辩护关系。就此而言,为了保证刑事诉讼程序的稳定性,要求代为委托辩护"应当听取犯罪嫌疑人、被告人的意见,由其确定辩护人人选"这一规定本身似乎无可厚非。但在司法实践中,该项司法解释却在"如何听取意见""谁来听取意见"等细节操作上,为公安司法机关否定委托辩护预留了太大的自由空间。

如上所述,代为委托辩护是对本人委托的一种制度保障和必要补充,是一种独立的委托辩护形式。因此,无论是从立法本意,还是从代理行为效力而言,代为委托辩护都具有"准委托辩护"的法律效力。因此,即使根据现行司法解释,公安司法机关需要听取犯罪嫌疑人、被告人的意见,也应当是在委托律师会见之后听取犯罪嫌疑人、被告人的意见,而不是在犯罪嫌疑人、被告人对委托律师毫不知情的情况下,任其作出盲目的选择。

事实上,上述司法解释关于"应当听取犯罪嫌疑人、被告人的意见"的规定纯属画蛇添足之举。如前所述,犯罪嫌疑人、被告人的家属代为委托后,该律师必须取得犯罪嫌疑人、被告人的认可,才能确立正式的委托辩护关系。因此,在会见中,犯罪嫌疑人、被告人可能会以实际行动作出以下选择:或者坚持自行辩护,拒绝委托(此时,事实上等于选择了法律援助律师);或者接受委托,终止法律援助。很显然,在上述情形下,无论犯罪嫌疑人、被告人作何选择,都会立即形成定论,不会对诉讼效率和程序稳定造成任何实质影响。因此,即使承认委托辩护不可能像本人委托那样径行产生委托辩护的相应法律后果,其程序发展似乎也根本不需要公安司法人员的积极介入,额外增加"听取犯罪嫌疑人、被告人的意见"环节。

在劳某某案中,公安司法机关通过人为限制代为委托律师的会见权,阻断了律师与被告人之间的沟通与交流;在对委托律师一无所知的情形下,让被告人选择确定辩护人的人选,其选择很难说是理性的。因此,立足上述司法解释,问题的关键不在于要不要听取犯罪嫌疑人、被告人的意见,而在于如何从制度上保证犯罪嫌疑人、被告人是在"明知、明智且自愿"的条件下确定其辩护人人选。

■ 理论阐释 | 作为宪法性权利的辩护权

司法实践中,有人将"以已指定法律援助为由拒绝被告人家属委托辩护律师"的情形,形象地戏称为"占坑式辩护"。该做法实质上是对犯罪嫌疑人、被告人委托辩护权的蚕食与否定。在理论上需要明确:辩护权是犯罪嫌疑人、被告人享有的一项宪法性权利;委托辩护是辩护权的最基本表现形式;在委托辩护与法律援助之间,应当坚持委托辩护优先原则。

□ 辩护权是犯罪嫌疑人、被告人享有的一项宪法性诉讼权利

我国《宪法》第130条规定:"被告人有权获得辩护。"有权获得辩护原则是一项宪法性的刑事诉讼基本原则,人民法院、人民检察院和公安机关应当切实保障犯罪嫌疑人、被告人刑事辩护权,不得以任何理由和借口加以限制或者剥夺。该原则包含两方面内容:一是犯罪嫌疑人、被告人依法享有辩护权;二是国家专门机关负有保障犯罪嫌疑人、被告人依法享有辩护权的法定责任和义务。

在宪法意义上,辩护权本质上是一项"任何人享有的一般性权利",没有"但书",没有"例外"。就权利归属而言,辩护权是犯罪嫌疑人、被告人享有的专属性权利。所谓辩护,本质上是针对犯罪指控展开的"防御活动"。事实上,在英文中,"辩护"(defense)一词的本意就是"防守""防御"的意思。具体而言,被追诉人的"防御权可以分为两类:第一类是作为人权受侵犯的消极防御权;第二类是可以积极地提出主张的程序性权利,这就是积极防御权"。[2]

□ 获得律师辩护权是现代辩护制度的核心问题

主流观点认为,犯罪嫌疑人、被告人行使辩护权的方式有三:自行辩护、委托辩护与法律援助辩护。[3] 但这种传统分类方式明显存在以下问题:一方面,委托辩护与指派辩护本质上都属于"获得律师帮助的权利":二者的差异仅仅在于获得律师的方式不同;至于律师的诉讼地位、诉讼职责及其诉讼权利义务,则并无实质差异。因此,所谓的"辩护人制度",事

---

2 [日]田口守一:《刑事诉讼法》,张凌、于秀峰译,法律出版社2019年版,第168页。
3 参见陈光中主编:《刑事诉讼法》,北京大学出版社、高等教育出版社2021年版,第152页。

实上包含委托辩护与指派辩护两部分内容,二者如车之两轮,缺一不可。而且,随着我国刑事案件律师辩护全覆盖试点工作的持续展开,在司法实践中,指派辩护的案件比例在持续上升,甚至会逐步成为犯罪嫌疑人、被告人"获得律师辩护权"的主要表现形式。

另一方面,就自行辩护与获得律师帮助权而言,二者并非同一层面的诉讼权利。在现代社会,获得律师帮助的权利(无论是通过自行委托或还是通过政府免费提供法律援助)才是辩护制度的核心内容。事实上,现代辩护制度主要是为了保障被追人切实享有获得律师帮助权、获得律师的有效辩护,而不是仅仅满足于自行辩护的权利。

根据上述分析可知,我国宪法意义上的辩护权("有权获得辩护")具体包括两项内容:自行辩护权与获得律师辩护的权利。其中,获得律师辩护的权利(即狭义上的辩护权)具体包括两项诉讼权利:委托辩护权与获得法律援助的权利。可以说,自行辩护权是辩护权的最基本表现形式,也是最本源意义上的辩护权。但在现代社会,辩护权则主要是指被追诉人依法获得律师辩护的权利。

■ 扩展思考 | 委托辩护优先原则是现代辩护制度的必然要求

前述"占坑辩护现象"不仅严重损害了公安司法机关的客观公正形象,也让法律援助变成了"不公正司法的遮羞布"。为纠正并规范这种错误的实践做法,在 2021 年《法律援助法》立法过程中,有专家建议:在有关终止法律援助的条文中,将"受援人自行委托律师或者其他代理人"修改为"受援人及其近亲属自行委托律师或者其他代理人"。在《法律援助法(草案)》二审稿公开听取意见期间,有实务部门、律师事务所提出,应当从制度上杜绝"占坑辩护现象"的发生。鉴于此,该法第 27 条规定:"人民法院、人民检察院、公安机关通知法律援助机构指派律师担任辩护人时,不得限制或者损害犯罪嫌疑人、被告人委托辩护人的权利。"

从立法目的看,《法律援助法》第 27 条从尊重和保障辩护权的立场出发,确立委托辩护优先原则,[4]要求不得以任何方式"限制或者损害犯罪嫌疑人、被告人委托辩护的权利"。

显而易见,就有效保护当事人合法权益而言,委托辩护比法律援助更符合当事人利益最大化原则。委托辩护是一种市场化法律服务。因此,在市场规律调控下,犯罪嫌疑人、被告人及其监护人、近亲属根据自己的经济实力和需求,总是会尽可能地聘请自己力所能及的、最让自己满意的刑事辩护律师。而且,在辩护律师的选择上,当事人甚至可以在本地区律师之外,在全省、全国范围内进行择优选择。与此相比,法律援助更像是一种标准化法律服务。在我国法律援助实践中,受援人自主选择法律援助律师的机制尚未普遍建立。因此,类似于"拆盲盒"一样的法律援助指派机制,不可能充分考虑并体现受援人的个性化需求。

根据《法律援助法》第 27 条的规定,人民法院、人民检察院、公安机关不得以"通知指

---

[4] 参见顾永忠:《论"委托辩护应当优先法援辩护"原则》,载《上海政法学院学报》2022 年第 1 期。

派"为由,限制或者损害委托辩护的权利。具体而言,包括两种情形:其一,对于犯罪嫌疑人、被告人决定自行委托辩护人的案件,人民法院、人民检察院、公安机关即不再负有通知指派法律援助的保障职责。其二,法律援助机构指派法律援助律师后,如果犯罪嫌疑人、被告人及其监护人、近亲属又自行委托辩护人的,该案件不再符合法律援助的条件,应当依法及时终止法律援助服务。

036 疑罪从无原则的适用

陈某抢劫案

肖沛权　中国政法大学

■ 案情概要[*]

2001年9月27日6时许,广东省东莞市一杂货店老板娘方某花正整理货架时,突然被人从背后用铁锤猛击后脑数下晕倒。随后歹徒进入店内卧室,用铁锤猛击正在睡觉的被害人方某崇头部、背部等部位数下,击打方某崇的女儿方某红、方某霞头部各一下,之后取走方某崇裤袋内装有现金500元等财物的钱包并逃离现场。方某崇经抢救无效死亡,方某花、方某红、方某霞所受损伤均为重伤。

经排查,公安机关认为陈某有重大作案嫌疑遂对其立案侦查,并于2010年4月在福建将陈某抓获。后侦查终结,移送检察院审查起诉。检察院以陈某犯抢劫罪向法院提起公诉,被害人同时提起附带民事诉讼。东莞市中级人民法院经审理,于2011年12月19日作出(2011)东中法刑一初字第99号刑事附带民事判决,认定陈某犯抢劫罪,判处死刑,剥夺政治权利终身,并没收个人全部财产;并赔偿附带民事诉讼原告人经济损失393205.15元。

陈某不服,以其没有实施犯罪为由提出上诉。广东省高级人民法院于2013年9月9日作出(2012)粤高法刑一终字第455号刑事附带民事裁定书,以事实不清、证据不足为由,裁定撤销原判,发回东莞市中级人民法院重新审判。东莞市中级人民法院重审后,于2014年4月15日作出(2013)东中法刑二重字第1号刑事附带民事判决,认定陈某犯抢劫罪,判处死刑,缓期2年执行,剥夺政治权利终身,并处没收个人全部财产;并赔偿附带民事诉讼原告人经济损失520206.19元。陈某再次上诉。其辩护人提出事实不清、证据不足,请求宣告无罪的辩护意见。

广东省高级人民法院在审理期间尽可能采取了证据补查方法,但审理后认为,因受制于犯罪的隐蔽性、复杂性及侦查手段局限性等诸多因素,本案目前无法通过证据体系还原客观事实、认定法律事实。在对于陈某是否本案真凶既无法证实亦无法证伪的两难局面下,人民法院应当恪守证据裁判规则,绝不能为片面追求打击效果而背离"疑罪从无"的刑法精神。由于原判认定陈某构成犯罪的证据达不到确实、充分的证明标准,不能得出系陈某实施本案犯罪的唯一结论,认定上诉人陈某犯抢劫罪的事实不清、证据不足,原公诉机关

---

[*] 参见广东省高级人民法院(2014)粤高法刑四终字第127号刑事附带民事判决书。

指控上诉人陈某所犯罪名不能成立。经审判委员会讨论决定，判决陈某无罪，不承担民事赔偿责任。

■ 法律分析

> **争议焦点**
>
> 本案争议的焦点在于，法院对疑案作出了无罪判决，即疑罪从无原则的适用问题。

通过审判追究被告人的刑事责任，要求法官对证据进行分析，并判断对被告人实施所指控的犯罪事实的证明是否达到事实清楚，证据确实、充分的证明标准。应当承认，对被告人实施所指控的犯罪事实的证明达到事实清楚，证据确实、充分的程度，并非每个案件都能做到。当对被告人实施所指控的犯罪事实的证明达不到定罪证明标准而成为疑案应当如何处理时，就面临着"不枉"还是"不纵"的价值权衡与选择问题。

从经济成本来看，强调"不纵"有可能导致冤枉无辜，这将使之前的刑事诉讼程序归于无效，更甚的是冤枉无辜意味着真正的犯罪人仍然游离在刑事诉讼之外，未被追究刑事责任，这大大增加了社会成本。相反，"不枉"虽然有可能会放纵真正的犯罪人，但不会因为错判无辜者有罪而带来成本。由此看来，"不纵"所产生的成本要比"不枉"所产生的成本要高。基于这种考量，要求在"不枉"与"不纵"发生冲突时只能选择"不枉"作为指导思想。按照"不枉"的要求，对于证明达不到定罪证明标准的案件，只能适用疑罪从无原则处理。唯有如此，才能最大限度地防止无辜者被错误判有罪。

我国《刑事诉讼法》明确将"疑罪从无"作为疑案的处理原则予以明确。《刑事诉讼法》第175条第4款规定："对于二次补充侦查的案件，人民检察院仍然认为证据不足，不符合起诉条件的，应当作出不起诉的决定。"第200条规定："在被告人最后陈述后，审判长宣布休庭，合议庭进行评议，根据已经查明的事实、证据和有关的法律规定，分别作出以下判决：……（三）证据不足，不能认定被告人有罪的，应当作出证据不足、指控的犯罪不能成立的无罪判决。"

本案中，由于案发距离审判时已过去近14年，加之案发后因为被害人多名亲属施救而破坏了案发现场，尽管广东省高级人民法院在审理期间尽可能采取了补查手段，但仍未能收集更多的有力证据。本案中虽有指向陈某犯罪的证据，但这些证据不足以形成完整的证据链，且证据之间存在矛盾，导致根据在案证据推导，陈某有可能实施了本案的犯罪，也有可能没有，使案件最终处于真伪不明的疑案状态。

在此种情况下，广东省高级人民法院经过慎重考虑，决定"严格遵从疑罪从无原则，在既不能证明被告人有罪又不能证明被告人无罪的情况下，从法律上推定被告人无罪，依法作出证据不足、宣告被告人无罪的判决"。可以说，法院在是否有罪存疑时，根据疑罪从无原则作出无罪判决，最大限度地保障了被追诉人的权利。

■ 理论阐释 | 贯彻落实疑罪从无原则之必要

在对案件事实的证明达不到定罪证明标准的情况下,应当贯彻落实"疑罪从无"原则,作出无罪判决,这是防止冤案错案发生的必然要求。过去,由于受到有罪推定思想的影响,加之被害人乃至社会舆论的无形压力,部分司法机关在对有的案件(特别是死刑案件)的证明尚未达到定罪证明标准的情况下仍然认定被告人有罪,但在量刑上"留有余地"地从轻处罚(不判处死刑)。

应当承认,这种"留有余地"的做法确实能在一定程度上防止错杀无辜之人,但该做法不仅与我国的法律规定背道而驰,而且是造成诸多冤错案件发生的重要原因。存疑的案件意味着真正的犯罪人有可能是被追诉人,也有可能不是被追诉人,在不能确定真正犯罪人是谁的情况下仍然认定被告人有罪,不可避免地出现错判的风险。

事实上,从我国司法机关近些年纠正的冤错案件来看,这些冤错案件的发生有着相似的径路:首先被冤枉的人往往因为与被害人有某种关系而被确定为犯罪嫌疑人;其次对犯罪嫌疑人实施刑讯逼供,迫使其不得不对犯罪进行供认;最后证据达不到定罪证明标准的情况下,仍然作出有罪判决,而刑事判决书上往往有本案已经达到定罪证明标准(本案"事实清楚,证据确实、充分")的表述。尔后因"亡者归来"或"真凶出现"被确定为冤错案件,最终通过启动再审程序予以纠正。

例如,在赵作海案中,"当时合议庭合议后认为,这起案件尚存疑点,本着'疑罪从轻'的原则,并没有判决死刑,而是判了死刑缓期执行",[1] 最终酿成了"样板式"冤案。又如,有学者曾收集20起冤案,并对该20起冤案的误判理由进行分析,指出其中14起冤案(占70%的比例)是因为在有罪证据显然不足,即未达到我国立法所要求的定罪证明标准程度的情况下仍然认定被告人有罪所造成的。[2]

需要指出的是,自党的十八大以来,司法机关通过再审程序纠正聂树斌案、呼格吉勒图案、张氏叔侄案等重大刑事冤假错案多起,并在总结过去经验教训的基础上强调刑事审判中对于罪与非罪存疑的案件必须坚持疑罪从无原则。最高人民法院《关于建立健全防范刑事冤假错案工作机制的意见》第6条明确规定:"定罪证据不足的案件,应当坚持疑罪从无原则,依法宣告被告人无罪,不得降格作出'留有余地'的判决……"可以说,只有真正贯彻落实疑罪从无原则,才能确保刑事案件的办案质量。

■ 扩展思考 | 定罪证明标准的理解与适用

贯彻落实疑罪从无原则,要求刑事审判准确把握并坚守定罪证明标准。定罪证明标准作为定罪的调节器,对其是否严格遵守直接影响案件事实认定的质量,进而影响定案质量。

---

[1] 邓红阳:《赵作海案再曝"留有余地"潜规则》,载《法制日报》2010年5月13日,第4版。
[2] 参见陈永生:《我国刑事误判问题透视——以20起震惊全国的刑事冤案为样本的分析》,载《中国法学》2007年第3期。

当然,坚守定罪证明标准,要求定罪证明标准具有确定、具体的含义。倘若定罪证明标准的概念不确定,则坚守的基础亦不明确,那么所谓的坚守,只是法官自由裁量的结果。

我国《刑事诉讼法》从1979年制定到1996年修改,定罪证明标准一直表述为"案件事实清楚,证据确实、充分"。随着司法实践的不断推进,这一标准存在的语义模糊、欠缺可操作性等问题凸显出来,致使实务部门对其内涵的理解存在较大分歧。《刑事诉讼法》(2012年)修改,将排除合理怀疑写入本法第55条,用以补充完善定罪证明标准。

需要指出的是,我国定罪证明标准的解读,是以客观真实说尤其是马克思辩证唯物主义认识论作为理论基础的。对定罪证明标准的解读必须坚持客观真实说为指导,这是总结过去发生的冤错案件沉痛教训后的必然选择,也是由我国的职权主义诉讼传统所决定的。基于职权主义的价值追求,法官需要调查核实证据,查明案件事实真相,使"事实认定符合客观真相、办案结果符合实体公正、办案过程符合程序公正"(党的十八届四中全会《决定》)。

事实上,《刑事诉讼法》第6条也将客观真实作为刑事诉讼追求的核心价值,明确要求公安司法机关进行刑事诉讼"必须以事实为根据,以法律为准绳"。按照马克思辩证唯物主义认识论,对案件的客观事实能够被认识,且应当努力使对案件的主观认识符合案件的客观事实。要使主观认识符合客观事实,必然要求对定罪证明标准作最严格的要求。具体而言,要求定罪证明标准应达到确定性、唯一性的程度。也即,只有以客观真实说为指导作最严格的解读,坚守定罪证明标准才能真正发挥防止冤错案件发生的功能。

037 司法机关久拖不决引起追诉时效经过｜时效审查的程序机制

刘某故意伤害案

叶燕杰　西南大学

■ 案情概要[*]

1993年5月24日13时许，刘某因承包地蓄水问题与本村村民周某（本案被害人，殁于2012年2月16日）发生争吵、打斗。后刘某持刀将周某的左胸部刺伤，造成其左胸刺伤，左侧外伤性血胸，呼吸困难而受伤住院。1993年9月18日，经重庆市法医学会鉴定：周某之损伤属重伤。案发后，刘某外逃。2001年8月7日，重庆市公安局A区分局对刘某立案侦查。8月13日，该分局对刘某作出刑事拘留决定并进行网上追逃。2006年6月28日，刘某被公安机关抓获归案。7月12日，经该分局鉴定：周某损伤已达重伤标准。7月13日，刘某被该分局决定取保候审。

2006年10月20日，该分局向A区人民检察院移送审查起诉，由主诉检察官蒲某（另案处理）承办（至案发时已升任检委会专职委员）。在办案过程中蒲某认为该案不符合起诉条件，要求侦查人员补充收集证据，并决定延长审查起诉期限至12月5日。11月24日，蒲某以"刘某故意伤害案原始病历无法找到，案件现有材料可鉴定出刘某致周某轻伤，案件已过追诉时效，不能追究刘某刑事责任"为由，建议公安机关撤销案件。11月29日，A区分局书面回复"刘某的伤情在1993年9月18日已经有重伤鉴定意见。我局不同意作撤案处理"。2007年7月26日，蒲某收到周某提交的B区医院病历资料，发现案件已超期数月，因担心案件超期未处理影响职务职级晋升，遂将案件继续搁置。

2010年，蒲某害怕该案超期太久而被追责，编造"本院于2006年11月5日至10日期间传唤犯罪嫌疑人刘某，重庆市公安局A区分局预审科及某派出所均不能将犯罪嫌疑人刘某通知到案，不能保证诉讼程序的顺利进行"的事实，制作渝×检刑中止诉（2006）5号《中止审查决定书》（落款日期为2006年11月12日）放入检察内卷应付检查。至案发时，蒲某已将案件搁置14年未作处理。在全国政法队伍教育整顿期间，蒲某于2021年4月13日主动

---

[*] 参见渝×检刑不诉（2021）B4号。

向所在单位报告其压案不办的事实,并向单位移交了案件材料。[1] 2021 年 6 月 11 日,A 区人民检察院认为刘某故意伤害案等三起案件均已过追诉时效,对 4 名涉案人员均作出法定不起诉处理。针对刘某的不起诉决定书载明,"被害人近亲属如果不服本决定,可以自收到本决定书后七日以内向重庆市人民检察院第 × 分院申诉,请求提起公诉;也可以不经申诉,直接向重庆市 A 区人民法院提起自诉"。

在获得不起诉决定书之后,被害人家属向 A 区法院提起了刑事自诉。A 区法院经审查认为,本案已过追诉时效,裁定不予受理。被害人家属提起上诉,二审法院裁定撤销原裁定,发回重审。后本案被告人刘某与被害人家属达成了庭外和解,被害人家属申请撤回自诉,法院裁定准许。本案原承办检察官被追究滥用职权罪(共涉及 3 起压案不办事实),判刑 1 年,目前刑罚已执行完毕。

法律分析

> **争议焦点**
>
> 案件出现不受追诉时效限制情形是否意味着犯罪行为永远不受追诉时效限制?因为司法机关工作人员自身的原因导致案件久拖未决(压案不办),是否属于《刑事诉讼法》规定的"犯罪已过追诉时效期限"?对于办案机关认为犯罪"已过追诉时效期限"的案件,程序上应当如何进行处理?能否适用公诉转自诉?

▢ 出现不受追诉时效限制情形是否意味着永远不受追诉时效限制

在刘某故意伤害案中,1993 年案发后,犯罪行为人刘某即外逃。直到 2001 年,公安机关才决定正式立案,并于同年 8 月 13 日作出刑事拘留决定。根据最高人民法院 1997 年发布的《关于适用刑法时间效力规定若干问题的解释》第 1 条规定,"对于行为人 1997 年 9 月 30 日以前实施的犯罪行为,在人民检察院、公安机关、国家安全机关立案侦查或者在人民法院受理案件以后,行为人逃避侦查或者审判",是否追究行为人的刑事责任,适用《刑法》(1979 年)第 77 条的规定。

根据《刑法》(1979 年)第 77 条的规定,犯罪行为人在采取强制措施后逃避侦查或审判的,不受追诉期限的限制。本案中,犯罪行为人在追诉期内被刑事拘留(2001 年),2006 年被抓获,因此截至 2006 年,本案都在追诉时效内。本案的特殊之处在于,犯罪行为人在被抓获之后,没有实施新的逃避侦查或审判的行为。[2] 后由于司法工作人员的压案行为,导致案件一直停留在审查起诉阶段,至案发时,已经过 14 年。对于这 14 年,是否已过追诉时效的限制成为案件争议的一大焦点。

---

[1] 参见重庆市 × 县人民法院(2021)渝 0231 刑初 224 号刑事判决书。
[2] 有学者认为,侦查机关立案侦查后,犯罪行为人逃跑后被抓获的,追诉时限应从犯罪行为人到案后开始计算。参见张明楷:《刑法学》(第 6 版上),法律出版社 2021 年版,第 835 页。

从本案最终的处理结果来看，二审法院认为案件没有经过追诉时效，理由是侦查机关在追诉时效期限内有立案行为，因此本案属于不受追诉时效限制的情形，后续检察机关的久拖不决行为对追诉时效问题没有影响。检察机关以及一审法院则持相反观点。

☐ 司法工作人员压案不办对追诉时效的影响

司法工作人员久拖不决导致案件超过追诉时效期限，司法机关能否追诉的问题，理论界有多种看法。例如，立法机关的学理解释认为，如果侦查机关立案后，不采取实质措施追究犯罪，久拖不办，犯罪嫌疑人又没有逃避侦查的，这种情况下，无论经过多长时间都要追究刑事责任，是否符合追诉时效制度的目的等，需要进一步研究。[3] 有学者坚持严格的追诉时效期限立场，认为"检察院、公安机关、国家安全机关已立案侦查或者法院受理案件后，长时间不处理案件，导致经过了追诉期限的，不应当再追诉"。不仅如此，即使犯罪行为人到案前存在逃避侦查行为，如果到案后没有实施新的逃避侦查或审判的行为，那么管辖机关也应受追诉时效的限制。[4] 司法机关也有工作人员持类似立场，认为犯罪嫌疑人、被告人在没有逃避侦查或审判的情况下，如果办案机关怠于行使职权，长时间未作处理的案件应受追诉期限的限制，否则"会导致犯罪嫌疑人、被告人一直处于被追诉的状态，不利于人权保障……可以依据行为人未'逃避侦查或者审判'主张超过追诉期限"；甚至进一步提出，哪怕发回重审的案件，如果被告人没有逃避审判，一审法院逾20年未开庭审理也会导致经过追诉期限[5]的问题。[6]

☐ 超过追诉时效案件能否公诉转自诉

对于本案，公诉机关和一审法院认为案件经过了追诉时效，二审法院持相反立场。在重审过程中，本案被告人与被害人家属最终达成了庭外和解，后撤回自诉，法院准许撤诉。值得玩味的是，如果本案没有和解后撤诉，检察机关能以"违反法律关于追诉时效期限的规定"提出抗诉吗？如果抗诉，本案的最终走向又将如何？

■ 理论阐释 | 偏重实体法的追诉时效认定机制及其局限

☐ 实体法有关追诉时效的规定

有关追诉时效的问题，目前主要由《刑法》予以规定。其中《刑法》(1979年)第76～78条集中规定了时效的问题，《刑法》(1997年)有关追诉时效的规定大致相同。唯一不同的就是"不受追诉期限的限制"起算点的差异。

---

3 参见王爱立主编：《中华人民共和国刑法条文说明、立法理由及相关规定》，北京大学出版社2021年版，第262页。
4 张明楷：《刑法学》（第6版上），法律出版社2021年版，第835页。
5 参见喻海松主编：《实务刑法评注》，北京大学出版社2022年版，第333页。
6 对于刑事案件久拖不决、过分迟延的问题，有学者认为，公安司法机关以及人民法院应当根据《刑事诉讼法》(2012年)第15条的规定，即撤销案件，不起诉，以及终止审理或者宣告无罪。参见曲新久：《追诉时效制度若干问题研究》，载《人民检察》2014年第17期。

根据《刑法》(1979年)规定，犯罪嫌疑人要在"公安机关采取强制措施以后，逃避侦查或者审判"，方不受追诉期限的限制。如果只是单纯立案侦查后逃避侦查或审判的，犯罪行为仍应受追诉时效的约束。如此追诉时效限制在理论和实践中产生了很大争议。盖因过去很多案件只有在破案的时候才会选择立案，如果没有立案显然就不能采取强制措施。可以说该追诉时效的规定对于打击犯罪造成了不利影响。

《刑法》(1997年)对前述条文进行了修改，将"立案侦查或者在人民法院受理案件以后"逃避侦查或审判的行为明确为"不受追诉期限的限制"情形。之所以将不受追诉期限的限制的时间点提前到立案，是因为立案表明国家启动了追诉活动。立法机关的学理解释认为，"立案侦查是追诉活动的一部分，在刑法规定的追诉时效期限以内立案侦查表明国家已经开始行使对犯罪人的追诉权，依法不应当再计算追诉时效期限"。[7]

程序法有关追诉时效问题的规定

我国刑事诉讼法并没有针对如何判断是否经过追诉时效的程序性规定，缺乏相应时效审查的程序机制。整个刑事诉讼法及其解释体系，针对追诉时效的规定仅有寥寥数语。例如，《刑事诉讼法》第16条规定，"犯罪已过追诉时效期限的"应当不追究刑事责任，已经追究的，应当撤销案件，或者不起诉，或者终止审理，或者宣告无罪。《刑诉法解释》第295条第8款也仅规定，"犯罪已过追诉时效期限且不是必须追诉，或者经特赦令免除刑罚的，应当裁定终止审理"。可以看到，在追诉时效的判断上，目前并没有一套明确的审查判断机制，由此导致了实践中处理结果的差异。与此同时，针对被犯罪行为侵害的受害人及其家属，也缺乏必要的诉讼关怀。一旦被认定经过追诉时效，被害人权利很难得到保障。

现有追诉时效规定存在的问题

就目前而言，我国有关追诉时效的规定存在诸多问题：第一，从规范依据上来看，现有的有关追诉时效的规定，主要来自实体法。虽然全国人大常委会有关专门委员会、公检法三机关已针对追诉时效问题制定了关于追诉时效的解释、规定，仍不够细化，特别是不能够囊括实践中纷繁复杂的时效判断问题。例如，《刑法》(1997年)虽然规定了不同犯罪类型的追诉期限，但对于何为追诉、追诉期限计算的时间节点等都没有明确进行规定。第二，与前述问题相关，由于追诉时效的规定主要集中于实体法，缺乏程序法上的审查以及救济机制，由此导致追诉时效理解和适用的差异性，实践中被害人及其家属"告状无门"的事件时有发生。第三，从现有的核准追诉机制来看，现有机制只是针对法定刑可能判断无期徒刑、死刑的犯罪适用，这部分案件在经过20年的追诉时效之后，仍有追诉必要的，可提请最高人民检察院核准追诉。然而因办案机关自身的原因导致案件久拖不决，致使追诉时效经过，无法通过现有的核准追诉机制予以解决。

---

[7] 王爱立主编：《中华人民共和国刑法条文说明、立法理由及相关规定》，北京大学出版社2021年版，第261页。

■ 扩展思考 | 追诉时效制度的价值冲突与平衡

☐ 打击犯罪与权利保障的平衡

就制度设计而言,追诉时效制度具有多重价值。有观点认为,规定追诉时效有利于督促司法机关及时办理案件,自诉人在法定期限内及时提起自诉,防止案件无限期拖延……有利于司法机关集中资源和精力办理当前案件,提高办案效率。[8] 有观点认为,"追诉时效制度的设立,既督促办案机关积极行使职权,又保障犯罪嫌疑人、被告人的权利"。[9] 由此可见,追诉时效制度兼具诉讼效率价值与司法人权保障性质。对于实践中司法工作人员久拖不决或压案不办的行为,如何平衡打击犯罪、保障权利是一个必须面对的问题。

本案中,之所以出现司法机关处理结果上的差异,一方面既与司法机关对追诉时效理解、认识差异有关;另一方面也与司法机关不同的价值取向有关,由此表现出不同的行动逻辑。就前者而言,目前,公安司法机关并未就追诉时效,特别是久拖不决案件问题形成统一性共识,没有就追诉时效问题联合发布相关文件,本案法检处理结果的差异性显示出司法机关在追诉时效认定问题上的分歧。就后者而言,公安司法机关存在不同分工,承载不同的社会治理角色。本案中,因为个别司法工作人员的原因导致案件面临追诉时效问题,被害人权利得不到应有保障和救济,显然有违公平正义。作为当事人,只有不断提出控告——本案正是如此。显然,与客观原因导致的诉讼时效经过不同,因为个别司法工作人员的久拖不决造成诉讼时效经过,会严重损害司法机关的公信力。因此在有关追诉时效认定的问题上,似乎也不能过于机械。

☐ 涉追诉时效案件应进一步强化实质性司法审查

追诉时效的判断,涉及复杂的事实认定和法律适用问题。追诉时效的认定,是典型的实体法、程序法互涉问题。因此,要避免从纯实体法角度看待相关案件。在纯实体法视角之下,难以对影响诉讼时效中断、延长等因素展开实质、深入调查,进而导致诉讼时效认定结论的偏颇。

以本案为例,二审法院认为本案没有经过诉讼时效,司法工作人员的压案行为对于案件的追诉时效没有实际影响,理由是案件已经进入立案侦查程序。但问题是,立案侦查能成为不受追诉时效限制的正当理由吗?显然并不一定。与此同时,对于超过追诉时效期限的标准,应坚持何种限度?超过一个月算不算?超过一年算不算?超过三五年甚至更久算不算?因此,追诉时效的判断亟须建立一套严格的审查标准,对影响追诉时效的各种因素进行调查、评价,以确保追诉时效的判断既符合法律规范,又符合客观实际;既保证打击犯罪的现实需要,又合理关照被追诉人、受犯罪行为侵害的被害人利益。

---

[8] 参见王爱立主编:《中华人民共和国刑法条文说明、立法理由及相关规定》,北京大学出版社2021年版,第261~262页。

[9] 喻海松主编:《实务刑法评注》,北京大学出版社2022年版,第333页。

038 刑事附带民事诉讼精神损害赔偿

牛某某性侵未成年人案

张　栋　华东政法大学

■ 案情概要*

案发时,张某甲(女,2002年12月生)系智力残疾无法上学就业的未成年人,上诉人牛某某分别于2020年8月29日15时、2020年9月2日和9月3日上午趁张某甲父母上班后独自在家之机,邀请张某甲到其暂住处玩耍,采用锁门、脱衣、按压双手等方式,多次对张某甲实施奸淫。2020年9月3日20时许,牛某某的房东到张某甲住处劝说张某甲父亲不要让张某甲独自一人在村里闲逛,引起张某甲父亲警觉并于当天21时30分许与妻子一起询问张某甲情况,遂得知张某甲被牛某某强奸,张某甲父亲立即向公安机关报警。隔天上午,牛某某便在其暂住处被民警抓获。案发后,被害人张某甲无论是身体还是心理均遭受巨大的伤害并产生阴影,出现脾气暴躁、害怕与陌生人接触、不敢出门、不敢独自睡觉等问题。

一审法院认为,被告人牛某某在明知被害人张某甲系智力残疾的情况下,采用暴力胁迫的手段对其实施奸淫,其行为已构成强奸罪,依法应予惩处。关于附带民事诉讼原告人张某甲提出要求赔偿精神损失的诉讼请求,根据最高人民法院《刑诉法解释》第175条第2款规定,因受到犯罪侵犯,提起附带民事诉讼或者单独提起民事诉讼要求赔偿精神损失的,人民法院一般不予受理。上述规定并未排除个别有特殊情况的刑事案件要求被告人承担精神损害的赔偿责任。根据《民法典》第1183条的规定,侵害自然人人身权益造成严重精神损害的,被侵权人有权请求精神损害赔偿。本案被害人由于受到智力水平的限制,认知能力的降低,自我修复、调节的能力也会同时削弱,这种精神伤害可能伴随其一生。故判决被告人牛某某犯强奸罪,判处有期徒刑10年,剥夺政治权利1年,一次性赔偿附带民事诉讼原告人张某甲精神抚慰金人民币3万元。

牛某某不服一审判决提起上诉,二审法院经审理查明的事实和证据均与原判决相同,对于一审法院在判决刑事案件同时,附带判决精神损害赔偿上诉人牛某某应对被害人本人承担民事法律责任,以填补被害人所遭受精神损害。一审法院根据《刑诉法解释》第175条第2款规定,将原告人提出要求赔偿精神损失的诉请作为例外情形受理,于法不悖。故裁定驳回上诉,维持原判。

* 参见上海市第二中级人民法院(2021)沪02刑终484号刑事附带民事裁定书。

法律分析

争议焦点

本案系国内刑事附带民事诉讼精神损害赔偿第一案,本案的争议焦点是:在刑事附带民事诉讼(以下简称刑附民)中,能否赔偿精神损害?性侵未成年人案件是否属于精神损害赔偿的例外情形?如果可以在刑附民中赔偿精神损害,则精神损害赔偿的范围、数额如何确定?

精神损害赔偿的立法规定

我国民事立法关于受害人的精神损害赔偿请求权,有着比较完善的法律体系。2001年最高人民法院发布《关于确定民事侵权精神损害赔偿责任若干问题的解释》,细化了精神损害赔偿的适用范围、权利主体、赔偿数额等内容,以确保受害人的精神损害赔偿请求权能够得到有效的保障。2010年施行的《侵权责任法》正式将精神损害赔偿纳入法条,并在第4条中明确了"刑民责任并科原则",即侵权人因同一行为应当承担刑事责任的,不影响其依法承担民事责任。2021年1月1日实施的《民法典》再次对精神损害赔偿作出肯定,其中第996条明确,因当事人一方的违约行为,损害对方人格权并造成严重精神损害,受损害方选择请求其承担违约责任的,不影响受损害方请求精神损害赔偿。第1183条规定,侵害自然人人身权益造成严重精神损害的,被侵权人有权请求精神损害赔偿。因故意或者重大过失侵害自然人具有人身意义的特定物造成严重精神损害的,被侵权人有权请求精神损害赔偿。由此可见,精神损害赔偿的适用范围在民事领域进一步地扩大,精神权利作为公民人格基本权利之一,在我国民事精神损害赔偿制度体系不断被强化和保障。

相反,我国刑事立法方面对于被害人的精神损害赔偿请求权有着不同的规定,刑事被害人及其近亲属在审理的过程中提起精神损害赔偿的,法院一般不予支持。我国《刑法》第36条规定了被害人因为犯罪行为遭受经济损失的,在认定犯罪人刑事责任的同时,可以根据情况判处赔偿经济损失。虽然将刑事责任和民事责任相结合,但对于"经济损失"的赔偿范围实则仅包含物质损失并不包含精神损害。《刑诉法解释》(2012年)第138条第2款规定:"因受到犯罪侵犯,提起附带民事诉讼或者单独提起民事诉讼要求赔偿精神损失的,人民法院不予受理。"《刑事诉讼法》第101条规定:"被害人由于被告人的犯罪行为而遭受物质损失的,在刑事诉讼过程中,有权提起附带民事诉讼……"这表明在刑附民中能够主张物质损失,但不能主张精神损害赔偿。

通过梳理可以得知,我国民事领域和刑事领域对精神损害赔偿有着不同的认识和规定。民事立法对于精神损害赔偿的认识不断深化,从而不断扩大精神损害赔偿的适用范围和条件;而刑事实体法和程序法上始终将精神损害赔偿拒之门外。刑事、民事领域的认识不同导致了我国在精神损害赔偿问题上出现立法规范矛盾、司法衔接不畅的冲突。

◰ 刑附民中精神损害赔偿的例外情形

《刑诉法解释》将其中精神损害赔偿相关条文修改为"被害人因受到犯罪侵犯,提起附带民事诉讼或者单独提起民事诉讼要求赔偿精神损失的,人民法院一般不予受理"。立法将"不予受理"修改为"一般不予受理",这隐含了精神损害赔偿存在例外的特殊表达,也就是说在刑事诉讼中,法院通常不支持精神损害赔偿,而在特殊情况下法院可以受理刑附民中提出的精神损害赔偿。虽然未明确属于例外可以受理的情形,但已打破原来绝对不予受理的规定。在刑事司法实践中也逐渐出现"以不支持为原则,以支持为例外"的做法。

本案系对智力有缺陷的未成年人实施性侵。1959 年联合国通过的《儿童权利宣言》首次明确将儿童特殊保护规定为一项基本原则,并强调儿童利益最大化原则。2012 年最高人民检察院发布《关于进一步加强未成年人刑事检察工作的决定》规定了双向保护原则,要求"加强与被害人的联系,听取其意见,做好释法说理工作,并注重对未成年被害人的同等保护,充分维护其合法权益"。2021 年 6 月 1 日新修订的《未成年人保护法》正式施行,从六个保护层面完善、加强了未成年人权益保障工作。由此可知,对未成年人的关爱、保护始终是社会共识。因而本案未成年被害人通过刑附民获得精神损害赔偿,是将未成年被害人保护置于更高的价值位阶,彰显了对未成年人司法保护的重视。并且未成年人受侵害案件在实践中呈增长之势,将未成年被害人作为精神损害赔偿的例外情形符合对未成年人惯有的特殊、优先保护原则。另外,性侵案件中未成年被害人所受到的精神损害远大于物质损害,常在较长时间内难以走出被害阴影和得到精神恢复,最终引发焦虑、抑郁等精神疾病。鉴于此,本案除了依法对犯罪人追究刑事责任,还通过支持精神损害赔偿弥补被害人精神康复的费用,抚慰被害人所受身体和精神的双重侵害,是对未成年人利益最大化原则的践行,同样也是将未成年人保护作为社会发展的稳压器、改革的试验田和先行者。

◰ 刑附民精神损害赔偿数额

目前立法尚未对刑附民精神损害赔偿的标准数额作出明确规定,2014 年《关于人民法院赔偿委员会审理国家赔偿案件适用精神损害赔偿若干问题的意见》规定,精神损害抚慰金的具体金额原则上不超过人身自由赔偿金、生命健康赔偿金总额的 35%,最低不少于 1000 元。[1] 2020 年《关于确定民事侵权精神损害赔偿责任若干问题的解释》第 10 条规定了赔偿数额确定的六个考量因素。然而,上述文件均未量化精神损害赔偿的标准,实际上精神损害作为一种无形损失,确难以用价值来准确衡量,这也导致实践中不免出现在精神损害的数额认定中"类案不同判"的现象。

本案判决精神抚慰金 3 万元,是根据侵权人的过错程度、侵权行为的具体情节、精神损

---

[1] 第 10 条规定,精神损害的赔偿数额根据以下因素确定:(1)侵权人的过错程度,法律另有规定的除外;(2)侵害的手段、场合、行为方式等具体情节;(3)侵权行为所造成的后果;(4)侵权人的获利情况;(5)侵权人承担责任的经济能力;(6)受诉法院所在地平均生活水平。

害后果、侵权人的经济能力等情况综合酌定。一方面是避免赔偿数额过高可能会造成的赔偿延迟和司法空判，另一方面也防止数额过低而无法弥补被害人的受损权益，因此法官通过自由裁量权均衡确保、实现精神损害赔偿的有效执行和慰抚、填平功能。

■ 理论阐释 | 刑附民精神损害赔偿的认识

□ 确立刑附民精神损害赔偿制度的正当性

在国家追诉主义的诉讼模式下，被害人在刑事诉讼中常处于从属地位，当事人地位被弱化、诉讼参与程度降低。受传统惩罚性诉讼理念的影响，国家为实现公法责任、稳定社会秩序、保护公共利益，而弱化乃至忽视犯罪结果承受者的具体个体利益。随着少捕慎诉慎押刑事司法政策和认罪认罚从宽制度的统筹落实，刑事诉讼理念由惩罚性诉讼理念向恢复性司法理念转变，恢复性司法理念强调犯罪人主动承担责任、弥补受害者的伤害和需求，从而消弭双方冲突和修复已破坏的社会关系。具体表现为通过赔偿、补偿犯罪受害者达到深层次的矛盾化解。因此，相较于传统刑罚惩治，犯罪人能及时减轻乃至消除被害人因犯罪所导致的物质损失和精神损失，取得被害人及其家庭和社区成员的谅解，重新回归社会，是恢复性司法所包含的内容以及其所追求的目标。

然而，如果只要求被告人承担刑事责任及有限的物质损失赔偿责任，仍未实现对被害人合法权益的完整、充分保障。此外，举轻以明重，在民事诉讼中对具有人身意义的特定物的损毁尚可以获得精神损害赔偿，那么在刑事诉讼中当犯罪行为是针对他人生命、健康造成的侵害，有何理由无法获得精神损害赔偿？特别是性侵未成年人案件中，未成年被害人遭受身心损害和折磨，如若无法获得精神损害赔偿，则难以堪称是对"国家亲权""儿童利益最大化""未成年人利益双向保护"等未成年人司法理念的坚持与维护。

有疑者论，若精神损害赔偿难以执行容易造成"司法白条"，但因部分案件无法得到完全执行就阻断被害人获得精神损害赔偿的路径，必然会导致一部分被告人在有赔偿能力的情况下正大光明地获得法律的豁免，这无疑是对被害人的二次伤害。[2] 因执行困难而限制被害人寻求的救济途径，某种程度上是对人权保障和司法公正原则的否定和对实体正义原则的贬损，因此只有将刑事附带民事诉讼和精神损害赔偿相契合，权利的存在才不至于成为一纸空文。

□ 刑附民精神损害赔偿的范围、数额设定

为切实全面地保护被害人的精神利益，接轨国际司法，我国应当建立专门的刑附民精神损害赔偿制度，需要明确规定因犯罪行为遭受精神损害的赔偿标准，以加强对被害人的司法保护。

---

2 参见姚建龙、陈子航：《"牛某某性侵未成年人案"观点聚讼与辨正》，载《上海政法学院学报（法治论丛）》2022年第2期。

第一,明确精神损害赔偿的案件范围。刑事案件中的精神损害赔偿构成要件应符合一般侵权行为引发精神损害赔偿的基本要素,在危害结果的程度上应当是可能造成被害人严重精神不安、恐惧等。对此,可划定相关案件类型进行初步设定,例如,侵害人身、生命等专属法益类犯罪;侵犯人格尊严类犯罪;侵害性自主权类犯罪;侵犯家庭成员身份权类犯罪;侵害死者人格利益类犯罪;侵害特定物品类犯罪等均可以提出精神损害赔偿,法院最终是否支持应当结合犯罪行为的严重程度、精神损害的事实结果、犯罪行为与损害后果的因果关系等构成要件进行一一审查。

第二,确立精神损害赔偿金额的判断标准。精神损害赔偿数额的确立可有一定的灵活性,具体可以根据被害人的精神损害程度;犯罪行为人的过错程度;侵害行为后果;被害人与犯罪行为人的双方家庭情况、经济能力;社会影响等因素,在顾及精神损害的个体性差异的同时,实行法官自由裁量与适当限制相结合的裁量原则。另外,各省人民法院还可以规定和实行有限额的标准赔偿,以规范和统一法律适用。

■ 扩展思考 | 刑事案件赔偿范围的扩大趋势

2003年《关于审理人身损害赔偿纠纷案件适用法律若干问题的解释》首次将残疾赔偿金、死亡赔偿金(以下简称"两金")归入受害人的物质损失,以区别于归属精神损失的精神损害抚慰金。《侵权责任法》也明确了"两金"区别于精神损害抚慰金。相反《刑诉法解释》(2012年)规定"两金"不在刑附民的判赔范围,但调解、和解的,赔偿范围、数额不受限制。2021年《刑诉法解释》维持了该条规定。这表明在刑事诉讼中"两金"并不属于物质损失范畴,因此不予赔偿。

而针对"两金"性质的争议始终存在,刑事案件中不予认定"两金"多是基于被告人普遍无力赔偿事实,为防止空判作出的无奈之举。刑民领域的认识不一致、规定不同步,使得"两金"在民事侵权损害赔偿案件中作为物质损害赔偿与精神损害赔偿并存,而在刑附民中出现被不断回避的矛盾和争议。由此可见,刑事案件的赔偿范围具有较多限制,赔偿范围过窄导致法律体系、司法适用等方面的问题,无法充分实现刑附民特有的抚慰、填平被害人损失和减轻讼累的价值。

未来还应进一步厘清"两金"在刑事案件中的性质,与民事法律规范保持一致。因为刑事案件中犯罪行为容易造成被害人伤残、死亡的严重后果,这必然给其家庭带来重大经济损失,造成被害人劳动收入骤减、家庭经济状况恶化、被扶养人生活难以为继等直接影响,对于被害人来说已然是一种"必然遭受的物质损失",因此死亡、残疾赔偿金应当成为对犯罪行为所引起的损害结果的赔偿或弥补,纳入物质性损害的赔偿范畴。

刑附民赔偿范围的合理扩大将有助于完善对刑事被害人的民事救济,协调统一刑事和民事法律规范,避免实践中的法律适用困境,改善被害人权益保护现状。民事责任在刑事领域的纳入和扩大将充分展现刑事司法的人权保障理念,体现法律正义和恢复性司法的价值,最终促进社会公平正义与和谐安定。

039 对强制医疗客观要件的反思

黄某强制医疗案

张吉喜 西南政法大学

■ 案情概要[*]

湖南省邵阳市新邵县人民检察院以新检公诉医申（2019）1号强制医疗申请书于2019年4月18日向新邵县人民法院提起申请，要求法院依法对被申请人黄某作出强制医疗决定。

湖南省新邵县人民法院经审理查明，黄某离异且下岗待业后，在新邵县第二人民桥下私自搭设棚房，该棚房被依法拆除后，其以棚房被拆为由要求解决住房问题、怀疑社保卡被社区干部盗刷、要求办理公租房房产证等事由多次上访，其上访的诉求经当地政府调查，均已依法答复。但黄某继续非法上访，2018年1月以来，共到非信访场所非法上访6次，被警方训诫3次，且黄某在上访过程中有自杀、闹事行为。2018年11月12日，黄某在上访时被强制带离到酒店休息时，黄某趁工作人员不备，突然冲到四楼阳台欲跳楼，被及时制止。2018年12月25日，黄某在上访时，爬到非信访场所的一棵树上，不听民警劝说，长时间在树上与民警对峙，造成围观人员拥堵，道路临时管制，严重影响周边秩序，后相关部门出动两辆消防车用云梯才将其从树上带下。2019年1月31日，经长沙湘雅二医院司法鉴定中心鉴定，黄某被诊断为精神分裂症，实施危害行为时无刑事责任能力。

上述事实，黄某法定代理人和指定代理人均无异议，有视频截图、情况说明、关于黄某反映住房问题的信访事项情况报告、领据、退休证明、新邵县企业养老保险站支付流水账、存款账户交易明细表、户籍资料等书证，相关证人的证言，被申请人黄某的供述，鉴定意见等证据予以证明，且查证属实，足以认定，法院予以确认。

湖南省新邵县人民法院认为，被申请人黄某多次非法上访，在上访过程中有爬树、闹事等行为，危害公共安全。经鉴定，黄某为实施危害行为时无刑事责任能力的精神病人，存在继续危害社会的可能，需住院治疗，符合强制医疗条件。公诉机关提出对黄某作出强制医疗决定的申请符合法律规定，予以支持。据此，依照《刑事诉讼法》第303条之规定，决定对被申请人黄某予以强制医疗。

---

[*] 参见湖南省邵阳市新邵县人民法院（2019）湘0522刑医1号强制医疗决定书。

■ 法律分析

> **争议焦点**
>
> 本案引发的争议问题是,对于实施的行为不具有明显的暴力性,仅妨害社会管理秩序的精神病人是否可以适用强制医疗?

2012年《刑事诉讼法》修改,增设了依法不负刑事责任的精神病人的强制医疗(以下简称强制医疗)程序。《刑事诉讼法》修改沿用上述规定。根据《刑事诉讼法》第302条的规定,强制医疗有三项适用要件:一是客观要件,即"实施暴力行为,危害公共安全或者严重危害公民人身安全"。客观要件包括行为条件和侵害法益条件两方面的内容。前者指的是"实施暴力行为",后者指的是"危害公共安全或者严重危害公民人身安全"。二是主体要件,即"经法定程序鉴定依法不负刑事责任的精神病人"。三是社会危险性要件,即"有继续危害社会可能"。

在本案决定书中,湖南省新邵县人民法院只对被申请人的行为作了描述,"在上访过程中有爬树、闹事等行为",没有明确该行为是否符合强制医疗的行为要件,即"暴力行为"。从湖南省新邵县人民法院认定的事实来看,被申请人的爬树、闹事行为不具有明显的暴力行为特征。另外,被申请人的行为是否属于"危害公共安全"行为也值得探讨。黄某的行为只是妨害了社会管理秩序。秩序是指有条理、不混乱的状态。社会秩序是指人们在社会活动中遵守行为规则,社会处于动态有序平衡的状态。公共安全与社会秩序是不同的概念。公共安全是指不特定的多数人的生命、健康和重大公私财产的安全。[1] 危害公共安全会导致破坏社会秩序,但破坏社会秩序却往往达不到危害公共安全的程度。因此就强制医疗的客观方面而言,该案不符合《刑事诉讼法》第302条规定。

■ 理论阐释 | 强制医疗客观要件被不规范适用的三种情况

与黄某强制医疗案相似,实践中还存在较多强制医疗客观要件被不规范适用的案件。

行为条件被不规范适用的最典型情形是,认为精神病人的哄闹、口头威胁、喊叫等行为符合强制医疗条件,对实施此类行为的精神病人进行强制医疗。如在罗某强制医疗案中,无刑事责任能力的精神病人罗某的行为是:以政府领导拿走其工资卡、取走工资卡内工资为由要求领导归还其工资卡,对镇党委书记王某打骚扰电话、发威胁短信并扬言要杀死王某及其家人。[2] 四川省宜宾县人民法院决定对罗某进行强制医疗,属于不规范地适用了强制医疗的行为条件。从《刑法》规定来看,多个罪状将"威胁""胁迫"等与"暴力"相并列,列

---

[1] 参见孙茂利主编:《新刑事诉讼法释义与公安实务指南》,中国人民公安大学出版社2012年版,第569页。
[2] 参见四川省宜宾县人民法院(2019)川1521刑医1号强制医疗决定书。

举为犯罪手段,因此,哄闹、口头威胁、喊叫等行为不是《刑法》意义上的"暴力行为"。[3]

侵害法益条件被不规范适用的案件更多。对于精神病人实施暴力行为,没有达到危害公共安全或者严重危害公民人身安全程度的案件,在多数情况下仍然适用了强制医疗。司法实践中,这种不规范适用具体体现为异化侵害法益、虚化侵害法益以及夸大侵害法益等三种情形。在黄某强制医疗案中,湖南省新邵县人民法院将妨害社会管理秩序认定为危害公共安全,属于异化侵害法益。以下对虚化侵害法益和夸大侵害法益的情形稍作阐述。

第一,虚化侵害法益。虚化侵害法益表现为如下两种情况:一种情况是,法院在不认定侵害法益的情况下,对不符合侵害法益条件的案件适用强制医疗。如在王某强制医疗案中,依法不负刑事责任的精神病人王某在某银行取款机室内,用手、拖鞋、瓷砖、树木等物品对取款机、玻璃门进行打砸,毁坏财物数额较大。福建省南平市延平区人民法院认为,王某故意毁坏他人财物,数额较大,符合强制医疗条件。[4] 在该案中,福建省南平市延平区人民法院只认定了王某的毁坏财物行为,没有认定其侵害法益。实际上,由于王某行为针对的只是"特定"对象,因此没有危害公共安全,只属于侵害财产,该案不符合强制医疗的侵害法益条件。该案决定书在没有明确王某行为侵害法益的情况下,决定对王某适用强制医疗,属于虚化侵害法益。

另一种情况是,法院正确认定了侵害法益,但不顾其与强制医疗的侵害法益条件不符,仍然适用强制医疗。如在李某某强制医疗案中,依法不负刑事责任的精神病人李某某到某派出所值班室大喊大叫,无故辱骂、推搡民警和办事群众,长达30多个小时。李某某还多次在某镇政府及某镇初级中学胡叫乱喊,推搡、辱骂工作人员。甘肃省镇原县人民法院认为,李某某系实施寻衅滋事行为,破坏社会秩序,决定对其强制医疗。[5] 在该案中,甘肃省镇原县人民法院认定精神病人的行为破坏社会秩序,没有认定其行为"危害公共安全或者严重危害公民人身安全"。该院不顾精神病人的行为不符合强制医疗的侵害法益条件,仍然适用强制医疗,虚化了侵害法益。

第二,夸大侵害法益。夸大侵害法益是指法院将没有达到"危害公共安全或者严重危害公民人身安全"程度的案件认定为达到了"危害公共安全或者严重危害公民人身安全"程度。如在徐某强制医疗案中,依法不负刑事责任的精神病人徐某在乘坐李某驾驶的出租车过程中,采取揪李某衣领的方式,劫取李某现金人民币50元。北京市西城区人民法院认为,徐某严重危害人身安全,决定对其强制医疗。[6] 在本案中,徐某仅实施了揪衣领的行为,通常情况下无法达到严重危害人身安全的程度。北京市西城区人民法院将徐某的行为认定

---

[3] 最高人民法院、最高人民检察院、公安部、司法部发布的《关于办理实施"软暴力"的刑事案件若干问题的意见》规定:"'软暴力'是指行为人为谋取不法利益或形成非法影响,对他人或者在有关场所进行滋扰、纠缠、哄闹、聚众造势等,足以使他人产生恐惧、恐慌进而形成心理强制,或者足以影响、限制人身自由、危及人身财产安全,影响正常生活、工作、生产、经营的违法犯罪手段。"哄闹、口头威胁、喊叫等行为在客观上符合"软暴力"的表现形式。

[4] 参见福建省南平市延平区人民法院(2019)闽0702刑医1号强制医疗决定书。

[5] 参见甘肃省镇原县人民法院(2016)甘1027刑医2号强制医疗决定书。

[6] 参见北京市西城区人民法院(2016)京0102刑医解1号刑事决定书。

为严重危害人身安全,夸大了侵害法益。

■ 扩展思考 | 改革强制医疗的客观要件

强制医疗客观要件的不规范适用促使我们对其进行反思。相关法院虚化行为条件以及采取虚化侵害法益、异化侵害法益和夸大侵害法益等方式对待侵害法益条件,其目的就是对精神病人进行强制医疗。法院决定对相关案件中的精神病人进行强制医疗的根本原因是,他们实施了危害社会行为;如果不对他们适用强制医疗,将会具有极大的继续危害社会风险。因此,行为条件和侵害法益条件的不规范适用,根源在于其自身具有不合理性。只有改革强制医疗的客观要件,才能够规范其适用。

精神病人无刑事责任能力是指其实施某种危害行为时,由于受严重意识障碍、智能缺损或幻觉妄想等精神症状的影响,不能控制自己的行为或不能理解与预见自己的行为结果,即没有辨认能力或控制能力。没有辨认能力指行为人完全不能认识自己行为在刑法上的意义、性质、作用、后果;或虽然能认识作案行为的是非、对错或社会危害性,但不能认识其必要性。没有控制能力指行为人不具备选择自己实施或不实施为刑法所禁止、所制裁的行为的能力。失去了辨认和控制自己行为能力的精神病人,行为会不分场合、不分对象、不择手段、不计后果,因此,不能将精神病人的行为方式和侵害法益作为是否对其进行强制医疗的依据。

精神病人可能实施的前一个行为是非暴力行为,后一个行为便是严重的暴力行为。国内外的研究均表明,既往危害行为是评估精神病人将来是否再次实施暴力行为的重要因素。[7] 部分精神病人的行为遵循"吵闹—毁物—伤人"的模式,较少闷声不响地就对他人直接发起攻击。[8] 精神病人实施的不符合客观要件的危害行为往往预示着其可能实施严重危害行为,不宜将此类行为排除在强制医疗的适用范围之外。限定行为条件便限制了及时对精神病人进行强制医疗,不利于防范精神病人继续实施危害社会行为。如果能够及时地通过精神病人实施的非暴力行为案件对其进行强制治疗,则能够防止其继续实施危害社会行为。

对不负刑事责任的精神病人进行强制医疗是世界各国普遍存在的制度。从亚洲的哈萨克斯坦、印度、马来西亚、新加坡、土库曼斯坦,欧洲的保加利亚、德国、法国、拉脱维亚、瑞士、乌克兰,美洲的加拿大和非洲的肯尼亚、尼日利亚等国刑事诉讼法关于强制医疗的规定来看,这些国家的强制医疗制度均没有限制精神病人的危害行为和侵害法益,只要是无刑事责任能力的精神病人实施了刑法禁止的行为,便可以对其进行强制医疗。由此可见,不对危害行为和侵害法益进行限制是很多国家强制医疗客观要件的普遍模式。

---

[7] 参见王小平、杨德森、李凌江等:《精神分裂症患者攻击行为的预测》,载《中华精神科杂志》1997年第1期;甘景梨、吕存生:《精神分裂症攻击行为的对照研究》,载《临床精神医学杂志》1997年第5期。

[8] 参见王跃、卫舒丽、汪雅敏、丁晶:《社区精神病患者暴力行为特征及影响因素分析》,载《中国康复理论与实践》2006年第7期。

笔者认为,我国应当废止对强制医疗的行为条件和侵害法益条件的限制性规定,将"实施的行为的社会危害性已经达到犯罪程度"作为强制医疗的客观要件。重构强制医疗的客观要件对强制医疗的执行方式提出了新要求,需要确立与之相适应的执行方式。当前,我国强制医疗的执行方式单一,只有一种方式,即住院治疗。重构了强制医疗的客观要件后,扩大了强制医疗的适用对象。如果对所有被强制医疗的精神病人一律适用住院治疗,不仅会增加人力、物力和财力成本,还不利于对精神病人权利的保障。部分精神病人可以通过门诊治疗和严加看管就足以达到消除其人身危险性的目的。因此,有必要丰富强制医疗的执行方式,在住院治疗之外,增加门诊治疗。

040 "挂案"的定性、判定标准与规范化处置

郭某仁涉嫌故意杀人案

张 可 中国政法大学

■ 案情概要[*]

1984年,位于甘肃东南部的徽县泥阳镇发生一起凶杀案,死者是该镇供销社女营业员。经查,死者为该镇郭某仁女友。郭某仁遂被列为该案重要犯罪嫌疑人。

1984年4月20日,郭某仁因涉嫌故意杀人被徽县公安局拘留审查。1985年10月9日,甘肃省人民检察院陇南分院对其批准逮捕。1986年11月28日,甘肃省检察院陇南分院以郭某仁犯故意杀人罪向陇南地区(现陇南市)中级人民法院提起公诉。陇南地区中级人民法院于1986年12月28日作出(86)陇法刑一字第16号刑事判决,判决郭某仁犯故意杀人罪,判处死刑,剥夺政治权利终身。郭某仁提起上诉。甘肃省高级人民法院于1987年3月20日作出甘法刑一上(1987)28号刑事裁定,以主要事实不清、证据不足为由撤销原判,发回重审。1988年9月19日,陇南地区中级人民法院作出(88)陇法刑一判字第7号刑事判决,以故意杀人罪判处郭某仁无期徒刑,剥夺政治权利终身。郭某仁再次提起上诉。1989年3月23日,甘肃省高级人民法院作出甘刑一上(1988)357号刑事裁定,以主要事实不清、证据不足为由撤销原判,发回重审。陇南地区中级人民法院重审后于1989年8月25日作出(89)陇法刑一字第14号刑事裁定,以主要事实不清、证据不足为由将该案退回甘肃省检察院陇南分院补充侦查。1994年6月20日,甘肃省检察院陇南分院将该案退回徽县公安局继续侦查。1994年6月30日,徽县公安局释放了郭某仁,同日对其采取取保候审的强制措施。

2023年1月9日,徽县公安局对郭某仁作出终止侦查的决定。这39年间,郭某仁被羁押10年,取保候审后,因其始终未摆脱"犯罪嫌疑人"身份,无法正常就业,其家人也承受了极大的精神压力和社会歧视。[1]

---

[*] 参见甘肃省高级人民法院赔偿委员会(2012)甘法委赔字第02号决定书。

[1] 参见《男子被控奸杀女友,背负"嫌疑人"身份39年后终于洗清罪名》,载搜狐网2023年1月15日,https://www.sohu.com/a/630118445_120099904。

■ 法律分析

> **争议焦点**
>
> 该案在学界和实务界一般作为典型的"挂案"问题进行讨论。但尚有若干前置性问题需要解决:对于这种案件长时间的停滞状态,应当作出何种法律评价?"挂案"究竟有无违法性?换言之,"挂案"是否应当受到相应程序约束?同时,"挂案"有无确切的判定标准,究竟何种案件应当被认定为"挂案"?

☐ 对于"挂案"的法律评价

我国现行政策性文件及规范性文件,对于"挂案"普遍持负面立场,并将其认定为一种违法情形。中共中央印发的《关于加强新时代检察机关法律监督工作的意见》中,专门要求检察机关及时发现和纠正应当立案而不立案、不应当立案而立案、长期"挂案"等违法情形。《高检规则》第 287 条规定,为了防止出现不批捕后的"挂案"现象,检察机关要督促公安机关对没有犯罪事实或者不应追究刑事责任的犯罪嫌疑人及时撤案或者终止侦查。最高人民检察院《关于充分发挥检察职能服务保障"六稳""六保"的意见》强调要加大清理涉民营企业刑事诉讼"挂案"力度。对既不依法推进诉讼程序,又不及时依法撤销案件的"挂案",摸清底数,消化存量,杜绝增量,精准监督,推动建立长效机制,维护企业和当事人合法权益。因此,依照我国现行法规定,一起案件若被认定为"挂案"则意味着该案存在程序违法,一方面需要在程序上尽快纠正,另一方面还需要对案件承办人追究责任,对案件当事人作出赔偿。

☐ 对于"挂案"的认定标准

然而"挂案"的认定标准究竟为何?"挂案"的违法性评价是否存在例外情况?现行法却无细致规定。从文义上来看,所谓"挂案"是指案件被搁置悬挂,不做处理,可以被描述为一种程序上的停滞状态。其中的判断标准可以分为两个阶层:第一个阶层,案件程序搁置超过某种时长,则案件可以被认为构成准"挂案"状态;第二个阶层,需要进一步考察案件程序停滞的原因,部分原因可以构成"挂案"的阻却事由。

1. 阶层一:"挂案"的时间标准

"挂案"的时间标准涉及侦查期间的相关规定。基于防范冤假错案的考量,《刑事诉讼法》并未对侦查期间进行严格限制,相似性规定主要散见于一些司法解释和行政规章之中。目前比较有代表性的主要有三份:第一份为《刑事赔偿案件解释》,该解释第 2 条规定,解除、撤销拘留或者逮捕措施后虽未撤销案件、作出不起诉决定或者判决宣告无罪,但办案机关决定对犯罪嫌疑人终止侦查或解除、撤销取保候审超过 1 年未移送起诉、作出不起诉决定或者撤销案件的,受害人有权取得国家赔偿。该解释明确的侦查期间标准为解除、撤销取保候审后 1 年。

第二份为《关于公安机关办理经济犯罪案件的若干规定》,其中第 18 条第 3 款规定:"公安机关立案后,在三十日以内经积极侦查,仍然无法收集到证明有犯罪事实需要对犯罪嫌疑人追究刑事责任的充分证据的,应当立即撤销案件或者终止侦查。重大、疑难、复杂案件,经上一级公安机关负责人批准,可以再延长三十日。"同时,第 25 条还规定,对犯罪嫌疑人解除强制措施之日起 12 个月以内,仍然不能移送审查起诉或者依法作其他处理的;对犯罪嫌疑人未采取强制措施,自立案之日起 2 年以内,仍然不能移送审查起诉或者依法作其他处理的;公安机关发现后,应当及时撤销案件。相较于第 18 条以满足某种证据条件作为期间限制标准,第 25 条以程序处置作为期间限制标准更加符合程序法中的期间设置意义。由此,该规定将经济犯罪案件的侦查期间明确为两类,一类以立案作为起算点,期间为 2 年;另一类以解除强制措施作为起算点,期间为 12 个月。

第三份为《高检规则》,其中第 564 条第 2 款针对"通知立案"情形作出如下规定:"公安机关立案后三个月内未侦查终结的,人民检察院可以向公安机关发出立案监督案件催办函,要求公安机关及时向人民检察院反馈侦查工作进展情况。"该规则虽然对通知立案案件的侦查时间作出了一定限制,但并未要求在该段时间内必须侦查终结,只是为检察机关督促侦查行为提供了正当性,不宜被理解为侦查期间。

上述规范性文件可以为"挂案"的时间标准提供参考,即将侦查期间分为两类:一类为未采取强制措施的案件,此类案件以立案之日作为起算点,期间为 2 年;另一类为采取强制措施的案件,此类案件以撤销、解除强制措施作为起算点,期间为 12 个月。案件侦查超过法定期间,仍未在刑事程序上更进一步,除非获得省一级公安机关授权,一般应当认为达到了"挂案"的时间标准,处于准"挂案"状态。

2. 阶层二:"挂案"的阻却事由

所谓"挂案"的阻却事由,是指可以阻止准"挂案"被评价为"挂案"的事由。一般而言,"挂案"的形成事由,大致有四:第一,包括自然灾害在内的不能抗拒情形导致案件侦查停滞;第二,案件疑难、重大、复杂,构建证据链存在较大困难,或嫌疑人长时间无法到案,又不满足缺席审判之条件,案件侦查陷入僵局,长时间内无法突破;第三,刑事案件数量巨大,部分案件由于性质较轻被积压滞后,导致侦查工作被严重搁置;第四,侦查人员出于一己私利或认识错误,对于部分案件不应立而立,导致后续侦查工作无法开展,抑或对于部分已立案件刻意拖沓,使得案件陷入实质上的迟滞状态。

由于"挂案"在当前规范性文件中被认定为一种违法情形,那么其形成事由必须具有正当性才能具备违法阻却性。情形一是基于无法避免的客观状况,因此应当被认定为"挂案"的法定阻却事由,情形四中,办案人员具有过错,显属"挂案"之一般情形,不能构成阻却事由。情形二、情形三虽具有一定的正当性,但仍需要结合个案之具体情况,案件搁置时间进行综合判断,属"挂案"的酌定阻却事由。

□ 对于本案的定性与分析

在本案中,自 1994 年 6 月 20 日,陇南检察分院将该案退回徽县公安局继续侦查之日起，案件侦查时间持续29年，不但远超一般的侦查期间，而且超过了相关罪名的追诉时效，于理于情无疑都达到了"挂案"的时间判定标准。同时，本案程序倒转的事由在于"事实不清、证据不足"，属"挂案"的酌定情形。郭某仁一案从1984年初次立案侦查到1994年退回侦查，已过10年，客观上当然存在取证困难，可以适当放宽侦查期间，但放宽至29年显属不当，应当被认定为"挂案"，不但应被及时纠正，而且需要给予被追诉人相应的司法赔偿。

■ **理论阐释** | "挂案"处置模式之优化

如果一起案件被定性为"挂案"，那么对于这起案件在程序上该做何种处置，即成为进一步之问题。

▫ **现行法中的"挂案"处置模式**

根据刑事诉讼法相关规定，一起案件经过侦查有两种程序后果：一为程序推进，案件经过侦查达到《公安规定》第283条规定的条件，即可制作起诉意见书，连同证据、案卷材料移送审查起诉。二为程序终止，案件经过侦查发现具备《公安规定》第186条规定之情形，可宣布撤销案件。同时，该条第2款还规定，对于发现有犯罪事实需要追究刑事责任，但不是被立案犯罪嫌疑人实施的，或者共同犯罪案件中部分犯罪嫌疑人不够刑事处罚，应当对犯罪嫌疑人终止侦查。

那么依据现行法，"挂案"之合法化处置路径或为竭力推进程序，或为及时终止程序。这一点也被本文开篇所举的政策性文件与法律规定所印证。现行法明显没有为疑罪案件提供合法化的处置路径。对于确然存疑之案件，既无法通过现行法获取终止侦查之依据，也无法通过现行法推进程序之进展，案件遂被束之高阁，陷入僵局。

本案中，既然检察机关已经批准逮捕，并移送起诉，那便意味着确有证据指向郭某仁行凶，然而程序不断倒转则意味着证据并不充分，无法从实质上对程序产生推动作用。换言之，程序的终止抑或推进均缺乏坚实规范依据。根据《公安机关刑事案件立案规范》第1条第4项之规定，对于"已经暂停侦查工作不能及时侦查终结"的案件，公安机关内部一般可以作"归档"管理，但"归档"的认定标准、实施流程、程序效果并无统一规则，因而所谓"归档"在实践中不过是各地公安机关执行较为宽松的"备案"，对于疑罪案件处置的合法化并无意义。这是本案，或者说大部分案件成为"挂案"，无法得到有效清理的重要原因之一。

▫ **我国"挂案"处置模式的优化**

案件侦办在特定情况下陷入僵局实属不可避免之自然现象。这种程序上的停滞状态应当受到实定法的认真对待。"疑罪从挂"更多是实然层面的问题，不能武断的以"保障人权"的应然逻辑寻求解决路径。强化对不同类型案件的识别与审核，并设计适配的处置办法，兼顾"有效追诉犯罪的客观需要"才是实事求是的科学方案。

可能的具体路径为：在程序终止、程序推进外开辟第三种处置方式——程序中止，以程序中止承认案件悬挂的正当性,并对程序中止本身进行规范,包括启动条件、审核主体以及后续的程序后果与可能的程序转化。此种处置模式对于司法实践中的两难"挂案"的处理具有程序上的缓冲作用。超过侦查期间的疑罪案件需由检察机关进行审核评估,对于可以通过公检协作,完成事实查明和证据收集的,应当由检察机关通过联席会议、派员协助等方式引导侦查机关讯速推进侦查工作,并移送审查起诉;对于一定时间内确不具备查明或证明可能性的案件,可做程序上的中止处理,并以暂停时间为依据,逐步限缩犯罪嫌疑人的涉罪附随后果,包括限制出境、涉罪记录标注、从业限制等。而对于符合程序上的出罪条件抑或属于不应立而立的案件,则应及时清理,终止程序。

■ **扩展思考** | 疑罪附随后果规范化处理之展望

虽然相较于"疑罪从有","疑罪从挂"并未对被追诉人的刑事责任作出实体处置,不会产生刑罚及相应的犯罪附随后果。但客观而言,"挂案"附随后果对于被追诉人权利的侵害也属重大。公民一旦卷入刑事侦查程序,即被法律赋予"犯罪嫌疑人"身份。

这种"涉嫌犯罪"的身份赋予,常常通过各类法律规范直接或间接与公民的社会生活产生消极影响,包括但不限于:其一,人身自由上的限制。例如,《出境入境管理法》第2条规定,属于刑事案件被告人、犯罪嫌疑人的中国公民不准出境。其二,从业的不利益,即职务职级、工资收入、待遇、福利等上的限制。比如,中共中央组织部等于2010年《关于公务员被采取强制措施和受行政刑事处罚工资待遇处理有关问题的通知》规定,公务员被取保候审期间,停发工资,按本人原基本工资的75%计发生活费,不计算工作年限。经审查核实,公安机关撤销案件或人民检察院不起诉或人民法院宣告无罪、免予刑事处罚,未被收容教育、强制隔离戒毒、劳动教养、行政拘留,且未受处分的,恢复工资待遇,减发的工资予以补发,被采取强制措施期间计算工作年限。其三,个人名誉与隐私的影响。《公安机关办理犯罪记录查询工作规定》第2条规定,除人民法院生效裁判文书确认有罪外,其他情况均应当视为无罪。但其该条第2款同样规定,有关人员涉嫌犯罪,但人民法院尚未作出生效判决、裁定,或者人民检察院作出不起诉决定,或者办案单位撤销案件、撤回起诉、对其终止侦查的,属于无犯罪记录人员。也即,除非办案机关撤销案件或终止侦查,被追诉人仍不属于严格意义上的无犯罪记录人员。实践中,对于此种情况,通常即使开具了无犯罪记录证明,也会在证明文件中标注"涉嫌某某犯罪"字样。

由此,在对"挂案"处置模式进行优化的基础上,尚需将疑罪附随后果的规范化处理作为解决"挂案"问题的重要保障。可行的路径或许是:对现有疑罪附随后果进行整合,将之纳入《刑事诉讼法》强制性侦查措施调整范围,并规定一旦"挂案"进入程序中止之状态,则应依据犯罪性质的恶劣程度,逐步限缩疑罪附随后果的适用数量、时间等,以实现侦查程序中的"疑罪从无",落实"尊重与保障人权"之立法任务。

041 附条件不起诉的二次适用

陈某故意伤害案

何 挺 北京师范大学

■ 案情概要[*]

陈某,男,2002年10月出生,初中文化。陈某曾因寻衅滋事,于2017年8月9日被公安机关处以治安拘留并处罚款500元,不执行拘留处罚;因涉嫌寻衅滋事罪,于2019年8月21日被某县检察院决定附条件不起诉,考验期6个月,于2020年2月20日考验期满后被该检察院决定不起诉。

2020年4月16日22时许,陈某与同乡好友乔某(男,案发时17周岁)在某自助餐厅吃饭期间,因喝酒问题发生口角,后陈某持空啤酒瓶砸打乔某,致乔某左肩处受伤。后陈某将乔某送至医院救治。经法医鉴定,乔某的身体伤情构成轻伤二级。2020年4月17日,陈某因涉嫌故意伤害罪被公安机关刑事拘留。

案发后,陈某非常后悔,乔某也对陈某表示谅解,请求检察机关对陈某从轻处罚。经检察官联席会议讨论认为,虽然陈某有两次类似的违法行为,且经过附条件不起诉监督考察后作出不起诉决定不久,但本案中陈某与乔某二人系朋友关系,此次案发具有偶然性。而且案发后,陈某能主动带乔某去医院救治,获得了乔某的谅解,加之其父母愿意加强对陈某的管教,对其采取取保候审措施可以防止发生社会危险性。据此,2020年4月29日,检察机关对陈某作出不批准逮捕决定。为了防止陈某再次犯罪,检察机关安排具有丰富思想教育工作经验的关工委同志对陈某开展结对帮教。

鉴于陈某曾受过行政处罚并曾被作出过一次附条件不起诉决定,能否对其第二次适用附条件不起诉存在不同认识。为广泛听取意见,检察机关邀请陈某及其法定代理人、辩护人、被害人、侦查人员、帮教人员等举行了不公开听证会。最终检察机关再次对陈某适用附条件不起诉,并决定了7个月的考验期限并继续进行帮教。在监督考察期间,陈某各方面表现突出,检察机关经研究,决定将考验期限缩短为6个月,最终对陈某作出了不起诉决定。

---

[*] 本案改编自真实案例。为保护涉罪未成年人,本案在真实案例基础上对地点、姓名等可能识别涉罪未成年人的信息进行了隐名处理。

■ 法律分析

> **争议焦点**
>
> 对于已经适用过一次附条件不起诉的未成年人,在其仍处于未成年人阶段而因涉嫌新的犯罪第二次进入刑事司法程序时,是否可以再次适用附条件不起诉?

对于本案的核心争议问题,主要有三种观点:第一种观点是"禁止说",认为附条件不起诉是法律赋予检察机关的一项公权力,法律并未明确授权检察机关对同一行为人二次适用附条件不起诉,对于公权力机关而言,法无授权即禁止,如果想要二次适用附条件不起诉应当报最高人民检察院审查决定或者提请全国人大常委会对这一问题进行解释。第二种观点是"允许说",认为法律并没有明确禁止二次适用附条件不起诉,应当从附条件不起诉的立法目的和性质等方面进行理解,在具体案件情况适宜时可以二次适用附条件不起诉。第三种观点是"例外并严格控制说",认为虽然法律并未"一刀切"地禁止二次附条件不起诉,但第一次适用附条件不起诉已经体现了对未成年人的"教育、感化、挽救"方针,提供了一次改过自新的机会,再次涉嫌犯罪说明前一次附条件不起诉所提供的监督考察并没有实现预防再犯的目的,行为人仍有较高的社会危险性,改过自新可能性较小,原则上不应该二次适用附条件不起诉,除非个案中具有极为特殊的情况。具体到本案中,陈某两次涉嫌同类犯罪,此前也因寻衅滋事被治安处罚,第一次附条件不起诉帮教考察后仍然难以控制自己的情绪,导致两次涉罪之间间隔时间较短,不宜对其二次适用附条件不起诉。

对于上述三种观点的评析,需要首先梳理已有的附条件不起诉适用条件相关的法律规定。

《刑事诉讼法》第282条从正面规定了附条件不起诉的适用条件,主要包括以下四方面条件:其一,涉嫌的罪名是刑法分则第四章(侵犯公民人身权利、民主权利罪)、第五章(侵犯财产罪)和第六章(妨害社会管理秩序罪)规定的犯罪。其二,可能判处一年有期徒刑以下刑罚。"一年有期徒刑以下刑罚"并不是指未成年人所犯之罪的法定刑,而是在结合具体犯罪事实和量刑情节后,检察机关预判的宣告刑符合"可能判处一年有期徒刑以下刑罚"的要求。其三,犯罪事实已经查清,证据确实、充分,符合起诉条件。其四,犯罪嫌疑人具有悔罪表现。可以参见最高人民检察院《未成年人刑事检察工作指引(试行)》第181条之规定。

此外,《刑事诉讼法》和相关立法解释、司法解释还从反面规定了限制、不得适用或撤销附条件不起诉的情形,主要包括:

第一,公安机关和被害人如果对附条件不起诉决定有异议的,将会对附条件不起诉的适用产生不同程度的影响。根据《刑事诉讼法》第282条,公安机关认为附条件不起诉决定不符合法定条件的,可以要求作出决定的检察机关对该决定进行复议。如果请求复议的意见不被接受,公安机关可以向上一级检察机关提请复核。根据《全国人民代表大会常务委员会关于〈中华人民共和国刑事诉讼法〉第二百七十一条第二款的解释》[1]，被害人不服附条件不起诉决定的，可以向上一级检察机关申诉，请求提起公诉，但被害人不得直接向法院提起自诉。

第二，未成年犯罪嫌疑人及其法定代理人对于附条件不起诉决定有异议的，检察机关应当作出不同的处理：其一，未成年犯罪嫌疑人及其法定代理人对拟作出附条件不起诉决定提出异议的，人民检察院应当提起公诉。但是，未成年犯罪嫌疑人及其法定代理人提出无罪辩解，人民检察院经审查认为无罪辩解理由成立的，应当作出其他种类的不起诉决定。其二，未成年犯罪嫌疑人及其法定代理人对案件作附条件不起诉处理没有异议，仅对所附条件及考验期有异议的，人民检察院可以依法采纳其合理的意见，对考察的内容、方式、时间等进行调整；其意见不利于对未成年犯罪嫌疑人帮教，人民检察院不采纳的，应当进行释法说理。

第三，撤销附条件不起诉的情形。《刑事诉讼法》第284条规定了撤销附条件不起诉的两种情形：一是考验期内实施新的犯罪或者发现决定附条件不起诉以前还有其他犯罪需要追诉的。《未成年人刑事检察工作指引（试行）》第204条做了细化规定。二是在考验期内违反治安管理规定或者考察机关有关附条件不起诉的监督管理规定，情节严重的。最高人民检察院指导性案例（检例第107号）也明确了何谓"情节严重"。

从现有规定来看，本案中陈某第二次涉嫌的故意伤害案符合适用附条件不起诉的四方面条件，并且不存在不得适用或者需要撤销附条件不起诉的情形。现行规定没有对是否可以二次适用附条件不起诉作出明确规定，也未对二次适用附条件不起诉规定了有别于第一次适用的特殊要求。依据现有规定，已经适用过一次附条件不起诉并不必然构成否定二次适用的前置条件，但在考虑是否二次适用时毫无疑问也应当将第一次适用时的情况纳入综合考虑的范围之内，最终是否能够二次适用需要回归到未成年人附条件不起诉制度的性质和所承担的功能中进行理论上的考虑和阐释。

■ **理论阐释** ｜ 附条件不起诉制度背后的未成年人司法基本理论问题

能否二次适用相关的未成年人附条件不起诉的理论问题，可以从以下三个方面进行阐释：

第一，未成年人司法以分流转处为原则，附条件不起诉是我国未成年人司法目前最重要的转处途径，承担着转处的重要功能。大量神经科学与脑科学的研究证明，青少年大脑中许多与心理逻辑相关的区域都处在发展阶段，在这一特殊时期运用何种矫治措施，将会对其终身产生持续性的影响。[2] 正是基于对未成年人特殊身心特点和未来发展的考虑，世

---

[1] 2018年，《刑事诉讼法》修改后为第282条第2款。
[2] 参见"科学家行动和倡议网络"编写：《提高刑事责任年龄的心理学与神经科学依据》，何挺、马栎译，载《青少年犯罪问题》2020年第2期。

界各国的未成年人司法皆以转处为原则,即应当使未成年人尽快离开为成年人设计而不适合其身心特点的刑事司法系统,转至更为适宜未成年人的处遇措施中以帮助其更好地复归社会。美国著名学者富兰克林·齐姆林就指出,转处主义是少年法院乃至少年司法得以正当化的根由所在。联合国《儿童权利公约》第40条和联合国《少年司法最低限度标准规则》(又称《北京规则》)第11条都对转处有明确规定。

在我国,未成年人司法仍处于初步发展阶段,转处的途径和体系尚不成熟,附条件不起诉通过考察期限长短以及附带条件的弹性选择则能覆盖范围更广、类型更为多样的案件,为更多的未成年人提供了审前转处的机会。而且,附条件不起诉这一新的转处途径更为符合未成年人司法所倡导并倚为支柱的"社会化"路径:监督考察期间未成年人置身于积极正面的社会环境之中,《刑事诉讼法》所规定的"接受矫治和教育"则为针对未成年人的个性需求采取各种社会化的矫治和教育措施提供了依据,社会环境中的监督考察还为未成年人最终彻底离开刑事司法体系复归社会提供了过渡和准备。在我国转处途径和后续跟进措施严重不足的情况下,更为符合未成年人司法基本理念的附条件不起诉无疑是目前我国未成年人转处的最佳方案。实践数据也体现了附条件不起诉所承担的重要转处功能:2013年我国附条件不起诉适用率仅为3.75%,而经过多年发展和推动,至2021年,我国附条件不起诉适用率已经达到29.7%。[3]

第二,相对于"行为"因素,是否适用附条件不起诉应该更多考虑"行为人"因素,检察机关的裁量权也相对更大。较之于成年人刑事司法更为强调对侵害法益行为的"报应刑"和"同罪同判同罚",未成年人司法更为强调"教育"目的和对未成年人个体因素的考虑,在对"行为"因素是否符合法律基本规定的基础上,需要更多地考虑"行为人"的因素。联合国《少年司法最低限度标准规则》第5.1条规定了"相称原则",即少年司法制度应强调少年的幸福,并应确保对少年犯作出的任何反应均与罪犯和违法行为情况相称。第17.1条进一步明确,采取的反应不仅应当与犯罪的情况和严重性相称,而且应当与少年情况和需要以及社会的需要相称。未成年人司法中的相称原则不同于传统意义上成年人刑事司法的"罪刑相适应原则",这里的适应原则是未成年人的处遇应符合该少年的福祉并与其个人情况和违法行为相适应。[4]

正是基于未成年人司法更为关注行为人而非仅关注涉罪行为本身的特点,域外与附条件不起诉制度相类似的转处制度往往覆盖的案件范围相对更大,甚至可能不对案件本身可能判处的刑期以及罪名等范围作出明确限定,而由检察官基于对未成年人个人情况掌握以及教育的目的裁量决定,检察官的起诉裁量权也相应较大。例如,德国适用于成年人的在履行负担与指示情况下的停止程序通常限于可能判处1年以下有期徒刑和罚金的轻罪案件,而《德国少年法院法》规定的少年与青少年可附加条件的不予起诉原则上并没有明确的

---

[3] 资料源于何挺等:《未成年人刑事案件诉讼程序实施状况研究》,中国检察出版社2022年版,第165页;最高人民检察院发布的《未成年人检察白皮书(2021)》。
[4] 参见王雪梅:《论少年司法的特殊理念和价值取向》,载《青少年犯罪问题》2006年第5期。

刑期或罪名的限制。[5] 当然，更大的裁量权行使也应当建立在深入全面的社会调查和更专业、更符合未成年人特殊身心特点的办案能力基础之上。

第三，对于涉及未成年人的法律未予明确规定的事项，应基于最有利于未成年人原则进行解释。儿童利益最大化原则是联合国《儿童权利公约》所确立的一项基本性原则，是处理涉及未成年人事项的普适性要求。联合国儿童权利委员会第14号一般性意见第6段提出，若一项法律条款可作出一种以上的解释，则应选择可最有效实现儿童最大利益的解释。我国2021年修改后的《未成年人保护法》第4条确立的最有利于未成年人原则是儿童利益最大化原则的中国式表达，同样是构建和发展我国未成年人法律体系的"帝王条款"，应当作为对现行法律规定进行解释的重要依据。[6] 最有利于未成年人原则要求给予未成年人以特殊、优先的保护，将保护与教育相结合，并从未成年人长远发展的角度考虑何为最以利于未成年人。附条件不起诉是一种典型的保护与教育相结合，通过监督考察和相应的帮教针对性地开展矫治，并关注未成年人长远发展的制度。尽量更多地对符合条件的未成年人适用附条件不起诉符合最有利于未成年人原则的要求。

上述三个方面的理论阐释能够为本案争议焦点——能否对未成年人二次适用附条件不起诉提供依据：其一，以转处为原则和附条件不起诉所承担的重要的转处功能要求尽可能多地适用附条件不起诉，实现"应转尽转"，不应对适用附条件不起诉设置过多法律规定以外的限制条件。其二，更多考虑"行为人"的因素要求检察官在考虑对某一未成年人是否适用附条件不起诉时更多地考虑未成年人的主观态度、涉罪原因、帮教可能性乃至家庭养育环境等因素，在符合法律明确和强制性规定的"行为"条件基础上，不应将更多外在的行为直接作为排除适用附条件不起诉的理由。当然，外在表现出来的行为可以也应当作为考虑"行为人"要素的依据，正如本案中陈某为什么在经历一次附条件不起诉后又在较短时间内实施类似的行为必须要纳入整体考量，但不应该完全以已经适用过一次就否定二次适用的可能性。其三，应当基于最有利于未成年人原则来解释刑事诉讼法有关附条件不起诉能否二次适用的问题，并本着特殊、优先保护和保护与教育相结合的要求得出可以二次适用的结论。

基于以上分析，对于前述三种观点，笔者认为应该赞同"允许说"，但在附条件不起诉整体质量和帮教效果尚待提高的情况下（正如本案陈某第一次附条件不起诉时可能并未对其"易冲动"的问题进行精准的干预），也应当适当参酌"例外并严格控制说"。

■ 扩展思考 | 对成年人是否可以二次适用附条件不起诉

我国目前尚未规定适用于成年人的附条件不起诉制度，但适当扩大附条件不起诉的适用范围至成年人案件和单位犯罪案件基本已经成为理论界和实务界的共同呼声。如果今

---

[5] 参见何挺：《附条件不起诉扩大适用于成年人案件的新思考》，载《中国刑事法杂志》2019年第4期。
[6] 参见童建明：《最有利于未成年人原则适用的检察路径》，载《中国刑事法杂志》2023年第1期。

后附条件不起诉扩大至成年人案件,当出现类似于本案的情况时,即在对前一次涉罪通过附条件不起诉出罪后,在较短的时间内又故意实施了与前次类似的行为,是否还可以二次对成年人适用附条件不起诉?

对于这个问题的回答,还是需要回到未成年人附条件不起诉与成年人附条件不起诉的区别去思考。一方面,两者的指导思想有所区别。适用于成年人的附条件不起诉制度基于起诉裁量主义进行设计,通常具有多元的指导思想与立法目的,包括程序出罪、平衡公共利益和被害人利益、提升诉讼效率和实行特殊预防等。适用于未成年人的制度则基于其未成年人司法制度的整体架构,虽然不排除将多元目的考虑在内,但无疑其首要或最核心的指导思想在于教育涉罪未成年人以实现防止其再犯与复归社会的目的。另一方面,如前所述,与未成年人附条件不起诉不同,成年人案件的审前分流有其特殊价值,但不应该成为原则,同样,对于成年人案件适用附条件不起诉也应该更多关注"行为"要素,检察官的不起诉裁量权较之未成年人案件也应该有更多的限制。

基于以上两个方面的考虑,在我国成年人案件适用附条件不起诉的初期阶段,对于二次适用附条件不起诉宜采"禁止说",即使经过一段时间的探索后相对较为成熟,也宜采用"例外并严格控制说"。

042 附条件不起诉与刑事政策目的之达成 | 附带处分的性质辨析

庄某等人敲诈勒索案

刘学敏　厦门大学

■ 案情概要[*]

2019年6月8日,庄某(作案时17周岁,初中文化,在其父的印刷厂帮工)因被害人焦某给其女友顾某(作案时16周岁,职业高中在读)发暧昧短信,遂与常某(作案时17周岁,职业高中在读)、章某(作案时16周岁,职业高中在读)、汪某(作案时16周岁,职业高中在读)及顾某共同商量向焦某索要钱财。顾某、章某、汪某先用微信把被害人约至某酒店,以顾某醉酒为由让被害人开房。进入房间后,章某和汪某借故离开,庄某和常某随即闯入,用言语威胁的手段逼迫焦某写下10000元的欠条,后实际获得5000元,用于共同观看球赛等消费。案发后,庄某等五人的家长在侦查阶段赔偿了被害人全部损失,均获得谅解。

该案公安机关未提请批准逮捕,直接移送起诉。检察机关经审查认为,庄某等五人已涉嫌敲诈勒索罪,可能判处1年以下有期徒刑,均有悔罪表现,符合附条件不起诉条件,但前期所做社会调查不足以全面反映犯罪原因和需要矫正的关键点,故委托司法社工补充社会调查,并在征得各未成年犯罪嫌疑人及法定代理人同意后进行心理测评。经分析,五人具有法治观念淡薄、交友不当、家长失管失教等共性犯罪原因,同时各有特点:庄某因被父亲强行留在家庭小厂帮工而存在不满和抵触情绪;顾某因被过分宠溺而缺乏责任感,且沉迷网络游戏;汪某身陷网瘾;常某与单亲母亲长期关系紧张;章某因经常被父亲打骂心理创伤严重。

据此,检察官和司法社工研究确定了五名未成年人具有共性特点的"矫治点",包括认知偏差、行为偏差、不良"朋友"等,和每名未成年人个性化的"矫治点",如庄某的不良情绪、章某的心理创伤等,据此对五人均设置共性化的附带条件:庄某学习管理情绪的方法,定期参加专题心理辅导;顾某、汪某主动承担家务,定期参加公益劳动,逐渐递减网络游戏时间;常某在司法社工指导下逐步修复亲子关系;章某接受心理咨询师的创伤处理。

检察机关综合考虑五名未成年人共同犯罪的事实、情节及需要矫正的问题,对五名未

---

[*] 参见最高人民检察院第二十七批指导性案例(检例第104号)。

成年人均设置了 6 个月考验期,并在听取每名未成年人及法定代理人对附条件不起诉的意见时,应所附条件、考验期限等进行充分沟通、解释,要求法定代理人依法配合监督考察工作。在听取公安机关、被害人意见后,检察机关于 2019 年 10 月 9 日对五人作出附条件不起诉决定。

法律分析

> **争议焦点**
>
> 本案处理亮点是,检察机关对涉罪未成年人在作出附条件不起诉决定时,通过开展社会调查和心理测评,找出每名未成年人需要矫正的"矫治点",设置个性化的附带处分。检察机关在裁量决定不起诉时,如何妥当运用附设的"条件"达成刑事政策目的?附设的"条件"属何种性质,如何保障行为人的权利?相对成年人,对涉罪未成年人附条件的不起诉有无独立品性?

附带处分的裁量基础:特殊预防兼顾一般预防

附条件不起诉制度体现特殊预防理念并兼顾一般预防,其刑事政策目的的实现依赖于附带处分的有效运用。附带处分含有"保护观察"与"负担"两个侧面,本案例的典型性在于考量每名未成年人的个性化犯因,配置诸如"预防再犯所为之必要命令""公益劳动"等个别的、有针对性的保护观察措施,在助力行为人再社会化与预防再犯上较好地实现了特殊预防的政策目的。同时行为人赔偿被害人全部损失,弥补被害人的损害,既助于恢复法律秩序的和平,也有助于一般预防的实现。

归纳我国《刑事诉讼法》第 283 条第 3 款及《高检规则》第 476 条的规定,附带的"处分"大体可分为三种类型:第一,修复损害型,如向被害人赔偿损失、赔礼道歉;第二,社区服务型,如向指定的公益团体或社区提供义务服务;第三,保护观察型,即为保护被害人安全或预防再犯的目的,苛以未成年犯罪嫌疑人完成戒瘾。修复损害型的附带处分,是让行为人通过赔偿损失、赔礼道歉,以弥补对被害人的侵害,以此恢复法律秩序的和平。有实证研究显示,加害者与被害人间的充分对话亦能提升受处分者自身对于附条件不起诉处分结果的接受度。社区服务型及保护观察型的附带处分,乃是为了使行为人回归社会而具有教育目的的处分。

我国附条件不起诉制度附带处分的立法理由即为,有利于有轻罪行为的未成年人认识错误、悔过自新;检察机关针对被决定附条件不起诉人的特点和情况,有权决定采取一定的矫治和教育措施。[1] 既然附条件不起诉的刑事政策意义在于特殊预防,因而关于不起诉处分"附随"的处分,也不应超出"特殊预防"的目的范畴。只有这样,不起诉处分与附带处分才能获得稳定合理的基础,从而避免以金钱或劳务换取不起诉处分之所谓"刑事司法商业

---

[1] 参见全国人大常委会法制工作委员会刑法室编:《关于修改〈中华人民共和国刑事诉讼法的决定〉条文说明、立法理由及相关规定》,北京大学出版社 2012 年版,第 331 页。

化"问题的发生。因此,在附带处分的运用上,检察机关应以预防再犯、保护更生为目的的特殊预防刑事政策为中心,不应偏离这一主轴;试图通过附带处分的运作以达到罪责应报,或以儆效尤的想法,不免背离附条件不起诉制度的本旨,而有裁量权滥用之嫌。

□ 附带处分的性质:"处罚"抑或"特别处遇措施"

关于附带处分的定位,我国现行立法不明确,理论上也有较大争议。附条件不起诉附设的"条件",《刑事诉讼法》第283条第3款表述是"被附条件不起诉的未成年犯罪嫌疑人,应当遵守下列规定……"《高检规则》第476条表述是"人民检察院可以要求被附条件不起诉的未成年犯罪嫌疑人接受下列'矫治'和'教育'……"法律的措辞使用"规定",但其性质并未明确;《高检规则》使用"矫治和教育",相对宽泛。理论界对此主要有两种观点:一种观点认为附带处分,不论是指示还是负担,其法律性质虽然不是"刑罚",但仍然是一种特殊的"处罚"或"制裁";另一种观点则将附带处分理解为民事法律之上的损害赔偿,或为预防再犯、保护观察所为的特别处遇措施,而不是对于被追诉方的处罚和制裁。

从学界立场来看,附随于不起诉的"处分",最令人质疑的即是"法官保留"问题。从附带处分与法官保留原则的关系来看,我国《刑事诉讼法》第12条规定"未经人民法院依法判决,对任何人都不得确定有罪",如果将附带"处分"视为一种具有罪责应报性质的"处罚",则在程序上理应接受法院的审查,并由司法作出决定,才能符合法官保留原则。根据《刑事诉讼法》第283条的规定,检察机关作出附条件不起诉决定,及其附随的"负担"或"指示",在程序上并不需要经过法院审查和同意。由此,附带处分应是为了实现附条件不起诉处分预期的损害修复,或特别预防目的下的特别处遇措施,只有这样,在未成年犯罪嫌疑人等自愿同意下,"负担"或"指示"以不具有强制性或涉及人身自由限制的方式行之,才不会有违反《刑事诉讼法》第12条法官保留及无罪推定原则之嫌。不过,从《高检规则》第476条附带处分的内容来看,其中有不少附带处分涉及未成年犯罪嫌疑人人身自由的拘束,那么,如果要通过法官保留原则的检视,则还有赖于未成年犯罪嫌疑人及其法定代理人同意的程序要件,以及具体个案中附带处分的内容与手段的正当性,譬如应贯彻犯罪事实明确性原则、合目的性原则、比例原则及平等原则等。

■ 理论阐释 | 起诉便宜主义

随着社会防卫理论的倡导,目的刑与教育刑对传统报应刑的矫正,特殊预防与一般预防的有机融合,以及刑事司法制度的现代转型,使得下述观点成为共识:并非所有涉及犯罪的案件都需要起诉至法院定罪量刑。基于犯罪处遇个别化的理论,刑事诉讼法赋予了检察官起诉裁量的权限,即"法律授予检察官在合目的性的观点下,可以依自己的见解,有起诉与否行为决定的余地"。[2]

---

2 [日]大谷实:《刑事政策学》,黎宏译,法律出版社2000年版,第182页。

两极化刑事政策的发展,为起诉便宜原则的介入提供了契机。微罪的去犯罪化、犯罪的轻缓化符合国家刑事政策的法治路径。轻罪微罪的犯罪人完全可以通过检察院裁量不起诉制度的规制,阻止其继续实施犯罪行为,检察官基于对公共利益的考量,运用裁量权在审前程序进行相应的不起诉处理成为普遍现象。为了应对更为复杂多样的犯罪形态、涉罪者状况和社会情境,检察官的裁量权及其相对应的不起诉形态也经历了从"微罪不诉"到"起诉保留"再到"起诉保留并附带处分"的不断多样化、精细化的发展历程。[3]

　　基于对未成年人的保护立场,我国《刑事诉讼法》(2012年)修法时专门设立了"未成年人刑事案件诉讼程序",确立了独立的未成年人犯罪程序性保护体系,规定了适用于未成年人犯罪的附条件不起诉制度,该制度契合特殊预防目的、恢复性司法、起诉便宜主义、未成年人司法、诉讼经济效益等理论,使得检察机关在原有的法定不起诉、相对不起诉和存疑不起诉三种刑事不起诉类型的基础上,又多了一种附条件不起诉。及至《刑事诉讼法》(2018年)再增设特殊不起诉,进一步扩充检察机关的起诉裁量权,拓展了起诉便宜模式。

　　在众多的不起诉形态中,附条件不起诉无疑占有重要一席。附条件不起诉制度体现了"预防的综合思想",特殊预防与一般预防在附条件不起诉制度中共存,通过对个人与对社会的作用,防止犯罪行为。而且,只要具体处分恰当,这两个目的可以有效达成。以特别预防为优先考虑,不致排除一般预防的刑罚作用,因为即使是轻微处罚,也有一般预防的作用。另外,预防的综合理论,并不完全排斥应报理念。所有预防理论均有缺失,也即忽略了法治国家刑罚权必要的节制,这种缺失只有应报理论所强调的罪刑均衡才可补救。[4]

　　因此,为落实附条件不起诉制度"特殊预防兼顾一般预防"政策目标,检察机关对附带处分的裁量应依循一定的要件及符合制度目的才具有正当性。具体而言,检察机关应以特别预防作为附条件不起诉的裁量底线,判断有无追诉的必要,以行为人有无再犯的可能、保护更生的必要性等特别预防观点作为首要考量。这与我国检察机关准司法官属性的角色定位也是相符的。

　　但检察机关作为"公益代表人",在附带处分裁量之际,还应同时斟酌个案情节及公共利益,在裁量基准上,形成以特别预防为基础,而兼顾一般预防的模式。换言之,检察机关在为附条件不起诉裁量时,除应从行为人本身判断有无再犯的可能、保护更生的必要性外,还应衡酌犯罪行为的危害性、民众情感及社会秩序维护等因素综合考量,视个案判断:一方面,如果对有轻微犯罪的行为人不科以刑罚,是否反而更易促使其复归社会;另一方面,是否不科以刑罚也可确保社会秩序的维护,而不至于造成一般民众对于法律秩序的信赖受到动摇,详加审查斟酌。

3　参见何挺:《附条件不起诉扩大适用于成年人案件的新思考》,载《中国刑事法杂志》2019年第4期。
4　参见[德]克劳思·罗科信:《刑事诉讼法》,吴丽琪译,法律出版社2003年版,第42页。

■ **扩展思考** | 附条件不起诉制度的二元化

相较域外的类似制度,我国附条件不起诉制度最大的特征便是适用主体仅限于未成年人。然则将附条件不起诉扩大适用至成年人,这一呼声从 2012 年修法增设附条件不起诉制度以来至今未绝于耳。正如有学者指出,附条件不起诉蕴含对行为人帮扶改造、修复受损害的社会关系以及节约司法资源等制度价值,这些价值并不会因为适用于成年人而有丝毫减损。[5] 特别是,随着晚近风险社会下责任刑法向安全刑法的转向,我国刑事法网也在不断扩张,从《刑法修正案(八)》至《刑法修正案(十一)》,大量轻微犯罪纳入刑法圈,使得我国刑事案件的结构发生了显著变化,轻微案件所占比例急剧提升,如何妥适、高效处理这些轻微犯罪是当下中国式刑事司法制度现代化的重要课题。在此背景下,蕴含着修复性司法理念、承载实现宽严相济、促进繁简分流、保持谦抑与少捕慎诉等诸多诉讼价值的一系列制度,诸如"认罪认罚""刑事和解"在我国迅速推广,无疑通过扩大审前程序分流是落实认罪认罚制度、贯彻宽严相济司法政策的重要手段,其中附条件不起诉适用于认罪认罚的成年人案件即是构建多元化程序分流的一个选项。

值得进一步思考的是,若未来将附条件不起诉的适用主体扩及至成年人,那么对未成年人的附条件不起诉,在裁量运用及酌定处分上,是与成年人一体适用,还是保持未成年人的独立品性?自 1899 年美国伊利诺伊州建立世界第一个少年法院,少年司法试图建立起一套独立刑事司法程序之外的少年保护程序,提供一种新的"司法福利"来代替传统的"刑罚报应",完成对少年的个别化处遇、康复治疗以及再社会化支持。

近 20 年来,我国关于中国少年司法改革的发展正走向"双向保护,少年优先"原则,福利及社会法因素正在引入。因此笔者认为,对未成年人附条件不起诉在裁量运用及酌定处分的选择上,应考量少年的最大利益,正确理解少年的悔恨与责任,关注少年的社会融合,坚持以促进少年的健全成长为目的;未来应构建成年人与未成年人案件附条件不起诉制度的二元化处理方式。

---

[5] 参见郭烁:《少捕慎诉背景下裁量不起诉的比较法再探讨》,载《求是学刊》2022 年第 1 期。

043　附条件不起诉的适用｜完善帮教考察机制

胡某某抢劫案

王贞会　中国政法大学

■ 案情概要[*]

2015年7月20日晚，17周岁高中学生胡某某到某副食品商店，谎称购买饮料，趁店主方某不备，用网购的电击器杵方某腰部索要钱款，致方某轻微伤。后方某将电击器夺下，胡某某逃跑，未劫得财物。归案后，胡某某的家长赔偿了被害人全部损失，获得谅解。

案件提请批准逮捕后，检察机关及时补充开展社会调查查明：胡某某高一时父亲离世，母亲和姐姐忙于工作，与胡某某沟通日渐减少。丧父打击、家庭氛围变化、缺乏关爱等多重因素导致胡某某渐染诸多劣习。案发前，胡某某与母亲就是否直升高三、参加高考问题发生激烈冲突，在学习、家庭的双重压力下，胡某某产生了制造事端迫使母亲妥协的想法，继而实施抢劫。

案件审查起诉过程中，检察机关认真审查并听取各方面意见后认为，抢劫罪法定刑为3年有期徒刑以上刑罚，根据各种量刑情节，调节基准刑后测算胡某某可能判处有期徒刑10个月至1年，不符合犯罪情节轻微不需要判处刑罚或可以免除刑罚，直接作出不起诉决定的条件。同时，胡某某面临的学习压力短期内无法缓解，为保障其学业、教育管束和预防再犯，从最有利于未成年人健康成长出发，对胡某某附条件不起诉更有利于其回归社会。2016年3月11日，检察机关对胡某某作出附条件不起诉决定，考验期1年。同时，检察机关确立"学业提升进步，亲子关系改善"的帮教目标，联合学校、社区、家庭三方成立考察帮教小组。学校选派老师督促备考，关注心理动态，社区为其量身定制公益劳动项目，家庭成员接受家庭教育指导。检察机关立足保障学业，灵活掌握帮教的频率与方式。组建帮教小组微信群，对帮教进度和成效进行跟踪考察。

考验期内，胡某某表现良好，参加高考并考上某影视职业学院，还积极参与公益活动。鉴于胡某某表现良好、考上大学后角色转变等情况，检察机关组织家长、学校、心理咨询师、社区召开"圆桌会议"听取各方意见，各方一致认为原定考验期限和帮教措施有必要作出调整。2016年9月，检察机关决定将胡某某的考验期缩短为8个月，并对最后两个月的帮教内容进行针对性调整：开学前安排其参加企业实习，开学后指导阅读法律读物。2016年11

---

[*] 参见最高人民法院第二十七批指导性案例（检例第103号）。

月 10 日,胡某某考验期届满,检察机关依法对其作出不起诉决定,并进行相关记录封存。

法律分析

> **争议焦点**
>
> 对于未成年人案件检察机关如何适用附条件不起诉？检察机关办理未成年人案件如何开展帮教考察？

附条件不起诉的适用条件

附条件不起诉制度是基于未成年人教育保护和检察机关起诉裁量权的创新与发展。根据《刑事诉讼法》第 282 条的规定,附条件不起诉的适用条件主要包括主体、罪名、刑罚、悔罪表现和事实证据等条件。其中,主体条件是指附条件不起诉适用于犯罪时已满 14 周岁不满 18 周岁的未成年人；罪名条件指附条件不起诉限于涉嫌刑法分则第四章、第五章、第六章规定的犯罪；刑罚条件指附条件不起诉限于根据具体犯罪事实、情节,可能被判处 1 年有期徒刑以下刑罚；悔罪条件是指附条件不起诉适用于具有悔罪表现的未成年犯罪嫌疑人；事实证据条件是指犯罪事实清楚,证据确实、充分,符合起诉条件。

本案在案件审查起诉过程中,有观点认为,胡某某罪行较轻,具有未成年、犯罪未遂、坦白等情节,认罪悔罪,取得被害人谅解,其犯罪原因主要是身心不成熟,亲子矛盾处理不当,因此可直接作出不起诉决定。在未成年人附条件不起诉适用实践中,如何精确适用附条件不起诉与相对不起诉成为问题。司法实践中,对未成年人可能判处的刑罚具有一定裁量幅度,所以两种不起诉的适用存在交叉,应当考虑到未成年人案件教育引导的特殊价值,以是否具有监督考察的必要性作为判断附条件不起诉和相对不起诉的标准。

检察机关开展考察帮教

被附条件不起诉的未成年人,其行为实际上已构成刑法规定的可提起公诉之犯罪,但考虑到案件的特殊性和未成年人利益而予以不起诉。因此,法律规定对未成年人作出附条件不起诉的同时,有必要对其设定一定的考察期进行教育监督,从而帮助其悔过自新和预防重新犯罪。

第一,厘清帮教考察与附条件不起诉之间的关系。帮教考察是附条件不起诉制度的重要组成部分,也是附条件不起诉呈现制度效果的关键因素。主要包括教育帮助和监督考察两层含义,其中教育帮助指对附条件不起诉的未成年人进行良好的帮助教育,解决其生活学习困难,培养其社会交往和生活技能。监督考察是检察机关对帮教考察对象进行监督考核,帮助其重新回归社会。

《刑事诉讼法》《高检规则》《人民检察院办理未成年人刑事案件的规定》对附条件不起诉帮教考察的执行主体、主要内容、考察期限等作了细化规定。根据相关规定,人民检察院对被附条件不起诉的未成年犯罪嫌疑人进行监督考察,监护人对检察机关的监督考察予以配合,未成年犯罪嫌疑人所在学校、单位、居住地的村民委员会、居民委员会、未成年人保护组织等的有关人员提供协助。虽然法律规定检察机关是帮教考察执行机关,实践中帮教考察的方式呈现出三种模式,分别是完全由检察机关主导模式、检察机关牵头负责＋社区矫正机构具体考察模式和检察机关牵头负责＋家庭、社区、企业、学校等多部门配合考察帮教模式[1],本案中检察机关联合学校、社区、家庭三方成立考察帮教小组属于第三种多元考察帮教模式。此外,为了提高监督考察制度的专业化程度,2017年最高人民检察院《未成年人刑事检察工作指引(试行)》明确人民检察院可以通过政府购买服务、聘请专业人士等方式,将社会调查、合适成年人到场、心理疏导、心理测评、观护帮教、附条件不起诉监督考察等工作,交由社工、心理专家等专业社会力量承担或者协助进行。

第二,法律规定考验期为6个月以上1年以下,从检察机关作出附条件不起诉的决定之日起计算。《人民检察院办理未成年人刑事案件的规定》还明确考验期的长短应当与未成年犯罪嫌疑人所犯罪行的轻重、主观恶性的大小和人身危险性的大小、一贯表现及帮教条件等相适应,根据未成年犯罪嫌疑人在考验期的表现,可以在法定期限范围内适当缩短或者延长。

第三,附条件不起诉期间未成年人应当遵守相应的考察事项,包括法定考察事项和酌定考察事项。《刑事诉讼法》规定的监督考察事项,一是遵守法律法规,服从监督;二是按照考察机关的规定报告自己的活动情况;三是离开所居住的市、县或者迁居,应当报经考察机关批准;四是按照考察机关的要求接受矫治和教育。其中前三项规定是对涉案未成年人活动的消极法律义务,是一种行为的约束,第四项矫治和教育属于主动干预型规定。因第四项规定相对抽象,《高检规则》将"接受矫治和教育"细化为六项,也是检察机关酌定的考察事项。一是完成戒瘾治疗、心理辅导或者其他适当的处遇措施;二是向社区或者公益团体提供公益劳动;三是不得进入特定场所,与特定的人员会见或者通信,从事特定的活动;四是向被害人赔偿损失、赔礼道歉等;五是接受相关教育;六是遵守其他保护被害人安全以及预防再犯的禁止性规定。这六项细化内容虽然对接受矫治和教育进行明确,但仍存在一些问题,例如,第二项规定的向社区或公益团体提供公益劳动并无明确标准,第五项接受相关教育并没有具体化以及第五项实际上与第六项预防再犯的禁止性规定在内容上存在一定的重合性。[2] 在明确矫治教育内容同时,《人民检察院办理未成年人刑事案件的规定》还规定附条件不起诉决定宣布后6个月内,办案人员可以对被不起诉的未成年人进行回访,巩固帮教效果,并做好相关记录。

---

1 参见夏纪森:《未成年犯罪嫌疑人的权益保障研究——从附条件不起诉的考察帮教机制切入》,载《西南政法大学学报》2019年第4期。
2 参见王广聪:《约束转向塑造——附条件不起诉考察帮教内容的优化》,载《预防青少年犯罪研究》2019年第5期。

■ **理论阐释** | 附条件不起诉制度凸显多元价值理念

未成年人附条件不起诉制度以起诉便宜主义原理为理论基础。起诉便宜主义指的是检察官虽然认为犯罪已经具备法律上的要件，仍可斟酌具体情况决定是否起诉。起诉便宜主义有利于根据犯罪人及犯罪的具体情况给予适当处理，从而有利于对犯罪分子的改造，同时使一些轻罪案件不必流入审判程序，节约司法资源。[3] 未成年人犯罪案件的处理需要考虑未成年人身心发育未健全、未成年人教育改造等因素，未成年人附条件不起诉制度价值理念呈现出多元化特征，包含了诉讼效率价值、儿童福利理念和国家亲权理念。

第一，附条件不起诉制度体现了诉讼效率价值。在刑事诉讼中，诉讼效率价值在于以更小的成本取得尽可能多的正面效果；或者投入相同的司法成本取得尽可能多的正面效果。诉讼效率价值要求对于轻微案件在程序适用上更多适用更为简便的程序及处理机制，提高诉讼效率。附条件不起诉制度，通过检察机关对未成年犯罪嫌疑人附加一定的考验期而作出不起诉决定，可以扩大审前程序的分流转处，节约司法成本，提高诉讼效率。[4]

第二，附条件不起诉制度体现儿童福利理念。儿童福利理念是对一系列关涉未成年人生命、自由、发展和权利保护等内容的归纳和凝练，也是对国家、社会、家庭等主体提出的一项共同要求。[5] 在我国儿童福利理念反映在未成年人"教育、感化、挽救"方针和"教育为主、惩罚为辅"原则上，在未成年人犯罪中惩罚犯罪并非首要目的，通过程序设置教育改造涉罪未成年人，帮助未成年人实现社会回归方为根本目标。帮教考察作为未成年人附条件不起诉的关键环节，承载儿童福利理念的重要价值目标，检察机关通过联合监护人、学校、社工组织等社会团体对涉案未成年人开展帮扶教育，监督涉案未成年人纠正不良习惯，解决学习生活问题，化解涉案未成年人心理障碍。包含帮教考察的附条件不起诉制度不仅使未成年人避免因审判定罪而遭到司法的否定性评价，而且在一定程度上把起诉与否的主动权交予了未成年犯罪嫌疑人，有利于调动其改造自我的积极性，对其实现"再社会化"具有重要意义。[6]

第三，附条件不起诉制度反映国家亲权理念。国家亲权理论的核心是国家负有保护未成年人的最终责任与义务，应当对实施犯罪行为的未成年人进行教育矫治，以帮助其重新回归社会、健康成长。[7] 国家亲权理论引导下未成年人司法的首要目的是教育而非惩罚，附条件不起诉制度中检察机关结合社会支持机制开展帮教考察，通过联合开展公益活动、心理辅导和其他教育等方式，发挥社会支持对未成年人的教育帮扶作用。

---

3 参见陈光中、张建伟：《附条件不起诉：检察裁量权的新发展》，载《人民检察》2006年第7期。
4 参见王贞会：《涉罪未成年人司法处遇与权利保护研究》，中国人民公安大学出版社2019年版，第190页。
5 参见王雪梅：《儿童福利论》，社会科学文献出版社2014年版，第46页。
6 参见张寒玉、王英：《落实附条件不起诉制度重点问题解析》，载《青少年犯罪问题》2016年第3期。
7 参见王贞会：《论未成年人社会调查制度的理论基础》，载《青少年犯罪问题》2014年第6期。

■ 扩展思考 | 完善附条件不起诉帮教考察机制

附条件不起诉制度确立以来，检察机关适用该制度的数量在不断提升，但其成效却面临质疑。帮教考察是附条件不起诉发挥成效的核心环节，立法缺陷导致实践中检察机关在附条件起诉中的监督帮教流于形式，监督考察手段的专业化水平较低。贯彻落实未成年人刑事司法政策，提升附条件不起诉制度成效，需要进一步完善附条件不起诉帮教考察机制。

一方面，加强附条件不起诉监督考察的专业化建设。2018年最高人民检察院与共青团中央会签《关于构建未成年人检察工作社会支持体系合作框架协议》，提出扶持青少年司法类社会工作服务机构，协助开展附条件不起诉考察帮教等工作。2021年最高人民检察院会同民政部、共青团中央制定首个《未成年人司法社会工作服务规范》国家标准，倡导、支持社会组织和社会工作者参与未成年人保护工作。具体而言，检察机关既要积极融入司法社工机制，也要明确司法社工机构的专业资质、人员、规模等条件，注重与司法社工机构的委托工作衔接与监督管理，对执行不到位或不执行的机构，检察机关可以取消相关资质。同时应当建立附条件不起诉相关社会工作评价机制，对接受委托的司法社工成果进行科学合理评价。

另一方面，设置多元化、有针对性且明确的帮教考察条件与方案。首先，附条件不起诉帮教考察机制应当具有针对性。考察帮教应当依托于充分的社会调查之上，开展帮教考察之前检察机关应主动全面进行社会调查，充分了解附条件不起诉未成年犯罪嫌疑人的生活经历。在社会调查的基础上考虑对象涉嫌犯罪的危害程度，犯罪嫌疑人的社会危险性等因素，结合被考察对象的实际需求，制定个性化的帮教考察方案，从而解决被考察对象学习、生活的实际困难，调动被考察对象自我改造的积极性。例如，对于破坏公共财产的犯罪行为，可以要求未成年犯罪嫌疑人向社区提供义务劳动；对于未成年人吸毒成瘾的，可以要求其完成戒瘾治疗。其次，附条件不起诉帮教考察机制应当多元化。在现有帮教方案的基础上，探索情感支持、小组活动、心理疏导、法治教育、就业指导、技能培训等多种帮教方式，同时为家长提供亲职教育、亲子辅导等帮教指导。例如，对于因家庭因素造成未成年人犯罪的情况，可以开展心理疏导、情感支持和亲职教育等多种帮教手段。还可以建立多元化的观护基地，丰富基地的类型和数量。最后，附条件不起诉帮教考察机制应当具有明确性。对于帮教考察中的消极法律义务，通过设置明确的禁止令等方式予以明确；对于帮教考察中的矫治教育规定，参考域外规定和本土实践进行细化完善，如明确向社区或公益团体提供公益劳动的方式和时长要求，明确相关教育的具体类型和内容。

044 附条件不起诉所附条件和期限的合理性

唐某等人聚众斗殴案

自正法 重庆大学

■ 案情概要[*]

被附条件不起诉人唐某,男,作案时17周岁,辍学无业。2017年3月15日,唐某与潘某(男,作案时14周岁)因琐事在电话中发生口角,相约至某广场斗殴。上午8时许,唐某等人对正在等红绿灯的潘某一方所乘两辆出租车进行拦截,对拦住的一辆车上的四人进行殴打,未造成人员伤亡。

2017年6月20日,公安机关以唐某涉嫌聚众斗殴罪将该案移送检察机关审查起诉。检察机关审查后认为:(1)唐某涉嫌聚众斗殴罪,参照最高人民法院量刑指导意见以及当地同类案件已生效判决,评估唐某可能判处有期徒刑8个月至10个月。(2)唐某归案后如实供述犯罪事实,通过亲情会见、心理疏导以及看守所提供的表现良好书面证明材料,综合评估其具有悔罪表现。(3)亲子关系紧张、社会交往不当是唐某涉嫌犯罪的重要原因。唐某与社会闲散人员交往过密,遇事冲动,对斗殴行为性质及后果存在认知偏差。(4)具备帮教矫治条件。心理咨询师对唐某进行心理疏导时,其明确表示认识到自己行为的危害性,不再跟以前的朋友来往,并提出想要学厨艺的强烈意愿。对其法定代理人开展家庭教育指导后,其母亲愿意返回家中履行监护职责,唐某明确表示将接受父母的管教和督促。检察机关综合考察,于7月21日依法对其作出附条件不起诉决定,考验期6个月。

检察机关成立由检察官、唐某的法定代理人和某酒店负责人组成的帮教小组,开展考察帮教工作。针对唐某的实际情况,为其提供烹饪技能培训,促其参加义务劳动和志愿者活动,要求法定代理人加强监管并禁止其出入特定场所。同时,委托专业心理咨询师对其多次开展心理疏导,对父母开展家庭教育指导,改善亲子关系。在考验前期,唐某能够遵守各项监督管理规定,表现良好,但后期其开始无故迟到、旷工,还出入酒吧、夜店等娱乐场所。为此,检察机关及时调整强化帮教措施。

因唐某自控能力较差,无法彻底阻断与社会不良人员的交往,法定代理人监管意识和监管能力不足,在经过检察机关多次训诫及心理疏导后,唐某仍擅自离开工作的酒店,并明确表示拒绝接受帮教。检察机关全面评估唐某考验期表现,认定唐某违反考察机关附条件

---

[*] 参见最高人民检察院第二十七批指导性案例(检例第107号)。

不起诉的监督管理规定,情节严重,依法撤销唐某的附条件不起诉决定。

■ 法律分析

争议焦点

本案中检察机关对唐某针对性地适用了"附加条件",但效果并不理想,所规定的考验期也较短,并且检察机关最终认定唐某违反规定不符合考验期的规定,对唐某提起公诉。对此可以思考:现行附条件不起诉中"附加条件"该如何具体的适用?附加条件的考验期限是否合理?

☐ 附条件不起诉中"附加条件"的适用

我国《刑事诉讼法》第 283 条第 3 款对被附条件不起诉的未成年犯罪嫌疑人在监督考察期间应当遵守的义务作出了规定。该规定部分类似于《刑法》关于缓刑、假释制度的行为约束内容,属于对被附条件不起诉的涉罪未成年人一般性的最基本要求,没有彰显未成年人的特殊性,[1] 只有第 4 项规定是针对涉罪未成年人的特别要求,随后最高人民检察院《高检规则》第 476 条对"矫治和教育"作出了进一步细化。

通过本案可以看出,每一个涉罪未成年人的犯罪原因都有所不同,其所生活的环境、家庭以及自身成长经历都各有特点,检察机关依据唐某的自身原因和所处环境有针对性地设置了一系列附加条件都未使得唐某改过自新,显而易见的是,如果对此类涉罪未成年人设置一般性的附加条件甚至同成年人犯罪的一些约束性条件相同,不仅没有对涉罪未成年人给予特殊的教育帮教措施,同时可能使附条件不起诉的所附条件发挥不了真正的作用。

我国的附条件不起诉制度作为适用于未成年人的特殊程序,其根本目的是给予犯罪行为较轻、人身危险性不大的未成年犯罪嫌疑人改正错误、复归社会的机会,进而避免法院的正式审判和刑罚执行活动对其带来不利影响。[2] 因此目前的附加条件以制约性条件为主的规定有忽略对未成年人进行教育和帮教的可能,应在附加条件中对如何帮助涉罪未成年人回归社会、形成正确的三观等教育和帮教措施进行细化,以真正达到附条件不起诉中"附加条件"的作用。

☐ 附加条件的考验期的适宜性考量

《刑事诉讼法》第 283 条第 2 款规定了附条件不起诉的考验期为 6 个月以上 1 年以下,从检察机关作出附条件不起诉的决定之日起计算。附条件不起诉考察期设置的长短,是附条件不起诉的关键。合理的考察期限,可以给涉罪未成年人施加压力,督促其改过自新,同时方便检察机关观察涉罪未成年人的综合表现,从而作出正确的预判。在帮教实务中,大多检察机关都认为考验期的长短应与涉罪未成年人罪行轻重、主观恶性和人身危险性的大

---

[1] 参见自正法:《附条件不起诉运作的实证考察与优化路径》,载《理论探索》2020 年第 6 期。
[2] 参见阿不都米吉提·吾买尔:《附条件不起诉中的"附加条件"》,载《国家检察官学院学报》2017 年第 3 期。

小、日常表现及帮教情况等相适应,并可以根据考察期间的具体表现在法定期限范围内适当地延长或缩短。

在本案中,心理咨询师对唐某进行心理疏导时,唐某明确表示悔过的意愿,并积极提出改正。检察机关从而根据唐某的特殊情况制定了一系列的帮教措施,并将考察期定为法定最短的 6 个月。然而事实却表明,唐某的积极改过行为仅持续了较短时间,无法长时间坚持遵循检察机关所列明的"附加条件",而是屡次违反各项监督管理规定,并拒绝帮教。

可以想见,涉罪未成年人经过长达数年的环境侵袭,形成了不良的"三观",甚至可能长时间的从事各类违法行为,这种经过环境和生活群体影响的习惯和认知可能在短短的 6 个月到 1 年的时间内彻底矫正吗?有学者统计过检察机关对涉罪未成年人设置的考验期,考验期为法律规定的最短期限 6 个月的占比为 93.9%。[3] 可见绝大多数的涉罪未成年人考验期都设定为法定最短的期限,在此期间只要表现良好就认定为帮教成功。但事实真的如此吗?考验期过短可能造成涉罪未成年人伪装自身行为,同时由于检察官很难监督禁止性规定的实际遵守情况,导致涉罪未成年人的监管效果可能并未达到预期。另外,在检察机关决定附条件不起诉后并没有后续的监督或者回访措施,涉罪未成年人后续的行为将不再受到管控。

对于本文所担忧的问题,本质并非在于考察期设置的长短,而是是否有稳定的监督管理者能够保证涉罪未成年人的行为和状态切实地受到监督和帮助。学者担忧的可能影响涉罪未成年人求学或者工作的问题,有检察官就明确表示,如果不是本地户籍的未成年人并且家里没有人在本地的,不会考虑适用附条件不起诉。也有学者提到,真正影响附条件不起诉的适用的,并不是未成年人是否为本地户籍,而是其是否具备相应的家庭监管条件以及与本地是否有较稳定的联系从而可以开展至少 6 个月的监督考察。[4] 所以检察机关决定对涉罪未成年人提出附条件不起诉就可以认为该涉罪未成年人在当地的学习和生活是稳定的,短时间内不会产生变动,那么对于涉罪未成年人的考察期可综合其情况适当延长,较长时间的教育和矫正可以巩固并加强涉罪未成年人的价值观并强化其正确的行为习惯,使得涉罪未成年人回归社会的可能性更大。

■ **理论阐释** │ 对于所附条件合理性的审思

附条件不起诉中的"附加条件"不仅是对被不起诉人课以的义务,也是实现和巩固不起诉的教育矫治与预防再犯功能的核心方法。[5] "条件"是否被履行,直接关系到检察机关对附条件不起诉的对象最终是否提起公诉,故所附"条件"的具体内容,应当围绕"条件"目的之实现去合理设置。目前,我国附条件不起诉仅适用于涉罪未成年人,这是基于"教育为

---

[3] 参见何挺:《附条件不起诉制度实施状况研究》,载《法学研究》2019 年第 6 期。
[4] 参见何挺:《附条件不起诉制度实施状况研究》,载《法学研究》2019 年第 6 期。
[5] 参见肖中华、李耀杰:《未成年人附条件不起诉制度的根基》,载《法治研究》2014 年第 5 期。

主、惩罚为辅"的理念,而另外附加条件的目的是更好地教育和帮扶涉罪未成年人,以使其更好更快速的回归社会,防止单纯的不起诉决定会放纵未成年人的违法犯罪行为。因此在设置"附加条件"时需要考虑目前未成年人群体的特殊情况,并遵循以下适用原则:

第一,合乎程序理性。程序理性作为正当程序的核心要素之一,要求检察机关所作出的"附加条件"的程序必须符合理性,使其判断、结论以确定、可靠和明确的认识为基础,而不是通过任意或随机的方式作出。[6] 因为"附加条件"设定的合理性关乎后续检察机关对涉罪未成年人的监督帮教的实施。这种对"附加条件"合乎程序理性的要求,其形塑的是形式理性与实质理性之间的张力,并以程序法治促成形式法治与实质法治的反思性整合。[7] 所以"附加条件"必须在法律规定的范围内设定,不得违法剥夺涉罪未成年人的法定权利或增设法外义务,更不能因设定"条件"而损害国家和社会公共利益。只有"附加条件"的合理设置才能让其在实施中遵循程序理性的基本要求,也可以间接约束检察机关的权力。

第二,合乎比例原则。比例原则又称为"过度禁止",要求检察机关的行为必须依正当目的且为此一目的所采取的措施在范围及程度上是适当的。所附"条件"必须具有可操作性,同时内容上要与涉罪未成年人的罪行相适应,应尽可能考虑到涉罪未成年人的人身危险性和矫正可能性,而不能随意设定不符合涉罪未成年人情形的"条件"从而过度限制涉罪未成年人的人身自由及其他权利。本案中,唐某的犯罪情节并不严重,事后也积极承认错误并保证会加以改正,检察机关认为唐某的人身危险性较小,规定其定期学习厨艺并加强监护人与唐某之间的沟通交流显然合乎比例,让唐某能够认识到自身的错误并给予其机会加以改正。

第三,符合针对性原则。针对性原则要求检察机关对不同涉罪未成年人的犯罪情节特殊对待,设定"条件"应当具体案件具体分析。针对案件中的未成年人指定符合其生活环境和性格的条件,以最大限度地保证所附条件能够发挥其应有的作用。例如,在唐某案中,检察机关就根据唐某的个人情况和请求设定了具有针对性的附加条件,最终的履行情况却不尽如人意,这和所附加条件和监管体系不完善均有一定的关系,总体而言,检察机关没有步入形式程序的道路,而是尽可能地考虑唐某的情况制定了相应的"条件",虽不具有完全针对性,但具有一定的示范意义。

■ **扩展思考** │ 监督考察机制如何有效发挥教育帮扶作用

附条件不起诉的监督考察期是整个附条件不起诉过程中至关重要甚至最具决定性的阶段。根据《高检规则》第 474 条第 3 款的规定可知,不同于刑事诉讼的其他阶段,附条件不起诉的监督考察参与主体呈现出参与无序的状态,这就导致不同主体之间的权利义务关系较为复杂。由于目前对于不同主体的权利义务、职权划分等均缺乏明确的规定,导致在

---

[6] 参见陈瑞华:《刑事程序的法理》(上卷),商务出版社 2021 年版,第 233 页。
[7] 参见自正法:《刑事诉讼法理与程序逻辑》,中国社会科学出版社 2022 年版,第 87 页。

实践中对于涉罪未成年人的监督考察主体主要集中在检察机关、监护人以及观护单位三方,而一旦考察主体之间缺乏有效沟通和协调机制就会使得对涉罪未成年人的监督考察存在流于形式的风险。

分析本案中对唐某的监督考察机制可以看出,虽然检察机关成立了由检察官、唐某的法定代理人和某酒店负责人组成的帮教小组对唐某开展考察帮教工作,但在后续的评估中,检察机关过于依赖唐某及其法定监护人的自主报告,酒店负责人也并未积极履行帮教和监督义务,帮教小组的三方主体没有形成良好的配合机制,对唐某的监督帮教没有系统性和有效性,这也是导致唐某在考察期内屡次违反规定的原因之一。

从附条件不起诉设置监督考察机制的目的来看,应当针对每个未成年人的特点和成长环境为其量身定制一套监督考察方案,有与其相适应的社会主体参与其中对涉罪未成年人进行监督考察。因此,未成年人的多元化决定了社会参与主体应当具有多样性。但实践中往往呈现以检察机关、监护人和观护单位为主的监督考察主体,同时观护单位的类别也非常有限,大多为餐饮企业,同时由于观护单位的公益性质,其对于涉罪未成年人的监管很容易流于形式。

又由于检察机关的办案资源有限,无法点对点地实施监督考察,所以很多时候监督考察的义务就落到监护人手里。通过分析适用附条件不起诉的涉罪未成年人可以发现,多数未成年人正是因为家庭关系较差、父母忙于生计而疏于管教等原因误入了歧途,所以在实践中真正意义上能够实现加强看管和教育监督的监护人寥寥无几。再加上不同的监督考察主体会有不同的立场、理念和工作原则,这就会在具体操作上产生分歧。这一现实窘境使得在附条件不起诉中对涉罪未成年人的监督教育措施难以有效开展,也难以实现附条件不起诉设立的真正目标。

因此构建监督帮教小组应注重形成以检察机关为主导,多元主体相互合作、互相补充的监督帮教模式。其一,要以检察机关为主形成系统性的考察帮教小组,并加强考察帮教小组内的信息共享与交流沟通,使得各方主体能够及时获取未成年人的最新情况,以便各方能够更为快捷地针对不同时期更改监督帮教方案,因时制宜,更有效地促使涉罪未成年人早日回归社会。检察官作为处分主体应当成为监督考察的实际主导者,加强并重视监护人在监督考察中的作用,同时注重多样化社会观护体系的建立与完善。其二,监护人作为涉罪未成年人回归社会的第一责任人,应当积极发挥与被监护人之间亲密关系的作用,充当各监督主体与涉罪未成年人之间的桥梁。其三,应当充分发挥政府部门在统筹社会资源方面的功能,利用政府部门的先天优势,扩充观护单位的类别,形成更为丰富的观护组织,以便更好地针对未成年人个体特点展开观护帮教。总之,只有从国家、社会、家庭三方共同发力,相互配合形成合力,才能更好地发挥附条件不起诉中监督帮教机制的设置目的,让涉罪未成年人更快更好地回归正常生活。

045 合规不起诉的正当程序

Y公司、姚某某等人串通投标案

吴啟铮 上海师范大学

■ 案情概要*

山东省临沂市沂南县Y有限公司（以下简称Y公司）专门从事家电销售及其售后服务，被不起诉人姚某某系该公司法定代表人。2016年9月、2018年3月、2020年6月，姚某某为让Y公司中标沂水县农村义务教育学校取暖空调设备采购等招标项目，安排犯罪嫌疑人徐某（Y公司员工）借用由姚某某实际控制的沂水县H电器有限公司等三家公司资质，通过"暗箱操作"统一制作标书、控制报价、协调专家评委等方式串通投标，分别中标且金额共计1134万余元。2021年1月，沂水县公安局以Y公司、姚某某等人涉嫌串通投标罪移送沂水县人民检察院审查起诉。

沂水县人民检察院审查认为，该案虽然中标金额较大，但Y公司、姚某某等人有自首情节、主动认罪认罚，且Y公司自身处于快速发展阶段，占据两县空调销售市场较大份额，疫情期间带头捐款捐物。综合考虑企业社会贡献度、发展前景、社会综合评价、企业负责人一贯表现等情况，以及该企业在法律意识、商业伦理、人员管理、财务管理等方面存在的问题，沂水县人民检察院在征询涉案企业、个人同意并层报山东省检察院审核批准后，对该案正式启动企业合规考察。

鉴于犯罪地为沂水县而Y公司所在地为沂南县，沂水县人民检察院多次与两地第三方机制管委会及沂南县人民检察院沟通交流，共同签订《企业合规异地协作协议》，由两地第三方机制管委会从专业人员名录库中抽取律师、市场监管、工商联人员5人组建第三方组织开展合规监督评估。第三方组织多次深入企业实地走访、考察，诊断问题并指导企业制订合规计划，确定考察期为3个月。此外，沂水县第三方机制管委会制定《沂水县企业合规改革试点巡回检查小组工作方案》，选取6名熟悉企业经营和法律知识的人大代表、政协委员、人民监督员组成巡回检查小组，对第三方组织履职情况以及企业合规整改情况进行"飞行监管"。

考察期限届满，检察机关邀请政协委员、人民监督员和第三方机制管委会成员等5人组成听证团进行合规验收听证，听证人员一致同意检察机关拟提出的不起诉意见。2021年10

---

* 参见最高人民检察院企业合规典型案例（第二批）案例3。

月,沂水县人民检察院经综合评估案情、企业合规整改、公开听证等情况,对 Y 公司、姚某某等人依法作出相对不起诉决定。

法律分析

> **争议焦点**
>
> 对涉案企业及个人适用合规不起诉,在现行制度框架下是否有坚实的法律依据?当前合规不起诉实践的法律依据是否充足?如果使用合规不起诉,检察机关需要适用什么样的程序,方能使合规不起诉正当和合理?

合规不起诉的适用根据

合规不起诉是近年来在我国兴起的针对涉案企业的一种不起诉类型。在当前的实践中,其"是指检察机关对于那些涉嫌犯罪的企业,发现其具有建立合规体系意愿的,可以责令其针对违法犯罪事实,提出专项合规计划,督促其推进企业合规体系的建设,然后作出相对不起诉决定的制度"。[1] 当前,有不少检察机关采用了设定一定的考察期进行合规整改的"附条件不起诉"模式。如果企业在考察期届满时满足了合规整改的要求,达到了事先所设定的合规整改标准,则由检察机关对涉案企业及个人作出不起诉的决定。因此在合规不起诉中,实际上呈现出法律适用上的"相对不起诉"与行为外观上的"附条件不起诉"的矛盾。

我国的合规不起诉源于检察机关的实践探索,并非直接源于《刑事诉讼法》。其初衷在于通过发挥检察职能,稳定企业经营,挽救涉案企业,促使企业能够得到长远发展,并且促进营商环境优化。然而,正由于当前的合规不起诉系源于实践探索,而非直接源于法律,因此对其适用根据也产生了一些争议。《刑事诉讼法》规定了法定不起诉、相对不起诉、证据不足不起诉三种传统的不起诉制度,以及特殊不起诉和附条件不起诉两种特殊的不起诉制度。

当前,检察机关在实践中基本上通过适用"相对不起诉"来达到"合规不起诉"的目标。我国的相对不起诉在企业犯罪中已经广泛适用,且检察机关也加大了对企业犯罪适用相对不起诉的力度。[2] 尽管合规不起诉与附条件不起诉一样需要设定一定的考察期限,但由于当前的附条件不起诉只适用于未成年人,对企业无法直接适用。由于合规整改基本上都以企业认罪为前提,检察机关根据《刑事诉讼法》第 177 条第 2 款通过认定其"犯罪情节轻微,依照刑法规定不需要判处刑罚或者免除刑罚"而作出不起诉决定。因此从结果导向来看,仍然可以认为"相对不起诉"是当前"合规不起诉"最为贴近的法律依据。

1　陈瑞华:《企业合规不起诉制度研究》,载《中国刑事法杂志》2021 年第 1 期。
2　参见李勇:《检察视角下中国刑事合规之构建》,载《国家检察官学院学报》2020 年第 4 期。

⬜ 合规不起诉的正当性基础之一：第三方监督评估

合规不起诉的正当性基础之一，是第三方的监督评估机制。最高人民检察院于2021年联合其他部门制定了《企业合规指导意见（试行）》，对拟适用合规不起诉的案件实施第三方监督评估。正因如此，合规不起诉的外观，就与附条件不起诉格外"神似"。

本案中，通过第三方监督评估的考察检验，是检察机关作出不起诉决定的关键。本案的监督评估，经过了以下的基本程序：组建第三方组织—第三方组织指导企业制订合规计划—巡回检查小组进行"飞行监管"—听证团进行合规验收听证—听证人员同意检察机关拟提出的不起诉意见—检察机关作出相对不起诉决定。第三方组织独立于侦查机关、检察机关和涉案企业，具有较强的中立性，其监督评估有助于增强案件处理结果的正当性。

⬜ 合规不起诉的正当性基础之二：检察听证

合规不起诉的正当性基础之二，是检察听证制度的应用。根据《人民检察院审查案件听证工作规定》第2条的规定，检察听证，"是指人民检察院对于符合条件的案件，组织召开听证会，就事实认定、法律适用和案件处理等问题听取听证员和其他参加人意见的案件审查活动"。听证制度的要义在于，通过给利害关系人提供发表意见、影响决策的机会，对国家机关拟作出决策的特定事项举行听取意见、质证与辩论的程序，使决策更能够呈现其正当性。我国的听证制度发端于行政听证，发展于立法听证，最终也进入了司法领域形成了司法听证。

与法定不起诉的绝对性不同，适用合规不起诉基本上都以企业认罪为前提，检察机关对是否起诉行使自由裁量权，且对于企业的整改是否达到了预期目标，又需要有一个公正评估，因此，检察听证就成为当前合规不起诉适用中的恰当选择。对拟决定作合规不起诉的案件举行检察听证，既有助于对先前的第三方监督评估的结果作出公开公正的评价，又有助于制约不起诉裁量权，是认罪案件"出罪化"的正当性基础。

本案中，沂水县人民检察院邀请政协委员、人民监督员、第三方机制管委会成员等进行公开听证，经评议，参与听证各方一致同意对涉案企业及个人作出不起诉决定。根据《人民检察院审查案件听证工作规定》第16条的规定，"听证员的意见是人民检察院依法处理案件的重要参考。拟不采纳听证员多数意见的，应当向检察长报告并获同意后作出决定"。本案中，检察机关采纳了公开听证之后的听证各方所同意的不起诉意见，使听证意见转化为具有法律效力的不起诉决定。

⬜ 异地合规考察的保障：检察一体化

该案关键词还包括了"异地监督考察"和"检察一体化"。与自然人犯罪不同，作为一种单位犯罪，企业犯罪所涉及的区域可能更广，因为企业的经营范围、场所和产品等通常不限于一地，这就容易涉及跨区域的异地协作问题。在本案中，涉案企业位于山东省沂南县，而侦查和检察机关均位于山东省沂水县,因此为有效落实合规之计,异地协作、协同开展监督考察势在必行。

检察机关能够进行监督评估和合规考察的异地协作,其关键的制度基础在于检察一体化原则。大陆法系国家的检察官一般实行检察一体原则,将全国的检察机关编建成金字塔形阶层组织,由上级指挥下级,在实务中形成全体检察官同心协力进行侦诉的作风。[3] 由于本案的办理属于异地办理,且合规考察又属于异地合规考察,办案的检察机关难以仅通过自身的力量来办理该案。在这种情况下,检察一体化原则就发挥了关键的作用。

■ **理论阐释** │ 起诉裁量权与公共利益考量

合规不起诉的对象是涉罪企业,其前提是企业在事实上已经构成犯罪,并且在刑事诉讼过程中也已经对指控的犯罪予以承认,因此,检察机关本来有权力对涉罪企业提起公诉,亦提起公诉本来即是合法行为。此时,检察机关选择了不起诉,从权限上讲,其关键在于自由裁量权的存在;检察机关作为社会公共利益的代表,在权衡是否起诉时需要充分考虑社会公共利益因素。

第一,检察机关具有自由裁量权,尤其体现在起诉裁量权方面。

在当今世界,检察机关具有强大自由裁量权是客观事实。"刑事诉讼程序中各类裁量权星罗棋布,检察权则位居主导。"[4] 作为连接侦查与审判的程序枢纽,检察机关在行使职权时把控着案件走向,尤其是在起诉裁量方面。在大陆法系国家,由德国早期的起诉法定主义,到以日本为代表的起诉裁量主义,大陆法系检察机关在当今时代可以运用自由裁量权对相当的案件自行决定起诉与否。

在英美法系国家,检察官的裁量权事实上亦是刑事司法政策的反映。合规不起诉制度的雏形,最早可见于美国检察系统的"审前转处协议"制度。自 20 世纪 90 年代以来,美国联邦检察系统逐步将"审前转处协议"制度适用到公司犯罪案件之中;通过与涉案企业达成"暂缓起诉协议"或"不起诉协议",要求涉案企业遵守协议所设定的义务,涉案企业要承诺重建合规计划,或者完善合规管理体系,接受合规监管,在考验期结束后,检察机关根据涉案企业履行合规整改的情况,作出是否起诉的决定。[5] 此种"暂缓起诉协议"或者"不起诉协议"为检察机关所创设,此即检察机关起诉裁量权的反映,不仅运用了裁量权,而且几乎是"创设"了此类裁量权。

第二,检察机关运用自由裁量权作出不起诉决定应基于社会公共利益考量。

检察机关是社会公共利益的代表,应当站在客观公正的立场上,根据社会公共利益而行事。提起公诉并非检察机关维护公共利益的唯一方式,在某些情况下,检察机关对犯罪

---

3 参见樊崇义主编:《检察制度原理》,法律出版社 2009 年版,第 65 页。
4 [美]琼·E.雅各比、爱德华·C.拉特利奇:《检察官的权力——刑事司法系统的守门人》,张英姿、何湘萍等译,法律出版社 2020 年版,第 39 页。
5 参见陈瑞华:《企业合规视野下的暂缓起诉协议制度》,载《比较法研究》2020 年第 1 期。

作出不起诉的决定将更符合公共利益原则的要求。

当然,检察官一方面基于公共利益的衡量而行使裁量权而决定是否起诉,另一方面也必须严守罪刑法定的框架。"在刑事司法程序中,决策者可借助自由裁量权便宜行事,维护司法正义。……在罪刑法定框架下,司法人员行使自由裁量权,赋予法条生命力,塑造刑事司法地方特色。"[6] 合规不起诉制度的设置,在于对企业犯罪进行调查和处理的同时,着眼于社会公共利益的维护,使对涉案企业的犯罪追查不至于损害更大的公共利益。这些社会公共利益包括:企业的长期稳定经营、企业员工的就业保障、企业上下游客户的利益、企业的知识产权保障、当地的税收稳定等。通过合规整改,给予涉案企业第二次机会,避免办理一个案件,垮了一个企业,迫使大批员工失业,损害上下游客户的利益等。

■ **扩展思考** | 扩大附条件不起诉制度的适用

当前检察机关的合规不起诉仍然处于实践探索之中。尽管各地多采用了"相对不起诉"此种不起诉方式来作为合规不起诉的合法形式,但仔细甄别和推敲,两者毕竟在具体制度形式上仍然存在某些差异。如果从具体内容看,由于设置了考验期和考察条件,这种披着相对不起诉外衣的合规不起诉,实际上是一种"打擦边球"的方式,其名为"相对不起诉",实为"附条件不起诉"。

因此,由检察机关所主导的合规不起诉实践,面临着如何在制度上予以"正名"的问题。作为一种试验阶段的探索,由于具有目的正当性,"打擦边球式"的合规不起诉或许情有可原,但其毕竟属于刑事司法的一种制度,不可能长期游离于正式的刑事诉讼制度之外。从形式合法性和实质合法性兼具的角度看,合规不起诉的立法前景应该定位于附条件不起诉的一种。在立法上,只需要扩大附条件不起诉的适用范围,使其能够适用于单位犯罪即可。

不过由于合规不起诉所针对的是涉案企业,又多是涉及经济犯罪的案件,检察官在行使起诉裁量权的时候,应当具备程序正当性基础,才能够避免外界对于此种不起诉决定是否会容易导致滥用权力或者导致司法腐败的质疑。在论及起诉裁量权时,有学者指出,检察官必须在正当行使追诉裁量权的基础上处理案件,为了保证正当行使追诉裁量权,必须确保案件处理程序的公开性,以及确保犯罪嫌疑人、告诉人、市民等参与案件处理的程序。[7] 前者体现起诉裁量权行使的公开性,后者体现起诉裁量权行使的参与性。

---

[6] [美]琼·E.雅各比、爱德华·C.拉特利奇:《检察官的权力——刑事司法系统的守门人》,张英姿、何湘萍等译,法律出版社2020年版,第5页。
[7] 参见[日]田口守一:《刑事诉讼法》,张凌、于秀峰译,法律出版社2019年版,第208~211页。

046 企业合规不起诉的适用对象

X 公司、杨某、王某串通投标案

李玉华 中国人民公安大学

▎案情概要[*]

福建省三明市 X 公司（以下简称 X 公司）系当地拥有高资质高技术的通信技术规模级设计、施工、集成企业。杨某系 X 公司法定代表人、总经理；王某系 X 公司副总经理，负责对外招投标、施工及结算等业务。X 公司在投标三明市公安局交警支队 3 个智能交通系统维保项目过程中，与其他公司串通，由 X 公司制作标书、垫付保证金，并派遣 X 公司员工冒充参与串标公司的投标代理人进行竞标，最终上述 3 个项目均由 X 公司中标施工建设，中标金额共计 603 万余元。案发后杨某、王某主动投案。2021 年 4 月，三明市公安局三元分局以 X 公司、杨某、王某涉嫌串通投标罪向三明市三元区检察院移送审查起诉。

检察机关经审查了解，X 公司系三明市该行业的龙头企业。案发后，公司面临巨大危机，大量人员有失业风险，对当地经济和行业发展产生一定负面影响。审查起诉阶段，检察机关向 X 公司送达《企业刑事合规告知书》，该公司在第一时间提交了书面合规承诺等材料。检察机关综合考虑企业发展前景、社会贡献、一贯表现及企业当前暴露出的经营管理机制疏漏，2021 年 9 月启动合规考察程序，确定了 3 个月的合规考察期。三明市第三方监督评估机制管委会指定 3 名专业人员组成第三方组织，对 X 公司启动企业合规监督考察程序。整改期间，检察机关多次与第三方组织、企业专业律师团队会商，针对 X 公司在投标经营活动方面存在的风险漏洞，指导企业修订、完善《企业合规整改方案》和《企业合规工作计划》，有针对性地督促企业健全内控机制及合规管理体系。X 公司积极对照实施，及时汇报进展情况。检察机关会同第三方组织对合规计划执行情况不定期开展灵活多样的跟踪检查评估。2022 年 1 月，第三方组织对 X 公司企业合规整改进行验收，经评估通过合规考察。检察机关组织召开听证会，听取人大代表、政协委员、人民监督员、侦查机关及社会群众代表对 X 公司合规整改的意见，听证员一致认可企业整改成效。

同月，检察机关经审查认为，X 公司、杨某、王某等人主动投案、认罪认罚、主观恶性较小，相关项目业已施工完毕并通过验收，未给社会造成不良影响，且 X 公司案发后积极开展有效合规整改，建立健全相关制度机制，堵塞管理漏洞，确保依法经营，不断创造利税，依法

---

[*] 参见最高人民检察院涉案企业合规典型案例（第三批）案例 5。

对 X 公司、杨某、王某作出不起诉决定。

■ 法律分析

> **争议焦点**
>
> 本案中涉案企业和相关企业负责人均涉嫌串通投标罪,检察机关受理案件后并没有直接提起公诉,而是为涉案企业设置了三个月的合规考察期,并在经过合规考察评估以及合规听证后对涉案企业和企业负责人作出不起诉决定。在我国现行刑事诉讼框架中,企业合规不起诉是一种什么性质的不起诉?检察机关如何适用企业合规不起诉?企业合规不起诉是否有对象限制?

▢ 企业合规不起诉制度

美国是最早建立企业合规不起诉制度的国家。首先,在实体方面,1991 年《美国组织量刑指南》将企业合规与企业刑事责任相关联,企业合规计划的有效性成为评价企业刑事责任的要素之一。其次,在程序方面,2003 年美国司法部发布《汤普森备忘录》,建立审前分流协议制度,检察机关可以根据企业合规情况与涉案企业达成"暂缓起诉协议"(DPA)或"不起诉协议"(NPA)。作为一种刑事激励机制,企业合规不起诉的核心理念是"放过企业,严惩个人"。对于那些涉嫌犯罪的企业,检察机关可以责令其进行合规整改,推进合规管理体系建设,然后作出不起诉决定。这种企业出罪模式在激励企业依法合规经营、预防企业违法犯罪方面发挥了重要作用。随后,英国、法国、德国、意大利等国家也相继建立了本国的企业合规不起诉制度。

近年来,我国企业在"走出去"过程中遭遇被动合规,疫情背景下"六稳""六保"的要求急需企业通过合规实现重生,企业合规不起诉改革试点在中国蓬勃发展。2020 年 3 月,最高人民检察院率先在上海、江苏、山东、广东等省市的 6 个基层检察院进行第一轮企业合规改革试点。2021 年 3 月,第二轮试点扩大至北京、辽宁、上海、江苏、浙江、福建、山东、湖北、湖南、广东 10 个省份的 27 个市级检察院、165 个基层检察院试点。2022 年 4 月,涉案企业合规改革试点在全国检察机关全面推开。在试点过程中,我国司法实践生发出两种合规不起诉模式:"合规考察 + 相对不起诉"模式和"相对不起诉 + 检察建议"模式。

前者是指检察机关为符合条件的涉案企业设定一定的考察期,涉案企业在此期间进行合规整改并接受第三方的监管考察,第三方的考察评估结果将作为检察机关起诉与否的重要参考。后者是指检察机关对于犯罪情节轻微的涉案企业作出相对不起诉决定,并以检察建议的方式要求涉案企业进行合规整改和合规管理体系建设。本案中,检察机关经审查为涉案企业设置了三个月的合规考察期,经监管考察、评估验收、合规听证后,最终对涉案企业作出不起诉决定,属于典型的"合规考察 + 相对不起诉"模式。

企业合规第三方监督评估机制

为进一步优化企业合规不起诉改革，规范企业合规监管考察秩序，2021年6月3日，最高人民检察院与司法部、财政部、生态环境部、国务院国有资产监督管理委员会、国家税务总局、国家市场监督管理总局、全国工商联、中国国际贸易促进委员会等八部门联合印发《企业合规指导意见（试行）》，以第三方监督评估机制的形式为企业合规不起诉改革提供制度保障。

第三方监督评估机制的启动需要满足一定的条件，《企业合规指导意见（试行）》第4条规定，对于同时符合下列条件的涉企犯罪案件，试点地区人民检察院可以根据案件情况适用第三方机制：一是涉案企业、个人认罪认罚；二是涉案企业能够正常生产经营，承诺建立或者完善企业合规制度，具备启动第三方机制的基本条件；三是涉案企业自愿适用第三方机制。

本案中，X公司和杨某某、王某某均自愿认罪认罚；公司在第一时间提交了书面合规承诺以及行业地位、科研力量、纳税贡献、承担社会责任等证明材料；检察机关在认真审查调查案件事实、审查企业书面承诺和证明材料基础上，认定X公司的合规承诺具有真实性、自愿性，符合企业合规相关规定。从而对X公司启动合规考察程序，设置了3个月的合规考察期。在监管考察阶段，《企业合规指导意见（试行）》第12条规定，"第三方组织可以定期或者不定期对涉案企业合规计划履行情况进行检查和评估，可以要求涉案企业定期书面报告合规计划的执行情况，同时抄送负责办理案件的人民检察院"。本案合规整改期间，检察机关多次与第三方组织、企业专业律师团队会商，指导企业修订、完善整改方案和合规计划，有针对性地督促企业健全内控机制及合规管理体系，并积极会同第三方组织对企业合规计划执行情况不定期开展灵活多样的跟踪检查评估。X公司积极对照实施，及时汇报进展情况。通过第三方机制，企业合规整改的有效性以及企业合规不起诉制度的公正性得到了有力保障。

企业合规不起诉的适用对象

从本案企业合规不起诉的适用情况来看，有两个现象值得关注，一是涉案企业和犯罪嫌疑人所涉嫌的罪名法定刑较轻，根据《刑法》第233条规定，串通投标罪的最高法定刑为3年有期徒刑。二是被不起诉的对象既包括涉案企业，又包括涉案企业负责人。这主要涉及以下两方面问题：

第一，企业合规不起诉制度适用于轻罪还是重罪。目前我国《刑事诉讼法》第177条第2款规定的相对不起诉和第282条第1款规定的附条件不起诉有一个共同的特点：都是针对以自然人为中心的轻罪。基于此，在企业合规不起诉改革中，大多数试点检察机关都将合规不起诉的适用范围设定在3年有期徒刑以下的轻罪案件。

第二，企业合规不起诉制度适用于企业还是个人。《企业合规指导意见（试行）》第3条规定,"第三方机制适用于公司、企业等市场主体在生产经营活动中涉及的经济犯罪、职务犯罪等案件,既包括公司、企业等实施的单位犯罪案件,也包括公司、企业实际控制人、经营管理人员、关键技术人员等实施的与生产经营活动密切相关的犯罪案件"。据此,我国涉案企业合规改革试点中,第三方机制和合规不起诉的适用对象既包括涉嫌犯罪的企业,也包括涉案企业中涉嫌犯罪的个人。对此,理论上存在不同认识。笔者认为,合规不起诉仅适用于单位,而不适用于个人,对个人的不起诉可以通过已有的认罪认罚制度予以实现。[1]

■ 理论阐释 | 关于我国企业合规不起诉制度中的"双不起诉"

本案中,检察机关在合规听证后,对涉案企业和企业负责人均作出不起诉决定,即"双不起诉",这与国际上的企业合规"放过企业、严惩个人"的理念与做法并不相同。事实上,"双不起诉"只是我国企业合规改革试点实践中呈现的一种现象和结果,并不意味着合规不起诉制度可以对个人适用,这里对企业和对企业负责人的两种不起诉分别存在不同的理论和制度基础。

企业合规不起诉的理论基础是企业犯罪治理理论,包括通过企业风险防范和合规建设预防企业犯罪的理论、通过企业内部举报与调查配合公权力共同打击企业犯罪的理论以及企业恢复性司法理念。现代企业犯罪治理的理论与传统上重公权力打击与惩治犯罪的理念有所不同,更加强调通过企业的合规建设预防企业犯罪;而对个人不起诉的理论基础主要是恢复性司法,通过对犯罪嫌疑人的不起诉使其更容易改过自新、回归社会。

企业合规不起诉的制度基础是企业的刑事合规激励制度。为了鼓励企业进行合规建设,可以进行行政激励和刑事激励。行政激励主要是通过行政和解和减轻处罚予以实现,刑事激励主要是通过刑事出罪和减轻处罚予以实现,其中不起诉就是出罪的一种具体方式。对于已经进行了合规建设或者承诺进行合规建设的企业作出不起诉决定是有效激励企业进行合规的一种方式。对个人不起诉的制度基础是认罪协商制度。合规制度的初衷主要在于激励企业健康发展,而非对涉案个人从轻处罚。对于涉案企业中的个人犯罪进行定罪量刑与其他犯罪的处理并无不同,该严则严、该宽则宽,以《刑法》和《刑事诉讼法》的规定为准。涉企业案件的犯罪嫌疑人、被告人如果想取得比较轻缓的定罪处罚,可以充分利用刑事诉讼中的认罪协商制度,积极认罪认罚。这客观上与企业通过合规获得出罪和从轻相似的结果,但二者依托的制度并不相同。

■ 扩展思考 | 企业合规附条件不起诉的立法回应

当前,我国的涉案企业合规改革已经进入深水区,企业合规不起诉面临的主要问题是刑事诉讼法没有规定企业附条件不起诉制度,这就导致两个问题:一是现有刑事诉讼中审

---

[1] 具体理由参见李玉华:《企业合规不起诉制度的适用对象》,载《法学论坛》2021年第6期;李玉华:《企业合规本土化中的"双不起诉"》,载《法制与社会发展》2022年第1期。

查起诉期限的短时有限性与合规考察期限的弹性、长期性存在严重冲突；二是"合规考察＋相对不起诉"的试点模式存在正当性和合法性的质疑，故急需刑事诉讼立法予以回应。

一方面，需要将附条件不起诉的适用范围扩大到企业。目前，合规不起诉的试点只能在现行法律规定的相对不起诉框架内进行，但相对不起诉只适用于轻微犯罪；另外，相对不起诉对办案期限的限制无法满足合规整改对时间的要求，附条件不起诉虽然时间相对宽松，但只适用于未成年人。故附条件不起诉的适用范围扩大到企业是目前立法修改最需解决的问题。

具体理由如下：其一，附条件不起诉是最合适改过自新的制度设计。未成年人附条件不起诉旨在最大限度地避免刑事诉讼和刑事处罚对未成年犯罪嫌疑人造成不利影响。对企业适用附条件不起诉目的也在于给企业一个合规整改的机会，二者具有理念上的相似性。其二，附条件不起诉可以大大拓宽企业合规不起诉案件的适用范围。现有刑事诉讼立法之下，只能解决情节轻微案件的合规相对不起诉问题，实践中一般界定在对自然人可能判处3年以下有期徒刑，这就大大限制了合规不起诉的适用范围，制约了其功能的发挥，并且引发对合规不起诉考察正当性的质疑。其三，附条件不起诉可以解决期限不够的问题。

另一方面，需要科学设定合规不起诉的考察期。合规考察期作为附条件不起诉的重要内容，应当在刑事诉讼法中予以体现。这样做既可以保障合规不起诉制度的有效运行，又可以对检察裁量权进行必要约束。其一，对于适用相对不起诉的案件是否要进行合规考察，期限如何设置存在不同认识。从司法资源配置的角度来看，对于轻微犯罪适用相对不起诉的不设考察期更便捷，也符合比例原则；从合法性、正当性的角度看，在现行法规定下，对情节轻微，符合相对不起诉条件的，直接作出不起诉决定合法且正当的——如果再附加合规考察的话，有违法嫌疑。其二，附条件不起诉合规通常要设考察期。但该期限的设置要充分考虑企业的规模和合规考察的方式。根据企业的规模可以设置简式合规考察和范式合规考察两种不同的方式。简式合规考察适用的对象是小微企业，由办案的检察官提出合规整改建议并负责考察评估，合规考察的期限可以相对较短。范式合规考察的适用对象是大中型企业，主要由第三方负责合规整改的考察和评估，其合规考察的期限应当相对较长。

047 证券合规案件中个人犯罪的合规适用争议
王某泄露内幕信息案

程 雷 中国人民大学

■ 案情概要[*]

广东 K 电子科技股份有限公司（以下简称 K 公司）长期从事汽车电子产品研发制造，连续多年获国家火炬计划重点高新技术企业称号，创设国家级驰名商标，取得 700 余项专利及软件著作权，2018 年开始打造占地 30 万平方米、可容纳 300 余家企业的产业园，已被认定为国家级科技企业孵化器。

2016 年 12 月，K 公司拟向深圳市 C 科技股份有限公司（以下简称 C 公司）出售全资子公司。2017 年 1 月 15 日，K 公司实际控制人卢某与 C 公司时任总经理张某达成合作意向。2 月 9 日，双方正式签署《收购意向协议》，同日下午 C 公司向深交所进行报备，于次日开始停牌。4 月 7 日，C 公司发布复牌公告，宣布与 K 公司终止资产重组。经中国证券监督管理委员会认定，上述收购事项在公开前属于内幕信息，内幕信息敏感期为 2017 年 1 月 15 日至 4 月 7 日。被告人王某作为 K 公司副总经理、董事会秘书，自动议开始知悉重组计划，参与重组事项，系内幕信息的知情人员。

2016 年 12 月和 2017 年 2 月，王某两次向其好友、被告人金某泄露重组计划和时间进程。金某获取内幕信息后，为非法获利，于 2017 年 2 月 9 日紧急筹集资金，使用本人证券账户买入 C 公司股票 8.37 万股，成交金额人民币 411 万余元，复牌后陆续卖出，金某亏损合计人民币 50 余万元。

2021 年 8 月 10 日，北京市公安局以王某、金某涉嫌内幕交易罪向北京市人民检察院第二分院（以下简称市检二分院）移送审查起诉。案件办理期间，K 公司提出王某被羁押造成公司业务陷入停滞，主动作出合规经营承诺。市检二分院向 K 公司负责人、投资人及合作伙伴多方核实，调取企业项目资质、决策会议记录等证明材料，了解到 K 公司正处于从生产制造模式向产融运营模式转型的关键阶段，王某长期负责战略规划、投融资等工作，因其羁押已造成多个投融资和招商项目搁浅，导致涉 10 亿元投资的产业园项目停滞，王某对企业当下正常经营和持续发展确有重要作用。市检二分院综合考虑犯罪情节、案件查证情况及王某认罪认罚意愿，及时回应企业需求，变更王某强制措施为取保候审。同时，鉴于 K 公司

---

[*] 参见最高人民检察院涉案企业合规典型案例（第三批）案例 2。

具有良好发展前景,且有合规建设意愿,检察机关经审查评估犯罪行为危害、个人态度、履职影响及整改必要性等因素,于 2021 年 9 月 8 日启动合规工作。

合规考察结束后,市检二分院结合犯罪事实和企业合规整改情况对被告人提出有期徒刑 2 年至 2.5 年,适用缓刑,并处罚金的量刑建议,与二被告人签署认罪认罚具结书。2021 年 12 月 30 日,市检二分院以泄露内幕信息罪、内幕交易罪分别对王某、金某提起公诉。2022 年 1 月 28 日,北京市第二中级法院作出一审判决,认可检察机关指控事实和罪名,认为检察机关开展的合规工作有利于促进企业合法守规经营,优化营商环境,可在量刑时酌情考虑,采纳市检二分院提出的量刑建议,以泄露内幕信息罪判处王某有期徒刑 2 年,缓刑 2 年,并处罚金人民币 10 万元,以内幕交易罪判处金某有期徒刑 2 年,缓刑 2 年,并处罚金人民币 20 万元。

■ 法律分析

争议焦点

该案作为全国首例开展涉案企业合规工作的证券犯罪案件,引发诸多争议,包括企业高管个人犯罪是否可以与企业关联,并适用涉案企业合规改革政策?为何企业进行合规整改可以成为对王某等个人从宽处理的依据?

□ 在个人犯罪案件中企业进行合规整改的合法性和正当性

涉案企业合规的适用对象主要是单位犯罪,但企业犯罪的范围远远大于刑法规范意义上的单位犯罪,合规改革的价值目标不仅限于实体法上的单位犯罪法益的权衡维护。从规范层面而言,目前企业合规改革相关规范性文件中涉企个人犯罪适用合规并非一律禁止。最高人民检察院 2021 年 6 月 3 日印发的《企业合规指导意见(试行)》中,肯定了个人犯罪案件也可以适用涉案企业合规制度。该文件第 3 条规定,"第三方机制适用于公司、企业等市场主体在生产经营活动中涉及的经济犯罪、职务犯罪等案件,既包括公司、企业等实施的单位犯罪案件,也包括公司、企业实际控制人、经营管理人员、关键技术人员等实施的与生产经营活动密切相关的犯罪案件"。最高人民检察院《关于涉案企业合规改革中案件办理有关问题的会议纪要》第 1 条第 2 项规定,上述实际控制人、经营管理人员、关键技术人员以外的企业人员实施的与生产经营密切相关的犯罪,如果其犯罪暴露出企业经营、管理方面的漏洞和问题,确有合规必要的,也可以适用企业合规。

本案王某与金某实施的内幕交易犯罪行为是否能认定为与企业生产经营活动密切相关?首先,犯罪行为是在企业生产经营过程中发生的,泄露内幕信息和内幕交易行为是在 K 公司与 C 公司进行资产重组过程中发生的;其次,犯罪行为发生的原因与企业经营管理的漏洞密切相关,王某在敏感期泄露内幕信息的行为反映出 K 公司信息保密制度的缺失和相关人员保密意识的淡薄,此乃犯罪发生的原因所在;最后,犯罪行为的后果造成了企业利益受损,王某等人实施的内幕交易犯罪行为造成了 K 公司的信誉受损。因此,本案属于个人实施的与企业生产经营活动密切相关的案件,可以适用涉案企业合规改革政策。

从法理层面而言,本案适用涉案企业合规制度的正当性基础还可以作进一步分析。第一,通过对 K 公司的合规整改才能真正实现个人犯罪的预防。从内幕交易犯罪产生原因分析,除了人类趋利的本性外,信息保密制度缺失导致的犯罪直接成本过低和从业人员职业道德培训不足导致的犯罪心理成本过低也是重要原因。[1] 后两者与企业经营管理的漏洞有关,相关制度的建立和完善有赖于通过企业合规整改而实现。因此,K 公司开展企业合规整改对于实现犯罪源头治理意义重大。第二,K 公司进行合规整改能避免受到王某涉罪附随后果的波及。对本案的主要争议之一在于 K 公司未被追诉,却要求其付出大量成本进行合规整改,有违责任自负原则。然从上文分析来看,K 公司虽未涉案,但由于王某在企业中的关键作用导致其涉案与 K 公司涉案有同等负面效果。K 公司进行企业合规整改能纾解企业当下因董事会秘书涉案造成的经营困局,也有利于企业长远健康发展。第三,企业合规整改能够促使 K 公司健全治理结构免受内幕交易犯罪行为的侵害,提高其风险防范能力,从企业发展的当下视角看也可以实现企业重大经营项目的推进从而稳增长、保就业。企业合规以企业自愿为前提,本案中 K 企业自愿选择通过合规整改堵塞自身管理重大漏洞,实现企业的可持续发展。

本案面临的另一争议点在于王某并非为企业利益而犯罪,要求企业进行合规整改于情理不符。这种观点实质上仍将企业合规制度局限于单位犯罪框架下,认为只有在个人犯罪呈现出单位犯罪特征时才可参照单位犯罪适用企业合规制度,忽视了个人犯罪与企业产生其他联结的可能。本案中从犯罪发生原因的角度观之,K 企业的管理漏洞以及企业治理结构的缺陷是个人犯罪发生的重要环境因素,从针对性防范再犯的角度,企业合规整改具有重要的依据与基础。对于此种情形的合规,法律规范并未强制开展合规,合规的启动取决于企业的自愿。

个人因企业合规整改而获得从宽处理的依据

本案中王某因 K 公司合规整改而获得减轻处罚具有合理性,原因如下:第一,王某参与企业合规整改,且整改效果通过了第三方监督评估机构的验收,K 公司建立了信息保密制度并完善了相关实施机制,弥补了此前经营管理的漏洞,既实现了对王某的特殊预防,也实现了内幕交易犯罪的一般预防效果,使得对王某科以预防刑的必要性大大降低,因而可以对其从宽处罚。第二,从法益修复理论看,王某一定程度上修复了被其损害的法益。内幕交易犯罪行为损害了 K 公司的商业信誉,破坏了证券市场公平交易秩序和国家金融管理秩序。王某通过参与企业合规整改,恢复了企业的信誉,主动维护了证券交易和金融管理秩序,完成了对企业和社会所造成的法益损害的补救和修复,因而可以获得从宽处罚。第三,从社

---

[1] 参见孙国一:《我国内幕交易犯罪的对策分析——基于成本—收益模型分析》,载《犯罪研究》2018 年第 2 期。

会公共利益的角度考量,对王某从宽处罚能实现更大的社会公共利益。通过企业合规整改对王某等人减轻处罚能纾解 K 公司生产经营停滞的困局,避免惩罚犯罪对 K 公司及其员工、客户、合作伙伴等无辜人士的不利影响,还有利于通过可容纳 300 余家企业的产业园项目开拓更多的就业岗位,服务社会经济发展,从而实现更大的社会公共利益。

■ 理论阐释 | 个人犯罪适用企业合规的正当性和限度

企业合规制度的正当性基础在于:其一,根据刑罚的积极一般预防理论,刑罚目的并非科以刑罚本身,而是教导人们遵守规则,当企业合规能够教导人们遵守规则,则没必要科处制裁;其二,企业监管模式的转变,国家资源的有限性和企业运行的复杂性,决定了企业犯罪的惩处与预防需要通过国家企业合作模式实现;其三,法人刑事责任范围的调整,传统的替代责任不当扩大了企业承担刑事责任的范围,且刑罚的附随后果足以摧垮整个企业,还将波及企业员工、客户、投资者等无辜第三人的利益。[2]

从以上三个方面观察,与企业生产经营密切相关的个人犯罪也具有适用企业合规制度的必要性和正当性。

第一,在企业负责人、高管犯罪的情况下,通过其参与企业合规整改构建有效合规机制,能够提高社会普遍的规范信念,实现刑罚的积极一般预防效果;第二,有些个人犯罪成因在于企业经营管理的漏洞,需要通过国家和企业合作实现对犯罪的惩治和预防;第三,与美国通过企业合规实现企业责任和个人责任切割从而保全企业的合规理念不同,在我国本土实践中,涉案企业合规改革主要适用于中小微企业,对企业负责人、高管等个人追究刑事责任同样会给企业的生存和发展带来巨大考验,进而殃及企业员工、客户、合作伙伴等无辜第三人,形成刑罚的水波效应,因而在有些个人犯罪的情况下,企业也需要通过合规整改走出困局,实现个人、企业和社会共赢局面。

学界对于个人犯罪适用企业合规制度存在诸多质疑,值得深入研究。第一,有学者认为对个人犯罪适用企业合规违背了责任自负原则,企业合规整改具有负担性,在企业未作为被追诉对象的情况下要求其进行合规整改不具有正当性。一方面,如果将责任自负原则理解为刑事责任的自我承担,企业合规并非刑罚本身;如果将"责任"作广义理解,包含各种由犯罪带来的消极后果,那么个人犯罪的附随后果已然不可避免给企业正常经营造成了负担,企业进行合规整改是一种自我拯救免受其害的方式,应予支持。另一方面,这种观点忽视了企业合规的保护性,在企业本身受到犯罪行为侵害的情况下,进行企业合规整改能保护企业免受再次侵害,有利于企业长远健康发展。

第二,有学者认为企业合规只能成为企业出罪或获得从宽处理的依据,与个人犯罪无关。这种观点忽视了个人犯罪与企业的关联性,当个人犯罪行为的成因在于企业且个人能够参与到企业合规整改过程中时,企业合规整改对犯罪预防具有重要作用。

---

[2] 参见孙国祥:《刑事合规的理念、机能和中国的构建》,载《中国刑事法杂志》2019 年第 2 期。

第三,有学者认为企业合规制度应适用于大企业,而非中小微企业,因为大企业涉及较大社会公共利益且能避免企业家与企业存亡关联过密而不得不对其从宽处罚的情况。然而,根据2021年年末的统计数据,我国中小微企业数量达4800万户,占全部规模企业法人单位的99.8%,吸纳就业占全部企业就业人数的79.4%,[3] 可见中小微企业的存亡和发展对我国经济社会发展影响重大,个人犯罪适用合规制度的议题仍需关注。

第四,有学者认为个人犯罪适用企业合规制度获得从宽处理,将对法律面前人人平等原则造成冲击。一方面,个人犯罪通过企业合规整改获得从宽处理的前提条件并非企业家拥有特权,而是企业家解决社会大众就业的能力,政策着眼点在于经济发展和社会民生。另一方面,法律面前人人平等并不要求某项政策、规定对所有人都适用,而是每一个符合政策条件的人都有权得到适用。

综合以上分析,个人犯罪适用企业合规制度具有正当性,但为了避免过度扩张适用造成法理障碍,应当严格限制其适用范围。具体而言,应当符合以下条件:一是犯罪产生的原因与企业生产经营的漏洞有关,确保企业合规整改与预防犯罪的关联性;二是对个人定罪处刑的附随后果将影响企业的生存发展,确保企业合规制度适用的社会公共利益价值;三是犯罪行为与企业存在法律上的利害关系,包括为企业利益而实施犯罪和犯罪行为直接侵害企业利益等,确保企业参与诉讼程序的正当性。

▎扩展思考 ▎ 如果本案王某涉嫌危险驾驶罪,可否通过适用企业合规制度获得从宽处理

在涉案企业合规改革试点过程中,出现了对涉嫌危险驾驶罪的企业家通过企业合规而作出不起诉处理的现象,这一做法是否具有法理正当性,需要结合上述理论进行分析。从个人犯罪适用企业合规制度的正当性基础理论来看,若本案王某涉嫌的危险驾驶罪,尽管由于王某在涉案企业的经营活动中具有难以替代的作用,对其采取刑事强制措施或者追究刑事责任将影响企业的正常经营和持续发展,具有社会公共利益价值,但危险驾驶犯罪的成因与企业经营管理的漏洞无关,即使实施再完善的企业合规整改计划也不能预防危险驾驶犯罪行为的发生,无法实现积极的一般预防效果,国家与企业的合作失去了犯罪治理的意义。从个人犯罪适用合规制度的限制条件来看,案件符合对个人定罪处刑的附随后果将影响企业的生存发展这一条件,而不符合其他条件,即危险驾驶罪的形成原因与企业合规制度的构建无关,危险驾驶行为并非为企业利益而实施,也未直接对企业利益造成损害,与企业不存在法律上的利害关系,对企业开展合规整改不具有正当性。因此,对于涉嫌危险驾驶罪的个人不宜通过合规整改获得从宽处理。

---

[3] 王政:《全国中小微企业数量达4800万户》,载《人民日报》2022年9月2日,第10版。

048　企业合规案件行刑"反向衔接"的基本方式

某电子科技有限公司、某信息技术有限公司涉嫌虚开增值税专用发票案

陶朗逍　北京科技大学

■ 案情概要*

2015年至2018年,被不起诉单位上海R电子科技有限公司(以下简称R公司)、上海T信息技术有限公司(以下简称T公司)实际经营人姜某在无实际交易的情况下,以支付开票费的方式,让他人为R公司、T公司虚开增值税专用发票。其中,R公司收受虚开的增值税专用发票62份,价税合计人民币628万余元,涉及税款人民币87万余元;T公司收受虚开的增值税专用发票5份,价税合计人民币50万余元,涉及税款人民币7万余元,均已申报抵扣。2020年7月13日,经电话通知,姜某到公安机关投案,如实供述犯罪事实。2020年7月21日,R公司、T公司向税务机关补缴全部税款及相应滞纳金。

2020年11月27日,上海市金山区人民检察院对R公司、T公司进行企业刑事合规考察,确认两家企业按期完成整改,即两公司落实了向律师事务所咨询、建立项目管理流程等整改措施,制定了较为完善的企业合规制度并遵照执行,有效降低了再犯可能性。2021年2月5日,金山区检察院经公开听证,对R公司、T公司以犯罪情节轻微为由作出不起诉决定。单位犯罪直接负责的主管人员姜某已另案处理,以涉嫌虚开增值税专用发票罪被检察机关提起公诉。在宣告不起诉前,金山区检察院主动与税务部门联系,向其通报案情,并就拟作出不起诉决定和行政处罚可行性等问题听取意见。

金山区检察院对R公司、T公司作出不起诉决定的同时,阐明对其虽不予追究刑事责任,但仍需追究行政违法责任,要求涉案企业配合税务机关后续调查工作。同一天制发《检察意见书》,将案件移送税务部门。为减少重复取证、节约司法资源,检察机关一并向税务机关移送了银行流水记录等相关证据材料。金山区人民检察院移送案件后,多次联系税务机关,了解行政处罚进展。

2021年3月底,税务部门回函告知,已正式立案并开展调查。之后,检察机关多次与税务部门召开专题协调会,就刑事案件证据标准与行政案件证据标准差别提供咨询。2021年9月,上海市税务局第二稽查局依法分别对涉案企业作出罚款处罚决定。

---

* 参见最高人民检察院发布的人民检察院行刑衔接工作典型案例案例4。

■ 法律分析

> **争议焦点**
>
> 在企业合规案件中,行政执法与刑事司法的衔接工作如何开展,才能深化检察机关合规考察的成果?这既是改革的热点问题,也是推动我国刑事合规与行政合规协同发展的关键。

随着行政犯案件数量的增多,节约办案资源、提升办案效率,迫在眉睫,然而,我国长期存在行刑衔接不畅问题。2021年6月出台的《中共中央关于加强新时代检察机关法律监督工作的意见》着重强调:"健全行政执法和刑事司法衔接机制。"2021年10月,最高人民检察院发布《关于推进行政执法与刑事司法衔接工作的规定》,建立了我国行刑"双向衔接"机制:在正向衔接方面,由检察机关审查和监督行政机关的案件移送行为,避免出现"以罚代刑";在反向衔接方面,检察机关在作出不起诉决定后,将需要行政处罚的案件移送给有关主管机关并提出检察意见,避免出现"不刑不罚"。

企业合规案件因办案程序较为复杂、涉及利益主体较多、影响范围较广,其行刑衔接工作的顺畅运行对保障程序正义和保护经济活力至关重要。一方面,企业犯罪具有刑事和行政的双重违法性,企业构成单位犯罪以成立行政不法为前提。检察机关针对涉罪企业启动合规考察、作出不起诉决定仅处置了企业的刑事责任,企业仍需承担行政责任。但实践中经常出现行政机关在检察机关作出不起诉决定后不再处理案件的现象,造成"不刑不罚",过分宽宥企业,违背公平正义。另一方面,行刑机关权属分立,双方各自依据法律独立办案,若检察机关在启动合规考察、作出不起诉决定时没有与行政机关充分沟通,那么,行政机关有可能对企业作出责令停产停业、责令关闭、限制从业等较重的行政处罚。企业在刑事激励下投入大量人力、物力、财力进行合规整改,但最终却"竹篮打水",无法回归市场经营,这与改革的目标背道而驰。

本案呈现了企业合规案件行刑"反向衔接"的基本方式。第一,检察机关需要在启动合规考察、作出不起诉决定前听取行政机关意见,确保案件处理方式也能获得行政机关认同,能够使企业达到合规激励效果。第二,在作出不起诉决定后,检察机关需要向行政机关制发检察意见,督促有关部门及时处理企业的行政违法责任。在此过程中,出于减少重复取证、提升办案效率的考量,检察机关通常将证据材料一并移送,并以联席会议、协调会等方式为行政机关办案提供必要的信息和帮助。第三,在许多合规案件中,检察意见还包括"合规接力"或"合规从宽"的内容,即检察机关建议行政机关继续对企业开展合规考察,督促企业实现有效的行政合规整改,或者建议行政机关依据企业合规整改的成果对其从宽处罚。第四,在许多暴露出行业治理隐患的案件中,检察机关也会与行政机关长期协作,通过召开警示教育会、专项筛查治理漏洞等方式推动行业合规发展。

企业犯罪案件较为复杂,认定企业行为的违法性、判断启动合规考察的适当性等问题都需要有行政机关参与,才能保障检察机关决策的准确性。在双向衔接机制推动下,检察机关与行政机关办理企业合规案件的协作程度较高,双方在作出每一个关键执法决策时,都将对方的意见考虑在内,更容易塑造符合社会公共利益的处理结果。但我国现有的双向衔接机制主要依赖检察机关发挥法律监督职能,日常工作以检察机关与有关行政机关间的自愿沟通与配合为基础,缺乏法律权威和路径规范。

例如,行政机关依照行政法律独立决定如何处理企业违法案件,没有参考检察意见的义务,在办案资源有限的前提下,鲜少有行政机关自愿费力地开展"召开联席会议""合规接力""合规从宽""行业合规"等工作。再如,合规尚未写入我国刑事和行政法律,行政机关以违法企业事后合规整改为由对其从宽处理,缺乏法律依据,更何况,执法人员擅自改变行政处罚种类或幅度会面临个人责任风险。总之,双向衔接机制能够一定程度上提升涉案企业合规改革的成效,但不足以成为解决合规行刑衔接难题的成熟法律制度。

■ **理论阐释** | 现有行刑衔接机制的全面完善

在企业合规案件中,根源于企业行刑责任的竞合关系以及刑事合规与行政合规的层递关系,案件的办理需要行刑机关全流程配合,现有的行刑衔接机制存在不足。

□ **企业犯罪的行刑责任竞合关系**

在行刑一体化的实体法视野下,存在两种企业责任制度:一是双重违法责任制度,指的是对企业同时施以行政责任和刑事责任,规定企业从事社会危害性较轻的行为会构成行政违法,需面临行政处罚,而若企业从事社会危害性较重的行为就会构成刑事犯罪,需面临刑罚。二是单重违法责任制度,指的是仅以行政责任规制企业行为,无论企业行为的社会危害性如何,都只构成行政违法,只面临行政处罚。除了德国、意大利等少数国家以外,绝大多数国家都采取的是双重违法责任制度,即将一些行为危险性较高或损害结果严重的企业行政违法行为升级规定为犯罪,我国也是如此。

如何处理企业犯罪的行刑责任竞合,是各国所面临的难题。对此,我国缺乏明确规定,但实践习惯于遵循刑事优先原则,即当发现企业行为涉及犯罪时,应当先交于司法机关处理,行政处罚程序要等到司法结果公布之后再继续进行。上述案例所示的企业合规反向衔接就是如此,有关行政机关需待检察机关作出不起诉决定后再启动行政处罚程序。刑事优先原则的理由在于,犯罪比违法的社会危害程度、处罚严厉程度、证据裁量标准等都更高,司法机关的决策效力应当高于行政机关。[1] 但也有学者主张采取行政优先原则,认为需先依据行政监管的专业标准判断企业行为是否构成行政违法,再在此基础上判断是否存在上升为刑事犯罪所需的"量",所以应当先进行行政处罚,再启动刑事司法程序。[2]

无论遵循哪种办案顺序,行刑机关都将有一方陷入停滞或等待状态,落实企业双重责任的时间较长,这与域外通行的"平行执法"(Parallel Enforcement)差异较大。在以美国为

---

[1] 参见周佑勇、刘艳红:《论行政处罚与刑罚处罚适用衔接》,载《法律科学》1997 年第 2 期。
[2] 参见田宏杰:《行政优于刑事:行刑衔接的机制构建》,载《人民司法》2010 年第 1 期。

代表的双重违法责任制度国家,行刑机关历来可以并行不悖地处理违法犯罪案件,在一些复杂的企业犯罪案件中,行刑机关甚至可以"联合执法",统筹双方的资源和能力优势,同时进行立案、调(侦)查、决策、和解、处罚等。[3]

在以德国为代表的单重违法责任制度国家,虽然企业不是犯罪主体,但在其实际控制人、法定代表人、高管等以企业名义和为企业利益而实施犯罪行为时,企业需承担行政违法责任。侦查机关对个人犯罪案件的调查、取证会涉及有关企业违法的事实,案件审判以"刑事附带行政罚款"的特别程序处理,即涉案企业以诉讼参加人的身份参与刑事诉讼,享有与被告人基本一致的诉讼权利,法院在判决自然人有罪时,依据行政法律规定判决构成行政违法的企业缴纳行政罚款。[4] 域外内嵌联合机制的"平行执法"能够为行刑机关全流程配合、提高办案效率和正确性提供更大的空间。

▢ 刑事合规与行政合规的层递关系

合规作为刑事司法的新工具,其价值在于引入了一种结构修正主义的犯罪治理方式。自然人犯罪是因为其存在主观恶性,而企业作为拟制主体,其没有自然人的意志,犯罪的根源在于管理制度存在漏洞。因此,将合规嵌入刑事司法,以不起诉、从宽量刑等"司法红利"激励企业自主开展合规整改,能够弥补罚金刑的不足,提升犯罪预防效果。在许多国家,合规不仅被引入刑事司法,也更多地被引入行政执法,企业面临行政处罚时也可以通过合规整改的方式换取宽大处理,行政机关以此推动"应答式管理"(Responsive Regulation)。

需要明确的是,刑事合规和行政合规是不同的概念。在企业治理的视角下,合规是企业为了防范外部的法律制裁性风险而建立的内部管理制度,在国内法的研究中,其主要包括刑事合规和行政合规两种类型,前者系将刑事法律要求嵌入内部管理制度,旨在避免被定罪和处刑,后者则是将行政法律要求嵌入内部管理制度,旨在避免承担行政处罚。刑事合规与行政合规具有层递关系,企业在刑事机关的推动下进行合规整改、建设刑事合规,主要针对的是犯罪风险点,也能有限地防范前置的行政不法。

然而,不是所有的行政不法都会上升为刑事犯罪,行政法律对企业提出的行为要求数倍于刑事法律,行政合规要防范的法律风险点远多于刑事合规。对于涉嫌违法犯罪的企业,需要激励其实现有效的刑事合规和行政合规,才能真正将其改造为"良民"企业。企业的合规建设实践也不应精确界分刑事与行政的风险类型,有效合规既要防范同类或相关违法风险,也要着重防范犯罪"量"的累积。

在我国涉案企业合规改革中,许多检察机关在作出不起诉决定后建议行政机关"合规从宽"不符合合规原理。检察机关开展合规考察,推动企业建立的是刑事合规计划,尚未实

3　See U. S. DOJ, Justice Manual, §1 - 12. 000 Coordination of Parallel Criminal, Civil, Regulatory, and Administrative Proceedings.

4　《德国刑事诉讼法》第444条规定:"对法人、非法人团体处以罚款的程序。"参见《世界各国刑事诉讼法》编辑委员会编译:《世界各国刑事诉讼法·欧洲卷》(上),中国检察出版社2016年版,第318页。

现有效的行政合规,企业再次构成同类违法的风险点尚未剔除,行政机关据此对企业从宽处理缺乏合理性。在行刑衔接制度下,只有行政机关开展"合规接力",要求企业再进行围绕行政违法风险的合规整改,在企业实现有效行政合规的情况下,对其从宽处理才具有正当性。

但这种先后两次要求企业开展合规整改的做法仍然会造成不必要的管理重复,消耗企业资源。刑事合规与行政合规共享基本的合规要素,企业都需要通过拟定合规章程、形成合规组织、组织合规培训、建立违规举报、培育合规文化等管理活动实现风险防范,涉罪企业可以通过一次性的合规整改实现有效行刑合规。

对此,域外许多国家采取一体化合规考察的方式解决,即在平行执法的前提下,行刑机关联合与企业达成"捆绑式和解"(Bundling Settlement),通过协议条款建立相同的合规考察期,明确合规整改要求,由行刑机关联合执行合规监管。[5] 与我国改革推动的行刑接力式合规考察相比,联合式合规考察与刑事合规与行政合规的层递关系更为契合,可以为我国未来的制度完善所借鉴。

■ **扩展思考** | 探索建立既符合本土需要又与国际接轨的行刑联合执法机制

域外的企业犯罪治理经历了从"行刑衔接"走向"行刑联合"的发展历程;现今,许多的企业犯罪案件都是由行刑机关联合办理,甚至是由多国的行刑机关联合办理。

2017年的劳斯莱斯行贿案则被视为全球行刑联合执法的成果示例。[6] 美国司法部、美国证券交易委员会、英国反严重欺诈办公室、巴西审计署联合开展对劳斯莱斯的调查,发现其在12个国家都存在商业贿赂行为。最终,巴西审计署因其在巴西当地的贿赂行为决定罚款2560万美元;英国反严重欺诈办公室与之达成暂缓起诉协议,对其在中国、印度尼西亚、马来西亚等国家的腐败行为罚款4.97亿英镑,并要求其在5年内建立有效的反腐败合规计划;美国司法部和证券交易委员会也与其达成暂缓起诉协议,对其在泰国、阿塞拜疆、伊拉克等地的腐败行为罚款1.7亿美元,要求其在3年内建立有效的反腐败合规计划。

为了进一步促进行刑联合执法机制得以高效、及时解决企业犯罪案件,特别是在那些检察机关启动合规考察的案件中,行政机关的全程参与是提升办案效率、督促企业实现"真合规"的关键。应以涉案企业合规改革为契机,探索建立既符合我国本土需要,又能与国际接轨的行刑联合执法机制,推动我国企业合规建设在行刑领域全面发展。

---

[5] See Branislav Hock, *Policing Corporate Bribery: Negotiated Settlements and Bundling*, 33 Policing and Society 1, 6 (2020).

[6] See U. S. DOJ, Rolls – Royce plc Agrees to Pay $170 Million Criminal Penalty to Resolve Foreign Corrupt Practices Act Case (January 17, 2017).

049 异地企业合规｜跨行政区划司法协作

上海 J 公司、朱某某假冒注册商标案

吴思远 华东政法大学

■ 案情概要*

上海市 J 智能电器有限公司（以下简称 J 公司）注册成立于 2016 年 1 月，住所地位于浙江省嘉兴市秀洲区，公司以生产智能家居电器为主，拥有专利数百件，有效注册商标 3 件，近年来先后被评定为浙江省科技型中小企业、国家高新技术企业。公司有员工 2000 余人，年纳税总额 1 亿余元，被不起诉人朱某某系该公司股东及实际控制人。

2018 年 8 月，上海 T 智能科技有限公司（以下简称 T 公司）研发出一款智能垃圾桶，为满足"双十一""双十二"订单需要，与 J 公司洽谈委托代加工事宜，约定由 J 公司为 T 公司代为加工智能垃圾桶，同时对 T 公司拥有的全部知识产权相关商业秘密负有保密义务。后因试产样品未达质量标准，且无法按时交货等原因，双方于 2018 年 12 月终止合作。

为了挽回前期投资损失，2018 年 12 月至 2019 年 11 月，朱某某在未获得商标权利人 T 公司许可的情况下，组织公司员工生产假冒 T 公司注册商标的智能垃圾桶、垃圾盒，并对外销售获利，涉案金额达 560 万余元。2020 年 9 月 11 日，朱某某主动投案后被取保候审。案发后，J 公司认罪认罚，赔偿权利人 700 万元并取得谅解。2020 年 12 月 14 日，上海市公安局浦东分局以犯罪嫌疑单位 J 公司、犯罪嫌疑人朱某某涉嫌假冒注册商标罪移送浦东新区人民检察院审查起诉。

浦东新区人民检察院经审查认为，J 公司是一家高新技术企业，但公司管理层及员工法律意识淡薄，尤其对涉及商业秘密、专利权、商标权等民事侵权及刑事犯罪认识淡薄，在合同审核、财务审批、采购销售等环节均存在管理不善问题。鉴于 J 公司具有良好发展前景，犯罪嫌疑人朱某某有自首情节，并认罪认罚赔偿了 T 公司的损失，且该公司有合规建设意愿，具备启动第三方机制的基本条件，考虑其注册地、生产经营地和犯罪地分离的情况，遂启动了异地企业合规。

---

* 参见最高人民检察院涉案企业合规典型案例（第二批）案例 1。

法律分析

> **争议焦点**
>
> 在司法实践中,公司的注册地、经营地与犯罪地相分离的情况并不少见,导致合规案件办理过程中异地协作流程、区域标准不一等问题逐渐显现,本案中的涉案企业J公司所在地为浙江省嘉兴市秀洲区,而犯罪地为上海市浦东新区,如何打破区域壁垒而有效实现跨区、跨市乃至跨省企业合规,避免纸面合规、形式化合规甚至无效合规?

探索企业合规异地协作模式

结合涉案企业J公司所在地在浙江省、犯罪地为上海市的实际情况,上海、浙江检察机关依托长三角区域检察协作平台,通过个案办理积极探索企业合规异地协作模式。2021年4月,浦东新区检察院根据沪浙苏皖四地检察院联合制定的《长三角区域检察协作工作办法》,向上海市人民检察院申请启动长三角跨区域协作机制,委托企业所在地的浙江省嘉兴市人民检察院、秀洲区人民检察院协助开展企业合规社会调查及第三方监督考察。

两地检察机关签订《第三方监督评估委托函》,明确委托事项及各方职责,确立了"委托方发起""受托方协助""第三方执行"的合规考察异地协作模式,由秀洲区人民检察院根据最高人民检察院等九部门联合下发的《企业合规指导意见(试行)》成立第三方监督评估组织。随后,秀洲区人民检察院成立了由律师、区市场监督管理局、区科技局熟悉知识产权工作的专业人员组成的第三方监督评估组织,并邀请人大代表、政协委员对涉案企业同步开展监督考察,合力破解了异地社会调查、监督考察、行刑衔接等难题,降低了司法办案成本,提升了办案质效,为推动区域行业现代化治理提供了实践样本。

创新强化第三方监督考察

《〈企业合规指导意见(试行)〉细则》第22条初步规定了第三方监督评估环节开展异地协作的基本路径,即当涉案企业、人员的居住地与案件办理地不一致的,案件办理地第三方机制管委会可以委托涉案企业、人员居住地第三方机制管委会选任组成第三方组织并开展监督评估,或者可以通过第三方机制管委会成员单位及其所属或者主管的行业协会、商会、机构的异地协作机制,协助开展监督评估。当然《企业合规指导意见(试行)》对一些需要继续深化探索的问题暂未作具体规定,为试点地方结合本地实际作进一步探索留出了空间,鼓励各地积极实践、勇于改革。

这种创新探索在本案中得到了深刻的体现。本案中,秀洲区人民检察院联合当地13个部门探索构建了企业合规"双组六机制"工作模式,"双组"即检察机关牵头成立"合规监管考察组"和"合规指导组"两个工作组,"六机制"即联席会议、合规培育、提前介入、会商通报、指导帮扶、审查监管等六个协作机制。为了确保异地整改监督考察的真实有效,监督考察期间,第三方组织通过问询谈话、走访调查,深入了解案件背景,帮助企业梳理合规、风控方面的管理漏洞,督促制定专项整改措施,由合规监管考察组和合规指导组共同研究形成专业意见,并邀请人大代表、政协委员全程参与,提高监管考察的透明度和公信力。

根据第三方组织建议,J公司成立合规工作领导小组,修改公司章程,强化管理职责,先后制定知识产权管理、合同审批、保密管理、员工培训、风险控制等多项合规专项制度,设立合规专岗,实行管理、销售分离,建立合规举报途径,连续开展刑事合规、民事合规及知识产权保护专项培训,外聘合规专业团队定期对企业进行法律风险全面体检,并且每半个月提交一次阶段性书面报告。第三方组织通过书面审查、实地走访、听取汇报等形式,对合规阶段性成效进行监督检查。

浦东新区人民检察院则制作了《企业合规监督考察反馈意见表》,实时动态跟进监督评估进度,对第三方组织成员组成、合规计划执行、企业定期书面报告、申诉控告处理等提出意见建议,有效避免了监督考察流于形式,提升了监督评估的实际效果,为最终的合规评估打下了坚实的基础。

▣ **客观科学评估合规有效性**

本案中,结合办案中发现的经营管理不善情况,浦东新区人民检察院向J公司制发了《合规风险告知书》,从合规风险排查、合规制度建设、合规运行体系及合规文化养成等方面提出整改建议,引导J公司作出合规承诺。第三方组织结合风险告知内容指导企业制定合规计划,明确合规计划的政策性和程序性规定,从责任分配、培训方案到奖惩制度,确保合规计划的针对性和实效性。同时,督促企业对合规计划涉及的组织体系、政策体系、程序体系和风险防控体系等主题进行分解,保证计划的可行性和有效性。

据此,J公司制定了包括制定合规章程、健全基层党组织、建立合规组织体系、制定知识产权专项合规政策体系、打造合规程序体系、提升企业合规意识等方面的递进式合规计划,并严格按照时间表扎实推进。考察期限届满后,第三方组织评估认为,经过合规管理,J公司提升合规意识,完善组织架构,设立合规专岗,开展专项检查,建立制度指引,强化流程管理,健全风控机制,加强学习培训,完成了从合规组织体系建立到合规政策制定,从合规程序完善到合规文化建设等一系列整改,评定J公司合规整改合格。为了确保监督考察及处理结果的公平公正,浦东新区人民检察院联合嘉兴市人民检察院、秀洲区人民检察院通过听取汇报、现场验收、公开评议等方式对监督考察结果的客观性充分论证。2021年9月10日,浦东新区人民检察院邀请人民监督员、侦查机关、异地检察机关代表等进行公开听证。经评议,参与听证各方一致认为,涉案企业认罪认罚态度积极,整改决心坚定,已按照合规计划全面开展合规工作,企业合规整改情况评定为合格,最终同意对涉案企业及个人作出不起诉决定。

从本案来看,检察机关评估合规是否有效综合了多方面的因素,具体体现为涉案企业J公司是否根据人员规模、行业特点、业务规范、涉嫌犯罪的类型以及合规风险等情况,建立了与之相应的合规领导组织、合规管理人员和合规管理体系,并且还充分考量了J公司属于国家高新技术中小企业单位的现实情况,确保了合规评估决定的客观性与科学性。总体来看,对于 J 公司的整改评估属于适用于小微企业的"简式合规"模式,考察时间未超过 3 个月,合规监管方式等方面则予以了适度简化,减少了企业合规的成本。正如学者所言,我国检察机关在开展合规改革过程中已经初步设定了差异化的合规整改程序与评估标准,体现了相称性原则的内在要求,[1] 从而兼顾了有效合规整改与降低改革成本的目标。

■ **理论阐释** | 跨行政区划司法协作

异地企业合规的基础在于跨行政区划司法协作,这在刑事诉讼的立法与实践层面均有所涉及。例如,《高检规则》第 180 条明确了检察机关进行异地搜查、取证的,当地检察院应当予以协助。从理论上来说,这是检察一体化的具体体现。自前清法院编制法以来,检察机关的组织原理即透过日本效仿欧陆法制,采行由上而下的阶层式建构。[2]

依此"上命下从"的制度设计,全国各级检察机关是执行检察职能的统一整体,各级检察机关在组织上具有不可分性,检察机关之间在职能上则可以互相承继、转移和代理。由于异地企业合规具有跨区域的特性,只有依赖跨行政区划司法协作才能确保涉案企业合规得以顺利进行,本质上就是需要从整体上调动检察权,强调不同区域检察机关之间的协作义务,并推动形成统一适用的合规标准。

随着我国区域经济的高质量发展,长三角、珠三角、京津冀等跨行政区划司法协作机制也在不断推进完善,并在特殊案件办理、社区矫正、安全生产、环境治理等多方面成效初显。这些实践经验均为今后的异地企业合规提供了启示。应当借助跨行政区划司法协作的改革成果,推动形成区域涉案企业合规的专门办法,进一步明确各地检察机关之间协作报备、受理反馈等程序要求,规范异地检察机关在社会调查、监督评估、听证审查、繁简分流、制发检察建议、行刑衔接等流程,打破区域樊篱,破解企业注册地、生产经营地、犯罪地分离对企业合规监督考察等带来的难题,确保异地监督评估实现动态衔接,实时跟进监督评估工作进度,实现跨区域涉案企业合规案件办理的一致性和协同性。

■ **扩展思考** | 区域一体化法治建设

党的二十大报告在部署"促进区域协调发展"中明确提出,推进京津冀协同发展、长江经济带发展、长三角一体化发展,推动黄河流域生态保护和高质量发展。这些都是跨行政区划、实现区域一体化发展的国家战略,是引领全国高质量发展、完善我国改革开放空间布局、打造我国发展强劲活跃增长的重大举措。例如,自长三角一体化战略实施以来,江浙沪皖,三省一市之间联系日益密切,在强化立法协同、深化执法协作、加强法律服务协作、优化营商环境等方面都签署了相关协议或备忘录,取得了一定的阶段性成果。

---

[1] 参见陈瑞华:《企业合规整改中的相称性原则》,载《比较法研究》2023 年第 1 期。
[2] 参见林钰雄:《检察官论》,法律出版社 2008 年版,第 97 页。

然而,需要认识到的是,随着当前区域协调发展的深入推进,区域一体化法治建设也面临着一系列突出的问题,包括区域间协作文件效力不高、可操作性不强,管辖规定不完善导致协作障碍,地方保护主义再次抬头等。此外,因受制于"人少案多"矛盾等原因,跨区协作的动力不足,跨区协作的积极性也有待进一步提升。[3] 这表明,目前区域一体化法治大多仍然停留在表面认同,对于深层次的司法、执法标准等问题涉及的尚不足够,严重阻碍了区域一体化法治建设的进程。

实际上,异地企业合规正是服务于区域协调发展国家战略的应有之义。企业合规改革的根本目的是督促涉案企业合规合法经营,通过建立合规管理体系来实现企业违法违规行为的"源头治理"[4]。异地企业合规可以通过跨区域协作达到各方的多赢共赢,有利于打破企业异地涉案与本地发展的信息不对称壁垒,实现跨区域服务保障经济社会高质量发展。

因此,检察机关不妨以异地企业合规的探索为契机,力求司法担当,挖掘其与推进区域一体化法治建设的融合基础,如构建差异化的异地企业合规协作模式、探索建立区域内第三方专家库、联合发布区域内统一的法律适用指导意见与案例指导制度等。不仅能够在更高层面推进涉案企业合规改革,也能破解区域一体化法治发展的实践难题,进而营造法治化的营商环境,助力区域经济持续、健康、高质量的发展。

---

[3] 参见梁平:《京津冀协同发展司法保障的理论探讨与实践路径——基于司法功能的视角》,载《政法论坛》2020年第1期。

[4] 陈瑞华:《企业合规基本理论》,法律出版社2022年版,第63页。

050 涉案小微企业的合规整改 | 单位与单位成员责任适当分离与分别追诉

F 公司、严某、王某提供虚假证明文件案

徐 磊 南京农业大学

■ 案情概要[*]

严某、王某分别是江苏 F 土地房地产评估咨询有限公司(以下简称 F 公司)的估价师和总经理。

2019 年 1 月,F 公司接受委托为 G 工贸实业有限公司(以下简称 G 公司)协议搬迁项目进行征收估价,先是采取整体收益法形成了总价为 2.23 亿余元的评估报告初稿。为满足 G 公司要求,王某要求严某将涉案地块评估单价提高。严某在无事实依据的情况下,通过随意调整评估报告中营业收益率,将单价自 2.16 万元提高至 2.38 万元,后又经王某许可,通过加入丈量面积与证载面积差等方式,再次将单价提高到 2.4 万余元,最终形成的《房屋征收分户估价报告》将房屋评估总价定为 2.49 亿余元。后相关部门按此评估报告进行拆迁补偿,造成国家经济损失 2576 万余元。

2021 年 5 月 6 日,江苏省南京市公安局江宁分局以 F 公司、严某、王某涉嫌提供虚假证明文件罪向江宁区人民检察院移送审查起诉。2021 年 6 月 6 日,江宁区检察院依法对严某、王某以提供虚假证明文件罪提起公诉。2021 年 9 月 17 日,南京市江宁区人民法院以提供虚假证明文件罪判处严某有期徒刑 2 年,罚金 10 万元;判处王某有期徒刑 1 年 6 个月,缓刑 2 年,罚金 8 万元。

江宁区人民检察院受理案件后,对涉案企业开展办案影响评估,调取涉案企业工商信息、纳税、就业等材料;到涉案企业了解行业资质、业务流程、监督管理制度设置;到城乡建设委员会、房屋征收指导中心、住房保障和房产局等行政主管机关,了解土地、房地产征迁谈判、评估、补偿相关规定。F 公司从业人员 39 人,属于小微企业,曾获评市优秀估价机构、诚信单位。涉案导致公司参与的多项招投标业务停滞,经营面临困难。江宁区人民检察院评估后认为,涉案企业以往经营和纳税均正常,案发后企业和个人认罪认罚,且主动提交合规申请,承诺建立企业合规制度。鉴于此,检察院决定启动企业合规,确定为期 6 个月的合规

---

[*] 参见最高人民检察院涉案企业合规典型案例(第三批)案例 3。

考察期。

江宁区人民检察院指导涉案企业开展风险自查,形成自查报告;结合案件办理中暴露出的问题,指导企业修订合规计划;围绕13个风险点,制发检察建议,督促企业查漏补缺。涉案企业依据指导设立合规部门、修订员工手册、制定《评估业务合规管理制度》、委托研发线上审批的OA系统、组织开展业务技术规范培训和合规管理制度培训。为降低合规成本、减轻企业经济负担,由检察院直接开展合规监管、评估,设置合规整改时间表,要求涉案企业明确整改节点、按时序推进。同时为确保合规监管评估的专业性和公平性,邀请3名专业人员协助检察机关开展合规监管、评估。

经过6个月的合规整改,江宁区人民检察院组织公开听证,对合规整改进行评估验收,经综合审查认定F公司通过评估验收。2022年1月30日,检察院依法对F公司作出不起诉决定。

■ 法律分析

争议焦点

涉案企业合规不起诉制度能否适用于小微企业?如果可以适用,涉案小微企业该如何开展合规整改,以及如何进行监督评估?

涉案企业合规不起诉制度的适用范围

在服务"六稳""六保"大局、优化法治化营商环境、加强企业权益司法保护等时代背景下,检察机关启动了涉案企业合规改革。经过2年的试点探索,最高人民检察院于2022年4月在全国检察机关全面推开涉案企业合规改革试点工作。对于办理的涉企刑事案件,检察机关在依法作出不批准逮捕、不起诉决定或根据认罪认罚从宽制度提出轻缓量刑建议的同时,督促涉案企业作出合规承诺并积极整改,促进企业合规守法经营,预防和减少企业违法犯罪。

《企业合规指导意见(试行)》第5条规定:"对于具有下列情形之一的涉企犯罪案件,不适用企业合规试点:(一)个人为进行违法犯罪活动而设立公司、企业的;(二)公司、企业设立后以实施犯罪为主要活动的;(三)公司、企业人员盗用单位名义实施犯罪的;(四)涉嫌危害国家安全犯罪、恐怖活动犯罪的;(五)其他不宜适用的情形。"由此可见,涉案企业合规改革可以适用于大中型企业,也可以适用于小微企业。"截至2021年年末,全国中小微企业数量达4800万户,中小微企业是数量最大、最具活力的企业群体。"[1]小微企业在促进经济社会发展、提升科技创新能力、推动多元竞争格局等方面,发挥着重要的作用。然而,与大中型企业相比,小微企业在经营理念、管理模式、财务制度等方面也存在一定短板。小微企业

---

[1] 王政:《全国中小微企业数量达4800万户》,载《人民日报》2022年9月2日,第10版。

资产总额少,从业人数少,年度应纳税所得额少。小微企业以家族式经营为主,缺乏规章制度,资金管理混乱,从业人员法律意识淡薄。随着市场竞争日趋激烈,一些小微企业及从业人员为追逐利润,走上了违法犯罪道路。针对符合条件的小微企业,检察机关可以适用涉案企业合规不起诉制度,并采用有别于大中型企业的合规整改方案。

笔者认为,江宁区人民检察院在办理本案的过程中,贯彻宽严相济刑事政策,准确区分了单位及责任人的责任。一方面,对于确有重大过错的涉案企业责任人严某、王某依法追究其刑事责任;另一方面,涉案企业 F 公司主动提交合规申请,承诺建立企业合规制度,具有建立合规体系的意愿。检察院对 F 公司积极适用企业合规,针对与企业涉嫌犯罪有密切联系的企业内部治理结构、规章制度等问题开展合规整改,帮助企业弥补制度建设和监督管理方面的漏洞,从源头防止再次发生相同或类似违法犯罪。检察院对于提交合规计划的 F 公司,设定为期 6 个月的合规考察期。在考察期结束后,对于合规考察合格的 F 公司,检察院依法作出了不起诉决定。

涉案小微企业合规整改的实施及其监督评估

在涉案企业合规改革过程中,检察机关对于企业合规整改的监督评估问题进行探索,形成了两种主要的监督评估方式:一种是检察机关自行监督评估,即由检察官在合规考察期内检查、评估、监督涉案企业的合规整改活动;另一种是第三方监督评估,即由合规专家、律师、注册会计师、注册税务师等专业人员组成第三方监督评估组织,由其对涉案企业的合规整改活动进行检查、评估、监督,以此弥补检察机关合规专业能力之不足。《企业合规指导意见(试行)》对于第三方机制的启动和运行等作出了基本规定。相比较而言,前者简便易行,但合规整改的质量可能会不尽如人意;而后者相对规范专业,但成本较高,操作烦琐。

可以说,开展企业合规工作,需要因案制宜,根据企业类型的不同,开展有针对性的工作。F 公司在治理模式、业务规模、员工数量、资金能力、风险防范等方面与大中型企业存在显著差异。检察院应当结合 F 公司的自身特点,积极探索适合 F 公司的合规模式,在保证合规计划制定、实施、验收评估等基本环节的同时,通过简化程序、降低合规成本、制定与大中型企业不同的监管标准等简式合规管理,激发 F 公司做实合规的积极性。

检察院在类似"简式合规计划"的审查、监管、评估过程中,需要发挥主导作用。针对 F 公司的合规整改,可以根据《合规评估办法(试行)》的规定,由检察院对其提交的合规计划和整改报告进行审查,主导合规监管和验收评估。一是根据案件具体情况主动听取公安机关等部门的意见,建立合规监管互通机制;二是设置合规时间表,要求涉案企业明确整改节点、按时序推进;三是依据时间表,采取"定向+随机"的方式考察合规进展;四是选择专家学者、行政主管机关、侦查机关代表组成评估小组,同时组织公开听证对合规整改进行评估验收。

■ 理论阐释 | 单位与单位成员责任适当分离与分别追诉

《刑法》第 30 条规定:"公司、企业、事业单位、机关、团体实施的危害社会的行为,法律规定为单位犯罪的,应当负刑事责任";第 31 条规定:"单位犯罪的,对单位判处罚金,并对其直接负责的主管人员和其他直接责任人员判处刑罚。本法分则和其他法律另有规定的,依照规定。"其中,第 30 条是对单位负刑事责任范围的规定,第 31 条是对单位犯罪处罚原则的规定。

从世界范围内来看,对于单位犯罪行为主要有两种处理模式:一是全面承认式,如美国、法国等在法律上全面承认单位犯罪,单位犯罪的成立范围极广,几乎不受任何限制。二是相对承认式,如日本,仅在特别刑法中个别地承认单位犯罪。各国关于单位犯罪的立法及实践,虽然因法律传统、历史背景、社会观念不同而采用不同的处理模式,但均将焦点聚集于如何处罚单位上。在责任的规制方面,世界各国普遍规定,单位犯罪,单位受罚,是基本的原则。[2]

单位责任与单位成员责任应当实现适当分离,为对单位及其成员分别追诉提供了理论基础。从单位与单位成员的性质而言,单位属于法律拟制主体,单位成员属于客观自然的主体。追究单位的刑事责任,以单位犯罪行为为根据。追究单位成员的刑事责任,以单位成员的犯罪行为为根据。单位成员在自己的主观犯意支配下实施了犯罪行为,应当对此承担刑事责任。虽然单位行为源自单位成员的行为,但单位成员的行为是否构成犯罪,并不是单位行为构成犯罪的前提条件。也就是说,是否追究单位的责任,不影响对单位成员的责任追究;是否追究单位成员的责任,也不影响对单位责任的追究。

对单位及其成员分别追诉已被司法解释所认可。《刑诉法解释》第 340 条规定:"对应当认定为单位犯罪的案件,人民检察院只作为自然人犯罪起诉的,人民法院应当建议人民检察院对犯罪单位追加起诉。人民检察院仍以自然人犯罪起诉的,人民法院应当依法审理,按照单位犯罪直接负责的主管人员或者其他直接责任人员追究刑事责任,并援引刑法分则关于追究单位犯罪中直接负责的主管人员和其他直接责任人员刑事责任的条款。"由此可见,检察机关对于是否追加起诉犯罪单位享有一定的裁量权,检察机关可以拒绝追加单位作为被告人,而仅追究单位成员的刑事责任。

笔者认为,在涉案小微企业合规改革过程中,检察机关对涉案小微企业作出合规不起诉决定,既有坚实的理论基础,也符合司法解释和司法传统。

■ 扩展思考 | 涉案小微企业合规不起诉制度与认罪认罚从宽制度的有效衔接

认罪认罚从宽制度作为一项贯穿刑事诉讼全过程的重要制度,适用于侦查、起诉、审判各个阶段。该制度没有适用罪名和可能判处刑罚的限定,不能因罪轻、罪重或者罪名特殊

---

2 参见叶良芳:《论单位犯罪的形态结构——兼论单位与单位成员责任分离论》,载《中国法学》2008 年第 6 期。

等原因而剥夺犯罪嫌疑人、被告人自愿认罪认罚获得从宽处理的机会。该制度也没有犯罪主体的限制,对于涉嫌犯罪的自然人和单位都可以平等适用。

认罪认罚从宽制度中的"认罪",是指犯罪嫌疑人、被告人自愿如实供述自己的罪行,对指控的犯罪事实没有异议。"认罚"是指犯罪嫌疑人、被告人真诚悔罪,愿意接受处罚。对于涉嫌犯罪的自然人而言,认罪认罚主要表现为犯罪嫌疑人、被告人自愿如实供述自己的罪行,真诚悔罪,并签署具结书。对于涉案企业来说,认罪认罚主要体现为单位对指控的犯罪事实没有异议,愿意接受处罚,并且涉案企业能够正常生产经营,承诺建立或者完善企业合规制度,制订并有效实施合规计划。涉案企业认罪认罚主要通过企业管理层、决策层等集体讨论后作出的书面意思表示来确定。

从宽处理既包括实体上从宽处罚,也包括程序上从简处理。"可以从宽"是指一般应当依法予以从宽处理。依法从宽并非法外从宽,办理认罪认罚案件,应当根据法律规定,并结合犯罪的事实、性质、情节和对社会的危害程度等进行综合考量,依法决定是否从宽以及如何从宽。从宽处理包括检察机关对涉案企业作出合规不起诉决定。过去,检察机关开展涉案企业合规改革试点工作,均以认罪认罚从宽制度为立足点。认罪认罚从宽与涉案企业合规不起诉并不冲突,而且前者为后者的顺利运行奠定了制度基础。

检察机关对于涉案小微企业适用合规不起诉制度,可以围绕适用条件、合规整改、合规不起诉决定三个方面展开。适用条件主要包括以下几点:(1)涉案小微企业是否因同种犯罪行为而被追究过刑事责任,或者因同种行为多次受到行政处罚;(2)涉案小微企业是否积极配合公安机关的侦查工作和检察机关的审查、监督等工作;(3)涉案小微企业是否作出合规整改承诺等;(4)对于小微企业所涉嫌的罪名和刑罚无须作过多的限制。对于合规整改而言,检察机关应当根据涉案小微企业的自身特点,勇于探索适合涉案小微企业的合规模式,适当简化程序、降低合规成本等。检察机关在合规考察期内指导涉案小微企业开展合规整改,并且可以邀请专业人士协助检察机关开展合规监管、评估等活动。在考察期满后,检察机关对涉案小微企业合规整改进行评估验收。如果通过评估验收,则由检察机关对涉案小微企业作出不起诉决定。反之,则由检察机关依法提起公诉。

检察机关给予涉案小微企业改过自新的机会,激励小微企业建立合规计划,经过考察后对其作出不起诉决定。这不仅可以挽救涉案小微企业,而且能够带动关联企业甚至整个行业的自觉合规行动。

051　涉案企业合规第三方评估的对象与标准

Z公司、康某某等人重大责任事故案

罗维鹏　西南财经大学

■ 案情概要[*]

湖北省随州市Z有限公司（以下简称Z公司）系当地重点引进的外资在华食品加工企业，康某某、周某某、朱某某分别系该公司行政总监、安环部责任人、行政部负责人。2020年4月15日，Z公司与随州市高新区某保洁经营部法定代表人曹某某签订污水沟清理协议。2020年4月23日，曹某某与其同事刘某某违规进入未将盖板挖开的污水沟内作业时，有硫化氢等有毒气体溢出，导致二人与前来救助的吴某某先后中毒身亡。随州市政府事故调查组经调查后认定该事故为一起生产安全责任事故。2021年1月22日，随州市公安局曾都区分局以康某某、周某某、朱某某涉嫌重大责任事故罪移送随州市曾都区检察院审查起诉。曾都区检察院经审查认为，康某某等人涉嫌重大责任事故罪，属于企业人员在生产经营履职过程中的过失犯罪，同时反映出涉案企业存在安全生产管理制度不健全、操作规程执行不到位等问题，三名犯罪嫌疑人认罪认罚，有自首情节，依法可以从宽、减轻处罚。鉴于Z公司系外资在华企业，是当地引进的重点企业，每年依法纳税，并解决2500余人的就业问题，对当地经济助力很大，且Z公司所属集团正在积极准备上市，如果公司管理人员被判刑，对公司发展将造成较大影响，2021年5月，检察机关征询Z公司意见后，Z公司提交了开展企业合规的申请书、书面合规承诺以及企业经营状况、纳税就业、社会贡献度等证明材料，检察机关经审查对Z公司作出合规考察决定。

检察机关委托当地应急管理局、市场监督管理局、工商联等第三方监督评估机制管委会成员单位以及安全生产协会，共同组成了第三方监督评估组织。第三方组织围绕案发原因，如企业未认真核验承包方作业人员劳动防护用品、应急救援物资配备等情况，未及时发现承包方劳动防护用品配备不到位等问题，指导企业制订合规计划，按照合规管理体系的标准格式制订、完善合规计划；建立以法定代表人为负责人、企业部门全覆盖的合规组织架构；健全企业经营管理需接受合规审查和评估的审查监督、风险预警机制；完善安全生产管理制度和定期检查排查机制，从制度上预防安全事故再发生。在合规整改期间，第三方组织要求企业定期组织安全生产全面排查和专项检查，组织作业人员学习生产安全操作规

---

[*] 参见最高人民检察院涉案企业合规典型案例（第二批）案例4。

程,加强施工承包方安全资质审查,配备生产作业防护设备,聘请专家对企业人员进行专项安全教育培训并考试考核。2021年8月,第三方组织对Z公司合规整改及合规建设情况进行评估,并报第三方机制管委会审核,Z公司通过企业合规考察。

法律分析

> **争议焦点**
>
> 本案作为最高人民检察院确立的涉案企业合规典型案例,典型意义在于针对涉案企业安全生产管理中存在的漏洞,检察机关深入开展社会调查,积极引导企业开展合规建设。检察机关委托应急管理局、市场监督管理局、工商联等第三方监督评估机制管委会成员单位以及安全生产协会,共同组成第三方监督评估组织,指导涉案企业及其相关人员履行合规计划,认真落实安全生产职责。检察机关对合规考察结果认真审查,组织召开公开听证会,确保合规整改效果,推动当地企业强化安全生产意识。其中,第三方组织对涉案企业合规整改的评估(以下简称第三方评估)发挥重要作用。然而,实践中第三方组织如何评估还存在不少争议问题,主要是第三方组织如何把握企业有效合规的标准。在回答这个问题之前,还有必要厘清第三方评估的对象。

全面合规与专项合规

根据企业合规的范围不同,企业合规一般有全面合规和专项合规之分。根据《合规评估办法(试行)》第21条和《〈企业合规指导意见(试行)〉细则》第28条第2款的规定,全面合规是目标,专项合规是重点。

第一,全面合规。全面合规要求企业针对各业务领域、各部门、各级子公司和全体员工,并在决策、执行、监督各个环节建立合规体系。[1] 这是健全企业内部治理模式的系统工程。全面合规是对企业的最高要求,建立庞大的合规制度体系也将耗费巨大成本。有学者指出,要求企业在刑事合规领域、行政合规领域、道德合规领域、行业合规领域以及国际准则合规领域都进行合规建设,在我国当下改革中还缺乏适应性。[2] 因为,在国外全面合规主要针对具有一定规模的企业,多数是中大型企业;但就我国而言,适用涉案企业合规整改程序的企业以中小微型的民营企业为主,全面合规的可操作性有限。况且,多数小微企业确实没有全面合规的条件和必要。

第二,专项合规。专项合规要求企业针对重点业务领域、重点管理环节、重点人员等开展专门的合规风险管理、合规管理评估、合规审计等。[3] 专项合规对我国司法实践更加适用。专项合规与全面合规属于部分与整体的关系。专项合规是从全面合规中抽取的部分,着眼于对特定领域合规风险的防范。第三方组织可以从企业类型、企业规模、企业经营状

1　参见郭青红:《企业合规管理体系实务指南》(第2版),人民法院出版社2020年版,第18页。
2　参见周洪波、谢睿:《企业刑事合规整改方式研究》,载《江汉论坛》2022年第5期。
3　参见郭青红:《企业合规管理体系实务指南》(第2版),人民法院出版社2020年版,第18页。

况、犯罪情节、社会危害五个方面综合决定整改方案。例如,对于规模较大、经营状况较好的企业,尤其是国有企业、上市公司,宜以全面合规为原则,突出专项内容。而对于中小微企业,宜以专项合规为原则,兼顾全面合规中某些必要的方面。

▫ "合规计划书"与"合规报告书"

"合规计划书"与"合规报告书"是两份重要的合规材料。从我国最初引入刑事合规概念以来,企业合规一般基于"合规计划"概念展开。目前我国几个规范性文件也都使用"合规计划"和"整改计划"的表述。但在实际操作中,"合规计划"是一个笼统的概念。广义的合规计划涵盖企业合规整改的整个过程以及涉及的各项内容,而狭义的合规计划仅指企业提交的"合规计划书"。实务中,在第三方机制启动的初期企业通常会主动提交一份"合规计划书",有时候第三方组织也会要求企业提交"合规计划书"。"合规计划书"是企业向第三方组织及检察机关表达整改态度,展示整改内容和整改步骤的规划方案。整改完毕之后企业还会另外提交一份"合规报告书"。前者相当于后者的工作规划,后者则是前者执行的具体内容。因此,"合规报告书"是描述企业整改过程及具体整改事项的详细书面材料。以上也是《企业合规指导意见(试行)》第 11 条、第 12 条常见的操作方法。遗憾的是,《企业合规指导意见(试行)》等表述的"合规计划"具有一定的误导性,容易与企业提交的"合规计划书"混淆。实践中存在这样的现象:由于"合规计划书"很多时候只是提纲式地说明拟整改的重点内容、整改措施和工作进度等,导致在第一次评估会中第三方组织认为"合规计划书"过于简单,要求企业重新制定,而在第二次评估会中第三方组织认为"合规计划书"虽然较上次有大幅完善但具体内容仍然单薄,于是第三方评估陷于"合规计划书"本身的修改,拖延了合规整改的总体进度。

为了体现企业合规整改循序渐进的规律,在操作中应当对"合规计划"作两层理解。(1)对于《企业合规指导意见(试行)》第 11 条第 1 款"……提交专项或者多项合规计划……明确合规计划的承诺完成时限"、第 2 款"涉案企业提交的合规计划,主要围绕……"第 12 条第 1 款"第三方组织应当对涉案企业提交的合规计划的可行性、有效性与全面性进行审查……"第 2 款"……要求企业定期书面报告合规计划的执行情况……"应当将以上所谓的"合规计划"理解为"合规计划书"。[4] (2)对于《企业合规指导意见(试行)》第 13 条"……对涉案企业的合规计划完成情况……"和第 14 条第 1 款"涉案企业合规计划",应当理解为"合规报告书",是企业全面展示整改情况的书面材料。[5]

---

[4] 同理,《〈企业合规指导意见(试行)〉细则》第 27 条、第 28 条、第 29 条、第 31 条和《合规评估办法(试行)》第 4 条、第 5 条、第 6 条、第 14 条"整改计划"、第 17 条。

[5] 同理,《〈企业合规指导意见(试行)〉细则》第 33 条和《合规评估办法(试行)》第 1 条第 2 款"整改计划"。

■ **理论阐释** | 制度与行为整改的有效性标准

根据《合规评估办法（试行）》第 14 条的规定，第三方组织应当对涉案企业专项合规整改计划和相关合规管理体系的"有效性"进行评估。在操作上，第三方组织既要评估"合规计划书"等书面材料也要评估其落实情况，而书面材料的评估标准与其落实情况的评估标准应当不同。笔者认为，根据评估对象的不同，第三方评估标准可以分为"制度整改"评估标准和"行为整改"评估标准两项。前者针对企业构建的合规制度本身，后者针对合规整改的整体效果。

□ 制度整改的有效性标准

企业制度整改直观地体现在"合规计划书"和"合规报告书"中，第三方组织进行制度整改评估以企业提交的"合规计划书"和"合规报告书"等书面材料为直接对象。

第一，"合规计划书"的方向正确性。第三方组织首先以"效率优先、方向正确"的原则，结合案情对"合规计划书"的书面内容进行方向性把控。企业初期提交的"合规计划书"仅是就整改的内容、时间分配、人员安排等作出规划和说明，具体的合规建设并未充分展开。在合规计划的制定环节，如果第三方组织进行过多的审查和指导，会耗费不必要的精力在某些细枝末节的问题上，导致原本时间就紧张的考察期变得更加紧张，反而不利于程序的后续推进。

第二，"合规报告书"的形式完成度。"合规计划书"与"合规报告书"是"目录"与"内容"的关系。企业通常是在"合规计划书"的基础之上开展详细的合规建设，即《第三方评估细则》第 31 条所谓的"执行合规计划"。因此，审查"合规报告书"及其有效性是第三方组织的进一步工作。在这方面，有形式和实质两个层面。以下先就形式标准而言，而实质标准针对的是整改行为的有效性，留待下文讨论。在"合规报告书"完成度方面，一是"合规报告书"能否反映企业已经对其"合规风险自查报告"对标完成；二是"合规报告书"能否反映企业已经对其"合规计划书"对标完成。

第三，制度建设的形式完成度。一是全面合规应当体现完整性。一方面，以全面包含相关要素为原则，即要素齐全式的完整；以企业确实不具备全面合规为例外，在保留一些基本要素的前提下适当调整其他要素。现阶段，对于哪些是全面合规的必备要素，哪些要素是可以省略，可以由企业、第三方组织和检察机关根据案件情况协商决定。但从长远讲，未来有必要从规范层面明确全面合规框架下的强制性要素和选择性要素。另一方面，某一要素项下的具体内容应当全面。二是专项合规应当体现补漏性。合规整改能够通过企业内发的风险管控、监督管理，以积极的特殊预防之路径实现企业犯罪的再犯预防。[6] 相应地，评估专项合规是否有效，直接标准即判断诱发企业犯罪的制度漏洞是否已经填补，包括有遗漏的制度是否已经建立和有缺陷的制度是否已经健全。

---

[6] 参见王颖：《刑事一体化视野下企业合规的制度逻辑与实现路径》，载《比较法研究》2022 年第 3 期。

◻ 行为整改的有效性

这也可以理解为企业应当通过合规整改树立起合规运营的企业文化,即应当将已有的制度范围落实到位。如有学者认为:"检察机关督促企业进行合规整改的实质,是帮助企业改变原有的违规经营模式,消除原有的制度隐患,实现'去犯罪化'改造。"[7] "去犯罪化"是评价企业是否进行有效合规的重要原则,要求企业积极主动地作为。对此,可以从以下几个方面考察:(1)企业是否已经终止犯罪行为?在这方面,第三方组织需要作出一定的预判,即企业并非仅仅停止本次犯罪行为或者仅仅将过去犯罪行为暂时停下,而是要有条件和能力保证在未来可预见的范围不再实施同样行为。(2)企业是否消除了犯罪造成的危害?如针对生产、销售伪劣产品案件,企业是否对生产设备做了妥善处理,是否尽量召回已经售出的伪劣产品等。(3)企业是否有可能避免再犯?如针对安全生产案件,可以对企业员工或者主要技术人员通过访谈、问卷、测验等方式考察他们是否知道相关制度规范以及掌握的程度。经测试如果发现企业员工大部分仍然不知道有哪些合规制度或者虽然"知其然不知所以然",将不能通过评估。(4)企业是否已经弥补因犯罪而造成损害?对此,可以根据案件和企业实际情况综合把握。例如,针对环境资源案件,采取适当的环境修复措施是企业有效整改的重要体现。

■ 扩展思考 | 第三方组织责任的边界

如果企业合规整改合格但日后再犯同罪,可以说本次合规整改是失败的吗?第三方组织又是否属于失职呢?在这个问题上,尽管第三方评估站在"当前"必须考虑经过整改之后企业是否有再犯可能性,但未来是否真的再犯并不由第三方组织决定。因此,第三方评估宜以"当前"为原则,以"未来"为补充。第三方评估的直接对象应是企业整改之后所建立的合规制度体系,再犯风险应当针对新的合规制度本身,考察新制度是否尚存诱发同类犯罪的漏洞。笔者认为,第三方组织承担责任的前提应限定在故意弄虚作假、重大过失、涉嫌违法犯罪三种情形。基于我国实际情况,至少在现阶段不宜对第三方组织苛以较重的责任。

也就是说,只要第三方组织尽到合理的注意义务,即是尽职尽责。首先,相比于公安机关和检察机关,第三方组织获取资料的途径有限,很多时候还需要检察机关居中协调。在能力有限的条件下,不应奢望第三方组织能够对企业涉案情况进行"穿透式"的审查。其次,第三方组织毕竟是在"当前"状态下开展评估工作,企业合规的有效性主要是在合规考察期内其达到有效的标准。企业未来重蹈覆辙再次犯罪,并不能由此否定本次第三方评估的成效,更不能由此认为本次第三方组织失职。最后,我国第三方组织与国外合规监管人在收入上有很大差距,我国第三方组织成员并非以评估为职业,也不从中获利,只是象征性地收取适当费用甚至有的地方的第三方组织不收取任何费用。在这种情况下如果要求第三方组织负担较重的责任,必然影响第三方组织的积极性。

---

[7] 陈瑞华:《企业合规不起诉改革的八大争议问题》,载《中国法律评论》2021年第4期。

052 审判阶段的认罪认罚从宽制度｜辩审协商制度的构建

前某等非法吸收公众存款案

蔡元培　中国政法大学

■ 案情概要*

2014年11月至2017年7月,北京仁某甲资本管理有限公司(以下简称仁某甲公司)、北京乐某财富投资有限公司(以下简称乐某公司)及关联公司在北京市朝阳区、天津市、昆明市等地,以投资P2P理财项目可返本付息为由,吸收高某甲等283人资金人民币8000余万元,返款人民币400余万元。

被告人耿某自2015年11月至2017年8月,在仁某甲公司及关联公司北京仁某乙投资有限公司任贷款部负责人,负责集资款放贷。被告人前某于2014年2月1日至2016年6月底在仁某甲公司任债权匹配员、运营经理,负责投资人债权匹配。被告人李某甲于2016年4月底至2017年12月在仁某甲公司任培训讲师,负责员工培训、客户接待及安抚。被告人叶某、夏某、何某、赵某、李某乙的情况略。

在案件办理过程中,前某系自首,侦查、审查起诉阶段及庭审中均表示愿意接受处罚;李某甲如实供述所犯罪行,侦查、审查起诉阶段及庭审中均表示愿意接受处罚。叶某、夏某、何某、赵某、李某乙也均构成认罪认罚。虽然多名被告人具有认罪认罚表现,公安机关也向被告人分别出示过认罪认罚从宽制度告知书,但因部分被告人不满足认罪认罚的缘故,检察机关未建议法院适用认罪认罚从宽制度进行审理,也未组织签订认罪认罚具结书。

北京市朝阳区人民法院依普通程序对本案进行了公开审理,庭审中未进行程序简化。经审理认为,本案被告人行为均已构成非法吸收公众存款罪,依法应予惩处。前某系累犯,应从重处罚。耿某、前某、李某甲、叶某、夏某、何某、赵某、李某乙系从犯,有退赔情节;耿某有投案情节;前某、叶某、夏某、赵某、李某乙有自首情节,认罪认罚;李某甲、何某如实供述所犯罪行,认罪认罚。对耿某、李某甲、叶某、夏某予以减轻处罚,对前某予以从轻处罚,对何某、赵某、李某乙予以减轻处罚并适用缓刑。故判决:(1)前某犯非法吸收公众存款罪,判处有期徒刑4年,罚金人民币20万元;(2)李某甲犯非法吸收公众存款罪,判处有期徒刑2年

---

* 参见北京市第三中级人民法院(2019)京03刑终534号刑事裁定书。

10 个月,罚金人民币 15 万元;(3)耿某犯非法吸收公众存款罪,判处有期徒刑 2 年 6 个月,罚金人民币 15 万元……(被告人叶某、夏某、何某、赵某、李某乙的判决情况略)。

前某、李某甲、耿某以量刑过重为由提出上诉。北京市朝阳区人民检察院提起抗诉,北京市人民检察院第三分院支持抗诉。公诉机关的抗诉意见是:第一,一审法院根据《刑事诉讼法》第 15 条适用认罪认罚从宽情节,但法庭审理过程中未向公诉人、辩护人、被告人告知适用认罪认罚从宽程序的诉讼权利、义务,未就这一量刑情节出示相关证据并组织控辩双方进行质证、辩论,其行为违反了《刑事诉讼法》第 198 条"法庭审理过程中,对与定罪、量刑有关的事实、证据都应当进行调查、辩论"的规定,违反了适用认罪认罚从宽量刑程序的被告人自愿性和合法性,庭审程序不当。第二,一审判决对前某、李某甲适用《刑事诉讼法》第 15 条认罪认罚从宽量刑情节,但二人判后又以量刑过重为由提出上诉,可见对刑事处罚不认可,不能认定其有"认罚"表现,故一审判决法律适用、量刑不当,不能适用认罪认罚对前某、李某甲等从宽处理。

北京市第三中级人民法院同意一审法院裁判意见,裁定驳回北京市朝阳区人民检察院的抗诉及前某、李某甲、耿某的上诉,维持原判。

■ 法律分析

> **争议焦点**
>
> 本案主要涉及审判阶段认罪认罚从宽制度的适用问题。一般而言,认罪认罚从宽制度在审前阶段就可以适用,并自然延伸到审判阶段。但在司法实践中,常常有一些案件的被追诉人在审前阶段不构成认罪认罚,或者共同犯罪案件部分被追诉人不认罪认罚。在庭审中,被告人的一些表现却又构成适用《刑事诉讼法》第 15 条的情形,司法机关面对此类情形应当如何处理?

□ 法庭有权在庭审阶段直接适用认罪认罚从宽进行裁判

有一种观点认为,适用认罪认罚从宽制度,必须以签订认罪认罚具结书为前提。笔者并不认同。根据《刑事诉讼法》第 15 条,只要被追诉人自愿如实供述自己的罪行,承认指控的犯罪事实,愿意接受处罚的,司法机关就可以对其予以从宽处理。《刑事诉讼法》第 15 条并不限制这种"从宽处理"的阶段或机关,因此法庭当然有权直接予以适用。

本案中,尽管检察机关因耿某不构成认罪认罚而未组织签订具结书,但"同意量刑建议,签署认罪认罚具结书"只是认罪认罚的外在表现,而非"从宽处理"的前提,法院有权在庭审中对符合条件的被告人直接适用《刑事诉讼法》第 15 条予以从宽处理,这是以审判为中心的诉讼制度改革的必然要求,也是三机关分工负责、互相配合、互相制约的应有之义。

事实上,审前阶段不认罪认罚、庭审阶段才认罪认罚的案件常有,或是审前阶段没有就量刑问题达成一致,直到庭审阶段才达成了一致。既然认罪认罚从宽制度适用于所有阶段,法庭当然有理由给那些当庭才认罪认罚的被告人予以从宽处理。本案中,多名被告人在侦查、审查起诉阶段及庭审中均表示愿意接受处罚,从到案经过、退赔情况、被告人口供、当庭表现等方面能够判断被告人具备认罪认罚的客观行为表现,在没有认罪认罚具结书的情况下,认罪认罚的判断仍有证据支持,能够予以认定。

▢ 法庭直接适用认罪认罚从宽在程序上应当受到限制

在没有认罪认罚具结书的情况下,法庭应当如何办理认罪认罚案件?

一方面,法院应当进行权利告知及认罪认罚自愿性审查。《刑事诉讼法》第 190 条第 2 款规定:"被告人认罪认罚的,审判长应当告知被告人享有的诉讼权利和认罪认罚的法律规定,审查认罪认罚的自愿性和认罪认罚具结书内容的真实性、合法性。"根据此条,即使公安机关、检察机关在审前阶段已经进行了权利告知,审判阶段法院仍应告知。即使被告人没有签订认罪认罚具结书,法院仍应主动审查认罪认罚的自愿性。这种自愿性审查是脱离认罪认罚具结书而独立存在的,应当比有具结书时的审查更加全面、谨慎。

另一方面,就定罪量刑有关问题听取意见。《认罪认罚从宽指导意见》第 49 条规定:"被告人在侦查、审查起诉阶段没有认罪认罚,但当庭认罪,愿意接受处罚的,人民法院应当根据审理查明的事实,就定罪和量刑听取控辩双方意见,依法作出裁判。"作为法定的量刑情节,法庭有权独立认定认罪认罚情节,但当法庭在认为本案可能构成认罪认罚但控辩双方没有主动提出时,法庭有义务作出释明,引导控辩双方就这一法定量刑情节展开辩论。不能因为认罪认罚是有利于辩护方的量刑情节就不做告知和引导辩论,因为辩护方完全有可能对从宽处理的幅度有异议,明确告知并引导控辩双方辩论有利于限制法官的自由裁量权,促使量刑过程的公开、透明。

▢ 被告人以量刑过重为由提出上诉,不意味着其不构成"认罚"

本案中,检察机关提出抗诉认为:被告人在一审宣判后又以量刑过重为由提出上诉,可见对刑事处罚不认可,不能认定其有"认罚"表现,故一审判决法律适用、量刑不当。笔者并不认同。一方面,法官仅能就被告人庭上的表现作出裁判,"是否上诉"属于事后行为,不属于法官可以预见的范畴,法官不应也无法以被告人未来可能采取的行为作为裁判的依据。司法仅能裁判过去,而不能裁判未来。二审法院不能过度苛责一审法院应当预见被告人是否上诉,并以此为判断"是否认罚"的标准。另一方面,上诉权作为被告人享有的法定诉讼权利,其目的在于确保被告人不受错误或不当的刑罚处罚。《刑事诉讼法》第 227 条第 3 款规定:"对被告人的上诉权,不得以任何借口加以剥夺。"被告人表示愿意接受处罚,仍可以基于对法院最终量刑结果有异议而提出上诉,不能因被告人行使了法定诉讼权利就让其遭受不利法律后果,这违背了认罪认罚从宽制度的初衷。没有法律或司法解释规定,被告人必须承诺"放弃上诉权"才能构成"认罚"。相反,如果是法律所明文规定的诉讼权利,无论被告人行使与否,都不影响"认罚"的认定。因此,被告人以任何理由提出上诉,均是其行使法定诉讼权利的表现,检察院不应抗诉。

■ **理论阐释** | 审判阶段认罪认罚从宽制度的完善具有重要意义

相比审前阶段的认罪认罚,审判阶段的认罪认罚没有得到立法者应有的重视。《认罪认罚从宽指导意见》第 49 条也仅使用了"就定罪和量刑听取控辩双方意见"这一表述,对审判阶段的认罪认罚从宽进行程序上的约束。构建审判阶段的认罪认罚从宽有其重要意义,可以有效解决翻供、反悔以及审前阶段拒不认罪认罚等特殊情形,满足司法实践的多样性需求。

第一,审判阶段的认罪认罚案件应当充分保障当事人的知情权。作为有利于己方的量刑情节,认罪认罚一旦成立,就可以享有一定幅度的量刑减让。尽管审判阶段的量刑减让幅度较全流程认罪认罚要小,但作为法定量刑情节当事人有权予以知悉。《刑事诉讼法》第 198 条第 1 款规定:"法庭审理过程中,对与定罪、量刑有关的事实、证据都应当进行调查、辩论。"本案中,检察机关没有主动提出适用认罪认罚从宽,但法院根据庭审查明的事实以及被告人的当庭表现,主动适用了《刑事诉讼法》第 15 条。遗憾的是,法庭并未提前通知控辩双方,变相剥夺了控辩双方围绕这一量刑事实展开辩论的权利。如果法庭提前告知控辩双方这一点,不仅可以消除双方的不满,实现庭审程序的公开、透明,还可以进一步提高量刑的精准性,防止从宽幅度失之偏颇。

第二,审判阶段的认罪认罚案件应当充分保障控辩双方的辩论权。作为重要的实体问题,当事人往往对案件的量刑问题格外关注。尽管从形式上看,适用认罪认罚从宽是有利于被告方的,但被告方完全有可能就量刑建议提出不同意见,以争取更大的从宽处理幅度。因此,法庭需要引导控辩双方就"是否从宽""如何从宽"等问题展开辩论,以倾听和吸收不同的意见。在最终的裁判文书上,法庭还应当主动回应未采纳的意见,以实现量刑心证的公开。裁判者应当清醒地认识到,庭审不仅是一场实体问题处理活动,更多的是一次通过吸收各方意见来保证裁判合理性的活动。程序上的疏漏并非无足轻重,不合理、不透明的庭审程序不仅会降低裁判的可接受性,也会极大增加裁判结果本身错误的可能。

第三,审判阶段的认罪认罚案件应当充分保障控辩双方的合理预期。相比审前阶段,控辩双方可以通过量刑协商、签署认罪认罚具结书,最后提出精准型量刑建议来保证双方对量刑的预期。但在审判阶段,尤其是在不延期审理的情况下,重新签署认罪认罚具结书并提出量刑建议变得不切实际。此时,如何保障控辩双方对量刑的预期变得十分重要,如若操作不当,很容易引起控辩双方的不满,从而引发上诉和抗诉。笔者认为,法庭无须作出具体的承诺,但可以在组织辩论时作适当地引导和释明,在特定情况下,可以直接向控辩双方征求意见,如此控辩双方才能围绕本案的争议点展开有效辩论。

■ **扩展思考** | 正视辩审协商制度的构建

上述结论是在我国现行《刑事诉讼法》框架下得出的结果,要想进一步完善审判阶段的认罪认罚从宽制度,就必须构建审判阶段的量刑协商制度,这就不得不提及"辩审协商"。

在德国,辩审协商作为一种特有的现象已存在多年。德国刑事协商可以分为控辩协商和辩审协商,当案件进入审判阶段以后,刑事协商主要表现为辩审协商,检察官的参与可有可无。协商通常在庭上公开进行,参与方无须达成一个确定的协议,但法官需要告知辩护方自愿认罪后可能判处的最高刑和最低刑,并将协商的具体过程记录在判决中。[1] 实践中,德国的法官是协商程序中最为积极、最为核心的角色,他会主动向辩护律师暗示他有进行交易的意向,因为只有法官能确保量刑承诺的最终兑现。[2]

我国司法实践中也存在广泛的辩审协商现象。辩审协商根据内容可以分为认罪协商、量刑协商和程序协商三种类型。认罪协商通常的表现形式是:法官劝导、引诱甚至胁迫被告人认罪,承诺如果被告人认罪将对其从轻处罚,在被告人认罪后,法官通常也能如实履行承诺。认罪协商之所以产生,很大的一个因素是被告人在审判阶段的翻供和律师的无罪辩护。量刑协商通常的表现形式是:辩护方通过认罪认罚、预交罚金、达成和解等方式来换取合议庭对其从轻量刑。[3] 认罪协商、量刑协商、程序协商可以同时出现,并以量刑作为协商的重点。

2018年认罪认罚从宽制度写入《刑事诉讼法》后,辩审协商在实践中得到进一步的发展,一些法院在发现检察机关的量刑建议明显不当后,通过直接与被告人协商来调整量刑。[4] 尽管有学者担忧法官直接与辩护方协商会引发协商地位的不平等,弱化对认罪认罚案件的审查,[5] 但实践中辩审协商的广泛存在也是不争的事实。相比控辩协商对平等性的依赖,辩审协商更注重通过裁判者的中立性和客观性来实现协商正义。[6] 法官和辩护方直接就量刑问题进行协商,不仅可以最大限度保障辩护方的量刑预期,也可以提高庭审效率,避免了无意义的休庭,此外也有利于强化法官对认罪认罚的司法审查。

---

[1] 参见黄河:《德国刑事诉讼中协商制度浅析》,载《环球法律评论》2010年第1期;李昌盛:《德国刑事协商制度研究》,载《现代法学》2011年第6期。

[2] 参见魏晓娜:《辩诉交易:对抗制的"特洛伊木马"?》,载《比较法研究》2011年第2期。

[3] 参见孙长永、王彪:《刑事诉讼中的"审辩交易"现象研究》,载《现代法学》2013年第1期。

[4] 参见湖南省长沙市中级人民法院(2018)湘01刑终142号刑事判决书。

[5] 参见董坤:《审判阶段适用认罪认罚从宽制度相关问题研究》,载《苏州大学学报(哲学社会科学版)》2020年第3期。

[6] 参见蔡元培:《从控辩协商走向辩审协商:我国认罪协商制度之反思》,载《大连理工大学学报(社会科学版)》2019年第2期。

053 认罪认罚案件不起诉的逻辑与适用

肖某等三人故意伤害案

史立梅 北京师范大学

■ 案情概要*

2018年9月12日0时许,肖某、袁某和王某等人在四川省眉山市青神县某KTV A03包间喝酒。被害人林某前往A03包间向肖某等人敬酒,林某因杯子被摔碎对肖某等人不满并扬言殴打肖某等人。王某前往A11包间向林某道歉,林某语言辱骂王某并将啤酒瓶和酒杯摔在地上。其间,肖某微信邀约江某前往A03包间帮忙。在王某返回后,林某来到A03包间无故辱骂江某并欲殴打肖某等人,后江某挥拳打向林某面部,肖某、袁某一同上前殴打林某。经鉴定,被害人林某的损伤程度为轻伤二级。2018年11月1日,袁某主动投案并如实供述犯罪事实。同年11月28日,肖某、江某主动投案并如实供述犯罪事实。

本案由青神县公安局侦查终结,以肖某、袁某、江某涉嫌故意伤害罪,于2019年3月11日向青神县人民检察院移送审查起诉。同年3月12日,检察机关依法告知肖某、袁某、江某享有的诉讼权利及认罪认罚从宽制度的相关法律规定。检察机关于同年3月21日、3月22日分别对肖某、袁某、江某进行了讯问,均表示自愿认罪认罚,并希望从宽处罚。为充分保障被害方诉讼参与权,检察机关主动联系被害人林某,向其阐述对犯罪嫌疑人适用认罪认罚从宽制度可能产生的法律后果。林某承认自己有错在先,表示愿意谅解。在检察机关促成下,肖某、袁某、江某与林某达成和解协议,赔偿损失共计20000元,得到林某谅解。检察机关经审查认为,肖某、袁某、江某犯罪情节轻微,具有自首、认罪认罚、初犯、赔偿谅解等法定和酌定量刑情节。同时,林某无故挑衅对纠纷发生有一定过错。肖某、袁某、江某的行为,符合刑法规定的不需要判处刑罚或者免除刑罚的情形,检察机关依据刑事诉讼法相关规定拟对肖某、袁某、江某作出不起诉决定。2019年4月10日,检察机关召开拟不起诉案件公开审查听证会,参加听证人员一致同意检察机关作出不起诉决定。肖某、袁某、江某在值班律师见证下,签署了《认罪认罚具结书》。同日,检察机关依法对肖某、袁某、江某作出不起诉决定。

---

* 参见四川省人民检察院适用认罪认罚从宽制度典型案例第9号。

▰ 法律分析

> **争议焦点**
>
> 在认罪认罚案件中适用相对不起诉,如何理解"依照刑法规定不需要判处刑罚或者免除处罚"?如何衔接认罪认罚从宽制度与刑事和解制度?

本案是一起检察机关落实少捕慎诉慎押司法理念,对犯罪嫌疑人认罪认罚案件依法做不起诉处理的案件。检察机关在办理案件的过程中,除了严格依照法律规定,还充分把握了认罪认罚从宽制度的多元价值追求,在公正、效率与化解社会矛盾方面均取得良好效果。本案于2021年1月6日被四川省人民检察院评选为适用认罪认罚从宽制度典型案例之一。

▱ 认罪认罚案件不起诉的适用条件

我国刑事诉讼法并没有规定认罪认罚不起诉这种不起诉类型,认罪认罚案件若做不起诉处理,需适用《刑事诉讼法》第177条第2款的规定,即犯罪情节轻微,依照刑法规定不需要判处刑罚或者免除刑罚的,人民检察院可以作出不起诉决定。理论上和实践中称这种不起诉为相对不起诉或酌定不起诉,以和第177条第1款的法定不起诉以及第175条规定的证据不足不起诉相区分。相对不起诉制度是起诉便宜主义原则的体现,赋予了检察机关对轻微刑事案件的起诉裁量权。

根据法律的规定,相对不起诉适用的条件包括以下三个方面:一是案件事实已经查清,犯罪嫌疑人的行为已经构成犯罪。这是相对不起诉区别于法定不起诉和证据不足不起诉的本质之处。二是犯罪嫌疑人涉嫌实施的犯罪情节轻微。这里的犯罪情节既包括定罪情节也包括量刑情节,既包括影响责任刑的情节,也包括影响预防刑的情节。三是犯罪嫌疑人依照《刑法》规定不需要判处刑罚或者免除刑罚。对这一条件中的"依照刑法规定"究竟是指刑法中的哪条或者哪些规定,学界并没有形成统一的认识,有学者认为其仅限于《刑法》规定的17种免予刑罚处罚的情节;[1] 也有学者认为其指的是《刑法》第37条的规定,即"对于犯罪情节轻微不需要判处刑罚的,可以免予刑罚处罚"。[2] 而对于《刑法》第37条是否属于独立的免刑事由,刑法学界也存在较大分歧:有学者认为第37条不是独立的免除刑罚事由,只是其他具体的免除处罚情节的概括性规定,[3] 但刑法理论上的通说认为第37条是独立的免刑事由,是关于酌定免刑情节的规定。[4] 如此一来,对于相对不起诉的适用条件就存在以下两种不同的理解:一是犯罪情节轻微且至少具有《刑法》规定的17种法定免刑情节之一;二是犯罪情节轻微并至少具有刑法规定的17种法定免刑情节之一;或者犯罪情节轻微,不需要判处刑罚。

---

[1] 参见宋英辉主编:《刑事诉讼法学》(第6版),中国人民大学出版社2019年版,第320页。
[2] 参见郭烁:《酌定不起诉制度的再考察》,载《中国法学》2018年第3期。
[3] 参见张明楷:《刑法学》(第6版上),法律出版社2021年版,第813~814页。
[4] 参见王爱立主编:《中华人民共和国刑法条文说明、立法理由及相关规定》,北京大学出版社2021年版,第99页。

第二种观点更具合理性,如果将酌定不起诉的适用情形仅限于刑法规定的具体免刑事由,其不仅极大限制了检察机关的起诉裁量权,而且会导致实践中大量简单轻微刑事案件因不具有法定免刑事由而无法获得出罪的机会,这有违宽严相济和少捕慎诉慎押刑事政策的要求。

认罪认罚从宽制度与刑事和解制度的衔接

《认罪认罚从宽指导意见》首次将"化解社会矛盾"作为认罪认罚从宽制度的价值目标,丰富了该制度的内涵,并使其与刑事和解制度相衔接。[5]

刑事和解又称当事人和解的公诉案件诉讼程序,是《刑事诉讼法》(2012年)修改新增加的特别程序之一。根据《刑事诉讼法》第288条和第290条的规定,对于符合法定范围内的公诉案件,犯罪嫌疑人、被告人真诚悔罪,通过向被害人赔偿损失、赔礼道歉等方式获得被害人谅解,被害人自愿和解的,双方当事人可以和解。对于达成和解协议的案件,公安司法机关可以予以从宽处罚。刑事和解制度立足于双方当事人之间的矛盾化解和关系修复,有利于弥补传统刑事司法之不足。自《刑事诉讼法》规定认罪认罚从宽制度以后,其与刑事和解制度之间的关系就引起了广泛关注和争议。有学者在理论上将刑事和解界定为"私力合作模式",将认罪认罚从宽制度界定为"公力合作模式",[6] 但这两种合作模式之间是何关系法律上并没有予以明确。直到《认罪认罚从宽指导意见》出台,二者之间的关系得到一定程度的理顺:一方面,两种制度均是宽严相济刑事政策的产物,因此均有方向上的一致性;另一方面,认罪认罚从宽制度将化解社会矛盾作为重要的价值目标,但仅依靠控诉方和被追诉人之间的公力合作是无法实现这一目标的,因此其必然内在包含着刑事和解这一私力合作因素。

为体现认罪认罚从宽制度在化解社会矛盾方面的价值,《认罪认罚从宽指导意见》将"认罚"的概念界定为犯罪嫌疑人、被告人真诚悔罪,自愿接受处罚,并且规定认罚的考察重点在于犯罪嫌疑人、被告人的悔罪态度和悔罪表现,公安司法机关应当结合退赃退赔、赔偿损失、赔礼道歉等因素来考量。与此相呼应,2021年《关于常见犯罪的量刑指导意见(试行)》中对被告人认罪认罚并具有退赃退赔、积极赔偿被害人损失并取得谅解、达成和解协议等情节规定了较大的量刑从宽幅度(可以减少基准刑60%以下),对于犯罪情节轻微的,规定可以减少基准刑60%以上或者依法免除处罚。由此,嵌套于认罪认罚从宽制度中的刑事和解可以最大限度地发挥对量刑的影响作用。

在本案中,检察机关在三名犯罪嫌疑人自愿认罪认罚的基础上,主动联系被害人林某告知其犯罪嫌疑人适用认罪认罚制度可能产生的法律后果,并在林某表示谅解的情况下,积极促成双方当事人达成和解协议。这一过程充分体现了刑事和解和认罪认罚从宽制度在实体和程序上的双重叠加所达到的最佳效果:从实体上来看,犯罪嫌疑人得到了最优惠

---

[5] 参见史立梅:《认罪认罚从宽制度中的修复性逻辑之证成》,载《法学杂志》2021年第3期。
[6] 参见陈瑞华:《刑事诉讼的公力合作模式——量刑协商制度在中国的兴起》,载《法学论坛》2019年第4期。

的从宽待遇,获得了不起诉的处理;从程序上来看,和解过程不仅充分尊重了双方当事人的意愿,而且通过赔偿和谅解,有效化解了社会矛盾,修复了被犯罪行为所破坏的社会关系。

■ 理论阐释 | 承载多元价值的认罪认罚从宽制度

自党的十八届四中全会作出"完善刑事诉讼中认罪认罚从宽制度"这一重大改革部署之后,认罪认罚从宽制度先后经历了试点探索阶段、入法全面推行阶段以及制度逐步细化阶段,如今该制度在实践中的适用率已超过 90%。在这个过程中,认罪认罚从宽制度从最初设定的"繁简分流、提升诉讼效率"的单一价值追求发展成为一个承载着多元价值目标的综合性制度体系。

认罪认罚从宽制度的公正价值包括实体公正和程序公正两方面:前者强调惩罚犯罪的准确性与及时性,公安司法机关由此而负有准确、及时查明案件事实真相的责任,不能因被追诉人认罪认罚而降低证明标准,以免造成错案、冤及无辜;后者强调对人权的司法保障,在合作式司法模式下,这种人权保障应着眼于被追诉人放弃对抗的自愿性、协商的平等性、诉讼结果的可获益性以及最低限度的程序参与性等方面。[7]

认罪认罚从宽制度的效率价值在于通过推动案件繁简分流来节约司法资源。这里的繁简分流既包括审判阶段的程序分流,也包括审前阶段的程序分流。审判阶段的程序分流体现为速裁程序、简易程序和普通程序的选择适用,审前阶段的程序分流则主要依靠不起诉制度来实现。《认罪认罚从宽指导意见》第 30 条明确提出要充分发挥不起诉的审前分流和过滤作用,逐步扩大相对不起诉在认罪认罚案件中的适用。近年来,随着我国犯罪结构的变化,轻微犯罪大幅度上升,少捕慎诉慎押从检察机关的办案理念发展成为一项基本刑事司法政策,从而为不起诉裁量权的扩展提供了较大空间。从实践角度来看,目前认罪认罚案件的繁简分流主要通过审判程序的选择来实现,认罪认罚案件不起诉的比例较低。[8] 无论从提高诉讼效率的角度,还是从贯彻少捕慎诉慎押司法政策的角度来看,不起诉都应当成为未来认罪认罚案件程序分流的主要方式。

认罪认罚从宽制度的修复价值主要体现在化解社会矛盾方面。公正高效的司法程序并不意味着犯罪行为所引发的社会矛盾必然能够得到化解。因为社会矛盾的化解有赖于矛盾各方的积极沟通、互动与参与,但以控辩关系为中心的司法程序难以为行为人与被害人或社会公众之间的矛盾化解留下相应空间,而且这样的司法程序越强调诉讼效率的提高,就越会挤压行为人与被害人、社会沟通的机会。《认罪认罚从宽指导意见》将化解社会矛盾纳入认罪认罚从宽制度的价值目标之内,从而使认罪认罚从宽制度具备了突破传统司法以控辩关系为核心的结构性障碍的契机。

---

[7] 参见陈瑞华:《论协商性的程序正义》,载《比较法研究》2021 年第 1 期。
[8] 根据 2021 年《中国法律年鉴》统计,2020 年认罪认罚案件不起诉的比例为 12.9%。

■ **扩展思考** | 认罪认罚案件不起诉的扩张适用

近年来我国认罪认罚案件不起诉的比例虽呈逐年上升趋势,但从轻罪在认罪认罚案件中所占比例来看,不起诉的总体适用率仍然偏低。这带来以下三方面的消极影响:第一,导致认罪认罚从宽制度的效率价值不能得到充分发挥;第二,导致轻刑犯的犯罪标签效应问题日益凸显;第三,短期自由刑的大量适用既难以发挥对犯罪人的特殊预防作用,也不利于社会矛盾的化解和社会关系的恢复。贯彻落实少捕慎诉慎押政策,实现对轻罪的有效治理,需要进一步扩张认罪认罚案件不起诉的适用。

一方面,对于轻微认罪认罚案件,从消极起诉便宜主义走向积极起诉便宜主义。消极与积极的起诉便宜主义虽然都主张赋予检察机关不起诉裁量权,但所遵循的思维逻辑正相反:消极起诉便宜主义是指检察机关原则上奉行起诉法定主义,对于事实和证据不存在疑问的轻微案件优先考虑提起公诉,只有在法律规定的特殊情形下才会对案件做不起诉处理;积极的起诉便宜主义则指检察机关对于事实和证据不存在疑问的轻微案件原则上做不起诉处理,只有在起诉确有必要的情形下才会对案件提起公诉。我国目前的轻罪不起诉制度与实践具有鲜明的消极起诉便宜主义特征。但是少捕慎诉慎押政策中的"慎诉"显然与积极起诉便宜主义相对应,其要求检察机关在办理轻微刑事案件时慎重行使起诉权,对于可诉可不诉的案件原则上做不起诉处理。因此贯彻落实这一司法政策,必然要求检察机关转变司法理念,从消极的起诉便宜主义走向积极的起诉便宜主义。

另一方面,完善认罪认罚案件不起诉的类型,增设认罪认罚案件附条件不起诉制度。目前我国认罪认罚案件可适用的不起诉类型以相对不起诉为主,检察机关只能在起诉和直接不起诉之间进行选择,这容易导致过度追诉或者放纵犯罪两个极端。实践中存在大量无直接被害人的轻微犯罪,比如以醉驾为代表的法定犯,如果仅以被追诉人认罪认罚作为不起诉的理由,很容易使办案机关受到放纵犯罪的指摘,这导致了部分检察机关针对此类案件极少作出不起诉处理。[9] 为解决这一问题,实践中出现了通过让被追诉人参加社会公益服务,视其表现决定是否适用不起诉的探索。[10] 虽然受制于合法性原则的约束,此类探索通常都在相对不起诉的制度框架内进行,但从本质上来看其更接近于附条件不起诉。为发挥认罪认罚从宽制度的修复价值,实现对被追诉人的特殊预防,我国立法宜在起诉和直接不起诉之间设置缓冲地带,即将附条件不起诉扩大适用于普通刑事案件,允许检察机关通过采取非刑罚的修复、矫正措施,化解当事人之间的矛盾,重塑被追诉人的规范意识,并在考察这些措施实施效果的基础上决定是否对案件做不起诉处理。

9 　如北京地区检察机关 2019~2021 年办理的认罪认罚案件中,危险驾驶罪占比达到 21.3%,但是适用相对不起诉的比例仅为 1.4%。参见刘惠等:《认罪认罚案件常见罪名相对不起诉的适用标准》,载《中国检察官》2022 年第 8 期。
10 　参见浙江省瑞安市人民检察院课题组:《醉驾附条件相对不起诉之探讨——以"瑞安模式"为蓝本的分析》,载《犯罪研究》2020 年第 6 期。

054 认罪认罚从宽制度中被告人上诉的跟进式抗诉

琚某忠盗窃案

王禄生 东南大学

■ 案情概要[*]

2017年11月16日下午,被追诉人琚某忠以爬窗入室的方式,潜入浙江省杭州市下城区某小区502室,盗取被害人张某、阮某某贵金属制品9件(共计价值人民币28213元)、现金人民币400余元、港币600余元。案发后公安机关追回上述9件贵金属制品,并已发还被害人。

审查起诉期间,检察机关依法告知被追诉人琚某忠诉讼权利义务、认罪认罚的具体规定,向琚某忠核实案件事实和证据,并出示监控录像等证据后,之前认罪态度反复的被追诉人琚某忠表示愿意认罪认罚。经与值班律师沟通、听取意见,并在值班律师见证下,检察官向琚某忠详细说明本案量刑情节和量刑依据,提出有期徒刑2年3个月,并处罚金人民币3000元的量刑建议,琚某忠表示认可和接受,自愿签署《认罪认罚具结书》。2018年3月6日,杭州市下城区人民检察院以被追诉人琚某忠犯盗窃罪提起公诉。杭州市下城区人民法院适用刑事速裁程序审理该案,判决采纳检察机关指控的罪名和量刑建议。

2018年3月19日,琚某忠以量刑过重为由提出上诉,下城区人民检察院提出抗诉。杭州市中级人民法院认为,被追诉人琚某忠不服原判量刑提出上诉,导致原审适用认罪认罚从宽制度的基础已不存在,为保障案件公正审判,裁定撤销原判,发回重审。下城区人民法院经重新审理,维持原判认定的被追诉人琚某忠犯盗窃罪的事实和定性,改判琚某忠有期徒刑2年9个月,并处罚金人民币3000元。判决后,琚某忠未上诉。

■ 法律分析

争议焦点

认罪认罚从宽案件中,一审法院已按照检察机关的量刑建议对被告人从宽处罚,被告人能否仅以量刑过重反悔上诉启动二审程序?针对被告人的反悔上诉,检察机关能否提起跟进型抗诉?

□ 不应限制认罪认罚从宽制度中被告人的上诉权

上诉权是被告人的基本程序性救济权利,我国《刑事诉讼法》第227条即对"权利型上

---

[*] 参见最高人民检察院第二十二批指导性案例(检例第83号)。

诉模式"予以了明确规定,即只要被追诉人不服一审裁判,就有权提出上诉,对被告人的上诉,不得以任何借口加以剥夺。并且,我国上诉制度乃"无因上诉",即不需要上诉人阐明上诉理由,只需表达"不服一审判决"之意思,二审程序即告发动。在本案中,被告人以量刑过重为由提起上诉是其行使合法正当权利的行为,应被司法机关尊重。同时,也与《人民检察院适用认罪认罚从宽制度情况的报告》提出的"更好保障当事人权利。坚持提速不降低质量、从简不减损权利保障"相契合。在最高人民法院《刑事审判参考》发布的第1408号和第1412号参考案例要点中明确表明,认罪认罚案件中,被告人的上诉权应当得到尊重和保障。[1] 综上所述,根据现有的法律规范,不应限制本案中被告人的上诉权。

▣ 检察机关可以提起跟进型抗诉

所谓跟进型抗诉,是指在适用认罪认罚程序的案件中,检察机关为防止、惩罚无正当理由之被追诉人于具结达成之后通过上诉不当获利,有针对地对未生效裁判进行抗诉的诉讼活动。[2]《认罪认罚量刑建议指导意见》第39条为地方检察机关采用跟进式抗诉权,约束认罪认罚的被告人依法行使上诉权提供了明确的规范依据。该条文规定,认罪认罚案件中,人民法院采纳人民检察院提出的量刑建议作出判决、裁定,被告人仅以量刑过重为由提出上诉,因被告人反悔不再认罪认罚致从宽量刑明显不当的,人民检察院应当依法提出抗诉。

此外,上诉行为系被告人以行为的方式表明其不再自愿认罪认罚,故而基于认罪认罚作出的原一审判决便量刑畸轻,符合《刑事诉讼法》第228条规定的"认为本级人民法院第一审的判决、裁定确有错误"标准,检察机关可以据此提起抗诉。[3] 还有一些省市在认罪认罚从宽规范性文件中明确规定检察机关有权针对被告人的上诉提起抗诉。例如,大连市中级人民法院和大连市人民检察院联合制定的《刑事案件认罪认罚从宽制度试点工作实施办法(试行)》第29条规定,原审依照认罪认罚从宽制度办理的案件,被告人不服判决提出上诉的,因被告人不再符合认罪认罚条件,原公诉机关可提起抗诉。因此,在本案中,检察机关提起跟进型抗诉行为符合法律规定。

---

1 参见龚琰:《段红安妨害公务案(指导案例第1408号)》,载最高人民法院刑事审判第一、二、三、四、五庭编:《刑事审判参考》(总第127辑),人民法院出版社2021年版,第21~25页;魏彤:《杨灏然贩卖毒品案(指导案例第1412号)》,载最高人民法院刑事审判第一、二、三、四、五庭编:《刑事审判参考》(总第127辑),人民法院出版社2021年版,第40~43页。
2 也有学者称为"技术性抗诉"。参见肖沛权:《认罪认罚案件上诉问题探讨》,载《政法论坛》2021年第2期。
3 也有观点对此持反对意见,其认为被告人上诉不属于前述法律规范中的法定抗诉情形,并且,通过对《认罪认罚量刑建议指导意见》中对"认罪""认罚""从宽"内涵界定来看,其并不要求被告人必须接受最终裁判结果,以及对被告人若上诉就等同于不再认罚等问题课以过多要求。参见郭烁:《二审上诉问题重述:以认罪认罚案件为例》,载《中国法学》2020年第3期。

■ **理论阐释** | 认罪认罚案件中被告人的上诉权与跟进型抗诉的合法性之争

□ **认罪认罚从宽案件中被告人上诉权的存废之争**

基于我国"宜粗不宜细"的立法传统,2018年修改《刑事诉讼法》时并未特殊规定认罪认罚案件中被告人的上诉权问题。但由于被告人认罪认罚后又上诉,有违背诚实信用原则和"禁止反言"精神之嫌,同时与认罪认罚从宽制度中提高诉讼效率的初衷相背离,因此理论界和实务界对于认罪认罚从宽制度中被告人是否享有上诉权存在不同观点。例如,持"肯定说"的学者认为上诉权是被告人的一项基本权利,不能剥夺或限制。[4] 而持"否定说"的学者基于诉讼效率等观点,认为适用认罪认罚从宽制度办理的案件,被告人不得上诉。[5]

而对于"限制说"的"限制"标准,学界存在不同观点。有观点主张从适用程序出发对上诉权予以限制,例如,在普通程序、简易程序中,沿用目前的权利型上诉,在速裁程序中,适用上诉许可制和裁量型上诉。也有学者主张对于适用速裁程序的认罪认罚从宽案件改为一审终审。[6] 有学者则主张以诉讼阶段予以区分,即在法院判决前,被告人均可反悔,但对于不履行认罚内容或者无正当理由上诉的,检察机关原则上应当提起抗诉。[7] 有学者认为应当结合案件类型、审判机关等级等因素构建多元化的上诉结构。[8]

笔者认为,现阶段如依照"限制说"对被告人的上诉权进行严格限制存在一定困难,原因在于,其一,被追诉人的有效法律帮助权尚难以充分保障。虽然《关于开展刑事案件律师辩护全覆盖试点工作的办法》第2条扩大了审判阶段法律援助辩护的适用范围,但对于适用速裁程序和简易程序审判的案件,没有辩护人的被告人则只能获得值班律师的有限法律帮助。而根据《刑事诉讼法》第36条的规定,值班律师并不具有辩护人的地位,也不享有单独会见犯罪嫌疑人等诉讼权利。对认罪认罚被告人上诉权的严格限制应以被告人获得有效的法律帮助为前提,而在当前控辩双方资讯获取能力和诉讼能力均不对等的情况下,限制被告人的上诉权将导致被告人有沦为诉讼客体的危险。其二,被告人认罪认罚的自愿性、真实性、合法性尚难以获得有效保障。一方面,由于我国审前程序的封闭性和司法审查机制的缺失,在实践层面上,"任何人不得被强迫证实自己有罪"尚难以成为被追诉人的基本诉讼权利。另一方面,由于检察机关难以明确且完整地告知被告人认罪认罚相应的法律

---

[4] 参见朱孝清:《认罚认罪从宽制度中的几个理论问题》,载《法学杂志》2017年第9期;最高人民法院刑一庭课题组:《关于刑事案件速裁程序试点若干问题的思考》,载《法律适用》2016年第4期;张微等:《认罪认罚从宽案件上诉权的限定问题》,载《人民法院报》2018年7月19日,第7版。

[5] 参见赵树坤、徐艳霞:《认罪认罚从宽制中的"技术性上诉"》,载《中国社会科学报》2018年7月11日,第5版。

[6] 参见陈卫东:《认罪认罚从宽制度研究》,载《中国法学》2016年第2期;汪建成:《以效率为价值导向的刑事速裁程序论纲》,载《政法论坛》2016年第1期;丁国锋:《刑事速裁一审终审呼声渐高》,载《法制日报》2015年11月2日,第5版;等等。

[7] 参见苗生明:《认罪认罚后反悔的评价与处理》,载《检察日报》2020年2月20日,第3版。

[8] 参见牟绿叶:《我国刑事上诉制度多元化的建构路径——以认罪认罚案件为切入点》,载《法学研究》2020年第2期。

后果,由此将导致被告人认罪认罚的自愿性、真实性、合法性大打折扣。[9] 其三,二审具有发挥纠错功能的实效。有实证数据表明,在适用认罪认罚从宽制度的325份裁判文书中,一审适用速裁程序的案件二审改判率约为11.3%,而我国以往刑事普通案件的二审改判率为11.68%,[10]两者改判比率相当,由此可见,认罪认罚案件的二审程序有其存在之必要,其对于保障被告人权利,保障检察机关的法律监督权具有重要意义。[11]

认罪认罚案件中跟进型抗诉的合法性之争

对于检察机关能否提起跟进型抗诉,存在"肯定说"和"否定说"两种对立观点。

1. 肯定说

该观点认为检察机关有权提起抗诉以应对上诉,从而规避上诉不加刑原则的适用,达到二审法院加重被告人刑罚的目的,具体又可细化为两种类型:一是整体肯定论。即不区分被告人提起上诉的原因,认为检察机关有权针对上诉提起抗诉。二是局部肯定论。该观点区分被告人上诉原因,检察机关仅有权对于被告人提起的"投机型上诉"和"留所服刑型上诉"提起抗诉。

"肯定说"虽然一定程度上可以遏制被告人的"恶意上诉"行为,但是难逃于法无据的诘问,有学者认为跟进型抗诉无非是为"上诉加刑"多披上了一条看似"合法"的外衣,实则与抗诉权法定性相背离。同时还应认识到,"投机型上诉"和"留所服刑型上诉"是制度运行中可容忍的内耗成本。[12] 原因在于,一方面,前述行为并非认罪认罚从宽制度的独有内耗成本。就"投机型上诉"而言,所有上诉行为都可能实现该目的。就"留所服刑型上诉"而言,被告人可通过寻求管辖权异议、回避等制度实现其目的,并非一定要通过上诉方能实现。另一方面,"恶意上诉"在认罪认罚案件中所占比率不高,能为刑事司法系统所克服。2021年认罪认罚从宽制度适用率超85%,一审服判率96.5%,[13]工作量可控。

2. 否定说

该观点认为检察机关不能仅因被告人上诉就提起抗诉。[14] 原因在于,第一,认罪认罚具结书同时也约束检察机关,检察机关同样不能"违约"提起抗诉。[15] 第二,检察机关提起跟进型抗诉不仅剥夺了被告人的上诉权,而且损坏了二审程序的纠错功能,容易造成冤假错

---

9 参见孙长永:《比较法视野下认罪认罚案件被告人的上诉权》,载《比较法研究》2019年第3期。
10 参见法纳君:《认罪认罚案件大数据报告》,载法纳刑辩2018年8月9日,https://mp.weixin.qq.com/s/WopV2USy_z_9QTe-o-aNUw。
11 参见谢小剑、李尧君:《认罪认罚从宽的二审程序:废除、限制不如简化》,载《学术交流》2020年第3期。
12 参见郭烁:《二审上诉问题重述:以认罪认罚案件为例》,载《中国法学》2020年第3期。
13 参见张军:《2021年最高人民检察院工作报告》,载新华网2022年3月15日,http://www.news.cn/politics/2022lh/2022-03/15/c_1128472592.htm。
14 参见沈亮:《凝聚共识 推进认罪认罚从宽制度深入有效实施》,载《人民法院报》2021年7月22日,第5版。
15 参见王洋:《认罪认罚从宽案件上诉问题研究》,载《中国政法大学学报》2019年第2期。

案。[16] 第三,检察机关跟进型抗诉并非针对的是法院错误判决,而是被告人的不诚信,属于报复性抗诉。[17] 反对观点则认为悔罪态度虽然具有动态性、可变性,但同时亦有连续性、过程性,被告人是否存在"投机型上诉"和"留所服刑型上诉",不仅可以表现在一审判决前,也有可能反映于一审判决之后。因此,反对以事后行为反推当时心态的观点是存在错误的。此外,认罪认罚案件上诉后的抗诉也有可能符合抗诉条件,在此情形下提起抗诉系检察机关的基本职责。[18]

■ **扩展思考** | 解决认罪认罚从宽制度中上诉权和抗诉权对抗的结构性矛盾

认罪认罚从宽制度中上诉权和抗诉权对抗的根源在于,作为子系统的认罪认罚从宽制度与作为母系统的刑事诉讼制度之间存在内在的结构性矛盾。[19] 为缓解此种诉辩冲突,除应从立法层面明确上诉权和抗诉权行使界限外,还应当推动相关配套制度的完善。

具言之,一是保障被追诉人的知情权。细化证据开示制度的主体、条件、范围、期限、程序以及救济途径,使被追诉人明知、明智、自愿、真实、合法地认罪认罚,从内驱动力层面消除"投机型上诉"和"留所服刑型上诉"行为发生的可能性。二是完善值班律师制度。应当赋予值班律师以辩护人地位,使其享有阅卷权、会见权以及一定程度的调查取证权,将其援助期间延伸至一审庭审结束后,发挥委托律师与值班律师对认罪认罚从宽制度的释法说理,告知被追诉人上诉后可能面临期待落空甚至是"抗诉加刑"的可能。三是完善留所服刑的相关法律规范体系,应对"在被交付执行刑罚前,剩余刑期在3个月以下的,由看守所代为执行"的条款予以针对性修改,设置更为合理的留所服刑的刑期标准,减少被告人"留所服刑型上诉"现象的发生。四是规范控辩协商程序。要重视量刑规范化建设,设置合理的量刑从宽规则,为检察机关提出量刑建议提供法定依据。例如,可根据被追诉人选择适用认罪认罚从宽制度的时机,将认罪认罚案件的量刑减让调节基准刑幅度区分为10%以下、20%以下和30%以下三个维度,同时适当区分认罪、认罚产生的效果及其收益差异。[20]

---

16 参见连洋、马明亮、王佳:《认罪认罚从宽案件中抗诉的冲突与规制——以全国104件认罪认罚抗诉案件为分析对象》,载《法律适用》2020年第14期。
17 参见徐曼俊、施李艳:《认罪认罚案件上诉、抗诉问题研究》,载《上海公安学院学报》2020年第3期。
18 参见闫召华:《认罪认罚后"反悔"的保障与规制》,载《中国刑事法杂志》2021年第4期。
19 参见魏晓娜:《认罪认罚从宽制度中的诉辩关系》,载《中国刑事法杂志》2021年第6期。
20 参见周新:《论从宽的幅度》,载《法学杂志》2018年第1期。

055　认罪认罚案件坚持律师独立辩护｜法院恪守实质审查

王某非法经营案

王迎龙　中国政法大学

■ 案情概要*

安徽省滁州市全椒县人民检察院起诉书指控：犯罪嫌疑人王某从犯罪嫌疑人曹某、李某（另案处理）及烟草零售户左某、刘某等人处购买大量卷烟，于2020年1月7日凌晨驾车从河南省虞城县到全椒县以每条香烟加价10元的价格售卖给张某，在全椒县襄河镇徐塘桥工业园内被全椒县烟草专卖局现场查获，其中有芙蓉王、黄金叶、中华等共计811条卷烟，经安徽省烟草专卖局认证涉案卷烟价值508081.6元。以上卷烟经安徽省烟草质量监督检测站抽样检测均为真品卷烟。另查明王某于2019年7、8月曾多次贩卖各种品牌卷烟共计1000多条给张某，价值50多万元，非法获利1万多元。犯罪嫌疑人曹某，于2019年11月至2020年1月从河南省虞城县的多个烟酒超市内收购各类品牌卷烟500多条，卷烟价值13万余元，加价出售给王某，从中获利3000余元。

检察机关认为，王某因违反国家烟草经营许可制度而涉嫌非法经营罪，遂向全椒县人民法院提起公诉。王某在审查起诉阶段认罪认罚，辩护律师作罪轻辩护。

本案由全椒县人民法院于2020年6月23日作出（2020）皖1124刑初×号一审刑事判决，认定被告人王某犯非法经营罪，判处有期徒刑5年并处罚金2万元，退还违法所得1万元。王某以量刑畸重为由提出上诉。二审期间，上诉人仍坚持认罪认罚，但更换了辩护律师，进行无罪辩护：被告人经营的烟草均来自合法生产厂家，其生产、批发环节已经纳税，烟草流入专卖企业以外的市场后销售者仍然需要纳税，几乎不会对国家税收和市场价格造成损害，社会危害性特征难以体现，一审判决也未论证其严重的社会危害性。因此，上诉人行为并不符合《刑法》第225条规定的"扰乱市场秩序，情节严重的"之非法经营罪犯罪客观要件。

滁州市中级人民法院于2021年12月30日作出（2021）皖11刑终×号刑事裁定，认为：原判认定部分事实不清、证据不足；裁定撤销原判、发回重审。重审期间，检察机关以案件证据不足提请撤回起诉。全椒县人民法院裁定准许。后检察机关决定对王某不起诉。

---

* 参见《被告人王×非法经营案无罪辩护案例》，载安徽法律服务网，http://ah.12348.gov.cn/law/caseBase/caseDetails? id = e65ee0653e0911ec999afa163ebf5340。

法律分析

争议焦点

本案诉讼程序的焦点问题可归纳为三个方面：一是被追诉人认罪认罚，辩护律师是否可以进行无罪辩护？二是被追诉人认罪认罚，辩护律师如果提出无罪辩护，是否表明被追诉人放弃认罪认罚？三是被追诉人认罪认罚，辩护律师亦做有罪辩护，法院是否需要进行实质审查？

认罪认罚案件中律师独立辩护问题

辩护律师履行的辩护职能是控、辩、审三大职能中的一极，对被追诉人的重要性不言而喻。为了保障律师辩护权利，《刑事诉讼法》第37条规定，"辩护人的责任是根据事实和法律，提出犯罪嫌疑人、被告人无罪、罪轻或者减轻、免除其刑事责任的材料和意见，维护犯罪嫌疑人、被告人的诉讼权利和其他合法权益"。此即律师独立辩护权的基本依据。另外，根据《律师办理刑事案件规范》第5条的规定，"律师担任辩护人，应当依法独立履行辩护职责"。辩护律师的辩护权利由法律明确授予，原则上不受制于犯罪嫌疑人、被告人的意志。

这是因为，辩护律师不仅"应当维护当事人合法权益"，还应当"维护法律正确实施，维护社会公平和正义"。因此，辩护律师依据上述规定在认罪认罚案件中依然能够独立行使辩护权。基于专业独立的判断，律师若认为被追诉人具有不构成犯罪的情形，可以不拘于其意志进行无罪辩护。但认罪认罚案件具有一定的特殊性，被追诉人与辩护律师关于是否认罪认罚的意见，直接决定着案件在程序上是否从简，在实体上能否从宽。因此，在被追诉人认罪认罚的情况下，律师采取何种辩护策略必须慎重。

律师无罪辩护与被追诉人认罪认罚

在司法实践中，存在被追诉人认罪认罚而律师无罪辩护时，司法机关不再认可认罪认罚的情形，或者检察机关撤回量刑建议，或者法院通知检察院调整或不予采纳量刑建议。那么，辩护律师进行无罪辩护是否意味着被追诉人放弃认罪认罚？换言之，司法机关是否可以基于律师无罪辩护而不认可被追诉人的认罪认罚？答案是否定的。

辩护律师进行无罪辩护是基于法律赋予的独立辩护权，而被追诉人认罪认罚则是基于认罪悔罪的态度，两者之间并不冲突。根据《认罪认罚从宽指导意见》第6条对于"认罪"的把握，被追诉人只要承认指控的主要犯罪事实，仅对个别事实情节提出异议，或者虽然对行为性质提出辩解但表示接受司法机关认定意见的，不影响"认罪"的认定。辩护律师若从证据、罪名等法律适用问题提出无罪辩护意见，即使司法机关最终不接受，只要被追诉人坚持认罪认罚的，当然也不能影响其"认罪"。"若被告人系自愿认罪认罚并签署具结书，即使律师提出无罪或者罪轻的辩护意见，法庭经过审理认为检察机关指控罪名正确的，仍然应当依法适用认罪认罚从宽制度,按照审查起诉阶段即认罪认罚给予被告人从宽处罚。"[1]

▢ **认罪认罚案件的法院实质审查**

本案二审法院发回一审法院重新审理,而检察机关撤回起诉,意味着被告人实质上无罪。然而,本案一审中,在被告人认罪认罚,律师亦做有罪辩护的情形下,法院却作出有罪判决。这表明一审法院在实质审查方面确有疏漏。应当明确,虽然在认罪认罚从宽制度下,被追诉人与公诉人达成认罪认罚具结,但并不意味着认罪认罚一定正确,也不意味着免除了法院的实质审查义务。根据《刑事诉讼法》第 201 条,虽然在认罪认罚案件中,法院一般应当接受检察院指控的罪名和量刑建议,但如果存在被告人的行为不构成犯罪或者不应当追究其刑事责任、被告人违背意愿认罪认罚等情形的,法院可以不予接受。这说明,法院并非形式化地一味接受认罪认罚具结书的内容,而是要对案件的事实、证据以及被追诉人认罪认罚的自愿性等进行实质性审查,而非仅进行所谓的"确认式庭审"。若如此,在认罪认罚案件中,辩护律师亦尊重被追诉人意志选择有罪辩护,在缺少实质审查的情况下,很可能如本案一审法院作出错误判决。

■ 理论阐释 | 独立辩护权的理论基础及实施策略

我国律师独立辩护权的理论基础源于律师职业伦理的双重内容,即律师不仅履行忠诚义务,还需履行公益义务。《律师法》第 2 条规定:"本法所称律师,是指依法取得律师执业证书,接受委托或者指定,为当事人提供法律服务的执业人员。律师应当维护当事人合法权益,维护法律正确实施,维护社会公平和正义。"一方面,律师定位于为当事人提供法律服务的执业人员,明确了律师服务的主体为当事人而非国家与社会,因此律师应当以维护当事人合法利益为主要目标,即忠诚义务;另一方面,律师在维护当事人合法利益的同时,还必须承担一定的真实义务,保障公共利益的实现,维护社会的公平与正义,即公益义务。有学者将我国当前辩护律师职业伦理称之为"双中心理论",意指律师应当同时履行忠诚义务与公益义务,将当事人利益与公共利益并重,至少在立法层面没有高下之分。[2] 这种双中心理论在律师职业伦理中确立了两套体系,即辩护律师在刑事诉讼中既要维护委托人的利益,同时要维护国家和社会的利益。在兼顾忠诚义务和公益义务的背后,存在"委托人利益与国家和社会利益并重"的理念。因此,辩护律师在刑事诉讼中,可以按照自己的意志独立行使辩护权,而不必受当事人的意思约束。

具体到认罪认罚案件中,基于认罪认罚对于被追诉人的重要性,辩护律师在行使独立辩护权时应当慎之又慎。

---

[1] 陈国庆:《认罪认罚从宽制度若干争议问题解析(下)》,载最高人民检察院官网 2020 年 5 月 11 日,https://www.spp.gov.cn/spp/zdgz/202005/t20200511_460745.shtml。
[2] 参见陈瑞华:《辩护律师职业伦理的模式转型》,载《华东政法大学学报》2020 年第 3 期。

第一,应当维护当事人认罪认罚从宽的制度"红利"。认罪认罚从宽制度可以视为犯罪嫌疑人、被告人享有的一项制度"红利"。认罪认罚作为一项法定情节,不仅可以影响强制措施的适用,促进全案诉讼流程的简化,缩短相应的程序期限,还能够帮助犯罪嫌疑人、被告人在实体上获得刑罚减让。因此,辩护律师经过会见、阅卷后认为当事人构成犯罪的,应当积极履行法律帮助职责,为当事人细致讲解认罪认罚从宽制度相关规定,促使当事人自愿且明智地选择认罪认罚,以享受认罪认罚制度"红利"。

第二,应当保障认罪认罚从宽制度的有效运行。在认罪认罚从宽制度适用中,检察机关与被追诉人及其律师达成一致的定罪量刑意见,一定程度上反映了被追诉人对自己的犯罪行为认罪悔罪,并同意接受约定的惩罚的意思表示。所以,认罪认罚具结书的签署建立在控辩双方诉讼合意的基础之上,各诉讼参与主体理应对这种合意予以尊重。

第三,应当追求刑事司法的公平正义。犯罪嫌疑人、被告人认罪认罚,并不一定是出于自愿,存在无罪或者构成他罪的可能性。其中原因较为复杂,如存在事实或者法律上的认识错误,存在胁迫行为而导致屈从型"自愿"认罪,抑或是技术性(为摆脱逮捕羁押或者降低预期刑罚等)认罪认罚等。若存在这些情形,律师应当积极与当事人进行沟通、解释与协商,根据自己的专业判断提出与认罪认罚不同的辩护意见,以最大化地保障当事人合法利益,同时维护刑事司法的公平公正。当然,律师如此做应当充分告知当事人可能招致的不利后果,尽量与当事人一方达成一致意见。如果当事人坚持认罪认罚,辩护律师应有权独立提出辩护意见,但也应当建立在与当事人有效沟通的基础之上,律师退出辩护则是双方意见无法有效沟通与兼容的最后手段。

认罪认罚从宽制度使得辩护律师陷入一个两难困境:当事人选择认罪认罚,若律师坚持无罪或轻罪辩护,则有可能使其丧失从宽处遇,招致更为严苛的刑罚处罚;若律师选择附和认罪认罚,则有可能失去争取无罪或者轻罪的机会。也许,结合我国刑事司法目前极低的无罪率来看,配合当事人认罪认罚是律师一个最优的选择。但应当关注到,司法实践中即使是犯罪嫌疑人、被告人认罪的案件,其中也不乏一些是冤假错案。因此,在认罪认罚案件中如何行使独立辩护权,考验着辩护律师的职业伦理与综合素质。无论律师独立辩护权如何行使,应始终秉持一个基本原则即将维护当事人的合法利益置于首位,正如德肖维茨在《致年轻律师的信》中所言:在法律和道德允许的范围内全力以赴地为当事人争取合法利益,这正是辩护人职责之所在。

■ **扩展思考** | 防范基于认罪认罚的冤假错案

2021年,认罪认罚从宽制度的适用率已经达到85%以上,法院采纳检察机关量刑建议比例超过97%。[3] 97%的比例意味着,对于检察机关基于被追诉人认罪认罚提出指控与量

---

3 参见张军:《2021年最高人民检察院工作报告》,载最高人民检察院官网2022年3月15日,https://www.spp.gov.cn/spp/gzbg/202203/t20220315_549267.shtml。

刑建议,法院一般照单全收。在此背景下,本案在被追诉人认罪认罚的前提下,于二审阶段争取检察机关撤回起诉,为当事人争取无罪,殊为不易。

认罪认罚案件的法检之间过度合作,缺乏实质性制约,是一个值得关注的问题。在认罪认罚案件中,控审关系极易异变为合作有余而制约不足。同美国辩诉交易制度、德国认罪协商程序类似,我国认罪认罚从宽制度在效率价值的引导下控审之间具有天然的合作倾向。为了推进案件的快速处理,控审之间往往注重配合而忽视应有的制约。例如,美国司法实践中,法庭对辩诉交易的确认阶段,法官主要对辩诉协议的文本进行形式审查,并不围绕证据等事实问题进行实质性的法庭调查。[4] 甚至,法官还私下与当事人"暗通款曲",对被告人作出减轻刑罚的建议、提示或者总是对不认罪答辩而经法庭审理的被告人判处更重刑罚等,[5] 成为辩诉交易的"忠实合作伙伴"。在德国,经学者调研,有91.9%的法官承认,他们对口供真实性的审查手段仅是将口供与诉讼案卷进行比较,很少会进一步调查其他证据。[6] 许多法官公开承认其在大量协商案件中都规避法律的要求,如事先向被告人透露可能的量刑,并提供巨大的量刑"剪刀差"诱使被告人认罪,甚至会因迅速结案而受到表扬。[7]

这种现象导致的恶果是系统性地产生了协商性刑事司法错误,即基于被追诉人认罪的冤假错案。[8] 根据美国洗冤工程(Innocent Project)的数据显示,截至2022年1月,该工程收集了375件基于DNA检测的冤假错案,其中竟有25%的案件被告人作了有罪自白,并且有11%的案件被告人接受了辩诉交易。[9] 在我国司法实践中,已经发现诸多被追诉人认罪认罚,律师也作有罪辩护,但法院作出无罪判决的案例。那么,在量刑采纳率97%这个数字下,有多少系因法检之间缺乏实质制衡,法院仅形式化确认,而导致的事实上的冤假错案,我们不得而知。基于被追诉人的认罪认罚,一些冤假错案或许已经隐入尘烟。也正是在这个意义上,辩护律师基于独立辩护权提出不同于认罪认罚的辩护意见,不仅不能够压制,反而更应重视。

---

[4] 参见李本森:《我国刑事速裁程序研究——与美、德刑事案件快速审理程序之比较》,载《环球法律评论》2015年第2期。

[5] See Albert W. Alschuler, *The Trial Judge's Role in Plea Bargaining*, 76 Columbia Law Review 1059, 1077 – 1093 (1976).

[6] 转引自向燕:《我国认罪认罚从宽制度的两难困境及其破解》,载《法制与社会发展》2018年第4期。

[7] 参见高通:《德国刑事协商制度的新发展及其启示》,载《环球法律评论》2017年第3期。

[8] 参见王迎龙:《协商性刑事司法错误:问题、经验与应对》,载《政法论坛》2020年第5期。

[9] 参见美国洗冤工程网,https://innocenceproject.org/research-resources/。

056 认罪认罚案件的再审｜诉讼真实观
郝某甲交通肇事罪再审案

魏晓娜 中国人民大学

■ 案情概要[*]

原审认定，2004年2月23日6时30分左右，被告人郝某甲驾驶自己的黑色无牌桑塔纳轿车在山西省太原市娄烦县城南大街由东向西行驶，车上乘坐闫某某和郝某甲之弟郝某乙，车行至娄烦中学门口时，将过马路的娄烦中学退休教师赵某某撞倒。郝某甲等三人将赵某某送往娄烦县医院，后郝某甲弃车逃走。赵某某经抢救无效死亡。2004年3月18日郝某甲向娄烦县公安局自首。公安局交警大队认定，郝某甲负事故全部责任。经法医鉴定，赵某某系外力致重度颅脑损伤而死亡。双方当事人已就附带民事部分达成调解协议。证明以上事实的证据有：(1)现场勘验笔录、车辆痕迹鉴定书、事故车辆、现场及死者照片，证明事故现场基本情况；(2)事故责任认定书，证明郝某甲应负事故全部责任；(3)证人闫某某、李某证言，证明事故经过；(4)尸体检验报告，证明赵某某系外力致重度颅脑损伤死亡；(5)郝某甲讯问笔录，证明事故经过及被告人有投案自首情节。

2004年6月10日，娄烦县人民法院下判：被告人郝某甲违反交通运输管理法规，驾驶无牌车辆发生交通事故致一人死亡，负全部责任，其行为触犯《刑法》第133条之规定，构成交通肇事罪。被告人事发后逃走，构成交通肇事后逃逸。娄烦县人民检察院指控成立。被告人投案自首，依法予以减轻处罚。本案附带民事部分已协调解决且被告人认罪态度较好，酌情予以从轻处罚。依据《刑法》第133条、第67条第1款、第72条第1款、《关于审理交通肇事刑事案件具体应用法律若干问题的解释》第3条之规定，故此，判决被告人郝某甲犯交通肇事罪，判处有期徒刑1年，缓刑2年。

原审判决发生法律效力后，原审被告人郝某甲辩称，当年事实上是自己的弟弟郝某乙开车撞死了受害人赵某某，事发当时自己在外地开车，郝某乙给自己打来电话，说他没有驾驶证想让自己给他顶替撞人的事情，他好在外面处理此事。后来郝某甲就从文水回来，郝某乙告诉了事情的前后，交代他到了交警队后怎么回答，大概过了五六天之后，交警队的警察把郝某甲叫去做了笔录，然后被刑事拘留，检察院审查逮捕时郝某甲也说是自己撞死了死者。最后郝某乙在外面活动，与死者家属进行了协商，赔偿了对方24.5万元，后法院开庭

---

[*] 参见山西省太原市娄烦县(2004)娄刑初字第9号刑事判决书。

审理了此案,判处郝某甲缓刑。

娄烦县人民检察院提出意见认为,根据庭审调查结合现有相关的证据,娄烦县人民法院提起再审,认定依据充分,原审判决认定原审被告人郝某甲的犯罪事实确有错误,故提请法院对原审被告人改判。

娄烦县人民法院认为,有新的证据证明原判决认定的事实确有错误,可能影响定罪量刑,经该院院长提交审判委员会研究,该院于 2019 年 1 月 3 日作出(2019)晋 0123 刑监 1 号再审决定,对郝某甲交通肇事案提起再审。依法另行组成合议庭,公开开庭审理了该案,娄烦县人民检察院检察员出庭履行职务,原审被告人郝某甲到庭参加诉讼。

经再审查明,2004 年 2 月 23 日 6 时 30 分左右犯罪嫌疑人郝某乙驾驶黑色桑塔纳车在娄烦县城南大街由东向西行驶,车上乘坐闫某某和张某某等人。车行至娄烦中学门口时,将过马路的娄烦中学退休教师赵某某撞倒,郝某乙等人将赵某某送往医院,赵某某经抢救无效死亡。郝某乙将交通肇事的情况告知其弟郝某丙(已死亡),二人经商议,联系在外地的郝某乙的二哥即原审被告人郝某甲,商议由郝某甲顶替郝某乙到公安机关自首供述当时驾驶车辆的是郝某甲。在案件侦查过程中,当时闫某某作为车辆乘坐人也作伪证指认驾驶人员为郝某甲,2004 年 3 月 18 日郝某甲向娄烦县公安局投案自首,经娄烦县公安局交警大队事故认定,郝某甲负了事故的全部责任。2004 年 2 月 23 日郝某丙作为肇事方代表与受害人家属在娄烦县交警大队达成赔偿调解协议。2004 年 5 月 20 日娄烦县人民检察院以娄检刑诉(2004)第 7 号起诉书向娄烦县人民法院提起公诉,2004 年 6 月 10 日娄烦县人民法院作出(2004)娄刑初字第 9 号刑事判决,判决郝某甲交通肇事罪,判处有期徒刑 1 年,缓刑 2 年。

证明上述事实的证据有:(1)太原市公安局城北分局对郝某甲的讯问笔录;(2)太原市公安局城北分局对郝某甲的询问笔录及郝某甲自述的事情经过;(3)太原市城北分局对张某某的询问笔录及张某某的自述;(4)太原市城北分局对闫某某的询问笔录及闫某某自述的事情经过;(5)娄烦县公安局交通肇事卷宗中的现场勘验笔录、车辆痕迹鉴定、现场照片、尸检报告、赔偿协议等。

娄烦县人民法院再审认定,根据庭审调查结合相关证据,原审被告人郝某甲 2004 年并未实施交通肇事犯罪,娄烦县人民检察院当年指控其触犯《刑法》第 133 条之规定,构成交通肇事罪,并不成立。原审判决认定事实确有错误,原审被告人郝某甲不构成交通肇事罪。依照《刑诉法解释》第 389 条第 2 款的规定,经该院审判委员会讨论决定,判决:(1)撤销本院(2004)娄刑初字第 9 号刑事判决。(2)原审被告人郝某甲无罪。

■ 法律分析

争议焦点

对于被告人在原审中认罪认罚,人民法院已经作出有罪判决,而且判决已经生效的案件,如果事后发现被告人并非真正的犯罪人,是否可以启动再审?

本案是否可以启动再审,取决于该案是否符合《刑事诉讼法》规定的启动再审条件。《刑事诉讼法》第 254 条第 1 款规定,"各级人民法院院长对本院已经发生法律效力的判决和裁定,如果发现在认定事实上或者在适用法律上确有错误,必须提交审判委员会处理"。

何为"确有错误"?刑事诉讼法和相关司法解释并没有明确规定,但可以结合《刑事诉讼法》第 253 条的规定来理解。该条文规定:"当事人及其法定代理人、近亲属的申诉符合下列情形之一的,人民法院应当重新审判:(一)有新的证据证明原判决、裁定认定的事实确有错误,可能影响定罪量刑的;(二)据以定罪量刑的证据不确实、不充分、依法应当予以排除,或者证明案件事实的主要证据之间存在矛盾的;(三)原判决、裁定适用法律确有错误的;(四)违反法律规定的诉讼程序,可能影响公正审判的;(五)审判人员在审理该案件的时候,有贪污受贿,徇私舞弊,枉法裁判行为的。"

《刑事诉讼法》第 253 条第 2 款第 1 项中的"新的证据"所指为何?《刑诉法解释》第 458 条进一步作出解释,"具有下列情形之一,可能改变原判决、裁定据以定罪量刑的事实的证据,应当认定为刑事诉讼法第二百五十三条第一项规定的'新的证据':(一)原判决、裁定生效后新发现的证据;(二)原判决、裁定生效前已经发现,但未予收集的证据;(三)原判决、裁定生效前已经收集,但未经质证的证据;(四)原判决、裁定所依据的鉴定意见,勘验、检查等笔录被改变或者否定的;(五)原判决、裁定所依据的被告人供述、证人证言等证据发生变化,影响定罪量刑,且有合理理由的"。

在本案中,原审被告人虽然早已认罪认罚,人民法院根据其认罪的供述作出判决,在判决生效以后,被告人否定了之前的供述,指出在原审的交通肇事案中,当年事实上是自己的弟弟郝某乙开车撞死了受害人赵某某,但让被告人给他顶替。这一新的供述,直接否定了原审的重要证据之一——被告人的口供,导致原审判决的事实基础发生严重动摇,符合《刑诉法解释》第 458 条所解释的"新的证据"情形之(五)"原判决、裁定所依据的被告人供述、证人证言等证据发生变化,影响定罪量刑,且有合理理由的"。因此,符合《刑事诉讼法》第 253 条第 2 款第 1 项中所谓的"有新的证据证明原判决、裁定认定的事实确有错误,可能影响定罪量刑"的情形,据此启动审判监督程序是正确的。

■ 理论阐释

2018 年《刑事诉讼法》修正案正式规定认罪认罚从宽制度。认罪认罚从宽制度,在刑事案件的办理过程中引入了控辩协商,尤其是量刑协商。《刑事诉讼法》也在目前的立法框架下,给认罪认罚从宽制度的顺利运转提供了最大限度的便利:《刑事诉讼法》第 174 条规定,"犯罪嫌疑人自愿认罪,同意量刑建议和程序适用的,应当在辩护人或者值班律师在场的情况下签署认罪认罚具结书"。第 176 条规定,"犯罪嫌疑人认罪认罚的,人民检察院应当就主刑、附加刑、是否适用缓刑等提出量刑建议,并随案移送认罪认罚具结书等材料"。第 201 条规定,"对于认罪认罚案件,人民法院依法作出判决时,一般应当采纳人民检察院指控的罪名和量刑建议……"

但是,即便引入了控辩协商,我国《刑事诉讼法》追求案件真相的价值目标并没有发生变化,刑事诉讼的基本原则没有变化。例如,《刑事诉讼法》第 53 条仍规定:"公安机关提请批准逮捕书、人民检察院起诉书、人民法院判决书,必须忠实于事实真象……"《刑事诉讼法》第 6 条仍规定:"人民法院、人民检察院和公安机关进行刑事诉讼……必须以事实为根据,以法律为准绳。"相应地,我国刑事诉讼法中的职权主义架构也没有变化。这意味着,即使控辩双方对于案件事实没有异议,人民法院仍承担着对事实认定进行实质审查的责任,立法为此也给法院配置了较为广泛的调查权。对个体法官而言,对判决的准确性所负的责任不仅是诉讼法上的责任,即判决事实不清、证据不足时可能被发回重审或者改判,而且是一种司法责任,即法官要对其履行审判职责的行为承担责任,甚至对办案质量终身负责,案件被上级法院发回重审、改判,也会在案件质量评查中受到的否定性评价。可以说,人民法院对判决的准确性负有不可推卸的责任,这种责任贯穿于一审、二审,甚至再审。

在本案中,被告人已经认罪认罚,人民法院也根据被告人的有罪供述作出判决并已生效,但由于人民法院仍负有查明案件真相的责任,一旦发现原判决赖以立足的主要证据之一可能是虚假的,那么建立于该虚假证据基础之上的事实认定的准确性随之发生动摇。尤其是,原审判决书在认定事实方面的错误可能导致惩罚了无辜者,这是刑事诉讼法无法容忍的错误。因此本案启动再审,是中国刑事诉讼法追求案件真相和人民法院对事实认定进行实质性审查的合乎逻辑的产物。

■ **扩展思考** | 认罪认罚制度下的真实观

《刑事诉讼法》第 6 条规定:"人民法院、人民检察院和公安机关进行刑事诉讼……必须以事实为根据,以法律为准绳。"事实认定是法律适用的前提和基础。但是,对于刑事诉讼中的事实认定应当具有什么样的属性,目前学界有着不同的回答。根据《刑事诉讼法》规定的"犯罪事实清楚,证据确实、充分"的证明标准,传统的观点概括出"客观真实"观,即认为案件中认定的事实应当反映客观世界发生过的真相。但"相对真实"观和"法律真实"观对此提出不同的看法。

相对真实观认为,客观真实是无法实现的,刑事诉讼中所能实现的只能是一种相对的真实。所谓法律真实是指公、检、法机关在刑事诉讼证明的过程中运用证据对案件真实的认定应当符合刑事实体法和程序法的规定,应当达到从法律的角度认为是真实的程度。法律真实观对客观真实观提出批评,认为客观真实为了追求案件真相,不惜践踏程序的尊严,可能会导致更多的冤假错案。近年来,随着认罪认罚从宽制度的入法,又出现一种"真理共识论",即在刑事诉讼中通过控辩双方的协商、商谈,逐步达成关于案件事实的共识,这种关于案件事实的共识,可以作为认定事实的基础。这种观点还认为,案件的客观事实到底如何,是无法准确把握的,对于法律程序而言,也是没有意义的。

郝某甲交通肇事再审案,给上述问题的讨论增加了新的注脚。从法律真实观的角度来看,原审判决对案件事实的认定符合实体法和程序法的规定,且已经达到了从法律的角度来看是真实的程度。从真理共识论的角度来看,在原审中,被告人认罪认罚,检察机关和人民法院都接受了被告人的供述,也就是说已经就案件事实达成了共识,那么按照真理共识论的观点来看,真理已然实现。因此,从法律真实观和真理共识论,似乎都无法解释该案为何要启动纠错的再审程序。对于郝某甲交通肇事再审案,客观真实观的解释似乎更加合乎逻辑。因为客观真实观始终承认一个不以人的主观意志和法律程序为转移的客观事实。即便遵循了所有实体法和程序法的规定,人民法院所认定的事实仍可能是错误的。因此,客观事实的存在对于法律程序而言并非没有意义,它锚定了刑事证明的目标,始终为刑事诉讼中认定的事实提供一个可以对照纠错的样本,虽然认识它并不容易,但它也会随着新证据或者新技术的出现露出真容。

057 控辩存在重要争议下的认罪认罚问题
胡某虚开增值税专用发票案

奚 玮 安徽师范大学

■ 案情概要*

被告人李某1、李某2为通过虚开增值税专用发票牟取非法利益,找到被告人胡某,胡某最初在不明知的情况下,帮助二人租赁厂房、联系注册公司、介绍代账会计。公司设立后,李某1、李某2即实施虚开增值税专用发票的行为,胡某在逐渐知道该二人的行为后,又参与了后期5个空壳公司的注册设计,并根据李某1的安排,到税务机关申领、增领部分增值税专用发票,接受李某1给予的非法获利。案发后,胡某自动投案、如实供述自己的犯罪事实,退出全部违法所得,检察机关也认定胡某具有自首情节。

胡某到案后表示自愿认罪认罚,其自首、退赃的行为也体现出具有认罪悔罪的态度。然而审查起诉阶段,检察机关未采纳辩护人关于胡某系从犯并依法应当减轻、从轻处罚的辩护意见,认为本案各犯罪嫌疑人作用和地位相当,不宜区分主从犯,据此提出对胡某判处有期徒刑8年左右的量刑建议,胡某因对此持有异议而未签署认罪认罚具结书。

案件诉至法院后,辩护人继续提出胡某系从犯的辩护意见并获采纳,法院判决胡某犯虚开增值税专用发票罪,处有期徒刑4年。但审理中,因之前胡某未签署认罪认罚具结书,故未涉及认罪认罚从宽情节的适用。

■ 法律分析

争议焦点

在量刑协商过程中,由于控辩双方对胡某是否系从犯产生认识分歧,致使胡某未签署认罪认罚具结书,经法院审理后采纳了其系从犯的辩护意见,此时,对胡某能否适用认罪认罚从宽制度并在量刑上获得进一步减让?若否,是否剥夺了被告人认罪认罚从宽的机会?若可,诉讼程序应当如何完善?

---

* 参见安徽省芜湖市湾沚区人民法院(2021)皖0210刑初217号刑事判决书。

◻ 审查起诉阶段适用认罪认罚从宽制度的前提条件

《认罪认罚从宽指导意见》明确，"认罪"是指犯罪嫌疑人、被告人自愿如实供述自己的罪行，对指控的犯罪事实没有异议。"认罚"是指犯罪嫌疑人、被告人真诚悔罪，愿意接受处罚。在审查起诉阶段表现为接受人民检察院拟作出的起诉或不起诉决定，认可人民检察院的量刑建议，签署认罪认罚具结书。

可见，既认罪又认罚是适用认罪认罚从宽制度的前提，签署认罪认罚具结书是达成合意的结果，表明犯罪嫌疑人对指控的犯罪事实不持异议，对量刑建议予以认可。本案中，胡某符合"认罪"情形没有争议，有分歧的是胡某是否"认罚"。从形式上看，胡某不认可量刑建议，根据《认罪认罚从宽指导意见》当然属于"不认罚"。但从实质上看，胡某本意并非"不认罚"，而是对不认定其为从犯以及对应的过重量刑建议有异议，换言之，若从犯的辩护、辩解意见得到采纳其是愿意"认罚"的。然而，现行的制度设计并没有给胡某的异议留有必要的救济空间，在审前程序中，检察机关居于主导地位并对是否符合"认罪""认罚"条件享有判断权，基于胡某不认可量刑建议而不适用认罪认罚从宽亦无不妥之处。但从法院最终的判决结果看，胡某被认定为从犯，因此，胡某在量刑协商中表达的意见是一种合理期待，检察机关不予采纳其实已剥夺了其原可因认罪认罚而获得从宽处理的机会。

◻ 控辩双方的争议会导致减损犯罪嫌疑人、被告人的权利

从认罪认罚从宽制度的具体适用程序看，犯罪嫌疑人、被告人自愿认罪认罚的，若无法定特殊情形，在审查起诉阶段应当签署具结书，载明自愿认罪、同意量刑建议和程序适用等内容。提起公诉时，应当在起诉书中写明被告人认罪认罚的情况，并移送认罪认罚具结书等材料。若检察机关认为被告人不认罪、不认罚或既不认罪也不认罚，则无须签署具结书，其程序后果是人民法院将不再对被告人在审查起诉阶段是否具有认罪认罚的从宽情节予以审理，本案中，胡某因未签署具结书，检察机关也认为其不认罚，故未获得量刑进一步减让的机会。

虽然《认罪认罚从宽指导意见》明确，被告人在侦查、审查起诉阶段没有认罪认罚，但当庭认罪，愿意接受处罚的，人民法院应当根据审理查明的事实，就定罪和量刑听取控辩双方意见，依法作出裁判。但胡某是否自愿"认罚"取决于从犯情节能否认定，这又是控辩双方的争议焦点，在法庭合议评判前，能否采纳辩护意见具有不确定性，导致胡某是否自愿"认罚"也不确定，法庭在判决前，也不可能对争议焦点提示倾向性意见，因此，胡某也难以在审判环节获得从宽的机会。

◻ 审查起诉环节容错机制的缺失和审判环节纠错功能的局限

认罪认罚从宽制度体现了协商式司法的特点，控辩双方通过对话、协商，使犯罪嫌疑人、被告人参与到自己的案件处理中。《认罪认罚量刑建议指导意见》第25条规定，"人民

检察院应当充分说明量刑建议的理由和依据,听取犯罪嫌疑人及其辩护人或者值班律师对量刑建议的意见"。"犯罪嫌疑人及其辩护人或者值班律师对量刑建议提出不同意见,或者提交影响量刑的证据材料,人民检察院经审查认为犯罪嫌疑人及其辩护人或者值班律师意见合理的,应当采纳,相应调整量刑建议,审查认为意见不合理的,应当结合法律规定、全案情节、相似案件判决等作出解释、说明。"该规定突出了检察主导的地位,犯罪嫌疑人、辩护人或值班律师虽可以提出意见,但采纳与否由检察机关决定。但检察机关的判断也难以做到百分之百准确,若出现失误或检察机关的意见最终未被审判机关所采纳,此时对被告人而言,其"不认罚"的原因很可能是合理的预期落空,而现行制度设计中并未赋予此种情形下被告人相应的救济渠道,换言之,现行制度已假定检察机关的判断不会出错,由于容错机制的缺失,被告人通过认罪认罚获得从宽的机会客观上出现了丧失的风险。

当然,被告人可以选择先"认罚",而后争取在审判环节进行纠错。但从实然状态考察,能否得到纠正充满了诉讼风险和不确定因素。首先,从形式上看,被告人可能被判定对"认罚"的反悔,因为签署具结书意味着认可量刑建议,若庭审时主张量刑建议过重,显然构成了反悔。其次,《刑事诉讼法》明确规定,对于认罪认罚案件,人民法院依法作出判决时,一般应当采纳人民检察院指控的罪名和量刑建议。这意味着法院若根据控辩双方纸上的合意径行判决,亦无明显不妥,因为被告人自愿认罪认罚,同时接受其系主犯的量刑建议,即便控辩双方尚有认识分歧,也会因被告人的同意而更容易让裁判者接受控方的意见。最后,法院只有在出现五种法定情形时才不采纳量刑建议,即(1)被告人的行为不构成犯罪或者不应当追究其刑事责任的;(2)被告人违背意愿认罪认罚的;(3)被告人否认指控的犯罪事实的;(4)起诉指控的罪名与审理认定的罪名不一致的;(5)其他可能影响公正审判的情形。就本案胡某而言,可能涉及的是第(2)(5)两项,若胡某签署了具结书,实务中在没有相反证据证明的情况下,很难判定其违背意愿认罪认罚。胡某能否被认定为从犯是重要的量刑情节,若经审理认为指控主犯不当,人民法院可建议检察院调整量刑建议,但如前所述,在被告人胡某已经自认是主犯的情形下,申言之,胡某自认起主要作用属事实范畴,裁判者予以否决的可能性已微乎其微。上海市第二中级人民法院所列的一组数据表明,审判阶段调整量刑建议的空间极低,该院审结的认罪认罚一审案件中,法院均采纳了检察院的量刑建议。二审案件中,一审法院未采纳一审检察院量刑建议的仅 40 件,占比 2.2%,经检察院调整量刑建议后法院采纳的 13 件,占比 0.7%[1]。因此,从实然状态考察,寄希望于审判纠错难度可想而知。

■ 理论阐释

本案从表象上看是控辩双方对胡某能否认定为从犯产生争议,但进一步剖析,却暴露

---

[1] 参见上海市第二中级人民法院:《2017－2021 年被告人认罪认罚案件审判白皮书》,载微信公众号"至正研究"2022 年 11 月 17 日,https://mp.weixin.qq.com/s/gtxbkVE_0qGXtWsSwyleWQ。

出认罪认罚从宽制度在权利保障和救济上的缺失。

《认罪认罚从宽指导意见》第 5 条规定，认罪认罚从宽制度贯穿刑事诉讼全过程，适用于侦查、起诉、审判各个阶段。认罪认罚从宽制度没有适用罪名和可能判处刑罚的限定，所有刑事案件都可以适用，不能因罪轻、罪重或者罪名特殊等原因而剥夺犯罪嫌疑人、被告人自愿认罪认罚获得从宽处理的机会。但"可以"适用不是一律适用，犯罪嫌疑人、被告人认罪认罚后是否从宽，由司法机关根据案件具体情况决定。意见中指出"不能剥夺犯罪嫌疑人、被告人自愿认罪认罚获得从宽处理的机会"表明认罪认罚从宽具有诉讼权利的性质，权利行使应当受保障，权利受损害应当有救济，这是诉讼权利的基本特征。

在量刑协商中，检察机关未采纳胡某系从犯的辩解、辩护意见，但由于审查起诉阶段的意见并非终局性结论，控辩双方的争议还需经法庭审理后作出裁判，故检察机关就从犯能否成立的判断也有待检验。若指控胡某系主犯的意见获得法院采纳，那么胡某因"不认罚"而不能获得从宽处理。若法院采纳辩护意见认为胡某系从犯，则说明检察机关当初的判断有偏差，虽然胡某因未签署具结书而存在"不认罪"的外观和形式，但其合理期待得到认可后，依旧自愿"认罚"。胡某享有认罪认罚从宽的诉讼权利不能因检察机关的误判而丧失，换言之，检察机关误判所产生的不利后果不应由胡某承担，否则将减损被告人的诉讼权利。

在控辩双方对量刑情节产生争议的情况下，需要对被告人提供程序救济。《认罪认罚量刑建议指导意见》规定在量刑协商的过程中，应当听取犯罪嫌疑人及其辩护人或者值班律师的意见，若认为辩方意见不合理，应当作出解释、说明。有学者已提出，控辩平等协商机制的缺失以及检察官同时享有审前羁押批准权和基本决定裁判结果的量刑建议权，导致"认罚"的自愿性难以得到保障。[2] 为确保被追诉人在自愿的基础上认罚，听取意见程序可从两个方面加以完善，一方面，可要求对有争议的量刑情节记明笔录，明确辩方异议若成立，犯罪嫌疑人是否自愿认罪认罚；另一方面，量刑协商笔录应随案移送人民法院，作为查明被告人是否"认罚"的重要依据。在法庭审理中，若认为辩方的异议不成立，则判定被告人"不认罚"；若认为异议合理，则应建议公诉机关与被告人及其辩护人进行量刑协商；公诉机关不同意改变指控意见的，应径行判决；对采纳量刑情节辩解、辩护意见的，应适用认罪认罚从宽的法律规定，并根据被告人实际的认罪认罚阶段，予以不同的从宽处罚幅度。

■ 扩展思考

由此及彼，在罪名认定上也存在同样的问题，即检察机关提出重罪罪名指控意见，但该定性可能存在争议，若轻罪罪名的辩解、辩护意见能够成立，犯罪嫌疑人据此未签署具结书，审判阶段还能否适用认罪认罚从宽？

在现行认罪认罚从宽制度下，控辩双方只能就量刑问题进行协商，定罪不允许协商，不

2　参见孙长永：《中国检察官司法的特点和风险——基于认罪认罚从宽制度的观察与思考》，载《法学评论》2022 年第 4 期。

接受罪名的认定意见属于"不认罪",故不再签署认罪认罚具结书。若轻罪意见在审查起诉阶段不被采纳,救济程序是通过审判环节予以纠正,《刑事诉讼法》第 201 条规定,如果起诉指控的罪名与审理认定的罪名不一致,人民法院可不采纳指控的罪名和量刑建议。对此,《认罪认罚量刑建议指导意见》进一步规定,若罪名认定出现争议,人民法院可以听取人民检察院、被告人及其辩护人对审理认定罪名的意见,依法作出裁判。此规定包括三种情形,即指控的是重罪,但审理认为是轻罪;指控的是轻罪,但审理认为是重罪;指控是此罪,审理认为是彼罪,但量刑上无明显差别。无论哪种情况,人民法院都应当对审理认定的罪名进行释明,并引导控辩双方重新进行量刑协商。未签署认罪认罚具结书的被排除在量刑协商之外。因此,犯罪嫌疑人、被告人若想获得认罪认罚从宽处理,唯有接受重罪的指控意见,并期待在审判阶段获得纠正。然而,这样的处理方式是形式上认罪、实质上抵触,明显违背了认罪认罚须以当事人自愿为前提的基本要求。故控辩双方若产生罪行轻重的认识分歧,在听取意见阶段,除应当问明异议不采纳是否同意认罪认罚外,还应当问明异议若采纳是否同意认罪认罚,以固定犯罪嫌疑人对事实认定和法律适用的态度,判明其在"认罪"方面的真实愿意,以决定能否适用认罪认罚予以量刑减让。

058 认罪认罚、有罪辩护之下的无罪判决

徐某某非法采矿案

闫召华 西南政法大学

■ 案情概要[*]

2018年12月至2020年,被告人徐某某擅自在江西省上饶市广信区搭建了碎石设备,利用原采石厂遗留在当地的花岗岩边角料作为原料,雇请挖掘机、破碎机人员,将花岗岩边角料进行破碎加工,生产出的碎石出售给邓某录用于工程建设。2020年6月2日,广信区自然资源局发现徐某某的违法行为,责令徐某某停止并改正在望仙乡望仙村黄岗小组路边违法开采碎石并进行加工的行为。该局在处理过程中认为徐某某涉嫌犯罪,遂移送给区公安局侦办。经查证,徐某某共出售给邓某录4422.5立方米的花岗岩碎石,销售额为22.1万元。经鉴定,徐某某非法开采的花岗岩属于中细粒黑云母钾花岗岩。根据《矿产资源法实施细则》规定,建筑用花岗岩属于非金属矿产。2021年3月16日,徐某某经公安机关电话通知到案后,如实供述了事实经过。2021年3月22日,徐某某向区公安局退缴违法所得10万元。

公诉机关认为,徐某某违反矿产资源法的规定,未取得采矿许可证,擅自开采花岗岩,价值22.1万元,其行为触犯了《刑法》第343条第1款之规定,应当以非法采矿罪追究其刑事责任,被告人有自首情节,自愿认罪认罚,建议判处徐某某有期徒刑8个月,缓刑1年,并处罚金。

徐某某对起诉指控的事实、罪名和量刑建议没有异议,但提出其所挖的石头是以前公司堆放的边角料。辩护人对指控的事实及罪名没有异议,提出被告人开采过程中对环境破坏较小,有自首情节,自愿认罪认罚,建议法庭从轻处罚。

法院审理后认为,徐某某破碎的石材原料不属于自然状态的矿产资源,因而不属于非法采矿罪的犯罪对象,徐某某挖掘用于破碎的石材原料亦不属于采矿行为。而且,对于挖掘用于破碎的石材原料是否需要办理采矿许可证,并无明确的法律规定,仅有国家发展和改革委员会等十部委《关于"十四五"大宗固体废弃物综合利用的指导意见》中提到,尾矿的回采需要经过批准。根据《刑法》第343条的规定,未取得采矿许可证擅自采矿是非法采矿罪的构成要件之一。因此,徐某某擅自办理碎石厂,采挖、加工、出售旧石材厂的采矿废石的

---

[*] 参见江西省上饶市广信区人民法院(2021)赣1104刑初287号刑事判决书。

行为,仅属于违法行为,应受到相应的行政处罚,但并不构成非法采矿罪。

■ 法律分析

> **争议焦点**
>
> 本案之所以引起广泛关注,主要就是因为在检察机关指控徐某某有罪,徐某某自愿认罪认罚,且辩护人做有罪辩护的情况下,法院却作出不构成犯罪的无罪判决。在当前我国刑事案件无罪判决率极低,法院在认罪认罚案件中又要受"一般应当采纳"条款拘束的情况下,这样的处理是很难想象的。

本案中,法院对认罪认罚被告人的无罪判决,在给被告人带来"惊喜"的同时,也让作为认罪认罚从宽制度适用主导者的检察机关,以及为认罪认罚被告人做有罪辩护的辩护律师,陷入极为尴尬的境地。法院何以拒绝采纳检察机关的指控意见?无罪判决是否于法有据?检察机关是否尽到了认罪认罚案件办理的主导责任?错诉的形成有没有辩护人的原因?

□ 认罪认罚案件中法院的实质把关作用

对于认罪认罚案件,我国《刑事诉讼法》第 201 条明确规定了基于控辩合意的指控意见(指控罪名和量刑建议)对于法院裁判的制约力,即人民法院一般应当采纳检察机关的指控意见,除非具备五种法定情形;人民法院仅能在量刑建议明显不当或辩方对量刑建议提出异议而人民检察院拒不调整量刑建议,或者调整量刑建议后仍然明显不当的情况下,才可不采纳量刑建议,依法作出判决。从"一般应当采纳"的要求不难看出,至少在规范层面,认罪认罚案件中检察机关的指控意见被赋予一定的刚性制约力,在一定程度上限制了法院的自由裁判空间。"一般应当采纳"条款直接改变了认罪认罚案件中刑事司法权的基本配置,决定了认罪认罚案件审判权的行使方式,即总体上人民法院对认罪认罚案件的实体性判断应当从宽把握,法院在认罪认罚案件中角色在某种意义上从裁判者变为了审查者。[1]

审判者在认罪认罚案件中的把关责任可以概括为"有所侧重的实质审查",即侧重于审查认罪认罚的自愿性和认罪认罚具结书内容的真实性、合法性,侧重于对涉及《刑事诉讼法》第 201 条第 1 款规定的问题进行排除性审查,侧重于审查量刑建议是否明显不当。而该条款列举的第一种不采纳指控意见的情形就是"被告人的行为不构成犯罪或者不应当追究其刑事责任"。对于这种情形,即便被告人认罪认罚,法院也不应当采纳指控意见,而应按照普通程序进行审理,"并根据已经查明的事实、证据和有关的法律规定,依法认定被告人无罪,作出无罪判决"。[2] 因此,徐某某非法采矿案中法院的处理于法有据、可圈可点。

---

[1] 参见闫召华:《论认罪认罚案件的裁判制约力》,载《中国刑事法杂志》2020 年第 1 期。
[2] 王爱立、雷建斌主编:《〈中华人民共和国刑事诉讼法〉释解与适用》,人民法院出版社 2018 年版,第 379 页。

□ **检察机关在认罪认罚案件办理中的特殊责任**

应当看到,不管是从规范层面看,还是在司法实践中,检察机关在认罪认罚从宽制度的适用中均居于主导地位。在检察主导的模式下,对于认罪认罚案件的证据审查和事实认定问题,检察机关及审查起诉环节发挥着极为关键的作用,特别是在适用简易程序、速裁程序的案件中,法院事实上不再担负通过审判查明案件事实的主要责任,检察机关在法庭上的举证责任被显著减轻甚至免除了,"公诉人出庭参与庭审,基本上只是走个过场而已"。[3] 不可否认,检察主导可能是认罪认罚案件办理模式能够提速增效的优势所在,但这也恰恰隐藏着案件发生冤错的风险。由于法院的把关责任已经转变为"有所侧重的实质审查",认罪认罚案件的庭审功能也发生了改变,检察环节成为保障认罪认罚"事实基础"的重点。如果检察机关意识不到自己在认罪认罚案件办理中的主导地位和关键作用,而仍然把自己简单定位为类似于非认罪认罚案件中的公诉人角色,就很容易将认罪认罚案件中的"事实基础"保障陷于"两不管"的危险境地。在实践中,个别认罪认罚案件的处理已经出现了这样的苗头:由于过于追求效率,检察院疏于对事实和证据的审查,而法院的审核把关也流于形式,导致出现了无辜者认罪认罚或冒名顶替的认罪认罚错案。徐某某案中法院的尽职尽责不仅避免了冤枉无辜,无疑也是对检察机关的一种警醒:检察机关需要切实履行认罪认罚案件中的主导责任,谨慎行使审查起诉的权力,确保起诉的每一起认罪认罚案件事实清楚,证据确实、充分,定性准确,量刑建议得当。

□ **认罪认罚案件中的辩护职能**

我们通常将认罪认罚从宽制度概括为与对抗式司法相对的协商性司法或合作式司法。事实上,对抗式司法与合作式司法并不是截然对立的,对抗式司法中也不排斥合作,合作式司法中也并非绝对不能有对抗。一方面,就被追诉人而言。在认罪认罚从宽制度的适用中,并不是说被追诉人选择认罪认罚,就不能对指控意见提出任何异议。一般情况下,被追诉人在承认指控的主要犯罪事实的前提下,仅对个别事实情节提出异议,并不影响认罪的成立,但有的时候,被追诉人提出异议的所谓个别事实情节如果是真实的,可能直接颠覆其所承认的主要犯罪事实。徐某某非法采矿案中,徐某某虽然认罪认罚,但提出其所挖的石头是以前公司堆放的边角料。结果表明,徐某某的这一异议是法院后来作出无罪判决的重要事实基础。如果检察机关当初能够重视徐某某的异议,认真审查核实,可能就不会错误地提起公诉。另一方面,就被追诉人的辩护人而言。被追诉人认罪认罚并不意味着被追诉人的辩护人必须做有罪辩护。刑事诉讼法并未将辩护人认可指控的犯罪事实作为适用认罪认罚从宽制度的必要条件,反而还刻意将听取辩护人意见与听取被追诉人意见进行了区分,规定了特定情形下辩护人异议的效力,明确要求,在适用速裁程序审理案件时,应当在

---

[3] 孙长永:《认罪认罚案件的证明标准》,载《法学研究》2018年第1期。

判决宣告前听取辩护人的意见。也就是说,在认罪认罚案件中,辩护人完全可以提出不同于被追诉人的辩护意见,包括无罪辩护。辩护人进行独立辩护既是权利也是责任,是保障认罪认罚自愿性、真实性、明智性的重要机制。在类似徐某某案的实质无罪型的案件,只有辩护人恪尽职守,才有可能免受"被追诉人认罪认罚"因素之惑,根据事实和法律,提出最有利于被追诉人的辩护意见,不致陷入"有罪辩护、无罪判决"的尴尬。

■ 理论阐释

在协商性或合作式刑事司法中,法院在真实发现上到底该负担何种责任,对此,不同法律传统的国家有着不同的制度设计。在美国的辩诉交易中,虽然要求法官必须审查被告人的有罪答辩是否具备事实基础,但并未对事实基础的主旨及如何审查提出具体要求,法官对事实基础的审查基本上是形式上的,绝大多数法院都不会要求有罪答辩的事实基础达到正式审判所要求的排除合理怀疑标准。[4] 与美国不同,至少在规范层面,德国法院的真实发现义务并不因案件是否采取认罪协商制度而有所区分。2009 年《德国刑事诉讼法》新增的认罪协商条款明确引用了职权调查原则,规定法院裁判前应独立调查,收集足够的事实根据,而不能仅靠控辩双方提供的事实(包括被追诉人供述)定案。[5] 之后,德国联邦宪法法院在 2013 年的一个裁决中再次表达了对有罪判决可以根据合意而非法院独立调查而合法化观点的明确反对。[6] 我国刑事诉讼法并未降低认罪认罚案件的证明标准,甚至还在司法解释中专门强调,办理认罪认罚案件,必须严格遵循证据裁判原则,坚持法定证明标准。如上所述,在认罪认罚案件审判把关功能有所侧重的背景下,在法庭调查和辩论程序简化乃至省略,特别是在速裁程序中法院还应当当庭宣判的情况下,法院能否及如何贯彻法定证明标准,又能通过何种途径履行真实发现义务,尚待进一步讨论。

至于控辩合意对裁判的制约力,在域外的辩诉交易实践中,法官不会轻易拒绝检察官和辩方达成的诉辩协议,庭审更像是"走过场",成为"对早先'暗中'作出的交易的正式批准和宣布而已""法官几乎会毫无例外地听从建议"。[7] 但在法律上,虽然有国家允许法官直接参与协商,却没有任何一个国家赋予控辩合意对于法院裁判的硬性拘束力。相反,普遍强调法官对控辩合意的自由审查权。比如,在美国,法官很明显不会仅仅因为协议是控辩双方合意达成的,而背负批准的义务,他可以在对协议审查后,选择接受、拒绝或者推迟决定,而且,接受或拒绝的标准完全由自己决定。[8] 从理论上而言,这主要是基于法官保留原则的

---

[4] 参见史立梅:《美国有罪答辩的事实基础制度对我国的启示》,载《国家检察官学院学报》2017 年第 1 期。

[5] 参见《德国刑事诉讼法》第 257c 条第 1 款。

[6] See Thomas Weigend & Jenia Lontcheva Turner, *The Constitutionality of Negotiated Criminal Judgments in Germany*, German L. J. , Vol. 15 , No. 1 (2014).

[7] [美]克雷格·布兰德利:《检察官的角色:辩诉交易与证据排除》,载[美]艾瑞克·卢拉、玛丽安·L. 韦德主编:《跨国视角下的检察官》,杨先德译,法律出版社 2016 年版,第 80~81 页。

[8] 参见[美]伟恩·R. 拉费弗、杰罗德·H. 伊斯雷尔、南西·J. 金:《刑事诉讼法》(下册),卞建林、沙丽金等译,中国政法大学出版社 2003 年版,第 1079 页。

要求,即定罪量刑的裁判权应专属于法官。换言之,域外司法实践中,控辩合意对裁判的高度影响力,在性质上属于缺乏强行规则支撑的柔性制约,更多地是出于法官与检察官之间的默契。

■ 扩展思考

认罪认罚案件办理实践中,在检法关系、控诉职能与审判职能的协调上确实出现了一些问题,不时发生所谓的检法冲突现象。这些冲突很多都是由于检法对《刑事诉讼法》第201条的不同态度、不同理解导致的。而且,检察机关与法院围绕第201条进行的博弈,不仅表现在办案实践中,还在规范性文件、指导案例等层面全面展开。其实,《认罪认罚从宽指导意见》中对"一般应当采纳"要求就有了一点改变。该意见是这样规定认罪认罚案件量刑建议的采纳问题的:"对于人民检察院提出的量刑建议,人民法院应当依法进行审查,对于事实清楚,证据确实、充分,指控的罪名准确,量刑建议适当的,人民法院应当采纳。"

显然,这样的规定与《刑事诉讼法》第201条"一般应当采纳"的精神有明显差异。《高检规则》和《认罪认罚量刑建议指导意见》中规定,量刑建议一般应当采用确定刑,对此,法院的态度则是,"无论量刑建议是幅度刑还是确定刑,无论是否根据人民法院要求调整量刑建议,人民法院都应当切实履行审判职责,依法作出裁判"。[9] 对于类似争论,笔者认为,虽然第201条并没有很好地处理控辩合意的拘束力与法官保留原则的关系,但在修改法律之前,还是应当尊重法律规定。而且,即便没有《刑事诉讼法》第201条规定,法院还是应当看到认罪认罚案件诉讼程序的特殊性,既要履行好实质审查责任,把握好防冤杜错的底线,又要尽量尊重控辩合意,充分实现认罪认罚从宽制度的功能。

9　李勇:《加强人权司法保障 确保严格公正司法》,载《人民法院报》2021年9月2日,第5版。

059 法官保障认罪认罚自愿性 ｜ 被告人反悔权是自然权利

琚某忠盗窃案

杨晓静　山东政法学院

■ 案情概要*

2017年11月16日下午，琚某忠以爬窗入室的方式，潜入浙江省杭州市下城区某小区502室，盗取被害人张某、阮某某贵金属制品9件（共计价值人民币28213元）、现金人民币400余元、港币600余元。

审查起诉期间，检察机关依法告知琚某忠诉讼权利义务、认罪认罚的具体规定，向琚某忠核实案件事实和证据，并出示监控录像等证据后，之前认罪态度反复的琚某忠表示愿意认罪认罚。经与值班律师沟通、听取意见，并在值班律师见证下，检察官向琚某忠详细说明本案量刑情节和量刑依据，提出有期徒刑2年3个月，并处罚金人民币3000元的量刑建议，琚某忠表示认可和接受，自愿签署《认罪认罚具结书》。2018年3月6日，杭州市下城区人民检察院以琚某忠犯盗窃罪提起公诉。下城区人民法院适用刑事速裁程序审理该案，判决采纳检察机关指控的罪名和量刑建议。

同年3月19日，琚某忠以量刑过重为由提出上诉，下城检察院提出抗诉。杭州市中级人民法院认为，琚某忠不服原判量刑提出上诉，导致原审适用认罪认罚从宽制度的基础已不存在，为保障案件公正审判，裁定撤销原判，发回重审。下城法院经重新审理，维持原判认定的琚某忠犯盗窃罪的事实和定性，改判有期徒刑2年9个月，并处罚金人民币3000元。判决后，琚某忠未上诉。

■ 法律分析

争议焦点

被告人认罪认罚的案件，被告人在一审宣判后，又以"量刑过重"为由依法提起上诉时，被告人反悔的性质及应否加以限制？在一审速裁程序审理中，对被告人认罪认罚自愿性的审查有哪些内容？这种实质性审查之要义为何？一审判决作出后被告人又反悔上诉，人民检察院依法提起抗诉后，二审人民法院裁定发回重审而加刑的做法是否合法？被告人面对报复性抗诉有何救济手段？

---

* 参见最高人民检察院第二十二批指导性案例（检例第83号）。

☐ 认罪认罚的被告人依法享有反悔权

对认罪认罚的犯罪嫌疑人、被告人在认罪认罚后能否反悔,其反悔权的行使条件、程序及限制等方面的内容,《刑事诉讼法》均未予明确规定。根据《认罪认罚从宽指导意见》第十一章:认罪认罚的反悔和撤回的相关规定,共四个条文的内容来看,都是从专门机关在被追诉人反悔后的应对机制(或法律效果)[1]方面进行规定的,而非从犯罪嫌疑人、被告人诉讼权利角度规定的法律意义上的反悔权。

从认罪认罚自愿性的"一体两面"来分析,如果基于被追诉人真实、自愿基础之上的认罪认罚属于被追诉人的自决权,那么自决权的另一面向:被追诉人可以基于自愿的考量而不认罪认罚或者在认罪认罚后再反悔,就是题中之意了。因而,反悔权是被追诉人不容剥夺、不容禁止、没有时限的"自然权利",是认罪认罚自愿性(不得强迫任何人认罪认罚)的必然要求。[2] 从自决权角度考量,被追诉人认与不认,都属于其意志自由的范畴,只要承认认罪认罚的自愿性,就应当含括其反悔权行使的自愿性。

☐ 一审程序速裁程序,也应当对认罪认罚自愿性进行实质性审查

对审前程序自愿认罪认罚并签署具结书的案件,人民法院无论是适用简易程序、速裁程序还是普通程序,其在一审程序中作为消极、中立的裁判者,仍应当对被告人认罪认罚的自愿性、合法性进行实质审查。对此,《认罪认罚从宽指导意见》第39条作出了明确规定:庭审中应当对认罪认罚的自愿性、具结书内容的真实性和合法性进行审查核实。

本案中,一审人民法院适用速裁程序对琚某忠涉嫌盗窃罪进行了审理,由于被告人基于认罪认罚未委托辩护人,《刑事诉讼法》又未规定值班律师可以出庭为被告人提供法律帮助,虽然审前程序中有值班律师的参与,但司法实践中仅限于在琚某忠签署认罪认罚具结书时在场见证并签字,加之我国目前审前程序对强制侦查行为及强制措施又缺乏"司法审查"机制。因而,下城法院即使在征得被告人同意后适用速裁程序审理,仍应依职权对认罪认罚的犯罪事实基础及认罪认罚自愿性、合法性进行严格的实质审查。

☐ 针对被告人反悔后的上诉,检察机关不得进行报复性抗诉

目前,由于《刑事诉讼法》对于上诉权及抗诉权仅有一般性规定,并未对认罪认罚案件作出任何特别规定,所以在司法实践中,认罪认罚案件的被告人反悔后的上诉属于合法、有效的诉讼行为,不得加以任何限制与剥夺。但为了限制一审裁判作出后被告人的反悔上诉,《认罪认罚量刑建议指导意见》第39条明确规定:认罪认罚案件中,人民法院采纳人民检察院提出的量刑建议作出判决、裁定,被告人仅以量刑过重为由提出上诉,因被告人反悔不再认罪认罚致从宽量刑明显不当的,人民检察院应当依法提出抗诉。可见,目前司法实

---

[1] 参见闫召华:《认罪认罚后"反悔"的保障与规制》,载《中国刑事法杂志》2021年第4期。
[2] 参见闫召华:《认罪认罚后"反悔"的保障与规制》,载《中国刑事法杂志》2021年第4期。

践中,对于被告人反悔后上诉的,检察机关依法提起抗诉是其力倡的做法,也是该指导性案例的指导性意义之所在。但学界对于这种"作为权利型上诉应对措施的抗诉"则存在"抗诉否定论""抗诉肯定论""抗诉限制论"的激烈争论。[3]

实际上,根据《刑事诉讼法》第 228 条的规定,检察机关能否抗诉的基础不在于被告人是否反悔而依法提起上诉,而在于一审判决是否确有错误。本案中,检察机关是否依法提起抗诉,关键要考察的因素是认罪认罚的被告人在一审判决中认定的盗窃罪的定罪、量刑有无错误,特别是当时被告人认罪认罚是否基于受到暴力、威胁、引诱、欺骗等,导致违背意愿认罪认罚的情形。该案在一审作出判决时,基于琚某忠的认罪认罚具结书及检察机关的确定刑量刑建议,杭州市下城区人民依法作出符合控辩合意,特别是完全采纳检察机关起诉书及量刑建议的判决,谈不上"错误"。

在一审判决后被告人才对原来达成合意的量刑反悔并提出上诉的,检察机关不论缘由径行提起抗诉,显然是为了规避"上诉不加刑原则",以堵塞被告人获得从轻量刑的程序途径,此时"公诉机关以'抗诉加刑'应对被告人'反悔上诉',此种变相剥夺被告人上诉权的做法于法无据,且有违'上诉不加刑'等基本原理",[4] 属于典型的报复性抗诉,对此被告人及其辩护人完全可以在二审中以"抗诉理由违法,上诉有事实、法律依据,提请法庭驳回抗诉,依法改判"的抗辩事由。

□ **二审法院对于认罪认罚后反悔上诉的案件,直接裁定撤销原判、发回重审并加刑的做法,是错误的**

根据《刑事诉讼法》第 236 条及《认罪认罚从宽指导意见》第 45 条的规定,如果认罪认罚案件在一审后,被告人以量刑过重为由提起上诉,二审法院只能作出"裁定驳回上诉,维持原判或者依法改判"的处理,而不存在"裁定撤销原判、发回重审"的处理选项。

本案例中,琚某忠对一审认定自己的盗窃罪犯罪事实并没有任何异议,琚某忠只是以一审量刑过重为由依法提起的上诉,有何理由发回重审?而且原一审法院经重新审理,仍维持原判认定的被告人琚某忠犯盗窃罪的事实和定性,却直接改判加刑的做法,也进一步彰显了"对被告人反悔,不区分是否有理由而一律加刑"的报复性抗诉与报复性审理叠加的司法压制,是违背认罪认罚自愿性要求的,应当严格禁止。

■ **理论阐释** │ 认罪认罚自愿性审查之要义

在我国目前的"权力制约型的认罪认罚自愿性保障机制"[5] 下,应当通过检法两家的权力制约来保障"被告人认罪认罚真实性、自愿性、合法性的审查",并严格贯彻"实质性审查

---

[3] 参见闫召华:《认罪认罚后"反悔"的保障与规制》,载《中国刑事法杂志》2021 年第 4 期。
[4] 郭烁:《二审上诉问题重述:以认罪认罚案件为例》,载《中国法学》2020 年第 3 期。
[5] 郭烁:《二审上诉问题重述:以认罪认罚案件为例》,载《中国法学》2020 年第 3 期。

原则",以防止被告人基于诸多主观或者客观的错误认知而盲目、违心认罪认罚,以防范认罪认罚案件中出现"冤假错案"[6]。具体而言,应当从被追诉人认罪认罚决定形成的主观认知过程中的"明知+明智+自决"这三个环节,加强对认罪认罚自愿性、真实性、合法性的实质审查。

▫ 认罪认罚"明知"的审查

自愿性中的首要要素是"明知",即要求被追诉人在决定是否认罪认罚之前,应当对自己被指控犯罪的性质、量刑幅度以及定罪量刑后的有利、不利法律后果等法律事实及法律后果要明确地知晓,特别是对不利法律后果及其随附后果的明知,例如,犯罪成立后的罪名及可能的量刑区间、犯罪前科记录以及定罪后的政治影响、职业禁止,特别是孩子其后在升学、就业、征兵、入党时的政审影响,简化审理程序的利弊及实际影响等,均需要司法人员以其可以理解的语言——告知并进一步释明。对此,《认罪认罚从宽指导意见》第26条亦明确:告知应当采取书面形式,必要时应当充分释明。显然,释明的要求对告知的义务更加严格,更加有利于充分且有效的告知。因为,司法实践中通过送达《权利义务告知书》《认罪认罚告知书》的书面告知方式,较之于口头的具体告知特别是对涉及相关法律术语、法律规定以及法律后果的解释、说明,在保障被追诉人诉讼权益方面是有质的区别的。充分的释明更有利于涉案犯罪嫌疑人、被告人全面且真实、到位地了解自己认罪认罚的利弊得失、法律后果,从而为其后的权利取舍、程序选择提供可靠的理据支撑。

▫ 认罪认罚"明智"的审查

在全面考量了自己认罪及认罚的诸多有利及不利后果后,被告人自己基于自己的认知水平、生活经历和利益需求,所进行的权衡与取舍,才会是明智、审慎的选择。所以,明知是明智选择、取舍的前提与保障,而明智、审慎的判断、利弊权衡则是自愿性认知过程中的第二个关键要素。

我国逮捕适用率居高不下的现实,导致大量轻罪案件的犯罪嫌疑人、被告人在被羁押的高压、焦虑环境中,缺失了进行明智、审慎判断的时间及空间保障。目前最高人民检察院提出"少捕慎诉慎押刑事司法政策",特别是对于轻罪案件中认罪认罚的犯罪嫌疑人、被告人,只要没有社会危险性,通过大力推进非羁押性强制措施的适用,可以最大限度保障犯罪嫌疑人、被告人摆脱被羁押的恐惧、焦虑与无助,在一个更加宽松舒适的生活环境中以更为平和安定的心理状态,对是否接受检方指控的犯罪事实、罪名及具体量刑建议这些影响其命运的重大抉择,能够进行理性且独立的思考、明智的权衡与取舍。

▫ 认罪认罚"自决"的审查

最后,如果被追诉人基于前述"明知+明智"基础上的独立且审慎的取舍、抉择最终所

---

[6] 樊崇义、常铮:《认罪认罚从宽制度的司法逻辑与图景》,载《华南师范大学学报(社会科学版)》2020年第1期。

形成的自己独立之决定显然就成立"自决"这一要素了。但在自决环节,司法实践中,还容易出现各种影响其自决的诸多外在因素,具体而言,法官要关注对以下四个方面潜在强制的审查与排除:(1)因侦控机关的强势追诉地位而产生的潜在强制;(2)因被害人获得满意赔偿后才会签署谅解书而产生的潜在强制;(3)因值班律师或者辩护律师的专业独占或利益冲突而产生的潜在强制;(4)因近亲属间家庭内部矛盾或者潜在利益冲突而产生的潜在强制。

■ 扩展思考 | 速裁程序之底线正义要求

由于我国速裁程序的法庭审理几乎简化到可以省略法庭调查、法庭辩论这两个最为关键的环节,不得不面对并回答"程序正当性"拷问:"简易程序(包括我国的速裁程序)国家根据何种正当性基础为差别待遇? 依据何等理由来排除直接、言词及公开之审理原则? 其所追求之目的何在? 其追求目的的手段应受何等之限制?"[7]

显然,速裁程序这种以牺牲"事实真相查明"来换取"诉讼效率"的极简审理模式,要想达致基本的程序正义,须满足以下几个方面的底线正义之要求:其一,必须以被告人明确知晓放弃正规庭审的利弊为前提;其二,以被告人实质的参与与明示的同意为条件;其三,以案件事实有确实、充分的证据为保障;其四,以控辩双方的真实合意为表现;其五,以事实审理者积极审核、确认上述四个要件的客观存在为核心。只有具备上述五个要件,才能达至速裁程序的程序公正之底线正义要求。

另一至关重要的问题是:被追诉人是否认罪认罚? 案内证据的确实充分程度为何? 是否放弃正规庭审程序而选择速裁程序? 这些案件最为关键的实体问题及程序问题的权衡与最终抉择,在我国法治发展水平及民众文化水平、认知能力相对较低的现实条件下,如果缺失了专业辩护律师"一对一"的刑事辩护支撑,面对侦控方的强势追诉,又有几个被告人能够作出准确且专业的判断与取舍呢? 毕竟,"无须审判而处理无争议事实的程序结果,并非基于'同意原则',而是基于辩方充分参与、双方当事人和裁决的法官都认可的足以认定相关事实的审前程序"。[8]

---

[7] 林钰雄:《刑事诉讼法》(下册),中国人民大学出版社2005年版,第196页。
[8] [德]托马斯·魏根特:《德国刑事程序法原理》,江溯等译,中国法制出版社2021年版,第238页。

060 认罪认罚从宽制度在职务犯罪案件中的适用

金某受贿案

周　新　广东外语外贸大学

■ 案情概要[*]

安徽省淮北市人民检察院以淮检二部刑诉〔2019〕3 号起诉书指控被告人金某犯受贿罪。公诉机关认为，2007 年至 2018 年，金某担任安徽省儿童医院（原名"安徽省立儿童医院"）党委书记、院长期间，利用职务上的便利，为请托人在承建工程项目、采购医疗设备、销售药品、支付货款、结算工程款、职务晋升等事项上提供帮助，先后多次收受他人贿送的人民币 1161.1 万元（含 23.8 万元购物卡）、欧元 4000 元，数额特别巨大，其行为触犯了《刑法》第 385 条第 1 款、第 386 条、第 383 条第 1 款、第 2 款之规定，应当以受贿罪追究其刑事责任；金某如实供述、真诚悔罪、积极退赃、自愿认罪认罚，建议对其判处有期徒刑 10 年，并处罚金人民币 50 万元。

金某于 2018 年 9 月 6 日经电话传唤至办案机关，后如实交代了监察机关已经掌握的受贿 170 余万元的犯罪事实，还主动交代了监察机关尚未掌握的受贿 980 余万元的犯罪事实。案件办理期间，金某家人代为退缴涉案赃款 1164.161 万元。金某对指控事实、罪名及量刑建议无异议且签字具结，在开庭审理过程中亦无异议。其辩护人对金某签字具结无异议。

淮北市中级人民法院认为，金某在担任安徽省儿童医院党委书记、院长期间，利用职务上的便利，非法收受他人钱款，为他人谋取利益，数额特别巨大，其行为已构成受贿罪，应依法予以惩处。公诉机关的指控成立。金某到案后能如实供述自己的罪行，积极退赃，自愿认罪认罚，对其可以从轻处罚。公诉机关的量刑建议适当。最终以金某犯受贿罪，判处有期徒刑 10 年，并处罚金人民币 50 万元，依法追缴其违法所得。

■ 法律分析

争议焦点
认罪认罚从宽制度在职务犯罪案件中的适用条件及范围。

---

[*] 参见安徽省淮北市中级人民法院（2019）皖 06 刑初 4 号刑事判决书。

☐ 认罪认罚从宽制度的适用范围

《刑事诉讼法》将认罪认罚从宽作为刑事诉讼的一项基本原则规定在总则第 15 条,"犯罪嫌疑人、被告人自愿如实供述自己的罪行,承认指控的犯罪事实,愿意接受处罚的,可以依法从宽处理"。从条文表述看,认罪认罚从宽制度的适用包含三个要件:一是认罪要件,即犯罪嫌疑人、被告人自愿如实供述自己的罪行,对指控的犯罪事实没有异议;二是认罚要件,即愿意接受处罚;三是后果要件,即可以依法从宽处理。

从这一原则规定可以看出,认罪认罚从宽制度没有适用案件罪名和可能判处刑罚的限定,犯罪嫌疑人、被告人自愿如实供述自己的罪行、对指控的犯罪事实没有异议、愿意接受处罚的,均可以适用。随着《刑事诉讼法》的修改、相关司法解释的出台以及法学界对认罪认罚从宽制度研究的深入,关于"认罪认罚从宽制度适用于任何案件性质、诉讼程序类型,广泛存在于刑事诉讼过程中"[1]的观点在学术界和司法实务界均已达成共识。《认罪认罚从宽指导意见》第 5 条第 2 款规定对此进一步重申,"认罪认罚从宽制度没有适用罪名和可能判处刑罚的限定,所有刑事案件都可以适用,不能因罪轻、罪重或者罪名特殊等原因而剥夺犯罪嫌疑人、被告人自愿认罪认罚获得从宽处理的机会。但'可以'适用不是一律适用,犯罪嫌疑人、被告人认罪认罚后是否从宽,由司法机关根据案件具体情况决定"。2019 年《高检规则》明确规定,"认罪认罚从宽制度适用于所有刑事案件。人民检察院办理刑事案件的各个诉讼环节,都应当做好认罪认罚的相关工作"。也就是说,从制度规范层面来看,认罪认罚从宽制度适用于各类刑事案件。重罪案件、职务犯罪案件作为刑事犯罪中的类案,当然可以适用认罪认罚从宽这一基本制度。

本案中,尽管金某涉嫌受贿罪,并且可能判处 10 年以上有期徒刑或者无期徒刑,但若其自愿如实供述自己的罪行,承认指控的犯罪事实,愿意接受处罚,仍然可以适用认罪认罚从宽制度。

☐ 认罪认罚从宽制度在职务犯罪案件中的适用条件

《监察法》第 31 条规定:"涉嫌职务犯罪的被调查人主动认罪认罚,有下列情形之一的,监察机关经领导人员集体研究,并报上一级监察机关批准,可以在移送人民检察院时提出从宽处罚的建议:(一)自动投案,真诚悔罪悔过的;(二)积极配合调查工作,如实供述监察机关还未掌握的违法犯罪行为的;(三)积极退赃,减少损失的;(四)具有重大立功表现或者案件涉及国家重大利益等情形的。"

由此可知,监察机关向人民检察院提出从宽处罚建议的适用条件相较于《刑事诉讼法》第 15 条之规定更严格:一是强调被调查人认罪认罚行为的主动性;二是涉嫌职务犯罪的被调查人认罪认罚的,还要有"自动投案,真诚悔罪悔过""积极配合调查工作,如实供述监察

---

[1] 陈卫东:《认罪认罚从宽制度研究》,载《中国法学》2016 年第 2 期。

机关还未掌握的违法犯罪行为""积极退赃,减少损失""具有重大立功表现或者案件涉及国家重大利益等"四种情形之一的,才可由监察机关在移送检察机关时提出从宽处罚的建议,即被调查人必须同时具备"主动+认罪认罚+特定情形"的条件;三是监察机关向检察机关提出从宽处罚的建议采用了集体决策和上级审批的程序设计。

认罪认罚从宽制度在监察程序中的适用相对于刑事诉讼程序而言适用条件更严,那么对于监察机关未提出从宽处罚建议的职务犯罪案件,检察机关在审查起诉阶段能否依职权主动适用认罪认罚从宽制度?一方面,检察机关应充分尊重监察机关提出从宽处罚建议的权力。若检察机关认为监察机关的从宽处罚建议不适宜,应及时与监察机关沟通并充分听取其意见。另一方面,检察机关应坚持依法独立行使职权。对于监察机关未提出从宽处罚建议但检察机关认为可以适用认罪认罚从宽制度的案件,检察机关应及时向监察机关反馈,依法适用认罪认罚从宽制度。总而言之,监察机关的从宽处罚建议不是检察机关在职务犯罪案件中适用认罪认罚从宽制度的必然前提。

为提升认罪认罚从宽制度在职务犯罪案件中的适用比例和积极效果,检察机关需要充分发挥主导作用。一方面,检察机关在提前介入时应充分了解被调查人的认罪悔罪情况。本案中,检察机关在提前介入金某案件过程中,通过对安徽省监察委员会调查的证据材料进行初步审查,认为金某涉嫌受贿犯罪的基本事实清楚,基本证据确实充分。同时,金某到案后,不但如实交代了监察机关已经掌握的受贿170余万元的犯罪事实,还主动交代了监察机关尚未掌握的受贿980余万元的犯罪事实,真诚认罪悔罪,并已积极退缴全部赃款,检察机关初步判定本案具备适用认罪认罚从宽制度条件。另一方面,积极推动认罪认罚从宽制度适用。职务犯罪案件进入审查起诉阶段后,检察机关享有依法独立且主动适用认罪认罚从宽制度的职权。在本案中,检察机关经全面审查认定,金某受贿案数额特别巨大,在安徽省医疗卫生系统有重大影响,但其自愿如实供述自己的罪行,真诚悔罪,愿意接受处罚,全部退赃,最后依法决定适用认罪认罚从宽制度办理。

■ 理论阐释 | 监察法与刑事诉讼法的关系

□ 监察法与刑事诉讼法的位阶关系

2018年3月通过的《监察法》标志着党中央关于深化国家监察体制改革的部署取得了重大战略成果,同时深刻地影响和改变了刑事司法权力的关系和配置。对于职务犯罪而言,"侦查部门侦查—检察机关审查起诉"传统追诉模式被"监察机关调查—检察机关审查起诉"的新范式所替代。[2]

"任何法律规范都不是独立存在的,任何具体规范都是整个法律秩序之一部分,换言之,它在一部法律或与其他法律的许多法律规范都存在内部与外部的紧密联系。""法律制

---

[2] 参见李奋飞:《"调查—公诉"模式研究》,载《法学杂志》2018年第6期。

度的阶梯结构表明了法律渊源的等级性。上位阶的法律规范优于下位阶的法律规范。"[3] 亦即由低到高的单向度封闭性的法律位阶体系确保了法律规范体系的有序性和权威性。

《宪法》和《立法法》均将法律分为由全国人民代表大会制定的基本法律和由全国人民代表大会常务委员会制定的一般法律。从《监察法》和《刑事诉讼法》的立法权限与立法程序看，两者均是根据《宪法》由全国人民代表大会制定的基本法律，其法律效力仅次于宪法，而高于一般法律、行政法规、地方性法规和各种规章。因此从法理上讲，《监察法》与《刑事诉讼法》皆属于国家基本法律，是同位法，并无上下位之分，亦非从属关系。《立法法》第92条规定："同一机关制定的法律、行政法规、地方性法规、自治条例和单行条例、规章，特别规定与一般规定不一致的，适用特别规定；新的规定与旧的规定不一致的，适用新的规定。"因此，作为特别法和新法的《监察法》，在处理监察案件时原则上具有适用优先性。

□ 注重监察法与刑事诉讼法之间的衔接

《监察法》第 31 条确立的监察程序中的认罪认罚从宽制度没有明确"认罪""认罚"的具体含义，在认罪认罚的适用条件、程序、认罪认罚人的权利保障等方面和刑事诉讼程序中认罪认罚从宽的制度规范也存在较大差异。因此，应注重监察法与刑事诉讼法之间的衔接，推动认罪认罚从宽制度在监察活动与刑事诉讼活动领域的交融适用。

推动两法衔接关键在于认识到监察权及其运行规律的特殊性。具体到在监察活动中如何把握"认罪""认罚"的适用标准而言，其一，从监察机关调查权的权力范围来把握"认罪"的内容。《认罪认罚从宽指导意见》中对认罪认罚从宽制度中的"认罪"规定为"犯罪嫌疑人、被告人自愿如实供述自己的罪行，对指控的犯罪事实没有异议"。即所认之"罪"的范围是被指控的犯罪事实。而监察机关行使调查权的案件范围不但包括职务犯罪案件，还包括职务违法案件。同时，由《监察法》第 31 条第 2 款条文"积极配合调查工作，如实供述监察机关还未掌握的违法犯罪行为的"可知，监察程序中被调查人所认之"罪"的范围包括了职务违法事实与职务犯罪事实。因此监察程序中"认罪"的内容是指被调查人自愿如实供述自己的罪行，承认被指控的职务违法犯罪事实。其二，从尊重检察机关量刑建议权的角度来把握"认罚"的内容。刑事诉讼程序中的"认罚"是指犯罪嫌疑人、被告人真诚悔罪，愿意接受处罚，在侦查阶段表现为表示愿意接受处罚，在审查起诉阶段表现为接受检察机关拟作出的起诉或不起诉决定，认可检察机关提出的量刑建议，签署认罪认罚具结书。那么在监察阶段"认罚"一般需要被调查人真诚悔罪、愿意接受处分或者处罚即可。

具体到本案，在监察程序中，金某不但自愿如实供述了监察机关已经掌握的相关受贿的犯罪事实，并且主动交代了监察机关尚未掌握的受贿犯罪事实，即可认定金某具有"认罪"情节；金某通过积极退缴全部赃款的行为真诚悔罪，并表示愿意接受处罚处分，可认定其具有"认罚"情节。

---

3 [德]伯恩·魏德士：《法理学》，丁晓春、吴越译，法律出版社 2005 年版，第 65、123 页。

■ 扩展思考 │ 检察机关提前介入职务犯罪调查活动

《高检规则》第 256 条规定,"经监察机关商请,人民检察院可以派员介入监察机关办理的职务犯罪案件"。在提前介入阶段,检察机关可以就监察机关是否适用《监察法》第 31 条提出意见和建议。本案中,检察机关采取提前介入调查的方式,通过对安徽省监察委员会调查的证据材料进行初步审查,充分了解被调查人的认罪悔罪情况,为后续准确适用认罪认罚从宽制度奠定了基础。

检察提前介入监察的法理依据应为"法律监督论",即检察机关作为法律监督机关,对监察机关权力运行的合法性、规范性予以法律监督,这是由职务犯罪调查内外部监督的失衡、职务犯罪调查与刑事侦查的同质性以及检察机关法律监督权内涵的新发展所决定的。

检察机关提前介入职务犯罪调查的实践是当前监检关系中的一个缩影,实质体现出目前监察机关的职务犯罪调查权与检察机关的法律监督权之间的关系协调问题。对于检察机关提前介入职务犯罪调查这一机制的完善,可以遵循从理念到制度建构、从宏观到微观的系统化的路径。一是明确检察机关职务犯罪调查的法律监督地位。通过检察机关提前介入职务犯罪调查、退回补充调查等机制,形成检察机关法律监督权与监察机关犯罪案件调查权的衔接、协调。二是要明确监察程序中各项权能运行的界限。通过建立职务犯罪调查的立案程序,确立刑事诉讼起点,搭建起程序间的连接点,从而解决监察程序的综合运行,以及对职务犯罪调查融合所带来的程序衔接障碍。三是细化提前介入职务犯罪调查的机制建设,对于提前介入的案件范围、时机、检察机关的任务等予以明确。

061 法院径行不采纳量刑建议是否属于程序违法

苏某花开设赌场案

韩　旭　四川大学

■ 案情概要[*]

湖南省浏阳市人民检察院指控被告人苏某花开设赌场罪一案,检察机关提出的量刑建议为:对苏某花在有期徒刑8个月以上10个月以下判处刑罚,并处罚金。检察机关一并移送苏某花签署的认罪认罚具结书。浏阳市人民法院一审判决被告人苏某花犯开设赌场罪,判处拘役5个月,并处罚金人民币3000元。

宣判后,检察机关提起抗诉,称:法院在事先并未书面或口头征求检察院是否调整量刑建议的情况下径行在量刑建议幅度以下作出判决,违反《刑事诉讼法》第201条之规定。长沙市人民检察院支持上述抗诉意见。长沙市中级人民法院二审审理后认为,浏阳市人民法院量刑并无不当,径行作出判决,对当事人诉讼权利没有实质影响,保证了公正审判。裁定驳回抗诉,维持原判。

■ 法律分析

> **争议焦点**
>
> 法院不采纳检察机关提出的量刑建议,而径行作出判决,是否属于程序违法?法院若不采纳检察机关量刑建议是否应当通知检察机关调整量刑建议?

□ 审判权和检察权的属性

量刑建议权或者说求刑权属于检察权的范畴,而量刑权乃审判权的主要内容。对二者之间关系的理解需要结合公诉权和审判权的功能、性质进行分析。量刑建议权属于公诉权中求刑权的内容,公诉权具有主动性或者能动性,而审判权则属于消极性权力,具有被动性特点。量刑请求权又称求刑权,是指检察院请求法院对被告人处以刑罚的权力。刑事公诉权是检察院在刑事诉讼中对涉嫌犯罪的被告人向法院提出控告,请求认定犯罪、追究刑事责任的诉讼权利。公诉权可分为审查起诉权、起诉权、不起诉权、抗诉权等权能,其中起诉权

---

[*] 参见湖南省长沙市中级人民法院(2019)湘01刑终1280号刑事判决书。

在实体内容上可分为定罪请求权和量刑请求权。[1]"实体审判请求说"是当前日本关于公诉权性质的通说。[2] 可见,公诉权是一种请求权。

按照当前学界通说,公诉权的功能有两项:一是开启审判大门,并设定审判对象;二是树立辩护"靶子",明确控辩争点。[3] 无论如何,公诉权不具有预决功能。在控诉原则之下,审判者才有使案件之定罪和量刑问题"终局确定"的权力。[4] 由此可能导致公诉方指控的部分或者全部事实不能成立,从而使控方的量刑建议发生改变或者将全案宣告无罪。法院的审判权其实就是一种判断权,[5]对公诉权行使的结果进行判断。量刑建议则具有检察机关"求刑建议书"的属性。[6] 法院依法独立行使审判权原则,已为我国《宪法》《刑事诉讼法》《人民法院组织法》《法官法》所确立。法院的审判权包括定罪权和量刑权。如果量刑权受到掣肘,则独立的审判权将会被侵蚀。保障审判权的依法独立行使,建立公正高效权威的司法制度,是新一轮司法改革的目标。任何制度设计都不能与该目标相悖。在英国,量刑被看作法官的专有职权。检察官不可以提出量刑建议,即便是在辩诉交易的场合也不例外。[7]

□ 要求法院履行通知义务的缘由

检察机关为什么要求法院必须通知其进行量刑调整呢?主要有以下五个方面的原因:

第一,"检察主导"在审判阶段的反映。普遍认为,"检察主导"主要体现在认罪认罚案件中,检察机关的量刑建议更具有刚性,效力更强,对审判权的制约作用更大。最具有代表性的是"确定刑是原则,幅度刑是例外"的要求。在我国"分段包干"的诉讼体制下,检察机关在审前程序中发挥主导作用可以理解,但这种主导地位又必然扩张至审判程序中。要求法官通知检察官调整量刑建议,即属于"检察主导"在审判阶段的延伸。

第二,检察官、法官具有高度的同质化。在我国,检察官、法官被统称为"司法官",其选任条件、标准、程序均是统一的。新一轮司法改革中,各项改革措施法检两院"步调一致"也是极好的例证。法官、检察官至少地位平等,甚至检察官还高人一等。在这种情况下要求法官不采纳量刑建议前先"通知"一声,"沟通"一下,似可理解。

第三,"配合有余、制约不足"的司法惯性。虽然我国宪法和刑诉法规定的"分工负责、配合制约原则",但实践中已经异化为"配合原则"。基于前述的同质性,法检有一种天然的亲和力。既然讲"配合",那就需要彼此之间在量刑问题上进行配合,自然要求法院有"通知"检察院的义务。否则,各行其是,何有"配合"一说?

---

[1] 参见朱孝清:《论量刑建议》,载《中国法学》2010年第3期。
[2] 参见[日]田口守一:《刑事诉讼法》(第7版),张凌、于秀峰译,法律出版社2019年版,第233页。
[3] 参见[德]托马斯·魏根特:《德国刑事诉讼程序》,岳礼玲、温小洁译,中国政法大学出版社2004年版,第129页;林钰雄:《刑事诉讼法》,中国人民大学出版社2005年版,第44页。
[4] 参见林钰雄:《刑事诉讼法》,中国人民大学出版社2005年版,第45页。
[5] 参见陈瑞华:《司法权的性质——以刑事司法为范例的分析》,载《法学研究》2000年第5期。
[6] 参见陈瑞华:《论量刑建议》,载《政法论坛》2011年第2期。
[7] 参见陈岚:《西方国家的量刑建议制度及其比较》,载《法学评论》2008年第1期。

第四，绩效考核机制使然。检察系统目标考评中均将量刑建议采纳率作为考核指标，为了获得较高的采纳率，进而在业绩考评中获得较高分数，检察官自然希望量刑建议被采纳。要求法官在不采纳时履行通知义务，一方面加大了法官的工作量，另一方面可能或向检察官进行解释或者说明。这无疑是对法官独立量刑权的制约，促使法官在"可改"与"可不改"之间选择"不改"。

第五，一定程度上可以制约法官不采纳量刑建议。由于不采纳之后"通知"义务的烦琐程序，令法官需考虑不采纳的成本。尤其是当前法官、检察官对"量刑建议明显不当"的认识存在分歧的情况下，如此规定可以使那些不属于"明显不当""一般不当"量刑建议被采纳，如此可以提高量刑建议采纳率。

▣ 法院的态度

《认罪认罚量刑建议指导意见》第37条规定："人民法院违反刑事诉讼法第二百零一条第二款规定，未告知人民检察院调整量刑建议而直接作出判决的，人民检察院一般应当以违反法定程序为由依法提出抗诉。"《认罪认罚量刑建议指导意见》第37条是以《认罪认罚从宽指导意见》第41条为依据制定的，属于"贯彻型"条款。《认罪认罚从宽指导意见》第41条规定："人民法院经审理，认为量刑建议明显不当，或者被告人、辩护人对量刑建议有异议且有理有据的，人民法院应当告知人民检察院，人民检察院可以调整量刑建议。"由此认为该意见为法院设定了"告知"或者"通知"义务。然而，最高人民法院、最高人民检察院、公安部、国家安全部、司法部《关于规范量刑程序若干问题的意见》第23条规定："人民法院经审理认为，人民检察院的量刑建议不当的，可以告知人民检察院。""可以"一词是否表明法院也可以不用告知检察机关而直接改判。

法院系统人员认为，即便法院没有通知检察院调整量刑而径行判决，由此而产生的程序瑕疵也不应被认定为审判程序违法。[8] 一些法院甚至认为法院径行判决连程序瑕疵也难以成立。也有观点认为，法院通知检察院调整，并非法定义务，对法院径行作出判决的，不能认定为程序违法。[9] 还有观点认为："检察机关无论是否提出量刑建议，无论量刑建议是幅度刑还是确定刑，无论是否根据人民法院要求调整量刑建议，人民法院都应依审判职权根据查明的事实和情节作出决定并依法裁判。"[10] 既然检察官不提量刑建议，法官就可以独立作出判决，何况量刑建议明显不当。有学者甚至认为，这是检察权盲目扩张，部门本位主义的体现。有观点即认为，告知"调整"只是法院的工作程序，并非法定义务，法院可以不经告

---

[8] 参见最高人民法院刑事审判第一、二、三、四、五庭编：《刑事审判参考》（总第127辑），人民法院出版社2021年版，第29页。

[9] 参见李少平主编：《〈关于适用中华人民共和国刑事诉讼法的解释〉理解与适用》，人民法院出版社2021年版，第404页。

[10] 李勇：《坚持以人民为中心，为建设更高水平的平安中国提供强有力的刑事司法保障》，载《中国审判》2022年第7期。

知而直接变更量刑建议。[11]

▌ 理论阐释

随着"检察主导"地位的提出、认罪认罚从宽制度实施和企业合规不起诉的改革试点，"检察中心主义"正在逐渐形成，这必然会对法院的审判权构成挑战。从两种权力的配置看，公诉权与审判权固有同一性，更有差异性。量刑问题是一个复杂的系统工程，除需要考量犯罪的性质、情节外，还需要关注被告人的性格特征、成长经历、动机目的、犯罪后的态度和表现，等等。法官个人的经验也会影响量刑。受法官价值、信仰、观点和个性影响，量刑的不确定性会增加。[12] "量刑时经常要求法院作出裁量性判断。"[13] 虽然当前法院系统推行的"强制类案件检索"有助于实现"同案同判"，但法官的价值判断、个人经验等因素仍然发挥着不可替代的作用。由此决定检察官的量刑建议与法官的量刑裁判之间必然存在一定偏差。

如果我们承认法官在量刑上具有一定自由裁量权，就无须担忧求刑权与量刑权之间的差异。在我们没有理由相信检察官量刑技术更"高人一筹"的情况下，相信审判权对公诉权制约，坚持"审判中心主义"可能更安全，也较符合司法权行使的规律。毕竟法院开展量刑规范化改革已有十多个年头，而检察机关近几年伴随着认罪认罚从宽制度实施才开始关注量刑问题，长期以来就是"重定罪、轻量刑"。在笔者进行认罪认罚从宽制度实施状况调查中，不少法官反映检察官"同案不同提"的问题较为严重。法院通知检察机关调整量刑建议的案件多是要求其"往重处调整"，这也说明检察官为了让犯罪嫌疑人在具结书上签字、提高认罪认罚从宽制度适用率，从而完成目标考核任务，而一味"从宽"。认罪认罚从宽制度实施并没有突破"罪责刑相适应"的刑法基本原则。

《认罪认罚从宽指导意见》第 2 条即强调"坚持罪责刑相适应原则。办理认罪认罚案件，既要考虑体现认罪认罚从宽，又要考虑其所犯罪行的轻重、应负刑事责任和人身危险性的大小，依照法律规定提出量刑建议，准确裁量刑罚，确保罚当其罪，避免罪刑失衡"。如果检察官的量刑建议存在明显不当，那么法院径行改变无可厚非。否则，"通知"检察机关调整的司法成本会增加，如果检察机关不调整量刑建议，那这种"通知"岂非无效劳动？且法检过从甚密，也有失法院中立者角色，辩护方不免会有一种对法官不信任的"厚此薄彼"感觉。

▌ 扩展思考

通过查找和梳理文献资料，发现德国、丹麦、比利时、希腊、匈牙利、意大利、荷兰、葡萄

---

[11] 杨立新：《对认罪认罚从宽制度中量刑建议问题的思考》，载《人民司法》2020 年第 1 期。

[12] 参见［美］爱伦·豪切斯泰勒·斯黛丽等：《美国刑事法院诉讼程序》，陈卫东、徐美君译，中国人民大学出版社 2002 年版，第 183 页。

[13] ［日］松尾浩也：《日本刑事诉讼法》（下卷），张凌译，中国人民大学出版社 2005 年版，第 139 页。

牙、芬兰、瑞典等国和日本国法院均可以根据审判情况自行决定量刑,并径行作出裁判,而无须通知检察院调整量刑建议。也就是通知调整量刑建议并非前置程序。

  在德国,法院不受量刑建议的约束,许多法院倾向于作出稍低于检察官建议的判决,但是法院也可能作出比检察官量刑建议还严重的判决。丹麦的法院同样不受检察官量刑建议的约束,但是如果建议非常准确,法官将避免判处比检察官量刑建议更重的刑罚。在比利时,法官在量刑时不受公诉检察官量刑建议约束也是日常的司法实践。希腊的法院"法官或者法庭在判处刑罚时,不受公诉检察官的任何要求或者建议的约束"。匈牙利的法庭也不受检察官量刑建议的约束。意大利的检察官可以向法庭提出量刑建议,但是法庭并不受该意见的约束。在荷兰,"法官可以不受检察官量刑要求的约束,很明显法官实际上将检察官的量刑建议当作判处刑罚的一种意见"。葡萄牙的法官也不会受检察官量刑建议的约束。芬兰法官甚至可能会超出检察官量刑建议范围作出判决。瑞典法官判决同样不受检察官量刑建议的约束。[14] 在日本,对量刑问题,最终由法院作出判断,检察官的求刑虽发挥重要作用,但是对法院来说,求刑只不过是一个参考意见。[15] 既然上述各国检察官的量刑建议对法官均无约束力,那么法院在不采纳检察院的量刑建议时自然无须通知后者调整量刑建议。

---

[14] 参见[荷兰]皮特·J.P.泰克:《欧盟成员国检察机关的任务和权力》,吕清、马鹏飞译,中国检察出版社2007年版,第37~244页。
[15] 参见[日]松尾浩也:《日本刑事诉讼法》(下卷),张凌译,中国人民大学出版社2005年版,第139页。

062　法院径行变更认罪认罚案件指控罪名的处理

黄某等非法经营案

刘方权　福建师范大学

■ 案情概要[*]

福建省福州市连江县人民检察院指控,被告人黄某于 2017 年 7 月至 2018 年 1 月,购买假烟 3000 余条后转售,至被公安机关查获时共计销售金额 259605 元,尚未销售的假烟货值人民币 306894.89 元,构成销售伪劣产品罪。鉴于黄某系在缓刑考验期内重新犯罪,连江检察院建议判处黄某有期徒刑 2 年 11 个月,并撤销缓刑,新罪与前罪数罪并罚。黄某表示认罪,同意适用认罪认罚制度。

连江县人民法院受理本案之后,依法组成合议庭,适用简易程序,公开开庭审理了本案。法院认为,黄某销售假冒伪劣卷烟,其行为已经分别构成生产、销售伪劣产品罪、非法经营罪,根据《关于办理非法生产、销售烟草专卖品等刑事案件具体应用法律若干问题的解释》第 5 条的规定,行为人实施非法生产、销售烟草制品犯罪,同时构成生产、销售伪劣产品罪、非法经营罪的,依照处罚较重的规定定罪处罚。根据本案涉案货值分别认定非法经营罪的最高刑为 15 年,生产、销售伪劣产品罪的最高刑为 7 年,故应认定黄某的行为构成非法经营罪。判处黄某犯非法经营罪,判处有期徒刑 5 年 3 个月,并处罚金人民币 3 万元,与前罪的有期徒刑 1 年,并处罚金人民币 2 万元数罪并罚,决定执行有期徒刑 5 年 6 个月,并处罚金 5 万元。

■ 法律分析

争议焦点
法院变更适用简易程序审理的认罪认罚案件的罪名,被告人的辩护权如何实现?是否有违认罪认罚的自愿性?

---

[*] 参见福建省福州市连江县人民检察院连检执检刑诉(2018)2 号起诉书、福建省福州市连江县人民法院(2018)闽 0122 刑初 260 号刑事判决书。

◻ **法院变更罪名后被告人的辩护权如何实现**

法院是否有权变更检察机关指控的罪名是个老话题,曾因 1999 年 1 月的重庆"綦江虹桥垮塌案"引起了刑事诉讼法学界的高度关注。[1] 反对者认为法院变更检察机关指控的罪名不仅违反了"不告不理"原则,而且是对被告人辩护权的侵犯。[2] 而支持者则认为法院作为最终裁决机关,在"控、辩、审"三方结构中居于主导地位,既然有否定检察机关有罪指控的权力,当然也享有变更指控罪名的权力。[3] 最高人民法院 1998 年、2012 年、2021 年《刑诉法解释》均规定法院有权变更检察机关指控的罪名,只是先后表述略有差异。[4] 为回应理论界对法院变更指控罪名可能侵犯被告人辩护权的担忧,《刑诉法解释》明确,"人民法院应当在判决前听取控辩双方的意见,保障被告人、辩护人充分行使辩护权。必要时,可以再次开庭,组织控辩双方围绕被告人的行为构成何罪以及如何量刑进行辩论"。

而在认罪认罚从宽案件中,控辩双方不仅对指控的犯罪事实,而且对指控的罪名、量刑建议都已达成初步一致,因此法院变更指控罪名实质上否定的是认罪认罚从宽具结书的效力。如果说在非认罪认罚案件中,控辩双方还能够就法院变更后的罪名与量刑展开辩论,但在认罪认罚案件中,控辩之间没有分歧。质言之,当分歧不是存在于控辩之间,而是"控—辩—审"之间时,被告人的辩护权又该以何种方式来实现?[5]

◻ **法院变更指控罪名是否有违认罪认罚的自愿性**

虽然《刑诉法解释》第 347 条规定将"认罪"解释为"认事",即只需要犯罪嫌疑人、被告人承认指控的犯罪事实,而不需要"认法"。但从犯罪嫌疑人的行动逻辑而言,在"认罪"与"认罚"二者的关系上,往往是在认可了检察机关的量刑建议之后,即"认罚"之后才决定"认罪"的。甚至在某种程度上可以认为,对大多数犯罪嫌疑人而言,他更在意的是"罚"这一后果,至于检察机关指控何罪名(除了涉及个人道德品行的罪名,如强奸罪等性犯罪)可能并不太在意。但检察机关给出的量刑建议(对于犯罪嫌疑人而言,则是认罪的代价)都建立在确定的罪名基础之上。换言之,变更指控罪名则有可能改变对犯罪嫌疑人的量刑——而且还是高于检察机关建议的量刑,就如本案一样。

从刑事诉讼发展进程而言,犯罪嫌疑人、被告人确实曾经认罪了,但所认之罪是检察机

---

[1] 参见蒋石平:《论法院拥有变更指控罪名权——兼评綦江虹桥案法院变更罪名程序》,载《现代法学》2000 年第 3 期;周国均:《关于法院能否变更指控罪名的探讨》,载《法学研究》2000 年第 4 期。

[2] 参见江晓阳:《评人民法院变更指控罪名权》,载《人民检察》1999 年第 6 期。

[3] 参见周国均:《关于法院能否变更指控罪名的探讨》,载《法学研究》2000 年第 4 期。

[4] 《刑诉法解释》(1998 年)第 176 条第 2 项规定的处理方式为"应当作出有罪判决",但未明确是按检察机关指控的罪名,还是人民法院认定的罪名作有罪判决;《刑诉法解释》(2012 年)第 241 条第 1 款第 2 项进一步明确"应当按照审理认定的罪名作出有罪判决";《刑诉法解释》第 295 条第 2 项的表述有所变化,将"指控的罪名与人民法院审理认定的罪名不一致的"改为"指控的罪名不当的,应当依据法律和审理认定的事实作出有罪判决"。

[5] 或许这也是 2021 年修正后的《刑诉法解释》第 352 条针对认罪认罚案件中变更指控罪名作出了与非认罪认罚案件不同规定的原因,只是要求"人民法院应当听取人民检察院、被告人及其辩护人对审理认定罪名的意见"。

关指控之罪,所认之罚是检察机关建议之罚。在法院变更了检察机关指控的罪名,特别是变更后的罪名刑罚更重时,被告人如果不认可法院变更后的罪名(甚至有时候检察机关也不认可),还能继续适用认罪认罚从宽制度吗?法院认为可以,因此继续适用简易程序;被告人则以附理由的上诉表达了相反意思。或许从另外一个角度说明其此前的认罪是自愿的,但由于法院变更指控罪名之后加重了对其的刑罚,因此其不认了。针对这种情形,还能说被告人认罪认罚吗?

■ 理论阐释 | 法院变更认罪认罚案件指控罪名的隐忧

□ 法院变更指控罪名的决定是如何形成的

从刑事审判程序运行逻辑而言,案件性质认定是建立在法庭调查、质证、辩论,充分了解案件事实与证据之后的法律适用结果。本案适用简易程序,被告人黄某等对起诉书"指控的犯罪事实、罪名及量刑建议没有异议且签字具结,在开庭审理过程中亦无异议"。[6] 这意味着本案一审过程中控辩双方并未对本案的事实、证据、定罪、量刑等问题进行过实质性论辩。那么法院"指控的罪名与审理认定的罪名不一致的"结论是如何形成的——毕竟在简易程序下,法庭审理环节更多只具有形式意义。

有学者认为,鉴于简易程序简化举证质证,难以对案件事实进行有效的实质性审查,因此建议在现有制度框架下,于认罪认罚从宽案件的审理中,应当采取以庭前阅卷审查为主,辅之以庭审审查的方式。而且即使在普通程序中,庭审功能亦彰显不足,法官通过阅卷建立心证更是常态。[7] 从本案一审判决书上述内容看,有理由认为本案一审的裁判结论并非形成在法庭,而是庭后阅卷审查的结果。因为如果法院变更指控罪名的决定是在庭前阅卷审查中形成的,判决书的表述就不应是"对起诉书指控……无异议",而应是"对本院审理后认定的罪名无异议"。

《刑事诉讼法》第 201 条第 2 款、《刑诉法解释》第 353 条等相关规定明确,对于"人民法院经审理认为量刑建议明显不当的","人民检察院可以调整量刑建议",只有在"人民检察院不调整或者调整后仍然明显不当的",人民法院才"应当依法作出判决"。以法院对认为检察机关的量刑建议明显不当问题的处理为参照,法院对与检察机关指控罪名不一致问题的处理显得随意了许多,只是"听取人民检察院、被告人及其辩护人对审理认定罪名的意见",而不要求检察机关变更起诉,更不要求"再次开庭,组织控辩双方围绕被告人的行为构成何罪及如何量刑问题进行辩论"。如此是否有违"裁判理由形成在法庭"的以审判为中心的诉讼制度改革要求?

---

6 参见福建省福州市连江县人民法院(2018)闽 0122 刑初 260 号刑事判决书。
7 参见龙宗智:《认罪认罚案件如何实现"以审判为中心"》,载《中国应用法学》2022 年第 4 期。

□ **法院变更指控罪名，程序岂能"从简"**

"实体从宽、程序从简"基本上是各界对认罪认罚从宽案件处理的一个共识。但这一共识的前提是被告人的认罪认罚确属自愿、真实、合法，法院亦认可检察机关指控的罪名与量刑建议。然而现在实务和理论界似乎都忽略了这一点，也忽略了《刑诉法解释》第348条的规定，"对认罪认罚案件，应当根据案件情况，依法适用速裁程序、简易程序或者普通程序审理"。而是将认罪认罚从宽制度与速裁程序、简易程序之间画等号。

《刑诉法解释》第358条规定，"案件审理过程中，被告人不再认罪认罚的……需要转换程序的，依照本解释的相关规定处理"。[8] 具体到本案，在一审法院变更指控罪名之前，就如判决书所述"对指控事实、罪名及量刑建议没有异议且签字具结，在开庭审理过程中亦无异议"，法院适用简易程序审理似乎并无不当。但在法院将检察机关指控的销售伪劣产品罪变更为非法经营罪，从而导致被告人所面临的刑罚大幅加重之后，被告人还认罪认罚吗？一审判决书对此完全没有回应，但被告人以上诉表达了其真实意思——不再认罪认罚。

法院变更指控罪名，加重了被告人的刑罚，被告人不再认罪认罚，这是其正常反应。不可否认的是，被告人在法院变更指控罪名之前的认罪认罚在一定程度上降低了检察机关的指控难度，无论法院变更指控罪名后被告人是否仍然认罪认罚，给予其"实体从宽"的待遇都无不妥。但在法院变更指控罪名，加重刑罚之后，被告人显然不再认罪，特别是不再"认罚"的情况下，仍然"程序从简"，适用严重克减了被告人法庭调查、质证、辩论权利的简易程序，这实属不当。正如有学者在论及认罪认罚案件中法院改变量刑建议问题时所指出的那样，改变量刑应当遵守相关的正当程序，不告而知的径行判决，特别是从重处罚打破了被告人具结后的合理预期，形成了对控辩双方的突袭裁判，妨碍了被告人合法权利的行使，属于严重的程序违法。[9]

□ **法院变更指控罪名，检察机关"当抗则抗"**

《认罪认罚量刑建议指导意见》对于人民法院变更指控罪名，实质上带来了量刑结果重大改变的情形未作任何规定。具体到本案，由于一审法院系在法庭审理结束之后决定变更检察机关的指控罪名，根据《刑诉法解释》第352条的规定，充其量只是听取了人民检察院、被告人及其辩护人对审理认定罪名的意见，而未要求检察机关变更起诉，并组织控辩双方就变更后的罪名进行辩论，或者要求检察机关重新提出量刑建议，或者控辩双方重新进行协商，而是继续适用简易程序审理判决，从实质意义上而言，是对被告人辩护权的严重限制，甚至剥夺。

也许就实体法角度而言，本案检察机关指控被告人黄某犯销售伪劣产品罪，确属适用

---

8 如《刑诉法解释》第368条，简易程序转普通程序；第375条，速裁程序转普通程序或简易程序。
9 参见龙宗智：《认罪认罚案件如何实现"以审判为中心"》，载《中国应用法学》2022年第4期。

法律错误,一审法院依法变更指控罪名是正确的,甚至就如判决书中所述"被告人黄某到案后能如实供述自己的罪行,自愿认罪认罚,予以从轻处罚",但根据最高人民检察院《关于加强和改进刑事抗诉工作的意见》第 6 条之规定,对于人民法院在审判过程中剥夺或者限制当事人法定诉讼权利,可能影响公正裁判的,人民检察院应当提出抗诉和支持抗诉。[10]

■ **扩展思考** | 法院变更指控罪名宜同时变更审判管辖

此前关于法院变更指控罪名问题的讨论主要围绕控审分离原则与被告人辩护权问题,2012 年、2021 年的《刑诉法解释》相关制度设计似乎也在一定程度上满足了这些期待。但既有讨论与制度设计似乎都忽略了一个问题,即法院认为检察机关指控的罪名不当,或者与审理认定的罪名不一致,意味着法院对本案已经完成了实质性审理(查),对案件事实、证据、法律适用已经形成了预断。即便检察机关变更起诉,"再次开庭,重新组织控辩双方围绕被告人的行为构成何罪及如何量刑进行辩论",在案件事实、证据没有任何变化的情况下,这种再次开庭的重新辩论对被告人的辩护权究竟有多少实质性的意义?

笔者认为,《刑事诉讼法》第 239 条、第 256 条关于二审发回重审、按照审判监督程序由原审人民法院重新审判的案件应当另行组成合议庭之规定值得借鉴。对于法院认为检察机关指控的罪名不当,或者审理认定的罪名与检察机关指控的罪名不一致的,"再次开庭""重新组织辩论""简易程序转为普通程序"都只有形式意义,要有效地贯彻控审分离原则,确实维护被告人的辩护权,最好的制度安排便是变更管辖法院,由与原审人民法院同级的其他法院对本案进行审理。

---

[10] 当然,基于我国刑事诉讼法未区分有利于被告人的抗诉和不利于被告人的抗诉,尽管检察机关抗诉的目的或许是为了被告人的利益,但结果可能就如余某某案的二审裁判一样。本案二审裁定"原审宣判后,黄某对于自愿认罪认罚的指控事实和犯罪金额予以翻供否认,有违认罪认罚从宽的基本要求,鉴于上诉不加刑原则,本院对原判量刑予以维持"之说似乎提醒我们,如果检察机关以一审法院变更指控罪名,限制或者剥夺了黄某的辩护权为由同时提起抗诉,可能的结果就是撤销原判,依法改判——对黄某从重量刑。

063 刑事诉讼中的曲意释法｜违法审理的程序性后果

韩大某某故意杀人案

万　旭　成都大学

■ 案情概要*

青海省果洛藏族自治州中级人民法院于2020年7月8日作出(2020)青26刑初1号刑事判决书,认定被告人韩大某某于2019年10月16日21时许,在班玛县杀害马某,对其判处有期徒刑15年,剥夺政治权利5年。韩大某某不服,提出上诉。青海省高级人民法院依法组成合议庭,决定不开庭审理。

韩大某某及其辩护人辩称:原判认定韩大某某致死被害人的事实仅有供述,无其他证据印证,原判定性有误。案发后,韩大某某亲属已赔偿被害人亲属经济损失,并取得谅解,请求改判。其辩护人还辩称:一审期间公诉机关在辩护人律师不在场的情况下,让韩大某某签署认罪认罚具结书,违反诉讼程序,请求撤销原判,发回重审。

2020年11月13日,青海省高级人民法院作出裁定,认为韩大某某的上诉理由及其辩护人的辩护意见均不能成立,不予采纳,裁定"驳回上诉,维持原判"。

针对韩大某某签署认罪认罚具结书的争议,裁定书载明:"经查,在本案一审期间,公诉人于2020年4月20日在视频连线值班律师的情况下,向韩大某某告知认罪认罚制度及内容,在认罪认罚具结书中亦载明认罪认罚的内容,韩大某某在认罪认罚具结书中签署自愿签署声明的意见。且韩大某某在一审庭审中亦表示认罪认罚具结书系其自愿签署。根据《适用认罪认罚从宽制度的指导意见》第31条规定:'犯罪嫌疑人自愿认罪,同意量刑建议的程序适用的,应当在辩护人或者值班律师在场的情况下签署认罪认罚具结书。'本案被告人韩大某某在视频连线值班律师的情况下签署认罪认罚具结书并不违反相关规定,且其内容真实,符合法律规定。韩大某某辩护人的此节辩护意见不能成立,不予采纳。"

---

* 参见青海省高级人民法院(2020)青刑终34号刑事裁定书。

■ 法律分析

> **争议焦点**
>
> 一审期间公诉机关在辩护人律师不在场的情况下，让被告人签署认罪认罚具结书，是否违反诉讼程序？若确认违反诉讼程序，此情节是否构成《刑事诉讼法》第238条规定的"应当裁定撤销原判，发回原审人民法院重新审判"的违法审理情形？

第一，本案一审期间公诉机关在辩护人律师不在场的情况下，让韩大某某签署认罪认罚具结书，违反了《刑事诉讼法》第174条第1款。

《刑事诉讼法》第174条第1款规定："犯罪嫌疑人自愿认罪，同意量刑建议和程序适用的，应当在辩护人或者值班律师在场的情况下签署认罪认罚具结书。"《认罪认罚从宽指导意见》第31条是对刑事诉讼法规定的细化。若作孤立、平义的文理解释，此规定中"或者"一词似将辩护人与值班律师列为认罪认罚具结见证人的并列备选项，只要由其中之一见证具结即可满足规范性要求。青海省高级人民法院的二审裁判理由，正是采循该立场，确认本案一审程序合法。

问题在于，由于脱离了目的解释与体系解释的约束，对《刑事诉讼法》条文进行孤立、平义的文理解释极易异化为欠缺正当性的"曲意释法"[1]，对于《刑事诉讼法》第174条第1款这样的"或者条款"更是如此。一方面，从目的解释看，第174条第1款规定由律师在场见证具结书签署过程的规范目的，在于以此保障具结书签署的自愿性、真实性、合法性，进而确保认罪认罚的自愿性；之所以规定为"辩护律师或者值班律师在场"，则是意在为没有辩护人的被追诉人提供基本保障。[2] 对法律条款的解释不得背离条款的规范目的，否则就欠缺正当性。逻辑上讲，如果被追诉人已经委托辩护律师，且辩护律师明确反对认罪认罚，就足以表明本案认罪认罚的存在自愿性、真实性疑问，若辩护律师拒绝见证具结，更是用实际行动表达对认罪认罚的异议。此时，由值班律师代替辩护律师见证具结，实质是无视辩护律师异议引出的认罪认罚自愿性、真实性疑问，无疑导致第174条第1款的规范目的落空。[3]

另一方面，从体系解释看，对《刑事诉讼法》第174条第1款中"辩护律师或者值班律师在场"的解释，应受本法第36条第1款的体系约束。在同一部法律中，除非提供充足的变通

---

[1] "曲意释法"指"公、检、法机关利用其解释和适用刑事诉讼法的'话语权'，故意违背刑事诉讼法的立法原意曲解刑事诉讼法的条文内涵，对刑事诉讼法作出有利于自己却不利于辩方的解释，以扩张自身权力并压缩辩护权行使的空间抑制辩护权的行使"。参见万毅：《"曲意释法"现象批判——以刑事辩护制度为中心的分析》，载《政法论坛》2013年第2期。

[2] 参见李寿伟主编：《中华人民共和国刑事诉讼法解读》，中国法制出版社2018年版，第416～423页。

[3] 青海省高级人民法院似乎是将韩大某某认罪认罚具结书"内容真实"作为判定值班律师见证具结"符合法律规定"的理由之一，这无疑颠倒了律师见证与认罪认罚真实性的关系，与《刑事诉讼法》第174条第1款的规范目的相互抵牾。其实，在一审庭审中，由于辩护律师强烈反对认罪认罚，法庭确认韩大某某不认可2020年4月30日签署的具结书后，根据庭审视频，已经当庭宣布本案不再适用认罪认罚从宽制度审理。这在客观上已经否定了具结书内容的真实性。（需要说明的是，本文写作时，庭审直播网已将本案一审庭审视频下架）

理由,否则,对分则条文的解释应受总则条文约束,是体系解释的基本法理。[4] 第 36 条第 1 款位于本法第一编"总则"第四章"辩护与代理",第 174 条第 1 款位于第二编"立案、侦查和提起公诉"第三章"提起公诉"。根据第 36 条第 1 款的规定,"犯罪嫌疑人、被告人没有委托辩护人"且"法律援助机构没有指派律师为其提供辩护"是值班律师为被追诉人提供法律帮助的前置条件。显然,对第 174 条第 1 款的平义解释结论无法与第 36 条第 1 款相协调——正确的做法是进行限缩解释,将"辩护律师或者值班律师在场"由任意选择关系限定为附条件选择关系,即只有在没有辩护律师的情况下,才能由值班律师见证具结。

诚然,理论上讲,"法律体系上的地位,仅为解释法律的一项方法,并非绝对,仍须斟酌其他因素决定之"。[5] 但就第 174 条第 1 款而言,并不存在突破体系解释而采孤立平义解释的变通理由。相反,从解释结论的适用后果看,孤立的平义解释导致值班律师"可以"代替辩护律师见证具结,客观上妨碍后者进行有效辩护,相应地减损律师见证对认罪认罚真实性、自愿性的保障效果,进而损害了个案的程序公正性。

第二,本案一审违反《刑事诉讼法》第 174 条第 1 款,但不构成《刑事诉讼法》第 238 条规定的"应当裁定撤销原判,发回原审人民法院重新审判"的违法审理情形。

《刑事诉讼法》第 238 条规定了对第一审人民法院违法审理的程序性法律后果。结合文理解释、目的解释与体系解释,一审法院违法审理导致发回重审有两类情况:一类是涉及明确规定的四种情形,因而当然发回重审;另一类是不属于明文规定的四种情况,须由二审法院裁量权衡是否发回重审。本案一审期间违反《刑事诉讼法》第 174 条第 1 款的情况,就属于后者。

二审法院需要权衡判断一审违法审理情况是否"剥夺或者限制了当事人的法定诉讼权利,可能影响公正审判"。就本案而言,一审期间公诉机关在辩护人律师不在场的情况下,让韩大某某签署认罪认罚具结书,不仅妨碍辩护律师为韩大某某提供有效辩护,而且突破了刑事诉讼法为认罪认罚自愿性、真实性设置的必要程序保障,无疑属于对当事人法定诉讼权利的限制。可见,本案是否应当发回重审,关键在于这种对当事人法定诉讼权利的限制是否"可能影响公正审判"。

对是否影响公正审判的裁量标准,既要考虑违法审理情形对裁判结果的影响,也要考虑其对诉讼过程的影响。就前者而言,本案中,违反《刑事诉讼法》第 174 条第 1 款的直接"收获"是韩大某某的认罪口供。本案中,韩大某某的供述是唯一直接、详细证明其作案过程的证据,如果一审法院将韩大某某认罪口供作为定案证据,显然就对裁判结果产生重大影响。不过,本案一审庭审中,在辩护律师明确反对认罪认罚、质疑 2022 年 4 月 20 日具结程序合法性,且确认韩大某某本人也不接受认罪认罚的情况下,法院已经明确宣布案件不再适用认罪认罚从宽制度。换言之,违法具结形成的认罪供述并非一审定案证据,因此,一审程序违法并未通过对裁判结果的影响而损害公正审判。

---

[4] 参见张明楷:《刑法分则的解释原理》(第 2 版),中国人民大学出版社 2011 年版,第 59 页。
[5] 王泽鉴:《法律思维与民法实例》,中国政法大学出版社 2001 年版,第 224 页。

就后者而言，本案中，违反《刑事诉讼法》第 174 条第 1 款的情况虽然发生在一审期间，但实际是在庭审之前。在一审庭审伊始，辩护律师就对此程序争议提出异议，且一审法院充分听取了控辩双方意见，当庭确认了韩大某某本人对认罪认罚的态度，比较充分地释明了相关法律规定，并决定本案不再适用认罪认罚从宽制度，而依照普通程序进行审理。换言之，一审法院已经采取了比较充分的措施，较为有效地调和了开庭前发生的程序性违法对审判公正性的不利影响。特别值得注意的是，没有将韩大某某的认罪供述作为定案证据，仅将韩大某某其他供述作为定案证据之一，本身也是对程序性违法不利影响的调和措施。因此，一审程序违法对本案诉讼过程的影响也不至于损害公正审判。

■ 理论阐释

程序性违法可能导致程序性法律后果，引发以"宣告无效"为核心内容的程序性制裁。由于程序性制裁过于刚性，具体适用的成本较高，不可能"一刀切"地全面适用。因此，需要基于程序性违法的性质和严重程度，设置层次化的程序性法律后果体系，将程序性制裁的适用限定在必要范围内。[6]

韩大某某案涉及的《刑事诉讼法》第 238 条具有特殊性，其并未对一审法院违法审理行为设置层次化的程序性法律后果，而只是就"撤销原判，发回重审"这一程序性制裁的适用情形予以类型化规定。具体而言，在规定了四种当然适用"撤销原判，发回重审"的违法审理情形之基础上，"考虑到在司法实践中违反诉讼程序可能影响正确判决的情况比较复杂，难以全部列举……又规定了第五项'其他违反法律规定的诉讼程序，可能影响公正审判的'作为补充，赋予第二审人民法院根据案件情况有一定的裁量权"。[7]

由于缺乏折中的程序性法律后果，实践中二审法院在权衡裁量时极为审慎、保守，"可能影响公正审判"被实质性地解释为"可能极其严重地影响公正审判"。当个案判断争议较大时，为了"避免"得出发回重审的判断结论，二审法院甚或不惜曲意释法——本案就是如此。从操作性角度看，二审法院之所以不能很好地处理权衡裁量问题，很大程度是因为无论立法还是司法解释都没有为"剥夺或者限制了当事人的法定诉讼权利，可能影响公正审判"提供具体的审查基准。理论上通常认为，"可能影响公正审判"不同于"可能影响案件正确处理"，因此不能从裁判结果，而只能从诉讼过程上展开权衡，[8]这无疑又强化了裁量权衡的抽象性、主观性与不确定性。

探索相对客观化、更具可操作性的裁量审查基准，有助于减少二审法院在适用《刑事诉讼法》第 238 条时曲意释法。就此而言，有必要检讨反对将对裁判结果之影响视为裁量因素的一般观点。其实，大量刑事程序规则的规范目的并不仅限于（甚至主要不在于）保障被

---

[6] 参见陈瑞华：《程序性制裁理论》（第 3 版），中国法制出版社 2017 年版，第 98～187 页。
[7] 李寿伟主编：《中华人民共和国刑事诉讼法解读》，中国法制出版社 2018 年版，第 593 页。
[8] 参见陈瑞华：《对违法审判行为的程序性制裁》，载《兰州大学学报（社会科学版）》2017 年第 1 期。

追诉人的诉讼权利,而是同时关注(甚至主要聚焦于)提升事实认定准确率,仅此一点,就足以支持将对裁判结果的影响接纳为裁量因素。

■ 扩展思考

需要关注《刑事诉讼法》中的"或者条款"。从文义上看,"或者"可能标识前后内容的选择关系或并列关系。选择型"或者条款"具有赋权性质,赋予特定主体对某些规范要素(通常是实现特定法律效果的前置条件)一定的选择适用权限。《刑事诉讼法》第174条第1款中"在辩护人或者值班律师在场的情况下"即表选择关系。并列型"或者条款"中或者的作用类似顿号、分号,能够简化条文修辞,在避免条文冗长的同时保证规定周延。《刑事诉讼法》第9条第2款中"在少数民族聚居或者多民族杂居的地区"即表并列关系。

选择型"或者条款",或者前后内容大多可转换为动宾结构,如《刑事诉讼法》第174条第1款中,或者前后内容可转换为,"让辩护人在场"和"让值班律师在场"。再如,《刑事诉讼法》第56条第1款中,"应当予以补正或者作出合理解释",可转换为"应当补正证据瑕疵"和"应当合理解释证据瑕疵"。并列型"或者条款",或者前后内容大多指称某种事实状态。如《刑事诉讼法》第9条第2款中,或者前后内容就指两种事实状态。又如,《刑事诉讼法》第177条第2款中,"依照刑法规定不需要判处刑罚或者免除刑罚的",也是指称两种事实状态。

正如韩大某某案揭示的,对"或者条款"的文理解释必须受目的解释、体系解释之约束。此处再以《刑事诉讼法》第183条第1款为例——基于体系解释,"应当由审判员三人或者由审判员和人民陪审员共三人或者七人组成合议庭"不得被解释为基层人民法院、中级人民法院对合议庭组成模式有不受限制的选择权,否则将导致《人民陪审员法》第16条的规定被架空;基于目的解释,第183条第1款的规定本就意在实现刑事诉讼法与人民陪审员法的衔接。

"或者条款"之所以容易被曲解,必须受目的解释、体系解释之约束,部分原因在于"或者条款"自身的功能局限。选择型"或者条款",在发挥赋权功能的同时,自身不具备框定解释边界的能力;至于并列型"或者条款",在发挥简明、周延规定功能的同时,无法标识自身究竟属于对若干事实状态做强调、提示的注意规定,还是对条文适用范围作明文限定的限制性规定,甚或是属于法律拟制规定。

064 "一般应当"和"明显不当"的法教义学分析
丁某盗窃案与沈某危险驾驶案

魏化鹏 上海政法学院

■ 案情概要[*]

案例一

被告人丁某因盗窃罪认罪认罚,上海市 J 区人民检察院依法提出有期徒刑 7 个月的量刑建议,J 区人民法院最终判处拘役 6 个月。J 区人民检察院遂提出抗诉,上级检察机关支持抗诉。J 区人民检察院抗诉认为,原判忽视了被告人的主观恶性和因盗窃被多次判处刑罚的事实,未认定被告人构成累犯,系适用法律错误,量刑明显不当;本案系认罪认罚案件,检察机关的量刑建议无明显不当,而一审法院未予采纳,有违刑事诉讼法规定。

二审裁定认为,检察机关量刑建议仍属于求刑权范畴,定罪量刑仍由法院决定,且一审法院未采纳原公诉机关提出的量刑建议,不属于可能影响公正审判的情形,裁定驳回抗诉,维持原判。

案例二

被告人沈某因醉酒型危险驾驶罪认罪认罚,上海市 Q 区人民检察院依法提出拘役 2 个月,并处罚金人民币 2000 元的量刑建议,被告人对指控事实、证据、罪名及量刑建议没有异议且签字具结,在开庭审理过程中亦无异议,Q 区人民法院最终判处拘役 2 个月,缓刑 5 个月,并处罚金人民币 2000 元。Q 区人民检察院遂提出抗诉,上级检察机关支抗。Q 区人民检察院抗诉认为,被告人酒驾时醉酒程度严重(100 毫升血液乙醇含量 192 毫克),不属于犯罪情节较轻,原审法院适用缓刑,属于法律适用错误。上级检察机关认为,原审法院对被告人适用缓刑,导致量刑明显偏轻。

二审裁定认为,原审判决认定的事实清楚,证据确实、充分,定罪正确,适用法律准确,量刑适当,且审判程序合法,裁定驳回抗诉,维持原判。

---

[*] 案例一丁某盗窃案参见上海市嘉定区人民法院(2019)沪 0114 刑初 293 号刑事判决书、上海市第二中级人民法院(2019)沪 02 刑终 619 号刑事裁定书;案例二沈某危险驾驶案参见上海市青浦区人民法院(2019)沪 0118 刑初 1612 号刑事判决书、上海市第二中级人民法院(2020)沪 02 刑终 211 号刑事裁定书。

■ 法律分析

> **争议焦点**
> 上述两个案例的争议焦点是量刑建议的效力问题。

之所以选择上述两个案件作为分析对象,主要是考虑到认罪认罚从宽制度对刑事司法理论和实践的巨大影响。时至今日,90.5%的刑事一审案件适用认罪认罚从宽制度。[1] 随着认罪认罚从宽制度的不断铺开,其问题也越发凸显,比如值班律师制度的虚化,值班律师已沦为具结书的见证人,速裁程序适用率较低,量刑的协商因素不足,量刑建议的质效有待提高,等等。但其中对认罪认罚从宽制度冲击较大的,还是法检两家对《刑事诉讼法》第201条"一般应当"和"明显不当"理解存有差异,进而表现为法院不认可检察机关的量刑建议,对检察机关的量刑建议进行变更。特别是变更确定刑的量刑建议,这就会让被告人无所适从:明明和检察机关签署了具结书,双方基于自愿,但法院在量刑时却进行了变更。如果法院的判决重于量刑建议,被告人会觉得检察机关言而无信;如果法院判决轻于量刑建议,被告人甚至会后悔当初的认罪认罚。

回溯到上述两个案例,两者反映的共性是法检对量刑问题认识不一,检察机关在一审判决作出后随即进行了抗诉,上级检察机关均支持抗诉,但二审法院均驳回抗诉,维持原判。具体而微,案例一是一审法院没有采纳检察机关的确定刑量刑建议,案例二是一审法院变更了刑罚执行的方式,由实刑变更为缓刑。由此可见,诉判不一在认罪认罚从宽制度实践中的表现主要体现在量刑上,但量刑的差异并不大,有时就是几个月,原因何在?需要我们认真的思考。刑罚执行方式的变更,是否属于改变检察机关的量刑建议?法院改变量刑建议是否需要遵循《刑事诉讼法》规定的调整量刑建议相关程序要求?以上的这些问题,归根结底就在于法检两家对《刑事诉讼法》第201条"一般应当"和"明显不当"之含义的理解不一。下文尝试用法教义学的方法对其进行界说。

■ 理论阐释 | "一般应当"和"明显不当"的法教义学分析

□ 法教义学视野中的"一般应当"

《刑事诉讼法》第201条规定,除5种法定情形外,"对于认罪认罚案件,人民法院依法作出判决时,一般应当采纳人民检察院指控的罪名和量刑建议","人民法院经审理认为量刑建议明显不当,或者被告人、辩护人对量刑建议提出异议的,人民检察院可以调整量刑建议。人民检察院不调整量刑建议或者调整量刑建议后仍然明显不当的,人民法院应当依法作出判决"。随后,《认罪认罚从宽指导意见》进一步规定,犯罪嫌疑人认罪认罚的,人民检察院一般应当提出确定刑量刑建议,对新类型、不常见犯罪案件、量刑情节复杂的重罪案件

---

[1] 参见戴佳:《今年1月至9月认罪认罚从宽制度适用率达90.5%》,载《检察日报》2022年10月15日,第1版。

等,也可以提出幅度刑量刑建议。

由此可见,在认罪认罚从宽的案件中,法院原则上应当采纳检察机关的量刑建议,如果法院认为量刑建议明显不当,应当建议检察机关对量刑建议进行调整,如果人民检察院拒不调整,或者调整后人民法院仍觉得明显不当,可以作出与量刑建议不同的量刑裁判。从法条和相关司法解释可以解读出,认罪认罚从宽案件,检察机关在被告人自愿认罪认罚的基础上,作出的量刑建议,对法院的量刑裁判具有拘束力而非参考力,但法院也不需要一味迎合量刑建议,若不采纳量刑建议,需要履行一定的程序,径行作出不一致的量刑裁判有违立法本意。

结合文初案例分析,案例一中的法院没有采纳检察机关量刑建议,理由是认为丁某不构成累犯,法律依据是对本次犯罪判处拘役而非有期徒刑。笔者认为,暂且不论法院的量刑裁判是否公允,仅就拘役刑的顶格处罚,进而作出被告人不构成累犯的判断,就有技术操作之嫌。丁某此前因盗窃行为被多地行政和司法机关作出过多次行政处罚和判处刑罚,属于盗窃惯犯,其主观恶性不可谓不大,且裁判之于量刑建议,仅少了 1 个月,本案不存在 5 种法定影响司法公正的情形,法院不采纳检察机关的量刑建议,是否遵循了"一般应当"的法律规定,显而易见。从法教义学的角度来说,"一般应当"就是排除 5 种可能影响司法公正的法定情形,法院应当采纳检察机关的量刑建议,此时的采纳,针对检察机关确定刑的量刑建议而言,不仅包括主刑的刑种、刑期,还包括附加刑,罚金刑,以及刑罚的执行方式。详见《认罪认罚量刑建议指导意见》第 12 条。

何为量刑建议"明显不当"

对于何为量刑建议"明显不当",实践中认识有分歧。根据《刑事诉讼法》第 201 条的规定,量刑建议"明显不当"是法院不采纳量刑建议的理由之一,相关法律对量刑建议"明显不当"的定义及具体情形均没有明确规定。是否属于"明显不当"存在主观判断的因素,基于上述主客观方面的原因,导致检法人员对"明显不当"的认识不一致。

例如,在危险驾驶罪中,量刑基础原本就不高,若出现量刑幅度差为 15 日,是否属于"明显不当",有待斟酌。基于"明显不当"认识的分歧,法院不采纳检察机关量刑建议的情况时有发生。在认罪认罚从宽制度的实践中,常会出现这样一种情形,检察机关建议判处实刑,被告人认罪认罚的状态在庭审阶段也未发生变化,一审法院也采纳了检察机关认定的事实、证据和罪名,但在不说明理由和依据,也未通知检察机关调整量刑建议的前提下,径行改判缓刑,如上文的案例二所示。因法院对检察机关量刑建议有不同认识,对此抗诉缺乏明确的法律支撑,上级检察院支持抗诉后往往会被上级法院驳回。实务中的这些问题,如不加以有效的应对,势必影响认罪认罚从宽制度的顺畅运行。

法院不采纳量刑建议,主要体现在不采纳量刑上,对事实和罪名很少有异议。如果从法律层面找依据,排除个案中的 5 种法定情形,法院不采纳量刑建议的理由只能是认为量刑建议"明显不当"。量刑建议是否"明显不当"是主体之于客体的一种主观判断,没有可供遵循的客观标准,容易造成"公说公有理,婆说婆有理"的尴尬局面。那么,对"明显不当"进行法教义学分析就显得尤为重要。

《刑诉法解释》第354条规定:"对量刑建议是否明显不当,应当根据审理认定的犯罪事实、认罪认罚的具体情况,结合相关犯罪的法定刑、类似案件的刑罚适用等作出审查判断。"可见最高人民法院已经意识到此问题的重要性,试图量化"明显不当"的评价标准。结合上文案情,案例二中法院对检察机关认定的犯罪事实无异议,被告人认罪认罚一直很稳定,相关犯罪,即醉酒型危险驾驶罪量刑主要依据血液酒精含量高低以及醉酒后驾驶的具体情况,虽未造成人员伤亡和财物损毁后果,但192毫克/100毫升血液的乙醇含量,并非"情节较轻"。检察机关量刑建议是2个月拘役实刑,法院一审判决改为缓刑5个月,由实刑到缓刑,表面上看是刑罚执行方式的变更,实则减轻了刑罚。那么检察机关的量刑建议是否"明显不当",足以让法院改变刑罚执行方式?如果我们认可量刑建议"明显不当",那就意味着被告人的犯罪情节较轻,不足以判处实刑,其实,被告人血液中的乙醇含量是客观证据,再结合醉酒型危险驾驶罪的法定刑、该地区类似案件的刑罚适用,就不难作出准确判断。

"明显不当"的法教义学内涵应当是,法官通过对案件事实进行审查判断,结合被告人的认罪认罚具体情况,参照个案犯罪的法定刑,比对同时期、同地区类似案件的刑罚,对量刑建议是否恰当作出的一种判断。若该案的量刑建议畸轻畸重,出现重罪轻判或轻罪重判的情况,严重影响了个案的司法公正,则属于"明显不当"范畴。

法院改变量刑建议是否需要遵循法定程序

根据《刑事诉讼法》第201条第2款之规定,如果法院认为检察机关的量刑建议"明显不当",应告知检察机关予以调整,再根据检察机关是否调整或调整后的情况,决定是否采纳量刑建议或依法作出判决。也就是说,法院告知调整是作出不同于量刑建议判决的一项前置程序,应当遵守。据实证研究表明,一审法院处理此问题的方式主要有三种:一是直接在判决书中记录对检察机关量刑建议不予采纳,但未就不采纳原因作任何说明,此类情形居多;二是法官口头建议检察机关调整量刑建议,并在判决书中予以记录说明;三是向检察机关发出书面《建议调整量刑建议函》,并在判决书中对相关情况进行说明。实践中对检察机关量刑建议不予采纳的程序处置上,存在因法官而异的问题,程序上随意处置的问题一定程度存在。

如前所述,法院认为量刑建议明显不当,检察机关可以调整量刑建议。对于检察机关不调整量刑建议,或者检察机关调整后的量刑建议仍然明显不当的,法院则应当根据审查情况依法作出判决。但上述规定较为原则,实际操作标准有待完善。主要表现在两方面:一是法院告知的程序性规定缺失。上述规定虽然赋予了检察机关的量刑建议调整权,但对于法院如何告知检察机关调整量刑建议、作出判决时说明不采纳理由等程序性规定缺失,导致实践中法院出现书面告知、口头告知、直接作出判决等处置不一的情形。二是"明显不当"的客观审查标准缺失。对于哪些情形属于"明显不当"尚无明确法律规定。但同时,审查标准的缺失,也极易导致适用标准因人而异、难以统一。故而,应着力构建法院改变量刑建议的法定程序,作为法院作出异于量刑建议之刑事裁判的前置程序,以利于纾解量刑建议权和裁判权之间张力,同时能让被告人对量刑改变有清楚认知。

■ 扩展思考 | 检察机关审前主导与庭审中心主义

检察机关在认罪认罚从宽案件中的自我定位是"审前主导"。笔者认为,审前主导不是"审前领导",也不是检察机关一家独大,而是在认罪认罚具结书的签署上,程序运行的调试上,法律规范的指引上,检察机关在审前的责任和义务必须认真履行。如果被告人的认罪认罚是在非自愿或者供述内容不真实的基础上作出的,那么后果远不止个案公正与否这么简单。这有可能侵害到刑事司法体系的根基。检察机关的责任重于权力,依法能动履职,适应新时代国家治理更高要求,促进国家治理体系和治理能力现代化,都是审前主导的应有之意。

笔者认为,庭审中心主义与检察机关审前主导并不冲突。在认罪认罚从宽案件中,被告人自愿认罪认罚,程序相对简化,庭审对抗性减弱,控辩双方从对抗到合意,从博弈到协同,作为作出裁决的法庭而言,最为核心的工作是审查认罪认罚的自愿性和真实性,即赖以作出最终裁决的事实基础是否存有瑕疵和疑问。此时的庭审中心主义,和适用普通程序审理的不认罪案件之庭审中心,已发生实质性的变化。

只有检察机关履行了审前主导,法院才能把庭审中心落到实处;只有检察机关把审前工作做得更为扎实,充分发挥侦查监督职能,庭审才能真正地发挥定分止争的作用。法检两家,在认罪认罚从宽案件中,最终的目的只有一个,认真对待事实、尊重法律,给予被告人合理合情合法的判决,让被告人感受到法律的温度,减少社会对立面,争取达成被告人认罪服法,案结事了之功效。

065 一审在量刑建议幅度外径行判决│二审的处理规则

邓某某危险驾驶案

吕泽冰　四川轻化工大学

■ **案情概要**[*]

原审被告人邓某某因涉嫌危险驾驶罪,由四川省德阳市中江县人民检察院向中江县人民法院提起公诉。由于被告人自愿认罪认罚,并签署了具结书,公诉机关依法提出量刑建议,建议一审法院对被告人适用缓刑。

一审法院认为,公诉机关指控被告人犯危险驾驶罪的事实清楚、证据确实、充分,指控罪名成立。归案时,被告人能如实供述犯罪事实,在审理中亦自愿认罪,对其依法可以从轻处罚。但被告人逆行、致多人受伤、交强险脱保,且未对被害人造成的物质损失进行赔偿、未取得被害人谅解,犯罪情节较严重,量刑时可酌情从重处罚。该院据此认为公诉机关量刑建议不完全适当,对其未予采纳,并判决邓某某犯危险驾驶罪,拘役6个月,并处罚金3000元。

宣判后,原公诉机关中江县人民检察院以"一审判决程序违法,适用法律错误,量刑明显不当"为由,就刑事部分提出抗诉。德阳市人民检察院出庭支持抗诉的检察员发表了与抗诉意见相同的意见。抗诉意见认为:(1)一审法院未采纳量刑建议,未依法说明理由和依据,也未依法告知人民检察院调整量刑建议,属程序违法。(2)原判将"逆行、交强险脱保、致多人受伤、未赔偿被害人损失"作为对被告人酌情从重处罚情节,属重复评价,且赔偿被害人的损失属于酌定从轻处罚情节,被告人未履行全部赔偿责任,可不对其从轻处罚,但不能从重处罚,一审适用法律错误。(3)被告人赔偿了三名被害人医药费,且具有坦白情节,在审查起诉阶段签署了认罪认罚具结书等,原判量刑明显不当。

二审法院审理后认为:一审法院认定罪名正确,被告人行为构成危险驾驶罪。被告人醉酒后在道路上驾驶机动车造成交通事故,且负事故全部责任,应予从重处罚。被告人到案后如实供述罪行,属坦白,并自愿认罪认罚,依法可从轻处罚。一审法院在未向人民检察院提出量刑不当异议,又未说明不采纳理由和依据的情况下径行作出判决,属于审判程序违法,该抗诉意见成立;被告人的行为系占道行驶,不属于逆行,且被告人案发后已赔付被害人医疗费等部分损失,一审法院错误认定部分事实并将其作为酌情从重处罚情节不符合

---

[*] 参见四川省德阳市中级人民法院(2020)川06刑终77号刑事判决书。

法律规定,最终导致对被告人邓某某的量刑不当,该抗诉意见部分成立。

综上所述,二审法院认为原判部分事实错误、量刑不当,将原判决改判为:被告人邓某某犯危险驾驶罪,判处拘役3个月,并处罚金3000元。

■ 法律分析

> **争议焦点**
>
> 一审法院认为认罪认罚从宽制度之下的量刑建议明显不当,但既不告知检察机关不采纳理由,也不向其提供调整量刑建议机会,而是选择在幅度外径行作出判决,该做法是否合法?

根据《刑事诉讼法》第201条的规定,对于认罪认罚案件,法院"一般应当"采纳检察机关指控的罪名和量刑建议,但法定情形下法院有权不采纳。这包括三种情形:一是出现第201条第1款但书规定的五种情形,也即"(一)被告人的行为不构成犯罪或者不应当追究其刑事责任的;(二)被告人违背意愿认罪认罚的;(三)被告人否认指控的犯罪事实的;(四)起诉指控的罪名与审理认定的罪名不一致的;(五)其他可能影响公正审判的情形";二是法院审理认为量刑建议明显不当,检察机关拒不调整或者调整后法院仍然认为明显不当的;三是被告人、辩护人对量刑建议提出异议,检察机关拒不调整或者调整后法院仍然认为明显不当。对于第一种情形,2019年《认罪认罚从宽指导意见》第40条第3款规定,"人民法院不采纳人民检察院量刑建议的,应当说明理由和依据"。对于后两种情形,第41条第1款仅规定,"人民法院应当告知人民检察院,人民检察院可以调整量刑建议"。《刑诉法解释》第353条第1款以及《高检规则》第418条都规定了后两种情形下,"人民检察院可以调整量刑建议"。需要注意,对于后两种情形,虽然《刑事诉讼法》第201条和"两高"司法解释都没有明确规定法院应当告知不采纳的理由,也没有明确规定要给予检察机关调整量刑建议的机会,但从法条文义可知:检察机关既然"可以调整量刑建议",相应地,检察机关就理应既有权要求法院告知是否采纳量刑建议,也有权要求法院说明不采纳的详细理由。前述《认罪认罚从宽指导意见》第41条所谓的"告知",也不应当简单理解为单纯告知采纳与否,而应当扩大解释为既告知采纳与否,也告知不采纳的详细理由。

综上所述,本案一审法院在既不告知检察机关不采纳理由,也未给予调整量刑建议机会,而是径行作出判决,该做法显然属于程序违法。法院系统主流意见认为上述做法对于法院,"只是工作层面的要求,不是法定义务"[1]。据此,部分法官认为只要庭审中听取了控辩双方的意见,案件在定罪量刑方面没有问题,一审法院即便存在上述做法,也不构成程序违法。[2] 该观点显然有误。

---

[1] 李少平主编:《最高人民法院关于适用〈中华人民共和国刑事诉讼法〉的解释理解与适用》,人民法院出版社2021年版,第403~404页。

[2] 参见张新文:《苏桂花开设赌场案(指导案例1409号)》,载最高人民法院刑事审判第一、二、三、四庭编:《刑事审判参考》(总第127辑),人民法院出版社2021年版,第28~30页。

同时,二审法院根据《刑事诉讼法》第 236 条第 1 款的规定,认为一审判决事实不清,量刑不当,对原判予以改判的裁判思路是正确的。

■ **理论阐释** │ 二审法院是否应当受到量刑建议之拘束

本案需要探讨两个问题:第一,所谓检察机关有权调整量刑建议,该权力在整个认罪认罚从宽程序中的理论定位是什么?第二,虽然本案二审法院最终未采纳检察机关提出的量刑建议,但理论上二审法院是否应当受到量刑建议之拘束?

□ **检察机关调整量刑建议权的理论定位**

认罪认罚从宽制度嵌入刑事诉讼各阶段、各审判程序,其间各主体之间的权利义务关系都应当有自洽的内在逻辑。以检察机关"调整量刑建议权"为例,其理应属于"量刑建议权"的合理延伸。从逻辑上分析,检察机关既然享有量刑建议权,有权要求法院原则上必须采纳量刑建议,自然也有权要求法院说明不采纳的理由。同时,检察机关的"调整量刑建议权"也理应属于上述逻辑的自然延伸。

再进一步探究,检察机关之所以享有能够约束法院的"量刑建议权",盖因控辩双方就犯罪事实和定罪量刑能够达成合意。对此,纵使有学者批评当前认罪认罚从宽制度缺乏实质性的控辩协商,但理论上必须认识到"被告人同意"是整个制度运行的起点和基础。[3] 正是基于被告人同意,控辩双方之具结书才能得以签署,检察机关方才能够享有具有刚性效力的"量刑建议权"。反之,被告人一旦反悔,具结即失去法律效力,检察机关也不再享有"量刑建议权",法院自然也无需再受其拘束。再进一步探究,被告人基于具结书而享有的"认罪认罚权"又是检察机关"量刑建议权"的理论渊源。也即检察机关根据具结书而向法院提出包含控辩协商的量刑建议,根本上是为了实现被告人的"认罪认罚权"。

可见,检察机关"量刑建议权"以及由其所衍生的调整量刑建议权和要求法院说明不采纳理由的权力,理论上都源于其对被告人负有的兑现从宽之义务。

□ **二审法院是否应受检察机关量刑建议的拘束**

二审以全面审理为原则,不受上诉与抗诉范围的影响,这是否表明二审可以另起炉灶,在审查全案事实与证据的基础上进行改判,而不受检察机关量刑建议的拘束?对此,立法层面虽然没有明文规定,但笔者认为,检察机关量刑建议的拘束力理应及于二审法院。

原因在于:根据《刑事诉讼法》第 15 条的规定,"犯罪嫌疑人、被告人自愿如实供述自己的罪行,承认指控的犯罪事实,愿意接受处罚的,可以依法从宽处理"。该条款作为整个认罪认罚从宽制度的基石,其并未明确"兑现从宽义务"的主体仅是检察机关。通常认为检察

---

3 参见孔令勇:《被告人认罪认罚自愿性的界定及保障——基于"被告人同意理论"的分析》,载《法商研究》2019 年第 3 期。

机关居于认罪认罚从宽程序的主导地位,包括与被追诉人沟通、协商、签署具结书等,但这并不表明制度上是由检察机关单独承担兑现从宽的义务。比如根据《刑诉法解释》第356条的规定,被告人在提起公诉后认罪认罚的,法院可以不再通知检察机关提出或者调整量刑建议,而应当就定罪量刑听取控辩双方意见后,直接根据法律规定适用认罪认罚从宽制度。

这相当于肯定了被追诉人在审判阶段有权认罪认罚,有权要求法院对其进行从宽处理,也即肯定了一审法院对被追诉人负有兑现从宽义务。可见,从第15条的文义来看,毋宁认为是由包括"检察机关与法院"整体之"司法机关",向被追诉人承担兑现从宽之义务。如此,我们才能正确理解为何签署具结书之后,《刑事诉讼法》第176条第2款要规定检察机关"应当"提出量刑建议,为何一审法院"一般应当"采纳检察机关的量刑建议,为何立法者要为一审法院不采纳量刑建议设置诸多程序性的"障碍"。

换句话说,对于被追诉人的认罪认罚权或者说由此衍生的检察机关的量刑建议权,理论上除生效判决外,只有出现下述三种法定情形方能消灭之:其一,被追诉人本人反悔,不再认罪认罚。对此,根据《刑诉法解释》第358条的规定,"人民法院应当根据审理查明的事实,依法作出裁判"。其二,出现了《刑事诉讼法》第201条第1款但书之情形,且法院依法说明了理由和依据。其三,出现了第201条第2款规定之情形。对此,法院在说明理由和依据,给予检察机关调整量刑建议机会之后,仍然认为量刑明显不当。可见,"说明理由"和"调整量刑建议"是法院"依法作出判决"的前置程序,这是立法者有意进行的制度设计。

综上,如果一审程序中,被追诉人认罪认罚权和检察机关量刑建议权未能因上述法定情形而消灭,其法律效力就理应辐射至二审程序,也即二审法院也向被追诉人负有兑现从宽之义务。本案中,二审法院基本认可了检察机关的抗诉意见,这表明二审法院也认为检察机关提出的量刑建议不仅并非"明显不当",而是较为适当。据此,二审法院应当采纳量刑建议,并在幅度内进行改判。本案二审法院改判的内容显然不当。[4]

■ 扩展思考 | 认罪认罚是否为独立的程序

在上述认识的基础上,还有两个问题需要作进一步思考。

第一,在理论层面,被追诉人作为直接利害关系人,立法者却没有一并赋予被追诉人调整量刑建议、要求法院说明理由的权利,这是否说明当前立法中的权利配置存在缺漏?笔者认为,由于被追诉人认罪认罚权的基础性地位,因此没有理由仅将上述权利赋予检察机关,却忽略被追诉人。出现上述立法缺漏的根本原因在于,立法过于强调公权力机关的主导地位,过于强调将从宽处理与否牢牢把握在公权力机关手中,而没有认识到被追诉人认

---

[4] 实务中存在大量二审法院按照量刑建议进行改判的案例。参见山东省青岛市中级人民法院(2018)鲁02刑终334号刑事判决书、辽宁省沈阳市中级人民法院(2021)辽01刑终149号刑事判决书、山东省菏泽市中级人民法院(2021)鲁17刑终314号刑事判决书。

罪认罚权对于整个制度运作的核心意义。可行的建议是,在当前程序框架下,以被追诉人"认罪认罚权"为逻辑起点,重新梳理立法中的权利配置,实现整个程序由公权力职权主导模式向被追诉人权利模式的真正转型。

第二,在实务层面,本案二审法院是否可以不改判,而是援引《刑事诉讼法》第236条第1款第3项或者第238条第5项的规定,撤销原判,发回重审? 问题的症结是,虽然根据第236条第1款第3项的规定,二审法院可以在二者之间进行裁量,但根据第238条第5项的规定,只要一审法院既不说明不采纳理由,也不给予调整量刑建议机会的做法,构成"其他违反法律规定的诉讼程序,可能影响公正审判的"的情形,程序上就应当撤销原判,发回重审。该问题本质上探讨的是"认罪认罚从宽"在刑事诉讼程序中究竟是一个独立的特别程序,还是仅为一个平台型程序。若是前者,既然认罪认罚改革的重要目的就是提高办案效率,其余程序自然需要围绕此一改革进行特别调整。具体到本案情形,最合乎改革目的的做法显然并非将案件发回,而是只要被告人还认罪认罚,就应当由二审法院直接查清、改判。若是后者,类似本案情形,一审法院的程序违法行为显然已经影响公正审判,二审法院应当撤销原判,发回重审。笔者认为,应当将认罪认罚作为独立程序,而非平台型程序进行构建,本案情形下理应由二审法院查清改判,向被追诉人直接兑现从宽义务。

066 法院启动再审程序｜根据诉讼利益区分再审的事由

陈某、王某开设赌场案

陈 实 中南财经政法大学

■ 案情概要*

2017年11月7日,广西壮族自治区柳州市融水苗族自治县人民法院审理被告人陈某、王某开设赌场案,判决二被告人犯开设赌场罪,对二人均判处有期徒刑2年,缓刑2年,并处罚金人民币3万元。检察院未提出抗诉,被告人未提出上诉,该判决发生法律效力。2019年,陈某缓刑考验期满,不再执行有期徒刑。

后融水苗族自治县人民法院院长发现出现新证据,原判认定事实错误,导致适用法律不当,于2021年4月20日,经该院审判委员会讨论决定启动再审程序。该院依法另行组成合议庭,查明陈某曾因犯赌博罪被融安县人民法院判处有期徒刑1年,并处罚金人民币2万元,于2013年4月11日刑满释放。再审撤销对原审被告人陈某的量刑,以其犯开设赌场罪,判处有期徒刑2年6个月,并处罚金人民币3万元。

陈某上诉称:(1)其在缓刑考验期内认真遵守法律规定,服从监督,定期向考察机关报告活动情况,现已服刑完毕,不应重新追究刑事责任。(2)其对累犯的概念没有基本认知,故未主动交代前罪,但造成量刑情节疏漏的主要责任在于侦查机关,不应由其承担责任。另外,根据法律规定,除人民检察院抗诉的以外,再审一般不得加重原审被告人的刑罚。本案中,提起再审的是法院而非检察院,且遗漏累犯的量刑情节不属于例外情形,法院不能主动再审并加刑。综上,希望法院从轻处罚,撤销再审判决,维持原审判决。

柳州市人民检察院出具书面意见认为:(1)陈某在缓刑考验期内实行社区矫正,且在此之前一直对其采取取保候审的强制措施,并未羁押,无法折抵刑期,缓刑考验期满不属于服刑完毕。(2)根据《刑法》第65条的规定,陈某系累犯,依法应当从重处罚。陈某犯罪后,在司法机关采取强制措施前主动到公安机关投案,并如实供述自己的罪行,是自首,可以从轻或减轻处罚。一审再审判决认定事实清楚,证据确实、充分,量刑适当。(3)本案经原审法院院长发现出现新证据,原判认定事实错误,导致适用法律不当,经该院审判委员会讨论决

---

* 参见广西壮族自治区柳州市中级人民法院(2021)桂02刑再1号刑事裁定书、广西壮族自治区柳州市融水苗族自治县人民法院(2021)桂0225刑再1号刑事判决书、广西壮族自治区柳州市融水苗族自治县人民法院(2017)桂0225刑初276号刑事判决书。

定启动再审程序。因陈某系累犯,应当从重处罚,一审法院对其加重刑罚并无不当。综上,一审再审判决认定事实清楚,证据确凿,审判程序合法,量刑适当,陈某的上诉理由不能成立,建议二审法院驳回上诉,维持原判。

柳州市中级人民法院认为,陈某虽自动投案,但未如实供述影响量刑的前科情况,不属于如实供述自己的罪行,不能认定自首。陈某曾因故意犯罪被判处有期徒刑,刑罚执行完毕后五年内再犯应当判处有期徒刑以上刑罚之罪,系累犯,依法应当从重处罚,且不能适用缓刑。故原审法院启动审判监督程序依法予以纠正并无不当。综上,一审再审判决虽认定陈某自首不当,但认定主要事实清楚,证据确实充分,适用法律基本正确,审判程序合法,量刑适当,应予维持。

■ 法律分析

> **争议焦点**
>
> 检察院未抗诉,法院主动启动再审加重原审被告人的量刑,是否违反再审不加刑原则?该问题可细化为:法院能否依职权启动再审?再审程序有无不加刑原则?再审不加刑原则有无例外?

□ 法院能否依职权启动再审

我国再审程序又称"审判监督程序",所谓"监督",是指各级法院院长对本院、最高人民法院、上级法院对下级法院,以及最高人民检察院、上级检察机关对下级法院的监督。基于"审判监督"的程序定位,再审程序的启动具有浓厚的职权主义色彩,即只能由法院依职权启动或检察机关向法院提起抗诉启动,当事人提起申诉并非法定的启动方式,只是为法院、检察机关发现错误提供线索和材料。根据《刑事诉讼法》第254条及相关司法解释的规定,法院启动再审的方式有三种:一是各级法院院长发现本院的生效裁判确有错误时,应当提交审判委员会讨论决定是否再审;二是最高人民法院发现各级法院的生效裁判确有错误时,有权提审或指令下级法院再审;三是上级法院发现下级法院的生效裁判确有错误时,有权提审或指令下级法院再审。本案中,原审法院发现有关原审被告人犯罪前科的新证据,证明原判认定的事实确有错误,导致适用法律不当,影响量刑,提交该院审判委员会讨论决定再审,即法院依职权启动再审的方式之一。

□ 再审程序有无不加刑原则

目前,我国《刑事诉讼法》尚未对再审不加刑原则作出明确规定。有关再审程序不加刑原则的规定最早体现于2001年由最高人民法院颁布的《刑事再审案件开庭审理程序的具体规定(试行)》之中,明确"除人民检察院抗诉的以外,再审一般不得加重原审被告人(原审上诉人)的刑罚"。《刑诉法解释》(2012年)将该规定吸收,后续2021年的修订也未作改动,即第469条规定:"除人民检察院抗诉的以外,再审一般不得加重原审被告人的刑罚。

再审决定书或者抗诉书只针对部分原审被告人的,不得加重其他同案原审被告人的刑罚。"

从司法解释的地位与功能上看,其应当在忠于立法本意的前提下,就审判中如何具体适用法律作出解释,实现立法原意的确认与深化。对于与再审不加刑原则具有内在联系的上诉不加刑原则,《刑诉法解释》依据《刑事诉讼法》第237条作出了细化规定。然而,由于《刑事诉讼法》未明确规定再审不加刑原则,司法解释中的规定并非依托具体的法典条文,而是凭空创设,其严格意义上的合法性存疑,也造成该原则约束力不足的现状。

再审不加刑原则有无例外

"原则必有例外",司法解释明确了"人民检察院抗诉"为再审不加刑原则的例外。[1] 同时,根据《刑事诉讼法》与《刑诉法解释》的类似表述,将"一般"理解为"原则上"符合规范表意,即除检察院抗诉外,在别的特殊情况下也能加刑。然而,相较于刑事诉讼法明确列举了上诉不加刑原则的适用范围与例外,该解释"一般不得加重"的表述模糊不清。由于并未对例外情形作出列举说明,这也为法院自由裁量留下了较大空间,实践中该原则往往被束之高阁,再审程序加刑判处的案例数见不鲜。

本案再审加重原审被告人刑罚的理由为:再审查明原审被告人故意隐瞒自己曾被判处有期徒刑以上刑罚的犯罪前科,在刑罚执行完毕后五年内再犯应当判处有期徒刑以上刑罚之罪,系累犯,依法应当从重处罚,且不得适用缓刑。原审仅判处有期徒刑2年,缓刑2年,量刑明显不当。根据《刑诉法解释》第472条第2款规定的再审处理结果,在原判决事实不清的情况下,经审理已经查清的,应当根据查清的事实依法裁判。据此,再审法院根据查明的犯罪前科,认定累犯情节,撤销原判刑罚,改判有期徒刑2年6个月。

此处的"依法裁判",以及该条第1款第3项规定的"依法改判",既包括改判无罪或轻罪、改判轻刑,也包括改判有罪或重罪、改判重刑,应视原判定罪量刑的错误而定。由此可见,再审法院是否做加刑处理,完全取决于纠正原判错误的需要。法院往往把纠正存在量刑畸轻等错误视为再审加刑的"特殊情形",使"一般不得加重"异化为了"一般加重"。

■ 理论阐释 | 不告不理、审判中立与法院依职权启动再审

法院能否依职权启动再审的问题,根本上涉及实体真实、程序正义等价值衡量的问题。按照我国传统的诉讼理论,刑事诉讼的目的在于发现事实真相、惩罚犯罪。但司法活动是对过去发生的历史性事实的探知,受认识规律的制约,必然无法达到绝对真实。再审制度的设计初衷就是及时有效地纠正错误,贯彻"实事求是,有错必纠"的方针,实现刑事诉讼的

---

[1] 司法解释上还有一处再审不加刑原则的例外,即《刑诉法解释》第401条第1款第7项:"原判判处的刑罚不当、应当适用附加刑而没有适用的,不得直接加重刑罚、适用附加刑。原判判处的刑罚畸轻,必须依法改判的,应当在第二审判决、裁定生效后,依照审判监督程序重新审判。"此处规定,不仅构成了再审不加刑原则的例外,更是已实质上突破了二审"上诉不加刑"原则。

目的。[2] 我国之所以赋予法院再审程序的启动权,是因为相较于检察机关和当事人,法院在客观上更容易发现错误的生效裁判,由其直接启动再审可以充分发挥依法及时纠错的职能,实现实体正义"不枉不纵"的要求。[3] 然而,综观世界各国的再审制度,允许法院依职权启动再审为我国特例,其在根本上抵触了程序正义的理念。

再审程序的本质仍然是诉讼程序,根据控审分离、不告不理的诉讼原则,法院应当消极、中立。现行司法实践中,诸如本案再审法院为了纠正原判量刑畸轻的错误而主动启动再审的做法,实际是在行使检察机关独有的追诉职能。"如果原告是法官,只有上帝才能充当辩护人",该法谚形象地描述了法院积极求刑时被告人的不利诉讼地位。而即便法院启动的再审将产生有利于被告人的法律后果,具有权利救济的价值,也违背了裁判中立的原则。因为无关乎最终的裁判结果是否有利于被告人,法院主动启动再审意味着未经审理即对案件结局产生了预断,无法在控辩双方之间保持不偏不倚的中立地位。

综上所述,虽然法院依职权启动再审在客观上有助于实现实体正义,但其违背了基本的诉讼原则,对程序正义造成的冲击将破坏刑事诉讼多元价值的平衡。因此,应当禁止法院依职权启动再审,仅保留申诉审查权与再审审判权。再审程序只能经检察机关抗诉启动,或由法院在接受并审查当事人的申诉后启动。相较于法院主动启动再审程序,由承担审判监督职能的检察机关启动更具合理性——能够确保审判程序科学、规范,保障控辩双方实质参与,实现法检之间的有效制约,防止法院滥用权利。[4] 在当事人提出申诉的情况下,若经审查符合重新审判的情形,法院可以启动再审程序。由此两种启动方式,"实事求是,有错必纠"的方针、裁判中立的诉讼原则均得以贯彻。

■ 扩展思考 | 根据诉讼利益区分再审的事由

如前所述,司法解释原则上确立了再审不加刑原则,司法实践却与该原则背道而驰。究其根本,是因为没有根据诉讼利益区分再审的事由,且对不利于被告人的再审毫无限制。

大陆法系国家根据不同的诉讼利益将提起再审的事由区分为有利于被告人的和不利于被告人的,其中,为被告人利益启动的再审不得加重被告人的刑罚。可见,再审不加刑原则的适用前提是"为被告人利益"。以法国、日本为代表的坚持绝对再审不加刑原则的国家,完全禁止提出不利于被告人的再审申请,从源头杜绝了再审加重刑罚的可能。[5] 而在以德国为代表的坚持相对再审不加刑原则的国家,不利于被告人的再审申请虽然受到更多限制,但不被完全禁止。[6]

---

2 参见陈瑞华:《刑事诉讼法》,北京大学出版社 2021 年版,第 477 页。
3 参见姜伟、罗智勇、仇晓敏:《孙小果再审案所涉及的若干法律问题》,载《法律适用》2020 年第 22 期。
4 参见陈光中主编:《刑事再审程序与人权保障》,北京大学出版社 2005 年版,第 199 页。
5 参见《法国刑事诉讼法》,余叔通、谢朝华译,中国政法大学出版社 1997 年版,第 206～207 页;[日]田口守一:《刑事诉讼法》,张凌、于秀峰译,中国政法大学出版社 2010 年版,第 361～364 页。
6 参见宗玉琨译注:《德国刑事诉讼法》,知识产权出版社 2013 年版,第 249～250 页。

反观我国,司法解释原则上确立了再审不加刑原则,但尚未区分有利于被告人的和不利于被告人的再审事由,使该原则缺乏明确的适用前提,实际被架空。要想从根本上规制再审"一般加刑"的乱象,首先应当根据诉讼利益对提起再审的事由作出区分。进而,明确为被告人利益提起的再审,法院不得作出不利变更。由此,一方面可以保障被告人积极行使申诉权维护合法权益,另一方面也有助于在检察官履行客观义务为被告人利益提出抗诉时,限制法院的量刑权。

而对于不利于被告人的再审,在我国的法治环境与司法现状下,完全禁止提起过于激进,有碍司法公正,也不符合我国特有的诉讼文化。因此,德国的相对再审不加刑原则更具参考价值,需要对不利于被告人的再审施加更多的限制。具体而言,包括提起期限的限制、提起次数的限制和提起事由的限制。相反,对于为被告人利益提起的再审则不应施加期限和次数的限制,只要确有错误即可提起,从而发挥再审程序的权利救济功能。

067 法律保留与再审启动主体的设定

聂某某故意杀人、强奸案

陈永生 北京大学

■ 案情概要[*]

1994年8月5日,石家庄市液压件厂女工康某某失踪。8月11日,康某某的尸体在一块玉米地里被找到。9月23日,聂某某被警方认定为犯罪嫌疑人予以抓获。9月29日,聂某某供认有罪。10月1日,聂某某被刑事拘留。10月9日,聂某某因涉嫌故意杀人罪、强奸罪被逮捕。1995年3月3日,石家庄市人民检察院以聂某某涉嫌故意杀人罪、强奸罪,向石家庄市中级人民法院提起公诉。3月15日,石家庄中级人民法院不公开开庭审理此案,判决认定聂某某犯故意杀人罪,判处死刑,剥夺政治权利终身;犯强奸罪,判处死刑,剥夺政治权利终身。决定执行死刑,剥夺政治权利终身。聂某某不服,向河北省高级人民法院提出上诉。河北省高级人民法院于1995年4月25日作出二审判决,维持一审判决以故意杀人罪判处聂某某死刑,剥夺政治权利终身;撤销一审判决对聂某某犯强奸罪的量刑部分,改判有期徒刑15年,与故意杀人罪并罚,决定执行死刑,剥夺政治权利终身。1995年4月27日,聂某某被执行死刑。

康某某家人对公安司法机关认定聂某某系杀人凶手一直不认同,他们认为该案存在五大疑点。在该案判决后,他们不断提出申诉。据康家人介绍:仅1995年至2007年,他们就已"申控三十余次"。

2005年3月15日,《河南商报》发表《一案两凶,谁是真凶》一文。该文披露:2005年1月18日,河南省荥阳市公安局索河路派出所干警抓获河北省公安厅网上通缉逃犯王某某,王某某承认聂某某案系其所为。2005年1月22日,河北省广平县公安局时任副局长郑某某带领干警押着王某某指认现场,王某某指认的现场即为聂某某案的犯罪现场。

聂某某案"一案两凶"被披露以后,聂某某的家人也走上了申诉之路。由于按照《刑事

---

[*] 参见河北省石家庄市中级人民法院(1995)石刑初字第53号刑事附带民事判决书、河北省高级人民法院(1995)冀刑一终字第129号刑事附带民事判决书、中华人民共和国最高人民法院(2016)最高法刑再3号刑事判决书;刘长:《聂树斌案,拖痛两个不幸家庭》,载《南方周末》2012年2月10日,A4版;刘长、赵蕾、习宜豪:《聂树斌案:河北复查十年,山东重来一遍》,载《南方周末》2014年12月25日,A4版;赵秋丽、李志臣:《案发二十年来申诉代理律师首次完整阅卷,聂树斌案诸多悬疑待解》,载《光明日报》2015年3月19日,第5版;等等。

诉讼法》(1979年)的规定,判决书无须送达被告人家属,因而聂某某家人没有收到判决书。最开始,河北省高级人民法院一次次以没有判决书为由,拒绝接受聂家人的申诉。直到两年之后的2007年,申诉代理律师李某某才通过努力从被害人家属那里拿到了判决书。在拿到判决书后,聂某某的母亲张某某再次向河北省高级人民法院提出申诉,该院依然以种种借口拒绝受理。万般无奈之下,张某某向最高人民法院提出申诉。2007年11月5日,最高人民法院答复张某某,申诉材料已转至河北省高级人民法院,聂某某案的申诉由河北省高级人民法院负责。此后,该案的申诉审查一直没有任何进展;申诉代理律师多次到河北省高级人民法院要求查阅案卷材料都被拒绝。

但律师界、新闻界以及法学界对聂某某案的关注从未停止。在各界共同推动之下,9年后,2014年12月12日,最高人民法院指令山东省高级人民法院复查聂某某故意杀人、强奸案。2015年3月17日,聂某某案申诉代理律师李某某、陈某某获准阅卷。4月28日,山东省高级人民法院召开听证会,听取申诉人及其代理律师、原办案单位代表意见。此后,山东省高级人民法院再审审查历经四次延期:2015年6月11日、2015年9月15日、2015年12月11日、2016年2月22日。2016年6月6日,最高人民法院决定按照审判监督程序,依法提审聂某某故意杀人、强奸案。2016年12月2日,最高人民法院第二巡回法庭对聂某某故意杀人、强奸再审案公开宣判,宣告撤销原审判决,改判聂某某无罪。

法律分析

> **争议焦点**
>
> 在我国,有权启动审判监督程序之主体为何?《刑诉法解释》《高检规则》的相关规定是否与《刑事诉讼法》之规定相抵牾?

从上面介绍的聂某某案申诉、再审的过程来看,冤案的纠正非常困难。其实这并非个别现象,从我国媒体近年披露的系列冤案来看,冤案的纠正普遍要经历漫长、艰辛的过程。据研究者统计,从我国近年纠正的重大冤案来看,被告人蒙冤的时间,也即从被公安司法机关错误拘留、逮捕,到被宣告为无罪,平均长达17年。在此期间,被冤者及其家属不断申诉、上访,律师以及社会正义人士鼎力支持,媒体长期不断报道,最终才能促使检察机关、法院启动审判监督程序。[1] 冤案难以纠正的原因非常复杂,其中,一项非常重要的原因是最高人民法院、最高人民检察院对有权启动审判监督程序的主体限制过严。

《刑事诉讼法》的规定

《刑事诉讼法》第254条第1款规定:"各级人民法院院长对本院已经发生法律效力的判决和裁定,如果发现在认定事实上或者在适用法律上确有错误,必须提交审判委员会处

---

[1] 陈永生、邵聪:《冤案难以纠正的制度反思——以审判监督程序为重点的分析》,载《比较法研究》2018年第4期。

理。"第 2 款规定:"最高人民法院对各级人民法院已经发生法律效力的判决和裁定,上级人民法院对下级人民法院已经发生法律效力的判决和裁定,如果发现确有错误,有权提审或者指令下级人民法院再审。"由此可见,在我国,不仅作出生效裁判的法院有权启动审判监督程序,上级法院也有权启动审判监督程序;就上级法院而言,不仅上一级法院有权启动审判监督程序,上两级,甚至上三级,包括最高人民法院都有权对下级法院作出的生效裁判启动审判监督程序。

此外,《刑事诉讼法》第 254 条第 3 款规定:"最高人民检察院对各级人民法院已经发生法律效力的判决和裁定,上级人民检察院对下级人民法院已经发生法律效力的判决和裁定,如果发现确有错误,有权按照审判监督程序向同级人民法院提出抗诉。"由此可见,就检察机关而言,除最高人民检察院有权对同级的最高人民法院的生效裁判提出抗诉,其他各级人民检察院都只能对下级人民法院作出的生效裁判提出抗诉。上级检察院不仅有权对下一级,而且可以对下两级,甚至下三级法院作出的生效裁判提起再审抗诉。实际上,理论界一直认为,再审抗诉与二审抗诉的重要区别就在于,二审抗诉的主体是一审法院的同级检察院,而再审抗诉的主体必须是作出生效裁判的法院的上级检察院。[2]

▫ 司法解释的规定

最高人民法院、最高人民检察院颁布的实施刑事诉讼法的司法解释却作出了与《刑事诉讼法》不同的规定。《刑诉法解释》第 453 条[3]第 1 款规定:"申诉由终审人民法院审查处理。"第 2 款进一步规定:"上一级人民法院对未经终审人民法院审查处理的申诉,可以告知申诉人向终审人民法院提出申诉,或者直接交终审人民法院审查处理,并告知申诉人。"第 3 款进一步补充规定:"对未经终审人民法院及其上一级人民法院审查处理,直接向上级人民法院申诉的,上级人民法院应当告知申诉人向下级人民法院提出。"由此可见,《刑诉法解释》对当事人提出申诉的法院进行了严格限制:通常只能向作出生效裁判的法院提出申诉,不能向上级法院提出申诉。

《高检规则》对有权审查再审申诉的检察机关也作出了与刑事诉讼法不同,而与《刑诉法解释》一致的规定。《高检规则》第 593 条第 1 款规定:"当事人及其法定代理人、近亲属认为人民法院已经发生法律效力的判决、裁定确有错误,向人民检察院申诉的,由作出生效判决、裁定的人民法院的同级人民检察院依法办理。"第 2 款进一步规定:"当事人及其法定代理人、近亲属直接向上级人民检察院申诉的,上级人民检察院可以交由作出生效判决、裁定的人民法院的同级人民检察院受理。"由此可见,按照《高检规则》规定,当事人如果向检察机关申诉,通常只能向作出生效裁判的法院同级的检察机关申诉,而不能向上级检察机关申诉,这与《刑事诉讼法》的规定完全相悖,对保障当事人的申诉权、纠正冤假错案极为不利。

---

2 樊崇义主编:《刑事诉讼法学》,中国政法大学出版社 2013 年版,第 540 页。
3 《刑诉法解释》(2012 年)第 373 条的规定与此基本相同。

■ **理论阐释** │ 再审主体规定的法律保留

最高人民法院和最高人民检察院的上述规定与《刑事诉讼法》相冲突,违反《立法法》对不同国家机关立法权限的规定,限制了当事人对生效裁判申请再审的权利,是导致实践中冤案难以纠正的重要原因。

□ **违反了《立法法》的规定**

《立法法》对不同国家机关的立法权限作出了明确规定。根据《立法法》第 11 条第 10 项的规定,"诉讼和仲裁制度"只能由全国人大或全国人大常委会通过制定法律作出规定。虽然按照全国人大常委会于 1981 年 6 月 10 日公布的《关于加强法律解释工作的决议》,最高人民法院、最高人民检察院可以对审判、检察工作中具体应用法律、法令的问题作出司法解释,但很显然,司法解释只能就法律中规定不明的问题作出解释,而不能就法律中已经作出明确规定的问题,作出与法律不一致,甚至相反的规定。

对此,《立法法》第 119 条规定:"最高人民法院、最高人民检察院作出的属于审判、检察工作中具体应用法律的解释,应当主要针对具体的法律条文,并符合立法的目的、原则和原意。"就再审而言,刑事诉讼法明确规定既可以由原审法院再审,也可以由上级法院再审,再审抗诉必须由上级检察院提出,目的是给当事人提供有效的救济,从而及时纠正冤假错案。刑事诉讼法是基本法律,既然刑事诉讼法已经明确规定既可以由原审法院再审,也可以由上级法院再审,司法解释就不能规定再审通常必须由原审法院再审。同理,刑事诉讼法已经明确规定再审抗诉必须由上级检察机关提起,司法解释就不能规定再审申诉通常必须向原审法院的同级检察院提出。

□ **不利于纠正冤假错案**

尽管不同学派、学者对程序正义的基本要素的概括各不相同,但肇始于英国自然正义观的"任何人不能作自己案件的法官",一直是程序正义的最基本要求。在我国,一旦法院对案件作出裁判,那么该法院以及审理案件的法官就与该案产生了利害关系。因为一旦该案的裁判结果被推翻,该法院以及审理案件的法官就可能遭受严重不利后果。

首先,可能承担法律上的不利后果。按照我国目前相关规定,一旦法院、检察院办理的案件被认为是错案,那么办理案件的法官、检察官可能被追究错案责任,法院、检察院的业绩考评就可能受到不利影响;如果情节、后果严重,法官、检察官还可能被追究徇私枉法、玩忽职守的刑事责任。其次,还可能承担经济上的不利后果。按照我国《国家赔偿法》的规定,一旦刑事案件被认为系冤案,那么,参与办案的公检法机关就是赔偿义务机关,必须向被错拘、错捕、错判的被冤者赔偿经济损失。在公检法机关履行赔偿责任之后,还应当向有严重过错的办案人员追偿部分经济损失。再次,办案机关及其工作人员还可能承担道义上的不利后果。因为冤案不仅导致无辜者被错误认定有罪,而且经常导致真凶逃脱法网,因而一旦被认定出现错案,公众往往会对办案机关及其工作人员进行严厉谴责,要求严格追究造成错案的机关及其工作人员的法律责任。最后需要强调的是,我国法院、检察院系统存在严格的绩效考核制度,就再审而言,改判率、发回重审率是重要的考核指标,由原审法院再审,必然导致原审法院、法官及同级检察院、检察官为降低申诉率、再审改判率和发回重审率,而尽量不受理申诉,不启动审判监督程序,尽量维持原判。

■ 扩展思考 | 再审法院的设定

由于终审法院与案件裁判结果存在利害关系,并且对案件处理已产生先入之见,往往不愿启动审判监督程序,不愿纠正冤假错案,因此,要解决冤案难以纠正的问题,首先必须解决再审法院设定不合理的问题。根据我国《刑事诉讼法》的规定,参考国外的经验,我们认为,规定刑事再审案件原则上必须由作出生效裁判的法院的上一级法院审判,是最合理、可行的方案。

一方面,再审通常由上级法院,甚至最高法院进行审判,是大多数国家的通例。如在法国,再审申诉由最高法院一个由 5 名法官组成的委员会进行审查,如果认为符合法定的再审条件,交最高法院刑事庭进行审判。[4] 在意大利,再审由作出生效裁判的法院所在辖区的上诉法院进行审查和审判。[5] 在西班牙,再审申诉向司法部提出,司法部对申诉是否符合法定的理由进行审查,如果认为符合法定的条件,由最高法院检察官向最高法院提起抗诉,由最高法院进行审判。[6]

另一方面,由上级法院负责再审具有可行性。由上级法院负责刑事再审可能面临的最大质疑是:上级法院是否有能力承担再审职责?答案是肯定的。首先,刑事再审案件数量很少,自 2003 年以来,全国刑事再审案件一直只有两三千起,譬如,2020 年,全国刑事再审案件立案数为 3271 起。全国有大约 400 个中级人民法院,33 个高级人民法院,平均每个法院每年只有大约八起刑事再审案件。其次,与民事诉讼相比,由上级法院承担刑事案件再审职责更没有问题。与刑事诉讼不同,在 2021 年启动法院审级职能定位改革以前,民事案件再审一直主要由上级法院再审,而民事再审案件的数量是刑事再审案件的 10~20 倍。譬如 2020 年,全国民事再审立案数是 59277 起,是刑事再审案件数量的 18 倍,只有民事再审案件 1/18 的刑事再审案件由上级法院审理当然没有问题。

---

[4] 《法国刑事诉讼法》第 623 条。参见《法国刑事诉讼法》,罗结珍译,中国法制出版社 2006 年版,第 372 页。

[5] 《意大利刑事诉讼法》第九编第四章"再审"。参见《世界各国刑事诉讼法》编辑委员会编译:《世界各国刑事诉讼法(欧洲卷·下)》,中国检察出版社 2016 年版,第 1735~1737 页。

[6] 《西班牙刑事诉讼法》第五卷第三章"再审"。参见《世界各国刑事诉讼法》编辑委员会编译:《世界各国刑事诉讼法(欧洲卷·下)》,中国检察出版社 2016 年版,第 1621~1622 页。

068 公诉撤回制度的争议与完善

陆某妨害信用卡管理、销售假药案

方　姚　浙江工商大学

■ 案情概要[*]

电影《我不是药神》以"陆某案"作为故事原型。慢粒白血病患者陆某因帮助上千名病友从印度代购低价抗癌药而被称为"抗癌药代购第一人"。该片上映后引发社会热议,甚至直接推动了药品监管制度改革。

2002年,陆某被查出罹患慢粒白血病,医生推荐瑞士诺华公司生产的名为"格列卫"的抗癌药。经国家批准的正规药品售价高达23500元/盒,且尚未纳入医保。一名慢粒白血病患者每月需要服用一盒。

2004年6月,陆某偶然了解到印度也生产类似抗癌药,药效几乎相同,仅售4000元/盒。陆某开始服用该仿制药,并于当年8月在病友群里分享了这一消息。后有5个QQ群、千余名白血病患者,都与陆某一样从印度直接购买这种廉价抗癌药。随着购置此药的国内患者逐渐增多,药品价格也随即降低,直至团购价为200余元/盒。为简便汇款程序,起初约定由2名病友提供银行账户给印度公司汇款。后因2名病友不愿再提供账户,陆某从网上买了3张信用卡,将其中一张交给印度公司作为收款账户,另外两张因无法激活被他丢弃。

2013年8月下旬,湖南省益阳市沅江市公安局在办理网络银行卡贩卖案时,将曾买卡的陆某抓获。同年11月23日,陆某被刑事拘留。2014年3月19日,陆某被取保候审。2014年7月22日,陆某因涉嫌妨害信用卡管理罪、销售假药罪被提起公诉。近千名白血病患者联名,请求对陆某免予刑事处罚。

2015年1月27日,沅江市人民检察院向法院撤回起诉;2月26日,作出不起诉决定。湖南省人民检察院公开发布了不起诉决定书和释法说理书,对社会关切进行了回应。

---

[*] 参见《2015年度检察机关十大法律监督案例》,载《检察日报》2016年2月1日,第4版。

■ 法律分析

> **争议焦点**
>
> 受到故事原型和电影宣传影响,多数民众认为陆某之行为不构成犯罪,加之检察机关不起诉的决定使得这一观点愈加深刻。但该案应如何处理仍存有争议,本案争议焦点在于"药神"陆某的行为是否构成犯罪,以及检察机关撤回起诉之后决定不起诉是否具备程序正当性。

□ 实体出罪与程序出罪

陆某案中最为主要的争论点在于其行为是否构成销售假药罪。依据《药品管理法》,必须批准而未经批准生产、进口,或者必须检验而未经检验即销售的药品,按假药论处。而当时《刑法》所称"假药",即依照《药品管理法》的规定属于假药和按照假药处理的药品、非药品。本案件中的"药品"涉及假药范畴。[1]

陆某与印度公司接洽,为其他患者代购药品的行为,形式上又具有销售或帮助销售的行为外观,且数量较大,从而涉嫌销售假药罪。在当时的专利制度与医疗体制的背景下,走上购买仿制药之路,几乎是所有患者的一种必然而又合理的选择。所以,尽管有学者指出存在六种刑法上出罪的可能性,但亦承认本案存在伦理与法理的尖锐冲突,[2] 更有学者对此六种路径和《对陆勇决定不起诉的释法说理书》[3] 的理由进行一一驳斥,认为在销售行为、假药、数量的认定和销售假药罪的抽象危险以及紧急避险、期待可能性等方面均不存在问题,应当构成销售假药罪。[4] 具体论证在此不再赘述,但至少表明,该案若从实体角度认定不构成犯罪存在巨大争议,以至于湖南省人民检察院和益阳市人民检察院共同指导沅江市人民检察院对该案组织审查论证。

刑事程序法亦具有出罪功能,即通过不起诉、指控不能成立的无罪判决等方式出罪。具体到本案,检察机关可以通过法定不起诉或酌定不起诉的方式进行处理。但"情节显著轻微、危害不大,不认为是犯罪的"是为当然非罪的法定不起诉,排斥自由裁量权,只有在毫无争议的非罪情况下适用。"对于犯罪情节轻微,依照刑法规定不需要判处刑罚或者免除

---

[1] 《刑法修正案(十一)》已进行了调整,删除了"依照《中华人民共和国药品管理法》的规定属于假药和按假药处理的药品、非药品"表述,意味着刑法可以不再受《药品管理法》中"假药"定义之影响,更为灵活、独立地定义、解释"假药"概念。具体到本案,则极有可能认为不构成销售假药罪。

[2] 参见劳东燕:《价值判断与刑法解释:对陆勇案的刑法困境与出路的思考》,载《清华法律评论》2016年第1期。

[3] 检察机关提供的《对陆勇决定不起诉的释法说理书》认为:(1)陆勇有违反国家药品管理法的行为,如违反了《药品管理法》第39条第2款有关个人自用进口的药品,应按照国家规定办理进口手续的规定等,但陆勇行为系买方行为,且是白血病患者群体购买药品整体行为中的组成行为,寻求的是印度公司抗癌药品的使用价值,而非销售行为,因此不构成销售假药罪。(2)陆勇通过淘宝购买3张以他人身份信息开设的银行卡,并使用其中户名为"夏维雨"的银行卡行为,属于购买使用虚假的身份证明骗领信用卡的行为,但情节显著轻微,危害不大,根据《刑法》第13条的规定,不认为是犯罪。(3)从本案客观事实出发,全面考察本案,根据司法为民的价值观,不应将陆勇的行为作犯罪处理。

[4] 参见程龙:《再评陆勇案:在法定不起诉与酌定不起诉之间——兼与劳东燕教授商榷》,载《河北法学》2019年第1期。

刑罚的"可以酌定不起诉,酌定不起诉则有较大的自由裁量权。

相较而言,多数民意关注定罪问题,但更为关切的是该案实际刑罚后果问题,也即可以容忍定罪但至少不应给予刑罚。另外,既然本案入罪的理由较为充分,而出罪的理由并不充分,故而较为妥帖的做法是酌定不起诉,而非法定不起诉。一方面,酌定不起诉能够起到不予刑罚处罚的目的,避免实体法的出罪困境;另一方面也有利于保障立法所构筑的严格药品监督管理秩序。此外,酌定不起诉更为灵便,当事人对酌定不起诉可以进行申诉,要求检察机关起诉并经法院裁判予以权利救济。

本案中,检察机关的论证说理和法律适用存在割裂。《不起诉决定书》明确表示案件既不构成销售假药罪也不构成妨害信用卡管理罪,意即法定不起诉。[5] 但依据却引用了《刑事诉讼法》(2012年)第15条第1项和第173条第1款的规定,意味着同时适用了法定不起诉和酌定不起诉。检察机关在权源释法上较为含糊,从某种意义上讲,可能有意把两种不起诉均作为"诉讼工具箱"混淆使用,无论何种不起诉,主要追求不起诉之效果,但却未注重两者之差异。

▢ 公诉撤回及其处理

《刑诉法解释》(2012年)第242条明确了公诉撤回制度,并规定了相应的司法审查制度,但该条款较为粗疏且刚性不足,与其说是司法审查制度,不如更确切地说是法院和检察院在"互相配合"原则要求下的沟通确认机制。根据《高检规则(试行)》(2012年)第459条规定,检察机关在七种情形下可以撤回公诉,并且随后作出不起诉决定。这七种情形可以概括为不构成犯罪或证据不足两类,因而此处撤诉后的不起诉决定只能是法定不起诉和证据存疑不起诉,并不包括酌定不起诉。承接上文分析,若检察机关直接作出酌定不起诉决定尚无疑义,但若撤诉后再作出酌定不起诉决定则不符合司法解释的规定。

▨ 理论阐释 | 起诉便宜主义与公诉撤回制度

起诉法定主义与起诉便宜主义在我国刑事起诉制度下并立存在,且直接影响着不起诉制度。法定不起诉所对应的六种情形不仅涉及起诉阶段,是所有诉讼阶段皆须终止,这从根本上区别于酌定不起诉。表面上,不起诉决定只影响审查起诉阶段,但实际上会影响到审判权与诉权的行使。这也引出了本案的另一个重要问题:既然案件实体方面存在争议,并且检察机关已经将案件提交公诉,为何不由法院径行裁判,而是采取撤回起诉的处理方式。

我国刑事诉讼法并未规定公诉的撤回制度,此为最高人民检察院通过《高检规则》的自赋权。我国《高检规则(试行)》(2012年)第459条规定的七种撤回公诉情形一直沿用至今;我国刑事诉讼法及相关司法解释中亦一直存在与之相对应的裁判种类,这表明此些情

---

5 参见沅检公刑不诉(2015)1号。

形的裁判是有规则可依的,立法有其预设,故而有观点认为,公诉撤回并非必要。[6] 然而,一般认为我国确立公诉撤回制度主要基于三方面理由:一是人权保障之考量,二是诉讼经济之考量,三是内部考核要求之考量。对于无起诉条件的案件的继续追诉,检察机关极有可能面临着法院的不利裁判,这会给检察机关的内部考核带来不利影响。[7]

从起诉便宜主义的角度出发,似乎公诉的撤回有一定理由。实则不然,从《高检规则》亦可看出,司法解释规定了法定不起诉和证据存疑不起诉的撤回,却并未规定酌定不起诉的撤回。需要指出的是,证据存疑不起诉和酌定不起诉的公诉撤回则极易面临滥用公诉权力、规避公诉失败之风险,导致被告人无法获得无罪裁判,此种情况下不允许撤回起诉亦有利于督促检察机关认真履职、保障人权。当然,此种情况下亦无须担忧放纵犯罪问题,因为我国立法并未确立"一事不再理""禁止双重风险"原则,等起诉条件成就时,仍可再行起诉。

目前,多数国家并不是在起诉法定主义和起诉便宜主义之中作单一选择,而是二元并存,谁主谁次的问题。大陆法系国家以起诉法定主义为主,公诉自由裁量权较小,其主要逻辑是应当尽可能的提起公诉,避免国家刑罚权的实现落空,即使错误追诉,仍有后续审判予以救济;英美法系国家以起诉便宜为主,公诉裁量权较大,其主要逻辑是公诉权的错误行使可能会伤害到私权利,从严格尊重和保护私权利的角度出发,不行使则绝对不会伤害私权利,所以严格约束公诉的提起。虽然多数国家的检察机关享有一定的起诉自由裁量权,但按照诉讼系属理论,已经提起诉讼的案件应当由法官对案件的实体与程序问题进行处理,禁止随意变更、撤回起诉。[8] 这也是保证程序安宁,避免程序的反复不定会危及既有法律状态的稳定与利益预期,从而造成法律秩序的混乱,同时为了防止检察机关滥用诉权,借以规避败诉结果,不利于保障辩护权。

另外,不受限制的撤回公诉行为,亦会使得诉讼程序本来的"出罪"功能落空。故而,基于"禁止不利益变更""禁止双重危险""禁止反言"等原则,诸多国家对于公诉的撤回作出严格限制。当然,各国虽然严格限制公诉的撤回,但仍有狭窄的适用空间,如法国、德国严格限制公诉受理后的公诉撤回,而美国、日本、韩国则相对宽松,允许审判中公诉撤回。[9]

■ **扩展思考** │ 公诉撤回制度的完善

我国的公诉撤回制度应当如何调整是个值得深思的问题。公诉撤回涉及诉讼原理的悖反,但亦须承认在积极"出罪"背景下,允许公诉的撤回有利于及时终结诉讼,避免"诉讼爆炸"时代司法资源的过度浪费,同时有利于强化人权保障。因此应当严格限制公诉撤回,

---

6 参见张小玲:《论我国撤回公诉的功能定位》,载《中国刑事法杂志》2015 年第 1 期。
7 2007 年最高人民检察院颁布的《关于公诉案件撤回起诉若干问题的指导意见》目前仍然有效,该解释甚至直接指出:"对于人民法院建议人民检察院撤回起诉或拟作无罪判决的,人民检察院应当认真审查并与人民法院交换意见;对于符合本意见第三条规定的撤回起诉条件的,可以撤回起诉。"
8 参见刘少军:《也论撤回公诉制度》,载《甘肃政法学院学报》2013 年第 3 期。
9 参见刘磊:《我国公诉撤回制度的反思与重构》,载《江苏行政学院学报》2010 年第 6 期。

而非绝对禁止。

在此前提下,公诉撤回制度调整的探讨还需要进一步确定其定位问题。首先,我国刑事诉讼模式偏向于大陆法系的职权主义模式,两者理念相近,对控制和打击犯罪有着极高的要求,应当以大陆法系严格限制公诉撤回、强调积极追诉为导向。其次,我国检察机关公诉裁量权过大,应当予以严格限制。2012年和2018年《刑事诉讼法》修法致使公诉裁量权急剧扩张,除法定不起诉和严格意义上的酌定不起诉外,不起诉制度的实际种类还包括存疑不起诉、附条件不起诉、核准不起诉、当事人和解不起诉和如火如荼的"企业合规不起诉"等,这些不起诉类型均具有一定的自由裁量余地,许多当归属于酌定不起诉的范畴。随着认罪认罚从宽制度和刑事合规制度的展开,公诉权的主导地位进一步加深,更应当注重对公诉裁量权的严格把控,避免冲抵审判权。

在公诉撤回制度的具象图景方面:一是确定公诉撤回情形。只允许法定不起诉类型的公诉撤回,严格限制存疑不起诉、酌定不起诉等类型的公诉撤回。二是确定公诉撤回的时机。在公诉受理之前,应当允许检察机关撤回,在公诉受理之后应当严格限制公诉撤回,并且撤回的时间应在法庭辩论终结前提出。法庭辩论的结束意味着审判主体程序业已完毕,再允许撤回既不利于保障被告人的程序利益也不利于维系审判程序的权威。三是确立公诉撤回的司法审查机制。检察官撤回公诉须依法定事由向法庭提出申请,由法院基于禁止对被告人不利益变更审查的基础之上自由裁量是否允许。四是配套权利保障机制。公诉的撤回与当事人的诉讼利益相关,应当允许当事人发表意见,应增设当事人的异议与救济途径,允许进行申诉。五是公诉撤回之后再行起诉的适当限制。虽然我国并不禁止再行起诉,但为了避免滥诉同时又避免漏诉之情形,公诉撤回之后原则上非因"新事实""新证据"不应当就同一事实、同一证据再行起诉。

069 刑事审级制度和审判监督程序的配置失衡

呼某涉嫌故意杀人案

郭 航 中南财经政法大学

■ **案情概要***

1996年4月9日晚,一位女性在呼和浩特第一毛纺厂家属区公共厕所内被强奸杀害,呼某于当晚9时许发现被害人,随后返回工作单位,叫上同事闫某一起报案。呼和浩特市公安局新城分局办案人员认定,被害人是被报案人呼某猥亵时扼颈窒息死亡。4月11日,呼某作出了有罪供述。1996年5月23日,呼某案开庭审理,呼和浩特市人民检察院以"流氓罪"和"故意杀人罪"对呼某提起公诉。检方认为,呼某在公共厕所采取暴力手段猥亵妇女并扼颈致被害人窒息死亡,手段残忍、情节恶劣、应依法严惩。呼和浩特市中级人民法院当庭判决:呼某犯故意杀人罪,判处死刑,剥夺政治权利终身,犯流氓罪判处有期徒刑五年,决定执行死刑,剥夺政治权利终身。呼某不服判决上诉,6月5日,内蒙古自治区高级人民法院作出终审判决,该院认为原判决定罪准确,量刑适当,审判程序合法,呼某上诉理由不能成立,裁定驳回上诉,维持原判。1996年6月10日,呼某被执行死刑,本案从案发到执行总共只经过了62天。

2005年10月23日,作案21起、强奸杀害9名女性的赵某某被警方抓获。赵某某被捕后交代自己曾于1996年4月9日在第一毛纺厂家属区公共厕所内杀害一名女性。10月30日,赵某某带领警方前往案发原址指认了作案地点。2006年3月,内蒙古政法委正式成立"呼某流氓杀人案"复查组,2006年10月,赵某某案中止审理。

随着赵某某案件的曝光,2006年5月24日,呼某的父母李某某、尚某某开始进京上访。从2006年至2014年,内蒙古高院立案一庭庭长共接待他们95次。从2006年呼某父母进京上访开始,仅留下的火车票就有46张,仅2007年到2009年,最高人民法院给他们的回条就有18张。与此同时,呼某案件在实体上的事实认定疑点和程序上的刑讯逼供问题逐渐引发了媒体和社会的关注,纠正呼某案的舆论呼声越来越高。然而直到9年以后的2014年11月20日,本案才真正进入审判监督程序。2014年12月15日,内蒙古高院再审判决宣告呼某无罪,并就此案召开了发布会。新闻发言人李某晨在发布会上列举了改判呼某无罪的

---

* 参见内蒙古自治区高级人民法院(2014)内刑再终字第00005号刑事判决书。

三个理由:其一,犯罪手段供述与尸体检验报告不符。呼某多次有罪供述称采取卡脖子、捂嘴等犯罪手段与被害人"后纵隔大面积出血"等尸体检验报告内容不符。其二,血型鉴定结论不具有排他性。虽然对呼某指甲缝内附着物检出 O 型人血,与被害人血型相同。但血型鉴定为种类物鉴定,该鉴定结论不具有排他性、唯一性,不能证实呼某实施了犯罪行为。其三,呼某的有罪供述不稳定,且与其他证据存在诸多不吻合之处。呼某在侦查、审查起诉和审理阶段均曾供称采取了卡脖子、捂嘴等暴力方式强行猥亵被害人,但又有翻供的情形,有罪供述并不稳定。而且供述中关于被害人的衣着、身高、发型、口音等内容与尸体检验报告、证人证言之间有诸多不吻合。

法律分析

> **争议焦点**
>
> 呼某涉嫌的故意杀人案从案发到二审维持判决、执行死刑仅用了 62 天,但从发现可能是一桩错案到进入审判监督程序却耗时 9 年。一桩从实体到程序均存在多种问题的重大刑事错案,开启审判监督程序为何如此艰难,从法律规范到制度运行都值得研究探讨。

在权利规范层面,当事人一方不享有审判监督程序的启动权。《刑事诉讼法》第 252 条规定:"当事人及其法定代理人、近亲属,对已经发生法律效力的判决、裁定,可以向人民法院或者人民检察院提出申诉,但是不能停止判决、裁定的执行。"从这一条文来看,虽然当事人及其法定代理人、近亲属对已生效的判决、裁定可以进行申诉,但显然此申诉并不会对生效判决、裁定的执行产生中止效力。实际上,在我国刑事诉讼中,申诉仅是提起审判监督程序的材料来源,供有关部门发现已生效判决、裁定有错误的信息渠道、途径而已。根据《刑事诉讼法》第 254 条的规定,在不同的情形下,有权启动审判监督程序的主体仅限于各级人民法院院长(提交审委会处理)、最高人民法院和上级人民法院,以及最高人民检察院和上级人民检察院。由此可见,当事人及其法定代理人、近亲属并不是程序启动主体,其申诉自然也不成为启动审判监督程序的决定性条件。

在证据规范层面,启动审判监督程序的证据门槛过高。在当事人一方对生效裁判提出申诉后,办案机关在何种情况下才会真正启动审判监督程序?可能有人认为,只要发现了新的证据或者新的事实,就应该启动审判监督程序。但审视我国相关法律规定则会发现,要启动审判监督程序,申诉方所提出的新证据必须达到足以完全推翻原判的程度。根据《刑事诉讼法》第 253 条规定:"当事人及其法定代理人、近亲属的申诉符合下列情形之一的,人民法院应当重新审判:(一)有新的证据证明原判决、裁定认定的事实确有错误,可能影响定罪量刑的;(二)据以定罪量刑的证据不确实、不充分、依法应当予以排除,或者证明案件事实的主要证据之间存在矛盾的;(三)原判决、裁定适用法律确有错误的;(四)违反法律规定的诉讼程序,可能影响公正审判的;(五)审判人员在审理该案件的时候,有贪污受贿,徇私舞弊,枉法裁判行为的。"从上述规定可以看出,在刑事审判监督程序的申诉阶段,被告人无罪的证明责任实际上转移到了申诉人身上,申诉人需要拿出新的证据证明原审判决达到"确有错误"的程度。

立法机关之所以如此规定,固然有维护法院判决既判力的考虑,但对于申诉人而言则显得要求过高。一方面,审判监督程序中的申诉审查方式呈现了单方化、书面化和形式化的行政色彩,与对抗式的审判程序有着很大差异,单方面抬高申诉人的证明责任就会削弱审判监督程序纠正错案的功能。另一方面,申诉人一方多为不具备专业法律知识的普通民众,在缺乏律师的法律帮助的情况下,其往往无法正确理解和充分运用证据,更不可能将事实证明到"确有错误"的程度。在本案中,呼某的父母李某某、尚某某均为普通民众,要求他们利用证据推翻原审判决的难度极大,即便他们申诉上访了百余次,也难以动摇审查申诉的法官对原审判决的固有看法。

在程序规范层面,当事人一方的申诉仍由原审法院自行审查。从审判监督的一般规律来看,最有效的监督方式是由上级法院对下级法院、异地法院对本地法院的外部监督。不过,我国的审判监督程序采取的是以内部监督为原则、外部监督为例外的办案模式。根据《刑诉法解释》第453条至第455条的规定,申诉一般由终审人民法院审查处理,部分情况下由第一审人民法院或上级人民法院审查处理。这属于自我审查、自我纠错的监督方式,在错案责任追究制度的背景下,一旦办案人员承认办理了错案,意味着自己要面临错案追究的后果,这种监督方式与人性中趋利避害的本能有所冲突,显然并非最佳的可行方案。在本案中,与呼某原审案件相关的审判人员大多仍然在原单位工作,部分已经位居法院领导岗位。当自身利益与司法公正相冲突时,办案人员往往会选择顾及自身利益而抛弃司法公正。如此一来,错案也就无法得到纠正。

■ 理论阐释 | 刑事审级制度和审判监督程序配置失衡削弱该程序纠错功能

呼某案的纠正过程折射出了"申诉难""再审难""纠正难"的司法现状:在刑事案件的审判监督程序中,虽然法律赋予了当事人一方申诉的权利,但又将这一权利限制在司法机关的程序启动权之下。当事人一方在申诉时需要达到的证据门槛极高,必须证明案件确有错误才有可能真正启动审判监督程序。而司法机关在自我审查、自我纠错的内部监督方式下,又出于各种因素考虑不愿启动审判监督程序,这些因素导致当事人一方经年累月不断上诉。在本案中,呼某的父母李某某、尚某某自2006年起申诉上访达9年之久,却一直无法立案,由此陷入了越不立案越申诉,越申诉越不立案的怪圈,这对当事人一方的时间、精力和财力以及国家的司法资源都造成了极大浪费。

笔者统计了自2005年以来全国部分颇具影响力的刑事再审案件启动情况。在45起重大冤假错案中,从纠正原因上看,因"真凶出现""死者归来"而启动再审的案件达到了14起,几乎所有案件都出现了被告人及近亲属持续多年申诉的现象,最长申诉时间达到了20年之久。从再审启动方式上看,单纯因申诉而由原审法院启动再审的案件仅有3起,"申诉难""再审难""纠正难"的问题可见一斑。

那么,为什么我国的刑事审判监督程序会陷入这样的实践困境,可以从两方面进行分析。一方面,被追诉人的程序申请权依附于办案机关的程序决定权,其诉讼主体地位无法得到保障。被追诉人享有诉讼主体地位,是控辩平等的重要保障,但要真正实现其诉讼主体地位,则有赖于被追诉人诉讼权利的有效行使。然而,我国刑事诉讼制度中出现了这样一种现象,被追诉人的诉讼权利过于狭窄,其权利的实现往往依附于审判机关和检察机关。在审判监督程序中,其体现为被追诉人只享有审判监督程序的申请权,不享有审判监督程序的启动权。要启动审判监督程序,只能由审判机关自行启动或者检察机关提出抗诉。因此,被追诉人(当事人)一方只能通过申诉来不断申请启动审判监督程序,却往往被驳回申诉甚至得不到办案机关的回应。其实,不只是审判监督程序如此,在刑事诉讼中,法律援助、庭前会议以及证人出庭作证等诸多程序中都存在这一现象。归根结底,这是我国强职权主义诉讼模式的体现。

另一方面,刑事审级制度和审判监督程序配置失衡,削弱了审判监督程序发现和纠正错案的能力。我国刑事诉讼采用的是四级两审制,无论何种类型的刑事案件,均仅有一次上诉审。但考察域外刑事诉讼制度可知,诸多国家和地区的刑事审级制度要么将刑事案件先划分为不同类型、再划分审级,要么直接设计为四级三审制。而在我国当前四级两审制的制度设计下,被告人仅有一次上诉机会,加之上诉案件维持率年年高位运行,这导致一部分在实体和程序上存在问题的案件无法通过审级制度真正定案息讼,当事人一方在没有其他分流途径的情况下只能走上申诉的唯一道路。

然而,我国不限制当事人的申诉次数,但却对审判监督程序设置了严苛的启动标准,这就导致审判监督程序的入口很大、出口很窄,很容易陷入申诉多且申诉难的怪圈。在实践中,当事人经年累月提出申诉的情况屡见不鲜,各地办案机关和信访接待部门要应对处理大量或真或假的申诉案件,即便不真正启动审判监督程序,也会在审查申诉时耗费大量诉讼资源,从而在一定程度上削弱了审判监督程序发现和纠正错案的能力。

■ 扩展思考 | 适时建立三审制减少审判监督程序压力

呼某案等诸多冤假错案的纠正无疑彰显了我国法治的进步,但我们更应思考如何完善刑事审判监督程序,使今后错案纠正之路不再重蹈呼案的覆辙。

在微观层面,有必要赋予当事人一方启动审判监督程序的权利,使之不再沦为办案机关程序决定权的附庸,还应将刑事案件的申诉证明标准适当降低,从"确有错误"才启动审判监督程序改为"确有错误可能"就能启动审判监督程序。

在中观层面,应适时改革我国刑事诉讼中的审级制度,对于被告人被判处一年有期徒刑以下的案件,可以继续采用两审终审制,对于被告人被判处一年有期徒刑以上的案件,则应适用三审终审制,赋予被告人两次救济机会,更加谨慎地对待刑事判决,为审判监督程序的入口减少压力。

在宏观层面,则应秉持正当程序的法治精神改革我国的刑事诉讼制度,将回避制度、管辖制度与审判监督程序紧密结合,设计异地异级的审判监督程序,尽量减少原审办案机关可能产生的影响。

总之,纠正错案既不能依赖于办案人员的情怀与担当,也不能完全寄希望于社会舆论的关注与呼吁,唯有法治才是实现公平正义的正道。

070 刑事二审"全面审查"的范围与边界

曾某平等贩卖、运输毒品案

贾志强 吉林大学

■ 案情概要[*]

被告人曾某平,男,1983年8月27日生。2010年9月22日因涉嫌犯贩卖、运输毒品罪被逮捕(其他同案被告人情况略)。某市人民检察院以被告人曾某平等人犯贩卖、运输毒品罪,向某市中级人民法院提起公诉。法院经审理查明:曾某平、吴某某系夫妻关系。2010年,曾某平、吴某某多次向杨某某、申某某出售毒品甲基苯丙胺片剂(俗称"麻古")。付某某负责为曾某平、吴某某运输毒品。曾某某为他人窝藏毒品。具体如下:(1)2010年8月9日,曾某平、吴某某向他人出售甲基苯丙胺片剂,交由付某某运输。付某某将毒品从某市运至某县交给买家后,将收取的毒资2万元人民币存入吴某某银行账户。8月14日,付某某携带甲基苯丙胺片剂乘坐大巴车前往某市,在高速公路某服务区被公安机关抓获。公安机关当场从其挎包内查获甲基苯丙胺片剂3000颗,净重274.61克……(3)2010年间,申某某多次在曾某平、吴某某处购买甲基苯丙胺片剂贩卖。同年8月初,申某某向曾某平、吴某某购买甲基苯丙胺片剂后,贩卖给熊某250颗。8月17日,申某某被公安机关抓获,公安机关在其提包内查获甲基苯丙胺(冰毒)7包,净重10.65克,甲基苯丙胺片剂4袋,净重2.63克……(5)2010年8月24日,公安机关从曾某某住所内查获甲基苯丙胺片剂363.59克……

法院认为,公诉机关指控付某某运输274.61克甲基苯丙胺片剂系受曾某平夫妇安排的证据不足;指控曾某某处查获的363.59克甲基苯丙胺片剂系曾某平委托曾某某保管的证据不足,不予认定。曾某平贩卖毒品(含甲基苯丙胺、甲基苯丙胺片剂)1768.89克及甲基苯丙胺片剂250颗,运输甲基苯丙胺片剂约800颗。以贩卖、运输毒品罪判处被告人曾某平死刑,剥夺政治权利终身,并处没收个人全部财产。

曾某平提出上诉。上诉理由如下:(1)原判认定其与杨某某有毒品交易的事实不成立;(2)原判认定两处租住房内查获的毒品是其用于贩卖的毒品的事实错误;(3)原判量刑过重,请求从轻处罚。其辩护人提出,本案存在犯意引诱的可能。

---

[*] 参见夏建勇:《曾某平等贩卖、运输毒品案——在上诉案件中,对于公诉机关指控但一审没有认定的犯罪事实,二审能否审理并予以认定(指导案例第1131号)》,载最高人民法院刑事审判第一、二、三、四、五庭主办:《刑事审判参考》(总第105集),法律出版社2016年版,第95~102页。

某省高级人民法院经审理确认,原判认定从申某某处查获的 10.65 克甲基苯丙胺系被告人曾某平、吴某某贩卖给申某某的证据不足;原公诉机关指控付某某运输 274.61 克甲基苯丙胺片剂系受曾某平夫妇安排的事实成立,原判未予认定,应予纠正;原公诉机关指控曾某某处查获的 363.59 克甲基苯丙胺片剂系曾某平委托曾某某保管的事实成立,原判未予认定,应予纠正。曾某平及其辩护人所提辩解理由和辩护意见不能成立,不予采纳。原判认定被告人曾某平犯贩卖、运输毒品罪的主要犯罪事实清楚,定罪准确,量刑适当,审判程序合法。据此,判决维持原审对被告人曾某平的定罪量刑,并依法报请最高人民法院核准。

最高人民法院经审理认为,被告人曾某平明知是毒品而伙同他人予以贩卖,还雇用他人运输毒品,其行为已构成贩卖、运输毒品罪。曾某平在共同犯罪中起组织、指挥作用,系罪责最为严重的主犯。曾某平多次贩卖毒品,贩卖毒品数量大,社会危害极大,所犯罪行极其严重,应依法惩处。第二审判决认定曾某平安排付某某运输甲基苯丙胺片剂 274.61 克、委托曾某某保管甲基苯丙胺片剂 363.59 克的事实错误,应予纠正。第一审判决、第二审判决认定曾某平伙同他人贩卖、运输 1852.74 克甲基苯丙胺片剂的事实清楚,证据确实、充分,定罪准确,量刑适当。审判程序合法。以贩卖、运输毒品罪判决核准被告人曾某平死刑。

■ 法律分析

> **争议焦点**
>
> 对于公诉机关指控但一审法院认为不予成立的犯罪事实,二审法院能否将其纳入全面审查的范围?即我国刑事二审"全面审查"的范围与边界。

☐ 二审法院能否将一审法院认为不成立的事实纳入审查范围

1. 最高人民法院裁判者的观点

对本案而言,最高人民法院裁判者的核心观点是:二审法院不得将一审法院确认不成立的事实作为上诉审的审查对象。其理由有三:第一,最为直接的理由,《刑事诉讼法》(2012 年)第 222 条第 1 款(《刑事诉讼法》第 233 条第 1 款)"第二审人民法院应当就第一审判决认定的事实和适用法律进行全面审查"中的"认定的事实"是指"认定成立的事实","对于一审判决没有认定的部分犯罪事实(抗诉案件除外),二审法院无须(或者不应当)进行审查,更不能追加认定该部分犯罪事实"。在裁判者看来,刑事二审程序所适用的全面审查原则并非毫无边界,上述规定中"认定的事实"即为一种限制。第二,"对于被告人一方上诉的案件,二审法院追加认定一审未予认定的部分不利于被告人的犯罪事实,即使最终并未加重被告人的刑罚,这种做法也有违上诉不加刑原则的基本精神。"第三,"对于一审法院未予认定的部分犯罪事实,检察机关并未提出抗诉,就表明检察机关对此并无异议","对于原本不属于二审审查范围的事项,二审法院基于不告不理原则的基本精神,不应当主动审查并追加认定"。

2. 本文基于现行法律规范的观点

尽管上述裁判者维护原审被告人诉讼权利的立场倾向值得肯定，但在解释论层面，笔者认为上述结论及理由并不符合《刑事诉讼法》之规定，一审认定不成立的事实，亦属二审全面审查的范围。

第一，从文义来看，《刑事诉讼法》全面审查原则条款中"认定的事实"不只是指"认定成立的事实"，亦包括"认定不成立的事实"。首先，"认定"仅指"确定"或"确定地认为"[1]，并不内含肯定性结论的指向。其次，《刑事诉讼法》中"认定……"的指向性，取决于与"认定"所搭配词语含义的指向性或者具体的语境，例如，《刑事诉讼法》第 200 条中"认定被告人有罪的""认定被告人无罪的"这类表述。最后，"事实"的含义本身也具有双重指向性，即"成立的事实"抑或"不成立的事实"。《刑事诉讼法》第 233 条第 1 款中的"事实"并未被其他条款设定特殊的语境，因此"认定的事实"自然包括经一审法院审理后"认定成立的事实"和"认定不成立的事实"两个面向。[2] 易言之，该条款中所谓二审法院对一审法院"认定的事实"进行审查，即是对"事实认定"问题进行审查，[3] 此种表述可能更易理解，从而避免"认定的事实"对本案裁判者带来的歧义。

上述歧义的产生可能与司法解释中的相关用语有关。例如，《刑诉法解释》第 295 条第 1 款第 5 项中有此表述："对事实不清、证据不足部分，不予认定。"这里的"不予认定"即认为该部事实不成立，若依此为准，"认定"与"不予认定"相对，即认为事实成立，这可能就是本案裁判者做上述解读的缘由。从上述文义分析可见，其实"不予认定"的表述并不规范。法院是裁判机关，有指控必有裁判，对于"事实不清、证据不足部分"，法院亦应进行"认定"，但"认定"的是该部指控事实不成立。

第二，将一审认为不成立的事实排除在二审全面审查范围之外有违《刑事诉讼法》第 233 条第 1 款之规范目的。我国的刑事上诉审不仅是为相关各方提供救济，更为重要的制度目的在于纠错。"相对于第一审法院的初次审判而言，二审程序是一种复审程序，也就是对案件进行的重新审判程序。"[4] 我国二审的审判对象是"原案件"，所谓"复审"在某种程度上相当于二审法院回到一审法院尚未对指控事实进行审理的一种状态，而非回到第一审判决后的状态，故一审法院的事实认定结果不影响我国二审法院的全面审查范围。换言之，《刑事诉讼法》第 233 条第 1 款规定二审法院应当对一审法院"认定的事实"进行审查，意指二审法院对原公诉机关指控的案件事实和证据重新进行审理和调查。故对于本案而言，原公诉机关指控曾某平等的多起贩卖、运输毒品的事实均属二审法院的审查范围，一审法院认定其中两起指控事实不成立，不构成对二审法院审查范围的限制。可见，上述裁判者的

1　中国社会科学院语言研究所词典编辑室编：《现代汉语词典》，商务印书馆 2016 年版，第 1101 页。
2　《刑事诉讼法》第 55 条第 2 款第 3 项中"对所认定事实已排除合理怀疑"的"事实"则具有特定的指向性，这源于该条第 1 款中"可以认定被告人有罪"的语境限定。
3　类似理解也可参见陈卫东主编：《刑事诉讼法学》，高等教育出版社 2022 年版，第 329 页。
4　陈瑞华：《刑事诉讼法》，北京大学出版社 2021 年版，第 442 页。

观点与我国二审程序的复审性质相左。此外,本案裁判者的观点逻辑本身也存在严重问题:如果二审法院不得审查一审法院认为不成立的事实,那么对于因事实不清证据不足而作出的无罪一审判决,二审法院将失去对该一审判决进行复审的权力,这明显与我国实际不符。

第三,本案裁判者援引上诉不加刑以及不告不理原则并不妥当。上诉不加刑原则解决的是二审法院能否加刑的问题,与本案所涉的二审审查范围问题无关,故援引上诉不加刑原则实属张冠李戴。裁判者援引不告不理原则更是明显违反实定法,《刑事诉讼法》全面审查条款明确规定"不受上诉或者抗诉范围的限制",可见我国二审排除适用不告不理原则。

■ **理论阐释** | 对"全面审查条款"的二维解读

本案的核心裁判依据是《刑事诉讼法》(2012 年)第 222 条第 1 款,即我国刑事二审的"全面审查条款"。该条款仅一句话,以逗号为界,可从两个维度进行理解。

前半句"第二审人民法院应当就第一审判决认定的事实和适用法律进行全面审查",涉及的是刑事上诉审和初审之间的关系,在某种意义上规定了我国的刑事上诉审构造。"所谓上诉审构造,是指为规范上诉审与初审之间的关系,法律对上诉审的审判对象、审理范围、审理方式、裁判方式等的规定所构成的整体。"上诉审构造主要有三种理论模型:复审制、续审制和事后审查制。[5] 尤其在审判对象和审理范围方面,我国上诉审构造具有复审制的特点。

从理论层面再次审视本案裁判者的观点(一审事实认定对二审法院审查范围的约束效果因一审认定事实成立与否而有别),无论是复审制、续审制还是事后审查制中均不存在这种"区别对待式"的约束效果。复审制是对一审的事实认定重新进行审查;事后审查制属于法律审,即不再对事实认定问题进行审查;续审制则处于中间状态,一审的证据调查结果对上诉审具有约束力,上诉审仅对新的证据进行调查,再结合原一审调查结果对"原案件"的事实认定问题作出心证。可见,上述约束效果均与一审法院认定案件事实成立与否无关。

后半句"不受上诉或者抗诉范围的限制",是对我国刑事二审这一审级本身的基本诉讼构造进行规定,即二审不受控诉原则或者说不告不理原则的限制。[6] 德国、日本和我国台湾地区等法域的初审和上诉审均贯彻不告不理原则。

综上所述,我国刑事二审所谓"全面审查"包括两个维度:"全面"之一是从上诉审构造的角度来说,二审对一审的事实认定和法律适用问题进行全面的复审;"全面"之二是从二审本身诉讼构造来看,排除适用控诉原则,即可在上诉或抗诉范围之外对"原案件"进行全面审查。但全面审查不等于毫无界限,《刑事诉讼法》第 233 条第 1 款前半句其实在上诉审

---

5 参见孙远:《论刑事上诉审构造》,载《法学家》2012 年第 4 期。
6 "诉讼构造"与"上诉审构造"是不同的概念,后者专门指称上诉审与初审之间的关系,而前者通常涉及的是某一审级中的控辩审三方关系。

构造方面划定了基本的边界:二审对一审进行复审,一审审判范围受原公诉机关指控事实范围的限制,由此可推导出二审全面审查即以原公诉机关指控事实范围为基界。加之《刑诉法解释》第 391 条第 4 项之规定,则我国二审全面审查的最大 4 能界限为:原公诉机关指控的事实+上诉或抗诉提出的新事实。

■ 扩展思考 | 反思"全面审查原则"

如上所述,我国二审全面审查是一种不受控诉原则限制的复审,本案中二审法院的上述做法可能会对原审被告人造成至少以下两方面的不利后果,因而令其正当性存疑。一方面,限制了原审被告人在二审阶段的辩护权。本案一审法院认定公诉机关的两起指控事实不成立,原审被告人的上诉以及相应的辩护准备活动并非围绕这两起指控事实展开。在此情况下,二审法院审查并追加认定该两起事实对于原审被告人而言是一种"突袭性裁判"。另一方面,损害了原审被告人的审级利益。"至少提供一次救济机会",是构建上诉审制度的基本要义。我国采两审终审制,对于一审法院认定不成立的事实,二审法院认定成立,自此之后原审被告人对这一不利的事实认定结果已经失去了进一步上诉的机会。本案原审被告人或许是幸运的,该案为死刑案件,最高人民法院的死刑复核程序实质上为原审被告人额外提供了一次救济机会。

遗憾的是,上述问题可能很难在解释论层面予以解决,其症结似乎不完全在于全面审查原则本身,而是我国目前上诉审制度设计存在的结构性缺陷。可能是为了最大限度上实现二审的纠错功能,我国二审程序排除适用控诉原则,上诉或者抗诉的范围不构成对二审审查范围的限制,这是所谓"全面"审查的内涵之一。如果我国上诉审的审查范围亦受制于不告不理,上述剥夺原审被告人辩护权和审级利益的问题可能就会避免。我国控诉原则的适用目前存在一种割裂状态。一方面,一审和二审之间存在割裂,尽管《刑事诉讼法》上没有明文规定,但一审实质上遵循控诉原则,而第 233 条第 1 款后半句明确规定二审不适用该原则。另一方面,对于二审而言,《刑诉法解释》与《刑事诉讼法》在一定程度上也存在割裂。《刑诉法解释》(2012 年)与《刑诉法解释》均明确规定,"开庭审理上诉、抗诉案件,可以重点围绕对第一审判决、裁定有争议的问题或者有疑问的部分进行"。此规定又有一定的不告不理色彩。除在二审阶段确立控诉原则外,迈向第三审从而构建起层次化的上诉审体系,可能也是一条路径。

回到全面审查原则本身,在目前我国一审、二审如此审理方式之背景下,二审奉行全面审查就能更好地发现案件事实进而更好地实现纠错功能殊值怀疑。进一步,会导致上述损害被告人诉讼权利的情况发生? 本案最高人民法院裁判者援引了上诉不加刑和不告不理原则,在笔者看来,这似乎是裁判者的一种无奈,这种无奈可能源自我国刑事二审制度供给和理论资源的匮乏。

071 再审的"纠错"与"救济"功能｜检察机关在再审启动程序中的突出地位

于某某杀妻案

李 辞 福州大学

■ 案情概要[*]

于某某，男，1962年出生，安徽蚌埠人，原任蚌埠市东市区（现蚌埠市龙子湖区）区长助理。1996年12月2日中午，蚌埠市公安局110报警指挥中心接到于某某报案称：家中被盗、其妻死亡。公安人员随即赶到现场进行勘查。根据现场勘查及调查，侦查人员认为于某某有重大作案嫌疑，对其进行了刑事拘留。审讯中于某某供认了杀妻的"犯罪事实"。19日，公安机关宣告破案。1997年12月24日，蚌埠市人民检察院向蚌埠市中级人民法院提起公诉。

1998年4月7日，蚌埠中院以故意杀人罪判处于某某死缓。于某某上诉。9月14日，安徽省高级人民法院以原审判决认定于某某故意杀人的部分事实不清、证据不足为由，裁定撤销原判，发回重审。1999年9月16日，蚌埠中院再次以故意杀人罪判处于某某死缓。于某某再次上诉。2000年5月15日，安徽高院再次认定本案事实不清，证据不足，裁定撤销原判，发回重审。2000年10月25日，蚌埠中院以故意杀人罪判处于某某无期徒刑。于某某第三次上诉。2002年7月1日，安徽高院裁定驳回上诉，维持原判。

2002年12月8日，于某某向安徽高院提出申诉。2004年8月9日，安徽高院驳回申诉。于某某向安徽省人民检察院提出申诉。安徽省人民检察院经过复查认为本案事实不清，证据不足，应改判被告人无罪。经反复协商，安徽省人民检察院提请最高人民检察院按照审判监督程序提出抗诉。2013年8月13日，安徽高院对于某某故意杀人案再审一案公开宣判，认为原审认定于某某故意杀害其妻韩某的事实不清、证据不足，以"犯罪证据不具有唯一性和排他性"为由，判决宣告于某某无罪。

随后，蚌埠市公安局启动再侦程序，经排查最终锁定嫌疑人，2013年11月27日，犯罪嫌疑人武某某被警方控制。警方证实，武某某为蚌埠市一名交警，据其供述，案发当日早晨，他进入于某某家中，见被害人韩某身着睡衣且独自在家，遂心生歹意，对其实施强奸。作案过程中，武某某用枕头捂住韩某面部，致其死亡，伪造现场后逃离。

---

[*] 参见安徽省高级人民法院（2013）皖刑再终字第6号刑事附带民事判决书。

法律分析

> **争议焦点**
>
> 本案显现的我国再审程序定位偏差以及申诉制度的缺憾,是人们关注的焦点内容之一:我国刑事再审程序启动方式上的效力差异是由再审程序的功能定位决定的,由于更加重视再审的"纠错"而非"救济"功能,再审程序的启动路径呈现明显的职权主义色彩。

于某某案是通过最高人民检察院启动审判监督程序,向最高人民法院提起再审抗诉予以纠正的。于某某之所以能够重获自由,其个人的坚持自不待言,除此之外,驻监检察人员及最高人民检察院对其申诉的支持更是起了很大作用。从我国错案纠正的整体情况来看,再审程序大都是由检察机关发起的,法院很少主动提起再审。尽管《刑事诉讼法》规定了当事人及其法定代理人、近亲属有权对生效裁判提起申诉,但由于这种申诉需要得到法院或者检察机关的认可与支持才能引发再审,申诉制度的效果并不理想。

再审程序的功能定位

世界范围内,刑事再审程序大体都被设定为一种对已决犯的救济程序,而我国再审程序的提起并没有区分有利于被告人与不利于被告人的情况。我国刑事再审程序起源于《刑事诉讼法》(1979 年),该法于第三编第五章对再审的启动主体、法定事由及审理程序等作了系统的规定。

《刑事诉讼法》(1996 年)大体上沿袭了 1979 年法律关于审判监督程序的规定。根据该法第 204 条,再审的法定理由包括:"(一)有新的证据证明原判决、裁定认定的事实确有错误的;(二)据以定罪量刑的证据不确实、不充分或者证明案件事实的主要证据之间存在矛盾的;(三)原判决、裁定适用法律确有错误的;(四)审判人员在审理该案件的时候,有贪污受贿,徇私舞弊,枉法裁判行为的。"该条所规定之再审理由的前三项都是由于原审裁判在认定事实或者适用法律上存在错误,第四项针对的审判人员存在违反职务义务的行为,体现了几分程序性救济的意味,但通过"徇私舞弊""枉法裁判"等字眼可以得见,立法仍然更为关注生效裁判存在的实体性错误。

现行《刑事诉讼法》在 1996 年法律第 204 条基础之上增加了一项再审理由——"违反法律规定的诉讼程序,可能影响公正审判的",这是立法首次明确将程序性违法作为再审理由。尽管如此,新法下的再审程序也较少流露出救济程序的意味,各种包含"错误"字眼的表述充分展示了审判监督程序的纠错功能,只不过纠错对象从纯粹的实体性错误延伸至严重损害程序正义(可能影响审判公正)的错误。

再审程序的职能定位乃是基于我国刑事诉讼程序上长期奉行的"不枉不纵""有错必纠"之理念。《刑事诉讼法》第 2 条规定,我国刑事诉讼法的任务是:"保证准确、及时地查明犯罪事实,正确应用法律,惩罚犯罪分子,保障无罪的人不受刑事追究……"为了及时查明犯罪事实,正确适用法律,公、检、法三机关在刑事诉讼中应当"分工负责""互相配合",立法者试图通过对诉讼主体公、检、法机关的程序分工、确立依靠"事实"和法律的诉讼原则,使得犯罪人受到定罪科刑,无罪的人不受刑事追究,进而实现"不枉不纵"的诉讼目标。

然而,人的认识能力是有限的,某些情况下"不枉不纵"可能"暂时"没有实现,诉讼活动可能冤枉了无辜的人,抑或是放纵了有罪的人,因此,有必要从反方向通过"有错必纠"来补救错误,以实现"不枉不纵"。在"不枉不纵、有错必纠"的理念下,再审程序自然被塑造成了纠正司法错误的程序。

□ 再审程序的启动路径

我国再审程序的启动路径大体上包括当事人一方申诉、法院依职权启动与检察机关提起再审抗诉三种方式。刑事申诉制度确立于《刑事诉讼法》(1996年)。该法第203条规定:"当事人及其法定代理人、近亲属,对已经发生法律效力的判决、裁定,可以向人民法院或者人民检察院提出申诉,但是不能停止判决、裁定的执行。"

现行《刑事诉讼法》第252条完整保留了这一条文。1996年修法时,立法规定再审申诉制度是为了"赋予不服已生效判决、裁定的当事人及其法定代理人、近亲属以救济手段"[1]。然而,申诉权难以成为一种有效的救济途径,因为当事人提起申诉的,执行机关"不能停止判决、裁定的执行",申诉也不必然产生启动再审程序的法律效果。与一些国家的"非常救济"制度相比,我国刑事申诉制度很难成为一种有效的司法救济手段。本案中,于某某及其父母等近亲属经过长达10余年的申诉,才终于得到一次重审的机会。

法院主动提起再审的权力规定于《刑事诉讼法》第254条。根据该条前两款的规定,上级法院认为下级法院的生效裁判"确有错误"时,有权提审或者指定下级法院再审。各级法院院长对本院作出的生效裁判,认为在认定事实或者适用法律上确有错误的,应当交本院审判委员会处理。可见,有权发动再审的法院不仅是作出生效裁判法院的上级法院,各级法院对自身作出的生效裁判,只要认为确有错误,同样可以启动再审程序予以纠正。

我国的检察机关与法院一样,有权独立启动刑事再审程序。《刑事诉讼法》第254条第3款规定:"最高人民检察院对各级人民法院已经发生法律效力的判决和裁定,上级人民检察院对下级人民法院已经发生法律效力的判决和裁定,如果发现确有错误,有权按照审判监督程序向同级人民法院提出抗诉。"相比被告人、被害人一方的申诉,人民检察院以"抗诉"的形式提起再审;检察机关抗诉一经提出,即产生启动审判监督程序的法律效果。

■ 理论阐释 | 检察机关在再审启动程序中的突出地位

在当事人的申诉对再审启动无法产生实质性影响的情况下,我国刑事再审程序的启动实际上以一种"职权主义"的方式运行,即由法院与检察院垄断刑事再审程序的启动权。其

---

[1] 全国人大常委会法制工作委员会刑法室编:《中华人民共和国刑事诉讼法条文说明、立法理由及相关规定》,北京大学出版社2008年版,第482页。

中,法院毕竟是行使国家司法权的审判机关,司法权应当具有"不告不理"的被动性,法院主动发起再审还有危及控审分离原则之虞。因此,为了最大限度地维护司法机关的中立性,在再审启动权的行使上,法院应当秉持谦抑性。

因此,检察机关似乎是最适合启动再审的主体。检察机关作为我国宪法规定的法律监督机关,由其通过提起再审抗诉实现对生效裁判的法律监督,具有国家权力分配上的正当性。有学者指出,对生效裁判提出抗诉正是检察机关履行法律监督权的体现,这与西方国家检察机关作为诉讼一方当事人的模式是不同的。如果不赋予检察机关这种强制抗诉权,法律监督很容易落空。[2]

为了使刑事再审程序保留基本的诉讼性质,又不对检察机关的国家法律监督机关地位造成损害,笔者建议对我国审判监督程序中的权力结构进行整合,将法院与检察院的再审启动权加以区分。具言之,法院应当尽量避免主动提起再审,其依职权启动再审程序的情形宜限定于裁判生效后发现了新的证据,证明被告人可能被判无罪或被处以更轻的刑罚乃至免除刑罚。这样,那些原审裁判据以作出之根据存在的瑕疵就不能成为法院主动提起再审的理由,即便再审有利于被判决人。

当然一旦发现了这种情况,被判决人并非无从救济,被告人可以通过向检察机关申诉的方式引发再审。既然检察机关提起再审抗诉是在行使法律监督权,理应保留其程序启动权。由于法院基于控审分离原则,一般不主动启动再审程序,再审程序的启动的常规方式便应当是通过检察机关发起,被告人与被害人的申诉也应当向检察机关提出。这样的再审启动方式既凸显了检察机关的法律监督机关地位,又在一定限度上保障了被追诉人的权利,同时维护了法院的中立性。

■ **扩展思考** | 法院是否应当享有再审启动权

关于是否应当赋予法院再审启动权,我国学界存在两种比较有代表性的观点。一种观点认为,法院进行审判活动,必须以"诉"的提出为前提。在现代法治国家,再审的申请都应当由检察机关或者原审被告人向法院提出,而法院在再审程序中扮演着中立裁判者的角色。无论何种情况下,法院都不得在无人提起再审申请的情况下,自行决定就一项生效裁判进行重新审判。否则,法院就成了再审之诉的提出者与裁判者,违背了控审分离的基本原则。[3] 另一种观点则指出,对于某些"确有错误"的案件,检察机关没有提起再审抗诉,当事人又未提出申诉的,如果法院拘泥于司法的被动性而不主动提起再审,进行必要的改判,则显失公正,因此主张保留法院主动提起再审的权力,但出于保障人权的考虑,法院主动提起再审应当仅限于有利于被判决人的情况。[4]

---

[2] 参见陈光中、郑未媚:《论我国刑事审判监督程序之改革》,载《中国法学》2005 年第 2 期。
[3] 参见陈瑞华:《刑事再审程序研究》,载《政法论坛》2000 年第 6 期。
[4] 参见陈光中、郑未媚:《论我国刑事审判监督程序之改革》,载《中国法学》2005 年第 2 期。

其实,上述两种态度鲜明的对立观点并非"二律背反"关系,两种观点背后蕴含的理念都具法治意义。大陆法系的既判力理论在于维护法的"和平性",这不仅是为了捍卫司法权威,更是为了保障公民(包括犯罪人)的"法律安全感"。人们不希望被犯罪行为侵犯,这是对"公共安全"的需求。而没有犯罪的人们同样不希望受到国家的羁押、起诉甚至审判、定罪,这是对"法律安全"的需求。[5]

即便是真正实施了犯罪的人,一旦被国家审判机关宣告无罪,便可从司法追诉程序中解脱出来。如果国家可以多次对其公民的同一行为进行审判,那么不仅被判决人的法律安全感将荡然无存,这种判决生效后的重复追诉行为也会对社会一般公民的法律安全感构成威慑。然而诚如有学者所言,"重大违误之判决若未予纠正,借由刑事诉讼程序所欲追求之法和平性,也是空中楼阁"。[6] 基于此,笔者支持保留法院主动启动再审的权力,同时应对法院的再审启动权进行一定的约束。

为了最大限度地维护司法机关的中立性,在再审启动权的行使上,法院应当秉持谦抑原则。法院主动启动的再审程序应当仅限于原审裁判生效后发现了新证据证明原审裁判确有错误,抑或是原审裁判存在重大错误的情况。所谓"新证据"指原审时未发现而裁判生效后发现的证据,譬如原审判处被告人有罪,判决生效后发现了被告人没有作案时间的证据。至于原审自身存在的错误,借鉴其他大陆法系国家立法例,包括原审认定被告人有罪的证据系伪造;控方证人作了不利于被告人的伪证;原审检察官、法官存在枉法裁判行为等。

更为重要的是,法院主动发起的再审,只能是有利于被告人的。从理论上看,法院主动启动再审程序,本危及法的安定性,也在一定程度上与控审分离原则相冲突。假设法院是出于对被判决人的权益保障,譬如对被错误定罪的被告人宣告无罪,减轻被告人的刑罚等,那么尚可谓是基于人权保障的理念不得不令法的安定性作出价值让渡。相比之下,那种不利于被判决人的再审除却姑且实现了部分实体正义价值之外,便不具备任何价值可言了。而这种对实体正义的恣意苛求是以牺牲程序正义、司法权威、人权保障等诉讼价值为代价的。刑事诉讼法作为程序法,倘若为了追求实体正义这一外在价值而牺牲了程序正义的内在价值,显然是本末倒置了。

5　参见陈瑞华:《刑诉法:一部民权法,而非治民法》,载《南方周末》2011年9月8日版。
6　林钰雄:《刑事诉讼法》(下册),中国人民大学出版社2005年版,第314页。

072 七人陪审制规定中的"应当"

杨某某故意杀人案

李子龙　北京工商大学

■ 案情概要[*]

被告人杨某某与被害人谢某通过网络相识。2019年7月23日20时许,杨某某向谢某索要"欠款",遭谢某拒绝。当二人行至阜南县上时,杨某某与谢某发生打斗,期间杨某某从自己的电瓶车内拿出一把单刃尖刀捅刺谢某数刀,致谢某当场死亡。安徽省阜阳市中级人民法院审理阜阳市人民检察院指控杨某某犯故意杀人罪,于2019年12月29日作出刑事附带民事判决。宣判后,杨某某不服,提出上诉。安徽省高级人民法院于2020年9月22日作出刑事裁定,撤销原判中的刑事判决部分,发回重审。阜阳中院另行组成合议庭,于2020年12月17日作出刑事判决。杨某某不服,再次上诉。2021年3月,安徽高院作出二审裁判:驳回上诉,维持原判。

二审辩护意见中很重要的一点即为:本案系可能判处10年以上有期徒刑、无期徒刑、死刑,社会影响重大的刑事案件,一审未依法组成七人合议庭审理,违反《人民陪审员法》第15条、第16条的规定,属于《刑事诉讼法》第238条第1款第4项规定的"审判组织的组成不合法"之情形,应当发回重审。

合议庭则回应如下:根据《刑事诉讼法》第183条规定,中级人民法院审判第一审案件,应当由审判员三人或者由审判员和人民陪审员共三人或者七人组成合议庭。本案原审法院由审判员三人组成合议庭符合法律规定。因合议庭组成人员中无人民陪审员参加,故无须适用《人民陪审员法》的相关规定。

■ 法律分析

争议焦点

一审法院合议庭由三名法官组成,但上诉方认为本案应由七人合议庭审理,一审程序违法,应发回重审。那么,法院可否选择合议庭的组成方式?"案件社会影响重大"如何判断?合议庭的组成方式是否可以成为案件发回重审的理由?

---

[*] 参见安徽省高级人民法院(2021)皖刑终15号刑事裁定书。

▢ 合议庭的组成方式

依照我国《刑事诉讼法》第183条的规定,除去由职业法官(审判员)组成的合议庭之外,由人民陪审员参加的合议庭,又分为不同审级的合议庭的组成形式:一是基层人民法院、中级人民法院审判第一审案件,应当由审判员三人或者由审判员和人民陪审员共三人或者七人组成合议庭进行;二是高级人民法院审判第一审案件,应当由审判员三人至七人或者由审判员和人民陪审员共三人或者七人组成合议庭进行。

这两种情况,法律作出的都是选择性规定,即法院可以根据案件具体情况,选择审判员组成合议庭审理,也可以选择审判员和人民陪审员共同组成合议庭审理。关于七人合议庭的组成方式,《刑诉法解释》第213条第2款与《人民陪审员法》第16条作了进一步规定。上述七人合议庭的法定情形是否具有排他性,存在不同理解:一种理解是,这些关于由人民陪审员与法官组成七人制合议庭的规定,并不排斥同样情形可以仅由审判员组成合议庭进行审理;另一种理解是,法定七人合议庭适用情形具有排他性,法官不能采取其他合议庭的组成形式。

认为七人合议庭的法定形式不具有排他性的理由在于,适用法定合议庭的组成方式,需要结合《刑事诉讼法》第183条,不能将两者割裂,否则在可能判处重刑并且社会影响重大的案件中,将排除适用三至七人审判员组成的合议庭。如对于有重大社会影响的死刑案件不能由七名法官进行第一审程序的审判,显然与上述条文的精神不相契合。此外,国民参与司法虽具有司法民主与司法公正方面的重要意义,但国民参与司法并非十全十美,职业法官在案件事实判断和法律适用方面的优势不能低估,其对防范冤错案件起着更重要的作用。基于此,应结合《人民陪审员法》第15条规定,优先审查案件是否需要由人民陪审员参加审判,再判断审判组织是否适用七人合议庭。当法律条文存在表面冲突的时候,需要根据法律层级和实质内涵来解决这种表面上的冲突,不能顾此失彼。

相反,主张七人合议庭的法定组成形式具有排他性则基于文义解释,认为这些规定是对《刑事诉讼法》第183条的进一步规定和解释,已经排除了其他合议庭组成形式的可能性。另外,从国民参与司法的功能来看,人民陪审员参与司法具有制约审判权的作用,属于防止司法人员滥用权力的民主制约机制。对于可能判处重刑的社会影响重大的刑事案件,需要格外慎重,特别需要人民陪审员参与,并期待他们将社会正义观念引入司法,通过对审判权的制约,保障司法的公正性,增强司法公信力。

由于采行由人民陪审员和法官组成七人合议庭的法定情形是否排斥由审判员组成的审判组织形式,司法实践中存在不同理解,法院与辩护律师的认识可能因此存在差异。但无论是《刑事诉讼法》还是相关法律对合议庭组成方式的规定,其目的皆为保证审判的公正性,防范冤假错案的发生。故而当案件符合七人合议庭的法定组成形式时,法官应考虑公民意志对个案审判的影响,选择恰当的合议庭组成形式。同时,为减少被告方对合议庭形式的异议,可在开庭前向当事人予以说明组成合议庭的理由。

□ 社会影响重大的审查

何为社会影响重大,通常是一个难以量化的标准,其首先应重点关注案件事实本身的客观影响,若案件的影响力因案外因素而被扩大,则不能以此认定为"社会影响重大"。例如,劳某枝案件发生后受到社会广泛关注与媒体报道程度有很大关系,而与劳某枝一同作案的法英子,因缺少媒体报道,法英子案从审理直至被执行的过程中却很少有人关注。同案社会舆论程度差异主要源于媒体的报道,而非案件本身。

除此之外,刑事案件的社会影响是否重大,还涉及由谁来判断的问题,可以分为法官主观说和法官客观说。所谓"法官主观说",是以法官的判断为依据,这种判断具有较大的主观性。"法官客观说"是以社会一般人的判断为标准,不为法官主观意志所左右,这种判断具有较大的客观性。两相比较,很难将法官判断与一般人判断完全割裂,有些案件中法官与社会一般人的认知存在差别,也有很多案件并不存在差别。法官主观说具有司法实践中的便利性,如果法官素质高、能力强、本着良心与理性进行判断,采行此说争议不大;法官客观说也有其优点,对司法机关形成外部制约关系,防止法官判断出现不准确与随意性。但因司法实践中不够便利,如何采集社会一般人的判断成为一个难题,即使调查问卷也难以操作,采集之后的分析结果也容易引发争议。

对于案件的社会影响程度,我国刑事诉讼中是由受理案件的人民法院进行判断。司法机关的认识当然具有主观性,为了强化客观因素,需要将控辩双方的认识与主张引入司法机关的判断形成过程。例如,杨某某案件审理中,控辩双方均有权就合议庭组成形式提出意见与建议,人民法院可以在听取意见的基础上判断案件是否属于社会影响重大。如果第一审程序中控辩双方没有就合议庭组成形式提出异议,进入第二审程序再围绕案件社会影响重大而提出异议,并要求发回重审,人民法院会顾及诉讼经济原则的运用,考虑可能造成司法资源的浪费而不予支持。因此,除非合议庭组成明显不合法,影响了一审判判决的公正性,否则二审法院很难仅因下级法院合议庭的形式问题而发回重审。

■ 理论阐释 | 职业思维与公民意志

公民参与司法的功能主要可以概括为三个层面,即协助司法、制约权力和监督权力,不同的公民参与形式,其功能也不一定完全相同。[1] 人民陪审制作为我国公民参与司法的主要方式,其发挥着制约权力与协助司法的功能。具体来讲,人民陪审制通过公民与法官组成合议庭的方式,分权制衡审判权的运行,将公民意志有序地融入司法裁判中,凭借公民丰富的生活经验来弥补法官职业思维的不足,确保裁判的公正性与社会可接受性。在公民参与审判受案件性质限定的司法体系中,对公民参与的需求越强烈,表明越需要将公民意志融入审判中。

---

1 参见陈卫东:《公民参与司法:理论、实践及改革——以刑事司法为中心的考察》,载《法学研究》2015 年第 2 期。

职业法官审判的优势在于其凭借法律知识和司法经验有效地解决司法专业问题,而人民陪审员的条件及选任方式使参加庭审的公民具有广泛性和代表性,更多体现出同侪审判的优势。被告人与"具有同等身份的人"之间有着大体类似的生活背景,分享着大体相同的社会经验和价值判断,因而更容易达成共识与沟通,也更能够理解被告人在特定情境下的行为选择。[2] 由法官与人民陪审员组成合议庭审理案件,有助于通过公民意志对判决的影响,消除公民对司法的偏见,从而提高了司法的公信力。尤其当案件涉及的利益范围较广时,若公民无法在庭审中发表自己的意见,那么判决结果缺少了常理、情理与法理的综合考虑,难以确保各个主体之间的利益平衡,公民难免对判决产生异议。除此之外,面对利益格局较为复杂的案件,法官在寻求解决社会矛盾方式的过程中承受着极大的压力。公民通过人民陪审制进入法庭,为如何平衡各方利益提供意见,一定程度上分担了法官的责任,减少公民对判决结果的非议。

除了形式上保证公民参与庭审,还需要设置合理的参审机制,让人民陪审制发挥其本原的功能。法官与人民陪审员的逻辑推理方式及推理基础不同。拥有职业思维的法官基于专业知识,通过三段论的推理方式作出裁判,人民陪审员则依靠普通公民的常识与良心,运用常人的理性思维方式判断事实。虽然人民陪审员无法像法官一样拥有缜密的逻辑思维能力,不具有专业的法律知识,但并不影响其作为理性主体认知客观事实。相反,正是职业法官与人民陪审员认知能力的差异,才能使公民意志跳出职业思维的惯性,为判决注入常理与情理因素。最好的法律应随机选择数人充当职业法官的助手,懂法之人做判断时依靠成见,不懂法之人做判断时依靠感觉,前者较后事更易犯错……法官总想发现犯罪,惯于把一切纳入他得之于研习的人为体系,也就比依据常识更容易误入歧途。[3] 为了让公民意志能够有效地辅助法官作出判决,对于法律适用较为复杂的案件,可基于公民的认知能力确定其参审的范围。为此,《人民陪审员法》将三人合议庭与七人合议庭中人民陪审员的表决范围予以区分。三人合议庭审判案件,人民陪审员能够对事实认定与法律适用行使表决权。对于七人合议庭审判的案件,人民陪审员仅对事实认定可以与法官共同表决,对法律适用不享有表决权。[4]

■ 扩展思考 | 被告人的陪审程序选择权

本案被告方在二审阶段对合议庭组成提出异议,作为案件审判组织不合法需发回重审的理由。那么,如果案件一审时采用了七人合议庭审理案件,被告方认为陪审员不应参加庭审,可否在一审阶段对合议庭的组成提出异议,即被告人是否享有陪审程序选择权。所谓陪审程序选择权,是指当事人作为诉讼程序的主体,有权利选择合议庭是否由人民陪审

---

[2] 参见魏晓娜:《人民陪审员制度改革研究》,中国政法大学出版社 2022 年版,第 128 页。
[3] 参见[意]切萨雷·贝卡利亚:《论犯罪与刑罚》,郭烁译,中国法制出版社 2023 年版,第 35 页。
[4] 参见《人民陪审员法》第 21 条、第 22 条。

员参加,而非被动地接受法院所组成的合议庭,其本质是当事人的程序选择权。程序选择权是为了让当事人可以在不同的案件中,基于权利保护及程序价值的平衡,自主选择纠纷解决方式。刑事诉讼中被告人的陪审程序选择权为一种请求权,即当被告人对陪审员参加庭审提出异议后,法院应就合议庭的组成进行实质性审查,作出决定之后将结果采用释明的方式告知被告人。

对于合议庭陪审员的选择,我国《人民陪审员法》第 17 条规定:第一审刑事案件被告人、民事案件原告或者被告、行政案件原告申请由人民陪审员参加合议庭审判的,人民法院可以决定由人民陪审员和法官组成合议庭审判;最高人民法院《关于适用〈中华人民共和国人民陪审员法〉若干问题的解释》第 7 条规定:当事人依法有权申请人民陪审员回避。人民陪审员的回避,适用审判人员回避的法律规定。人民陪审员回避事由经审查成立的,人民法院应当及时确定递补人选。由此可知,被告在人民陪审员参与合议庭方面享有申请人民陪审员参加权与回避权,而无权选择适用七人或三人合议庭,没有完整的陪审程序选择权。

除此之外,由于个案性质的差异,被告方有时会认为由专业法官审判更加公正,人民陪审员参加审判反而会影响判决的公正。如果赋予被告人陪审程序选择权,其可在一审中自主选择是否需要陪审员参加庭审。判决的结果产生于被告选择的合议庭,可以提高被告接受判决的程度。我国合议庭形式的多元化,为被告人选择陪审程序提供了空间。被告选择陪审的程序可置于庭前会议阶段,由此避免因被告庭审时对合议庭组成的形式提出异议而中断庭审。

073 再审程序 ｜ 禁止双重危险

左某某故意杀人案

林艺芳　福建师范大学

■ 案情概要[*]

2007年1月13日晚，在安徽省阜阳市颍上县江店孜镇发生了一起命案。原审被告人左某某因怀疑被害人周某盗窃其网吧的空调外机，邀集同案犯陈某某、杨某某到江店中学门口找周某，三人乘坐石某某的车将周某带至江店孜镇原区政府附近。左某某、陈某某、杨某某三人逼问周某是否偷窃空调，并对周某拳打脚踢。杨某某持木棍对周某进行击打。周某被打后逃至原区政府的公用厕所旁，并被三人追上。陈某某用绳勒、左某某用手掐周某颈部，致其窒息死亡。后三人将周某尸体头朝南、脚朝北，抛入厕所粪坑内，并再次乘坐石某某的车逃离现场。

2010年，左某某等三人因受人检举而被公安机关抓获。隔年，案件被依法起诉至阜阳市中级人民法院。2011年5月3日，阜阳市中级人民法院对左某某、杨某某、陈某某故意杀人案作出刑事附带民事一审判决，判处左某某死刑，剥夺政治权利终身；判处陈某某死刑，缓期2年执行，剥夺政治权利终身；判处杨某某有期徒刑10年。三名被告人不服，提出上诉。

随后，案件经历了多次重审。直至2020年5月25日，安徽省高级人民法院作出终审判决，裁定撤销阜阳市中级人民法院关于判处左某某犯故意杀人罪并判处死刑的判决。其认为，左某某等人故意杀人的事实主要依靠言词证据，缺乏客观性证据予以支持，且三人供述与证人证言之间存在矛盾，疑点较多，因而属于事实不清、证据不足。此判决一出，意味着左某某故意杀人罪不再成立。同年6月23日公开宣判当日，关押了10年的左某某被当庭释放。

判决作出之后，被害人家属不服，向安徽省高级人民法院提出申诉。同时，安徽省人民检察院也报请最高人民检察院对本案提出抗诉。2020年7月6日，安徽省高级人民法院接受了被害人家属的申诉，对左某某故意杀人案立案复查，认为原判决确有错误。8月5日，该院经审判委员会讨论决定，对原审被告人左某某故意杀人案依职权启动再审。此时距离左某某被无罪释放仅43天。

经公开开庭审理，安徽省高级人民法院于2020年12月23日作出再审判决，以故意杀人罪判处左某某死刑缓期2年执行，剥夺政治权利终身。其认定，原审被告人左某某与陈某

---

[*] 参见安徽省高级人民法院(2019)皖刑终105号刑事判决书。

某、杨某某共同故意非法剥夺周某生命的犯罪行为事实清楚、证据确实充分,左某某的行为已构成故意杀人罪。原审判决认为左某某等三人实施故意杀人的事实不清、证据不足,并据此改判左某某不构成故意杀人罪,属认定事实和适用法律错误,应当予以撤销。本案故意杀人共同犯罪中,左某某的行为积极主动,起主要作用,系主犯,其主观恶性大,且作案手段残忍,后果特别严重,应当依法严惩。鉴于本案现有证据尚达不到判处左某某死刑立即执行的证明标准,且最高人民法院曾两次裁定不核准对左某某的死刑判决,遂依法作出死刑缓期2年执行的终审判决。

■ 法律分析

> **争议焦点**
>
> 在过去大多数经验中,启动再审程序的目的通常是为冤案平反,还被错判的人员以清白,经典的如佘祥林案、张氏叔侄案等。本案的特殊之处在于,其反其道而行之,再审程序对已经被无罪释放的被告人重新作出有罪判决。那么,再审程序的启动机制是什么,遵循何种前提要件?再审程序可否加重原审判决,其至变"无罪"为"有罪"?

□ 再审程序的定位及启动

在我国,再审程序的当然定位是纠错。然而在此之前,刑事诉讼中的二审程序、死刑复核程序等也都具备纠错功能。这些递进联结形成的多层次防错体系意味着,经过二审或者死刑复核程序等的层层过滤,案件仍然存在错误的可能性是极小的。[1] 加之再审程序针对的是已经生效的裁判,其启动本身既是对案件既判力以及司法权威性的挑战,也是对原审被告人程序安宁权的侵犯。因此再审程序应被界定为一种"非常救济程序"。它不是常规的纠错程序,是在前位纠错程序未发挥应有作用时的补充性机制。司法机关不得过于执着于实体真实的追求,随意启动再审程序,而放任司法权威性被无限侵蚀。总之,再审程序理应不易启动。

根据《刑事诉讼法》的规定,再审程序只能由人民法院依职权启动,或者由人民检察院依抗诉启动。不过"自我纠错"显然是不容易的,启动再审程序等于质疑甚至否定了前面的办案工作,因此两大司法机关大多对此极尽审慎之能事。而与案件有直接利害关系的当事人拥有对生效裁判的申诉权,但申诉仅是提起再审程序的"材料来源",并非必然的启动机制,又加大了启动再审的难度。映射到实践中,根据有关数据显示,相较于二审程序和死刑复核程序的常态化,再审程序的启动往往属于极个别的情况。[2] 过去实践中不少案件启动

---

[1] 参见殷闻:《刑事再审启动程序的理论反思——以冤假错案的司法治理为中心》,载《政法论坛》2020年第2期。
[2] 参见李训虎:《刑事再审程序改革检讨》,载《政法论坛》2014年第3期。

再审，多是因为出现"真凶落网"或者"死者复归"等偶然性因素，[3]或者案件通过某种特殊渠道引发关注等。

在本案中，终审判决作出之后，被害人家属不服，向法院提出申诉。随后，在左某某被无罪释放仅43天之后，法院依职权启动再审程序。表面上看，案件再审程序的启动是极其顺利的，被害人家属的申诉也得到了重视。但深究背后的原因，除了法律因素以外，法院启动再审多少受到案外因素的影响，包括左某某母亲对法院人员的"紧盯"以及当地舆论的沸腾等，具有相当程度上的偶然性与被动性。从法理上看，再审启动确实应当极为谨慎，但如何启动再审、如何回应当事人申诉等则应由立法作出明确规定，不应过多受制于偶发性因素或者案外因素，否则再审程序的纠错功能将过于恣意随机，甚至失灵。

▫ 再审程序的价值及判决

在过去纠正的冤假错案中，再审程序大多作出的是减轻量刑，或者改判无罪的判决。然而本案为我们展示了再审程序的另一种可能性，即加重量刑，甚至改无罪为有罪。可见在我国，再审之后，法院既可能作出有利于原审被告人的判决，也可能作出不利于原审被告人的判决。那么作为一种"救济程序"，再审程序救济的究竟是什么呢？

在日本，刑事诉讼程序的核心目的之一在于查明案件真相，即奉行"实体真实主义"。"实体真实主义"区分为"积极的实体真实主义"与"消极的实体真实主义"。前者遵循"有罪必罚"原则，认为凡是犯罪行为就必然被发现并被处置。而后者则主张"无罪者不予处罚"理念，认为不应使无罪者错误地受到惩罚。[4] 在日本学界，积极的实体真实主义已经不受推崇。相反，学者们多认为刑事诉讼应当以消极的实体真实主义为基本要旨，对真相的探求应有界限，应尊重和保障被告人的基本权利。将此种理念运用于再审程序领域，立法仅承认有利于被告人的再审，而不承认不利于被告人的再审。且再审程序也适用禁止不利益变更原则，即不得宣判比原判刑罚更重的刑罚。[5] 上述理念和做法也得到了当今世界不少国家的共识。无论是奉行禁止双重危险的英美法系国家，还是奉行一事不再理的大陆法系国家，大多主张不能以纠错为名改变生效裁判的效力，且再审程序应以有利于被告人为基本原则，以防止国家追诉权力的滥用以及被告人诉累的无限增加。总而言之，从世界范围看，再审的终极目的是救济被告人的权利，而改变错误的事实认定只是实现这一目的的工具而已。不能以工具代替目的，过分强调对客观事实的追求。

在本案中，安徽省高级人民法院在极短的时间内依职权启动再审程序，并作出对原审被告人不利的判决。该院敢于自我否定的勇气值得钦佩。但根据《刑诉法解释》第472条

---

[3] 有学者统计了我国近二十多年来具有代表性的刑事错案纠正情况，发现启动刑事再审大多要求案件中存在"真凶落网"或者"亡者复归"的情况。参见柳斌、段炎里：《刑事再审程序错案纠错功能之重塑——以审判阶段错案的发生和纠正为视角》，载《中国刑事法杂志》2014年第6期。

[4] 参见［日］田口守一：《刑事诉讼法》（第7版），张凌、于秀峰译，法律出版社2019年版，第21～22页。

[5] 参见［日］田口守一：《刑事诉讼法》（第7版），张凌、于秀峰译，法律出版社2019年版，第591、596页。

第2款的规定,"原判决、裁定事实不清或者证据不足,经审理事实已经查清的,应当根据查清的事实依法裁判"。而在本案中,法院启动再审并非基于新的证据或者事实。原审中关于被告人被非法取证的问题、供述证言之间存在矛盾的问题以及客观性证据缺乏的问题等,皆未得到合理解释。法院再审改判仅是基于对原证据与事实的重新研判,给人以"为了改判而改判"之感;法院最终判决左某某死刑缓期两年执行,也颇有"疑罪从轻"的意味。这些做法既未顾及被告人的利益,亦难实现司法的公正性,其正当性基础是相对缺失的。

理论阐释 | 禁止双重危险原则

左某某在经过多年多次审判之后被判无罪,但不久后即被法院启动再审且改判有罪,相当于在诉讼中多次陷入"危险"处境。而在域外不少国家,刑事司法奉行"禁止双重危险"原则。那么,何为禁止双重危险原则,我国又是否存在类似规定呢?

现代各国刑事司法普遍奉行国家追诉主义。但是由于国家追诉机关相对于普通公民拥有更多可支配的资源与权力,国家追诉力量一旦被滥用,后果将不堪设想。如果国家借由正义之名,无休止地对同一人员的同一罪行进行反复追诉,那么此人将永远生活在焦虑与恐惧之中。为了遏制这种可能性,禁止双重危险原则应运而生。

禁止双重危险是英美法系的概念,其强调任何人不得因同一犯罪而被迫遭受两次以上的危险。在英国法中,禁止双重危险原则包括两项主要内容,一是即决案件规则,即如果法院就某人的罪行已经作出了有效裁判,那么当他因相同罪名受到重复指控时,其可以在法庭上提出即判决有罪或者无罪作为抗辩,阻止案件继续审理。二是滥用程序规则,这一规则建立在前述即决案件规则基础上,如果被告人不能获得公平审判,或者尽管被告人可以获得公平审判,但将其置于审判之中本身就是不公正的,那么被告人拥有绝对的救济权利。在美国法中,禁止双重危险则是指,在陪审团审判时,当全体陪审员就位并完成宣誓,或在无陪审或由法官审判时,当法官开始听审证据时,双重危险中的"第一重危险"即开始附着。如果法庭对被告人作出了有罪或者无罪的判决,那么不得对被告人就同一罪行再次追诉。即便该次审判未以有罪或无罪的裁判告终,由于被告人也经历了一次危险,因而也不得再次以同一罪行对其进行追诉。[6]

不少学者们习惯将禁止双重危险原则与大陆法系的一事不再理原则进行对比。一般认为,二者的侧重点有所不同。前者更侧重于保障当事人的合法权利,以有利于被告作为基本要义。后者则更注重法律秩序的稳定性,要求尊重生效裁判的既判力,尊重司法权威性。

我国刑事诉讼立法中并不存在禁止双重危险的类似表述。再审程序也被看作纠正司法错误的常规操作。虽然从过去经验看,再审程序无论是启动还是改判都是不容易的,但是这一程序对司法的权威性和稳定性、对原审被告人的合法权利保障等,仍然有着不可忽

---

[6] 参见孔军:《禁止双重危险原则及其在我国的确立》,中国社会科学院研究生院2012年博士学位论文,第20~21页。

略的消极影响。我国最高人民法院多年来提倡"依法纠错",规范再审程序的审查处理与裁判要件等。在此基础上,以有利于被告人为前提,吸收禁止双重危险的基本要旨,应是我国再审程序继续完善的合理路径。

■ **扩展思考** | 改革再审程序的可行路径

纠正冤假错案的态度与方式,向来是衡量一个国家刑事法治先进化程序的重要标准之一。美国有着无辜者计划,为那些自称无辜的囚犯提供法律代理服务或者案件调查帮助;英国设立刑事案件复审委员会,对可疑的错案进行复查,并将其提交给适当的上诉法院处理;法国拥有最高法院刑事判决再审委员会,负责受理、审查申诉并对其进行再审;德国也依托法院进行错案救济,由原审法院受理错案申诉,并由有管辖权的再审法院进行申诉审查以及审理等,[7] 足见各国对错案纠正的重视程度。

在我国,刑事再审程序也是纠正错案的重要机制。但正如前文所述,再审程序存在种种问题:一是案外因素取代立法规定,成为影响程序启动的基本要件。二是审判程序过于重视事实真相的追求,忽略甚至伤害原审被告人的合法权益。这些问题的存在,根本上是因为刑事错案的纠正仍未完全回归法治路径,未遵循法治逻辑。

改变当前再审困境,可从如下层面入手:一是完善再审启动机制,设置更独立的错案审查部门。我国目前再审的启动仍依赖法院作出决定和检察院提出抗诉,而自我审查、自我否定难度较大,影响了程序启动的效果,也给案外因素的介入留下了不小的空间。对此,不少学者提倡设立刑事案件复查委员会,从经验丰富的法官、检察官、律师、侦查人员、法学专家中选任成员,独立地就案件进行复查和调查,从而保障错案能得到更公正、中立地处置。[8] 二是引入有利于被告原则和禁止双重危险原则。从本质上看,设置刑事再审程序、纠正可能的错案,其终极价值不仅是司法的公正性,更是当事人权利的救济。因此,我国可以总结相关经验,对于已经获得生效裁判的被告人,应严格限制以纠错为目的对其反复追诉;[9] 再审改判应尊重被告人的合法权益,不得作出较原判更重的量刑。

---

[7] 参见陈卫东:《刑事错案救济的域外经验:由个案、偶然救济走向制度、长效救济》,载《法律适用》2013 年第 9 期。
[8] 参见李永航:《刑事错案纠正难问题研究——基于 34 件刑事错案纠正历程的思考》,载《上海政法学院学报(法治论丛)》2015 年第 3 期。
[9] 参见李玉华:《从念斌案看禁止双重危险原则在我国的确立》,载《法学杂志》2016 年第 1 期。

074 "发回重审"的制度功能及其限制

师某某挪用公款案

邵 俊 最高人民检察院检察理论研究所

■ 案情概要*

原河北省保定市徐水县(现徐水区)人民检察院指控原审上诉人师某某犯挪用公款罪一案,原河北省徐水县人民法院于 2002 年 12 月 27 日作出(2002)徐刑初字第 245 号刑事判决:师某某犯挪用公款罪,判处有期徒刑 2 年,缓刑 2 年。保定市中级人民法院于 2003 年 5 月 29 日作出(2003)保刑终字第 2076 号刑事裁定:以原判认定师某某犯挪用公款罪的部分事实不清,证据尚不充分,撤销原判,发回原河北省徐水县人民法院重新审判。后保定市安新县人民检察院受保定检察院指定管辖,指控师某某犯挪用公款罪,在诉讼过程中,安新检察院以本案事实、证据发生变化为由申请撤回起诉,安新县人民法院于 2004 年 12 月 11 日作出(2004)安刑初字第 85 号刑事裁定:准许撤诉。

后易县人民检察院受保定检察院指定管辖于 2006 年 11 月 26 日以易检刑诉(2006)第 124 号起诉书再次指控师某某犯挪用公款罪,易县法院于 2007 年 1 月 11 日作出(2007)易刑一初字第 3 号刑事判决:师某某犯挪用公款罪,判处拘役 6 个月,缓刑 6 个月。保定中院于 2007 年 4 月 10 日作出(2007)保刑终字第 1065 号刑事裁定:以原判事实不清,且诉讼程序违法有可能影响公正审判,撤销原判,发回易县法院重新审判。易县法院于 2007 年 6 月 6 日作出(2007)易刑一初字第 69 号刑事判决:师某某犯挪用公款罪,判处拘役 6 个月,缓刑 6 个月。保定中院于 2007 年 8 月 13 日作出(2007)保刑终字第 2264 号刑事裁定:驳回上诉,维持原判。

上述裁判发生法律效力后,师某某向保定中院及河北省高级人民法院申诉,均被驳回。最高人民法院于 2018 年 11 月 26 日作出(2018)最高法刑申 1060 号再审决定,指令北京市高级人民法院对本案再审。北京市高级人民法院经审理,于 2019 年 8 月 21 日作出(2019)京刑再 1 号判决书。该终审判决认为原判认定师某某犯挪用公款罪的事实不清、证据不足、程序违法,不能认定师某某有罪;依照《刑事诉讼法》第 256 条、《刑诉法解释》(2012 年)第 389 条第 2 款(《刑诉法解释》第 472 条第 2 款)的规定,撤销保定中院(2007)保刑终字第 2264 号刑事裁定和易县法院(2007)易刑一初字第 69 号刑事判决,判决原审上诉人师某某无罪。

---

* 参见北京市高级人民法院(2019)京刑再 1 号刑事判决书。

■ 法律分析

> **争议焦点**
>
> 本案中,"发回重审"的适用与限制本身,就是争议焦点所在。

在中国,发回重审是上诉法院处理案件的一种主要方式。根据发回重审事由性质的不同,发回重审可以分为基于实体错误的发回重审和基于程序违法的发回重审两种类型。司法实践中,发回重审制度出现滥用现象,一些案件被频繁往复发回重审;发回重审时还经历撤诉后再行起诉、审理,被告人的审级利益不仅没有得到保障,反而徒增被告人的诉累,有损程序公正,本案就是一个典型例证。

☐ 二审重复发回重审

二审基于实体错误的发回重审规定在《刑事诉讼法》第 236 条。这类发回重审需要注意两点:一是当出现"原判决事实不清楚或者证据不足"的情形,并不是一律应当发回重审,也可以查清事实后直接改判,具体如何处置交由二审法官作自由裁量。二是为了避免前述自由裁量权滥用,节约诉讼资源,《刑事诉讼法》第 236 条第 2 款对二审基于实体错误的发回重审的次数作了限制,"原审人民法院对于依照前款第三项规定发回重新审判的案件作出判决后,被告人提出上诉或者人民检察院提出抗诉的,第二审人民法院应当依法作出判决或者裁定,不得再发回原审人民法院重新审判"。

二审基于程序违法的发回重审规定在《刑事诉讼法》第 238 条。这类发回重审与基于实体错误的发回重审存在两点不同:一是二审基于程序违法的发回重审没有次数限制。二是二审法院发现可能影响公正审判的程序违法,一律裁定撤销原判,发回原审人民法院重新审判,二审法官不享有自由裁量权。但并不是所有程序违法一律触发发回重审,只有出现第 238 条明确列举的程序违法情形或者其他达到"可能影响公正审判的"程序违法,才会导致二审法院发回重审。

本案中,保定中院于 2007 年 4 月 10 日作(2007)保刑终字第 1065 号刑事裁定,以原判事实不清,且诉讼程序违法有可能影响公正审判,撤销原判,发回易县法院重新审判。这一发回重审的裁决违背了《刑事诉讼法》第 236 条第 2 款的精神。本案已经于 2003 年经历过一次因"部分事实不清,证据尚不充分"发回重审,保定中院不宜再发回重审。保定中院作出(2007)保刑终字第 1065 号刑事裁定同时援引实体错误和程序违法条款,有规避前者发回次数仅限于一次之嫌。综合考虑立法精神和本案没有出现新事实、新证据的客观情况,保定中院作为二审法院作出维持原判的裁定或者直接改判,更为合适。

☐ 二审发回重审后撤诉

一事不再理原则是一项重要的程序法理,主要是指对实体的判决已经发生法律效力的案件,不得再次起诉和审判。无论何种诉讼类型,为了避免出现同一案件同时存在两个相互矛盾的判决的"一案两诉"和"一案两判"现象,维护司法权威,都将一事不再理原则奉为圭臬。虽然我国刑事诉讼法并未像民事诉讼法明文规定一事不再理原则,但是一事不再理原则的精神内化于相关条款中。例如,刑事诉讼禁止检察机关撤诉后,在没有新的影响定罪量刑的事实、证据的情况下重新起诉的。根据《刑诉法解释》第 219 条第 6 款规定,法院在对提起公诉的案件审查时,若发现"依照本解释第二百九十六条规定裁定准许撤诉的案件,没有新的影响定罪量刑的事实、证据,重新起诉的",应当退回人民检察院。《高检规则》第 424 条规定:"对于撤回起诉的案件,没有新的事实或者新的证据,人民检察院不得再行起诉。新的事实是指原起诉书中未指控的犯罪事实。该犯罪事实触犯的罪名既可以是原指控罪名的同一罪名,也可以是其他罪名。新的证据是指撤回起诉后收集、调取的足以证明原指控犯罪事实的证据。"

本案中,安新检察院受保定检察院指定管辖,指控师某某犯挪用公款罪,在诉讼过程中,安新检察院以本案事实、证据发生变化为由申请撤回起诉,安新法院于 2004 年 12 月 11 日作出(2004)安刑初字第 85 号刑事裁定,准许安新检察院撤诉。易县检察院受保定检察院指定管辖于 2006 年 11 月 26 日以易检刑诉(2006)第 124 号起诉书再次指控师某某犯挪用公款罪。根据北京高院作出的(2019)京刑再 1 号判决书所示,易县检察院再次指控时,案件并未出现新的影响定罪量刑的事实或者证据,因此检察机关此次撤诉后再行起诉有违一事不再理原则,法院依法不应重新受理并审判。

▢ 再审发回重审

根据发回重审所处阶段的不同,发回重审可以分为二审发回重审、再审发回重审、死刑复核发回重审、在法定刑以下判处刑罚核准发回重审等。再审发回重审规定在《刑诉法解释》第 472 条,再审案件经过重新审理后,"依照第二审程序审理的案件,原判决、裁定事实不清、证据不足的,可以在查清事实后改判,也可以裁定撤销原判,发回原审人民法院重新审判"。再审发回重审的制度功能,除了维护当事人的审级利益,还要服务再审制度的纠错功能。因此,第 472 条第 2 款规定:"原判决、裁定事实不清或者证据不足,经审理事实已经查清的,应当根据查清的事实依法裁判;事实仍无法查清,证据不足,不能认定被告人有罪的,应当撤销原判决、裁定,判决宣告被告人无罪。"

本案涉及再审时是否发回重审的问题。北京高院采纳辩护人及北京市人民检察院关于认定师某某犯挪用公款罪事实不清、证据不足的辩护意见及出庭意见,依据《刑诉法解释》第 472 条直接改判师某某无罪,没有再行发回重审。

■ 理论阐释 | 发回重审的制度功能

发回重审是一种特殊的程序回转,表明了上诉法院对原审法院的审理过程和原判决的否定态度,其直接结果就是原审裁判被撤销,诉讼活动归于无效,诉讼状态恢复原状。其正当价值在于强化原审法院的审判职能,发挥审级监督作用,保障被告人诉讼权利和维护程序独立价值。

具体而言,可以从程序制裁和程序救济两个角度,进一步分析发回重审的制度功能。一方面,发回重审相当于一种相对较轻的程序制裁方式。相比于非法证据排除直接导致证据收集行为无效并且原则上没有重新进行的可能,发回重审虽然导致原裁判被撤销,但并不意味着诉讼程序即告终结,而是进行再次审理。因此,发回重审相当于对原审法院审理活动和司法裁断轻度的程序训诫,是对原审实体错误或者程序违法的消极评价,目的在于以程序公正的独立价值倒逼实体公正的实现。另一方面,发回重审具有维护当事人审级利益,保障程序救济权益的功能。为了保证司法裁判的公正性和可接受性,诉讼制度都会配置审级制度,实现程序的自我纠错。发回重审相当于诉讼状态恢复原状,被告人依旧能够再次行使上诉救济权利。

需要注意的是,发回重审并非上诉法院的唯一处理方式。上诉法院需要在司法效率和审级利益之间作出权衡,选择发回重审或者直接改判。直接改判虽然可能影响被告人的救济权利,但能够提高诉讼效率,减少当事人诉累,避免重复追诉侵害司法权威。这是刑事诉讼法区分基于实体错误的发回重审和基于程序违法的发回重审的原因所在。一审发生实体错误,出现事实不清楚或者证据不足,二审法院可以在发回重审和直接改判之间自由裁量。一审发现程序违法,则有明显不同,尤其是出现违反回避制度等法定情形,其程序违法的严重程度危及一审庭审的实质化,损害了被告人基本的诉讼权利,此时维护正当程序的独立价值,保障审级利益是需要优先考虑的价值,二审法院应当发回重审。

但发回重审作为一种特殊的程序回转,亦存在制度滥用的风险。司法实践时常出现"上诉—重审—上诉—重审""发回重审,一退到底""混用程序违法发回重审的兜底条款,规避因事实不清、证据不足发回重审仅限一次"等一系列怪象。以本案为例,在第一次发回重审后,"事实不清,证据不足"不仅没有得到解决,反而增加了撤诉后在没有新的事实或者新的证据的情况下再行起诉的问题,第二次发回重审后仍然维持原判,案件经历了10余年才得到纠正。显然,不单是发回重审的程序制裁和程序救济功能没有得到实现,诉讼效率降低,诉讼成本翻倍,当事人的合法权益受到损害,社会公众对于程序公正和司法权威的信任危机加剧。究其根源,程序回转本身就存在当事人诉累增加,无法及时获得诉讼利益的风险,同时发回重审制度规范不健全,缺乏持续监督,导致实践异化。

■ 扩展思考 | 发回重审的合理限制

出于司法权威、人权保障和诉讼效率的价值考量,刑事诉讼应当尽可能避免非必要、不正常的程序回转。据此,有必要对发回重审施加合理限制,实现仅在确保权利救济和维护程序公正的必要情形下发回重审。

就基于实体错误的发回重审而言,必要的程序限制包括:第一,对于原判决、裁定事实不清或者证据不足,制度规范应当进一步明确以直接改判为原则,只有当原判决遗漏了罪行或者遗漏应当追究刑事责任的犯罪嫌疑人等少数例外情形下才可以发回重审。对于事实无法查清,证据不足,不能认定被告人有罪的,二审法院不宜通过发回重审转嫁裁判压力,应当直接改判无罪。第二,严格执行《刑事诉讼法》第 236 条第 2 款的因事实不清、证据不足发回重审仅限一次的规定。建议凡适用该条发回重审的案件亦不能因程序违法再次发回重审。第三,增加法院适用发回重审的释明义务。建议取消二审法院发回重审,可以不开庭的规定,转而以开庭为原则,以便更好查明案情,听取当事人诉求,做好释法说理。

就基于程序违法的发回重审而言,并非所有的程序违法一律都发回重审,合理限制的重点应当放在准确识别触发发回重审的程序违法严重程度。第一,除《刑事诉讼法》第 238 条所列举的法定情形和"可能影响公正审判的"的标准外,可以充分借鉴英美法系相关经验,建立无害错误标准。二审法院决定是否发回重审时,应当充分考虑一审程序违法行为是否根本侵害被告人接受公正审判的权利,是否实质影响庭审实质化,是否有必要进行重审补正。第二,可以设置围绕是否应当发回重审的听证程序,尤其注意听取被告人的意见,增强程序回转决定的正当性和可接受性。第三,加强二审法院的说理义务。当二审法院作出撤销原判、发回重审的裁定时,不宜仅仅简单援引法条,应作具体说理,以便更好督促一审法院纠正程序违法行为。

075 撤回起诉与变更起诉的关系｜启动再审条件

熊某兵等盗掘古文化遗址案

宋志军　西北政法大学

■ 案情概要[*]

2017年8月和11月，苏某余、王某强、熊某兵等5人从西藏自治区札达县白东波伦珠曲登寺遗址盗掘出三幅彩色手绘唐卡、石刻玛尼残件等11件一般文物并出售。札达县人民法院于2019年4月1日作出刑事判决后，被告人提出上诉。阿里地区中院认为该案事实不清，裁定撤销原判，发回重审。因札达县法院的审判力量不足，阿里地区中院指定噶尔县人民法院审理该案。噶尔县人民检察院撤回起诉后将指控罪名变更为盗掘古文化遗址罪，于2020年4月13日向噶尔县法院提起公诉。噶尔县法院于2020年6月2日判决苏某余、熊某兵等构成盗掘古文化遗址罪。苏某余等被告人提起上诉，阿里地区中院二审维持原判。在申诉被阿里地区中院驳回之后，熊某兵、周某琼以法院判决盗掘古文化遗址罪的证据不足、检察机关撤回起诉后变更罪名重新起诉违反规则等理由，分别向西藏自治区高级人民法院提出申诉，申请撤销噶尔县人民法院（2020）藏2523刑初3号刑事判决、阿里地区中级人民法院（2020）藏25刑终1号刑事判决及阿里地区中级人民法院（2020）藏25刑申1号驳回申诉通知。

西藏高院经依法组成合议庭审查，认为噶尔县检察院重新起诉后补充了部分新证据，此节系经撤回起诉前举证、质证证据的补充。在案证据足以证明苏某余、熊某兵等人的行为构成盗掘古文化遗址罪，定罪准确，量刑适当。噶尔县检察院撤回起诉后又变更罪名重新起诉，实质上属于变更起诉。申诉人所提在程序上违反检察机关相关规则，有一定根据。但变更起诉并未导致原判认定事实或适用法律错误，相关程序瑕疵亦非通过重新审判可以纠正，故对申诉所提问题，将通过司法建议提出，不再进行再审评判。西藏高院于2021年3月30日向申诉人出具驳回申诉通知书：申诉不符合《刑事诉讼法》第253条、《刑诉法解释》第457条第2款规定的重新审判的情形，予以驳回。

---

[*] 参见西藏自治区高级人民法院驳回申诉通知书，(2021)藏刑申1号、2号；西藏自治区噶尔县人民法院刑事判决书，(2020)藏2523刑初3号。

■ 法律分析

> **争议焦点**
>
> 其一,对于二审发回重审的案件,检察机关撤回起诉后变更罪名重新起诉之"变更起诉"是否违反法律规定? 其二,二审发回重审后,检察机关没有增加新的犯罪事实并补充起诉的情况下,仅变更罪名和提出更重的量刑建议,法院加重被告人刑罚的判决是否违反上诉不加刑原则? 其三,法院在认定"变更起诉"违反检察机关相关规则的前提下,拒绝启动再审程序进行纠错而是向检察机关发送司法建议是否适当?

对于二审发回重审的案件,检察机关撤回起诉后变更罪名重新起诉之"变更起诉"属于违反人民检察院相关规则的程序违法行为。一方面,二审发回重审以后撤回起诉、变更起诉不符合《高检规则》所规定的撤回起诉期间。从字面上看,《高检规则》第423条、第424条所规定的撤回起诉、变更起诉的具体时间节点为"人民法院宣告判决前",既未使用"一审"来进行限定撤回起诉的审级,也未明确禁止二审发回重审后撤回起诉。但根据诉讼法理以及体系解释,可以得出明确结论:撤回起诉、变更起诉的诉讼阶段为一审宣判前,二审发回重审之后不能再撤回起诉或变更起诉。另一方面,本案中的撤回起诉和变更起诉违背法理和司法解释的规定。检察机关起诉后,因特定缘由改变公诉,包括撤回起诉、更正(变更)起诉和追加、补充起诉,统称为公诉变更。撤回起诉,是起诉后,检察机关发现有不应当起诉或不适宜起诉的情形,撤回已经提起的公诉。[1] 尽管撤回起诉和变更起诉都属于广义上的变更起诉或者公诉变更,但在个案办理过程中,二者不可混淆或者随意替换。《高检规则》第424条第3款规定:"撤回起诉后,没有新的事实或者新的证据不得再行起诉。"本案中,西藏高院关于"噶尔县人民检察院撤回起诉后又变更罪名重新起诉,实质上属于变更起诉,申诉人所提在程序上违反检察机关相关规则,有一定根据"的判断是正确的。根据《高检规则》第423条的规定,变更起诉的前提有二:一是被告人的真实身份或者犯罪事实与起诉书中叙述的身份或者指控犯罪事实不符的;二是事实、证据没有变化,但罪名、适用法律与起诉书不一致的。本案中,噶尔县检察院在撤回起诉后、指控事实未增加的情况下通过变更罪名的方式重新起诉,既不符合变更起诉的条件和程序,也不能构成补充起诉。

对于二审发回重审的案件,检察院在没有增加新的犯罪事实的情况下变更罪名重新起诉,不属于补充起诉,法院不得加重原审被告人的刑罚。《刑事诉讼法》第237条第1款规定加重原判刑罚的条件有两个:一是实体条件,即有新的犯罪事实,新的犯罪事实即指原起诉书中没有指控的犯罪事实。二是程序条件,即人民检察院补充起诉。检察院不补充起诉,即使有新的犯罪事实,也不得加重被告人的刑罚。此为对法院加重原审被告人刑罚之程序限制。

---

[1] 参见龙宗智:《论新刑事诉讼法实施后的公诉变更问题》,载《当代法学》2014年第5期。

噶尔县检察院在发回重审后"变更起诉"构成程序违法,已经达到启动再审条件中的"违反法律规定的诉讼程序,可能影响公正审判"。《刑事诉讼法》第253条规定:"当事人及其法定代理人、近亲属的申诉符合下列情形之一的,人民法院应当重新审判:……(四)违反法律规定的诉讼程序,可能影响公正审判的。"《刑事诉讼法》第238条关于二审发回重审的事由的表述是"有下列违反法定诉讼程序的情形之一的,应当撤销原判,发回原审人民法院重新审判"。该条第五项的表述为"其他违反法律规定的诉讼程序,可能影响公正审判的"。从上述法条的表述可知,无论是二审程序,还是审判监督程序对发回原审法院重新审判的"违反法定程序"既未要求达到"严重"的程度,也未要求导致原判认定事实或适用法律错误。易言之,该规定侧重实现程序正义。法院认为"变更起诉并未导致原判认定事实或适用法律错误",因此属于并非通过重新审判可以纠正的"程序瑕疵"的观点值得商榷。

■ 理论阐释 | 严格划定撤回起诉与变更起诉之关系

本案中,撤回起诉具有终结诉讼程序的效力,不存在变更起诉的空间。本案处理过程中,检察院和法院在撤回起诉和变更起诉的条件、对象和法律效果等方面的认识存在偏差,需要从理论上对这些问题进行深入阐述。在二审发回重审期间撤回起诉后通过改变罪名重新起诉并且建议法院判处重于原判的刑罚,法院按照新罪名重新审判并加重了被告人的刑罚,这属于检察院和法院的双重违反法定程序,符合启动再审程序的条件。

第一,要厘清撤回起诉、变更起诉的关系,防止错误适用变更起诉制度。撤回起诉、变更起诉和再行起诉有不同适用条件、对象和法律效果。追加起诉和补充起诉都是"从无到有"的公诉内容变动类型。其中,追加起诉是"人"的追加,人民法院宣告判决前,人民检察院发现遗漏同案犯罪嫌疑人的,可以追加起诉。补充起诉是"罪"的补充,人民法院宣告判决前,人民检察院发现遗漏罪行的,可以补充起诉。而撤回起诉则是"从有到无"的公诉内容变动类型。人民法院宣告判决前,人民检察院发现不存在犯罪事实,犯罪事实并非被告人所为,证据不足或证据发生变化,不符合起诉条件等不应当追究被告人刑事责任情形的,可以撤回起诉。变更起诉的前提是发现被告人的真实身份或者犯罪事实与起诉书中叙述的身份或者指控犯罪事实不符。除了这两个条件,检察机关在其他情况下是不能随意变更起诉的。

需要明确,根据《高检规则》第424条的规定,"对于撤回起诉的案件,人民检察院应当在撤回起诉后三十日以内作出不起诉决定。需要重新调查或者侦查的,应当在作出不起诉决定后将案卷材料退回监察机关或者公安机关,建议监察机关或者公安机关重新调查或者侦查,并书面说明理由"。撤回起诉以后的效力等同于原来起诉的消灭,而不是重新回到审查起诉阶段。有的学者认为撤回起诉与不起诉决定具有完全相同的诉讼效力,"撤回起诉后再做不起诉决定,意味着将两个完全相同的诉讼效力叠加在一起,属于没有必要的重复".[2] 有学者认为只要确认撤回起诉的实体确定力,是否分别针对法院和当事人制作法律文书是枝节问题。如考虑便于执行,也可以分别制作撤回起诉与不起诉决定书。[3] 通过上述分析,可以明确在追加和补充起诉之前无须而且也不能撤回起诉,撤回起诉之后也就不存在变更起诉的条件和对象了。

第二,应严格限制撤回起诉的再行起诉。既要通过严格按照法律规定的期间和程序撤回起诉来防止撤回起诉的随意性,又要防止滥用变更起诉、追加起诉或补充起诉的名义违反法律规定再行起诉。《高检规则》第424条第3款规定:"对于撤回起诉的案件,没有新的事实或者新的证据,人民检察院不得再行起诉。"最高人民检察院《关于公诉案件撤回起诉若干问题的指导意见》第10条也有类似规定。这一规定本身意味着撤回起诉等于诉讼程序终结,非具备法定条件不能再行起诉。

西藏高院认为"重新起诉后,检察机关补充了部分新证据,此节系经撤回起诉前举证、质证证据的补充"。从噶尔县人民法院(2020)藏2523刑初3号刑事判决书的内容看,之所以加重被告人的刑罚,是因为检察院补充了部分新证据,也即札达县文物局等出具的"证明"和"情况说明"。本案的关键是噶尔县检察院补充的部分证据是否属于"新证据"以及是否达到了证明"新的犯罪事实"的程度。其一,从证据的形式来看,"情况说明"不具备证据的法定形式。例如,札达县文物局出具的情况说明表达为,"2019年9月8日、17日札达县文物局工作人员协同札达县公安局、检察院到白东波伦珠曲登寺遗址进行实地勘察,案发地属县级文物保护单位,盗掘地位于遗址本体"。其二,从事实的属性来看,新的犯罪事实必须是原起诉书没有指控的犯罪事实。该"情况说明"及其他"证明"均用于证明犯罪地点的属性为"古文化遗址",而该犯罪地点已经由勘验笔录和辨认笔录等证据证明,该地点并未发生变化,并不属于新的犯罪事实。《关于公诉案件撤回起诉若干问题的指导意见》第10条规定:"新的事实,是指原起诉书中未指控的犯罪事实。该犯罪事实触犯的罪名既可以是原指控罪名的同种罪名,也可以是异种罪名;新的证据,是指撤回起诉后收集、调取的足以证明原指控犯罪事实能够认定的证据。"检察院在变更起诉时增加是这些"情况说明",并不能达到证明本案存在新的犯罪事实的程度。其三,从诉讼程序来看,检察院并未补充起诉,而是变更罪名后的再次起诉,这也不符合发回重审加重被告人刑罚的程序条件。

第三,违反司法解释规定撤回起诉进而变更起诉,属于程序违法行为,符合启动再审的条件。法院驳回申诉的理由存在三个问题:其一,在认定噶尔县人民检察院撤回起诉后又变更罪名重新起诉在程序上违反检察机关相关规则的情况下,将该程序违法降格为"程序瑕疵",而且认为该程序瑕疵"亦非通过重新审判可以纠正"。其二,"变更起诉并未导致原判认定事实或适用法律错误"存在逻辑问题。合法的起诉是公正审判的前提,当变更起诉不合法之时,由该不合法的起诉所引起的审判合法性是欠缺的。其三,审判监督程序的纠错功能不仅针对"认定事实或适用法律"方面的"实体错误",而且在程序正义的理念之下,

---

[2] 张建伟:《论公诉之撤回及其效力》,载《国家检察官学院学报》2012年第4期。
[3] 参见龙宗智:《论新刑事诉讼法实施后的公诉变更问题》,载《当代法学》2014年第5期。

通过重新审判来纠正程序违法所导致的程序不公正,意义同等重要。

■ 扩展思考 | 司法建议不能代替审判监督

　　法院以司法建议代替审判监督的做法值得商榷。司法建议是司法机关向有关机关或单位提出的、包含建议性意见的司法文书。根据 2012 年 3 月最高人民法院《关于加强司法建议工作的意见》第 5 条的规定,审判执行工作中发现有关单位普遍存在的工作疏漏、制度缺失和隐患风险等问题,人民法院应当及时提出司法建议。也即司法建议的对象主要是行政机关及法律法规授权组织,人民检察院违反法定程序的诉讼行为不属于司法建议的范围。

　　司法建议的适用范围由主要在执行程序延伸到了审判程序,乃至诉讼程序之外。根据《民事诉讼法》和《行政诉讼法》的规定,司法建议适用于拒不履行协助义务的单位、拒不服从法院指令或者拒不履行裁判的行政机关,程序启动的前提是有关机关或单位拒不执行司法机关的先前决定,其适用主要在执行程序,适用目的是加强判决执行。《民事诉讼法》与《行政诉讼法》将司法建议的适用限制在司法权所不能及的领域,这种制度设计对推进司法程序、实现司法裁判内容是有助益的。但如果当裁判时不裁判,以司法建议代替司法裁判,会进一步弱化司法权的审判权能,使司法裁判权威更难得到关注。[4] 因此,在存在违反法律规定的诉讼程序,可能影响公正审判的情况下,受理申诉的法院不能用司法建议代替通过重新审判才能实现的监督和纠错。

4　参见刘志欣:《司法建议的正当性问题研究》,载《河北法学》2016 年第 11 期。

076 无罪案件未提交审委会讨论是否构成程序违法

仲某非国家工作人员受贿案

孙 远 中国社会科学院大学

■ 案情概要[*]

通辽铁路运输法院审理通辽铁路运输检察院指控原审被告人仲某犯受贿罪一案,于2017年11月29日作出判决。一审法院认为,因检察院未能提供被告人仲某担任通辽工务段检修车间、综合机修车间代理副主任职务的职责范围、管理权限等证据,不能认定其具有国家工作人员身份并利用职务便利实施犯罪,遂判决被告人仲某无罪。一审判决作出后,检察院提出抗诉,其抗诉意见为:第一,仲某被任命为通辽工务段检修车间代理副主任经过党政联席会议决定,其具体分工是主持焊轨队全面工作,从事管理者工作,而非简单劳务,属于"国家企业中从事公务"的人员。第二,根据刘某某、马某某、杨某等人的证言及银行交易明细等书证,仲某作为焊轨队负责人,在与刘某某等人的业务往来中,在杨某等人意欲调入焊轨队时,分别向对方提出好处费要求或者以"借款"为名索要贿赂,其行为构成受贿罪事实清楚,证据确实、充分。第三,根据《关于改革和完善人民法院审判委员会制度的实施意见》(本文简称《实施意见》)第10条第3项规定,"基层人民法院审理的拟宣告被告人无罪的案件"应当提交审判委员会讨论决定。而本案,一审法院未经审判委员会讨论,不但违反了上述规定,而且导致同级检察院检察长未能列席审判委员会,履行法律监督职责,属于诉讼程序违法,影响了公正审判。

二审法院经审理后认为,检察机关在本案中没有提供充分的证据证明仲某具有国家行政干部的资格,而该段2011年12月1日的通工劳人字[2011]第2575号内部调配通知书却能证明仲某系钢轨焊接工,并且对仲某支付的是焊轨工原薪。所以,仲某不具有国家工作人员身份,是国有公司中的非国家工作人员。但在本案中,多人证明原审被告人仲某利用主持焊轨队工作形成的地位,左右与焊轨队工作有关的物资采购计划、采购物品验收及质量反馈和人员调动。此外,仲某跟刘某某、丁某或丰某某"借钱"没有书面借款手续,也没有约定还款日期,且双方平时没有经济往来。至案发前,仲某也没有还款的意思表示。刘某某、丁某和丰某某所在公司跟通辽工务段有业务往来,三人均顾忌仲某在其所销售的产品质量和售后服务方面有影响,为了经营,在仲某提出要求后,将钱转给仲某。三人都知道仲

---

[*] 参见内蒙古自治区通辽铁路运输法院(2017)内7104刑初5号刑事判决书。

某是在要钱,即以"借钱"为名索取钱财。因此,二审法院最终撤销一审判决,改判仲某犯非国家工作人员受贿罪,判处有期徒刑1年2个月16天。

关于检察机关提出"一审法院诉讼程序违法,影响公正审判"的抗诉意见。经查,"基层人民法院审理的拟宣告被告人无罪的案件"应当提交审判委员会讨论决定属于法院系统内部规定。并且,《刑事诉讼法》和《刑诉法解释》中没有明确规定"基层人民法院审理的拟宣告被告人无罪的案件"应当提交审判委员会讨论决定,故对该意见不予支持。

法律分析

> **争议焦点**
>
> 本案发生后在学界引发较大反响,争议焦点集中在检察院提出的第三项抗诉意见:一审法院判决无罪的案件未提交审判委员会讨论,是否构成审判程序违法?二审法院是否应据此撤销原判,发回重审?

在现行《刑事诉讼法》中,与这一问题直接相关的是第238条。该条规定:"第二审人民法院发现第一审人民法院的审理有下列违反法律规定的诉讼程序的情形之一的,应当裁定撤销原判,发回原审人民法院重新审判:……(四)审判组织的组成不合法的;(五)其他违反法律规定的诉讼程序,可能影响公正审判的。"在本案中,检察院认为一审法院作出的无罪判决未经审判委员会讨论,违反《实施意见》第10条第3项规定,因此构成第238条所称的"可能影响公正审判"的程序违法。

二审法院驳回这一抗诉意见的理由则是,《实施意见》仅为法院系统内部规定,并非《刑事诉讼法》第238条意义上"法律规定",因此自然不产生撤销原判,发回重审之程序效果。二审法院的上述理由有一定道理,但欠缺进一步论证,法院仅以系争规范性文件之效力等级这一形式化的理由,回避了第238条适用过程中所可能涉及的一系列实质性争议问题,殊为遗憾。尽管其最终裁决结果是可以接受的,但论证难以应对进一步追问。

《刑事诉讼法》第238条是现行法中为数不多的程序性裁判条款,对于维护审判程序公正具有重要意义。但本条文字又具有高度抽象化的特点,与比较法详尽列举各项具体审判程序违法情形的立法例不可同日而语,因此本条具有极大的解释空间,其妥善适用常常离不开解释论上的努力。既然如此,那么《实施意见》第10条第3项有关无罪案件需经审判委员会讨论的要求,即使在形式上确属法院系统内部规定,但如果该要求可以通过法律解释从第238条中合理导出,则当然应产生该条所要求的撤销原判,发回重审的法律效果;反之,如果《实施意见》该条文要求的"违反"在解释论上无法被涵盖在第238条所指的审判程序违法之下,那么,即使该要求在最高人民法院的司法解释——甚至在刑事诉讼法——中亦作明确规定,也不必然导致撤销原判、发回重审之后果。总之,问题的关键不在于上述要求被规定在何种规范性文件之中,毋宁在于该要求之违反在实质上能否被归属于第238条所指的"程序违法"的范畴之内。

在《刑事诉讼法》第 238 条规定的五种审判程序违法情形中，有可能与本案上述争点产生关联的是第四种和第五种。

1.《刑事诉讼法》第 238 条第 4 项规定，当第一审法院"审判组织的组成不合法"时，二审法院应当撤销原判，发回重审。主流观点认为，在我国刑事诉讼中，除独任庭、合议庭之外，当审判委员会讨论案件时，也属于审判组织的一种。[1] 因此，若案件依法应提交审判委员会讨论而未提交，似乎也有可能解释为"审判组织的组成不合法"。但在何种情况下应当将案件提交审判委员会讨论，则需以刑事诉讼法所规定的标准为依据。

根据《刑事诉讼法》第 185 条的规定，案件提交审判委员会讨论需满足实体和程序两个方面的条件。第一，在实体层面，唯有案件"疑难、复杂、重大"时才有可能提交审判委员会。第二，在程序层面，对于符合前述实体条件的案件，需遵循合议庭提请以及院长决定两个环节的审查，方可最终交由审判委员会讨论，而合议庭是否提请，以及院长如何决定，均应各自依法独立作出判断，不受任何行政机关、社会团体以及公民个人之干涉。换言之，院长无权决定将一个合议庭未提出申请的案件提交审委会，审委会更无权在未经上述两个程序环节的情况下，主动对一起案件展开讨论并作出决定。

由此不难看出，《实施意见》第 10 条的规定并不符合《刑事诉讼法》第 185 条规定的条件，属于对该条规定的错误理解。一方面，案件是否"重大、复杂、疑难"是一个需要个案判断的问题，无论从哪个角度来看，都无法得出所有判决无罪的案件均属"重大、复杂、疑难"案件的结论，而且就本案来看，仲某所涉嫌的罪行并不严重，且争议的法律问题亦不复杂，通过两审终审制的常规程序完全可以得到妥善处理。另一方面，即便某一案件依据通常标准衡量有可能被认为"重大、复杂、疑难"，但根据第 185 条之规定，也并非一定需要提交审判委员会讨论，而是还要看审理该案的合议庭是否因"难以作出决定"而向院长提出申请，在合议庭未提请的情况下，则应依法作出裁判。

总之，在仲某一案中，一审法院在作出无罪判决之前未将案件提交审判委员会讨论的做法，尽管与《实施意见》相关条文存在抵触，但由于该项规定是对法律的错误解释，因此，并不存在程序违法。若在本案情况下，强行要求审判委员会讨论并作出决定，则反倒可能引发程序合法性问题。

2.本案检察机关在抗诉意见中不仅认为一审法院未将案件提交审判委员会讨论的做法属于程序违法，还进一步指明该种做法所造成的后果，即"导致同级检察院检察长未能列席审判委员会、履行法律监督职责，影响了公正审判"。因此，该抗诉意见与《刑事诉讼法》第 238 条第 5 项之间似乎亦存在关联。该项规定，一审法院存在"其他违反法律规定的诉讼程序，可能影响公正审判的"，应撤销原判、发回重审。《人民法院组织法》第 38 条第 3 款规定："审判委员会举行会议时，同级人民检察院检察长或者检察长委托的副检察长可以列席。"由此可见，在审判委员会未对案件展开讨论的情况下，同级检察院的确无法通过检察

---

[1] 参见陈卫东主编：《刑事诉讼法学》，高等教育出版社 2022 年版，第 51 页。

长列席审委会的方式行使法律监督权。但在本案中,检察机关根据上述规定提出的抗诉意见并不成立。理由如下:

一方面,如前所述,由于本案并不符合刑事诉讼法规定的提交审判委员会讨论之实体与程序条件,一审法院的做法并不违反程序法,因此自然也就不存在影响公正审判的问题。

另一方面,退一步讲,即使某一案件完全符合提交审判委员会讨论的各项条件,但审判委员会拒绝讨论,或者虽然讨论但拒绝同级检察院检察长列席,此种程序瑕疵也并不必然达到《刑事诉讼法》第238条第5项规定的"影响公正审判"的程度。因为在现行法中,检察机关的法律监督权无处不在,检察长列席同级法院审判委员会仅仅是诸多法律监督权行使方式之一,这一瑕疵并不会导致检察机关的法律监督权无法行使的结果。因此即使存在此种程序瑕疵,亦属"无害错误",不应导致撤销原判、发回重审的后果。

■ **理论阐释** | 《刑事诉讼法》第185条的实质解释与审判委员会作用的发挥

自20世纪90年代开始,审判委员会的存废便成为国内学术界热议的话题。一种具代表性和说服力的观点认为,审判委员会讨论案件并作裁决的做法与刑事审判的基本原理存在严重抵触。一方面,它造成了"审者不判、判者不审"的格局,亦即对案件实际作出裁判的审判委员会并未亲自审理该案,不符合审判的亲历性特征,且违反直接审理原则。[2] 另一方面,当事人无法直接向审判委员会陈述意见,诉讼参与权难以保障。此外,考虑到作为控方的检察机关还可以通过检察长列席审判委员会的方式对法院裁判施加影响,这显然又会进一步加剧控辩不平等的局面。然而,尽管存在上述种种弊端,审判委员会作为一种法院系统内部实行集体领导的机制,时至今日依然在发挥作用。这一制度的合理性难以从传统刑事审判原理的角度进行判断,其存在的理由主要是基于国情所做的一系列政策性考量,其中既有对法官专业素质的疑虑,也有对司法的"社会效果"的追求,甚至还有对司法腐败的防范等。

总之,审判委员会制度很大程度上是立法在一系列现实条件制约下,所作的一种不得已的选择。因此,在相关规范的解释适用上应采取一种相当谨慎的态度。相对于合议庭审理并作裁判的通常做法而言,《刑事诉讼法》第185条关于审判委员会讨论并决定案件的规定应当被作为一种特别规范而存在。对于此类特别规范,既要允许其在极特殊的情况下发挥立法者所期待的功能,更要防止其对常规刑事审判制度造成过大冲击。而要实现这一定位,我们至少可以从仲某一案中获得以下两点启示:

第一,应对《刑事诉讼法》第185条规定作实质解释,亦即从实体和程序两个方面明确审判委员会讨论个案的条件,诸如《实施意见》以抽象条文的方式将某一类或某几类案件统一规定为应提交审判委员会的做法需要尽量避免。

第二,由于审判委员会制度设置的初衷是一系列政策性考量,其实质是对直接审理、有

---

2 参见程新生:《审判委员会讨论决定个案制度的缺陷》,载《法学杂志》1999年第2期。

效参与等程序公正价值施以相当程度的限缩，以换取相应政策目标的实现，那么就不应当以《刑事诉讼法》第 238 条来评价法院在某一个案中未提交审判委员会讨论的做法。因为第 238 条的目的恰恰就是维护那些被审判委员会制度限缩掉的程序公正价值，二者立法目的显然是不同的。

■ **扩展思考** ｜ 事后审查制的上诉审与三审终审

检察机关在本案中试图诉诸《刑事诉讼法》第 238 条挑战一审裁判的程序合法性。不难看出，该条带有非常明显的事后审查制的上诉审构造特征。所谓事后审查制是指上诉审法院以原审判决为审判对象，以间接审理的方法审查原审判决适用实体法的正确性及程序正当性，并最终作出相应裁判的上诉审构造。但与其他国家刑事诉讼中较成熟的事后审查制相比，第 238 条只能称为事后审查制的"雏形"。因为其他各主要法治国家普遍采行三审终审制，这意味着一起案件有两次上诉机会，而在这两次上诉审中，至少有一次实行完整的事后审查制的上诉审查。而我国采行两审终审制，一起案件仅有一次上诉审机会，在这一次上诉审中，全面的复审制与有限的事后审查制两种不同上诉审构造的因素被杂糅在一个审级之中，由此造成的结果是事后审查制被全面复审制侵蚀，难以发挥其应有的作用。[3]

对于现行法中这样一种极为重要但又异常脆弱的事后审查制，在适用过程中应以谨慎和合理为原则，防止其遭到滥用。《刑事诉讼法》第 238 条规定的五种程序违法情形可以大致区分为两类。一类是对诉讼基本构造的颠覆，如违反公开审判原则这一现代刑事诉讼的"基础设施"，违反审判组织的组成规则从而严重冲击"法定法官"原则，或者违反回避制度导致审判丧失中立性这一基本要求。另一类则是违反某些重要的程序规则，并影响公平审判的情形，而在这一类中最为重要的则是对被告人的一系列诉讼权利的不当限缩，因为被告人诉讼权利的保障程度是衡量审判程序是否公正时最为重要的指标。总之，现行法中有限的事后审查机制应重点用于审判程序基本构造的维护以及被告人诉讼权利之保障，至于审判委员会讨论案件以及检察长列席审委会等规范之目的，则不在第 238 条保护范围之内。

3 　参见孙远：《论刑事上诉审构造》，载《法学家》2012 年第 4 期。

077 审判监督程序抗诉必要性的审查 ｜ 被告人撤回上诉案件中的抗诉对象

范某非法贩卖毒品案

王 佳 最高人民检察院

■ 案情概要*

原审被告人范某在2011年9月、2014年12月和2015年3月,先后三次因吸毒行为被上海市公安局浦东分局行政处罚;2015年8月14日因贩卖毒品罪被浦东新区人民法院判处拘役3个月,并处罚金人民币2000元(以下简称2015年判决);2017年12月14日,因犯非法持有毒品罪被浦东新区人民法院判处有期徒刑1年4个月,并处罚金人民币2000元(以下简称2017年一审判决)。诉讼期间范某未如实交待其2015年前科,该判决也未发现这一前科,未认定其毒品再犯,认定其具有坦白情节。之后,范某不服2017年一审判决提出上诉,在上诉期满后申请撤回上诉。上海市第一中级人民法院审查后,于2018年3月18日裁定准许撤回上诉(以下简称2018年二审裁定);同年12月20日,范某刑满释放。

2020年12月25日,范某伙同他人因涉嫌于2020年10月22日贩卖毒品(以下简称青浦新案)被青浦公安分局刑事拘留,2021年1月29日被青浦区人民检察院批准逮捕,同年3月16日移送审查起诉。同年12月7日,青浦区人民法院对青浦新案作出一审判决,以范某犯贩卖毒品罪,具有毒品再犯、累犯(依据2017年非法持有毒品罪认定)、从犯、坦白、认罪认罚及毒品犯罪前科等情节,判处其有期徒刑1年,并处罚金5000元。范某未提出上诉。

青浦区人民检察院在审查青浦新案过程中,发现范某2017年一审判决和2018年二审裁定遗漏其2015年贩卖毒品前科,导致遗漏认定毒品再犯情节,于2021年7月22日建议上海市人民检察院第二分院提请抗诉。上海市检察院第二分院根据管辖规定,于同年8月6日移送上海市人民检察院第一分院审查。上海市人民检察院第一分院经检委会讨论决定,于同年9月16日提请上海市人民检察院抗诉。上海市人民检察院就本案相关问题请示最高人民检察院。

---

* 参见上海市浦东新区人民法院(2015)浦刑初字第3415号刑事判决书、上海市浦东新区法院(2017)沪0115刑初4446号刑事判决书、上海市第一中级人民法院(2018)沪01刑终118号刑事裁定书、上海市青浦区人民法院沪(2021)刑初391号刑事判决书。

■ 法律分析

> **争议焦点**
>
> 如原审裁判遗漏毒品犯罪前科导致遗漏毒品再犯,是否属于"事实认定错误"?在公安机关侦查与检察机关提起公诉时均遗漏该前科的情况下,对于法院遗漏被告人前科而导致的裁判错误,是否具有提起审判监督程序抗诉的必要性?对于二审裁定准许上诉人撤回上诉的案件,审判监督程序抗诉对象是一审判决还是二审裁定?

▢ 关于审判监督程序抗诉中"事实认定错误"的界定

根据《刑事诉讼法》第253条及《高检规则》第591条之规定,审判监督程序抗诉理由可以概括为事实认定错误、法律适用错误、程序违法和审判人员违法等四种类型。根据《人民检察院刑事抗诉工作指引》第9条之规定,事实认定错误包括犯罪事实认定错误、主要证据发生变化(如出现新证据、排除非法证据、主要证据之间存在矛盾)等情形;法律适用错误包括定罪错误和量刑错误。从广义上说,案件所有情况都可以说是案件事实,前科也属于案件事实,但不应属于抗诉事实。就打击犯罪与维护法院裁判既判力相平衡的角度而言,应对抗诉条件中的"案件事实"范围有所限制——即指"犯罪行为本身的事实",而不是"非犯罪行为本身事实"。在我国刑法体系中,"犯罪前科、毒品再犯及自首、坦白"属于犯罪情节,而非犯罪事实。《刑诉法解释》第218条第2项,将被告人是否受过刑事处罚作为可能影响定罪量刑的情节而非犯罪事实。《关于常见犯罪的量刑指导意见(试行)》中,将坦白、前科规定在"常见量刑情节的适用"板块中;具体到本案,该意见在"走私、贩卖、运输、制造毒品罪"部分将毒品再犯规定为"情节"。

▢ 抗诉必要性的判断

审判监督程序功能定位是依法纠正确有错误的判决,保障人权和维护法律的统一、正确实施。审判监督程序的抗诉标准不同于二审抗诉,理应更加严格。

第一,关于抗诉情形。《刑事诉讼法》第254条将启动审判监督程序抗诉的情形表述为"如果发现确有错误",《高检规则》第591条对"确有错误"进行了细化,该条规定:"人民检察院认为人民法院已经发生法律效力的判决、裁定确有错误,具有下列情形之一的……(一)有新的证据证明原判决、裁定认定的事实确有错误,可能影响定罪量刑的……(八)量刑明显不当的……"具体到本案,一是本案中并不存在新的证据证明原判决、裁定认定的"事实"确有错误。如前文所述,这里出现的遗漏前科(2015年判决),并非2017年一审判决依据的犯罪事实而仅仅是量刑情节,并且该前科已经获得过刑法上的评价——2015年判决。二是本案中并不存在"明显的"量刑不当。根据《关于常见犯罪的量刑指导意见(试行)》第四部分第20项的规定,本案预估范某如考虑遗漏前科,量刑约2年,本案实际刑罚为1年4个月,不存在量刑畸轻。

第二,关于诉讼效率与诉讼效果。生效裁判具有既判力是维持社会秩序正常运转的基石,审判监督程序启动抗诉必须兼顾诉讼效率与效果。根据《人民检察院刑事抗诉工作指引》第30条规定之要求,检察机关不仅要及时行使监督权,确保诉讼的稳定性和效率,同时禁止在没有发现新证据的情况下,为"加刑"而提出审判监督抗诉。本案中,范某并非冤错案件,也没有出现新的证据,并且范某当前已经刑满释放,回归社会。综上,本案不宜提出审判监督程序抗诉。

▣ 关于撤回上诉案件审判监督程序的抗诉对象

较之2012年版本,《刑诉法解释》第383条相比于原条文有所变化,将继续审理的情形更改为"原判认定事实和适用法律是否正确",而不再限于原2012年条文中"原判决事实不清、证据不足或者将无罪判有罪、轻罪重判等情形"。由此,在实践中引发如下疑问:上诉期满后撤回上诉案件,其抗诉对象是一审判判决还是二审裁定,这种疑问产生主要考虑是依据本条,二审裁定二审法院对原案事实和法律是否正确进行审查后才作出的。

对于该问题,需要分类讨论:法院不予准许撤回上诉的,实践中一般作出书面裁定后,继续开庭审理;也有的法院不作出书面裁定,直接继续开庭,在后续判决中一并作出说明。对于这种情况,不应存有疑问。对于法院予以准许撤回上诉的,此时二审程序终结,法院作出书面准许撤回上诉裁定,就案件事实而言,此时生效的裁判是一审裁判。对此,司法解释有明确规定的,也不应存有疑问。根据《刑诉法解释》第386条的规定,上诉期满后准许撤回上诉的裁定的法律效力在于使一审判决生效,此时案件事实生效的判决只有一个,即一审判决,而非准许撤回上诉的裁定。这种理解,对比《刑诉法解释》第413条,完整经历过二审程序的普通案件如何生效,十分明确。

综上所述,在上诉期满后要求撤回,人民法院裁定准许的,生效的裁判为一审判决,对于确需依法启动审判监督程序的,应当依照对第一审生效判决的审判监督抗诉程序进行。

■ 理论阐释

虽然追求"客观真实"是我国刑事诉讼制度的价值目标之一,但检察机关如果发现判决、裁定"确有错误",还应当考虑抗诉的必要性,这才能准确理解和适用法定抗诉具体情形,妥善处理争议案件。目前理论界对抗诉必要性关注较少,尚未有明确界定。实践中,检察机关不可能不加区分地对所有存在错误的判决、裁定均提出抗诉,现有刑事司法政策、司法解释和规范性文件已经隐含了对抗诉必要性的考量。具体包括如下因素:

第一,调适与审判权的关系。公检法三机关"分工配合、相互制约"是刑事诉讼法基本原则,刑事抗诉权对审判权实施监督,不能背离这一基本原则。抗诉权与审判权在维护司法公正、维护当事人权利方面有着共同价值目标。尤其是在认罪认罚从宽制度广泛适用和量刑规范化的叠加情境下,更应当强调检察监督的制约作用与"以审判为中心"并不矛盾,二者相辅相成。[1] 抗诉权的行使应当尊重法官在法定限度内的自由裁量权,并非任何量刑幅度的偏移都有必要提起抗诉,要重点考查是否对案件"重要"事实或法定情节认定错误、是否存在"畸轻""畸重"、是否导致"恶劣"社会影响。

第二,注重对当事人权益保护。在本案中,还需考虑诉讼职责分担的要求,前科情况的审查认定是司法机关的法定职责,而非被告人的义务,从有利于被告人角度出发,遗漏前科导致的量刑不当后果不应当由被告人承担。对于有被害人的刑事案件,当被害人及其法定代理人强烈请求提抗时,要综合全案进行考量,必须在符合法定抗诉情形的前提下,注重保障被害方权益与维护审判稳定、诉源治理的平衡。

第三,注重办案时效性。在德国,再审分为有利于被告人的再审和不利于被告人的再审。德国学者认为,前者不受追诉时效限制,后者应受限制。[2] 理论界目前关于既判力与再审程序追诉时效关系的研究较少,大多认为应当以有利于被告人为原则启动再审程序。[3] 对这一问题,法律和司法解释没有明确规定,但《人民检察院刑事抗诉工作指引》第30条有限度地考虑了"有利于被告人原则"。在理解该条文同时,还要注意司法机关在纠正冤错案件时一贯坚持的有错必纠、有冤必审的态度,[4] 准确理解再审启动条件。

■ 扩展思考

□ 本案是否有必要以提起检察建议的方式启动再审程序

《高检规则》第551条将检察建议(含再审检察建议)作为法律监督的方式之一,但人民法院收到再审检察建议是否启动再审程序,应当按照《刑诉法解释》第460条、第461条进行审查判断,并不必然启动再审。关于提出再审检察建议后启动的再审程序能否加重刑罚,这一问题首先要回到再审程序能否加重被告人刑罚,对此存在不同观点。传统观点认为,审判监督程序不同于二审程序,体现了实事求是和有错必纠的方针,可以加重刑罚。反对者认为,上诉不加刑,再审也不能加刑。需要注意的是,我国没有确立再审不加刑原则,但在充分考虑社会文化需求和司法实践的基础上,《刑诉法解释》第469条规定:"除人民检察院抗诉的以外,再审一般不得加重被告人的刑罚。"需要注意的是,司法实践对"一般不得"的理解,再审不加刑的例外情况并不仅限于"人民检察院的抗诉",对于个案仍应体现罪责刑相一致;但也不宜对特殊进行扩大化理解,应谨慎适用再审不加刑原则。[5] 此外,加重刑罚的条件应为原审"被告人量刑畸轻",这在修订后的《刑诉法解释》第401条第1款第7项

1　参见朱孝清:《认罪认罚从宽制度中的"主导"与中心》,载《检察日报》2019年6月5日,第3版。
2　参见[德]克劳思·罗科信:《刑事诉讼法》,吴丽琪译,法律出版社2003年版,第548~549页。
3　参见施鹏鹏:《刑事既判力理论及其中国化》,载《法学研究》2014年第1期。
4　参见胡云腾:《聂树斌案再审:由来、问题与意义》,载《中国法学》2017年第4期。
5　参见齐素:《王秀敏故意杀人案——共同犯罪人先后归案被分案起诉,法院能否并案审理(指导性案例第1338号)》,载最高人民法院刑事审判第一、二、三、四、五庭主办:《刑事审判参考》(总第122集),法律出版社2020年版,第31~37页。

的微调有体现,修订后的该项将启动审判监督程序进行改判限定"在原判判处的刑罚畸轻,必须依法改判"。综上,本案中,再审检察建议不同于检察机关抗诉,就具体情形而言,也不宜加重刑罚,因此,本案无制发再审检察建议必要性。

□ **前罪执行完毕,倘若因再审抗诉并改判增加前罪刑罚后,如何与新罪尚未执行完毕的判决合并执行**

这里涉及再审改判增加的刑罚与新罪刑罚如何并罚的问题,同时涉及新罪判决依据前罪认定的累犯是否需要撤销的问题。关于如何并罚目前没有明确的法律规定,可以参照1989年最高人民法院研究室《关于对再审改判前因犯新罪被加刑的罪犯再审时如何确定执行的刑罚问题的电话答复》的规定执行,即应当将罪犯犯新罪时的判决中关于前罪与新罪并罚的内容撤销,并把经再审改判后的前罪没有执行完的刑罚和新罪已经判处的刑罚,可采取先减后并的方式予以数罪并罚。关于新罪判决依据前罪认定的累犯是否需要撤销,即对于2020年青浦新案判决,因其依据2017年一审判决(此时已成为抗诉对象)而认定的累犯是否需要撤销,存在不同意见。一种意见认为,从规范角度看,前罪作为认定累犯的依据,被改判增加了刑期,则需要继续执行,相当于刑罚还没有执行完毕,不符合累犯的条件,因而累犯应予撤销;另一种意见认为,从实质角度看,原审被告人已经因前罪被判处有期徒刑以上刑罚并在执行完毕后5年内又犯罪,说明其人身和社会危险性仍存在,不予撤销累犯更符合罪责刑相适应原则,且不会使犯罪人从其隐瞒前科的违法犯罪行为中获利。从实质正义的角度,倾向于不撤销累犯。笔者认为,该问题的关键是对累犯认定中"刑罚执行完毕"的理解与适用,根据2018年最高人民检察院《关于认定累犯如何确定刑罚执行完毕以后"五年以内"起始日期的批复》,《刑法》第65条第1款规定的"刑罚执行完毕",是指刑罚执行到期应予释放之日。可见此处执行应为"实际执行",没有实际执行的刑期(本案中遗漏的前科行为评价可能会增加的刑期)不应在刑法该条文讨论之列;此外,根据《全国法院毒品犯罪审判工作座谈会纪要》(法〔2015〕129号)第6项的规定,累犯、毒品再犯问题,量刑时也不应重复评价,因此倾向不予撤销累犯。

078 提审程序的运行与困境
刘某非法持有、私藏枪支、弹药 故意伤害案

吴洪淇 北京大学

■ 案情概要*

刘某,原任沈阳 JY 集团董事长,2000 年 7 月 11 日被辽宁省沈阳市公安局刑事拘留,同年 8 月 10 日经沈阳市人民检察院批准逮捕。经公安机关侦查,刘某多年来组织、领导宋某某等人实施了多起故意伤害案件,此外,还实施了行贿、非法持有枪支等犯罪行为。2002 年 4 月 17 日,铁岭市中级人民法院判决:以组织、领导、参加黑社会性质组织罪、故意伤害罪、非法经营罪、故意毁坏财物罪、行贿罪、妨碍公务罪、非法持有枪支罪等多项罪名,判处被告人刘某、宋某某死刑。

刘某提出上诉。辽宁省高级人民法院经审理认为,"不能从根本上排除公安机关在侦查过程中存在刑讯逼供的情况"。并据此改判刘某死刑,缓期两年执行。此判决一出,舆论哗然,除对判决本身的议论之外,律师为刘某辩护的行为本身亦遭到质疑。2003 年 12 月,最高人民法院在锦州市中级人民法院开庭再审刘某案。最高人民法院经审理认为,根据预审、监管、看守人员的证言和医院的鉴定,认定刘某在侦查过程中并未遭受刑讯逼供,结合刘某所犯下的罪行严重性,最终判决刘某死刑。

■ 法律分析

争议焦点
作为 2003 年度的重大法治事件,刘某案的标本意义在于其将法律程序制度的一些关键点进行聚焦放大,这些程序得以被激活并进入社会公众视野。这其中,提审程序就是一个非常引人注目的制度。

---

* 参见最高人民法院(2003)刑提字第 5 号刑事判决书。

▢ 什么是最高法院的提审？

"提审"是一个容易让人误解的概念。在美国，提审一般指被告人初次到庭。[1] 而在中国，《刑事诉讼法》第 254 条第 2 款规定："最高人民法院对各级人民法院已经发生法律效力的判决和裁定，上级人民法院对下级人民法院已经发生法律效力的判决和裁定，如果发现确有错误，有权提审或者指令下级人民法院再审。"在这里，提审成了一个法律明确规定的程序，系最高人民法院和上级人民法院对下级人民法院所作的生效判决和裁定的一种再审程序。换言之，提审和指令再审是最高人民法院和上级人民法院对下级人民法院所做的、被认为确有错误的生效判决进行纠正的两种程序手段。因此在中国，提审是指最高人民法院或上级人民法院认为确有错误的案件不需要或不宜由原审人民法院重新审判而由自己审判的方式。[2]

▢ 提审的适用条件

在司法实践过程中，提审有着严格的启动条件，既包括实体也包括程序条件。实体条件是指：案件必须是"原判决、裁定认定事实正确，但是在适用法律上有错误，或者案情疑难、复杂、重大的，或者有其他不宜由原审人民法院审理的情况的案件"。这可以分解为两点：(1) 原判决、裁定认定事实正确，但是在适用法律上有错误。(2) 案情疑难、复杂、重大的，或者有其他不宜由原审人民法院审理的情况的案件。所谓案情疑难、复杂、重大，主要是指以下三种情况：第一，案情特殊，难以划清罪与非罪、此罪与彼罪界限及难以正确适用刑罚的案件，如广东许霆案；第二，案件情况复杂，犯罪种类、次数众多，证据繁杂的案件，比如一些有组织犯罪案件；第三，犯罪性质严重，社会影响很大的案件。

提审制度适用的严格还体现在程序条件上。刑事诉讼法对启动提审程序的规定非常模糊，只在审判监督程序启动方面做了明确规定。如果将提审看做审判监督程序的一个可能环节，那么至少可以说，审判监督程序的启动有可能会带来提审程序的启动。而与提审相关，审判监督程序的启动主要有两类主体：一类是最高人民法院和上级人民法院，最高人民法院和上级人民法院可以对确有错误的案件进行主动提审或者指定再审；另一类主体是最高人民检察院和上级人民检察院，最高人民检察院和上级人民检察院对于确有错误的案件拥有抗诉权。这就从程序上严格限定了提审程序启动的可能性。

■ 理论阐释 | 提审的功能及与指令再审之间的关系

▢ 提审制度的功能与潜在危害

从我国《刑事诉讼法》来看，提审程序实际上和指定再审程序一样，成为审判监督程序

---

[1] [美] 爱伦·豪切斯、泰勒·斯黛丽等：《美国刑事法院诉讼程序》，陈卫东、徐美君译，中国人民大学出版社 2002 年版，第 447 页。

[2] 参见陈光中主编：《刑事诉讼法》，北京大学出版社、高等教育出版社 2021 年版，第 425 页。

的核心组成。所谓审判监督程序是指人民法院、人民检察院对已经发生法律效力的判决和裁定,发现在认定事实或者适用法律上确有错误,依法提起并对案件进行重新审判的一项特别审判程序。而要对案件进行重新审判,就必须落实到提审或者指定再审这两个程序上。如此看来,提审实际上是法院实现审判监督的重要载体。

因此从整个刑事诉讼程序体系来看,提审制度至少承载了以下几种功能:(1)保障了审判监督的有效实施。提审制度的存在,赋予最高人民法院或者上级人民法院亲自审判那些被认为确有错误的案件以合法性。同时,也使最高人民法院和上级人民法院更能够将自己的意志贯彻到某一个具体个案(特别是一些具有重大社会影响的案件)当中。(2)保障了法院系统内部监督关系的稳定。根据我国宪法,上下级法院之间为监督和被监督的关系。提审制度的存在保障了最高人民法院和上级人民法院对下级法院在具体个案上的监督。

同时需要指出,提审制度也存在以下缺陷:(1)该制度对审判独立存在潜在威胁。审判独立的核心要义在于审判组织的独立审判。提审制度的存在使得个案审判组织在审判过程中不得不去考虑上级法院乃至最高人民法院对于当前个案的可能看法和倾向,这无疑将会对独立审判带来相当影响。(2)该制度的存在也带来了对两审终审制和裁判既判力的可能冲击。提审一旦频繁启动,必将在一定程度上架空两审终审制;同时将使原审法院的裁判既判力失去保障,从而带来法院权威的失落。可能正因为提审制度存在的潜在危险,所以在我国司法实践中,提审的启动频率非常之低。

□ 提审与指定再审之间关系的调处

如上所述,提审和指定再审是最高人民法院和上级人民法院对下级人民法院所做的、被认为确有错误的生效判决进行纠正的两种程序手段。《刑诉法解释》第461条第1款规定:"上级人民法院发现下级人民法院已经发生法律效力的判决、裁定确有错误的,可以指令下级人民法院再审;原判决、裁定认定事实正确但适用法律错误,或者案件疑难、复杂、重大,或者有不宜由原审人民法院审理情形的,也可以提审。"从运用顺序上,指定再审程序一般要优先于提审程序,司法实践也反映出了这样的客观样态。

司法实践中,提审和指令再审之间一般按照以下原则来协调:原审判决在认定事实上有错误,或者事实不清证据不足,或者发现了新事实、新证据的,为了便于就地调查和传唤当事人等出庭核实,由最高人民法院或上级人民法院指令下级人民法院再审。而对于那些原判认定事实正确,但在适用法律上有错误,或者属于案情疑难、复杂、重大的,或者已经下级法院重新审判后仍有错误不宜再指令原审法院审理的,由最高人民法院或上级法院依法提审。

由此可见:(1)指令再审一般适用于与事实争议有关的案件再审,而提审一般适用于与案件法律争议有关的案件再审。这一点比较容易理解。法律审和事实审对法官要求不同:法律审主要针对法律的适用问题而不涉及对事实的判断问题,一般说来,审级越高,对法律的系统掌握和运用的水平也可能相对较高,因此,上级法院的提审对案件的法律适用而言,可能更有保障。而在事实审当中，一般要涉及对具体案件事实的判断，这更多取决于对案件当事人的接触、对案件细节的了解以及对案发所处之外，于环境乃至当地风土人情等因素的细致考究，在这一方面，上级法院并不比下级法院具有更多优势，提审方式并不适宜。
（2）提审一般作为指定再审之后的一个救济手段。对于指定再审仍然无法解决问题案件，有可能进行提审。这就将提审制度作为上级法院和最高人民法院对个案进行监督的最后保障手段。这样的安排将意味着：一是提审程序可以改变经过指定再审的案件结果，从而具有了终局裁决的程序效力；二是确保最高人民法院和上级法院对于下级法院所审理的个案拥有最终裁断权。

■ **扩展思考** ｜ 提审制度与控审分离及禁止双重危险原则

提审制度所面临的理论困境很大程度上来自审判监督程序所面临的理论困境。就目前提审制度来看，其正当性主要来源于法院系统内部的上下级监督关系。但该制度无法摆脱下述刑事诉讼原则的挑战：控审分离及禁止双重危险原则。

刑事诉讼法理论上的控审分离原则主要包括程序启动上的"不告不理"以及程序运作中的"诉审同一"。所谓不告不理，是指刑事审判程序在启动上必须以承担控诉职能的检察院提起控诉为前提，法官"无权自行受理刑事案件，必须等待检察院提起公诉"；检察院不提起控诉，法院就不能展开审判。这一原则主要是基于对法院保持中立、公正地位，进而维护法院审判之权威的考虑。所谓诉审同一，是指在刑事审判过程中，法院审判的对象必须与检察院起诉指控的对象保持同一，法院只能在检察院起诉指控的对象范围内进行审判；对于检察院未指控的被告人及其罪行，法院无权进行审理和判决。即使法院在审判过程中发现检察院起诉指控的对象有错漏，也不能脱离检察院起诉指控的被告人或其罪行而另行审理和判决。[3] 而我国提审制度则规定了在没有检察机关起诉的情况下，可以由法院主动对一个案件进行再审，这显然有违控审分离原则。

禁止双重危险原则是指国家不得对任何人就同一行为进行再次追诉和惩罚。该原则是英美法系国家刑事诉讼程序中的一项基本原则。与该原则相对应，在大陆法系一般实行一事不再理原则。[4] 禁止双重危险原则是为了避免三种明显的权力滥用：（1）被告人被无罪开释后的再次被诉；（2）受到有罪判决后的再次起诉；（3）对同一犯罪的多次处罚。[5] 禁止双重危险原则的提出，主要是为了制约国家公权力的运行，防止追诉权的滥用和保障人权，同时是为了维护程序的安定性和裁判的既判力，进而维护法院审判的权威。根据该原则要求，被告人在收到生效的判决之后，就不应该被再次起诉，更不必说被加重刑罚。而提审制度的存在，显然在一定程度上突破了禁止双重危险原则，从而使被告人或者说曾经的被告

3　参见谢佑平、万毅：《刑事控审分离原则的法理探析》，载《西南师范大学学报（人文社会科学版）》2002年第3期。
4　这两个原则在含义和具体使用上有所区别，限于论题，不具体展开。
5　U. S. v. Halper, 490 U. S. 435, 440 (1989).

人始终处于一种不确定的社会状态之中——从理论上说,最高人民法院和上级人民法院于生效判决之后,只要发现判决确有错误就可以对其提出再审,并且可以加重原判决刑罚。

而对刘某案件的提审程序实际上就遭受了来自以上述两个理论为根据的质疑:最高人民检察院并未对该案件提出抗诉,提审程序由最高人民法院自身启动。这样就会出现一个值得玩味的情形:在案件启动再审程序的时候,公诉方处于缺位状态,而在再审审判过程中,公诉方又出现在法庭上。既然公诉方对案件的生效判决并无意见(以致未提出抗诉),又以何种角色出现在再审审判中的控方席上?这是程序悖论之一。程序悖论之二在于,作为最高审判机关的最高人民法院于审判过程中应尽量保持中立立场,避免先入为主的预断,如此再审才能保持基本的正当程序,被告人辩护权才能够在庭审过程中真正发挥作用,进而影响案件的审判结果。但在刘某案再审过程中,提审的一个前提是法院已经断定"适用法律上有错误,或者案情疑难、复杂、重大的,或者有其他不宜由原审人民法院审理的情况",这就意味着法院在提审之前就断定案件需要改判,那么再审的庭审可能也就欠缺实质意义了。

079 既判力理论与再审审慎启动

赖某涉嫌掩饰、隐瞒犯罪所得案

杨 恪 西北政法大学

■ 案情概要[*]

2012年7月9日21时许,赖某接到罗某(另案处理)的电话,罗某称要将一辆旧的重型牵引车出售给他,双方谈妥以每吨人民币2200元的价格收购。7月10日5时许,赖某安排司机李某与罗某一起去将车辆开回。李某与罗某一起去停车场时,由罗某打开门带李某入内,随后,罗某用工具将一辆解放牌重型半挂牵引车的玻璃窗砸烂,并进入驾驶室,撬开启动锁的电源,再把电线连接好启动车辆。期间,李某一直在旁观看,后由李某驾驶上述车辆与罗某一起开回了赖某的购销部停车场。途中,罗某与李某将上述车辆在一地磅公司进行了过磅,车辆重约13吨。在无任何证件的情形下,赖某仍向罗某支付了人民币27500元予以收购上述车辆。几天后赖某请人在购销部将该重型半挂牵引车拆卸,并以废铁变卖。

经查,上述车辆是方某于2012年7月1日停放在停车场内的。方某于7月10日早上发现车辆被盗并报警。经鉴定,涉案的重型半挂牵引车价值人民币37380元,重型普通半挂车价值人民币25000元,合计价值人民币62380元。案发后,赖某的家属于2012年12月6日与报案人方某等人共同签订赔偿协议,赔偿经济损失人民币70000元,方某等人对赖某的行为表示谅解。

2013年10月赖某因涉嫌掩饰、隐瞒犯罪所得罪,由广东省佛山市顺德区人民检察院依法提起公诉。顺德区人民法院经依法审理,判处赖某无罪。顺德区人民检察院对一审判决不服提起抗诉。二审期间,佛山市人民检察院认为抗诉不当,撤回抗诉。佛山市中级人民法院于2014年1月20日裁定准许撤回抗诉,原审判决生效。

但在2015年4月22日,罗某因涉嫌盗窃案被顺德区人民法院判处有期徒刑1年9个月,缓刑2年6个月,并处罚金人民币3000元。该案判决对赖某案的处理产生了影响。佛山市人民检察院于2015年9月6日按照审判监督程序,以现有新证据证明原判决确有错误为由,向佛山市中级人民法院提出抗诉。佛山市中级人民法院作出再审决定后,将案件指令顺德区人民法院再审。顺德区人民法院于2016年5月18日作出再审判决,认为原审被告人赖某犯掩饰、隐瞒犯罪所得罪,判处有期徒刑1年1个月1日,并处罚金人民币1000元。

---

[*] 参见广东省佛山市中级人民法院(2016)粤06刑终719号刑事判决书。

赖某提出上诉。佛山市中级人民法院认为，现有证据不能证实赖某的行为构成掩饰、隐瞒犯罪所得罪，原审判决认定事实不清，证据不充分，应予纠正。遂撤销原判，改判赖某无罪。

■ 法律分析

> **争议焦点**
>
> 在无罪判决作出后，人民检察院以有新证据证明原判决确有错误为由能否启动不利于原审被告人的再审？假如赖某的行为构成犯罪，但对于轻微犯罪，并已对被害人进行赔偿、取得谅解的情况下，是否仍有必要严格按照法律所规定的条件启动再审程序？如何权衡生效判决的既判力与实体公正之间的关系？

□ 再审程序的启动条件

我国的再审程序也即审判监督程序，被定位为对于生效裁判的纠错程序。《刑事诉讼法》中对于再审程序启动条件规定较为简单，《刑事诉讼法》第254条规定对于生效判决裁定"确有错误的"，人民法院、人民检察院可以启动再审程序，这里所提及的"确有错误"一般来说既包括法律适用错误，也包括事实认定错误。

《高检规则》第591条对于检察院提起抗诉的理由进一步加以规范，认为"确有错误"包括"（一）有新的证据证明原判决、裁定认定的事实确有错误，可能影响定罪量刑的……"以及其他一些情形。本案中，罗某的盗窃罪为赖某掩饰、隐瞒犯罪所得罪的上游犯罪，罗某案件于2015年作出裁判后，其确有存在"新的证据"之情形。同时，由于我国再审程序在设计理念上更注重对于实体公正的追求，不区分"有利于被追诉人的再审"和"不利于被追诉人的再审"，在案件审理的过程中也奉行全面审查原则。故，以存在"新的证据"为由对赖某一案提起抗诉单纯从法律规范来看似乎并无不当。

□ 再审程序启动的审查标准

在我国《刑事诉讼法》对于再审程序启动条件立法规范较为简单的前提下，再审启动审查需要达到何种标准值得进一步分析。就理论而言，由于再审程序本身作为生效裁判的纠错程序，其启动牵扯到法的安定性与公正性之间的权衡问题，其标准较之二审程序无疑应当更为严苛。

这一点从我国的申诉审查程序可见端倪，当事人通过申诉启动再审的比率之低，甚至久为学界所诟病。[1] 有学者将再审启动的裁判原则总结为"有错才纠"与"有疑即纠"，并指出我国再审程序的启动长期持保守立场，主张"有错才纠"，即一般有确实的证据证明原判

---

1 参见李训虎：《刑事再审程序改革检讨》，载《政法论坛》2014年第3期。

有错,方得启动再审程序。[2] 也有学者对 40 起有代表性的再审案件进行分析,其中通过申诉启动再审的仅占 27.5%,其他案件则是通过"真凶出现""被害人复活"等事由才得以启动。[3] 可见,我国司法机关对于再审程序启动的标准把握极为严格,在再审程序正式启动之前便已对案件的实质性问题加以审查,甚至未审之前就已有较大概率确定需对案件进行改判。

就检察机关而言,决定再审抗诉也需要适用更为严格的标准。具体到司法实践中则会发现,通过申诉启动再审与检察机关抗诉再审,在难度上存在微妙的差别。不同于当事人申诉需要经过人民法院或人民检察院审查,检察机关决定抗诉或提出再审检察建议为单方的审查行为,其启动的难易程度较之当事人申诉不可同日而语,在实践中检察机关通过抗诉提起再审的案件数量也表现为多数。[4] 因此,尽管在立法上的表述并无二致,但在司法实践中不同主体启动再审的审查标准存在一定区别。

▣ 个案中的再审程序启动价值评判

具体到本案,罗某的盗窃罪为赖某掩饰、隐瞒违法所得罪的上游犯罪,因此当 2015 年罗某的盗窃罪作出有罪判决后,检察机关以有"新的证据"为由提起抗诉。但根据《高检规则》第 591 条的规定,此处"新的证据"需达到足以动摇"原判决、裁定认定的事实""可能影响定罪量刑"的程度方得提起抗诉。但从后续案件的处理情况来看,"新的证据"与原有证据均无法证明赖某"明知"其所收购的车辆属违法所得,即赖某的掩饰、隐瞒违法所得罪难以成立。从此角度分析,检察机关就赖某一案提起抗诉是否符合"确有错误"的标准?

另外,罗某因盗窃罪被判处有期徒刑 1 年 9 个月,缓刑 2 年 6 个月,而赖某由原审法院再审判处有期徒刑 1 年 1 个月 1 日,实刑。根据刑事实体法的裁判原则,一般下游犯罪量刑不高于上游犯罪。而此案通过再审程序不仅作出了不利于原审被告人的改判,且刑罚对原审被告人的影响甚至重于上游犯罪。是否具有合理性?

还有,原审中赖某已对被害人进行赔偿,并取得谅解。对于社会危害性较小的轻微犯罪,是否仍有必要破坏生效裁判的既判力,启动再审程序?此举是否有利于发挥刑罚的教育功能?

实际上,我国再审程序中所存在的问题由来已久,启动条件立法规范不够明晰、启动程序设计模糊、启动标准不一致等诸多问题已早有论及,但上述问题在刑事诉讼法历次修改

---

[2] 参见龙宗智:《聂树斌案法理研判》,载《法学》2013 年第 8 期。龙宗智教授在该文中指出,我国刑事再审实务长期倾向于保守立场,导致再审启动难,不利于积极发挥再审程序的纠错功能,维护当事人的合法权益,主张应逐渐转向"存疑时利益归于被告"的再审裁判原则。

[3] 参见柳斌、段炎里:《刑事再审程序错案纠错功能之重塑——以审判阶段错案的发现和纠正为视角》,载《中国刑事法杂志》2014 年第 6 期。

[4] 参见陈逸宁:《刑事再审程序启动制度研究——以京津冀三地 2013 年到 2018 年间刑事再审判决书为样本》,载郭春镇主编:《厦门大学法律评论》,厦门大学出版社 2021 年版,第 156 页。该文中统计了 2013~2018 年度中国裁判文书网发布的京津冀地区 260 件刑事再审案件的相关信息,显示通过检察机关抗诉启动再审的案件占比 50%,且几乎均为不利于原审被告人的再审。

过程中未能通过制度性的变革得以有效改善。而随着"认罪认罚从宽制度""少捕慎诉慎押"等刑事司法政策的推进,恢复性司法理念在刑事司法领域话语权逐渐增强。在此语境下,对于刑事再审程序的启动也应进行审慎的判断,特别是对于轻微刑事案件提起的不利于被告人再审,在案件处理过程中应充分考虑启动再审程序的必要性,权衡再审程序在纠错与人权保障方面的价值选择。

■ 理论阐释 | 刑事既判力理论的再认识

综观各国再审程序,多以"既判力"理论或"禁止双重危险"作为理论基础。

大陆法系国家在承继罗马法"既判力"理论的基础上形成了"一事不再理"原则,而英美法系国家则适用"禁止双重危险"原则。国内亦有不少论著对两者展开研究,认为两者虽在内涵上有所相似,但在产生背景、适用范围及基本内涵等方面仍存在不同。[5] 由于"禁止双重危险"以英美法系制度为背景,在诉讼程序、证据规则等方面与我国有较大不同,特别是关于"第一重危险"时间节点的规定在我国并无适用空间。因此,亦有学者主张在刑事再审程序中应将刑事既判力作为基本理论依据。[6]

既判力理论侧重于维护法的安定性与司法判决的权威性,强调"既判力的法律效力确定功能","承认终局裁判对于诉讼的终结和封锁效力,对于已经裁判确定的事实,不得再次提起诉讼,体现为一事不再理、一事不二罚原则"。[7] 但考虑到具体个案中与客观真实之间可能存在冲突,大陆法系国家设置了再审程序作为既判力之例外,并以"不利益变更禁止"为核心,对启动理由严格加以限制。

以德国为例,其仅允许在特殊情况下提起不利于被告人的再审。[8] 再审申请提出后,由负责再审程序裁判的法院视事实或法律情况的复杂度为无辩护人的受有罪判决人指定辩护人。如果申请被准许,法院在必要时委托一名法官调查所提出的证据,法官在询问证人和鉴定人以及进行法官勘验时,应当准予检察院、被告人和辩护人在场。证据调查结束后应当指定期限,要求检察院和被告人进一步作陈述。在对申请理由进行审查后,再裁定驳回申请或重新进行法庭审理。[9]

我国再审程序的相关规范略显简单,致使刑事再审在司法实践中呈现两极化趋势,一方面当事人试图通过申诉启动再审程序难度极大,进而导致实践中涉诉上访,重复申诉案

---

[5] 参见熊秋红:《禁止双重危险原则之建构》,载陈泽宪主编:《刑事法前沿》(第3卷),中国人民公安大学出版社2006年版,第37~41页。

[6] 参见施鹏鹏:《刑事既判力理论及其中国化》,载《法学研究》2014年第1期。

[7] 李哲:《刑事既判力相关范畴之比较》,载《比较法研究》2008年第3期。

[8] 如《德国刑事诉讼法》第362条规定:"下列情形,对由确定判决所终结的程序准许进行对被告人不利的再审:(1)法庭审理中对被告人有利地作为真实证书出示的证书,系伪造或变造;(2)证人或鉴定人在提供对被告人有利的证言或鉴定时,故意或过失违反宣誓义务,或者故意作出虚假的未经宣誓的陈述;(3)参与了判决的法官或陪审员,在有关案件的问题上作出违反职务行为的可罚行为;(4)被宣告无罪人在法庭上或法庭外就犯罪行为作出了可信的自白"。参见宗玉琨译注:《德国刑事诉讼法》,知识产权出版社2013年版,第250页。

[9] 参见《德国刑事诉讼法》第364条a、第369条、第370条。

件数量较高;另一方面,检察机关能较为容易的启动再审程序,且相当一部分为不利于原审被告人的案件,不符合既判力理论的要求。而从目前有关再审程序改革的方向来看,司法机关将解决"烂诉""缠诉"问题作为核心目标之一,着力推动听证制度的发展,主张"应听尽听",试图通过该制度强化释法说理,起到化解矛盾的作用。但对于再审程序的启动条件、审查标准、审查程序等方面并未作出根本性改变,故难以解决刑事再审程序的根本性问题。

■ **扩展思考** | 既判力理论的引入及再审审查程序设计

本案关键问题在于对"确有错误"条件把握不严,对"新的证据"审查不当,致使案件的相关证据始终存在欠缺。因而案件处理呈现为"无罪判决—二审抗诉—撤回抗诉","再审抗诉—原审再审有罪—被告人上诉—终审法院裁判无罪"的程序流转过程,极大影响了裁判的安定性与权威性,破坏了司法公信力。针对此种现象,再结合上述再审程序所面临的困境,可以考虑从以下几个方面入手对我国刑事再审审查程序加以完善。

第一,引入既判力理论,审慎提起不利于被告人的再审。学界开展关于既判力理论、一事不再理或禁止双重危险原则的研究为时已久,尽管目前在立法层面没有明确的表述,但前期研究成果已为引入既判力理论奠定了良好的理论基础。我国现行司法解释中也涉及关于禁止不利益变更的规定,如《刑诉法解释》第 469 条:"除人民检察院抗诉的以外,再审一般不得加重原审被告人的刑罚。"《人民检察院刑事抗诉工作指引》第 30 条第 3 款"对于人民法院第一审宣判后人民检察院在法定期限内未提出抗诉,或者判决、裁定发生法律效力后六个月内未提出抗诉的案件,没有发现新的事实或者证据的,一般不得为加重被告人刑罚而依照审判监督程序提出抗诉……"基于此,应进一步推进既判力理论在刑事再审程序中的作用空间,对于人民检察院提起的不利于被告人再审严格把握。

第二,开展刑事再审审查程序的准诉讼化改造。在申诉审查程序以及检察机关抗诉、人民法院决定再审过程中,应保证当事人获得法律帮助的权利,充分听取当事人、律师的意见,继续推进听证制度的适用,保证当事人的知情权及意见表达权。

第三,重视程序本身的纠纷化解功能。对于轻微案件的再审启动应充分考虑原审判决的处理效果、被告人的悔罪表现以及被害人的态度。对于社会矛盾已经基本化解,被告人行为社会危害性不大的案件,不应发动再审程序。

080 一审程序内重审｜作为初审保障程序的无效审理制度

周某某受贿、挪用公款案

张潋瀚 四川大学

■ 案情概要*

检察机关指控，2002年至2013年，被告人周某某利用职务之便，为工程承建商、合作办学商、设备供应商及部分教职工在项目承揽、合作、采购、任职、提拔、调动等方面谋取利益，非法收受上述人员财物。案发后，2014年12月9日至2015年3月4日，此案断断续续地在南昌市中级人民法院开庭审理，庭审实际开庭23天，其中周某某本人自辩两天半。在连续两天不间断地自我辩护中，周某某要求着便装受审，并自行脱掉囚服"黄马甲"；他使用概率论与数理统计、排列组合、误差理论计算"行贿人"与"受贿人"同时错误供述，又同时修改证供的绝对误差和相对误差；他自称受到刑讯逼供而作出有罪供述。周某某和辩护人多次提出非法证据排除程序，未被允许，要求通知重要证人出庭作证，也未获允许。[1]

一审开庭质证和辩论完成，被告人做了最后陈述的情况下，戏剧化一幕发生了：在距离上次庭审半年后案件被推倒重来。南昌中院于2015年9月召开庭前会议，决定对全案进行重审，原来两名法官继续担任审判员，原任审判长"因身体原因"不再参与本案审理。最终在2015年12月29日作出一审判决，以受贿罪判处周某某无期徒刑，剥夺政治权利终身，并没收个人全部财产；以挪用公款罪判处有期徒刑12年，决定执行无期徒刑，剥夺政治权利终身，并没收个人全部财产。

周某某提出上诉。2016年12月21日，江西省高级人民法院二审以受贿罪判决周某某有期徒刑12年，没收个人财产100万元；对其违法犯罪所得依法追缴，上缴国库。

---

* 参见江西省南昌市中级人民法院（2014）洪刑二初字第29号刑事判决书、江西省高级人民法院（2016）赣刑终字第33号刑事判决书。

[1] 杨璐：《南昌大学原校长周文斌案一审将开启第二季：律师称将全案重审》，载澎湃新闻网2015年9月16日，https://www.thepaper.cn/newsDetail_forward_1375888。

法律分析

> **争议焦点**
>
> 周某某案引起广泛关注固然有其在庭审中表现"戏剧化"的一面,但最令人关注的还是原审法院在一审法庭审理已近结束尚未宣判的情况下,时隔半年后自行决定将案件重新审理。这一全案重审被媒体戏称为庭审"第二季"。本案争议焦点在于,刑事一审程序内的重新审理的合法性和合理性问题,以及更进一步,对于一审程序中产生的程序瑕疵甚至是错误,应如何补救?

立法规范中"重审"概念廓清

日常口语中常提及的"重审"概念,在《刑事诉讼法》主要包括两种规范表述:"重新审理"与"重新审判"。法条虽未对两者做严格界分,但在运用上有着严格区别。《刑事诉讼法》中提及"重新审理"的地方可归纳为三处:一是不宜适用简易程序、速裁程序审理的案件,应变换适宜的程序重新审理(第221条、第226条);二是审判监督程序中,人民检察院抗诉的案件,接受抗诉的人民法院应当组成合议庭重新审理(第254条);三是缺席审判程序中,在审理过程被告人自动投案或者被抓获的,以及罪犯对生效判决、裁定提出异议的,人民法院应当重新审理(第295条)。《刑事诉讼法》中提到"重新审判"包括二审发回原审法院重新审判(第236~238条)、死刑复核程序中高级人民法院不同意判处死刑或最高人民法院不核准死刑的重新审判(第247条、第250条),以及审判监督程序中的重新审判(第253条、第256条、第258条)。

从以上文字表述可知,"重新审判"相比"重新审理",在语义上强调"已判",是在原审已有判决的基础上重新审理并裁判。而重新审理则是应用在原审尚无正式判决或者判决效力存在一定争议的情况下。然而,无论原审是否已经有过判决,"重新"的意义非常明确,即重启审判程序。

因此,对"重审"的准确理解应聚焦于审判程序的重新启动。在这个基础上,按照"重审"发生与之前"原审"诉讼阶段的异同,可以将重审分为程序内的重审、程序外的重审,以及程序倒流的重审。《刑事诉讼法》中明文规定的几种重审情形中,因审理程序变换而导致的重新审理、缺席审判中被告人在审理过程中自动投案或者被抓获的重新审理就属于程序内重审;缺席审判中罪犯对生效判决、裁定提出异议的重新审理,审判监督程序中的抗诉重新审理和再审重新审判则属于程序外重审;二审发回原审法院重新审判和死刑复核程序中的重新审判则是程序倒流的重审。

周某某案"重审"合法性与合理性讨论

周某某案的重审,发生在一审程序内,但不属于刑事诉讼法明文规定的重审情形。南昌中院给出的重审理由是更换审判长,即由于新任审判长没有参与此前审理,故新合议庭决定将全案重审。更换审判人员这一理由在当时尚缺乏明确的法律依据,但从其他相关规定可在一定程度上推导出此举的合理性。

合议庭组成人员在特定情况下可以更换。最高人民法院《关于人民法院合议庭工作的若干规定》第3条规定，"合议庭组成人员确定后，除因回避或者其他特殊情况，不能继续参加案件审理的之外，不得在案件审理过程中更换"。也就是说，在案件审理过程中因"其他特殊情况"，合议庭组成人员可以更换。虽然特殊情况包含哪些具体情形解释未予明确，但合议庭人员因生病或者死亡等意外不能继续审案必然属于无法避免的特殊情况。另外，一旦审理过程中审判人员更换，那么根据直接言词原则也可相应得出重新审理的合理性。在过去的司法实践中，因审判人员更换而导致法院启动重审也偶有出现。[2]

虽然官方给出的重审理由具有一定合理性，但就此案而言，全案推倒重来的重审仍显得不同寻常：过去因更换审判人员而重新审判，一般都发生在审理未完成的情况下，而周某某案中宣布重新审理是在庭审结束等待宣判期间，在审理万事俱备，只欠宣判东风的情况下，重审是否还有必要？有学者接受采访认为，该案法庭审理阶段已结束，审判长即便生病，也不应影响案件评议宣判。加上法律并未规定评议地点，即使审判长生病不能到法院，合议庭的法官也可以前往医院或在家进行案件评议。合议庭其他成员完全可以对案件的判决结果进行宣读，不必非得审判长亲自进行。[3]

围绕"第二季"的争议直到《刑诉法解释》出台方尘埃落定。该解释第301条第1款可以说是对周某某案的"精准"回应："庭审结束后、评议前，部分合议庭成员不能继续履行审判职责的，人民法院应当依法更换合议庭组成人员，重新开庭审理。"此一条款在司法解释层面确认了因更换审判人员而进行重新审理的合法性。

理论阐释 | 程序内重审制度的内在价值

由于周某某案第一次庭审过程中出现的诸多程序与证据疑点，如果法院借程序内重审以解决前一次审理中的程序违法或证据采信问题，全案在一审阶段推倒重来是否属于一种程序性裁判机制，甚至是否可以看作这一"槽点颇多"的案件在审理中最终回归法治轨道的一次有益尝试？

实际上，该案向理论界提出了一个事关程序性裁判的深层问题——我国主流的程序性审查机制局限在二审对一审程序的裁判，属于程序倒流重审纠错（《刑事诉讼法》第238条），在这样的框架下是否还有程序内重审存在的空间？如果存在的话，空间有多大？此外，在同一级审判程序内对审理程序的重启是否以目前这种"打补丁"的方式进行列举最为合理？要想回答这些问题，首先需要从理论上进行探讨，在程序性裁判逻辑之下，程序内重审制度究竟具有哪些价值。

---

[2] 2007年到2010年，河南省周口市中级人民法院共受理32件申请审判人员回避案件，其中4件案件的审判程序重新进行。参见李保利：《审判人员在回避决定作出前所进行的诉讼活动效力问题应予明确规定》，载河南省周口市中级人民法院官网2010年8月16日，http://zkzy.hncourt.gov.cn/public/detail.php?%20id=7032。

[3] 参见王巍：《审判长告病 周文某案全案重审》，载《新京报》2015年11月10日版。

第一,程序内重审更有利于及时、全面纠正程序错误。一方面,像周某某案一样在一审中存在诸多程序问题的判决很容易引发上诉,而针对这样的案件程序内重审相比程序外的和程序倒流的重审更能保障审判经济与效率。虽然说任何形式的重新审理均会导致司法资源浪费,但相比之下,奉行全面审的二审法院审理后再进行程序倒流发回一审重审,势必会比判决前直接将程序重来一次消耗更多的司法资源。另一方面,程序外的和程序倒流的重审对于程序错误的补救尚存在相当大的局限性。研究表明,"纯粹因为程序违法而引起程序倒流的,只有在极少数情形下产生,包括违反公开审判、违反回避制度、审判组织组成违法。对于其他一些严重的程序性错误,或者剥夺、限制了当事人非常重要的诉讼权利,并不一定导致程序倒流"。[4]

第二,程序内重审更有利于从实质上保障被告人的合法权益。程序性裁判的重要价值之一是让前程序对当事人诉讼权利带来的消极后果得到补救。而程序内重审的补救相比程序倒流重审的补救更具优势。例如,针对被告人迅速审判权,正如美国最高法院认为在出现严重偏见情况下仍要求被告人继续已有瑕疵的程序,并在确信会被驳回的情况继续进行冗长上诉及重审,其引发的焦虑、巨大的花费和延长的诉讼时间,与禁止双重危险原则所保障的那些利益并无二致。[5] 也有中国学者指出,二审法院基于一审法院的严重程序违法将案件发回重审本身就违反了责任原则,相当于法官犯错误,当事人背黑锅。尽管发回重审对原审法官也是一种不利后果,但与当事人比起来是小巫见大巫。"事实上一审法院只是承担了撤销原判,重新组成合议庭审判的后果,而真正的'不利后果',如'羁押期限的延长'、'双重危险'和'状态未定的苦楚'都由当事人——主要是被告人承担了,而当事人对于程序违法事实却'不具有非难可能性'。"[6] 从逻辑上讲,在严重程序违法刚刚出现后,被告人向法院申请从而成功重启程序,就能将这种在上诉审查中必然被撤销发回重审的程序违法负面影响降至最低。

第三,程序内重审更有利于推行法官依法独立办案及落实司法责任制。如果要赋予初审程序在体系中更强的重要性,决定程序内重审就属于法官独立办案时理应被赋予的裁量权。当审理者有合理理由认为一项不偏不倚的定罪裁决无法作出,或因明显程序错误而导致定罪裁决在上诉中必然被撤销,那么在同一级审判组织中进行"自我纠错",在满足一定条件的基础上重启审理程序就属于司法自由裁量权的范畴。而审理者面对无法弥补的严重程序错误,尽可能将已经暴露出来的问题在一审程序内部合法处理,也符合其自身利益,避免接受二审发回重审所带来的考核负面评价。在司法责任制"让审理者裁判,由裁判者负责"的要求下,程序内重审能够在同一级审判组织内部为纠正错误提供机会,例如,因法官能力有限而导致审理困难的,可更换更能胜任的法官,或因程序有明显错误,可通过程序重启化解民意对法院系统的压力、夯实程序正当性等,无须再求助于上级法院,釜底抽薪地

---

[4] 汪海燕:《论刑事程序倒流》,载《法学研究》2008年第5期。
[5] United States v. Dinitz,424 U. S. 600,96 S. Ct. 1075(1976).
[6] 张会峰:《刑事诉讼法中的程序性裁判》,载《法学》2002年第4期。

减少上下级法院间的请示、汇报。与此同时也能从实质上减少上定下审的做法,恢复上诉审的救济功能。[7]

■ **扩展思考** | 作为初审保障程序的无效审理制度

周某某案中全案一审程序内重审的做法在我国可谓首开先河,这种"推倒重来"的庭审在域外比较典型的例子就是美国的无效审理(mistrial)制度。无效审理是指因为程序错误或者在审理过程中发生严重不端行为,法官在案情未做判断之前结束庭审。其另一种特殊表现形式是因陪审团无法达成一致意见而结束,也称为未遂审判。[8] 造成无效审理的原因主要有法院无管辖权,陪审员选择错误,陪审团僵局,陪审员或律师在审理中意外死亡,在审理前或审理中无视必要的基本规定,在审理中出现法庭无法纠正的有损当事人利益的错误,审理在正常结束前已终止等。法官之所以宣告无效审理,是因为某些使得特定审判无法进行到底的现实原因,无法纠正且继续审理只是浪费时间和财力。[9]

美国司法采用单一层次的决策模式,初审相比科层制决策程序中的阶段性判决具有更强的稳定性,因此更倾向于先于而非后于第一次判决来实施"决策公正性保障程序"。[10] 这种作为初审保障程序的无效审理制度与我国究竟有无适配性,如果要通过程序内重审纠正重大程序错误或瑕疵,应当如何确定需纠正的情形,以及如何构建与现有制度相适配的启动程序等,这一系列的问题都尚待理论界的进一步探索。可以说,周某某案引发的审判程序重启问题虽已在相关司法解释中得到对策性回应,但关于程序重启的根本性问题依然存在。沿着这个问题继续追问下去,或许还能有意想不到的更大收获。

---

7 参见王天娇:《论我国刑事无效审理制度的建构》,载《安徽大学学报(哲学社会科学版)》2019年第1期。
8 Black's Law Dictionary, 8th edition, 3137.
9 参见[美]伟恩·R.拉费弗等:《刑事诉讼法》,卞建林等译,中国政法大学出版社2003年版,第1288页。
10 [美]达马什卡:《司法和国家权力的多种面孔》,郑戈译,中国政法大学出版社2004年版,第88、89页。

081 再审不加刑｜发回重审抗诉不加刑

武某生、武某勇等妨害作证、伪证案

张友好 华南理工大学

■ 案情概要*

2016年3月，山东C县村民武某刚（已判刑），涉嫌殴打村民张某致轻伤二级。为逃避法律责任，经武某刚提议，被告人武某生等在明知武某刚将张某殴打致伤的情况下，指使被告人武某勇等人作伪证。即向公安机关提供虚假证言，谎称张某受伤是其自己摔倒所致。

一审法院认为，被告人武某生等在刑事诉讼中，指使他人作伪证，其行为均已构成妨害作证罪。被告人武某勇等受他人指使，故意作虚假证明，其行为均已构成伪证罪。于2018年8月作出（2018）鲁1721刑初238号刑事判决。被告人武某生、武某勇等不服提出上诉，山东省H市中院以一审事实不清、证据不足为由，于2018年12月作出（2018）鲁17刑终400号刑事裁定，撤销原判，发回C县法院重新审理。C县法院依法另行组成合议庭，重新审理了该案，于2019年12月报审判委员会讨论，作出（2019）鲁1721刑初10号刑事判决。

重审宣判后，被告人武某生、武某勇等人不服，提出上诉。C县人民检察院也以"（1）一审判决认定事实错误，导致认定自首、坦白法定量刑情节错误；（2）一审判决对六名被告人适用缓刑错误，导致量刑明显不当"为主要理由提出抗诉。

山东省H市中院二审认为，各上诉人的上诉理由及辩护人的辩护意见均不成立，均不予采纳。对于抗诉机关提出的"一审认定自首、坦白情节错误"的抗诉意见予以采纳。至于抗诉机关认为重审对6名被告人适用缓刑错误的抗诉事由虽有理，但囿于现行法律限制，一审、二审法院既不能加重被告人的刑罚，也无法直接撤销6名被告人的缓刑。于2020年10月作出（2020）鲁17刑终58号刑事裁定，驳回抗诉、上诉，维持原判。该裁定发生法律效力后，山东省H市中院于2021年3月19日作出（2021）鲁17刑监1号再审决定书。并于（2021）鲁17刑再1号刑事判决，部分撤销了缓刑，加重了量刑。

---

* 参见山东省H市中级人民法院（2021）鲁17刑监1号再审决定书、山东省C县人民法院（2019）鲁1721刑初10号刑事判决书。

法律分析

> **争议焦点**
>
> 在我国整体秉承"实事求是、有错必纠"的思想指导下,只有被告人一方上诉的案件,发回重审检察院抗诉后,二审能否加刑?如否,法院在维持原判后,能否自行启动再审程序加刑?如仍否,又能否通过检察院抗诉启动审判监督程序加刑?正当性何在?

□ 发回重审案件检察院抗诉后,二审能否加刑

基于控审分离原则要求和最大限度的保障被告人上诉权的实现考量,我国刑事诉讼法设定了上诉不加刑原则。而且人民法院非但不能在二审中直接加重被告人刑罚,也不得通过发回重审间接加重刑罚。但对于发回重审后检察机关抗诉的,二审法院能否加刑,解释论上则不无争议。

一种观点认为:限制发回重审抗诉加刑不当限制了检察机关的抗诉权。一方面,《刑事诉讼法》第 239 条明确规定,对于重新审判后的判决,依照第 228 条的规定可以抗诉。另一方面,重审程序与原审程序并无实质性不同,《刑事诉讼法》第 237 条规定的"人民检察院提出抗诉或者自诉人提出上诉的,不受前款规定的限制"自然也同样一体适用于重审程序。在这个意义上,主张发回重审抗诉仍不得加刑的规定,是不当限制了检察机关的抗诉权。

另一种观点认为:发回重审抗诉不得加刑是法律的应有之义。《刑事诉讼法》第 237 条确立了上诉不加刑原则后,同款又规定了"限制性条款"。对于这一限制应当作符合立法原意的解释。即这里的"提出抗诉"是指在原审程序,而非在重审程序。否则,《刑事诉讼法》第 237 条第 1 款新增的"第二审人民法院发回原审人民法院重新审判的案件,除有新的犯罪事实,人民检察院补充起诉的以外,原审人民法院也不得加重被告人的刑罚"就将失去实际意义。

对此,最高人民法院肯定了第二种观点,以最高人民法院研究室《关于上诉发回重审案件重审判决后确需改判的应当通过何种程序进行的答复》的形式认为:对被告人上诉、人民检察院未提出抗诉的案件,第二审人民法院发回原审人民法院重新审判的,只要人民检察院没有补充起诉新的犯罪事实,原审人民法院不得加重被告人的刑罚。原审人民法院对上诉发回重新审判的案件依法作出维持原判的判决后,人民检察院抗诉的,第二审人民法院也不得改判加重被告人的刑罚。《刑诉法解释》第 403 条第 2 款吸收了该答复:原审人民法院对上诉发回重新审判的案件依法作出判决后,人民检察院抗诉的,第二审人民法院不得改判为重于原审人民法院第一次判处的刑罚。

□ 维持原判后,法院能否自行启动再审加重刑罚

根据《刑诉法解释》第 401 条第 1 款第 7 项的规定,原判判处的刑罚畸轻,必须依法改判的,应当在第二审判决、裁定生效后,依照审判监督程序重新审判。据此,对于发回重审二审

认为原审判处畸轻的,受制于前述之限制,应先维持原判,再行主动启动再审程序纠错。

对此,有观点认为,公正是法治的生命线,也是努力让人民群众从每一个案件中感受到公平正义的前提。审判监督的主要意旨是实现公平正义,人民法院启动再审就是对裁判中的错误进行补救。根据《刑事诉讼法》第254条的规定,只要生效裁判在认定事实上或者在适用法律上"确有错误",就应当启动再审程序纠正。无论是依法减轻、免除还是加重,都是履行纠错职能,不能简单的将加重被告人刑罚排除在纠错范围之外。

另有不同观点认为,法院主动提起再审与控审分离、不告不理等基本原则以及法院的中立性、被动性等角色定位不尽一致,容易造成法院既当运动员又当裁判员扭曲诉讼基本构造的司法不公。同时,如若允许法院启动再审加刑,经过发回重审、维持原判、启动再审等一番操作,非但所要坚守的上诉不加刑原则被完全架空,其他什么诸如既判力、司法之权威性、程序之安定性、司法资源之节约等也都归于虚无。

对此,《刑诉法解释》第469条做了这样选择:除人民检察院抗诉的以外,再审一般不得加重原审被告人的刑罚。

□ **维持原判后,检察院能否通过抗诉启动审判监督程序加重刑罚**

既然《刑诉法解释》第469条对于法院启动再审加刑持一种否定态度,那么对该解释第401条的贯彻,即启动审判监督程序加刑的重任,就体现在检察院的抗诉上。

一种观点认为,"上诉不加刑"主要是为了保障被告人的上诉权的实现,它以二审生效裁判的作出即告完结。而且我国的上诉不加刑原则并非绝对,它以只有被告一方上诉为前提,一旦检察机关提出抗诉,该原则即失去效力。我国并没有规定"再审不加刑"原则,实现实体公正仍是价值追求。检察院作为法律监督机关,在确需改判加重刑罚的情况下,在上诉二审、重审一审、重审抗诉二审、法院主动再审等皆无法加刑时,通过检察机关提出抗诉加刑,是实现"不放纵犯罪的"唯一路径。否则《刑诉法解释》第401条第1款第7项将失去生命力。

另有观点认为,如若同样允许检察机关通过提起抗诉加刑,上诉不加刑原则将会变成一纸空文。前述之从重审限制加刑到二审维持原判,从司法资源之节约到政法机关之公信力等也将沦为一句口号。更重要的是,基于"不利变更禁止"等原则,并考虑程序安定和人权保障等因素,对有错必纠观念需要认真反思,至少应考虑做类型化处理。

对此,我国现行刑事诉讼法及其相关司法解释,没有明确给出答案。但基于我国的司法传统和《刑诉法解释》第469条的规定,不难理解为我国在制度层面已经作出了肯定性选择。

■ **理论阐释** | 抗诉权与法院自行启动再审的性质

对于上述问题的解答,不能简单停留在法律或司法解释本身来找寻答案,可考虑跳开法教义学思维,从权力本身和制度设计的功能目标等方面做些许探讨。

☐ 二审抗诉权本质上属于诉权范畴，主要承载救济性功能

基于公共安全和社会利益之维护，国家需要成立一个专门的组织来追究犯罪嫌疑人刑事责任或维护公共利益。在这个意义上，检察机关提起公诉或公益诉讼，实际上就是诉讼中的当事人一方，相当于民事诉讼中的原告——这在检察公益诉讼当中体现的尤为淋漓尽致。只不过检察机关作为国家和社会公益的代表，还肩负客观真实义务，非一般意义上当事人之单纯的积极追求胜诉而已。

无救济则无权利。为保障检察机关公诉权的实现，自然应当赋予其通过提起上诉来寻求救济之权利。受司法传统和苏联检察监督等因素的影响，我国检察机关的这种本质意义上之"上诉权"被本土化为"抗诉权"。事实上，这只是一种"不承认检察机关在刑事诉讼中的当事人地位"的话语表达，本质上与一般国家检察机关的上诉权并无二致。二审抗诉权作为公诉权的衍生，是为了保障公诉权的充分实现而设置，是一种保障公诉权有效行使的救济性权力。

☐ 再审抗诉权本质上属于司法监督范畴，主要承载纠错性功能

如果说二审抗诉是从权利对权力之救济角度来思考的话，那么再审抗诉则是从权力对权力之监督立场来观察。我国宪法确立了检察机关之法律监督地位，检察机关如果认为生效裁判"确有错误"，应当通过抗诉权的行使，纠正法院的错误裁判以保证国家法律的正确实施。再审抗诉权这种司法监督性质之权力，是检察机关对审判权的监督。它为权力制约而生，是苏联法律监督思想与我国宪法制度相结合的产物，是法律监督理论在诉讼中的具体表现。

"事实求是"本无问题，但是否一律"有错必纠"则不无疑问。刑事诉讼不是单纯的认识问题，也是诸多价值的选择与衡平问题。有错必纠需要综合考虑与既判力、程序之安定性、裁判之权威性、一事不再理、禁止双重危险和不利益变更之禁止等多元价值的有效衡平。

☐ 法院启动再审本质上属于行政监督范畴，兼具纠错和救济功能

我们在强调"人民法院依法独立行使审判权"的同时，也非常重视法院的自我监督，这种监督本质上属于法院内部之行政监督，兼具纠错和救济功能。其中法院自行启动之再审，多基于当事人申诉或在原审中发现"确有错误"，法院内部出于"事实求是"考量，所进行的一次"自我监督"。这种自我批判需要考虑错判的原因，并兼顾法院的消极中立角色和不告不理、控审分离等基本原则。

至于上级法院启动的再审，我国《宪法》规定我国上下级法院之间是监督与被监督关系。尽管在制度层面不存在行政隶属关系，但在整体"科层式"的司法体制背景下，加之"人财物省级统管"所可能强化的行政化色彩和长期遵行的实体真实观等，为我国上级法院通过启动审判监督程序，自上而下的监督下级法院审判提供了制度基础。

■ **扩展思考** | 纠错程序的类型化处理方式

基于前述权力性质及其功能定位以及法院角色安排,结合我国的司法实践并总结相关经验,对于纠错程序,可考虑做如下类型化处理:

第一,基于二审抗诉之诉权属性和救济功能,对于发回重审抗诉效力做必要限制。

一是由于一审原审抗诉期限已满,如果没有被告人单方上诉触发发回重审,检察机关的抗诉权即已失效,因此在发回重审维持原判的情况下,检察机关之抗诉权自然无从谈起。二是即便基于《刑事诉讼法》第239条赋予检察机关抗诉的权利,这种抗诉权也不应产生阻却"上诉不加刑"之"程序性效力",即不产生"人民检察院提出抗诉的,不受前款规定的限制"的法律后果。三是检察机关只有在出现新的犯罪事实或是重审判决量刑低于原审判决时,即出现"新增犯罪事实"和"减轻原审量刑"时,方可通过抗诉产生抵消"上诉不加刑"的效力。

第二,基于法院启动再审之行政监督性质,对法院启动再审进行必要限制。

对于因当事人申诉成立而启动的再审,基于裁判的范围受制于诉的效力要求,法院的裁判只能在诉的请求范围内作出。当然,这里还会面临再审与原审诉讼构造上的障碍。对于法院自行启动再审的案件,基于法院居中裁判的角色定位和不告不理、不利变更禁止和罪责刑相适应原则等要求,原则上法院只可启动有利于被告人再审的案件。对于上级法院启动再审的案件,基于监督权特殊要求,本无区分是否有利于被告人再审之必要。但基于控审分离原则的要求,原则上法院只能在不得恶化被告人诉讼地位的立场上作出改判。

第三,基于再审抗诉之司法监督性质,对抗诉再审判决进行适当限制。

基于检察机关抗诉监督权的本质属性,原则上没有太多限制。基于罪责刑相适应和"任何人不应受到法外责任的追究"原则要求,和法院自行启动之再审程序一样,检察机关自可启动有利于被告人的再审。但同时基于监督权的要求且不受控审分离原则的约束,也可赋予其提抗不利于被告人再审的权力,但需做以下几方面的限制:一是基于公权力一方之过错造成的轻判,如法官本身量刑畸轻等,基于不利变更禁止等原则要求,自然不应再通过提抗加刑。二是基于被告方之过错造成的轻判,如被告人作虚假口供误导审判,基于"任何人不得从自己的错误行为中获益"原则,可考虑通过提抗加刑。三是基于证人、鉴定人等其他诉讼参与人之过错行为造成的轻判,则争议较大。可考虑结合轻判幅度、过错程度、时间长短等综合因素,赋予法官自由裁量之空间。四是基于出现新的犯罪事实等原因造成的轻判,如存在新罪、漏罪行为,基于并不违背一事不再理和禁止双重危险中的"自然事实同一性"原则,自然可考虑通过提抗加刑。

082 再审范围｜再审阶段的变更起诉
许某某非法持有毒品、贩卖毒品案

任禹行 西北政法大学

■ 案情概要[*]

2014年3月12日，公安机关在汕头市龙湖区华山路"金冠酒店"门口抓获原审被告人许某某，从其身上缴获疑似甲基苯丙胺（冰毒）3包，随后又从其租住的房屋内缴获疑似甲基苯丙胺8包、褐色植物叶状物1包。同月14日，被告人许某某因被公安机关决定监视居住。同年6月10日，公安机关又在汕头市龙湖区"欧爵宾馆"抓获正在吸食毒品的被告人许某某，从其身上缴获疑似甲基苯丙胺9包、红色药片11粒。

经鉴定，2014年3月12日缴获被告人许某某的毒品共11包，净重23.39克，检出甲基苯丙胺成分；褐色植物叶状物1包，净重0.48克，检出四氢大麻酚、大麻酚、大麻二酚成分。同年6月10日缴获被告人许某某的毒品9包，净重32.24克，检出甲基苯丙胺成分；红色药片11粒，净重1.14克，检出甲基苯丙胺和咖啡因成分。

2015年1月10日，广东省汕头市龙湖区人民法院作出（2015）汕龙法刑初字第30号刑事判决书，认定被告人许某某犯非法持有毒品罪，判处有期徒刑8年，并处罚金人民币5000元。判决后，被告人许某某没有上诉。

2016年8月23日，在被告人许某某服刑期间，广东省汕头市龙湖区人民检察院发函龙湖区人民法院，反映："有新的证据出现，致使（2015）汕龙法刑初字第30号刑事判决书中判决罪名定性可能有误，故建议龙湖区人民法院按法律有关规定予以纠正。"龙湖区人民法院经审查作出（2016）粤0507刑监1号再审决定书决定由该院另行组成合议庭进行再审。

此处所谓"新的证据"，是指检察机关发现原审被告人许某某在被监视居住期间的4月至10月期间，先后向同案人颜某（已被判决）、郭某购买冰毒250克，部分用于与其女友陈某1一起吸食、部分用于贩卖。检察机关遂认为适用的法律应变更为"贩卖毒品罪和非法持有毒品罪数罪并罚"，并在再审启动后，"根据《人民检察院刑事诉讼规则》（试行）第四百五十八条的规定，变更起诉"。

---

[*] 参见广东省汕头市龙湖区人民法院（2015）汕龙法刑初字第30号刑事判决书、广东省汕头市龙湖区人民法院（2016）粤0507刑再1号刑事判决书。

再审阶段,检察机关变更后的指控包含两项内容:其一,非法持有毒品罪,即公安机关于 2014 年 3 月 12 日在"金冠酒店"门口抓获原审被告人许某某时,从其身上及出租屋缴获所得毒品的事实;其二,贩卖毒品罪,即 2014 年 4 月至 10 月,被告人许某某在被监视居住期间,先后向同案人颜某(已被判决)、郭某购买冰毒 250 克,部分用于与陈某 1 一起吸食,部分用于贩卖,具体如下:原审检察机关指控的、公安机关在"欧爵宾馆"抓获许某某时,在其身上缴获所得毒品的事实;原审被告人许某某以每克甲基苯丙胺人民币 70 元至 100 元的价格,先后共 3 次贩卖甲基苯丙胺 2 克共 6 克给郑某 1(已被判决)等贩卖事实。

2018 年 3 月 8 日,龙湖区人民法院再审判决认为公诉机关指控的非法持有毒品罪和贩卖毒品罪的罪名成立,但原审检察机关指控的、公安机关在"欧爵宾馆"抓获许某某时,在其身上缴获所得毒品的事实不应成立贩卖毒品罪:"由于被告人许某某本人有吸食毒品的习惯及提供与其同居的同案人陈某 1 一起吸食,且也没有证据证明其购买的毒品全部用于贩卖,故本院认为应以被告人实际贩卖的毒品数量和其被公安机关现场查获的毒品数量计算被告人许某某贩卖毒品的数量。故公诉机关关于被告人许某某贩卖毒品数量的指控,除本院查明事实认定部分外,其余指控,法院不予认定",遂撤销广东省汕头市龙湖区人民法院(2015)汕龙法刑初字第 30 号刑事判决书,判决被告人许某某犯非法持有毒品罪,判处有期徒刑 2 年,并处罚金人民币 5000 元;犯贩卖毒品罪,判处有期徒刑 15 年,没收财产 20000 元。总和刑期为有期徒刑 17 年,并处罚金 5000 元,没收财产人民币 20000 元,决定执行有期徒刑 16 年,并处罚金人民币 5000 元,没收财产人民币 20000 元。

不同审理阶段检察机关的指控事实以及判决认定的事实见表 1 所示:

表 1 不同阶段的事实认定

原审指控		原审判决	
非法持有毒品罪	事实 A	非法持有毒品罪	事实 A
	事实 B		事实 B
再审指控		再审判决	
非法持有毒品罪	事实 A	非法持有毒品罪	事实 A
			事实 B
贩卖毒品罪	事实 B	贩卖毒品罪	事实 C
	事实 C		

法律分析

争议焦点

本案提起再审理由名为"罪名定性可能有误",实为"发现新的犯罪事实",是否适当?再审阶段之变更、追加、补充起诉有无限制?本案之再审判决结果是否妥当?

☐ 本案再审阶段的变更、追加、补充起诉有无范围限制

本案再审阶段,公诉机关指出将原审指控的非法持有毒品罪变更为非法持有毒品罪和贩卖毒品罪,法律依据系"根据《高检规则(试行)》(2012年)第四百五十八条的规定,变更起诉"。

根据《高检规则》第423条"人民法院宣告判决前,人民检察院发现被告人的真实身份或者犯罪事实与起诉书中叙述的身份或者指控犯罪事实不符的,或者事实、证据没有变化,但罪名、适用法律与起诉书不一致的,可以变更起诉。发现遗漏同案犯罪嫌疑人或者罪行的,应当要求公安机关补充移送起诉或者补充侦查;对于犯罪事实清楚,证据确实、充分的,可以直接追加、补充起诉"的规定,即便在审判监督程序,检察机关亦得补充、变更、追加起诉。

但是,考虑到审判监督程序的特殊性以及诉讼客体的一般原理,这种补充、变更、追加起诉应当有所限制:补充、变更、追加起诉均应以与原审案件公诉事实的同一性为前提,违反这一前提意味着再审和原审范围的不一致性,违背诉讼客体理论的基本法理。而本案中,检察机关并非简单的变更了起诉罪名,而是补充追诉了新的罪行(原审法院没有处理的贩卖毒品罪行,表中事实C),这种补充追诉的合法性值得商榷。

☐ 本案再审的提起是否适当

我国《刑事诉讼法》第254条第1款规定:"各级人民法院院长对本院已经发生法律效力的判决和裁定,如果发现在认定事实上或者在适用法律上确有错误,必须提交审判委员会处理。"《刑诉法解释》第460条规定:"各级人民法院院长发现本院已经发生法律效力的判决、裁定确有错误的,应当提交审判委员会讨论决定是否再审。"

原审法院可在发现本院作出的生效判决、裁定确有错误的情况下,决定启动再审。本案中,原审判决生效后,广东省汕头市龙湖区人民检察院以发函的形式向龙湖区人民法院反映原生效判决"罪名定性可能有误",并建议法院启动审判监督程序,法院据此认为原判决确有错误,遂启动再审。但这里存在的问题是,检察机关提出"罪名定性可能有误"是在发现"2014年4月至10月,被告人许某某还存在贩卖毒品行为"(表中的事实C)基础上得出的结论。换句话说,检察机关是以发现原审被告人存在新的犯罪事实为由,得出原审判决罪名定性错误的结论,并以此为由建议法院启动再审。而这里"新的犯罪事实"和原审犯罪事实不具有同一性,明显应当作为新的诉讼客体而存在,本案得以提起再审的范围不应包括此处"新的犯罪事实",本案再审提起的正当性存疑。

☐ 再审判决的不支持指控

再审判决为何不支持将"原审检察机关指控的、公安机关在'欧爵宾馆'抓获许某某时,在其身上缴获所得毒品的事实"认定为"贩卖毒品罪"?再审阶段,再审检察机关指控,由于

2014年4月至10月,被告人许某某还存在贩卖毒品行为,所以在此期间内的2014年6月10日,公安机关在汕头市龙湖区"欧爵宾馆"抓获被告人许某某时,从其身上缴获得到毒品的事实应被认定为贩卖毒品罪的事实(表中事实B,再审检察机关的潜台词是,上述涉案毒品是待贩卖毒品)。但再审判决并未支持这一指控,反而提出"应以被告人实际贩卖的毒品数量和其被公安机关现场查获的毒品数量计算被告人许某某贩卖毒品的数量",将上述缴获所得毒品的事实仅认定为非法持有毒品罪,而非贩卖毒品罪。

这一认定符合罪疑惟轻原则的基本精神。大陆法系理论认为,罪疑惟轻原则具有实体法与程序法上的双重面向(实体上补充罪责原则,程序上则补充证据评价原则),其核心意涵在于:在法官依法调查证据并于证据评价结束之后,如果仍未能形成心证之确信,则应当作有利于被告人的事实认定。本案中,没有证据证明公安机关从被告人许某某身上缴获的毒品究竟是用于贩卖还是自己吸食使用,此时按照罪疑惟轻原则,法官应当作缴获毒品系自己吸食使用的事实认定,排除贩卖毒品罪的成立。

■ 理论阐释 | 起诉范围、审判范围和再审范围的关系

现代刑事诉讼构造的最为突出的特点之一在于强调控审分离,防止集控审于一体的纠问制模式的恣意与专横。这就要求:一方面,由检察官垄断(公诉独占主义)或主要(公诉兼自诉)行使刑事起诉权,以提高犯罪追诉质效;另一方面,"不告不理"的诉审原则得到贯彻,作为刑罚请求权的公诉权可以限定作为刑罚确认权的审判权的所针对的事实范围,也就是"起诉范围=审判范围"。而超出起诉范围的判决将构成"诉外裁判",依照大陆法系国家或地区的一般原理,此类判决因自始没有产生同特定法院的诉讼系属关系而告"无效",得通过法定程序(如非常上诉程序)予以救济。

同时,考虑到程序安定性的要求,生效裁判也应当有相当的实质确定力以阻碍重新诉讼的提起,由此便衍生出"一事不再理原则"(或曰"既判力原则"),被多数大陆法系国家或地区在宪法位阶的法律中申明。"一事不再理原则"的核心内涵在于:一旦起诉经过法定程序在判决中被确定(无论有罪、无罪),则实体法律关系即告终结,不得就同一事实再行追诉,争执裁判之结果。而"一事不再理原则"的范围,就是生效判决对实体法律关系提出评价的事实范围,进而可以得出"起诉范围=审判范围=既判力范围"。

在强调"一事不再理原则"的基础之上,法律也例外地允许纠错程序的存在,即在原判决、裁定确有错误的前提下,对已生效、具有既判力的案件重新起诉、审判,以实现依法纠错的目的。可以说,再审程序的存在就是对既判力原则的一种法定突破,而再审程序本身,就是对原审关于实体法律关系评价的一种再评价,其审判范围理应同原审范围具有一致性,否则便意味着再审范围可以无限扩大,从而破坏其该当的程序价值。

■ **扩展思考** | 《刑法》第 70 条"判决宣告后发现漏罪"与再审程序在适用前提上的区别

前文指出,本案得以提起再审的范围不应包括"新的犯罪事实"。易言之,本案贩卖毒品罪部分的指控不应依托再审程序的提起,那么这部分指控应当以何种程序进行?

这就涉及《刑法》第 70 条"判决宣告后发现漏罪"条款与再审程序关系的理解。我国《刑法》第 70 条规定:"判决宣告以后,刑罚执行完毕以前,发现被判刑的犯罪分子在判决宣告以前还有其他罪没有判决的,应当对新发现的罪作出判决,把前后两个判决所判处的刑罚,依照本法第六十九条的规定,决定执行的刑罚。已经执行的刑期,应当计算在新判决决定的刑期以内。"该条款适用的前提是"发现刑罚执行期间的犯罪分子在判决宣告前的漏罪",表面理解这一条款,其与再审程序存在竞合的可能,例如,行为人非法侵入住宅后盗窃,检察机关只指控了非法侵入住宅罪,法院亦支持了这一指控,行为人表示不再上诉,该判决生效。判决宣告后,司法机关才发现行为人非法侵入住宅后还实施了盗窃行为,此时盗窃行为应当通过何种程序追诉?——一方面,再审程序显然可以适用,因该案正确的罪名应当是盗窃罪,原审判决属于"确有错误"的情形;另一方面,该案例也符合《刑法》第 70 条的表面解读,盗窃行为确实属于判决宣告之前的"漏罪"。

对此,笔者的理解是,应对《刑法》第 70 条作目的与体系的限缩解释:该条款所言的"漏罪",应当是与生效判决宣告的罪名不具有同一性的"漏罪"。这样解释的理由是:一方面,《刑法》第 70 条规定的法律效果是"依照本法第六十九条的规定,决定执行的刑罚"(数罪并罚),如果生效判决宣告的罪名与"漏罪"具有同一性(如牵连犯、想象竞合犯等),则按照罪数理论,二者只能成立一罪,没有数罪并罚的空间;另一方面,再审范围与原审审判范围具有一致性,这也决定了通过再审程序处理的"漏罪"只能是原审审判范围之内的罪行,这只有在"漏罪"与原审判决宣告的罪名具有同一性的前提下才有可能。

据此,本案正确的做法应当是排除审判监督程序的适用,由广东省汕头市龙湖区人民检察院另行提起贩卖毒品罪的起诉,并按照《刑法》第 70 条的规定,将相应的刑罚结果同非法持有毒品罪的刑罚数罪并罚。

下编 | 证据论

083 实物证据的鉴真问题

唐某等贩卖毒品案

白 冰 中国政法大学

■ 案情概要[*]

吉林省四平市铁西区人民检察院指控原审被告人唐某、宋某某、崔某犯贩卖毒品罪一案,于2019年6月17日作出(2018)吉0302刑初261号刑事判决。宣判后,三人提出上诉。原审判决认定,唐某等三人先后四次贩卖毒品,于2018年8月28日被四平市公安局红嘴经济技术开发区公安分局抓获归案。唐某被抓获后,公安机关在其住处搜查出43袋毒品,经鉴定有42袋含有甲基苯丙胺重量为60.916克,公安机关在宋某某身上搜出毒品重量为2.111克。

原审法院认为,唐某等三人违反国家毒品管理法规,多次贩卖给他人毒品,情节严重,其行为已构成贩卖毒品罪,公诉机关指控罪名成立。判决唐某等三人犯贩卖毒品罪,判处有期徒刑15年至3年,并处罚金人民币10000元至5000元。

二审中,唐某辩护人的意见是侦查机关对于涉案毒品的搜查、扣押、称量程序违法。一审判决认定唐某所持有的未出售毒品为60.916克,事实不清、证据不足。

二审法院认为,根据搜查录像及公安机关补充提供情况说明,证明公安人员与两名见证人(民警、协警)拿着唐某的钥匙共同进入唐某住所,发现疑似冰毒的白色晶体。唐某并未在搜查现场,且公安人员作为见证人搜查涉案毒品,虽然公安机关已说明现场围观人员及邻居不配合搜查,但未按照办理毒品犯罪案件的相关规定在搜查、扣押笔录中注明情况,未能提供对相关活动的录像,故搜查程序存在重大瑕疵;另,搜查笔录记载白色晶体袋包装数量与录像所示、扣押清单不符。搜查现场有称重器具,但搜查人员并未对疑似冰毒的白色晶体进行称重,未进行物证编号,事隔8日后才对该白色晶体进行称重,不能排除物证来源的唯一性、准确性,故在唐某家提取到物证白色晶体的相关搜查、扣押、称量、取样笔录、鉴定意见不能作为定案依据。唐某提出在其家搜出的毒品数量不正确的上诉理由成立,予以采纳;其辩护人提出侦查机关对于涉案毒品的搜查、扣押、称量程序违法,一审判决认定唐某所持有的未出售毒品为60.916克,事实不清、证据不足的相关辩护意见成立,予以采纳。

据此,二审法院改判唐某犯贩卖毒品罪,改判有期徒刑10年,并处罚金人民币1万元;

---

[*] 参见吉林省四平市中级人民法院(2019)吉03刑终190号刑事判决书。

其他两上诉人也相应减轻了刑罚。

法律分析

> **争议焦点**
>
> 二审判决与一审判决认定的四起贩卖毒品的事实并无区别，改判的核心在于，一审判决中认定在唐某家中搜查所得毒品，含有甲基苯丙胺重量为60.916克，而在二审判决中，这一数量变更为30余克。二审法院认定，侦查机关在搜查过程中存在一系列问题，不能排除物证来源的唯一性、准确性，并采纳了辩护人提出侦查机关对于涉案毒品的搜查、扣押、称量程序违法的辩护意见。因此，本案的争议焦点在于物证的来源对于物证作为定案依据的意义，以及获取物证的搜查、扣押程序本身的合规范性对于物证作为定案依据的影响。

物证来源之保障

本案属毒品犯罪案件，在此类案件中，毫无疑问，查获的毒品是极为重要的物证。众所周知，就刑事诉讼全过程而言，作为实物证据的物证存在收集、提取、保管、运输、出示等多个环节，任何一个环节的疏漏都有可能贬损物证的证明价值。其中的重中之重就是物证来源。对于实物证据来源问题，最高人民法院的观点认为，"在证据保管链条的全部记录中，有关证据来源的记录最为重要，因为该记录显示的是证据的出处，直接关系到证据的真实性"。[1] 规范角度而言，自2010年"两高三部"颁布两个证据规定以来，我国证据法确立了一系列规则保障实物证据的来源。2010年《办理死刑案件证据规定》第9条第1款明确规定，经勘验、检查、搜查提取、扣押的物证、书证，未附有勘验、检查笔录，搜查笔录，提取笔录，扣押清单，不能证明物证、书证来源的，不能作为定案的根据。此后这一规定，也被后续《刑诉法解释》所吸收。

毒品案件更为特殊。案件中查获的毒品是最重要的证据之一，毒品的种类和数量是毒品犯罪案件定罪量刑的重要情节。因此，对查获毒品的提取、扣押、称量、取样、送检等工作的规范化程度成为影响毒品犯罪案件办案质量的关键因素。因此，2016年最高人民法院、最高人民检察院、公安部联合制定了《办理毒品犯罪案件毒品提取、扣押、称量、取样和送检程序若干问题的规定》（以下简称《毒品案件程序规定》），对办理毒品犯罪案件毒品的提取、扣押、称量、取样和送检程序作出了进一步严格规定。以下结合本案作具体分析。

第一，犯罪嫌疑人的在场原则。《毒品案件程序规定》中明确要求毒品的扣押、封装、称量、取样等关键环节，应当在犯罪嫌疑人在场的情况下进行。具体到本案中，二审法院认定，在搜查唐某的住宅时，唐某并未在搜查现场，由此违反了《毒品案件程序规定》中确立的该原则。

---

[1] 张军主编：《刑事证据规则理解与适用》，法律出版社2010年版，第120页。

第二,见证人在场原则。《刑事诉讼法》确立了勘验、检查、搜查、扣押等侦查活动的见证人在场制度。《毒品案件程序规定》中,同样要求中明确要求毒品的扣押、封装、称量、取样等关键环节,应当在见证人在场的情况下进行。而在本案中,二审判决认定,见证人为民警、协警;《毒品案件程序规定》第38条规定,办理该毒品犯罪案件的公安机关、人民检察院、人民法院的工作人员、实习人员或者其聘用的协勤、文职、清洁、保安等人员不得担任见证人,而如果由于客观原因无法由符合条件的人员担任见证人或者见证人不愿签名的,应当在笔录材料中注明情况,并对相关活动进行拍照并录像。由此,二审判决认定,公安人员作为见证人搜查涉案毒品,虽然公安机关已说明现场围观人员及邻居不配合搜查,但未按照办理毒品犯罪案件的相关规定在搜查、扣押笔录中注明情况,未能提供对相关活动的录像,故搜查程序存在重大瑕疵。

第三,现场称量原则。《毒品案件程序规定》第12条规定,毒品的称量一般应当由两名以上侦查人员在查获毒品的现场完成。不具备现场称量条件的,应当按照该规定第9条的规定对毒品及包装物封装后,带至公安机关办案场所或者其他适当的场所进行称量。而在本案中,二审判决认定,搜查现场有称重器具,但搜查人员并未对疑似冰毒的白色晶体进行称重,未进行物证编号,事隔8天后才对该白色晶体进行称重,明显违反了上述规定。

第四,笔录与录像的相互印证。根据《毒品案件程序规定》的要求,现场勘验、检查或者搜查时,应当对查获毒品的原始状态拍照或者录像,采取措施防止犯罪嫌疑人及其他无关人员接触毒品及包装物。这是保障毒品作为重要物证来源的重要举措,而在本案中,搜查笔录记载白色晶体袋包装数量与录像所示、扣押清单不符。

物证的综合评价模式

如前所述,在本案中,侦查人员的现场搜查、扣押等侦查活动存在一系列的不规范之处。值得注意的是,侦查人员在搜查、扣押过程中查获的所有毒品均是在犯罪嫌疑人不在场、未有合适见证人在场的情况下获取的,但二审判决对所有毒品的评价采取了一分为二的态度,以下分述之:

第一,对于上诉人本人认可,且在搜查、扣押录像中,明确反映了毒品来源的(录像所明确体现的在唐某住所床上小盒内搜查出的31包涉案物品)部分,虽然是在犯罪嫌疑人不在场、未有合适见证人在场的情况下,搜查、扣押所得,二审判决认定搜查程序存在重大瑕疵的前提下,仍然将其作为定案依据。

第二,对于未能现场称量、搜查录像中未能明确反映其来源、搜查笔录与录像和扣押清单不符的部分,二审判决认定,不能排除物证来源的唯一性、准确性,不作为定案依据。这也成为本案中二审改判唐某更为轻缓刑罚的关键。

由此可见,二审判决对于毒品这一关键物证的评价,采取综合评价的模式。对于能够明确其来源的部分毒品,尽管其搜查程序存在重大瑕疵,并不影响其作为定案依据;而对于搜查录像中未能明确其来源,录像与笔录存在不符的部分,则不作为定案依据。

■ 理论阐释 | 提出之证据与声称之证据的同一性鉴真

就理论上而言,本案所争议的毒品来源问题,关涉实物证据的真实性与同一性。在英美证据法理论上,这涉及一个重要的证据法命题,即鉴真(authentication)。威格摩尔认为,"当一项请求或提议明示或者默示的包含了与具体的物相关联的任何人的因素,那么就必须揭示出这种联系……"[2] 由此可见,鉴真的最基本要求即是证明证据提出者提出的某项证据,就是其所主张、声称的那份证据;换言之,提出之证据与声称之证据的同一性。本案中,控方提出一包毒品作为证据,声称该毒品是被告人涉嫌贩卖毒品的证据,那么控方即必须证明这包毒品就是涉及被告人的该行为的那份证据。

实物证据的鉴真问题经引介以来,引起了理论界广泛关注。这背后有一重要原因,即在我国司法实践中,实物证据的真实性是一个过去长期被忽视而又存在严重问题的命题。与本案类似的,关键物证、书证来源不明的案件在实践中比比皆是,这也成为困扰司法实践,甚至可能酿成冤错案件的一大隐患。鉴于此,以 2010 年两个证据规定为代表的一系列规范开始关注实物证据的真实性,并确立了相应规则。这里仍需明确两个问题:

第一,实物证据鉴真规则关涉实物证据的真实性、同一性,不是所谓的合法性。司法实践中,有不少实务人员对非法证据排除规则有所误解,将非法证据排除规则视为一个无所不包的制度,认为存在违反法律规定的情形,就应当是非法证据,申请排除。本案中辩护人也主张,"涉案毒品的扣押、提取、称量程序均违背法律规定,相应笔录均应作为非法证据予以排除"。事实上,这是对非法证据排除规则的误解,也是对实物证据鉴真规则的忽视。由于诸多原因,在我国证据法上,实物证据的真实性才是规范层面和实务层面围绕实物证据应当考量的首要因素,而不是动辄提出非法证据排除。

第二,目前我国的实物证据鉴真规则已经取得了一定进展,但仍然存在诸多局限。具体而言,目前的实物证据鉴真规则明显依赖于各类笔录证据的作用。司法解释规定的实物证据来源的保障机制主要是相关笔录和清单。值得注意的是,尽管针对实物证据,控方可能提出看似完备的笔录证据对其收集过程进行证明,然而由于笔录证据在制作过程中由侦查人员单方控制,加之其本身的书面特征,其很难记录实物证据收集过程的原貌。同时,一旦辩方对实物证据质疑,书面的笔录证据极有可能将证据收集过程中存在的某些重大问题掩盖。

本案中,搜查笔录和扣押清单的不一致,一方面确实给了辩方辩护空间,另一方面本身就体现出笔录证据的不可靠性。由此,2016 年 7 月公安部出台了《公安机关现场执法视音频记录工作规定》,要求所有现场执法都应全程视音频记录。落实到刑事诉讼中,公安机关办理刑事案件进行现场勘验、检查、搜查、扣押、辨认、扣留均应全程视音频记录。《监察法》第 41 条第 2 款也规定,调查人员进行讯问以及搜查、查封、扣押等重要取证工作,应当对全过程进行录音录像,留存备查。与笔录相比,录音录像可以还原搜查、扣押时的详细情况,同

---

2 王进喜:《美国〈联邦证据规则〉(2011 年重塑版)条解》,中国法制出版社 2012 年版,第 311 页。

时,在控辩双方对实物证据的同一性、真实性产生争议时,录音录像的可审查性较笔录有明显优势。在本案中,搜查时的录像成为决定物证来源是否清晰的关键依据。

然而这种借助于录音录像的鉴真方法仍然存在着诸多不足,除录音录像的同步性本身依赖于一系列保障之外,其最大的缺陷在于,仅以笔录、清单、录像即可证明实物证据与案件的联系,属于典型的间接证据方法,违背直接审理原则。在直接审理原则之下,恰当的做法是由亲自实施该搜查、扣押活动的侦查人员出庭作证,证明该实物证据的来源。[3] 而在我国侦查人员出庭作证极为困难的状况下,以录音录像来保障实物证据的真实性,不可避免地带有一定的妥协性。

■ **扩展思考** | 从对于搜查、扣押的规制路径谈起

本案还涉及一个问题,就是应当如何看待对于搜查、扣押的规制路径?就刑事诉讼法学理论而言,搜查、扣押通常被认为属于强制处分的具体类型。所谓"强制处分,乃国家机关追诉犯罪时,为保全被告或收集、保全证据之必要,而对受处分人施加的强制措施"。[4] 由于强制处分涉及对公民自由、财产、隐私等极为重要的权利的限制,又被认为是"干预基本权之行为"。[5] 正因如此,强制处分,尤其是羁押、搜查、扣押等强制力度极大的强制处分类型,在法治发达国家,一般受到宪法的约束,同时需要受到法定原则、法官保留原则、比例原则等重要原则的限制。就搜查、扣押而言,由于其涉及公民的隐私、财产、尊严、住宅不受侵犯等核心权益,除非满足法定情形,侦查机关无权自行决定采取搜查、扣押措施,而需要向中立的法官申请签发令状。这便是权力制衡模式的典范——令状主义。

在我国,由于权力制衡模式难以实现,一种强调自律的权力规范模式便应运而生,同步录音录像制度就是一个典型例证。但必须认识到,这种借助"技术手段"来规范权力、保障权利的努力不可避免地带有局限性。这种路径带有"过渡"性质,是一种在"夹缝中"的艰难努力:例如,司法审查机制对侦查程序的控制是层次化、动态性、多重的。这种控制显然是同步录音录像制度难以实现和取代的;再如,同步录音录像属于侦查人员单方制作,容易产生不全面、甚至选择性录制的问题,这一点在讯问录音录像制度运行过程中已经体现出来。

因此,必须清醒认识到,通过技术手段来解决刑事程序中的诸多结构性问题是不现实的。在未来,通过合理配置刑事程序中的权力与权利,为权力设置更多外在限制,为权利匹配更多综合保障,才是建设刑事法治的趋势所在。

---

3 参见孙远:《全案移送背景下控方卷宗笔录在审判阶段的使用》,载《法学研究》2016 年第 6 期。
4 林钰雄:《刑事诉讼法》(上册),台北,元照出版公司 2010 年版,第 295 页。
5 Amelung,1976;Rechtsschutz gegen strafprozessuale Grundrechtseingriffe. 转引自林钰雄:《刑事诉讼法》(上册),台北,元照出版公司 2010 年版,第 296 页。

084 "有专门知识的人"出庭的诉讼地位及证据效力

林某故意杀人案

陈邦达　华东政法大学

■ 案情概要[*]

林某和黄某均系某大学医学院的研究生。2013年3月31日下午,林某通过同学进入某大学附属医院影像医学实验室,趁室内无人,取出其于2011年参与实验时剩余的装有剧毒化学品二甲基亚硝胺的试剂瓶和注射器,并装入一只医疗废弃物袋中随身带离。当日17时50分许,林某将前述物品带至宿舍,趁无人之机,将二甲基亚硝胺投入饮水机内,尔后将试剂瓶等物连同医疗废弃物袋带出宿舍丢弃。

4月1日上午,黄某从宿舍饮水机中接取并喝下已被林某投入二甲基亚硝胺的饮用水。之后黄某发生呕吐,于当日中午至医院就诊。次日下午,黄某再次至医院就诊,被发现肝功能受损严重,遂留院观察。4月3日下午,黄某因病情严重被转至外科重症监护室治疗。其间,林某故意隐瞒黄某的病因。4月11日,林某在两次接受公安询问时均未供述投毒事实,直至次日凌晨经公安机关刑事传唤到案后,才如实供述了投毒事实。黄某经抢救无效于4月16日死亡。经鉴定,黄某系二甲基亚硝胺中毒致急性肝坏死引起急性肝功能衰竭,继发多器官功能衰竭死亡。

辩护人在二审开庭审理时,申请有专门知识的人胡法医出庭,并出示了《法医学书证审查意见书》,认为黄某系暴发性乙型病毒性肝炎致急性肝坏死,最终因多器官功能衰竭死亡。辩护人主张,认定本案涉案毒物系二甲基亚硝胺证据不足,并申请调取相关检验报告的质谱图;认定司法鉴定程序不合法,申请对黄某死亡原因进行重新鉴定;林某主观上没有杀人故意,其行为不构成故意杀人罪。

在二审开庭审理时,检察官申请鉴定人陈法医出庭作证,并出示公安局物证鉴定中心《检验报告》,证明送检盥洗室的自来水中未检出二甲基亚硝胺成分。

二审法院认为,《法医学书证审查意见书》和有专门知识的人当庭发表的意见与查明的事实不符,不予采信。辩护人关于认定黄某系死于二甲基亚硝胺中毒证据不足、相关鉴定意见鉴定程序不合法的意见,不予采信;申请对黄某死亡原因进行重新鉴定,不予准许;维持一审死刑判决。

---

[*] 参见上海市高级人民法院(2014)沪高刑终字第31号刑事裁定书。

■ 法律分析

> **争议焦点**
> 有专门知识的人在庭审中有哪些职能？处于什么诉讼地位？其意见是否具有证据效力？

□ 有专门知识的人有哪些职能

本案二审法院通知有专门知识的人出庭是依据《刑事诉讼法》（2012年）第192条的规定："公诉人、当事人和辩护人、诉讼代理人可以申请法庭通知有专门知识的人出庭，就鉴定人作出的鉴定意见提出意见。"该条只是概括性地规定有专门知识的人出庭是"就鉴定人作出的鉴定意见提出意见"，但具体而言，"提出意见"是让有专门知识的人直接向鉴定人发问，还是通过辩护人向有专门知识的人发问来实现的？对此，该条第4款规定："有专门知识的人出庭，适用鉴定人的有关规定。"这里的规定是否包括适用鉴定人回避、出庭作证、调查核实鉴定意见的规定？对此有不同的观点。例如，有观点认为被告人申请有专门知识的人出庭是维护己方利益，这类人员天然具有倾向性，故无须回避。还有观点认为，控辩双方、审判人员均可询问有专门知识的人，但有专门知识的人不能向鉴定人发问。

2017年《人民法院办理刑事案件第一审普通程序法庭调查规程（试行）》第26条规定："控辩双方可以申请法庭通知有专门知识的人出庭，协助本方就鉴定意见进行质证。有专门知识的人可以与鉴定人同时出庭，在鉴定人作证后向鉴定人发问，并对案件中的专门性问题提出意见。"这样一来，有专门知识的人又似乎可以向鉴定人发问。实践中，浙江省出台文件（《关于刑事案件证人、鉴定人及有专门知识的人出庭规定（试行）》）规范有专门知识的人出庭程序；有些法院对他们出庭的权利义务告知书中直接写明："经审判长许可询问鉴定人，与鉴定人进行质证辩论。"

□ "有专门知识的人"的意见是证据么

有专门知识的人就鉴定意见提出意见，这种意见是否具有证据资格和效力？如果仅从法律规定的角度看，由于我国诉讼法立法对证据种类采穷尽列举方式，刑事诉讼法规定的证据种类包括八类，其中并不包括有专门知识的人出具的意见。故有观点认为这种意见不具有证据资格，而应该视为对鉴定意见的质证意见。但如果结合证据信息说的理论看，有专门知识的人提出的意见也可以视为证据，尽管它超乎立法所规定的证据种类，但对案件事实具有证明价值，具备证据的基本属性，并且可以视为补强或削弱鉴定意见证明力的辅助证据。

□ 法院能否强制鉴定人到庭

本案在二审开庭审理时，辩方申请有专门知识的人出庭对鉴定意见质疑，对此，检察官也申请鉴定人出庭作证，并且鉴定人按照要求出庭作证。而在过去实践中，鉴定人不出庭的现象较为普遍，不利于法庭审查认证鉴定意见。因此，《刑事诉讼法》（2012年）增加鉴定人出庭作证的条款。如果鉴定人接到法庭通知无正当理由拒不出庭的，又当如何？有观点认为应当参照证人出庭的规定,另一观点认为,鉴定人不同于证人,鉴定人没有不可替代性。况且强制鉴定人出庭,势必加剧其工作量,挤兑司法资源,因此最终立法规定,鉴定人拒不出庭的,鉴定意见不得作为定案的依据,从而倒逼鉴定人履行出庭作证的义务。

▫ 法院不同意重新鉴定违法吗

本案二审中,辩护人基于有专门知识的人的意见,申请对黄某死亡原因进行重新鉴定,法院不予准许。法院不同意重新鉴定是否合适?根据《刑事诉讼法》的规定,犯罪嫌疑人、被告人只享有申请重新鉴定的权利,但是否启动重新鉴定则是由侦查、检察、审判机关决定的。这主要是考虑到,如果对重新鉴定不加以限制,当事人遇到对己不利的鉴定意见,动辄要求重新鉴定,就会屡屡出现重新鉴定,最终导致多次"重复鉴定"。为避免出现这种现象,刑事立法基于职权主义模式考量,将重新鉴定的启动权赋予公安司法机关。

■ 理论阐释 | "提出意见"的属性与模式

▫ 制度的立法初衷

立法设立这项制度的初衷,乃辅助控辩双方对鉴定意见的质证引入外部技术力量,从而为法官审查认定鉴定意见提供充分依据。2012年立法对其职能规定仅一言概之,即"就鉴定人作出的鉴定意见提出意见"。鉴定意见具有较强专业性,它对法官认定案件事实和作出案件判决有着至关重要的作用。然而,随着对司法鉴定本质的认识深化,以及部分有缺陷的鉴定意见成为冤假错案帮凶的现象曝光,鉴定意见的可靠性成为焦点。但由于许多鉴定意见已然超越常识,导致双方对其质证普遍存在"外行质问内行"现象。例如,从鉴定机构的业务范围、鉴定人的资质、鉴定人回避等角度提出意见,犹如隔靴搔痒,很难达到有效质证的效果。[1] 因此,通过专业人士在庭审中对鉴定意见提出意见,既有助法官审查鉴定意见,也有助消除当事人的疑虑。另外,我国司法鉴定机构"劣币驱逐良币"的现象仍然存在,基于此,刑事庭审程序在鉴定人制度之外开辟有"专门知识的人"制度,通过后者对前者的鉴定意见提出意见,可发现鉴定意见中的错误,从而对司法鉴定工作形成后续的监督机制。

▫ 诉讼地位与意见属性

有专门知识的人的诉讼地位究竟如何界定?在《刑事诉讼法》(2012年)修改之前,《修正案(草案)》有意增加一款规定:"公诉人、当事人和辩护人、诉讼代理人可以申请法庭通知有专门知识的人作为证人出庭,就鉴定人作出的鉴定意见提出意见。"[2] 也就是说,有专门知识的人在诉讼中的身份是"证人"。对此有观点认为,针对有专门知识的人的职能定位和证

---

[1] 参见杜志淳、廖根为:《论我国司法鉴定人出庭质证制度的完善》,载《法学》2011年第7期。
[2] 《中华人民共和国刑事诉讼法修正案(草案)》,载全国人民代表大会官网,http://www.npc.gov.cn/zgrdw/huiyi/lfzt/xsssfxg/2011-08/30/content_1668533.htm。

据属性尚不明晰的问题,以及避免"法官在审查这类专家意见乃至适用整个非鉴定专家制度体系上的随意性",解决方法就是"拓展'证人'在我国的含义,使非鉴定专家以专家证人的身份参与诉讼,这样,专家所提供意见也相应地成为证人证言,获得证据效力"。[3] 但最终立法稿保留"有专门知识的人",因为这一术语多次出现于刑事诉讼法有关条款中,人们对该概念本身已相对接受。

或许由于这项制度是一种创设性的尝试,立法机关出于谨慎对有专门知识的人的职能定位与意见属性不做具体规定,但也因此衍生一些亟待明确的问题。例如,有专门知识的人是否可与鉴定人同时出庭?是否可向鉴定人发问?是否可对鉴定意见以外的专门性问题发表意见?

在本案庭审质证环节,法庭并未让有专门知识的人和鉴定人同时在庭上质证和辩论,而是一前一后,在公诉人的提问指引下,鉴定人针对胡法医的质疑作出回应。鉴定人和有专门知识的人并不曾在法庭上当面对质,对鉴定意见的质证是由检察官、辩护律师双方进行的。有专门知识的人由申请其出庭的辩护方,通过询问引出他对鉴定意见的看法。

实践中还存在其他做法,一是"背对背"模式。即有专门知识的人和鉴定人不同时出庭,控辩双方和法官对他们分别发问。这种模式实际上是和英美的专家证人模式极为相似。二是"面对面"模式。即有专门知识的人和鉴定人同时出庭,控辩双方可以对他们分别发问,同时,有专门知识的人还可以直接向鉴定人发问。

究竟采取哪一种模式更合理?"由其根据其专业知识,发现鉴定中存在的问题,如鉴定方法是否科学、检材的选取是否合适等,从而为法官甄别鉴定意见、作出科学的判断、提高内心的确信提供参考,是兼听则明的科学调查方式在刑事审判中的具体体现"[4],这表明有权机关的学理解释认为,该制度设立主要是加强控辩双方对鉴定意见质证的能力。正是因为控辩双方往往是司法鉴定专业的外行,所以由他们对鉴定意见质证存在外行质问内行的问题,往往无法切中要害,甚至纠缠于琐碎。因此才有必要让专家"辅助"控辩双方质证。而英美的专家证人模式,其出发点并不重在弥补控辩对科学证据质证能力的不足,而旨在赋予双方聘请专家证人的权利,实现对科学证据的平等举证和武装。

■ **扩展思考** | "有专门知识的人"的角色定位

现有制度框架下,有专门知识的人在法庭上的角色定位是模糊的,其在鉴定人、证人、辩护律师和其他独立的诉讼参与人等角色之间徘徊。[5] 有专门知识的人呈现向专家证人角色转变的趋势,实现这一转变的核心要求包括:一是实现鉴定人和有专门知识的人的诉讼地位平等,实现有专门知识的人意见和鉴定意见在证据效力上平等。二是使有专门知识的

---

[3] 龙宗智、孙末非:《非鉴定专家制度在我国刑事诉讼中的完善》,载《吉林大学社会科学学报》2014年第1期。
[4] 王爱立主编:《中华人民共和国刑事诉讼法释义》,法律出版社2018年版,第419~420页。
[5] 参见胡铭:《鉴定人出庭与专家辅助人角色定位之实证研究》,载《法学研究》2014年第4期。

人回归专家证人本色,将强加给有专门知识的人的不合理的质证职责交还给律师、检察官。三是提高公诉人、辩护人熟练运用交叉询问规则、对科学证据进行质证的能力。[6] 从立法现状看,有专门知识的人与专家证人仍存在制度性差异,这项制度能否成熟值得思考。

一方面,英美专家证人制度建立在控辩平等取证的基础上,与我国职权主义诉讼构造存在一定张力。当事人主义诉讼模式对抗制之下,控辩双方均有权实现诉讼权利,被告人也有权聘请专家证人。专家证人是英美诉讼中控辩双方委托的具有专门知识或技能的专家,他们可以就案件的专门性问题独立进行分析,甚至进行鉴定,在法庭上发表专门性问题的意见。专家证人可以接受被告人的鉴定委托,根据当事人提供或者自己收集的检材,就案件有关事实进行独立于控诉方鉴定人的鉴定活动,并据此发表意见。在当事人自治的诉讼格局下,当事人聘请的专家证人也能在合法范围内调查取证。[7] 专家证人的调查取证权是其提供专家意见的重要制度性前提。

我国职权主义诉讼下,司法鉴定启动权归属于公安司法机关,被追诉方只有申请重新鉴定的权利——辩护方难以从侦查机关获得鉴定样本进行鉴定。有专门知识的人无法获取鉴定检材,自然难以和鉴定人平等对抗。

另一方面,英美专家证言接受可采性规则的筛选可成为定案依据,而我国目前证据种类还限于法定类型。广义上的英美证人概念,包括目击证人和专家证人。专家证人的意见属于专家证言,经过相关性、可采性、可靠性审查,可以作为认定事实的证据,不管是控方还是辩方提供的,在证据资格上都叫专家证言。但我国的证人概念并不包括专家证人,鉴定意见也只限于鉴定机构和鉴定人出具的报告。

在有专门知识的人意见证据效力问题上,有观点认为,有专门知识的人与鉴定人在是否服从司法行政管理、司法鉴定行业协会管理,和承担相关刑事、行政法律责任方面的法律后果状况不同,因此这两类主体的意见不可等量齐观。[8] 也有观点主张,必须实现有专门知识的人意见和鉴定意见在专家证言意义上的证据效力平等。[9] 以上观点存在争鸣,前者认为有专门知识的人必须坚守"中立性"品质,才能保证意见的可靠性。后者认为允许存在倾向性,以维护聘请方利益,只要其意见接受"可靠性"的审查,有助兼听则明,对鉴定意见的审查认证形成更加充分的心证就达到制度目的。我国目前立法采取哪一种理念?从立法专家认为有专门知识的人要实行回避制度,[10]可见对其苛赋以"中立性"要求。有专门知识的人意见能否实现和鉴定意见平起平坐,尤可期待。

6　参见张保生、董帅:《中国刑事专家辅助人向专家证人的角色转变》,载《法学研究》2020 年第 3 期。
7　参见汪建成:《专家证人模式与司法鉴定模式之比较》,载《证据科学》2010 年第 1 期。
8　参见陈如超:《专家参与刑事司法的多元功能及其体系化》,载《法学研究》2020 年第 2 期。
9　参见张保生、董帅:《中国刑事专家辅助人向专家证人的角色转变》,载《法学研究》2020 年第 3 期。
10　"适用鉴定人有关规定,主要是为了解决其出庭的诉讼地位等程序性问题,如回避、询问等",参见王爱立主编:《中华人民共和国刑事诉讼法释义》,法律出版社 2018 年版,第 421 页。

085 跨境取证 | 境外证据的证据能力

李某故意杀人案

陈苏豪 南京审计大学

■ 案情概要*

2002年7月底,李某与妻子高某(女,殁年26岁)赴美国加州洛杉矶工作。2006年初,李某发现高某与异性网友聊天内容暧昧产生矛盾。12月13日,李某与高某发生激烈争吵,其间,他双手卡扼高某颈部致其死亡。为隐瞒犯罪事实,李某脱下高某衣裤,连同首饰、手机等物品抛至其住处附近一垃圾箱内,随后将高某尸体蜷缩装进垃圾桶,用家中绳索、电线扎紧垃圾桶与桶盖后放进蓝色丰田MATRIX汽车后备厢,开车行驶至美国加州南艾尔蒙地市圣塔安尼塔南大道751号惠蒂尔隘口公园,将垃圾桶推入公园北湖后逃离现场。

2007年1月9日,美国警方发现高某的尸体并展开侦查,对李某四次调查询问,但李某均否认其杀害高某。2014年7月,经过对用于固定抛尸垃圾桶的绳索、电线上提取的DNA进行比对,发现与李某的基因型一致,美国警方确认李某有高度作案嫌疑,加州洛杉矶高等法院对李某以谋杀罪和强奸罪签发了逮捕令。

因2010年5月17日李某已经离开美国回国定居,美国警方无法执行逮捕令。2014年7月31日,美国洛杉矶郡检察官通过中国驻美国大使馆邀请中方赴美国接收案件,2014年10月23日,美国警方将案件移交给中国公安部。同年10月27日,公安部指定江苏省扬州市公安机关对本案立案侦查。

2014年10月中国警方派员赴美接收案件线索、证据,开展证据补强工作。2015年9月9日,李某被抓获,如实供述犯罪事实。其后,检察机关与公安机关组成联合工作组,通过中美警务合作途径共同赴美取证,补充警员签名、听取美国警员意见、对部分关键证人进行询问、进行侦查实验、过程同步录音录像。2016年11月9日,扬州市人民检察院以李某犯故意杀人罪向扬州市中级人民法院提起公诉。庭审过程中,辩护人提出了"美方DNA鉴定所用的试剂盒并非针对华人""美方尸检报告不是确定性结论"等质证意见,公诉人结合专家审查意见进行了回应。经庭审质证,本案中的境外证据均得到采信。

2017年12月25日,扬州市中级人民法院作出一审判决,以故意杀人罪判处被告人李某无期徒刑,剥夺政治权利终身。一审宣判后,李某未提出上诉,判决生效。

---

* 参见江苏省扬州市中级人民法院(2016)苏10刑初29号刑事判决书。

■ 法律分析

> **争议焦点**
>
> 全球化背景下,犯罪活动跨境趋势日益显著。有效的犯罪治理,离不开对境外证据的运用。上述案件反映了境外证据司法应用的三个法律问题:一是如何从境外获取证据？二是如何对不符合中国法律关于证据形式要求的域外证据进行转化？三是因为证据类型不能或不便转化时,如何对境外证据的证据能力进行解释说明？

□ 境外证据的获取

受司法主权限制,一国之刑法可以具有域外效力,但该国执法机构却不能在域外直接进行刑事追诉活动。一般而言,单方跨境取证将被视为对他国司法主权的侵犯,所获证据不应具有证据能力,否则将会引发国际礼让方面的纠纷。[1]

中国司法机关可以通过司法协助渠道从境外获取证据。向外国提出司法协助请求,一般应当以条约为基础。截至2018年,我国已经批准和加入了包括联合国《反腐败公约》和联合国《打击跨国有组织犯罪公约》等多项含有刑事司法协助内容的国际公约,批准了54件有关刑事司法协助的双边条约。调查取证、解送被羁押者出庭作证、移交物证和书证,均是司法协助的重要内容。[2]

实际上,国际刑事司法合作条约在实践中利用率并不高,更为高效便捷的警务合作等渠道受到青睐。该案中,中国司法机关即通过中美警务合作途径获取了来自境外的证据。警务合作的上位概念是执法合作,而严格区分执法合作与司法协助较为困难。例如,《公安规定》第十三章就司法协助与警务合作一并予以规定。尽管执法合作在打击犯罪的目标以及采用措施方面与司法协助具有相似性,但在合作主体、合作的目标和对象、所采用的程序以及所依据的法律文件效力方面,均存在明显区别。[3] 该案中,中方专案组在接受美方移送的证据之后,还在美方配合下进行了侦查实验、现场勘测,获取了新的证据,加强了指控证据体系,体现了警务合作的便利性。

被告人及其辩护律师可以自行调取来自境外的证据。但是,辩方通常不能利用司法协助或执法合作渠道获取证据。例如,我国与一些国家所签订的刑事司法协助协定中,包含如下条款:不给与任何私人当事方以取得、隐瞒或排除任何证据或妨碍执行请求的权利。[4] 这是因为,国际刑事司法协助一直被视为政府间专属合作渠道。

---

[1] 《国际刑事司法协助法》第4条即明确规定,非经主管机关同意,外国机构、组织和个人不得在中国境内进行刑事诉讼活动,中国境内的机构、组织和个人不得向外国提供证据材料。

[2] 参见黄风:《国际刑事司法合作的规则与实践》,北京大学出版社2008年版,第104页。

[3] 参见黄风:《国际刑事司法合作的规则与实践》,北京大学出版社2008年版,第112~113页。

[4] 参见《中华人民共和国政府和美利坚合众国政府关于刑事司法协助的协定》第1条第3款。

□ 境外证据的转化

《刑诉法解释》第 77 条规定："对来自境外的证据材料，人民检察院应当随案移送有关材料来源、提供人、提取人、提取时间等情况的说明。经人民法院审查，相关证据材料能够证明案件事实且符合刑事诉讼法规定的，可以作为证据使用，但提供人或者我国与有关国家签订的双边条约对材料的使用范围有明确限制的除外；材料来源不明或者真实性无法确认的，不得作为定案的根据。当事人及其辩护人、诉讼代理人提供来自境外的证据材料的，该证据材料应当经所在国公证机关证明，所在国中央外交主管机关或者其授权机关认证，并经中华人民共和国驻该国使领馆认证，或者履行中华人民共和国与该所在国订立的有关条约中规定的证明手续，但我国与该国之间有互免认证协定的除外。"[5]

根据上述规定，由人民检察院提供的来自境外的证据材料，具有证据能力的前提条件是："能够证明案件事实且符合刑事诉讼法规定的。"《刑事诉讼法》及其司法解释对证据的形式作出了比较详尽的规定，一些来自境外的证据材料与之不符。因此，在条件允许时，办案机关需要对这部分证据材料进行转化。该案中，办案机关采用了两种转化方式。一是补正。中美关于询问证人、犯罪嫌疑人的规则有巨大差异，询问证人、犯罪嫌疑人时，美方可以由一名警察单独询问，形成访谈报告。该访谈报告属于警方工作记录，警员无须签名。中方专案组赴美期间，补充警员签名、听取美国警员意见，弥补了访谈报告的形式瑕疵。二是重新制作。经过沟通协调，专案组获准在美国加州当地治安官的组织下，在美方指定的场所，由中国警方对案件的关键性证人使用汉语进行访谈、制作了询问笔录，并录音录像。在庭审阶段，美国警方制作的访谈报告仅被作为辅助性的传闻证据提出。中国警方制作的询问笔录，则有录音录像作为佐证。上述境外证据的证据能力，并未受到质疑。

值得注意的是，《刑诉法解释》第 77 条区别对待控辩双方提交的境外证据，对辩方施加了更加严格的公证、认证义务。人民检察院仅需随案移送有关材料来源、提供人、提取人、提取时间等情况的说明，但当事人及其辩护人、诉讼代理人提供的境外证据材料，需要经所在国公证机关证明，所在国中央外交主管机关或者其授权机关认证，并经中国驻该国使领馆认证。其中，使领馆认证可以通过履行中国与该国所订立条约中的证明手续替代，如有互免认证协定则不需认证。该案中，被告人及其辩护律师没有向法庭提交来自境外的证据，因而并未引发法律适用争议。在其他案件中，就境外证据的证据能力审查判断区别对待控辩双方，已经给被告人有效行使辩护权造成了困难。[6]

---

[5] 上述案件办理时，适用的是《刑诉法解释》（2012 年）第 405 条。此处所引用条文是 2021 年修订时调整的。相比于此前的表述，其基本立场一致，但增加了检察机关的说明义务和互免认证的例外。

[6] 例如，在一起案件中，辩护人提出了"劳力士腕表的价值应当以购买时的价值认定，原判以鉴定金额计算受贿数额不当"的辩护意见，并向法庭提供了一份据称是购买涉案腕表凭证的外文证据材料。对这一凭证，法院同样以未经过公证、认证而未予采纳。参见宁夏回族自治区高级人民法院（2017）宁刑终 44 号刑事裁定书。

境外证据的解释说明

参照既有规范对证据形式的规定,对境外证据进行补正或重新制作,的确可以化解争议,但也会极大地增加司法成本。同时,在一些情况下,并不具备补正或重新制作的条件。例如,在一些场合,他国执法机构已经对检材进行过鉴定,而剩余检材不足以进行重新鉴定。因此,必要的时候,人民检察院还需要对有所差异的调查程序或证据形式进行解释,以说明其在实质意义上符合《刑事诉讼法》的规定。

该案中,辩方提出了两点质证意见,即"美方 DNA 鉴定所用的试剂盒并非针对华人"和"美方尸检报告不是确定性结论",所指向的均是鉴定意见类证据的形式瑕疵。前者针对的是 DNA 鉴定的技术规范,后者则更加侧重于意见表述方式。不同于前述访谈报告,DNA 鉴定报告和尸检报告形式上无法补正,即使具备重新鉴定、检验的条件,不仅技术上存在障碍,成本也比较高。因此,办理该案的公诉机关审前多次咨询相关领域专家,结合专家意见对上述差异进行了解释说明。

公诉机关指出,虽然美国警方在 DNA 鉴定报告中说明该鉴定针对非华裔人群,但是本案中 DNA 的匹配概率高达 $1/(25.6 \times 10^{18})$,即使使用华人人口资料重新换算对结果可能的影响微乎其微,不影响同一性认定。此外,公诉机关委托扬州市公安局刑事科学研究所对境外法医尸检报告出具书面解读意见,认为该份验尸报告鉴定过程和方法专业、规范,与我国法医鉴定实践中对命案尸体(块)检验规范基本相符,具有科学性、客观性。该报告关于被害人死因的表述是:"根据腐烂变化,不排除因窒息、缺氧和身体或颈部受压迫而死。"辩护律师提出该结论不具有确定性。对此,公诉机关一方面依据专家意见,指出"或然性"的表述方式符合科学规范,另一方面结合李某有罪供述(承认卡扼高某颈部致其死亡)及其他在案证据,较为充分地论证了被害人的死亡原因是窒息的公诉意见。

■ 理论阐释 | 境外证据取证程序与审查判断准据法相分离的司法应对

李某案所反映的实践难题是:如何对境外证据进行审查判断。之所以困难,是因为跨境因素使取证程序与审查判断的法律依据相互分离。[7] 法院在个案中需要具体地判断,有所区别的境外取证程序,是否在实质层面符合中国法律规定。

如案例所反映,针对通过警务合作获取的境外证据,办案机关可以通过转化和解释说明两种方式化解形式差异所造成司法认定障碍。着眼于取证程序的真相发现目标,可以进一步推广如下:审查言词证据取证程序重点突出书面记录的完整性与询(讯)问程序的自愿性保障,律师参与、同步录音录像可以作为认定书面记录具有证据能力的重要依据,不必拘泥于询问人数、记录方式等形式差异;审查实物证据取证程序,应重点分析取证过程的说明性文书,如果对证据保管链条存有疑问的,应予以核实,同时应发挥国内相关取证规则的参

---

[7] 参见冯俊伟:《域外取得的刑事证据之可采性》,载《中国法学》2015 年第 4 期。

照功能,将严重背离国内规则要求作为真实性方面的重大疑点;审查鉴定意见形成过程,应着重发挥司法鉴定专家的作用,从科学可靠性方面理解相关差异。

在境外证据审查判断方面,更加复杂的问题是跨境因素的认定和权利话语的差异。不同于传统跨境取证,在电子数据取证场景中,跨境因素认定难以成为棘手问题,涉及经权利主体同意取证的合法性、数据储存地与数据控制者管辖权争议等问题。[8] 此外,中外权利话语差异,使法院将非法证据排除规则适用于域外证据面临诸多难题,涉及权利保障准据法选择、权利损害的原因与程度等问题。[9]

■ **扩展思考** | 如果被告人不认罪并对书面证言的真实性提出异议,要求相关证人出庭作证,法院应当如何处理

该案中,尽管办案机关重新询问了关键证人并制作了询问笔录,但这些证人并未到中国法庭作证。对此,被告人及其辩护律师并未提出异议。而如果被告人申请这些证人出庭作证,法院便会遭遇通知证人出庭作证的难题。《刑事诉讼法》第 193 条及相关司法解释亦对强制证人出庭作证作出了规定。人民法院对证人没有正当理由拒绝出庭或者出庭后拒绝作证的,可以视情况予以训诫,或处 10 日以下拘留。但是,这些强制性措施并不具有跨境效力。也就是说,如果证人身处境外,中国法院不具备强制其出庭作证的现实条件。

在对质权保障程度较高的国家,强制证人出庭措施不具有域外效力,会影响对书面询问笔录的证据能力的判断。由此产生的问题是,出于不能归责于国家的原因导致证人无法出庭,是否属于法庭采纳书面证言的例外。[10]

当前,权利保障机制域外效力对证据能力的影响,尚没有显现出来。中国刑事司法系统在对质权保障方面的立场较弱,即使应当出庭作证的证人未出庭接受询问,只要法庭能够确认其庭前询问笔录的真实性,依旧可以采纳该询问笔录。[11] 应当说,这也是导致我国刑事案件证人出庭率较低的主要原因。随着司法人权保障水平不断提升,并伴随着认罪认罚制度下刑事案件进一步繁简分流,庭审实质化改革将持续深入,重大、疑难、有争议的刑事案件证人出庭作证将成为常态,届时便需要认真考虑对上述问题的司法应对。

在交通便利、通信发达的当下,证人身处国外不能成为其无法出庭作证的理由。一个可行的方案是,确有必要时,国内法院可以通过司法协助等手段通知证人出庭,若地址和联系方式不明,也应尽力查明。经努力仍无法通知,或证人不愿出庭作证的,方可视为证人客观上不能出庭,属于当庭质证的例外情形。

---

8 参见梁坤:《基于数据主权的国家刑事取证管辖模式》,载《法学研究》2019 年第 2 期。
9 参见冯俊伟:《跨境取证中非法证据排除规则的适用》,载《暨南学报(哲学社会科学版)》2020 年第 3 期。
10 See Lorena Bachmaier Winter, *Transnational Criminal Proceedings, Witness Evidence and Confrontation: Lessons from the ECtHR's Case Law*, Utrecht Law Review, 2013(4), p.137 – 138.
11 《刑诉法解释》第 91 条第 3 款规定:"经人民法院通知,证人没有正当理由拒绝出庭或者出庭后拒绝作证,法庭对其证言的真实性无法确认的,该证人证言不得作为定案的根据。"

086 重罪案件中间接证据定罪实践｜疑罪从无的谨慎适用

喻某某故意杀人案

崔 凯 武汉大学

■ 案情概要*

2008年12月,两名孩童的尸体在武汉市新洲区某地的大泊塘内被发现。警方查明,死者喻某梅(女,8岁)与喻某超(男,6岁)为姐弟,二人均为生前入水窒息死亡,身上有明显伤痕,其中喻某梅的衣着异常,下身有伤。经勘验,警方获取了一枚在犯罪现场的立体穿袜足迹和被害人衣物中沾附的植物籽,此为本案的重要物证。有村民证实在案发当天曾见同村村民喻某某跟随在两个孩童身后。经调查与鉴定,警方确认喻某某袜子内的提取物与被害人衣物上的提取物为同一物,喻某某的右脚穿袜足迹样本与现场提取的穿袜足迹一致。同时,喻某某到案后自行供述,其见姐弟二人放学后在此玩耍,企图猥亵喻某梅,遂上前先将喻某超推进池塘溺死,猥亵喻某梅后同样将其溺死。为掩盖犯罪行迹,喻某某将两具尸体推入塘内用水草掩盖。

本案诉讼过程比较复杂,前后经过七次审理。

2009年12月,一审判决中,武汉市中级人民法院经审理,以故意杀人罪判处被告人喻某某死刑,剥夺政治权利终身。喻某某提出上诉。

2010年11月,二审判决中,湖北省高级人民法院经审理,认为该案事实不清,证据不足,裁定撤销原判,发回重审。

2011年12月,武汉市中级人民法院经审理再次作出一审判决,以故意杀人罪判处喻某某死刑,剥夺政治权利终身。喻某某再次提出上诉。

2012年5月,湖北省高级人民法院经审理,裁定驳回上诉,维持原判,并依法报请最高人民法院核准。

2013年3月,最高人民法院撤销湖北省高级人民法院和武汉市中级人民法院的原审刑事裁判,将案件发回武汉市中级人民法院重审。

---

* 案情参见周晶晶:《三级法院七次审理,八年诉讼一波三折》,载《检察日报》2017年4月17日,第4版。相关主要判决文书为湖北省高级人民法院(2016)鄂刑终14号刑事附带民事判决书、湖北省武汉市中级人民法院(2013)鄂武汉中刑重字第00006号刑事附带民事判决书。

2015年12月，武汉市中级人民法院作出判决，认定喻某某无罪。武汉市人民检察院不服该判决，向湖北省高级人民法院提出抗诉。此过程中，检察院与法院在案件事实的认定和证据的采信上出现较大分歧。法院根据疑罪从无原则作出无罪判决，检察院经两次检委会讨论认为，案件已形成完整证据链，犯罪事实清楚，证据确实充分，提出抗诉意见，并再次提交补强证据，本次抗诉意见得到湖北省人民检察院支持。

2016年8月8日，湖北省高级人民法院采纳抗诉意见，作出最终判决，判处喻某某死刑，缓期2年执行，因其犯罪情节特别恶劣，犯罪后果特别严重，依法对其限制减刑。

■ 法律分析

> **争议焦点**
>
> 如果主要依靠间接证据指控犯罪，则此类案件历来属于需要审慎对待的难办案件，同时出现证据数量不多且关键证据被质疑的情形，如何处理才能最大限度地保证符合客观真实，避免错案？在重罪案件中，如果轻易适用疑罪从无，是否会出现违背法律效果和社会效果有机统一的现实风险？

□ 死刑等重罪案件中间接证据的适用

贯穿喻某某案曲折历程始终的，实际上是一系列间接证据的采信问题。依据证据能否证明案件的主要事实，一般将案件证据划分为直接证据与间接证据，能够直接、单独地证明待证事实的，是直接证据；需要与其他证据结合使用的，为间接证据。我国《刑事诉讼法》及其司法解释承认间接证据的价值，并且为其适用设定了明确标准。概言之，根据《刑诉法解释》第140条的规定，以间接证据定罪需形成相互印证的完整证据链，并且排除合理怀疑，达到结论唯一性的标准。

《办理死刑案件证据规定》第33条专门强调，"根据间接证据定案的，判处死刑应当特别慎重"。本案除被告人的有罪供述属于直接证据外，其余证据均为间接证据，而且由于喻某某被鉴定为精神发育迟滞（轻度），其有罪供述的可采性存疑，因此本案可认为是典型的间接证据定罪案件。综合而言，检方提供的一系列间接证据是否已经达到《刑事诉讼法》第55条所要求的"证据确实、充分"条件，成为法院审判的核心内容。

□ 鉴定意见的采信

以《刑事诉讼法》将"鉴定结论"的表述修正为"鉴定意见"为标志，我国刑事诉讼一定程度上匡正了对科技类证据的迷信。本案中，主要物证是案发现场提取的立体穿袜足迹和被害人衣物中提取的植物籽与水草叶，法检双方围绕这两个物证是否为喻某某案发时所留展开激烈交锋。从称谓就可以看出，"鉴定意见"是鉴定人对案件的专门性问题进行鉴别和判断，虽然鉴定人具备专门的知识或技能，但受到各种因素影响，出具的意见不可能百分之百准确。《刑诉法解释》第 228 条、第 238 条、第 273 条等多处规定控辩双方可以申请重新鉴定。检方在物证的关联性上开展了大量工作,经 4 名痕迹鉴定专家先后科学比对,确认该足迹为喻某某右脚穿袜所留,被告人袜内提取物与被害人衣物上的提取物具有同一性。几项证据相互印证,指向同一待证事实,即被告人曾去过犯罪现场,这成为支持检察机关认为本案证据满足《刑事诉讼法》第 55 条"综合全案证据,对所认定事实已排除合理怀疑"条件的重要支撑。

☐ 对待言词证据的科学态度

在近年来的重罪案件中,证据裁判甚至渐有绝对客观主义的趋势,口供证据沦入可有可无的境地。[1] 本案中,被告人到案后供述了作案细节,承认实施了猥亵幼女与故意杀人的行为,但在起诉审判期间翻供并表示遭受刑讯逼供,导致法院对被告人供述的真实性尚且存疑。本案中,检察院提供了公安机关对喻某某的审讯录像以及在看守所的身体检查记录,且有侦查人员出庭作证,确认没有非法收集证据的行为。即便喻某某庭审中翻供,但其庭前供述已经和本案其他证据相互印证,法院最终采信其庭前供述。

在证人证言方面,本案几名证人并未直接观察到喻某某杀人,而只是看到喻某某跟随被害人,提供了大概地点与时间。此类间接证据的证明力较弱,检察院与公安机关进而二次取证,在案发路段反复测验勘查以验证证人证言的真实性与合理性,提交一系列补强证据,法院最终采信了相互关联的证人证言。

本案中,因为案件证据数量较少,言词证据作用凸显,无论是被告人供述还是证人证言都显得弥足珍贵,最终对认定案件主要事实发挥出了重要作用。

■ 理论阐释 | 证据认定中的法律理性与现实激情

我国刑事司法仍然处于传统和现代的过渡期,司法机关内部对证据理念的掌握可能出现保守和激进的差异,司法共同体与社会公众之间更是可能出现理性和激情的分野。

间接证据虽然也能够重构甚至再现案情,但无论如何详尽,都会因为其间接性而留下让人质疑的空间。此种做法也许并不违背证据法理,也符合"保障人权"的诉讼法预设目标,但需要注意的是,这些法律上的理性只能达成案件处理的法律效果,与"努力让人民群众在每一个司法案件中感受到公平正义"的社会效果之间并不必然无缝对接。就本案而言,事关两条人命,诚然肯定不能因为案情重大而轻易入罪,但在有较充分间接证据的情况下,能否简单适用"疑罪从无"需要非常慎重,否则是对被害人及其家属极大的不负责任,也可能引来海啸般的舆情压力。客观而言,这种非黑即白的选择相当残酷,因此打开问题的钥匙最终还是需要回归到如何让重罪案件的证据数量和质量更加扎实。喻某某杀人案在采信间接证据方面可以给我们以启示——要重视间接证据的证明力,不能低估间接证据的

---

[1] 参见左卫民:《反思过度客观化的重罪案件证据裁判》,载《法律科学》2019 年第 1 期。

巨大价值。

　　间接证据与直接证据在发现真相上同等重要。提倡直接证据与间接证据等量齐观并非刻意模糊二者的界分，尽管已有多数学者认为二者的区分失败且无意义。[2] 同等重要意在让间接证据与直接证据在证明标准上齐头并进，某些类型的直接证据抵达真实案情所耗费的司法资源未必少于间接证据，在部分案件中，验证直接证据真实性的司法成本甚至远胜于间接证据，最典型的就是言词类直接证据，包括被告人的有罪供述、被害人的陈述与证人证言。所谓"孤证难鸣"，仅有被告人的有罪供述，法院也不得宣判有罪，甚至即使有证人证言相互关联，法院也仍要在直接证据间合理叙事，形成证据闭环。举例而言，张三自供举刀杀李四，王五证明在窗外看见张三举刀，可王五与张三素有仇怨。即便二人言词相互印证，法院在两项直接证据下也不会断然判决，仍然应当要求寻找杀人凶器、走访调查王五的身份与行迹等，通过一系列间接证据补强直接证据，最终在直接证据间形成密闭的证据链条。理论研究者无须刻意厚此薄彼，另眼相看两种证据，或者对间接证据在质与量上提出过于绝对的要求。

　　此外，一个不容忽略的实践问题是，司法工作者需要时刻提醒自己从宏观角度上认知间接证据的"唯一性"标准与"排除合理怀疑"标准。有学者曾实证调查过自 2004 年至 2020 年间的 186 起纯间接证据审判案件，从统计结果来看，无罪案例 94 起，占比已高达 50.5%。[3] 这背后一则由于缺乏直接证据使得法院畏于入罪，二来便是证明标准的适用错误，将已经达到证明标准的案件认定为未达到标准。[4] 就本案涵摄的范围而言，无论是"唯一性"标准还是"排除合理怀疑"标准，在间接证据主导的案件中，都应当综合全案证据审视，而非着眼个体证据，并非要求每一个证据都达到上述标准。

　　喻某某杀人案何以会历经三级法院七次审理？法检之间秉持了不同的证明标准，不同层级的审判者也怀有各异的"内心确信"。武汉市中级人民法院判决无罪，存疑的原因便是要求每一个间接证据都要达到结论唯一的标准，这才认定了足迹不能证明为被告人案发时所留、被告人袜内的植物籽不能证明是在案发现场沾染、证人证言与被告人供述不能证明作案时间与作案动机。而检方认为法院以割裂式的证明方式，孤立片面分析证据是错误的。间接证据的正确作用方式之一便是其环环相扣，直至完璧无缺，至于每一环，只需达到证据的三性即可，不可过分苛求局部的证明责任。

　　在域外，澳大利亚新南威尔士州曾立法间接证据适用的双重路径：锁链式与电缆式。[5] 前者强调案件关键证据须排除合理怀疑，后者强调每一项证据都无须排除合理怀疑，而综合全案证据，需要达到结论唯一性标准。回归本案，全案并无证明力高的主要证据，就连犯

2　参见纪格非：《直接证据真的存在吗？——对直接证据与间接证据分类标准的再思考》，载《中外法学》2012 年第 3 期；周洪波：《"直接证据"的迷思》，载《法律科学》2021 年第 2 期。

3　参见何家弘、马丽莎：《间接证据案件证明标准辨析》，载《国家检察官学院学报》2021 年第 5 期。

4　参见孙长永主编：《中国刑事诉讼法制四十年——回顾、反思与展望》，中国政法大学出版社 2021 年版，第 421 页。

5　See MJ Beazley AO, *An insight into appellate justice in New South Wales*, Australian Bar Review (ABR), 44 Aust. Bar Rev. 229(2017).

罪现场最为关键的足迹也只是证明当事人可能在场的辅助证据,在检方环环论证之下,虽然单个证据势单力薄,但证据聚合,已足以达到结论的唯一。综合运用"锁链式"与"电缆式"的证明方式,未尝不是一种更切合证明标准应用实践的视角。

■ **扩展思考** | 检察机关需要积极应对庭审证据认定复杂化现象

在现有制度框架下,公权力是制约公权力的最有效手段,检察机关的有力作为是及时有效修正审判机关偏差的方式之一。2021年发布的《中共中央关于加强新时代检察机关法律监督工作的意见》赋予了新时代下检察院法律监督职能新前景,在"以抗诉为中心的刑事审判监督格局"理念的指引下,抗诉力度轻、效果差等现象得到了一定程度的缓解。本案喻某某能最终服法,检察机关功不可没。一是市检察院的抗诉得到了省检察院的大力支持,贯彻落实检察一体化,上下级在抗诉指导、接续监督方面形成合力。二是本案检察办案人员的专业素质高,职业使命感强,面对法院无罪判决的理由能够有力驳斥,为追求司法公平正义,能够多次提交高质量的补强证据。

最后,回归本案例的起点,采信间接证据的重重关卡如何破除?间接证据的认定标准究竟是什么?公检法如何同步把握证据标准,不至于多次返工,浪费司法资源?希冀以上问题都能在中国刑事法治发展过程中被更加明晰地阐释。

087 监察调查阶段非法证据的审查认定

钟某受贿案

邓矜婷　中国人民大学

■ 案情概要[*]

被告人钟某在国有企业浙江省出版印刷物资集团有限公司（以下简称物资公司）担任总经理助理，于 2013 年 5 月起开始担任物资公司副总经理，负责物资公司本级经营售理和市场开拓等方面工作，协助总经理负责纸张集中采供工作，分管贸易中心纸张部、纸浆部等部门工作。物资公司先后与张某负责经营的公司以及李某负责经营的公司等单位进行融资贸易。被告人钟某作为副总经理，参与业务发起、考察谈判、授信额度审批、业务持续、银行承兑汇票支付等贸易事项。2014 年至 2016 年，张某为了感谢钟某在业务上提供的帮助，以及为了与物资公司持续进行融资性贸易等，先后以代偿个人债务、代偿信用卡消费、送信用卡消费等形式送给钟某财物，合计约人民币 590 万元。李某亦在 2015 年以补偿其炒股亏损为由赠送钟某现金 50 万元。2019 年 4 月 15 日，钟某接受监察委员会调查，9 月 30 日被拘留，10 月 9 日被逮捕。2020 年 1 月 20 日，检察院以钟某构成受贿罪为由提起公诉。

在一审法院审理过程中，钟某辩护人认为钟某索要张某 540 万元不符合客观事实，钟某与张某之间系借贷关系，案涉 540 万元是钟某向张某的借款，钟某没有利用职务便利为张某谋取利益，不构成受贿。同时认为监察委员会讯问笔录中部分涉及定罪量刑的内容与钟某的表述相悖，存在非法取证的情况，并提供了大概的非法取证方式、时间和地点，该证据不能采信，法院应当启动非法证据排除的审核程序。

法院审理后认为：钟某系国家工作人员，张某在钟某的相应职权范围内从事有关经营活动，双方之间就 540 万元未曾签订借款合同、协议、借条借据等形式的书面凭据，亦未有涉及还款时间、借款利息、还款方式等内容的口头约定，自 2014 年 5 月至案发长达近 5 年的时间里，双方均未有相关还款催款的行为，该 540 万元实质为以借为名行受贿之实。同时，监察机关讯问钟某的同步录音录像显示，钟某在状态平稳情况下对涉案事实作出供述，笔录经钟某签字确认，对笔录中部分记载内容其本人亦做了更正，辩护人认为应当启动非法证据排除的意见不予采纳。故钟某的相关受贿供述应予采信，被告人钟某构成受贿罪。

钟某提出上诉。其辩护律师主张：一审时钟某提出部分讯问笔录内容系办案机关私自

---

[*] 参见浙江省杭州市中级人民法院（2020）浙 01 刑终 588 号刑事判决书。

添加,并非其主动供述和真实意思表示,并提供了大概的非法取证方式、时间和地点,一审法院对钟某讯问笔录记载内容与讯问同步录音录像是否存在实质性差异未予明确确认,未启动非法证据排除的审核程序,该证据的采信违反法定程序,一审法院未查明事实,剥夺钟某法定权利,应撤销原判,发回重审。

二审法院经审理后认为:采用刑讯逼供等非法方法收集的犯罪嫌疑人、被告人供述和采用暴力、威胁等非法方法收集的证人证言、被害人陈述,应当作为非法证据排除,不得作为定案依据。但钟某在监察机关所作的讯问笔录中和法院提审时均表示调查人员没有刑讯逼供等非法行为,且询问内容显示,钟某逐页对讯问笔录进行了查阅,并对记载的相关内容进行了修改、补正、签名、捺指印予以确认,此外也亲笔书写了材料。结合全案证据,可以认定钟某在监察机关的供述内容具有合法性、真实性,不能作为非法证据予以排除。但根据现有证据无法认定钟某主观上具有非法占有540万元的故意,钟某对540万元不成立受贿罪,故撤销一审判决,依法改判。

■ 法律分析

争议焦点

监察调查中的非法证据争议如何审查认定?

非法证据排除是程序性制裁的重要途径之一,可有效威慑监察机关的非法取证行为。[1]为保障被调查人、犯罪嫌疑人和被告人的人权,我国在监察调查和刑事诉讼中确立了非法证据排除规则,不得强迫任何人证实自己有罪。《监察法》第40条第2款、《监察法实施条例》第64条规定,严禁以暴力、威胁、引诱、欺骗以及非法限制人身自由等非法方法收集证据,严禁侮辱、打骂、虐待、体罚或者变相体罚被调查人、涉案人员和证人。根据《刑事诉讼法》第56条、《监察法》第33条、《监察法实施条例》第65条的规定,采用刑讯逼供等非法方法收集的犯罪嫌疑人、被告人供述和采用暴力、威胁等非法方法收集的证人证言、被害人陈述,应当予以排除,不得作为案件处置的依据。

本案中,钟某在上诉理由中提出,其一审时提出部分讯问笔录内容系办案机关私自添加,并非其主动供述和真实意思表示,但一审法院对钟某讯问笔录记载内容与讯问同步录音录像是否存在实质性差异未予明确确认,违反法定程序。辩护人认为,在监委的讯问笔录与讯问同步录音录像不一致,应作为非法证据予以排除。

第一,钟某提出部分笔录为办案机关添加的内容,并非其主动供述,这并不必然导致其口供成为非法证据。讯问笔录并非被告人真实的意思表示,可能影响口供证据的真实性,但并未直接动摇其合法性。根据上述非法证据排除规则,采用刑讯逼供等非法方法收集的

---

[1] 参见谢登科:《监察证据在刑事诉讼中的使用——兼论〈监察法〉第33条的理解与适用》,载《中共中央党校学报》2018年第5期。

证据应当排除,涉嫌篡改讯问笔录并不在此列。本案中法院应当在非法证据审查中明确其审查的重点在于是否存在刑讯逼供等非法方法;对于篡改问题,应当在口供真实性审查中予以考虑。

第二,根据《监察法实施条例》第 66 条的规定,被调查人控告、举报调查人员采用非法方法收集证据,需提供涉嫌非法取证的人员、时间、地点、方式和内容等材料或者线索。本案中钟某虽未提供准确的时间,但提供了大概的非法取证方式、时间、地点,并且指出了讯问笔录与录音录像存在实质性差异的地方,应当认定已经完成了提供启动线索的证明责任,法院应当启动非法证据排除的审核程序。

第三,法院在审查非法证据时,应当明确由控方承担不存在刑讯逼供等非法方法的证明责任。虽然钟某在监察机关所作的讯问笔录中以及一审提审时,均明确表示调查人员没有刑讯逼供等非法行为,但当她在一审和二审的庭审中明确指出讯问笔录与录音录像存在实质性差异,而且提供了大概的非法取证行为发生的时间、地点时,足以使人产生对笔录合法性的合理怀疑。本案中,一审法院调取了监察机关讯问钟某的同步录音录像,查明钟某供述涉案事实时状态平稳,且笔录中部分记载内容由钟某本人做了更正,后经其签字确认,故对钟某口供证据的合法性予以确认。

■ 理论阐释 | 监察调查非法证据的审查认定

□ 监察调查的审批严格性决定了非法证据审查的特殊性

纪检监察程序具有审批严格性的特征,即启动纪检监察程序或者采取纪检监察措施需要履行严格的审批手续,在审批过程中应当体现审慎审批的要求,经审批后才能依据党纪法规启动相应程序或采取相应措施。审批严格性特征体现了集体领导和民主集中制原则的要求,是纪检监察程序与司法程序的重要差异。在纪检监察工作中,须确保其中的重要问题在经集体研究后,报纪检监察机关相关负责人、主要负责人审批,具有报批层次高、重要事项的报批层次更高、要求更高的特点。

纪检监察程序审批严格性特征是由纪检监察机关职能和纪检监察程序功能所决定的,是实现党对纪检监察工作全面领导的要求;是实现党自我监督的要求;也是纪检监察工作法治化、规范化的要求。纪检监察程序严格遵循一事一审批原则。一方面,纪检监察人员应当按照规定履行纪检监察程序和纪检监察措施的审批手续,不得未经许可启动程序或采取措施;另一方面,纪检监察人员应当根据纪检监察机关主要负责人或上级纪检监察机关审批通过的方案、流程、权限启动程序或采取措施,不得随意变更程序或措施,不得超越权限启动程序或采取措施。所以监察调查中对证据收集有更严格的审批,能够起到更好的事前监督作用。

监察调查证据受到其严格审批性的约束,决定了法院对该类证据的合法性审查主要为形式性审查,如审查证据收集的审批程序是否依法合规,审批手续是否齐全;调查是否遵照调查方案展开;采取强制措施是否符合监察法及实施条例的要求;等等。若现有材料可以证明取证程序符合监察法及其实施条例的规范,则认为监察机关完成了证明取证程序合法的证明责任,可以确认证据的合法性。

▫ 监察调查非法证据的审查遵循刑事诉讼法一般规定

根据《监察法》第 33 条,监察证据可以在刑事诉讼中使用,审查监察机关在收集、固定、审查、运用证据时,应当与刑事审判关于证据的要求和标准相一致。也即,监察证据的收集同时应当遵循刑事诉讼法的一般规定。首先,监察调查中以非法方法收集证据的"非法方法"范围与刑事诉讼法及相关司法解释所规定的范围一致,均为"暴力、威胁以及非法限制人身自由"等方法。[2] 其次,证据收集的合法性审查可由法院依职权启动,也可依申请启动。依当事人及其辩护人、诉讼代理人的申请启动的,申请人只需要提供相关线索即应当启动审查程序。再次,证据的合法性应当由控方证明,不能证明合法性的证据不能作为定案证据,应予以排除。最后,证据合法性的证明标准为排除合理怀疑。法院审查证据合法性应全面考察并排除非法取证的情况,除讯问笔录外还须审查其他补充证据,比如情况说明、办案人员出庭作证的证言、同步录音录像、体检报告等材料。

■ 扩展思考 | 检察机关的提前介入对非法证据审查的影响

一方面,可以探讨检察机关提前介入案件的意义和作用。随着监察委员会的设立,检察机关原本负责的职务犯罪案件侦查职能转隶,随后一系列法规文件出台,[3] 将已运行多年的检察机关提前介入侦查制度引入监察程序之中。根据上述法规文件规定,检察机关的提前介入是指对于监察机关正在办理的重大、疑难、复杂职务犯罪案件,经监察机关商请,检察机关可以派员介入。

监察委员会具有调查职务违法和职务犯罪案件的职能,其在行使调查权时具有独立性,但在一些复杂案件中往往需要其他机关的配合,使得监察调查活动顺利、高效进行,同时能使调查工作得到监督,加强监察调查权行使的正当性。监察机关在案件调查阶段承担了收集和初步审查证据的作用,监察机关调查工作完成的好坏与案件最终的处理结果息息相关,检察机关作为负责审查起诉的机关,提前介入案件调查阶段,可以对监察机关的证据标准、事实认定、案件定性及法律适用起到良好的指导和监督的作用。检察机关的提前介入,是推动监察调查阶段逐步走上公正化、规范化、法治化道路的必由之路;是推动职务犯罪案件调查和审判工作有序进行、避免司法资源浪费的必然选择;也是促进监察法与刑事诉讼法紧密联结、实现司法公正的重要方法。

---

2 《监察法实施条例》第 65 条,《刑事诉讼法》第 56 条,《非法证据排除规定》第 2 条、第 3 条。
3 《监察法实施条例》《国家监察委员会与最高人民检察院办理职务犯罪案件工作衔接办法》《监察机关监督执法工作规定》等文件都规定了检察机关在职务犯罪调查阶段的提前介入制度。

另一方面,可以探讨检察机关提前介入后对非法证据审查之影响。检察机关提前介入调查阶段,对于非法证据审查也起到了一定的影响。由于监察机关在调查阶段进行取证和采取强制措施都要遵循严格的审批程序,所以后期检察院和法院对证据审查的过程中,主要采取的是形式性审查。满足了形式性审查要件之后,一般情况下监察调查阶段提供的证据将被采信,故检察机关提前介入监察调查阶段对非法证据的审查起到了尤为关键的作用。

例如,检察机关提前介入有利于保证证据质量,降低非法证据出现的可能,提高司法效率。监察调查的取证过程与以往刑事侦查较为相似,但对于取证程序的要求存在一些不同之处。根据《监察法》相关规定,监察调查对于实物证据的取证程序要求更为严格,但对于言词证据的取证程序限制却较少。根据相关规定,检察机关提前介入后,可以向监察机关就证据标准、事实认定提出意见,可以在调查阶段就非法证据的审查提出意见。如此则降低了在诉讼阶段出现非法证据的可能,提高了整个诉讼过程的效率。

再如,检察机关的提前介入,也是对监察调查取证过程合法性的保证。《监察法》在监察调查阶段排除了辩护律师的参与,也回避了检察机关的监督。这使职务犯罪中被调查人的人身权利保障出现障碍,取证过程也缺少外部监督。检察机关提前介入调查,可以对监察机关的取证起到良好的监督作用,减少和避免调查阶段中非法讯问、非法收集证据等情况的出现,客观上赋予监察证据的采信更多正当性,降低后期审查证据的难度。

088 法庭调查、质证与证据能力

王某故意伤害案

董 坤　中国社会科学院法学研究所

■ 案情概要

2001年11月2日，被告人王某得知其丈夫吕某在舞阳县有一情妇后，心生妒恨，并产生用汽油焚烧吕某情妇的念头。当日7时许，王某伙同其弟王广某（在逃）乘出租车到舞阳县城中山路吕某租住处，当看到吕某与女青年张某躺在床上时，王某即对张某进行谩骂，让张某穿上秋衣秋裤下楼。当张某下至一楼楼梯口时，王某让其弟将张某按住，王某用事先准备好的汽油从张某头部倒下，张某挣扎跑至大门口时，王某拉住张某并用打火机将其身上的汽油点燃，将张某烧伤。后经法医鉴定，张某所受损伤程度为重伤，构成五级伤残。

案发后，河南省漯河市人民检察院以被告人王某犯故意伤害罪，向漯河市中级人民法院提起公诉。经审理，漯河市中级人民法院认为：被告人王某为泄私愤，故意损害他人的身体健康，手段特别残忍，后果严重，其行为已构成故意伤害罪。附带民事诉讼原告人要求赔偿医疗费、交通费、营养费、误工费、住院伙食补助费、护理费、鉴定费之理由予以支持。依照《刑法》第234条第2款、第57条第1款、第36条和《民法通则》第119条之规定，于2003年1月16日判决如下：(1)被告人王某犯故意伤害罪，判处无期徒刑，剥夺政治权利终身；(2)被告人王某赔偿附带民事诉讼原告人张某经济损失人民币130000元。

被告人王某不服，以"被害人有过错、我是基于一时气愤才犯罪、有抢救被害人的情节、原判量刑过重"为由，向河南省高级人民法院提出上诉。

河南省高级人民法院经审理认为：原判认定被告人王某故意伤害他人身体，以用火烧的特别残忍手段致人重伤的事实清楚，证据确实、充分；关于被害人张某的伤残等级情况，检察院起诉书并未认定，卷中虽有被害人张某五级伤残的法医学鉴定书，但该鉴定是漯河市中级人民法院在案件受理后委托鉴定，该鉴定书没有在法庭上质证，不能作为证据使用。故原判以故意伤害罪判处被告人王某无期徒刑，剥夺政治权利终身的法律依据不充分。依照《刑事诉讼法》(1996年)第189条第3项的规定，于2003年5月12日裁定如下：(1)撤销漯河市中级人民法院(2002)漯刑初字第44号刑事附带民事判决；(2)发回漯河市中级人民法院重新审判。

■ 法律分析

> **争议焦点**
>
> 本案主要涉及对证据审查判断后的认定问题,其核心议题是作为定案根据的证据必须要经过查证属实。那么,庭审中的查证属实究竟需要何种法定程序?质证在其中的作用和定位是什么?

□ 从"证据材料"到"定案的根据"

如果对《刑事诉讼法》第 50 条的三处"证据"进行解释,同时结合其他条款综合分析可以发现,从"证据材料"到"定案的根据"大致要经历以下三个审查环节(见图 1):

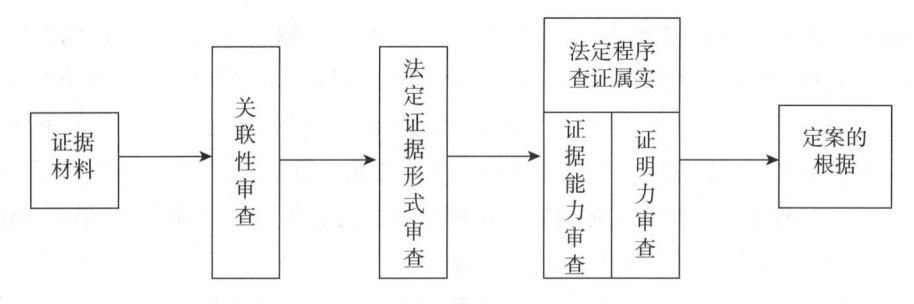

图 1 从证据到定案的根据的审查流程

第一,关联性审查。《刑事诉讼法》第 50 条第 1 款规定:"可以用于证明案件事实的材料,都是证据。"此处的"证据"强调证据的内容,反映出证据"证明案件事实"的功能及其与案件事实的关联性特质,这是证据的自然属性。

第二,对证据法定形式的审查。《刑事诉讼法》第 50 条第 2 款规定了证据的法定形式,这里的"证据"强调的是证据的形式,反映了证据在诉讼中的表现样态和具体规格。有些证据材料虽然具备关联性,但如果不能归属为某一法定证据种类或符合某类证据的规格要求,则不能称为"证据"。这一审查要求体现了证据的法律属性,是对证据形式要件的审查。

第三,要经过查证属实的最终审查。"证据的形式如不包含反映与案件有关的事实,那就徒具形式,什么都不能证明;反之,如果事实材料不依附于一定的证据形式,就无法存在并进入诉讼轨道成为裁判的依据。"[1] 证据材料在经过了关联性和法定形式的审查后,依照第 50 条第 3 款的规定,还"必须经过查证属实,才能作为定案的根据"。本文所研究的指导性案例,其核心议题论及的就是证据"查证属实"最后一阶段的审查。

根据证据裁判原则,认定案件事实要以证据为根据。但根据《刑事诉讼法》第 50 条第 3 款的规定,证据裁判原则中的所有"证据"都必须经过查证属实这最后一道"关卡"才能成为定案的根据。证据如何查证属实?依据《刑事诉讼法》第 55 条第 2 款第 2 项,证据要"经法

---

1 张建伟:《刑事诉讼法通义》,北京大学出版社 2016 年版,第 241 页。

定程序"才能查证属实。"此处所称'法定程序'应指刑诉法所规定的各项证据调查程序"[2],即"法定的调查程序"。如何解释"法定的调查程序",法定的调查程序具体是什么? 其实,可以从调查的对象和内容反推出法定的调查程序。

按照我国传统的刑事诉讼证据法理论,对证据的调查就是从其客观性、关联性与合法性三个方面加以审查和确认,但这并未在刑事诉讼法中有明确依据。从既有的法律规范看,《刑事诉讼法》(2012年)增加了非法证据排除规则,故证据的查证属实实际包括两个层面的问题:一是证据能力的审查,即排除规则的适用,如非法证据排除规则的审查;二是证明力的审查,即证据对于案件事实证明价值、证明作用大小强弱的审查。

□ 审判阶段法定的调查程序与庭审质证

法庭在审判阶段主要围绕证据的合法性——证据能力,以及可信性——证明力展开法定的调查。目前,审判阶段的法定调查程序主要由《刑事诉讼法》第191条至第197条加以规定。如果进行学理划分的话,主要包括举证和质证两大环节。举证主要是诉讼双方在审判或者证据交换过程中向法庭提供证据证明其主张之案件事实的活动。[3] 它囊括了将证据提交给法庭的各种工作。质证就是对提交法庭的证据由诉讼各方当面质询、诘问、探究和质疑,包括对证据与事实的矛盾进行辩驳、澄清。

审判阶段法定的调查程序的重心就是庭审质证。毕竟,只有庭审质证才能对证据的证据能力和证明力展开质询、质疑。综上,经过体系性解释和学理分析,证据经法定的调查程序查证属实的可以作为定案的根据。而在审判阶段,法定的调查程序中最为重要、关键的一环就是庭审质证。如果做反对解释,未经庭审质证的证据不能作为定案的根据。这恰恰就是本指导性案例的核心议题。

按照上文的解释学逻辑,本案一审法院对证明被害人张某五级伤残的法医鉴定未经庭审质证,便直接作为认定王某构成以特别残忍手段致人重伤造成严重残疾的根据,明显违反了《刑事诉讼法》第50条、第55条、第194条、第195条以及《刑诉法解释》第70条的规定。该法医鉴定意见不能作为定案的根据。

■ 理论阐释 | 质证的概念

质证是法定调查程序中最关键的一环。但我国学者对"质证"的概念有不同的理解。有观点认为,质证是指"由双方当事人对证据通过辨认、言词辩驳或其他方式予以质询(含质疑),以供审判人员审查真伪的诉讼活动"。[4] 有观点认为,"质证是控辩双方(在刑事诉讼中)对另一方(或法院依职权收集)证据的属性及证明过程进行质疑,从而影响事实认定

---

[2] 孙远:《论认罪认罚案件的证明标准》,载《法律适用》2016年第11期。
[3] 参见何家弘、刘品新:《证据法学》,中国人民大学出版社2019年版,第240页。
[4] 陈少华、邹红:《也论我国民事诉讼中的质证制度》,载《法学评论》1997年第2期。

者对案件事实内心确信的一种证明活动"。[5] 还有观点认为,刑事质证是在法庭审判中调查核实证据的法定方法,其含义是指对起诉方和被告方提出的证据,或法庭调查收集的证据质疑,由提证人进一步作出解释;其目的是当庭审查证据的合法性,判断证据的证明力。[6] 另有观点认为,刑事质证是指在刑事审判的法庭调查阶段,公诉人、被害人、被告人和辩护人在法庭上对与证人证言有关的疑难问题,以提问的方式进行核实查证的诉讼活动。[7]

抛却上述学理上的定义,从法律规范的层面看,整部刑事诉讼法只有一处涉及"质证"的表述,第61条规定:"证人证言必须在法庭上经过公诉人、被害人和被告人、辩护人双方质证并且查实以后,才能作为定案的根据。"可见,立法机关对质证的适用范围限定较窄,认为其仅是对证人证言调查的一种方法。至于具体的质证方式"包括控辩双方就证人提供证言的具体内容或者就本方想要了解的情况对证人进行提问,通过提问让证人全面深入地陈述证词,暴露虚假或者不可靠的证言中的矛盾,便于法庭审查。还包括针对对方提出的证人证言中存在的疑点提出问题和意见,或者答复对方的疑问,提出反驳的意见。对于证人未出庭的,双方也应对宣读的证言笔录进行质证",[8] 如对证言笔录中涉及的问题、存在的矛盾发表意见。至于对物证、书证等实物证据,立法仅规定将物证、书证等材料出示、宣读后,由控辩双方发表意见。

然而,无论是上述学理探讨中的质证还是本案中论及的质证,都不是现行立法条文中确立的质证概念,而是法律允许的质证主体对"各种证据"采用询问、辨认、质疑、说明、解释、咨询、辩驳等方式,从而对法官的内心确信形成特定说明力的一种诉讼活动。这里的质证是与取证、举证和认证相对应的概念,其在举证之后,同时是法庭认证的前提。根据《刑诉法解释》第71条的规定,"质证"是与"出示""辨认"乃至"宣读""播放"这些"示证""举证"方式并列的,是对质证的广义诠解。而《刑事诉讼法》第61条的质证则是狭义的质证,质证对象仅限于证人证言这一种,质证方式就是向证人发问,也可以称为交叉询问。

■ 扩展思考 | 庭审质证有无例外

本案中值得进一步在学理上深入挖掘的还涉及一个问题,即庭审质证有无例外。前文论述多围绕一审公诉案件普通程序展开,但审判阶段庭审方式还包括简易程序和速裁程序,一审之后案件还有可能进入二审。延续这一思路就会发现,"法定的调查程序""庭审质证"并不限于公诉案件普通程序中的那一种。囿于篇幅,本部分仅谈三处例外。

□ 速裁案件中的综合质证

适用速裁程序审理的案件虽然一般不进行法庭调查和法庭辩论,但是须当庭询问被告

---

[5] 张保生主编:《证据法学》,中国政法大学出版社2014年版,第379页。
[6] 参见王启富、陶髦主编:《法律辞海》,吉林人民出版社1998年版,第1024页。
[7] 参见江平主编:《中国司法大辞典》,吉林人民出版社1991年版,第260页。
[8] 李寿伟:《中华人民共和国刑事诉讼法解读》,中国法制出版社2012年版,第132页。

人对犯罪事实和证据是否有异议,这其实是一种法定的特殊的"庭审质证"方式,可认定证据已经法定调查程序查证属实。其实,所谓速裁程序中特殊的庭审质证方式与我国实践中曾普遍适用的综合质证方式有些相似。

综合质证又可以称为"全案一质"。[9] 按照这种程式,控辩双方都完成举证之后,双方再以辩论的方式综合地对对方证据进行质疑和反驳。在速裁案件中,被告人认罪认罚,且案件事实清楚,证据确实、充分,故采用综合质证的方式符合速裁案件特点,也不会影响质证效果。但这种特殊的质证方式显然不能等同于《刑诉法解释》第71条规定的典型的庭审质证,但却是"法定的调查程序"中的一种特殊形式。

三类特殊证据的庭外质证

《刑诉法解释》第271条第2款规定:"对公诉人、当事人及其法定代理人、辩护人、诉讼代理人补充的和审判人员庭外调查核实取得的证据,应当经过当庭质证才能作为定案的根据。但是,对不影响定罪量刑的非关键证据、有利于被告人的量刑证据以及认定被告人有犯罪前科的裁判文书等证据,经庭外征求意见,控辩双方没有异议的除外。"虽然《刑诉法解释》第71条删除了当庭质证的但书情形,但是其理解与适用中仍然作出说明,虽然删去但书规定,但在特定情形下,根据《刑诉法解释》第271条的规定,对于庭审结束后取得的上述"三类证据",经庭外征求意见,控辩双方没有异议的,可以不再开庭质证。[10]

技术侦查所获证据的庭外核实

根据《刑事诉讼法》第154条的规定,采用技术侦查等特殊的侦查措施收集的证据,审判人员在必要的时候可以在庭外进行核实。其中的庭外核实是否就是庭外质证。

有研究者从《刑诉法解释》第271条第2款出发,认为"庭外调查核实取得的证据"仍需当庭质证才可以作为定案的根据。但采取技术侦查方式取得的证据并不在此条的涵盖范围之内。"庭外调查核实"源于《刑事诉讼法》第196条,该条赋予了法官对法定审理中已经在案的"出示并经质证后有疑问"的证据调查核实的权力,结合《刑诉法解释》第271条中"取得"二字,这其实是将"庭外调查核实"视为了法官取得新证据的一种手段。而技术侦查取得的证据属在案证据而非新证据,且进行庭外核实也是基于保护相关人员人身安全的目的,是对该类证据查证属实的一种特殊的"法定的调查程序"。

---

[9] 何家弘、刘品新:《证据法学》,法律出版社2019年版,第256页。
[10] 参见李少平主编:《最高人民法院关于适用〈中华人民共和国刑事诉讼法〉的解释理解与适用》,人民法院出版社2021年版,第194页。

089　非法证据排除程序启动｜庭前会议的功能误区
刘某寻衅滋事案

杜　磊　中国人民大学

■ **案情概要***

被告人刘某，因犯寻衅滋事罪等罪于 2019 年 4 月 12 日被抓获。检察机关于 2020 年 10 月 9 日向法院提起公诉，法院依法组成了合议庭。在审判阶段，刘某称侦查机关存在非法取证行为，申请排除非法证据，要求排除相应讯问笔录、辨认笔录。法院将排除非法证据申请书、相关线索及材料的复印件送交公诉机关。公诉人针对辩护人的非法证据排除申请对相关证据进行了核查并形成了核查结论。法院于 2021 年 12 月 24 日召开了庭前会议，在庭前会议上，公诉机关宣读了核查结论，并出示了相关证据证明证据收集的合法性。

其后，合议庭根据公诉机关提交的相关证据、庭前会议情况等材料对证据的合法性进行了审查，认为不存在疑问，根据《刑诉法解释》第 133 条的规定，不符合启动非法证据排除程序的条件，作出了不排除非法证据的处理决定。

2021 年 4 月 24 日，在法庭调查环节，刘某继续申请排除非法证据，并当庭陈述了其遭受刑讯逼供的细节。刘某在法庭上称：2019 年抓他时，在公安局待了 48 小时才被送到看守所。这 48 小时他一直被关在公安局提审室，没有保证饮食，就是坐着，没有睡觉，办案人员轮流看着他。而且在讯问的时候，办案人员会说回忆不起来的会提醒他一下，有时候办案人员会说他的刑期不超过 3 年。办案人员 3 天 3 夜把他铐在老虎凳上，其全身都是肿的，有看守所医生可以作证。而且办案人员多次对其殴打，殴打的人有四五个，主要由一个警官指使，不知道打了多少次，然后把他带去签已经做好的笔录，如果说不符合事实不签字，就会让其蹲在墙边抽耳光，最少有几十下，当时很多警察在场，其 60 公分的床都上不去，要人扶。此外，刘某还当庭展示了身上的伤痕，并由法警进行了拍照，公诉人当庭对伤痕的存在表示无异议。

合议庭根据《刑诉法解释》第 133 条，认为对证据收集的合法性没有疑问，没有启动非法证据排除程序。

---

*　本案系根据真实案例改编而成。

■ 法律分析

> **争议焦点**
> 法院启动非法证据排除程序时是否需要同时考虑公诉方提供的证据材料综合判断？

本案法院给出的是肯定性答案。其依据是《刑诉法解释》第133条规定："控辩双方在庭前会议中对证据收集是否合法未达成一致意见，人民法院对证据收集的合法性有疑问的，应当在庭审中进行调查；对证据收集的合法性没有疑问，且无新的线索或者材料表明可能存在非法取证的，可以决定不再进行调查并说明理由。"在本案法院看来，虽然"人民法院对证据收集的合法性有疑问的"标准和《刑事诉讼法》的要求一致，但由于"人民法院对证据收集的合法性有疑问的"这一判断是在庭前会议之后，特别是在公诉方出示证据材料后得出的，因此，结合《刑诉法解释》第130条、第133条，法院认为其需要根据庭前会议上控辩双方提供的证据材料判断对取证合法性有无疑问，并非仅依靠被告方提供的证据材料。

应该说，本案法院对《刑诉法解释》第133条的理解违背了《刑事诉讼法》的规定，也造成了不同规范间的冲突。

第一，从《刑事诉讼法》的规定来看，法院在判断对取证合法性是否有疑问时只需要考虑被告方提供的证据材料即可。根据《刑事诉讼法》第58条、第59条的规定，被告方申请排除非法证据，承担的只是初步举证责任，即只要提供的线索或材料，使审判人员有疑问，认为可能存在非法取证情形的，就应当对取证合法性进行法庭调查，在法庭调查过程中由检察机关承担取证合法的证明责任。《刑诉法解释》作为具体应用《刑事诉讼法》的解释，当然不能违背《刑事诉讼法》划定的界限，对《刑诉法解释》第133条的理解必须在《刑事诉讼法》的立法精神下进行。

第二，《刑诉法解释》第133条在"控辩双方在庭前会议中对证据收集是否合法未达成一致意见"之后增加"人民法院对证据收集的合法性有疑问的"这一句并非意图改变非法证据排除程序的启动条件，更非强调要综合考虑控辩双方的证据材料对取证合法性有无疑问进行判断。《庭前会议规程》第14条之所以没有表述"人民法院对证据收集的合法性有疑问的"，是因为该规定第1条所规定的法院启动庭前会议程序的条件中本身就包含了对取证合法性有疑问这一要件。因此，大多数情况下，在庭前会议上如果未达成一致意见，需要启动非法证据排除程序时就无须再考虑对取证合法性有疑问这一要件，只要未达成一致意见就可以启动非法证据排除程序。而《刑诉法解释》第133条之所以增加表述"人民法院对证据收集的合法性有疑问的"是因为，《刑诉法解释》第130条在启动庭前会议的条件中并不包括这一要件，即对取证合法性没有疑问的，法院也可以召开庭前会议，了解情况、听取意见，对这类案件，即便控辩双方没有达成一致意见，也不需要启动非法证据排除调查程序。《刑诉法解释》第133条在"控辩双方在庭前会议中对证据收集是否合法未达成一致意见"之后增加"人民法院对证据收集的合法性有疑问的"这一句只是强调启动非法证据排除程序的标准仍是"对证据收集的合法性有疑问"。

因此,对《刑诉法解释》第133条正确的理解应是:召开庭前会议的条件中并不包括被告方已经完成初步举证责任,所以对召开了庭前会议的案件,控辩双方没有达成一致意见时,还是要判断被告方是否完成了初步举证责任,而判断的依据是被告方提供的证据材料,无须考虑公诉方提供的证据材料。

■ **理论阐释** | 启动调查不是调查,庭前会议不同于法庭调查

□ **调查程序的启动不同于调查程序**

本案法院之所以对《刑诉法解释》第133条规定产生理解误区,除规则本身的模糊性之外,一个重要原因是法院混淆了调查程序的启动和调查程序本身,误认为启动调查程序也需要综合判断公诉方提供的证据材料。

实际上,调查程序的启动和调查程序不同。调查程序是对取证合法性这一核心问题的调查,目的是查明是否存在非法取证行为。因此,调查程序本质上属于对诉讼请求是否成立进行审查判断的程序,是对诉讼请求的实质审理。这也决定了调查程序较为严格的证明程序和较高的证明标准:法院的审查判断要给予双方均等的表达意见机会,即需要在双方举证、质证的基础上进行,不能仅凭一方提供的证据就定案;对取证合法性承担证明责任的是检察机关,被告方并不承担证明取证行为非法的责任;检察机关必须证明到排除合理怀疑的程度才能完成取证合法性的证明。

与之不同,调查程序的启动所要解决的问题是应否启动调查程序对取证合法性进行调查,换言之,调查程序的启动所要解决的本质上是排除请求在形式上是否符合要求的问题,类似于民事诉讼的立案程序,只要有具体的请求和一定的事实根据,就应当认定为排除请求在形式上是合法的,应当启动审理程序。[1] 可见,调查程序的启动只是一个程序启动的门槛问题,所起到的是确保合法性争点的形成,[2] 而非对排除请求的实质审理。因此,在调查程序的启动环节只需要考察排除请求在形式上是否符合法律规定,并不需要审查判断排除请求在实质上是否成立,也即在调查程序的启动环节并不需要审查判断公诉方的证据,进而在此基础上判断对取证合法性是否有疑问,更不需要审查判断被告方的请求在证据上是否确实、充分。

□ **取证合法的举证责任在控方**

取证合法的举证责任在控方,不能变相地让被告方承担举证责任。按照本案法院的做法,如果在调查程序的启动环节需要综合考虑控辩双方的证据情况再决定是否启动调查程序,不仅混淆了调查程序启动和调查程序本身,还意味着人为提高了启动调查程序的门槛,

---

[1] 参见陈瑞华:《非法证据排除规则的中国模式》,载《中国法学》2010年第6期。
[2] 参见孙远:《非法证据排除的裁判方法》,载《当代法学》2021年第5期。

变相地让被告方承担了举证责任。具体而言，按照本案法院的操作，被告方所承担的并非力所能及的提供"线索或者材料"的初步举证责任，而是要优于公诉方举证的举证责任，所导致的后果是被告方最终只有确实、充分地证明存在以非法方法收集证据的情形才能启动调查程序，使被告方变相承担了应由检察机关承担的取证合法性举证责任。这无疑侵害了被告人申请排除非法证据的权利。因此，在调查程序的启动上只需审查被告方提供的线索或材料即可，公诉方提供的相关说明和证据材料不能作为启动调查程序的判断根据。

庭前会议不能替代调查程序

可能的疑问是，既然法院在庭前会议上，通过控辩双方的证据展示排除了非法证据的可能性，还有何必要启动调查程序对取证合法性进行调查呢？除调查程序的启动不能和调查程序本身相混淆外，另一重要原因是庭前会议不能替代法庭调查程序，两者性质和功能不同。

根据《刑事诉讼法》第187条第2款的规定，庭前会议的功能是"了解情况，听取意见"。换言之，庭前会议只是作为正式审判程序的准备程序，并非查明案件事实的审判程序，因此，庭前会议相对而言不那么正式，无须严格遵循审判程序的法理。例如，根据《庭前会议规程》的规定，庭前会议不需要所有合议庭法官参加，也可以由法官助理主持；被告人不是必须参加庭前会议；庭前会议一般不公开进行。

与之不同，法庭调查程序则是正式的审判程序，因为法庭调查程序要查明案件事实，要遵循审判程序的法理，以确保案件事实查明活动的科学性和公平性。比如，要严格遵循直接言词原则，所有合议庭成员均应始终在场；非缺席审判程序下被告人必须始终在场；审判程序通常公开进行；等等。

综上，尽管庭前会议程序有时参照审判程序设置，也被赋予了排除非法证据的分流功能，[3]但在本质上与审判程序不同，不能以庭前会议取代调查程序，否则会影响案件事实的查明，也会影响被告人获得公平审判的权利。司法实践中，法官经常以辩护方在庭前会议上已经阐述了意见、展示了证据为由限制辩护方在法庭调查程序中详细阐述意见或展示证据的权利，这就是典型的以庭前会议取代法庭调查程序。

■ 扩展思考 | 未启动排非程序的二审处理

本案值得思考的问题是，一审法院虽审查但审查方法错误而未启动调查程序的，二审程序中应如何处理呢？《刑事诉讼法》《刑诉法解释》《人民法院办理刑事案件排除非法证据规程（试行）》《非法证据排除规定》均未明确。应当说，在启动了调查程序，但应予排除的证据并未得到排除的情形下，所涉及的并非程序违法问题，而是程序运作的结果即调查结论错误的问题。因此，对这种情形需要适用《刑事诉讼法》第236条的规定处理。与之不同，

3　参见吴洪淇：《被嵌入的程序空间：庭审排非程序十二年观察与反思》，载《中国法律评论》2022年第6期。

在调查程序启动环节审查方法错误而未启动调查程序情形下,所涉及的是程序本身不合法而非程序运作结果不正确的问题,因此,对该情形应当适用《刑事诉讼法》第238条的规定处理。具体而言,就是要审查判断该情形是否属于"剥夺或者限制了当事人的法定诉讼权利,可能影响公正审判的"。答案是肯定的。

第一,申请排除非法证据是被告方的一项法定诉讼权利。对此,《刑事诉讼法》第58条第2款作了明确规定,"当事人及其辩护人、诉讼代理人有权申请人民法院对以非法方法收集的证据依法予以排除"。

第二,一审法院对非法证据排除程序启动条件的审查判断方法错误,剥夺或限制了当事人的法定诉讼权利。如前所述,变相让被告方承担了举证责任,使被告方实现诉讼权利的可能性降低甚至消失。

第三,一审法院对非法证据排除程序启动条件的审查判断方法错误严重影响了审判公正,可能剥夺或限制了被告方寻求权利救济的机会,也可能导致案件事实认定错误,影响了审判的实体公正性。

第四,从法理上而言,只有撤销原判,发回重审才符合保障排除非法证据权利的法定要求。在二审终审制下,排除非法证据的权利可以通过两级法院的调查加以保障。在一审法院依法应启动对证据收集合法性的调查程序而未启动的情况下,如果直接由二审法院启动调查程序,将会剥夺当事人寻求两个审级法院调查的审级利益。因为这种情况下,若当事人对二审法院的调查结论不服,则无法通过上诉的方式进行救济,实际上只进行了一次对取证合法性的调查。

090 取证程序规范与证据能力规范｜证据禁止理论

张某非法持有毒品案

樊传明　上海交通大学

■ 案情概要*

2012年7月3日，公安机关接到群众举报张某涉嫌贩卖毒品，遂展开调查。7月20日，公安机关在遵义市汇川区汇川酒店门口将张某抓获，当场查获毒品嫌疑物八包，随后又从其住所搜查出毒品嫌疑物3包。经称量，从张某处查获并扣押的毒品海洛因嫌疑物净重539.3克，甲基苯丙胺嫌疑物净重192克。上述毒品嫌疑物经鉴定，分别含有海洛因成分和甲基苯丙胺成分。另经尿液检测，张某系吸毒人员。

本案的争议焦点为，被告人张某除吸食毒品和持有毒品外，是否还有运输毒品、贩卖毒品的行为。

关于对张某运输毒品的指控。在案证据显示，只有被告人供述于2012年7月初从广州购买毒品后带回遵义。没有其他证据证明被告人有运输毒品的行为，被告人也不是在运输毒品途中被抓获。故法院认为该项指控不能成立。

关于对张某贩卖毒品的指控。公诉机关提交的证明贩卖毒品行为的证据为：证人陈某（为吸毒人员）指证张某贩卖毒品。但张某对此予以否认，除此之外无其他证据印证。侦查机关组织证人陈某对张某的照片进行辨认，所供辨认的张某照片和陪衬照片共12张。从辨认笔录所附的辨认对象照片看，其他辨认对象的照片均是从人口户籍信息网上下载的标准照，而张某的照片却是其被带至公安机关后临时拍摄的照片。办案机关还对张某的照片特别加重了底色。辨认过程未进行录音录像。

组织辨认的地点是陈某家中。辨认笔录上记载的见证人为钟某，钟某的住址离陈某家较远。法院要求公诉机关说明见证人的身份。公诉机关要求公安机关作出说明，公安机关出具了一份情况说明，证实钟某系侦查机关聘请的驾驶员。

法院审理后认为，证明张某贩卖毒品行为的证据不充分，相关程序存在问题，对该项指控不予认定。法院认为张某违反国家毒品违禁物管制秩序，明知是毒品而非法持有且数量巨大，其行为已构成非法持有毒品罪；判决张某犯非法持有毒品罪，判处无期徒刑，剥夺政

---

* 参见贵州省遵义市中级人民法院（2013）遵市法刑一初字第14号刑事判决书、贵州省高级人民法院（2013）黔高法刑一终字第14号刑事裁定书。

治权利终身,并处罚金 20 万元;查获的毒品予以没收。

张某以所持毒品未流入社会、认罪悔罪态度较好、量刑过重为由提出上诉。二审法院经审理认为,一审定罪准确,量刑适当,审判程序合法。张某所持毒品虽未流入社会,但其犯罪行为已妨害国家毒品管制秩序,对公众健康也构成了现实危险。其虽系初犯,但非法持有毒品数量大,毒品含量均超过 30%,犯罪情节严重。到案后虽能认罪、悔罪,但其系人赃并获,犯罪事实已被公安机关掌握,依法不足以从轻处罚。驳回上诉,维持原判。

■ 法律分析

争议焦点
辨认程序存在问题的情况下,作为证据使用的辨认笔录的效力问题。

□ 侦查行为笔录的证据地位

有些侦查行为需要按照法定要求制作相应笔录,包括讯问犯罪嫌疑人笔录、询问证人笔录、询问被害人笔录、勘验笔录、检查笔录、侦查实验笔录、搜查笔录、查封笔录、扣押笔录、提取笔录、辨认笔录等。这些笔录证据地位有差别,可以分为以下三种:

第一,不作为独立的证据种类,而是附属于实物证据,作为证明物证、书证等之来源和保管链条的方法。这类笔录包括搜查笔录、查封笔录、扣押笔录、提取笔录。在证据法学理论上,使用相应的笔录证明实物证据的来源和保管链条,属于一种证据鉴真的方法。

第二,不作为独立的证据种类,而是附属于言词证据,作为言词证据的固定方式。这类笔录包括讯问犯罪嫌疑人笔录、询问证人笔录、询问被害人笔录。这类笔录本质上属于书面陈述或证言,因此应放在言词证据的规范框架内进行审查。

第三,作为一种独立的证据种类。根据《刑事诉讼法》第 50 条第 2 款的规定,"勘验、检查、辨认、侦查实验等笔录"属于独立的证据种类。这四类笔录可作为独立的证据发挥证明作用,有其特别的审查判断规则。其中的勘验、检查笔录既可以作为独立的证据使用,也可以作为实物证据的鉴真方法使用。辨认笔录虽然可以作为独立的证据使用,但往往又与某种言词证据密不可分。本案中,证人陈某对犯罪嫌疑人的辨认笔录,既是独立的证据种类,同时其在内容上又与陈某的证言相依附。

□ 辨认程序的合法性

本案的辨认程序存在诸多违法之处,包括供辨认的照片不具有相似性、见证人不符合条件、未正确应用录音录像制度等。

第一,陪衬物不具有足够的相似性。根据《公安规定》第 260 条的规定,辨认对象与陪衬物需要符合"特征相类似"的要求,且数量应高于法定限制。本案中,法院审查辨认笔录后发现:张某的照片是其被带至公安机关后临时拍摄的,而且还被加重了底色;其他辨认对象的照片(配衬物)却是从人口户籍信息网上下载的标准照。两种照片在形式上明显不具有相似性,存在办案机关暗示辨认人的可能性。

第二,见证人不符合要求。根据《公安规定》第262条的规定:"对辨认经过和结果,应当制作辨认笔录,由侦查人员、辨认人、见证人签名。"因此辨认程序应当由见证人参与,以强化对辨认过程合法性的外在监督。本案的辨认笔录亦载明了见证人钟某信息。但法院审查后发现,组织辨认的地点是陈某家中,钟某的住址离陈某家较远。因此法院对于见证人的身份提出了疑问。随后,公安机关出具的情况说明反映了,钟某系其聘请的驾驶员。根据《刑诉法解释》第80条的规定:"下列人员不得担任见证人:……(三)行使勘验、检查、搜查、扣押、组织辨认等监察调查、刑事诉讼职权的监察、公安、司法机关的工作人员或者其聘用的人员。"钟某虽然不是侦查机关工作人员,但属于其有偿聘用、提供驾驶服务的人员,无法以客观、中立的身份担任见证人。

第三,未正确应用同步录音录像制度。《刑事诉讼法》和司法解释未要求辨认过程一律同步录音录像。《公安规定》第262条规定:"必要时,应当对辨认过程进行录音或者录像。"对于此处"必要时"的解释,应考虑案件的重大性、辨认过程的复杂性、是否存在符合条件的见证人等因素。《刑诉法解释》第80条第3款明确规定了缺少见证人时可以用录音录像替代:"由于客观原因无法由符合条件的人员担任见证人的,应当在笔录材料中注明情况,并对相关活动进行全程录音录像。"本案中,如果侦查机关确实因为客观条件限制,无法在辨认地点找到符合条件的见证人,应当对辨认过程进行全程录音录像。

▢ 辨认程序违法对辨认笔录之证据效力的影响

本案中存在的辨认程序违法之处,会对笔录的证据效力带来何种影响?根据《刑诉法解释》第105条的规定:"辨认笔录具有下列情形之一的,不得作为定案的根据:(一)辨认不是在调查人员、侦查人员主持下进行的;(二)辨认前使辨认人见到辨认对象的;(三)辨认活动没有个别进行的;(四)辨认对象没有混杂在具有类似特征的其他对象中,或者供辨认的对象数量不符合规定的;(五)辨认中给辨认人明显暗示或者明显有指认嫌疑的;(六)违反有关规定,不能确定辨认笔录真实性的其他情形。"对照该规范,本案中存在第(四)项的情形,还可能构成第(五)项的情形。本案中的辨认笔录应当排除,不得作为定案的根据。

▉ 理论阐释 | 由证据能力到证明力的辨认笔录审查判断规则

对于本案中辨认程序违法对辨认笔录之证据效力的影响,应区分证据能力和证明力两个层面。证据能力指的是一项材料作为证据使用的法律资格。我们可以将证据能力想象成一个由法律设定的门槛,一个材料只有跨过这道门槛,才能被作为证据使用。与证据能力相对应的,是证明力的概念。证明力也称为证明价值、证据分量,指的是证据对于待证事实之存在可能性所具有的证明作用大小。也可以从主观的角度界定证明力,即证明力指的是证据对于事实认定者评价待证事实所具有的说服力。

证据能力和证明力的区别在于：证据能力是一个材料能否作为证据使用的法律资格问题，证明力则是有证据资格的材料能在多大程度上证明案件事实的问题；在适用顺序上，先证据能力，后证明力——只有让一个材料进入法庭的门槛之后，才需要评价这个材料的证明作用。对于证据能力的判断，以适用法定的证据能力规则或排除规则为原则，以法官自由裁量为例外；而对于证明力的判断，以法官自由心证为原则，以遵循法律中的证明力规则为例外。

本案的辨认过程存在三项程序违法之处：第一，陪衬物不具有足够的相似性；第二，见证人不符合要求；第三，未正确应用同步录音录像制度。这些程序违法之处，是否会对辨认笔录的证据能力带来影响，需要根据证据规范的内容进行分析。如前所述，《刑诉法解释》第105条是针对辨认笔录的证据能力规则，其中所列各项是足以导致辨认笔录被排除的法定事由。本案的三项违法之处，只有第一项（陪衬物不具有足够的相似性）明确属于该条文中所列的影响证据能力的事由。其他两项违法之处，即见证人不符合要求、未正确应用同步录音录像制度，尽管违反了侦查程序规范，但不能直接导致证据排除的效果。因此对于这两项内容，最终要进入证明力评价的层次；如果法官认为两处违法导致辨认过程的可靠性、辨认笔录的真实性无法得到保障，则在证明力评价中进行相应考量。不过，由于本案中陪衬物不具有足够相似性这一点，已足以导致辨认笔录被排除。所以整个辨认笔录无法通过证据能力的检验，无须再进入证明力评价的环节。

这也表明，证据的"合法性"属性与证据能力不能简单对应。在我国证据法学界，存在两种证据审查的理论框架，一种是"真实性—关联性—合法性"的所谓证"三性"理论，一种是"证据能力—证明力"的所谓证"两力"理论。"三性"理论中的合法性，又可以细分为证据的种类合法、证据的格式合法、取证程序合法、取证主体合法、取证对象合法、取证手段合法、证据内容合法、证据调查程序合法等。尽管学术理论经常将证据的合法性等同于证据能力要求，但一项证据存在合法性问题，并不一定会导致其证据能力被否定。本案中的辨认笔录，如果不存在陪衬物不具有足够相似性这一点违法之处，则见证人不符合要求、未正确应用同步录音录像制度等违法之处，不足以导致其证据能力被否定。

■ 扩展思考 | 取证程序规则的违反与否定证据能力

借助该案例，可以延伸思考以下问题：在刑事诉讼中，程序规则和证据规则之间，尤其是侦查取证程序规则与证据能力规则之间，存在什么样的规范逻辑关系？对取证程序规则的违反，在何种情况下会产生否定证据能力的效果？

关于该问题，德国法中的证据禁止制度对此亦有规定。按照德国法学的划分，证据禁止包括证据取得禁止和证据使用禁止。证据取得禁止是给警察、检察官和法官收集证据的过程施加的，关于程序、手段、对象、主体等方面的限制。这些限制的法律渊源既包括刑事诉讼法典，也包括其他立法文件。证据使用禁止即法官不得使用所禁止的证据认定案件事实，实际上就是对证据能力的否定。但在证据取得禁止和证据使用禁止之间并不存在简单的对应关系。违背了证据取得禁止规范,未必会导致证据使用禁止的效果;反过来,有些证据的收集过程并不违反证据取得禁止规范,但却被禁止使用。根据证据使用禁止是否以违反证据取得禁止规范为前提,可以将证据使用禁止分为两种。

一方面,非自主性的/依附性的证据使用禁止,即因为违反了证据取得禁止规范而导致了证据使用禁止。只有极少数法律条文明示,违背某个取得禁止规范,直接导致证据使用禁止的效力(法定的依附性证据使用禁止);绝大多数的情况是,立法未明确规定违背取得禁止规范是否产生证据使用禁止效力。因此,非自主性的证据使用禁止之适用条件,通常并非可以诉诸成文法找到明确答案的问题,而是留待法学理论和司法实践解决的议题(非法定的依附性证据使用禁止)。德国的法教义学和审判实践逐渐形成了一些理论,用于回答该问题,例如,功能理论、保护目的理论、刑事诉讼程序的法治国重建理论、权衡理论等。在具体的案件中如何适用这些理论、是否排除违法取得的证据,最终仍由法官个别裁量。

另一方面,自主性的/独立性的证据使用禁止,即证据的收集过程并未违反证据取得禁止规范,但若使用该证据会损及具有优先性的法律原则或其他权利(主要是宪法所保护的基本权利),则禁止使用该证据。一个例子是,若被告人的亲属、律师、医生和神职人员等享有拒绝作证特免权的证人,在审判前自愿接受过询问,但到了审判时又拒绝作证,那么其先前所作的证言不得宣读——此时先前证言的收集过程并不违法,但若使用该证据,会破坏家庭成员之间的信赖关系,从而使《德国基本法》第6条第1款对家庭保护的规定落空。另一个例子是,基于《德国基本法》第1条、第2条对人格权的保护,某些材料被认为属于个人自由发展人格的核心隐私领域,例如,私密的录音、录像、日记等。即使获取这类证据的过程并不违法,也不得在刑事判决中使用它们。但实际上,哪些材料可以被归入核心隐私领域、何时可基于国家追诉犯罪的利益而否定个人隐私的优先性,实务观点并不统一。因此,自主性的证据使用禁止并无确切的、立法明示的适用范围,而是在审判实践中由法官裁量适用,且逐渐形成判例和相关的法教义学知识。

可见,德国的证据禁止制度包含了一种二元式结构,即主要针对控方取证行为的证据取得禁止,与针对法官审判的证据使用禁止。这两部分规范可以大致对应于中国的取证程序规范(尤其是针对各类侦查行为的程序性规范)与证据能力规范。而且,德国的证据取得禁止与证据使用禁止之间不能完全对应,即有的证据取得禁止不会衍生出证据使用禁止效力,反过来,有些证据使用禁止并不以证据取得禁止为前提。这与中国的取证程序规范和证据能力规范之间的关系有相似性。

091 证据裁判原则及其现代法治意义

陈某申诉案

冯俊伟　山东大学

■ 案情概要[*]

1992年12月25日19时30分许,海南省海口市振东区(现美兰区)上坡下村109号发生火灾。19时58分,海口市消防中队接警后赶到现场救火,在灭火过程中发现室内有一具尸体,并立即向公安机关报案。20时30分,海口市公安局接报警后派员赴现场进行现场勘查及调查工作。经走访调查后确定,死者是居住在109号的钟某,曾经在此处租住的陈某有重大作案嫌疑。12月28日凌晨,公安机关将犯罪嫌疑人陈某抓获。1993年9月25日,海口市人民检察院以陈某涉嫌故意杀人罪,将其批准逮捕;11月29日,以涉嫌故意杀人罪对陈某提起公诉。

海口市中级人民法院一审判决认定以下事实:1992年1月,陈某搬到上坡下村109号钟某所在公司的住房租住。其间,陈某因未交房租等,与钟某发生矛盾,钟某声称要向公安机关告发陈某私刻公章帮他人办工商执照之事,并于12月17日要陈某搬出上坡下村109号房。陈某怀恨在心,遂起杀害钟某的歹念。12月25日19时许,陈某发现上坡下村停电并得知钟某要返回四川老家,便从宁屯大厦窜至上坡下村109号,见钟某正在客厅喝酒,便与其聊天,随后从厨房拿起一把菜刀,趁钟某不备,向其头部、颈部、躯干部等处连砍数刀,致钟某当即死亡。后陈某将厨房的煤气罐搬到钟某卧室门口,用打火机点着火焚尸灭迹。大火烧毁了钟某卧室里的床及办公桌等家具,消防队员及时赶到,才将大火扑灭。经法医鉴定:钟某身上有多处锐器伤、颈动脉被割断造成失血性休克死亡。

1994年11月9日,海口市中级人民法院以故意杀人罪判处陈某死刑,缓期2年执行,剥夺政治权利终身;以放火罪,判处有期徒刑9年,决定执行死刑,缓期2年执行,剥夺政治权利终身。1994年11月13日,海口市人民检察院以原审判决量刑过轻,应当判处死刑立即执行为由提出抗诉。1999年4月15日,海南省高级人民法院驳回抗诉,维持原判。2015年2月10日,最高人民检察院按照审判监督程序向最高人民法院提出抗诉。2015年4月24日,最高人民法院作出再审决定,指令浙江省高级人民法院再审。

---

[*] 最高人民检察院《关于印发最高人民检察院第七批指导性案例的通知》,载《最高人民检察院公报》2016年第4期。

2015年12月29日,浙江省高级人民法院公开开庭审理了本案。法院经过审理认为,原审裁判据以定案的主要证据即陈某的有罪供述及辨认笔录的客观性、真实性存疑,依法不能作为定案依据;本案除原被告人陈某有罪供述外无其他证据指向陈某作案。因此,原审裁判认定陈某故意杀人并放火焚尸灭迹的事实不清、证据不足,指控的犯罪不能成立。2016年1月25日,浙江省高级人民法院作出再审判决:撤销原审判决裁定,陈某无罪。

■ 法律分析

> **争议焦点**
>
> 从本案的再审来看,再审启动和再审改判都是围绕证据问题展开的。需要进一步关注的重点包括三个方面:一是人民法院审理案件应当严格贯彻证据裁判原则;二是人民法院应当严格适用口供补强规则;三是对于关键证据缺失的情形应当作出适当评价。

□ 人民法院审理案件应严格贯彻证据裁判原则

《刑事诉讼法》(1979年)确立了"以事实为依据,以法律为准绳"原则,并强调了"重证据、重调查研究,不轻信口供"的要求,在具体制度上也对办理案件中的证据要求等作了规定。因此,人民法院审理刑事案件必须重视证据审查运用,贯彻证据裁判原则,以通过准确的事实认定,促进理性裁判。2007年,最高人民法院、最高人民检察院、公安部、司法部联合出台的《办理死刑案件意见》规定,"坚持证据裁判原则,重证据、不轻信口供"。这是相关法律文件中第一次明确规定证据裁判原则。2010年,《非法证据排除规定》第2条也规定,"认定案件事实,必须以证据为根据"。在此之后,证据裁判原则的相关表述陆续出现在司法解释、规范性法律文件和相关改革文件中,并为实务界等广泛认可。

按照证据裁判原则的要求,认定案件事实必须依据证据进行,具体包括四个方面的要求:一是认定案件事实需要依据证据进行,而非猜测或臆想等;二是认定案件事实的证据必须具有证据资格;三是具有证据资格的证据应当经过合法调查;四是综合在案证据,应当达到法律规定的证明标准。[1]

在陈某申诉案中,证据裁判原则的相关要求并未得到有效贯彻,这是造成冤错案件的重要原因。第一,在作案时间方面,有证据证明陈某案发时仍然在宁屯大厦,不可能在案发现场实施犯罪行为,但相关证据未被重视。第二,将陈某与犯罪行为关联起来的唯一证据是其供述,但其多次供述内容不一,部分内容前后矛盾,与现场勘查笔录、法医检验报告等证据存在矛盾。辩护方还提出,陈某在讯问中遭到了刑讯逼供,但这一问题再审法院未予认定。第三,按照勘验笔录等的记载,当时现场中收集到的工作证、带血白衬衫、黑色男西装等物品在侦查阶段丢失,在一审、二审中都无法出示,更难以进行法庭调查。第四,在证据中

---

[1] 参见闵春雷:《证据裁判原则的新展开》,载《法学论坛》2010年第4期。

多是证明犯罪行为已经发生的证据,证明是陈某实施了犯罪行为的证据较为单薄,并与其他证据存在矛盾,难以达到我国刑事诉讼法上规定的"案件事实清楚、证据确实充分"的证明标准。[2] 综上,本案一审、二审中并未充分贯彻证据裁判原则。

最高人民检察院在该案例的要旨中也表述到,"证据是刑事诉讼的基石,认定案件事实,必须以证据为根据。证据未经当庭出示、辨认、质证等法庭调查程序查证属实,不能作为定案的根据。对于在案发现场提取的物证等实物证据,未经鉴定,且在诉讼过程中丢失或者毁灭,无法在庭审中出示、质证,有罪供述的主要情节又得不到其他证据印证,而原审裁判认定被告人有罪的,应当依法进行监督"。[3]

◇ 人民法院应当严格适用口供补强规则

人民法院审理刑事案件,在贯彻证据裁判原则同时,还应当重视其他证据规则的运用,其中较为重要的是口供补强规则。我国《刑事诉讼法》第 55 条规定,"对一切案件的判处都要重证据,重调查研究,不轻信口供。只有被告人供述,没有其他证据的,不能认定被告人有罪和处以刑罚;没有被告人供述,证据确实、充分的,可以认定被告人有罪和处以刑罚"。这一规定体现了对犯罪嫌疑人、被告人权利的保障,也体现了防止因过分关注口供导致冤错案件的审慎态度。在本案中,能够将陈某与犯罪行为联系起来的是其口供,按照口供补强原则的要求,办案机关应当通过其他具有独立来源的证据对陈某的口供内容进行补强。从一审、二审的在案证据来看,难以实现口供补强要求。

具言之:一是陈某的多次供述中存在部分相互矛盾之处,难以通过其他证据补充或强化。二是陈某的供述与其他在案证据也存在矛盾,"陈某供述杀人后厨房水龙头没有关,而现场勘查时,厨房水龙头呈关闭状,而是卫生间的水龙头没有关;陈某供述杀人后菜刀扔到被害人的卧室中,而现场勘查时,该菜刀放在厨房的砧板上,且在菜刀上未发现血迹、指纹等痕迹;陈某供述将'工作证'放在被害人身上,是为了制造自己被烧死假象的说法,与案发后其依然正常工作、并未逃避侦查的实际情况相矛盾"。综上,法院在本案中并未严格适用口供补强规则,这也是造成本案事实认定错误的原因之一。

◇ 对于关键证据缺失应当作出适当评价

在陈某案中还有一个证据问题需要关注,即在案发现场发现的带血白衬衫、卫生纸、现场遗留的各种刀具等证据在一审前丢失。按照勘验笔录的记载,假如这些物证真的存在,对于案件事实的认定将具有重要的作用。根据我国《刑事诉讼法》及相关司法解释的规定,法庭上应当出示物证、书证的原物和原件,仅在例外情形下才可以出示复制件等。《刑事诉

---

[2] 参见《陈满案再审判决书》,载易延友主编:《中国案例法评论》(总第 3 辑),法律出版社 2016 年版,第 119~120 页。以下事实描述均来自本判决书。
[3] 最高人民检察院《关于印发最高人民检察院第七批指导性案例的通知》,载《最高人民检察院公报》2016 年第 4 期。

讼法》(1979年)第116条规定,"审判人员应当向被告人出示物证,让他辨认;对未到庭的证人的证言笔录、鉴定人的鉴定结论、勘验笔录和其他作为证据的文书,应当当庭宣读,并且听取当事人和辩护人的意见"。《刑事诉讼法》(1996年)第157条也规定,"公诉人、辩护人应当向法庭出示物证,让当事人辨认,对未到庭的证人的证言笔录、鉴定人的鉴定结论、勘验笔录和其他作为证据的文书,应当当庭宣读。审判人员应当听取公诉人、当事人和辩护人、诉讼代理人的意见"。

因此,假如现场勘验笔录记载内容真实,对这些物证的评价应当遵循以下三个原则:一是即使相关物证曾存在,一些物证也需要进行检验和鉴定,以确定相关证据是否与待证事实具有关联性;二是即使相关物证曾存在,因物证发挥证明作用的方式是其存在位置、相关特征等,当物证已经缺失时,不能以情况说明等方式代替物证本身;三是即使相关物证曾存在,因按照庭审要求,无法出示、无法进行法庭调查,所以,缺失的物证也不得作为认定被告人有罪的依据。综上,证据缺失是我们必面对的实践问题,更进一步的,还需要重视证据缺失情形下的证据评价规则。

■ **理论阐释** | 证据裁判与现代法治紧密相关

证据裁判原则是现代刑事诉讼的基本原则之一,也是证据运用的黄金原则。这一原则在我国理论研究中很早就达成了共识,一些专著、教材也都对这一原则作了介绍。如前所述,在立法层面,直到2007年出台《办理死刑案件意见》才首次明确规定这一原则。案件事实认定需要依据证据进行,"无证据则无犯罪事实"等表述都阐明了这一原则的基本要求。

刑事司法中的法律适用呈现为一种三段论的形式,其中大前提是刑法的相关规定,按照明确性原则的要求,刑法分则中对于具体犯罪构成要件都作了规定,如《刑法》第133条规定,违反交通运输管理法规,因而发生重大事故,致人重伤、死亡或者使公私财产遭受重大损失的,处3年以下有期徒刑或者拘役;交通运输肇事后逃逸或者有其他特别恶劣情节的,处3年以上7年以下有期徒刑;因逃逸致人死亡的,处7年以上有期徒刑。小前提是争议的案件事实,从司法实践角度观察,很少有犯罪嫌疑人、被告人对法律条文内容提出异议,更多是针对案件事实方面的辩护,如被告人提出,自己未实施违反交通运输管理法规的交通肇事行为。在一个具体案件中,刑事司法要解决的一个首要问题就是被追诉人是否实施了刑法上所禁止的行为,并且这一问题与剥夺被追诉人生命、自由和财产的正当性密切相关。结论是判决或者裁定、决定等,是刑事司法机关根据事实和法律对案件作出的一个程序性处理。对案件事实的认定,正是证据裁判原则作用的领域。

从更宏观的角度来看,证据裁判原则与现代法治密切相关,"证据法对于一种诉讼制度来说是基础性的并构成法治的基石"。"权利和义务取决于准确的事实认定;如果没有准确的裁判,权利和义务根本就没有意义。"[4] 也有学者指出,"忠实于客观事实,真正致力于对刑

---

[4] [美]罗纳德·艾伦:《刑事诉讼的法理和政治基础》,张保生等译,载《证据科学》2007年第1、2期。

事犯罪证据之证明力(尽管在实践中人类不可避免地会犯错误)进行评估,证成或证伪,是理性裁判的基本前提"。[5]

根据这些论述,在刑事诉讼中,坚持和贯彻证据裁判原则有重要意义。一是能够保证案件事实认定建立在可靠的事实基础之上,保障司法裁判的有效性。通过贯彻证据裁判原则,尊重证据、尊重事实,保证真正实施犯罪行为的人受到应有的惩罚。二是能够保证案件事实认定的准确性,防止错判未实施犯罪行为的无辜者,保障司法裁判的正当性。在任何刑事司法制度中,惩罚一个没有实施犯罪行为的人都是不正当的,也是非正义的。坚持和贯彻证据裁判原则的重要价值还在于,有助于贯彻一个人仅对自己实施的行为负责这一现代法治要求。这在包括陈某案在内的冤错案件的纠正中可以深刻感知。三是证据裁判原则与司法文明密切相关,从神明裁判到口供裁判再到证据裁判的发展,就是人类司法裁判不断理性化的过程,[6]案件事实认定须依据证据进行,体现了社会的司法文明程度。

■ **扩展思考** | 证据裁判原则适用的广泛外延

证据裁判原则的重要意义已经被普遍认可,但在贯彻证据裁判原则的过程中还需要关注以下几个方面:

第一,证据裁判原则的适用范围不仅包括审判阶段,还应当将这一原则适用于刑事诉讼的整个过程。[7] 如立案、侦查、起诉和审判阶段,包括执行阶段。在另一个意义上,将任何抽象的法律规定适用于具体案件时,都需要通过一定的证据信息确定案件事实。

第二,证据裁判原则的适用不仅包括定罪问题,还应当包括量刑问题和犯罪所得没收等。随着刑法立法和实践的发展,追诉机关不仅对于犯罪构成要件事实需要运用证据加以证明,对于量刑和犯罪所得没收等也需要通过一定的证据证明,需要说明的是,定罪证据与量刑证据等在证据要求、证明方式方面存在差异。同时,很多学者提出的程序性事实的证明也进一步丰富了证据裁判原则的适用范围。

第三,证据裁判原则的贯彻应当与相关证据制度结合起来,包括证据保管制度、证据移送制度等。如在证据保管制度方面,应当要求公安司法机关妥善保管各项刑事证据,并通过法律和司法解释进一步明确证据保管主体、证据保管原则、证据保管场所、证据保管要求、违反证据保管义务的法律后果等。[8] 在证据移送方面,必须严格贯彻全案证据移送原则,严禁出现隐藏、隐瞒刑事证据和诉讼过程中不当处理证据等做法,进一步保障刑事证据的证明价值。

---

[5] [英]保罗·罗伯茨:《普通法系证据法的五个基本谬误》,阳平译,载《证据科学》2018年第1期。
[6] 参见陈光中、郑曦:《论刑事诉讼中的证据裁判原则——兼谈〈刑事诉讼法〉修改中的若干问题》,载《法学》2011年第9期。
[7] 参见樊崇义、张小玲:《现代证据裁判原则若干问题探讨》,载《北京市政法管理干部学院学报》2002年第2期。
[8] 参见冯俊伟:《追诉机关违反证据保存义务的法律后果——以有利于被控方的证据为中心》,载《法学杂志》2017年第12期。

092 "无尸无罪"与口供补强

胡某某、张某某、金某某故意杀人案

兰荣杰　西南财经大学

■ 案情概要[*]

被告人胡某某为浙江温州籍高利贷商人，曾因流氓罪和赌博罪先后两次被判刑。2012年6月10日19时许，因被害人张某积欠胡某某数千万元未还，胡某某纠集多人将张某从杭州市某酒店带走。从次日一直到8月底，胡某某等人将张某控制、关押在温州市、丽水市农村地区多个隐蔽地点，并多次用威胁、殴打等手段向张某及其亲友索取款项共计620万元。

8月31日深夜，胡某某伙同张某某、金某某将被害人张某（身高1.83米，体重200余斤）关进一个长宽高分别约为70cm×60cm×60cm的铁笼中，并用一辆皮卡车运至青田县滩坑水库北山大桥上。三人一起将铁笼抬起，抛入距离桥面20多米的水库中。胡某某于9月潜逃偷渡出境，于次年2月在泰国曼谷被抓获后押解回国。

2014年5月，本案由杭州市人民检察院提起公诉，指控罪名为非法拘禁和故意杀人。但截至本案一审第三次开庭，被害人尸体一直未找到。究其原因，一是滩坑水库太深，最深处超百米；二是水下沟壑纵横，还有被淹没村庄、树木等无数障碍物；三是建桥处另有脚手架等金属物，难以使用金属探测器。侦查机关动用全国最先进的机器人反复打捞，一直毫无进展。

鉴于尸体阙如，指控证据主要包括：(1)张某从杭州某酒店被带走的监控视频。(2)张某家人向胡某某指定账户打款的凭据。(3)负责看管、控制张某的多名同案犯前后一致、相互印证的供述。(4)张某某、金某某二人在侦查阶段的一致供述，均承认伙同胡某某将装有被害人的铁笼运至滩坑水库北山大桥，并将铁笼抛进水库。值得注意的是，主犯胡某某自始至终否认杀害张某，并坚称在北山大桥上已经把张某释放。

本案一审第一次开庭于2014年6月18日进行。曾在审前多次供述杀害被害人的张某某、金某某均翻供，改口称在北山大桥上将张某释放，并认为这是警方一直找不到铁笼和尸

---

[*] 参见张昊权：《被告人胡某某故意杀人、非法拘禁案——对严重危害社会治安和影响人民群众安全感的犯罪，应慎重把握被告人亲属，代为赔偿情节对被告人的影响（指导案例第1239号）》，载最高人民法院刑事审判第一、二、三、四、五庭主办：《刑事审判参考》（总第113集），法律出版社2018年版，第24~29页。需要说明的是，《刑事审判参考》针对该案的讨论重点是死刑判决的妥当性问题，而非证据问题。本文讨论的证据争议主要集中在一审审判过程中，尤其是第四次开庭审理之前。

体的原因。此后在 8 月 22 日和 9 月 24 日的两次开庭中,张某某、金某某均如是说。辩护人据此做证据不足的无罪辩护,主张既无充分证据证明被害人死亡,也不能充分证明三被告人实施了杀人行为,应以证据不足为由判决故意杀人罪无罪,最多成立非法拘禁罪。

■ 法律分析

> **争议焦点**
>
> 在没有找到被害人尸体的故意杀人案件中,若曾在审前阶段作出一致供述的同案犯在审判过程中翻供否认杀人,能否认定故意杀人事实成立?该问题可进一步分解为三个层次:首先,除被害人尸体外,可否使用被告人供述来证明被害人的死亡事实和被告人的行凶事实?其次,如果可以,被告人供述是否需要补强?如何进行补强?最后,被告人在审判过程中翻供,是否影响其庭前供述的补强效果?

▫ 尸体并非故意杀人案的必要证据

从刑法上分析,故意杀人罪的以下要件事实必须得到证明:一是被害人死亡,二是该死亡系非法行为所致,三是凶手与被告人身份同一。一般而言,证明被害人死亡的最佳证据是尸体。不过尸体只是证明被害人死亡的充分条件,不是必要条件。尸体本身并非故意杀人罪的构成要件事实,并非不可或缺。只要存在经验和逻辑上都成立的证明被害人死亡的其他方法,哪怕没有找到被害人尸体,也一样可以认定被害人死亡。

与此同理,证明存在杀人行为且系被告人实施这一要件事实,也存在多种方法。最常见者是在被告人口供之外,加上尸体检验和现场勘验提取的 DNA、指纹、血迹、脚印、弹痕或监控录像等客观性同一性认定证据,或者加上证人证言等主观性旁证。不过,这种常见的证据组合,并不意味着 DNA 等客观性证据是证明杀人行为的必要条件。缺乏这些客观证据,在经验和逻辑上依然可能依赖其他证据组合证明杀人事实。

▫ 经补强的被告人口供的价值

经补强的被告人口供可以用来证明被害人死亡事实和被告人行凶事实。本案中,在被害人尸体阙如的情况下,虽然主犯胡某某拒不承认杀人事实,但张某某、金某某两名同案犯在侦查阶段先后作出多次相互印证的供述,均指向以下要件事实:一是张某被铐在铁笼里面,从北山大桥上抛进数十米之下的滩坑水库。二是杀害张某系三被告人共同为之,其中金某某负责开车,在大桥上停车后和胡某某、张某某一起将铁笼抬上大桥护栏,此后则由胡某某和张某某将铁笼抛下桥面。

以上口供内容,不可谓不细致。但问题在于,《刑事诉讼法》第 55 条有一个限制规定:"只有被告人供述,没有其他证据的,不能认定被告人有罪和处以刑罚。"学界一般称其为"口供补强规则",意即仅凭口供不能定案,口供需要得到其他证据补强;实务界甚至进一步简化(可能是误读)为"孤证不能定案"。需要澄清的是,"只有被告人口供"并非指"全案只有口供",而是指针对特定要件事实,在案仅有口供予以证明。例如,被害人死亡是故意杀人的要件事实,如果唯有口供证明被害人死亡,既没有尸体也没有其他任何证据予以补强,则可能难以完成证明。

一审中,公诉人主要通过两方面对张某某、金某某的口供进行补强:一是证明被害人最后生存阶段的证据,例如,从 2012 年 6 月 10 日被带走到 8 月 31 日被杀害,其间他经常通过受控制的电话与家人联系,但 8 月 31 日之后再无音信。又如,在非法拘禁被害人的几处农房中,均检出其生物检材。再如,参与非法拘禁的多名同案犯证实 8 月 31 日最后见到被害人被塞入铁笼。以上证据虽不能直接证明死亡事实和杀人事实,但足以证明杀人前的非法拘禁等事实,从而对杀人口供形成一定程度的印证。

二是对张某某、金某某二人口供的真实性进行补强。首先是提供讯问录音录像等证据,证明侦查讯问的合法性和二人口供的自愿性。其次是一一比对二人口供中的细节描述,尤其是其中除亲历者外无人知晓的"专门知识",再结合现场勘验、侦查实验等客观证据进行印证。例如,二人均供称,在将皮卡车停在北山大桥上后,三人一起站在车辆货箱中,将铁笼抬起来架在货箱边栏和大桥栏杆上。因为金某某停车熄火时未拉手刹,此时皮卡开始缓慢溜车,金某某不得不紧急钻进驾驶席去拉手刹。等他拉完手刹再爬回货箱,胡某某和张某某已经将铁笼抛下大桥。溜车这一细节并非要件事实,有无这一事实均不影响认定杀人,二被告人也因此没有专门就此撒谎的动机。但这一细节毫无疑问只有亲历现场的三人才知晓,毕竟路面平直的大桥上没人会预料到溜车,更不可能事先计划溜车。侦查实验表明,同一款皮卡车在熄火状态下,若驾驶席无人而货箱装有四人(含被害人),确实会在平地上溜车。如此一来,张某某和金某某两人供述的真实性就极高,也没有理由怀疑其中关于杀人的内容为虚假。类似的细节内容,在二人的供述中不下十处,公诉人在一审时均一一指出,用以补强二人口供。

值得关注的是,上述对于被告人口供的补强,要么是针对口供内容中的无争议事实——如非法拘禁——的补强,要么是使用和本案不具备关联性的外部信息——如通过溜车侦查实验证明溜车的说法——补强口供的真实性。如此补强后的口供就足以证明要件事实吗?《刑事诉讼法》第 55 条并未对如何补强做具体规定。从本案诉讼实践来看,显然公诉机关认为类似补强已经足够,故而在没有寻获被害人尸体的前提下直接起诉;但法院历经三个月内三次开庭,一直不敢宣判,反而一再督促侦控机关继续查找被害人尸体,可见法庭对于能否如此补强、能否据此判决故意杀人罪成立,还是心有疑虑。

▢ 经补强但又翻供的被告人口供的效力问题

经补强但又翻供的被告人口供能否证明要件事实,应以能否形成内心确信为标准。一审前三次开庭中,公诉人不得不承认未能寻获被害人尸体。此时除一直否认杀人的主犯胡某某,就连庭前一直供述杀人的张某某、金某某也改口声称在大桥上就将张某释放,并称侦查阶段的杀人供述是受到警方的恐吓和诱导。辩护律师也顺势进行无罪辩护,主张证明被害人张某死亡以及胡某某等三人杀人的证据不足,故意杀人罪的指控不能成立。

《刑事诉讼法》第55条并未区分被告人翻供与否的情况。理论上讲,对于得到补强的庭前口供,只要能够确定其合法性和真实性,哪怕被告人当庭翻供,据以定案也无不妥。反之,如果翻供实质性削弱庭前供述的合法性和真实性,则无论是否得到补强,都不能就此定案。本案中虽然张某某、金某某当庭翻供,但一则其主张遭受恐吓、诱导的事实与侦查讯问录音录像不符,二则其翻供动机过于明显,甚至有通过第三人串供的可能,是故并未动摇公诉人和法庭对二人庭前供述真实性的判断。问题在于,法庭对于能否依据该口供认定被害人死亡和三名被告人的杀人事实,始终举棋不定。好在2014年12月28日,侦查机关历经千辛万苦,在被害人沉尸水库840多天之后,终于成功寻获铁笼和尸体。在次年2月11日的第四次开庭中,公诉人当庭提供了打捞录像和法医对笼中尸体与被害人的同一性鉴定。面对如山铁证,张某某、金某某不得不再次承认杀人,并坦诚之前翻供属于"心存侥幸"。由此也可见,此前公诉人根据无争议事实甚至不相关事实对二人的庭前供述进行补强,主张二人庭前供述真实可信,确实经得起检验。

有意思的是,在寻获被害人尸体之后,因泡水过久,法医虽能作出同一性认定,但无法辨别死因,故只能提交"死因无法判断"的报告。一审第四次开庭时,胡某某的辩护人就此主张:鉴于被害人有严重糖尿病,不排除在被抛入水库前就已死去,因此才没有呼救等证据,所以故意杀人事实依旧存疑。

毫无疑问,故意杀人案除要证明被害人死亡,还要证明系被告人的非法行为致死。本案因缺乏法医鉴定条件,全案只剩下被告人张某某和金某某的供述证明被害人入水时尚有生命,进而依据医学逻辑和日常经验推定被害人系三被告人杀死。这种缺乏直接证据的推定是否达到排除合理怀疑的程度呢?从本案一审、二审和死刑复核的裁判来看,法官显然并不认为必须有客观证据证明被害人死因。一旦有尸体证明死亡事实,再有被告人口供证明抛笼入水的事实,根据医学逻辑和日常经验足以形成被害人系三被告人杀死的内心确信,因此完全可以就此定罪判刑。

▋ 理论阐释

本案首先涉及证明对象和证明方法的区分。刑事案件中,证明对象是要件事实,包括定罪事实和量刑事实。具体到故意杀人案件中,要件事实包括被害人死亡的事实、被告人行凶的事实等。常见的指控证据,不管是口供等主观证据还是尸体等客观证据,都只是证明待证事实的方法,而非待证事实本身。缺乏常见指控证据,如故意杀人案中缺乏尸体,并不必然等于要件事实无法证明。只要能够获得在经验和逻辑上均足以证明要件事实的其他证据,依然可以定罪判刑。

当常见客观证据缺失,需要借助被告人口供来证明要件事实时,就得受到"口供补强规则"的约束。关于何为补强、什么证据可资补强、需要补强到何种程度,《刑事诉讼法》第55

条并无明确规定。英美传统证据法认为,补强证据应该能够独立证明主要事实,也即一是要指向案件事实,要与案件存在实质相关性;二是要来源独立于口供,不能用多份口供(含同案犯口供)相互补强。[1]

纵观国内研究,对补强证据来源独立这一要求较有共识,但对于补强证据应否单独证明要件事实,学者多有争议。一种观点倾向于当前英国的做法,认为补强证据可以仅针对口供真实性,如本案中用桥面溜车的侦查实验补强二被告人的口供。[2] 另一种观点则倾向于美国和日本的做法,要求补强证据可以单独证明要件事实,尤其是"犯罪结果、犯罪行为和主体同一"三个客观面之一。[3]

笔者认为,实践中犯罪要件事实缺乏客观证据直接证明的情况极为常见,例如,本案先有被害人死亡事实和被告人行凶事实,后在寻获被害人尸体后还有死因事实,都需要依赖被告人口供进行证明。如果一味要求补强证据得以单独证明要件事实,难免出现大量"内心确信已成、口供补强不足"的尴尬,既不符合自由心证这一根本原则,也难以为司法实践提供具有操作性的理论支撑和制度供给。更合理的做法,应当是正视实践的复杂性和多样性,允许仅针对口供真实性进行补强,特别是允许利用口供中哪怕不具备实质关联性的"专门知识"进行补强;但在补强之前,必须以严格的程序审查确认口供合法性尤其是自愿性;补强之后,必须严格坚持全案证据"排除合理怀疑"的证明标准,避免将补强直接等于定案。

■ 扩展思考

一方面,本案最终是在一审宣判前寻获了被害人尸体,因此定罪甚至判处死刑没有太多争议。如果被害人尸体一直未能寻获,哪怕根据上述口供补强规则足以定罪,是否依然可以判处死刑呢?如果因尸体阙如就不敢判处死刑,是否是对毁尸灭迹的极端犯罪形成事实上的制度激励呢?

另一方面,允许仅针对口供真实性进行补强,根本逻辑是"部分为真则全部为真",但这一逻辑并不必然成立,因为"半真半假"才是说谎的高级境界。不仅如此,这一逻辑还存在被犯罪分子利用的风险。假设本案张某某、金某某受到"高人"指点,从侦查阶段就一致供述在北山大桥上释放被害人,且依然详细供述桥面溜车这一"专门知识",那按照前述逻辑,是否就应当认定被害人未死亡,从而否定故意杀人罪呢?

---

[1] 美国规则参见 Smith v. U. S. 348 U. S. 147(1954);State v. Lucas. 152 A. 2d 50(1959);英国规则参见 R. v. Christie(1994) A. C. 545. 亦可参见李训虎:《变迁中的英美补强规则》,载《环球法律评论》2017年第5期。
[2] 参见徐美君:《口供补强法则的基础与构成》,载《中国法学》2003年第6期。
[3] 参见董坤:《规范语境下口供补强规则的解释图景》,载《法学家》2022年第1期。

093 证人出庭条件｜证据调查与证据评价

王某某受贿案

李昌盛　西南政法大学

■ 案情概要[*]

2018年，宁夏回族自治区石嘴山市中级人民法院开庭审理了王某某受贿罪一案。人民检察院指控被告人王某某六起受贿事实，王某某对其中四起受贿事实及金额提出异议。辩护人指出，起诉书指控王某某分别收受吴某某、刘某某、马某某现金，直接证据仅有王某某的供述和辩解、上述三人证人证言。同时辩解王某某收受黄某某所送现金90万元，并非400万元。庭前会议期间，王某某辩解其之前供述系非法证据，应当排除有罪供述，同时申请前述四名行贿人出庭作证。一审法庭最终驳回了王某某及其辩护人要求排除非法证据，以及要求证人出庭的申请，将被告人庭前有罪供述及证人书面证言作为定罪量刑关键证据。除调整收受吴某某的受贿金额之外，其余犯罪事实及涉案金额全盘采纳公诉机关指控意见，最终判处王某某有期徒刑11年，并处罚金80万元，并没收或追缴涉案财产。

一审判决之后，王某某提出上诉，上诉理由包括"原审法院拒不通知证人刘某、吴某、黄某、马某出庭作证，使以上证人证言内容真实性无法核实"。二审法院经不开庭审理，再次驳回了王某某申请证人出庭的动议。二审法院指出，"经查，刑事诉讼法规定，对证人证言有异议，且该证人证言对定罪量刑有重大影响，人民法院认为有必要出庭作证的，证人应当出庭作证。根据在案证据显示，证人刘某、吴某、黄某、马某的证言前后一致，内容稳定，与上诉人的有罪供述等在案证据相互印证，证言内容真实、客观、有效、形式合法，依法可以作为定案的依据"。驳回上诉，维持原判。

---

[*]　参见宁夏回族自治区石嘴山市中级人民法院(2018)宁02刑初6号刑事判决书、宁夏回族自治区高级人民法院(2019)宁刑终15号刑事裁定书。

[**]　本案例由西南政法大学李昌盛教授与林慧翔博士生联合撰写。

法律分析

> **争议焦点**
>
> 在定罪依赖于被告人口供与行贿人证言"一对一"印证的受贿案件中,控辩双方对证人证言有异议时,行贿人是否应当依法出庭作证?该问题可分为两个层面:是否属于"对定罪量刑有重大影响"情形?若是,人民法院能否以"证言前后一致,与在案证据相互印证"等理由拒绝证人出庭的申请?如何理解"人民法院认为证人有必要出庭作证"条件?

☐ 涉嫌行贿之人的证言属于"对定罪量刑有重大影响"情形

《刑事诉讼法》第192条第1款规定:"公诉人、当事人或者辩护人、诉讼代理人对证人证言有异议,且该证人证言对案件定罪量刑有重大影响,人民法院认为证人有必要出庭作证的,证人应当出庭作证。"对于该条规定,学界通说认为应当解读为"关键证人出庭原则",即通过限制必须出庭的证人范围,以保障被告人质证权利的局部实现。[1] 其中,如何理解"重大影响"是关键。对此,立法人士和司法实务界人士在有关《刑事诉讼法》的释义中给出了两种解答。一种观点强调证人证言在证据体系中的地位和作用,具体包括直接目击案件的发生,是案件主要甚至唯一的证人,对于印证其他可能定案的证据具有重要意义等。[2] 另一种观点从"待证事实"角度出发,具体包括证明被指控的犯罪事实的发生,被告人实施了犯罪行为与被告人实施犯罪行为的时间、地点、手段、后果以及其他情节,影响被告人定罪的身份情况,被告人有刑事责任能力,被告人的罪过,是否共同犯罪及被告人在共同犯罪中的地位、作用,对被告人从重处罚的,其他影响定罪量刑的重要事实(包括涉及非法证据排除的事实)。[3] 前一种观点适用范围窄于后一种观点,强调证人证言属于必需的、不可替代的情形,这也是实践中惯常的做法。当在案其他证据足以认定案件基本事实时,不少法院以"证人不出庭不影响定罪量刑"为由拒绝证人出庭的申请。

然而无论采取何种解释,本案行贿人均属于"证人证言对定罪量刑有重大影响"情形。在有争议的四起受贿事实当中,除被告人口供及行贿人证言,无其他证据能够直接还原案件事实。在案其他证据如相关工程、合同资料,会计记账凭证只能证明被告人与证人之间有资金及业务往来,无法进一步推论出行贿受贿行为发生的可能性。在被告人当庭翻供的情形下,行贿人证言对认定被告人有罪以及准确认定具体涉案财产起到至关重要的作用。

☐ "人民法院认为证人有必要出庭作证"的司法逻辑

"人民法院认为证人有必要出庭作证"是证人出庭"三要件"中争议最大的一个要件。

---

[1] 参见左卫民、马静华:《刑事证人出庭率:一种基于实证研究的理论阐释》,载《中国法学》2005年第6期。
[2] 参见郎胜:《中华人民共和国刑事诉讼法释义(最新修正版)》,法律出版社2012年版,第406页。
[3] 参见江必新:《最高人民法院关于适用〈中华人民共和国刑事诉讼法〉的解释理解与适用》,中国法制出版社2013年版,第200~201页。

学界不少观点主张将证人出庭"三要件"限缩为"两要件",排除法院的自由裁量权。[4] 但《刑诉法解释》修改时未延续2017年《人民法院办理刑事案件第一审普通程序法庭调查规程(试行)》"两要件"规定,而是再次回归"三要件",表明司法解释放弃对立法作出目的限缩解释的尝试,恢复法院对证人出庭的裁量权。在立法规定模糊,而司法解释未进一步细化时,有赖于从相关解释性文件及著作中探寻立法原意。

从最高人民法院有关著作权威意见来看:"刑事诉讼法……赋予了人民法院对于应当出庭证人的最终审查权,审查标准是'有必要出庭作证'。如果某些证人证言虽然对案件定罪量刑有重大影响,并且公诉人、当事人或者辩护人、诉讼代理人也提出了异议,但是人民法院认为通过其他证据足以对该证人证言进行查证的,则该证人可以不出庭作证。""证人是否应当出庭作证,法院应当综合考虑决定,人民法院如果结合其他证据,能够对证人证言的真实性、合法性、关联性作出判断的,也可以不通知证人出庭作证。"[5] 按此要求,即使辩方对不利证人的真实性有异议,但只要法庭对书面证言的真实性无疑义或已有其他证据印证,就可以否决辩方的申请。这也是本案法院认为"四名证人证言前后一致,内容稳定,与上诉人的有罪供述等在案证据相互印证,证言内容真实、客观、有效、形式合法,依法可以作为定案的依据"的内在逻辑依据。

然而以"证言前后一致,与在案证据相互印证"等理由拒绝证人出庭申请,即便不违反立法规定,却缺乏法理上的正当依据。以"证据相互印证,事实已经查明"作为拒绝证人出庭的理由,实为预断证人出庭不会改变原先证词,出庭证言将与书面证言一致,共同印证在案其他证据。在提前预断出庭证言证明力情况下,除非辩方申请出庭的证人存在"足以推翻指控事实"的极大可能性,且法庭认可、接受这种证明效果,否则极有可能驳回证人出庭申请。这也正是本案一审法院在被告人同时申请排除非法口供以及申请证人出庭情况下,仅允许侦查人员出庭接受控辩双方质询的原因。

■ **理论阐释** | 关于证据调查和证据评价的关系

以"在案证据是否相互印证""案件事实是否已经查明"来审查判断证人出庭必要性,从根本上混淆了证据调查和证据评价二者之间的关系。刑事诉讼证明活动宏观上由两个步骤组成的:事实认定者必须先判断现有的证据材料是否足以担保作出结论性判断,然后再判断给出哪一种结论。在证据调查环节,拟解决的核心问题是证据收集问题,即裁判者必须判断是否有必要继续开发证据来源、扩大证据基础。而证据评价环节则是根据已经调查过的全部证据进行分析评估,所要解决的核心问题是证明力大小的判断问题,既包括单个证据的评估,也包括判断全部证据指向肯定性的有罪结论或否定性的无罪结论。当能够收

---

[4] 参见胡云腾、喻海松:《刑事一审普通程序修改解读》,载《法律适用》2012年第9期;龙宗智:《庭审实质化的路径和方法》,载《法学研究》2015年第5期;汪海燕:《论刑事庭审实质化》,载《中国社会科学》2015年第2期。

[5] 江必新:《最高人民法院关于适用〈中华人民共和国刑事诉讼法〉的解释理解与适用》,中国法制出版社2013年版,第201页。

集到的证据已经收集齐全,一般来说证据评价就是水到渠成之事。此时,证据可能决定性地指向某一个结论,即所谓真相大白。

而以"证据相互印证,事实已经查明"作为拒绝证人出庭的理由,正好混淆了证据调查和证据评价的位阶。从理性调查的视角来看,控诉事实是否已经得到证明应当是最终的证据评价环节解决的问题。在尚未对可能否定控诉的事实展开全面调查之前,哪怕裁判者有多么坚定的信念,也应当保持开放的心态,悬置自己的判断,不得以此"预判"过早否定证据调查必要性(德国法称为"证据预断禁止",Verbot der Beweisantizipation)。

相较于庭前书面证言,证人出庭增加了当庭言词证据。在没有调查证据之前,新增证据既有可能增加裁判者"预判"的确定性,也可能降低确定性。增加证据分量的真正意义在于可以让我们就争议事实的判断建立在一个更为扎实稳固的"客观"基础之上,从而为我们作出一个符合真实情况的判断创造了必要的条件。因此,在控辩双方对证人证言有异议,并提出拟申请出庭的证人对定罪量刑可能产生重大影响时,只要从经验上判断证人出庭具有否定、削弱控诉事实的可能性,就不能在没有对其展开调查之前将其证明效力评价为无价值。是否具有价值以及具有多大的价值只能在调查完毕之后的评价环节确定,而不能未审先判地否定拟申请出庭的证人证言证明力。

然而,应然上前后相继的证明活动,在实然运作中并非泾渭分明,而是你中有我、我中有你。当证据调查的权力和证据评价的权力集中于同一主体时,对现有证据的评估无法避免地会对进一步调查证据的必要性产生重大影响,从而产生了关门或开门的效应。当裁判者根据所调查收集的证据已经获致了确信的心证或认定满足了证明标准,则可能关上证据调查大门。因此,证人是否出庭,核心在于平衡裁判需要和辩护需要。我国目前主要以裁判者的需要("人民法院认为证人有必要出庭作证"要件)作为法律标准,缺乏对辩护方查证需要的必要关切。因此,在未来完善证人出庭作证制度时,应当进一步明确裁量权的范围,尽量扩大关键证人出庭范围。

■ **扩展思考** | 如何合理限制人民法院拒绝证人出庭的裁量权

"以审判为中心的诉讼制度改革"将保障证人出庭作为关键举措之一,那么,如何合理限制人民法院拒绝证人出庭的裁量权,才能达到证人"应出尽出"的改革目的?

不同于域外将证人出庭范围扩展至可以合理预期加强己方立场,我国立法将控辩双方申请出庭证人范围限于"证人证言对案件定罪量刑有重大影响"。在立法已经明确缩小证人出庭范围情况下,有必要进一步明确裁量权的范围,避免法院再度任意扩大证人不出庭的范围。根据《刑诉法解释》的规定,法院认为证人"不必要"出庭包括"与案件无关或者明显重复、不必要"三种类型,其中"与案件无关"与"明显重复"显然属于无出庭必要的情形,此处重点讨论除此情形外"不必要"出庭作证的理由。在坚持"关键证人出庭为原则"基本立场时,"人民法院认为证人有必要出庭作证"不得被解读为对前两个要件具有压倒性的替代作用,而是在满足前两个要件时,基于特定理由或特殊诉讼价值考虑而排除证人出庭。

具体说来，当控辩双方对证人证言有异议，并且法院认可证人所欲证明的"待证事实"对定罪量刑有重大影响时，法院认为证人"无出庭必要"仅限于合理预断以及证人因特殊原因无法到庭两种情形。

综合考虑司法资源、查明案件真相以及权利保障，一概禁止裁判者对于申请调查的证据证明力进行任何预判，让其完全作为被动地接受、消化信息的机器，当然不可行。我们认为，允许法院在以下两种情况下预断证人无须出庭作证。其一，证人出庭所欲证明的事实为某辖区内众所周知的事实，或是明显符合经验法则的事实。在这种情况下，即便以证人出庭的方式再次审查证言内容，审查结果极大可能性不会推翻先前认知。证人出庭不但增加司法成本，也对查明案件事实未能起到帮助作用。其二，基于"存疑有利于被告人"原则，对于有利于被告人的事实，并不一定非得要查证属实，只要有存在的合理可能性即可。因此，当法院将辩护方申请证人出庭所欲主张的事实"拟制"为事实时，证人可以不出庭作证。

此外，证人因特殊原因无法到庭也是拒绝证人出庭的正当事由。该理由主要包括两种情形，一种为证人死亡、下落不明、丧失作证能力等无出庭可能性，此时也无法采取视频作证、匿名作证等替代性措施；另一种为证人基于法定理由选择不出庭，包括近亲属出庭作证豁免权、保护特情、保护脆弱证人、身患重病、因被告人恐吓不敢出庭等，此类证人实际上有出庭作证的必要，立法权衡其他诉讼价值之后赋予证人选择不出庭作证的权利。对此，法院不得以无法强制到庭为由直接拒绝证人出庭的申请，必须依法通知证人出庭，唯有当证人选择不出庭时，法院才能免除保障证人出庭的义务。并且对于此类证人，法院有必要进一步采取替代性措施减少对辩护权的侵害。当前我国《刑诉法解释》明确规定部分案件在审前询问环节引入同步录音录像[6]，确保证言收集过程合法、证言可靠。随着在线诉讼进一步推广，以视频作证形式出庭，或是庭前保障控辩双方对质证人的权利，有望逐步发挥其实质替代作用。

---

[6] 《刑诉法解释》第 556 条明确规定："审理未成年人遭受性侵害或者暴力伤害案件，在询问未成年被害人、证人时，应当采取同步录音录像等措施。"

094 立案前收集证言的合法性｜立案标准的探讨
白某诈骗案

李　鑫　四川大学

■ 案情概要*

被告人白某系温州职业技术学院工作人员，担任温州市中小企业公共服务平台主任，与徐某2系朋友关系。白某于2017年6月至2018年8月，利用上述身份、关系，取得徐某2等人的信任，向徐某2虚构高回报投资项目，先后骗取徐某2之父徐某1的"投资款"等钱款共计91万元。具体诈骗事实如下：（1）2017年6月，白某和徐某2聊天过程中，虚构投资"福州汇江地质工程有限公司地质灾害处理项目"获得高回报，引诱徐某2投资上述项目。徐某2遂介绍其父亲徐某1等人投资上述项目，并由被害人徐某1和白某签订了《关于投资福州汇江地质工程有限公司的相关协议》。2017年6月20日、7月3日，被告人白某分别收取被害人徐某1支付的"押金"1万元和"投资款"50万元。2018年2月，福州汇江地质工程有限公司被注销。（2）2018年7月，白某又虚构"杭州浙能集团智能电表项目"以及投资该项目可获得高回报，引诱徐某2投资。徐某2再次介绍父亲徐某1等人"投资"。2018年7月24日、8月15日，白某分别收取徐某1 30万元和10万元。

一审法院以诈骗罪对白某判处刑罚。白某不服判决，认为侦查机关在立案前先予侦查的做法违法。并提出上诉："本案的立案登记时间为2019年4月3日，但徐某2笔录制作时间为2019年4月2日；证人陈某的笔录制作时间为2019年3月18日；白某的笔录制作时间为2019年3月14日。言词笔录的时间相互矛盾，与事实不符。"

2020年9月28日，浙江省温州市中级人民法院作出二审判决，对上诉理由进行回应：侦查机关在立案前，可以对案件进行初查，进行不涉及当事人重大权益（如强制措施，对财产的查封、扣押等）的调查。侦查机关对证人陈某的调查时间确实发生在立案前，该份证言也经过原审法院审理的庭审举证、质证，控辩双方异议，原审法院据此予以采纳。现经审查，认为该份证据并非非法证据，对案件具有证明力，在形式上适格，维持原审法院对该份证据予以采纳的处理意见。

---

* 参见浙江省温州市中级人民法院（2020）浙03刑终600号刑事裁定书。

■ 法律分析

争议焦点

侦查机关在立案前先予侦查的行为是否合法？立案前取得的证据是否应当排除？

☐ 立案前侦查行为的合法性

立案作为独立的诉讼程序源于苏联刑事诉讼法中的"提起刑事案件"制度。苏联法学家切里佐夫认为，提起刑事案件具有重大意义，因为"只有在作出提起刑事案件的决定后，权力机关才能进行刑事诉讼法典所授权进行的一切诉讼行为，这些行为当中很多严重触及公民的利益，而且还可以依强制程序来进行的，因此确定刑事诉讼的开始时期，亦即确定国家侦查机关开始获得广泛权限的时期"。[1] 由此，立案制度的功能预设即为限制侦查行为的启动，保障诉讼参与人的合法权益。

立案作为刑事诉讼的起始程序，为侦查提供依据和基础。《刑事诉讼法》第115条规定："公安机关对已经立案的刑事案件，应当进行侦查，收集、调取犯罪嫌疑人有罪或者无罪、罪轻或者罪重的证据材料。"这意味着立案后才能启动侦查程序，不立案就无法保障侦查行为的合法性。为了避免侦查权的任意启动，保障公民合法权益，《刑事诉讼法》对于立案设置了较高的门槛，即要证明"有犯罪事实需要追究刑事责任"，侦查机关才能作出立案决定。

有关机关为了查清事实，达到立案标准而有必要采取一定措施，因此公安机关增设了"初查"措施以便确定是否符合立案条件。《公安规定》（2012年）第171条规定可以采取"询问、查询、勘验、鉴定和调取证据材料等不限制被调查对象人身、财产权利的措施"，同时，为了避免与侦查行为混同，对"初查"措施进行了限定，不得采取"限制被调查对象人身、财产权利的措施"。后《公安规定》（2020年）将初查改为"调查核实"，其基本内容不变，由此，形成了立案前采取任意侦查措施——立案后采取强制侦查措施这一侦查合法性的认定规则。

本案中，侦查机关在立案前收集证据是为了对是否符合立案条件进行调查核实，该措施对于决定是否需要追究刑事责任必不可少，并不违反《刑事诉讼法》的强制性规定，也不违反刑事诉讼原理，该行为符合《公安规定》第174条之规定，应当认定立案前的侦查行为合法。

☐ 立案前收集的证据是否应当排除

要探讨立案前取得的证据是否属于应当排除的非法证据，首先应厘清何为"非法证据"。《刑事诉讼法》所规定的"非法证据"为"采用刑讯逼供等非法方法收集的犯罪嫌疑

---

1 ［苏］M. A. 切里佐夫：《苏维埃刑事诉讼》，中国人民大学刑法教研室译，法律出版社1955年版，第299页。

人、被告人供述和采用暴力、威胁等非法方法收集的证人证言、被害人陈述"以及收集"不符合法定程序,可能严重影响司法公正的"的物证、书证,显然仅限于收集方法或手段违法的证据,而不包括其他方面不符合法律规定的证据。本案中侦查机关对证人的调查时间确实发生在立案前,但对于该份证言是否属于非法证据而应当予以排除,可从如下方面进行分析。

第一,是否采用非法手段收集证据。《刑事诉讼法》确立的非法证据排除规则中"非法手段",是指那些严重侵犯当事人权利、破坏司法公正的取证手段和方法。对于言词证据的"刑讯逼供等非法方法"和"暴力、威胁等非法方法"中的"非法方法",是指违法程度和对当事人的强迫程度达到与刑讯逼供或暴力、威胁相当,使其不得不违背自己意愿陈述的方法。[2] 本案中,侦查机关在立案前收集证据是为了对是否符合立案条件进行调查核实,该行为未达到与刑讯逼供、暴力、威胁相当的违法程度和对当事人的强迫程度,也不会达到与非法搜查、非法扣押、非法技术侦查相同的违法程度,不属于非法手段收集证据。

第二,立案前收集证据的行为是否侵害公民权利。排除非法证据一方面是因为收集证据的手段违反法律规定,另一方面是为了防止非法手段侵害公民权利,因此必须通过非法证据排除规则防止对公民权利的侵害。需要注意的是,收集证据的行为是指未立案就收集证据这一情节本身是否侵害公民的权利,而非收集证据时采取的措施侵害公民权利。在我国,立案作为刑事诉讼的起始程序,用于规范司法机关对刑事程序的启动,其本身并不会直接影响公民权利。

第三,排除立案前收集的证据是否有意义。非法证据排除规则的目的在于抑制非法取证手段从而保障公民权利。因此,如果排除立案前收集的证据并不能达到该目的,除产生额外的司法成本以外毫无意义,则无须排除证据。如前所述,侦查机关在司法实践中对立案前收集证据存在现实需求,《公安规定》和《高检规则》也允许在立案前可以进行调查核实,且目前《刑事诉讼法》对于相关问题的规定存在矛盾,严格排除立案前收集的证据并无意义。

综上三点,本案侦查机关在立案前收集证据确有现实需求,收集证据的方式不属于非法手段,且并未侵害陈某的权利,即该证据并非通过非法方法侵害当事人权利而收集,排除该证据并不能达到抑制非法取证手段的目的,对于该证言无须进行排除。

■ 理论阐释 | 立案与证据合法性之关系

如前所述,我国的立案制度移植于苏联,在《刑事诉讼法》(1979 年)立法时,就将立案作为独立的诉讼程序进行规定。我国刑事诉讼法遵循着"立案—侦查—审查起诉—审判—执行"的诉讼模式,立案是刑事诉讼程序启动的初始环节。我国理论界将立案作为合法实

---

2 参见全国人大常委会法制工作委员会刑法室编:《关于修改中华人民共和国刑事诉讼法的决定:条文说明、立法理由及相关规定》,北京大学出版社 2012 年版,第 56 页。

施侦查行为的前提,如有学者认为"立案决定是司法机关具体进行侦查、审判等诉讼活动的合法依据,就是说,法律赋予司法机关的侦查和审判权力,一般只有在依法作出立案决定后才能实施。"[3] 还有教材进一步写明:"凡是没有经过立案阶段的侦查、起诉、审判活动,是同我国刑事诉讼法违背的、不合法的诉讼活动。"[4]

但现实规范层面却并未将立案作为合法实施侦查行为之前提。根据全国人大常委会法工委相关工作人员对立案这一程序的说明来看,该程序主要在于强调及时立案对于揭露、证实、惩罚犯罪的重要性,[5] 并不涉及为侦查行为提供合法依据的问题,且在实践中公安机关在立案前采取侦查措施的情况并不少见。《公安规定》第 174 条规定,公安机关在调查核实过程中可以采取询问、查询、勘验、鉴定和调取证据材料等措施,该措施与侦查措施并无本质上的区别,同时实施调查核实和侦查的主体均为侦查人员,在同一主体既进行调查核实又进行侦查的情况下,也难以发挥立案"为侦查提供合法依据"的功能。因此,如果以立案作为是否允许采取侦查措施的标准,似乎存在自我矛盾。

如果将立案作为合法实施侦查行为之前提,则意味着未经立案而实施的侦查行为不合法,那么因此取得的证据是否属于非法证据而应予以排除?最高人民法院在《刑诉法解释》(1998 年)第 61 条的规定中初步确立了非法言词证据的排除。根据全国人大常委会法工委刑法室对非法证据排除规则的说明,我国确立非法证据排除规则是为了"从制度上进一步遏制刑讯逼供和其他非法收集证据的行为,维护司法公正和诉讼参与人的合法权利,对于非法取得的证据严重影响司法公正的,应当予以排除,不能继续在刑事诉讼中作为证据使用",[6] 因此非法证据排除是指对通过非法方法侵害当事人权利而收集的证据进行的排除[7],而非一切与法律规定不符的证据。结合我国《刑事诉讼法》确立非法证据排除规则的目的来看,立案前收集的证据是否应当认定为非法证据而予以排除与立案与否并无必然联系,而取决于证据本身是否属于"非法证据",若该证据是通过非法方法侵害当事人权利而收集,则应当认定为非法证据而予以排除。

■ 扩展思考 | 如何更好地完善刑事立案程序

▫ 降低立案门槛,设置合理的立案标准

如前所述,我国《刑事诉讼法》对于立案设置了较高的门槛,即要证明"有犯罪事实需要追究刑事责任",侦查机关才能作出立案决定。很多案件事实在立案阶段尚处于模糊状态,是否需要追究刑事责任需要通过进一步的侦查手段调查,仅依靠立案阶段的材料很难判断

---

[3] 张子培主编:《刑事诉讼法教程》,群众出版社 1987 年版,第 278 页。
[4] 吴会长等编著:《刑事诉讼法概论》,浙江人民出版社 1986 年版,第 169 页。
[5] 参见郎胜主编:《中华人民共和国刑事诉讼法修改与适用》,新华出版社 2012 年版,第 222 页。
[6] 全国人大常委会法制工作委员会刑法室编:《关于修改中华人民共和国刑事诉讼法的决定:条文说明、立法理由及相关规定》,北京大学出版社 2012 年版,第 57 页。
[7] 参见戴长林主编:《非法证据排除规定和规程理解与适用》,法律出版社 2019 年版,第 13 页。

是否需要追究刑事责任,因此在立案阶段就判断是否需要追究刑事责任不合理。且由于立案标准过高,在我国司法实践中"不破不立""先破后立"的现象时有发生,立案程序被严重虚置。

鉴于上述刑事立案标准在我国司法实践中出现的问题,有必要降低立案的门槛,设置更为科学合理的立案标准。将"需要追究刑事责任"从立案标准中删除,以"存在基本犯罪事实"为启动侦查程序的依据。即只要有证据证明存在基本犯罪事实,就可以立案而不必确认是否需要追究刑事责任。以此为标准,可以防止侦查机关为了证明"需要追究刑事责任"而直接跳到侦查环节,从而导致立案程序被虚置,甚至为了收集证据直接采取强制措施,在一定程度上保障了当事人的合法权益。同时,拒绝在立案阶段就对当事人"定罪"可以避免在审判过程中影响法官的独立判断,与我国刑事诉讼法"未经人民法院依法判决,对任何人都不得确定有罪"的基本原则相符合。

▣ 明确立案前"调查核实"程序性质

我国现行《刑事诉讼法》对于立案前"调查核实"程序并没有相关规定,使侦查机关在立案前采取相关措施时缺少明确的法律依据。虽然公安部通过出台《公安规定》,赋予公安机关在刑事诉讼立案阶段调查核实的权利,但该阶段所收集证据的合法性却一直存在争议。在司法实践中立案前的调查核实程序及所采取的措施与立案后的侦查程序并无本质区别。

由于《刑事诉讼法》规定立案后才能启动侦查程序,使立案前的调查核实程序与侦查程序被一分为二,后者是前者行为的延续。因此《刑事诉讼法》应当赋予"调查核实"程序明确的法律地位。一方面,调查核实程序作为刑事立案程序不可缺少的一部分,有利于及时查明犯罪事实;另一方面,调查核实程序回应了司法实践的现实需求,有利于实现程序正义。由此所收集证据的合法性问题也迎刃而解。因此,赋予立案前调查核实程序明确的法律地位存在正当性和合理性,对于完善我国刑事立案程序具有重要意义。

095　证人与见证人身份能否重叠

马某、马A某非法持有毒品案

李训虎　中国人民大学

■ 案情概要[*]

马某网购甲基苯丙胺,2016年10月12日,包裹到达乌鲁木齐市米东区某小区快递分销点。当天上午9时左右,马某来到该快递点,因工作人员正忙于分拣货物,未找到其包裹,马某遂离开。11时许,马某接到马A某,二人商议由马A某帮马某代取包裹,事成后马A某可分得三克甲基苯丙胺作为酬劳。11时30分许,二人到达顺丰快递店门口,马某在车上等待,马A某一人进入店内取包裹,杨某等工作人员将包裹交予马A某。马A某签收包裹后在快递店内被民警当场抓获,马某也随即被抓获。

民警当场对被告人马某和马A某的人身及随身物品进行搜查并扣押马某使用的Vivo牌手机一部,马A某使用的Vivo牌手机一部、Volte牌手机一部,现场查获并扣押藏匿于红色铁观音茶叶盒内的疑似甲基苯丙胺的白色晶体五包(经鉴定上述五包白色晶体中均检出甲基苯丙胺成分,经称量净重290.5克)。上述搜查、扣押过程现场见证人为杨某。另外,称量笔录、取样笔录、扣押/称量/取样结果告知书显示,民警在乌鲁木齐市禁毒支队办案区对从被告人马某、马A某处查获的五包晶体进行称量、取样时的见证人亦为杨某。

审判阶段,证人杨某并未出庭,证言概括如下:2016年10月12日快9点钟,有一男子来我们点部问有没有付某的快递,我们当时在分捡,货特别多,我就对他说等我们把货分检完再给你取件,那个男的也没走,就自己在找货,差不多半个小时他就走了。等到11点左右的时候来了一个中年男子,说要取付某的货,我们就把快件给了他,然后他被公安机关抓了,过了一会在门口的一辆车上抓获了早上来取货的那个男的。当着我们和那两上被抓的人的面,快递被民警打开,里面是一个红色的茶叶盒。茶叶盒里面有六个小盒茶叶,打开之后在五包中搜出白色晶体,听说是冰毒。

马某的辩护人辩称:(1)本案证人未出庭;(2)快递工作人员杨某1作为证人不能同时担任见证人。证人与见证人履行不同的法律义务,身份重叠于法无据。杨某作为证人,不是"与案件无关"的人,因此不符合见证人的主体资格。刑事诉讼活动是公权力依法运行的过程,应严格遵守"法无授权即禁止"原则。如果作证之前已经作为见证人见证了相关诉讼活

---

[*] 参见新疆维吾尔自治区乌鲁木齐市米东区人民法院(2017)新0109刑初170号刑事判决书。

动,那么也不应再作为证人作证。

乌鲁木齐市米东区人民法院经审理认为:关于证人与见证人身份在刑事诉讼过程中能否重叠的问题,法律尚无明确规定。法院试图从宪法规定的监督权的角度进行说理。法院认为,《宪法》第41条赋予公民监督国家公权力机关及其工作人员活动的权利,见证人行使的即为监督权,而证人又具有不可替代性。辩护人提出刑事诉讼活动属于公权力运行的过程,应严格遵守"法无授权即禁止"原则,杨某不能同时作为证人和见证人。但法院认为不能将见证人对侦查机关行使监督权简单等同于侦查机关行使公权力的过程。本案见证人杨某本身也不具备行使公权力的身份,仍属私权利主体性质。故不受"法无授权即禁止"原则限制,对私权利主体而言"法无禁止即可为",若证人杨某与本案无利害关系,不影响其担任本案见证人。故法院对该辩护意见不予采纳。

■ 法律分析

争议焦点

本案争议的重点问题是刑事诉讼中证人与见证人身份能否重叠。

本案法院认为,刑事诉讼法并没有明确规定证人和见证人身份能否重叠,因此援用《宪法》第41条监督权条款进行说理。法院认为,见证人杨某与本案无利害关系,可以行使监督权对侦查活动进行监督。相较于证人身份的不可替代性以及作证的法定义务属性,私主体杨某是否担任见证人属于其权利,应当遵循"法无禁止即可为"原则,而不受"法无授权不可为"约束,因此本案证人与见证人身份可以重叠。

司法实践中,同一人担任证人和见证人的身份混同现象并不少见。本案法院的做法以及说理具有相当的代表性。尽管刑事诉讼法对该问题缺乏明确的禁止性规定,但如果对证人和见证人相关条文进行体系化解释,并综合分析刑事诉讼法以及相关规范性文件对于见证人资格设定的理论根据,则会发现本案法院对证人和见证人身份重叠的认识存在偏差。

《刑事诉讼法》第62条对证人条件作出规定:"凡是知道案件情况的人,都有作证的义务。生理上、精神上有缺陷或者年幼,不能辨别是非、不能正确表达的人,不能作证人。"尽管《刑事诉讼法》第133条、第139条、第140条、第142条要求勘验检查、搜查和查封扣押等侦查行为需有见证人在场并对笔录进行签字盖章,但上述条文并没有对见证人条件作出规定。《刑诉法解释》第80条及《公安规定》第194条则对见证人条件作出了详细规定。

根据《刑诉法解释》第80条和《公安规定》第194条的规定,"与案件有利害关系,可能影响案件公正处理的人"不能担任见证人。与之相对,证人资格则不受利害关系限制,基于证人的不可替代性,与案件有利害关系并不妨碍担任证人。由此不难推知,与案件有利害关系的证人不能同时担任见证人。但问题是,本案中的杨某,即所谓的"与案件没有利害关系"的证人能否成为见证人呢?

司法实践中,侦查机关往往以证人与本案没有利害关系为由,让其担任本案见证人。

但这种做法往往引发争议。反对证人担任见证人的主要理据在于,《公安规定》(2012年)第210条规定:公安机关对案件现场进行勘查不得少于二人。勘查现场时,应当邀请与案件无关的公民作为见证人。《高检规则》第197条明确规定:勘验时,人民检察院应当邀请两名与案件无关的见证人在场。由此可以推知,与案件无关是担任见证人的必备条件,证人不是"与案件无关"的人,不符合见证人的主体资格。[1]

但这一理解并不全面,仅从上述条款就得出"见证人必须与案件无关"这一结论失之偏颇。《刑诉法解释》第80条和《公安规定》第194条是对见证人条件的专门规定,《高检规则》并没有对见证人条件进行专门规定,只是通过第197条规定勘验时见证人的资格,尽管可以扩大解释至检察机关适用见证人的所有情形,但不能将其推广至所有的刑事诉讼阶段。并且,《公安规定》第215条已经删除"勘查现场时,应当邀请与案件无关的公民作为见证人"的表述,转而采用第194条的一般条款表述方式。

由此,本案的关键还是如何理解"与案件有利害关系,可能影响案件公正处理的人"。按照常规理解,这一除外条款需要满足两个条件,即与本案有利害关系,且可能影响案件公正处理。与案件有无利害关系相对容易判断,但是否影响案件公正处理则不太容易判断。就本案来看,杨某与案件无利害关系,似乎满足见证人的条件。但问题在于,杨某的身份系本案证人,其作出的证言毫无疑问会影响案件处理结果,其是直接影响案件处理结果的人。并且,证人作为了解案情的人,会形成对于案情的主观判断,导致其难免具有认识上的倾向性,这样一种倾向性可能会影响见证人的客观中立,进而导致诉讼监督的初衷难以落实。由此,证人与见证人发生身份不应发生重叠。

对于上述观点,反对观点同样有力:前述除外条款规定的是"与本案有利害关系,可能影响案件公正处理",杨某与本案并无利害关系,另外,也不能将证言内容影响案件处理结果理解为"影响案件公正处理",因为一般所言的"影响案件公正处理"需要研判的是处理案件的公职人员是否受到影响。

综合上述,单纯对条文进行解读恐怕难以获得令人信服的答案,我们需要通过深层次的理论分析进行阐述。

▍理论阐释 ｜ 见证人作为程序证人的引入

证人能否同时担任见证人的争论,究其本质,是对于见证人性质或定位理解存在分歧。证人是知道案件情况并作证的人,其对案件实体性事实进行作证,可将其称为实体证人。随着司法实践的演进,逐渐发展出专家证人和程序证人的概念。专家证人就刑事诉讼中的专业性问题作证,实体证人就案件中的实体性事实作证,而程序证人则对案件相关的程序事项作证。

程序证人的引入是刑事诉讼程序文明、进步的标志,其旨在证明相关侦控行为是否合

---

[1] 参见伍晋:《证人不能同时担任见证人》,载《检察日报》2016年1月13日,第3版。

法有效。传统刑事诉讼解决被追诉人的实体罪责问题,非法证据排除规则兴起后发展出来的程序合法性诉讼,解决的就是侦控机关诉讼行为的合法性问题。在程序合法性诉讼中,控方需要证明侦控行为的合法性,其中最为典型的证明方式就是侦查人员出庭作证。程序合法性诉讼中作为证人的侦查人员就是最具代表性的程序证人。当然,在程序合法性诉讼中,侦查人员还具有程序被告的身份。

在程序合法性诉讼中,侦查人员以程序证人身份作证证明侦查行为的合法性,属于争议诉讼行为发生后的证明措施。如果能够在专门机关的诉讼行为发生时引入第三方的同步监督,同样有助于保障和提升程序的合法性和文明程度。基于此,制度设计者要求侦控机关在进行勘验、检查、搜查、辨认、查封、扣押等可能干预公民人身权、财产权以及隐私权的诉讼行为时,应当邀请有关公民作为见证人。见证人在刑事诉讼中可以发挥四个方面的作用:第一,监督专门机关,保证相关诉讼行为的合法性和正当性;第二,保护相关权利人的合法财产权利,防止其财产被侵吞;第三,确保获取的证据合法、有效;第四,在程序合法性诉讼中担任程序证人。在审判过程中,见证人可以出庭就其见证的程序事项作证。基于此,见证人在本质上属于程序证人,并且应将其视为诉讼参与人。

本案中存在的问题,就是在同一案件中实体证人能否担任程序证人,即要求同一公民在诉讼中就实体事实承担作证义务的同时,承担监督义务,就程序合法性问题进行见证。这一问题的关键在于实体证人的角色身份是否会对程序证人的诉讼行为产生影响。

尽管刑事诉讼法要求实体证人就所知悉的案件情况进行客观中立的陈述,但事实上证人表达的内容不可能没有主观性和倾向性。正是基于实体证人难以避免的倾向性,才有英美证据法中控方证人和辩方证人的划分。当实体证人带有倾向性时,由其担任见证人无疑有损于客观中立的制度设计原则。或许有人会认为,并非所有的实体证人都具有倾向性,同一案件的实体证人担任见证人未必会对案件处理结果产生影响。但在程序正义、正当程序观念已经被广泛接受的当下,这种唯结果论的观点难以为人接受。科学合理的刑事程序的建构应当力图消除和避免所有有危及正当程序的因素。基于此,见证人的选任应当确保其与本案没有任何关系,无论是实体上的利害关系,还是程序上的角色重叠。进而言之,实体证人担任见证人违背正当刑事程序法理。

针对上述判断,或许有人会说,特定情形下侦查人员就兼具实体证人和程序证人的双重角色,存在身份重叠问题。需要指出的是,侦查人员的身份重叠问题有其特殊性,无论侦查人员作为目击证人还是作为程序证人,其都带有明显的倾向性:作为实体证人,其要证明被告人有罪;作为程序证人,其要证明程序合法。并且,侦查人员的角色重叠是因程序推进不得不发生的角色转化,因为其既是实体事实的亲历者,又是程序事项发生时的当事人。

另外,根据《刑诉法解释》第80条的规定,行使勘验、检查、搜查、扣押、组织辨认等监察调查、刑事诉讼职权的监察、公安、司法机关的工作人员或者其聘用的人员不能担任见证人,这不仅排除了侦查人员同时担任证人和见证人的可能性,更是从根本上排除了被监督者和监督者的角色冲突。这一立法的初衷就在于从制度上保证刑事程序的合法性和正当性。由此,不能以侦查人员特定情形下的身份重叠来否定前述"实体证人不能担任见证人"的判断。

本案反映出的证人与见证人身份混同现象是见证人适用乱象的一个侧面,在当下的刑事司法实践中,侦查机关不邀请或随意邀请见证人等现象屡见不鲜,并引发诸多争议。这些问题的出现充分暴露出我国见证人制度的不健全、不完善。基于此,2016年10月"两高三部"联合下发的《关于推进以审判为中心的刑事诉讼制度改革的意见》第3条规定:"建立健全符合裁判要求、适应各类案件特点的证据收集指引……完善见证人制度。"将来应当从选任资格、权利义务以及诉讼地位等方面系统构建刑事见证人制度。

■ 扩展思考 | 刑事裁判文书是否可以援用宪法

本案法院在进行说理时以刑事诉讼法对于证人与见证人身份是否可以重叠没有明文规定为由,援用宪法规定的监督权进行论证。在我国的刑事司法实践中,辩护律师援引宪法作为辩护依据的情形较为多见,法官在裁判文书中援用宪法论证刑事程序问题的情形则比较少见。在宪法学研究领域,法院能否援引宪法条文作为裁判依据以及如何援引宪法一直是宪法学界争论的热点问题。

最高人民法院对于裁判文书能否援引宪法,态度有所变化。[2] 最新的规范性文件允许在民事裁判中援用宪法体现的原则和精神进行说理,但对于刑事裁判文书是否可以援用宪法则缺乏明确规定。

在当下的刑事司法实践中,地方法院援用宪法入裁判的案件也时有出现,刑法学者的研究显示,法院会援引具体宪法条文主要用于反驳辩护意见、简要重申宪法规定、寻找支撑法院改变指控罪名的补强理由以及进行合宪性解释。[3] 司法实践中,法院援用宪法对专门的刑事程序问题进行说理或者裁判的案件比较罕见。[4] 本案法官虽然没有直接引用宪法条文,但在论证过程中将见证人的见证行为定性为宪法规定的监督权,并用监督权以及"法无禁止则可为"展开论证,其实质就是援用宪法对相关刑事程序问题进行论证。尽管这一论证存在瑕疵,[5] 但在刑事裁判文书中援用宪法论证刑事程序问题值得观察和研判。

刑事诉讼法被视为应用宪法、宪法的适用法,其与宪法之间具有天然的紧密联系,当刑事诉讼法对相关刑事程序问题缺乏规定,援用宪法进行裁判似乎无可厚非。但需要指出的

---

[2] 关于这个问题,最早可以追溯至1955年最高人民法院《关于在刑事判决中不宜援引宪法作论罪科刑的依据的复函》,2001年该院《关于以侵犯姓名权的手段侵犯〈宪法〉保护的公民受教育的基本权利是否应承担民事责任的批复》中允许法院在裁判依据部分适用宪法;2016年6月28日通过的《人民法院民事裁判文书制作规范》规定,裁判文书不得引用宪法作为裁判依据,但其体现的原则和精神可以在说理部分予以阐述。

[3] 参见周光权:《刑事司法领域的宪法判断与刑法制度文明》,载《中国社会科学》2022年第8期。

[4] 通过中国裁判文书网的检索,刑事裁判文书中与刑事程序有关的援用宪法进行论证的案件只有十余件。

[5] 例如,本案法院援引"法无禁止即可为""法无授权不可为"的法律原则进行辅助说理,但在论证过程中,将见证人作为单纯的私人主体并不恰当。尽管见证人是普通公民,但其是被专门机关邀请参与见证的,其本质上已经成为刑事诉讼法规制的诉讼参与人,不能将其作为单纯的私主体进行对待。

是，在裁判文书中，援用宪法论证刑事程序问题需要非常审慎，动辄援用宪法解释刑事程序问题，可能会导致宪法对刑事诉讼法的切割，进而使得刑事诉讼法的发展失去自主性。正如宪法学者所指出的，基于我国法院在宪法制度中的地位和权能，法院不具备进行合宪性审查、单独适用宪法作为裁判依据、与其他法律并用作为裁判依据的基本条件，但法院在必要时可以在裁判理由部分适用宪法，通过阐释宪法原理，以利于充分理解法律规范的含义，补强和充实裁判理由。[6] 由此，法院不能动辄批评立法不明确，更不应当将刑事诉讼法上的不明确和宪法意义上的不明确混同，而应当尽可能地通过解释刑事诉讼法的方式来处理案件，并且在解释论上将宪法精神、刑事诉讼规范和现代社会的实际需要联系起来思考，能动地进行法律解释。[7] 进而言之，当法院面对刑事程序问题而不得不援用宪法进行说理、论证时，应当以限制国家权力、保障公民基本权利的宪法精神为依归、为标准。

---

[6] 参见胡锦光：《论我国法院适用宪法的空间》，载《政法论丛》2019年第4期。
[7] 参见周光权：《刑事司法领域的宪法判断与刑法制度文明》，载《中国社会科学》2022年第8期。

096 关联性作为证据的第一属性

雍某某故意杀人案

林　静　中国政法大学

■ 案情概要*

2008年1月19日,吉林省通化市公安局东昌分局接警称白某某被杀害于自家蔬菜水果店内。经勘查,白某某系被他人用钝器打击头部死亡。次日,警方在现场附近的铁路292号楼一单元二楼、三楼间缓台的窗台上发现一袋橙子,结合案发现场有散落橙子这一情况,警方认为可能与案件有关,将该袋橙子提取送检,同时对周围人员进行排查,提取指纹,其中就有来自四平市农村的雍某某。经鉴定,塑料袋上唯一一枚有鉴定价值的指纹与雍某某左手食指指纹一致。雍某某对侦查机关共作了八次供述,除第一次讯问时否认去过现场作案,第二次供述称与一姓胡的人共同实施抢劫将被害人杀死外,其余六次供述均供认其持斧子去现场将被害人杀死的经过。但从侦查机关讯问录像及相关证据材料来看,雍某某被采取强制措施后,审讯时可见脸上有伤痕,故供述被一审法院按非法证据予以排除。

证人葛某某证言证明被告人雍某某家一把斧子,是其给的,该斧子之前一直是正常斧子,没有变形,在雍某某搬回四平时被其妻子陈某某扔掉。证人陈某某证言证明雍某某家的斧子在搬家时已经弯曲变形无法使用,其将该斧子扔掉。证人王某乙证言证明雍某某在2008年春节前拿一个斧子到其修车厂变造。

除此之外,本案尚有如下证据:现场勘验、检查笔录及照片和提取物证照片,可以证明案发现场系被害人的水果店;东昌区公安分局法医学尸体检验鉴定书及尸检照片,可以证明白某某系被人用钝器打击头部,造成重度颅脑损伤死亡;证人尹某某证言,证明2008年1月19日11时许,其发现白某某在其经营的蔬菜水果店内被害死亡及案发当日早8时许有一男子到蔬菜水果店内,并同被害人白某某有对话。

基于上述证据,通化市中级人民法院于2009年7月29日,以故意杀人罪判处雍某某死刑,缓期2年执行,剥夺政治权利终身。吉林省高院先后两次,以"事实不清、证据不足"为由,裁定撤销原判,发回重审。

---

* 参见吉林省通化市中级人民法院(2008)通中刑初字第54号刑事判决书、吉林省通化市中级人民法院(2010)通中刑一初字第48号刑事判决书、吉林省通化市中级人民法院(2014)通中刑初字第23号刑事判决书、吉林省高级人民法院(2015)吉刑三终字第13号刑事判决书。

在第一次发回重审后,出现雍某某找王某顶罪的相关证据。2010 年 3 月,被告人雍某某在通化市看守所羁押期间,向同监舍羁押人员王某承诺如果其能够帮助顶罪,则给其 10 万元,王某同意。雍某某便将其作案经过及现场情况告知王某,王某在公安机关提审过程中供认雍某某抢劫案系王某所为,但在民警带领其指认现场时未找到案发现场,遂向公安机关交代了为雍某某顶罪的事实。后与雍某某同监舍的在押人员王某甲在雍某某床铺下搜出四张写有白某某被害案详细情况的草图,并将该草图交给公安机关。经鉴定,四张草图均系雍某某书写。证人王某、王某甲等六人证明雍某某找同监犯人王某顶罪的情况。

2015 年 9 月 10 日,吉林省高级人民法院对该案件进行了直接改判,认为原审判决认定的雍某某持斧子击打被害人白某某头部致其死亡的诸多证据没有达到确实、充分的证明标准,不能得出本案系雍某某作案的唯一结论,"事实不清、证据不足",雍某某被无罪释放。

■ 法律分析

争议焦点

争议焦点在于证据资格的认定,具体而言:(1)袋子上有雍某某指纹的橙子,是否具有证据资格,能否作为有罪证据?(2)证人葛某某、陈某某以及王某乙关于雍某某家斧子的证言,是否具有证据资格,能否作为有罪证据?(3)在第一次发回重审后,出现雍某某找王某顶罪的证据("草图"及鉴定意见、证人证言),是否具有证据资格,能否作为有罪证据?这三组证据的证据资格问题,共同聚焦于证据关联性的讨论。

第一,袋子上有雍某某指纹的橙子欠缺关联性,不具有证据资格。侦查机关在案发现场附近的铁路 292 号楼一单元楼道内二楼、三楼间缓台的窗台上提取到一塑料袋橙子,该塑料袋上鉴定出雍某某的指纹。据此,可以证明雍某某可能接触过该塑料袋。但是橙子和塑料袋系种类物,侦查机关没有对该橙子和塑料袋与案发现场的橙子和塑料袋进行比对鉴定,无法确定在铁路 292 号楼提取的橙子及塑料袋是从案发现场拿走的。根据逻辑和一般生活经验,行为人在杀害被害人之后,也不太可能将案发现场的物品带离,并放在显眼之处。

第二,证人葛某某、陈某某以及王某乙关于雍某某家斧子的证言欠缺关联性,不具有证据资格。尸体检验鉴定意见只是认定本案作案凶器系钝器,并没有确定具体的凶器。案发现场也没有提取到作案工具,雍某某供述称作案工具为斧子,但该斧子在案发后并未提取到。从审讯录像中可见脸上有伤痕,讯问期间雍某某吞腰带卡子欲自杀,此情节有侦查机关讯问录像及相关证据在卷证明,故不排除侦查机关刑讯逼供的可能,据此一审法院已经将被告人雍某某在侦查机关的口供作为非法证据予以排除。既然无法认定作案工具系斧子,则雍某某家斧子损害和维修状况则与本案无关。

第三,雍某某找王某顶罪的证据("草图"及鉴定意见、证人证言),具有关联性,且没有被我国法律规定的排除规则(非法证据排除规则、意见证据、程序的严重违法等)所排除,因此具有证据资格。找他人顶罪的证据的存在能够让事实认定者对行为系该人所为这一事实的内心认知发生波动,尽管该波动的幅度因人而异。概言之,根据逻辑和一般生活经验,某人找他人顶罪的证据与案件可能系该人所为之间具有关联性。本案中,雍某某找王某顶罪的证据疑点重重。首先,它们出现的时间是在第一次发回重审后才被收集。其次,王某关于顶罪的具体报酬、支付方法、支付对象等方面的证言前后矛盾,其所言的有 5 万元汇到了其女友秦某的农行卡里,但经查不实。因此,即便该证据可以采纳,但根据省高院的判决,其没有采信该证据。

理论阐释

关联性是证据的根本属性

长期以来,针对证据的属性,学界颇有争议。曾出现过"两性说"和"三性说"的争论。[1] 目前大部分学者主张"三性说",对此亦存在细微差异:有部分学者主张关联性、合法性和真实性;[2] 另有部分学者主张关联性、合法性和客观性[3]。此外,亦有学者主张用可采性代替合法性,用可信性代替客观性[4],并在此基础上,提出了相关性、可采性、证明力和可信性的"四性说"。[5] 尽管尚存争议,但共识是,都承认关联性(相关性)作为证据的属性。关联性,指的是证据对待证要件事实具有证明作用。2012 年《刑事诉讼法》第 48 条对证据的定义进行了实质性的修正,从"事实说"转向了"材料说",即"可以用于证明案件事实的材料,都是证据"。由此,如果某一材料与案件欠缺关联性,必然无法证明案件事实,也必然不是证据。从这一视角,关联性是证据的根本属性,缺乏关联性,证据必然不可采纳,事实认定者无须对此证据法庭质证,也无须进行可信性评价。

我国立法中没有规定"关联性"的定义,对此可以参考《美国联邦证据规则》第 401 条的规定:"相关的证据"指的是,使任何事实的存在具有任何趋向性的证据,即对于诉讼裁判的结果来说,若有此证据将比缺乏此证据时更有可能或更无可能。"[6] 此处的"相关性"(relevancy)涉及了两个不同面向。第一个面向是,证据与主张的关系,即如果一个证据有助于证明或反驳所表达的主张,它就是相关的;第二个面向是,主张与审判之间的关系,即主张与审判存在实际关系,它就是实质性的(materiality)。[7] 以本案为例,证人葛某某、陈某某以及王某乙的证言,与"雍某某家有斧子,且出现坏损"这一主张相关。但是,"雍某某家有斧子,

---

1 参见陈瑞华:《刑事证据法》(第 4 版),北京大学出版社 2021 年版,第 123 页。
2 参见陈光中:《证据法学》(第 4 版),法律出版社 2019 年版,第 142~145 页。
3 参见樊崇义:《证据法学》(第 6 版),法律出版社 2017 年版,第 126~129 页。
4 参见张保生、阳平:《证据客观性批判》,载《清华法学》2019 年第 6 期。
5 参见张保生:《证据法学》(第 3 版),中国政法大学出版社 2018 年版,第 13~30 页。
6 FRE 401. Test for Relevant Evidence Evidence is relevant if: (a) it has any tendency to make a fact more or less probable than it would be without the evidence; and (b) the fact is of consequence in determining the action.
7 参见[美]罗纳德·艾伦、张保生、强卉:《证据的相关性和可采性》,载《证据科学》2010 年第 3 期。

且出现坏损"这一主张与"雍某某是否杀害被害人"这一审判事项无关。因此,证人葛某某、陈某某以及王某乙的证言欠缺实质性。参考美国的立法,具有关联性的证据,应当具有相关性和实质性,该证据的存在能使待证要件事实更有可能或者更无可能。

如何判断关联性

鉴于实践生活的复杂性和动态性,法律无法事先规定某一证据是否存在关联性。那么,如何判断该证据是否具有关联性呢?一般认为,由事实认定者根据逻辑和一般生活经验来判断证据的关联性。正如美国著名证据法学者艾伦教授所言:相关性的核心问题是,一个证据性事实能否与事实认定者先前的知识和经验联系起来,从而允许该事实认定者理性地处理并理解该证据。如果一个正常人在处理该证据之后考虑该案要素性事实时受到了这个证据的影响,该证据就是相关的,否则,就是不相关的。[8] 以本案为例,雍某某找王某顶罪的证据("草图"及鉴定意见、证人证言)是否具有关联性,受事实认定者先前的知识和经验的影响。如果本案法官根据其先前的办案经验认为,某人找人顶罪的证据,无法影响其对行为系该人所为这一事实的认定,则会推导出"草图"及鉴定意见、王某、王某甲等六人的证言不具有关联性,不能采纳,由此也无须在可信性层面进行评价。反之,则该证据可以采纳,该证据需要在可信性层面进行评价。

严格意义上而言,"关联性"对程度没有要求,"关联性"不等于"充分性"。正如麦考密克所言:一块砖不是一堵墙。《美国联邦证据规则》第401条相关性定义中的"任何趋向性",是个很低的标准,旨在鼓励证据的采纳。在陪审团审判制度下,该规则旨在限制审判法官的权力,增加给陪审团的信息流。[9] 在我国,通过明确法官只有在证据完全不具有推论价值的情况下才能将其排除,从而使更多的证据进入采纳的门槛。以雍某某找王某顶罪的证据("草图"及鉴定意见、证人证言)为例,笔者认为,这些证据不具有充分性,无法据此推论出雍某某杀害被害人的事实。但是,这些证据的存在一定程度上影响了事实认定者的心证,因此具有"关联性",可以采纳,至于是否采信,则应当通过法庭的质证程序,由事实认定者综合案件中的其他证据,自由裁量。

■ 扩展思考

对关联性的误读还体现在司法实践中,对"采纳"、"采信"以及"(不能)作为定案的根据"的混淆表述。对此,学界已经有较深入的研究。[10] 概括而言,采纳是对证据资格的评价,对应证据的准入门槛;采信是对可被采纳的证据的可信性的评价,是否采信决定其是否作为定案的根据。从层次论上,二者的关系体现为:第一,可以采纳的证据,有可能不被采信,

---

[8] 参见[美]罗纳德·艾伦、张保生、强卉:《证据的相关性和可采性》,载《证据科学》2010年第3期。
[9] 参见[美]罗纳德·艾伦、张保生、强卉:《证据的相关性和可采性》,载《证据科学》2010年第3期。
[10] 参见何家弘:《证据的采纳和采信——从两个"证据规定"的语言问题说起》,载《法学研究》2011年第3期;郑飞:《证据属性层次论——基于证据规则结构体系的理论反思》,载《法学研究》2021年第2期。

因此也无法作为定案的根据。举例而言,母亲作出的儿子不在案发现场的(虚假)证言,具有证据资格,可以采纳,该证据可以并且应当提交法庭进行法庭调查。在法庭调查过程中,如果发现该母亲存在包庇儿子的重大嫌疑(如与邻居的证言相冲突),则该母亲所做的证言多半不会被法庭所采信,也因此无法成为定案的根据。

第二,不可采纳的证据,当然无法采信,一般也无须提交法庭进行法庭调查。在陪审团审判制度下,该区分尤为重要。不可采的证据(inadmissibility),将会由法官事先排除,原则上不会提交陪审团。作为事实认定者的陪审员,往往无法接触不可采的证据。概言之,在陪审团审判下,二者出现了认知主体的区分和阶段上的阻断,职业法官在陪审团审判前决定证据的采纳问题,陪审员在陪审团审判中决定证据的采信问题。

第三,欠缺关联性的证据,不能采纳,自然也无须进行可信性评价。以本案为例,鉴于本案中的橙子欠缺关联性,对橙子袋子的指纹鉴定实属多余。在斧子欠缺关联性的前提下,对三位证人就雍某某家斧子维修情况证言的法庭调查也不再必要。此处,应当区分侦查线索和定案依据。法医鉴定被害人系钝器击打死亡,基于该侦查线索,对三位证人就雍某某家斧子维修情况所作的证言的收集是必要的。但在侦查结束后,尚无法认定斧子就是该案的作案工具,且雍某某所作的口供(承认用自家斧子作案)基于刑讯逼供被排除,则对三位证人就雍某某家斧子维修情况证言应当基于关联性的欠缺相应排除,无须对此进行法庭调查。

从排除规则视角来看,其实对欠缺关联性的证据进行排除是首要的排除规则,是诸多排除规则的起跑线。因欠缺关联性所排除的证据,无须再考虑取证手段是否合法,亦无法对可信性进行评价。

097　审查批捕阶段的排非｜二次讯问的"飞语难收"

王某雷故意杀人案

林喜芬　上海交通大学

■ 案情概要[*]

2014年2月18日22时许，河北省保定市顺平县公安局接王某雷报案称：当日22时许，其在回家路上发现一名男子躺在地上，旁边有血迹。次日，顺平县公安局对此案立案侦查。经排查，该局认为王某雷有重大嫌疑，遂于2014年3月8日以涉嫌故意杀人罪对王某雷刑事拘留。

2014年3月15日，顺平县公安局提请顺平县人民检察院批准逮捕王某雷。检察院办案人员在审查案件时，发现该案的事实和证据存在许多疑点和矛盾。在提讯过程中，王某雷推翻了在公安机关所作的全部有罪供述，称有罪供述系公安机关对其采取非法取证手段后作出的。检察院在审查公安机关的报捕材料和证据后认为：

1. 该案主要证据之间存在矛盾，案件存在的疑点不能合理排除。公安机关认为王某雷涉嫌故意杀人罪，但除王某雷的有罪供述外，没有其他在案证据证实其实施了杀人行为，且有罪供述与其他证据相互矛盾。王某雷先后九次接受侦查机关的询问、讯问，其中前五次为无罪供述，后四次为有罪供述，前后供述存在矛盾；在有罪供述中，对作案工具有斧子、锤子、刨锛三种不同说法，但去向均未查明；供述的作案工具与尸体照片显示的创口形状不能做同一认定。

2. 影响定案的相关事实和部分重要证据未依法查证，关键物证未收集在案。侦查机关在办案过程中，对以下事实和证据未能依法查证属实：被害人尸检报告没有判断出被害人死亡的具体时间，公安机关认定王某雷的作案时间不足以采信；王某雷作案的动机不明；现场提取的手套没有进行DNA鉴定；王某雷供述的三种凶器均未收集在案。

3. 犯罪嫌疑人有罪供述属于非法言词证据，应当依法排除。2014年3月18日，检察院办案人员首次提审王某雷时，发现其右臂被石膏固定、活动吃力，在询问该伤情原因时，其极力回避，虽然对杀人行为予以供认，但供述内容无法排除案件存在的疑点。驻所检察室人员发现王某雷胳膊打了绷带并进行询问时，其自称是骨折旧伤复发。监所检察部门认为

---

[*] 参见最高人民检察院指导案例27号（2016年）。另外，本案案发和办理时，检察机关内设机构改革尚未开展，因此审查逮捕工作由侦查监督部门负责，看守所内提讯合法性监督由驻所检察室负责。

公安机关可能存在违法提讯情况,遂通报检察院侦查监督部门,提示在批捕过程中予以关注。鉴于伤情可疑,办案人员向检察长进行了汇报,检察长阅卷后,亲自到看守所提审犯罪嫌疑人,并对讯问过程进行全程录音录像。经过耐心细致的思想疏导,王某雷消除顾虑,推翻了在公安机关所作的全部有罪供述,称被害人王某被杀不是其所为,其有罪供述系被公安机关采取非法取证手段后作出。

2014年3月22日,顺平县人民检察院检察委员会研究认为,王某雷有罪供述系采用非法手段取得,属于非法言词证据,依法应当予以排除。在排除王某雷的有罪供述后,其他在案证据不能证实王某雷实施了犯罪行为,因此不应对其作出批准逮捕决定。同日,公安机关依法解除王某雷强制措施,予以释放。

■ 法律分析

争议焦点

逮捕的证据要件如何理解?审查逮捕阶段是否适用非法证据排除规则?

应当指出,本案发生于2014年,应适用《刑事诉讼法》(2012年)的规则条款。为了增强该案的理论参考意义,在此拟以现行《刑事诉讼法》为蓝本展开分析。现行《刑事诉讼法》第81条规定:"对有证据证明有犯罪事实,可能判处徒刑以上刑罚的犯罪嫌疑人、被告人,采取取保候审尚不足以防止发生下列社会危险性的,应当予以逮捕……"上述条文中"有证据证明有犯罪事实"的表述构成了逮捕的证据要件,也即逮捕被追诉人时必须有证据证明已经存在犯罪事实。《高检规则》第128条进一步明确,"有证据证明有犯罪事实"是指同时具备三种情形,即有证据证明发生了犯罪事实,有证据证明该犯罪事实[1]是犯罪嫌疑人实施的,以及证明犯罪嫌疑人实施犯罪行为的证据已经查证属实。由此可见,尽管批捕并不要求达到"证据确实、充分"的程度,但仍需对证据的真实可靠性进行审查并查证属实。

此外,证据还应当是有证据资格的证据,非法证据不得作为认定逮捕的依据。对此,《严格排除非法证据规定》第17条规定:"人民检察院在审查起诉期间发现侦查人员以刑讯逼供等非法方法收集证据的,应当依法排除相关证据并提出纠正意见。""人民检察院对审查认定的非法证据,应予以排除,不得作为批准或者决定逮捕、提起公诉的根据……"《高检规则》第73条作出类似规定:"人民检察院经审查认定存在非法取证行为的,对该证据应当予以排除,其他证据不能证明犯罪嫌疑人实施犯罪行为的,应当不批准或者决定逮捕……"以上条文要求检察机关在审查批捕阶段发现非法证据后坚决予以排除,检察机关不得将非法证据作为批捕的依据。

综上所述,逮捕的证据要件包括有证据证明犯罪嫌疑人实施了犯罪行为,这些证据的取得均合法且都已查证属实。不仅如此,《高检规则》第75条还规定了检察机关审查证据

---

[1] "犯罪事实",既可以是单一犯罪行为的事实,也可以是数个犯罪行为中任何一个犯罪行为的事实。

（尤其是言词证据）的真实合法性的方法，即对于公安机关立案侦查的案件，人民检察院在审查逮捕、审查起诉和审判阶段，可以调取公安机关讯问犯罪嫌疑人的录音、录像，对证据收集的合法性以及犯罪嫌疑人、被告人供述的真实性进行审查。

在本案中，王某雷的有罪供述系公安机关通过法律规定的非法手段获取的，应当依法予以排除，而影响定案的部分重要证据未依法查证属实，因此，达不到批准逮捕的证据条件，即证明犯罪嫌疑人实施犯罪行为的证据已经查证属实，最终检察机关依法作出不批捕的决定。

■ 理论阐释 | 为何非法证据排除规则可适用于审查批捕阶段

从理论上讲，非法证据排除规则，是指具有侦查权的执法主体因搜证手段或执法方式违反宪法或法律的规定，侵犯公民宪法权利或法定权利，从而导致所获取的证据不被采纳，即不具有证据能力的证据规则。[2] 在有的国家，非法证据排除主要是发生在庭审过程中，在我国，《刑事诉讼法》及相关司法解释已明确追诉机关（检察机关）在审查逮捕阶段具有排除非法证据的权力。并且，本文讨论的案例后来入选了最高人民检察院的指导性案例。该指导性案例的要旨部分指出：检察机关办理审查逮捕案件，要严格坚持证据合法性原则，既要善于发现非法证据，又要坚决排除非法证据。这无疑进一步强调了我国非法证据排除规则在审查批准逮捕阶段的实践意义。

然而，尽管如此，关于为何我国要将非法证据排除规则适用于审前阶段，尤其是审查批准逮捕阶段的问题，也就是检察机关为何可以成为排除非法证据的主体的问题，在理论上仍值得进一步探讨。从我国当前的制度语境出发，赋予检察机关在审查批捕阶段的非法证据排除权力，一定程度上是由检察机关的法律监督地位和客观公正义务所决定的。

具体而言，一方面，我国检察机关在宪法定位上是法律监督机关，具有除追诉犯罪以外的多种诉讼职责。对此，《人民检察院组织法》第20条规定："人民检察院行使下列职权：（一）依照法律规定对有关刑事案件行使侦查权；（二）对刑事案件进行审查，批准或者决定是否逮捕犯罪嫌疑人；（三）对刑事案件进行审查，决定是否提起公诉，对决定提起公诉的案件支持公诉；（四）依照法律规定提起公益诉讼；（五）对诉讼活动实行法律监督；（六）对判决、裁定等生效法律文书的执行工作实行法律监督；（七）对监狱、看守所的执法活动实行法律监督；（八）法律规定的其他职权。"

我国检察机关的法律监督性质决定着检察机关不是单纯的公诉机关，相反，应尽量改变长期惯性的控诉文化，摒弃不当的控诉倾向。在我国当前的刑事诉讼机制中，法院对审前程序尤其是侦查活动难以进行直接的制约和监督，检察机关作为法律监督机关则担当起侦查监督的重任。审查批捕是侦查监督的主要内容和重要抓手，故检察机关在该阶段发现并纠正侦查机关的违法行为是侦查监督的应有之义。检察机关在审查批捕过程中将侦查

---

[2] 参见林喜芬：《非法证据排除规则：话语解魅与制度构筑》，中国人民公安大学出版社2008年版，第4页。

机关采用非法手段获取的证据予以排除,既是对侦查机关违法行为的程序性制裁,又可以倒逼侦查机关规范取证行为,故应当赋予检察机关在审查批捕阶段排除非法证据的权力。此外,近年来,最高人民检察院着力强调"在办案中监督,在监督中办案"的检察理念,推行了若干检察改革举措,如职务犯罪侦查权的转隶、捕诉一体化改革,以及检察机关内设机构的改革;等等,不断深化和形塑其法律监督机关的定位。

另一方面,检察机关法律监督的性质定位也决定了检察官应当履行客观公正义务,即"为了发现案件的真实情况,检察官不应站在当事人的立场,而应站在客观的立场上进行活动"。[3] 关于此,很多法域都非常强调检察官的客观公正义务,并借此实现对违法侦查行为的监督和控制。具体而言,在大陆法系国家,检察官被奉为"法律的守护人"。即便是崇尚对抗制的美国,也同样要求检察官追求正义而非单纯追究犯罪,从而"确保有罪者受到追究,无辜者不受伤害"。[4] 着眼于我国,近年来,我国检察系统也非常强调检察官应担负起客观公正的义务。其中就包括应当在审查批捕时坚持打击犯罪与保障人权并重、实体正义与程序正义并重、配合与制约并重,全面审查有利于和不利于犯罪嫌疑人的证据,审查这些证据的取得是否合法及其真实性如何。对于非法证据,应当坚决排除,以保障犯罪嫌疑人的基本权利。对此,有学者指出,"由于与生俱来的角色冲突,无论在哪个国家、哪种诉讼体制中,检察官的控诉偏向都很难避免,不过可以弱化和抑制。中国检察官作为法律监督官员,更应当主动地抑制其执法偏向"。[5]

■ 扩展思考 | 二次讯问的"飞语难收"与审查批捕阶段的排非困境

根据现代刑事诉讼的一般原理,刑事司法应遵循障碍赛式的运行逻辑。[6] 与在审查起诉阶段一样,在审查批捕阶段进行排除非法证据的审查,可以保障提前解决证据的可采性问题,从而防止庭审法官接触不具有可采性的证据。但尽管如此,由检察机关秉持法律监督和客观公正角色,并在审查批捕阶段担当起证据排除的重任却存在诸多实践困境。

在我国司法实践中,检察机关进行侦查行为合法性监督的方式主要包括阅卷和讯问犯罪嫌疑人两种方式:

一方面,就讯问审查而言,由于犯罪嫌疑人在检察机关的二次讯问中往往不会改变侦查机关初期讯问时的供述,因此证据排除权落实起来会存在诸多障碍。针对二次讯问问题,存在"飞语难收"(cat out of the bag)理论,即人对自己已经明确承认的事,通常都不会立即或断然否认,并会继续作出与先前一样的陈述。刑事诉讼中的被追诉人自白也不例外。一般的犯罪嫌疑人都会觉得既然在先前已经承认,再予以否认、再以其他说辞予以修正,或

---

3 [日]松本一郎:《检察官的客观义务》,郭布、罗润麒译,载《法学译丛》1980 年第 2 期。
4 See National Prosecution Standards – General Standards, Standard 1 – 1.1.
5 龙宗智:《中国法语境中的检察官客观义务》,载《法学研究》2009 年第 4 期。
6 Herbert L. Packer, *Two Models of the Criminal Process*, 113 University of Pennsylvania Law Review 1(1964).

者再保持沉默,已于事无补,甚至可能遭致不利的后果。[7]

在我国,受刑事审前程序一体化的影响,上述现象在审查批捕阶段和审查起诉阶段体现得较为明显。实践中,被追诉人在审判阶段翻供的概率仍然较高,这一定程度上说明被追诉人往往到了法庭审判阶段(而非审查批捕或审查起诉阶段)才翻供。[8] 考虑到犯罪嫌疑人在审前程序中并不当然信任检察机关,检察机关通过讯问程序进行侦查合法性监督的效果,仍值得进一步观察。

另一方面,就阅卷审查而言,事后审查侦查案卷对侦查的监督往往有限,也不利于检察机关证据排除权的实践贯彻。其一,在我国,受到配合制约原则的影响,实践中审查批捕工作主要依赖于侦查机关所提供的证据材料与案件信息,因此,我们很难寄希望于侦查机关在侦查案卷材料中反映自身侦查不合法。其二,审查批捕中对侦查合法性的阅卷审查是一种事后救济,并依赖于侦查机关的案卷材料。这会进一步滋生侦查机关的案卷编纂行为、甚至案卷"说谎"行为。正如有学者所指出的,"事后审查制比较不能有效防止警察的说谎(伪证),甚至会鼓励警察的说谎(伪证)"。[9] 其三,实践的一些诉讼机制还会进一步减损审查批捕阶段的侦查监督功能。例如,检察引导侦查机制,即为了保证公安机关侦查活动朝着正确、合法的方向进行,检察机关可以不待批捕和起诉而提早介入侦查程序中。这样的实践机制有一定的现实意义,可以起到及早纠正侦查不合法行为的作用,但也进一步强化了检察与侦查的配合关系,削减了制约效能。

事实上,从实践效果看,现行阅卷式的审查批捕(包括审查起诉)较难有效地对侦查不合法行为进行监督与约束。而一直以来,侦查合法性监督也确实是检察机关侦查监督范畴中最为羸弱的一个环节。基于此,一些学者谨慎地指出,就审查起诉中的非法证据排除而言,由于"公诉人审查起诉的对象基本上就是对侦查机关移送的案件卷宗材料的审查,这种审查尽管是形式审查与实质审查的集合,但客观地讲,要通过这种书面审查和讯问嫌疑人就否定侦查部门的案件卷宗中所形成的证据材料,特别是言词证据,是非常困难的一件事情"。[10] 同样地,对审查批捕阶段的非法证据排除而言,"在主要依靠侦查案卷获取有关侦查行为的信息时,我们不能对检察机关在审查逮捕程序中发挥侦查监督职能抱有太高期望"。[11]

---

[7] Oregon v. Elstad, 470 U. S. 298(1985).
[8] 参见王海:《被告人翻供问题研究》,法律出版社2022年版,第91~101页。
[9] 王兆鹏:《美国刑事诉讼法》,北京大学出版社2005年版,第94页。
[10] 王昕:《公诉运行机制实证研究:以C市30年公诉工作为例》,中国检察出版社2010年版,第103页。
[11] 郭松:《质疑"听证式审查逮捕论":兼论审查逮捕方式的改革》,载《中国刑事法杂志》2008年第5期。

098 非典型非法证据排除 | 证据材料的客观性要求

陈某诈骗案

林志毅 华南理工大学

■ 案情概要[*]

陈某因涉嫌诈骗罪,于 2018 年 8 月 4 日被湖南省湘西土家族苗族自治州凤凰县公安局指定在凤凰县富源小区一民居进行监视居住,同年 11 月 22 日被执行逮捕,后又被凤凰县人民检察院提起公诉,指控其以非法占有为目的,利用担任湘西州政协第十一届政协常务委员这一身份,结交官员、商人,并大肆吹嘘其个人能力,多次以帮助承包工程、职务提拔、"摆平"案件为由,骗取他人财物共计 1920600 元,数额特别巨大,其行为触犯了《刑法》第 266 条的规定,犯罪事实清楚,证据确实、充分,建议法院以诈骗罪判处被告人有期徒刑 12 ~ 15 年,并处罚金。

在凤凰县人民法院审理期间,辩护律师提出以下几项非法证据排除申请:第一,排除指定监视居住期间形成的被告人供述与辩解,因为系"非法证据"。理由是公安机关的指定监视居住违法,被告人未涉嫌危害国家安全、恐怖活动、特别重大贿赂犯罪,而且在吉首市有固定住处。第二,排除公安机关不准许律师会见期间形成的被告人供述与辩解,因为系"非法证据"。理由是不准许律师会见,剥夺了被告人的辩护权,被告人并未涉嫌贿赂犯罪。第三,排除某些由监察委收集的证人证言,因为系"非法证据"。理由有二:其一,监察委对本案无侦查权(调查权),该案是普通刑事案件;其二,侦查人员是以湘西州监察委专案组的名义对其进行调查取证,证言的真实性因证人害怕受到追责或者追究而受影响。

■ 法律分析

> **争议焦点**
>
> 本案中指定监视居住合法性如何?公安机关能否拒绝律师会见?监察委收集证人证言的证据能力如何?辩护律师"非法证据"主张是否成立?

---

[*] 参见湖南省凤凰县人民法院(2019)湘 3123 刑初 183 号刑事判决书。

☐ 指定监视居住的情形

《刑事诉讼法》第 75 条规定:"监视居住应当在犯罪嫌疑人、被告人的住处执行;无固定住处的,可以在指定的居所执行。对于涉嫌危害国家安全犯罪、恐怖活动犯罪,在住处执行可能有碍侦查的,经上一级公安机关批准,也可以在指定的居所执行。"据此,指定(居所)监视居住的情形有二:其一,犯罪嫌疑人、被告人无固定住处;其二,犯罪嫌疑人、被告人涉嫌的罪行是危害国家安全犯罪和恐怖活动犯罪,而且在其住处执行可能有碍侦查。本案的争议焦点在于如何理解上述法条中的"固定住处",即"固定住处"是指哪个地方的固定住处。辩护律师认为,被告人在"吉首市"内有固定住处,而办案机关(含法院)则认为被告人在"凤凰县"内无固定住处。

根据《公安规定》第 112 条的规定,"固定住处"是指被监视居住人在办案机关所在的市、县内生活的合法住处,[1]而"指定的居所"是指公安机关根据案件情况,在办案机关所在的市、县内为被监视居住人指定的生活居所。根据上述规定,所谓"固定住处"是指在办案机关所在市、县内的固定住处。因此在本案中,公安机关根据上述规定,依据被告人虽然在吉首市内有固定住处,但在凤凰县(办案机关所在县)内无固定住处的事实,适用指定监视居住并不违法。

☐ 不许可辩护律师会见的条件

《刑事诉讼法》第 39 条规定:"辩护律师持律师执业证书、律师事务所证明和委托书或者法律援助公函要求会见在押的犯罪嫌疑人、被告人的,看守所应当及时安排会见,至迟不得超过四十八小时。危害国家安全犯罪、恐怖活动犯罪案件,在侦查期间辩护律师会见在押的犯罪嫌疑人,应当经侦查机关许可……"据此,在一般的刑事案件中,辩护律师持"三证"即可会见犯罪嫌疑人和被告人。只有在特殊的情形下,才对辩护律师的会见予以限制。限制或不许可辩护律师会见的条件有二:其一,案件类型,限于危害国家安全犯罪和恐怖活动犯罪等两类案件;其二,诉讼阶段,限于侦查阶段。本案被告人涉嫌的罪名是诈骗罪,属于普通刑事案件,不符合上述条款规定的案件适用类型。因此,公安机关在侦查期间不准许辩护律师会见犯罪嫌疑人的行为属违法行为。

☐ 监察委调查权的权限

《监察法》第 3 条规定:"各级监察委员会……依照本法对所有行使公权力的公职人员进行监察,调查职务违法和职务犯罪……"第 15 条规定:"监察机关对下列公职人员和有关人员进行监察……"第 35 条规定:"监察机关对于报案或者举报,应当接受并按照有关规定处理……"第 38 条规定:"需要采取初步核实方式处置问题线索的,监察机关应当依法履行

---

[1] 《高检规则》第 116 条第 2 款规定:"固定住处是指犯罪嫌疑人在办案机关所在地的市、县内工作、生活的合法居所。"

审批程序,成立核查组……"第 39 条规定:"经过初步核实,对监察对象涉嫌职务违法犯罪,需要追究法律责任的,监察机关应当按照规定的权限和程序办理立案手续……"

根据上述规定,监察委的调查权包括三个维度:第一,案件性质范围,包括职务违法和职务犯罪。第二,被监察(调查)人员范围,限于行使公权力的公职人员。[2] 第三,调查权的纵向范围,包括立案前的初步核实权和立案后的调查权。初步核实权针对的是"问题线索",即对"问题线索"进行调查核实。本案中,湘西州监察委对有关证人进行询问,是为了核实杜某对陈某涉嫌职务违法犯罪的报案线索。监察委所进行的调查是对陈某职务违法犯罪案件的调查,而非对本案(诈骗案)所进行的调查。而陈某曾担任湘西州政协第十一届政协常务委员,根据监察法的规定,属于监察对象的范围。因此监察委虽然对本案没有侦查权,但对陈某的职务违法犯罪案件享有调查权。

▢ 非法证据的含义及种类

《刑事诉讼法》第 56 条第 1 款规定:"采用刑讯逼供等非法方法收集的犯罪嫌疑人、被告人供述和采用暴力、威胁等非法方法收集的证人证言、被害人陈述,应当予以排除。收集物证、书证不符合法定程序,可能严重影响司法公正的,应当予以补正或者作出合理解释;不能补正或者作出合理解释的,对该证据应当予以排除。"也即我国刑事诉讼法中的非法证据是指通过"非法方法"收集的犯罪嫌疑人、被告人供述、证人证言、被害人陈述,和"不符合法定程序"收集的物证、书证。"非法"所指的要么是"方法"非法,要么是"程序"不符合法定。非法证据的类型包括言词证据和实物证据。

如前所述,本案中公安机关指定监视居住并不违法,监察委对陈某的职务违法犯罪案件也具有调查权,因此,辩护律师基于指定监视居住和监察委侦查权(调查权)问题所提出的犯罪嫌疑人、被告人供述和证人证言系"非法证据"的主张不成立。而关于不准许辩护律师会见问题,虽然存在违法之处,但该违法是否属于"非法证据"中的"非法"则需要进一步分析。

根据《刑诉法解释》第 123 条的规定,收集被告人供述的非法方法包括三种:第一,采用殴打、违法使用戒具等暴力方法或者变相肉刑的恶劣手段,使被告人遭受难以忍受的痛苦而违背意愿作出的供述。这可称为难以忍受的肉刑方法。第二,采用以暴力或者严重损害本人及其近亲属合法权益等相威胁的方法,使被告人遭受难以忍受的痛苦而违背意愿作出的供述。这可称为难以忍受的威胁方法。第三,采用非法拘禁等非法限制人身自由的方法收集的被告人供述。这可称为非法拘禁方法。显然,本案中,不准许辩护律师会见虽然有违法之处,但并不属于上述三种非法方法中的任何一种。因此本案的判决书明确指出,辩护律师所主张的"非法言词证据",即未准许会见期间所形成的陈某的供述,不是"刑事诉讼法语境下的'非法证据'",其排除请求"于法无据"。

---

[2] 《监察法》第 15 条规定,监察对象是"公职人员和有关人员",《监察法实施条例》第 37 条将其明确为"所有行使公权力的公职人员"。

■ 理论阐释 | 非法证据的可接受性理论

本案中,辩护律师提出了三项"非法证据"排除请求。在我国传统刑事证据理论中,"非法证据"排除问题一般被认为是证据资格或证据能力问题。本案的特殊之处在于,辩护律师提出的"非法证据"均非典型或法定的"非法证据",就判决书所言,不是我国刑事诉讼法语境下的"非法证据"。那么,对于这些取证过程存在一些违法情形,但又不属于典型的"非法证据"该如何看待和处理?例如,假设本案中陈某在凤凰县有固定住处而公安机关仍然指定监视居住,那么由此获得的口供该如何处理?再如,假设本案并不存在陈某涉嫌职务违法犯罪的线索,那么,监察委收集的证人证言该如何处理?

实际上,上述这些针对强制措施适用违法、无管辖权而进行立案侦查(调查)等情形而提出的非典型"非法证据"排除请求,在实践中并不少见。那么,对于这些非典型"非法证据"是否一概不理或者不排除?或者说,它们能否纳入典型的非法证据排除条款中进行解释?就理论上而言,存在纳入空间。

首先,从立法表述看,法律条文中存在"等"字。这就意味着除法律明文列举的非法方法之外,还存在其他非法方法的可能性空间。其次,从法律发展看,我国法律规定的非法方法也呈不断扩大趋势。例如,针对被告人供述所明确列举的非法方法,《刑事诉讼法》(2012年)仅列举"刑讯逼供",《刑诉法解释》(2012年)则提及"肉刑",[3]到《严格排除非法证据规定》《刑诉法解释》(2021年),已经扩展及"威胁"和"非法拘禁"。[4] 也即"等"字内涵逐渐扩充,这种发展趋势也为将非典型非法证据排除解释进典型非法证据排除条款提供了可能性。最后,从非法证据排除的本质看,它属于主观价值上的可接受性问题。[5] 换言之,在典型的非法证据排除条款中,之所以将"刑讯逼供""肉刑""威胁""非法拘禁"等非法方法收集的被告人供述予以排除,主要是因为我们在主观价值上不接受采用这些方法收集的证据作为刑事证据使用。[6]

可接受性理论也同样为将非典型"非法证据"之排除解释进典型非法证据排除规则条款提供了解释空间。亦即按照可接受性理论,对于非典型"非法证据"而言,只要其非法性达到了不可接受的程度,同样应当予以排除。例如,对于无管辖权侦查(调查)问题,有学者就提出应对区分"善意"与"恶意",对于"恶意管辖"所收集的证据应当否认其证据资格。[7] 此种观点盖亦因"恶意管辖"而认为不可接受。自监察体制改革后,关于监察委对案件有无管辖权以及相关证据是否应当予以排除的争议并不少见,其中是否存在"恶意管辖"亦值得关注。

---

3 参见《刑诉法解释》(2012年)第95条第1款。
4 参见《严格排除非法证据规定》第3条、第4条;《刑诉法解释》第123条。
5 参见林志毅:《论刑事证据资格的多重性》,载《中国法学》2022年第1期。
6 当然,通过非法方法收集的证据,其真实性不可靠,也是典型非法证据排除规则的理由之一,而且曾经是主要的理由。
7 参见龙宗智:《取证主体合法性若干问题》,载《法学研究》2007年第3期。

■ **扩展思考** | 证据材料的客观(证明)性要求

我国理论界一般将非法证据排除规则视为刑事证据资格制度的典型体现。然而,非法证据排除规则只是代表了证据资格的主观性这一面,实际上,证据资格中还存在客观性一面。主观性这一面要求证据材料在价值上需要具备可接受性,而客观性这一面则要求证据材料在客观证明性上需要达到一定要求,否则也不具备证据资格。例如,在英美证据法中,有一个普遍原则,即必须首先证明有关证据就是证据主张者所主张的证据,其次才有该证据的可采性问题。[8] 实际上,这是在证据资格问题上,对证据材料的客观(证明)性提出的要求。而我国的制度则缺乏对这方面的关注。典型例证是将"办案线索"作为"证据"使用。[9] 这也是导致冤假错案的重要原因。我国刑事证据资格的客观性问题,应当引起足够重视。

8　参见[美]罗纳德·J. 艾伦等:《证据法文本、问题和案例》,张保生、习进喜、赵滢译,高等教育出版社 2006 年版,第 205 页。
9　参见汪建成:《论证据裁判主义与错案预防——基于 16 起刑事错案的分析》,载《中外法学》2015 年第 3 期。

099 补强运用及证明力为核心的证据审查

宋某某故意杀人案

马静华 四川大学

■ 案情概要[*]

四川省内江市人民检察院指控，2012年7月25日21时许，被告人宋某某与酒后的被害人伍某丁因琐事发生口角，宋某某想起多年前伍某丁盗窃过自家财物，遂产生报复伍某丁，将其打一顿的想法。于是宋某某在自家大门外取了一根竹棒猛打坐在路边的伍某丁上半身，将其打倒后返回家中。之后不久，宋某某想知道伍某丁是否死亡，便返回现场，发现伍某丁仍有气息，遂产生杀害伍某丁的想法，继而对其实施了掐颈，用拳头猛击胸口等行为。后宋某某为掩饰伍某丁的死因，回家拿菜刀再次返回现场，用菜刀砍击伍某丁头部，并将伍某丁放在离殴打现场数十米远的水田缺口处，伪造伍某丁因醉酒溺水死亡的现场。经鉴定，伍某丁系生前钝器打击头部致颅脑损伤死亡。2012年9月13日，宋某某被抓获。

宋某某在侦查阶段作出多次有罪供述、供述稳定，并且在内江市中级人民法院一审以故意杀人罪宣判其死缓后未上诉。内江中院依法报请省高院核准，但省高院死缓复核认为该案事实不清、证据不足，裁定不予核准，并发回内江中院重审。重审中，围绕宋某某是否实施杀人行为，控辩双方的主张完全对立。

内江中院一审重审后认为：一方面，宋某某有罪供述存在诸多问题，不能作为定案依据。一是宋某某有罪供述合法性未得到保证。侦查人员对宋某某的第一次、第二次讯问限制人身自由持续时间达24小时以上，且没有同步录音录像；第三次讯问未严格执行公安部《看守所条例实施办法（试行）》第23条的规定在看守所进行，此次供述笔录与第二次供述笔录基本内容雷同，包括讯问的问题及先后顺序，宋某某对作案过程的回答内容与顺序均相同，甚至此次笔录的错别字和标点符号也与第二次供述笔录相同。二是宋某某有罪供述客观性未得到充分查实，所供细节与现场勘验检查、尸体检验等不吻合。宋某某所供报复伍某丁偷了其家的鸡和钱的作案动机未得到其母亲邱某某和老队长李某乙证实；所供作案工具"硬头黄"竹棒未找到；所供作案用菜刀上未发现伍某丁血迹等相关信息；所供用"硬头黄"竹棒打了伍某丁四下，而伍某丁背部、腰上无钝器伤或棍棒伤；所供用菜刀柄底部在伍某丁头部中间连剁四下并剁进去了，而伍某丁头部右额部有两条创口，左顶部有一条创口，

---

[*] 参见四川省内江市中级人民法院（2014）内刑初字第4号刑事判决书。

左枕部有一条创口,枕部有三条创口,共七条创口,二者数量、位置均不吻合;所供打击方向与伍某丁受伤位置不吻合;所供作案所穿衣裤、拖鞋均未发现伍某丁血迹等信息;现场没有发现与宋某某有关的痕迹、物品;伍某丁衣物上未检出宋某某的 DNA 信息。因此,宋某某有罪供述的合法性无法排除合理质疑,客观性亦无法得到应有印证,不能作为定案依据。

另一方面,法医生物物证鉴定意见书送检检材来源不清。一是送检的现场提取可疑血迹有六处,而现场勘查中提取的可疑血迹、斑迹仅五处。二是送检的死者伍某丁指甲、血样、矿泉水瓶、蚊帐上的可疑斑迹、宋某某的血样无提取笔录或扣押清单。三是鉴定委托书上所载送检检材与鉴定意见书中送检检材不一致。

据此内江中院判决认为,公诉机关指控宋某某杀害伍某丁,犯故意杀人罪的事实不清楚,指控证据不能证明指控事实,宣告宋某某无罪。

■ 法律分析[1]

争议焦点
被告人在侦查、起诉过程中作出认罪供述,但后续审判程序中翻供情况下,如何审查判断被告人认罪口供的证据能力?不考虑非法口供排除问题,被告人的认罪供述是否具有足够的证明力?

▫ 被告人口供的证据能力问题

辩护律师并未申请排除非法证据(口供),也许是本案中被告人口供的非法性并不典型,即被告人翻供理由中并不包含受到刑讯逼供、威胁等情形。但一审法院在重审中依职权对口供的取得方式进行了全面审查,认定其合法性未能得到保证,由此不能作为定案根据,实质上是判定口供不具有证据能力。

法院对口供非法性的认定结论整体上符合法律规定。首先,根据《刑事诉讼法》(2012年)第 50 条规定:"严禁刑讯逼供和以威胁、引诱、欺骗以及其他非法方法收集证据,不得强迫任何人证实自己有罪……"本案中,涉及对宋某某的非法讯问不包括刑讯逼供等,因此重点是判断是否属于"其他非法证据"。其次,对宋某某的关键讯问(刑拘前的第一次、第二次讯问)限制人身自由的时间过长,违反了《刑事诉讼法》(2012年)第 117 条第 2 款关于传唤、拘传最长不超过 24 小时的规定,且两次认罪供述均形成于此期间,非法口供的形成与侦查人员非法限制人身自由的行为具有因果关系。最后,刑拘后的讯问地点未在看守所进行、讯问笔录复制粘贴分别违反了《刑事诉讼法》(2012 年)第 116 条第 2 款、《公安规定》(2012 年)第 200 条之规定。值得推敲的是,重大案件讯问录音录像制度的规定首见于《刑

---

[1] 本案的诉讼过程发生在现行《刑事诉讼法》实施之前,因此本文引用 2013 年 1 月至 2018 年 10 月实施的法律、司法解释和部门规章。

事诉讼法》(2012年),而本案侦查讯问主要发生在2012年9月至12月,判决以新法来评价旧的诉讼行为的合法性,值得商榷。

再有,宋某某认罪口供的非法性是否达到应当排除的程度。按照《非法证据排除规定》和《刑事诉讼法》(2012年),与刑讯逼供、威胁相当的"其他非法方法"是指违法程度和对犯罪嫌疑人的强迫程度与刑讯逼供或者暴力、威胁相当而迫使其违背意愿供述的方法。以非法限制人身自由的方式辅助讯问,常常伴随密集讯问、疲劳讯问,对受讯犯罪嫌疑人的心理压迫性极强,完全可以解释为"其他非法方法"的范围。正因如此,《严格排除非法证据规定》第4条明确规定非法限制人身自由的方法收集的犯罪嫌疑人、被告人供述,应当予以排除。结合案情,应能排除宋某某的第一次、第二次口供,但被告人此后多次重复供述,即使根据此规定,也不属于强制排除范围。因此,仅仅根据存在非法限制人身自由情形排除宋某某全部认罪口供的理由难以成立。此外,第三次讯问的讯问地点不合法、讯问笔录复制粘贴问题,即使可以作为裁量排除口供的理由,也不会波及后续讯问的合法性。因此,根据上述三方面的非法讯问问题,很难直接判定被告人的所有认罪口供均不具有证据能力。

▫ 被告人口供的证明力问题

内江中院很可能认识到宋某某口供的证据能力问题难以成为否定其证据效力的唯一理由,因而判决书中论证的重点集中到口供的证明力,而这正是辩护律师质疑的核心问题。

《刑事诉讼法》(2012年)第53条规定了口供补强规则;《刑诉法解释》(2012年)第106条又补充规定了"隐蔽性证据规则",作为适用口供补强规则的一项具体规则。

本案中,内江中院很清楚关键证据是宋某某的认罪供述,除此之外,没有其他证据将宋某某和犯罪现场关联起来。公安机关搜集的证据中,既没有宋某某遗留在犯罪现场的鞋印、脚印、指印、毛发等痕迹物证,也没有宋某某从犯罪现场带走的被害人物品,即使是从被告人家中扣押的疑似作案工具——菜刀,上面也未提取到死者血迹。因此,内江中院重点围绕宋某某的口供是否得到其他证据的证实来论证其证明力,运用的恰恰是口供补强规则。证据分析中的点位包括被告人供述的作案动机、两种作案工具、打击部位或打击方向、打击次数等,运用了两名以上的证人证言来比对被告人所述动机,运用现场勘查笔录、尸检报告、物证(疑似作案工具)来检验其供述的作案手段,结论是发现重大矛盾且难以作出合理解释,遂认定"宋某某有罪供述客观性未得到充分查实"。这种分析思路完全符合"只有被告人供述,没有其他证据的"情形,即使被告人的供述具有完全的证据能力,这种缺乏其他证据补强的口供都不能作为定案根据,自然也就无法以被告人口供为中心形成定罪证据体系。

▪ **理论阐释** | 口供补强规则的理论意义与司法适用

口供之所以需要补强,学界和司法界的见解较为一致。"自白的证明力虽高,但也有根据虚假的自白认定有罪的危险。"[2] 美国法院普遍认为,佐证的要求是防止精神不稳定的人承认从未发生的罪行,防止口供系强迫或威胁所得,防止无罪人可能因为对事实、法律理解错误而认罪,尽量降低供述的证据价值、支持间接证据定案。[3] 宋某某案的裁判结果显示了口供补强在我国刑事审判中的重要价值,对于司法人员如何客观全面地认识口供的证据价值与证据风险提供了一个有效的范例。无疑,认罪供述会大大降低侦查取证的难度,推动程序分流,提高诉讼效率,节省司法资源。但口供所蕴含的重大诉讼价值,也容易诱发侦查人员采取刑讯逼供、威胁、引诱、指供等非法讯问,而口供补强规则限制了口供的证明力,有助于规范侦查人员的取证行为,防止虚假的认罪口供成为定案根据,避免冤假错案的发生。

在我国,口供补强规则如何适用并未有清晰规范,更多是一种原则性要求。即使是司法解释中的"隐蔽性证据规则",适用范围也非常有限。实务中常常出现"同案被告人的供述是否可以相互补强""传闻证据是否可以作为补强证据"的疑问。对此,有学者认为,补强证据原则上不能是同案共同被告人的供述。[4] 司法实务立场有所不同,如2008年最高人民法院《全国部分法院审理毒品犯罪案件工作座谈会纪要》明确:"有些毒品犯罪案件,往往由于毒品、毒资等证据已不存在,导致审查证据和认定事实困难。在处理这类案件时,只有被告人的口供和同案其他被告人供述吻合,并且完全排除诱供、逼供、串供等情形,被告人的口供与同案被告人的供述才可以作为定案的证据……"

尽管存在上述问题,口供补强规则的适用至少应具备以下要件:第一,被告人认罪并供述犯罪事实,但除口供外(唯一的指向性证据),无其他证据证明被告人符合客观构成要件事实。第二,补强的方法是"口供证明+辅助证据补强",即依据认罪口供认定客观要件事实,而根据辅助证据(或补强证据)证明口供是否属实。第三,应当排除口供系指供、引诱、听闻、顶罪、臆测而导致供述未经历的事实的可能性,辅助证据也应具备基本的可靠性。第四,运用补强规则认定案件事实,也应符合刑事证明标准,达到排除合理怀疑的程度。

■ **扩展思考** | 以证明力为核心的证据审查模式

刑事证据审查首先解决证据能力问题,只有具备证据能力才有必要进一步判断其证明力问题。这种理论上的通说在刑事司法实践中却难以成为普遍性规则,证据能力与证明力兼顾,甚至证明力优先的立场反而成为主导。

以宋某某案件为例。判决书对认罪口供先后进行了证据能力和证明力的分析论证,前者主要是通过对讯问程序的多个环节进行分析得出口供合法未得到保证的结论,隐含了认罪口供不具有证据能力的判断;后者则以认罪口供涉及的要件事实(犯罪动机、犯罪手段和犯罪结果)未得到其他证据,尤其是客观性证据的印证为由,认为口供的客观性未能得到证

---

2 [日]田口守一:《刑事诉讼法》,张凌、于秀峰译,中国政法大学出版社2010年版,第301页。
3 参见[美]约翰·W.斯特龙主编:《麦考密克论证据》,汤维建等译,中国政法大学出版社2004年版,第276页。
4 参见陈瑞华:《刑事证据法学》,北京大学出版社2014年版,第248页。

实。从判决书的论证顺序看,似乎遵循了证据能力优先的逻辑,但口供合法性的分析并未直接得出不能作为定案依据的结论,更没有在得出口供不具有证据能力的前提下,不再进行口供证明力分析,综合其他证据直接得出指控事实不清、证据不足的结论,而是在完成对口供补强分析之后,结合证据真实性的判断,才综合得出这一结论。从判决书论证的详略程度看,对口供合法性的论证较为粗疏,而对口供真实性的分析十分全面、细致,法官对口供真实性的重视程度实际上超过口供的合法性。

重大争议案件的审理中,高层级的法院似乎确立了证据能力与证明力审查并重、证明力规则为核心的证据审查模式。在两者关系中,证据能力的审查分析基本不涉及供述自愿性的判断,更多指向对口供真实性的影响,即刑讯逼供、威胁、诱供、指供等非法讯问行为可能导致供述内容不真实。因此,证据能力的分析最终回归到证据证明力的原点,而不具有独立的事实认定作用。仔细思考,这种形式上证据能力与证明力审查并重,甚至在逻辑顺序上优先论证证据能力的证据审查模式,实质上却是以证据能力的审查为手段,证明力的审查为核心。

这种审查模式体现了我国刑事诉讼追求实体真实性的传统价值观,但又适当兼顾了权力制约、权利保障的现代诉讼价值观,具有内在的司法合理性:其一,符合非法证据排除规则的立法目的,即"准确惩罚犯罪,切实保障人权,有效防范冤假错案"。其二,从取证合法性与证据真实性角度的双重审查,可以深入分析影响证据真实性的取证因素,有利于减少错误的司法认定。其三,有利于增强事实认定的内心确信,减轻司法人员对司法责任的心理负担。其四,增强判决说理的全面性,有利于控辩双方理解并服从裁判结果,特别是检察机关接受不利于指控的事实认定结论、更好维系良性的检法关系。

100 重复供述的排除规则

张某某受贿案

牟绿叶 浙江大学

■ 案情概要[*]

2010年1月至2012年6月，被告人张某某在担任广西某大学艺术学院院长期间，利用其统管成教部各项事务的职务之便，多次收受、索取成教部合作办学方唐某1给予的贿赂款共计308400元，并为对方谋取利益。原审法院认为，被告人张某某身为国家工作人员，利用职务便利，非法收受他人财物，其中还存在索贿情节，金额达308400元，为他人谋取利益，数额巨大，行为已构成受贿罪，依法判处被告人张某某犯受贿罪。

张某某向上诉审法院提出的一个上诉理由是，一审法院以非法证据对其在办案机关所作供述予以排除的情况下，对其于2016年6月30日在看守所所作的与前述供述相同的重复性供述，亦应一并排除；请求二审法院依法改判。

二审经审理查明的事实与原判相同。对于上诉人张某某所提上诉理由及其辩护人所提的辩护意见，二审法院就非法证据问题予以综合评判。

第一，关于张某某及其辩护人所提张某某2016年6月28日至29日于办案机关所作讯问笔录、自书材料系办案人员以非法手段取得的问题，一审判决已作出评判，以对张某某讯问超过法定羁押时间及不能排除存在疲劳审讯的可能为由对该部分证据予以排除，并未作为本案的定案证据使用。

第二，关于张某某于2016年6月30日在看守所所作供述是否应当一并排除的问题。首先，《严格排除非法证据规定》第5条规定了重复性供述应当予以排除的情形，即采用刑讯逼供方法使犯罪嫌疑人、被告人作出供述，之后犯罪嫌疑人、被告人受该刑讯逼供行为影响而作出的与该供述相同的重复性供述，应当一并排除。张某某于2016年6月30日在看守所所作供述不属于上述规定应当一并排除的情形。其次，张某某供认其在被送到看守所前已得到休息，且其从办案机关被送押到看守所，更换了羁押场所，所受侦查机关影响减弱。最后，办案人员是在依法告知张某某相关诉讼权利的情况下，依法对其进行讯问并同步录音录像，视频资料显示，张某某对办案人员的讯问有明确认知，神情自然、情绪稳定，相关表述条理清晰，认罪供述明确，未发现办案人员存在非法取证的情形；讯问笔录记载的内

---

[*] 参见广西壮族自治区南宁市中级人民法院(2017)桂01刑终511号刑事裁定书。

容与同步录音录像基本一致,且经过张某某核对后签名捺印。故该份供述依法可以作为证据使用,不予排除。结合被告方的其他上诉意见,二审法院认为本案证据采信和定罪量刑并无不当,故驳回上诉,维持原判。

法律分析

争议焦点
重复供述如何认定和排除?

◻ 重复供述排除规则的构成要素

当办案人员以违法行为获得犯罪嫌疑人、被告人的第一次供述后,再次进行第二次或后续讯问时,虽未采用非法手段,但犯罪嫌疑人、被告人仍作出供述。根据《刑事诉讼法》及相关规定,排除第一次非法供述自无异议,是否可以采信后续审讯所得之供述,就属于重复供述的问题。

《严格排除非法证据规定》第5条规定:"采用刑讯逼供方法使犯罪嫌疑人、被告人作出供述,之后犯罪嫌疑人、被告人受该刑讯逼供行为影响而作出的与该供述相同的重复性供述,应当一并排除,但下列情形除外:(一)侦查期间,根据控告、举报或者自己发现等,侦查机关确认或者不能排除以非法方法收集证据而更换侦查人员,其他侦查人员再次讯问时告知诉讼权利和认罪的法律后果,犯罪嫌疑人自愿供述的;(二)审查逮捕、审查起诉和审判期间,检察人员、审判人员讯问时告知诉讼权利和认罪的法律后果,犯罪嫌疑人、被告人自愿供述的。"第5条确立了我国排除重复供述的"原则+例外"模式。原则上排除的要求中有三项基本要素:(1)第一次行为系刑讯逼供方法;(2)被追诉人后续仍受该行为的影响;(3)内容相同的供述。构成例外情形亦有三项要素:(1)侦查或检察人员的主体变更或诉讼阶段变更;(2)加重告知义务;(3)自愿供述。该模式考虑了我国司法体制和实务操作的现状,只要符合重复供述的认定标准,且不属于例外情形,就应予以排除。

◻ 重复供述排除规则在本案的适用

本案二审法院首先判断是否满足排除非法证据的原则性规定。被追诉方在一审期间提出,"2016年6月28日至29日期间于办案机关所作讯问笔录、自书材料系办案人员以非法手段取得",对此一审法院已经作出评判并决定排除相关证据。二审法院在此基础上认为,被告人张某某在2016年6月30日所作供述不属于《严格排除非法证据规定》第5条之原则性排除的规定。结合本案现有信息,二审法院侧重认定的是2016年6月28日至29日是否存在刑讯逼供行为,但一审法院以"对张某某讯问超过法定羁押时间及不能排除存在疲劳审讯的可能为由对该部分证据予以排除",并非认定存在刑讯逼供行为,因而不满足《严格排除非法证据规定》第5条的原则性规定。

按照《严格排除非法证据规定》第 5 条确立的"原则 + 例外"模式,二审法院的论证不符合原则性规定之后,即可直接裁决不予支持被告人申请排除重复供述的请求。司法实务中,法院经常会继续依据"例外情形"中的三个要素予以追加论证。这尽管反映出法官谨慎对待非法证据和重复供述的问题,但有画蛇添足之嫌。本案二审法院的可圈可点之处,在于围绕"例外情形"的三个要素作出了针对性的分析和论证。首先,法院指出"张某某供认其在被送至看守所前已得到休息,且其从办案机关被送押至看守所,更换了羁押场所,所受侦查机关影响减弱"。主体变更能降低被告人的心理负担,降低先前违法行为或第一次供述的持续影响,从而保障第二次供述的自愿性。其次,办案人员依法告知张某某相关诉讼权利。对于嫌疑人、被告人来说,其通常不清楚对之前所作供述的法律评价,因此可能在第二次讯问时继续放弃辩护权而"虚伪自白"。鉴于此,德国尤为强调加重告知义务;美国布伦南大法官也指出,消除先前违法行为影响的最好方法,就是由执法人员告知嫌疑人,先前供述不可采,他们不必因为先前供述的影响而继续作出有罪供述。最后,法院通过录音录像、讯问笔录等材料认定被告人张某某在 2016 年 6 月 30 日作出的供述是自愿的。需要指出的是,第 5 条中的供述自愿性只是判断是否排除重复供述的一个关键因素,并不代表着我国确立了英美的供述自愿性法则。[1]

▇ 理论阐释 | 重复自白排除规则

1. 重复供述是一种派生证据,是非法证据排除规则中的一个特殊问题。派生证据是指由原始证据产生的物品或信息,或者由违法行为间接获取的证据。美国警察通过非自愿的供述能够获得其他派生证据,包括实物证据、证人证言以及被告人的重复供述。虽然在违反米兰达警告的情形中不适用"毒树之果"规则,但这并不否认重复供述是一种派生证据。非法证据排除规则主要适用于由违法行为所得的第一次供述,与此不同,英国将重复供述作为违法行为和供述之间"因果关系"的一种特殊问题,美国在违反米兰达警告的情形中以目的分析法来排除重复供述,德国则是以证据禁止的继续效力(而非直接效力)来审查重复供述的证据能力。所以,重复供述的排除规则在一定程度上不同于非法证据排除规则。

2. 处理重复供述问题虽有"毒树之果"规则或"继续效力"模式之争,但两者的核心都在于重复供述的自愿性。英国审查重复供述时不适用"毒树之果"规则,而是关注重复供述是否受违法行为或第一次供述的持续影响;美国依据"毒树之果"规则排除重复供述的原因在于违法行为侵犯了供述自愿性。本质上,英美的做法和德国"继续效力"模式一样,"判断关键还是在于先前之不正方法对后来自白之任意性有无影响"。[2]

比较法的研究显示,法官会综合考量多个因素,遵循"个案分析"的方式来决定是否排除重复供述。在英国,是否排除重复供述没有统一适用的规则,而是由法官结合具体案情

---

[1] 参见张建伟:《自白任意性规则的法律价值》,载《法学研究》2012 年第 6 期。
[2] 林钰雄:《刑事诉讼法》(上册),台北,新学林出版股份有限公司 2020 年版,第 198 页。

加以综合判断,其中,一个重要的考量因素是违法行为的严重程度。在美国,若适用"毒树之果"规则,法官就需考虑讯问主体、讯问情势有无实质变更、有无中断先前非法讯问影响的事实介入等因素;在违反米兰达警告的情形中,法官要考虑类似的因素来判断第二次供述的自愿性。德国并不认为排除非法证据是为了震慑警察的违法行为,多数学者和法院接受的是"权衡理论",重复供述的处理亦是如此。

■ **扩展思考** | 在"规则尽头"促进"法律的生长"

《严格排除非法证据规定》的起草者指出,我国实务人员难以把握个案裁量的做法,如果由他们基于裁量权来认定和排除非法证据和重复供述,可能导致司法机关在实践中面临较大的裁判压力。[3] 但在司法实务中,很多关于重复供述问题的判决没有严格遵循《严格排除非法证据规定》第 5 条排除重复供述的"原则性"规定,就"例外情形"来看,主体变更、加重告知义务已经成为法院的重要参考因素,但大多数案件没有遵循"例外情形"的分析思路。更重要的是,"原则+例外"模式所列举的六个考量因素,实际上无法穷尽个案中的特殊情形,例如,律师的介入时间和介入程度就是判断被追诉人是否仍受先前刑讯逼供行为影响的一个重要因素,而第 5 条没有涵盖。也许有观点认为,律师的介入以及本案中"张某某神情自然、情绪稳定,相关表述条理清晰,认罪供述明确"可以一律纳入重复供述自愿性的评价范畴,但这个观点可能会冲击第 5 条确立的"原则+例外"模式。根据不同国家的立法例显示,英美法系国家让法官综合全案情形判断供述的自愿性或任意性;若我们将第 5 条尚未明确的因素都纳入"例外情形"之自愿性的考量范畴,无疑扩张自愿性判断的范畴和重要程度。

更深层的问题可能在于我国立法和司法人员对于所谓"规则"的执着。刚性的规则可以拘束权力,提供明确的裁判指引,且防止滥行裁量、枉法裁判。然而,规则和裁量不是非此即彼的两端,证据法中存在诸多受裁量约束的规则,若为公正裁决实务问题,在诸多情形中更值得考虑的方案是,以目的和原则为考量,由法官依据个案情形来适用法律。[4] 在重复供述的问题上,与其叠床架屋地建构"原则+例外"模式,不如承认法官依据个案情形予以综合判断,将采信或排除重复供述的心证过程予以公开,这同样有助于限制审判权恣意擅断,并减少法律适用的不确定性。同时,裁判说理有助于彰显法官的经验和智慧,总结实务中不断出现的新情形、新因素,从而在"规则尽头"促进"法律的生长"。

---

3 参见戴长林、罗国良、刘静坤:《中国非法证据排除制度 原理·案例·适用》,法律出版社 2017 年版,第 5 页。
4 See Paul Roberts & Adrian Zwckerman, *Roberts & Zuckerman's Criminal Evidence*, Oxford University Press, 2022, p.31.

101　测谎意见证据资格的新认识

翟某1、翟某故意伤害案

邵　劲　杭州师范大学

■ **案情概要***

2013年2月15日下午,被告人翟某酒后经过某县某乡红旗村时,因琐事与梁某等人发生争执,被人劝回家后,翟某又指使其儿子翟某1纠集多人到红旗村闹事,双方发生厮打,打斗中翟某1用砖块将被害人陈某砸伤,后经抢救无效死亡。经法医鉴定,陈某系头面部挫伤合并颅内出血死亡,其损伤符合钝性外力作用所致。

对于上述事实,公诉机关提交了现场勘验笔录、刑事技术鉴定书、法医学鉴定书、证人证言、辨认笔录、测谎意见、被告人翟某、翟某1供述及其辩解等证据证实。其中测谎意见显示,翟某1称"没有用砖砸被害人陈某"系说谎。

根据上述事实和证据,某市中级人民法院一审认定翟某1犯故意伤害罪,判处无期徒刑,剥夺政治权利终身;翟某犯故意伤害罪,判处有期徒刑13年,剥夺政治权利3年。

上诉人翟某1及其辩护人称:被害人在案发前因上有重大过错;翟某1没有用砖砸被害人;原判量刑过重;测谎意见不能作为证据使用。

某省高级人民法院二审审理查明的事实、证据与一审相同,且经一审法院当庭举证、质证,查明属实。经二审法院审查核实,予以确认。

二审法院认为,原审被告人翟某因琐事与他人发生矛盾,竟指使上诉人翟某1纠集多人闹事,故意伤害被害人陈某,并致其死亡,其二人的行为均已构成故意伤害罪。在共同犯罪中,其二人均起主要作用,均系主犯,应依法惩处。原判认定事实清楚,适用法律正确,定罪准确,量刑及民事赔偿数额适当,审判程序合法。上诉人翟某1的上诉理由及其辩护人的意见不能成立,不予采纳。二审法院裁定驳回上诉,维持原判。

---

*　参见河南省高级人民法院(2012)豫法刑三终字第00040号刑事裁定书。

■ 法律分析

> **争议焦点**
>
> 测谎意见能否作为证据使用？最高人民检察院的批复规定，测谎意见在刑事诉讼法中不属于法定证据形式，不能作为证据使用。但在本案中，测谎意见作为证据经过法庭质证被采纳为定案根据。测谎意见作为证据是否有法律依据？其证据资格如何？

我国《刑事诉讼法》中没有明确规定测谎问题，但测谎技术广泛应用于我国刑事司法实务中。能否从现有法律规定中找到测谎的法律依据，决定了测谎意见作为证据的合法性。理论上认可测谎意见合法性的观点主要有三种：一种认为测谎属于技术侦查，另一种认为测谎属于广义物证技术，还有一种认为测谎属于鉴定。

认为测谎属于技术侦查的观点认为，我国法律中有关技术侦查的规定能够作为测谎的法律依据。其中，《国家安全法》（1993 年）第 10 条规定："国家安全机关因侦察危害国家安全行为的需要，根据国家有关规定，经过严格的批准手续，可以采取技术侦察措施。"技术侦查措施的合法性在《刑事诉讼法》（2012 年）中得到正式承认。有学者认为，上述法律条文能够作为承认测谎证据资格的法律依据。[1] 但隐蔽性是技术侦查措施的特征，而测谎是公开的，被告人知道测谎在实施。此外，《公安规定》（2012 年）第 255 条规定，技术侦查措施是指由设区的市一级以上公安机关负责技术侦查的部门实施的记录监控、行踪监控、通信监控、场所监控等措施，其中并没有测谎。故测谎的证据资格不能从上述条文中找到依据。

认为测谎属于广义物证技术的观点认为，物证技术的作用对象是物证，测谎所测心理痕迹也是物证。[2] 这种观点并不合理。物证的本质属性是物质性。测谎以被测人感知的有关案件事实的心理信息为检验客体，探测其是否有案件事实所留下的特殊的心理痕迹。这种心理痕迹与物质痕迹不同，被测人的生理反应图谱也不是物证，测谎检测的对象不是物证，测谎不能被纳入物证技术。

更普遍的观点认为测谎属于鉴定。测谎意见是鉴定人关于案件中某些专门性问题的意见，与精神病鉴定结论具有相同的性质；测谎在鉴定的对象与方法上不同于传统的鉴定，但测谎与鉴定之间并无本质上的区别，测谎意见应归于鉴定意见的范畴。[3] 反对的观点则认为，测谎意见不属于鉴定意见。因为，测谎的对象未经法律认可，不属于专门性问题，专门

---

[1] 参见宋英辉：《刑事程序中的技术侦查研究》，载《法学研究》2000 年第 3 期。

[2] 参见范海鹰、付有忠、王学博：《解析测谎的奥秘——心理测试技术导读》，中国人民公安大学出版社 2009 年版，第 93 页。

[3] 赞同测谎意见属于鉴定意见的观点参见宋英辉：《关于测谎证据有关问题的探讨》，载《法商研究》1999 年第 5 期；何家弘：《测谎意见与证据的有限采用规则》，载《中国法学》2002 年第 2 期；张泽涛：《美国测谎制度的发展过程对我国的启示》，载《法商研究》2003 年第 6 期；赵杰：《测谎意见的证据适用》，载《江海学刊》2005 年第 4 期；许志：《测谎意见的证据法地位》，载《社会科学家》2007 年第 3 期；罗永红：《论测谎意见的证据价值》，载《理论与改革》2006 年第 1 期。

性问题必须经过法律确认;测谎只是运用机械手段对涉案人心态进行测试,并没有运用专门知识;测谎意见不可靠。[4] 否定说否认测谎意见属于鉴定意见,间接否认了测谎的证据属性。

事实上,鉴定说立足于测谎的最终目的,以最终作为证据的材料究竟为何来判断测谎的性质,具有合理性。测谎的整个过程由测前准备、测前谈话、主测试、分析图谱等阶段共同构成,可以分为两大阶段。第一个阶段为取得测试图谱的过程,第二个阶段为分析认定测试图谱的过程。第一个阶段通过提问与回答的方式,激发并记录被测人的生理反应,但被测人的回答并不作为证据使用,测谎仪记录的图谱亦然。在第二个阶段中,测试人员运用自己的专门知识,通过分析测谎所取得的图谱,对被测人是否具有与案件有关的认知、是否说谎得出结论性意见。只有这种结论性意见才可以作为法院判决依据,也是整个测谎过程中所获得的唯一可以被作为证据的部分。图谱分析阶段的性质决定了测谎的性质。我国并没有所谓鉴定事项的法定化。需要鉴定的事项千千万,也不可能全部法定化。测谎意见是由专业测试人员依据科学原理,应用科学方法和仪器,进行测试并分析测试图谱得出的结论,符合鉴定特征。因此,测谎属于鉴定。

由于测谎属于鉴定,所以有关鉴定的法律规定可以作为测谎的法律依据。《刑事诉讼法》(2012年)第144条规定:"为了查明案情,需要解决案件中某些专门性问题的时候,应当指派、聘请有专门知识的人进行鉴定。"除诉讼法规定的鉴定可以作为测谎的法律依据之外,公安部2005年颁布并于2019年修订的《公安机关鉴定机构登记管理办法》,最高人民检察院2006年颁布的《人民检察院鉴定机构登记管理办法》,司法部2020年颁布的《法医类司法鉴定执业分类规定》都明确把测谎(心理测试)纳入鉴定业务范围。

■ **理论阐释** | 测谎意见的证据资格

本案中,测谎意见作为证据与其他证据一起罗列,并最终经过法庭质证而采纳。

□ **测谎意见的客观性**

证据的客观性要求证据的内容是客观的,其形式也是客观的。客观性不等于真实性,客观性的反面是主观性,而真实性的对立面是虚假性。客观性强调的是证据必须是客观存在的,是以事实为基础的,反映的是客观事实,虽然反映可以存在偏差。反映的偏差大小决定了客观性与真实性之间的重合度。完全一致的反映具备客观性也就具有真实性,反之,具备客观性也不一定有真实性。

对于测谎意见来说,客观性主要取决于其可靠性。只有可靠的测谎意见,才能准确反映案件事实。诉讼中普遍运用的测试方法主要是准绳问题测试法和犯罪情景测试法,这些

---

[4] 代表性的观点,参见向建国:《真实的谎言——测谎结果不宜作为刑事诉讼证据之思辨》,载《犯罪研究》2004年第2期。

方法经过大量的实验室研究和实际案件检测,被认为具有很高的信度和效度,其科学性能够得到保障。美国国家科学委员会关于测谎准确性的权威评估报告认为,测谎的综合准确率在81%～91%。[5] 研究表明,我国刑事案件测谎意见准确率达95%,民事案件测谎意见准确率达92.5%。[6] 该结论得到案件其他客观证据的证实,具有独立性。

▢ **测谎意见的关联性**

一项证据要具有关联性,首先必须要具备实质性和证明性。证据只要能对案件的处理结果产生影响就是有实质性的。证明性是指有这个证据与没有这个证据相比,某个主张可能更真实或更不真实。从实质性的角度来看,只要测谎意见所试图证明的事实对案件的处理结果有法律意义,就能够满足实质性的要求。测谎意见所试图证明的事实是被测人记忆中是否有案件相关信息,或者陈述是否真实,二者都属于对案件处理结果有法律意义的事实,属于实质性问题。从证明性的角度来看,测谎原理、方法的科学性以及测谎准确率,能够保证测谎意见的证明性。

▢ **测谎意见的合法性**

否定测谎合法性的主要依据是最高人民检察院1999年《关于CPS多道心理测试鉴定结论能否作为诉讼证据使用问题的批复》(以下简称《CPS批复》)。《CPS批复》指出,测谎鉴定结论不同于《刑事诉讼法》中的鉴定结论,不属于法定的证据种类,不能将测谎鉴定结论作为证据使用,但可以用测谎鉴定结论辅助审查、判断证据。但依据《CPS批复》来否定测谎意见合法性的做法值得怀疑。该批复存在自相矛盾之处,既承认测谎意见可以帮助审查证据,又否定测谎的证据地位。这可能导致实践中的混乱。测谎意见被用于审查证据、加强办案人员的心证,发挥着证据的作用,但竟无法进入法庭质证程序。这导致未经过法庭质证的测谎意见可能影响甚至决定法官的心证。《CPS批复》出台年代久远,测谎技术的发展日新月异,继续用《CPS批复》否定测谎合法性难以令人信服。《CPS批复》也与其他承认测谎鉴定属性的法律规范存在冲突。因此,多数观点认为测谎属于鉴定,应当用《刑事诉讼法》中关于鉴定的规定肯定测谎的合法性。

■ **扩展思考** | 科学证据的采纳标准

在美国等测谎技术发达的国家,测谎意见是作为科学证据被采纳的。测谎意见的审查、采纳也是用科学证据的标准。科学证据是基于科学、技术或专门知识提出的事实或意见证据,其表现形式是专家证据。测谎意见作为科学证据在美国经历了长期的检验,能够通过科学证据审查的测谎意见具有可采性。

5　National Research Council et. al. ,*The Polygraph and Lie Detection*,National Academies Press,2003,p.196.
6　参见潘军、李焰:《美国贝克斯特测谎系统在我国法庭科学中的应用》,载《心理学报》2001年第3期。

1923 年著名的 Frye v. United States 案确立了一项重要的普通法规则：证据提出者在提出基于某种科学原理或技术得出的意见之前，必须证明该技术或科学原理已在相关科学领域内获得普遍接受。该规则被称为"弗莱伊标准"。弗莱伊标准本质上将科学证据的审查权交给了科学团体，使法官对科学证据的审查无所作为。弗莱伊标准确立后的 70 年间一直作为科学证据审查的主导标准。但这一标准中关于特定领域普遍接受的表述也使基于新型学科和跨学科研究成果的科学证据无法被采纳，诸如采用测谎仪、天文学、笔迹学等新兴技术获得的证言都被法庭排除。

直到 1993 年，美国联邦最高法院在 Daubert v. Merrell Dow Pharmaceuticals, Inc. 案中宣布《美国联邦证据规则》已经取代了弗莱伊标准。该案确立的"道伯特标准"认为法庭首先应当判断专家证据是否属于科学知识，并在此基础上评估该证据的可靠性。对于如何判断某项理论或技术是否属于科学知识，联邦最高法院的法官对科学知识进行了一个方法论定义，即"主张或推论必须来源于科学方法"，科学方法则是一种验证技术。在此基础上，联邦最高法院认为科学证据可采性的考虑因素主要包括可证伪性、同行复核或公开发表情况、已知或潜在错误率、相关科学团体普遍接受性等。

值得注意的是，不是所有的专家证言都符合道伯特标准。1999 年的 Kumho Tire Co. v. Carmichael 案将对于科学证据的审查从专家证言是否科学转为是否可靠，并且将道伯特标准扩大适用于非科学性专业知识。该案赋予法官对科学证据审查更大的自由裁量权。

随后，《美国联邦证据规则》中涉及科学证据的第 702 条在 2000 年和 2011 年都作出了修正。其中，2000 年的修正补充了专家作证的三个条件，分别是：（1）证言有充分的事实或数据基础；（2）证言是可靠原理的产物；（3）专家把原理和方法可靠地适用于案件事实。虽然此次修正补充了专家作证的条件，但却忽略了相关性要求。而 2011 年对第 702 条的修正则加入了相关性要求。至此，科学证据的可采性标准演化为相关性、可靠性、有效性、适用性。

102 案发证据与案件验真

梁某强奸案

万　毅　四川大学

■ 案情概要[*]

被告人梁某,男,2016年4月28日被逮捕。安徽省滁州市南谯区人民检察院指控被告人梁某犯强奸罪,向法院提起公诉。梁某辩称其没有强奸郭某某。辩护人提出,指控强奸罪的事实不清,证据不足。

法院经审理查明:被告人梁某与被害人郭某某曾为恋人关系,2015年12月两人关系恶化,郭某某提出与梁某分手,梁某以散发郭某某不雅照片相威胁,并对郭某某进行殴打,逼迫郭某某顺从。截至2016年2月,梁某采用上述手段强行与郭某某发生四次性关系。法院认为,被告人梁某违背妇女意志,强行与他人发生性关系,其行为已构成强奸罪。依照《刑法》第236条第1款之规定,判决被告人梁某犯强奸罪,判处有期徒刑3年。

梁某提出上诉,称其未强奸郭某某。滁州市中院经审理认为,原判部分事实不清,证据不足,裁定撤销原判,发回重审。

区法院重新审理过程中,检察院以证据不足为由,决定撤回对被告人梁某的起诉。法院裁定准许撤诉。

■ 法律分析

> **争议焦点**
>
> 司法实务中关于熟人之间的强奸案如何正确把握罪与非罪的界限,一直是个难题。从实务办案技巧和经验上看,从证据角度严格审查案发情况,判断强奸案的案发是否自然、是否符合经验法则,是认定强奸罪是否成立的关键。

所谓案发是否自然,实则是要求司法官判断案发情况(时间、内容以及经过等)是否符合经验法则、是否符合社会一般的常情常理;凡是根据证据认定案件事实不符合逻辑和经验法则,得出的结论明显不符合常理的,不得认定该案件事实成立。对于经验法则在证据

---

[*]　参见最高人民法院刑事审判第一、二、三、四、五庭主办:《刑事审判参考》(总第122集),法律出版社2020年版。(指导案例第1339号)

审查、判断中的重要作用,最高人民检察院和最高人民法院在其制发的司法解释中曾经一再予以强调。例如,《高检规则》第368条规定:"……(五)根据证据认定案件事实不符合逻辑和经验法则,得出的结论明显不符合常理的。"《刑诉法解释》第140条也规定:"……(五)运用证据进行的推理符合逻辑和经验。"

而在本案中,滁州中院之所以认为原判决部分事实不清、证据不足,理由之一便是从案发经过分析,本案的案发不及时、不自然,不符合经验法则且无法给出合理解释,不排除被害人出于其他考虑才报案的可能性。

第一,从报案时间来看,郭某某不是在指控的"强奸"行为发生后立即报案,而是在梁某已经回到黑龙江并将郭某某微信拉黑、不联系郭某某后,郭某某才报案称被梁某强奸。从经验上讲,如果被害人遭受被告人的强奸行为侵害,只要不存在其他阻碍因素,都会在人身获得自由后第一时间选择向公安机关报案。但在该案中,被害人是在长途跋涉回到黑龙江家中后,直到被告人梁某将其微信拉黑、不再联系的情况下才报案指证郭某某强奸。这一案发时间明显不合常理,不能排除被害人是基于其他考虑(如报复被告人与其分手)才报案指证被告人梁某强奸的可能。

第二,从报案内容上看,郭某某及其母亲之前曾多次到公安机关报案,称梁某发不雅照片、梁某找她要钱、梁某殴打她,直到最后报案内容才改称梁某强奸。从常理上讲,被告人的强奸行为给被害人造成的身体和心理伤害,要远远大于发不雅照片、要钱以及殴打等行为,如果被害人及其母亲真的认为被告人之前对被害人实施了强奸行为,那么在其第一时间向公安机关报案时,就应当立即指证被告人的强奸行为,而不是先控告被告人发不雅照片、要钱、殴打等行为,直到最后才将报案内容改称为被被告人强奸。从该案报案内容的前后变化来看,不能排除被害人是基于其他考虑(摆脱被告人的纠缠以及对其名誉可能造成的伤害)才报案指证被告人强奸的可能。

第三,从案发经过看,郭某某称其是因为母亲发现了一件撕破的衣服,之后逼问并打了她,她才说了被强奸之事。客观评价,被害人对案发经过的说明,并不符合常理。在指控的强奸行为发生的时间段内,二人的聊天记录上仍然有亲密的言语,并仍处于谈婚论嫁的时期。被害人作为女儿,即使没有遭受母亲的逼问,也会向母亲全面讲述其与被告人之间正处于谈婚论嫁的状态以及发生亲密关系的事实。在明知女儿与被告人之间正处于谈婚论嫁状态的情况下,作为母亲不可能强迫女儿向公安机关报案称其被被告人强奸,除非是基于其他原因或考虑。

■ 理论阐释

"案发"一词,在我国立法和司法实务中主要是被作为认定量刑情节的标准来使用的。最高人民法院《关于审理非法集资刑事案件具体应用法律若干问题的解释》第8条第3款规定:"集资诈骗的数额以行为人实际骗取的数额计算,在案发前已归还的数额应予扣除……"

但实际上,"案发"一词除具有量刑价值之外,还具有识别案件真伪的重要价值。这是因为,办案本身是一个复杂而艰巨的任务和过程,尤其是对于作为检察官和法官的司法官而言,所谓办案,并不只是一个简单的审查、判断侦查人员收集的证据是否确实、充分的过程。对于司法官而言,办理一起刑事案件,首先是要保障无罪的人不受刑事追究,防止冤假错案的发生。我们习惯性地将"假案"与"冤案"和"错案"并提,但实际上假案对司法权威和公信力的危害更大。

从办案技巧和经验上看,要判断一起刑事案件究竟是真案还是假案,对于案发情况和案发证据的审查,就至关重要。因为从经验上讲,但凡案发不及时、不自然而又不能给出合理解释的案件,都有可能是潜在的假案。这也是我国司法实务中明明知道《案发经过》等书面材料并不严格符合证据的概念,但仍然坚持将其作为证据材料入卷、组卷的原因所在;同理,我国司法实务中之所以要求检察官和法官在撰写案件审查报告时,一定要判断并写明案发是否自然,实际上也是要求检察官和法官在办案时应当先审查案发证据并据此判断案件的真伪。

《刑诉法解释》第69条规定:"认定案件事实,必须以证据为根据。"这是关于证据裁判原则的明确表述。正是根据证据裁判原则,认定案发情况,即案发是否自然,也必须依据证据。而用来证明案发情况的证据,就是案发证据。实务中,案发证据一般分为两类:一是用来证明报案和案发情况的各种书面材料,如《立案登记表》《案发经过说明》《抓捕经过说明》《到案经过说明》《破案经过说明》等;二是可以用于判断案发情况的其他证据材料,既可能是人证,也可能是物证。例如,在一起贩卖毒品案中,检察官通过询问证人,发现案发异常,进一步调查发现系侦查人员为立功受奖而炮制假案;而在另一起抢劫案中,检察官通过审查鉴定意见,发现死者枪伤痕迹与案卷中的《破案经过说明》记载的情况不一致,感觉案发异常,进一步调查揭发该案系侦查人员泄私愤伪造抢劫现场、实则故意杀人的事实。

■ 扩展思考 | 办案的三重任务与三条证据锁链

对于"证据锁链"一词,实务中的办案人员几乎人人耳熟能详,盖因,在案证据能否环环相扣、相互印证,形成一个完整的证据链条,是公安司法办案人员断案、定案的前提和依据。但有的办案人员对证据锁链的理解和认识还有待改进,其证据审查、判断的重点指向是与定罪量刑有关的证据,他们所理解和把握的证据锁链,实际上仅仅是指定罪量刑的证据锁链,而没有认识到办案任务的多重性。实务中证据审查、判断工作的对象除上述定罪量刑的证据锁链之外,至少还应当注意三条证据锁链。

□ 第一条证据锁链:案件的客观真实性

司法实务中,刑事案卷材料的内容是比较丰富的,根据实务中的做法,侦查机关的《立案登记表》《破案经过说明》《抓捕经过说明》等材料也要求作为证据入卷备查。有观点认为,上述材料在案卷中主要是作为量刑证据使用的,因为发案、破案经过主要是犯罪嫌疑人、被告人到案情况(是否主动投案及到案时的认罪态度等)的客观记载和书面说明,用来证明犯罪嫌疑人、被告人的量刑情节。然而,笔者认为,这一观点是片面的,因为上述材料除用作量刑证据之外,更重要的功能实际上是证明案件的客观真实性。

从证明原理上讲,刑事证明活动的基本任务是通过证据证明犯罪事实之成立,但要证明案件事实之成立,首先应当证明该案件的客观真实性。换言之,该案件不能是假案,所指控的、待证明的犯罪事实不能是子虚乌有、人为捏造的,这是刑事证明的前提。

从司法办案的既往经验来观察,司法官要在办案中发现并揭露假案,最为重要的方法和手段就是对《案发经过说明》《破案经过说明》《抓捕经过说明》等材料进行认真、细致地审查,通过审查案发原因是否真实、自然以及《破案经过说明》《抓捕经过说明》是否合理等来甄别、发现案件侦办过程中的各种疑点,进而对案件的真实性作出判断。

所以说,案件的客观真实性,是司法官在办案时首先应当关注的问题,而侦查机关的《立案登记表》《破案经过说明》《抓捕经过说明》等材料,正是司法官据以判断案件真实性的重要证据。实务中,司法办案人员正是通过对上述证据材料的审查,判断其能否形成一个完整、封闭的证据锁链,进而认定案件的真伪。

▫ 第二条证据锁链:犯罪嫌疑人、被告人的人身同一性

有关司法解释明确要求,侦查环节首次讯问应当查明犯罪嫌疑人的身份。例如,《高检规则》第187条规定:"讯问犯罪嫌疑人一般按照下列顺序进行:(一)核实犯罪嫌疑人的基本情况,包括姓名、出生年月日、户籍地……"也即公安司法机关在办案时首先应当通过讯问犯罪嫌疑人、被告人核实其身份,以确认到案接受讯问或审判之人确系本案真正的犯罪嫌疑人、被告人,进而保证犯罪嫌疑人、被告人的人身同一性,即俗称的"验明正身"。

值得注意的是,司法实务中犯罪嫌疑人、被告人被采取强制措施的相关法律文书也要求入卷备查。部分观点认为,此举主要目的是便于检察官实施侦查监督,对强制措施的合法性进行审查。但实际上,强制措施法律文书入卷,除便于发挥侦查监督的功能之外,更主要的目的还是查明犯罪嫌疑人、被告人的人身自由状态,此亦属于广义的验明正身的范畴,其间差异不可不察。因为,这涉及对此类法律文书证据地位和功能的不同认识。实务中,有的办案人员习惯于在庭审的法庭调查环节将本案被告人被采取强制措施的相关法律文书作为证据向法庭出示。这表明,其并未真正理解此类法律文书的证明对象和意义。

▫ 第三条证据锁链:物证、书证来源的客观真实性及其同一性

在强调"不轻信口供"而以物证(广义的)为"证据之王"的时代背景下,物证、书证成为办案中查证犯罪事实的重要证据类型。然而,物证、书证的证明力虽高,却往往不能独立证明犯罪事实,因为,物证、书证与案件之间的关联性要靠其他证据来建立。对于这一证明机理,域外证据理论和实务称为"验真",即验证物证本身的真实性并确保其可以用于指证被告人。

我国证据理论和实务上并不采用"验真"这一概念,但也明确要求证据审查、判断必须确保物证、书证来源的客观真实性。从证据原理上讲,之所以强调物证、书证来源的客观真实性,其目的仍然在于"验真",即验证物证、书证本身的真实性并确保其可以用于指证被告人。以故意杀人案为例,证明凶刀系从犯罪嫌疑人家中搜出的侦查人员证词、搜查扣押笔录、扣押物品清单等证据固然是"验真"证据,同样亦是证明物证、书证来源客观真实性的证据。因此,强调物证、书证来源的客观真实性与"验真",虽然两者的表述角度不同,但殊途同归。也正因这一证明机理的存在和要求,实务中办案检察官在对物证、书证进行审查时,首先应当关注其来源的客观真实性问题,若无相关证据能够证明物证、书证来源的客观性和真实性,造成物证、书证来源不明的,则该物证、书证不得作为定案根据。

不仅如此,如果物证本身没有特殊性,而属于一般种类物,那么办案检察官还应当确保在法庭上作为证据出示的物证,就是之前侦查机关所查获的物证,两者具有同一性。也即对于物证,检察官不仅要通过证据证明其来源的客观真实性,还应当证明其保管过程的连续性和严密性,并由此形成从物证提取、封存、保管直至送检的完整、封闭的证据链条,此即为司法官办案时应注意的第三条证据锁链。

基于此,对于司法办案人员而言,必须要对物证、书证来源的客观真实性及其保管的连续性和严密性进行认真审查,只有在确保物证、书证从提取、封存、保管到送检整个证据链条完整、封闭的前提下,才能将物证、书证作为本案的定案证据,才能据此作出相应的法律处分。

前文论及的三条证据锁链,在证据学上都可归入"验真"的范畴。这就提示司法官,在办案实务中,一定要有"验真"意识,并将其作为司法办案的首要职责和任务。只有在依次完成对案件客观真实性、犯罪嫌疑人人身同一性以及物证、书证来源客观真实性及其同一性的"验真"任务的前提下,司法官才能进行与定罪量刑有关的证据锁链的审查、判断。经验表明,这是防止冤假错案的有效方法。

103 电子数据的多元化鉴真

快播公司、王某、吴某等传播淫秽物品牟利案

谢登科 吉林大学

■ 案情概要[*]

深圳市快播科技有限公司(以下简称快播公司)成立于2007年12月26日,为用户提供网络视频服务。2013年上半年,北京W技术有限公司(以下简称W公司)与快播公司开展战略合作,由W公司提供4台服务器,快播公司提供内容数据源,负责远程对软件系统及系统内容维护。2013年11月18日,北京市海淀区文化委员会(以下简称海淀文委)在行政执法检查时,从W公司查获扣押此4台服务器。后公安机关从3台服务器中提取29841个视频文件进行鉴定,认定其中属于淫秽视频的文件为21251个。检察院以快播公司、王某、吴某等构成传播淫秽物品牟利罪为由向法院提起公诉。

在一审法院审理过程中,辩护方对上述4台服务器及从中提取的视频文件提出异议:第一,扣押时未对服务器特征进行固定。海淀文委在扣押时,未进行拍照,且记录内容模糊,难以认定服务器的唯一性。第二,服务器在行政扣押期间保管状态不明。2014年4月,服务器才移交公安机关,在此期间服务器保管地点不明。第三,服务器内容存在被污染的可能。服务器硬盘内容是否被污染,有无写入、替换视频文件情况,存在较多疑点。第四,服务器移交程序违法。公安机关调取服务器通知书中的时间存在修改,调取时没有记录服务器特征、型号、数量、容量等信息。第五,检材真实性存疑。公安机关出具的第一份鉴定书,记载服务器3台内置7块硬盘,1台内置6块硬盘,每块硬盘容量均为2T。第三次淫秽物品鉴定材料记录,3台服务器内置硬盘6块,一台内置5块,且有一台服务器硬盘容量为1T。硬盘数量、容量前后矛盾。

一审法院经审理后认为:该4台服务器扣押、移交、鉴定过程中,执法机关只登记了服务器接入互联网的IP地址,没有记载其他特征;鉴定人错误记载硬盘数量和容量,接网IP地址不能充分证明服务器与快播公司的关联性,前后鉴定意见记载的服务器硬盘数量、容量存在矛盾,让人对现有存储淫秽视频的服务器是否为原始扣押的服务器、是否由快播公司实际控制使用产生合理怀疑。针对辩方关于服务器及存储文件作为鉴定检材真实性的质

---

[*] 参见北京市海淀区人民法院(2015)海刑初字第512号刑事判决书、北京市第一中级人民法院(2016)京01刑终592号刑事裁定书。

疑,法院委托鉴定机构对服务器及存储文件进行检验,分析了服务器系统日志,检索到服务器管理者频繁远程登录使用的 IP 地址。经公安机关和检察机关调取快播公司上网专线协议,确认该 IP 地址为快播公司专用 IP 地址。同时,鉴定人经对服务器内现存快播公司独有视频格式文件属性等信息的检验分析,没有发现 2013 年 11 月 18 日后从外部拷入或修改该独有文件的痕迹。故法院认定,在办案机关扣押、移转、保存服务器的程序环节,没有破坏服务器及其存储视频文件的真实性,检材合法有效。故对上述证据予以采信,认定快播公司、王某、吴某等构成传播淫秽物品牟利罪。

吴某不服、提出上诉。其辩护律师主张:行政执法及取证程序严重违法,涉案服务器及其存储数据来源不明。涉案硬盘可能被污染、调换,服务器上出现海量淫秽视频违反常识。故申请法院将涉案服务器作为非法证据予以排除。

二审法院经审理后认为:执法机关在取证中虽有瑕疵,但一审法院已针对涉案服务器的扣押、移交、保管等情况进行调查核实,并委托鉴定机构对服务器及存储文件进行鉴定,综合海淀文委、公安机关等办案机关、办案人员出具的证据材料,结合对服务器的鉴定意见,能够认定服务器及其存储视频文件没有遭到破坏,作为鉴定检材合法有效,可以作为证据予以确认。故裁定驳回上诉、维持原判。

■ 法律分析

> **争议焦点**
>
> 电子数据原始存储介质扣押、移送中的相关取证笔录记载信息不全时,如何对电子数据进行鉴真?

电子数据已经成为网络信息时代的"证据之王",[1] 由于其具有虚拟性、可复制性、易篡改性等特征,电子数据鉴真问题就成为网络信息时代有挑战性的证据问题之一。作为传统实物证据的物证、书证,其鉴真主要是通过"保管链证明"和"独特性确认"两种方法。[2] 前者需要相关人员在实物证据的收集、移送、保管等环节对证据状态、流转保管等情况予以记录,并出庭就所出示证据与案发时证据是否具有同一性作证。[3] 后者需借助于知情人员观察、感知该实物证据的独有特征,通过其在法庭辨别、确认实物证据来证明其真实性和同一性。电子数据作为广义的实物证据,其也需要经过依法鉴真后才能获得证据能力,其鉴真也可以适用"保管链证明"和"独特性确认"两种传统鉴真方法。

最高人民法院、最高人民检察院、公安部 2016 年 9 月联合发布《电子数据规定》"证据保管链条"作为电子数据的重要鉴真方法之一,其要求在收集、提取、移送、保管中制作取证

---

1 参见刘品新:《电子证据法》,中国人民大学出版社 2021 年版,第 3 页。
2 参见陈瑞华:《实物证据的鉴真问题》,载《法学研究》2011 年第 5 期。
3 参见陈永生:《证据保管链制度研究》,载《法学研究》2014 年第 5 期。

笔录、录音录像和见证人见证。侦查机关在电子数据取证过程中，应当按照相关要求对电子数据原始存储介质的相关信息进行详细记载，这样就可以为法院事后审查认定电子数据的真实性、完整性和同一性提供基础性材料。实物证据鉴真主要是解决实物证据的形式真实性和同一性问题。由于实物证据的鉴真方法具有多样性，对某一鉴真方法或程序的违反并不意味着无法通过其他方法来证明实物证据的形式真实性和同一性。在司法实践中，常常会出现侦查人员或其他取证主体因疏忽大意、经验不足等因素违反相应鉴真方法或程序。实物证据的稀缺性和鉴真制度的价值功能决定了不宜直接将此种实物证据予以排除，而应当给予对其补正或者解释的机会。

在该案中，行政执法机关在扣押涉案 4 台服务器时，没有记载服务器品牌、型号、特征、数量等信息。在公安机关委托鉴定时，鉴定人对服务器硬盘数量、容量等信息记载存在矛盾。这就导致电子数据及其原始存储介质的保管链条出现瑕疵，让辩护方对电子数据形式真实性、同一性、完整性产生合理怀疑。但法院没有因此就直接排除涉案服务器及其中存储的视频文件，而是给予了对其补正的机会。在通过事后鉴定和其他证据材料（主要是办案机关、办案人员出具的证据材料），排除了涉案服务器及其存储视频文件遭到破坏的可能性，也排除了办案机关扣押服务器后从外部拷入或修改视频文件的可能性，从而确认了电子数据的形式真实性和同一性，实现了对涉案服务器及其中存储视频文件的有效鉴真。

■ 理论阐释 ｜ 电子数据取证模式与鉴真方法

电子数据在本质上是"0-1"二进位数据，其需要依附于存储介质或电子设备而存在，由此决定了其取证模式与物证、书证等传统实物并不完全相同。电子数据取证主要有"一体收集"、"单独提取"和"转化收集"三种模式。在不同取证模式之下，电子数据的鉴真对象和鉴真方法并不完全相同。

"一体收集"模式是将电子数据连同其原始存储介质一并予以收集、封存、移送，在收集原始存储介质过程中同步实现对其中存储电子数据的收集。在"一体收集"模式下，侦查人员在电子数据取证中需要扣押、封存原始存储介质，通过电子数据原始存储介质的封闭保存来实现"不得改变数据原始性"的技术要求。对于原始存储介质的封存应保证在不解除封存状态的情况下，无法使用或者启动被封存的原始存储介质；封存手机等具有无线通信功能的原始存储介质时，应当采取信号屏蔽、信号阻断或切断电源等技术措施，从而保证无法对处于封存状态的电子数据予以修改、删减，确保电子数据的形式真实性和完整性。《电子数据规定》第 8 条第 1 款之规定确立对电子数据取证"一体收集"模式的优先适用顺位。这既源于此种取证模式契合最佳证据规则的基本要义，也源于其取证技术门槛相对不高，侦查人员可以将其对传统实物证据的取证技术和实践经验应用于原始存储介质封存扣押之中，也可以通过传统的证据保管链条方法对其进行鉴真。

"单独提取"模式是仅收集提取电子数据而不扣押收集其原始存储介质，然后将提取到的电子数据存储至其他电子设备或存储介质之中。[4]《电子数据规定》中规定的现场提取、网络在线提取、网络远程勘验等侦查措施或方法,就是电子数据"单独提取"模式的主要形态。公安机关采取上述侦查措施或方法收集电子数据时,不仅需要制作取证笔录,也需要计算、记录电子数据的完整性校验值。在"单独提取"模式中,电子数据与其原始存储介质是相互分离的,侦查人员仅收集、提取电子数据本身,并不收集其原始存储介质。这就使电子数据的鉴真对象和鉴真方法发生变化。在"单独提取"模式中,鉴真对象仅是电子数据本身,而不包括电子数据的原始存储介质;在鉴真方法上,侦查人员应当适用契合数据自身形态特征的技术方法,如完整性校验、区块链存证、可信时间戳等。在"单独提取"模式中,侦查人员需要通过技术方法来收集、鉴真电子数据,这就对取证主体的技术资质和实践经验提出较高要求。

"转化收集"模式并不收集电子数据本身而是将其所蕴含的证据信息或案件信息通过打印、拍照或录像予以固定收集。《电子数据规定》第10条规定:"由于客观原因无法或者不宜依据第八条、第九条的规定收集、提取电子数据的,可以采取打印、拍照或者录像等方式固定相关证据,并在笔录中说明原因。"该规定明确了电子数据的"转化收集"模式。在"转化收集"模式中,电子数据所承载的证据信息或事实信息已被复制、固定在具有物质形态的照片或打印件上,其通常无法借助于完整性校验值等技术方法实现电子数据鉴真。通过打印、拍照或录像等方式固定收集电子数据就属于"转化收集"模式,其仅要求通过笔录等方式形成证据保管链来保障电子数据真实性,而不要求计算或记录其完整性校验值。此时,应通过制作取证笔录等方式为电子数据鉴真提供基础材料。当然,"转化收集"模式也可通过录屏、录像等方式来完成,此时就应计算录像视频的完整性校验值,并在取证笔录中予以记载。在"转化收集"模式中,电子数据的鉴真对象就已经转变为取证后的示意证据而非原始的电子数据。

▇ 扩展思考 │ 电子数据的技术性鉴真

电子数据具有虚拟性、系统性、海量性等特征,这不仅决定了其证据形态、取证模式与传统实物证据存在较大差异,也决定了传统实物证据中以人力识别和记录为基础的鉴真方法适用于电子数据会有较大局限性。在司法实践中,电子数据鉴真除可以采取传统的"保管链证明"和"独特性确认"方法外,我国司法机关也自生自发地尝试采用完整性校验、可信时间戳、数字签名、区块链存证等信息技术,由此就产生了电子数据的"技术性鉴真",[5]即借助网络信息技术实现对电子数据形式真实性、同一性的证明与审查认定。

最高人民法院2018年9月颁布《关于互联网法院审理案件若干问题的规定》第11条第2款规定:"当事人提交的电子数据,通过电子签名、可信时间戳、哈希值校验、区块链等证据

---

[4] 参见谢登科:《电子数据的取证主体:合法性与合技术性之间》,载《环球法律评论》2018年第1期。
[5] 参见谢登科:《电子数据的技术性鉴真》,载《法学研究》2022年第2期。

收集、固定和防篡改的技术手段或者通过电子取证存证平台认证,能够证明其真实性的,互联网法院应当确认。"该规定将数字签名、可信时间戳、哈希值校验、区块链存证等信息技术手段,作为互联网法院审理案件中电子数据鉴真的重要方法。最高人民检察院 2021 年 1 月颁布《人民检察院办理网络犯罪案件规定》,将完整性校验、数字签名、数字证书作为办理网络犯罪案件中电子数据鉴真的重要方法。最高人民法院 2021 年 5 月颁布《人民法院在线诉讼规则》第 16 条规定:"当事人作为证据提交的电子数据系通过区块链技术存储,并经技术核验一致的,人民法院可以认定该电子数据上链后未经篡改,但有相反证据足以推翻的除外。"该规定将区块链存证作为在线诉讼中电子数据的鉴真方法,规定了其法律效力、审查方法等内容。技术性鉴真并不是简单地将网络信息技术应用于电子数据鉴真,它会带来电子数据鉴真方法和规则的变革,虽然其价值功能、鉴真标准与传统鉴真方法并无区别,但内在机理、证明责任、程序保障等有较大差异。

从鉴真的内在机理来看,传统鉴真方法是主要建立在侦查人员、记录人、保管人等人员对实物证据特征、状态等信息的感知基础上,受制于人的认识、记忆和表达能力等因素,其主观性较强,这会影响对实物证据的鉴真效果。电子数据技术性鉴真是建立在算法程序、数据代码等信息技术方法的验算比对基础上,其具有的中立性、客观性等特征更有利于保障鉴真效果。

从鉴真中的证明责任来看,通过"独特性确认"和"保管链证明"来鉴真实物时,需要由证据提供方对实物证据或电子数据的形式真实性、同一性承担证明责任,即证据提供方需要证明该实物证据或电子数据就是其所主张的证据,他可以通过申请传唤证人出庭作证或辨认来证明实物证据或电子数据的真实性,也可以通过向法院提交取证笔录、保管笔录等证据材料来证明实物证据或电子数据的真实性。对于采取数字签名、可信时间戳、完整性校验、区块链存证等技术方法实现自我鉴真的电子数据,则会产生"推定真实"的法律效果,举证方无须提供证据来证明电子数据的真实性和完整性,而需要由相对方提供证据来动摇或质疑电子数据的真实性。

从鉴真的程序保障来看,传统鉴真方法的有效运行需要建立完善的实物证据保管记录制度、证人出庭制度、质证辩论制度等为保障,其对正当程序的要求相对较高。电子数据技术性鉴真对取证笔录、证人出庭等制度的要求不高,但要求有展示和运行完整性校验、数据比对的各种软硬件设备,从而为审查比对电子数据的真实性提供技术和设备支撑。

104 非法证据排除规则的实践异化与理论澄清

陈某某故意杀人案

杨　波　吉林大学

■ 案情概要*

　　2009年1月15日15时许,杨某报警称:在广州市天河区新塘西约新村大街上×巷横×巷×号203房间发现张某某死亡。经侦查,确定陈某某为重大犯罪嫌疑人,后将陈某某移送审查起诉。2012年1月10日,广州市中级人民法院一审认定陈某某犯故意杀人罪判处死刑,缓期2年执行,剥夺政治权利终身。陈某某不服提出上诉,广东省高级人民法院撤销原判,发回重审。广州市中级人民法院重审后,仍以故意杀人罪判处陈某某死刑,缓期2年执行。2015年10月18日,经广东省高级人民法院终审,判决陈某某无罪。

　　本案终审过程中,认定六项物证、两项书证、两项被告人有罪供述、一项视听资料均属于非法证据应予以排除。上述证据被排除后,只剩下一项直接证据及多项间接证据,无法形成完整的证明体系,无法得出陈某某实施杀害张某某的唯一性结论。

　　本案终审加之重审过程中主要排除了如下非法证据:

　　1. 陈某某2009年2月25日的供述笔录。陈某某称:"侦查阶段我被刑讯逼供,他们抓住我头发对我扇耳光。2月25日中午12点我被送到看守所的期间没有吃饭和睡觉。"审理查明,该次审讯有违看守所条例,审讯地点及程序均不合法,该审讯笔录不予采信。

　　2. 陈某某2009年3月2日的供述笔录。陈某某称,侦查人员在拍录像之前,对其进行了恐吓。审理查明,侦查机关对陈某某进行审讯的录像上显示审讯的时间是11:50至12:15。但广州市天河区公安分局提讯证上显示的提讯时间是10:55至12:21。由此证明陈某某在被提押出仓进入审讯室起至开始对其进行审讯录像前,侦查人员的审讯活动有40多分钟的时间处于空白状态,既无审讯笔录记录,也无录像记录,不排除侦查人员对陈某某进行威胁、恐吓的可能。因此,该次审讯笔录属非法证据被排除。

　　3. 陈某某2009年4月7日的供述笔录。审理查明,该次供述笔录与3月2日的供述笔录文字高度雷同,存在明显的指事问供迹象。参与审讯与记录的侦查人员并不能对笔录存

---

* 参见广东省广州市中级人民法院(2010)穗中法刑一初字第20号刑事判决书、广东省高级人民法院(2012)粤高法刑三终字第251号刑事裁定书、广东省广州市中级人民法院(2013)穗中法刑一重字第16号刑事判决书、广东省高级人民法院(2014)粤高法刑一终字第351号刑事判决书。

在的疑点作出合理解释。因此,该次审讯笔录属非法证据被排除。

4.侦查人员2009年2月24日对陈某某的租住处进行搜查所得部分物证。审理查明,侦查人员24日对陈某某的租住处进行搜查,但搜查证日期与被搜查人署名日期不一致,相差7个月20天,属于无证搜查。法庭无法判明上述搜查行为搜集的物证的真实来源,而这些物证对于定案具有关键的证明价值,侦查人员的上述行为已经严重影响了本院对案件事实的准确认定。出庭作证的两名侦查人员都不能对无证搜查及是否存在补办搜查证的行为作出合理解释。因此,法庭排除了在陈某某租住处搜查所得的手机、现金、银行卡等物证。

5.2009年3月2日侦查人员对陈某某的审讯录像。审理查明,侦查人员的该次录像没有依据法律及相关规定制作笔录,且这次审讯的视听资料并非全程录音录像。因此,认定该录音录像无证据能力,属于非法证据被排除。

6.陈某某入所后一周内的身体状况跟踪检查记录。审理查明,新收押人员入所后一周内的身体状况跟踪检查记录上七处有关"陈某某"的签名非其本人签署,存在伪造书证的情况。因此,认定该新押人员入所后一周内身体状况跟踪检查记录属于非法证据被排除。

■ 法律分析

争议焦点
法院应如何围绕证据合法性争点展开裁判?如何区分非法证据与非法取证方法?如何看待因为非法证据排除而判决无罪的现象?

□ 法院应围绕侦查人员取证行为的合法性展开裁判

非法证据排除是对侦查人员违法取证行为的制裁,是一种程序性制裁方法。证据合法性的争点实质上是侦查人员取证行为的合法性。在认定侦查人员取证行为非法的前提下,课以排除相应证据的法律后果。

本案中,陈某某针对2009年2月25日的供述笔录提出非法证据排除请求。理由是"侦查阶段我被刑讯逼供,他们抓住我头发对我扇耳光。2月25日中午12点我被送到看守所的期间没有吃饭和睡觉"。陈某某的非法证据排除请求是明确和具体的,侦查机关存在刑讯逼供的非法取证行为。但重审判决以2月25日的审讯行为有违看守所条例,审讯地点及程序均不合法为由,未采纳该次审讯笔录,并未围绕"侦查机关的非法取证行为是否存在"这一争点进行裁决。由此产生如下问题:其一,法庭规避了基于刑讯逼供的认定而作出明确裁决的责任;其二,法庭的这种裁决直接规避了重复性供述的排除。没有认定先前讯问之中的刑讯逼供问题,此后的讯问笔录当然也就无法作为重复性供述被排除。[1] 本案中,2月25日之后的供述笔录事实上也并未因重复性供述而被排除。本案这种搁置侦查人员取

---

1 参见孙远:《非法证据排除的裁判方法》,载《当代法学》2021年第5期。

证行为合法性争议的做法，架空了非法证据排除规则的适用。

本案另一偏离证据合法性争点进行裁判的例证是，对陈某某租住处进行搜查所得实物证据的排除。法庭在说明为何排除非法搜查所得的物证时，给出的理由是："无法判明上述搜查行为搜集的物证的真实来源……侦查人员的上述行为已经严重影响了本院对案件事实的准确认定。"非法搜查所得物证被排除的根本原因是该物证不可靠，对于准确认定案件事实不利。可见，基于非法搜查行为的程序性制裁演变成对于物证的审查判断。

本案的问题在于：其一，模糊了证据合法性争点。在本案中，侦查机关无证搜查行为已经查明，对于这一严重的程序违法行为，应按照《刑事诉讼法》第 56 条规定的非法实物证据排除的三个条件：程序违法、可能严重影响司法公正、不能补正或者作出合理解释，排除相关物证。法庭的论证显然已经由程序性裁判滑向案件事实认定的实体判断。其二，异化了非法实物证据的排除机理。非法证据排除规则的适用可能削弱打击犯罪的力度，各国对非法实物证据的排除都采取了较为宽容的态度。大陆法系国家和英国基本上确立的都是一种裁量排除模式。我国则明确规定了排除非法实物证据的三个条件，其中内涵违法性程度、司法公正的考量，并辅之以补正与合理解释的补救措施。即通过多重条件限制最大限度地兼顾非法实物证据在证明案件事实中的作用，体现为一种有限排除模式。[2] 因此，本案应围绕侦查人员取证行为合法性争点，结合其他两个条件，综合判断是否排除非法证据，而不应归结于"物证真实来源不明、严重影响案件事实准确认定"的排除。这一排除理由是对非法实物证据排除机理的异化，是重证明力、轻证据能力，重实体、轻程序的表现。

☐ 应明确区分非法证据与非法取证方法

非法证据排除规则排除的是侦查人员以非法方法收集的证据。《刑事诉讼法》第 56 条规定：采用刑讯逼供等非法手段收集的犯罪嫌疑人、被告人口供，和采用暴力、威胁等非法手段收集的证人证言、被害人陈述应该排除。对于"刑讯逼供等非法方法"，《严格排除非法证据规定》《刑诉法解释》明确了如下情形：殴打、违法使用戒具等暴力方法或者变相肉刑的恶劣手段；暴力或者威胁；非法拘禁等非法限制人身自由的方法；重复性供述；未依法录音录像；讯问地点不合法；核查程序不合法。[3]

本案中，陈某某 2009 年 3 月 2 日与 4 月 7 日的供述笔录不能排除侦查机关采用了威胁的方法进行讯问，该供述笔录属于非法证据，应予排除。但将 2009 年 3 月 2 日侦查人员对陈某某的审讯录像、入所后一周内的身体状况跟踪检查记录也认定为非法证据，则混淆了非法取证方法与非法证据的区别。本案中，审讯录像是证明该次审讯是否存在非法取证情形的重要证据材料，未依法录音录像属于一种非法取证方法，法庭需要排除的是该次审讯供述。审讯录像本身并不存在非法证据排除问题。同理，陈某某身体状况跟踪检查记录是关于其身体状况的记载，能反映他是否遭受了刑讯逼供，进而确定是否需要将 3 月 2 日的供

---

[2] 参见闵春雷：《非法证据排除规则适用范围探析》，载《法律适用》2015 年第 3 期。
[3] 参见陈瑞华：《刑事证据法》，北京大学出版社 2021 年版，第 193 页。

述排除。这份身体状况跟踪检查记录也不存在非法证据排除问题。本案将非法取证方法与非法证据混为一谈,不利于明确非法证据的范围和非法证据排除规则的落实。

本案是由非法证据排除而导致无罪判决的标志性案件,无罪判决的作出具有重要意义:其一,实现了程序性制裁的后果。尽管本案非法证据排除规则的适用存在上述问题,但能够顶住打击犯罪、发现案件事实真相的压力,作出无罪判决,实现程序性裁判,是最为难能可贵的。其二,体现了真正的以审判为中心。非法证据的排除打破了指控决定一切的诉讼格局,实现了法院对公安机关、检察机关的监督和制约。

■ 理论阐释 | 非法证据排除规则的理论基点

□ 冤错案防范是非法证据排除规则的不能承受之重

我国非法证据排除规则的确立源于冤错案防范的需要。2010年赵某海案件的发生引发人们对侦查机关滥用职权、非法取证问题的关注,催生了《非法证据排除规定》。其后,随着一系列冤错案的平反,遏制刑讯逼供、防范冤假错案成为理论与实践的聚焦点。中国特色非法证据排除规则承载着防范冤错案的重要使命。

但非法证据排除规则的制度价值与冤错案的防范之间存在天然的紧张关系,将二者绑定在一起,必然导致非法证据排除规则的制度效果大打折扣。冤错案的防范旨在确保事实认定的准确性。而非法证据排除规则作为现代法治发展的重要成果,它规制的不是证据的证明力而是证据能力的问题,其制度价值是加强权利保障,实现程序公正。以冤错案的防范为出发点,一旦非法取得的证据是真实的,必然不会排除非法证据。非法证据排除规则的落实应努力摆脱冤错案防范目标的束缚,坚持以取证手段违反正当程序、侵犯基本人权为出发点。固然非法取得的证据可能是虚假的,不利于准确认定案件事实,甚至导致冤错案。但在坚持程序正义、人权保障的基础上,通过规范的司法行为,自然能有效实现冤错案的防范。冤错案发生的原因较复杂,夸大非法证据排除规则在冤错案防范方面的作用,是非法证据排除规则的不能承受之重。

□ 非法证据排除规则以权利保障为基点

证据来源的合法性原则体现了法治社会人权保护的最高价值,采纳非法证据将严重侵犯宪法和法律规定的公民权利和当事人合法权益。[4] 人权保障是非法证据排除规则的理论依据。无论是非法言词证据还是非法实物证据的排除,其背后都隐含宪法赋予公民的基本权保障的需求,诸如人身自由权、身体健康权、人格尊严权、住宅安全权、名誉隐私权、通信自由权等。在这个意义上,非法证据排除规则所保护的价值高于打击犯罪,也即人权保障优于发现事实真相。正如有观点认为,"美国法律排除刑讯取得的自白的根本原因不是为了

---

4 参见张保生:《证据规则的价值基础和理论体系》,载《法学研究》2008年第2期。

有助于发现事实真相,而是有另外的更重要的目的。这一目的就是保护人的尊严。该规则体现了以下原则,即发现真实的结果并不能使刑讯手段合法化"。[5]

以公民基本权的保障为基点,落实非法证据排除规则应着重于以下考量:其一,将非法证据排除规则纳入公正审判权的保障体系。国际人权法通过确立公正审判的最低要求,引导各国建立以公正审判权为核心的刑事诉讼人权保障标准。我国亦应积极回应,立足本国实践,将非法证据排除规则纳入公正审判权的保障体系。其二,强化公权力机关的职权保障义务。无论是非法证据排除程序的启动、证据合法性的调查还是非法证据的排除,都应强化公权力机关的作为义务。公权力机关积极履职是权利保障的应有之义。其三,健全并完善刑事诉讼程序立法。非法证据排除规则的适用前提是《刑事诉讼法》对取证行为有明确规定。但我国关于非法搜查、扣押的规定不健全,缺乏严格的程序要求。应从完善非法搜查和扣押等涉及实物证据收集提取的法定程序着手,区分强制性侦查与任意性侦查行为,对强制性侦查行为实行司法审查和令状许可制度,以更完备和更严格的程序规定助益非法实物证据排除规则的有效适用,最终实现权利保障的要求。

■ **扩展思考** | 非法证据排除规则与中国证据规则的体系化建构

伴随诉讼制度的进步和司法经验的积累,在证据制度发展史上逐步建立起一系列证据规则。如相关性规则、传闻证据规则、意见证据规则、最佳证据规则等。总体来说,这些证据规则都是面向证据自身特点,直接针对证据本身予以审查和判断的规则,以实现准确认定案件事实的目标。非法证据排除规则具有明显区别于上述证据规则的制度价值。证据基于其取得过程是否合法这一外部事实来决定其证据资格,这是区别的关键所在。

十几年间,我国证据制度的发展集中于非法证据排除规则从无到有,由简单到精细化的发展,成为中国证据制度立法的一大特色。但证据法的核心功能在于准确认定案件事实,在证据规则体系尚不健全,准确认定案件事实的功能不够凸显的情况下,以非法证据排除规则为主体的立法强化不可避免地影响我国刑事证据制度整体立法功能的走向,冲击对事实认定准确性的要求,最终影响证据规则体系的建构。证据法是一个多元的价值体系。未来中国证据规则体系的构建应以事实认定的准确性为核心,以相关性为基础,健全并完善直接服务于准确认定案件事实的证据规则体系。同时,以合法性为保障,完善非法证据排除规则等体现正当程序、人权保障要求的规则。当社会对人权保障、程序公正价值的需求超越了事实认定准确性之实现时,后者必须让位于前者。

如何在证据法的多元价值体系内,以事实认定的准确性为核心,实现非法证据排除规则与其他证据规则的协调发展,是我们必须认真对待的问题。

---

[5] [美]菲洛伊德·菲尼:《非法自白应否在刑事诉讼中作为证据使用——英美非法证据排除规则的简要历史》,郭志媛译,载《中国法学》2002年第4期。

105 庭前会议的适用与功能

陈某某危险驾驶案

尹泠然 中国政法大学

■ 案情概要[*]

2022年1月10日18时许，被告人陈某某同徐某、栾某某、常某某等人在重庆市武隆区××镇街上"六六"火锅店吃饭，其间陈某某饮用了白酒。饭后陈某某驾驶自己的渝X**白色大众牌小型客车，从自家楼下往××小学中心幼儿园方向行驶。当行驶至王家湾桥头，陈某某发现交巡警在前面路口查车，欲掉头离开，被桥头暗岗协勤郑某发现拦下。民警罗某立即赶到现场，要求陈某某熄火下车接受检查，发现陈某某有酒驾嫌疑后，民警现场对其酒精呼气测试，结果为253mg/100ml，后带至医院抽血送检。经鉴定，陈某某的静脉血中乙醇含量为204.9mg/100ml。陈某某于当晚22时42分至23时40分在重庆市武隆区××局执法办案中心接受了讯问，供述了自己饮酒后驾车被查获的经过，但随后多次否认犯罪事实。

重庆市武隆区人民检察院指控被告人陈某某犯危险驾驶罪，向重庆市武隆区人民法院提起公诉。武隆区人民法院于2022年5月9日受理后组成合议庭，于2022年5月25日召开了庭前会议。在庭前会议中，陈某某申请排除自己在案发当晚的供述，理由是自己当时处于醉酒状态，意识不清醒，说的不属实。公诉机关提供了陈某某接受讯问的同步录音录像，法院组织公诉人、被告人、辩护人观看后，公诉人、被告人、辩护人均充分发表了各自意见。经查，陈某某在当晚20时许被查获，21时49分抽血送检，22时42分接受讯问，23时40分讯问结束，整个讯问时间约一个小时，讯问的地点在××机关执法办案中心，并全程录音录像。从讯问的同步录音录像看，陈某某当时虽然处于醉酒状态，但意识清醒，没有出现嗜睡和行为不受控制的情况，并能够准确表达自己的意见，讯问人员也没有对陈某某实施任何暴力和威胁，陈某某自愿供述当晚饮酒后驾车事实，故驳回其排除非法证据的申请。最终，法院以被告人陈某某犯危险驾驶罪，判处拘役4个月，并处罚金人民币6000元。

---

[*] 参见重庆市武隆区人民法院(2022)渝0156刑初75号刑事判决书。

■ 法律分析

> **争议焦点**
>
> 被告人在开庭审理前申请排除非法证据,法院依据何种标准决定是否启动庭前会议?法院如何在庭前会议中就非法证据问题进行审查?法院据此作出相关决定的效力如何?

□ 庭前会议的启动方式

庭前会议的启动主要有依职权与依申请两种情形。从理论上讲,召开庭前会议的目的是为正式庭审做准备,为庭审实质化扫除障碍、铺平道路,理应由法官经审查决定是否有必要召开庭前会议。但庭前会议中处理的具体事项又关涉控辩双方的切实利益,可能对案件定罪量刑有较大影响,如非法证据排除问题,因而应当给予控辩双方申请启动庭前会议的权利,以体现对控辩双方诉讼主体地位的认可与尊重。

现有法律规定虽然赋予辩方就非法证据排除问题申请召开庭前会议的权利,《庭前会议规程》将"依照法律规定提供相关线索或者材料"作为法院"应当"启动庭前会议的前置条件,要求法官"经审查认为有必要的",才应当决定启动庭前会议,申请启动并不一定导致庭前会议顺利召开。本案被告人申请排除非法证据且说明当时处于醉酒状态,意识不清醒,法院经审查决定召开庭前会议。

□ 庭前会议对非法证据的审查

自庭前会议制度确立之初,非法证据排除问题就被纳入其中。《刑事诉讼法》第 187 条第 2 款规定:"在开庭以前,审判人员可以召集公诉人、当事人和辩护人、诉讼代理人,对回避、出庭证人名单、非法证据排除等与审判相关的问题,了解情况,听取意见。"《庭前会议规程》明确了检察院对庭前会议中证据收集合法性的证明责任与法院的审查义务,规定"人民检察院应当在庭前会议中通过出示有关证据材料等方式,有针对性地对证据收集的合法性作出说明。人民法院可以对有关证据材料进行核实;经控辩双方申请,可以有针对性地播放讯问录音录像"。

本案中,这种审查作用已经有所体现,法院在组织公诉人、被告人、辩护人观看讯问同步录音录像后,公诉人、被告人、辩护人均充分发表了各自意见,法院据此驳回陈某某排除非法证据的申请。从最高人民法院法官的相关解读来看,庭前会议属于排除非法证据的初步调查程序,具体如何操作一直存在争议。[1] 实践中,有部分法官会就辩方排非申请展开"实质性"调查,也有部分法官只是听取控辩双方的意见,不对排非问题展开实质性调查。[2]

---

[1] 参见戴长林、朱晶晶:《人民法院办理刑事案件排除非法证据规程(试行)理解与适用(上)》,载《人民法院报》2018 年 1 月 24 日,第 6 版。

[2] 参见贾志强:《刑事庭前会议制度实施状况研究》,载《中国刑事法杂志》2020 年第 6 期。

庭前会议中法院"排非"决定的效力

值得探讨的是,如果控辩双方没有就非法证据排除问题达成一致意见,庭前会议是否应当成为解决该程序争议的平台,使非法证据彻底与正式庭审"绝缘"。《刑事诉讼法》"了解情况,听取意见"的法律规定虽然表明了立法机关的审慎立场,但相关司法解释赋予了法官一定程度的裁量权。《刑诉法解释》第228条第3款规定,"对第一款规定中可能导致庭审中断的程序性事项,人民法院可以在庭前会议后依法作出处理,并在庭审中说明处理决定和理由。控辩双方没有新的理由,在庭审中再次提出有关申请或者异议的,法庭可以在说明庭前会议情况和处理决定理由后,依法予以驳回"。

从现有规定来看,庭前会议的制度定位主要是为法庭审理做准备,虽然具备控、辩、审三方主体组成的诉讼构造,但缺乏正式庭审对被告人诉讼权利的全方位保障。同时,庭前会议处理事项的效力主要来自法官依职权决定与控辩双方的合意,以此对正式庭审施加约束性影响。非法证据排除由于关涉被告方的实体性权益,不宜采用法官决定的方式对未能达成一致的问题直接作出处理,而应采用合意的方式,即《刑诉法解释》第233条规定的"对庭前会议中达成一致意见的事项,法庭在向控辩双方核实后,可以当庭予以确认;未达成一致意见的事项,法庭可以归纳控辩双方争议焦点,听取控辩双方意见,依法作出处理"。因此,如果控辩双方没有就非法证据排除问题达成共识,庭前会议的主要作用在于通过初步调查完成准备工作,为正式庭审中开展实质性调查奠定基础。

理论阐释 | 庭前会议制度的功能定位

最高人民法院第六次全国刑事审判工作会议提出:"审判案件应当以庭审为中心,事实证据调查在法庭,定罪量刑辩论在法庭,裁判结果形成于法庭,要求全面落实直接言词原则、严格执行非法证据排除制度。"其后,理论上将此概括表述为庭审中心主义。实现以庭审为中心,关键在于保障庭审的实质化。因此,庭前会议制度从确立之初即担负着提前解决可能导致庭审中断的程序性问题,提炼诉讼争点,为正式庭审做准备并最终促成庭审实质化的重任。从现有法律规定来看,庭前会议被赋予了实现繁简分流、解决程序性问题、组织证据展示、整理争点等多重功能。

第一,庭前会议实现繁简分流的功能与我国《刑事诉讼法》历次修改中不断强化的诉讼程序繁简分流相适应,具有较大发挥作用的空间。《刑事诉讼法》(2012年)修改前,我国在普通程序之外为刑事案件的简化审理提供了两种途径:一是制度层面上的简易程序,二是实践中广泛存在的普通案件简易审程序。《刑事诉讼法》(2012年)修改扩大了简易程序的适用范围,进一步提升了诉讼程序繁简分流的程度,庭前会议制度的确立为被告方参与诉讼程序选择提供了沟通协商的制度平台。现行《刑事诉讼法》修改增加了速裁程序,使刑事案件在简易程序之外又获得了一种简化审理的途径。这种多元化的程序分流机制使庭前会议这一制度平台所具有的功能日益凸显。在庭前会议中,法官对于案件性质的判断受控辩双方意见的影响而更有可能形成较为准确的认识,加之被告人有可能在这一环节选择认罪,在此基础上决定案件适用的诉讼程序,无疑使被告人在法庭审理中行使程序"变更权"的需求显著降低,防止庭审因切换诉讼程序致使程序中断与司法资源浪费。[3]

第二,解决程序性问题是庭前会议制度的设立初衷。从庭前会议处理事项的范围来看,《刑事诉讼法》采用定性结合列举的方式予以规定,即"回避、出庭证人名单、非法证据排除等与审判相关的问题",司法解释虽然在此基础上对处理事项的范围有所扩充,却仍然延续了"与审判相关的其他问题"这种兜底性表述。至于何为"与审判相关的其他问题",是否包括与审判相关的部分实体性问题,则语焉不详。

尽管《庭前会议规程》明确了庭前会议"依法处理可能导致庭审中断的程序性事项,组织控辩双方展示证据,归纳控辩双方争议焦点,开展附带民事调解,但不处理定罪量刑等实体性问题"。但事实上,庭前会议处理的事项可据此区分为纯粹的程序性事项与兼具实体与程序双重性质的事项。一方面,《庭前会议规程》将司法解释中涉及的"回避、管辖异议、不公开审理"等统一划归为"可能导致庭审中断的程序性事项",这类问题由于与被告人实体权利义务分配无关,因而属于纯粹的程序性事项。另一方面,刑事诉讼中证据的法定作用即为证明案件事实,而证据的变动情况决定着案件的法律事实向案件的客观事实趋近的实际程度,加之刑事案件定罪量刑的基础在于法律事实的认定,所以案件证据与定罪量刑之间天然地存在某种逻辑上的紧密联系。[4] 也就是说,"组织控辩双方展示证据"虽然本身属于一种程序性行为,但却对被告人是否有罪以及如何承担刑事责任具有指引性作用,即具有与定罪量刑相关的实体性质。同理,"归纳控辩双方争议焦点"实际上也涉及案件事实问题,兼具程序性质与实体性质。至于"附带民事调解",虽然调解结果本身并不能对被告人定罪产生实质性影响,但如果被告人在调解过程中积极赔偿被害人经济损失,获得被害人谅解,法院可能在量刑方面酌情减轻处罚。由此可见,庭前会议并非仅处理纯粹的程序性事项,也涉及部分与案件定罪量刑存在关联的兼具实体与程序性质的问题。

第三,控方凭借强大的追诉能力,往往在获取证据方面占据优势。我国《刑事诉讼法》规定辩护律师自案件移送审查起诉之日起,可以查阅、摘抄、复制本案的案卷材料,但由于缺乏有效的程序平台与中立的引导者对此进行监督,辩方获取控方证据的权利难以得到保障。庭前会议通过组织控辩双方进行证据展示,使辩方在法庭审理前能够及时获知控方掌握的证据,为保障辩方的阅卷权提供了机会。组织证据展示不仅是庭前会议在推进庭审实质化方面所具有的一项功能,也具有顺应司法改革、平衡控辩双方诉讼力量的特殊意义。尽管我国在司法改革中不断吸收借鉴当事人主义诉讼中的对抗因素,但始终无法摆脱职权主义诉讼底色,控辩双方的关系难以实现对等与平衡。在庭前会议中组织证据展示是应对该问题的有效方式,有助于双方诉讼力量趋于平衡。

第四,在庭前会议中,法官通过梳理控辩双方对案件事实、证据与法律适用的争议,为

---

[3] 参见汪海燕:《庭前会议制度若干问题研究——以"审判中心"为视角》,载《中国政法大学学报》2016年第5期。
[4] 参见黄伯青、张杰:《践行庭前会议制度的法理反思》,载《人民司法》2015年第7期。

正式庭审中理清审判思路与重点创造了条件。以争议内容为中心,法院在充分征求控辩意见的基础上固定庭审调查之证据范围及次序,明确检方起诉之事实范围与适用罪名,拟定案件庭审计划,以便在庭审中引导控辩双方就一些实质性的问题展开辩论。法官在庭审中得以将时间与精力从无争议或细枝末节的事项之中抽出,集中于争议焦点上、投入到对定罪量刑有重要影响的事实中,以达到将庭审程序集中于案件"诉辩焦点"之效果,控辩双方也能够在法官的引导下有针对性地进行辩论活动,从而使庭审的对抗性与实效性得到增强。

■ **扩展思考** | 庭审实质化背景下庭前会议制度的适用困境

自《刑事诉讼法》(2012年)确立庭前会议制度,至《庭前会议规程》的出台,庭前会议在制度层面上不断得到细化、完善,这既是庭审实质化的要求,也是促进庭审实质化的必然选择。但受制于司法资源的有限性、案多人少的压力、办案人员的思维惯性等因素的影响,庭前会议的适用率总体上不高。尽管并非所有案件均需召开庭前会议,只在控辩双方存有程序争议、案件审理有难度以及社会关注度高的案件中才有召开的必要性,但这类案件最终是否都能顺利启动并召开庭前会议,是否存在本无必要召开庭前会议却召开的情形?目前实践中存在两种偏离:一是多数办案人员认为庭前会议的适用率偏低,有些案件应开却未开;二是极个别地区刻意追求高适用率,有不该开而滥开之嫌。[5]

此外,应注意庭前会议存在功能异化现象,庭前会议的结果效力不彰等适用困境。实证研究表明,庭前会议的证据展示功能存在"质证化"及由此带来的"大庭前会议、小庭审"现象;同时,庭前会议效力不彰会反向制约法院对庭前会议的适用。上述问题在一定程度上造成庭前会议于推动实现庭审实质化的目标上"裹足不前"。一方面,证据展示为正式庭审举证、质证的准备活动,若允许控辩双方发表实质性意见,则有"架空"正式庭审之嫌;另一方面,庭前会议效力不彰,则无法有效规制控辩双方就程序争议继续提出诉讼请求,可能造成无休止的休庭及庭审中断,削弱正式庭审的效率,与庭审实质化的目标背道而驰。如何在上述两方面寻求平衡,需要制度层面的有效回应。

---

5 参见贾志强:《刑事庭前会议制度实施状况研究》,载《中国刑事法杂志》2020年第6期。

106 监所线人证言的审查

马某某故意杀人案

于增尊 天津师范大学

■ 案情概要*

2002年5月30日22时左右,河南省鹤壁市浚县黎阳镇东马村发生一起故意杀人案,村民陈某某及其幼子马某1、幼女马某2共3人在家中被杀。经法医鉴定,陈某某、马某1系他人用锐器切断左颈动脉导致大失血死亡,马某2系他人用单刃刺器刺入颈椎致脊髓损伤死亡。鉴于案件复杂,公安部专门派出专家参与督察。经调查了解,侦查机关认为村民马某某存有作案动机,原因在于其父与死者陈某某生前存有矛盾,两家关系不和。此外,案件侦办后期,专案组动用测谎设备进行测谎,在马某某测试后认定其为犯罪嫌疑人。2002年12月14日,马某某因涉嫌故意杀人被浚县公安局刑事拘留,12月25日被批准逮捕。2003年11月27日,鹤壁市人民检察院提起公诉,死者家属提起附带民事诉讼。

2003年12月15日,鹤壁市中级人民法院公开开庭审理此案。公诉机关在庭审时举出18组证据,认为其环环相扣、业已形成完整的证据链条证明马某某存有犯罪动机、作案时间、持有作案凶器,且现场血袜足印亦可证明其前往过案发地点。尤为重要的一份证据为马某某在看守所中所作的一份"自首书",主要内容为案发当晚马某某饮酒后突然忆起自己与死者两家矛盾,便携带单刃尖刀跳墙进入陈某某住室将其三口全部杀死。马某某则当庭推翻自身供述,指出自首书系因刑讯逼供、诱供所作。辩护律师指出该案证据皆为间接证据而缺少直接证据,且最为关键的凶器和血衣去向不明,未形成证据链条。鹤壁中院审理后认为,各项证据之间无法相互印证,不能证明马某某实施了犯罪行为,判决马某某无罪。

2004年7月30日,鹤壁市人民检察院提起抗诉;12月29日,河南省高级人民法院对该案开庭审理。庭上马某某提出公安机关以不许吃喝、"上墙""上绳"等方式对其进行刑讯逼供,且在押嫌犯袁某某也对其进行诱供,声称其只需招供便可保证家人安全;自首书系在警方要求及袁某某暗示之下摘抄所成。值得注意的是,公诉机关提出的第一组证据中便包含了袁某某等三人的证言,用以证明自首材料系马某某本人自愿所写。被告人律师亦指出本案存有的27处疑点,如案发现场脚印阙如、血型不符、证人遭遇威胁、关键证据缺失等。

---

* 参见河南省鹤壁市中级人民法院(2006)鹤刑初字第23号刑事附带民事判决书;章涵:《被疑"灭门杀手"终判无罪释放》,载《民主与法制》2008年第13期。

2006年8月22日,河南省高级人民法院裁定撤销原判,发回重审。

2007年3月20日,鹤壁中院另行组成合议庭对该案进行审理,再次判决被告人马某某无罪、不承担民事赔偿责任。鹤壁市人民检察院再次提起抗诉,后河南省人民检察院认为抗诉不当,申请撤回抗诉;河南高院裁定准许撤回抗诉,马某某最终获无罪判决。

■ 法律分析

> **争议焦点**
>
> 围绕袁某某的证言,值得探讨的问题包括:(1)如何界定袁某某的身份?(2)如何评价袁某某作证的方式?(3)袁某某所作证言的证明力如何,法院采信该证言的做法是否正确?

□ 袁某某的身份

在媒体报道和相关学术研究成果中,袁某某被称为"狱侦耳目"。但从名称可知,"狱侦耳目"具有特殊的适用空间。本案中,袁某某虽系已判刑罪犯,但其协助侦查的地点是在看守所,其担任线人的工作对象是犯罪嫌疑人而非罪犯,并非典型的"狱侦耳目"。就其实质而言,是协助警方侦查的线人,只是身份和"工作"地点较为特殊。或可借鉴域外的"监狱线人"(jailhouse informant)一词,将之定义为"监所线人"。当然,在其选择指证马某某犯罪时,担任的是证人角色。

□ 袁某某的作证方式

总体而言,证人作证存在口头和书面两种形式。作证方式不同,对证言的审查方式和审查效果也就不同。庭审是查明案件事实、形成裁判结论的法定时空,证人作证当以亲自到庭、于法官面前接受控辩双方询问为最佳,但囿于某些客观条件会出现证人无法到庭的情况,因此又有书面作证、庭外作证等形式。

作为刑事司法常态的一种体现,本案中袁某某在侦查阶段出具了一份书面证言,并随案移送到了庭审之中作为指控证据。这一点无可厚非,甚至袁某某完全可以仅以书面证言的方式作证。根据案件发生时适用的《刑事诉讼法》(1996年)第157条的规定,"公诉人、辩护人应当向法庭出示物证,让当事人辨认,对未到庭的证人的证言笔录、鉴定人的鉴定结论、勘验笔录和其他作为证据的文书,应当当庭宣读。审判人员应当听取公诉人、当事人和辩护人、诉讼代理人的意见。"可见,即使袁某某不出庭作证,其书面证言经过当庭宣读并听取控辩双方意见后,仍可作为认定马某某有罪的依据。唯当庭宣读证言的方式,客观上剥夺了被告人与证人当面对质的权利(尽管当时的《刑事诉讼法》中未规定对质制度),在查明证言真实性方面力有不逮。

与线人甚至普通证人不出庭作证的司法常态不同的是,"张氏叔侄案"中袁某某还提供了口头证言,由一审法官到其被关押的看守所进行了当面询问。这当然不违反法律规定,甚至较之同样合法的审查书面证言，此种审查方式还体现出法官积极认真的审判素养。然而根据《刑诉法解释》(1998年)，法官在开展庭外调查活动后，并不需要将其取得的证据拿到法庭之上经过控辩双方当庭质证。换言之，张氏叔侄无法了解袁某某口头作证的内容，也就无从提出反驳意见。即使按照现行《刑诉法解释》第271条第2款的规定，"审判人员庭外调查核实取得的证据，应当经过当庭质证才能作为定案的根据"，其实质意义与针对书面证言的发表意见也并无二致。鉴于本案中袁某某的身份已无保密必要，其证言对于判决结果十分重要，以及辩方对其证言的强烈质疑，法官应以通知其到庭作证更为合理。

□ 袁某某证言的效力

证人证言在发现案件真相、追究惩治犯罪方面发挥着重要作用，但错误或虚假的证言也可能导致冤假错案，审判人员需要慎重对待。《刑诉法解释》第87条规定："对证人证言应当着重审查以下内容：(一)证言的内容是否为证人直接感知。(二)证人作证时的年龄、认知、记忆和表达能力，生理和精神状态是否影响作证。(三)证人与案件当事人、案件处理结果有无利害关系……(八)证言之间以及与其他证据之间能否相互印证，有无矛盾；存在矛盾的，能否得到合理解释。"审查证人与案件的利害关系，是因为"证人的情感和证人在诉讼结果中的利益，对于证人证言的真实性具有重要的影响"[1]。《刑事诉讼法》规定，被判处管制、拘役、有期徒刑或者无期徒刑的罪犯，在执行期间确有悔改或者立功表现，应当依法予以减刑、假释。"立功表现"包括检举、揭发监狱内外犯罪活动或者提供重要的破案线索并经查证属实，或者协助司法机关抓捕其他犯罪嫌疑人等。

由此可见，作为罪犯的袁某某是可从指证马某某中获得减刑等利益的。审判人员在面对袁某某的证词时理应心存警惕，对其真实性进行更加严格的审查和更加慎重的把握。马某某故意杀人案中，法官针对袁某某的证言并未轻易采信；而在"张氏叔侄案"中，鉴于被告人曾遭遇牢头狱霸逼供的辩解，贸然采信袁某某的证词并将其作为重要的定罪证据，显然有违《刑事诉讼法》的规定和精神。

■ 理论阐释 | 监所线人证言的虚假风险与审查规则

随着犯罪形势的不断变化，在毒品犯罪、恐怖犯罪等有组织犯罪中，使用线人成为侦查机关侦破案件的一项重要手段。对于被判刑的罪犯而言，成为警方的线人具有较强的吸引力——获取共同关押人员的供述即可换取改善监禁条件、假释、减刑等好处。而侦查人员对于监所线人也较为欢迎和依赖，因为其对于支持控诉、证明被告人有罪非常具有说服力。

监所线人声称，被告人向他坦承了自己犯罪的经过，其中包含很多公众不知道的非常

---

[1] 王进喜：《刑事证人证言论》，中国人民公安大学出版社2002年版，第322页。

详细的犯罪事实,而线人作为被关押人员,[2]了解这些细节的唯一可能途径显然就是被告人本人。对于事实审理者特别是不具备法律专业素养和裁判经验的陪审员而言,这份证言的可信度显得很高。研究发现,监所线人证言的存在会促成更多的有罪判决,甚至和被追诉人认罪导致的有罪判决一样多。然而与高收益伴随的,通常是高风险。为了从政府那里获得减刑等实实在在的好处,这些具有一定主观恶性的罪犯很可能再次抛弃道德底线,采取各种手段套取、逼取甚至编造所谓的犯罪嫌疑人"供述"。缺乏外部监督的、封闭的监禁环境,也为其制造伪证提供了便利。

对于监所线人证言需要谨慎对待并进行严格审查,最理想的方式是让其出庭作证并接受控辩双方的交叉询问,帮助法官获得客观准确的心证。问题在于,作为线人的一个种类,监所线人是侦查机关费尽心力物色和建立起来的侦查资源,出庭作证可能暴露线人的身份和信息渠道,从而给线人安全和今后的侦查工作造成破坏性后果。为此,许多国家规定了线人身份保密规则或赋予线人免予出庭作证权。

为避免对正当程序价值和被告人受公平审判权的损害,设置了一定例外规则。如美国联邦最高法院在1957年的Rovario一案中裁决,如果案件进入审判阶段,线人又是证明犯罪的关键性证人,则其身份与证言必须开示。[3] 在1963年的Cimino一案中,联邦法院确立了一项线人出庭规则——被告人要求"线人"出庭接受交叉询问时,需要举证证明以下内容中的一项:第一,"线人"拥有相关的、客观的、真实的证明被告人无罪的证据;第二,"线人"显然提供了伪证,因为他根本不可能接近和了解被告人的情况;第三,"线人"自己才是犯罪活动中的积极分子;第四,检察官之所以不公开"线人"身份,是因为"线人"的证言根本经不起庭审过程中的交叉询问。[4]

考虑到监所线人受减刑等利益驱动的伪证动机,无论其证言以何种形式提供,在采信时均需格外严格和慎重。在美国,辩方可以证人系领薪的线人为由对其进行弹劾,消解其证言的真实性和可信性。陪审团和法庭将对线人的陈述进行严苛的审查,包括他是在什么时候听到的被告人承认犯罪的陈述,在获得这些供述时他做了什么或说了什么等。[5] 加拿大则在汲取以往刑事错案教训的基础上,建立了较为系统的监所线人证言审查机制,包括制定审查线人证言真实性的标准、对监所线人证言要求补强、由职业法官向陪审团告知监所线人证言存在的风险(韦德罗韦茨警语)等。[6]

---

[2] See Stacy Ann Wetmore, Jeffrey S. Neuschatz & Scott D. Gronlund, *On the Power of Secondary Confession Evidence*, 20 Psychology, Crime and Law 339(2014).

[3] 参见程雷:《秘密侦查比较研究:以美、德、荷、英四国为样本的分析》,中国人民公安大学出版社2008年版,第261页。

[4] 参见张泽涛:《"线人"的运用及其规范——以美国法为参照》,载《法学》2005年第3期。

[5] 参见[美]约翰·马丁格:《秘密线人:最有价值的执法工具》,张辉、芦鹏、邹晶译,新华出版社2012年版,第290页。

[6] 参见刘国庆:《论监所线人与刑事冤案:域外经验与本土建构》,载《福建警察学院学报》2016年第5期。

■ 扩展思考 | 完善我国线人证言审查规则

根据长期侦查实践形成的习惯性做法,线人提供的线索和材料仅作为破案线索,一般不作为证据,需要作为证据时要经过相应的转化,例如,可以在侦查阶段通过审讯犯罪嫌疑人,转化为犯罪嫌疑人的口供,作为公开证据使用。[7]《刑事诉讼法》(2012年)肯定了采取秘密侦查措施所收集的材料作为证据使用的资格,同时允许使用不暴露有关人员身份、由审判人员在庭外对证据进行核实等变通性保护措施,有利于促进线人证据使用的法治化。但仍有许多问题有待解决,例如,侦查机关能否对检察机关和审判人员隐瞒证人的线人身份,采取特殊作证方式或由法官庭外核实线人证言时如何保障被告人的对质权,对线人特别是监所线人证言的审查和采信是否应制定特别规则等。

总结相关经验,应当秉持利益权衡的整体理念构建我国线人作证及其证言审查规则。侦查机关可以隐瞒线人身份,但线人证言必须经过庭审之上的审查才能作为定案根据;可以采取遮蔽作证、法官庭外核实证据等方式保护线人身份,但不能剥夺或变相剥夺辩方提出意见的权利;由主审法官向人民陪审员告知证人的线人身份,以及其证言存在的虚假风险;在采信线人证言时应当采取补强证据规则,与其他证据印证或验证后才能作为定案根据。

---

[7] 参见程雷:《秘密侦查的中国问题研究》,中国检察出版社2018年版,第183~184页。

107 行政证据的刑事证据资格审查

王某某、秦某某容留卖淫案

喻海松　最高人民法院

■ 案情概要[*]

王某某、秦某某系夫妻关系,共同经营某浴室。2012年3月6日,公安机关查获2名浴客在该浴室嫖娼,后又查获19名嫖客和2名卖淫女,并对嫖客和卖淫女均分别按照《治安管理处罚法》的程序制作了询问笔录。同年5月2日,公安机关将该案作为刑事案件立案侦查,并对其中的9名嫖客和2名卖淫女的证言笔录按照刑事诉讼程序重新收集。江苏省南通市海安县人民检察院以被告人王某某、秦某某犯介绍、容留卖淫罪,向海安县人民法院提起公诉。

海安法院审理认为,公安机关在查处卖淫嫖娼行为的行政执法过程中收集的证人证言等证据,不得直接作为刑事诉讼的证据使用。公诉机关依据《刑事诉讼法》规定重新收集的2名卖淫女及9名嫖客的证人证言等证据,与二被告人的供述相印证,王某某容留卖淫9次、秦某某参与容留卖淫2次的事实,可予以确认;对公诉机关指控的其他10人、13次犯罪事实难以认定,不予支持。

宣判后,海安检察院提出抗诉认为,本案侦查主体是既有行政执法权又有刑事侦查权的公安机关。无论是查办与本案有关的卖淫的治安案件,还是查办王某某、秦某某介绍、容留卖淫案,均是同一组侦查人员依法进行的。虽然查办治安案件的询问笔录形式上是"根据《中华人民共和国治安管理处罚法》的相关规定",但其实体内容、询问的程序与刑事诉讼过程中的询问要求是一致的。因此,起诉书依据2名卖淫女及全部19名嫖客的证言,指控被告人王某某、秦某某分别介绍或容留卖淫22人次和15人次并无不当。一审判决未予认定二被告人大部分犯罪事实属于认定事实错误,量刑明显不当。

南通市中级人民法院经审理认为,公安机关作为既有行政执法权又有刑事侦查权的国家机关,依据《治安管理处罚法》查办卖淫嫖娼等治安行政类案件时发现犯罪线索的,在刑事立案后,对行政执法中收集的言词证据,认为确有必要作为刑事证据使用的,应当由侦查人员依据《刑事诉讼法》的规定,在告知当事人权利与义务、相关法律后果后,对证人证言、

---

[*] 参见江苏省海安县人民法院(2012)安刑初字第0136号刑事判决书、江苏省南通市中级人民法院(2013)通中刑终字第0013号刑事裁定书。

当事人陈述等重新收集、制作证言笔录。对未经重新收集、制作的言词证据材料,非系侦查人员依法取得,不能在刑事诉讼中作为证据使用。故而,抗诉机关称应以行政执法过程中取证认定的 19 人、22 次认定二原审被告人王某某、秦某某容留卖淫犯罪事实的抗诉意见不能成立,裁定维持原判。

法律分析

> **争议焦点**
>
> 公安机关在行政执法过程中收集的证据材料,在刑事诉讼中是否可以作为证据使用?具体而言,该问题可以分为两个层次:行政证据在刑事诉讼中可以直接作为证据使用的范围是什么?公安机关具有行政执法和刑事司法的双重职能,对于其在行政执法中收集证据的使用,是否可以特殊对待?

▢ 行政证据在刑事诉讼中的使用

《刑事诉讼法》第 54 条第 2 款规定:"行政机关在行政执法和查办案件过程中收集的物证、书证、视听资料、电子数据等证据材料,在刑事诉讼中可以作为证据使用。"该条款最早出现在《刑事诉讼法》(2012 年)第 52 条第 2 款,系首次通过法律对行政证据的刑事证据资格问题作出规定。[1]

根据《刑事诉讼法》第 54 条第 2 款的规定,对于行政机关在行政执法过程中收集的证据材料,实物证据可以直接作为刑事证据使用,但言词证据不得直接作为刑事证据使用,依法应当在刑事立案之后重新收集。而就王某某、秦某某容留卖淫案而言,公安机关将行政执法过程中收集的证言笔录等言词证据直接在刑事诉讼中使用,而未予以重新收集,明显不符合《刑事诉讼法》第 54 条第 2 款的规定。

▢ 公安机关在行政执法过程中收集的证据的属性

需要进一步讨论的问题是,能否基于公安机关的特殊主体地位,对其在行政执法过程中收集证据的使用作特殊处理。对此,应当持否定立场。《刑事诉讼法》之所以限制行政证据在刑事诉讼之中的使用,就是考虑到行政执法与刑事诉讼之间的差别。公安机关具有行政执法和刑事司法的双重职能,这就决定公安机关的取证活动未必就是刑事侦查,而可能是行政执法。故而,对于公安机关收集的行政证据在刑事诉讼中的使用,亦应适用《刑事诉

---

[1] 而在《刑事诉讼法》(2012 年)之前,最早对行政证据的证据资格问题作出明确规定的当属"两高一部"《关于办理侵犯知识产权刑事案件适用法律若干问题的意见》(法发〔2011〕3 号),即第 2 条"关于办理侵犯知识产权刑事案件中行政执法部门收集、调取证据的效力问题"。该条规定:"行政执法部门依法收集、调取、制作的物证、书证、视听资料、检验报告、鉴定结论、勘验笔录、现场笔录,经公安机关、人民检察院审查,人民法院庭审质证确认,可以作为刑事证据使用。""行政执法部门制作的证人证言、当事人陈述等调查笔录,公安机关认为有必要作为刑事证据使用的,应当依法重新收集、制作。"

讼法》第 54 条第 2 款的规定。

在现行《刑事诉讼法》施行后，对于监察机关收集的证据材料，无论是实物证据还是言词证据，在刑事诉讼中都可以作为刑事证据使用。但其依据恰恰在法条本身，即《监察法》第 33 条第 1 款"监察机关依照本法规定收集的物证、书证、证人证言、被调查人供述和辩解、视听资料、电子数据等证据材料，在刑事诉讼中可以作为证据使用"的规定。基于此，如果公安机关在行政执法过程中收集的言词证据也需要在刑事诉讼中直接使用，则须在《刑事诉讼法》或者其他法律中作出专门规定。

■ **理论阐释** | "……等证据材料"的进一步思考

对于《刑事诉讼法》第 54 条第 2 款中的"物证、书证、视听资料、电子数据等证据材料"的"等"，存在不同认识。从 2012 年至今一直没有联合规范性文件作出统一规定，相关司法解释、规范性文件实际存在差异。司法实践中，至少有狭义、广义和最广义三种观点：(1) 狭义说主张，对"等"只能作等内解释，即只包括物证、书证、视听资料、电子数据等实物证据；(2) 广义说主张，对"等"可以作适当等外解释，即除明确列举的"物证、书证、视听资料、电子数据"外，可以包括笔录、鉴定意见等非言词证据在内；(3) 最广义说主张，对"等"可以作无限制的等外解释，即可以涵括言词证据在内的其他证据。

从相关规定来看，《刑诉法解释》(2012 年) 第 65 条第 1 款"行政机关在行政执法和查办案件过程中收集的物证、书证、视听资料、电子数据等证据材料，在刑事诉讼中可以作为证据使用"的规定与《刑事诉讼法》的表述一致，未明确作等外解释，可以认为偏向于狭义说；相反，《高检规则（试行）》(2012 年) 第 64 条则采用最广义说。[2]

《高检规则》第 64 条规定："行政机关在行政执法和查办案件过程中收集的物证、书证、视听资料、电子数据等证据材料，经人民检察院审查符合法定要求的，可以作为证据使用。""行政机关在行政执法和查办案件过程中收集的鉴定意见、勘验、检查笔录，经人民检察院审查符合法定要求的，可以作为证据使用。"显然，《高检规则》由此前的最广义说改采广义说。与之不同，《刑诉法解释》第 75 条第 1 款仍然沿用《刑诉法解释》(2012 年) 第 65 条第 1 款的立场。对此，刑事审判实践要特别注意把握，作出妥当处理：

第一，关于行政机关收集的鉴定意见、勘验、检查笔录等证据材料的使用。《刑事诉讼法》第 54 条第 2 款只明确列举"物证、书证、视听资料、电子数据"（实物证据），而未将"鉴定

---

[2] 《高检规则（试行）》第 64 条规定："行政机关在行政执法和查办案件过程中收集的物证、书证、视听资料、电子数据证据材料，应当以该机关的名义移送，经人民检察院审查符合法定要求的，可以作为证据使用。""行政机关在行政执法和查办案件过程中收集的鉴定意见、勘验、检查笔录，经人民检察院审查符合法定要求的，可以作为证据使用。""人民检察院办理直接受理立案侦查的案件，对于有关机关在行政执法和查办案件过程中收集的涉案人员供述或者相关人员的证言、陈述，应当重新收集；确有证据证实涉案人员或者相关人员因路途遥远、死亡、失踪或者丧失作证能力，无法重新收集，但供述、证言或者陈述的来源、收集程序合法，并有其他证据相印证，经人民检察院审查符合法定要求的，可以作为证据使用。""根据法律、法规赋予的职责查处行政违法、违纪案件的组织属于本条规定的行政机关。"

意见""勘验、检查、辨认、侦查实验等笔录"(非言词证据)列明,就在于前一类证据的客观性较强,通常不会因为收集程序的不同而对证据本身产生影响,而后一类证据的客观性弱于实物证据(具有一定的主观性),加之行政机关收集勘验、检查等笔录、鉴定意见等证据的程序与《刑事诉讼法》存在差异,不少情形下可能影响证据本身,故直接承认其刑事证据资格应当持慎重态度。基于此,《刑诉法解释》第75条第1款采取"向法条看齐"的策略,沿用《刑诉法解释》(2012年)第65条第1款的规定,并与《刑事诉讼法》第54条第2款的规定保持一致。

需要注意的是,《高检规则》第64条第2款已明确规定行政机关在行政执法和查办案件过程中收集的鉴定意见、勘验、检查笔录具有刑事证据资格。在审判实践中,对《刑诉法解释》第75条第1款的"物证、书证、视听资料、电子数据等证据材料"在刑事诉讼中可以作为证据使用,应当与《高检规则》第64条的规定作不同的把握,即对"等"原则上应作"等内"解释,限于物证、书证、视听资料、电子数据,不包括鉴定意见,勘验、检查笔录和言词证据;但根据案件具体情况,确有必要作"等外"解释的,也可以个案处理,但应当以相关证据无法重新收集为前提,且有证据证明取证程序合法、能与其他证据相印证。

第二,关于行政机关收集的言词证据材料的使用。对于行政机关收集的言词证据是否具有刑事证据资格,实践中争议更大。有意见认为,行政执法中言词证据包括证人证言和当事人陈述。言词证据的最大特点是易变性,故对于言词证据、特别是证人证言的审查和采信要遵守直接言词原则。但在证人死亡、失踪或者丧失作证能力的情况下,辩方无法申请证人当庭质证,无法当面核实其身份及证言真伪,庭审对证人证言的审查判断难度将增大,甚至在不少情形下,难以判断证人证言的真实性。基于此,有关司法解释未作明确规定。司法实践中,如在特殊情形下,言词证据确实无法重新收集但又必须使用的,可以纳入"等证据材料"的"等"中加以解决。同时,也必须有证据证明取证程序合法,能与其他证据相印证,才能作为定案的根据。

■ 扩展思考 | "行政机关"证据材料的审查判断标准

行政证据在刑事诉讼中的使用,会涉及不少具体问题,值得作进一步扩展思考。囿于篇幅,本部分只谈两个问题。

□ 行政机关的外延

《刑事诉讼法》第54条第2款规定的"行政机关"不限于工商、税务等行政机关,也包括根据法律、法规规定行使国家行政管理职权的组织。因此,《刑诉法解释》第75条第2款规定:"根据法律、行政法规规定行使国家行政管理职权的组织,在行政执法和查办案件过程中收集的证据材料,视为行政机关收集的证据材料。"据此,虽然不属于行政机关,但属于根据法律规定行使国家行政管理职权的组织,其在查处案件中收集的相关证据材料,可以视为行政机关收集的证据材料。

需要注意的是,实践中,行政主体还包括受行政机关委托代表行政机关行使职权的组织,这些组织不属于《刑事诉讼法》第54条规定的"行政机关",其在行政执法和查办案件过程中收集的有关证据材料,不能视为行政机关收集的证据材料。

▢ **行政证据材料的审查判断标准**

行政机关在行政执法和查办案件过程中收集的物证、书证、视听资料、电子数据等证据材料,在刑事诉讼中可以作为证据使用的,也应当经当庭出示、辨认、质证等法庭调查程序查证属实,才能作为定案的根据。

需要注意的是,行政执法程序不同于刑事诉讼程序,适用不同的标准。那么,对于行政机关收集的可以在刑事诉讼中作为证据使用的证据材料,人民法院应当以什么标准审查判断行政机关取证程序是否合法,是适用刑事诉讼的标准还是适用行政机关行政执法和查办案件的标准? 就逻辑上而言,行政机关在行政执法和查办案件的过程中,尚不知道所涉及的案件是否达到犯罪的程度,是否会进入刑事诉讼程序,无法也不应当适用刑事诉讼程序的规定收集相关证据材料,只能依照法律、行政法规关于行政执法和查办案件的相关规定。基于此,《刑诉法解释》第75条第1款规定:"……经法庭查证属实,且收集程序符合有关法律、行政法规规定的,可以作为定案的根据。"

108 外部政策规则的非法证据排除规则｜非法取证对量刑的影响

吴某、朱某贪污案

张　威　中南财经政法大学

■ 案情概要[*]

2013年江苏省扬州市江都区人民检察院以被告人吴某、朱某犯贪污罪向江都区人民法院提起公诉。主要指控事实包括：2009年1月至11月，朱某利用其在开发区办事处经办退保金的职务便利，伙同分管退保金申请材料审核的开发区办事处副主任吴某，制作虚假的结算凭证，骗取退保资金39笔，共计人民币228718.2元。此外，起诉书还指控，吴某在担任扬州市人力资源和社会保障局新城西区办事处负责人期间，在单位公务招待过程中多开消费发票，侵吞公款合计11000元。

朱某的辩护人提出了罪轻的辩护意见；吴某提出不构成贪污罪而是渎职的辩解。同时，吴某及其辩护人都提出排除非法证据的申请，主要包括：吴某在2012年12月27日的一份询问和三份讯问的有罪供述是在受到疲劳审讯、精神恍惚时作出的，侦查机关采用变相肉刑的方式获取口供，应当作为非法证据予以排除；吴某在2013年1月7日江苏省人民检察院逮捕前提审的一份有罪供述，因侦查机关未按规定进行同步录音、录像，亦应作为非法证据予以排除。

江都区人民法院认为，吴某在到案初期的四份有罪供述，因侦查机关在取证时违反相关规定，因而不具有证明效力。但吴某在江苏省人民检察院逮捕前提审所作的有罪供述，并未违反相关规定，具有证明效力。该法院在裁判时依据被排除的口供和其他证据认定二被告人在犯罪中的地位作用相当、不分主次。最终，法院以贪污罪判处吴某有期徒刑12年，剥夺政治权利2年，没收财产人民币5万元；以贪污罪判处朱某有期徒刑10年，剥夺政治权利2年。吴某、朱某提起上诉。二审法院认定吴某为从犯，改判其有期徒刑5年6个月，并处没收财产人民币3万元；认定朱某为自首，改判其有期徒刑5年，并处没收财产人民币2万元。

---

[*] 参见周庆琳、汤咏梅：《吴毅、朱蓓娅贪污案——侦查机关通过疲劳审讯获得的被告人供述是否属于非法证据（指导案例第1142号）》，载最高人民法院刑事审判第一、二、三、四、五庭主办：《刑事审判参考》（总第106集），法律出版社2017年版，第33～39页。

■ 法律分析

> **争议焦点**
>
> 疲劳审讯获得的证据与未同步录音、录像的证据是否属于非法证据？依法排除的非法证据能否作为认定量刑事实的根据？

☐ 疲劳审讯获得的证据与未同步录音、录像的证据是否属于非法证据

现行《刑事诉讼法》第56条第1款规定："采用刑讯逼供等非法方法收集的犯罪嫌疑人、被告人供述和采用暴力、威胁等非法方法收集的证人证言、被害人陈述，应当予以排除……"很显然上述条文并没有明确回答本案争议问题。这就牵涉对法律条款的解释问题，也即疲劳审讯和未同步录音、录像是否构成"刑讯逼供等非法方法"。《刑诉法解释》第123条对"刑讯逼供等非法方法"进行了解释，该条列举了三种非法方法，前两种非法方法分别是"采用殴打、违法使用戒具等暴力方法或者变相肉刑的恶劣手段"，以及"采用以暴力或者严重损害本人及其近亲属合法权益等相威胁的方法"，这两种非法方法都要求达到"使被告人遭受难以忍受的痛苦而违背意愿作出供述"的程度。该条列举的第三种非法方法是"采用非法拘禁等非法限制人身自由的方法收集的被告人供述"。

本案的讯问笔录和同步录音录像反映，侦查机关采用上下级"倒手""轮流审讯"的方式对吴某连续讯问长达30多小时，中间没有给其必要的休息时间，吴某表示其供述是在疲劳难忍、精神恍惚的状态下作出。这种疲劳审讯的方式显然构成了《刑诉法解释》中的"变相肉刑"，而且达到"使被告人遭受难以忍受的痛苦而违背意愿作出供述"的程度。因此，法院根据非法证据排除规则认定，吴某到案初期的四份有罪供述属于"刑讯逼供等非法方法"获取的供述，予以排除。

另外在现有法律规定下，未同步录音、录像并不是排除供述的直接事由，只是增加了检察官证明取证合法性的难度，可能会因缺少同步录音、录像而无法排除刑讯逼供的嫌疑，进而导致相关供述被排除。

☐ 依法排除的非法证据能否作为认定量刑事实的根据

本案还牵涉一个较为隐蔽的问题，也即依法排除的非法证据能否作为认定量刑事实的根据。《刑事诉讼法》第56条第2款规定："在侦查、审查起诉、审判时发现有应当排除的证据的，应当依法予以排除，不得作为起诉意见、起诉决定和判决的依据。"很显然，被依法排除的证据不得作为"判决的依据"既是指不得作为定罪判决的依据，也指不得作为量刑判决的依据。然而，实践操作并非如此简单明了。

在审判阶段，对非法证据排除申请进行审理的法官就是整个案件的审理法官，这也就意味着即便法官依法排除了证据，但由于他已经知悉了证据的内容且已经影响了心证，再让其忘记该内容或假装不知道该内容，显然比较困难。法官还会在后续的事实判断中有意

或无意地使用该非法证据。本案中,法院虽然排除了通过疲劳审讯获得的四份有罪供述,但内心极可能已经确信被排除的四份有罪供述是真实的。因此在对二被告主从犯认定上,依然运用该四份被排除的有罪供述中的二人分工和赃款分配部分,进而认定二被告在共同犯罪中的地位作用相当,不分主次。二审法院纠正了这一错误做法。

依法被排除的证据不得作为判决的依据,当然也不应当对定罪量刑产生影响,否则非法证据排除规则就会形同虚设,丧失其实际意义。因此,本案应当根据有证据能力的供述判断二人的主从犯地位,由于有证据能力的供述中并没有提及二被告人在共同犯罪中的分工和赃款的分配,而朱某关于吴某指使其实施犯罪的供述,因供述人与吴某有利害关系而不能完全采信。根据在案的书证和证人证言可以看出朱某实施了共同贪污犯罪中的大部分行为,而吴某仅实施了在虚假结算凭证上签字的行为,可以据此认定吴某在共同犯罪中的作用小于朱某,属于从犯,因此二审法院纠正了一审的错误认定而对吴某减刑处罚。

■ 理论阐释 | 作为执行人权保障外部政策的非法证据排除规则

本案审理牵涉一个重要理论问题,也即非法证据排除规则的理论定位,排除非法证据到底是以"证据是否可靠"为标准,还是以"获得证据的手段是否严重违法"为标准,我国司法判例和司法解释对此态度并不明确。

本案中,法官在阐述排除四份口供的理由时指出:"疲劳审讯是一种变相的肉刑,对公民基本权利的侵犯程度与刑讯逼供基本相当,在这种情况下的供述是被告人在精神和肉体痛苦情况下违背意愿作出的,这种供述不可靠,应当予以排除。"这种分析的思路实际上是把侵犯人权的严重程度和供述的可靠性都纳入了是否排除非法供述的判断过程之中,未能触及排除制度更为深层次的理论。

《刑诉法解释》第123条列举的收集被告人供述的非法方法前两种仍加了"使被告人遭受难以忍受的痛苦而违背意愿作出供述"的要求,这一要求在实践中被理解为对"供述可靠性或自愿性"的强调,这也意味着一些达不到"使被告人遭受难以忍受的痛苦而违背意愿作出供述"程度的违法行为,无法使用非法证据排除规则进行制裁,例如,应当为被追诉人指派辩护而没有指派,由此获得的供述并不会排除。把证据的可靠性视为是否排除非法证据的标准,是一种"证明力反制证据能力"的证据排除思路,背离了非法证据排除规则的目的。

在现代证据法理论中,可采性规则或证据能力规范因其制度目的不同而可划分为两类,一类是证明政策规则(rules of probative policy),该类规则是以保障证据的证明品质为目的而设置的证据能力规范,其主要包括了鉴真法则、传闻证据规则、意见证据规则、最佳证据规则等。另一类是外部政策规则(rules of extrinsic policy),外部政策规则是以贯彻独立于证明价值的外部政策为目的而设定的证据能力规范,其主要包括了为了贯彻人权保障和阻吓违法侦查的政策而设置的非法证据排除规则,以及为了保护交流秘密而设置的特免权证据规则;等等。[1]

非法证据排除规则是一种典型的外部政策规则,这种立论根基决定了非法证据排除规则在适用时应主要考虑"外部政策的贯彻执行"而非证据本身的可靠性。执行人权保障的外部政策已成为当今非法证据排除规则的主要根据。因此,我国《刑事诉讼法》第56条规定的"刑讯逼供等非法方法"和"暴力、威胁等非法方法"的理解应当与证据的可靠性脱钩,不应再执迷于陈述的自愿性和可靠性,而应当与基本权利保障和阻吓侦查违法这一外部政策挂上钩,这样才能使非法证据排除规则回归到外部政策规则这一理论定位。

■ 扩展思考

□ 一元化法庭中非法证据的"排"而不"除"

在本案中,为什么会出现法官在量刑时仍使用本已被排除的证据的现象,这就牵涉在一个不区分法律判断者和事实裁判者的一元化法庭里,非法证据的"排"而不"除"问题。

在证据评价方面,西方国家形成了两种具有代表性的模式,也即原子模式(atomistic)和整体模式(holistic)。[2] 这两种证据评价模式不仅影响着不同国家的证据评价思路,而且深刻影响了不同国家证据排除程序的设计。原子模式非常看重"不可采证据对事实裁判者心证的干扰",该模式内置于由法官和陪审团组成的二元化法庭之中,在该法庭中,法官和陪审团分别负责法律的适用和事实的认定,"证据排除动议的审理"则由法官负责,作为事实裁判者的陪审团无法接触到不可采证据,以此在"不适格证据"与"事实裁判者"之间建立了一个隔离屏障,使事实裁判者一开始就接触不到不可采证据。而在整体模式下,审判组织是一种不区分法官和事实裁判者的一元制法庭。这种一元化法庭显然无法实现不可采证据与事实裁判者之间的隔离,事实裁判者可以毫无阻碍地接触不可采证据的全部内容。立法者试图使用"事实裁判的说理机制"和"告知事实裁判者对不可采证据不予理睬"的替代手段,督促裁判者自觉不使用不适格证据,降低不可采的证据对裁判者心证的影响。但这种替代手段严重依赖裁判者的自律,其是否真的有效,令人怀疑。

我国证据评价模式类似于整体模式,法庭形式也是一种一元化法庭,事实裁判者也是证据排除申请的审理者,他们一开始就知悉了系争证据的实质内容并在其心证中留下印象,在裁判中自觉或不自觉地受到了非法证据的影响。就像本案一审法官在区分二被告人的主从犯地位时,依然毫无障碍地使用已经被排除的证据。这一"排"而不"除"或虽"排"仍"用"的现象,直接导致我国设置的大量证据能力规范失去意义,需要引起我国司法改革的高度关注。

正如有学者所言,"对于以下论断似乎凭直觉就断定其难以成立:事实裁判者有能力识

---

[1] See John H. Wigmore, *A Students' Textbook of the Law of Evidence*, Foundation Press, 1935, p. 30.
[2] 参见[美]米尔吉安·R. 达马斯卡:《比较法视野中的证据制度》,吴宏耀、魏晓娜译,中国人民公安大学出版社2006年版,第68~69页。

别不可采但有说服力的证据信息所产生的具体影响,并将这一影响隔离处理"。[3] 知道该证据而在心理上不受它影响,显然是困难的。由此看来,如何真正实现《刑事诉讼法》第56条要求的依法排除的证据"不得作为判决的依据"依然任重而道远。

□ 非法取证的量刑补偿方案

　　有权利必有救济是当代法治国家恪守的一条重要原则。在传统刑事诉讼中,程序违法可能会引发一系列程序后果,例如,排除非法证据;再如,撤销原判、发回原审人民法院重新审判等。但在一元化的法庭中证据排除往往仅具象征性意义,像本案因排除非法证据而减轻了被告人刑罚的例子很少。在很多案件中,即便非法证据被排除,依然不影响法官对被告人的定罪量刑,甚至不影响法官在心证中依然使用非法证据定罪量刑,就像本案一审法官那样依然用被排除的口供认定二被告人在共同犯罪中的作用和地位。这是在一元化法庭中适用证据排除规则无法突破的困局。

　　实际上,在实施一元化法庭的国家,对程序违法行为进行量刑补偿是可以考虑的替代性救济方案。程序违法的量刑补偿理论,是指针对侦查人员、检察人员和审判人员非法取证、拖延诉讼等严重违反刑事诉讼程序的行为,被告人由此在诉讼程序中遭受痛苦折磨的,法院以从轻量刑的方式予以补偿。日本就有判例把没有达到排除证据标准的"侦查程序违法"视为量刑的情节,进而对被告人从轻量刑。其理论基础是被追诉人因违法侦查承受的痛苦超出了法律规定的范围,属于广义上的"犯行后的状况"的一种,应在量刑中得到一定程度的体现。[4]

　　除此理由外,对程序违法进行量刑补偿的理由还在于一些程序违法使被告人遭受额外的不利益负担,这种负担对其造成痛苦折磨的程度类似于实践中的刑罚。而且,程序违法还会使刑罚的被需要性降低,这是因为额外的程序痛苦不仅填补了社会公众的报应要求,还使被告人在额外的痛苦中受到了教育,被告人的特别预防必要性因此降低。两种效果相加,最终使得刑罚的需要降低。量刑补偿契合了被告人的需求,避免了过度排除证据的问题,在一定程度上也缓解了许多程序违法无从救济的困境,是我国刑事司法制度未来可以考虑的程序违法的救济方案。

---

[3] [美]米尔吉安·R.达马斯卡:《比较法视野中的证据制度》,吴宏耀、魏晓娜译,中国人民公安大学出版社2006年版,第220页。

[4] 参见[日]城下裕二:《量刑理论的现代课题》,黎其武、赵姗姗译,法律出版社2016年版,第103页。

109 鉴真:实物证据同一性证明

王某非法出售珍贵、濒危野生动物案

张 中 中国政法大学

■ 案情概要[*]

2016年5月,深圳男子王某因涉嫌"非法出售珍贵、濒危野生动物及其制品罪"被刑事拘留。警方调查显示,王某此前售出的6只鹦鹉中,有2只为小金太阳鹦鹉,学名绿颊锥尾鹦鹉,属于受保护物种。随后,公安机关在其宿舍查获该种鹦鹉35只、和尚鹦鹉9只、非洲鹦鹉1只,共计45只。经鉴定,均受《濒危野生动植物种国际贸易公约》附录Ⅱ保护。2017年3月,深圳市宝安区人民法院一审以非法出售珍贵、濒危野生动物罪判处被告人王某有期徒刑五年,并处罚金人民币3000元。王某上诉。

2017年11月6日上午10时,王某案二审在深圳市中级人民法院开庭。庭审持续了将近10个小时,控辩双方均列出多组新证据,对该案程序、证据、定性等多个问题展开激烈辩论。除最高人民法院《关于审理破坏野生动物资源刑事案件具体应用法律若干问题的解释》将人工驯养繁殖的动物解释为野生动物的法律效力问题外,用于证明王某有罪的鹦鹉是不是王某饲养和出售的鹦鹉成为本案关键争议之一。按照王某妻子及辩护人的说法,王某饲养的鹦鹉都有脚环号,都有特定的编码,但公安机关在查获鹦鹉时,扣押清单未对扣押的鹦鹉进行编号,后让王某对鹦鹉照片而非实物进行辨认,而照片上面也没有脚环编码,从而认为无法证明送检的鹦鹉系查获自谢某及王某处,也无法认定王某有罪的鹦鹉就是王某饲养的鹦鹉。2018年3月,深圳市中级人民法院在认为"原判认定的事实清楚,证据确实、充分"的基础上作出二审判决,以犯非法收购、出售珍贵、濒危野生动物罪判处上诉人王某有期徒刑二年,并处罚金人民币3000元。

2018年4月,最高人民法院核准了该二审判决。

---

[*] 参见广东省深圳市宝安区人民法院(2017)粤0306刑初323号刑事判决书、广东省深圳市中级人民法院(2017)粤03刑终1098号刑事判决书。

法律分析

争议焦点

本案中,公安机关从被告人谢某和王某处查获的鹦鹉是认定王某犯罪的最重要证据,鹦鹉的来源、物种属性及其数量直接决定了王某的行为是否构成犯罪以及构成何种犯罪的问题。关键问题是,用于指控王某犯罪的鹦鹉是否就是王某非法出售的鹦鹉?

▢ 本案鹦鹉的来源和流转问题

物证来源的可靠性直接影响该证据的真实性,从而决定着该证据能否作为定案根据。早在 2010 年,《办理死刑案件证据规定》第 9 条第 1 款就明确规定:"……不能证明物证、书证来源的,不能作为定案的根据。"该规定被《刑诉法解释》(2012 年)吸收,要求法院注重审查物证的来源和收集过程。如果不能证明物证的来源,就无法确保该证据的真实性,也就无法排除伪造证据的可能性。因此,对于此种情形的物证,"应当绝对排除,不得作为定案根据"。[1]

作为本案关键物证的鹦鹉,其证据效力体现在两个方面:一是作为检材的物证,二是作为检察机关在法庭上指控被告人王某犯罪的物证。对于作为检材的鹦鹉,按照《刑诉法解释》(2012 年)第 84 条的规定,法院应当着重审查"检材的来源、取得、保管、送检是否符合法律、有关规定,与相关提取笔录、扣押物品清单等记载的内容是否相符,检材是否充足、可靠"。本案中,由于公安机关在犯罪现场查获鹦鹉时,扣押清单未对扣押的鹦鹉进行编号。鹦鹉被送到救护中心后,与其收养的其他鹦鹉混同,本案的检材已被污染。按照《刑诉法解释》(2012 年)第 85 条的规定,此时鉴定机构出具的鉴定意见不得作为定案的根据。对于直接作为认定王某犯罪的鹦鹉,也正是由于上述原因,扣押清单未对扣押的鹦鹉进行编号,导致无法确认法庭上用于指控王某犯罪的鹦鹉与王某非法出售的鹦鹉是否一致,而这种程序瑕疵又无法补正,也不能作出合理解释。按照《刑诉法解释》(2012 年)第 73 条的规定,公诉人向法庭出示的鹦鹉照片不得作为定案的根据。

▢ 被告人王某对鹦鹉的辨认

辨认是确定实物证据同一性的证明活动。在我国刑事诉讼中,辨认是一项重要的侦查措施。《公安规定》对辨认的适用范围、程序和具体要求等设专节作了规定。例如,对于物品的辨认,其第 260 条要求,"辨认时,应当将辨认对象混杂在特征相类似的其他对象中……""辨认物品时,混杂的同类物品不得少于五件;对物品的照片进行辨认的,不得少于十个物品的照片。"第 262 条还规定,"对辨认经过和结果,应当制作辨认笔录……"

---

[1] 李少平主编:《最高人民法院关于适用〈中华人民共和国刑事诉讼法〉的解释理解与适用》,人民法院出版社 2021 年版,第 209 页。

本案的鹦鹉属于种类物,不具有独特性特征,即使王某对自己饲养的鹦鹉很熟悉,也不具备辨认的条件。但按照王某及其妻子的说法,王某给这些鹦鹉都佩带有脚环号,使之具有了可辨认的特征。但证据显示,公安机关在安排王某辨认时,没混杂同类物品,只让其辨认了鹦鹉的照片而非实物,并且照片上的鹦鹉没有脚环号,事后也没有制作笔录。按照《刑诉法解释》(2012年)第90条的规定,辨认对象没有混杂在具有类似特征的其他对象中的,辨认笔录不得作为定案的根据。如果王某及其妻子的说法属实,照片上的鹦鹉没有脚环号,这种辨认不仅没有任何意义,反而能够证明用于指控王某犯罪的鹦鹉不是王某饲养的鹦鹉。

■ 理论阐释 | 实物证据鉴真问题

证据法有一个普遍原则:当事人必须首先证明有关证据就是其所主张的证据,其次才有该证据的可采性问题。[2] 作为实物证据基础证明的重要方法之一,鉴真是证据提出者对其主张的证物进行同一性和真实性证明的活动。通过鉴真活动,能够确保证据材料的真实性,同时可以提升侦查机关收集、提取和保管证据的规范性。

▢ 鉴真是实物证据可采性的前提条件

对于实物证据而言,鉴真是其可采性的先决条件,即提出证据的当事人需要证明在法庭上出示的证据就是其所主张的"那个证据"。按照美国《联邦证据规则》第901条(a)的规定,作为一项原则性要求,"证据提出者必须提出足以支持该证据系证据提出者所主张证据之认定的证据"。任何证据通常都不能证明其自身的真实性。即使像本案鹦鹉这样的物证,公诉人首要解决的问题是,应当提出证据证明其在法庭上出示的用于证明王某非法出售的鹦鹉就是公安机关在谢某和王某处查获的鹦鹉。

鉴真是对证据材料的一种形式化的初步筛查机制。[3] 只要证据提出者提出"足以支持一项认定"的证据,以证明其所提出的证据就是其所主张的证据即可,至于该证据事实上是否就是其所主张的证据,仍然需要由事实认定者对之作出评价和认定。

▢ 鉴真责任:谁提出,谁鉴真

作为一项证明活动,鉴真遵循举证责任的一般规则,即"谁提出,谁鉴真",由证据的提出者对其提出的证据承担鉴真责任。在刑事诉讼中,证明被告人有罪的证明责任由控诉方承担。如在公诉案件中,由公诉人提出证据证明被告人有罪,因而公诉人对其所提出的实物证据应当承担鉴真责任。就本案而言,公诉人向法庭出示鹦鹉照片,用于指控王某非法

---

[2] 参见[美]罗纳德·J.艾伦等:《证据法:文本、案例和问题》,张保生、王进喜、赵滢译,高等教育出版社2006年版,第205页。
[3] 参见王进喜:《美国〈联邦证据规则〉(2011年重塑版)条解》,中国法制出版社2012年版,第309页。

出售鹦鹉,公诉人应当先提出证据来证明他所出示的鹦鹉照片就是王某饲养和出售的鹦鹉照片,而不是王某让辨认并确认。

令人遗憾的是,我国有关立法和司法解释的规定,违反了举证责任的基本原理,让被告人对证据进行辨认和鉴真。如《刑事诉讼法》(2012年)第190条规定:"公诉人、辩护人应当向法庭出示物证,让当事人辨认……"《刑诉法解释》(2012年)第218条也规定:"举证方当庭出示证据后,由对方进行辨认并发表意见……"如果该证据经被告人辨认并确认为真,这就等于让被告人自证其罪。正确的做法是,举证方当庭出示物证,应当由本方提供的熟悉该物证的外行知情人即"鉴真证人"进行辨认,并确认该证物同一性和真实性。

▢ **物证鉴真常用的两种方法**

不同的证据种类,鉴真的方法有所差异。就物证来说,主要有以下两种常用的鉴真方法:

第一,通过容易辨认的特征,如独特造型、商标、数字或标签等,来确认该物证同一性。如标记为1号物证的菜刀,在刀刃中间偏上部位有个约2厘米见方的豁口,这一特征符合辨认条件。若对该物证进行鉴真,应当由提取该物证的警察出庭对之鉴真。如果该警察作证说,"我能指认这把标着1号物证的菜刀,它就是我在犯罪现场发现并提取的菜刀,因为我认得刀刃上的那个长宽各约2厘米的豁口"。那么,这个标着1号物证的菜刀就可以被认定是在犯罪现场发现的那把菜刀。

第二,通过保管链条证明物证的同一性。在本案中,同种类的鹦鹉缺乏辨识度,如果不做特别标记,王某饲养的绿颊锥尾鹦鹉与他人饲养的该类鹦鹉是不能通过辨认确定的。在这种情况下,可以通过物证的保管链条,从犯罪现场发现物证开始,到该物证的保管、移送,直到在法庭出示该物证的整个过程,由保管链条各个环节所有经手人员对该物证进行鉴真。通过保管链条鉴真,应当保持保管链条的完整性。"保管链条可以生锈,但不能断裂。"在物证的提取、保管、移送等过程中,应当严格遵守"例行工作程序"和"惯例",采用科学合理的方法妥善保存,以保持物证的原有性状。换句话说,实物证据"通过保管链条证明未改变状态"。[4] 也就是通过保管链条能够证明实物证据没有被篡改或者替换,它与被发现时的情状是相同的。

■ **扩展思考** | 鉴真规则与中国证据法

鉴真规则通常被视为英美证据法的一项重要规则。不过,随着对鉴真规则的深入研究,也有不少学者认为,我国立法和司法解释已经确立了鉴真规则。如《办理死刑案件证据规定》多个条文对于物证、书证、视听资料、电子数据以及送检材料、样本等实物证据来源及

---

[4] [美]罗纳德·J.艾伦等:《证据法:文本、案例和问题》,张保生、王进喜、赵滢译,高等教育出版社2006年版,第220页。

其证明的规定,"这种就实物证据的来源和提取过程所提出的要求,其实是一种旨在鉴别证据之真实性的审查方法。在证据法学上,这种方法就是'鉴真'方法"[5]。也有学者分析,我国司法解释中的这些条款与美国的鉴真规则存在明显差异,包括规范目的、证明方式、证据排除后果等,均有所不同。[6] 尽管我国司法解释对实物证据来源和保管链条的审查规则作了很多规定,但还不能说我国证据法已经确立了真正意义上的鉴真规则。

一般来说,证据规则总是与其赖以运行的诉讼制度和司法环境相适应的。我国引入鉴真规则,还面临以下几个方面的现实和困难:一是我国没有像英美国家那样的陪审团审判制度。鉴真是为陪审团审判制度量身定做的证据规则。为防止误导陪审团,要求在陪审团不在场的情况下,在法官主持下对实物证据进行鉴真。二是证人不出庭作证尤其是侦查人员不出庭作证的问题还比较严重。实物证据的鉴真主要是通过熟悉该证据特征的证人和提取保管该证据的侦查人员来完成的,他们不出庭作证,鉴真无法进行。三是笔录证据的普遍应用。我国立法没有确立传闻规则,证人的庭前证言笔录、辨认笔录和侦查人员的搜查笔录、提取笔录等具有法定的证据能力,这种以笔录证据审查代替对证人交叉询问的惯常做法严重挤压了鉴真规则的生存空间。四是立法为排除非法实物证据设置了严苛条件。如对于物证、书证的排除,必须同时满足以下三个条件:首先,物证、书证是违反法定程序取得的;其次,可能严重影响司法公正;最后,不能作出补正或者合理解释。由于这些条件的限制,导致非法实物证据难以被排除,甚至使非法实物证据沦为"非法实物证据不排除规则"。[7]

当然,上述制度困境和实践问题的存在并不是说我国证据法不需要鉴真规则,在我国证据法中建立鉴真规则也不是完全没有希望。必须看得到的是,我国的法治建设在不断进步。就像司法解释关于证据来源及其证明方式的规定,本身就是一个"明显的进步"。[8] 随着以审判为中心诉讼制度改革的推进和人民陪审制度、非法证据排除规则等配套改革措施的跟进,证据意识得到不断强化,侦查机关调查取证行为逐步规范,排除非法实物证据案例几年来也逐渐增多,这些对于实物证据鉴真规则的中国化均具有促进作用。

---

5 陈瑞华:《实物证据的鉴真问题》,载《法学研究》2011年第5期。类似的观点参见邱爱民:《实物证据鉴真制度研究》,知识产权出版社2016年版,第148~150页;刘品新:《电子证据的鉴真问题:基于快播案的反思》,载《中外法学》2017年第1期;易延友:《瑕疵证据的补正与合理解释》,载《环球法律评论》2019年第3期。
6 参见廖思蕴:《中国语境下实物证据鉴真规则的构建》,载《证据科学》2021年第3期。
7 参见陈光中主编:《〈中华人民共和国刑事诉讼法〉修改条文释义与点评》,人民法院出版社2012年版,第73页。
8 参见张军主编:《刑事证据规则理解与适用》,法律出版社2010年版,第5页。

110 不符合法定的证据形式作为"定案根据"
王某受贿案

郑 飞 北京交通大学

■ 案情概要*

被告人王某,原系贵州省黔东南苗族侗族自治州文化体育局副局长。2011年5月3日因涉嫌受贿罪被逮捕。黔东南苗族侗族自治州人民检察院以被告人王某犯受贿罪,向州中级人民法院提起公诉。

州中级人民法院经审理认为,被告人王某在担任州文化体育局副局长期间,利用管理、监督、审批网络文化经营许可证和娱乐经营许可证的职务之便,以及利用本人职权或者地位形成的便利条件,通过其他国家工作人员职务上的行为,违规审批或指使他人违规审批网络文化经营许可证和娱乐经营许可证,收受他人贿赂共计31.9万元,为他人谋取利益,其行为已构成受贿罪,判处其有期徒刑10年。

宣判后,王某不服,向贵州省高级人民法院提出上诉。其上诉理由之一是:侦查机关在立案之前对王某所作的调查笔录不符合法律关于证据种类的规定,不属于诉讼证据。法院经审理后认为,该上诉理由和辩护意见合理,予以采纳。同时认为,只有在侦查机关立案后,犯罪嫌疑人所作的供述才能作为证据,才能在庭审中进行质证。最终法院排除了侦查机关在立案之前对王某所作的调查笔录,但采纳了侦查机关立案后合法获取的犯罪嫌疑人供述,认定王某收受他人贿赂款共计人民币30.4万元,判处其有期徒刑10年。

■ 法律分析

争议焦点
本案中,立案前针对王某所作之调查笔录是否具有证据能力?不符合法定证据种类能否作为定案根据?

在中国证据立法和实务中一直存在这样一种观点:"不符合法定的证据种类(形式),不

---

* 参见刘静坤、冯喜恒:《王平受贿案——对仅存部分讯问录音录像的案件,如何结合讯问录音录像审查判断讯问笔录的证据能力,以及如何把握疲劳讯问的认定标准(指导案例第1166号)》,载最高人民法院刑事审判第一、二、三、四、五庭主办:《刑事审判参考》(总第108集),法律出版社2017年版,第12~17页。

能作为定案的根据。"我们可以称为"证据种类法定主义"或"证据形式法定主义"。[1] 典型的立法表现如最高人民检察院《关于 CPS 多道心理测试鉴定结论能否作为诉讼证据使用问题的批复》(高检发研字〔1999〕12 号)明确规定:"CPS 多道心理测试(俗称测谎)鉴定结论与刑事诉讼法规定的鉴定结论不同,不属于刑事诉讼法规定的证据种类。人民检察院办理案件,可以使用 CPS 多道心理测试鉴定结论帮助审查、判断证据,但不能将 CPS 多道心理测试鉴定结论作为证据使用。"典型的案例就是本案,其裁判理由明确指出,"侦查机关在立案之前对上诉人王某所作的调查笔录,不符合法律规定的证据种类,不能作为诉讼证据使用"。

显然,这种观点值得商榷。证据种类法定主义作为法定证据制度的核心内容之一,早已被大陆法系所抛弃,现代的相对自由心证制度已经不再限制何种证据种类(形式)才能作为定案的根据。但基于正当程序的要求,需要对证据的取证程序进行合法限制。所以本案对侦查机关在立案之前对王某所作的调查笔录的分析应着重于取证程序是否符合法定程序,而非是否符合法定的证据种类。因此本案中,对于立案前"犯罪嫌疑人"[2]的询问笔录是否具有证据能力,应当区分两种情况。

第一种情况,对"犯罪嫌疑人"的询问笔录是检察院在已经启动初查程序并经相应的批准程序后制作的,应该具有证据效力。依据是《高检规则(试行)》(2012 年)第 173 条的规定:"在初查过程中,可以采取询问、查询、勘验、检查、鉴定、调取证据材料等不限制初查对象人身、财产权利的措施。不得对初查对象采取强制措施,不得查封、扣押、冻结初查对象的财产,不得采取技术侦查措施。"以及第 181 条的规定:"初查终结后,相关材料应当立卷归档。立案进入侦查程序的,对于作为诉讼证据以外的其他材料应当归入侦查内卷。"

当然,初查的启动是有条件的:一是认为有犯罪事实需要初查的,应当报检察长或者检察委员会决定,才能启动初查程序。依据是《高检规则(试行)》(2012 年)第 168 条的规定:"侦查部门对举报中心移交的举报线索进行审查后,认为有犯罪事实需要初查的,应当报检察长或者检察委员会决定。"二是初查中接触初查对象的,应当经检察长批准。依据是《高检规则(试行)》(2012 年)第 172 条的规定:"初查一般应当秘密进行,不得擅自接触初查对象。公开进行初查或者接触初查对象,应当经检察长批准。"由此可见,如果不满足这两个条件,对初查对象的询问笔录则不符合正当法律程序,当然不具有证据能力。

第二种情况,根本没有进入侦查程序,甚至连初查程序也没有启动,此时检察机关对"犯罪嫌疑人"的询问笔录,因为没有法律和司法解释的授权,不符合正当法律程序,当然就更不具有证据能力。

进一步的案例检索发现,在本案之前,《刑事审判参考》(总第 101 集)指导案例第 1040

---

[1] 为了论述的方便,如无特殊情况,下文一律称为"证据种类法定主义"。参见郑飞:《漂向何方:数字时代证据法的挑战与变革》,载《地方立法研究》2022 年第 3 期。
[2] 因为没有正式立案,此时不是真正法律意义上的犯罪嫌疑人,所以加了双引号。按照《高检规则(试行)》(2012 年)之规定,可以称其为初查对象,当然这也是有条件的,后续将进一步分析。

号"尹某受贿案"就按照此种思路进行了判决。[3] 法院认为,"侦查机关在初查阶段合法收集的言词材料可以作为证据使用。……能够证明案件真实情况的合法材料,都可以被用作证据或者证据辅助材料。初查阶段取得的被调查人言词证据材料,符合取证主体和办案程序的相关规定,具有合法性,调查当中无刑讯逼供等非法情形的,可以作为诉讼证据使用。侦查机关在初查阶段非法取得的证据应当予以排除"。法院最终裁判认为,"无法确认侦查机关在初查阶段的取证行为具有合法性,故将此阶段取得的被告人尹某的言词材料作为非法证据予以排除"。

■ 理论阐释 | 证据种类法定与法定证据制度

在大陆法系国家,神示证据制度衰落后,法定证据制度登上了历史舞台。该证据制度的核心内容有三个,分别是法定的证据形式(种类)、法定的证明力规则和刑讯程序中酷刑的应用。[4] 其中证据种类法定是整个法定证据制度的逻辑起点,因为法定证据制度所包含的另外两项核心内容法定的证明力规则和刑讯程序中酷刑的应用,也奠定在法定的证据形式之上。

一方面,法定的证明力规则把证据分为完整的证据和不完整的证据,"有了完整的证明必须作出判决,没有完整的证明不能作出判决"。[5] 这种证明力区分规则把每一种法定的证据种类(形式)都赋予了预定的证明力,例如,把被告人的自白视为完整的证据,两个可靠的证人也是完整的证据,有瑕疵的证人则需要四个才能构成一个完整的证明。另一方面,尽管刑讯合法在法定证据主义时期的欧洲有各种各样的原因,[6] 但不可否认的是,法定的证据种类和法定的证明力规则对被告人自白和证人证言的苛求,是刑讯被欧洲大陆各国合法化的重要原因。由此可见,证据种类法定毫无疑问是整个法定证据制度的逻辑起点。

法国大革命之后,欧洲大陆法系逐渐抛弃了法定证据主义,转变为自由心证主义。自由心证制度也有三个核心内容,分别是证据自由、证据自由评价和判决责任伦理。所谓"证据自由",是指"在刑事诉讼中,法律及判例原则上不对证据形式作特别要求,犯罪事实可通过各种形式的证据予以证明。证据自由确立的依据有四个方面,即刑事犯罪的特殊属性、自由心证制度体系的必然要求、提高打击犯罪效率的需要以及揭示案件真相的要求"。但证据自由也是有限度的,早期的绝对自由心证制度赋予了法官在事实认定方面绝对的自由裁量权,但也容易造成法官的权力滥用。为限制法官滥用权力,后来便产生了对"证据自由的正当性限制,即证据形式是自由的,但证据调查方式必须合法、正当。后者构成了对刑事

---

[3] 参见范莉、范凯、梁果:《尹某受贿案——如何审查被告人在侦查阶段不同期间所作供述的合法(指导案例第1040号)》,载中华人民共和国最高人民法院刑事审判第一、二、三、四、五庭主办:《刑事审判参考》(总第101集),法律出版社2015年版,第16~22页。

[4] 参见施鹏鹏:《法定证据制度辩误——兼及刑事证明力规则的乌托邦》,载《政法论坛》2016年第6期。

[5] 参见张保生主编:《证据法学》,中国政法大学出版社2018年版,第101页。

[6] 例如,侦查能力较为低下、取证技术较为粗糙等原因。参见施鹏鹏:《法定证据制度辩误——兼及刑事证明力规则的乌托邦》,载《政法论坛》2016年第6期。

证据自由原则的正当性限制"。[7] 这就逐渐演变成了现代的相对自由心证制度,也就是说法律已不再限制何种证据种类(形式)才能作为定案的根据,但基于正当程序的要求,需要对证据的取证程序进行合法限制。也即至少在欧洲大陆法系国家,证据种类法定主义早已被扫进了历史的"垃圾堆"。而英美法系从未形成所谓的法定证据制度,也就不存在证据种类法定主义,其主要是通过判例积累、理论总结和立法确认形成了以可采性规则为中心的独特证据制度。

■ **扩展思考** | 半封闭半开放状态的中国法定证据种类立法

中国证据立法对法定证据种类的规定呈半封闭半开放状态。其中半封闭性在各层级的法律法规中均有体现。就法律层面而言,从《刑事诉讼法》(1979 年)第 31 条就一直沿袭"证据只有符合法定的表现形式,才能被采纳为定案的根据"的立法思路,"对证据的法定种类作出了明确的限定,使得那些在法定证据种类之外的材料,被排除了转化为定案根据的可能"[8]。例如,《刑事诉讼法》第 50 条在其第 1 款规定了证据的概念之后,第 2 款随即规定了物证、书证等八种证据种类,但在列举的最后并未用"等"字,呈现与西方不同的一种封闭式列举的法定证据种类规定模式。《民事诉讼法》第 66 条和《行政诉讼法》第 33 条也作了类似规定。

而半开放性则主要体现在以下三个方面:第一,随着社会和科技的不断发展,法律主导的证据种类不断增加。以刑事诉讼为例,"根据刑事诉讼中出现的新情况和实践需要",[9]《刑事诉讼法》(1996 年)修改时增加了视听资料,《刑事诉讼法》(2012 年)修改时增加了辨认笔录、侦查实验笔录和电子数据。第二,为了调和软化证据种类法定主义,相关司法解释还曾规定,部分非法定证据种类的材料也可以作为定罪量刑的参考。例如,《刑诉法解释》(2012 年)第 87 条规定检验报告可以作为定罪量刑的参考,现行《刑诉法解释》第 569 条的心理测评报告和第 575 条的未成年被告人情况调查报告等,可以作为办理案件的参考。第三,近年来最高人民法院又通过司法解释的方式,在法律规定的八种法定证据之外增加规定了新的证据种类,例如,《办理死刑案件证据规定》将"电子证据"新增为法定证据种类,[10]包含"电子邮件、电子数据交换、网上聊天记录、网络博客、手机短信、电子签名、域名等"。现行《刑诉法解释》第 100 条新增了专门性问题报告和第 101 条新增了事故调查报告可以作为证据使用,而不再是作为定罪量刑的参考,但其他类似报告仍然没有纳入法定证据种类。

---

7 张保生主编:《证据法学》,中国政法大学出版社 2018 年版,第 105~106 页。
8 可能是编辑的错误,故引用时删掉了"使得那些在这些法定证据种类之外的材料"中的"这些"二字。参见陈瑞华:《证据的概念与法定种类》,载《法律适用》2012 年第 1 期。
9 参见《刑事诉讼法修正案(草案)及草案说明》,载中国人大网 2011 年 8 月 30 日,http://www.npc.gov.cn/zgrdw/huiyi/lfzt/xsssfxg/2011-08/30/content_1717832.htm。
10 《刑事诉讼法》(2012 年)用法律的形式进一步确认了"电子数据"的法定证据种类地位,但称谓与《办理死刑案件证据规定》的"电子证据"有所不同。

从《刑事诉讼法》(1979年)开始,我国就采取了封闭式列举的法定证据种类规定模式,这种模式被后续的《刑事诉讼法》所沿袭,将材料是否属于法定的证据种类,作为判断其是否可以采纳为定案根据的门槛之一。从《办理死刑案件证据规定》开始,我们更是建立起了一种证据分类审查判断的制度体系:以证据种类为基础,细化了每一证据种类的审查和采纳标准,并以能否"作为定案根据"及其类似语词为话语标志,从规范层面建构了一种完整的证据可采性话语体系。显然,这种证据分类审查判断的制度体系主要是为了方便法官对各种证据进行审查判断,也进一步强化了已有的证据种类法定主义。有学者认为,与欧美"不限定证据的形式,注重定案的实质性"的开放式立法体例相比,我们这种封闭式列举的立法体例,"符合国人的思维方式,多年已为司法人员所习惯,我们也没有充分的论据说明这一规定存在重大弊端。规定证据种类可以保证定案证据的规范,避免形形色色似是而非的诉讼材料当做定案的根据,确保案件的实体公正"[11]。

然而,封闭式列举的立法体例难以为继,因为"立法者在成文法中要想穷尽证据的所有表现形式,这几乎是不可能实现的目标"[12]。而且随着社会和科技的发展,新的证据形式会不断涌现。此外,"不符合法定的证据种类不得作为定案的根据"的证据种类法定主义的封闭性,导致许多新兴的证据种类被排除出了证据审查的范围,不符合证据法鼓励采纳证据的基本原理。

因此,未来我们必须对证据种类法定主义进行扬弃,以重构一种列举开放式的证据实质审查制度,以符合证据法的基本原理和事实认定规律。需要对证据种类进行详细划分和列举的分类审查制度,可以使司法审判中的证据采纳与采信更具有可操作性,司法实践也证明了这一点。如果彻底否定了这种详细划分和列举的证据分类审查制度,无疑会带来证据审查判断的障碍。因此,我们应保留这种证据分类审查制度,但要否定"不符合法律规定的证据种类(形式),不得作为定案依据"的证据种类法定主义,建立一种开放式列举的证据实质审查制度。

这种开放式列举的证据实质审查制度包括两个部分:一是保留现有的详细划分和列举的证据分类审查制度,也可以通过法律或司法解释的形式不断新增各种成熟的证据种类,以丰富立法中的证据分类审查制度。二是保持开放性,针对法定证据种类之外的证据材料和信息,应建立一种实质性的证据审查制度,即只要证据材料和信息具有相关性、真实性和合法性,就应该具有证据能力,并且应对具体的实质审查判断规则做进一步详细规定。

---

11 陈卫东:《刑诉法修改有关证据制度的几个问题》,载《人民法院报》2011年10月12日。
12 陈瑞华:《证据的概念与法定种类》,载《法律适用》2012年第1期。

111　电子数据审查｜海量数据质证

李某制作、贩卖、传播淫秽物品牟利案

朱桐辉　南开大学

■ 案情概要*

在李某制作、贩卖、传播淫秽物品牟利案中，公安机关对淫秽物品进行了鉴黄，《淫秽物品审查鉴定书》（鉴定意见书）的结论是："对派出所送审的6张光盘内文件进行认定，经认定光盘内有图片287个，视频101个，属于淫秽物品。"落款时间为某年11月10日。最后有两人的签名，但无身份信息。

案卷中有对手机、电脑的《扣押物品清单》，但其中没有6张光盘。另有一份侦查机关《工作说明》称光盘调取自百度网讯公司。侦查机关向该公司出具了《调取证据通知书》，后者签收时间为该年11月25日。案卷中无其他证明6张光盘来源的笔录及清单。

辩护人因此特向人民法院申请调取了这6张光盘及搜查、扣押的同步录音录像，通过对光盘的审查发现：有一张和本案无关，剩余5张中又有2张内容完全重复。最后统计出视频56个、图片415张。

该案在审查起诉阶段进入认罪认罚从宽程序，检察院量刑建议为3年有期徒刑，因淫秽物品数量已达"情节严重"标准，即100个以上。审判阶段，辩护人将上述新发现及意见提前告知人民法院，最终一审判决量刑结果为1年3个月有期徒刑。

■ 法律分析

争议焦点
对数字形式生成、存储和传输的视频、图片等的鉴黄意见的证据种类是什么？电子数据专业意见的检材来源及同一性如何审查和保障？电子数据审查和质证中，如何更好地重建事实、逼近真相？

□ 对数字式视频、图片的鉴黄意见的证据归类

第一，鉴黄意见属于对专门问题的专业判断文书。从其结论看，是对淫秽视频和图片

---

* 本案系根据真实案例改编而成。

及数量的分析和认定。这属于对专门性问题的分析判断,因为不具备一定的专业知识和经验,只看暴露多少肉体,易把可能的艺术品当作淫秽物品,抑制创作自由和表达自由。

第二,实践中,大量案件的鉴黄意见出具主体是警官(公安机关内部的"鉴黄师")而不是鉴定人,因此其不属于鉴定意见。不仅不是"四大类"(法医类、物证类、声像资料类、环境损害类)中的鉴定意见,也不是其外的"鉴定意见"。现阶段,司法会计鉴定意见尚且可据相关解释及规范性文件列为"四大类"之外的鉴定意见,但特殊、专门警种出具的鉴黄意见尚不能被称为鉴定意见。

第三,鉴黄意见中往往也缺乏为何将其鉴别为淫秽物品的理由和论证,从这另一个划分标准看,也不能归于鉴定意见。

第四,对数字式图片和视频的鉴黄不属于电子数据中的检查。电子数据检查是一种介于电子数据的恢复、提取和电子数据检验、鉴定之间的侦查和诉讼行为。它总体上不是对专门性问题的专业分析和判断,普通刑警和一般取证人员掌握简单方法和工具,就能完成对电子数据类型、文件名、大小、数量的识别和记录。而鉴黄工作,如前所言,需要有公安机关内部资质的警官依靠专业知识和经验进行分析判断。

第五,鉴黄意见的准确归类应当是检验报告,现行《刑诉法解释》颁布后,将其称为"专门性问题报告"。这类证据同样是对法律之外的专业问题作出专业判断,但在"四大类"之外,同时只需出具结果,不需说明分析过程与标准,也无须说明理由和论证。同属这类证据的还有价格认定书、事故调查报告等。

第六,无论是检查笔录、检验报告、专门性问题报告、"四大类"之外的鉴定意见还是之内的鉴定意见,对其证据能力和证明力均不可盲从盲信。它们其实均是建议性意见,并不能成为必然的定案根据。需要从出具主体资质、检材来源、分析判断的标准和方法、最后结论的合理性等多方面进行质疑和检视。

▣ 电子数据专业意见的检材来源及同一性的审查和保障

本案中,辩护人发现鉴黄意见称是对 6 张光盘中的图片、视频进行鉴别和判断,最后得出是淫秽图片、视频的结论。但全案证据并无这 6 张光盘来自何处的法律文书及说明,反而侦查机关的《工作说明》称它们来自对百度网讯公司的证据调取。另外,时间上也有重大矛盾:百度网讯公司对《调取证据通知书》的签收日期是 11 月 25 日,而鉴黄意见当年 11 月 10 日就已出具。这样,辩护人通过仔细的卷宗审查、书面审查和形式审查,就发现了本案在检材来源说明上存在明显的不对应及无法解释的矛盾。

这种实践所得告诉我们,法律人对电子数据专业意见包括鉴定意见、专门性问题报告、检查笔录进行审核时,对其检材来源进行先行审查,就已是非常有效的发现问题的原则和方法。笔者的总结和延伸可分为两大层面:

第一,电子数据鉴定意见(包括鉴黄意见等专门性问题报告)的检材来源说明,如果与现场提取、搜查、扣押、在线提取、远程勘验、技术侦查、调取等笔录及清单在来源说明、文件名、类型、数量上明显不符，那么其检材的关联性，尤其是同一性，排除错记可能性后，极有可能是无法保障的，需进一步详细审查和调查。

第二，即使上述表面情况相符，还需详细审查、校验其大小、创建修改访问时间及哈希值是否一致。在诸多经典案例中，检察官、辩护律师和法官发现了上述两端的电子数据在时间上的不一致或哈希值上的不同，进而揭示了检材来源上的问题。这是因为电子数据的哈希值，无论是 MD5 值，还是 SHA1、SHA256、SHA512 值，其实都是电子数据的 DNA。每一个电子数据用前述一种算法只能得出一个哈希值，无论如何备份和移转，这一哈希值不变。相应地，如果两个电子数据的哈希值不一致，说明其中必有增删改，不能保证其同一性及可信性。

从《电子数据规定》对电子数据"完整性校验值"的界定、要求和使用场景看，这一校验值指的就是电子数据的"同一性校验值"：只要两个及以上电子数据的该值相同，那它们就完全相同；只要该值不同，那么相互比对的它们就肯定不同。[1] 也因此，今后法律规则中应用更规范、准确的电子数据"同一性校验值"这一称谓。

□ 电子数据审查和质证中，如何去伪存真，重建事实、逼近真相

第一，实质审查。现实中许多针对或通过网络犯罪的案件，以及有大量电子留痕的传统案件中，虽然有大量的手机、电脑、硬盘、光盘、云盘等介质、网址及电子数据，但往往是以打印件、拍照件、各种取证和查验笔录形式呈现。但如果因此只拘泥于审查这些书面材料，而不亲自查看其中的电子数据本尊，极可能无法揭示真相，进而导致错案。

第二，比对审查。在真实案件中，一是电子数据往往需要笔录、照片、录音录像来说明其来源、内容和特征，且这是相关司法解释和规范性文件的强制要求；二是为了判断、释明电子数据中蕴含的专门问题，电子数据往往还会附随鉴定意见、专门性问题报告（包括鉴黄意见）；三是不少案件的电子数据与电子数据之间、电子数据与其他实物与言词证据之间，也会有特定对应关系；四是电子数据与其自身属性、相关日志等也应该会有客观的对应关系。如果能注重这些对应关系的审查和比对，就能很好地发现可能的电子数据造假或增删改。

本案辩护人采取的方法就是典型的比对审查方法：首先，将鉴黄意见中的检材来源描述与《工作说明》（实质上就是提取笔录）的来源描述进行比对，发现了重大的内容和时间上的不符；其次，也因此申请到了电子数据本身——6 张光盘；再次，对光盘里的电子数据进行了实质审查以及与鉴黄意见的比对审查；最后，揭示了鉴黄意见的不实之处，实现了有效质证和有效辩护。

第三，注意电子数据比对审查的误区和陷阱。要看到比对审查在电子数据分析及质证中的有效性，但也要注意，一旦上升到证明模式和证明标准层面，就不能仅因为电子证据与电子证据及传统证据能相互呼应、相互印证就定案了。我们还要注意：(1) 核对电子数据的

---

[1] 参见陈丽：《论电子数据的完整性》，载《证据科学》2021 年第 6 期。

创建、修改和访问时间有无篡改；(2)在获得了电子数据的情况下，还要亲自计算其哈希值，以校验是不是如笔录所载；(3)在获得了电子数据的情况下，还要实质性查看其各项属性、特征及内容，以确保这些被呼应、被印证的电子数据是真实的、完整的；(4)审查与电子数据相呼应、相印证的言词证据与实物证据的真实性和完整性，以避免指供、串供、逼供下的虚假印证、虚假补强和"循证补供"。

■ **理论阐释** │ 电子数据审查的定位及鉴定(检验)人员的资质判断

这个案件可引发两个值得讨论的普遍性问题。

□ **电子数据的运用、审查及排除侧重于形式性还是实质性，真实性还是合法性**

对此问题，有一个加深认识的渐进过程。

第一，最开始，法律人面对专业性较强的电子数据，只能提出签字不全、见证人不中立等形式审查的质疑，而更有效的原则和方法，如前所言，应该是对电子数据的勘验式实质审查，这样才能更有效地发现它们在同一性、关联性、真实性、完整性及合法性上存在的问题。

第二，随着对这类案件审查量的增加和思考的积累，笔者发现：一是对电子数据的实质性审查其实也离不开形式审查，前者需要以后者为引导和基础；二是认真严谨的形式审查也能让审查人、质证人获得更多的存储介质及电子数据本身，进而为实质审查创造条件；三是实践中也不乏仅仅形式审查就发现问题，进而排除电子数据的真实案例。

第三，现阶段我国的电子数据排除规则，不同于言词证据和物证书证排除规则，建立的主要是虚假和有增删改电子数据的排除规则。至于非法电子数据排除规则还是附条件的，据《电子数据规定》及《刑诉法解释》，电子数据取证违法的后果并不是直接排除电子数据，而是先予补正和合理解释的机会，不能补正和合理解释的才排除。其实在网络时代，非法取证获得电子数据对法治的破坏极大，未来需要用更严格的排除规则遏制电子数据上的非法取证。

□ **为何对电子数据鉴定、检验(包括鉴黄)人员要进行资质审查**

第一，电子数据的鉴定、检验、检查等需要进行专业资质审查或网络取证资质审查的原因，如前所述，盖因电子数据的鉴定、检验属专业活动。甚至，电子数据检查其实也有一定的专业性和难度，检查过程中显现手段不合理、显现方法不合适，不仅会造成检查结果不全面、不准确，甚至还可能对电子数据的原件、备份及存储介质造成难以逆转的破坏。

第二，至于对电子数据取证，为何《电子数据规定》又改回普通侦查人员就可以进行？一是这与侦查效率、网警人数有限及我国已进入电子数据时代有关；二是现在的电子数据取证尤其是对原始存储介质的现场拍照录像提取，对侦查人员已司空见惯，难度也不是特别大；三是即使是对原始存储介质的现场单独提取，因为现在的取证软件和设备集成化，使用门槛越来越低，经过一定简单培训，普通侦查人员也能胜任。

第三，我们也要看到这带来了严重问题：一是打印和拍照这一电子数据取证的例外和补充手段成为主流，会影响审查和质证人员对电子数据时间信息、存储路径、哈希值的计算分析和校验；二是普通侦查人员可能因为经验不足，该屏蔽信号的没有屏蔽，不该关机、断电的关机、断电了，这会损害电子数据的完整性、真实性及可信性；三是普通侦查人员对便携式取证设备和软件使用不当，也会造成不可挽回的证据损失。

■ **扩展思考** | 海量电子数据的审查判断

海量电子数据不可能直接一一审查。因此，学界和实务部门提出了不少转化审查方法：调整证明对象、转移证明责任、降低证明标准、事实推定、司法认知及司法裁量（《人民检察院办理网络犯罪案件规定》中提及的"综合认定""综合判断"）等。但这些方法中有些可能违背证据裁判原则和刑事诉讼证明标准要求。[2] 因此，更合理的审查和证明方式可能有如下几个：

第一，将有学者提出的"底线证明法"和"等约计量法"结合起来。在满足入罪门槛或重刑门槛等底线证明要求的基础上，对具体数额，再用建立在模糊数学、灰色理论、概率论等基础上的"等约计量法"予以证明。[3]

第二，抽样证明。但要注意对象得是同类物，样本要有代表性。2022年《信息网络犯罪意见》也特别强调了抽样"过程和方法的科学性"。因"非概率抽样"代表性不足、过程方法不科学，需要尤其警惕。[4]

第三，分类适用"综合认定""综合评估"。如果通过客观事实来"综合认定"主观状态，因为有一定客观事实支撑，基本上不违背证据裁判原则；但如果是对数额、数量、层级等进行"综合评估"的话，那就要慎重，因为这样的裁判结论并非建立在控辩双方证据与意见基础上。

第四，对海量电子数据可能还会由专业机构和人士凝练出大数据分析报告进行证明。这些报告同样是《刑诉法解释》新增的"专门性问题报告"。对此，可聘请专业人士从算法层面质证，或者由中立第三方专家对其算法进行检测和评估，以实现规制。

---

2 参见刘品新：《网络犯罪证明简化论》，载《中国刑事法杂志》2017年第6期。
3 参见罗猛、邓超：《从精确计量到等约计量：犯罪对象海量化下数额认定的困境及因应》，载《预防青少年犯罪研究》2016年第2期。
4 参见高童非：《刑事抽样证明的类型化重释》，载《中国刑事法杂志》2022年第3期。

言词证据的审查｜讯问录音录像的功能、性质

王某某过失致人死亡案

李雪松　中国人民公安大学

■ **案情概要**[*]

2016年7月4日，杨某、张某（杨某女友）、邱某（被害人）等人到王某某（被告人）家参加婚礼。席间，邱某将手搭在张某肩上，王某某多次告诫邱某注意言行，邱某不听劝阻。22时许，王某某发现杨某脸色不对，遂叫邱某下楼，劝其回家，杨某随即拿着一个啤酒瓶跟下楼。王某某见状再次劝邱某离开，邱某不走，王某某就打了邱某一耳光，这时杨某和邱某开始打斗，王某某将二人拉开后又打了邱某一耳光，后被康某劝阻拉开。邱某倒地后有人发现他后脑勺有血，王某某就让马某等把他送去医院。到医院后，因为没找到医生，邱某又说想睡觉，马某便背他前往酒店，办理入住时发现邱某神色异常，又将其背回医院。当晚，邱某经抢救无效死亡。

案发后，检察院以过失致人死亡罪对王某某提起公诉，一审法院认为本案欠缺王某某打邱某耳光致其倒地的关联性证据，证人证言、讯问笔录、讯问录音录像等相互矛盾，不能证实被告人的行为与被害人的死亡之间存在因果关系，最终判决王某某无罪。

对此，检察院提起抗诉。二审开庭时，控方主张：(1)王某某在公安机关前几次的讯问中均供述了其打击邱某头部并致其倒地的事实；(2)证人杨某、张某的证言可以印证上述供述；(3)尸检报告表明左枕部损伤系致命伤，邱某倒地后左枕部着地，因此王某某的行为和邱某的死之间具有因果关系，依法应当追究其刑事责任。但王某某认为，现有证据不能证实自己打了邱某一耳光后邱某倒地的事实。

经查，二审法院认为：(1)案发当天杨某头部也在流血，但侦查机关未对现场血迹进行DNA比对，未对玻璃瓶颈、玻璃碎片进行检验，致使客观证据缺失、案件事实存疑。(2)杨某、张某与本案存在利害关系，二人的证言和其他证人证言、医院监控等相互矛盾，真实性存疑。(3)尸检报告显示邱某多处颅脑损伤，但对于造成颅脑损伤的原因鉴定意见并未载明，鉴定人一审出庭时亦未陈述，因此被害人的死因并不确定，无法排除一个或多个原因共同造成邱某死亡的可能性。(4)口供存在诸多矛盾：一是对于"是否使用石头击打邱某"王某某的庭前供述存在反复；二是对于"第二次打邱某耳光后其是否倒地"王某某的当庭供述

---

[*] 参见四川省甘孜藏族自治州中级人民法院(2019)川33刑终1号刑事裁定书。

与庭前供述存在矛盾,但当庭供述得到了康某证言的印证;三是 2016 年 7 月 6 日的讯问录音录像显示王某某对于第二次打邱某耳光后其是否倒地并不确定,但讯问笔录记载"王某某第二次打了邱某耳光后,邱某就仰面倒在了地上",二者存在实质性差异,应当以讯问录音录像为准。

综上,二审法院认为本案证据链条并不完整,不能证实被告人的行为与被害人的死亡之间具有因果关系,因此驳回抗诉,维持原判。

■ 法律分析

> **争议焦点**
> 被告人的打击行为是否致使被害人倒地?被害人倒地所造成的损伤是否为导致其死亡的唯一原因?

由于客观证据缺失,前者的认定只能依靠证人证言、犯罪嫌疑人、被告人供述和辩解,后者的认定则只能依靠鉴定意见。围绕鉴定意见的争议二审法院已经作出了详细的阐释,在此不再赘述,下文仅就言词证据的审查判断,尤其是二审法院依靠讯问录音录像对讯问笔录作出的认定展开分析。具体包括:(1)如何审查利害关系人的证人证言?(2)庭前供述存在反复,当庭供述与庭前供述不一致,如何认定案件事实?(3)讯问笔录和讯问录音录像存在实质性差异,如何认定案件事实?

□ 如何审查利害关系人的证人证言

证人并不适用回避制度,即使知晓案情的人与案件的处理结果存在利害关系,其作为证人的资格也不会因此而丧失,只不过这类证人证言的采信要受到印证规则的限制。对此,《刑诉法解释》第 143 条明确规定,"下列证据应当慎重使用,有其他证据印证的,可以采信:……(二)与被告人有亲属关系或者其他密切关系的证人所作的有利于被告人的证言,或者与被告人有利害冲突的证人所作的不利于被告人的证言"。本案中,杨某作为打人者之一(最初甚至被列为犯罪嫌疑人),其本人和女友张某都属于利害关系人,很可能对己方的行为避重就轻而故意作出不利于王某某的证言。一审、二审法院审查后都发现,杨某二人的证言不仅前后不一而且和其他证人证言存在矛盾,因此对其真实性存疑,有关"王某某用石头将邱某打倒"的内容未被采信。

□ 庭前供述存在反复,当庭供述与庭前供述不一致,如何认定案件事实

除去杨某、张某二人的证言,检察院在抗诉意见中提出的另一个理由是"被告人曾在侦查机关前几次的讯问中供述了自己打击邱某头部并致其倒地的事实",因此应当依法追究其刑事责任。但这一抗诉意见实际上是片面的,忽视了被告人的辩解以及证据之间的印证关系。

"犯罪嫌疑人、被告人供述和辩解"这类证据虽然包含着丰富的证据事实,但其不仅稳定性较差,而且很容易受到讯问环境、侦讯技巧的影响,正因如此,《刑诉法解释》第93条才会要求法院,"对被告人供述和辩解应当着重审查以下内容:(一)讯问的时间、地点,讯问人的身份、人数以及讯问方式等是否符合法律、有关规定……(六)被告人的供述是否前后一致,有无反复以及出现反复的原因……"第96条则重申了审查此类证据时应当做到的全面性以及被告人翻供的具体处理方式,"审查被告人供述和辩解,应当结合控辩双方提供的所有证据以及被告人的全部供述和辩解进行……被告人庭前供述和辩解存在反复,庭审中不供认,且无其他证据与庭前供述印证的,不得采信其庭前供述"。

具体到本案,对于"自己是如何击打被害人的",王某某的庭前供述明显存在反复,虽然在7月5日、6日其供称"自己第二次是用石头将邱某打倒的",但在7月13日、8月5日又作出了辩解,称"自己之所以说用石头打的,是因为看到了办案人员的演示""当时喝醉了,回想后发现并没有用石头打"。虽然二审法院驳回了辩方排除非法证据的申请,但从法院采信的口供中可以看出,讯问时办案人员存在演示的行为,有诱供的嫌疑,加上最初接受讯问时被告人喝醉了,这些原因都能够解释为什么后来被告人的口供会出现反复。

至于"自己第二次打邱某耳光后其是否倒地",王某某在庭审中并未供认,而是称"第二次打邱某耳光后,自己就被康某拉走了,杨某当时好像还在打(邱某)",这一当庭供述得到了康某证人证言的印证。与之不同,杨某、张某的证言未被采信,因此没有证据能够印证王某某在侦查机关前两次供述中所说的"自己第二次是用石头将邱某打倒的",这部分庭前供述不能被采信,本案欠缺将被告人的行为与被害人的死亡相关联的关键证据。

▣ 讯问笔录和讯问录音录像存在实质性差异,如何认定案件事实

除去被告人供述和辩解的反复、特殊证言的印证问题,在本案中,二审法院之所以没有支持检察机关的抗诉理由,还有一个非常重要的原因是讯问录音录像对案件事实的认定发挥了重要作用。申言之,7月6日的讯问笔录记载"王某某第二次打了邱某耳光后,邱某就仰面倒在了地上",但同步录音录像却显示王某某对邱某是否倒地表示"不清楚?应该是我打倒的吧",对邱某倒地后听到了什么声音,则表示"没注意到,好像倒都没倒在地上,我就被康某拉走了"。可见,对于"被告人第二次打邱某耳光后其是否倒地"这一关键事实,侦查机关制作的讯问笔录完全曲解了被告人回答的原意,致使讯问笔录记载的内容和讯问录音录像存在质的区别。因此,二审法院认为,按照最高人民法院《关于全面推进以审判为中心的刑事诉讼制度改革的实施意见》第24条的规定"讯问笔录记载的内容与讯问录音录像存在实质性差异的,以讯问录音录像为准",7月6日的讯问笔录不能被采信,现有证据无法证明被害人倒地的结果是被告人的行为造成的。

不过,二审法院援引最高人民法院《关于全面推进以审判为中心的刑事诉讼制度改革的实施意见》第24条作为裁判依据其实并不十分妥当,因为该条解决的是"证据收集的合法性"问题,其完整的表述为"法庭对证据收集的合法性进行调查的,应当重视对讯问过程录音录像的审查。讯问笔录记载的内容与讯问录音录像存在实质性差异的,以讯问录音录像为准"。在本案中,二审法院已经明确驳回了辩方排除非法证据的申请,这里争议的焦点——"被告人第二次打邱某耳光后其是否倒地"在性质上也属于"实体性案件事实",因此,援引《人民法院办理刑事案件第一审普通程序法庭调查规程(试行)》第 50 条第 2 款更为合适,该款规定"法庭应当结合讯问录音录像对讯问笔录进行全面审查。讯问笔录记载的内容与讯问录音录像存在实质性差异的,以讯问录音录像为准"。

■ 理论阐释 | 讯问录音录像的功能、性质

本案中,有关证人证言、犯罪嫌疑人、被告人供述和辩解的审查判断大量运用了印证证明的方法,与之相关的讨论不在少数,在此不再展开。此外,还有一个值得关注的问题:讯问录音录像在本案中发挥了怎样的证明功能?它的性质是什么?

第一,非常明确的一点是,不同于以往对"讯问过程合法性"的证明,本案中讯问录音录像发挥的是一种"实体性证明功能",其所指向的证明对象是"被告人第二次打邱某耳光后其是否倒地"的事实,而这显然是一种"实体性案件事实",并且是"定罪事实"。通过审查,二审法院发现讯问笔录记载的内容与讯问录音录像所承载的实体性信息(供述和辩解的具体内容)存在实质性差异,因此没有采信讯问笔录,而是"以讯问录音录像为准",将其作为了认定案件事实的依据。可见,伴随规范层面"实质性差异条款"的出台及其在司法实践中的具体运用,全国人大法工委刑法室早年所提出的"用于证明讯问合法性的录音录像不作为证明案件实体事实的证据",这种说法已经无法成立。[1] 与此同时,学界有关讯问录音录像"不能直接证明定罪事实",[2] 或者"讯问录音录像对犯罪事实只具有间接的证明力"的观点,[3] 也都受到了颠覆性挑战。当下,讯问录音录像不仅可以对"实体性案件事实"发挥证明功能,而且具有比讯问笔录更强的证明力,当讯问笔录和讯问录音录像在内容上存在"实质性差异"时,未被印证的讯问笔录并不会被采信,讯问录音录像实体性证明功能的发挥也没有依附于讯问笔录,其自身直接成为定案根据的一部分。

第二,既然已经明确讯问录音录像是一种"可以用于证明案件事实的材料",那么,只要其能够被归入八种法定证据种类中,自然就是《刑事诉讼法》意义上的"证据"。从讯问录音录像所包含的证据事实和其发挥证明作用的机理来看,在实体性证明的场合,将其归为"犯罪嫌疑人、被告人供述和辩解"并无障碍。但有一种观点认为,"记录犯罪嫌疑人供述内容的法定载体是笔录,而讯问录音录像并非每案必录的法定证据形式",因此不宜将其作为证明案件实体事实的证据看待。[4] 对此,需要明确的是,证据的确是"证据事实"和"证据载

---

[1] 参见全国人民代表大会常务委员会法制工作委员会刑法室编著:《〈关于实施刑事诉讼法若干问题的规定〉解读》,中国法制出版社 2013 年版,第 99 页。
[2] 参见陈瑞华:《论刑事诉讼中的过程证据》,载《法商研究》2015 年第 1 期。
[3] 参见王戬:《论同步录音录像扩大适用的证据困惑与障碍破除》,载《政治与法律》2013 年第 1 期。
[4] 参见孙谦:《关于修改后刑事诉讼法执行情况的若干思考》,载《检察日报》2015 年 4 月 9 日,第 3 版。

体"的统一,[5] 但同一事实通常可以由不同的载体来呈现。观察《刑事诉讼法》第 122 条、第 123 条的规定可以发现,无论是讯问笔录、自书供词还是讯问录音录像,它们都被规定在"讯问犯罪嫌疑人"的侦查行为规范中,彼此之间并不具有排他性,因而都属于"犯罪嫌疑人、被告人供述和辩解"的合法载体。毕竟,自书供词也不是每案必有,但相信没有人会质疑其作为证明案件实体事实的证据资格。综上,在实体性证明的场合,讯问录音录像在性质上就是"证据",在种类上则属于"犯罪嫌疑人、被告人供述和辩解"。

■ 扩展思考 | 讯问录音录像与审判中心主义

虽然"实质性差异条款"的出台为讯问录音录像作为证明案件实体事实的证据提供了规范层面的依据,司法实践中运用这一条款进行裁判的案例也在陆续出现,但在目前刑事诉讼的规范体系中,讯问录音录像依然受到了不同于其他证据的区别对待——讯问录音录像并不总是需要随案移送,因此也就并不当然属于辩护方阅卷权的范围内。《刑诉法解释》第 54 条、第 74 条明确了辩护律师在特定前提下查阅讯问录音录像的权利,也强化了法院在特定案件中调取讯问录音录像的权力,但显然讯问录音录像在移送和阅卷问题上的特殊性依然存在。

其他国家或地区有规定,讯问录音录像不仅具有证据资格,而且讯问录音录像随案移送被认为是"卷证并送主义"的必然结果,辩护律师有权查阅、拷贝。[6] 那么在未来,完全承认讯问录音录像作为证明案件实体事实的证据资格,在移送和阅卷问题上一视同仁,究竟是能够发挥其作为"最佳证据"的潜力呢?[7] 还是会使其成为"卷宗之王"对审判中心主义构成致命一击?[8] 对此,日本学者井上正仁教授的一席话或许值得我们思考,"如果把禁止使用供述笔录或者任何庭外供述作为审判的前提,那么,讯问录音录像的确没有作为实质证据的余地,但一方面肯定供述笔录作为实质证据的资格,另一方面又禁止比供述笔录更加真实的录音录像作为实质证据,这毫无道理。"[9]

---

5 参见陈瑞华:《刑事证据法》,北京大学出版社 2021 年版,第 89~92 页。
6 参见邱忠义:《侦查中录音录影与侦查笔录可信性之关系——兼论诉讼目的外使用证据之影响》,载《检察新论》2010 年第 7 期。
7 参见秦宗文:《讯问录音录像的功能定位:从自律工具到最佳证据》,载《法学家》2018 年第 5 期。
8 参见倪化强:《讯问录音录像的功能定位:在审判中心主义与避免冤案之间》,载《法学论坛》2020 年第 4 期。
9 方海日:《日本刑事诉讼程序中的讯问录音录像制度研究》,载《日本研究》2020 年第 4 期。

113 鉴定意见有效质证｜行政认定意见的证据属性

郭某生产假药案

孔令勇 安徽大学

■ 案情概要*

2020年6月至2021年3月，被告人郭某委托他人生产假冒的日本久光制药株式会社"酮洛芬贴剂L40mg"、"联苯乙酸5.0大尺寸"、第一三共株式会社"洛索洛芬钠贴剂"、冈山大鹏药品株式会社"洛索洛芬钠贴剂"（均不含外包装盒）共计7883545片用于销售，货值金额共计人民币2365063.5元。公诉机关提供的证据包括被告人及同案人的供述、证人证言、鉴定意见、审计报告等。

公诉机关对郭某以生产假药罪提起公诉。郭某对被指控的基本事实没有异议，但提出其只是生产膏药的裸贴，并没有生产假药的故意。辩护人提出案涉药贴不应认定为药品，并以对相关鉴定意见有异议为由申请鉴定人出庭作证。

一审法院认为，药品是指用于预防、治疗、诊断人的疾病，有目的地调节人的生理机能并规定有适应症或者功能主治、用法和用量的物质，案涉膏药主要功能均为骨关节炎的消炎、镇痛，符合药品定义，且经具有资质的机关依照法定程序鉴定为药品，结合本案其他证据，应认定郭某构成生产假药罪。一审过程中辩护人申请鉴定人出庭作证并未获得法院准许。

郭某上诉理由为：其行为不符合药品司法解释中关于药品"生产"的几种情形，且其要求添加的成分不可能生产出"药品"；其生产的药品并非我国《药品管理法》所规定的假药，故苏州市市场监督管理局参照境内药品对比认定案涉药品为假药缺乏鉴定标准和鉴定依据。辩护人认为：久光制药（中国）有限公司不具备鉴定机构主体资格，所出具的鉴定意见不应作为定案根据；上海市食品药品检验研究院出具的检验报告书没有说明鉴定过程与鉴定标准，亦不应作为定案根据；苏州市市场监督管理局出具的相关认定意见是参照贵州联盛药业有限公司生产的酮洛芬贴片来认定久光制药株式会社生产的酮洛芬贴剂是药品，由于久光公司并未在中国境内生产这几类产品，就不能适用《药品管理法》。因此，郭某生产的并非《药品管理法》所规定的假药。

---

* 参见江苏省苏州工业园区人民法院（2021）苏0591刑初369号刑事判决书、江苏省苏州市中级人民法院（2022）苏05刑终124号刑事裁定书。

对此,二审法院认为,《刑法》第141条生产、销售、提供假药罪中的"假药"定义,由《药品管理法》具体规定予以认定。难以确定的,可以根据地市级以上药品监督管理部门出具的认定意见等相关材料证明。根据在案证据,本案被仿冒的"久光贴"等产品,均系在日本注册的处方药品,但因在中国境内未授权生产,故苏州市市场监督管理局根据久光制药株式会社提供的产品说明书,参照国内相同成分药品,对案涉"久光贴"等产品认定为药品,符合程序规定和实体公平,其作为行政认定意见的证明效力应予确认。辩护人认为被仿冒的产品未在中国境内注册为药品,就不适用《药品管理法》的辩护意见,违背法律实质认定的立法内涵和人民群众的朴素正义,法院不予采纳,裁定驳回上诉,维持原判。

法律分析

争议焦点

本案应重点关注的是案涉膏药裸贴是否为法律所规定的"药品",这是认定被告人是否构成生产假药罪的前提。由于对"药品"或"假药"的认定属于专业性问题,需要依靠司法鉴定加以辅助,那么对于此类鉴定意见如何进行有效质证?当辩方申请鉴定人出庭作证,法院依据何种标准作出是否准许的决定?法院又应当如何对鉴定意见进行认证与说理?

鉴定意见的有效质证

所谓质证,是在法庭审理过程中控辩或当事人双方在法官的主持下,采用询问、辨认、质疑、辩驳、核实等方式对证据的效力进行质辩的诉讼活动。[1] 此处证据效力就是证据属性,也即证据转化为定案根据的条件,[2] 在英美法系主要为相关性与可采性,在大陆法系主要为证据能力与证明力,而在我国主要为真实性、相关性与合法性。与一般证据不同的是,鉴定意见具有较强的科学性与专业性,对其实现有效质证除需要满足以上基本条件之外,还需要关注其"科学的有效性"以及所依据的"原理和方法"。[3]

由于鉴定业务种类的不同,实现鉴定意见的有效质证还需要结合诉讼中该鉴定意见的具体领域。全国人大常委会《关于司法鉴定管理问题的决定》将国家登记管理的司法鉴定业务分为法医类、物证类、声像资料类及其他类几种类型。对本案中的膏药裸贴进行的鉴定更类似于物证类或者其他类的司法鉴定。在一审中,辩护人发现关于膏药裸贴为药品的鉴定意见在鉴定主体资格、鉴定过程、方法与标准等方面均不明确,按照此类司法鉴定的特征,对该鉴定意见的证据效力提出了质疑,并提出了鉴定人出庭作证的申请。但一审法院并没有批准鉴定人出庭申请,而是直接作出采纳该鉴定意见的裁断。

---

[1] 参见陈光中主编:《证据法学》(第4版),法律出版社2019年版,第280页。
[2] 参见陈瑞华:《刑事证据法》(第3版),北京大学出版社2018年版,第117页。
[3] 卞建林、谢澍:《庭审实质化与鉴定意见的有效质证》,载《中国司法鉴定》2016年第6期。

□ 刑事诉讼中的鉴定人出庭作证

刑事诉讼中的鉴定人出庭作证，有利于控辩双方就鉴定意见中的有关问题进行当庭质证，有利于审判人员根据质证的情况对鉴定意见的真伪以及在案件中的证明力作出判断，是保证鉴定意见真实性、证明力的重要形式。[4] 其也是保障被告人对质权实现的方法之一。[5] 在一审中，辩护人提出的鉴定人出庭作证申请，目的是通过当庭对鉴定人发问，向审判人员揭示有关案涉膏药裸贴系药品这一鉴定意见的作出主体、过程、方法与标准等方面的问题，并提出该鉴定意见不具备证据效力的辩护意见。

《刑事诉讼法》第192条规定当事人或辩护人对鉴定意见"有异议"，并且法院认为鉴定人"有必要出庭"，鉴定人才"应当"出庭作证。换言之，若辩方希望鉴定人出庭作证，仅单方面提出书面异议，而法院认为其没有必要出庭，那么鉴定人根本无法出庭作证。本案辩护人提出申请但法院并没有批准，就属于这种情况。在司法实践中，刑事司法鉴定人出庭率一直较低，有学者通过在三个中级人民法院随机调阅案卷发现，没有一起案件有鉴定人出庭的记录。[6]

□ 刑事鉴定意见的认证与说理

经过控辩双方质证之后，审判人员将对鉴定意见的证据效力进行分析判断，从而确认其能否成为定案根据，这是对鉴定意见的认证过程。其实在质证之前，如果应当出庭作证的鉴定人拒不出庭，该鉴定意见也就不得作为定案根据。这可成为审判人员对刑事鉴定意见证据效力的首次判断，尽管刑事司法鉴定人的出庭率本就不高。而通过质证与辩论，法院将就是否采纳并采信该鉴定意见作出正式的分析确认。根据《刑诉法解释》中"鉴定意见的审查与认定"部分第97条、第98条的规定，鉴定机构与鉴定人的资质、鉴定人是否存在回避情形、鉴定检材的来源、取得与保管等情况、鉴定意见的形式要件、鉴定程序与过程是否符合法律及有关规范、鉴定意见是否明确、与案件事实有无关联、与其他证据是否有矛盾等内容，主要围绕鉴定意见是否属实，[7] 这是法院的审查重心，也是鉴定意见能否成为定案根据的主要参考指标。

本案一审法院虽然得出案涉膏药裸贴经有资质的机关鉴定为药品的结论，但并没有论证鉴定过程、方法与标准，且一审法院对于不同意辩护人的鉴定人出庭作证申请并没有提出任何理由，让本就缺少质证前提的鉴定意见在说理上更显单薄。而本案二审法院干脆将认定案涉膏药裸贴系药品的证据材料直接定位为行政认定意见，并用所谓"程序规定"和"实体公平"替代了针对鉴定意见的说理，规避了针对鉴定意见的认证。

---

[4] 参见李寿伟主编：《中华人民共和国刑事诉讼法解读》，中国法制出版社2018年版，第475~478页。
[5] 参见胡铭：《鉴定人出庭与专家辅助人角色定位之实证研究》，载《法学研究》2014年第4期。
[6] 参见汪建成：《中国刑事司法鉴定制度实证调研报告》，载《中外法学》2010年第2期。
[7] 参见李少平主编：《最高人民法院关于适用〈中华人民共和国刑事诉讼法〉的解释理解与适用》，人民法院出版社2021年版，第221页。

■ 理论阐释

刑事鉴定意见的有效质证、鉴定人出庭作证、刑事鉴定意见的认证与说理三个问题相互之间具有较强的逻辑关联。控辩双方的有效质证是法院实现对鉴定意见准确认证及充分说理的前提,而鉴定人在必要时出庭作证则是实现有效质证的关键。任何一种脱离有效质证的鉴定意见认证既无法从实体方面保障结果的可靠性,也无法从程序方面回应各方的质疑。本案辩方之所以在一审及上诉审过程中反复强调鉴定意见的证据效力,主要原因就是法院的裁断并没有充分建立在对鉴定意见有效质证的基础之上。那么究竟应当如何实现鉴定意见的有效质证及认证说理,可以总结相关理论及实践经验,有针对性地进行阐释与回应。

第一,明确鉴定对象所处领域是实现刑事鉴定意见有效质证的前提。尽管鉴定意见属于科学证据,可由于"可以进行鉴定的技术领域极不相同,很难确定一个完全适用于各种鉴定情形的规定",[8] 因此需要先确定鉴定对象所处的司法鉴定类型,再进行有针对性的质证与认证制度设计。

第二,鉴定人出庭作证是实现刑事鉴定意见有效质证的保障。在域外,鉴定人出庭作证就是鉴定程序运行的一个环节,甚至是鉴定意见被采纳的重要条件。例如,意大利刑事诉讼中的鉴定人必须出席庭审,一般应以言词形式作报告,即使以书面形式提出鉴定报告,也应依当事人之请求接受交叉询问。[9] 又如,日本刑事诉讼中鉴定人出庭接受询问是鉴定结果作为证据的前提,而且这种询问不是单纯要求陈述结果,而是必须接受对鉴定内容进行实质性询问。法院和当事人都要努力理解鉴定的内容,如有疑问就必须质询鉴定人。[10]

第三,刑事鉴定意见的认证应由法院独立进行并充分说理。鉴定人只是法院的助手,法院对鉴定结果需作出独立判断、确信,不得毫不检验即用于判决中,且判决理由需达到能够令人识别法院独立完成该案证明评价的程度。法院若不采纳鉴定结果,也应当用可供审核的方式充分表明。[11]

第四,法院对刑事鉴定意见的认证应有明确且具备可操作性的标准。如此,辩护人才可就鉴定意见采纳与采信提出意见,进而保障被告人的辩护权。例如,美国刑事诉讼中科学证据的可采性先后经历了两个不同的判断标准,[12] 从前期的"普遍接受"标准,[13] 到如今的"可信性(科学合理)"标准。[14] 包括鉴定意见在内的科学证据所包含的原理和技术除要被科学界普遍接受之外,还需要考虑其他因素,[15] 如出错的概率和原因,才能够确定其可采性。

8　[法]贝尔纳·布洛克:《法国刑事诉讼法》,罗结珍译,中国政法大学出版社2009年版,第428页。
9　参见施鹏鹏:《意大利刑事诉讼与证据制度专论》(第1卷),中国政法大学出版社2020年版,第241~243页。
10　参见[日]松尾浩也:《日本刑事诉讼法》(下卷),张凌译,中国人民大学出版社2005年版,第95页。
11　参见[德]克劳思·罗科信:《刑事诉讼法》,吴丽琪译,法律出版社2003年版,第261页。
12　参见王兆鹏:《美国刑事诉讼法》,北京大学出版社2014年版,第673页。
13　Frye v. United States, 293 F. 1013 (D. C. Cir. 1923).
14　Daubert v. Merrell Dow Pharmaceuticals, 509 U. S. 579 (1993).
15　参见约翰·W. 斯特龙主编:《麦考密克论证据》,汤维建等译,中国政法大学出版社2004年版,第395页。

■ 扩展思考

本案二审裁定将认定案涉膏药裸贴为药品的证据材料定位为行政认定意见，引入了一个新的证据类型，进而扩展了本案例的讨论范围。关于行政认定意见的性质，理论与实务界对其是否具有证据效力存在争议，但在司法实践中，其大多能够作为定案根据。而行政认定意见的证据归类则争议更大，有书面证言说、鉴定意见说与专家证言说等多种观点。其实，明确行政认定意见的证据类型，更为重要的意义在于确定其质证方法与认证标准。如果争议标的物本应通过司法鉴定明确其属性，却仅通过行政认定就予以确定，那么该行政认定意见究竟能否按照鉴定意见的规格进行质证和认证？若不能，那么行政认定意见的质证与认证究竟应当如何展开，又能否充分保障辩方的质证参与权与认证知悉权？这些问题不仅关乎辩方的权利表达，甚至能够影响案件的事实认定。

对此，《刑诉法解释》第 100 条、第 101 条新增了"专门性问题报告"和"事故调查报告"可以作为定案根据的相关规定，就是为了明确这些早已在司法实践中出现的材料的证据效力。如果行政认定意见可视为一种"专门性问题报告"，那么根据《刑诉法解释》第 100 条，对其进行审查与认定就应当参照鉴定意见的相关规定，不仅"出具报告的人"在人民法院通知之后应当出庭，而且出具报告相应主体的资格、出具方法、程序、标准、报告与案件事实的关联性、检材来源、保管等内容都应当严格按照鉴定意见的审查与认定标准展开，否则都不得作为定案根据。有学者甚至建议，应当针对这类专门性证据构建一个更具包容性和有效性的实质审查框架，包括构建整体性规制框架与优化基础性要素的审查标准，[16] 即对这类证据的审查认定提出了更高的要求。

但本案所展现的真实司法实践状况是，法院或审判人员面对行政认定意见等专门性证据不仅没有严格按照鉴定意见的审查认定标准组织质证、进行认证，更没有按照理论层面的更高标准来规制此类证据的采信。如何运用相关理论贯彻刑事鉴定意见及有关专门性证据的有效质证与理性认证，仍是一个未竟问题。

---

[16] 参见吴洪淇：《刑事诉讼专门性证据的扩张与规制》，载《法学研究》2022 年第 4 期。

114 间接证据运用与携疑定罪

杨某林故意杀人案

强 卉 南京师范大学

■ 案情概要[*]

2010年10月20日凌晨4时许,江苏省昆山市花桥镇某小区金贵劳动中介所内,被害人吴某某遭单刃锐器戳刺胸腹部及面部、背部、右大腿等部位10余刀致死。被害人蔡某某与犯罪人自二楼卧室搏斗至一楼营业场所,胸腹部及颈部、会阴部、肩背部、双上肢被戳刺10刀后死亡。嗣后罪犯自一楼卫生间攀窗离开现场。

经法医鉴定,蔡某某系被他人持单刃刺器戳刺胸腹部,致心脏、肺、肝、及胃破裂引起失血性休克死亡;吴某某系被他人持单刃刺器戳刺胸腹部,致主动脉及左、右肺脏破裂引起失血性休克死亡。

本案原审判决认定上述事实的证据有发破案经过,人口基本信息,公安信息网记录,外来从业人员综合保险缴纳情况,勘验、检查笔录及提取笔录,鉴定意见、分析意见及侦查实验笔录,证人证言,被告人杨某林的供述和辩解。

原审人民法院认为,杨某林故意杀害他人,致二人死亡,其行为构成故意杀人罪,依法应予严惩。综合本案案情,根据现有证据情况,可以认定杨某林故意杀害二人的犯罪事实,其后果严重,论罪当处死刑。鉴于在案证据尚不能完全排除是否有同伙共同作案的可能性,对杨某林判处死刑,可不立即执行。但考虑到杨某林故意杀人手段残忍,后果严重,且未取得被害人亲属的谅解,根据被告人杨某林的犯罪情节等情况,决定对其限制减刑。依照《刑法》第232条、第48条、第57条、第50条之规定,判决杨某林犯故意杀人罪,判处死刑,缓期二年执行,剥夺政治权利终身;对杨某林限制减刑。

杨某林上诉称,其没有实施故意杀人行为,一审认定的关键证据存在多种可能性,公安机关曾对其实施刑讯逼供,请求改判无罪。辩护人提出,本案事实不清,证据不足,适用法律错误,建议判处上诉人无罪。检察员认为,本案一审判决事实清楚,证据确实、充分,定性准确,量刑适当,建议驳回上诉,维持原判。

二审人民法院进行如下综合评判后,于2020年4月15日裁定驳回上诉,维持原判。(1)本案案发时,公安机关提取了多个客观证据。2010年10月20日,接群众报警,民警对

---

[*] 参见江苏省高级人民法院(2019)苏刑终182号刑事裁定书。

案发现场及周围进行了勘查,提取了被害人指甲擦拭物、现场数枚指纹、黑色塑料袋(内有长袖 T 恤一件)等重要物证,提取过程符合法律规定。(2)本案破案经过正常合理。2010年,公安机关将提取的指纹信息输入指纹库。2016 年,公安机关工作人员通过指纹库系统比对,案发现场的指纹比对中杨某林指纹信息,从而确认杨某林有重大作案嫌疑。(3)现有证据足以证实杨某林实施了杀人行为。公安机关抓获杨某林后,从作案现场提取的其中二枚指纹经比对系杨某林左手环指、右手食指所留;从女性被害人指甲内提取的检材与杨某林的基因型具有同一性。以上说明杨某林不仅到过作案现场,还与被害人有肢体接触。从作案现场外 22 米处提取的 T 恤衫上检出被害人血迹,根据血迹分布的分析意见,衣服前下方血迹系血源溅落形成,右肩部血迹系锐器染血抛甩形成,说明衣服上的血迹系杀人时形成。另外,该衣服的衣领处检出了杨某林的基因型。结合该衣服尺寸,表明杨某林穿着过该衣服。

■ 法律分析

争议焦点

在缺乏被告人供述等直接证据的情况下,该如何评价间接证据的证明作用?携疑定罪与"排除合理怀疑"之间关系为何?

□ 如何把握间接证据定罪的要点

直接证据和间接证据是对证据的学理分类,分类的主要依据是证据与案件主要事实是否具有独立的证明关系。直接证据是能够直接证明案件主要事实的证据,例如,刑事案件中被告人的供述和目击证人的证人证言。而间接证据是以间接方式与案件主要事实相关联的证据,即必须与其他证据结合起来或通过推理才能证明案件主要事实的证据。究其本质,均是在证据与待证事实之间建立推论链条,且均具有盖然性。我国《刑事诉讼法》及其司法解释都对间接证据的证明作用、证明标准及证明规则进行了明确规定。《刑诉法解释》第 140 条和《办理死刑案件证据规定》第 33 条都强调以间接证据定案并判处死刑"应当特别慎重",要排除合理怀疑,达到结论唯一性的标准。

虽然至今就运用间接证据认定被告人有罪的规定已经十分清晰,但仍要明确,本案二审裁定作出的时间晚于《刑诉法解释》,因此,需要关注在此之前的相关规定,主要就是《办理死刑案件证据规定》及后续《刑诉法解释》(2012 年)第 105 条提出的 5 个条件:一是间接证据经查证属实;二是间接证据间相互印证,不存在无法排除的矛盾和无法解释的疑问;三是间接证据已经形成完整的证据体系;四是依据间接证据认定的案件事实,结论唯一,足以排除一切合理怀疑;五是依间接证据进行的推理符合逻辑和经验判断。

《刑诉法解释》只是将"证据体系"改为"证据链"。也就是说,犯罪事实的构建在缺乏直接证据的情况下通常需要在间接证据之间寻找联系,来完成对过去事实"拼图"的构建。

审查直接证据进而认定犯罪事实的工作通常较为简单,而运用间接证据证明案件主要事实则较为复杂。在运用间接证据定罪的案件中除要做到对证据真实性和相关性的确认之外,还要能够借助逻辑和经验法则构建推论链条,最终完成对案件主要事实的证明任务。

  本案作为一起典型的间接证据定罪案件,具有以下特点:(1)被告人作无罪辩解。杨某林从到案到开头审理直至二审,均拒不供认其实施了故意杀人的犯罪行为。(2)无目击证人证言等直接证据。在案证据共计 44 项,其中只有 7 项证据能够运用逻辑和经验构建指向案件主要事实的推论链条,但只能够证明:一是女性被害人指甲内提取的检材与杨某林具有相同的基因型;二是案发现场提取的沾有男被害人血迹的 T 恤衫很可能是杨某林的衣物;三是现场提取的两枚指纹与杨某林的指纹系同一人所留;四是杨某林有作案时间;五是杨某林身上的伤疤有可能是作案时受伤所留。(3)缺乏调取新证据的空间。由于案发空间较为隐秘,没有目击证人,且时间较为久远,无法通过补充侦查继续查找更多物证。

  在本案中,虽然存在大量间接证据且均经查证属实,但间接证据不能够形成完整的证据体系,且对全案证据进行分析后只能得出杨某林极大可能在案发时出现在案发现场且与女性被害人有过接触的结论,与故意杀人罪的定罪要求相距甚远。

□ 人民法院不应当"携疑定罪"

  按照《刑事诉讼法》第 55 条的规定,综合全案证据,对所认定事实应达到排除合理怀疑的证明标准。对于排除合理怀疑标准的理解,学界与实务界有所不同,如有司法实务工作人员认为由于主观认知具有内隐性的特点,通过间接证据推定行为人的主观认知时,可以适当降低排除合理怀疑的标准。[1] 而学界对于排除合理怀疑证明标准的界定则是更为全面与严格,既要做到案件的各个主要事实都能够"排除合理怀疑",也要做到综合全案证据也达到"排除合理怀疑"。但无论哪种观点更为合理,都指出必须实现"排除合理怀疑"才能定罪。因此,在本案中,所有间接证据各就其位后都未能就案件的主要事实得出排他且唯一的结论,一审判决书却赫然指出存疑之处且明确作出了"携疑定罪"的选择,二审裁定维持原判。

■ 理论阐释 | 如何运用间接证据形成心证

  如何运用间接证据形成心证需要讨论三个层面的问题。

  第一,在司法解释中进行直接证据与间接证据的区分是否有必要。本质上来说,所有证据与待证事实之间构建推论链条都需要借助"概括之石",[2] 因此都具有盖然性,其区别只在于推论链条的长度也就是概括运用的数量,以及证据之间相互依赖的程度。因此,在司法解释中体现这种学理分类可能与学理分类的目的不尽相同,这种对法官据间接证据定罪

---

[1] 参见曲翔:《在间接证据审查判断中排除合理怀疑的适用》,载《人民司法》2019 年第 29 期。
[2] 张保生主编:《证据法学》,中国政法大学出版社 2018 年版,第 42 页。

的明确指引更多是希望法官卸掉心理包袱,大胆使用间接证据。

第二,利用间接证据形成心证有何特殊性。前文已述及,间接证据与直接证据对于待证事实的证明作用均具有盖然性,都可能出现错误风险。但使用间接证据证明待证事实时,需要法官通过更多的主观努力去搭建推论链条,当出现错误风险的时候,也就更有可能承担更多的责任。因此,法官通常会更加谨慎地利用间接证据定罪,倾向于将错误风险分配于更少需要主观推理的直接证据上。这其实并非由于间接证据无法形成心证,而在于法官对于错误风险的规避本能。

第三,究竟该如何利用间接证据形成心证。其一,由于没有一个间接证据能独立证明案件的主要事实,因为每个证据须同其他证据相结合才具有证明作用,而结合的"桥梁"都需要运用经验和逻辑进行搭建。其二,任何一个间接证据的证明力,都是由间接证据与案件事实之间的相关性以及其与其他证据相互结合所决定的。运用间接证据不仅要关注证据本身的真实可信性,还需要关注其在整个案件的证据体系中所处的位置。其三,所有间接证据各就其位后能够就案件的主要事实得出排他且唯一的结论。如果不能满足这一要求,就应当按照"疑罪从无"的原则处理,作出无罪裁判。其四,在完全依靠间接证据定罪的案件中,一旦某一间接证据被质疑或者推翻,就应当就全案证据体系进行重新检视,重点关注每一步推理所依据的经验与逻辑是否符合常识,以及证据之间互相依赖或支持的关系。如果案件主要事实都能够得到"排除合理怀疑"的证明,则完全可以依据间接证据形成心证进而定罪。

本案中,法院确实做到了大胆使用间接证据,但忽略了间接证据定罪并不意味着,只要有了科学证据就可以使用推理甚至想象填补待证事实,而应当坚持准确使用证据,适用经验法则,构建推论链接,使案件主要事实的证明都达到"排除合理怀疑"证明标准,才能作出有罪裁判。

■ 扩展思考 | 疑罪从无还是携疑定罪

疑罪在司法实践中广泛存在,它所带来的讨论集中在"疑罪"究竟是"从轻"还是"从无"。这种讨论的根源又在于对"疑罪"定义和理解的区别。有学者认为,疑罪是指事实尚未或不能完全查清的犯罪。[3] 有学者认为,疑罪是指对定罪与否,尚存疑问不能得到唯一结论的情形。[4] 还有人认为,疑罪包括罪疑和刑疑,既包括是否犯罪及罪行轻重难以确定的案件,还包括适用法律存疑的案件。[5]

基于不同视角,学者们对疑罪进行了不同的界定,概念的不统一甚至成为疑罪究竟该

---

[3] 参见宁汉林、魏克家:《中国刑法简史》,中国检察出版社1997年版,第270页。
[4] 参见谢进杰:《疑罪从无原则的证据学之维》,载《成都理工大学学报》2003年第2期。
[5] 参见胡云腾、段启俊:《疑罪问题研究》,载《中国法学》2006年第3期。

从轻还是从无的根本原因之一。[6] 总体而言,狭义上的"疑罪"是指现有证据只能证明被告人有重大犯罪嫌疑,但全案证据尚未达到确实、充分的程度,还不能确认被告人就是真正罪犯以及排除他人犯案的情形,应当适用"疑罪从无"的原则;广义上的"疑罪"是指因犯罪事实和证据原因,对犯罪嫌疑人、被告人是否犯罪及罪行轻重难以确定的案件,既包括罪疑,又包括刑疑以及适用法律存疑的案件。[7] 因此,也有学者认为,可以基于广义"疑罪"的差异性和多样性进行多元化评价。[8] 回到本案,基于全案证据,对于案件主要事实明显存疑,无法得出唯一结论,甚至在一审判决书中都明确指出无法排除其他人共同作案的可能,属于"事实有疑"、应当适用"疑罪从无"原则的情形。

司法实践中,出于对错误风险和后果责任的规避,司法人员过于谨慎适用间接证据的情况,应该如何加以正确引导;完善间接证据使用规则是否会导致对于心证的过分限制;鼓励使用间接证据是否会导致司法工作人员滥用权力;对经验法则和逻辑的适用加以规制虽然能够为司法工作人员减轻心理负担,但是否又从另一方面剥夺了司法工作人员在案件事实认定中的独特地位与作用——这些都是值得思考的重要理论问题。

---

[6] 参见陈伟:《"疑罪从无"与"疑罪从轻"的抉择———以一则典型刑事案例为例》,载《河南大学学报(社会科学版)》2015年第1期。
[7] 参见董玉庭:《论疑罪的语境》,载《中国法学》2009年第2期。
[8] 参见韩轶:《疑罪价值一元化反思》,载《法商研究》2019年第2期。

115 实物证据审查判断规则的层次性适用 | 证据"三性说"反思

卓某贩卖毒品案

孙 锐 吉林大学

■ 案情概要[*]

广东省深圳市人民检察院以深检公一刑诉(2013)230号起诉书指控被告人卓某犯贩卖毒品罪,于2013年11月13日向深圳市中级人民法院提起公诉。

公诉机关指控:2013年3月17日下午,公安机关安排的购毒人员卢某电话联系卓某购买两公斤冰毒。3月18日0时许,卓某带卢某到本市宝安区沙井街道××小区1单元17e房间内,收取卢某支付的购毒定金人民币19000元,将房间内藏匿的两包冰毒给卢某验货,随后出门继续准备剩余冰毒货源,并将卢某反锁在房间内等候。3月18日5时许,被告人卓某携带毒品回到××小区1单元17e房门前楼道处时,在此伏击的公安人员将其当场抓获,并在其随身挎包内缴获一黄色盒子装的一大包冰毒(经鉴定含甲基苯丙胺成分,重988克),后公安人员用卓某遗留在车内的钥匙打开××小区1单元17e房门,在房间餐桌旁的一柜子内查获用透明塑料袋包装的冰毒5包(经鉴定含甲基苯丙胺成分,共重880克)。

卓某不认罪,辩称卢某从未向其说过购买毒品,只是邀请其一起去吸毒,××小区1单元17e的钥匙是帮卢某代拿的,公安机关并未从其身上缴获毒品,17e房内的毒品不知道是谁的,所有毒品其均未见到亦未当场称量,其被带回公安机关后遭到刑讯逼供,后被迫在毒品扣押清单上补签名。辩护人认为,被告人供述以及与其供述有关的书证物证均应当依法排除,请求判处被告人无罪。

法院认为本案多项相关证据存在疑点,依法启动了非法证据排除程序,对取证合法性进行了审查。经审理认为:本案存在刑讯逼供之可能性不能排除,故据此取得的被告人供述不能作为定案的根据;本案的书证、物证之收集不符合法律程序,在证据的真实性和合法性上存在重大瑕疵,可能严重影响司法公正,公安机关不能补正或者作出合理解释,亦应当依法排除;经非法证据排除后,在案证据中能证明卓某贩卖毒品的直接证据仅有线人卢某

---

[*] 参见广东省深圳市中级人民法院(2013)深中法刑一初字第234号刑事判决书。

的证言,其证言存在大量疑点及与其他证据矛盾之处,最终导致本案证据无法形成证据链条,不能证明卓某有贩卖毒品之行为。判决卓某无罪。

法律分析

> **争议焦点**
>
> 本案中未能作为定案根据的实物证据主要有:所有物证的搜查笔录、扣押决定书及扣押清单;包含毒品在内的所有物证;与物证有关的本案毒品检验报告。所折射出的问题是:实物证据审查判断的规则有哪些?规则之间的区别和界限何在?其背后指向的是证据的关联性、合法性还是真实性?

本案的审判亮点是经过非法证据排除程序和法庭审理,对实物证据取证过程的合法性进行了充分的审查,并依法予以排除,颇具启示意义。

非法实物证据排除规则

我国非法证据排除规则根据适用对象的不同,分为非法言词证据排除规则和非法实物证据排除规则两类。《刑事诉讼法》第56条第1款规定:"……收集物证、书证不符合法定程序,可能严重影响司法公正的,应当予以补正或者作出合理解释;不能补正或者作出合理解释的,对该证据应当予以排除。"可见,非法实物证据的排除需同时满足以下三个要件:第一,收集程序违法;第二,可能严重影响司法公正;第三,不能补正或者作出合理解释。其中,前两者为认定要件,后者为排除要件。因实物证据的稀缺性且具有较强的稳定性,与非法言词证据"认定即排除"的模式不同,非法实物的排除模式体现为"先认定后排除"的模式。据此,法官的自由裁量权体现在:一方面,需对何为"可能严重影响司法公正"进行界定;另一方面,需对是否达到"补正或者合理解释"的程度作出判断。

何为"可能严重影响司法公正"是认定非法实物证据的关键。应当放置在非法证据排除规则体系中,比照非法言词证据规则,以被告人基本权利的保障为核心作出合乎于立法目的的解释。[1] 比如,经无证搜查、无证扣押行为所收集的实物证据,由于侵犯到被告人受《宪法》所保护的隐私权、财产权等基本权利,应认定为非法证据。判断是否达到"补正或者合理解释"的程度,需对"情况说明"等证据材料的证明力进行严格限定。值得强调的是,在仅有侦查人员证言的情况下,应等而视之,以防止实践中通过侦查人员出庭作证的方式规避"情况说明"的滥用。正如本案判决书所言:整个物证提取过程无其他证据证明,即便有再多的公安人员证明,亦不能仅凭公安人员单方面的证言认定物证的合法性和真实性。

---

[1] 有学者指出,"可能严重影响司法公正"的违法性程度,包括违法取证行为侵害的法益重要性(如是否属于当事人的宪法基本权利)以及损害的程度、方式(如是否使用暴力)等。参见万毅:《关键词解读:非法实物证据排除规则的理解与适用》,载《四川大学学报(哲学社会科学版)》2014年第3期。

☐ 实物证据同一性审查规则

实物证据的同一性审查规则在学界多被称为"鉴真规则"[2]，旨在确认法庭上所出示的证据与诉讼主张中所声称的证据是否同一的问题。在规范层面，需厘清《刑诉法解释》第86条各款之间的关系：根据第1款的规定，提取、扣押实物证据，未附笔录或者清单，以致不能证明实物证据来源的，不得作为定案的根据；根据第2款第1项的规定，虽附有笔录或者清单，但笔录或者清单存在瑕疵，经补正或者作出合理解释后方可采用；根据第3款的规定，由于第2款中的程序瑕疵，对实物证据的来源存有疑问，不能作出合理解释的，不得作为定案的根据。本条各款虽均以程序违法为外在表现形式，但就其内涵及本质而言，唯有第1款是因不能证明来源，而无法确认出示证据与主张证据的同一性，由此导致出示证据与案件事实之关联性的断裂。故只有本条第1款体现出了实物证据同一性审查的核心内容。

本案中，毒品等物证的缴获与扣押清单的制作相隔一天，且对相关扣押过程无录像及其他证据证明。故法院认为，本案物证由于没有合法真实的提取扣押笔录、清单，无法证明相关毒品与本案的关联性，予以排除。由此，本案虽附有提取扣押笔录、清单，但由于上述原因，物证来源仍无法得到证明，致使法院无法确认检察机关用以指控卓某贩卖毒品罪的毒品物证，就是公安机关在其身上所缴获的毒品，二者不具有同一性。

☐ 瑕疵实物证据补救规则

瑕疵证据是指侦查人员在收集证据过程中存在轻微违法情形，但通过合理解释或说明后，可以用作定案根据的证据。[3] 根据《刑诉法解释》第86条第2款的规定，物证、书证在收集程序中可能存在的瑕疵主要包括：勘验、检查、搜查、提取笔录或者扣押清单上没有相关人员签名，或者对物品的名称、数量等注明不详的；物证照片、复制品等未注明与原件核对无异，无复制时间等；物证照片、复制品等没有制作过程、原件存放地点的说明等。对瑕疵实物证据的补救，是实践中审查判断实物证据最为常见的方式，其特点主要体现在：一方面，与非法实物证据不同，瑕疵证据中的程序违法并不以基本权利的侵害为直接指向，仅以轻微的、技术性的违法为外在表现。正因如此，瑕疵证据的范围更加广泛，在实践中亦更为普遍的存在。另一方面，与来源不明的实物证据不同，通过对瑕疵证据的补正或者合理解释，目的是在于对证据的真实性予以修复，而并非对该证据与案件事实之关联性的确认。

本案中，如上文所述，对毒品物证的排除是基于同一性审查规则的适用，但是对相关笔录、清单的不予认定，则是基于其作为瑕疵证据的补救不能。经法院审理后认为，本案所有

---

[2] "鉴真"（authentication）一词引源于美国《联邦证据规则》，其中关于"鉴真要件"的规定可译为"作为可采性先决条件之鉴真或辨认的要求，是由足以支持一项认定的证据即争议事项系证据提出者所主张事实之认定的证据来满足的"。参见[美]罗纳德·J. 艾伦等：《证据法：文本、问题和案例》，张保生、王进喜、赵滢译，高等教育出版社2006年版，第212页。

[3] 参见闵春雷：《非法证据排除规则适用问题研究》，载《吉林大学社会科学学报》2014年第2期。

物证的提取笔录、扣押决定书及扣押清单,制作程序违法,例如,无持有人合法签名、无适格的见证人等,且公安机关对此不能作出合理解释或补正,均应予以排除。综上,提取笔录、扣押清单类证据作为对实物证据收集过程的记载,若其内容上存在疏漏,即意味着实物证据的收集程序、方式存在瑕疵。在不能补正或者作出合理解释的情况下,该笔录、清单中所记载内容的真实性就无从保障,其对案件事实的证明作用便无从谈起,故不得作为定案的根据。

理论阐释 | 证据审查判断的层次性展开

上述三个规则虽然均以程序违法为其外在表现形式,但每个证据规则都有其特定的价值指向和适用范围,对不同证据规则之间的界限予以明晰,以此体现证据审查判断过程的层次性,既能够与动态的证据观相契合,又能够确保各规则得以各司其职、准确适用。

第一,非法实物证据排除规则与实物证据同一性审查规则的界限明晰。二者的本质区别是,前者指向的是对被告人基本权利的保障,后者指向的是该实物证据与待证事实乃至案件事实之间的关联性。故应当将"未附笔录或清单,不能证明物证、书证来源"的情形,从"不符合法定程序,可能严重影响司法公正"中独立出来。同时,对于经审查不能证明实物证据来源的,没有给予补救的机会,而是根据《刑诉法解释》第 86 条第 1 款之规定直接不得作为定案的根据。原因在于,既然不能证明证据来源,该证据便因没有关联性而不具备作为证据使用的前提,也就丧失了对其进行补正或者合理解释的必要与可能。

第二,非法实物证据排除规则与瑕疵实物证据补救规则的界限明晰。除违法程度的差异外,还有一个突出的问题是二者均以能够补正或者合理解释作为采用的条件,但对如何进行、是否存在区别等缺乏明确和细化。应注意二者对程序违法主观心态的要求不同,由于非法证据指向基本权利,触及的是程序正义的底线,故应推定为故意。若证据具备重新收集的可能性,考虑到实物证据的稀缺性与稳定性,可允许通过重新收集的方式予以补正。若已无重新收集之可能,则应严格限制以补充制作搜查证等方式进行补正以及以"情况说明"的方式作出解释。而对于瑕疵证据而言,由于其指向的仅是技术层面的轻微违法,故可允许以过失为由对违法行为进行修复,在补救方式上享有更大的灵活性。

第三,实物证据同一性审查规则与瑕疵实物证据补救规则的界限明晰。从违法方式上对二者进行区分时,不仅应将"未附笔录或清单"的程序违法从轻微的技术性违法中独立出来,还需注意要从"不能证明实物证据来源"的角度对做目的解释。例如,本案中虽附有相关笔录、清单,但其在制作时间上存在出入,又没有其他证据能够对证据来源进行证明,致使无法建立起证据与案件事实之间的实质关联,当适用实物证据同一性审查规则予以排除。由此可见,同一性的审查,只能以实物证据的来源为对象,通过证明的方式来完成。瑕疵证据则是以证据内容的真实性为对象,通过针对程序瑕疵的补救来完成。

■ **扩展思考** │ 基于证据三性理论的反思

我国传统证据学理论一直强调证据的"三性",即客观性、关联性及合法性,并将其定位于证据的基本属性,对司法实践的影响较大。在本案的判决书中,亦多次提到从合法性和真实性、关联性等角度,对证据予以排除。

但"三性说"的缺陷是明显的:一方面,"三性说"有着无法摆脱的逻辑困境。既然作为证据就具备了客观性、关联性及合法性的属性,那为什么还需要审查判断且要达到"查证属实"的要求才能作为定案根据?显然,"三性说"混淆了证据与定案根据的界限,它不是证据的基本属性,而是证据转化为定案根据的要求,只有经过法定的证据调查程序方有可能达到。另一方面,"三性说"存在过于抽象化和理想化的不足,即使将其作为定案根据的要求,也无助于建构我国的证据规则及有效指导司法实践。

质言之,证据三性体现的是一种结果导向下的静态证据观,在这种以定案根据为视角的逆推逻辑下,不利于实现由证据到定案根据的层次性迈进,致使在证据排除上呈现或泛论或苛待的现象。比如,非法实物证据排除规则在实践中所呈现的两极分化现象。一方面,虽认定收集物证、书证存在不符合法定程序的情形,但应当排除而未予排除。主要原因是在于对补正或作出合理解释的泛化理解与适用,使大量足以严重影响司法公正的程序性违法行为得以修复。另一方面,对于通过笔录、清单等所反映出违反法定程序的,本不应属于非法证据范畴而以非法证据为由予以排除。在这种情况下,非法证据排除规则又成为一个万能口袋,将基于轻微程序性违法而产生的无法补正或作出合理解释的证据一并归入其适用范围。

证据的审查判断是一个动态的过程,这一过程需要遵循基本的证据审查判断方法,使证据之运行机制更加科学化、合理化,具有正当性。正是基于对证据三性的反思,通过借鉴英美法系可采性规则和大陆法系的证据能力概念,提出了以证据能力和证明力的两分作为审查判断证据的理论模型。[4] 提倡确立先审查证据能力、后审查证明力的递进式审查模式,落实对证据的逐步筛选及认定。诚然,如何将证据融入动态的程序中进行审查判断,实现证据规则的精细化构建以及层次性适用,仍然是一个极富争论的研究课题。是延续证据属性理论,并对其进行重新提炼及层次性改良?还是以证据能力、证明力的两分取而代之?抑或将二者结合起来,进一步厘清彼此间的关系?尚有待于理论和实践的共同探索与持续关注。

---

[4] 参见陈卫东主编:《刑事诉讼法学》,高等教育出版社2022年版,第132~134页。

116 孤证定案问题

杨某某盗窃案

纵 博　安徽财经大学

■ 案情概要[*]

绍兴市上虞区人民检察院指控,2012年2月19日下午,被告人杨某某采用撬窗等手段进入绍兴市上虞区××街道星辰首府××幢××室,窃得被害人贾某家中小型保险箱一只,内有黄金项链2条及房产证、借条等物品,合计价值人民币33540元。

公诉机关为证明上述指控,向法庭提交了相应的证据。主要包括:

1. 被害人贾某陈述,证实2012年2月19日晚6、7时许,其住宅上虞城北星辰首府××幢××室(复式结构)被盗,室内一小型保险箱被撬走,内有黄金项链两条、房产证、借条等物。项链发票或凭证无法找到。小偷从18楼撬窗进入,17楼其婆婆房间地砖上有血迹。家中无人出血,怀疑为小偷所留。18楼储藏室中的保险箱本来是用螺丝锁住的,螺丝被撬后保险箱被偷。

2. 证人裘某证言,证实其系被害人母亲,2012年发生在其女儿家的盗窃案是其先到达现场的。当天其开门进屋时发现家中被盗,小偷是从厕所窗户进入的,现场被翻得很乱。发现保险箱被偷,里面有两条项链和一些证件,其还在亲家母房间的地砖上看到了血迹。

3. 证人杨某证言,证实其因之前盗窃的事情被判刑,现被押至上虞,但以前未到过上虞,以前盗窃作案的时候都和杨某某一起的,盗窃时间是从2012年1月开始,他俩从广东到浙江盗窃保险箱,约一个月不到被平湖公安局抓获。

4. 现场勘验检查笔录、照片及提取物证登记表,证实绍兴市上虞区公安局刑侦大队技术人员进行勘验检查,发现现场为复式结构,门锁完好,有多处物品被翻动,其中18楼主卧北侧卫生间窗户呈破碎状,有两根窗栅剪断并向上扳起,窗台上有攀爬痕迹。主卧北侧墙上有一门洞系储藏室,最里面为一立柜,柜子下侧面上有撬压痕迹,柜边地面有碎木屑。

5. 绍兴市公安司法鉴定中心出具的绍公鉴(DNA串)字(2014)35号法医物证鉴定书,证实送检的"上虞2012.2.19星辰首府××幢××室被盗案"中血迹一,经15个str分型未排除杨某某,支持该生物检材为杨某某所留。

被告人杨某某及其辩护人对起诉书指控的事实及罪名均有异议,称其未到过上虞,也

---

[*] 参见浙江省绍兴市上虞区人民法院(2015)绍虞刑初字第56号刑事判决书。

未实施过起诉书指控的盗窃行为。认为现场发现的血迹不排除有其他人将被告人杨某某的血迹遗留在现场的可能性,根据现有证据亦无法证明被告人杨某某实施了本案盗窃行为。被告人杨某某到案后所作供述均为无罪供述,称其未到过上虞,也未在上虞盗窃财物,从未撬防盗窗及敲破玻璃作案过。但配合抽取了其 DNA 样品。

法院认为,科学实践表明,DNA 对身份识别具有唯一性及排他性,与被告人杨某某进行 DNA 比对的血迹是侦查机关在盗窃现场勘查过程中根据法定程序合法提取,经鉴定为被告人杨某某所留,可证实生物标本为被告人杨某某所有。虽然被告人杨某某及其辩护人辩解称不排除其他人将被告人的血迹遗留在现场的可能性,但作为血迹发现地点的卧室系私人住宅内非一般外人所能接触的私密场所,且盗窃现场在相对合理的时间内也未发生过外人入侵等特殊情况,被告人亦未能对其在现场遗留血迹的原因作出合理解释。在被告人从未到过案发地的情况下,由其他人提取其血迹并从外地带至案发现场作案的可能性几乎没有。据此,可排除该血迹因其他原因被带至案发现场的可能性。且在被告人与被害人互不相识的情况下,可排除被告人杨某某通过合法途径在现场遗留该生物标本的可能性,应认定该血迹为被告人杨某某在从事非法活动过程中遗留在现场。综上并结合现场勘查笔录、被害人陈述、证人证言及该血迹被发现的时间、地点在时空上与本案的高度吻合性,本案可形成相对完整的证据链,排除合理怀疑,认定被告人杨某某入室盗窃的证据确实、充分。

最终,法院认定被告人杨某某犯盗窃罪,判处有期徒刑 9 个月,并处罚金人民币 1000 元。

■ 法律分析

> **争议焦点**
>
> 本案控方虽然提供了 9 件证据,但能够证明被告人杨某某实施盗窃行为的实质证据只有一个,即被害人家地面上遗留的血迹。这一案件是否属于孤证案件?孤证是否能够定案?如何理解实践中"孤证不能定案"的潜规则?

□ 孤证案件的识别标准

我国司法实践中常有"孤证不能定案"一说,且"孤证不能定案"已经成为事实认定的潜规则。但何为"孤证案件"呢?实践中一个案件只有唯一的一个证据是难以想象的,任何案件中都可以拼凑到多个证据,如果以数量来界定孤证的话,就不可能存在任何孤证案件。所以在此必须先对究竟何为"孤证"进行界定。

所谓孤证案件,并不是指案件中只有唯一的一个证据,而是指仅有一个能够证明案件主要事实的实质性证据的案件,即案件中只有一个能够证明被告人在犯意支配下实施了犯罪行为的证据,这一个证据既可能是直接证据也可能是间接证据。本案即属于这种情况,因为其他证据只能证明盗窃已经发生、杨某某以往曾经盗窃、被告人的身份信息及归案过程,均不能将被告人与本次盗窃联系起来,唯一能将被告人与盗窃关联的证据就是被害人家地面上的血迹这一间接证据,对血迹的鉴定是衍生性证据,所以也不属于独立的实质性证据。

因此,孤证案件是根据证据的证明作用为标准进行识别的,只要案件中只有一个能够证明主要事实的实质证据,即便案件中还有其他一些非实质性证据(如被告人的身份证明、物品价格鉴定、抓获到案说明等)或辅助证据(如搜查、扣押的笔录和清单等),仍属于孤证案件。只有准确识别孤证案件,才能使孤证定案问题不沦为一个证据数量问题,进行探讨也才有意义。

□ 孤证能否定案

从规范角度来说,我国《刑事诉讼法》只规定了口供补强规则,即只有口供这一孤证是不能定案的。但司法解释则扩大了孤证不能定案的范围,表现在增加了很多要求证据印证的条款,如对证人证言要审查是否与其他证据印证;对勘验检查笔录要审查是否与其他证据印证;对生理上、精神上有缺陷的被害人、证人和被告人的言词证据、与被告人有亲属关系或者其他密切关系的证人所作的对该被告人有利的证言需要证据印证方可采信;等等。印证当然的要求必须有两个以上的证据,所以如果案件中的唯一实质性证据为上述证据类型时,当然不得定案,也就意味着这些司法解释条款扩张了"孤证不能定案"的效力范围。而在司法实践中,"孤证不能定案"则进一步扩张,上述司法解释条款并未明确规定的其他证据(如物证、书证、电子数据等)也适用同样的规则,其证明力要根据与其他证据的印证情况来进行判断,并且不能依据单一的物证、书证等而定案。

因此,在刑事案件中,辩护律师以孤证案件作为辩护理由非常常见;法官对这种辩护理由也颇为认真对待,要么以某种证据并非孤证而不支持该辩护理由,要么以证据确属孤证而支持该辩护理由。本案中,辩护律师和被告人均提出这一辩解,认为根据现有证据无法证明被告人杨某某实施了本案盗窃行为。

但机械坚持"孤证不能定案"无疑会导致放纵犯罪之结果,在某些孤证案件中,如果孤证的证明力较强,能够将案件主要事实证明至排除合理怀疑之程度,就当然没有必要固执成见而不敢定案。本案中,杨某某与被害人素不相识,却在被害人家中留下血迹,且未对血迹DNA鉴定提出异议,也未对为何留下血迹作出合理解释;另外其所提出的其他人将其血迹置于现场的可能性极低,低至令人难以置信,且也没有任何证据或线索指向这一假设。所以固然本案缺乏证人证言、赃款赃物等证据,但血迹这一孤证本身就具有较强的证明力,能够排除他人作案、他人栽赃陷害的合理怀疑,足以给被告人定罪量刑。

□ 对"孤证不能定案"的正确理解和适用

虽然"孤证不能定案"似已成为我国实践中的司法证明的潜规则,但其理解和适用存在诸多问题。一方面,对"孤证"的不当理解使其成为一个纯粹的数量规则,使证据补强规则流于形式而潜藏着错误采信证据的风险。另一方面,对"孤证不能定案"的机械理解导致事实认定的机械化,使事实认定结论完全依赖证据数量及印证,挤压法官的自由心证空间;否定了对证明力进行判断的其他方法,使证据判断方法单一且不科学;由于缺乏例外,导致法官无法灵活处理案件的特殊情况。但在我国目前庭审实质化短期内仍难以彻底实现、非直接言词的审理方式仍会持续的情况下,加之部分证据确实存在虚假风险,"孤证不能定案"也不宜彻底废除,对之正确的态度是澄清其功能,并将其适用范围进行合理限缩。

对于前者,"孤证不能定案"的功能应严格限定在证据补强方面,而不是为了数量。具体而言:(1)只有孤证确实需要补强的情形下,才适用"孤证不能定案"规则;(2)如果案件中的孤证证明力难以确定,才需要其他证据进行补强;(3)如果不是孤证案件,对于案件中诸多单个证据的证明力判断来说,证据的印证、补强只是证明力判断方法之一,也就是说,单个证据的证明力判断不适用"孤证不能定案"。

对于后者,以下几类孤证案件不得定案,仍需其他证据补强:(1)因存在利害关系或言词证据提供者本身原因而具有较大虚假风险的言词证据;(2)缺乏细节的证人证言、被害人陈述;(3)存在其他合理可能性的实物证据。但如下两类孤证案件可以定案:(1)口供之外其他可以确定证明力较强的直接证据;(2)通过证据推理可以排除其他合理可能性的间接证据(如本案)。

■ 理论阐释 | "孤证不能定案"与诉讼证明的理论基础

诉讼证明是一个主客观统一的过程,证明当然要建立在客观存在的证据之上,但对证据的判断却是一个主观的过程。长期以来,我国的刑事证明以马克思主义中唯物主义认识论作为哲学基础且理解有所偏差,忽视了认识论的辩证法,将诉讼证明等同于机械的反映论过程,具有偏重客观化而忽视主观性的倾向。在诉讼证明的理论基础方面,以"事实清楚,证据确实、充分"为言语表达的客观真实论,就是偏重客观化的代表性标志。这种偏重客观化的诉讼证明观重视客观的证据基础,但对主观判断则并不重视甚至持一种排斥态度,因为谈及主观就仿佛带有"唯心"色彩,所以具有较强主观色彩的"自由心证""内心确信""排除合理怀疑",以往很难被主流学术和司法实践接纳。在这种背景下,我国的诉讼证明在规范和实践层面都具有较强的客观化倾向,"孤证不能定案"就是其表现之一,这一规则的预设前提是法官不能根据单个孤证而判断其证明力大小,更不能根据单个孤证而定案,使事实认定结论完全依赖证据数量及印证,挤压法官的自由心证空间,即便存在能够充分证明犯罪构成要件事实的优质证据,法官也难以单独根据此证据而定案。

2012年《刑事诉讼法》修改,在对"证据确实、充分"的解释性规定中,将英美法系主观色彩较强的"排除合理怀疑"作为证据确实、充分的要件之一,实际上就是开始尝试对诉讼证明的客观性和主观性进行调和,纠正诉讼证明过于偏重客观化而带来的种种问题,使其重回"主客观统一",因为排斥主观心证只是一个虚幻的命题,无论法律如何规定证明标准,都离不开裁判者的主观判断。

"孤证不能定案"规则在实践中的扩张运用，无疑是与诉讼证明的上述改革趋向相悖的。因为旨在加强法官主观认识的"排除合理怀疑"标准意味着，除法律明确规定的必须进行补强的高风险证据之外，其他证据应当完全由法官对其证明力进行自由判断，并且据此认定事实。除以多个证据间的印证来判断证据证明力之外，经验法则的运用、证据推理的展开、故事合理性的分析等都可用于证据判断和事实认定，因此，即便是孤证案件，如果通过这些证据分析方法可以形成对证明力的确信，认为案件主要事实不存在合理怀疑，同样可以定案。

故综上，作为诉讼证明偏重客观化的产物的"孤证不能定案"规则，在我国逐渐开始加强裁判者主观判断因素的当下，应当对其适用范围及限度进行重塑，使其既能防止因具有高度虚假风险的证据而导致错案，又不会阻滞裁判者对证据的自由判断。

■ 扩展思考 | 孤证案件与排除合理怀疑

如前所述，孤证案件固然在一些情形中可以定案，但如何判断孤证案件是否排除合理怀疑？假设本案中收集的并非被告人血迹，而是在现场一个烟盒上提取到被告人的指纹，是否可以达到排除合理怀疑？再假设，本案仅有以往的同案犯杨某作为证人指证被告人盗窃，是否能够定案？

孤证定案本身确实存在一定风险，所以无论孤证是直接证据还是间接证据，均要通过证据推理、故事构建等方法既从正面证立案件事实，又要从反面排除合理疑点，方可最终定案。由于孤证案件缺乏能够印证孤证的其他证据，所以在证据分析方法中，印证方法的运用有限乃至完全无法运用，但论证方法、故事方法等分析方法则有较大运用空间。在这些证据分析方法的运用中，经验法则的运用是核心，也是"合理怀疑"的最大风险源，因此尤其要注意经验法则的正确运用。刑事诉讼的证明标准较高，所以在经验法则的选择和运用中要与这种较高的证明标准匹配，才能在证据推理和故事构建中尽可能消除合理怀疑。

在第一种假设情形中，在现场发现被告人指纹固然使其具有很大的犯罪嫌疑，但根据经验法则，某人在可移动物品上留下指纹有多种合理可能性，如购买香烟时查看烟盒、捡到烟盒又扔掉等，所以除非能够排除这些合理可能性，否则不可单凭此孤证定案。在第二种情形中，根据经验法则，同案犯指证被告人可能出于多种动机，且存在较大的虚假风险，所以除非同案犯能够提供高度可信的隐蔽性细节，且其陈述不存在其他不合情理或矛盾之处，否则也不可根据其指证而定案。

117 违法所得没收程序的性质与证明标准辨析

白某贪污违法所得没收案

高童非 中国农业大学

■ 案情概要*

白某,系 A 国有银行原处长。2008 年至 2010 年,白某伙同樊某先后成立了甲公司及乙公司,通过进行关联交易,套取 A 银行、B 证券公司的应得利益。甲公司和乙公司在未投入任何资金的情况下,套取国有资金共计人民币 2.06 亿余元。除 400 余万元由樊某占有使用外,其他大部分资金由白某占有使用。

2013 年 9 月 9 日,内蒙古自治区公安厅以涉嫌职务侵占罪对白某立案侦查,查明白某已于 2013 年 7 月 31 日逃匿境外。同年 12 月 17 日国际刑警组织对白某发布红色通报。2019 年 2 月 2 日,内蒙古公安厅将白某涉嫌贪污罪线索移送内蒙古自治区监察委员会,2 月 28 日,内蒙古监察委员会对白某立案调查。5 月 20 日,内蒙古监察委员会向内蒙古自治区人民检察院移送没收违法所得意见书。监察机关调查期间依法查封、扣押、冻结了白某亲属名下 11 套房产及部分资金,没收违法所得意见书认定上述财产均源于白某贪污犯罪所得,建议检察机关依法申请没收。

2019 年 5 月 24 日,内蒙古自治区人民检察院将案件交由呼和浩特市人民检察院办理。检察机关审查认为,监察机关查封的 9 套房产系以全额付款方式购买,均登记在白某亲属名下,但登记购买人均未出资且对该 9 套房产不知情;9 套房产的购买资金均源于白某实际控制的甲公司和乙公司银行账户;白某伙同他人利用职务便利套取 A 银行和 B 证券公司资金后转入甲公司和乙公司银行账户。根据现有证据,可以认定该 9 套房产源于白某贪污犯罪所得。其余 2 套房产,现有证据证明其中 1 套系白某妻兄向白某借钱购买,且事后已将购房款项归还,检察机关认为无法认定该套房产属于白某贪污犯罪所得,不应列入申请没收的财产范围;另 1 套房产由同案犯樊某购买并登记在樊名下,现有证据能够证明购房资金源于二人贪污犯罪所得,但在樊某案中处理更为妥当。监察机关冻结、扣押的资金,检察机关审查认为来源不清,且白某夫妇案发前一直在金融单位工作,收入较高,同时使用家庭收入进行了股票等金融类投资,现有证据尚达不到认定高度可能属于白某贪污违法所得的证明标准,不宜列入申请没收范围。监察机关认可上述意见。

---

* 参见最高人民检察院指导案例 127 号(2021 年)。

2019年6月6日，呼和浩特市人民检察院向呼和浩特市中级人民法院提出没收违法所得申请。利害关系人及其诉讼代理人在法院公告期间申请参加诉讼，对检察机关没收违法所得申请没有提出异议。2020年11月13日，呼和浩特市中级人民法院作出违法所得没收裁定，依法没收白某使用贪污违法所得购买的9套房产。

■ 法律分析

> **争议焦点**
>
> 违法所得没收与刑罚没收财产有何区别？对于犯罪事实和违法所得事实的证明标准是否应当降低？

▫ 违法所得没收的范围

违法所得没收程序是国家利用刑事手段实现追赃追逃的重要途径之一。与缺席审判不同，违法所得没收程序属于未经判决的罚没程序，因此在没收的范围上与作为刑罚的财产没收有本质区别。通过审判程序判决附加刑中的没收财产，其对象是一般性的。只要财产系被告人所有，皆可予以没收。依照违法所得没收程序没收的财产，其对象是特定的，仅限于违法所得。即便违法所得灭失、损毁或者无法追缴，也不得在其他财产中执行没收。

根据《违法所得没收程序规定》第6条的规定，"违法所得"是通过实施犯罪直接或者间接产生、获得的任何财产，也包括已经部分或者全部转变、转化为其他财产的对应财产。转变、转化后的财产收益，或者与违法所得相混合财产中违法所得相应部分的收益，也应当纳入没收范畴。本案中，办案机关查封一套房产是白某妻兄向白某借钱购买，有可能属于由违法所得转变、转化的财产。但白某亲属事后已将购房款项归还，因而不能再认定该房产属于没收范围。

为了挽回国家财产的巨大损失，实践中办案机关往往倾向于尽可能多地查控犯罪嫌疑人资产。然而，违法所得没收程序是一项未经定罪的没收程序，从保护公民财产权的角度考虑，在认定没收范围时必须克制和谨慎。办案机关应当对各项财物逐一甄别，不能笼统认定查控的财产达到没收的证明标准，不能随意扩大没收对象以填补国家财产的损失。

▫ 违法所得没收程序的证明标准

违法所得没收程序的证明问题主要集中在两类事实：一是犯罪嫌疑人是否构成犯罪的事实，二是财产是否属于违法所得的事实。对于这两类事实的证明是否应当区别对待，是否需要适用审判中用于定罪的"案件事实清楚，证据确实、充分"的证明标准，引发了争议。

《刑诉法解释》(2012年)第516条第1项规定："案件事实清楚，证据确实、充分，申请没收的财产确属违法所得及其他涉案财产的,除依法返还被害人的以外,应当裁定没收。"[1] 这里"案件事实"涵盖哪些事实语焉不详。不过财产"确属"违法所得的表述表明,对财产系违法所得的事实同样需要达到"事实清楚,证据确实、充分"的程度。这种严苛的设定造成实践中违法所得没收案件数量极低,追赃工作困难重重。

为了推进反腐败工作顺利开展,避免违法所得没收程序被束之高阁,2017 年《违法所得没收程序规定》重置了没收违法所得的证明标准。在犯罪事实上,该规定第 9 条沿用了刑事诉讼中逮捕的证明标准,即"有证据证明有犯罪事实的,应当受理",而第 10 条进一步明确了"有证据证明有犯罪事实"是指:(1)有证据证明发生了犯罪事实;(2)有证据证明该犯罪事实是犯罪嫌疑人、被告人实施的;(3)证明犯罪嫌疑人、被告人实施犯罪行为的证据真实、合法。与《刑诉法解释》相比,该规定对犯罪事实的证明要求大幅降低。

在财产事实方面,该规定参考了《民诉法解释》的表述,在第 17 条第 1 款规定,申请没收的财产具有高度可能属于违法所得及其他涉案财产的,应当认定为属于违法所得及其他涉案财产。"高度可能性"标准属于优势证据证明标准,相较于"事实清楚,证据确实、充分"或者"确属于违法所得"而言,显著降低了证明的难度。如果按照经典的概率论表述,"确信无疑"是 0.9 或者更高的概率,"优势证据"就是大于 0.5 的概率,而"清晰且令人信服的证据"则是介于这两个标准之间,其概率一般设定为 0.75。[2] "高度可能"的标准虽然大幅降低了对事实发生概率的要求,但仍须达到至少 0.5 以上的概率。

本案中,监察机关曾经冻结、扣押了部分资金。检察机关认为这些资金来源不清,且有可能是白某夫妇收入和投资所得,因此没有纳入申请没收范围。尽管司法解释降低了财产与犯罪之间关联性的证明标准,但依然要求达到"高度可能性"的程度,这对控方而言依旧难言轻松。在此,司法机关不能超越法律规定降低对涉案财物的证明要求。

■ 理论阐释 | 违法所得没收程序的性质

长期以来,关于违法所得没收程序属于民事程序还是刑事程序的问题,学者们莫衷一是。刑事程序说的理由主要是这些程序规定在《刑事诉讼法》中,指向的是刑事犯罪,且带有一定的惩罚性。刑事程序说占据多数,其内部又可以分为保安处分说、刑罚说、强制措施说、独立处分说、混合说等。民事程序说认为,没收程序指向的是一种财产性纠纷,近似于民事确权之诉,而且《刑事诉讼法》同样可以规定民事程序,如"附带民事诉讼"。

欧洲人权法院曾经提出确认程序属于民事还是刑事程序的标准:其一,该国法律对此程序的分类;其二,该程序所涉及的违法行为的性质;其三,可能面临的制裁的严厉性或强加惩罚的性质。[3] 其中一项重要的判断标准是该程序是否将相对人置于刑事处罚的风险之

---

[1] 《高检规则(试行)》(2012 年)第 528 条的表述是"证据确实、充分"。

[2] See Richard S. Bell, *Decision Theory and Due Process:A Critique of the Supreme Court's Lawmaking for Burdens of Proof*, 78 Journal of Criminal Law and Criminology 557(1987).

[3] Engel v. The Netherlands(No.1)(1976)1EHRR 647,678 – 679,para 82.

下。违法所得没收程序是在联合国《反腐败公约》第 54 条的框架下设计的,该条提出:"考虑采取必要的措施,以便在因为犯罪人死亡、潜逃或者缺席而无法对其起诉的情形或者其他有关情形下,能够不经过刑事定罪而没收这类财产。"违法所得没收程序的目的仅是没收财产,而不会使犯罪嫌疑人置于刑事处罚的风险中。从结果上看,没收违法所得只是重置了部分财物的占有状态,使其恢复到国家所有的应然的状态,因而具有民事特性。

既然违法所得没收程序是一项具有浓厚民事属性的刑事诉讼特别程序,在该程序中认定事实时应适用何种证明标准便值得商榷。如果违法所得没收案件仅涉及财产处分,其事实所要达到的证明标准和要求可以远低于刑事定罪的证明标准和要求,即可参照民事诉讼的证明标准进行设定。

关于"对物"事实的证明,即财产归属事实的证明标准上,美国、英国、加拿大、澳大利亚和新西兰等国家在类似没收程序中均采取了优势证据证明标准。[4] 实际即便在刑事诉讼中,严格证明也并非贯穿始终。例如,在程序事实、量刑事实、财产事实等问题上,均可以引入优势证据证明标准。

在"对人"事实的证明问题上,司法解释淡化了对犯罪事实的证明。虽然控辩双方仍然可以在法庭上就犯罪事实问题展开举证质证,但庭审的重点已经转移至财产合法来源的问题上。相对而言,犯罪的事实成为次要的问题。本案中,检察机关在法庭上也将重点放在申请没收的财产属于违法所得问题的举证质证上,例如,申请鉴定人出庭就资金的获取及流向问题进行解释和说明。

根据司法解释的立场,对犯罪事实的证明停留在了"有证据证明犯罪事实"的"门槛性"标准上。由于逃匿型违法所得没收程序的启动条件之一是在"通缉一年后不能到案",而通缉的条件与逮捕相同,故而在此将犯罪事实的证据或证明要求设定为"有证据证明犯罪事实"是适当的。

■ 扩展思考 | 违法所得没收程序与缺席审判的关系

2018 年《刑事诉讼法》修改的重要内容就是在第五篇"特别程序"中增设"缺席审判程序"一章。与违法所得没收程序类似,从功能上看,刑事缺席审判程序同样是国家提升新时期反腐败追赃追逃能力的重大举措。在已经确立了未经定罪的没收程序后,立法机关另行建立缺席审判程序,也有违法所得没收程序作用有限、效果不彰的缘故。

在适用范围上,两个程序存在一定的交叉重合之处。即便只看逃匿型案件,《刑事诉讼法》第 291 条确立了三类可以进行缺席审判的犯罪:贪污贿赂、严重危害国家安全和恐怖活动犯罪,其他犯罪不得适用。而《刑事诉讼法》第 298 条允许对贪污贿赂犯罪、恐怖活动犯罪等重大犯罪案件适用违法所得没收程序。由于立法在此采用的是开放式的列举,"等"字包含的具体范围如何确定存在模糊性,于是《违法所得没收程序规定》第 1 条进一步明确了

---

[4] 参见裴显鼎、王晓东、刘晓虎:《违法所得没收程序重点疑难问题解读》,载《法律适用》2017 年第 13 期。

可以适用的其他案件,即危害国家安全、走私、洗钱、金融诈骗、黑社会性质的组织、毒品犯罪案件,以及电信诈骗、网络诈骗犯罪案件。通过对比可知,在贪污贿赂、恐怖活动、严重危害国家安全等犯罪中,犯罪嫌疑人外逃的,既可以通过违法所得没收程序处理,也可以通过缺席审判程序处理。这样一来,当程序存在竞合时,追诉机关特别是监察机关如何作出抉择,是亟待解决的理论问题。

笔者认为,这两个程序的分流应当侧重于证明标准的差异。违法所得没收程序不是审判程序,而是针对财产的独立没收程序。相比之下,虽然缺席审判同样规定在"特别程序"篇中,但实质上仍属审判程序,只不过是一种变体,是一种例外情况。除非法律作出明示的限制,否则缺席审判仍然需要遵循刑事审判的一般要求,如证明标准、诉讼权利保障等。甚至由于被告人的缺席,法律赋予其更为特殊的权利保护和救济途径。在缺席审判中,由于被告人未到案,在侦查或者调查阶段难以成为获取证据的对象,在庭审阶段无法亲自质证,也基本上不会提供供述和辩解,所以控方证明或者法庭查明案件事实存在较大困难。即便如此,法律也从未规定在缺席审判中降低证明标准。因此,缺席审判的犯罪事实认定必须坚持"案件事实清楚,证据确实、充分"的证明标准。

与违法所得没收程序不同,缺席审判的刑事属性无可争议,其处理的对象主要是人的犯罪问题。缺席审判的核心功能是在被告人未到案的情况下,允许法院通过审判程序对外逃人员定罪科刑。尽管由于被告人不在案,在刑罚执行问题上存在较大障碍,但一旦法院宣告被告人构成犯罪,就意味着该人是有罪的,不仅被告人受到名誉上的制裁,国家在财产上对其进行没收和处罚也具有正当性。正因为缺席审判比起违法所得没收程序制裁效果更为有力,因此必须适用更严格的程序和标准。

两个程序在适用时具体的区分路径如下:倘若监察或检察机关认为犯罪事实清楚,证据确实、充分,存在送达诉讼文书的渠道,就应当积极承担起指控犯罪的职能,适用缺席审判程序定罪处刑。如果监察或检察机关认为证明犯罪事实的证据尚不充分,仍然有难以排除的合理怀疑,如罪过形式、主观动机等事实难以认定,但已有证据可以证明财产有高度可能是违法所得,便可以启动违法所得没收程序,规避刑事审判。

从学理角度看,违法所得没收程序与刑事缺席审判之间可以进行转换。如果办案机关在缺席审判中认为犯罪事实的证明难以完成,可以在履行一定手续的前提下申请没收违法所得。由于违法所得没收并非刑事审判,故而不违反"禁止双重危险"原则。不过违法所得没收程序不能"无缝对接"地转为缺席审判,这涉及公诉的提起等程序问题。

与违法所得没收程序的最初境遇相似,刑事缺席审判确立以来,囿于极高证明标准等严苛的适用和认定条件,该程序在追赃追逃实践中的应用次数屈指可数,至今仅有程某昌案这一例典型案例。这样的局面与引入缺席审判程序时的预想有一定差距。在无法降低缺席审判案件证明标准的情况下,如何在文书送达等程序性事项上平衡惩罚犯罪与保障人权之间的价值,值得进一步思考。

118 失当证明与冤案纠正

张氏叔侄杀人、强奸案

刘 磊 同济大学

■ 案情概要*

张某平、张某系叔侄关系。2003年5月18日晚9时许，两人驾驶皖J－×××××解放牌货车送货去上海，途中经过安徽省歙县竹铺镇非典检查站时，遇到要求搭车的同县女青年王某，张某平同意将王某捎带至杭州市。当晚12时左右，他们行车到达浙江省临安区昌化镇休息，于次日凌晨1时30分到杭州市天目山路汽车西站附近。王某借用张某平的手机打电话给朋友周某要求其前来接人，周某让王某自己坐出租车到钱江三桥后再与其联系。王某离开后于5月19日早晨被人杀害，尔后尸体被抛至西湖区留下镇留泗路东穆坞村路段路边溪沟。

杭州市中级人民法院一审判决认定，张某起奸淫王某的邪念，并将意图告诉张某平后，驾车调头驶至穆坞村路段僻静处停下，在驾驶室内对王某实施强奸。王某挣扎，张某平即应张某要求按住王某的腿，尔后张某采用掐颈等暴力手段对王某实施奸淫，并致王某因机械性窒息死亡。随后，张某、张某平将被害人尸体抛于路边溪沟，并在开车逃离途中将被害人所携带的背包等物丢弃。一审判决认为，张某因被害人孤立无援而产生奸淫之念，并与张某平沟通后，采用掐颈等暴力手段，对王某实施强奸并致其窒息死亡的行为，均已构成强奸罪。判决：(1)被告人张某犯强奸罪，判处死刑，剥夺政治权利终身；(2)被告人张某平犯强奸罪，判处无期徒刑，剥夺政治权利终身；(3)被告人张某、张某平各赔偿附带民事诉讼原告人经济损失人民币5000元，互负连带责任。

被告人上诉。二审判决认为，张某、张某平违背妇女意志，采用暴力手段奸淫妇女，致人死亡，其行为均已构成强奸罪。张某、张某平及其二审辩护人分别提出应宣告无罪的理由不能成立，均不予采纳。但鉴于本案的具体情况，张某尚不属必须立即执行死刑的罪犯。张某平帮助他人强奸，系从犯，依法可以从轻处罚。判决张某犯强奸罪，判处死刑，缓期2年执行，剥夺政治权利终身；张某平犯强奸罪，判处有期徒刑15年，剥夺政治权利5年。

2013年3月26日，浙江省高级人民法院依照再审程序对本案进行了改判，判决二被告人无罪。

---

* 参见浙江省高级人民法院(2013)浙刑再字第2号刑事附带民事判决书。

■ 法律分析

> **争议焦点**
>
> 第一审判决书根据两名被告人的有罪供述及其他证据，作出有罪判决，是否已达到了"排除合理怀疑"的定罪证明标准？本案二审中，两名辩护律师当庭提出了诸多"合理怀疑"，上诉审法院为何不予采纳？张氏叔侄"洗冤"历程为何长达 10 年，现行刑事申诉制度是否能够有效保障落实冤案被告人的申诉权利？

□ 人民法院定罪应当"排除所有合理怀疑"

根据《刑事诉讼法》第 55 条的规定，判断证据是否"确实充分"，既要求裁判者形成一个有效的定罪证据链，又要排除所有合理的怀疑。根据《刑诉法解释》(2012 年)第 105 条的规定，如果被告人拒绝作出有罪供述，或者已经作出的有罪供述系刑讯逼供等违法讯问方法所取得，或者经法庭查明卷宗内的有罪供述为虚假陈述完全违背客观事实，通过间接证据"印证"方式证明有罪，需要遵守更严格的标准。

本案中，被告人虽在侦查阶段作出有罪供述，但一审开庭后翻供，卷宗内的认罪笔录是在侦查机关使用刑讯逼供方法所获取，不符合客观事实。两名被告人的辩护律师亦提出了若干"合理怀疑"。一是被害人指甲内的 DNA 检测结果与两名被告人不符，很难排除两名被告人无罪的可能性（一审法院对此鉴定结果以"关联性不足"为由予以排除）。二是侦查机关在两名被告人驾驶的车辆上，穷尽所有搜查手段，仍未发现任何血迹或其他不利于被告人的物证。卡车驾驶室空间狭小，如果强奸杀人行为发生于驾驶室，驾驶室应当有相应的血迹等物证。三是就经验规则而言，两名被告人进入杭州至驶离杭州道路的时间非常短，作案的时间间隔明显不够（警方如果及时调取高速路的车辆出入视频资料即能证明二人无罪）。四是侦查机关"辨认现场"程序也不符合法定程序，在已发现犯罪现场并有卧底线人事前诱导的前提下，侦查机关指引两名被告人去辨认犯罪现场，违反辨认规则。五是抛尸地点位于杭州西部，而两名被告人行车方向却是向东（经杭州向东驾车往上海），不合常理。六是凌晨 1:30 左右，被害人王某借用被告人张某平手机通话，通话人证明其要求被害人自己搭乘出租车到钱江三桥，两名被告人如果此时选择强奸杀害被害人，有违常理。

无罪推定原则是当代刑事诉讼程序的根基，发现合理怀疑时能否坚持"疑罪从无"，考验裁判者对刑事法治底线正义的恪守程度。以卷宗为基础的定罪证明方式下，偏信侦查机关的证据，是冤假错案的成因之一。

□ 以暴力、威胁等方式获得的有罪供述应当依法排除

《刑事诉讼法》一直明令禁止通过刑讯逼供等暴力方式讯问犯罪嫌疑人。依据《刑诉法解释》(2012 年)第 95 条的规定，侦查机关采用刑讯逼供等非法方法收集的认罪供述，应当予以排除。再审中，浙江高院认为，原判主要依据两原审被告人有罪供述与现场勘查笔录、

尸体检验报告反映的情况基本相符来定案。再审庭审中,张某、张某平及其辩护人以两原审被告人的有罪供述和指认犯罪现场笔录均是采用刑讯逼供等非法方法收集等为由,申请本院对上述证据予以排除。经再审庭审查明,公安机关审讯张某、张某平的笔录、录像及相关证据证明,侦查人员在审讯过程中存在对犯罪嫌疑人不在规定的羁押场所关押、审讯的情形;公安机关提供的张某首次有罪供述的审讯录像不完整;张某、张某平指认现场的录像镜头切换频繁,指认现场的见证人未起到见证作用;从同监犯获取及印证原审被告人有罪供述等侦查程序和行为不规范、不合法。因此,本案不能排除公安机关存在以非法方法收集证据的情形,张某、张某平的有罪供述、指认现场笔录等证据,依法应予排除。

冤案的产生往往与刑讯逼供等违法收集证据有密切的关联,通过确立非法证据排除规则,一定程度上能够抑制侦查机关采用违法方式收集证据。

□ **纠正冤假错案的诉讼程序**

虽然冤案在全部刑事案件中所占比例极低,但一旦冤案产生,对无辜者而言,将会造成各种负面影响,所以《刑事诉讼法》第253条赋予了冤案服刑人及近亲属申诉权利。

张氏叔侄服刑10年后成功洗清冤屈可谓是"不幸后的幸运",新的DNA鉴定结果对张氏叔侄有利、警方证人袁某芳一审中作伪证、法院采信刑讯逼供证据则是该案峰回路转作出无罪判决的主要根据。该案之所以改判无罪,DNA证据证明存在"第三人作案可能"[1],被害人指甲内提取的生物样本与两名被告人不符,以及新的物证鉴定意见,是最为关键性的因素。张某平10年间不断申诉一直无果,在服刑地监狱派驻检察官的不懈援助后,案件方才出现转机。现实中,通过现行申诉机制洗冤的成功率较低,无辜服刑人洗冤之路通常非常艰辛。审视张氏叔侄10年洗冤的过程,只有在出现关键的无罪证据后并经检察机关确认,无辜服刑人才能成功洗冤。

■ **理论阐释** | 失当证明方式对冤案的影响

□ **推断式证明方法衍生的司法风险**

刑事诉讼中的推断式证明方法(proof of abduction),是相对归纳(induction)与演绎(deduction)证明而言,指裁判者将两种以上的先验性假定视为相互竞争关系,如果有罪假定能够令人信服的解释法庭中的已有证据,则作出有罪判决,反之则宣告被告人无罪。[2] 定罪证明的过程亦是"设证式证明"的过程,裁判者有"逆向推理"的过程。通常认为:先有证据,再视证据得出判决,即归纳方法下的"正推定"思维。但在实际的审判过程中,裁判者会"逆推

---

[1] 根据DNA检测结果,被害人指甲内的生物样本与另一杀人案件的被告人勾某某DNA完全相同,而勾某某于2005年4月因盗窃并杀害浙江大学女大学生而被判决并执行死刑,服刑人张某与检察官张彪均注意到了勾某的杀人情节与2003年强奸杀人案犯罪手法相同之处。
[2] 参见黄维幸:《法律推理:推断的法学方法》,载《月旦法学杂志》2009年第175期。

理"或"反向推定":无罪假定与有罪假定处于"竞争关系",究竟何者能够更好地解释已有的证据。或者说,诉讼证明是归纳证明与演绎证明的混合,事实审理者倾向于何者,视具体案情而定。

Prosecution:G best explains E(控方:有罪能最好地解释不利被告人的证据)

Defence:not – G best explains E(辩方:无罪能最好地解释有利被告人的证据)[3]

刑事冤案的产生,往往与逆向推定的证明思维有关。当有罪假定与无罪假定处于竞争关系时,裁判者关注的是:在穷尽自己的所有理性与经验后,究竟何者更能合理地说明已呈交法庭的证据?一方面,证据失实会导致裁判者的定罪基础动摇;另一方面,在正式开庭审理阶段,裁判者往往根据已有的证据推断解释被告人有罪的概率高低,侦查卷宗内的证据往往不利于被告人,裁判者受先验有罪预断的影响后,会倾向于认定有罪,除非被告人及辩护人能够举出客观的无罪证据足以推翻侦查卷宗的结论。

□ 预设的先验概率影响裁判者心证

裁判者的经验与价值观均可能影响最终的证据审查结果,社区价值、宗教伦理、犯罪观、生活经验甚至直觉均可能影响事实的认定。与立法条文中的逻辑推理不同,实际定罪证明过程中充满各种不确定因素。早在 18 世纪,英国数学家贝叶斯(Thomas Bayes)就断言,定罪的结果与法庭上有罪证据与无罪证据之比以及犯罪统计概率密切相关。[4]

$$P = \frac{G/E}{1 + \text{Not } G/E(\text{Innocent})} \times p$$

例如,吸毒者因贩卖毒品被指控后,在全部被告人中真实从事贩卖毒品的有罪被告人比率 p 为 95%(先验概率),法庭上根据已知的不利被告人的证据,认定有罪可能性为 90%,而根据有利被告人证据判处无罪的可能性为 10%,换算后法院实际的定罪比值 P = 77.7%,即法院实际在"高度盖然性"的情形下即宣告被告人有罪。如果新证据证明被告人无罪可能性很高,将会使 P 值低于 50%,裁判者会倾向于无罪判决。法庭中的证明思维是:客观先验的比率 p 将会对 P 值产生极大影响力(人们往往认为吸毒者毒品犯罪的概率高于非吸毒者数倍),法庭中有罪证据与无罪证据的"竞争"结果决定着审判结果。要防范刑事冤案,并避免因前科、品行证据、测谎结果等证据造成诉讼偏见,必须设置严密的证据规则防止事实审理者的心证受到偏见证据的污染。

■ 扩展思考 | 维护公共安全与抑制冤案间的张力

人们对打击犯罪维护公共安全的诉求其实高于人权保护,民间对暴力犯罪、街头犯罪、

---

[3] See John Woods, *Abduction and Proof:A Criminal Paradox*, Springer Science(2010),p.218.

[4] See Randolph N. Jonakait, *When Blood Is Their Argument:Probabilities in Criminal Cases*, *Genetic Markers*, *and*, *Once Again*, *Bayes' Theorem*, University of Illinois Law Review 369(1983).

黑社会组织、醉酒驾驶等危害公共安全犯罪的谴责立场是多数国民的基本犯罪观。我国不仅人口基数世界第一,犯罪率在世界大国中亦排名前列,而官方与民间在应对高犯罪率引发的社会失序问题上却捉襟见肘,在警力不足、犯罪预防机制欠实效、犯罪矫正手段乏力的情况下却又必须应对高犯罪率引发的社会问题。我国司法机关通常的应对方式是:一是将凶杀、抢劫、重伤等暴力犯罪作为打击的重点,虽难以大幅度降低犯罪率,却能够回应民间追诉犯罪的民意诉求;二是在警力不足、办案经费有限与物证侦查技术欠成熟的情况下,仍将突破犯罪嫌疑人口供作为办案的重点,"口供中心主义"因此难以避免,而多数国民对警方的轻度刑讯行为(如疲劳讯问)容忍度较高,刑讯逼供的成因主要不是因为办案人员的素质或偏好,而是因其背后有强大的民意基础与破案压力。

　　冤案的产生,既有刑事诉讼制度内的因素,亦有法外的因素。冤案的产生,与有罪推定思维、不当的司法绩效考核指标、传统诉讼文化等诸多法外因素有一定的因果关联。立法者与民意在冤案问题上虽持明确的反对立场,但如果发现:不仅防范与纠正冤案的边际成本高昂,如果推行欧美国家的正当程序与人权机制,亦会因扩张犯罪嫌疑人辩护律师权利、提高取保候审率、坚持存疑有利被告、排除刑讯的犯罪证据等产生"外部成本"(有罪者可能因此逃脱法网),多数国民对我国学者提出的体制内各项改革方案的支持率似成疑问。

　　相当多的学者认为,非法证据排除能够抑制侦查机关刑讯逼供防范冤案。如果谨慎分析,实践中的结果可能并不乐观:首先,我国大多数刑事案件中被告人获得有效辩护的难度很大,意味着被告人即使遭受刑讯亦无意识提起动议;其次,被告人须负举证责任,除非身体有明显伤痕、警员主动承认刑讯、狱所证人指认等,对于非典型的刑讯方法(如讯问之前长时间反拷被告人双手并禁止饮水),通常被告人难以举证证明,公诉机关只要于法庭上播放讯问录音录像即能证明无刑讯,法院则驳回请求。再次,轻度的刑讯方法为多数国民甚至被告人自己所认可容忍,法院不会以"疲劳讯问"或"未给予必要的饮水休息"而排除口供。最后,即使法院作出排除违法侦查证据的决定,由于被告人心理防线已被突破以及其他口供仍有效(往往存在多份认罪口供),因我国未有"毒树果实"规则,法院仍会因此作出有罪判决,违法证据的排除对实体判决的影响力较小。

119 作为"法律之蝠"的刑事推定与证明责任

于某等生产、销售有毒有害食品案

卢少锋 郑州大学

■ 案情概要*

于某等生产、销售有毒有害食品案中,公诉机关指控事实如下:于某、陈某、罗某、李某等四人在某村庄租用一民房,在没有任何合法手续情况下,组织生产、销售添加硼砂的面条、饺子皮、馄饨皮。后被公安机关查获,并当场扣押生产的面条、饺子皮、馄饨皮5730余斤。经检验,涉案面条硼砂含量4.12mg/kg,涉案面皮硼砂含量1.26mg/kg。经评估,于某等人生产、销售的涉案面皮、面条共计价值人民币1343685.30元,其中,查扣的涉案面皮、面条价值人民币13179元,销售的涉案面皮、面条价值人民币1330506.30元。

针对指控的上述事实,公诉机关提供并出示了被告人于某等四人的供述和辩解;订货单、扣押物品清单、照片、销售账单等书证;检验报告和资产评估报告书等证据。据此,认为于某等四人在生产、销售的食品中掺入有毒、有害的非食品原料,情节特别严重,其行为均已构成生产、销售有毒、有害食品罪。

法院审理中查明有如下一些事实:办案人员在现场未搜出硼砂,在查扣的面食中检验出含有硼砂;陈某、罗某、李某在侦查阶段的讯问笔录中说,硼砂"可能是以前的老板剩了一些,我们也没有买";陈某、罗某、李某说硼砂刚好在公安机关突击查扣的当天晚上用完,而于某自始至终不承认自己知道"生产的面条、面皮内加有硼砂这个事"。

法院认为,于某等四人均已构成生产、销售有毒有害食品罪,公诉机关指控的犯罪事实及罪名成立,予以支持,但指控犯罪情节特别严重的证据不足,不予支持。因为根据已销售的清单核算的销售额,不能证明全是有毒有害的食品,故对该部分的价值不能作为处罚的依据。

---

* 本案系真实案例改编而成。

■ 法律分析

> **争议焦点**
>
> 在已查扣的物品中检出有毒有害物质,能否据此推定已销售的物品中含有该物质?此待证事实应由公诉机关运用证据予以证明,还是可以进行刑事推定?推定应遵循哪些规则?如果允许推定,是否意味着转移证明责任?

□ 公诉机关的认定系事实推定而非证据证明

一般来说,推定是指从其他经司法认知或经证明或承认为真实的事实中推断出某一事实成立或为真实。前者称为基础事实,后者称为推定事实。[1] 推定通常分为法律推定和事实推定,法律推定是法律上明文规定的推定,如果某些基础事实在诉讼过程中已经被认知或证实,则根据法律规定的推定规则,必须认定推定事实的存在。根据是否允许不利方反驳,又可分为结论性的或不可反驳的法律推定和非结论性的或可反驳的法律推定,其中,不可反驳的法律推定相当于法律规则,不涉及证明责任转移,故法律推定通常所指的是可反驳的法律推定;事实推定是某些基础事实在诉讼过程中已经被认知或证实,裁判者基于经验或逻辑法则,得出推定事实的存在。[2]

刑事推定与证据证明的主要区别在于对象不同。由基础事实到待证事实的过渡,法律推定是靠法律的强行规定,事实推定是靠经验和逻辑法则建立合理联系,两者均不需要通过证据来证明待证事实,通过对基础事实的证明即可完成对待证事实的认定,故推定中,只有基础事实可能需要证据来证明;而证据证明是通过提供间接证据、直接证据对基础事实和待证事实均予以证明且达到相应证明标准,方可认定待证事实。

就本案而言,我国现行立法和司法解释中不存在通过在案物品"掺毒"或"掺假"的基础事实能够推定不在案物品同样"掺毒"或"掺假"的法律规定,故不存在法律推定。本案的基础事实主要是:(1)公安机关现场查扣的面皮、面条等共价值13179元,且含有硼砂;(2)根据销售账本记录,已销售但未查扣的涉案面皮、面条的评估金额为1330506.30元。这些基础事实有书证、鉴定意见等证据予以证明。公诉机关在"已查扣的食品含有硼砂"的基础上,推导出"已销售的食品中同样含有硼砂",两者相加,从而认定"生产、销售含有硼砂的面条、饺子皮、馄饨皮共计价值1343685.30元人民币"。由此可见,公诉机关并没有出示证据证明"已销售的食品中同样含有硼砂",而是从基础事实推导出该待证事实,故属于事实推定而非法律推定,更不是以证据进行的证明。

□ 公诉机关的事实推定存在问题

我国刑事实体法上的法律推定主要集中在非法集资、诈骗、掩饰、隐瞒犯罪所得及收益

---

[1] 参见薛波主编:《元照英美法词典》,法律出版社2003年版,第1084~1085页。
[2] 参见林辉煌:《刑事审判之证明负担及证明程度》,台北,元照出版公司2011年版,第144页。

等犯罪中,推定事实主要涉及"以非法占有为目的""明知""巨额财产来源非法性"等。如2022年3月施行的最高人民法院《关于审理非法集资刑事案件具体应用法律若干问题的解释》第7条第2款规定,"携带集资款逃匿"的事实属于基础事实,需要证据予以充分证明,在该事实成立的基础之上,应直接推定行为人系"以非法占有为目的",此待证事实无须控方以证据证明,也不必由法官依经验和逻辑法则来论证,这体现了法律推定适用的强制性,有效减轻了检察机关的证明负担。我国刑事程序法上的法律推定除无罪推定之外,还有2014年最高人民法院《关于刑事裁判涉财产部分执行的若干规定》第11条中的"恶意取得"推定。例如,"第三人无偿或者以明显低于市场的价格取得涉案财物"的基础事实如能证实,则可以借助法律的强行规定直接推定行为人主观上系"恶意"取得涉案财物。

此外,在对待事实推定的立法态度上,我国刑事诉讼与民事诉讼态度不同。《高检规则》第401条规定:"在法庭审理中,下列事实不必提出证据进行证明:……(五)法律规定的推定事实……"由此表明,我国刑事诉讼中的推定是"法律规定的"推定,即法律推定,而并未规定可以依据经验和逻辑法则进行事实推定。而《民诉法解释》第93条[3]则允许在民事诉讼中进行法律推定和事实推定,并赋予事实推定与法律推定同样的免证效力。

本案中,检察机关的事实推定存在如下问题:

第一,如上所述,我国刑事诉讼中的推定仅是"法律规定的"推定,并未规定"根据已知的事实和日常生活经验法则推定出的另一事实",因而在案件审理中,无论法官还是检察官进行事实推定均无正当依据,本案中检察官有以推定逃避证明责任承担之嫌。

第二,退一步讲,即便承认实践中存在事实推定,事实推定有其必要性和合理性,此案中检察机关的推定与经验和逻辑法则不相符,依然有问题。事实推定中,基础事实与推定事实之间的纽带是经验和逻辑法则,这种联系不一定如证据证明一样达到排除合理怀疑的程度,但必须是常态的、合理的逻辑联系,要具有高度可能性。在本案中,"已查扣的食品含有硼砂"不代表"已销售的食品也都含有硼砂",因为从经验和逻辑来看,已售食品是否掺有硼砂,与硼砂的总量和来源、有关机关检查的力度密度、作坊老板的决策等众多因素密切相关,还存在"有的掺有的不掺"、"前期掺后期不掺"、"前期不掺后期掺"、"全部不掺"以及"自己不掺下家掺"等多种逻辑可能。因而,本案基础事实与待证事实之间的逻辑联系是非常态的弱联系,不符合事实推定的条件。

第三,本案的基础事实尚不完全清楚。无论法律推定还是事实推定,均要求基础事实必须有证据充分予以证明。本案中缺少作为关键物证的硼砂,且公安机关查扣面食中的硼砂来源等存在疑点。如果确如侦查机关所认定的该作坊一直在生产、销售掺入硼砂的面食,且销售量巨大,那么公安机关在突击查扣时理应能够收集到作为原料的硼砂,事实上却没有收集到,其理由是当晚刚好用完,这有违常理。以前老板剩的一些硼砂(比较偶然),刚好在公安机关

---

[3] 《民诉法解释》第93条规定:"下列事实,当事人无须举证证明:……(三)根据法律规定推定的事实;(四)根据已知的事实和日常生活经验法则推定出的另一事实……"此外,最高人民法院《关于行政诉讼证据若干问题的规定》第68条也有类似规定,在行政诉讼中允许法律推定和事实推定。

突击查扣的当晚使用完（比较偶然），从而导致只能在公安机关查扣后的面食中检验出硼砂，一切显得过于巧合，不符合常识。因此无法充分肯定公安机关查扣之前硼砂的存在。

■ **理论阐释** ｜ 刑事诉讼中事实推定的价值及刑事推定规则

理论界对刑事诉讼中是否允许事实推定争论不一，但多持保守态度，主要理由是刑民争端性质的不同以及无罪推定原则的特殊约束等因素，使刑事诉讼中对犯罪构成要件事实的说服责任专由控方承担，与民事诉讼证明责任分配原理不同。而事实推定系由裁判者依经验和逻辑法则自由裁量，更容易造成司法专横或随意。[4]

从国外的情况来看，英美法系多承认法律推定而否定事实推定概念。例如，在 In re Winship 案件中，美国联邦最高法院判定，正当程序条款要求只有在构成犯罪所必需的每个因素被证明到了排除合理怀疑的程度的情况下，才能对刑事被告定罪。不过基于法官造法，英美法的司法实践中往往存在事实推定，在法官的判决形成先例后，逐渐成为法律推定。大陆法系对刑事诉讼中的事实推定也多持保守态度——"事实推定作为一个法律现象是多余的。在司法实践中要避免使用该概念"。[5]

然而在我国司法实践中，控方有时会面临无法证明或证明异常困难的情形，此时如不允许事实推定，一些案件很难有效控诉。例如，本案中，对于某"明知"面食中掺有硼砂而生产、销售的事实应由检察机关承担证明责任，但于某辩称"自己不知道面食中掺有硼砂"，拒不供述，如果此时也没有其他直接证据证明"明知"的话，检察机关将面临举证困难。此时，允许事实推定可以辅助解决证明的难题，检察机关可以从基础事实（如于某对作坊有管理权，又负责购买原料，作坊的重大决策需征求于某意见等）依照常理推定于某有"明知"之故意。再如，在一些杀人之后毁尸灭迹的案件中，通常没有直接证据证明嫌疑人有杀人行为，此时，若证据已充分证明一些基础事实（如被害人系他杀、没有外人进入现场、犯罪嫌疑人唯一在现场），则依据经验和常理，可以推导出嫌疑人实施了杀人，而非他人所为。总之，长远来看，在刑事诉讼中给事实推定留下一定的空间有其必要，但需明确规则，严格适用。

刑事推定的主要规则如下：1. 严格创设与适用规则。（1）严格创设法律推定。基础事实与推定事实之间应具有常态的合理逻辑联系，在此基础之上，立法者方可为贯彻某项刑事政策创设法律推定，刑事政策不宜滥用。因为法律推定虽然可以自动适用，但其创设过程中，本身往往也需经受经验和逻辑法则的常态化检验，否则该项法律推定的正当性存疑。（2）严格适用事实推定。如果将来允许事实推定，则需严格遵守以下要求：第一，基础事实真实。基础事实是事实推定的起点，并最终决定推定事实的可靠程度，应有充分的证据证明基础事实。第二，遵守经验与逻辑法则。保证基础事实与推定事实之间存在常态联系、逻辑联系、合理联系。

2. 可反驳规则。推定应允许反驳，在法律推定中，可以对推定事实、基础事实进行反驳，

4　参见龙宗智：《推定的界限及适用》，载《法学研究》2008 年第 1 期。
5　[德]汉斯·普维庭：《现代证明责任问题》，吴越译，法律出版社 2000 年版，第 87~88 页。

在事实推定中,可以对基础事实、推定事实,以及基础事实与推定事实之间的常态合理联系进行反驳,以有效降低推定存在的或然性风险。

3. 补充适用规则。刑事推定原则上不能代替证明责任的承担,仅为补充;只有在证据证明客观不能且满足推定的适用条件时,才可以适用推定代替证据证明。在适用推定时,应优先适用法律推定,事实推定次之。

■ 扩展思考 | 刑事推定与证明责任转移

英美法系学者把证明责任分为提供证据责任与说服责任,大陆法系学者将证明责任分为主观的举证责任(形式的举证责任)与客观的举证责任(实质的举证责任)。两大法系的分类意义相似,相较而言,英美法的划分更具体明晰。在非法证据排除方面,我国最早在2010年出台的《非法证据排除规定》第11条的表述和原理上,逐渐开始引进"提供证据"责任和说服责任理论。[6]

法律推定与事实推定对刑事证明责任的影响不同。法律推定必然影响证明责任分配,其效力究竟是赋予被告人说服责任,还是只转移提供证据责任,取决于刑事政策考量。当转移说服责任给被告人承担时,基于其取证能力有限和诉讼公平考虑,只需证明到优势证据的程度即可。事实推定不影响证明责任的分配,通常只通过引起当事人的"举证必要"来影响事实裁判者关于待证事实的心证。[7]

对于基础事实,无论法律推定还是事实推定,检察机关均必须承担说服责任,以证据进行证明,且需达到"事实清楚、证据确实充分"的标准,而质疑基础事实之真实性则是被告人的权利而非责任。对于推定事实,在法律推定中由裁判者自动认定,此后被告人就推定事实之不存在承担提供证据责任或说服责任予以反驳,也可攻击基础事实之真实性以动摇推定事实;在事实推定中由裁判者依据经验和逻辑法则裁量认定,此后被告人可以就推定事实之不存在、基础事实与推定事实间缺乏合理的逻辑联系、基础事实不真实等予以反驳,促使法庭形成疑点,而后控方仍然要承担疑点排除责任和最终的说服责任。

当然,在被告人成功反驳从而使推定失去效力后,并不意味着就要对被告人作无罪认定。由于作为推定前提的基础事实仍然存在,裁判者在综合审查全案证据的基础上,仍然可能认定被告人犯罪事实成立。只不过没有了推定的帮助,判断控方是否达到证明标准,应与一般的诉讼证明适用同样的准则。[8]

正是由于刑事推定与证明责任的复杂关系,"推定"往往被称为"法律之蝠"——"在暮色中飞舞,但在实际事实的阳光下消失。"[9] 在未来我国刑事诉讼制度的完善中,推定当行于所当行,止于不可不止。

---

[6] 《非法证据排除规定》第16条规定:"对被告人审判前供述的合法性,公诉人不提供证据加以证明,或者已提供的证据不够确实、充分的,该供述不能作为定案的根据。"

[7] 参见孙长永、黄维智、赖早兴:《刑事证明责任制度研究》,中国法制出版社2009年版,第71页。

[8] 参见赵俊甫:《刑事推定论》,知识产权出版社2009年版,第140~141页。

[9] Paul v. United R. Co., http://courts.mrsc.org/supreme/013wn2d/013wn2d0028.htm。

120　举证责任倒置与转移之辨｜海量电子数据的证明

郭某甲等假冒注册商标案

秦　策　上海财经大学

■ 案情概要*

江苏省宿迁市人民检察院指控：2013年11月底至2014年6月，被告人郭某甲为谋取非法利益，伙同被告人孙某某、郭某乙在未经三星（中国）投资有限公司授权许可的情况下，批发假冒的三星I8552手机裸机及配件进行组装，利用其在淘宝网上开设的"三星数码专柜"网店进行"正品行货"宣传，并以明显低于市场价格公开对外销售，共计销售假冒的三星I8552手机20000余部，销售金额2000余万元，非法获利200余万元。

三被告人对假冒三星注册商标的犯罪事实予以供认，但对假冒三星I8552手机数量及非法经营数额、非法获利数额提出异议。辩护人辩称三被告人淘宝网店销售记录存在刷信誉行为，真实销售数量没有20000余部，假冒"三星"手机应当在10000部到20000部。

宿迁市中级人民法院经审理认为，三被告人在公安机关的多次供述，以及公安机关查获的送货单、支付宝向被告人郭某乙银行账户付款记录、郭某乙银行账户对外付款记录、"三星数码专柜"淘宝记录、快递公司电脑系统记录、公安机关现场扣押的笔记等证据之间能够互相印证。综合公诉机关提供的证据，可以认定公诉机关关于三被告人共计销售假冒的三星I8552手机20000余部，销售金额2000余万元，非法获利200余万元的指控能够成立。

法院同时认定，三被告人关于销售记录存在刷信誉行为的辩解无证据予以证实，不予采信，理由包括：（1）郭某甲的供述和辩解与孙某某的供述和辩解及证人证言等证据之间互相矛盾；（2）郭某甲、郭某乙、孙某某自己也无法识别淘宝网销售记录中哪些为刷信誉的虚假交易，哪些为真实交易，也提供不了帮助刷信誉者的具体的信息或线索；（3）各地公安机关调查的885部假冒手机买受人的证言及其提供的购买的假冒三星I8552手机照片，均反映没有刷信誉的交易，由于这些调查对象分布在全国各地，其结果具有一定的抽样调查效力。

宿迁中院于2015年9月8日作出判决，以郭某甲犯假冒注册商标罪，判处有期徒刑5年，并处罚金人民币160万元；孙某某犯假冒注册商标罪，判处有期徒刑3年，缓刑5年，并

---

*　参见江苏省宿迁市中级人民法院（2015）宿中知刑初字第0004号刑事判决书。

处罚金人民币 20 万元;郭某乙犯假冒注册商标罪,判处有期徒刑 3 年,缓刑 4 年,并处罚金人民币 20 万元。三被告人均未上诉。

■ 法律分析

> **争议焦点**
>
> 在被告人对其假冒注册商标非法经营数额提出异议的情况下,对于其辩解中所称刷信誉的部分,该由控方还是辩方来承担举证责任?

▣ 作为要件事实的非法经营数额

刑事证明责任的分配,是指证明被告人有罪、无罪或其他与犯罪有关的特定事项的责任如何在有关机关和个人之间进行配置的问题,[1] 其功能是为裁判者在事实真伪不明情况下如何裁判指明出路。由于控方所提出的对于判决有实质影响的事实主张往往属于要件事实,这些要件事实自然成为控辩双方承担证明责任的对象。非法经营数额是假冒注册商标罪的要件事实,具体表现有二:一是作为犯罪构成要件中的罪量要素,二是作为升格法定刑的量刑情节。在本案中,辩方提出了"刷单"辩解,声称由于其实施过刷单炒信誉行为,侦控机关所计算的非法经营数额之中存在虚增部分,应当予以排除。于是,控辩双方对非法经营数额这一要件事实发生分歧,由此产生了该如何在控辩双方之间分配有关非法经营数额真实性、准确性证明责任的问题。

▣ 证明责任的分配与转移

就此问题,审理中出现了两种观点:一种观点认为,根据无罪推定原则,对于被告人有罪的举证责任应由控诉方承担,这是刑事诉讼中证明责任分配的一般原则。在本案中,公诉机关指控被告人非法经营数额 2000 多万元,应当由公诉机关举证证明。另一种观点认为,在特殊案件或者特别情况下,举证责任可以转移给辩方承担。在本案中,控方已对被告人非法经营数额完成举证责任,被告人辩解其网络交易存在刷信誉行为,从而部分否认非法经营数额的,此时举证责任则发生转移。

第二种观点被一审判决采纳,其主要理由包括:(1)刷信誉形成的电子数据与真实交易数据从网络上无法区分,刷信誉情况仅为被告人所掌握。侦查机关对此难以调查,客观上也不能提供相关证据,而相关证据由被告人掌握,由被告人提供相关证据较为容易,这符合便利举证、举证可能、诉讼效率的要求。(2)被告人辩解网络销售记录存在刷信誉行为,所涉事实在性质上属于阻却其违法性及有责性的事实,应由被告人举证加以证明。[2]

该案判决后被最高人民法院选编为指导案例 87 号,因而成为当下司法实践中处理这一

---

[1] 参见卞建林:《刑事证明理论》,中国人民公安大学出版社 2004 年版,第 185 页。
[2] 参见程黎明、石磊:《〈郭明升、郭明锋、孙淑标假冒注册商标案〉的理解与参照》,载《人民司法》2021 年第 17 期。

问题的主流观点。

☐ 区分举证责任倒置与举证责任转移

依通说,证明责任一般由提出积极诉讼主张的一方承担,但存在证明责任倒置和证明责任转移的例外。所谓证明责任倒置,是指诉讼一方基于定罪量刑或程序事项的要件提出事实主张,但却无须提供相应的证据来加以证明,而由对方来提供证据加以证伪,并承担举证不能的败诉风险。典型的例子是巨额财产来源不明罪、持有型犯罪以及刑事诉讼中以非法方法收集证据的证明。所谓证明责任转移,是指依法承担证明责任的诉求方在将待证事实证明到表面成立的程度之后,举证责任转而由相对方来承担的过程。其承担方式有二:一是相对方提供证据于诉求方主张的要件事实之外确立某种积极辩护,以否定诉求方的法律定性主张,典型的例子如正当防卫、紧急避险等违法阻却事由的证明;二是相对方针对诉求方主张的要件事实提供证据或线索,以形成合理怀疑,动摇乃至推翻诉求方表面成立的证明效果。笔者将前者称为第1型证明责任转移,后者称为第2型证明责任转移,以示区分。

在实务中,针对网络知识产权案件的"刷单"辩解,有检察官主张应适用举证责任的倒置。[3] 但本案中法官显然并未采纳这一观点,其裁判要点指出:被告人辩解称网络销售记录存在刷信誉的不真实交易,但无证据证实的,对其辩解不予采纳。这要求辩方就不真实交易的存在提供证据,而如果不能提供证据,法官将维持其基于综合认定所形成的内心确信,并支持控方的诉讼主张。笔者认为,这一过程在性质上属于前述第2型证明责任转移而非证明责任倒置。

二者区别在于:首先,证明责任倒置是法律规范事先确定的证明责任分配;而第2型证明责任转移是诉讼中法官心证形成的结果。其次,证明责任倒置系定型化、静止性的法律规定,而第2型证明责任转移从属于控辩对抗的动态过程。再次,证明责任倒置的目的往往包含政策、价值的因素,而第2型证明责任转移则主要以追求客观真实的发现为主。最后,证明责任倒置之后会产生较高的证明要求,如辩方需要达到高度盖然性或者证据优势的标准;而如果是第2型证明责任转移,辩方举证只需要动摇法官的心证,达到合理怀疑的标准即可。

■ 理论阐释 | "刷单"辩解转移证明责任的正当性反思

对于"刷单"辩解属于何种性质的证明责任转移,理论界与实务界人士有不同的评论。审理该案的法官将其等同于与积极辩护、阻却违法事由相类似的转移形式,[4] 亦即笔者前述

---

3 参见高瑛:《论网络知识产权案件中对于刷单辩解举证责任倒置的适用——以苟某某假冒注册商标案为例》,载朱新力、余伟民主编:《互联网违法犯罪的法律规制》,浙江大学出版社2018年版。
4 参见程黎明、石磊:《〈郭明升、郭明锋、孙淑标假冒注册商标案〉的理解与参照》,载《人民司法》2021年第17期。

所称第 1 型证明责任转移。又有学者认为,司法者可以将网店销售记录认定为真实销售记录,据此形成一种允许被告人反驳的犯罪数额推定。[5] 但笔者认为,若要将个案裁决上升为一种具有参考效力的指导规则,尚需对其法理上的正当性进行斟酌,以辨别其正确的法律性质。基于以下理由,"刷单"辩解只能导致第 2 型证明责任转移,而非第 1 型证明责任转移;同时,也不宜确立一种可以简单套用的推定规则。

第一,要求辩方为"刷单"辩解提供证据,并非出于严惩"刷单型"假冒注册商标犯罪的政策考虑,其目的只是缓解实践中办案机关证明困难,节约司法成本;而要求辩方提供证据的目的也是对犯罪数额进行核实,以保障判决的准确性。这属于诉讼对抗中举证责任的自然转移,不宜赋予过强的效力。

第二,刷信誉行为不属于被告人独知而侦查机关难以调查的事实。法官认为,刷信誉情况仅为被告人所掌握,侦查机关对此难以调查。该观点值得商榷。刷信誉行为虽为被告人独自实施,但一旦完成,便进入公有领域,无论是在电子交易、物流的平台,还是在现实世界,都是有迹可循的。对刷单炒信誉行为情节严重构成犯罪的,侦查机关可以立案侦查。可见刷信誉行为并非侦查机关不可调查的事项。

第三,刷信誉行为不属于阻却违法性等积极抗辩类事实。若将两者相等同,就会将第 2 型证明责任转移提升为第 1 型证明责任转移,无形中加重了辩方的证明负担。辩方提出抗辩往往有积极抗辩和消极抗辩两种。对于前者,辩方需承担证明责任,而对于后者,辩方无须承担证明责任,但需提供必要的证据,以避免其抗辩归于失败。[6] 笔者认为,"刷单"辩解在性质上是对理应由控方证明的犯罪要件事实(非法经营数额的真实性)的反驳,在性质上属于消极抗辩,只能归属于第 2 型证明责任转移。

第四,因"刷单"辩解转移证明责任之后,并不能卸下司法机关的查证责任。从本案的判决书来看,辩方既未提供刷信誉虚假交易的证据,也未提供帮助刷信誉者的具体信息或线索,法院对该辩解不予支持并无不妥。但只要辩方提供了相关的具体线索,司法机关就应当积极查证,不应苛求辩方拿出实实在在的证据来履行其证明责任。

可见,"刷单"辩解所导致的证明责任转移应定位于控辩对抗中的自然转移,将其等同于一种积极抗辩甚至证明责任倒置,都是缺乏应正当性的。同理,亦不宜形成由网店销售记录到真实销售数额的专门性推定。这种直接推定会导致办案机关怠于履行查证职责,仅凭网店销售记录一"推"了之,不恰当地加重了辩方的证明负担。况且,本案例裁判要点所倡导的不是将网店销售记录作为基础事实的推定,而是立足于全案证据的综合认定。综合认定与推定之间的区别应当厘清。

---

5 参见贺志军、莫凡浩:《涉"刷单"网络假冒注册商标犯罪数额之推定证明——以最高人民法院第 87 号指导性案例为切入点》,载《中国刑警学院学报》2019 年第 3 期。
6 参见纵博:《刑事被告人的证明责任》,载《国家检察官学院学报》2014 年第 2 期。

扩展思考 | 公安司法机关证明职责之强化

随着大数据时代的到来,诉讼中电子数据的运用呈现出爆炸式增长的态势。如何应对海量电子数据的挑战已成为日趋现实的司法难题。面对处理海量证据所带来的压力,实务界开始采取简化证明的举措,转移证明责任即为其方案之一。需警惕的是,这种证明简化有可能不适当地加重辩方的证明负担,导致对无罪推定原则的违反。

笔者认为,对于海量电子数据案件,应当正确定位证明责任转移的性质。除此之外,还应考虑我国的刑事诉讼并非纯粹的对抗制模式,而毋宁说是"控辩对抗 + 司法机关职权查证"的混合模式。[7] 因此在"刷单"辩解或者类似的海量电子数据案件中,应把握以下办案原则,强化司法机关查证职责。

第一,对属于底线证明的基础事项不能转移证明责任。检察机关对作为底线的入罪或加重处罚数额指标,应当完成法定证明要求,而超出底线部分的数额,可以做相对简化的证明。[8] 根据有关司法解释,假冒注册商标罪"情节特别严重"对应于非法经营数额"25 万元以上"。在本案中,郭某甲供述,每部手机销售价最低为 600 多元,而公安机关曾调查 885 部假冒手机买受人的证言,证实均为真实交易,可见其真实非法经营数额已远远超出了升格法定刑的底线要求。所以,本案判决之所以是正确的,并不在于证明责任的转移,而在于法官严格把握了假冒注册商标罪底线证明的基础要求。

第二,应当充分落实司法机关综合认定的查证责任。本案例要求司法机关综合证据来加以认定。这意味着,如果司法机关尚未完成对非法销售数额综合认定的查证职责,就不能够轻易向辩护方转移证明责任。其实,在司法实务中,公安机关对于刷单案件的侦查积累了丰富的经验,从调查取证的角度来看,除调取经营网店销售数据之外,还可以查证当事人购进销售票据、会计账目、刷单公司以及核实相关证人证言,以形成证据链确认被告人的"刷单"行为。

第三,应当在穷尽已有证明方法的基础上,借力技术赋能,开拓新的证明思路。海量电子数据的证明难点,往往在于难以依靠人力做一一比对,否则会耗费大量的司法成本。但这并不意味着在网络信息犯罪的语境下,客观真实就是一个可以轻言放弃的目标。因此,应当充分利用现有的证明方法并发挥其潜力,除前述综合认定方法之外,鉴定、抽样取证等方法也可以进一步优化利用。同时,海量电子数据证明难本是新技术带来的新问题,借助于技术赋能开拓新的证明方法或许是釜底抽薪之策,例如,国外有采取预测性编码选取相关证据的实践。[9] 这就要求我们加强司法与新技术的融合,探索新的科学证明之路,以更好地实现司法中的客观真实,避免简单地将证明责任转移给辩方,以致把新技术带来的难题直接置换成为辩方的负担。

---

7 参见陈光中、陈学权:《中国语境下的刑事证明责任理论》,载《法制与社会发展》2010 年第 2 期。
8 参见刘品新:《网络犯罪证明简化论》,载《中国刑事法杂志》2017 年第 6 期。
9 参见於兴中:《预测编码在司法中的应用简介》,载《经贸法律评论》2018 年第 1 期。

121 犯罪数额的证明 | 印证与综合认定方法的调和

张某某等 52 人电信网络诈骗案

秦宗文 南京大学

■ **案情概要***

2015 年 6 月至 2016 年 4 月,被告人张某某等 52 人先后在印度尼西亚共和国和肯尼亚共和国参加对中国居民进行电信网络诈骗的犯罪集团。在实施电信网络诈骗过程中,各被告人分工合作,其中部分被告人负责利用电信网络技术手段对我国居民的手机和座机电话进行语音群呼,群呼的主要内容为"有快递未签收,经查询还有护照签证即将过期,将被限制出境管制,身份信息可能遭泄露"等。当被害人按照语音内容操作后,电话会自动接通冒充快递公司客服人员的一线话务员。一线话务员以帮助被害人报案为由,在被害人不挂断电话时,将电话转接至冒充公安局办案人员的二线话务员。二线话务员向被害人谎称"因泄露的个人信息被用于犯罪活动,需对被害人资金流向进行调查",欺骗被害人转账、汇款至指定账户。如果被害人对二线话务员的说法仍有怀疑,二线话务员会将电话转给冒充检察官的三线话务员继续实施诈骗。

2017 年 4 月 1 日,北京市人民检察院第二分院根据犯罪情节,对张某某等 52 人以诈骗罪分两案向北京市第二中级人民法院提起公诉。7 月 18~19 日,北京二中院公开开庭审理了本案。

庭审中,52 名被告人对指控的罪名均未提出异议,部分被告人及其辩护人主要提出如下辩护意见:检察机关指控的犯罪金额证据不足,没有形成完整的证据链条,不能证明被害人是被告人所骗。

针对上述辩护意见,公诉人答辩如下:本案认定诈骗犯罪集团与被害人之间关联性的证据主要有:犯罪集团使用网络电话与被害人电话联系的通话记录;犯罪集团的 Skype 聊天记录中提到了被害人姓名、居民身份号码等个人信息;被害人向被告人指定银行账户转账汇款的记录。起诉书认定的 75 名被害人至少包含上述一种关联方式,实施诈骗与被骗的证据能够形成印证关系,足以认定 75 名被害人被本案诈骗犯罪组织所骗。

2017 年 12 月 21 日,北京二中院作出一审判决,认定张某某等 52 人以非法占有为目的,参加诈骗犯罪集团,利用电信网络技术手段,分工合作,冒充国家机关工作人员或其他单位

---

* 参见最高人民检察院指导案例 67 号(2020 年)。

工作人员,诈骗被害人钱财,各被告人的行为均已构成诈骗罪,其中28人系主犯,22人系从犯。法院对张某某等52人判处15年至1年9个月不等有期徒刑,并处剥夺政治权利及罚金。张某某等部分被告人以量刑过重为由提出上诉。2018年3月,北京市高级人民法院二审裁定驳回上诉,维持原判。

■ 法律分析

> **争议焦点**
>
> 网络犯罪中,应采用何种方法认定犯罪数额?最高人民检察院在本案"指导意见"中强调,对网络犯罪中犯罪数额的认定应采用印证方法,而新近公布的司法解释及规范性文件提倡运用"综合认定方法"来认定网络犯罪中的犯罪数额,如何理解"综合认定方法"和印证方法的关系?

▣ 指导性案例对印证方法的强调

本案为最高人民检察院于2020年4月8日发布的指导性案例。该案"指导意义"部分明确:办理电信网络诈骗犯罪案件,认定被害人数量及诈骗资金数额的相关证据,应当紧紧围绕电话卡和银行卡等证据的关联性来认定犯罪事实。应将电话卡和银行卡结合起来认定被害人及诈骗数额。审查被害人接到诈骗电话的时间、向诈骗犯罪组织指定账户转款的时间、诈骗犯罪组织手机或电脑中储存的聊天记录中出现的被害人的账户信息和转账时间是否印证。相互关联印证的,可以认定为案件被害人,被害人实际转账的金额可以认定为诈骗数额。上述"指导意见"明确了犯罪数额认定的印证方法——通过电子数据中的聊天时间、通话时间与银行交易记录中的转账时间相互印证,以及被害人陈述的被骗经过与被告人供述的诈骗方式相互印证等,认定诈骗数额。

印证是我国刑事司法的主流证明方法,《刑诉法解释》第140条明确了这一点。通过张某某等52人电信网络诈骗案,最高人民检察院明确,在网络犯罪数额认定中,仍适用印证方法。印证方法强调证据之间相互印证,全案证据形成完整的证据链。这一点在运用间接证据定案时体现得更为明显。应当承认,印证方法有助于避免司法人员恣意认定犯罪数额。但在证据体系以间接证据(海量电子数据)为主的网络犯罪案件中,恪守印证方法可能带来犯罪数额难以认定的现实难题。

▣ 网络犯罪中综合认定方法的提出

为了应对网络犯罪中的犯罪数额认定难题,《电信网络诈骗等刑事案件的意见》第6条第1款规定:"办理电信网络诈骗案件,确因被害人人数众多等客观条件的限制,无法逐一收集被害人陈述的,可以结合已收集的被害人陈述,以及经查证属实的银行账户交易记录、第三方支付结算账户交易记录、通话记录、电子数据等证据,综合认定被害人人数及诈骗资金数额等犯罪事实。"此条文提出了对诈骗资金数额进行综合认定的思路。

此后,2021年1月22日印发的《人民检察院办理网络犯罪案件规定》第21条再次明确,人民检察院办理网络犯罪案件,确因客观条件限制无法逐一收集相关言词证据的,可以根据记录被害人人数、被侵害的计算机信息系统数量、涉案资金数额等犯罪事实的电子数据、书证等证据材料,在审查被告人及其辩护人所提辩解、辩护意见的基础上,综合全案证据材料,对相关犯罪事实作出认定。此外,《人民检察院办理网络犯罪案件规定》第22条指出,若同类证据材料数量众多,在证明其是否有同样性质、特征或者功能时,因客观条件限制不能全部验证的,可以抽样验证。2022年《信息网络犯罪意见》第20条明确,司法人员可将抽样取证结果作为认定事实的材料,并进一步规范了相应的审查方式。

从综合认定方法的规范演进过程可以看出:一方面,综合认定方法的提出是为了弥补印证方法难以应对网络犯罪数额认定难题的不足。换言之,出台上述规范的意图,正在于突破网络新型犯罪中电子数据收集、提取中的困难,以及被害人人数众多、分布广泛且无法确定、搜集等的难题,使被害人陈述不再作为认定案件事实不可或缺的证据。因为,与综合认定方法相比,传统的印证方法虽然保证了办案的低风险性,但在部分案件中追惩力度不足,难以有效惩治犯罪,也妨碍了刑法预防功能的实现。[1] 从这一层面来说,对网络犯罪中犯罪数额的认定不应再受限于印证方法,在印证要求难以达到时,可以采用综合认定方法(包括抽样取证证明方法)来认定犯罪数额。另一方面,综合认定方法承认抽样取证证明的合法性。《人民检察院办理网络犯罪案件规定》《信息网络犯罪意见》明确了抽样取证的法律地位,这在一定程度上放宽了法律对司法机关的取证要求和证明要求,从而在一定程度上纾解了网络犯罪的证明难题。

指导性案例强调在网络犯罪数额认定中仍适用印证方法,而相关司法解释则另提出了综合认定方法,那么,两种方法之间是什么关系?在网络犯罪数额认定中究竟应采用何种方法?

■ 理论阐释 | 印证证明模式与综合认定模式

实际上,犯罪数额认定方法的改良所涉及的根本问题,是印证证明模式的局限及其发展。印证证明模式的核心特点有三:其一,将获得印证性直接支持证据视为证明的关键。印证证明模式强调对直接证据的搜集,印证证明的关键在于获得相互支持的其他证据。其二,注重证明的"外部性"而不注重"内省性"。该模式以客观性为认识支撑点,重视证据本身的客观性,强调证据间的客观印证,因此可以成为证据判断中客观的认识立场。突出表现是证据充分性的重视,特别是对具有相同或相似信息的证据数量的重视。其三,要求证据间相互印证导致很高的证明标准,在证明理念上主张"客观真实",忽视了证明标准的主

---

[1] 参见何邦武:《"综合认定"的应然解读与实践进路》,载《河北法学》2019年第8期。

观方面。[2]

印证证明模式的优点在于：在内容上它更为可靠，因为它要求各证据均是客观的、直接的，而且各证据之间还能够相互印证、相互增援并形成闭合的锁链，排除其他可能性；在操作上更为方便、也更易于把握。印证证明模式的缺点在于：在内容上它对直接证据的数量要求较高，在证据短缺或间接证据居多时，客观印证的高要求易导致错放有罪之人；在操作上普遍忽视司法证明中"叙事"和"法则"的作用，侧重单向的线性推论而忽视事实推理的论证结构，抑制了司法人员的自由心证和经验创造，在发现真实方面存在局限。

面对网络犯罪中犯罪数额认定难的问题，相关部门尝试拓展事实认定的方法，并在一定程度上打破印证方法和客观化的证明标准对司法人员的束缚。这实际上是在网络犯罪案件中尝试构建一种新的证明模式，以改变印证证明模式难以应对犯罪数额证明难题的被动局面。如果说印证证明模式是对我国以往刑事证明模式的概括，那么，"综合认定模式"便可以指称在网络犯罪中所出现的新型证明模式。这一模式强调采用综合性视角、运用多元化的方法，是一种更加"自由"的证明模式。这一新的证明模式放宽了客观印证这一证明标准的要求，同时要求司法人员采用综合性的思维和方法来解决证明难题。比如，相关法律规范确立了抽样取证的合法地位，这就是为了解决取证难和数值认定难的问题。

但是，相关法律规范除明确抽样取证证明的方法之外，并未对"综合认定"进行明确的解读。例如，《人民检察院办理网络犯罪案件规定》第 21 条中强调："可以根据记录被害人人数、被侵害的计算机信息系统数量、涉案资金数额等犯罪事实的电子数据、书证等证据材料，在审查被告人及其辩护人所提辩解、辩护意见的基础上，综合全案证据材料，对相关犯罪事实作出认定。"然而该条款并未说明如何进行"综合认定"。在笔者看来，这正是法律规范赋予司法人员一定的自由裁量权，允许司法人员打破印证方法的束缚，采用更加多元化、科学化、综合型的方法和视野来认定犯罪数额。

当然，这里需要说明的是，综合认定方法的提倡并非完全否认印证方法在网络犯罪证明中的地位和作用。相反，综合认定是以印证证明为基础的。如指导性案例所示，当被害人数量不是很多，诈骗行为次数也相对有限时，可以直接采用印证方法进行全案证明。当被害人数量较多，甚至达数千人、数万人时，一一取得被害人陈述的时间、经济成本都过于高昂，全案采用印证方法不再可行。此时，可对一定数量的被害人、诈骗行为进行核实，以印证方法进行证明。然后，以此为基础，对全案进行综合认定。印证证明与综合认定不是对立的，而是可以融合的。没有印证证明，综合认定就没有根基，正确性将难以保障；而没有综合认定，面对数量庞大的被害人、犯罪行为，仅依赖印证也无法完成全案的证明任务，最终可能导致放纵犯罪。

---

[2] 参见龙宗智：《印证与自由心证：我国刑事诉讼证明模式》，载《法学研究》2004 年第 2 期。

■ **扩展思考** | 综合认定模式与既有证明标准的冲突与调配

结合本案,值得在学理上深入挖掘的问题是,综合认定模式实质上打破了印证证明模式中的客观印证标准。比如,对被害人陈述的抽样取证实际上放宽了犯罪数额认定中的印证要求,使得所要证明的犯罪数额无法达到"案件事实清楚,证据确实充分"的标准。那么,在这一背景下,应如何理解综合认定模式与我国既有证明标准之间的关系?

2012 年之前,我国刑事证明标准的表述一直为"案件事实清楚,证据确实充分"。这种"客观真实"的证明标准过于强调证据的客观性,突出案件事实的客观方面,要求裁判者在进行事实认定时不求于内心,而应当盯住客观事实状况,主张证明结论应当是排他的、唯一的。《刑事诉讼法》(2012 年)在证明标准的表述上增加了"排除合理怀疑"的要求。这是对传统辩证唯物主义下绝对客观真实观念的修正,将证明标准分为客观和主观两个层面,要求刑事证明应同时达到主客观两方面的要求。但从实践情况看,立法修改对司法实践并无产生实质性影响,司法实务对刑事证明标准的把握仍基本坚守"案件事实清楚,证据确实充分"的要求。因此,在司法实践中,达到这一标准的路径则是印证方法。如果按照这一思路,那么综合认定模式便无法在实践中推行,我们需要对既有的刑事证明标准进行新的解读。

从理论上来说,我国刑事证明标准可分为两个层面:客观方面的证据确实、充分和主观方面的排除合理怀疑。在主观确信"不变"的情况下,支持客观层面的证据要求可以因案件类型而"变"。[3] 如在网络犯罪案件中,应对证明标准中的证据确实、充分要求适当降低,不能强求全案印证。在部分被害人、犯罪行为有确实、充分的证据证实后,可以对全案进行综合认定。此时,如果司法人员在主观方面对全案达到排除合理怀疑的确信,即可认定全部犯罪事实成立。

---

[3] 参见秦宗文:《认罪案件证明标准层次化研究——基于证明标准结构理论的分析》,载《当代法学》2019 年第 4 期。

幽灵抗辩的应对 | 主/客观证明标准的形成

张某某犯贩卖毒品案

塔 娜 内蒙古大学

■ **案情概要** *

浙江省江山市人民检察院以被告人张某某犯贩卖毒品罪,向江山市人民法院提起公诉,指控张某某在江山市通过其持有的江山移动短号为75××××的手机贩卖甲基苯丙胺(冰毒)。购毒人员电话联系该短号求购毒品后,张某某将其控制的他人名下的尾号为7476的农业银行账号发送给对方,要求对方按照400元/克的价格汇入购毒款。张某某将自己的号码为1597353×××的手机与该账户进行绑定,其收到毒资入账的短信通知后,通过上述短号发送短信通知对方到藏毒地点取走毒品。至案发时,尾号为7476的农业银行账户共转入4.9万元,除其中一笔400元由福建省一银行柜台存入外,其余款项均系在江山市通过ATM存入现金或转账。该账户内共有4.405万元通过网银转至张某某名下的另一农业银行账户内。张某某共收到毒资4.86万元,折合贩卖甲基苯丙胺121.5克。

张某某在拒不交代犯罪事实的同时,辩称短号为75××××的手机和尾号为7476、5414的农业银行账户均与其无关。首先,对短号为75××××的手机的来源,张某某先后有"不知道是谁的,我没有这个手机""来江山时,身上就有三部手机(包括短号75××××手机)""路边捡来的"等多种辩解;其次,张某某辩称"阿华"(身份不详)委托其办理尾号为7476的农业银行账户,该账户与其无关,且从未在江山市的农业银行ATM上取过款,但不能对"阿华"委托其办理银行账户、该账户绑定张的手机号、该账户中的几乎全部资金均转入张的账户的原因作出合理解释。辩护人提出,公诉机关提交的证据不能证实贩卖毒品行为由张某某实施,本案事实不清、证据不足,对张某某的指控不能成立。

江山市人民法院认为,张某某明知是毒品而进行贩卖,其行为已构成贩卖毒品罪。本案的证据能够相互印证,形成证据锁链,证明其贩卖毒品的事实。对公诉机关的指控予以支持,张某某的辩解及其辩护人所提辩护意见依据不足,不予采纳。以张某某犯贩卖毒品罪判处有期徒刑15年,并处没收财产人民币5万元。

---

* 参见罗志刚、唐海波、张思印:《张传勇贩卖毒品案——对以非接触方式交易毒品且被告人拒不供认的案件,如何综合运用间接证据定案(指导案例第1195号)》,载最高人民法院刑事审判第一、二、三、四、五庭主办:《刑事审判参考》(总第110集),法律出版社2018年版,第18~22页。

张某某以原判认定的事实不清、证据不足为由提出上诉。衢州市中级人民法院审理认为,多名购毒者的证言证明,购买毒品需首先拨打短号为75××××的手机,与一名外地人联系,然后将购毒款打入农业银行尾号为7476的账户,并根据对方发回的短信至藏毒地点取走毒品。相关通信客户详单、机主信息及通话、短信记录等书证、鉴定意见与上述证人证言相印证,足以认定短号为75××××的手机、农业银行尾号为7476的账户用于贩毒。同时,根据上述手机系从张某某身上扣押、上述账户由张某某参与申请开户并与其另一部手机绑定、上述账户中有4万余元通过网银转至张某某名下的另一账户等事实,足以认定张某某实施了贩卖毒品行为。其所作无罪辩解前后矛盾,且明显不符合常理。张某某及其辩护人所提相关意见不成立。据此,裁定驳回上诉,维持原判。

■ 法律分析

> **争议焦点**
>
> 张某某贩卖毒品事实的认定是否达到了法定证明标准?具体而言,在张某某提出第三人"阿华"系作案人的"幽灵抗辩"时,应当如何认定案件事实?在没有被告人供述的情况下,能否以及如何使用间接证据定案?

□ "幽灵抗辩"现象的应对

　　张某某提出了用于收取毒资的尾号为7476的农业银行账户是"阿华"委托其办理,该账户与自己无关的抗辩主张。由于"阿华"这类第三人往往身份不清,一般将这种抗辩方式称为"幽灵抗辩"[1]。本案张某某的辩解看似个别现象,但在实践中会以不同形式变换出现,因而具有研究价值。之所以会产生"幽灵抗辩"现象,与刑事诉讼法上确立的证明标准具有抽象性特征,实践中难以把握相关。《刑事诉讼法》第55条第2款规定:"证据确实、充分,应当符合以下条件:(一)定罪量刑的事实都有证据证明;(二)据以定案的证据均经法定程序查证属实;(三)综合全案证据,对所认定事实已排除合理怀疑。"虽然对该条文的三项要求之间的关系,理论界存在不同的认识,但在案件事实认定的最终心证标准是"排除合理怀疑"这一点上没有争议。

　　本案中,购买毒品的证人都没有与张某某直接接触,仅通过短信方式联系,无法直接指证张某某的贩卖毒品行为,加上张某某本人否认犯罪,难免会产生本案的犯罪行为并非张某某所为,可能另有他人的疑问。换言之,产生了是否可以将张某某的抗辩视为是一种"合理怀疑"的疑问。

　　可见问题的核心是如何理解证明标准,如何理解"排除合理怀疑"。其实即使在"排除合理怀疑"证明标准重要发源地的美国,也存在是否应当明确界定该证明标准的争论:"尽

---

[1] 林钰雄:《刑事诉讼法》(上册),中国人民大学出版社2005年版,第5页。

管合理怀疑标准广为人知并得到广泛认可,但它的准确含义仍难以捉摸。虽然正当程序条款要求法院适用确信无疑的标准,但'宪法既没有禁止审判法院界定合理怀疑,自然也没有要求法院这样去做'。"但在学理上,对"合理怀疑"应当认可如下的理解方式:"它并不仅仅是可能的怀疑;因为每件与人类事务相关的事情,都对某种可能性或假想的怀疑开放着,并且取决于确信的证据。""合理怀疑是一种实际和实质的怀疑,它源于证据,源于证据所证明的事实或情况,或者源于检控方面缺乏证据。"[2] 若不以此逻辑理解"合理怀疑",将会导致任何案件中都可以设想出可能的怀疑而无法认定指控事实的后果。

据此,本案被告人张某某所提出的"幽灵抗辩"并不具有现实的基础,没有任何证据或者材料为其抗辩,即"阿华"的存在提供现实可能性,[3] 因而不足以形成合理的怀疑。同理,其提出用于贩毒的手机并非本人手机的辩解,也不影响本案事实的认定。

▫ 以间接证据认定案件事实的要求

如前所述,"合理怀疑"可以源于辩方抗辩主张的现实基础,也可以源于控诉方证据的缺乏。虽然经过前述分析可以确定张某某的抗辩不能形成"合理怀疑",但如果控诉方所提出的证据缺乏,无法使裁判者形成确信无疑的判断时,仍然未能够满足排除合理怀疑的证明标准。在本案中,张某某做无罪辩解、证人证言也无法直接证明其贩卖毒品行为,因而本案中缺乏直接证据,只能依据间接证据定案。《刑诉法解释》第 140 条规定:"没有直接证据,但间接证据同时符合下列条件的,可以认定被告人有罪:(一)证据已经查证属实;(二)证据之间相互印证,不存在无法排除的矛盾和无法解释的疑问;(三)全案证据形成完整的证据链;(四)根据证据认定案件事实足以排除合理怀疑,结论具有唯一性;(五)运用证据进行的推理符合逻辑和经验。"

根据这一证明要求的核心内容,可将间接证据证明下的证明标准理解为排除其他的可能性。在本案中,有相互印证的证据证明"短号为 75××××的手机、农业银行尾号为 7476 的账户用于贩毒";也有证据证明该手机是从张某某身上扣押,而这一银行账户也处于张某某的实际控制之下。因而,本案通过上述两个步骤的证明,全案证据已经形成了完整的指向张某某作案的证据链,能够排除其他人作案的可能性。这里不存在因证据缺失而导致合理怀疑的问题,应当认定张某某贩卖毒品的事实。

■ 理论阐释

▫ 证明标准的主观性

我国刑事诉讼法上的证明标准,在制度层面上,经历了由"事实清楚,证据确实、充分"

---

[2] [美]罗纳德·J. 艾伦等:《证据法:文本、问题和案例》,张保生、王进喜、赵滢译,高等教育出版社 2006 年版,第 818~819 页。

[3] 需要注意的是,只要有这一可能性即可,不应对辩方提出与控诉方的证明标准相同的高要求。

的客观性标准,转变为加入了"排除合理怀疑"的主观性要素证明标准的发展过程。对于这一转变,立法机关认为:"'证据确实、充分'具有较强的客观性,在司法实践中,这一标准是否达到,还是要通过侦查人员、检察人员、审判人员的主观判断,以达到主客观相统一。只有对案件已经不存在合理的怀疑,形成内心确信,才能认定案件'证据确实、充分'。本条使用'排除合理怀疑'的这一提法,并不是修改了我国刑事诉讼的证明标准,而是从主观方面的角度进一步明确了'证据确实、充分'的含义,便于办案人员把握。"[4] 实际上,排除合理怀疑证明标准的确立,是对案件事实证明规律的尊重和回归,不存在完全脱离办案人员主观判断的客观性证明标准——即便存在也并不具有诉讼法上的意义。无论是大陆法系国家内心确信的证明标准,还是英美法系国家排除合理怀疑的证明标准,无不体现了裁判者对案件事实认定的主观判断。

不同案件的证据、事实情况都具有独特性,因而无法通过客观性的统一判断来把握具体案件中的事实认定问题,否则刑事案件裁判会沦落为机械化的操作过程,难以实现个案正义。纠问式诉讼中的法定证据制度退出历史舞台,也从另一方面证明了过度客观化的证明标准的缺陷。此外,证明标准中若没有主观性的判断,就不能激发办案人员的主观能动性,从而导致司法责任制失去根基。

证明标准的规范性

具有主观性特点的证明标准的适用会给办案人员带来发现真实方面的沉重负担。毕竟,刑事案件证明标准要求办案人员充分发挥其主观能动性,穷尽可以使用的一切手段,形成排除合理怀疑的确信状态。但刑事案件事实认定并不是一种理想状态,承认"人力有其极限"[5] 才是现代刑事诉讼的基本特征,也体现了刑事诉讼中的理性观念。实际上,出现无法用证据进行有效证明的定罪量刑事实是司法实践的家常便饭。

正因如此,必须以立法方式确立事实认定出现疑问时的裁判规则,从而合理地解除裁判者的真实发现负担。于是,就产生了自无罪推定原则衍生的裁判规则:存疑时有利于被告原则。可见,案件事实的认定,并不仅仅是主观性特点突出的证明标准的判断问题,从反面而言,其中也包含了价值选择的规范性要求。以无罪推定的人权保障理念为出发点,将事实不清时的裁判结果利益归属于被告人的存疑时有利于被告原则,体现了价值选择这一规范性要求。

当然,不能将存疑时有利于被告原则理解为,根据无罪推定理念,只要出现任何可能有利于被告人的疑问,就应当宣告被告人无罪。因为这里的"存疑"恰恰就是指"合理怀疑",并非所有的疑问。因此,当辩方提出的疑问未能够形成"合理怀疑"或者控诉方的证据未提供"合理怀疑"的空间时,没有适用存疑时有利于被告原则的可能。

---

[4] 郎胜主编:《中华人民共和国刑事诉讼法修改与适用》,新华出版社 2012 年版,第 123 页。
[5] 林钰雄:《刑事诉讼法》(上册),中国人民大学出版社 2005 年版,第 5 页。

■ 扩展思考

对于主观性特点突出的证明标准,难免会产生司法裁判者是否会主观臆断的担忧。这一问题的解决,涉及司法裁判的可接受性和说服力,也涉及排除合理怀疑证明标准得到认可的前提基础。解决这一问题的主要路径是:具有主观性特征的证明标准,只能通过客观且正当的程序获得其理性、权威的基础。换言之,不仅是作为案件事实认定之终点的证明标准制度确保了裁判结果的合理性,更重要的是司法裁判者认定案件事实的心证形成过程确保了心证本身的合理性。

这种心证的形成过程,需要经过证据能力的限制、证明力的审查、案件事实认定三个不能改变其顺序的核心环节构成,而在这些环节中存在诸多限制,最大限度地防范了任意裁判的可能。第一,在证据能力层面上,按照大陆法系国家的理论,至少设置了证据禁止和严格证明两个层面的限制,大体对应我国非法证据排除和法定调查程序的要求。尤其是严格证明中的直接言词审理和集中审理原则要求,确保了裁判者的心证源于法庭上的理性说服与论证,并非主观随意裁判。第二,在证明力层面上,虽然遵循的是自由心证的原理,但也存在个别的证明力限制规则,如我国的口供补强规则。更为重要的是,司法裁判者对证据证明力的判断必须遵守逻辑法则和经验法则,确保认定结果的可靠性。上述要求形成了自由心证的外部限制和内部限制,因此证明力判断也是受约束的过程。第三,在案件事实认定层面上,必须以前述证据能力判断和证明力审查为基础,不能先得出主观性的判断,再审查前述两项内容,从而防止先入为主的问题。这一过程如图1所示:

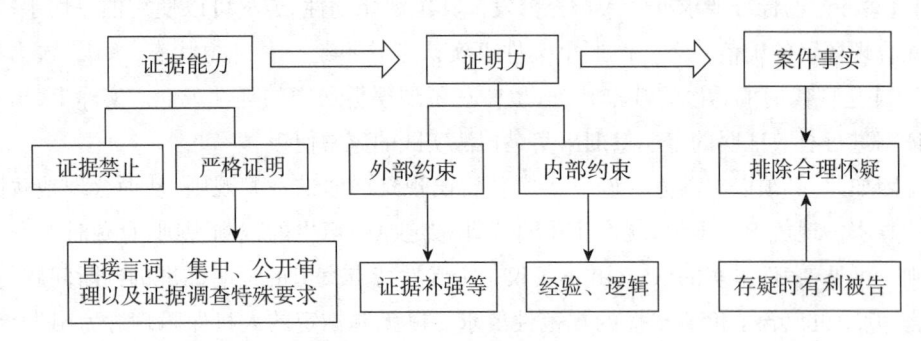

图1 心证形成的过程

总而言之,基于诉讼活动的规范性,不存在绝对自由地判断证明力以及证明标准的诉讼制度。自由心证并非完全的自由,合理怀疑也并非任意的怀疑。诉讼证明是在严格的程序规则约束下的证明活动,这是司法裁判权威性的内在来源。

123 先证据裁判后自由心证的裁判思维｜品格推论的程序性约束机制

秦某强奸、猥亵儿童案

王星译　华中科技大学

■ 案情概要*

秦某，案发时系河北省石家庄市行唐县某小学教师，2012年11月2日被逮捕。石家庄市人民检察院指控被告人秦某犯强奸罪、猥亵儿童罪，向石家庄市中级人民法院提起公诉。秦某否认犯罪。石家庄市中级人民法院于2013年9月23日作出（2013）石少刑初字第00011号刑事附带民事判决，认定秦某犯强奸罪，判处死刑，缓期两年执行，剥夺政治权利终身。在法定期限内没有上诉、抗诉。一审法院依法报请河北省高级人民法院复核。河北省高级人民法院于2013年12月24日作出（2013）冀刑四复字第61号刑事裁定，撤销原判，发回重审。

石家庄市中级人民法院重新审理之后，认为秦某构成强奸罪、猥亵儿童罪，应依法数罪并罚。依法判决如下：秦某强奸罪，判处无期徒刑，剥夺政治权利终身；犯猥亵儿童罪，判处有期徒刑4年6个月，决定执行无期徒刑，剥夺政治权利终身。

宣判后，秦某提出上诉。河北省高级人民法院认为，原判决认定事实正确，诉讼程序合法，但对强奸罪部分量刑不当。以秦某犯强奸罪改判有期徒刑6年，剥夺政治权利1年，与其犯猥亵儿童罪判处的刑罚并罚，决定执行有期徒刑10年，剥夺政治权利1年。

裁判发生法律效力后，河北省人民检察院认为生效裁判确有错误，提请最高人民检察院按照审判监督程序提出抗诉。最高人民检察院抗诉认为，二审判决适用法律错误，量刑不当，应予纠正。为支持其抗诉意见，最高人民检察院提交三份新证据以补强原有证据：（1）被害人柴某某于2012年10月31日在行唐县人民检察院所作的陈述；（2）涉案学校女生集体宿舍内部陈设的照片，证实该宿舍内有上下两层大通铺共20个床位；（3）涉案学校班级西边教室、洗澡堂现场布局及设施的照片，证实秦某强奸柴某某、李某某的犯罪地点。

最高人民法院最终判决原审被告人秦某犯强奸罪，判处无期徒刑，剥夺政治权利终身；

---

* 参见邢海莹：《秦磊强奸、猥亵儿童案——性侵未成年人犯罪案件中证据的采信以及相关量刑情节的认定（指导案例第1473号）》，载最高人民法院刑事审判第一、二、三、四、五庭编：《刑事审判参考》（总第129辑），人民法院出版社2022年版，第24~34页。

犯猥亵儿童罪,判处有期徒刑10年,决定执行无期徒刑,剥夺政治权利终身。

法律分析

> **争议焦点**
>
> 该案"证据分布"[1]特征相对比较突出,如缺乏生物物证、视听资料等间接性实物证据,在案证据多为言词证据且多呈现为被害人指控性陈述与被告人无罪辩解"一对一"状态。对此应如何综合全案证据,判断是否满足"案件事实清楚,证据确实、充分"的证明标准?具言之,如何审查认定"一对一"言词证据?如何把握"排除合理怀疑"的主观要素?

为解决此类案件的证明难题,司法实务机关总结实务经验,探索并建构了"以未成年被害人陈述为中心的证明体系"。[2]

□ "一对一"言词证据的审查与运用

第一,未成年被害人陈述作为定案根据的关键即"证据的真实性"(《刑事诉讼法》第50条第3款、第55条第2款),而《刑诉法解释》确立了"综合审查判断"的一般规则(第139条),主要从证据资格与证明力两个方面展开。

事实证言[3]如有证据资格首先要满足事实证人的资格要求,对此,《刑事诉讼法》第62条对证人同时提出了作证资格和作证能力两个方面的要求。本案7名被害人均为不满12岁的幼女学生,该年龄段的未成年人通常被认为已经具备辨别是非、正确表达的能力,因而可以作为证人提供证人证言。

未成年被害人陈述的证明力评估是实务难题之一。实务中,法院通常会借助经验法则辅助审查判断。就本案而言,法院认为:(1)被害人陈述"内容完整连贯、语言表达自然、意思描述清晰,对被侵害的具体时间、地点、行为和当时心理反应、事后处置态度的描述均符合其年龄阶段的认知特征和表述方式""亦不存在无法排除的矛盾和不合常理的解释,具有客观性和合理性"。(2)被害人不存在诬告的动机,其经验法则依据是"未发现被害人及其家长与作为班主任的秦某之间存在矛盾和纠纷,且被害人捏造侵害事实而自毁清白和名誉的做法已有悖于常理",而且"被害人对性侵害行为的描述无中生有和夸大其词也不符合此年龄女童的心理年龄特征"。

第二,"转述式言词证言"与被害人陈述之间的印证关系。本案主要的指控型证据是衍生于未成年被害人的"证人证言",多由被害人近亲属(或同事、友人等具有身份关系的人)

---

[1] 冯俊伟:《刑事证据分布理论及其运用》,载《法学研究》2019年第4期。
[2] 参见向燕:《论性侵儿童案件中被害人陈述的审查判断》,载《环球法律评论》2018年第6期;倪莎等:《性侵害未成年人案件实证研究——以2015—2020年S市D区受理的案件为样本》,载《预防青少年犯罪研究》2020年第3期,等等。
[3] 即事实证人基于亲身感知提供的事实证言,典型的如目击证人证言、被害人陈述、被告人供述等言词证据。

提供,是对案发之后被害人所描述案发情况的转述。实务中,此类证言多起到正向补强被害人陈述、反向印证被告人辩解的双重指控作用。[4]

根据现行法规定,此类证据可能存在如下争议:(1)"证人"资格的合法性争议。其对案件情况的知悉并非源自亲身感知而是他人陈述,具有典型的传闻属性。(2)"证人证言"的定案根据资格的争议。此类证言往往混合了其听闻的传言及其自己的猜测、评论、推断,有违《刑诉法解释》第88条第2款规定的意见证据规则。(3)证人证言可信性的潜在偏见。此类"证人"与被告人、被害人存在明显的利益冲突,应当慎重使用(《刑诉法解释》第143条第1项)。

第三,根据在案其他证据对上述言词证据进行一致性审查,判断证据之间是否能够互相印证。比如:(1)最高人民检察院为支持抗诉提出的三项"新证据"中,有两项均为实物证据(犯罪现场照片)。(2)医院诊断书显示被害人处女膜破裂,用以"间接印证被害人关于被性侵害事实的陈述属实"。

就本案而言,围绕被害人陈述,辅之以书证、物证、医院诊断书等所谓"客观性证据"的互相印证,考察包括被告人陈述(供述或者辩解)在内的其他证据是否形成倾向于支持或者增强被害人陈述证明力的"正向印证",或考察其是否能与被告人辩解或翻供形成"反向印证"(质疑或者削弱其可信性)。[5]

□ "排除合理怀疑"的客观化适用

实务中,性侵未成年案件多因证据匮乏而陷入"证明困境",而法院定案关键在于如何根据在案证据判断是否满足"案件事实清楚,证据确实、充分"的定罪标准。《刑事诉讼法》(2012年)修改新增"排除合理怀疑"作为"证据确实、充分"的三项要件之一,实现了证明标准从客观主义向"主客观相统一"[6]的认识论转型。然而,现行法仅原则性地、抽象地规定了排除合理怀疑的要件,实务部门出于增强可操作性的实践诉求倾向于对其进行客观化改造的实用主义路径。

当面对证据短缺、已有证据呈现"一对一"的局面时,为防止出现冤错案件,实务界与理论界均认为更应当严格把握证明标准、提高证明标准,即应如死刑案件定案与间接证据定案所要求的"结论唯一"那般,提高此类案件的证明标准。[7]"结论唯一"一度被奉为高于"证据确实、充分"的定案标准,并成为"排除合理怀疑"的替代性操作标准。[8]

"结论唯一"这一定案要求的核心要义即"证据之间互相印证,形成完整的证据链"。其中,"证据链的完整性"作为检验是否形成唯一结论的关键指标,进而可以判断根据本案事

---

[4] 如樊某某强制猥亵案,江西省泰和县人民法院(2019)赣0826刑初174号刑事判决书;银某某猥亵儿童案,广东省广州市中级人民法院(2014)穗中法刑一终字第106号刑事判决书等。
[5] 参见齐某强奸、猥亵儿童案,最高人民检察院指导案例42号(2018年)。
[6] 参见王爱立、雷建斌主编:《〈中华人民共和国刑事诉讼法〉释解与适用》,人民法院出版社2018年版,第101页。
[7] 参见《办理死刑案件证据规定》第5条、第33条及《刑诉法解释》第140条。
[8] 实务界普遍持该见解。参见于英生申诉案,最高人民检察院指导案例25号(2016年)。

实所得"结论唯一"。而证据链完整性的检验标准则是全案合乎法定证据种类的证据之间互相印证。

■ **理论阐释** | 偏向价值论而非认识论的证明标准规范功能

证明标准的解释与适用一直是刑事司法实务中的操作性难题,如何约束法院形成事实确信时的裁判自由在理论层面也存在分歧。长期以来,强调"法定种类证据之间互相印证"[9]的客观化事实认定,一直是刑事审判实践的典型特征。这也带来诸多危机:其一,"结论唯一"昭示着必然性、确定性,为规避因自由心证而带来的不确定性,同时为规避因不确定性而带来的裁判错误的风险,实务部门很少诉诸常识与理性探究经验知识在事实认定中的积极作用;其二,面临"偏重定罪"的体制压力,实务部门以"事实推定"为名滥用经验法则,又因缺乏心证约束机制而陷入裁判恣意。为缓和《刑事诉讼法》的合法性危机,突破事实认定的实践难题,有必要摆脱证明标准的理论误区,矫正其实践偏差。[10]

第一,"案件事实清楚,证据确实、充分"是一个混合了证据、程序和心证的综合要求。其中,对事实主张的证据要求与证明程序属于证据裁判要件,而法院对本案事实所形成的确信程度(心证要求)才是指引法院心证的定罪标准。先满足证明裁判要件再考虑内心确信程度,二者不能混淆,也不能互相替代,但统一于事实认定的规范判断活动。在这个意义上,层次化证明标准学说主张针对诸如性侵未成年案件等特殊案件降低证明标准,实际上是混淆了二者:可以被"降低"的部分是证据能力规则、证据调查程序等所谓"客观方面",而法官形成有罪心证的内心确信仍然要满足排除合理怀疑的要求。

第二,其中"排除合理怀疑"作为定罪的心证要求,是一个兼具经验性、道德性和规范性的诉讼机制,并不能通过"高低与否"的概率表达予以界定。该心证要求是否满足需要诉诸法院的主观判断,不能机械、僵化地将其绑定在客观印证的外部要求上。排除合理怀疑的判断需要唤醒法官作为普通人的常识与理性,释放其运用经验法则的裁判能力。在这个意义上,证明标准之高低与事实认定的准确性之间并不存在正相关关系。可以认为,证明标准的规范功能并不是认识论的,而更偏向于价值论。

以上述澄清为基础,我们便可回归事实认定的视角,清晰把握证明标准的规范结构,树立"先证据裁判后自由心证"的递进式裁判思维。[11] 如此一来:其一,证据形式、证明程序等客观要件便可根据证明的需要进行要求高低、程序宽严之调整,而不再受制于客观印证证明对手段与方法的不当束缚。其二,排除合理怀疑的证明标准亦不再受证据裁判客观要件

---

9 我国有学者将其概括为"唯证据论"现象。参见封利强:《理据:一个不可或缺的证据法学概念》,载《浙江社会科学》2019年第8期。

10 学者将我国刑事事实认定的审判实践概括为"树状模式表象化—丛林模式后台化"。参见周洪波:《树状模式与丛林模式:诉讼证明观念图示的理论与实证》,载《中国刑事法杂志》2011年第1期。

11 参见王星译:《刑事证明标准的规范偏移与校正——以"刑事诉讼法解释"第140条切入》,载《法学研究》2022年第6期。

之塑造,而是直面法官事实认定所面临的伦理困境,发挥"驯服"因心证自由所致不确定性的规范性功能。其三,法官卸除客观真实论所施加的体制性责任之后,便可享有对事实所形成心证的裁判自由:法院对本案事实形成的内心确信(定罪标准之满足)需要满足经验法则与理论法则的检验,并履行事实证成义务。

■ **扩展思考** | 品格推论之于"证据链条"的关键作用

本质上,以被害人陈述为中心的证明体系的根基与核心是被害人品格。办案机关通过询问被害人及其家庭成员、师友等多方主体,形成被害人的"品格画像"。该"人格画像"主要包括如下几个方面:第一,被害人遭受侵害时的年龄,被害人作证时的年龄及记忆力与表达能力,被害人受教育程度和认知水平等。第二,被害人与被告人的关系与熟悉程度。第三,被害人成长与生活的环境,如是否单亲家庭(为何)、是否隔代养育(有何影响)、日常生活接触到的环境与群体等。第四,被害人的性格特征,如对隐私的敏感性、是否更容易接近不熟悉的人等。[12]

上述"品格画像"在增强法官事实心证方面至少发挥两重作用:增强被害人指控性陈述的可信性("正向补强"),同时反驳被告人的无罪辩解("反向印证")。前述证明力评估的思路外观上呈现为:以"经验法则"为推论桥梁,借助补强证明(本质上仍然是印证证明的逻辑)功能的运作,转化成法官对本案事实的内心确信。

当前,在利用品格证据弹劾证言可信性(或补强言词陈述)的审判事务中,控辩双方呈现证明手段的严重失衡现象。法院在判定品格证据是否可以作为定案根据的裁决时,多倾向于支持控方主张。与之形成鲜明对比的是,法院通常不支持辩方所提被告人良好品格的主张,也不采纳辩方所提支持被告人良好品格的证据。[13] 采纳品格证据在一定程度上降低或者卸除了控方的证明负担,而排除品格证据则可能使辩方权利丧失充分保障。

实务中,品格推论(利用品格证据推论案件事实)在"证据链条"的建构中起到至关重要的桥梁作用,是法院解决证明困难、突破证明困境的常见做法。同时我们也要认识到:品格证据作为司法证明的一种手段或方法,可为事实认定提供必要的经验性信息,但品格证据本身具有误导性且有潜在的定罪倾向等不公正因素。如果制定法上缺乏是否采纳、如何适用的统一尺度,完全交诸法官自由裁量,则可能陷入司法权滥用的危机之中。为保障控辩证明平等、裁判权行使的正当性,学术界亟须开展对品格推论的程序性约束机制的深入探索。

---

12 如吴某某猥亵儿童案,上海市第二中级人民法院(2015)沪二中刑终字第111号刑事裁定书;林某某猥亵儿童案,浙江省温州市中级人民法院(2019)浙03刑终161号刑事裁定书。
13 如林某某猥亵儿童案,浙江省温州市中级人民法院(2019)浙03刑终161号刑事裁定书。

124 信息网络犯罪案件中的抽样取证制度

王某等电信网络诈骗案

谢小剑 江西财经大学

■ 案情概要[*]

2016年3月底,被告人王某等人在江苏省昆山经济技术开发区东安大厦某办公室内商量成立电话销售公司,并通过电话购物平台实施电信网络诈骗。为获取非法利益,王某等人共同制作诈骗话术模板,指使话务员通过环环相扣、层层推进的诈骗方式骗取他人财物。至2016年8月17日案发,该犯罪集团通过上述诈骗手法骗取全国各地1000余名被害人共计人民币300余万元。

昆山市人民检察院以昆检诉刑诉(2017)341号起诉书指控王某等犯诈骗罪,于2017年3月8日向昆山市人民法院提起公诉。认为王某等人以非法占有为目的,利用电信网络技术手段实施诈骗,骗取他人人民币300余万元,数额特别巨大,其行为均触犯了《刑法》第26条第2~4款、第266条的规定,均应当以诈骗罪追究其刑事责任。

辩护人认为:对公诉机关指控王某构成诈骗罪无异议。但大部分被害人没有陈述笔录,同时大多数被害人仅有报案记录,没有附上快递单据,也没有提供银行卡交易明细,被害人被骗数额无法得到核实和确定,故公诉机关指控的部分事实不清、证据不足。

针对辩护人的意见,昆山市人民法院经审理认为,本案系电信网络诈骗案件,因被害人人数众多、分布地域广等客观条件限制,无法逐一收集被害人陈述,但是结合已经收集的被害人陈述、EMS快递单、银行账户交易记录、中国邮政速递运单信息及结算账户交易明细、昆山市玉山镇赛屏网络科技服务中心发货订单详情信息、工资发放单、在职花名册等书证、电子数据,足以认定公诉机关指控的被害人人数及诈骗资金总额,故上述辩护意见不能成立,不予采纳。法院据此判处王某等人犯诈骗罪,并判处10年2个月至10年6个月不等有期徒刑,并处罚金。

---

[*] 参见江苏省昆山市人民法院(2017)苏0583刑初406号刑事判决书。

■ 法律分析

> **争议焦点**
>
> 在电信网络诈骗犯罪中,没有逐一收集被害人陈述核实被骗数额时,能否认定诈骗罪犯罪金额?

信息网络犯罪案件中的抽样证明,是办案人员基于统计学的科学抽样方法从海量的物证、书证、证人证言、被害人陈述、视听资料及电子数据等证据材料中抽取一定比例的物证、书证、证人证言、被害人陈述、视听资料及电子数据等作为样本对象进行取证,并据此证明全体对象的属性、数量、结构、比例等的一种证明方法。

《刑事诉讼法》未规定刑事抽样取证制度。随着互联网发展,犯罪结构不断变化,信息网络犯罪愈加频发,信息网络犯罪已然成为当前我国的第一大犯罪类型,并且有愈演愈烈的趋势。借助互联网平台,越来越多犯罪信息网络化,产生了海量证据,而司法资源十分有限,无法对动辄数以亿计的证据逐一取证、认证以及质证,信息网络犯罪案件海量证据的司法证明困难突显。信息网络犯罪案件的海量证据对有限司法资源提出巨大挑战,为应对海量证据的证明困难,抽样证明的证明方式应运而生。

为了应对信息网络犯罪中海量证据的取证难题,《电信网络诈骗等刑事案件的意见》第6条第1款规定:"办理电信网络诈骗案件,确因被害人人数众多等客观条件的限制,无法逐一收集被害人陈述的,可以结合已收集的被害人陈述,以及经查证属实的银行账户交易记录、第三方支付结算账户交易记录、通话记录、电子数据等证据,综合认定被害人人数及诈骗资金数额等犯罪事实。"此条文虽然没有明确使用"抽样"的字眼,但其证明方式实际上就是抽样取证。本案的裁判实质上就是以该制度为基础,通过已收集的被害人陈述及其他证据认定本案犯罪数额。然而,该条文并未对如何抽样取证予以规范。

此后,2021年印发的《人民检察院办理网络犯罪案件规定》第21条、第22条进一步指出,若同类证据材料数量众多,在证明其是否有同样性质、特征或者功能时,因客观条件限制不能全部验证的,可以抽样验证。该规定则明确使用了"抽样"的字眼,并且没有限定抽样证据的种类,进一步放松对于信息网络犯罪中抽样取证的限制。

《信息网络犯罪意见》第20条第1款对抽样取证予以具体规定:"办理信息网络犯罪案件,对于数量特别众多且具有同类性质、特征或者功能的物证、书证、证人证言、被害人陈述、视听资料、电子数据等证据材料,确因客观条件限制无法逐一收集的,应当按照一定比例或者数量选取证据,并对选取情况作出说明和论证。"

该规定明确了抽样取证的条件、适用证据种类、抽样方法以及说明论证的程序,对于抽样取证进行了较为完善的规定。其一,规定抽样取证的启动条件为"数量特别众多"、"同类性质、特征或者功能"以及"确因客观条件限制无法逐一收集"。相较于之前司法解释规定的"数量众多"、"工作需要"以及"客观条件限制",上述规定明确了抽样以同质性为前提且数量需要特别众多,并明确三个条件需同时具备,相对严格了抽样取证的启动条件。其二,

《信息网络犯罪意见》规定了对抽样情况进行说明和论证以及案外人异议程序。《信息网络犯罪意见》规定案外人如对涉案的账户、资金等有异议应依法审查，更好地保护案外人的合法权利，属于创新之举，开始注重对案外人合法权利的保护。其三，《信息网络犯罪意见》规定以一定比例或数量选取样本证据，以选取一定比例或数量的方法保证样本证据的充分性。其四，《信息网络犯罪意见》规定："人民检察院、人民法院应当重点审查取证方法、过程是否科学。经审查认为取证不科学的，应当由原取证机关作出补充说明或者重新取证。"该规定首次在信息网络犯罪案件中明确不科学抽样取证的程序后果，即补充说明或者重新抽样，其可以一定程度遏制违法抽样取证行为，防止抽样取证的滥用。

综上所述，本案中，确系电信网络诈骗案件因客观条件限制无法逐一收集被害人陈述，采取抽样取证的方式证明案件事实，因此昆山市人民法院在法律适用上并不存在问题。但是何为客观条件限制显得模糊，抽样的具体程序缺乏详细规定，容易造成抽样取证的滥用。

■ 理论阐释 | 信息网络犯罪案件中抽样取证制度的价值

抽样取证是有效治理信息网络犯罪的新型取证方法，是信息时代发展催生的新型取证方法，顺应了信息时代犯罪样态变化发展的治理需要。

第一，抽样取证可以缓解海量证据的司法证明困难。信息网络犯罪案件涉及范围非常广，案件涉及全国各地甚至是境外，犯罪行为人人数众多，经常有大量的诉讼参与人，有的案件被害人多达数十万，难以对分布在全国各地的大量被害人进行取证。同时，涉案金额巨大，动辄产生数以亿计的资金往来记录。现有司法资源无力对海量证据逐一取证、认证以及质证，因为其需要耗费大量时间成本，诉讼将会旷日持久，不仅极大占用司法资源，而且有损被告人获得迅速审判的诉讼权利。抽样取证更为简单方便、快捷高效，所需司法成本与司法资源更少，可以有效缓解信息网络犯罪案件的司法证明困难。

第二，大数据的发展以及司法证明模糊理论提供了抽样取证新视角。大数据时代的信息网络犯罪独具特色，大数据意味着犯罪要素以及涉案证据的海量，从而难以实现绝对的精准性。大数据时代的来临以及模糊理论的发展为诉讼法学尤其是证据法学提供了一种全新的思路，也即其并不追求绝对真实，允许不确定性与模糊的存在。[1] 模糊论更契合信息网络犯罪司法现状，可以灵活解决一些司法疑难。抽样取证本身并不追求绝对真相，而是在相对清晰的案件事实的基础上惩罚犯罪，恢复社会经济秩序。事实上，刑事证据证明案件事实真相本就存在或然性，抽样取证作为概率推理并不影响事实真相的认定。同时，抽样取证仅是证明方法的一种，需要与其他证据和证明方法相结合，共同证明犯罪事实是否存在，因此其本身并不会降低证明标准。

第三，统计学理论的发展为抽样取证的运用提供了技术支持与理论支撑。抽样取证建立在抽样统计基础之上，以统计学理论作为理论支撑。抽样调查是统计学最常见、最基础

---

[1] 参见栗峥：《司法证明模糊论》，载《法学研究》2007年第5期。

的调查方法,统计学普遍认为,通过合理的抽样取证可以发现统计对象整体的特征,统计学的发展已经为抽样提供了完备的样式,这为抽样取证提供理论支撑。例如,本案中仅结合已经收集的被害人陈述及其他证据,就认定犯罪数额是否合理,辩方提出了质疑,这就涉及抽样方法的科学性问题。统计学认为,样本的代表性是抽样取证的基础所在,也是抽样取证科学性的保障。抽样取证是以样本证据推定全体证据的,样本必须具有代表性才能代表全体,非概率抽样证明难以保证样本的代表性。侦查取证的目的在于准确指控被追诉人的犯罪事实,因此抽样取证原则上不能采取非概率抽样证明,应采取概率抽样证明方式,例如,简单随机抽样、分层抽样、系统抽样等。总而言之,刑事抽样取证应强化抽样取证的统计学基础,强调抽样取证的科学性。

第四,诉讼效率理论为抽样取证提供内在动力。信息网络犯罪案件海量证据对于有限司法资源提出巨大挑战。原则上不可能对海量证据逐一取证核实,就算可以对证据逐一取证核实,所需要的时间成本、物质成本等也是极高,抽样取证势在必行。

■ **扩展思考** | 信息网络犯罪案件中抽样取证制度的完善

虽然《信息网络犯罪意见》已经对抽样取证有了较为基础的规定,但其对于抽样取证的启动条件和具体程序的规定依然不够明确完整,规定的抽样方法也依然不够科学,抽样取证的诸多实践问题依然难以解决。在启动条件上,抽样取证的适用以证据数量与证明方法的必要性、证据的同质性为前提;在程序完善上,一方面应当从审批程序、见证人制度、证据样本的封存固定、笔录的制作、实物证据抽样全过程录像以及抽样情况的说明和论证构建抽样取证的一般程序,另一方面针对被害人陈述、证人证言、电子数据等的特殊性设计不同的具体程序。

此外,应通过置信区间内的最低比例抽取样本、随机的概率抽样保障抽样的科学性。在信息网络犯罪中,证据数以亿计,样本证据如果抽取太多,无法有效缓解海量证据的证明难题。但也不能不加节制地随意抽取一定比例的样本证据,应当确定同质的不同种类证据需要抽取样本证据的最低比例,而该最低比例应根据司法实践结合不同案件类型、地区差异以及司法资源等加以确定。既不能过低,否则有滥用抽样取证之嫌,有失司法公正;也不能过高,否则不利于抽样取证的充分运用,无法发挥其应有作用。

对于刑事抽样取证的证据样本选取比例,笔者认为,可以借鉴置信区间的做法,根据具体情况以科学公式计算出置信区间,置信区间范围内的抽样比例视为合理区间,均可以采纳。同时,代表性是抽样取证的前提所在,样本证据没有代表性也就无法代表证据整体,抽样取证也就不再具有效力,因此必须保证样本证据的代表性。样本证据的代表性则与抽样方法密切相关,"非概率抽样证明中样本和总体之间的联系具有较高的不确定性,因而在刑事诉讼中控方原则上无法单独将非概率抽样证明运用在不利于被追诉人的指控中"。[2] 应

---

2 高童非:《刑事抽样证明的类型化重释》,载《中国刑事法杂志》2022 年第 3 期。

将《信息网络犯罪意见》的规定定性为概率抽样取证,并保证抽样的随机性。

《信息网络犯罪意见》的抽样取证制度完善关键还要充分保障被告人对于抽样取证实质的质证权。建议可从以下几个方面保障被告人对抽样取证的质证权。其一,因为指控被告人犯罪的实际上是样本证据,抽取的样本证据相对较少,被告人可就样本证据进行质证,也可就样本证据与全体证据之间的代表性、充分性等问题质疑,也可对抽样结果质疑,还可对抽样程序质疑。其二,基于海量证据抽样所获取的证据依然非常多,应给予被追诉人及其辩护人充分的时间对抽样情况、证据、笔录等材料进行阅览、分析,否则辩方都没有充分知悉抽样的相关材料,又谈何对其进行有效的质证。其三,抽样取证具有高度专业性,相关证据也具有专业性,被告人可能没有能力进行质证。因此,抽样取证的侦查人员或者专业机构的工作人员应出庭对抽样取证的方法、程序以及结果进行说明和阐释,并回应被告人的相关质疑和困惑,也应当准许辩方申请有专业知识的人或专业机构出庭进行质证。

125 司法证明的盖蒂尔难题及其破解
刘某某贩卖毒品案

熊晓彪 中山大学

■ 案情概要*

2015年12月21日14时许,警方接周某举报称有人贩卖毒品,随后在广州市番禺区市桥街禺山大道友利创意园后门附近,将在车内的被告人刘某某抓获,并在车辆的副驾驶座位下方缴获白色晶体1包(经检验,净重1000.06克,甲基苯丙胺的含量为78.8%)。2017年7月4日,广州市人民检察院以被告人刘某某犯贩卖毒品罪,向广州市中级人民法院提起公诉。刘某某辩称,毒品系刚才搭乘其车的周某(举报人)所留,意图栽赃给自己。其辩护人也提出,刘某某没有贩毒行为,本案事实不清、证据不足,无法排除周某栽赃陷害的可能性。2018年2月2日,广州中院判决,认为本案没有形成完整的证明体系,没有达到证据确实充分的法定证明标准,不能排除合理怀疑,判决刘某某无罪。

广州市检认为,本案侦查取证虽存在瑕疵,但现有证据可以证实刘某某的犯罪行为,其辩解没有证据支持,遂依法提出抗诉。同时对侦查取证中的问题向侦查机关发出纠正违法通知书。广东省人民检察院支持抗诉,承办检察官经审查案件材料发现,刘某某的上家"陈生"与该院办理的一起毒品上诉案中的上家"老陈"疑为同一人,及时协调公安部禁毒局成功将犯罪嫌疑人"老陈"抓获,补强了刘某某贩卖毒品的关键证据。2019年6月14日,广东省高级人民法院改判刘某某犯贩卖毒品罪,判处无期徒刑。[1]

■ 法律分析

争议焦点

被告人刘某某是否实施了贩卖毒品行为?具体包括两个方面:刘某某在向谁贩卖毒品?在刘某某车内副驾驶脚踏处缴获的约1公斤冰毒属于谁?

---

* 参见广东省广州市中级人民法院(2017)粤01刑初283号刑事判决书。
1 参见方晴:《女司机车内1公斤冰毒是谁的?证据大逆转 无罪变无期》,载环球网2019年6月26日,https://baijiahao.baidu.com/s?id=1637370401777518482&wfr=spider&for=pc。

□ 控方承担要件事实成立的证明责任

所谓要件事实,是指对于诉讼具有实质性的事实,[2] 又称为构成要件事实。本案的争议焦点——刘某某是否实施贩卖毒品行为——属于犯罪构成要件事实中的客观方面。对于要件事实,法律明确规定由控方承担证明责任。《刑事诉讼法》第51条规定:"公诉案件中被告人有罪的举证责任由人民检察院承担……"这里的"被告人有罪"主要是指被告人触犯了刑法规定的某个罪名,需要其行为符合该罪名下的各项构成要件;"举证责任"应作广义理解,即规定被告人有罪的举证责任由检察院承担,不仅要求检察院提供被告人有罪的证据,而且还要向法院证明被告人有罪。例如,在本案中,控方指控刘某某贩卖毒品罪,需要提出证据证明其主观上具有贩卖毒品的故意(明知贩卖毒品会危害公众健康,希望或放任该结果的发生),在客观上实施了贩卖毒品的行为(行为人与他人进行毒品交易,并从中获取物质利益)。

当然,规定控方承担被告人有罪的证明责任,并不意味着被告人(及其辩护人)就不负任何证明责任。例如,《刑事诉讼法》第42条规定:"辩护人收集的有关犯罪嫌疑人不在犯罪现场、未达到刑事责任年龄、属于依法不负刑事责任的精神病人的证据,应当及时告知公安机关、人民检察院。"该条规定了这三类证据由提出积极抗辩主张的辩方承担举证责任。此外,辩方为了避免败诉,有时候也需要提出证据动摇裁判者的心证,[3] 防止己方陷入所谓的"空口无凭"辩护境地。

□ 根据间接证据定罪的证明标准:结论具有唯一性

承担证明责任的控方需要将被告人的罪行证明到何种程度,才能说服裁判者相信被告人有罪,这就涉及证明标准问题。证明标准不仅是控方履行证明责任的标志,还是被告人有罪与否的最后判准。《刑事诉讼法》第55条规定刑事诉讼的证明标准是"证据确实、充分",并以"排除合理怀疑"来对其进行具体明确与把握。[4] 但《刑诉法解释》第140条又专门对根据间接证据认定案件事实的证明标准作了具体规定:"……(四)根据证据认定案件事实足以排除合理怀疑,结论具有唯一性……"

显然,对于间接证据的定罪证明标准要比"证据确实、充分"标准严格得多,不仅要足以排除合理怀疑,还要求结论具有唯一性。"唯一结论"意味着所认定的案件事实接近百分之百的准确性,有学者据此将该标准称为"铁案标准"。[5] 在本案中,由于不存在直接证据,被告人也不认罪(零口供),因此只能根据间接证据认定相关犯罪事实,所以应适用"结论具有唯一性"证明标准。一方面,控方所提出的证据不能证明刘某某在向谁贩卖毒品,甚至不能排除她是在进行售卖燕窝的可能性。在本案一审中,控方未能证明被告人刘某某的上家是

---

[2] 参见[美]罗纳德·J.艾伦:《艾伦教授论证据法》(上),张保生等译,中国人民大学出版社2014年版,第121页。
[3] 参见周洪波:《证明责任分类的体系重构》,载《法学家》2020年第3期。
[4] 参见法律出版社法规中心编:《中华人民共和国刑事诉讼法(注释本)》,法律出版社2021年版,第55页。
[5] 参见周洪波、昝春芳:《刑事庭审实质化视野中的公诉证据标准》,载《江海学刊》2017年第6期。

谁,也没有证明刘某某是在与谁进行毒品交易。

另一方面,现有证据只能证明毒品是在刘某某的车上副驾驶脚踏位置发现的,不能据此推定该毒品为刘某某所有。因为其他证据表明,举报人周某自身吸毒,且与刘某某认识,在其举报之前就坐在该车副驾驶位置上,出庭作证证言有多处前后不一、缺乏印证。例如,周某在笔录中说自己当天没有乘坐过刘某某的车,法庭询问时却说乘坐过但没留下物品;笔录中说刘某某将毒品贩卖给一个客户,法庭询问时却改口称该客户是自己虚构的。显然,这样的证据无法说服法官。正如本案一审判决所说,现有证据无法排除被告人提出该毒品归周某所有的辩解。据此,一审法院认为,公诉机关指控被告人刘某某犯贩卖毒品罪的事实不清、证据不足,遂作出了被告人无罪的判决。

该案的转折发生在广东省检支持抗诉后,承办检察官到实地查看行车路线和抓捕现场,向侦查机关提出补证意见。尤为重要的是,该承办检察官发现被告人刘某某经常联系的一个名叫"陈生"的人,与其正在办理的另一起毒品案件中的上家"老陈"(真名"陈某谦")疑为同一人。经努力,终于及时将陈某谦抓获,从而补足了刘某某贩卖毒品的证据。在该案二审庭审过程中,公诉人当庭出示了陈某谦落网后的口供以及与其社会往来密切人员口供——无论是陈某谦本人还是其家人、朋友都没有从事过燕窝生意——直接反驳了刘某某的说法。刘某某对此回应说自己并不认识陈某谦。公诉人此时出示刘某某的通信清单,显示刘某某到汕尾仅联系过手机尾号为9766的陈生一人,而该手机号的使用人正是陈某谦。此外,公诉人还提出了已经落网的谢某娟的供述,证明其就是刘某某的下家。

■ 理论阐释

□ 司法证明的"盖蒂尔难题"

该案从一审无罪到二审判决无期徒刑,关键在于控方对刘某某实施贩卖毒品行为的证明在认识论上发生了变化。在一审中,控方的证明无法说服法官相信刘某某实施了贩卖毒品行为,主要原因在于,其难以排除副驾驶脚踏处的毒品是举报人栽赃给被告人的可能性。这里存在一个哲学认识论问题——"得到证成的真信念"可能只是一种偶然结果,此即著名的"盖蒂尔难题"(Gettier problem)。[6] 认识论的目标要求事实认定者作出代表他们关于最终争议事实知识的裁决,即裁决不仅是真实的,还要有认识论上的保障或者正当理由,并且应与其已证成的信念适当地联系在一起。反之,如果存在以下三种情形,则一项裁决就是有缺陷的,即没有实现认识论的目标:它可能为真,但未得到证成;它可能得到证成,但却是错误的;它可能为真且得到证成,但其真实性可能是意外或偶然地与正当理由相关。[7]

对于第一种情形,通过抛掷硬币进行随机裁决的情形很容易理解——该正确裁决建立

---

[6] See Edmund L. Gettier, *Is Justified True Belief Knowledge?* 23 Analysis 121 (1963).

[7] See Michael S. Pardo, *The Gettier Problem and Judicial Proof*, 16 Legal Theory 37 (2010).

在容易产生高错误率的随机选择之上;第二种情形是大多数遵循正当程序却得出错误裁决的案例集合,呈现给法庭的证据经过大量彻底调查,且没有相关证据被不当排除,事实认定者通过认真审查证据和进行充分推理,认为犯罪事实已获得充分证成,因此作出被告人有罪的最终裁决。但后来的新证据显示,该被告人实际上是无辜的。也即具有正当理由还不足以得出一个准确的裁决。

至于第三种情形则更为复杂,也是"盖蒂尔难题"最为核心的内容。迈克尔·帕尔多(Michael S. Pardo)举了一个例子予以说明:

[遭陷害的被告人案]警察逮捕了一名汽车司机,指控他持有非法毒品。证据显示,毒品在被告人车里,但被告人声称对毒品之事一无所知。事实认定者有理由不相信该被告人,因此裁决其罪名成立。事实上,被告人的确持有非法毒品。但调查人员或事实认定者不得而知的是,警察所发现的毒品是别人放在车里打算陷害被告人的。事实认定者还不得而知的是,被告人的确在别处隐藏了非法毒品,但这些毒品并未被警察发现,因而也不构成指控被告的依据。[8]

帕尔多认为,在该案中证据与真相之间的分离,导致该裁决是不充分的。换句话说,事实认定者作出具有正当理由裁决的真相,是意外或巧合获得的。帕尔多所举例子与刘某某案存在相似之处:警方都在被告人车里发现了毒品,被告人都声称该毒品不是自己的。不同的地方在于,在帕尔多例子中,事实认定者没有采信被告人的主张,而是裁决其有罪。从认识论视角来看,一审法官实际是想避免陷入帕尔多案中的认识错误——盖蒂尔难题。倘若刘某某是举报人周某故意栽赃的,那么作出被告人有罪的裁决就是错误的。尽管该案一审法官内心可能认为刘某某有罪,但举报人周某的前后矛盾证词、发现毒品的位置以及周某举报前坐过该车副驾驶座位等证据,促使其向作出无罪一侧倾斜。

▢ 破解思路:实际最佳解释

盖蒂尔难题的实质在于,应当如何对待那些不为裁判者知晓的(包括未得到证据证明)的事实,如果该事实被裁判者所知晓或者被证据所证明,那么便会改变其所相信并被证成的东西。倘若对这些未知事实不予理会,那么所作出的裁决就可能偏离甚至背离真相。然而,一旦过分关注这些未知事实,就可能陷入怀疑主义,认为作出的判决总是不可靠的。正如戴尔·A. 南斯(Dale A. Nance)所指出的,任何充分证成的知识都可能存在盖蒂尔难题,因为在作出任何裁决时,没有办法确定任何案件都没有被(已被)"盖蒂尔化"。[9] 这就意味着,用盖蒂尔的偶然性理论来检视,没有一个裁决可以被看作安全的。

从刘某某案的二审证据与判决结果来看,一审判决所认定的"无法排除被告人刘某某

---

[8] See Michael S. Pardo, *The Gettier Problem and Judicial Proof*, 16 Legal Theory 37(2010).

[9] 参见戴尔·A. 南斯:《裁判认识论中的真相、正当理由和知识》,阳平、张硕译,张保生校对,载《师大法学》2018年第2辑。

提出毒品归周某所有的辩解",实际上陷入了"盖蒂尔化"困境——用偶然/碰巧出现的证据性事实(举报人周某坐过副驾驶位置),削弱甚至否定了被证成为真的信念(刘某某持有该毒品)。当然,举报人在一审中的糟糕庭审表现,以及裁判者对于贩卖毒品罪"上家"与"下家"这些基本要素的未知,更为加剧了该案的"盖蒂尔化"。

基于解释与推论的启发性关系,哲学领域发展形成了"最佳解释推论":通过一个给定的假说将比任何其他假说为证据提供更好的解释这一前提,可以推出该给定假说为真的结论。[10] 根据最佳(似真)解释的哲学标准(诸如一致性、融贯性、符合背景知识等),最佳解释推论能够得出一种次优的认知承诺——仅次于真理的确证知识。然而,此种确证知识仍然难以契合裁判实践。为解决此问题,有学者对其施加了证明标准限制,提出了司法证明的相对似真性理论:产生与事件和证据相关的潜在解释,再根据所适用的证明标准对这些解释进行比较并据此确定最佳解释。[11]

在施加上述实践考量之后,可以将最佳解释推论称为实际最佳解释推论,即最可能的推论是建立在可获得的完整证据之上的实际最佳解释。如此,因不充分证据或未知的偶然性导致的"盖蒂尔难题"可得有效消解。刘某某案一审判决的问题在于控方证据尚未达到实际可获得的最佳证据(完整性),但法院却基于证明标准将错误风险分配给了控方;二审则基于完整证据得出了实际最佳解释。

▣ 扩展思考

认识论哲学与司法证明的深层互动已逐渐成为一种研究范式,最佳解释推论即为其中的典型例子。遗憾的是,追求真理的认知哲学与发现真相的司法证明之间存在的鸿沟,却鲜有学者意识到。"盖蒂尔难题"揭示了确证意义上的知识与裁判理性的不一致性。司法裁决是一种需要将调查理性与裁判理性都纳入考量的实际推理(决策):调查理性与实际可获得的证据分量有关,其包括权衡获取证据的成本与预期收益之后作出的关于证据完整性与充分性判断;裁决理性涉及最佳解释推论的作出,以及案件利害关系的具体考量,从而决定可适用的证明标准尺度来对判决错误风险在当事人之间进行合理分配。显然,仅关注(有正当理由)证成真信念的确证知识,并不具有上述意涵。

不过,这并不意味着二者之间的鸿沟不可弥合。相反,只要注意到认识论哲学与司法证明的语境差异性,并对跨语境的内容施加必要限制或转化,那么问题也许就迎刃而解。"盖蒂尔难题"是几乎所有关于事实探究活动都会面临的认知困境,怀疑主义与解释的多元性为其作了背书。建立在法律推理与裁判实践理性特征之上的实际最佳解释推论,提供了一种行之有效的破解进路。

---

10 See Gilbert H. Harman, *The Inference to the Best Explanation*, 74 The Philosophical Review 88(1965).
11 See Ronald J. Allen & Michael S. Pardo, *Relative Plausibility and Its Critics*, 23 The International Journal of Evidence & Proof 5(2019).

126 正当防卫案件的证明责任分配

冷某故意伤害案

杨 依 复旦大学

■ 案情概要[*]

被害人曾某利系被告人冷某丈夫刘某平的婚外情对象。2006年6月23日晚,冷某因多次接到曾某利打来的挑衅电话,于当晚10时40分左右,来到曾某利与刘某平所在的出租屋。双方见面后发生争执,曾某利从厨房拿出菜刀,冷某也以自带的水果刀相抗。二人扭打过程中,曾某利腹部受伤,后因抢救无效死亡。案发时仅有冷某、曾某利和刘某平三人在场。

2006年12月,云南省丽江市永胜县人民法院审理了此案。一审法院认为,冷某在遭受曾某利持刀威胁的情况下,以自带的水果刀相对抗,该行为系防卫过当,构成故意伤害致人死亡。同时考虑到冷某在案发后主动报警,积极抢救被害人并主动赔偿经济损失,应认定有悔罪表现。加之被告人属偶犯,主观恶性较小,且受害人插足他人合法婚姻具有重大过错,一审法院最终以故意伤害罪判处冷某有期徒刑3年,缓刑5年。冷某对此未提出上诉。

2019年11月,丽江市人民检察院以原审判决认定冷某行为构成防卫过当的基本事实不清、证据不足为由提出抗诉。2019年12月,丽江市中级人民法院经审查认为检察机关抗诉理由成立,并指令华坪县人民法院再审。

2020年3月,华坪县人民法院再审开庭,控辩双方的争议焦点依旧围绕无限防卫权的前提是否存在而展开,也即冷某刺伤曾某利之前,曾某利是否先从厨房拿出菜刀砍向冷某,从而对冷某构成了"正在进行的不法侵害"。对此,辩方提出了一系列证明材料,证明当晚曾某利先从厨房拿出菜刀砍向冷某,冷某才以水果刀相抗并在扭打过程中捅刺曾某利。辩护律师表示,冷某的庭前供述一直较为稳定,上述事实也能够与现场唯一目击证人刘某平所提供的第三次至第六次询问笔录内容,以及现场勘验血迹情况相互印证。并且根据存疑有利于被告人原则,检察机关应承担证明冷某行为不属于防卫过当的举证责任。

2020年4月,华坪县人民法院经审理认为,目击证人刘某平与原审被告人冷某系夫妻,存在利害关系;且刘某平第一次、第二次询问笔录与后几次证言存在矛盾,即被害人曾某利究竟是先持菜刀与冷某发生厮打受伤,还是被冷某捅伤后进入厨房寻刀存在疑问。本案中

---

[*] 参见云南省丽江市永胜县人民法院(2007)永刑初字第001号刑事判决书、云南省丽江市华坪县人民法院(2020)云0723刑再1号刑事判决书。

证明冷某防卫过当的证据未达到确实、充分的证明标准,对于防卫过当的认定不具有唯一性和排他性,无法排除合理怀疑。因此,最终认定冷某的行为既不构成正当防卫,也不构成防卫过当,判决冷某犯故意伤害(致人死亡)罪,判处 7 年有期徒刑。冷某提出上诉,检察院提出抗诉。

2021 年 3 月,丽江市中级人民法院作出终审裁定,认为丽江市人民检察院提出的抗诉理由不充分、证据不确实,不予支持。裁定撤销华坪县人民法院再审判决,原永胜县人民法院判决仍具法律效力。

■ 法律分析

争议焦点

正当防卫案件的证明责任应如何分配?其标准为何?法官对防卫事实存疑时,由谁承担败诉风险?

☐ 正当防卫案件证明责任分配的主要争议

近年来,为激活正当防卫制度,捍卫"法不能向不法让步"的法治精神,最高人民法院、最高人民检察院、公安部联合出台《关于依法适用正当防卫制度的指导意见》等法律文件,对诸多正当防卫实体性问题作出系统性解释规定。然而,与日臻完善的实体规范相比,正当防卫案件的证明规则还较为匮乏,难以满足实践需求。与其他刑事案件相比,正当防卫多发生于杀人和伤害案件中,且防卫行为大多具有突发性和紧迫性的特征,客观证据数量较少且难以收集,时常令办案人员陷入"幽灵抗辩"的查证困境。尤其是在缺乏监控录像或目击证人较少的密闭案发场所,应由谁向法庭提供证据对"防卫起因"、"防卫意图"和"防卫限度"等关键性事实加以证明,以及当事实存疑时不利败诉风险该如何分配,均直接影响正当防卫的司法认定。

虽然我国《刑事诉讼法》第 51 条规定"公诉案件中被告人有罪的举证责任由人民检察院承担",但长期以来,仍有不少学者和办案人员认为如果被告人提出正当防卫这类违法阻却或责任阻却事由,相当于在犯罪构成要件之外另行提出一个"争议事实",此时应由辩方承担主观证明责任或提供证据责任,且须达到"形成争议点"或"形成合理怀疑"的证明标准。受此观点影响,当前由被告人对正当防卫事实承担证明责任已成为我国司法裁判中的常态。不少被告人不仅被要求自证防卫事实,甚至还要达到事实清楚、证据确实充分的程度,否则法庭将判定正当防卫不存在。这种将正当防卫证明责任强加给被告人的做法,客观上加剧着正当防卫的司法认定困难,也使得正当防卫逐渐沦为"僵尸条款"。

☐ 对于本案的分析

冷某案发生于密闭空间且证据数量有限,辩方实际上提出了包括被告人供述、证人证言以及现场勘验笔录等一系列证明材料,不仅履行了主观责任,还成功使再审第一审法官对是否存在"正在进行的不法侵害"产生了合理怀疑的心证。但由于我国正当防卫证明责任分配规则和标准不清晰,辩方的证明责任极易被抬高。从再审第一审判决中可以发现,法院认为冷某与其辩护人提供的证据未达到确实、充分的证明标准,防卫过当事实存疑,不具有唯一性与排他性,从而否定了正当防卫与防卫过当的辩护意见。辩方客观上被要求将防卫过程事实证明到事实清楚、证据确实充分,排除合理怀疑的最高标准,即承担了自证无罪的客观证明责任。与此同时,检察机关却没有因为防卫起因这一关键事实未能排除合理怀疑而承担任何违法性指控失利的裁判结果。

《刑事诉讼法》第 51 条规定,公诉案件中被告人有罪的举证责任由人民检察院承担。基于无罪推定原则,控方应对犯罪成立所要求的所有要件事实承担证明责任,并达到事实清楚、证据确实充分,排除合理怀疑的法定程度。其证明责任之履行范围明显不限于构成要件该当性,还包括对阻却违法性和有责性事由的有效排除。本案中,只要辩方能够证明正当防卫或防卫过当具有可能性时,就足以表明检察机关对于定罪量刑的关键事实还未达到排除合理怀疑的证明要求。[1] 此时,控方应继续履行防卫事实不存在的证明责任。辩方没有证明自己无罪的义务,更不应承担未能达到事实清楚、证据确实充分,而使裁判者直接认定防卫事实不存在的不利诉讼后果。冷某案再审中随意突破被告人主观证明责任标准,造成正当防卫客观证明责任易位的处理方式在司法实践中并不少见,也由此产生了不少饱受争议的判决。

■ 理论阐释 | 被告人的"举证必要"

证明责任本质上属于法律对待证事实在诉讼双方之间预设的风险分担方案。当法庭辩论终结时,即便待证事实仍处于真伪不明之状态,法官也须对合法的起诉适用法律进行裁判。此时,因事实不清而承担不利败诉后果的一方即为证明责任的承担者。在败诉风险的心理映射下,承担证明责任的一方当事人为避免其主张不成立,会积极向法庭提供证据,履行证明义务从而证立己方主张,促使法官形成心证。随着证明责任理论不断发达,司法证明的"风险分配方案"逐渐细化。主观证明责任表现为诉讼过程中当事人为避免败诉而向事实裁判者提供证据证明争议事实的必要性。而客观证明责任从法庭辩论结束时的诉讼结果或者要件事实之确定性出发,强调一方当事人是否完成令裁判者相信要件事实存在并达到法定程度的义务。英美法系国家亦有提供证据责任与说服责任的近似区分。[2]

回归证明责任分配理论的内在机理,要件属性决定控方客观证明责任的履行范围,而主观证明责任之设置须兼顾一国刑事诉讼构造下的制度需求。从犯罪成立的本质出发,正当防卫并非符合犯罪构成之后的例外情形,而应是犯罪论体系内部进行犯罪评价过程所不

---

[1] 参见吴宏耀:《云南冷兰兰案中值得关注的几个程序法问题》,载微信公众号"中国政法大学刑事辩护研究中心"2020 年 5 月 7 日,https://mp.weixin.qq.com/s/uzFeTYf37vDYjjVkZCYfRQ。

[2] 虽然英美法国家"提供证据责任"和"说明责任"不能完全等同于大陆法国家的"主观证明责任"与"客观证明责任",但二者在行为表现与法律效果上具有一定相似性。

可缺少的一环,是构成犯罪所必须事先排除的事由。[3] 被告人主张正当防卫并非在犯罪论体系之外提出了一个独立于控方指控的新主张,而是对指控事实从实质违法的层面加以否定。因此,排除正当防卫事由也当然属于《刑事诉讼法》第51条所规定的,检察机关证明被告人有罪的举证责任范畴。当下我国刑事被告人有效辩护保障机制尚不健全,将主观证明责任或提供证据责任强加给被告人,可能导致正当防卫案件之启动异常艰难。

当前破解我国正当防卫案件证明责任之难题,须在理论上明确被告人仅具有客观形势下的"举证必要",而非与不利诉讼后果相联系的"举证责任"。与此同时,为配合被告人举证必要之落实,从提升我国刑事诉讼真实发现能力与强化被告人的人权司法保障角度出发,未来还应激活正当防卫案件司法机关的职权调查义务,为强化司法证明和维护诉讼公正提供坚实的程序保障。

举证必要源于被告人避免败诉被定罪的心理激励,是客观形势下为维护自身利益所产生的正向举证驱动。司法实践中绝大多数正当防卫或者防卫过当之抗辩均由辩方提出,且辩方提出这一主张时检察机关通常已将构成要件该当性或案件基础性事实证明到一定程度,此时被告人基于避免被定罪的防御本能也会尽可能在诉讼过程中提供对自己有利的证据,以此反驳控方的指控,动摇法官对指控事实的确信程度。正如在一些刑事案件中,被告人倘若主张自己不在犯罪现场或无作案时间,也会产生积极向法庭提供线索或证据材料的举证驱动。

这种客观形势下的举证激励在本质上不同于以提供证据为行为要素的主观证明责任或提供证据责任。因为即便被告人未能就防卫过程提供足够的证据,也不必然导致正当防卫事由不成为争点或者正当防卫不能成立的裁判结果。被告人的举证必要可有效引起庭审对正当防卫事由的关注,是促使法官心证形成的信息来源之一。而最终能否排除被告人正当防卫之可能,仍取决于控方证明责任的履行成效。并且以被告人的举证必要代替主观证明责任,可有效避免司法实践中长期存在的客观证明责任易位,以及主观证明责任标准把握随意性等问题。

从推动法庭信息开放性与交互性的有益角度考察,被告人若想援引包括正当防卫在内的阻却违法事由,应当履行最低限度的举证必要标准。

第一,在行为要素上,被告人举证必要的履行方式多样,但至少应达到提出主张且提供必要线索的标准。被告人作为防卫过程的亲历者,理应能够提供他人难以知晓的防卫细节。在此基础上,被告人若能提供更充分的证据材料证明损害结果是在何种情境下产生的,则更有助于法庭对被告人前后供述与客观环境细节的印证程度作出判断。

第二,在事实明确程度上,被告人履行举证必要应使得正当防卫之成立具有合理性基础。例如,被告人可对防卫时的情境展开详细说明,描述不法侵害发生的原因、方式和强度,防卫过程中双方所处的时空状态以及所使用的手段和工具等。如果被告人对防卫过程的

---

[3] 参见李昌盛:《积极抗辩事由的证明责任:误解与澄清》,载《法学研究》2016年第2期。

描述或提供的线索本身就存在明显的事实矛盾,且无法对此进行合理解释,那么法庭也不必专门启动对防卫事实的调查程序。

第三,在诉讼阶段上,法庭审理环节是被告人履行举证必要的典型场域。通常情况下,检察机关将构成要件该当性或案件基础性事实证明到一定程度后,即产生被告人客观形势下的举证必要。被告人在法庭上提出主张和线索并对防卫事实进行合理说明,不仅能为检察机关接下来继续履行违法性客观证明责任指明具体的方向,还能使法庭审理的争点更加集中,更有利于法官对案件事实形成完整、理性的认知。

■ 扩展思考 | 实体规范的结构分析与客观证明责任的科学分配

激活正当防卫制度需要刑事实体法与程序法协同并进。证明责任分配理论作为连接实体与程序的桥梁,其理论构成应当兼顾实体规范的内在逻辑与程序构造的环境要求。当前我国证据法理论研究存在源自不同传统的规范、术语彼此杂糅与相互混搭的现象,导致一些基本范畴未能有效厘清,共识性的理论体系远未形成。[4] 这一点在过往正当防卫证明责任理论的研究中亦有所体现。部分域外理论引介或未与实体规范展开深度融通,或忽略对我国司法制度的现实观照,使得正当防卫案件的证明责任分配问题长期处于不稳定的状态,难以为司法实践提供有效指引。

回归证明责任分配的内在机理可以发现,实体规范的结构分析为客观证明责任的科学分配提供相对稳定的依据。阶层式犯罪论体系之下,正当防卫要件的位阶属性决定了其并非符合犯罪构成之后的例外情形,而是犯罪成立所必须事先排除的事由。被告人提出正当防卫之抗辩,在本质上是从实质违法性的层面对指控事实加以反驳,并未超越控方"证明被告人有罪的举证责任"范畴,因而不存在证明责任之转移基础。主观证明责任之运行须顺应一国刑事诉讼构造下的诉讼传统与制度需求。鉴于我国当前职权主义的底色还未改变,且辩方客观举证能力较弱的司法现状,明确被告人仅具有客观形势下提出主张和线索的举证必要,应是破解理论与实践迷思的合理选择。

为构建被告人举证必要的程序保障机制,提升刑事诉讼真实发现能力,未来还应激活司法机关在正当防卫案件中的职权调查职责,包括强化检察官客观公正义务与法官对有利于被告人事实的积极澄清义务,尤其是增强对正当防卫案件被告人的取证关照。让正当防卫的司法判决经得起事实、经验、逻辑和法律的检验,发挥保护公民基本权益与维护法治社会的价值秩序。

---

4 参见吴洪淇:《证据法体系化的法理阐释》,载《法学研究》2019 年第 5 期。

127 刑事裁判运用"常理""常识""常情"进行说理论证

何某运输毒品案

谢进杰 中山大学

■ 案情概要*

2013年10月31日,被告人何某将毒品甲基苯丙胺藏匿于自己的云G39×××号货车中,驾车从云南省澜沧县前往普洱市。当日15时30分,途经糯扎渡边防检查站接受检查时,民警从该车工具箱上方与车体的隐蔽夹层内查获甲基苯丙胺13包,共计净重7225克。

当天,何某因本案被刑事拘留,同年12月6日被逮捕,羁押于普洱市看守所。本案经公安机关侦查终结,移送检察院审查后向法院提起公诉,普洱市中级人民法院经审理,于2014年7月21日作出(2014)普中刑初字第175号刑事判决,认定何某犯运输毒品罪,判处死刑,缓期二年执行,剥夺政治权利终身,并处没收个人全部财产;查获被告人携带的毒品甲基苯丙胺7225克、手机1部、人民币5.5万元、蓝色解放牌柳特神力货车一辆,依法予以没收。

宣判后,何某上诉称:一审认定事实不清、证据不足;其无主观运毒的故意,认定其构成运输毒品罪无法律依据,请求改判无罪。云南省高级人民法院裁定驳回上诉,维持原判。

针对何某及其辩护人所提上诉理由及辩护意见,二审法院说理回应如下:本院认为,本案是在何某单独驾车接受边防检查站检查、询问过程中神色慌张,执勤人员认为其可疑,作深入检查后查获毒品,何某的外在表现反映其内心惧怕检查的主观心态。作为一名运输普通货物的司机,其表现有违常情;藏匿毒品的货车系何某本人所有,在接受检查时,是其单独驾驶并持有货车工具箱钥匙,货车工具箱是加锁状态,是其本人打开工具箱从而查获毒品。毒品藏匿于货车工具箱内的夹层里,高度隐秘,在案无证据证实除何某以外有人持有货车工具箱钥匙并打开过工具箱;涉案毒品7225克价值约100万元,价值较高,何某辩解不知是什么人、什么时候将毒品藏匿在货车工具箱内的说法,与毒品交易、交接的惯常方式矛盾,明显有违常情常理,不予采信;何某辩解只到勐遮下货、未到过勐海停留住宿,但卡口抓拍到涉案的云G39×××货车于2013年10月30日0时22分至同月31日8时28分在勐海县城停留32小时,何某的辩解与抓拍情况矛盾。其未能如实交代被抓获前的行踪,故意隐瞒到过的地点,有违一名从事正常货运司机的正常表现;卡口抓拍到云G39×××货车于2013年10月31日8时28分驶出勐海县。故何某辩解10月30日晚上至31日上午,其将该

---

* 参见云南省高级人民法院(2014)云高刑终字第1159号刑事裁定书。

货车停留在到澜沧县途中的星火山食宿店的说法明显不真实、客观,进而证实其辩解不排除货车在 10 月 30 晚上至 31 日早上停留期间,有人偷偷将毒品藏匿在工具箱的说法不真实、可信;何某辩解称可能系"路边男子"偷偷藏匿毒品,但其未提供该男子任何侦办机关可以据以追查的身份信息,侦办机关经实地走访,未能查实;何某辩解毒品包装物上没有留有其指纹,经查,毒品包装物上没有提取到其指纹,但也没有提取到其他任何人的指纹。在案无证据证实"路边男子"真实存在;在案有查获经过、现场检查笔录、车体检查笔录、鉴定报告、称量笔录等证据证实何某在运输毒品过程中被人赃俱获,其被抓获后拒不交代毒品从何而来、运往何处等情节,造成不能查明该毒品的来源、去向,但该情节不影响对其定罪;何某运输毒品数量较大,且归案后不能如实交代犯罪事实,认罪态度差,本应严惩,鉴于在案无证据证实其系毒品出资者、所有者,不排除其只是单纯运输者、尚有其他人员参与的可能,且其没有违法犯罪前科,尚不属于主观恶性极深、罪行极其严重的犯罪分子,判处其死刑,可不立即执行。

■ 法律分析

争议焦点
在关系公民人权、自由、生命与定罪量刑且高度强调罪刑法定、无罪推定的刑事裁判领域,运用"常理""常识""常情"等进行推理、说理、论证,其合法性依据与正当性基础是什么?

裁判说理的一般公式是"案件事实+法律规范=裁判结论",尤其在成文法国度,裁判说理应紧密结合案件事实与证据,依据法律规范与法理来展开。如同马克斯·韦伯关于"法官是自动售货机"的隐喻,除"从法典上抄下来的理由",没有也不应当有其他的根据。[1] 然而事实上,法官并非总是严格而单一地依据法律推理与法理演绎在判案,诸如"常理"等要素在一定程度上构成了判案根据,被运用于裁判说理论证。一般而言,"常理"等概念与日常生活经验相关,侧重于对平民化、大众化、普遍性规律的关注,而法官判案更多地应当是以案件事实与证据为基础,根据法律规范与法理,基于严密的论证逻辑,将心证形成过程与裁判结论理据通过裁判文书说理严谨地呈现。如果说,民事裁判由于与市民社会日常生活紧密关系,可能偶尔借助生活经验、生活习惯、大众认知、公序良俗、乡规民约、行业习惯、经验法则等来进行说理,具有一定的必要性和正当性;那么在刑事裁判领域,运用"常理"等进行推理、说理、论证之依据为何?

从规范层面观察,刑事裁判说理对"常理"等的运用,虽然没有直接明确依据,但也没有明文禁止,且实际上已为相关司法政策所认可。例如,《刑诉法解释》(2012 年)第 105 条要求"运用证据进行的推理符合逻辑和经验",第 75 条要求对证人的猜测性、评论性、推断性的证言原则上不得作为证据使用后提出"根据一般生活经验判断符合事实的除外"。再如,

---

[1] 参见[德]马克斯·韦伯:《论经济与社会中的法律》,张乃根译,中国大百科全书出版社 1998 年版,第 62 页。

《高检规则(试行)》(2012年)第66条、第305条、第404条中也直接采用了"常理""为一般人共同知晓的常识性事实""经验法则"等概念,将"符合常理"应用于评价、要求和规制刑事诉讼实践中的相关问题。

可见,刑事诉讼实践中对"常理""常识""常情"等经验法则的运用有一定的客观需求和合法性空间,不仅裁判者有运用经验法则说理的冲动,而且这种观念也是一定程度符合控诉方等当事人的认同。从法律文本层面,在满足"以事实为根据,以法律为准绳"等一系列司法裁判要求的前提下,运用"常理"等经验法则进行裁判说理并不违法,甚至还得到了相关司法解释、规则和政策的认可。尤其是就本案相关的毒品犯罪而言,有关司法解释与政策文件就强调"判断被告人对涉案毒品是否明知,不能仅凭被告人供述,而应当依据被告人实施毒品犯罪行为的过程、方式、毒品被查获时的情形等证据,结合被告人的年龄、阅历、智力等情况,进行综合分析判断"。其中甚至明确在某些"常理"情境下"被告人不能作出合理解释的,可以认定其'明知'是毒品"。[2]

当然,从实践层面观察,法官运用"常理"等说理时,基本上只是将其作为解释案件认定中的某个事实问题或环节的理由,其裁判依据实质上仍然是法律规范和法理,因而也并未触犯裁判的合法性。但也应注意,即便绝大多数情况下运用"常理"等说理论证具有相当的合法性,但过度或不当地运用也会滋生不合法的情况。譬如,当运用"常理"等进行说理与法律明文规定相违背或明显缺乏事实根据,或者在个案说理中纯属法官个人偏见、成见或错误认知等情况下,就已违背了法律原则或条文规定,违背了裁判本身所要求的公正性,自然便欠缺合法性。

■ 理论阐释 | 运用"常理""常识""常情"说理的类型化分析

那么,在刑事裁判实践中,法官缘何要运用"常理""常识""常情"进行推理、说理、论证呢?根据笔者的实证调查与类型化分析,主要存在如下八种情形:(1)固化证据链。法官将"常理"等运用于裁判说理一定程度上是基于对庞杂的证据作出识别、甄别某些证据证明力,排除证据矛盾,建构证据间关联性,固化证据链的需要。(2)强化服判力。裁判说理对"常理"等的恰当运用,补充一种自下而上的民间知识,有助于将裁判说理置于一种与当事人乃至普罗大众沟通对话的"合情合理"的话语环境,强化裁判的服判力,强化当事人的接受程度和司法的公信力。(3)遵循经验法则。法官援引经验法则据以裁判说理,是缘于遵循经验法则是人类认识事物、处理问题所离不开的命题和方法,"常理"等恰当运用对于强化裁判说理的逻辑性和增进法的可预见性有积极效应。(4)赢得公共认同。"常理"等本身

---

[2] 如2008年12月1日最高人民法院《全国部分法院审理毒品犯罪案件工作座谈会纪要》第10点,2007年12月18日最高人民法院、最高人民检察院、公安部《办理毒品犯罪案件适用法律若干问题的意见》第2点,2009年6月23日最高人民法院、最高人民检察院、公安部《关于办理制毒物品犯罪案件适用法律若干问题的意见》第2点,2012年6月18日最高人民法院、最高人民检察院、公安部《关于办理走私、非法买卖麻黄碱类复方制剂等刑事案件适用法律若干问题的意见》第5点。

已蕴含着最大限度上的大众认知和公共理念,法官对此的恰当运用就像是在援引"公理",为裁判说理"拉票",能够引起相关公众的共鸣,赢取多数人对司法裁判的认可。(5)规避说理。诸多司法裁判对"常理"等的运用也存有以此规避法律推理与法理说理之嫌,主要有三种表现,一是以"常理"等进行说理替代法律推理与法理演绎进行说理,二是直接以经不起推敲的所谓"常理"等去说理,三是直接笼统以"不符合常理"等回应观点、得出结论却丝毫没有说理,从而实质上规避说理。(6)基于说理习惯。裁判说理或多或少蕴含着法官个人的说理习惯,承载着法官经验实践形成的说理风格,某些法官撰写的裁判文书偏好且频繁运用"常理"等概念。(7)缘于立法漏洞。将"常理"等运用于裁判说理某些时候也缘于立法漏洞,当法官就某个问题的判断无从获取具体明确的法律规范依据时,就为从"常理"等经验法则寻找裁判说理依据提供了必要性、可能性和空间。(8)出于回应观点。"常理"等经验法则植根于生活、源于民间,被告人辩解意见、律师辩护观点对"常理"等概念的运用更具有合理性空间与合法性基础,而公权行为尤其是司法裁判更被严谨地规制在法律规范内与法理框架中。法官将"常理"等概念运用于裁判说理有时也简单地缘自法官回应控辩双方当事人或一审法官有关以"常理"等概念支撑的观点、主张、理由的客观需求。

裁判说理运用"常理""常识""常情"的正当性源自经验法则通常符合一般规律性、普适经验性,甚至是事物发展的规律和公理,而当出现立法漏洞等客观情况或者出于固化证据链、强化服判力等合理需求时,"常理"等说理就可成为"法理"说理的恰当补充。将"常理"等经验法则适当融入裁判说理,解决案件认定、判断、论证上的某些困惑,充实裁判说理的内涵和力度,以弥补法律逻辑推理与法理演绎的缺憾,有相对合理性。但裁判说理对"常理"等的不当或过度运用,则会丧失合理性。

一方面,如果突破合法框架与必要限度,就会偏离裁判说理的合法性轨道,演化为实质上的不依法说理。然后,法官所理解和运用的"常理"未必符合其本来定义,且关于是否符合"常理"的判断标准又往往存有多义性,而"常理"等经验法则本身也可能具有或然性;且即便准确定义了"常理"等经验法则,但将其运用于案件具体认定、判断时也未必就能推导出正确结论。另一方面,不当或过度运用"常理"等,在裁判说理中充斥着诸如"符合常理""不合乎常情""从常识出发"等说辞与论证,可能使裁判文书显得不专业、不规范、不严谨,也可能导致法官借"常理"等说理模式替代甚至规避实质上应有的"法理"说理。

■ 扩展思考 | 科学把握、合理规制"常理""常识""常情"说理

那么,应当如何科学把握、合理规制刑事裁判运用"常理""常识""常情"进行推理、说理、论证呢?

第一,必须是合理运用经验法则。其一,裁判说理对"常理"等的运用,前提应是建立在对其所蕴含客观规律、经验法则准确把握和对其科学定义与合理应用的基础上。其二,裁判说理不能过度依赖"常理"等,应建立在合法基础上与必要限度内,并确保运用恰当。其三,裁判说理"常理"等的运用应客观中立、审慎缜密、科学合理,且不受情感因素干扰及各

种成见、偏见支配,避免对其扭曲、误解和滥用。其四,裁判说理对"常理"等的运用,不应当成为替代"法理"说理、规避实质说理甚至不依法裁判的借口。

第二,必须是有根据的"常理""常识""常情"。裁判说理中的"常理"等应当是有根据的,是建立在有合理依据、事实基础和有证据支撑的基础上。实践中对其运用出现一种缺失根据的现象和倾向,尤其表征为:其一,脱离案件事实基础;其二,与试图说明的事项没有本质关联;其三,得出的判断完全没有证据支撑;其四,是被误读、扭曲或杜撰的"常理";其五,明显违背客观规律、法理精神或法律规定;其六,滥用其去作出一些经不起推敲的判断或得出一些毫无根据的结论等。另外,"常理"等经验法则本身属于抽象范畴,其概念的具体化是与特定时空、生活场景相捆绑的,只有立足于大量既定事实和证据基础上,才有其确切意义。当法官运用其进行说理时,应将其置于特定案情语境下,融合于具体案情中,结合案件具体事实进行阐述,不仅要对特定"常理"进行充分的阐释和论证,而且应有相关的事实细节、证据信息作为支撑。

第三,必须是作有利于被告人的推定。司法裁判对"常理""常识""常情"的运用还应充分考量无罪推定原理与"存疑有利于被告人"基本法则。"常理"等经验法则形成的逻辑起点是归纳推理,天然具有或然性,而定罪量刑要求排除一切合理怀疑,"常理"不应成为据以作出不利于被告人裁判的唯一根据。

第四,必须是作为补充的说理逻辑。法官运用"常理""常识""常情"进行说理论证有其限度,不能反客为主成为裁判说理的主体模式。毕竟,法律逻辑推理与法理演绎,而非根据"常理"等经验判断,才是司法裁判说理应有的理路,"常理"等说理仅能作为一种补充性的说理逻辑、机制和方法。[3]

3　相关实证调查与分析参见谢进杰、邓慧筠:《刑事裁判说理中的"常理"》,载《中山大学学报(社会科学版)》2019年第2期。

128 事实的合理认定｜证明标准的普遍共识

黄某、邱某等制造毒品案

周洪波　西南民族大学

■ 案情概要[*]

2016年9月,四川省成都市人民检察院向成都市中级人民法院提起公诉,指控黄某、邱某、刘某犯制造毒品罪,杨某犯制造毒品罪、非法持有枪支罪。

检察院指控:公安机关在侦办另一案件"和哥制毒贩卖案"中,嫌疑人李某供述制毒原料的来源是黄某。经进一步侦查发现,2016年2月底开始,被告人黄某倡议并伙同杨某、邱某、刘某在杨某的房屋中制造甲基苯丙胺(冰毒)。2016年3月12日民警分别将4人挡(抓)获,之后在杨某家中查获甲基苯丙胺1554.4克(后经鉴定含量为76.3%~78.4%)、含甲基苯丙胺成分的固液混合物9850克(后经鉴定含量为10.9%~52.3%)、含甲基苯丙胺成分的液体16800克(后经鉴定含量为0.01%~35.8%),大量制毒工具等物品,同时查获杨某用射钉枪改装的枪支3支(后经鉴定属于《枪支管理法》所规定的枪支)。检察院在起诉时向法院提交了勘验、搜查等笔录、鉴定意见、物证、书证、证人证言等,认为:"证据确实、充分",应当认定四被告人的犯罪事实并追究相应的刑事责任。

刘某、杨某供述了犯罪事实。黄某是邱某的姐夫,二人均辩称,其不认识刘某、杨某,对查获的毒品不知情,没有参与制毒。二被告人的辩护人均提出:现有证据不足以证明被告人参与了犯罪;公安机关在对杨某住所进行搜查时杨某不在场且有外人(报案人)进入。

案件提交了审委会。分管公诉工作的副检察长在列席审委会时指出:刘某、杨某供述了由黄某组织领导、四人分工负责实施制造毒品的具体情况,尽管黄某、邱某否认参与了犯罪,与前述二被告人的供述相矛盾,二人参与犯罪的事实不能形成唯一结论,但在案相关证据足可以排除合理怀疑地证明二人参与犯罪的事实。其一,公安机关查明,黄某的手机里有以"俊"和"聪"存留的刘某、杨某的电话号码;黄某辩解不知道这两个电话号码是谁的,也没有联系过,但查明,其手机于2016年2月至3月与两个电话号码分别有近50次和80余次通话记录。邱某手机里以"冲哥"存留的刘某电话号码,邱某辩解不知道这个电话号码是谁的,也没有联系过,但查明,其手机于案发前一段时间与该电话号码联系过两次。其二,黄某的妻子邱某玉的证词证明,黄某认识刘某;其还陈述家里修房子、买车所用的40多万元均

---

[*] 参见四川省成都市中级人民法院(2016)川01刑初249号刑事判决书。

是由黄某提供,虽然黄某说给其妻的钱是其承包鱼塘的收入,但说不清楚承包鱼塘的具体情况。其三,另案嫌疑人李某陈述黄某向其提供过制作毒品的原料。基于这些证据情况,结合刘某、杨某的供述,足可以认定黄某、邱某参与了犯罪。副检察长表示:"虽然涉案毒品数量较大,他(黄某)又是主犯,如果判处死刑立即执行证据稍弱一些,合议庭拟判处死缓比较合适。对其他同案人的量刑也赞同。"

法院在判决书中指出:"案件证据确实、充分""证据相互印证",足以认定四被告人的犯罪事实。辩护人提出的辩护意见,"没有证据足以证明",不予采纳。法院对黄某判处死缓,对其他被告人判处有期徒刑。被告人均未上诉。

■ 法律分析

争议焦点

本案中,黄某、邱某是否参与了犯罪?就此而言,属于"零口供"。对于"零口供"案件,往往认定犯罪面临较大困难,司法实务中对此类案件也比较谨慎。就该案而言,从判决书在认定事实时所表述的"案件证据确实、充分""证据相互印证",以及被告人没有上诉来看,似乎案情非常简单、清楚明了,但就召开审委会时的讨论情况,则未必。认定二人的犯罪事实在法律上是否说得过去,主要涉及证明标准、证据相关性等法律问题。

□ 教义学上的刑事证明标准

对于待证事实的认定,证明标准是关键。就此而言,有两处法律表述值得注意。一是《刑事诉讼法》第55条所规定的"证据确实、充分,应当符合以下条件:(一)定罪量刑的事实都有证据证明;(二)据以定案的证据均经法定程序查证属实;(三)综合全案证据,对所认定事实已排除合理怀疑"。二是《办理死刑案件证据规定》第5条所规定的"办理死刑案件,对被告人犯罪事实的认定,必须达到证据确实、充分。证据确实、充分是指:(一)定罪量刑的事实都有证据证明;(二)每一个定案的证据均已经法定程序查证属实;(三)证据与证据之间、证据与案件事实之间不存在矛盾或者矛盾得以合理排除;(四)共同犯罪案件中,被告人的地位、作用均已查清;(五)根据证据认定案件事实的过程符合逻辑和经验规则,由证据得出的结论为唯一结论"。这两处法律表述的重大差异是:前者"关键词"是"排除合理怀疑",后者则是"由证据得出的结论为唯一结论"。

就本案而言,检察院所表达的实质观点是:"排除合理怀疑"与"唯一结论"所指并不相同,在法定证明标准上,死刑案件的要求比普通案件的要求更高。严格从法律要求来讲,该案并没有达到证明标准的要求,但按相对较低的"排除合理怀疑"认定犯罪事实具有现实的合理性和可接受性;不过,基于证据有些"软",可以从刑罚"打折"予以平衡。虽然判决书没有呈现证据"软"的局面,但从对黄某的量刑上依旧可以窥见端倪。

在法教义学上,对于"证据确实、充分""排除合理怀疑"这两种表述的实质所指是否一致、死刑案件的证明标准"唯一结论"是否比普通案件的要求更高？理论和实务上多有争议。如果对这些问题的回答不同，那么，对该案证据是否有些"软"也会有不同看法。

□ 语焉不详的"证据相关性"

证据应当具有相关性，这是基本共识。一般认为，《刑事诉讼法》第 50 条规定的"可以用于证明案件事实的材料，都是证据"体现了对证据相关性的要求。尽管如此，但何为"可以用于证明"却并没有进一步明示，实际上是语焉不详的。

从列席审委会的副检察长发表的意见来看，无疑，邱某关于与黄某日常生活的证词、公安机关关于黄某、邱某的手机通信录、通话记录的侦查笔录等都被视为能够推断证明二被告人参与犯罪的证据。不过，如果进行严谨分析，基于证明标准的理解不同，对证据相关性的理解也会有重大差异。相应地，对于这些"有证明作用的证据"是否具有法律上的相关性也会有不同认识；若此，二被告人的犯罪事实认定属于什么性质，就是一个需要讨论的问题。从我国的代表性理论和通常的实务理解来看，我们对相关证据范围的认识具有一定的独特性。要澄清这方面的问题，需要对证明标准与证据相关性进行相互映照的分析。

■ 理论阐释 | 证明标准与证据相关性之间的相互映照

□ 证明标准问题：排除合理怀疑与"唯一结论"

一般认为，证明标准是刑事证据法之要津，证明责任是民事证据法的关键。关于证明标准，学界在 20 世纪 90 年代末之前有较为普遍的共识，即认为诉讼中的事实认定应当符合"客观事实"，实现"客观真实"。通俗地说，就是事实认定要做到"铁板钉钉"，将案件办成"铁案"。90 年代末开始，逐渐兴起了对传统观念的反思，有不少学者开始改弦更张，以认知能力局限、诉讼证据局限等为理由，主张借鉴域外的做法，以"相对真实""法律真实"等作为证明标准。2012 年《刑事诉讼法》修改中的重要变化是，在证明标准上以英美法系的"排除合理怀疑"这种表述来解释我国的"证据确实、充分"传统表述；这种变化，更引起了法教义学上的激烈争论。

在法教义学上，关于以"排除合理怀疑"来解释"证据确实、充分"所带来的法律效果，存在着三种立场，即一是认为，这并没有改变证明标准的实质，而是使证明标准更具有操作性。因为，"证据确实、充分"是从客观方面审视证明标准，而"排除合理怀疑"是从主观方面审视，两方面结合，使得证明标准更易于把握。二是认为，这种立法意味着证明标准的降低。因为，"排除合理怀疑"在域外就是按"相对真实"来进行理解。三是认为，这是一种引起混乱、失败的立法。因为，"证据确实、充分"是一种"客观真实"标准，而"排除合理怀疑"是一种相对真实标准,二者是凿枘不投的。[1]

关于死刑案件的证明标准是否比其他案件的高,存在三种观念:第一种认为,死刑案件的要求更高,"唯一结论"意味着事实认定是"客观真实",不可能发生事实认定的错误,而"排除合理怀疑"只是一种"相对真实";死刑案件对证明标准的特殊要求,是值得肯定的价值立场,因为,如果死刑(立即执行)的犯罪事实认定错误,有害后果是无法弥补的。第二种认为,死刑案件的证明标准并没有特殊性,所有案件的证明标准都是"证据确实、充分",其实质就是要求事实认定应当符合"客观事实"。第三种虽然认为死刑案件证明标准没有特殊性,但却主张证明标准都是"相对真实",即认为"唯一结论"只是裁判者自己的判断,也并不要求一定符合"客观事实"。

拨开关于证明标准争论的话语迷雾,回归法律表述的语义,应有的基本认知是:其一,"排除合理怀疑"之"理"为一种常情常理,而非绝对之理,因此,其实质是指裁判者基于常情常理而形成的事实确信,为一种"相对真实"。其二,"唯一结论"为一种必然真实,其实质是指建立在必然真实基础上的事实确信。其三,在我国法律上,不仅死刑案件的证明标准"唯一结论"要高于"排除合理怀疑",而且,"唯一结论"也是一般性的证明标准。之所以如此说,是因为《刑诉法解释》第140条关于依据间接证据认定犯罪事实的证明标准,是在"排除合理怀疑"的基础上加上了"结论具有唯一性"的要求;基于体系解释的原理,"结论具有唯一性"或"唯一结论"应当是我国法律上规定的一般性定罪标准。

基于以上分析,可以说,该案列席审委会的副检察长对我国死刑案件证明标准的法律教义及其与"排除合理怀疑"的区别的理解非常到位;其对该案黄某、邱某犯罪事实的证明程度性质的认识很准确。即其证明的基本逻辑是通过通信录、通话记录以及邱某玉的证词证明二被告人说"其不认识其他被告人"是撒谎。从而在常情常理上推断,其否认犯罪事实也不可信;这种对犯罪事实的确信在证明的意义上并不是唯一结论。因为在理论上,二被告人在是否认识其他被告人上说了谎,也不意味着其对未参与犯罪的陈述一定是撒了谎,其陈述不认识其他被告人是希望其关于未参与犯罪的陈述更为可信,但却成了弄巧成拙之举。另外,其主张按"排除合理怀疑"的标准认定犯罪事实,也是可以接受的"权宜之计"。因为,基于诉讼证据的局限,大多数犯罪事实的认定都很难达到"唯一结论"的证明程度,按"排除合理怀疑"的证明标准认定事实,具有现实的合理性。

▣ 证据相关性:实质证据与辅助证据的不同语境

前已述及,《刑事诉讼法》第50条对我们认识法律上对证据相关性的理解并没有多少实质性的帮助,需要结合证明标准来进行审视。基于诉讼证明的认识论原理,"唯一结论"与"排除合理怀疑"分属两种不同性质的证明标准,相应地,与其匹配的相关证据是不同的,即前者的相关证据一般局限于实质证据,而后者的相关证据包括实质证据和辅助证据。

---

[1] 参见周洪波:《迈向合理的刑事证明——新〈刑事诉讼法〉证据规则法律解释要义》,载《中外法学》2014年第2期。

所谓实质证据,是指待证事实存在或发生而可能生成的证据;也就是通常所说的"案件痕迹"证据。辅助证据,是与待证事实存在引起或被引起的关系的其他事实存在或发生而可能生成的证据;简言之,就是非"案件痕迹"事实,但对待证事实判断具有影响的其他证据,也可以将其称为"案外痕迹"证据。在"唯一结论"的证明标准语境中,辅助证据之所以没有证据地位,是因为其只能加强或削弱对待证事实的判断,而不具有保证待证事实判断一定真实的证明能力。[2] 由此可见,如果按"唯一结论"来理解我国的证明标准,那么相关证据应局限于实质证据;如果按"排除合理怀疑"来理解,那么相关证据的范围就更为广泛,包括实质证据和辅助证据。

可以说,我国理论和实务上对证据相关性的理解,长期被证明标准传统观念所困扰。典型的表现就是,我国的教科书在解释证据的相关性时,通常的说法是,证据的相关性是指证据与案件事实之间具有客观的、真实的、不以人的意志为转移的联系,这实际上就是按实质证据来理解相关证据。由于长期以来鲜见在证明标准的视角中分析证据相关性的理论研究,因此,前述对证据相关性的习惯理解是一种潜意识、缺乏明晰的认知。在此情景下,在实际的证据运用中对相关证据的理解也具有一定的含混性,即多见的是在实质证据的意义上来理解相关证据,[3]但往往也有意无意地将辅助证据视为证据;尤其是在制毒贩毒、强奸等证明较为困难的案件中,较为常见对辅助证据的利用。

对于实际的证据运用分析而言,需要认识到,证明标准与证据相关性之间具有相互映照的关系:一方面,"唯一结论"与"排除合理怀疑"两种证明标准对证据的相关范围有根本制约作用;另一方面,相关证据类型的使用对证明程度的性质具有具象化作用,即可以通过是否依赖于辅助证据的证明判断证明程度的性质。本案就是依据辅助证据判断被告人的品格,从而推断其否认参与犯罪的陈述是否属实来进行证明,因此,可以判断其证明结论不是唯一结论。

■ 扩展思考 | 能够形成对证明标准的普遍共识吗

关于如何定位我国的刑事证明标准,争论了很多年,至今未果。可以说,我们至今处于一种矛盾心态:一方面,当面临诉讼普遍存在"证据短缺"的情形时,人们往往主张以非唯一结论的证明标准来认定事实;另一方面,从 21 世纪初就开始引起普遍关注的防止冤假错案问题,使我们往往又主张绝不能出现事实认定错误,从而认同唯一结论的证明标准。

毫无疑问,不仅将唯一结论作为一般性的证明标准不符合现实需要,而且将唯一结论作为死刑(立即执行)案件的证明标准也不切实际。[4] 法律规定与现实需要之间的张力导致了两种局面:一种是"说一套,做一套"。即在公开的言说上以高标准论,实际的操作则按低

---

[2] 参见周洪波:《实质证据与辅助证据》,载《法学研究》2011 年第 3 期。
[3] 参见周洪波:《证据属性的中国法律之道》,载《中国法学》2022 年第 6 期。
[4] 参见陈虎:《提高死刑案件证明标准:一个似是而非的命题》,载《中外法学》2010 年第 3 期。

标准做。另一种是"因势而论"。即根据具体案件的问题关注焦点而对标准进行选择性的适用,即当防错纠错成为问题关注焦点时,往往"唯一结论"就成了人们抓住的根本;当打击犯罪成为焦点时,"排除合理怀疑"就成了人们的依靠。

在未来,我们能够形成对证明标准的普遍共识吗？能够改变实践的前述局面吗？笔者无法乐观。对于前者不乐观是因为,严谨对话的学术研究还不足,学术表达往往流于一些不负责任、不过心过脑的随意说法,这使得证明标准问题陷入乱局而难见澄明。对于后者不乐观是因为,前述两种局面都有"深厚"的文化土壤：一种是"实用道德主义",即基于道德理想化,在表达上要把话说得"很漂亮",但另外基于实用性,因而默许实际的做法打一些折。另一种是"势力观",即如何做事,不是讲普遍适用的客观标准,而是讲根据具体情境中的"势力"关系而"因势而动"。

事实的合理认定,是司法正义实现的基石,但愿我们在这方面理论更清明、实践更合理。

后记 她是你的玫瑰

一

自最高人民法院2011年11月发布第一批指导性案例以来,"指导性案例制度"已经走过了12个年头;直至2020年最高人民法院发布《关于统一法律适用加强类案检索的指导意见(试行)》,"案例效力"的问题已经正式进入了中国司法实践的视野,并实质发挥着至少是"类法源"之作用,当然也为理论界所重点关注。

就刑事法治而言,以最高人民法院刑事审判一庭至五庭联合编纂多年的《刑事审判参考》为代表的"准指导性案例",毋庸置疑,对实务抑或理论界都发挥着重要影响。接下来的问题是,理论界如何回应实务?这一方面反映了法学研究本身的气质,另一方面也在深刻影响着中国刑事诉讼法本身的发展。可以的判断是,研究和完善案例制度,可能兼具刑事诉讼法本身要求的安定性与实践要求的灵活性,成为完善中国刑事诉讼法甚至是未来刑事诉讼法"法典化"的本土资源。

呈现在读者面前的这本着重于"研究性"的《刑事诉讼法案例进阶》就是来自全国128位刑事诉讼法学研习者的集体努力,顾永忠教授所言"案例评注是刑事诉讼法教学和科研的实践面相",陈卫东教授说案例评注会"为诉讼理论发展深入到法治实践中去提供自主动力",精准概括了我们编纂本书的初始动力。

二

本书的作者群体,年龄主体在40~50岁,所在单位遍及全国一百多家法学院校系及最高司法机关。我的导师卫东老师和顾老师都说我约来这么多朋友的稿子不容易,其实也还好,向每一位同侪约稿,都是立刻惠允。如聂友伦同志两天之后就把稿子发给了我,关于诉讼担当,质量相当之高。

另外,本书的案例来源皆为真实案例,作者们选取的案例大多极具代表性。例如,潘金贵教授提供的"公诉转自诉"——请看清,是公诉转自诉案件,在我们的工作群中引起了持续热议;张栋师兄提供的国内第一起"刑事附带民事诉讼精神损害赔偿案"、陈学权教授提供的令人叹为观止的"中途指定管辖"、兰荣杰老师提供的"无尸无罪"、邵俊同志提供的拍案惊奇般的"发回重审"典型性案例,都令人印象极为深刻——这里不能一一提及128位同侪提供案件的精妙之处,就需要请读者朋友们亲自品鉴了。

需要特别说明的是,就朋友间砥砺思想的分寸感而言,王守仁持"与朋友论学,须委曲谦下，宽以居之"可谓一语中的。意思是，本书作者们在很多问题，甚至是重要问题上的观点是截然不同，抑或完全冲突的。例如，韩旭教授和魏化鹏教授关于量刑建议采纳的问题，也就是对《刑事诉讼法》第 201 条第 2 款的理解上，就是如此。还有很多作者关于具体问题的观点，如程捷兄关于检察官异地调用、贾志强同志关于二审审查范围以及崔凯同志关于疑罪处理的看法，我本人完全无法接受，但乐见其成。诸如此类，所以把本书当作一本"争鸣"来读，也饶有一番味道。同侪之间的交锋就是应该这样，坦诚相见，之后相互"宽以居之"。

三

组织本书写作的时候，我正站在不惑的门槛上，仔细想想，其实仍然特别惑。这肯定是自己修为不够的缘故。"时光好不经用，抬眼已是半生"，这话我经常用来吓唬郑曦，他特别吃心，但事实如此。

说这个是想表达，摆在大家眼前的这份来自刑事诉讼"中浪"们的集体成果，希望今日尚在法学院读书的同学们能够看到。就如同二十多年前我们站在书店认真阅读前辈著作一样，希望诸君也能在这本集体著作中体会到我们对待法治的真诚与学术研究的热情。一代人有一代人的使命，现在的同学们就是推动这个国家法治道路延伸的接续者。就本书而言，程序论部分吴教授宏耀大作，以及证据论部分周教授洪波大作；等等，皆为"研究"+"情怀"体现的上乘之作。年轻法律学人，倘不为浮华所蔽，怀抱、持守于本筚路蓝缕之法治情怀，总称相宜。在这个意义上，我们期待，这本《刑事诉讼法案例进阶》能够成为后来者在刑事法学研习道路上的重要参考系。

在本书编纂的过程中，吴昉、郑怡萍编辑付出了太多心血；我的学生任禹行、孙永超、吴子越、贺言、龚炜博、刘晓龙、王嘹嘹、高倩、戴梦萱、桑佳怡分担了很多文字工作，谨致谢忱。

最后，特别鸣谢北京星来律师事务所及其赵运恒、王珺两位律师。没有他们的热心支持，就没有本书的顺利出版。读毕本书的读者都知道，这本研究性的案例教材只关乎知识和学术，就更加凸显了两位大律师的眼光和情怀。

前次去儋州，领略"网红"东坡先生当年风采。墙壁上刻画着东坡品评晁错的话曰"夫欲善其事，必先知其当然，至不惧，而徐徐图之"。徐徐图之，我觉得可以成为中国法治建设的隐喻。我们在这里汇集众多同侪之力而成的本书，说是集腋成裘也好，说是试图聚沙成塔亦可，都是我们对于中国刑事程序法治建设热忱的努力。其中反复论及的诸如"疑罪从无""一事不再理""案件同一性排斥重复起诉"等基本程序法治原则，与每一个人当然相关。

周江洪教授反复提醒我学习巨著《小王子》。我看了，里面有这样一句话："她不是普通的玫瑰，她是你的玫瑰。"

郭　烁
2023 年 3 月 27 日